민사집행법

전 세 정

傳 英 社

머 리 말

원고를 준비하기 시작한 것이 꼬박 3년은 된 듯하다. 처음 원고를 준비하던 시기의 집행절차에 관한 서적들은 나열식으로 이루어진 것들이 대부분이었다. 또한 지나치게 실무적이고 지엽적인 사항까지 포함한 방대한 내용으로 구성된 것이 많았다. 이에 집행절차에 관하여 논리적 흐름에 따라 읽어 나갈 수 있고 실무보다는 이론을 지향하는 책을 만들어 보고자 하는 마음으로 원고작업을 시작했다. 또한 집행절차에 관한 기술적 사항보다는 논리적 영역과 다른 법 영역들과의 교차 영역을 더 깊이 있게 다루고자 하였다. 그런데 막상 원고를 써 나가면서는 점점 집행절차에 관한 방대한 분량에 대하여 균형과 논점을 빠뜨리지 않고 축약한다는 것이 처음 생각 이상으로 힘든 작업임을 절감하였다.

결국 탈고하고 보니 두 마리 토끼를 다 놓친 느낌을 지울 수 없다. 균형과 논점을 빠뜨리지 않으려다 보니 처음 생각과 달리 논리적 흐름에 따라 읽어 나갈 수 있는 책이라는 목표가 많이 퇴색되어 버린 것이다. 특히 판례의 인용에 있어서 그 취지와 사건번호만을 소개하기보다는 최소한 요지부분만이라도 원문을 그대로 책에 싣다 보니 분량이 지나치게 늘어나서 본문의 양을 줄일 수밖에 없는 것이 아쉬웠다. 그렇다고 처음부터 원고 전체의 틀을 다시 잡을 엄두는 나지 않는 탓에 그대로 출간하기로 하였다. 어찌 보면 실무서와 이론서의 중간에 해당하는 정도의 책을 만들어 보는 것도 괜찮을 수 있다는 생각을 위안으로 삼을 수도 있겠다.

마지막으로 이 책이 출간될 수 있도록 도와 주신 박영사의 송창섭 님과 편집을 맡아 주신 홍석태 님께 깊은 감사의 말씀을 전한다.

2008년 5월 15일

전 세 정

차　　례

제 1 편　민사집행총론

제 2 편 강제집행절차

제 3 편 담보권 등 실행절차

제 4 편 보전처분절차

제 1 편

민사집행총론

제 1 장 민사집행

개 관

민법 등 실체사법을 통하여 형성된 법률관계는 궁극적으로 판결절차를 통하여 구체적인 권리·의무의 존부와 범위가 확정된다. 그러나 판결절차는 일반적으로 권리·의무를 관념적으로 확정함에 그치는 것이어서 결국 권리·의무의 내용을 현실화하는 것은 판결절차와는 별개로 마련된 민사집행절차에 맡겨진 영역이다. 본장에서는 이러한 민사집행절차의 제도적 의의를 구체적으로 살펴보고 판결절차와는 어떠한 점에서 다른지를 살펴본다. 아울러 사법상 이행청구권의 내용과 집행의 대상으로 삼고자 하는 대상에 따라 민사집행의 구체적인 유형을 분류해보기로 한다. 한편 사법상 이행청구권 이외의 권리를 실현하는 절차에는 어떠한 절차가 있으며, 그러한 절차들은 민사집행절차와 어떠한 차이점을 갖는가를 고찰해보기로 한다.

학습목표

1. 민사집행의 개념과 유형을 이해한다.
2. 민사집행절차와 구별되는 권리실현절차에는 어떠한 것들이 있는가를 정리해 본다.
3. 민사집행절차가상 판결절차에 대비하여 강조되는 기본이념과 기본이념을 실현하기 위한 제도적 원칙을 이해한다.

제 1 절 서 론

Ⅰ. 국가구제

사인간의 법적 분쟁에 대한 해결수단으로 자력에 의한 구제는 허용되지 아니하며 결국 당사자 사이에 자주적인 해결에 이르지 못하는 경우에는 국가가 마련한 소송절차를 통하여서만 분쟁의 종국적 해결이 가능하다. 이를 국가구제라 한다. 이러한 민사에 관한 국가구제는 일반적으로 보전처분절차 · 판결절차 · 집행문부여절차 · 집행절차의 4가지 절차로 구성되어 있다.

Ⅱ. 구제절차의 체계

사 례 1 보전처분절차의 이원적 구조

집행법원은 갑명의의 부동산에 관하여 을의 말소등기청구권을 피보전권리로 하는 처분금지가처분기입등기의 말소를 촉탁하였다. 이에 대하여는 을은 가처분취하신청서가 위조되었다는 사유로 위 말소촉탁에 대하여 집행에 관한 이의를 신청하였다. 가처분취하신청서가 위조되었다는 것이 사실이라면 집행법원은 을의 이의신청을 받아들여야 하는가?

1. 민사소송절차

위와 같은 일련의 구제절차를 넓은 의미의 민사소송절차라 하며 판결절차만을 한정하여 좁은 의미의 민사소송절차라 한다. 본서에서 별 다른 설명 없이 판결절차라 함은 재판을 통하여 집행권원을 형성하는 절차라는 뜻으로 집행절차에 대응하는 의미로 사용하기로 한다. 그러므로 집행권원을 형성하는 절차라면 결정이나 명령절차라도 판결절차라는 용어로 포괄하여 사용하기로 한다.

2. 민사집행절차

가. 좁은 의미의 민사집행절차

넓은 의미의 민사소송절차에서 좁은 의미의 민사소송절차를 제외한 나머지 절차를 넓은 의미의 민사집행절차라 하며 다시 넓은 의미의 민사집행절차 중에서 집행절차만을 한정하여 좁은 의미의 민사집행절차라 한다(제 1 조). 좁은 의미의 집행절차는 다시 강제집행절차와 임의경매절차로 나눌 수 있으며 양자의 가장 큰 차이점은 집행권원의 유무에 있다. 임의경매절차에는 다시 형식적 경매절차와 실질적 경매절차가 있다.

나. 집행문부여절차

한편 판결절차와 집행절차는 담당하는 기관이 다르고 시일의 경과 등 다양한 사정으로 양자 사이에 간극이 있게 마련이어서 그 틈을 채워줄 필요성이 있는데 이를 위하여 두고 있는 제도가 집행문부여절차이다. 흔히 집행문부여절차를 판결절차와 집행절차를 가교하는 절차라고 한다.

다. 보전처분절차

보전처분절차란 분쟁의 대상이 되는 법률상태를 동결하거나 임시로 형성하여 두는 절차를 말한다. 보전처분에는 가압류와 가처분이 있다. 보전처분절차는 넓은 의미에서는 집행절차라고 불리는 것이지만 사실 그 속에는 판결절차에 해당하는 보전소송절차와 집행절차에 해당하는 보전집행절차가 결합된 2중적 구조로 되어 있다.

≪판례≫ 경매신청취하와 가처분신청취하의 구별[대법원 1987. 3. 24.자 86마카51 결정]

[1] 가처분신청취하서가 위조되었다는 사유는 가처분집행의 기본이 되는 가처분명령의 소멸에 관한 것이지 그것이 집행법원의 집행행위인 가처분기입등기 말소촉탁행위의 형식적 절차상의 하자에 해당한다고는 할 수 없다.

[2] 경매신청취하는 그것이 강제집행절차를 이루는 행위이기 때문에 그것에 관한 하자는 집행이의의 사유가 될 수 있다 하겠으나 가처분 신청취하는 보전절차 중 보존명령의 효력자체를 소멸시킬 뿐 보전집행에 직접 관련되지 아니하는 것이고 또 집행법원에 의한 보전집행이나 그 집행취소는 보존명령의 효력에 따라 법원이 직권으로 하는 것이므로 위 양자는 구별하여 해석하여야 한다.

이와 같은 점에서 보전처분절차는 집행절차와는 상당히 이질적인 것이어서 하나의 단행법으로 집행절차와 보전처분절차를 함께 규율하기에 부적절한 점이 많다. 입법례에 따라서는 보전처분절차에 대하여 민사집행법과 별개의 단행법으로 규율하는 것은 이 같은 이유이다.

사례 1 〈해설〉 보전처분 절차의 이원적 구조

1. 보전소송절차와 보전집행절차

보전처분절차는 보전명령을 발령하는 보전소송절차와 보전명령을 집행하는 보전집행절차의 두 절차로 이루어져 있다. 따라서 보전처분을 신청함에 있어서도 논리적으로는 보전명령신청과 따로 보전집행신청을 하여야 한다. 그런데 통상 부동산처분금지가처분에 있어서 가처분의 신청이 이유 있으면 집행법원은 가처분명령을 발령함과 아울러 곧바로 가처분의 집행에 나아간다. 즉 별도로 가처분명령집행신청이 없이도 집행법원은 가처분집행신청이 있는 것으로 취급하는 것이다. 이것은 부동산에 대한 처분금지가처분에 있어서 보전명령과 보전집행을 담당하는 집행기관이 동일하고, 목적물이 보전명령신청서에 기재에 따라 특정되어 있다는 사정을 반영하는 실무적인 처리일 뿐이다. 더욱이 담보제공절차에 따라 채권자의 담보제공이 있다는 것은 곧 보전집행신청이 내재한 것이라고도 볼 수 있기 때문일 것이다. 그러나 보전처분이 해소되는 절차에 있어서는 예외 없이 보전명령과 보전집행이 엄별된다는 특성이 전면에 드러난다. 예를 들어 보전처분이 이루어진 후에 보전명령취소신청과 보전집행취소신청은 전혀 별개의 것으로, 부동산처분금가처분에 있어서도 보전명령취소신청이 있는 것만으로 보전집행취소신청까지 아울러 구한 것으로 보지 않는다.

2. 보전집행절차에 관한 구제방법

앞서 살펴본 바와 같이 보전소송절차와 보전집행절차는 별개의 절차이므로, 보전집행절차와 관련한 다툼에 있어서는 당연히 보전집행절차에 관한 하자가 아닌 보전소송절차에 관한 하자를 그 이유로 삼아서는 아니 된다. 그런데 을이 가처분등기말소촉탁, 즉 가처분집행절차와 관련하여 다투면서 그 이유로 삼고 있는 것은 가처분신청취하, 즉 보전명령절차에 관한 사유이다. 그러므로 을의 주장은 가처분신청취하서가 위조되었다는 주장의 사실여부와 관계없이 이유 없다고 하겠다. 따라서 집행법원은 을의 주장을 더 따져볼 것이 없이 배척하여야 한다.

3. 민사집행법의 규정

제 1 조 (목적)

이 법은 강제집행, 담보권 실행을 위한 경매, 민법·상법, 그 밖의 법률의 규정에 의한 경매(이하 "민사집행"이라 한다) 및 보전처분의 절차를 규정함을 목적으로 한다.

민사집행법은 제 1 조에서 강제집행절차와 실질적 경매절차와 형식적 경매절차 및 보전처분절차를 규율대상으로 하고 있음을 밝히고 있다. 구체적인 규정체계에 있어서는 강제집행절차에 관하여 상세히 규정하고 기타의 집행절차에 관하여는 성질이 허용하는 한 강제집행절차규정을 준용하는 방식을 취하고 있다. 본서의 체계에 있어서도 강제집행절차를 중심으로 서술하기로 한다.

제 2 절 강제집행

Ⅰ. 의 의

강제집행이란 채권자의 신청으로 국가권력을 통하여 집행권원에 표시된 사법상의 청구권을 강제적으로 실현하는 법적절차이다. 이를 자세히 살펴보면 다음과 같다.

1. 채권자의 신청

민사소송에서 처분권주의원칙은 민사집행에도 그대로 적용되므로 민사집행의 개시는 반드시 채권자의 서면에 의한 신청이 있어야 한다(제23조 1항, 제2조). 여기서 채권자의 강제집행을 신청할 수 있는 권리를 민사집행청구권이라 하며 채권자의 신청에 따라 국가가 강제권을 발동하여 현실적으로 채권자의 권리를 실현하는 권한을 민사집행권이라고 한다(국가설). 민사집행청구권은 민사소송절차의 소권에 대응하는 것으로 사법상의 이행청구권과 구별되는 공법상의 권리이다.

2. 사법상의 이행청구권

가. 의 의

강제집행은 사법상의 이행청구권을 실현을 위한 절차라는 점에서 공법상 권리의 실현절차인 행정상 강제집행과 다르다. 집행권원이 담고 있는 사법상 이행청구권을 집행채권이라고도 한다. 집행채권은 채권적 청구권에 한하지 아니한다.

나. 형식적 강제집행과 실질적 강제집행

국세징수법이나 지방세법과 같이 공법상 권리의 실현절차를 따로 규정하면서도 재산형의 집행 등과 같은 경우에는 편의상 민사집행법을 준용하고 있는 경우가 있는데(제60조, 비송사건절차법 제249조, 형소법 제477조 등) 이를 형식적 강제집행이라 한다. 이에 대응하여 사법상의 이행청구권의 강제집행을 실질적 강제집행이라고 한다.

다. 사법상 이행청구권과 집행청구권의 관계

사법상의 이행청구권은 판결절차를 매개하여 청구권의 주체에게 집행청구권이라는 공법상 권리를 발생시키는 원인이 된다. 이와 같이 집행청구권은 사법상 이행청구권을 원인으로 하여 발생하는 것이지만 그 발생 이후에는 사법상의 이행청구권과 절연하여 독립된 성질을 갖는다(절충설). 그러므로 사법상 이행청구권과 공법상 권리인 집행청구권 사이에는 그 괴리의 가능성이 존재하게 되는데 양자의 간극을 조정하는 제도로는 집행문부여절차와 청구이의의 소를 들 수 있다.

3. 집행권원

집행권원이라 함은 일정한 사법상 이행청구권의 존재 및 범위를 표시하고 그 청구권에 집행력을 인정한 공정의 문서를 말한다(실무제요 I. 154면). 종전에는 집행권원을 채무명의라고 하였으며 대표적인 집행권원으로는 확정된 이행판결과 집행증서를 예로 들 수 있다. 확정된 이행판결을 집행권원의 여왕이라고 한다. 강제집행은 이러한 집행권원에 기초하여 진행되는 절차인 점에서 임의경매절차와 구별된다.

4. 강제적 실현

가. 의 의

강제집행은 채무자에 대한 물리적 힘의 작용이나 일정한 작위나 부작위의무를 부과하는 등 국가의 강제력을 발동하는 절차이다. 일정한 급부를 명하는 이행판결의 경우에 있어서 판결내용을 실현하는 경우에는 그 성질상 채무자에 대한 직접적인 강제력의 발동을 내재하고 있다.

나. 좁은 의미의 강제집행과 넓은 의미의 강제집행

형성판결이나 확인판결의 경우에는 그 성질상 채무자에 대한 직접적인 강제력의 발동 없이 그 판결 내용의 실현이 된다. 한편 이행판결일지라도 등기신청이나 채권양도통지 등 소위 의사진술을 명하는 판결 등은 그 판결 내용의 실현에 있어서 채권자가 판결정본을 첨부하여 단독으로 등기를 신청하거나 채권양도통지를 함으로써 족하고 채권자에 대한 직접적인 강제력을 발동하는 절차가 없다. 이와 같이 채무자에 대한 직접적인 강제력의 발동이나 처분권을 제한하지 아니하고 집행권원의 내용을 실현하는 경우를 넓은 의미의 강제집행이라고 한다.

5. 권리의 직접적 실현

강제집행절차는 집행권원에 담긴 사법상 이행청구권의 직접적 실현을 지향한다. 직접강제나 대체집행은 물론 간접강제도 마찬가지다. 이러한 점에서 가사소송법상 사전처분제도나 이행명령제도와 이행권고제도 및 금전임치제도와 같은 이행확보제도처럼 간접적으로 권리실현을 위한 절차와는 구별된다(가사소송법 제62조, 제64조, 제65조).

6. 소송절차

강제집행절차에 있어서도 기본적으로 처분권주의가 적용되는 점, 채권자와 채무자라는 대립당사자구조를 갖고 있는 점, 강제집행의 요건과 절차진행 및 효과를 법률규정에 의해 획일적으로 정하고 있다는 점 등에서 강제집행절차는 기본적으로는 소송절차라고 하겠다(소송설). 그러므로 민사소송법의 규정을 집행절차에도 원칙적으로 준용하는 것이다(제23조). 한편 집행절차에 있어서 당사자의 대립구조는 다분히 형식적이며 오히려 실질적으로 채권자의 우월적 지위가 인정되는 점 등에서 비송적인 측면도 가지고 있다. 이러한 탓에 집행절차 중에서도 형식적 경매절차에 대하여는 비송절차로 보는 것이 일반적이다(비송설).

Ⅱ. 강제집행의 분류

강제집행은 다양한 기준에 따라 분류가 가능하다. 이러한 분류는 강제집행의 개념을 명확히 하는 것은 물론 각 각의 집행절차에 준용될 법규를 정하는데 중요한 의미가 있다. 다른 부분에서의 설명과 중복되지 아니하는 범위에서 강제집행의 유형을 살펴보면 다음과 같다.

1. 민사집행법상의 분류

가. 금전집행과 비금전집행

민사집행법은 집행권원이 담고 있는 사법상 이행청구권의 내용에 따라 강제집행을 금전집행과 비금전집행으로 대별하고 있다. 금전집행을 금전채권을 위한 집행 또는 금전채권집행 내지 금전채권의 집행이라고도 하며 비금전집행을 비금전채권에 기초한 집행 또는 비금전채권집행 내지 비금전채권의 집행이라고도 부른다. 금전집행에는 부동산집행과 동산집행이 있으며 비금전집행에는 인도청구권의 집행 · 행위청구권의 집행 · 의사표시청구권의 집행이 있다. 양 절차는 서로 이질적인 것으로 원칙적으로 어느 한 절차에 관한 규정을 다른 절차에 적용하여서는 아니 된다.

나. 부동산집행과 동산집행

부동산집행에는 강제경매와 강제관리가 있고 동산집행에는 유체동산집행과 채권집행 및 그 밖의 재산권에 대한 집행이 있다. 민법과 민사집행법이 말하는 동산과 부동산의 관념은 서로 다르다. 민사집행법에서 지칭하는 동산은 민법상 동산만을 한정하여 유체동산이라고 하고 이에 채권과 채권 이외의 재산권을 포함하는 것이며 등기나 등록이 가능한 선박 · 자동차 · 건설기계 · 항공기는 민법상으로는 동산이나 민사집행법은 부동산으로 취급하고 있다. 민사집행법이 지칭하는 동산의 범위는 민법상 동산보다 일면 넓고 타면 좁은 것이다. 이러한 의미에서 선박 등을 준부동산이라 하며 준부동산에 대한 집행을 넓은 의미의 부동산집행이라고 한다. 마찬가지 맥락에서 채권과 그 밖의 재산권을 합하여 준동산이라고도 할 수 있을 것이다.

2. 집행의 대상에 따른 분류

가. 인적집행과 물적집행

채무자의 물건이나 권리를 대상으로 하는 집행을 물적집행이라 하고 채무자의 신체나 노동력을 집행의 대상으로 하는 집행을 인적집행이라 한다. 다만 민사집행법은 인격권 존중의 취지에서 인적집행을 인정하지 않는다. 재산명시신청절차상 20일 이내의 감치를 정하고 있는 규정(제68조), 비금전집행에서의 간접강제규정(제693조), 파산자에 대한 자격제한 규정(변호사법 제 5 조, 공인회계사법 제 3 조 등), 수표채무불이행자에 무과실형사책임을 인정하는 부정수표단속법의 규정 등은 인적집행의 측면이 있다고 한다.

나. 개별집행과 일반집행

물적집행에 있어서 특정채권자의 채무자의 개별 재산에 대한 집행을 개별집행이라고 하고 총채권자의 채무자의 전체 재산에 대한 집행을 일반 집행 또는 포괄집행이라고 한다. 민사집행법은 개별집행방식을 취하고 있음에 반하여 채무자회생 및 파산에 관한 법률은 일반집행을 채택하고 있다. 개별집행이 동시에 진행되거나 일괄경매도 어디까지나 개별집행에 해당한다. 일반집행은 총채권자의 공평한 만족을 추구하는 절차로 개별집행에 대하여 절차적 우위성을 갖는다.

3. 집행의 효력에 따른 분류

가. 만족집행과 보전집행

집행의 내용 또는 효력이 채권자의 권리의 직접적·종국적 실현을 내용으로 하는 집행을 만족잡행이라 하고 채권자의 권리의 실현을 위해 현재의 상태를 잠정적으로 동결하고 임시적 상태를 형성하는 집행이 보전집행이라 한다. 보전집행에는 다시 가압류집행과 가처분집행이 있다.

나. 본집행과 가집행

위에서 본 만족집행은 다시 권리실현의 내용이 확정적인 만족을 주는 것인지 여부에 따라 본집행과 가집행으로 나눌 수 있다. 가집행 역시 잠정적이나마 채권자에게 만족을 주는 것이라는 점에서 만족집행임에 해당한다. 판례는 용어의 사용에 있어서 다소 문제점이 있다.

≪판례≫ 가집행의 종국적 효력[대법원 1993. 4. 23. 선고 93다3165 판결]

가집행선고 있는 판결에 기한 강제집행은 확정판결에 기한 경우와 같이 본집행이므로 상소심의 판결에 의하여 가집행선고의 효력이 소멸되거나 집행채권의 존재가 부정된다 하더라도 그에 앞서 이미 완료된 집행절차나 이에 기한 경락인의 소유권취득의 효력에는 아무런 영향을 미치지 아니한다 할 것이고, 다만 강제경매가 반사회적 법률행위의 수단으로 이용된 경우에는 그러한 강제경매의 결과를 용인할 수 없다.

4. 집행방법에 따른 분류

가. 직접강제·간접강제·대체집행

직접강제는 채무자의 신체나 의사에 압박을 가하지 않고 권리의 내용을 직접 실현하는 방법으로 인격권의 침해를 가져오지 않는 원칙적 집행방법으로 금전채권집행과 물건의 인도의무 등 주는 채무의 집행에 적합한 방법이다. 대체집행은 채무자 이외의 자에게 채무자를 대신하여 의무이행과 동일한 상태를 실현하도록 하고 채무자로부터 그 비용을 추심하는 집행방법으로 대체적 작위채무의 집행에 적합한 방법이다. 간접강제는 채무의 불이행에 대하여 채무자의 재산이나 신체에 제재 등 심리적 압박을 가하여 권리를 실현시키는 집행방법으로 민사집행법은 정기배상제도와 즉시배상명령제도를 두고 있는데(제261조) 채무자 자신의 행위를 통해서만 목적을 달성할 수 있는 부작위 채무나 비대체적 작위채무의 집행에 적합한 방법이다. 어떠한 집행방법을 취할 것인가에 관하여는 인격권 존중의 견지에서 인격권의 침해가 가장 적은 순서에 따라 먼저 직접강제에 의할 것이고 직접강제로는 목적을 달성할 수 없는 경우에 대체집행이 가능하며 대체집행에 의하여서도 만족을 얻을 수 없는 경우에 비로소 간제강제가 가능하도록 하고 있다. 직접강제는 집행관이나 집행법원의 관할이고 대체집행이나 간접강제는 수소법원의 관할이다.

나. 원물집행과 대상집행

집행의 목적이 되는 사법상 이행청구권의 내용을 본래 내용 그대로 실현시키는 집행을 원물집행 또는 본래적 집행이라 하고 사법상 이행청구권의 내용이 무엇이든지 현재의 금전적 가치로 평가(이를 현재화·금전화라고 하고 양자를 합하여 등질화라고 한다)하여 금전적 만족으로 실현시키는 집행방법을 대상집행 또는 금전집행이라고 한다. 민사집행법은 원물집행에 따르고 있는데 비하여 통합도산법은 대상집행의 방법을 택하고 있다. 대상집행은 실체법상의 대상청구권이나 집행불능에 대비한 대상청구와는 전혀 다른 것이다.

5. 강제경매와 임의경매

집행권원에 기초하여 진행되는 경매를 강제경매라고 하고 집행권원이 아니라 담보권 또는 법률규정에 기초하여 진행되는 경매를 임의경매라고 한다. 임의경매는 담보권의 목적이 된 특정물에 대한 집행절차라는 점에서 물적 책임을 추구하는 절차이고 강제경매는 채무자의 일반재산에 대한 집행절차라는 점에서 인적 책임을 추구하는 절차라고 한다. 담보권설정은 채무불이행시 집행에 대한 사전적 동의의 의미를 갖는다는 점에서 담보권에 기한 경매를 임의경매라고 한다.

6. 형식적 경매와 실질적 경매

임의경매는 실질적 경매와 형식적 경매로 나뉜다. 실질적 경매는 저당권·질권 등과 같이 우선변제력을 갖는 담보권의 실현을 위한 절차이며 형식적 경매는 목적물에 대한 단순한 현금화를 위한 절차이다. 형식적 경매절차의 목적은 목적물을 현금화하는데 있으며 직접적인 채권만족을 위한 절차가 아니라는 점에 특색이 있다. 일반적인 집행절차는 압류·현금화·배당의 3단계 구조로 되어있음에 반하여 형식적 경매절차는 압류·현금화의 2단계 구조로 되어 있는 것이다.

Ⅲ. 다른 절차와 구별

사 례 2 **도산절차와 민사집행절차의 관계**

갑은 고등학교를 중퇴하고 제과기술을 배워 제과점를 운영하였으나 실패하고, 현재 초등학교에 다니는 아들과 딸 하나씩을 둔 37세 이혼 남성이다. 갑은 제과점을 그만 둔 후 여러 직업을 전전하다 현재 건설현장 일용직으로 일하고 있으며, 부채는 약 4,000만원 전후에 이르고 있고, 살고 있는 집은 친구의 주택에 무상거주하고 있으며, 월 수입으로 평균 140만원이 있는 것 외에는 별 다른 재산이 없다. 그러던 중 갑은 카드회사의 독촉에 시달리다 못해 2005. 4. 8. 소비자파산을 신청하였다. 이에 카드회사에서는 유체동산경매절차를 통해 집행관에게 위임하여 2005. 6. 7. 갑 소유의 텔레비전, 냉장고, 세탁기, 컴퓨터에 압류딱지를 붙였고, 2005. 7. 8.로 매각일자가 잡혔다. 갑은 자신이 소비자파산절차를 신청하였음을 이유로 유체동산경매를 막을 수 있는가?

1. 판결절차

가. 판결절차와 집행절차의 구별

집행절차는 판결절차와 더불어 넓은 의미의 민사소송에 속하며 재판을 통한 권리보호절차로 법질서 유지를 궁극의 목적으로 하는 점에서 공통점을 갖는다. 그러나 양자는 서로 별개의 것으로 판결절차는 권리·의무의 존부와 범위에 관한 당위성에 대하여 공적으로 선언하는데 그치고 그러한 권리·의무를 현실적으로 실현시키는 것은 집행절차에 맡겨져 있다. 이러한 측면에서 판결절차를 법규의 관념적 형성절차 또는 집행권원 작성절차라 하고 집행절차를 법규의 사실적 형성절차 또는 집행권원 실현절차라고 부른다.

나. 판결절차와 집행절차의 절차적 관련성

집행절차는 통상 재판을 통해 확정된 권리·의무를 실현시키는 절차라는 점에서 판결절차를 전제로 그에 후행하는 것이 일반적이다. 그러나 집행절차가 판결절차를 반드시 전제로 하는 것은 아니며 그 예를 살펴보면 다음과 같다.

① 형성판결, 확인판결, 의사진술을 명하거나 부부의 동거를 명하는 이행판결은 집행절차가 문제되지 아니하며,

② 지급명령·제소전 화해나 조정조서·공정증서·과태료의 재판에 관한 검사의 집행명령 등에 기한 강제집행은 판결절차를 전제하지 않으며,

③ 가집행선고에 따른 집행절차는 판결절차와 병행하며,

④ 청구이의의 소(제44조)·집행문부여에 대한 이의의 소(제45조)·제 3 자이의의 소(제48조) 등의 경우에는 오히려 집행절차를 전제로 하여 판결절차가 후속한다.

한편 ③과 ④의 예에 있어서는 판결절차와 집행절차가 동시에 진행되는 탓으로 양자의 모순·저촉을 방지하기 위하여 잠정처분 등을 통한 집행정지가 뒤따르는 것이 보통이다. 이처럼 판결절차와 집행절차는 별개의 독립된 기관이 관장하는 상호 독립된 절차이며 후자는 전자의 속행도 그 일부도 아니다. 이러한 측면에서 종전에 집행절차를 민사소송법의 한 부분으로 규정하였던 것을 독립된 단행법의 형식으로 정비한 것이다.

2. 도산절차

도산절차는 일반집행절차로 총채권자를 위한 채무자의 전재산을 대상으로 진행되는 집단적 청산절차라는 점에서 강제집행절차에 절차적 우위성을 갖는다. 즉 도산절차가 개시되면 총채권자의 공평한 만족이라는 도산절차의 목적 달성을 위해 개별 채권자에 의한 강제집행절차는 개시될 수 없고 이미 개시된 강제집행절차도 정지되거나 효력을 상실하고 만다. 종래 도산절차는 파산법, 화의법, 회사정리법, 개인채무자자회생에 관한 법률 등 여러 개별법에 산재하던 것을 이를 통합하여 채무자회생 및 파산에 관한 법률(제정 2005. 3. 31 법률 7428호)이라는 하나의 법률로 통합하였다. 이를 약칭하여 통합도산법이라고 한다.

≪판례≫ **파산절차와 민사집행절차의 관계**[대법원 2007.10.11. 선고 2005다45544,45551 판결]

[1] 파산절차에서 파산채권으로 확정되어 채권표에 기재되면 그 채권표의 기재는 구 파산법(2005. 3. 31. 법률 제7428호 채무자 회생 및 파산에 관한 법률 부칙 제 2 조로 폐지) 제259조 제 1 항의 규정에 의하여 파산자에 대하여 확정판결과 동일한 효력을 가진다. 따라서 파산채권으로 확정된 후에는 파산자가 채권표에 기재된 채권에 관하여 이의를 하려면 청구이의의 소를 제기할 수 있으나 그 이의사유는 파산채권이 확정된 뒤에 그 채권의 존부나 범위 등을 다툴 수 있는 실체적인 사유가 생겼음을 이유로 하여야 한다.

[2] 파산절차에서 확정된 채권표의 기재가 확정판결과 동일한 효력을 갖는다고는 하더라도 채권자는 파산절차가 종결된 후에 이르러서야 비로소 구 파산법(2005. 3. 31. 법률 제7428호 채무자 회생 및 파산에 관한 법률 부칙 제 2 조로 폐지) 제259조 제 2 항에 의하여 채권표의 기재에 의거하여 강제집행을 할 수 있을 뿐이고, 파산절차가 계속 중인 경우에는 모든 파산채권자는 파산절차를 통해서만 파산자에 대한 권리를 행사하여야 하며, 파산절차에서는 확정된 채권표의 기재에 따라 파산관재인이 배당절차를 주재하고 파산채권자에

의한 별도의 집행개시나 배당요구 등의 제도가 없으므로, 확정된 채권표의 기재는 파산절차가 종결되기 전까지는 파산채권자들 사이에 배당액을 산정하기 위한 배당률을 정하는 기준이 되는 금액일 뿐이고 배당과 관련해서는 집행권원으로서 아무런 작용을 하는 것이 아니다. 그렇다면 파산절차에서 채권자가 중간배당을 받았다 하더라도 그 때문에 채권표에 기재된 채권액을 수정할 필요가 없어, 그러한 사정은 파산자가 파산채권으로 확정된 채권표의 기재에 관하여 그 채권의 존부나 범위를 다투기 위한 청구이의의 소의 사유로 삼을 수 없다.

3. 체납처분절차

가. 불간섭주의

국세징수법과 지방세법에 의해 진행되는 체납처분절차는 공매절차라고도 하는데 세금이나 각종 공과금의 납부의무 불이행에 대하여 채무자의 재산을 강제적으로 매각하는 절차로 공법상의 의무를 강제하는 절차라는 점에서 강제집행절차와 구별된다. 체납처분절차와 강제집행절차는 독립된 별개의 절차로 규율되고 있는데 이로 인하여 양절차가 충돌하여 혼선을 빚는 국면이 많다. 민사집행의 압류와 체납처분의 압류가 중복되는 경우라도 양자는 병존할 뿐 경합하지 아니하는 것이다. 양 절차가 병행하는 경우 어느 한 절차에서 먼저 매각대금을 납부한 자가 확정적으로 소유권을 취득한다.

≪판례≫ 상호불간섭주의[대법원 1989. 1. 31. 선고 88다카42 판결]

현행법상 국세체납절차와 민사집행절차는 별개의 절차로서 그 절차 상호간의 관계를 조정하는 법률의 규정이 없으므로 한 쪽의 절차가 다른 쪽의 절차에 간섭을 할 수 없는 반면 쌍방절차에서의 각 채권자는 서로 다른 절차에서 정한 방법으로 그 다른 절차에 참여할 수 밖에 없는 것이어서 유체동산에 대한 가압류집행이 있다고 하더라도 국세체납처분에 의한 공매처분이 종결되면 위 유체동산가압류의 효력은 상실되며 국세에 충당하고 남은 환가금에 대한 채무자의 반환채권에 위 가압류의 효력이 미친다고 볼 수 없다(같은 취지: 대법원 1961. 2. 9. 60다124 판결).

두 절차가 독립하여 병행할 수 있음으로 인하여 발생하는 문제점에 대하여 근본적 해결책은 양 절차를 일원화하거나 절차 사이의 우열을 두어 해결하는 것이 바람직할 것이다. 그러나 현재는 그에 이르지 못하고 양 절차를 조정하는 개별적인 규정(국세징수법 제14조, 제35조, 제36조, 제48조, 제56조, 제57조, 제81조 등)만을 두고 있을 뿐이다. 현재 '강제집행 등과 체납처분의 절차조정법안'이 심의 중에 있으며 동 법안은 선행절차우선주의를 취하여 어느 하나의 절차가 먼저 진행 중이면 다른 절차는 선행절차의 종료시까지 중지하는 것을 골자로 하고 있다.

나. 체납처분절차의 특성

(1) **압류선착주의**(국세기본법 제36조 1항, 지방세법 제34조 1항) 체납처분절차는 행정기관에 의한 집행절차로 민사집행절차와 달리 압류선착주의에 따르고 있다. 즉 조세징수에 열의를 가지고 먼저 체납처분절차에 착수한 조세채권자는 다른 조세채권자에 비하여 우선하여 변제를 받을 수 있도록 하고 있는 것이다. 이러한 압류선착주의는 민사집행절차를 통하여 조세를 징수하는 경우에 대하여도 동일하게 적용된다. 다만 조세징수에 있어서 압류선착주의가 적용되기 위하여는 다른 집행절차가 선행하여서는 아니 된다. 즉 체납처분 전부터 민사집행절차가 진행된 경우이거나 참가압류에는 압류선착주의가 적용될 여지가 없는 것이다(반대견해 있음). 압류선착주의는 당해세 등 조세의 우선변제력(조세채권우선의 원칙)과는 별개의 문제이다.

≪판례≫ 민사집행절차상 조세의 압류선착주의[대법원 2003. 7. 11. 선고 2001다83777 판결]
국세기본법 제36조 제1항과 지방세법 제34조 제1항이 채택하고 있는 이른바 압류선착주의(押留先着主義)의 취지는 다른 조세채권자보다 조세채무자의 자산 상태에 주의를 기울이고 조세 징수에 열의를 가지고 있는 징수권자에게 우선권을 부여하고자 하는 것이고, 이러한 압류선착주의의 입법 취지와, 압류재산이 금전채권인 경우에 제3채무자가 그의 선택에 의하여 체납처분청에 지급하는지 집행법원에 집행공탁을 하는지에 따라 조세의 징수액이 달라지는 것은 부당하다는 점을 고려하여 보면, 압류선착주의는 조세가 체납처분절차를 통하여 징수되는 경우뿐만 아니라 구 민사소송법(2002. 1. 26. 법률 제6626호로 개정되기 전의 것)에 의한 강제집행절차를 통하여 징수되는 경우에도 적용되어야 한다.

(2) **참가압류와 교부청구** 체납처분절차나 민사집행절차 등과 같은 강제환가절차가 선행하고 있는 경우에는 중복하여 체납처분절차에 의한 압류를 하지 못한다(국세징수법 제56조, 제57조). 즉 체납처분절차 상호간 또는 체납처분절차와 민사집행절차에는 경합할 여지가 없다.

다시 말해 체납처분절차에는 민사집행절차상 이중압류에 해당하는 제도가 없는 것이다. 이처럼 중복된 체납처분을 허용하지 아니하는 대신에 교부청구제도와 참가압류제도를 두고 있다. 교부청구는 민사집행절차상 배당요구에 다름 아니며, 참가압류는 교부청구에 갈음하여 기존의 체납처분에 참가한다는 취지의 통지서를 체납처분기관에 송달하는 것을 말한다. 참가압류는 넓은 의미의 교부청구라고 부르는 것으로 본질적으로 교부청구에 다름 아니나 선행 체납처분이

해제되거나 취소된 경우에는 참가압류시에 소급하여 압류의 효력을 갖는다는 점에서 교부청구와 차이가 있다. 교부청구와 참가압류를 합하여 넓은 의미의 체납처분이라고 한다. 앞서 설명한 바와 같이 넓은 의미의 체납처분에는 압류선착주의의 적용이 없다(반대견해 있음).

다. 소제주의

체납처분절차와 경매절차가 경합하던 중 경매절차를 통해 목적물이 먼저 매각된 경우에는 매수인은 종국적으로 소유권을 취득함은 앞서 설명한 바와 같다. 이때 집행법원이 소제주의에 따라 말소촉탁을 함에는 체납처분에 의한 압류등기까지 아울러 말소 촉탁하여야 한다. 전소유자에 대한 체납처분절차와 현재의 소유자에 대한 경매절차가 경합하던 중 먼저 경매절차에서 목적물이 매각된 경우에는 전소유자의 체납처분에 의한 압류등기 역시 소제의 대상으로 볼 것이다(반대견해 있음).

4. 가사소송법상 이행확보제도

가사소송법상 이행확보제도(가사소송법 제62조, 제64조, 제65조)의 특색은 기관분리·독립의 원칙에 따르지 아니하고 재판기관과 집행기관을 일치시키고 있다는 점이다. 이행확보처분은 모두 제 1 심 가정법원이 관할한다.

≪판례≫ 상고심 계속 중 가사보전처분의 관할[대법원 2002. 4. 24.자 2002즈합4 결정]

상고 또는 재항고로 인하여 본안기록이 상고심 또는 재항고심에 송부되고 본안이 상고심 또는 재항고심에 계속 중일 때에는, 상고심 또는 재항고심은 사실심리를 하기에 적당하지 아니하고 가사소송법 제67조 소정의 의무불이행에 대한 제재를 가하거나 집행법원이 되기도 적당하지 아니하므로 제 1 심 가정법원이 가사소송법에 의한 사전처분사건이나 가압류·가처분사건의 관할법원이 된다.

앞서 본 바와 같이 가사소송법상의 이행확보제도는 강제집행절차와 달리 권리관계 자체를 직접 실현시키기 보다는 권리의 실현을 우회적으로 보장하는 제도이다. 그러므로 민사집행법에 의한 강제집행과 가사소송법상의 집행절차는 상호 보완적이고 병렬적인 것으로 볼 수 있다. 다만 어느 하나의 절차를 통하여 채권자가 만족을 얻은 경우에는 다른 절차를 이용할 수 없다.

5. 기 타

그 밖에도 행정대집행법, 공장저당법, 광업저당법, 입목에 관한 법률, 농지담보법, 증권관련집단소송법 등 다양한 개별 법률에서 민사집행법상 강제집행과 다른 내용을 가진 집행절차를 규율하고 있다. 이와 같은 개별법률의 적용을 받는 사건에 대하여는 원칙적으로 민사집행법의 적용이 배제된다. 민사집행법 제1조에서 '민법・상법 그 밖의 법률'은 목적물의 현금화를 위한 형식적 경매에 관한 사항을 정한 법률을 지칭하는 것이며 여기의 행정대집행법 등과는 무관하다.

사례 2 〈해설〉 도산절차와 민사집행절차의 관계

1. 소비자파산의 일반적 기준

현재 실무를 살펴보면 30대 중반에 고졸 학력으로 일용직에 종사하고 있으며 별다른 재산이 없고 채무가 3,000만원을 초과하는 경우라면 대체로 소비자파산을 받아주는 것이 보통이다. 다만 근래 들어 위와 같은 경우라면 소비자 파산보다는 개인회생절차를 이용할 것으로 적극적으로 권고하는 것이 보통이다. 갑의 경우에는 대체로 소비자파산절차가 받아들여질 것으로 보인다.

2. 소비자파산과 민사집행의 관계

파산절차는 일반집행절차라는 점에서 개별집행절차인 민사집행절차에 절차적 우위성을 갖는다. 따라서 파산절차가 진행 중이라면 민사집행은 금지된다. 그러나 소비자파산절차는 동시파산절차라는 점에 특성이 있다. 즉 파산개시와 파산폐지가 동시에 있게 된다. 따라서 소비자파산절차와 민사집행절차의 경합관계는 생각할 여지가 거의 없다. 그러나 소비자파산신청 후 동시파산이 있기까지는 법원에 따라 차이는 있지만 대체로 6개월에서 8개월까지의 시간이 소요되는데, 위 기간 중에는 민사집행법에 따른 개별채권자의 강제집행이 가능하다. 따라서 갑은 동시파산결정이 있기 전까지는 카드회사의 유체동산집행을 막을 방법이 없다.

3. 소비자파산과 개인회생의 차이점

소비자파산절차와 달리 개인회생절차를 이용하는 경우에는 개인회생신청과 더불어 동시에 현재 진행 중인 민사집행에 대한 중지명령 또는 민사집행에 대한 일반적인 금지명령을 신청할 수 있도록 하고 있다(통합도산법 제593조). 소비자 파산절차에 있어서도 위와 같은 금지명령 또는 중지명령을 신청할 수 있도록 함이 입법론상 타당하다고 본다.

제 3 절 민사집행법

Ⅰ. 서 론

1. 의 의

민사집행절차를 규율하는 법규의 총체를 실질적 의미의 민사집행법이라 하고 2002년 1월 26일 법률 제6627호로 공포된 민사집행법을 형식적 의미의 민사집행법이라 한다.

2. 민사집행법의 연혁

종전에는 민사집행법이라는 단행법의 형식으로 하지 않고 민사소송법의 일부로 편제되어 있었다. 즉 1960년 4월 4일 법률 제547호로 제정된 민사소송법은 제7편 강제집행에서 민사집행에 관한 규정을 두고 있었고 1963년 12월 13일에 약간의 개정을 거쳐 1990년 1월 13일 법률 제4201호로 개정된 민사소송법은 비송절차였던 담보권실행을 위한 경매절차를 강제집행편에 편입하고 경매법을 폐지하여 경매절차를 일원화하였다. 그러나 그간의 민사소송법은 규율 내용상의 많은 문제점을 안고 있었고 이에 대처하기 위해 1970년 12월 31일 법률 제2254호로 공포된 간이절차에 의한 민사분쟁사건처리특례법, 1981년 1월 29일 법률 제3361호로 공포된 소송촉진 등에 관한 특례법으로 등으로 보완하였다. 또한 민사소송법은 여러 가지 내용상의 미흡한 점뿐만 아니라 재판절차와 집행절차는 기본이념, 절차의 성격, 불복방법 등이 전혀 다름에도 하나의 법률로 규정되어 있는 입법체계상의 문제점을 안고 있었다. 그리하여 내용면에서의 대폭적인 개정을 포함한 단행법의 형식을 갖춘 새로운 민사집행법(2006. 1. 26. 법률 제6627호)이 제정되었고 1차 개정(2005. 1. 27. 법률 제7358호)이 있었다. 집행절차상 사법보좌관제도는 민사집행법을 개정하여 이루어진 것이 아니고 법원조직법 제54조의 개정과 사법보좌관규칙의 제정을 통하여 마련된 제도이다.

Ⅱ. 민사집행법의 이념

민사집행절차는 통상의 민사소송절차에 비견하여 다음과 같은 이념이 추구된다. 신의칙과 같은 민사소송절차에서와 동일하게 인정되는 일반원칙 내지 이념(제23조, 민소법 제 1 조) 등에 관하여는 별도로 설명하지 아니한다.

1. 신 속

집행절차는 판결절차라는 신중한 절차를 통하여 사법상 이행청구권의 내용이 확정된 이후의 절차이므로 채권자를 채무자보다 상대적 우위에 두어 권리의 신속한 실현을 지향하고 있다. 이를 위한 제도로는 집행권원제도, 기관 분리·독립의 원칙 내지는 형식주의, 집행문부여제도, 결정절차주의, 임의적 심문제도, 즉시항고의 집행부정지, 항고이유서 제출강제주의, 항고심의 심리범위한정, 매각허가결정에 대한 항고사유제한, 항고보증제공의무자의 확대, 집행에 관한 이의의 재판에 즉시항고를 삭제한 것, 변제증서 등 제출에 의한 집행정지기간제한, 보전처분절차의 결정절차 일원화, 지급명령에 기초한 강제집행에 집행문부여절차를 삭제한 것, 배당요구종기제도 등을 예로 들 수 있다.

2. 채권자보호

집행절차는 판결절차를 통해 채무자의 불성실한 채무불이행이 있음이 확인된 이후의 절차이므로 상대적으로 채권자를 위한 절차로서 성질을 가진다. 다른 한편 자신의 노력과 비용으로 집행을 성실히 준비하여 먼저 집행에 착수한 채권자를 단순히 집행에 참가한 채권자보다 우월한 지위를 인정하고 있다. 이를 위한 제도로는 일반채권자의 배당절차 배제, 배당요구종기제도, 재산명시절차상 감치제도와 재산조회제도의 보완, 목적물이 고가로 매각되어 더 많은 변제를 받을 수 있도록 매각방법을 다양화 한 것, 미등기건물에 대한 집행절차를 보완한 것, 부동산소유권이전등기청구권에 대한 집행절차를 개선한 것 등을 예로 들 수 있다.

3. 채무자보호

강제집행은 궁극적으로는 채권자의 만족을 위한 제도이다. 그러므로 채권자의 만족보다 더 높은 가치를 위해서는 강제집행은 자리를 양보해야 한다. 이러한 측면에서 채무자의 최소한의 인간다운 생활을 어렵게 하거나 인격권을 심각하게 침해하게 되는 결과를 가져오는 강제집행은 인정되지 아니한다. 이를 위한 제도로는 직접강제가 가능하다면 간접강제가 허용되지 아니하는 것, 압류금지물건(제195조), 압류금지채권(제246조), 과잉매각금지(제188조 2항), 야간과 휴일의 집행제한(제 8 조), 잉여주의(제188조 3항), 보전명령의 집행기간제한, 가처분취소재판에 대한 원상회복제도(제308조), 단행가처분에서 집행정지제도(제309조) 등을 예로 들 수 있다. 한편 압류 또는 가압류채권의 공탁을 규정한 제248조, 제297조는 제 3 채무자의 보호를 위한 규정이며 채무자의 보호와는 무관하다.

4. 매수인보호

강제집행이 성공적인 것이 되기 위해서는 집행대상이 가능하면 높은 가격에 팔리도록 하는 것이 채권자와 채무자 모두를 위해 필요하다. 이는 경매절차에서 누구나 안심하고 입찰에 참여를 할 수 있도록 매수인을 보호함으로써 달성할 수 있다. 이를 위해 입찰보증금 액수를 최저매각가격을 기준으로 하고 나아가 보증서의 제출로 보증의 제공에 갈음할 수 있게 한 점, 배당요구종기제도를 신설하고 배당요구철회를 제한한 점, 매각허가결정에 대한 즉시항고에 대한 규율을 강화한 점, 대금지급을 기일방식에서 기한방식으로 변경한 점, 인도명령의 상대방의 범위를 확대하고 필요적 심문의 대상이 되는 점유자의 범위를 축소한 점, 경매의 공신력을 인정하는 점 등을 예로 들 수 있다.

Ⅲ. 민사집행절차의 기본원칙

1. 의 의

위와 같은 민사집행법의 이념 논의와 구별하여 민사집행절차의 기본원칙이라는 것이 제시된다. 민사집행법의 이념·목적 달성을 위한 절차적 규율의 기본적 방향 내지 입법태도를 민사집행절차의 기본원칙이라고 할 수 있을 것이다. 이념에 관한 논의와 경계가 불분명한 것이 없지 아니하나 민사집행절차의 전체적인 성격을 이해하는데 도움을 준다는 점에서 논의의 실익이 있는 것 같다. 이를 간략히 살펴보면 다음과 같다.

2. 기본원칙의 내용

가. 처분권주의

처분권주의는 사적자치의 소송절차상 반영이며 집행절차에 있어서도 원칙적으로 처분권주의가 적용된다. 처분권주의와 관련하여 집행계약의 유효성이 문제된다.

나. 직권주의

민사소송절차에 있어서 심리의 내용면에서는 처분권주의에 의하는 동시에 심리의 절차면에서는 집행기관에 주도권을 인정하는 직권주의에 의한다. 집행절차에서도 마찬가지로 심리의 절차면에서는 직권주의에 따른다. 한편 집행절차에 있어서는 직권주의의 요소가 더욱 강화되어 있는데 매각조건의 결정(제91조, 제96조, 제102조 등)이나 유체동산집행에서 목적물의 선택(제 5 조, 규칙 제132) 등이 그것이다.

다. 집행기관비집중주의

민사집행법은 집행기관으로 집행관, 집행법원, 수소법원의 세 가지를 두고 있다. 이와 같이 수개 종류의 집행기관을 두는 입법태도를 비집중주의라고 한다. 비집중주의에 반대되는 입법례를 통합주의라고 한다.

라. 기관분리독립주의

집행절차의 신속을 위하여 집행권원형성을 담당하는 기관과 집행권원의 실현을 담당하는 기관을 별개로 두는 태도를 기관분리독립주의라고 한다. 민사집행법원은 원칙적으로 기관분리독립주의에 입각하여 있다.

마. 형식주의

집행기관은 집행의 적부를 판단함에 있어 집행정본에 나타난 자료만을 기준으로 삼아야 하고 집행권원에 담긴 청구권의 실체적 정당성을 심리하여서는 안된다. 이러한 입법태도는 기판력제도와 집행의 신속을 위한 것으로 이를 두고 형식주의라고 한다. 형식주의는 기관분리독립주의와 표리관계에 있는 것이다.

바. 서면심리주의

판결절차에 있어서는 필요적 변론에 의하는 것이 보통이지만 집행법원의 재판은 변론 없이 할 수 있음이 원칙이다(제 3 조 2항). 집행절차는 대부분 결정절차로 이루어져 있고 심리의 방법에 있어서 일반적으로 서면심리에 의하되 예외적으로 임의적 변론이나 심문기일방식을 취하고 있는 것이다. 이를 두고 서면심리주의라 하는데 이는 집행절차의 신속을 위한 제도로서 그 내면에는 집행권원이 담고 있는 사법상 이행청구권의 당부에 관하여는 집행절차에 앞선 집행권원형성절차에서 충분히 심리되었다는 생각이 담겨있다.

사. 고가매각주의

집행목적물이 높은 가격에 매각되는 것이 채무자나 채권자 모두에게 유리한다. 이를 위하여 민사집행법은 기간입찰제(제103조), 차순위매수신고인제도(제114조)

등을 두고 있다.

아. 평등배당주의

실체법 영역에서 채권자평등주의가 적용되는 것과 집행절차상 절차에 먼저 착수한 채권자를 어떻게 취급하느냐 하는 것은 별개의 문제이다. 민사집행법은 집행절차에 참가한 순위를 불문하고 채권자를 원칙적으로 평등하게 취급하는 평등주의를 채택하고 있다.

자. 물적집행주의

채무자의 인격권 존중의 취지에서 채무자의 신체나 노동력은 집행의 대상이 되지 못하며 채무자의 물건이나 권리만을 집행의 대상으로 삼을 수 있다. 이를 물적집행주의라 한다.

Ⅳ. 민사집행법의 적용범위

사 례 3 민사집행법의 시적 적용범위

채권자 갑은 2003. 1. 27. 금전채권 금 1,000만원을 피보전권리로 하여 채무자 을의 부동산을 가압류하였다. 채무자 을은 그로부터 약 3년이 경과한 2006. 3. 3. 그 동안 갑이 본안에 관한 소를 제기하지 아니하였음을 지적하며 민사집행법 제288조 제 1 항 제 3 호에 따라 가압류 취소를 구하였다. 이에 대하여 법원은 어떻게 판단하여야 하는가?

1. 장소적 적용범위

민사집행법은 대한민국의 영토 내에만 그 효력이 미친다.

2. 대인적 적용범위

민사집행법은 대한민국의 모든 국민에 대해 그 효력이 미치며 치외법권자에게는 효력이 미치지 아니한다. 외국국가라도 사법적 행위에 대하여는 민사집행법의 적용된다.

≪판례≫ 외국에 대한 재판권[대법원 1998. 12. 17. 선고 97다39216 전원합의체 판결]

우리나라의 영토 내에서 행하여진 외국의 사법적 행위가 주권적 활동에 속하는 것이거나 이와 밀접한 관련이 있어서 이에 대한 재판권의 행사가 외국의 주권적 활동에 대한 부당한 간섭이 될 우려가 있다는 등의 특별한 사정이 없는 한, 외국의 사법적(사법적) 행위에 대하여는 당해 국가를 피고로 하여 우리나라의 법원이 재판권을 행사할 수 있다(민군속인 한국인의 급여에 대한 집행가능성이 문제된 사안/필자 각주).

3. 대물적 적용범위

민사집행법은 대한민국의 영토 내에 있는 모든 물건 및 권리에 대하여 그 효력이 미친다. 채무자의 최저생활 보장 등을 위해 인정되는 압류금지대상의 문제는 민사집행법의 적용범위의 문제와 무관하다. 이것은 대한민국의 주권의 효력이 배제되는 것이 아니라 채무자 보호를 위해 민사집행법이 단순히 집행의 대상을 한정하는 데 불과하기 때문이다.

4. 시간적 적용범위

부 칙 〈제6627호, 2002.1.26〉

제 1 조 (시행일)

이 법은 2002년 7월 1일부터 시행한다.

제 2 조 (계속사건에 관한 경과조치)

① 이 법 시행 전에 신청된 집행사건에 관하여는 종전의 규정에 따른다.

② 이 법 시행 당시 종전의 민사소송법의 규정에 따라 이 법 시행 전에 행한 집행처분 그 밖의 행위는 이 법의 적용에 관하여는 이 법의 해당 규정에 따라 한 것으로 본다.

③ 제 1 항 및 제 2 항에 규정한 것 외에 이 법의 시행 당시 이미 법원에 계속되거나 집행관이 취급하고 있는 사건의 처리에 관하여 필요한 사항은 대법원규칙으로 정한다.

제 3 조 (관할에 관한 경과조치)

이 법 시행 당시 법원에 계속 중인 사건은 이 법에 따라 관할권이 없는 경우에도 종전의 규정에 따라 관할권이 있으면 그에 따른다.

제 4 조 (법정기간에 대한 경과조치)

이 법 시행 전부터 진행된 법정기간과 그 계산은 종전의 규정에 따른다.

제 5 조 (법 적용의 시간적 범위)

이 법은 이 법 시행 전에 생긴 사항에도 적용한다. 다만, 종전의 규정에 따라 생긴 효력에는 영향을 미치지 아니한다.

실무에서는 민사집행법 시행 이전의 사건을 구법사건이라 하고 그 이후의 사건을 신법사건으로 구별하여 부르고 있다. 입찰현장에서 흔히 구법사건의 입찰임을 간과하고 매수가격이 아닌 최저매각가격을 기준으로 하여 입찰보증금을 제출하는 바람에 입찰이 무효화하는 경우가 많다. 이처럼 민사집행법의 제정과 더불어 집행절차상의 많은 변화가 있었고 이와 관련하여 민사집행법의 시간적 적용범위와 관련하여 약간의 문제가 있다. 이에 대하여 민사집행법은 부칙 제2조에서 불소급의 원칙을 선언하고 있다. 흔히 문제될 수 있는 몇 가지만을 살펴보면 다음과 같다.

가. 인도명령의 인적 범위

인도명령대상이 되는 인적 범위에 관련해서도 구법사건은 구법을 기준으로 하여야 하고 신법사건은 신법을 기준으로 정하여야 한다. 인도명령절차는 매각절차와는 별개의 절차이기는 하지만 매각절차에 종된 절차라는 점에서 본건을 기준으로 인도명령의 대상이 되는 상대방의 범위가 결정되어야 하는 것이다. 그러므로 매각절차가 구법에 따라 이루어졌으면 대금납부 시기가 신법 시행 이후라도 구법을 기준으로 인도명령절차를 규율할 것이다.

≪판례≫ 집행에 관한 이의와 신·구법의 적용[대법원 2005. 10. 20.자 2003그120 결정]

민사집행법 부칙 제1조는 "이 법은 2002년 7월 1일부터 시행한다."고 규정하고 있고, 부칙 제2조 제1항은 "이 법 시행 전에 신청된 집행사건에 관하여는 종전의 규정에 따른다."고 규정하고 있으며, 민사집행규칙 부칙 제7조 제1항은 "법 시행 전의 신청에 기초하여 종전의 규정에 따라 압류된 채권과 그 밖의 재산권에 대한 배당절차에 관하여는 그 채권 또는 그 밖의 재산권에 대하여 법 시행 후의 신청에 기초하여 압류가 이루어진 경우에만 법 또는 이 규칙의 규정을 적용한다."고 규정하고 있으므로, 채권과 그 밖의 재산권에 대한 집행사건에 관하여는 그 신청시기를 기준으로 적용할 법률을 정하여야 하는 것이고, 한편 집행에 관한 이의는 집행절차에 부수하는 불복절차로서 이를 독립된 집행사건으로 볼 수는 없는 것이므로, 집행에 관한 이의신청 사건에 적용될 법률은 그 대상이 되는 집행사건을 기준으로 판정하여야 한다.

나. 보전처분과 제소기간

부 칙 〈제7358호, 2005.1.27〉

제 1 조 (시행일)

이 법은 공포 후 6월이 경과한 날부터 시행한다.

제 2 조 (계속사건에 관한 경과조치)

이 법 시행 전에 신청된 재산조회 사건·동산에 대한 강제집행 사건·보전명령 사건·보전명령에 대한 이의 및 취소신청 사건에 관하여는 종전의 규정에 의한다. 다만, 보전명령이 종국판결로 선고된 경우에는 이에 대한 상소 또는 취소 신청이 이 법 시행 후에 된 경우에도 종전의 규정에 의한다.

보전명령이 집행된 이후에 상당한 기간이 경과했음에도 본안의 소를 제기하지 않은 경우에 채무자는 보전집행을 취소할 것을 신청할 수 있는데 종전에는 10년 또는 5년이 경과해야 가능했던 것을 3년으로 단축하였다. 다소의 문제는 있지만 제소기간은 보전집행이 있었던 시점의 법상태를 기준으로 산정해야 할 것이다.

사례 3 〈해설〉 보전처분 절차의 이원적 구조

채권자가 가압류가 집행된 뒤에도 일정한 기간이 경과하도록 본안의 소를 제기하지 아니하는 경우에, 채무자는 당해 가압류의 취소를 구할 수 있다(민사집행법 제288조 1항 3호). 이러한 '일정한 기간'에 관하여 민사집행법 제정 전의 민사소송법은 10년, 제정 민사집행법은 5년, 현행 민사집행법은 3년으로 정하고 있다. 채권자 갑의 가압류신청은 제정 민사집행법이 적용되는 시점에, 채무자 을의 가압류취소 신청은 현행 민사집행법이 적용되는 시점에 이루어진 것이다. 이러한 경우 민사집행법 부칙(제7358호, 2005. 1. 27.) 제 2 조에 따라 제정 민사집행법이 정하는 5년의 기간이 적용된다. 따라서 법원은 을의 신청을 배척하여야 한다.

Ⅴ. 민사소송법의 준용

제23조 (민사소송법의 준용 등)

① 이 법에 특별한 규정이 있는 경우를 제외하고는 민사집행 및 보전처분의 절차에 관하여는 민사소송법의 규정을 준용한다.

② 이 법에 정한 것 외에 민사집행 및 보전처분의 절차에 관하여 필요한 사항은 대법원규칙으로 정한다.

1. 원칙적 준용

민사집행법에 특별한 규정이 있는 경우를 제외하고는 민사집행 및 보전처분의 절차에 관하여는 민사소송법의 규정이 준용된다(제23조 1항). 준용의 구체적 범위에 관하여는 집행절차와 보전처분절차를 나누어 살펴볼 필요가 있다.

2. 준용의 구체적 범위

가. 집행절차

제12조 (송달·통지의 생략)

채무자가 외국에 있거나 있는 곳이 분명하지 아니한 때에는 집행행위에 속한 송달이나 통지를 하지 아니하여도 된다.

제13조 (외국송달의 특례)

① 집행절차에서 외국으로 송달이나 통지를 하는 경우에는 송달이나 통지와 함께 대한민국 안에 송달이나 통지를 받을 장소와 영수인을 정하여 상당한 기간 이내에 신고하도록 명할 수 있다.

② 제 1 항의 기간 이내에 신고가 없는 경우에는 그 이후의 송달이나 통지를 하지 아니할 수 있다.

제14조 (주소 등이 바뀐 경우의 신고의무)

① 집행에 관하여 법원에 신청이나 신고를 한 사람 또는 법원으로부터 서류를 송달받은 사람이 송달받을 장소를 바꾼 때에는 그 취지를 법원에 바로 신고하여야 한다.

② 제 1 항의 신고를 하지 아니한 사람에 대한 송달은 달리 송달할 장소를 알 수 없는 경우에는 법원에 신고된 장소 또는 종전에 송달을 받던 장소에 대법원규칙이 정하는 방법으로 발송할 수 있다.

③ 제 2 항의 규정에 따라 서류를 발송한 경우에는 발송한 때에 송달된 것으로 본다.

집행절차도 본질적으로 소송절차이므로 민사소송법의 규정이 원칙적으로 준용되어야 함은 물론이다. 특히 민사소송법의 이념에 관한 규정이나 절차적·기술적 사항에 관한 규정은 집행절차에도 그대로 준용된다. 다만 송달에 관하여는 대폭 완화하고 있다. 또한 집행절차는 원칙적으로 서면심리절차에 의하므로 변론절차를 전제로 하는 다수당사자의 소송참가형태, 소송절차의 중단·중지, 청구의 포기나 인낙 등에 관한 민사소송법상 규정은 준용되지 아니한다.

나. 보전처분절차

보전처분절차는 보전소송절차와 보전집행절차의 두 절차가 결합된 절차이다. 보전소송절차는 통상의 소송절차에 가깝고 보전집행절차는 통상의 집행절차에 가깝다. 그러므로 보전소송절차에 관하여는 민사소송법이 폭넓게 준용될 것이나 보전집행절차에는 민사소송법의 준용범위가 좁다. 상세한 설명은 제 4 편으로 미룬다.

제 2 장 집행기관

개 관

민사집행절차는 판결절차에 비하여 직권주의적 색채가 현저하다. 집행절차의 개시와 종료 사이에 구체적인 절차진행의 내용은 대부분 집행기관에 맡겨져 있는 것이다. 현행법은 집행관 · 집행법원 · 수소법원이라는 세 가지 집행기관을 두고 있다. 이러한 집행기관은 어떠한 원리에 따라 구성되며 세 집행기관 사이에 직무분담은 어떠한 기준에 따라 정해지는가에 관하여 살펴보기로 한다.

학습목표

1. 집행기관의 의의와 그 구성원리를 이해한다.
2. 개별 집행기관 사이에 직무배분의 일반적 기준을 파악한다.
3. 개별 집행기관의 일반적 집행실시절차를 정리한다.

제 1 절 서 론

Ⅰ. 집행기관의 의의

민사집행권은 국가에 속하며 사인은 다만 국가에 대하여 민사집행청구권을 갖는다는 점은 앞서 본 바와 같다. 여기서 국가에 속한 민사집행권을 구체적으로 행사하는 기관을 집행기관이라고 한다. 집행기관과 당사자를 합하여 민사집행의 주체라고 한다.

Ⅱ. 집행기관의 구성원리

사 례 4 **형식주의와 판결경정**

A토지의 공유자 갑과 을은 당해 토지를 위법하게 점유하고 있는 병을 상대로 그 인도를 구하는 소를 제기하여 승소확정판결을 얻었다. 그런데 법원은 인도를 명함에 있어서 '피고는 원고에게 A토지를 인도하라'라고 주문에 기재하였다. 갑과 을은 위 판결을 기초로 병에 대한 인도청구권의 강제집행을 구할 수 있는가?

1. 비집중주의

민사집행법은 집행기관으로 집행관, 집행법원, 수소법원의 세 가지 종류를 두고 있다. 이를 두고 비집중주의 입법태도라고 하는 점은 앞서 설명한 바와 같다.

2. 기관분리 · 독립의 원칙

판결기관과 집행기관을 별개로 두는 입법태도를 기관분리 · 독립의 원칙이라는 점은 앞서 설명한 바와 같다.

3. 형식주의

가. 의 의

집행기관은 판결기관의 판단에 대한 실체법적 정당성을 심사할 수 없으며 집행정본의 해석에 있어서는 집행정본에 나타난 자료만을 기준으로 삼아야 한다. 이를 두고 형식주의라고 함은 앞서 설명한 바와 같다.

나. 집행권원의 해석

집행정본에 나타난 자료라 함은 주로 판결의 주문과 이유 및 집행문의 기재를 말한다. 집행정본에 나타난 자료만으로는 집행권원의 불명확성과 유효성에 대한 의문을 해소하기 어려운 상황이라면 집행은 불능에 빠지고 당사자로서는 집행권원을 얻는 절차를 다시 밟아서 해결할 문제이다. 집행권원의 기재가 명백하게 단순한 오기·계산착오·누락 등에 불과한 경우라도 채권자가 판결 경정절차(민소법 제211조)를 거쳐 이를 바로 잡지 아니하는 한 집행기관이 이를 임의로 바로 잡는 것은 허용되지 아니한다. 이러한 집행불능의 문제는 판결경정의 한계 논의의 이면이라고 할 수 있다. 집행불능에 빠진 채권자로서는 전소에서 동일한 후소를 제기하여 집행권원을 다시 얻어야 하는데 이러한 경우 후소는 예외적으로 전소의 기판력에 배치되지 않는 것으로 취급된다.

≪판례≫ 수량불특정[대법원 1965. 9. 21. 선고 65다1427 판결]

백미 2가마의 지급을 명하면서 가마당 용량에 관한 확정한 바 없는 판결주문은 목적물의 수량에 관한 특정이 되어 있지 아니하여 집행불능의 판결이라 하지 않을 수 없다.

≪판례≫ 화해조서내용의 불특정[대법원 1995. 5. 12. 선고 94다25216 판결]

재판상의 화해를 조서에 기재한 때에는 그 조서는 확정판결과 동일한 효력이 있고 당사자 사이에 기판력이 생겨 재심의 소에 의한 취소 또는 변경이 없는 한 당사자는 그 취지에 반하는 주장을 할 수 없음이 원칙이나, 화해조서에 기재된 내용이 특정되지 아니하여 강제집행을 할 수 없는 경우에는 동일한 청구를 제기할 소의 이익이 있다.

≪판례≫ 환지 전 토지에 인도판결[대법원 1986. 9. 9. 선고 85다카1952 판결]

제1차 소송이 종전토지의 인도 및 위 토지에 대한 임료상당 손해배상을 명한 판결인데 반하여 제2차 소송은 위 종전토지에 대한 환지예정지가 수차 그 위치와 면적을 달리하는 다른 토지로 지정처분이 변경되었다가 환지확정 된 토지에 대한 인도 및 그 토지에 대한 임료상당 손해배상을 구하는 것이라면 위 토지가 위 제1차 소송에 의한 판결상의 토지와 그 위치, 평수가 달라져 그에 대한 강제집행이 불가능하게 된 것인 이상 위 제1차 소송의 판결의 기판력이 위 제2차 소송에 미친다고 볼 수 없다.

≪판례≫ 별지목록누락과 판결경정[대법원 1989. 10. 13. 선고 88다카19415 판결]

판결주문과 이유에 별지목록기재 물건이라고 하면서 판결서 말미에 그 별지가 첨부되어 있지 않더라도 그 목록이 소장에 첨부된 목록과 동일한 것임이 분명하고 법원이 판결서를 작성함에 있어 부주의로 이를 누락한 것이 명백하다면 위와 같은 잘못은 판결경정사유로 삼을 수 있으므로 그 판결을 파기하여야 할 사유라고 할 수 없다.

≪판례≫ 판결원본멸실과 집행불능[대법원 1981. 3. 24. 선고 80다1888,1889 판결]

공유물분할청구소송의 승소확정판결은 기판력과 집행력이 있는 것이므로 그 확정판결의 원본이 멸실되어 강제집행에 필요한 집행문을 받을 수 없는 등 특별한 사정이 없는 한 그와 동일한 소를 제기할 소의 이익이 없다.

4. 예 외

가. 의 의

위와 같은 집행기관 구성원리는 집행절차의 신속성을 위한 입법정책의 문제에 불과한 것이어서 합리적인 이유가 있는 경우에는 그 적용이 배제된다.

나. 기관분리·독립원칙에 대한 예외

기관분리·독립의 원칙에 대한 예외로는 가사소송법사의 이행확보제도나 증권관련 집단소송절차에서 수소법원이 배당을 주관하는 것 등과 같이 수소법원을 집행기관으로 삼는 것이다.

다. 형식주의에 대한 예외

형식주의에 대한 예외로는 확정기한의 도래나 반대급부의무의 제공 유무 등과 같이 사법상 이행청구권의 내용과 관련된 실체적 또는 실질적 사항에 관하여 집행기관이 심사하는 것을 들 수 있다.

5. 집행법원 구성의 변화

가. 의 의

종전의 민사소송절차는 법관들의 과중한 업무처리와 절차의 지연 및 소송의 주체인 당사자의 소외 등 많은 문제점을 안고 있었다. 이에 2001. 3. 1.부터 민사사건의 심리방식을 재편하여 새로운 민사사건관리모델을 적용하고 있다. 새로운 민사사건관리모델을 간단히 신모델이라고 한다. 이러한 신모델은 법원의 구성에 관하여도 현저한 변화를 가져왔는데 이러한 사정은 집행법원의 구성에 있어서도 마찬가지이다. 즉 종전까지는 집행법원이라고 하면 단독재판부의 단독판사를 지칭하는 소송송법상 의미의 법원으로 받아들여졌으나 신모델은 집행법원의 개념을 확장하여 소송법상 의미의 법원을 구성하는 법관뿐 아니라 사법보좌관이나 법원사무관 등 일반직원까지 포섭하는 넓은 의미의 집행법원의 개념을 전제로 하여 그 구성원들의 협동작업에 의하여 절차를 진행해 가는 것으로 구성하였다

(민사절차론 4면).

나. 사법보좌관제도

위와 같은 신모델하에서는 집행법원의 구성변화에 있어서 법원조직법(제54조)의 개정과 사법보좌관규칙의 제정에 바탕하여 사법보좌관제도를 새로 도입하였다. 사법보좌관은 집행법원의 구성원에 불과하며 독립된 집행기관이 아니다.

6. 집행공조기관

제20조 (공공기관의 원조)

법원은 집행을 하기 위하여 필요하면 공공기관에 원조를 요청할 수 있다.

제54조 (군인·군무원에 대한 강제집행)

① 군인·군무원에 대하여 병영·군사용 청사 또는 군용 선박에서 강제집행을 할 경우 법원은 채권자의 신청에 따라 군판사 또는 부대장(部隊長)이나 선장에게 촉탁하여 이를 행한다.

② 촉탁에 따라 압류한 물건은 채권자가 위임한 집행관에게 교부하여야 한다.

제55조 (외국에서 할 집행)

① 외국에서 강제집행을 할 경우에 그 외국 공공기관의 법률상 공조를 받을 수 있는 때에는 제1심 법원이 채권자의 신청에 따라 외국 공공기관에 이를 촉탁하여야 한다.

② 외국에 머물고 있는 대한민국 영사(領事)에 의하여 강제집행을 할 수 있는 때에는 제1심 법원은 그 영사에게 이를 촉탁하여야 한다.

집행절차에 관여하는 기관으로는 집행문 부여 등의 업무를 처리하는 법원사무관, 등기촉탁 등의 업무를 처리하는 등기관, 집행증서를 작성하는 등의 업무를 처리하는 공증인, 재산조회요구를 받은 금융기관 등이 있다. 이러한 기관들은 직접 집행기관을 구성하는 기관으로 보기는 어렵지만 넓은 의미에서 집행기관으로 파악하는 것도 가능하다고 본다. 이러한 측면에서 이들을 집행공조기관이라고도 한다. 특히 민사집행법은 종전의 민사소송법과 달리 채무불이행자명부부본의 송달 및 그 말소통지(규칙 제33조, 제34조), 배당금의 교부·공탁과 공탁물의 지급위탁(규칙 제82조), 등기·등록의 촉탁과 최고(제84조)를 집행법원의 업무에서 법원사무관의 업무로 변경하였다.

사례 4 〈해설〉 형식주의와 판결경정

'피고는 원고에게 A토지를 인도하라'라는 주문을 담은 판결만으로는 곧바로 집행에 나아갈 수 없다. 주문의 형식적 기재만으로는 피고가 인도할 상대방이 누구인지 특정할 수 없기 때문이다. 당해 판결의 전체적 취지를 살펴보면 위 주문에서 지시하는 '원고'가 갑과 을을 지칭한다는 것은 누구나 알 수 있을 것이지만, 집행기관으로서는 집행권원의 형식적 기재만을 기준으로 집행절차를 진행하여야 하는 것이다. 그러므로 갑과 을로서는 위 주문 기재의 '원고'를 '원고들'로 바꾸는 판결경정절차를 거친 이후에만 집행에 나아갈 수 있다.

Ⅲ. 집행기관의 직무관할

1. 직무관할

가. 의 의

직무관할에 대하여 특별한 규정이 없으면 집행관의 관할(제 2 조)로 하는 점에서 집행관이 원칙적 집행기관이다. 직무관할은 하나의 집행절차 전체가 아니라 집행절차를 구성하는 개개의 집행행위를 기준으로 정해진다. 집행기관별로 구체적인 직무관할을 살펴보면 다음과 같다.

나. 직무분배

제 2 조 (집행실시자)

민사집행은 이 법에 특별한 규정이 없으면 집행관이 실시한다.

집행관은 원칙적 집행기관이지만 광범한 예외가 인정되어 실제로는 단순한 사실적 행동이 요구되거나 유체동산집행 등과 같은 간이한 절차에 의한 집행을 직무로 한다. 집행법원은 관념적 재판만으로 충분한 채권 등에 대한 집행 또는 신중한 판단이 요구되는 부동산 등에 대한 집행을 직무로 한다. 수소법원은 구체적인 집행에 있어서 집행채권과 집행방법 사이에 밀접한 관계가 있는 탓으로 집행에 있어 상당한 재량적 판단이 요구되는 작위·부작위에 관한 청구 등에 대한 집행을 담당한다.

2. 사물관할

집행관은 단독기관으로 하고 있으며, 수소법원은 집행기관으로서 행위하는 경우에도 그 구성에 변화가 없으므로 별도로 사물관할이 문제될 것이 없다. 집행법원은 집행채권액의 종류와 다소를 불문하고 항상 단독판사로 구성된다.

3. 토지관할

민사집행법은 원칙적으로 집행대상의 소재지에 따라 토지관할을 정하고 있으며 전속관할임에도 일정한 경우 관련재판적을 인정하고 있음에 특징이 있다.

4. 관할위반

민사집행법이 정하는 집행기관의 관할은 전속관할로 당사자의 합의는 물론 집행기관의 의사에 따라서도 임의로 변경할 수 없다. 직무관할이나 사물관할에 관한 규정은 절대적 강행성을 띠는 것으로 직무관할이 없는 집행기관의 행위는 무효이다(반대견해 있음). 그러나 토지관할에 위반하는 행위는 단순위법에 그치는 것이어서 집행절차 내에서 그 위법이 간과되어 집행절차가 종료된 경우에는 그 하자를 별도로 다투지 못한다.

제 2 절 집 행 관

Ⅰ. 의 의

집행관은 법률이 정하는 바에 의하여 재판의 집행이나 서류의 송달 기타 법령에 의한 사무에 종사하는 단독제의 독립적 사법기관이다(법원조직법 제55조 1항, 집행관법 제 2 조). 구법은 집달리 또는 집달관이라고 하였다.

Ⅱ. 집행관의 지위

1. 사법공무원

집행관은 사법부에 속하는 국가공무원으로 국가공무원법상의 겸직금지의무나 영리행위금지의무 등을 진다. 집행관의 직무행위에 대하여는 국가배상법이 적용된다. 집행관의 직무행위를 폭행이나 협박으로 방해하는 경우에는 형법상 공무집행방해죄가 성립된다.

≪판례≫ 집행관의 불법행위와 국가배상책임[대법원 1968. 5. 7. 선고 68다326 판결]

집달리가 재판의 집행서류의 송달 기타 법령에 의한 사무에 종사하는 경우에 있어서는 집달리는 실질적 의미에서의 국가공무원에 속한다고 할 것이고 집달리가 위와 같은 직무를 수행함에 있어서 주의의무를 위배함으로써 손해를 가한 경우에는 국가는 그 피해자에게 대하여 국가배상법 제 2 조에 의하여 손해를 배상할 의무가 있다고 할 것이며 본조(구 민사소송법 제493조/필자 각주)에 의하여 집달리에게 제 1 차적인 책임이 있다는 규정이 있다하여 동법상의 국가의 손해배상책임이 배제된다거나 양자의 책임이 양립되지 않는다고는 할 수 없다(같은 취지: 대법원 1966. 7. 26. 선고 66다854 판결).

≪판례≫ 집행채권자의 불법행위책임[대법원 2003. 7. 25. 선고 2002다39616 판결]

집행관이 채무자 아닌 제 3 자의 재산을 압류한 경우에 채권자가 압류 당시 그 압류목적물이 제 3 자의 재산임을 알았거나 알지 못한 데 과실이 있다면 집행관이 채무자 아닌 제 3 자의 재산을 압류함으로써 받은 제 3 자의 손해에 대하여 불법행위자로서 배상책임을 진다.

2. 임 면

집행관은 법정의 자격이 있는 자로 10년 이상 법원주사보, 검찰주사보, 마약주사보 이상의 직에 있던 자 중에서 지방법원장이 임명한다. 이처럼 법관의 자격을 가지지 아니함에도 독립한 사법기관으로서 지위를 부여하는 것은 집행관의 직무가 실력적 행동을 하는 비교적 간이한 절차를 담당하는 것이기 때문이다. 임기는 4년 단임제로 연임은 허용되지 아니한다(집행관법 제 4 조).

3. 사법행정상 감독

집행관은 독립된 사법기관이나 소속 지방법원장으로부터 사법행정상의 지도감독은 받는 점은 다른 법원 직원과 다를 것이 없다(집행관법 제 7 조). 3개월 이상의 미제사건에 대하여는 지방법원장에게 보고의무를 진다(집행관법시행규칙 제7조). 집행관사무소의 설치장소는 지방법원장이나 지원장이 지정한다(역장제의 폐지, 집행관법 제 8 조). 그러나 이러한 집행관에 대한 감독은 사법행정상의 감독에 불과한 것으로 이러한 감독이 있다고 하더라도 집행관이 법원이나 법관의 보조기관이 되는 것은 아니다. 한편 직무수행의 성실한 수행을 보장하기 위해 현재 5000만원의 보증금을 소속지방법원에 납부하여야 한다.

4. 집행법원의 보조 등

집행관은 집행법원의 하급기관으로서 집행법원의 수권 · 지시 · 감독을 받는 경우가 있다(제 8 조, 제16조, 제196조, 제214조). 이 경우 구체적인 집행행위를 집행관이 수행하는 경우라도 집행기관은 집행관이 아니라 집행법원이다.

5. 수　　입

집행관은 신분은 공무원임에도 봉급을 따로 받지 아니하고 집행신청인으로부터 일정한 수수료를 받아 이를 수입으로 삼는다(수수료제, 집행관법 제19조 1항, 제16조). 이를 두고 반관반민의 형태로 운영된다고 표현한다.

Ⅲ. 관　　할

1. 토지관할

법령에 다른 규정이 없는 한 임명받은 지방법원 본원 또는 지원의 관할 구역 밖에서는 직무를 행할 수 없다(집행관법시행규칙 제 4 조 1항). 예외적으로 여러 관할구역에 흩어져 있는 유체동산들을 동시에 압류하는 경우에는 관할구역 밖의 유체동산에 대하여도 압류할 수 있다(규칙 제133조). 집행을 개시한 이후에 법원의 관할구역이 변경이 있다고 하더라도 당해 집행절차에서는 고려하지 아니한다. 재판을 통하여도 집행관의 토지관할을 변경하는 것은 인정되지 아니한다.

≪판례≫ 집행관의 토지관할[대법원 1964. 4. 13. 63마193]

집달리는 법률상 그 소속지방법원의 관할구역 내에서만 그 직무를 수행할 권한이 있는 것이어서 법원의 재판으로써 집달리의 토지관할권을 좌우할 수 없으므로 재판주문에서 집달리의 직무권한에 관한 사항을 포함하였다 하면 이는 법률상 불가능사항을 내용으로 하는 것으로서 그 효력을 발생할 수 없다.

2. 직무관할

위에서 본 바와 같이 집행관은 실력행사를 요하는 사실적 행동이나 간이한 절차를 취하는 집행을 직무로 한다. 이러한 직행관의 직무는 독립된 집행기관의 자격에서 행하는 것과 다른 집행기관의 집행행위를 보조하는 부수적인 것으로 나누어 볼 있다. 후자에 있어서 대외적으로 집행기관은 다른 집행기관만이고 집행관이 집행기관은 아니므로 엄밀히 의미에서 집행관의 직무관할로 보기는 어렵다(이하는 사법연수원 9면).

가. 독립적 직무관할

① 유체동산에 대한 금전집행(제189조 이하)

② 동산 인도집행(제257조)

③ 부동산·선박 등의 인도집행(제258조)

④ 유체동산에 대한 가압류집행(제296조)

⑤ 명도단행가처분 등 가처분집행(제301조, 제296조)

⑥ 담보권실행 등을 위한 유체동산경매(제272조, 제274조 제 1 항)

나. 집행법원이 행하는 절차상 부수된 행위

① 지시증권상의 채권의 압류를 위한 증권의 점유(제233조)

② 채권 압류를 위한 채권증서의 취득(제234조 제 2 항)

③ 유체동산 인도청구권집행을 위한 목적물의 수령과 현금화(제243조)

④ 채권 그 밖의 재산권에 대한 매각명령의 집행(제241조 제 1 항, 제251조 제 1 항)

⑤ 부동산의 매각준비 또는 강제관리를 위한 목적물의 현황조사(제85조, 제163조, 제268조)

⑥ 부동산·선박에 대한 매각절차상 입찰의 실시(제108조, 제112조, 제115조, 제163조, 제268조)

⑦ 부동산 강제관리를 위한 관리인의 부동산 점유시의 참여(제166조 제 2 항)

⑧ 매각부동산 인도명령의 집행(제136조 6항, 제286조, 제274조)

Ⅳ. 집행실시절차

1. 집행위임

가. 의 의

집행의 개시를 구하는 신청을 집행위임이라고 한다. 채권자는 관할 구역 내의 집행관에게 서면으로 집행을 위임할 수 있다. 관할 구역 내에서 여러 명의 집행관이 있는 경우에는 대표집행관을 두고 사건을 위임받은 순서에 따라 처리한다(자유선택제의 폐지, 집행관법 제 8 조, 집행관법 시행규칙 제14조).

나. 법적 성질

집행위임은 법적 성질은 사법행위가 아니라 소송행위로 집행관과 신청인의 관계는 사법관계가 아닌 소송법상의 관계(공법관계설, 공무관계설)라고 본다. 공법관계라고 하더라도 집행관이 신청인의 임의대리인의 지위에 설 수 있음을 부정하는 것은 아니다.

다. 신 청

집행위임은 집행정본 등을 첨부하여 서면으로 하여야 한다. 집행위임은 소송상 신청 즉 소송행위이므로 채권자는 소송능력이 있어야 하며 언제든지 집행위임을 취하할 수도 있다.

라. 위임수락의무

집행관은 위임의 형식적 요건이 구비되어 있는 한 정당한 이유가 없이는 이를 거절하거나 수임 후에 해지하지 못한다. 위임거절에 대하여는 집행관의 소속법원에 집행에 관한 이의로 다툴 수 있다. 집행관은 위임받은 사건의 처리에 관하여 채권자의 승낙이 없는 한 다른 집행관에게 업무를 처리하게 할 수 없다(집행관법 시행규칙 제16조).

마. 제 척

집행관에 대해서는 기피 또는 회피에 대해서는 적용이 없으나 제척에 대해서 집행관법 제13조에서 일정한 제척사유를 규정하고 있다. 제척원인 있는 집행관의 행위에 대해서는 집행이의로 다툴 수 있다.

바. 집행위임상 집행제한

제43조 (집행관의 권한)

① 집행관은 집행력 있는 정본을 가지고 있으면 채무자와 제 3 자에 대하여 강제집행을 하고 제42조에 규정된 행위를 할 수 있는 권한을 가지며, 채권자는 그에 대하여 위임의 흠이나 제한을 주장하지 못한다.

② 집행관은 집행력 있는 정본을 가지고 있다가 관계인이 요청할 때에는 그 자격을 증명하기 위하여 이를 내보여야 한다.

집행위임에 있어서 집행제한이 인정된다. 다만 집행의 제한은 집행관 이외의 채무자나 제 3 자에 대한 관계에서는 주장할 수 없다(제43조 1항).

사. 집행위임의 효과

(1) **독립적 집행권한** 집행위임에 따라 집행관은 직무가 개시되더라도 집행관은 채권자의 대리인이 아닌 독립된 사법기관이므로 채권자의 지시에 따라 행동하는 것이 아니고 스스로의 판단과 법률이 정한 절차에 따라 독립적으로 업무를 처리한다. 그러므로 집행관이 직무상 불법행위로 손해배상책임을 지는 경우라도 채권자에게 별도의 귀책사유가 있는 경우가 아니면 채권자에게는 별도의 손해배상책임이 인정되지 아니한다.

≪판례≫ 위법한 집행행위와 채권자의 손해배상책임[대법원 1959. 7. 9. 58다44]

집행채권자가 그의 고의 과실로 인하여 집달사로 하여금 집행실시방법을 그릇하게 하였다는 특별한 사정이 존재하지 아니하는 한 집달사의 집행중의 불법행위에 대하여 손해배상의 책임을 지지 않는다(같은 취지: 대법원 1968. 2. 27. 선고 67다2780 제 2 부 판결).

(2) 임의대리권한 집행관은 집행을 개시하기에 앞서 채무자에게 임의의 이행을 촉구하고 집행을 개시한 이후에도 채무자의 임의이행을 거절할 수 없기 때문에 변제의 수령은 집행위임만 있어도 족하다(제42조). 다만 변제수령 이외에 대물변제의 수령, 화해, 기한의 유예, 화해 등은 채권자의 특별수권이 있는 경우에만 가능하고 특별수권의 한도에서는 채권자의 임의대리인의 지위에 선다.

2. 집행관의 집행실시

가. 집행일시의 지정·통지

채권자의 집행위임이 있으면 집행관은 특별한 사정이 없는 한 1주일 이내의 날을 집행개시일 정하고 이를 채권자에게 통지하여야 한다(규칙 제 3 조 2항). 채권자가 집행신청시에 통지를 요하지 아니한다는 취지의 신고를 한 경우에는 통지가 필요 없다.

나. 채무자와 목적물의 조사

집행관은 집행에 앞서 집행당사자와 집행목적물의 동일성 여부를 조사하여야 한다. 동일성을 조사함에 있어서 목적물의 형식적 동일성에 대해서만 조사할 수 있을 뿐이다. 미등기건물의 조사에 대하여는 별도의 규정을 두고 있다(제82조).

다. 임의이행의 촉구

집행관은 집행에 앞서 임의이행을 최고하고 임의변제가 있으면 이를 수령하여야 한다. 임의변제의 수령권한은 집행위임에 따라 제42조의 규정에 의해 인정되는 권한이며 채권자의 별도의 수권행위가 필요 없다. 여기서의 최고는 민법상의 최고와 다른 집행행위로서의 최고로 부동산 경매절차에서 매각기일의 매수가격신고(입찰)의 최고와 같은 성질의 행위이다. 이러한 최고가 없다고 하더라도 집행행위의 효력 자체에는 영향이 없으며 채무자가 외국에 있거나 소재불명인 경우에는 최고를 할 필요가 없다(제12조).

라. 집행실시와 강제력의 행사

제 5 조 (집행관의 강제력 사용)

① 집행관은 집행을 하기 위하여 필요한 경우에는 채무자의 주거·창고, 그 밖의 장소를 수색하고, 잠근 문과 기구를 여는 등 적절한 조치를 할 수 있다.

② 제 1 항의 경우에 저항을 받으면 집행관은 경찰 또는 국군의 원조를 요청할 수 있다.

③ 제 2 항의 국군의 원조는 법원에 신청하여야 하며, 법원이 국군의 원조를 요청하는 절차는 대법원규칙으로 정한다.

제 7 조 (집행관에 대한 원조요구)

① 집행관 외의 사람으로서 법원의 명령에 의하여 민사집행에 관한 직무를 행하는 사람은 그 신분 또는 자격을 증명하는 문서를 지니고 있다가 관계인이 신청할 때에는 이를 내보여야 한다.

② 제 1 항의 사람이 그 직무를 집행하는 데 저항을 받으면 집행관에게 원조를 요구할 수 있다.

③ 제 2 항의 원조요구를 받은 집행관은 제 5 조 및 제 6 조에 규정된 권한을 행사할 수 있다.

제 8 조 (공휴일·야간의 집행)

① 공휴일과 야간에는 법원의 허가가 있어야 집행행위를 할 수 있다.

② 제 1 항의 허가명령은 민사집행을 실시할 때에 내보여야 한다.

집행관은 집행을 실시함에 있어 신분증과 집행정본을 휴대하고 관계인의 요구가 있으면 이를 제시하여야 한다(제43조 2항, 집행관법 제17조). 휴일과 야간에는 법원의 허가가 있는 경우에만 집행을 실시할 수 있으며(제 8 조) 필요한 경우에는 채무자의 주거·창고 그 밖의 장소를 수색하고 잠근 문과 기구를 여는 등 적절한 조치를 할 수 있다(제82조). 이러한 강제력의 행사에 대하여 저항이 있는 경우에는 경찰 또는 국군의 원조를 요청할 수 있다. 다만 국군의 원조는 법원에 신청하여야 하나 강제력의 행사에 별도의 영장이 필요한 것은 아니다.

마. 이해관계인의 참여

제 6 조 (참여자)

집행관은 집행하는 데 저항을 받거나 채무자의 주거에서 집행을 실시하려는데 채무자나 사리를 분별할 지능이 있는 그 친족·고용인을 만나지 못한 때에는 성년 두 사람이나 특별시·광역시의 구 또는 동 직원, 시·읍·면 직원(도농복합형태의 시의 경우 동지역에서는 시 직원, 읍·면지역에서는 읍·면 직원) 또는 경찰공무원 중 한 사람을 증인으로 참여하게 하여야 한다.

집행관은 집행을 하는 데 저항을 받거나 채무자의 주거에서 집행을 실시하는 경우에 채무자나 사리를 분별할 지능이 있는 그 친족 · 고용인을 만나지 못한 때에는 성년 두 사람이나 특별시 · 광역시의 구 또는 동 직원, 시 · 읍 · 면 직원 또는 경찰공무원 중 한사람을 증인으로 참여하게 하여야 한다. 집행의 공정을 기하기 위한 것이다.

바. 집행정본의 교부

제11조 (집행행위에 속한 최고, 그 밖의 통지)

① 집행행위에 속한 최고(催告) 그 밖의 통지는 집행관이 말로 하고 이를 조서에 적어야 한다.

② 말로 최고나 통지를 할 수 없는 경우에는 민사소송법 제181조 · 제182조 및 제187조의 규정을 준용하여 그 조서의 등본을 송달한다. 이 경우 송달증서를 작성하지 아니한 때에는 조서에 송달한 사유를 적어야 한다.

③ 집행하는 곳과 법원의 관할구역 안에서 제 2 항의 송달을 할 수 없는 경우에는 최고나 통지를 받을 사람에게 대법원규칙이 정하는 방법으로 조서의 등본을 발송하고 그 사유를 조서에 적어야 한다.

제42조 (집행관에 의한 영수증의 작성 · 교부)

① 채권자가 집행관에게 집행력 있는 정본을 교부하고 강제집행을 위임한 때에는 집행관은 특별한 권한을 받지 못하였더라도 지급이나 그 밖의 이행을 받고 그에 대한 영수증서를 작성하고 교부할 수 있다. 집행관은 채무자가 그 의무를 완전히 이행한 때에는 집행력 있는 정본을 채무자에게 교부하여야 한다.

② 채무자가 그 의무의 일부를 이행한 때에는 집행관은 집행력 있는 정본에 그 사유를 덧붙여 적고 영수증서를 채무자에게 교부하여야 한다.

③ 채무자의 채권자에 대한 영수증 청구는 제 2 항의 규정에 의하여 영향을 받지 아니한다.

채무자의 임의변제에 대하여 집행관을 이를 수령하고 영수증서를 작성 · 교부하여야 한다. 전부의 변제를 수령한 경우에는 집행정본까지 교부하여야 하나 일부의 변제만을 수령한 경우에는 집행정본에 그 취지만을 기재하고 교부는 하지 아니한다. 채무자는 집행관으로부터 영수증서를 수령한 것과 별도로 채권자에 대하여 영수증을 청구할 수 있다.

사. 집행조서

(1) 집행조서의 작성과 열람 및 등본의 교부

제 9 조 (기록열람 · 등본부여)

집행관은 이해관계 있는 사람이 신청하면 집행기록을 볼 수 있도록 허가하고, 기록에 있는 서류의 등본을 교부하여야 한다.

제10조 (집행조서)

① 집행관은 집행조서(執行調書)를 작성하여야 한다.

② 제1항의 조서(調書)에는 다음 각호의 사항을 밝혀야 한다.

1. 집행한 날짜와 장소
2. 집행의 목적물과 그 중요한 사정의 개요
3. 집행참여자의 표시
4. 집행참여자의 서명날인
5. 집행참여자에게 조서를 읽어 주거나 보여 주고, 그가 이를 승인하고 서명날인한 사실
6. 집행관의 기명날인 또는 서명

③ 제2항 제4호 및 제5호의 규정에 따라 서명날인할 수 없는 경우에는 그 이유를 적어야 한다.

집행관은 집행의 목적달성 여부를 불문하고 집행행위의 내용에 관하여 반드시 조서를 작성하여야 한다. 집행조서를 집행기록으로 보존하여야 하고 이해관계인의 신청이 있으면 열람을 하게 하거나 등본을 교부하여야 한다. 집행조서는 집행행위의 적법성과 공정성을 보장하기 위한 규율이다. 집행행위가 적법하게 이루어졌다면 집행조서가 작성되지 않았다거나 그 기재에 하자에 있다는 사유만으로는 집행행위의 효력에 영향이 없다.

(2) **집행조서의 증명력** 집행조서의 배타적 증거력에 관하여는 다툼이 있으나 판례는 민사소송법의 변론조서의 배타적 증거력에 관한 규정(제158조)의 준용을 인정하고 있다(반대견해 있음).

≪판례≫ 경매조서의 배타적 증명력[대법원 1994. 8. 22.자 94마1121 결정]
부동산의 경매절차에 있어서의 절차가 적법하게 행하여졌느냐의 여부는 민사소송법 제147조를 준용하여 경매조서의 기재만이 유일한 증명자료가 된다.

3. 집행관의 집행행위에 대한 불복

집행관의 집행실시 절차상 행위에 대하여 이해관계인은 집행에 관한 이의(제16조)로 불복할 수 있다. 집행관이 아닌 집행법원에 이의를 제기하여야 한다. 예를 들어 집행관이 계산한 집행비용에 다툼이 있으면 채권자는 집행법원에 집행에 관한 이의로 다투면 된다.

제 3 절 집행법원

Ⅰ. 서 설

제 3 조 (집행법원)

① 이 법에서 규정한 집행행위에 관한 법원의 처분이나 그 행위에 관한 법원의 협력사항을 관할하는 집행법원은 법률에 특별히 지정되어 있지 아니하면 집행절차를 실시할 곳이나 실시한 곳을 관할하는 지방법원이 된다.

② 집행법원의 재판은 변론 없이 할 수 있다.

제21조 (재판적)

이 법에 정한 재판적(裁判籍)은 전속관할(專屬管轄)로 한다.

집행법원은 강제집행을 실시하거나 집행관의 집행행위를 감독하거나 협력하는 소송법상의 의미의 법원을 말한다(제 3 조 1항). 집행법원 역시 기관분리 · 독립원칙에 따라 일반적으로 수소법원 내지는 판결법원과 별개의 법원으로 구성된다.

Ⅱ. 관 할

민사집행법은 집행법원의 관할에 관하여 전속관할로 정하고 있다(제21조). 따라서 합의관할, 변론관할, 관련재판적이 원칙적으로 인정되지 아니한다. 다만 관련재판적에 대하여는 예외적으로 일괄매각하는 수개의 부동산이 여러 법원의 관할구역에 흩어져 있는 경우에는 그 중 어느 하나의 부동산 소재의 관할법원에 관할을 인정하고 있을 뿐이다(제100조). 사물관할과 토지관할의 위반에 대하여는 관할이 있는 법원에 사건을 이송할 것이고, 직무관할의 위반이 있는 경우에는 집행신청을 각하해야 한다(제23조).

≪판례≫ 담보취소사건의 관할법원[대법원 1981. 10. 7. 선고 80카54 결정]

민사소송법 제475조 제 3 항, 제115조에 의한 담보취소신청사건은 담보제공을 명한 법원의 전속관할에 속하므로 전속관할법원 아닌 법원에 위 사건이 접수된 때에는 전속관할법원에 이를 이송하여야 한다.

1. 사물관할

집행법원은 신속을 위해 원칙적으로 지방법원 단독판사 등으로 구성된다(법원조직법 제 7 조 4항). 판례에 따르면 지방법원 단독부의 관할사건을 합의부에서 심리한 것은 관할위반이 아니라고 하나 극히 의문이다.

≪판례≫ 사물관할과 전속관할[대법원 1963. 3. 21. 63다70 판결]

구 법원조직법(1962. 7. 14. 법률 제1107호) 제 7 조 3 항, 제29조에 의하여 집행에 관한 재판사무는 단독판사가 이를 한다하더라도 집행법원 자체는 지방법원임이 본조에 의하여 명백한 바이니 집행이의의 소송을 집행법원인 지방법원합의부에서 심판하였다 하여 전속관할에 위배된 것이 아니다.

한편 민사집행법 제22조는 시·군법원의 사물관할에 대한 특례를 정하고 있다. 즉, 시·군법원에서 성립된 화해·조정이나 확정된 지급명령 중에서 소액사건을 대상으로 한 경우에는 그에 대한 청구이의의 소·집행문부여의 소·집행문부여에 대한 이의의 소(제 1 호), 시·군법원에서 한 보전처분의 집행에 대한 제3자 이의의 소(제 2 호), 시·군법원에서 성립된 화해·조정에 기초한 대체집행 또는 간접강제(제 3 호), 소액사건심판법의 적용대상이 아닌 사건을 본안으로 하는 보전처분(제 4 호)에 대하여는 시·군법원의 관할로 정하고 있다.

2. 토지관할

집행을 실시할 곳이나 실시한 곳을 관할하는 지방법원이 전속관할권을 가진다(제 3 조 1항, 제21조). 집행권원이 담고 있는 사법상 이행청구권을 기준으로 하지 아니하고 집행행위를 기준으로 토지관할을 정하고 있다. 그러나 채권 그 밖의 재산권에 대한 집행(제224조), 부동산에 대한 집행(제79조 2항), 선박에 대한 집행(제173조), 부동산가압류집행(제293조 2항), 채권가압류집행(제296조), 자동차·건설기계에 대한 집행(규칙 제109조)에서는 특별규정을 두고 있다. 토지관할의 위반이 있는 것만으로는 집행행위를 무효로 볼 것은 아니고 집행에 관한 이의로 다툴 수 있을 뿐이다.

3. 직무관할

제22조 (시·군법원의 관할에 대한 특례)

다음 사건은 시·군법원이 있는 곳을 관할하는 지방법원 또는 지방법원지원이 관할한다.

1. 시·군법원에서 성립된 화해·조정(민사조정법 제34조 제 4 항의 규정에 따라 재판상의 화해와 동일한 효력이 있는 결정을 포함한다. 이하 같다) 또는 확정된 지급명령에 관한 집행문부여의 소, 청구에 관한 이의의 소 또는 집행문부여에 대한 이의의 소

로서 그 집행권원에서 인정된 권리가 소액사건심판법의 적용대상이 아닌 사건
2. 시·군법원에서 한 보전처분의 집행에 대한 제 3 자이의의 소
3. 시·군법원에서 성립된 화해·조정에 기초한 대체집행 또는 간접강제
4. 소액사건심판법의 적용대상이 아닌 사건을 본안으로 하는 보전처분

대체로 관념적인 재판으로써 족한 채권에 대한 집행이나 신중한 판단을 요하는 부동산에 대한 집행 등을 직무관할로 하는 점은 앞서 보았다. 구체적인 직무의 내용은 직접으로 집행을 실시하는 직무와 다른 집행기관의 집행행위에 관여하는 직무로 나누어 보면 아래와 같다.

가. 고유의 직무관할

신모델의 도입에 따라 법원조직법과 사법보좌관규칙은 집행법원의 직무를 법관의 직무와 사법보좌관의 직무로 나누어 정하고 있다. 사법보좌관은 업무를 처리함에 있어 판사의 감독을 받는다(사법보좌관규칙 제 2 조 2항, 제 6 조 1항). 보전처분 절차에 관하여는 원칙적으로 판사의 직무로 하되 업무내용이 절차적 확인에 불과한 제소명령절차와 집행취소절차는 사법보좌관의 직무로 하고 있다.

(1) **법관의 직무** 집행법원의 직무 중에서 법원조직법(제54조 2항 2호)과 사법보좌관규칙(제 2 조 1항)에서 사법보좌관의 직무로 정한 이외의 집행법원의 직무는 법관의 직무에 속한다. 사법보좌관이 담당할 수 없는 업무는 다음과 같다.

① 부동산경매개시결정에 대한 이의신청에 대한 재판(제86조)
② 부동산인도명령과 관리명령(제136조)
③ 채권추심액의 제한허가(제232조 1항 단서)
④ 특별한 현금화명령(제241조 1항)
⑤ 압류금지채권의 범위변경(제246조 2·3항) 등

(2) **사법보좌관의 직무**(법원조직법 제54조 2항 2호, 사법보좌관규칙 제 2 조 1항)
① 집행문부여명령절차(제32조, 제35조)
② 채무불이행자 명부등재 및 재산조회절차(제70조 이항)
③ 부동산 강제경매절차(제78조 이항)
④ 자동차·건설기계에 대한 강제경매절차(제187조)
⑤ 유체동산집행절차상 인도명령절차(제193조)
⑥ 채권 그 밖의 재산권에 대한 강제집행절차(제223조 이항)

⑦ 동산집행절차상 배당절차(제252조 이하)
⑧ 선박 · 항공기를 제외한 임의경매절차

(3) 사건의 송부제도 사법보좌관의 직무에 속하는 것이라도 사건의 성질상 상당하다고 인정되는 경우에는 법관의 직무로 할 수 있도록 하고 있다(사법보좌관규칙 제 7 조).

나. 다른 집행기관에 대한 관여

집행법원은 위와 같은 고유한 직무 이외에도 다음과 같이 다른 집행기관에 대한 관여나 감독을 직무로 한다. 이러한 직무는 법관의 직무이다.

① 국군에 대한 원조청구(제 5 조 3항)
② 공휴일 야간 집행의 허가(제 8 조)
③ 공공기관에 대한 원조청구(제20조)
④ 압류금지물을 정하는 재판(제196조)
⑤ 유체동산의 특별한 현금화명령(제214조 1항)
⑥ 부동산인도청구에 관한 집행 도중에 집행의 목적물이 아닌 동산의 처분 허가(제258조 6항)
⑦ 집행에 관한 이의에 대한 재판(제16조)
⑧ 급박한 경우 집행의 정지 또는 속행에 관한 잠정처분(제46조 4항, 제48조 3항)
⑨ 집행에 관한 특별대리인의 선임(제52조 2항)
⑩ 사법보좌관의 업무감독과 사법보좌관의 처분에 대한 이의신청에 대한 재판(법원조직법 제54조 3항, 사법보좌관규칙 제 3 조, 제 4 조, 제 5 조)

Ⅲ. 집행법원의 집행절차

1. 집행의 형식

집행법원에 의한 집행실시는 결정절차에 의한다. 결정절차는 집행법원의 재량으로 변론절차나 심문절차를 거칠 것인지 여부를 정할 수 있다. 다만 예외적으로 채무자 및 소유자 이외의 점유자에 대한 부동산 인도명령(제136조 4항), 강제관리에서 관리인 해임의 경우(제167조 3항), 추심명령에서 추심권을 제한하는 경우(제232조 1항), 추심에 갈음한 특별한 현금화명령(제241조 2항), 대체집행과 간접강제의 결정(제262조), 임시지위를 정하는 가처분(제304조) 등에서는 필요적 심문에 의하고 반면에 채권압류명령을 발령함에 있어 채무자와 제 3 채무자에 대해서는 심문이 금지된다. 한편 법률에서 집행법원의 재판형식을 명령이라고 규정하고 있는 경우에도 그 법적 성질은 결정임에 유의해야 한다.

2. 결정의 고지

결정은 판결과 달리 송달이라는 엄격한 절차에 의하지 아니하고 상당한 방법으로 고지함으로써 족하다. 다만 강제경매개시결정 · 채권압류명령 · 추심명령 · 전부명령 · 양도명령 · 관리명령과 같이 채무자나 제 3 채무자에게 중대한 이해관계가 있는 경우에는 결정이라도 반드시 송달의 방법으로 해야 한다.

3. 결정에 대한 불복

명문의 규정이 있는 경우는 즉시항고에 의할 것이고 별 다른 규정이 없는 경우에는 집행에 관한 이의로써 불복할 수 있다. 즉시항고를 규정한 경우는 대부분 당사자에게 중대한 이해관계가 있는 경우이다

제 4 절 수소법원

Ⅰ. 의 의

신속한 집행을 위해 재판기관과 집행기관을 별개의 독립된 기관으로 두는 것이 타당하지만 집행할 청구권과 집행방법 사이에 상당한 재량적 판단이 요구되는 집행의 경우에는 오히려 재판기관과 집행기관을 일치시킬 필요가 인정된다. 이와 같이 일정한 경우에 재판을 담당한 법원, 즉 수소법원을 집행기관으로 규정하고 있다. 수소법원을 종전 민사소송법은 제 1 심수소법원이라고 하였으나, 현행 민사집행법은 제 1 심법원이라고 하고 있다.

Ⅱ. 관 할

1. 사물관할

집행법원에서와 같다.

2. 토지관할

집행법원에서와 같다.

3. 직무관할

수소법원이 직접으로 집행을 실시하는 고유의 직무관할과 집행공조기관으로서 행하는 경우로 나누어 볼 수 있다.

가. 고유의 직무관할

대체적 작위의무의 강제집행(민법 제389조)과 간접강제는 수소법원의 직무관할에 속한다(제260조, 제261조).

나. 집행공조기관으로서 행하는 것

외국에서 강제집행을 할 경우에 그 외국 공공기관의 법률상 공조를 받을 수 있는 때에는 수소법원이 채권자의 신청에 따라 외국 공공기관에 이를 촉탁한다(제55조).

Ⅲ. 수소법원의 집행절차

집행법원의 집행절차와 대체로 같다. 다만 고유의 직무관할의 경우에는 채무자의 심문이 필요적이다(제262조).

제3장 당 사 자

개 관

집행기관 · 채권자 · 채무자를 합하여 민사집행의 주체라고 하고 그 중에서 채권자와 채무자만을 한정하여 집행절차의 당사자라고 한다. 본장에서는 집행절차에서는 어떠한 기준에 따라 당사자확정 · 당사자능력 · 당사자적격 · 소송능력 · 소송대리권을 판단할 것인가를 살펴보기로 한다. 이러한 문제들은 기본적으로는 원칙적으로는 판결절차와 크게 다르지 아니하나 몇 가지 특이한 점이 있다.

학습목표

1. 집행절차상 당사자확정기준을 파악한다.
2. 집행절차상 당사자적격기준을 파악하고, 당사자적격의 변동이 집행절차에 어떠한 영향을 주는지를 이해한다.
3. 집행절차상 소송대리인의 자격과 소송대리권의 범위를 정리해 본다.

Ⅰ. 의 의

강제집행절차도 판결절차와 마찬가지로 대립당사자 구조를 갖는다. 당사자를 호칭함에 있어서 적극적 당사자를 채권자 또는 집행채권자, 소극적 당사자를 채무자 또는 집행채무자라 한다. 판결절차에서의 원고·피고의 호칭에 대응한다. 이러한 채권자·채무자의 호칭은 절차상의 호칭으로 실체법상의 채권자·채무자와는 다른 개념이다. 혼동을 피하기 위해 신청인·피신청인으로 부르기도 한다. 집행당사자가 복수인 경우에는 공동집행채권자·공동집행채무자라 한다. 한편 집행절차상 채권자·채무자는 판결절차상 원고·피고인 것이 보통이다. 그러나 반소원고인 피고가 승소한 경우 등과 같이 판결절차의 원고·피고가 집행절차의 채무자·채권자가 되는 경우도 있고, 제3자를 개입시켜 화해나 조정이 성립된 경우 등과 같이 판결절차의 당사자 아닌 제3자가 집행절차의 당사자가 되는 경우도 있다.

Ⅱ. 당사자확정

판결절차상 당사자확정의 기준에 관하여는 실질적 표시설을 따르는 것이 보통이다. 이와는 달리 집행절차상의 당사자확정기준은 집행문의 형식적 기재에 의한다(제29조, 제39조). 집행권원의 효력을 받는 자라고 하더라도 집행문에 당사자로 기재되어 있지 않은 자는 당사자가 아니며, 반대로 실질적으로 집행력이 미치지 아니하는 자라도 집행문에 채무자로 기재되어 있으며 당사자로 파악된다. 이를 두고 집행당사자는 집행문의 부여로 확정된다고 말하기도 한다. 다만 가압류·가처분 명령의 집행 등과 같이 집행문의 부여 없이도 집행권원만으로도 집행이 가능이 가능한 경우에는 집행권원에 기재된 당사자가 집행당사자가 된다. 집행권원과 집행문이 모두 문제되지 아니하는 임의경매에서는 경매신청서의 채권자·채무자의 기재에 따라 당사자가 정해진다.

Ⅲ. 당사자능력

민사소송절차에서와 같다. 당사자능력의 유무는 집행기관이 직권으로 조사해야 하는 점도 같다. 망인을 당사자로 한 집행행위는 당사자능력의 관점에서 검토해 볼 수도 있지만 본서에는 당사자적격의 변동이라는 관점에서 별도로 고찰하기로 한다.

Ⅳ. 소송능력

사 례 5 무능력자의 입찰과 대리인의 자격

미성년자인 갑은 변호사 김갑동 법률사무소에 부동산 매수신고대리를 의뢰하였다. 이에 김갑동 변호사는 사무원 을에게 자신을 복대리하여 매수신고를 하도록 하였다. 이에 따라 을이 김갑동을 복대리하여 한 매수신고는 유효한가?

1. 의 의

소송절차상 소송능력이 필요한 데 대응하여 집행절차상에서도 소송능력이 필요하고 이를 집행능력이라고도 한다. 다만 소송절차상 요구되는 소송능력은 원고와 피고에게 동일한 기준으로 요구되어지지만 집행절차는 비록 대립당사자 구조를 가지고 있다고 하더라도 결정절차라는 간이한 절차에 의하고 절차의 신속성을 위해 소송능력과 다른 기준을 채택하고 있다.

2. 채권자의 소송능력

민사소송절차에서의 소송능력에 관한 논의와 다를 것이 없다.

3. 채무자의 소송능력

채무자가 집행절차에 관여하는 형태에 따라 소송능력의 필요성 여부를 정하고 있다. 채무자는 일반적으로 소극적으로 집행을 받는 데 그치고 집행절차에 적극적으로 관여하지 아니하므로 원칙적으로 집행능력이 요구되지 아니한다. 그러나 채무자가 집행절차상 적극적인 관여가 요구되는 경우라든가, 채무자의 이해에 중대한 영향을 미치는 경우는 채무자에게도 집행능력이 요구된다. 예를 들어 채무자의 집행절차상 각종 불복의 신청, 강제집행개시결정의 송달, 채무자에 대한 필요적 심문절차에서는 채무자에게도 집행능력이 필요하다.

4. 제 3 자의 소송능력

집행절차는 판결절차와 달리 당사자 아닌 제 3 자의 절차관여의 범위가 대단히 넓은 것이 특징이다. 이처럼 집행당사자 아닌 제 3 자가 집행절차에 관여할 경우에는 그에게도 집행능력이 요구된다.

5. 소송능력결여의 효과

당사자에게 소송능력이 없는 경우에는 법정대리인이나 특별대리인 선임이 있어야 유효한 소송행위가 가능하다(민소법 제62조). 집행능력이 없는 자에 의해서 또는 집행능력이 없는 자에 대해서 행해진 집행행위는 무효이다. 예를 들어 집행능력 없는 채무자에게 강제집행개시결정의 송달에 기해 행해진 강제경매절차는 무효이며, 무능력자의 입찰행위 역시 무효로 취급된다. 미성년자가 유효하게 매수신청을 하고자 한다면 부모가 공동으로 대리하여야 한다(민법 제909조 2항).

≪판례≫ 미성년자가 한 입찰행위의 효력[대법원 1967. 7. 12. 선고 67마507 판결]

미성년자는 경매목적물을 경락할 수 없고 가사 경락이 되었다 할지라도 이러한 경락행위는 무효이다(입찰행위는 재판상 행위는 아니라도 소송행위이다/필자 각주).

무능력자의 행위라도 법정대리인 등의 적법한 추인이 있으면 소급하여 유효한 것으로 취급된다. 부모 중 일방이 단독으로 미성년자를 대리하여 입찰한 경우는 타방의 추인으로 무권대리의 하자가 치유될 수 있다.

사례 5 〈해설〉 무능력자의 입찰과 대리인의 자격

1. 대리인의 자격

부동산경매절차상 매각기일의 진행은 집행법원의 보조기관으로서 집행관이 진행한다. 따라서 매각기일에서의 매수신고는 소송행위이기는 하나 재판상 행위는 아니라 할 것이다. 그러므로 매수신고를 대리함에 있어서는 특별한 자격제한이 따르지 아니한다. 다만 업으로서 매수신고를 대리하는 행위는 현재 변호사·법무사·중개사가 아니면 할 수 없다. 여기서 변호사·법무사·중개사라 함은 그 변호사·법무사·중개사(공인중개사의 업무 및 부동산거래신고에 관한 법률에 의한 매수신청대리등록을 한 자에 한함) 자신에 한하고, 그 사무원이 변호사 등을 복대리하는 것은 허용되지 아니한다고 본다(반대견해 있음). 그러므로 을의 매수신고 대리행위는 위법한 것이라고 하겠다. 그러나 복대리행위의 위법함이 간과되어 매각이 허가된 경우에는 유효한 매수신고로 취급하여야 할 것이다.

2. 무능력자의 소송행위

한편 갑의 매수신고 내지 매수신고 위임에 있어서 법정대리인의 동의가 없었거나 추인이 따르지 아니하였다면 궁극적으로 을의 매수신고는 무효이다. 매수신고는 매매의 청약이라는 사법행위임과 동시에 소송행위라는 성질을 아울러 갖는다는 점에서 무능력자가 법정대리인의 동의 없이 매수신고를 하는 것은 취소할 수 있음에 그치는 것이 아니고 곧바로 무효로 평가되는 것이다.

V. 당사자적격

1. 의 의

제25조(집행력의 주관적 범위)

① 판결이 그 판결에 표시된 당사자 외의 사람에게 효력이 미치는 때에는 그 사람에 대하여 집행하거나 그 사람을 위하여 집행할 수 있다. 다만, 민사소송법 제71조의 규정에 따른 참가인에 대하여는 그러하지 아니하다.

② 제 1 항의 집행을 위한 집행문(執行文)을 내어 주는 데 대하여는 제31조 내지 제33조의 규정을 준용한다.

실체법상의 관리처분권에 대응하는 개념으로 집행절차상 정당한 채권자·채무자가 될 수 있는 자격을 말한다. 집행당사자적격 또는 집행적격이라고도 한다. 집행적격의 유무는 집행기관이 독자적으로 심리할 것이지만 집행권원이 판결인 경우에는 판결에서 인정한 당사자적격에 관한 판단을 존중하여야 한다. 당사자적격이 없는 자에 대한 집행행위는 실체법상 아무런 효력을 가질 수 없다.

≪판례≫ 당사자적격의 인정기준[대법원 2002. 10. 11. 선고 2002다43851 판결]

승계집행문은 판결에 표시된 채무자의 포괄승계인이나, 그 판결에 기한 채무를 특정하여 승계한 자에 대한 집행을 위하여 부여하는 것인바, 이와 같은 강제집행절차에 있어서는 권리관계의 공권적인 확정 및 그 신속·확실한 실현을 도모하기 위하여 절차의 명확·안정을 중시하여야 하므로, 그 기초되는 채무가 판결에 표시된 채무자 이외의 자가 실질적으로 부담하여야 하는 채무라거나 그 채무가 발생하는 기초적인 권리관계가 판결에 표시된 채무자 이외의 자에게 승계되었다고 하더라도, 판결에 표시된 채무자 이외의 자가 판결에 표시된 채무자의 포괄승계인이거나 그 판결상의 채무 자체를 특정하여 승계하지 아니한 한, 판결에 표시된 채무자 이외의 그 자에 대하여 새로이 그 채무의 이행을 소구하는 것은 별론으로 하고, 판결에 표시된 채무자에 대한 판결의 기판력 및 집행력의 범위를 그 채무자 이외의 자에게 확장하여 승계집행문을 부여할 수는 없다.

≪판례≫ 상속포기자를 채무자로 한 이부명령[대법원 2002. 11. 13. 선고 2002다41602 판결]

채무명의에 표시된 채무자의 상속인이 상속을 포기하였음에도 불구하고, 집행채권자가 동인에 대하여 상속을 원인으로 한 승계집행문을 부여받아 동인의 채권에 대한 압류 및 전부명령을 신청하고, 이에 따라 집행법원이 채권압류 및 전부명령을 하여 그 명령이 확정되었다고 하더라도, 채권압류 및 전부명령이 집행채무자 적격이 없는 자를 집행채무자로 하여 이루어진 이상, 피전부채권의 전부채권자에게의 이전이라는 실체법상의 효력은 발생하지 않는다고 할 것이고, 이는 집행채무자가 상속포기 사실을 들어 집행문 부여에 대한 이의신청 등으로 집행문의 효력을 다투어 그 효력이 부정되기 이전에 채권압류 및 전부명령이 이루어져 확정된 경우에도 그러하다고 할 것이다.

2. 당사자적격자

판결절차에서는 소송물에 대한 관리처분권을 보유한 자에게 당사자적격이 인정된다. 이에 비하여 집행절차에서는 집행권원의 집행력을 받는 자에게 당사자적격이 인정된다. 당사자적격은 강제집행의 실체법적 효력이나 청구이의의 소와 제 3 자이의의 소의 원고적격을 판단하는 데 있어서 중요한 기준이 된다. 집행절차상 당사자확정의 기준과 당사자적격의 기준은 다르다. 당사자를 확정함에 있어서는 원칙적으로 집행문의 형식적 기재 그리고 예외적으로 집행권원의 형식적 기재에 따르는 것과 달리 당사자적격은 집행권원이 가지고 있는 집행력을 받는지 여부에 따라 정해진다. 당사자확정이 형식적 기준에 의함과 달리 당사자적격은 실질적 기준에 의하는 것이다. 집행권원의 집행력을 받지 아니하는 자라도 집행문에 당사자로 표시된 자는 집행절차상 당사자로 취급된다. 집행절차상 당사자로 취급된 자는 당사자 적격이 없는 자라도 제 3 자이의의 소의 원고적격이 없다. 이러한 의미에서 제 3 자이의의 소의 원고적격은 청구이의의 소의 원고적격에 대하여 보충적이다.

≪판례≫ 승계집행문과 당사자확정기준[대법원 1992. 10. 27. 선고 92다10883 판결]

제 3 자이의의 소의 원고적격은 집행의 목적물에 대하여 양도 또는 인도를 저지할 권리가 있음을 주장하는 제 3 자에게 있고, 제 3 자란 채무명의 또는 집행문에 채권자, 채무자 또는 그 승계인으로 표시된 자 이외의 자를 말하며, 승계집행문으로 인하여 피고의 승계인으로 표시된 자가 그 채무명의의 집행력의 배제를 구하는 소는 제 3 자이의의 소라 할 수 없다.

당사자적격의 유무에 대한 1차적인 심사는 법원사무관 등이 집행문을 부여하는 단계에서 이루어진다. 집행권원의 유형별로 집행적격의 범위를 살펴보면 다음과 같다.

가. 이행판결

이행판결의 기판력이 미치는 자에게는 원칙적으로 집행력도 미친다. 기판력의 주관적 범위(민소법 제218조)에 관하여 간략히 설명하면 다음과 같다(이하는 정동윤, 705~718면을 요약한 것이다). 기판력은 소송절차에 당사자로서 절차에 관여한 대립하는 당사자 사이에서 미치는 것이 원칙이다. 다만 예외적으로 당사자가 아닌 자라도 당사자와 제 3 자 사이의 실체법상의 관계 및 제 3 자의 절차권보장 등의 유무 등을 고려하여 기판력이 미치는 것으로 정하고 있다. 이를 구체적으로 살펴보면 다음과 같다.

(1) **변론종결 후 승계인** 기판력의 표준시인 사실심의 변론종결시 이후에 소송물인 권리의무 자체를 승계한 자에게는 기판력이 미친다. 나아가 소송물인 권리의무 자체를 승계한 것은 아니지만 계쟁물에 관한 분쟁주체의 지위를 승계한 경우로서(적격승계설, 분쟁주체지위승계설) 원고의 피고에 대한 청구권이 물권적인 성질을 갖는 때에는 승계인에 해당하는 것으로 보는 것이 판례의 입장이다(구실체법설). 한편 위와 같은 기준에 따라 기판력을 받는 승계인으로 일응 인정되는 자라도 선의취득 등과 같은 실체법상 고유의 항변이 성립하는 경우에는 전소에서 그 항변에 관하여 다툴 절차보장이 없었으므로 기판력을 받는 승계인으로 보지 아니한다(실질설).

(2) **목적물 소지자** 원고의 피고에 대한 청구가 특정물의 현실의 인도를 구하는 것일 때에 그 특정물의 소지에 관하여 자기 고유의 이익을 갖지 아니하고 오로지 당사자 또는 그 승계인을 위하여 소지하고 있는 자에게는 기판력과 집행력이 미친다. 이에 해당하는 자로는 임치인, 재산관리인, 보관인 등을 들 수 있다. 이와 달리 자기 자신의 고유한 이익을 위하여 목적물을 소지하는 임차인이나 질권자 등은 이에 해당하지 아니하며, 법정대리인이나 법인의 대표자 등은 당사자를 위하여 목적물을 소지하고 있는 것처럼 보이지만 법률상 본인 또는 법인 자체의 소지이므로 소지인에 해당하지 아니한다. 점유보조자 역시 점유에 관하여 자기 고유의 이익을 갖지 아니하므로 여기의 소지자에 해당하지 아니한다. 그러나 법정대리인이나 점유보조자는 집행당사자가 될 수 없을 뿐 집행력을 수인하여야 할 지위에 선다. 한편 위와 같은 목적물의 소지자의 개념을 확대하여 강제집행의 면탈을 막기 위하여 ① 인도청구의 강제집행을 면탈할 목적으로 패소피고로부터 가장양도를 받은 자, ② 소유권이전등기의 피고로부터 소송 중에 가장매매에 의하여 이전등기를 넘겨받은 자, ③ 회사의 법인격이 전혀 형해에 불과하여 법인격이 부인되는 경우에 회사와 동일한 실체상 지위가 인정되는 사원, ④ 법인격이 남용되어 법인격이 부인되는 경우에 남용자와 동일한 실체상

지위가 인정되는 회사 등이 기판력을 받는지에 관하여 논의가 있다.

(3) **소송담당에서 이익귀속주체** 담당자를 위한 법정소송담당에 있어서 담당자인 제 3 자가 이익귀속주체에 갈음하여 소송수행권을 가지는 경우 · 직무상 당사자인 경우 · 임의적 소송담당의 경우 등과 같이 제 3 자가 소송담당자로서 소송을 수행하여 받은 판결의 효력은 당사자로서 표면에 나타나지 않은 실체법상의 이익귀속주체인 본인에게도 미친다. 이에 반하여 담당자를 위한 법정소송담당 중 담당자인 제 3 자가 권리주체인 자와 병행하여 소송수행권을 가지는 경우에는 권리주체인 자의 절차권이 보장된 경우에 한하여 기판력이 인정된다. 이러한 취지에서 판례는 채권자대위소송의 경우 채무자의 고지 등에 의하여 채권자대위소송이 계속된 사실을 알게 되어 절차권이 보장된 경우에 한하여 채무자에게 기판력이 미친다고 한다(절충설).

(4) **소송탈퇴자** 제 3 자가 독립당사자참가, 참가승계, 인수승계에 의하여 당사자로서 소송에 가입하였기 때문에 종전의 당사자 일방이 그 소송에서 탈퇴한 경우에는 그 뒤 제 3 자와 상대방 당사자 사이에서 내린 판결은 탈퇴자에 대하여도 기판력이 미친다.

(5) **보조참가인** 보조참가인에 대하여는 기판력이 인정되지 아니하며 보조참가소송에 특수한 효력으로서 참가적 효력이 있을 뿐이라는 것이 일반적 견해이다(참가적 효력설).

(6) **기 타** 그밖에도 분쟁의 획일적 처리가 요구되는 특수한 경우에는 당사자 사이를 넘어 널리 제 3 자에게까지 예외적으로 기판력이 미친다. 도산처리절차 · 신분관계소송 · 행정소송 중 항고소송 등이 이러한 경우에 해당한다.

나. 인낙조서 · 화해조서 · 조정조서

위와 같은 집행권원은 확정판결과 동일한 효력이 있다. 집행적격의 범위도 이행판결에서와 동일한 기준에 따라 정해진다. 다만 화해나 조정에 있어서 흔히 당사자 아닌 제 3 자를 절차에 끌어들여 조서가 성립되는 경우가 많은데 이러한 경우에는 제 3 자에게도 당해 조서의 집행력이 미친다.

다. 독촉절차상 지급명령 · 소액사건심판법상 이행권고결정

위와 같은 집행권원에는 집행력만이 인정될 뿐 기판력은 인정되지 아니한다. 그러나 집행적격의 범위를 정하는 기준은 이행판결에서와 동일한 기준에 의한다.

라. 집행증서

집행증서상의 채권자·채무자와 그 일반승계인 또는 증서 작성 후에 증서상의 권리의무 자체를 승계한 자에게 당사자적격이 인정된다. 승계의 원인을 묻지 아니한다.

3. 당사자적격의 변동

집행절차와 관련하여 당사자적격의 변동이 있는 집행절차에 어떠한 영향이 있는가를 검토해 본다. 앞서 설명한 바와 같이 당사자적격의 변동은 당사능력의 관점에서 바라볼 수도 있을 것이다. 보전처분절차상 당사자적격의 변동에 관하여는 별도로 설명한다.

가. 집행개시 전의 변동

집행절차의 개시 전에 사망한 자를 당사자로 하여 집행신청이 이루어지거나 상속을 포기한 자를 상대로 집행을 신청하는 경우가 자주 문제된다. 이와 같이 집행개시 전에 당사자적격이 변동이 있는 경우에는 그 변동이 반드시 집행절차에 반영되어야 한다. 적격자의 변동에 부응하는 승계집행문을 부여 받아야만 집행에 착수할 수 있는 것이다. 당사자적격의 변동을 간과한 집행신청은 각하하여야 하며, 이를 간과하고 경매결시결정이 있은 경우에는 경매개시결정을 취소하고 집행신청을 각하할 것이며, 집행절차가 종료된 경우라도 그러한 집행행위는 무효로 아무런 효력을 가질 수 없다.

나. 집행개시 후의 변동

(1) **채권자적격의 변동**(규칙 제23조) 채권자는 승계집행문을 부여받아 제출하여야 하고 그에 따라 법원사무관 등 또는 집행관은 채무자에게 그러한 사실을 통지해야한다. 채권자의 승계인이 단순히 승계사실을 증명하는 것만으로는 부족하다. 그러나 채권자측의 승계집행문의 제출에 관한 규율은 집행채권자를 명확히 하기 위함에 불과한 것으로 승계집행문의 제출 또는 승계집행문제출에 따른 채무자에 대한 통지가 없다고 하더라도 집행행위의 효력에는 영향이 없다.

(2) **채무자적격의 변동**

제52조 (집행을 개시한 뒤 채무자가 죽은 경우)

① 강제집행을 개시한 뒤에 채무자가 죽은 때에는 상속재산에 대하여 강제집행을 계속하여 진행한다.

② 채무자에게 알려야 할 집행행위를 실시할 경우에 상속인이 없거나 상속인이 있는 곳

이 분명하지 아니하면 집행법원은 채권자의 신청에 따라 상속재산 또는 상속인을 위하여 특별대리인을 선임하여야 한다.

③ 제 2 항의 특별대리인에 관하여는 민사소송법 제62조 제 3 항 내지 제 6 항의 규정을 준용한다.

집행절차가 개시 된 이후에는 채무자측의 집행적격의 변동이 있더라도 별도로 승계집행문을 제출할 필요가 없다. 집행절차는 그 성질상 채무자의 관여라고 할 것이 거의 없으며 당해 절차의 정당성은 집행개시 시점에 이미 고려되었기 때문이다.

≪판례≫ 집행개시 후 정리절차개시결정[대법원 1996. 9. 24. 선고 96다13781 판결]

회사에 대하여 정리절차가 개시되어 회사사업의 경영과 재산의 관리 및 처분을 하는 권리가 관리인에게 전속하게 되어도 회사의 법인격 자체에는 변동이 없고, 특별한 다른 규정이나 사정이 없는 한 그 개시결정 전에 생긴 회사와 제 3 자 사이의 법률관계는 그대로 유지되는 것이므로, 채무자 회사의 근로자들이 그 임금 등 채권에 기하여 그 회사의 제 3 채무자에 대한 채권에 대하여 압류 및 추심명령을 받고 적법한 통지까지 마친 후에 그 채무자 회사에 대하여 회사정리절차가 개시되었다고 하더라도, 종전의 그 회사를 채무자로 하여 이미 이루어진 압류 및 추심명령은 별도의 수계나 승계집행문 또는 경정 없이도 제 3 채무자나 정리회사에 대하여 효력을 가진다(정리절차가 개시되면 회사의 관리인이 집행절차의 당사자가 된다. 이와는 달리 정리회사의 관리인에 대한 집행권원으로 새로 선임된 관리인을 채무자로 하여 집행절차를 진행하고자 한다면 승계집행문이 필요하다/필자 각주).

그러므로 집행절차 개시 이후에 채무자가 사망한 것이 발견된 경우에는 당사자표시정정으로 족하다. 당사자표시정정이 필요한 이유는 채무자측에 대한 통지 · 송달 · 출석 · 선서 · 심문 등과 같이 채무자의 적극적 관여가 요구되는 집행행위는 상속인이나 유언집행자 · 상속재산관리인 등을 상대방으로 하여하기 때문이다. 상속인이 없거나 소재가 불명한 경우에는 특별대리인을 선임해야 한다. 법인의 합병 · 신탁재산에 대한 집행에서 수탁자의 변경(신탁법 제27조) · 선박집행에서 소유자나 선장의 변경(제179조 2항)에서도 위와 같다. 그러나 다른 상속재산에 대한 집행 · 승계인의 고유재산에 대한 집행 · 작위 · 부작위 의무의 집행(제260조, 제261조)에 있어서는 승계집행문이 필요하다.

다. 임의경매와 당사자적격의 변동

임의경매는 강제경매와 달리 채권자 · 채무자의 대립당사자의 관념이 희박하고 채무자보다는 담보목적물에 대한 집행이라는 측면이 강조되는 절차로 승계집행문제도가 적용되지 아니한다. 그러므로 집행절차 개시 전에 당사자의 변동이 있는 경우에는 새로운 당사자를 기준으로 집행절차를 진행하면 그만이다. 집행절차가 당사자변동을 간과하여 이루어진 경우에는 당사자표시정정절차에 의하여 그 하자를 치유할 수 있다. 집행절차의 진행 중에 채권자변동이 있는 경우에는 새로운 채권자를 위한 수계절차를 거치면 된다. 당사자표시정정이나 수계절차가 흠결된 경우라도 집행행위의 효력에는 전혀 영향이 없다. 그러나 적격 없는 자를 채무자로 한 임의경매개시결정에는 시효중단의 효력이라는 실체법적 효력은 인정되지 아니한다.

≪판례≫ 집행절차 진행 중 당사자의 사망[대법원 1969. 9. 23.자 69마581 결정]

경매 개시 전 또는 진행 중에 채무자나 소유자가 사망한 사실이 있다 하더라도, 그 재산상속인들이 그 사망사실을 밝히고 경매절차를 수계하지 아니한 이상 경매법원이 사망한 채무자나 소유자와의 관계에서 그 절차를 속행하여 경락을 허가하였다 하더라도 그 허가결정을 위법이라 할 수 없다(같은 취지: 대법원 1966. 2. 14.자 66마6 결정, 대법원 1988. 3. 2.자 88마45 결정).

라. 관련문제

채무자의 상속인에 대한 집행을 함에 있어서 상속재산을 집행의 대상으로 삼는 경우에는 당해 상속재산에 관하여 상속등기가 이루어지지 않는 경우에는 채권자대위에 기하여 상속등기를 미리 하여 두어야 한다. 대위의 원인을 증명하는 서면으로는 강제집행에 있어서는 집행정본, 임의경매에서 있어서는 등기부등본과 같은 담보권을 증명하는 서면 등이 이에 해당한다. 당사자적격의 변동에 관한 논의와는 전혀 다른 문제이다.

Ⅵ. 소송대리

1. 소송대리인의 자격

집행절차에서도 당사자는 대리인을 통해 소송행위를 할 수 있다. 소송행위에는 재판상의 행위와 재판외의 행위가 있다. 재판상 행위의 대리는 원칙적으로 변호사가 아니면 허용되지 아니하며(제23조 제 1 항, 민소법 제87조), 변호사가 아닌 자는 법원의 허가가 있는 경우에만 소송행위의 대리인이 될 수 있다(민소법 제88조, 민소규칙 제15조 2항). 그러나 민소법 제87조에 말하는 재판상의 행위의 관념이 그리 명확하지 못한 점이 있다. 이와 관련하여 집행관이 진행하는 집행절차에 관여하는 행위는 재판상의 행위에 해당하지 아니하는 것으로 보아 변호사 대리의 원칙이 적용이 없는 것으로 본다. 종래 부동산경매절차에서 입찰의 대리에 변호사대리원칙이 적용되는지에 대하여 논란이 많았으나 법 개정을 통하여 법무사법 제 2 조 5호는 명문규정으로 법무사가 입찰대리를 할 수 있음을 규정하였다. 중개사의 입찰대리에 관하여 과거의 판례는 부정적이었으나, 이 문제 역시 법 개정을 통하여 입법적으로 허용하였다.

≪판례≫ 입찰대리행위와 변호사법위반[대법원 1999. 12. 24. 선고 99도2193 판결]

변호사 아닌 자가 법률사무의 취급에 관여하는 것을 금지함으로써 변호사제도를 유지하고자 하는 변호사법 제90조 제 2 호의 규정 취지에 비추어 보면, 위 법조에서 말하는 '대리'에는 본인의 위임을 받아 대리인의 이름으로 법률사건을 처리하는 법률상의 대리뿐만 아니라, 법률적 지식을 이용하는 것이 필요한 행위를 본인을 대신하여 행하거나, 법률적 지식이 없거나 부족한 본인을 위하여 사실상 사건의 처리를 주도하면서 그 외부적인 형식만 본인이 직접 행하는 것처럼 하는 등으로 대리의 형식을 취하지 않고 실질적으로 대리가 행하여지는 것과 동일한 효과를 발생시키고자 하는 경우도 당연히 포함된다.

2. 소송대리권의 범위

판결절차상의 각 심급의 대리인은 그 심급의 판결에 따른 집행행위에 관하여도 대리권이 미친다(민사소송법 제90조). 실무상 흔히 판결절차상 소송대리인이 집행개시신청을 하면서 위임장을 제출하는 경우가 많으나 불필요한 것이다. 판결절차상의 위임장 사본을 제출하는 것으로 충분하다. 판결절차상 소송대리인에게는 집행절차에도 그 대리권이 미친다 하더라도 소송대리인에게 집행절차에 관한 행위를 하여야할 사법계약인 위임계약상의 의무를 부담하는 것은 별개의 문제이다.

≪판례≫ 소송대리권과 위임사무처리의무의 범위[대법원 1997. 12. 12. 선고 95다20775 판결]

[1] 통상 소송위임장이라는 것은 민사소송법 제81조 제 1 항에 따른 소송대리인의 권한을 증명하는 전형적인 서면이라고 할 것인데, 여기에서의 소송위임(수권행위)은 소송대리권의 발생이라는 소송법상의 효과를 목적으로 하는 단독 소송행위로서 그 기초관계인 의뢰인과 변호사 사이의 사법상의 위임계약과는 성격을 달리하는 것이고, 의뢰인과 변호사 사이의 권리의무는 수권행위가 아닌 위임계약에 의하여 발생한다.

[2] 민사소송법 제82조의 규정은 소송절차의 원활·확실을 도모하기 위하여 소송법상 소송대리권을 정형적·포괄적으로 법정한 것에 불과하고 변호사와 의뢰인 사이의 사법상

의 위임계약의 내용까지 법정한 것은 아니므로, 본안소송을 수임한 변호사가 그 소송을 수행함에 있어 강제집행이나 보전처분에 관한 소송행위를 할 수 있는 소송대리권을 가진다고 하여 의뢰인에 대한 관계에서 당연히 그 권한에 상응한 위임계약상의 의무를 부담한다고 할 수는 없고, 변호사가 처리의무를 부담하는 사무의 범위는 변호사와 의뢰인 사이의 위임계약의 내용에 의하여 정하여진다.

[3] 소유권이전등기 청구소송을 수임한 변호사가 소송 계속 중인 그 수임시로 부터 6개월이 지난 시점에 그 소송의 상대방 9인 중의 1인이 계쟁 토지에 관하여 협의분할에 의한 재산상속을 원인으로 단독 명의로 소유권이전등기를 마친 사실을 등기부등본을 열람한 결과 알게 되자 상대방이 그 토지를 제 3 자에게 처분할 염려가 있다고 판단하여 소송대리인의 권한으로써 그 토지에 대한 처분금지가처분신청을 하였으나 그 담보 제공에 따른 가처분기입등기가 마쳐지기 전에 상대방이 제 3 자에게 근저당권설정등기를 경료해 준 사안에서, 소송의 수임 당시 변호사가 의뢰인에게 그 토지에 대한 소유권이전등기청구권을 보전할 필요성 및 처분금지가처분절차에 관하여 충분히 설명을 하였어야 할 구체적 사정이 존재하였다고 보기는 어렵다는 이유로, 변호사의 의뢰인에 대한 선량한 관리자로서의 주의의무 위반으로 인한 손해배상책임을 인정한 원심판결을 파기한 사례.

제 4 장 책임재산

개 관

현행법은 인적 집행은 허용하지 않으며 물적 집행만을 인정한다. 결국 민사집행은 궁극적으로 채무자의 재산을 대상으로 삼게 되는데 이를 두고 인적 책임이라고 한다. 그러나 임의경매절차와 비금전채권집행에서는 채무자의 일반재산이 아닌 특정재산만이 집행의 대상으로 한정되는 것이 보통이며 이를 두고 물적 책임이라고 한다. 이처럼 집행의 대상이 되는 채무자의 일반재산 또는 특정재산을 책임재산이라고 한다. 본장에서는 이러한 책임재산의 의의와 범위를 살펴보기로 한다. .

학습목표

1. 책임재산의 개념을 이해한다.
2. 과거의 책임재산 또는 장래의 책임재산을 현재의 책임재산으로 전환하기 위한 방법을 알아본다.
3. 채무자의 책임재산을 찾아내는 방법을 알아본다.
4. 집행채권의 속성으로 인한 책임의 제한이 따르는 경우에 대하여 알아본다.
5. 압류제한과 책임제한을 구별한다.

Ⅰ. 책임재산의 의의

강제집행의 대상이 되는 채무자의 재산을 책임재산이라고 한다. 강제집행 중에서 금전집행에서는 채무자의 모든 일반재산이 책임재산을 구성하지만 특정물에 대한 인도청구권 실현을 위한 강제집행 등과 같은 비금전집행과 임의경매절차에서는 특정물만이 집행의 대상이 된다. 그러므로 책임재산에 관한 논의는 비금전집행과 임의경매절차에서는 별 의미가 없다.

Ⅱ. 책임재산의 범위

사 례 6 **상호계산채권에 대한 강제집행**

갑과 을은 상시 거래관계에서 발생하는 채권·채무에 관하여 상호계산약정(상법 제72조)을 체결하였다. 위와 같은 상호계산 기간 중 갑에게 대여금채권을 가지고 있는 병은 갑과 을 사이의 상호계산약정에 편입된 갑의 을에 대한 개별 물품대금채권에 대한 강제집행이 가능한가?

1. 물적 범위

가. 채무자의 재산

채무자의 책임재산은 원칙적으로 파산절차상 파산재단의 범위와 일치한다. 즉 금전집행의 대상이 되는 것은 법률상 금전으로 환가할 수 있는 채무자의 모든 권리와 물건이다. 채무자의 재산이라도 인격권이나 신분권 같은 일신전속권, 법률상 양도나 압류가 금지되거나 제한되는 재산(제195조, 제246조), 취소권이나 해제권 등과 같이 독립하여 재산적 가치를 갖지 못하는 재산 등은 책임재산에서 제외된다.

≪판례≫ 압류금지재산과 채권의 공동담보[대법원 2005. 1. 28. 선고 2004다58963 판결]

채무자의 재산처분행위가 사해행위가 되기 위해서는 그 행위로 말미암아 채무자의 총재산의 감소가 초래되어 채권의 공동담보에 부족이 생기게 되는 것, 즉 채무자의 소극재산이 적극재산보다 많아져야 하는 것인바, 채무자가 재산처분행위를 할 당시 그의 적극재산 중 부동산과 채권이 있어 그 재산의 합계가 채무액을 초과한다고 하더라도 그 적극재산을 산정함에 있어서는 다른 특별한 사정이 없는 한 실질적으로 재산적 가치가 없어 채권의 공동담보로서의 역할을 할 수 없는 재산은 이를 제외하여야 할 것이고, 그 재산이 채권인 경우에는 그것이 용이하게 변제를 받을 수 있는 확실성이 있는 것인지 여부를 합리적으로 판정하여 그것이 긍정되는 경우에 한하여 적극재산에 포함시켜야 할 것이며,

압류금지재산은 공동담보가 될 수 없으므로 이를 적극재산에 포함시켜서는 아니 된다.

사인간의 약정에 의한 처분금지약정은 집행채권자에게 대항하지 못하므로 책임재산의 범위에 영향이 없다.

≪판례≫ 양도금지특약채권에 대한 전부명령[대법원 1976. 10. 29. 선고 76다1623 판결]

당사자 사이에 양도금지의 특약이 있는 채권이라도 압류 및 전부명령에 의하여 이전할 수 있고, 양도금지의 특약이 있는 사실에 관하여 압류채권자가 선의인가 악의인가는 전부명령의 효력에 영향을 미치지 못한다.

상법상 상호계산에 편입된 채권이라도 책임재산을 구성한다고 볼 것이다. 가처분에 의하여 양도가 금지된 재산을 책임재산에서 제외하는 견해도 있다.

나. 채권자의 재산

소유권유보부 매매에 따른 소유권의 귀속에 관하여는 매매대금의 완납시까지는 매도인에게 소유권이 있는 것으로 보는 것이 일반적이다. 이와 관련하여 매도인이 매매대금채권에 관한 집행권원을 기초로 매매 목적물을 강제집행의 대상으로 삼을 수 있다는 것이 일반적인 견해이다. 이를 두고 채권자의 재산이 책임재산을 구성하는 경우라고 설명하기도 한다.

다. 개별집행

한편 책임재산의 물적 범위는 파산재단의 범위와 일치한다고 볼 것이지만 강제집행은 도산절차와 달리 개별집행에 의하므로 채무자의 일반재산에 대하여 동시에 집행절차를 진행하는 것은 허용되지 아니하고 채권자의 선택에 따라 개별재산에 따라 개별적으로 진행될 수 있을 뿐이다.

2. 시적 범위

가. 현재의 재산

집행개시시점의 시점에 채무자에 속한 재산만이 책임재산을 구성한다. 채무자의 과거의 재산은 책임재산이 될 수 없다. 사전적으로는 보전처분이나 사행방지참가(민소법 제79조)를 이용하거나 사후적으로 채권자취소소송을 통하여 채무자가 책임재산을 감소케 하는 행위를 저지할 수 있다.

나. 장래의 재산

장래에 채무자에 속할 것으로 기대되는 재산은 원칙적으로 책임재산이 되지 아니한다. 그러나 현재에 권리 발생의 기초가 확립되어 있는 경우에는 장래의 재산이라도 책임재산으로 삼을 수 있다. 채무자의 취소권이나 해제권의 행사에 따라 발생할 것으로 기대되는 원상회복청구권 등은 채무자의 임의의 의사에 따라 그 발생여부가 정해지는 것으로 특별한 사정이 없는 한 현재 권리 발생의 기초가 확립되어 있다고 보기 어려운 경우가 많다. 이러한 경우에는 채권자대위권에 기하여 취소권이나 해제권을 행사하여 그로부터 발생하는 원상회복청구권 등을 책임재산으로 삼으면 된다.

3. 책임재산의 탐지

채무자의 책임재산을 탐지하는 것은 채권자가 할 일이다. 책임재산의 탐지를 용이하게 위하여 재산명시제도와 재산조회제도를 두고 있다.

4. 책임재산의 판단

집행기관은 채권자가 책임재산으로 제시한 것이 채무자에 속하는 것인가에 대하여 조사하여야 한다. 집행기관은 형식주의 원칙상 책임재산의 귀속에 관한 외관을 기준으로 그 귀속여부를 정할 수밖에 없다. 즉 유체동산의 경우에는 소지를 기준으로(제189조, 제191조), 부동산 등과 같이 등기나 등록에 의하여 권리관계가 공시되는 경우에는 등기나 등록의 명의를 기준으로 그 귀속여부를 정할 수밖에 없다. 채권과 그 밖의 재산권의 귀속에 대하여는 채권자의 주장 자체를 기준으로(제225조, 제226조) 그 귀속여부를 정하면 된다.

사례 6 〈해설〉 상호계산채권에 대한 강제집행

상호계산에 편입된 개개의 채권은 상호계산기간 중에는 독립성을 잃고 불가분적인 전체 채권·채무에 융화된다(상법 제76조). 이러한 채권·채무불가분성을 정한 상법 제76조가 제 3 자에 대한 관계에서도 적용되는지에 대한 다툼이 있으나, 상호계산의 불가분성은 당사자 사이의 의사표시에 의한 양도금지에 본질이 있는 것이므로 이를 두고 제 3 자에게 대항할 것은 아니라도 본다(반대견해 있음). 따라서 병이 갑의 을에 대한 개별 물품대금채권을 집행의 대상으로 삼을 수 있다고 하겠다.

Ⅲ. 유한책임

1. 의 의

채무자는 원칙적으로 그의 전 재산으로 채무이행의 책임을 진다. 즉 무한책임이 원칙이다. 그러나 채무의 성질에 따라 채무자의 책임이 일정한 범위의 재산으로 한정되거나 일정한 범위의 채무액으로 한정되는 경우가 있다. 전자를 물적 유한책임이라 하고 후자를 인적 유한책임 또는 금액유한책임이라 한다. 유한책임은 채권 자체의 속성에 따른 것으로 실체법 규정에 바탕한 실체법상의 개념이다.

2. 종 류

가. 물적 유한책임

물적 유한책임으로는 한정승인에 따른 상속채무(민법 제1028조), 유언집행자·상속재산관리인·정리회사의 관리인·파산재단의 파산관재인·신탁재산의 수탁자가 그 자격에서 지는 채무, 전당물위탁자의 채무(전당포영업법 제1조) 등을 들 수 있다. 채권자는 이러한 경우 일정한 범위의 책임재산으로 만족을 얻지 못하더라도 채무자의 다른 일반재산을 책임재산으로 삼을 수가 없다.

나. 인적 유한책임

인적 유한책임으로는 합자회사의 유한책임사원(상법 제279조)·주주(상법 제331조)·유한회사의 사원(상법 제553조)·선박소유자(제331조)·공동해손분담자(상법 제835조)·해난구조료채무자(상법 제852조) 등의 책임을 들 수 있다. 인적 유한책임은 책임액에 한정이 있는 것에 불과하고 인정되는 책임의 한도에서는 채무자의 전 재산이 집행의 대상이 된다. 그러므로 인적 유한책임은 본래 의미의 유한책임이라고 보기 어려운 면이 있다. 인정된 책임액에 따른 집행절차에 있어서는 일반의 집행절차와 전혀 다를 바가 없는 것이다.

3. 집행절차상 취급

가. 실체상 항변

유한책임의 항변은 실체상의 항변으로 판결절차에서 고려할 사항이다. 유한책임의 항변이 제출되면 판결법원은 주문에 책임이 한정된다는 취지를 명시한다. 항변이 없음에도 판결법원이 직권으로 고려할 사항은 아니다.

나. 집행절차상 항변

채무자가 판결절차상 유한책임의 항변을 제출하지 아니하는 경우에는 집행권원에는 유한책임의 취지가 나타나지 않는다. 이에 따라 채권자가 채무자의 실체상 유한책임의 범위를 넘어서는 집행을 하여온 경우에 대하여 채무자는 이를 어떻게 다툴 수 있을 것인지가 문제된다. 이러한 경우 채무자는 기판력의 실권효의 제재를 받으므로 집행절차상 유한책임의 항변을 하는 것이 허용되지 않는다고 본다. 이에 대하여 유한책임의 항변은 상계의 항변과 같이 패소를 전제로 한 항변이므로 상계의 항변과 같이 취급하여 변론종결시가 지난 집행절차에 이르러서도 이를 다툴 수 있다고 하는 입장도 있다.

제 5 장 집행권원

개 관

민사집행권은 국가에 속하여 채권자는 국가에 대하여 민사집행권의 발동을 구하는 민사집행청구권을 갖는 것뿐이다. 이러한 민사집행청구권은 사법상 이행청구권을 원인으로 하여 발생하나 그 이후에는 원칙적으로 사법상 이행청구권과 독립된 존재임은 앞서 살펴본 바와 같다. 이때 사법상 이행청구권과 민사집행청구권을 매개하는 존재가 바로 집행권원이다. 본장에서는 이러한 집행권원의 의의와 종류 및 효력을 중심으로 살펴보기로 한다.

학습목표

1. 집행권원의 개념과 종류에 대하여 알아본다.
2. 집행권원이 담고 있는 집행력의 범위를 파악한다.
3. 하자 있는 집행권원에 기한 집행행위의 효력에 대하여 알아본다.
4. 수 개의 집행권원이 경합하는 경우와 그 효력에 대하여 알아본다.

제 1 절 서 론

Ⅰ. 의 의

1. 개 념

사법상의 이행청구권의 존재와 범위를 표시함과 동시에 집행력을 인정한 공정증서를 집행권원이라 한다. 구 민사소송법은 이를 채무명의라고 하였다. 나아가 집행권원에 집행문이 부여된 것을 집행력 있는 정본 또는 간단히 집행정본이라고 한다. 집행권원은 강제집행의 불가결한 기초로 그에 기하여 강제집행의 범위와 내용 및 당사자적격자의 범위가 결정된다. 집행기관은 집행권원 내지는 집행정본의 내용에 관한 실체법적 정당성에 관하여 심사할 권한도 의무도 없이 그 집행권원에 나타난 그대로 집행을 하기만 하면 된다는 점에서 집행권원제도는 집행의 신속성에 이바지 하는 제도이다.

2. 법적 성질

사법상 이행청구권에 관한 집행권원이 만들어지면 채권자에게는 비로소 민사집행청구권이 발생한다. 이러한 민사집행청구권은 사법상의 이행청구권을 원인으로 하여 발생하나 존속에 있어서는 독자성을 갖는 점은 앞서 설명하였다. 집행권원은 그것이 담고 있는 사법상 이행청구권과 함께 하여서만 양도할 수 있고 사법상 이행청구권과 독립하여 집행권원만을 양도하는 것은 인정되지 않는다.

Ⅱ. 집행권원의 종류

집행권원의 종류를 열거하면 다음과 같다(이하는 사법연수원 26면).

1. 민사집행법과 민사소송법에 규정된 집행권원

가. 판 결

① 확정된 종국판결(제24조)

② 가집행선고 있는 종국판결(제24조)

③ 외국법원의 판결에 대한 집행판결(제26조)

나. 판결 외의 집행권원

① 소송상 화해조서와 제소 전 화해조서(제26조)

② 인낙조서(제56조)

③ 항고로만 불복할 수 있는 재판(제56조)

④ 확정된 지급명령(제56조)

⑤ 보전명령(제291조, 제301조)

⑥ 집행증서(제56조)

⑦ 과태료의 재판에 대한 검사의 집행명령(제60조)

⑧ 확정된 화해권고결정(민소법 제231조)

2. 민사집행법과 민사소송법 외의 법률에 규정된 집행권원

① 확정된 이행권고결정(소액사건심판법 제5조의7 1항)

② 중재판정에 대한 집행판결(중재법 제37조)

③ 파산채권표, 개인회생채권자표(채무자 회생 및 파산에 관한 법률 제460조, 제603조 3항)

④ 회생절차 또는 파산선고시 법인의 이사 등에 대한 출자이행청구권 또는 그 책임에 기한 손해배상청구권의 조사확정의 재판(위 법 제117조, 제354조)

⑤ 회생채권자표 및 회생담보권자표(위 법 제168조)

⑥ 조정조서(민사조정법 제29조)

⑦ 조정에 갈음하는 결정(민사조정법 제30조, 제32조, 제34조)

⑧ 가사소송법에 의한 심판(가사소송법 제41조), 조정 또는 조정에 갈음하는 결정(가사소송법 제59조 2항)

⑨ 당사자가 예납하지 아니한 비용의 수봉결정, 소송상의 구조와 구조의 취소에 따른 비용 추심의 결정(민사소송비용법 제12조)

⑩ 비송사건절차법에 따른 과태료 재판에 대한 검사의 명령(비송사건절차법 제249조)

⑪ 비송사건절차의 비용의 재판(비송사건절차법 제29조)

⑫ 벌금, 과료, 몰수, 추징, 과태료, 소송비용, 비용배상 또는 가납의 재판에 대한 검사의 명령(형사소송법 제477조)

⑬ 특허권, 실용신안권, 의장권, 상표권의 심판에 관한 비용 또는 이들 법률에 따른 보상금액과 대가에 대하여 확정된 결정(특허법 제166조, 실용신안법

제56조, 의장법 제72조, 상표법 제77조)

⑭ 확정된 배상명령 또는 가집행선고 있는 배상명령(소송촉진 등에 관한 특례법 제34조 1항)이 적힌 유죄판결

⑮ 언론중재위원회의 중재화해조서와 중재조서(정기간행물의 등록 등에 관한 법률 제18조 7항)

⑯ 중앙토지수용위원회의 보상금에 관한 재결(공익사업을 위한 토지 등의 취득 및 보상에 관한 법률 제86조 7항)

⑰ 변호사징계위원회의 과태료의 결정(변호사법 제90조 2항)

⑱ 지방법원장의 소속 법무사에 대한 과태료결정(법무사법 제48조 3항)

신청인이 동의한 국가배상심의회의 배상결정(종전 국가배상법 제16조)은 종전에는 집행권원으로 예시되었다. 그러나 종전 국가배상법 제16조는 헌법재판소에 의해 위헌으로 결정(헌재 91헌가7)되어 효력을 상실하였다. 본서에서는 위와 같은 집행권원 중에서 민사집행법과 민사소송법에 규정된 집행권원에 대해서만 보기로 한다.

Ⅲ. 집행권원의 내용

1. 의 의

집행권원은 집행당사자와 사법상 이행청구권의 존부와 범위를 확정하는 것을 그 내용으로 한다. 집행당사자에 관하여는 앞서 상세히 설명하였다. 비금전채권의 경우에는 집행의 대상도 특정하여 표시한다.

2. 사법상 이행청구권

가. 적극적 범위

집행권원이 담고 있는 사법상의 이행청구권이 집행절차를 통하여 만족을 얻기 위하여는 적법·특정·실현가능·강제이행에 적합한 것이어야 한다. 급부가 적법해야 한다는 점은 급부 내용자체를 기준으로 판단할 것이며 급부의 원인이 적법할 것은 묻지 않는다. 한편 집행권원에 나타난 모든 사법상의 이행청구권이 집행의 내용이 되는 것은 아니다. 예를 들어 매수인의 매도인에 대한 매매대금지급청구소송에서 소유권이전등기의무의 이행과 상환으로 매매대금지급의무를

명한 이행판결에서 집행의 내용이 되는 것은 매매대금지급청구만이며 소유권이전등기의무라는 반대급부의무는 집행의 내용으로 삼을 수 없다. 이러한 점은 화해조서에서도 마찬가지인데 실무상 이러한 난점을 피하기 위하여 쌍무계약에 관한 화해조서의 작성에서 당사자별로 동시이행관계를 배제한 편면적 이행의무를 지는 것으로 조서에 기재하는 경우가 많다.

나. 소극적 범위

집행권원에서 정하지 아니한 사항에 관하여는 집행할 수 없다. 이러한 점은 약속어음공정증서에서 흔히 문제되는 것으로 약속어음공정증서에 지연손해금에 관한 기재가 없다면 지연손해금의 발생이 인정된다고 하더라도 지연손해금에 대하여는 집행의 내용으로 삼을 수 없다.

≪판례≫ 집행증서상 집행채권의 범위[대법원 1994. 5. 13.자 94마542,543 결정]

강제집행에 있어서 채권자가 채무자에 대하여 가지는 집행채권의 범위는 채무명의에 표시된 바에 의하여 정하여지므로, 채무명의, 즉 집행력 있는 공정증서정본상 차용원금채권 및 이에 대한 그 변제기까지의 이자 이외에 변제기 이후 다 갚을 때까지의 지연손해금채권에 대하여는 아무런 표시가 되어 있지 않는 한 그 지연손해금채권에 대하여는 강제집행을 청구할 수 없다.

3. 집행의 대상

부동산이나 채권에 관한 보전명령을 제외하고는 금전채권에 관한 집행권원에는 원칙적으로 집행대상에 대한 기재가 없다. 집행대상에 대한 기재가 없는 경우에는 채무자의 모든 재산이 집행의 대상이 된다. 다만 한정승인과 같은 유한책임이 있는 채무의 경우에는 유한책임의 취지가 집행권원에 표시된다. 이와는 달리 비금전채권에서는 집행권원에 집행의 대상을 구체적으로 특정하여 기재하여야 하는 경우가 많다.

Ⅳ. 집행권원의 효력

1. 집행권원의 효력상실

확정판결이 재심에 의해 취소되거나 가집행선고부 판결이 상소심에서 가집행선고만을 변경하거나 원심의 본안판결을 변경한 경우에는 그 한도에서 집행권원으로서 효력을 상실한다. 집행권원이 경합된 경우라도 어느 하나의 집행권원을 통하여 집행채권의 만족을 얻으면 나머지 집행권원은 목적달성으로 효력을 상실한다고 본다. 실무상 집행증서 무효확인의 소가 흔한데 집행권원의 효력상실과는 무관한 것으로 본래 효력이 없었음을 확인한 것뿐이다. 집행권원의 효력이 상실되었음을 주장하지 아니한 경우에는 경매의 공신력과 관련하여 일정한 불이익이 있다.

≪판례≫ 강제경매의 공신력[대법원 1996. 12. 20. 선고 96다42628 판결]

확정된 종국판결에 터 잡아 경매절차가 진행된 경우 그 뒤 그 확정판결이 재심소송에서 취소되었다고 하더라도 그 경매절차를 미리 정지시키거나 취소시키지 못한 채 경매절차가 계속 진행된 이상 경락대금을 완납한 경락인은 경매 목적물의 소유권을 적법히 취득한다.

2. 집행권원의 무효

집행권원이 사후적으로 효력을 상실한 것과 달리 처음부터 무효인 경우에는 강제집행의 공신력에 따른 불이익이 따르지 않는다. 즉 무효인 집행권원에 기한 강제집행은 아무런 효력을 가질 수 없으므로 대금은 완납한 매수인이라도 선의취득이 인정되지 아니하는 한 소유권을 취득할 수 없다.

3. 집행권원의 원본 멸실

집행정본이 아니라 집행권원의 원본이 멸실된 경우에는 새로이 집행권원을 얻는 절차를 거쳐야 한다. 집행권원의 원본이 멸실되었다고 해서 집행권원의 효력이 상실되었다고 할 수는 없지만 집행은 사실상 불능에 빠지므로 집행권원의 효력이 상실된 것과 다름없게 된다. 이와는 달리 집행정본을 분실한 경우에는 재교부 받으면 된다(제35조).

4. 집행권원의 경합

당사자 사이에 집행증서가 있음에도 확정판결을 얻어 집행신청을 하는 경우가 흔하다. 집행증서에는 기판력이 없으므로 확고한 집행권원을 얻기 위하여 판결절차를 경유하는 것이다. 이러한 경우 확정판결이 있다고 하더라도 집행증서가 유효한 집행권원이라는 점에는 변함이 없다. 유효한 집행권원이 병존하는 것이다(반대견해 있음). 즉 채권자는 확정판결과 집행증서 중 어느 것에 기하여서도 강제집행에 나아갈 수 있는 것이다.

제2절 판 결

제24조 (강제집행과 종국판결)
강제집행은 확정된 종국판결(終局判決)이나 가집행의 선고가 있는 종국판결에 기초하여 한다.

Ⅰ. 확정된 종국판결

확정된 종국판결은 가장 대표적인 집행권원으로 집행권원의 여왕이라고 한다. 다만 확정된 모든 종국판결이 집행권원이 되는 것은 아니며 본래의미의 강제집행이 후속하는 이행판결의 일부만이 집행권원이 된다.

1. 종국판결

현행 판결절차는 3심제로 취하고 있다. 종국판결이란 이와 같은 판결절차상 하나의 심급에서 소송의 전부 또는 일부를 종결시키는 판결(민소법 제198조)을 말한다. 종국판결에는 전부판결과 일부판결 및 잔부판결이 있으며 중간 판결(민소법 제201조)은 이에 해당하지 아니한다.

2. 이행판결

이행판결 중 강제집행에 적합한 것만이 집행권원이 된다. 확인판결이나 형성판결은 집행권원이 될 수 없다. 이행판결이라도 부부동거의무를 명하거나 의사진술을 명하는 판결이나 내용이 불특정한 판결은 집행권원이 될 수 없음은 앞서 설명하였다. 또한 이행불능의 판결이나 집행력이 없는 판결 또는 이미 집행이 완료된 판결은 정당한 집행권원이 될 수 없다.

3. 판결의 확정

판결의 확정이란 통상의 불복방법인 상소로는 더 이상 다툴 수 없는 상태로 형식적 확정력이 발생한 것을 말한다. 판결은 형식적으로 확정됨으로서 기판력과 집행력이 발생한다. 의무이행을 명한 원심판결에 대하여 피고가 항소하였으나 상소심의 상소기각판결이 확정된 경우에는 원심판결만이 집행권원이 된다. 청구를 인용한 원심판결에 대하여 피고가 항소하여 항소심 계속 중 원고가 청구의 일부를 감축한 결과 항소가 기각되었다면 집행권원으로 되는 것은 여전히 1심판결이다. 여기서 1심판결에 형식상 표시되어 있는 인용범위와 실제 인용범위가 차이가 생기는데 이러한 경우에는 집행문부여 단계에서 집행이 가능한 실제 인용범위를 기재한다(규칙 제20조 1항).

가. 확정의 시기

판결은 일반적으로 상소기간이 도과함으로서 확정된다. 그러나 ① 불복이 허용되지 아니하는 재판이나 불상소의 합의가 있는 재판은 선고와 동시에 확정되며(다만 심리불속행 또는 상고이유서 부제출에 따른 상고기각판결은 그 판결의 송달시에 확정된다), ② 상소가 취하되거나 각하된 경우에는 당해 판결이 상소기간이 도과한 때 확정되며, ③ 상소기간 진행 중에 상소권을 포기한 경우에는 상소권을 포기한 시점에 확정된다.

나. 상소불가분의 원칙

판결에 대한 상소가 있는 경우 원심판결 전부의 확정이 차단된다. 상소가 원심판결의 일부만에 대한 것이라도 상소불가분의 원칙에 의해 원심판결의 전부의 확정이 차단된다. 불복이 없는 부분의 확정시기는 항소의 경우에는 항소심판결 선고시며 상고의 경우에는 상고심판결시이다.

≪판례≫ 일부항소와 잔부의 확정시기[대법원 2001. 4. 27. 선고 99다30312 판결]

원고가 청구를 전부 기각한 제1심판결의 일부에 관하여만 항소하였을 뿐 항소심 변론종결시까지 항소취지를 확장한 바 없는 경우, 원고가 항소하지 아니한 나머지 부분에 관하여는 항소심판결의 선고와 동시에 확정되어 소송이 종료되었음을 선언한 사례.

≪판례≫ 일부상고의 인용과 환송심의 심판범위[대법원 2001. 12. 24. 선고 2001다62213 판결]

원고의 주위적 청구를 기각하면서 예비적 청구를 일부 인용한 환송 전 항소심판결에 대하여 피고만이 상고하고 원고는 상고도 부대상고도 하지 않은 경우에, 주위적 청구에 대한 항소심판단의 적부는 상고심의 조사대상으로 되지 아니하고 환송 전 항소심판결의 예비적 청구 중 피고 패소 부분만이 상고심의 심판대상이 되는 것이므로, 피고의 상고에 이유가 있는 때에는 상고심은 환송 전 항소심판결 중 예비적 청구에 관한 피고 패소 부분만 파기하여야 하고, 파기환송의 대상이 되지 아니한 주위적 청구부분은 예비적 청구에 관한 파기환송판결의 선고와 동시에 확정되며 그 결과 환송 후 원심에서의 심판범위는 예비적 청구 중 피고 패소 부분에 한정된다.

그러나 통상의 주관적 공동소송에서 공동소송인의 일부만이 상소한 경우에는 상소하지 아니한 나머지 공동소송인에 대한 관계에서만 판결이 확정된다(반대 견해 있음).

다. 상소추완과 재심의 소

판결확정 이후에 상소추완(민소법 제173조)이나 재심의 소제기(제451조)에 따라 판결이 취소된 경우에는 판결의 집행력이 배제된다. 상소추완신청이나 재심의 소를 제기한 시점과 확정판결이 취소되기까지의 시간적 간극을 집행절차에 반영하기 위하여 잠정처분제도(민소법 제500조)를 두고 있다.

Ⅱ. 가집행선고 있는 종국판결

사 례 7 가집행선고 후의 임의변제

교통사고 피해자 갑은 가해자 을을 상대로 손해배상청구소송을 제기하였고, 1심에서 가집행선고부 승소판결을 받았다. 이에 을은 갑의 집행을 염려하여 1심에서 지급을 명한 금액을 갑에게 임의변제함과 아울러 항소하였다. 항소심은 을의 임의변제를 고려하지 아니하고 1심판결을 유지하였고, 을은 상고를 포기하였다. 그 후 갑은 1심판결을 집행권원으로 을의 부동산에 대한 강제경매절차에 나섰다. 갑의 구제수단은?

1. 의 의

가집행선고는 확정되지 아니한 종국판결에 집행력을 부여하는 형성적 재판으로 주된 주문 다음에 종된 주문의 형태로 표시된다. 가집행선고제도는 승소자의 신속한 권리실현과 상소권 남용의 억제 및 심리가 1심에 집중되도록 하는 기능을 갖는다.

2. 가집행선고의 요건

가. 재산상 청구

원칙적으로 재산상 청구에 관한 판결에 대해서만 가집행선고가 가능하다. 비재산상의 청구에 대해서는 특별한 규정이 없는 한 가집행선고를 할 수 없다.

나. 이행판결

이행판결에만 가집행선고가 가능하고 특별한 규정이 없으면 확인판결이나 형성판결에는 가집행선고를 할 수 없다.

≪판례≫ 형성판결과 가집행선고[대법원 1998. 11. 13. 선고 98므1193 판결]

민법상의 재산분할청구권은 이혼을 한 당사자의 일방이 다른 일방에 대하여 재산분할을 청구할 수 있는 권리로서 이혼이 성립한 때에 그 법적 효과로서 비로소 발생하는 것이므로, 당사자가 이혼이 성립하기 전에 이혼소송과 병합하여 재산분할의 청구를 하고, 법원이 이혼과 동시에 재산분할을 명하는 판결을 하는 경우에도 이혼판결은 확정되지 아니한 상태이므로, 그 시점에서 가집행을 허용할 수는 없다.

특별한 규정의 예로는 강제집행정지·취소결정의 인가 변경판결(제47조 2항, 48조 3항)을 들 수 있다. 그러므로 청구이의의 소, 제3자이의소, 채권자취소소송, 이혼과 동시에 재산분할을 명하는 판결에는 가집행의 선고를 붙이지 못한다. 이에 대하여 민사소송법 제213조 1항에서 가집행선고의 대상을 이행판결에 한한다는 제한이 없다는 점에서 판례에 반대하는 입장도 있다.

다. 협의의 집행력을 갖는 이행판결

이행판결 중에서도 본래의미의 강제집행이 후속하는 판결 즉 협의의 집행력을 갖는 이행판결만이 가집행선고가 가능하다. 그러므로 등기절차의 이행을 명하는 판결과 같이 의사진술을 명하는 판결은 본래의미의 집행이 문제되지 아니하므로 가집행선고를 할 수 없다.

라. 가집행선고의 필요성

가집행선고가 필요한 재판은 선고만으로는 집행력이 발생하지 아니하는 경우이다. 그러므로 상고심의 판결과 같이 선고와 동시에 확정되는 재판, 결정·명령과 같이 선고와 동시에 집행력이 발생하는 재판에는 가집행선고를 할 수 없다. 또한 판결확정일 이후에 이행기 도래가 예상되는 장래이행판결 등의 경우에는 그 성질상 가집행선고를 할 수 없다. 한편 청구기각판결이나 소 각하판결은 집행할 내용이 없으므로 가집행선고를 붙일 것이 없다. 물론 이러한 판결에도 소송비용에 관한 판결은 후에 집행의 문제가 남지만 가집행선고는 주된 주문에 대한 것이어서 소송비용 등 종된 주문에 대해서는 가집행선고를 할 수 없다.

마. 기속재량

당사자의 신청과 관계없이 법원이 재량에 의해 직권으로 판결의 전부 또는 일부에 관하여 가집행선고를 붙일 수 있다. 다만 이러한 재량은 자유재량이 아니고 기속재량이다. 흔히 소장의 청구취지에서 가집행선고를 구하는 표시를 하는데 별 다른 의미가 없는 관행일 뿐이다. 예외적으로 잠정처분의 취소·변경·

인가의 판결(제47조 2항 제48조 3항), 어음 · 수표금 청구에 관한 판결(민사소송법 제213조 1항 단서), 일정한 가사사건에 관한 판결(가사소송법 제42조)의 경우에는 의무적으로 가집행선고를 붙이도록 하고 있다.

바. 담보의 제공

어음 · 수표금 청구에 관한 판결을 제외하고는 담보를 제공하게 할 수 있다. 이때 담보의 제공은 집행력발생의 조건이 아니라 집행개시의 요건이다. 그러므로 담보제공이 없더라도 집행문을 부여함에는 아무런 문제가 되지 아니한다.

사. 가집행선고가 필요 없는 판결

정기간행물등록 등에 관한 법률(제19조, 제20조)과 방송법(제20조)은 반론보도청구나 추후보도청구의 소에 병합하여 간접강제의 신청을 허용하고 있는데 그에 대한 인용판결은 신속한 권리구제를 위하여 가집행선고가 없이도 선고와 동시에 집행력이 발생하는 것으로 하고 있다.

3. 가집행선고의 효과

가. 집행력의 발생

가집행선고가 있으면 판결은 확정을 기다리지 않고 선고와 동시에 집행력이 발생한다. 그러나 상소심에서 가집행선고 또는 본안판결을 변경하는 판결을 선고하면 선고와 동시에 변경의 한도에서 집행력이 소멸한다. 또한 가집행선고 후에 청구의 교환적 변경이 있으면 종전의 청구에 관한 가집행선고는 그 효력을 잃는다.

≪판례≫ 청구의 교환적 변경[대법원 1995. 4. 21. 선고 94다58490, 94다58506(반소) 판결]

갑이 제 1 심에서 을 점유 토지의 인도청구소송을 제기하여 가집행선고부 승소판결을 선고받고, 항소심에서 경계확정소송으로 소를 교환적으로 변경하였다면, 변경 전 청구인 토지인도청구의 소는 취하되었다고 할 것이고, 따라서 이에 붙여진 가집행선고도 실효되었다고 할 것이므로, 갑이 그 가집행선고부 판결에 기하여 그 토지를 점유하게 된 것이라면, 갑은 을에 대하여 당연히 원상회복으로서 자신이 점유하고 있는 토지를 인도할 의무가 있다.

가집행을 선고한 원심판결을 상소심에서 상소기각으로 원심판결을 유지한 경우에 집행권원이 되는 것은 원심판결이다. 한편 1심에서 가집행선고가 있고 항소심에서 1심판결을 취소하는 판결이 있은 다음 상고심에서 항소심판결을 파기하면 1심판결의 집행력이 계속 유지된 것으로 취급된다.

≪판례≫ 가집행선고부 1심판결의 효력회복[대법원 1993. 3. 29.자 93마246, 247 결정]

제1심판결이 한 가집행의 선고가 그 판결을 취소한 항소심판결의 선고로 인하여 효력을 잃었다 하더라도 그 항소심판결을 파기하는 상고심판결이 선고되었다면 가집행선고의 효력은 다시 회복된다.

나. 본집행으로의 전환

가집행선고부 판결에 기초한 강제집행을 위하여는 집행문을 부여 받아야 한다. 가집행선고 판결이 송달되었는가 여부나 담보제공여부는 고려할 사항이 아니며 그와 같은 사항은 집행개시요건일 뿐이다. 가집행선고부 판결이 후에 확정된 경우에는 확정판결을 집행기관에 제출함으로써 가집행은 본집행으로 전환된다. 이때 다시 확정판결에 관하여 집행문을 다시 부여받을 필요가 없다. 가압류의 본압류로의 전환과 구별하여야 한다.

다. 재산명시신청 등

재산명시신청(제61조 1항 단서), 채무불이행자명부등재신청(제70조 1항 단서), 재산조회신청(제74조)은 집행권원의 존재를 전제로 한다. 그러나 가집행선고부 판결에 기하여는 이들 신청을 할 수 없다.

4. 가집행의 효과

가. 매수인에 대한 효과

매수인에 대한 관계에서 가집행의 효과는 본집행과 전혀 다를 것이 없다. 추후에 가집행선고 또는 본안 판결이 상소심에서 취소된 경우라도 가집행이 반사회적 법률행위의 수단으로 이용된 경우가 아닌 한 매수인은 완전한 소유권을 취득하고 그 지위에 변함이 없다. 가집행에 따른 집행처분의 효과는 확정적인 것이다.

≪판례≫ 가집행선부고 판결에 기한 집행의 효력[대법원 1993. 4. 23. 선고 93다3165 판결]

가집행선고 있는 판결에 기한 강제집행은 확정판결에 기한 경우와 같이 본집행이므로 상소심의 판결에 의하여 가집행선고의 효력이 소멸되거나 집행채권의 존재가 부정된다 하더라도 그에 앞서 이미 완료된 집행절차나 이에 기한 경락인의 소유권취득의 효력에는 아무런 영향을 미치지 아니한다 할 것이고, 다만 강제경매가 반사회적 법률행위의 수단으로 이용된 경우에는 그러한 강제경매의 결과를 용인할 수 없다(같은 취지: 대법원 1995.

4. 21. 선고 94다58490, 94다58506 판결).

나. 당사자에 대한 효과

당사자에 대하여 가집행은 추후에 가집행선고 또는 본안판결이 상소심에서 실효되지 아니할 것을 해제조건으로 하여 의무이행의 효과가 발생한다. 상소심에서 가집행선고의 효력이 실효된 경우에는 채권자는 이행 받은 급부를 반환하여야 하고, 가집행선고의 효력이 유지된 경우에는 변제의 효과는 변론종결 후에 발생한 것으로 파악되므로 법원은 청구에 관한 판단에서 이를 고려하여서는 안 된다.

≪판례≫ 가집행선고에 따른 임의변제[대법원 1993. 10. 8. 선고 93다26175,26182(반소) 판결] 가집행으로 인한 변제의 효력은 확정적인 것이 아니고 어디까지나 상소심에서 그 가집행의 선고 또는 본안판결이 취소되는 것을 해제조건으로 하여 발생하는 것에 지나지 않으므로, 제 1 심 가집행선고부 판결에 기하여 피고가 그 가집행선고 금액을 지급하였다 하더라도 항소심 법원으로서는 이를 참작함이 없이 당해 청구의 당부를 판단하여야 한다(같은 취지: 대법원 2000. 7. 6. 선고 2000다560 판결).

5. 집행의 정지(민소법 제500조, 제501조)

가. 의 의

가집행선고 있는 판결은 선고와 동시에 집행력이 발생한다. 채무자가 상소를 제기하여 판결의 확정을 차단시키더라도 판결의 집행력에는 영향이 없는 것이다. 그러므로 채무자는 가집행선고부 판결에 따른 강제집행을 저지하기 위하여는 상소의 제기와 별도로 강제집행정지신청을 하여야 한다.

나. 집행정지의 요건

(1) 채무자의 상소 가집행선고부 판결에 의한 강제집행의 정지신청을 위하여는 채무자는 상소를 제기하여야 한다. 상소의 제기 없이 단순히 강제집행의 정지신청을 하는 것은 허용되지 아니한다.

(2) 강제집행정지신청 채무자는 상소가 있다고 하더라도 법원이 직권으로 강제집행정지결정을 할 수는 없고 채무자가 별도로 강제집행정지신청이 있어야 한다.

≪판례≫ 가집행선고부판결과 집행정지신청[대법원 2006. 4. 14.자 2006카기62 결정]

[1] 가집행선고부 제1심판결 중 항소심판결에 의하여 취소된 부분의 가집행선고는 항소심판결의 선고로 인하여 그 효력을 잃고(민사소송법 제215조 제1항 참조), 항소심판결의 정본을 집행법원에 제출함으로써 이 부분에 관한 강제집행을 정지할 수 있으므로, 별도로 강제집행정지신청을 할 이익이 없어 이 부분 신청은 부적법하다.

[2] 가집행선고부 제1심판결 중 항소심판결에 의하여 유지된 원고 승소 부분에 관하여 보건대, 이에 불복하여 상고를 제기하지 않은 신청인으로서는 본안사건의 상고심 법원에 대하여 그 판결에 기한 강제집행의 정지를 구할 수 없다 할 것이므로(민사소송법 제500조, 제501조 참조), 이 부분에 관한 강제집행정지신청도 역시 부적법하다.

[3] 단순 병합된 2개의 청구를 모두 인용한 가집행선고부 제1심판결에 대하여 피고만이 항소한 상태에서 항소심이 그 중 1개의 청구 부분에 대해서만 제1심판결을 그대로 유지하고 나머지 1개의 청구 부분에 대하여는 원고의 청구를 기각한 사건에서 원고만이 원고 패소 부분에 대하여 상고를 제기한 경우에, 항소심판결 중 원고 승소 부분에 대해서는 원고로서는 상고를 제기하지 아니하였을 뿐만 아니라 상고의 이익 자체가 없는 것인데, 이러한 상황에서 위 원고 승소 부분에 대한 상고를 제기하지 아니한 피고가 더 나아가 부대상고기간을 도과한다든가 부대상고권을 포기하는 등으로 그 부분을 더 이상 다툴 수 없는 상태가 된 경우에는, 위 원고 승소 부분이 분리되어 확정된 것으로 볼 수 있으므로, 피고로서는 부대상고권이 소멸하여 항소심판결이 분리 확정된 다음 민사집행법 제44조를 적용하여 이미 확정된 원고 승소 부분에 관하여 사실심 변론종결 이후에 변제공탁을 하였다는 사유를 들어서 원고를 상대로 청구에 관한 이의의 소를 별도로 제기하고 이에 기하여 강제집행정지 결정을 받을 수 있을 것이다.

(3) 상소의 성공가능성 등 채무자가 상소심에의 승소가능성이 충분하고 집행을 정지하지 아니하면 집행으로 인하여 채무자에게 회복할 수 없는 손해가 능성이 있는 경우에만 가집행의 집행정지를 인정하자는 입장도 있다. 특히 가집행선고부 금전지급판결에서 가집행에 담보제공이 부가된 경우에는 가집행의 집행정지를 인정할 필요가 없다고 한다. 그러나 이와 같이 가집행의 집행정지를 엄격하게 하는 것은 채권자의 이익에 지나치게 기운 것이라고 본다.

다. 집행정지의 재판

법원은 가집행정지의 신청이 법률상 정당한 사유가 있다고 인정되면 담보제공여부를 정하여 강제집행의 일시정지를 명하거나 강제처분을 취소할 수 있다. 집행정지에 관한 재판에 대하여는 독립하여 불복할 수 없다. 이때 담보는 그 성질이 집행에 관한 담보에 해당하고 채권전액을 현금이나 유가증권으로 제공하여야 하고 보증서로 갈음할 수 없다.

사례 7 〈해설〉 가집행선고 후의 임의변제

1. 가집행을 명한 부분의 임의변제

가집행선고에 기하여 채권자가 집행을 완료함으로서 얻은 변제의 효력은 확정적인 것이 아니고 어디까지나 상소심에서 그 가집행의 선고 또는 본안판결이 취소되는 것을 해제조건으로 하여 발생하는 것에 지나지 않으므로 항소심법원으로서는 이를 참작함이 없이 당해 청구의 당부를 판단하여야 한다. 위와 같은 결론은 채권자가 가집행선고 후 임의변제를 받은 경우라도 마찬가지로 보는 것이 판례의 태도이다. 집행에 따른 변제의 효력과 임의변제의 효력이 구조적으로 다른 것임에도 동일하게 취급하는 것에는 다소 의문이 있다. 그러나 임의변제의 경우에도 채무자의 의사는 무조건의 변제가 아니라 채권자의 집행을 우려한 조건부 변제로 볼 수 있다는 점에서 보면 판례의 태도가 타당하다고 본다. 따라서 위 사례에서 임의변제를 고려하지 아니한 항소심의 태도가 옳다고 본다.

2. 청구이의의 소

위와 같은 상황에서 을은 청구이의로 다투어 궁극적으로 갑의 집행을 막을 수 있다. 그런데 확정판결에 관하여는 변론종결시 이전이 사유만으로 청구이의사유로 삼을 수 있다는 점에서 다소 의문이 있을 수 있다. 즉 위 사례에서 을은 항소심 변론종결시 이전에 변제한 것이므로 을은 당해 임의변제를 청구이의사유로 삼을 수 없는가 하는 의문이다. 그러나 앞서 살펴본 바와 같이 을의 임의변제는 상소심에서 1심판결이 유지되는 것으로 확정되었을 것을 조건으로 하는 것인데, 이러한 조건성취는 필연적으로 항소심 변론종결시 이후에만 성취가 가능한 것이다. 따라서 을은 임의변제가 있었음을 이유로 청구이의로 다툴 수 있는 것이다.

Ⅲ. 외국판결과 집행판결

제26조 (외국판결의 강제집행)

① 외국법원의 판결에 기초한 강제집행은 대한민국 법원에서 집행판결로 그 적법함을 선고하여야 할 수 있다.

② 집행판결을 청구하는 소(訴)는 채무자의 보통재판적이 있는 곳의 지방법원이 관할하며, 보통재판적이 없는 때에는 민사소송법 제11조의 규정에 따라 채무자에 대한 소를 관할하는 법원이 관할한다.

제27조 (집행판결)

① 집행판결은 재판의 옳고 그름을 조사하지 아니하고 하여야한다.

② 집행판결을 청구하는 소는 다음 각호 가운데 어느 하나에 해당하면 각하하여야 한다.

1. 외국법원의 판결이 확정된 것을 증명하지 아니한 때
2. 외국판결이 민사소송법 제217조의 조건을 갖추지 아니한 때

1. 서 론

상이한 법문화와 제도를 가지고 있는 외국법원의 판결을 국내법원의 판결과 동일한 효력을 인정할 수는 없다. 이에 민사소송법은 제217조에서 외국판결의 효력을 인정하는데 필요한 승인요건을 정하는 한편 민사집행법은 제26조와 제27조에서 외국판결의 집행하는 데 필요한 집행판결에 관하여 규정하고 있다. 즉 외국판결에 기초하여 강제집행을 하기 위해서는 외국판결의 유효성 등을 심리하여 집행을 허용하는 집행판결이 있을 것이 필요하다.

2. 외국판결에 대한 집행판결

가. 집행판결청구소송의 법적 성질

집행판결은 외국판결을 근거로 하여 강제집행을 할 수 있음을 선언하는 형성적 판결이다(형성판결설). 집행판결은 외국판결에 없는 집행력을 새롭게 창설하는 재판으로 집행력의 범위는 우리나라 법을 기준으로 정해야 한다. 형성판결설에 따르면 국내법을 기준으로 집행력의 범위를 정해야 하며, 외국판결과 집행판결이 결합하여 집행권원을 이루게 되고, 별도의 집행문부여절차가 필요하게 된다.

나. 집행판결청구소송절차

외국판결에 기초한 강제집행은 대한민국 법원에서 집행판결로 그 적법함을 선고하여야 할 수 있다(제26조). 집행판결을 위하여는 그 전제로 외국판결이 유효한 것으로 받아들여지고, 집행에 적합한 것으로 받아들여지는 것이어야 한다. 전자는 외국판결의 승인에 관한 문제로서 민사소송법 제217조가 이를 규정하고 있다.

(1) **당 사 자** 외국판결의 기판력을 받는 자를 당사자로 한다.

(2) **관 할** 피고가 되는 자의 보통재판적 소재지 지방법원 전속관할이다. 피고의 보통재판적이 없으면 집행대상이 되는 재산의 소재지를 기준으로 정한다. 사물관할은 소송목적의 값에 따라 정해진다.

≪판례≫ 가사에 관한 집행판결의 관할[대법원 1982. 12. 28. 선고 82므25 판결]

민사소송법 제476조 제2항에 의하면 집행판결을 청구하는 소는 채무자의 보통 재판적 소재지의 지방법원이 관할한다고 규정하고 있는바, 법원조직법 제3조 제1항은 법원을 대법원, 고등법원, 지방법원, 가정법원의 4종으로 하며 지방법원은 필요에 따라 이를 민사사건만을 관할하는 민사지방법원과 형사사건만을 관할하는 형사지방법원으로 할 수 있다고 규정하고 있으므로 가정법원은 민사소송법 제476조 제2항의 지방법원에 해당하지 아니한다고 볼 수밖에 없으며, 집행판결을 청구하는 대상이 된 외국판결이 가사심판법

제 2 조에 정한 가정법원의 심판사항을 내용으로 한 것이라 하여 그 소가 반드시 가정법원의 관할에 속하는 것으로 해석하여야만 할 이유도 없다.

(3) 집행판결의 요건(제27조)

(가) 외국법원의 확정된 이행판결

1) 외 국 여기서 외국이라 함은 국제법적으로 승인된 국가에 한하지 아니한다. 북한이나 국제기구라도 이에 해당한다고 본다. 다만 북한판결의 경우에는 민사소송법 제217조가 정하는 승인요건에 저촉되는 경우가 많을 것이다.

2) 판 결 외국법원의 재판 중에 판결 또는 판결과 같은 효력이 인정되는 재판에 한하여 집행판결을 구할 수 있다. 외국의 집행증서나 보전처분에 기초하여서는 집행판결을 구할 수 없다. 재판상 화해에 관하여는 그 기판력의 인정여부에 따라 의문이 있으나 집행판결을 구할 수 있다고 본다.

3) 이행판결 본래의미의 강제집행은 이행판결을 전제로 하는 것이고 확인판결이나 형성판결에 관하여는 본래의미의 강제집행이 문제되지 아니한다. 그러므로 외국법원의 확인판결이나 형성판결에 관하여는 집행판결을 구할 수 없다고 본다.

4) 확정판결 외국판결은 확정된 것이어야 한다. 확정되지 아니한 외국판결에 관하여 집행판결을 구하는 청구는 부적법하다. 외국법원의 가집행선고부 판결은 확정판결이 아니므로 집행판결을 구할 수 없다.

(나) 외국판결의 승인요건 외국판결은 민사소송법 제217조가 정하는 요건에 부합하는 것이어야 한다. 이에 관한 자세한 논의는 민사소송법학에 미룬다.

(다) 청구의 적부 집행판결은 외국판결 자체에 관한 재판의 옳고 그름을 조사하지 아니하고 한다. 외국판결이 소송요건을 갖춘 것인지 또는 소송절차상 하자가 있는지 여부 등은 심리할 수 없다.

(4) 심리·재판 심리는 일반 판결절차와 다를 것이 없다. 외국판결이 승인요건이나 확정이 인정되지 아니한 경우에는 소를 각하한다(제27조 2항). 청구를 인용한 판결의 주문에는 외국판결과 집행판결의 관련성을 밝히면서 외국판결에 기한 강제집행허가의 취지를 선언하고 가집행선고도 가능하다. 한편 외국판결에 대한 집행판결을 구하지 않고 국내법원에 별도의 이행청구소송을 제기한 경우 당해 이행청구소송을 부적법각하할 것이다. 이에 대해 이행청구소송을 허용하자는 입장도 있다.

(5) **청구이의의 소** 집행판결이 있은 다음 외국판결의 사실심 변론종결 후에 청구권에 변동이 있는 경우 청구이의의 소를 제기하여 다툴 수 있음은 당연하다. 그런데 집행판결 계속 중에 그러한 사정을 항변으로 제출하여 다툴 수 있는 지는 별개의 문제이다. 이에 대해서 집행판결절차에서 항변으로 제출하여 다투면 족하다고 할 것이다(항변설). 집행판결청구절차상 청구이의 사유의 주장은 외국판결이 정당함을 전제로 하는 것이므로 외국판결의 당부를 심사하지 못함을 규정한 민사소송법 제27조에 배치되는 것이 아니라고 할 것이다.

3. 중재판정에 대한 집행판결

중재판정은 확정판결과 동일한 효력을 갖는다(중재법 제35조). 외국의 중재판정의 집행에 관하여는 외국판결의 집행과 마찬가지의 문제가 제기된다. 이에 관하여는 외국중재판정의 승인 및 집행에관한협약의 적용을 받는 것을 제외하고는 외국판결에 대한 집행판결에 관한 절차에 따른다(중재법 제39조 2항).

제 3 절 집행증서

제59조 (공정증서와 집행)

① 공증인이 작성한 증서의 집행문은 그 증서를 보존하는 공증인이 내어 준다.
② 집행문을 내어 달라는 신청에 관한 공증인의 처분에 대하여 이의신청이 있는 때에는 그 공증인의 사무소가 있는 곳을 관할하는 지방법원 단독판사가 결정으로 재판한다.
③ 청구에 관한 이의의 주장에 대하여는 제44조 제 2 항의 규정을 적용하지 아니한다.
④ 집행문부여의 소, 청구에 관한 이의의 소 또는 집행문부여에 대한 이의의 소는 채무자의 보통재판적이 있는 곳의 법원이 관할한다. 다만, 그러한 법원이 없는 때에는 민사소송법 제11조의 규정에 따라 채무자에 대하여 소를 제기할 수 있는 법원이 관할한다.

Ⅰ. 의 의

공증인이 일정한 금액의 지급이나 대체물 또는 유가증권의 일정한 수량의 급여를 목적으로 하는 청구에 관하여 작성한 것으로 채무자가 강제집행을 승낙한 취지의 기재가 있는 공정증서를 집행증서라고 한다(민사집행법 제56조 4호, 변호사법 제49조 1항, 제58조 2항, 제59조, 제63조, 공증인법 제56조의2 1항). 집행증서는 어음·수표에 부착하여 작성되는 경우가 많다.

Ⅱ. 집행증서의 요건

집행증서는 공증인법이 정한 형식적 요건을 갖춘 것이어야 한다. 또한 집행증서가 종국적으로 정당한 것으로 취급되기 위하여는 집행증서가 담고 있는 사법상 이행청구권이 유효하게 성립된 것이어야 하는 바 이를 집행증서의 실체적 요건이라고 할 수 있다. 이를 구체적으로 살펴보면 다음과 같다.

1. 형식적 요건

가. 공증촉탁

당사자의 공증촉탁은 공증인이라는 공법기관에 대하여 민사집행법상의 효과 발생을 목적으로 하는 공법상의 행위로 공증인의 면전에서 진술하는 형태로 이루어진다. 공증할 내용이 계약인 경우에는 공동촉탁에 의하고 단독행위인 경우에는 단독촉탁에 의한다. 예외적으로 어음·수표 공증에 있어서는 어음·수표행위가 단독행위임에도 특칙을 두어 발행인과 수취인 또는 양도인과 양수인이 공동으로 촉탁하도록 하고 있다. 발행인과 수취인 사이에 집행공증이 이루어진 경우에는 수취인 이후의 소지자라도 발행인에 대하여 당해 집행공증을 집행권원으로 원용할 수 있다.

≪판례≫ 약속어음 집행공증에서 발행인의 책임[대법원 1975. 5. 13. 선고 72다1183 판결]

구 간이절차에 의한 민사분쟁사건처리특례법 제 4 조에 의하여 합동법률사무소가 작성하는 어음의 발행에 관한 집행수락약관부 공정증서에 있어서는 어음의 발행인은 그 직접의 수취인뿐만 아니라 그 어음을 적법하게 배서양도 받아 소지하게 되는 사람에 대하여도 집행채무자가 된다.

나. 공 증 인

집행증서는 공증인이 작성한 것이어야 한다. 공증인은 공증인법에 의한 공증인과 변호사법에 의한 공증인이 있다. 변호사법은 공증인으로 법무법인과 법무조합을 두고 있으며 종래 공증인가합동법률사무소 제도는 폐지되었다. 공증인은 관할구역 내에서 제척의 원인이 없어야 한다.

다. 자서증서

집행증서는 공증인이 스스로 작성한 것이어야 하므로 사인이 작성한 문서를 공증인이 그 문서의 진정성립 또는 그 내용이 진정함을 인증하는 문서인 사서증서는 집행증서가 될 수 없다. 흔히 집행증서 작성과 사서증서 인증을 아울러 공증이라고 표현하기도 하나 집행증서와 인증된 사서증서는 전혀 다른 것이다. 인증된 사서증서는 그 성립 진정이 사실상 추정될 뿐 집행절차상 아무런 효력을 갖지 못한다.

라. 일정한 금전이나 대체물의 지급에 관한 청구권

일정한 금전이나 대체물의 지급에 관한 청구에 대해서만 집행증서의 작성이 가능하다. 특정한 유체동산이나 부동산과 같은 특정물의 인도를 구하는 청구에 관하여서는 집행증서를 통하여 집행력을 얻는 것은 허용되지 아니한다. 이러한 경우에는 흔히 제소전 화해절차를 통해 집행력을 얻는 방법이 많이 사용된다. 급부의 내용의 기재는 범위를 명확히 한정할 수 있도록 구체적으로 기재하여야 한다. 다만 급부의 원인에 대해서는 구체적인 내용을 기재할 필요는 없으나 급부원인의 동일성을 파악할 수 있을 정도의 기재는 요구된다. 급부내용은 동일하나 급부원인이 다른 청구권에 관하여 집행증서를 유용하지 못한다. 급부내용의 일정성과 관련하여 자주 발생하는 몇 가지 개별적인 문제점을 살펴보면 다음과 같다.

(1) **백지어음** 백지어음은 위와 같은 일정성이 없으므로 집행증서의 작성이 허용되지 아니하고 집행증서가 작성되었다고 하더라도 무효이다. 어음금액이 백지인 경우는 물론 기타 어음이 필요적 기재사항이 기재되지 아니한 경우도 마찬가지이다. 백지어음상의 채무를 대상으로 준소비대차계약을 체결하고, 준소비대차계약상의 청구권에 대하여 집행증서가 작성된 경우에도 마찬가지이다. 다만 만기의 기재가 없는 어음은 특별한 사정이 없는 한 일람출급의 완전어음으로 인정되므로 백지어음이 아니며 그에 관한 집행증서 또한 유효하다. 발행지 백지어음에 대해서는 국내어음에 관해서는 발행지가 사실상 문제되지 아니하므로 완전한 어음으로 취급하는 것이 판례의 입장이어서 발행지 백지어음에 대한 집행공증도 유효한 것으로 취급될 것이다.

(2) **조건부 권리** 장래 발생할 조건부 또는 기한부 청구권이라고 하더라도 현재 그 청구권 발생의 기초 및 범위를 확정할 요소가 구비되어 있으면 그에

관한 집행증서도 유효한 것으로 본다. 이와는 달리 취소권이나 해제권 등 형성권 행사의 효과로서 비로소 발생할 장래의 청구권이나 연대채무자들 사이의 구상관계에 기초로 하여 장래 발생할 청구권은 집행공증의 대상으로 삼을 수 없다.

(3) **불확정액 채권** 집행증서가 채권액의 기재가 확정할 수 있는 것이어야 한다. 채권액의 기재가 확정액으로 기재될 필요까지는 없다. 예를 들어 확정액의 기재가 아니라고 하더라도 이율과 기간 등의 조건과 기한이 정해진 이자약정의 기재가 있는 것도 유효한 채권액의 기재라고 볼 것이다. 채권액의 지급에 반대급부의 상환의무가 부가된 것이라도 무방하다.

마. 집행수락의 의사표시

(1) **의 의** 집행수락의사표시는 공증인에 대한 행위로 채무불이행이 있는 경우 판결절차 없이도 강제집행을 받아들이겠다는 의사표시이다. 공증촉탁행위와 별개의 행위이며 소송행위로 파악된다(소송행위설).

(2) **의사표시의 유효요건** 집행승낙의사표시는 소송행위로서의 유효요건을 갖춘 것이어야 한다. 집행승낙의 의사표시가 무효인 경우라도 추인권자가 추인할 수 있는 상태에서 공증인에 대한 의사표시로 추인이 있으면 집행수락의 의사표시는 소급하여 유효하게 된다.

≪판례≫ 무권대리와 추인의 상대방[대법원 1983. 2. 8. 선고 81다카621 판결]

원고가 1979. 5. 10경 무권대리에 의한 약속어음의 공증사실을 알았으면서도 그간에 피고(무권대리의 상대방)에 대하여 아무런 이의를 제기한 바 없으므로 원고의 이건 청구는 이유 없다는 피고의 주장을 이건 무권대리에 의한 공정증서작성 촉탁행위의 추인에 관한 주장으로 본다 하여도, 무권대리에 의한 공정증서작성 촉탁행위에 대한 추인의 의사표시는 공증인에 대하여 할 것이므로, 위 주장과 같은 원고의 소극적인 태도만으로는 원고가 이건 무권대리행위를 추인한 것이라고 볼 수 없다.

공증인이 아닌 상대방에 대한 의사표시로는 유효한 집행증서가 만들어질 수 없는 것이지만 무의미한 것으로 볼 것은 아니다.

≪판례≫ 채권자에 대한 추인 의사표시[대법원 1991. 4. 26. 선고 90다20473 판결]

공정증서상의 집행인낙의 의사표시는 공증인가 합동법률사무소 또는 공증인에 대한 채무자의 단독 의사표시로서 성규의 방식에 따라 작성된 증서에 의한 소송행위이어서, 대리권 흠결이 있는 공정증서 중 집행인낙에 대한 추인의 의사표시 또한 당해 공정증서를 작성한 공증인가 합동법률사무소 또는 공증인에 대하여 그 의사표시를 공증하는 방식으로 하여야 함으로, 그러한 방식에 의하지 아니한 추인행위가 있다 한들 그 추인행위에 의하여는 채무자가 실체법상의 채무를 부담하게 됨은 별론으로 하고 무효의 채무명의가 유효하게 될 수는 없다.

한편 집행승낙의사표시는 소송행위이기는 하지만 재판절차 외에서 사법행위와 함께 이루어지는 것이 보통이라는 점에서 의사표시에 관한 민법 규정의 적용 여부가 문제된다. 이를 나누어 보면 다음과 같다.

㈎ **행위무능력** 행위무능력자는 원칙적으로 소송능력이 없다. 그러므로 행위무능력자의 집행수락 의사표시는 무효이다. 실체법상 행위무능력자의 행위는 취소할 수 있음에 그치는 것이지만 소송행위를 효력이 부동적인 상태에 둘 수 없기 때문에 일률적으로 무효로 본다. 소송행위에는 취소할 수 있는 행위라는 관념이 없는 것이다.

㈏ **하자 있는 의사표시** 하자 있는 의사표시는 좁게는 사기나 강박에 의한 의사표시만을 가리키지만 넓게는 비진의표시, 통정허위표시, 착오에 기한 의사표시를 포함한다. 여기서는 넓은 의미로 사용한다. 비록 집행수락의사표시가 소송행위라고 하나 집행증서작성은 판결절차에서와 같이 당사자의 절차보장이 철저히 보장되지 않은 상황에서 이루어지는 점에서 통상의 소송행위에서와는 달리 의사표시의 하자에 관한 민법총칙의 적용을 인정해야 할 것이다.

㈐ **자기계약과 쌍방대리의 제한** 자기계약과 쌍방대리는 실체법상의 계약관계를 형성하는 과정에서 본인의 보호를 위해 허용되지 아니한다. 그러나 집행수락의사표시를 포함하여 확정된 계약관계의 내용에 관하여 집행증서의 작성에 한정한 자기계약과 쌍방대리는 유효성을 인정할 것이다. 다만 대리인이 변호사인 경우에는 변호사법 제31조 1항에 의하여 쌍방대리가 허용되지 아니한다.

㈑ **표현대리** 무권대리인의 집행수락의사표시에 기한 집행증서는 무효이다.

≪판례≫ 무권대리와 집행증서[대법원 2001. 2. 23. 선고 2000다45303,45310 판결]

공정증서가 채무명의로서 집행력을 가질 수 있도록 하는 집행인낙의 표시는 공증인에 대한 소송행위이므로, 무권대리인의 촉탁에 의하여 공정증서가 작성된 경우 채무명의로서의 효력이 없다(같은 취지: 대법원 2006. 3. 24. 선고 2006다2803 판결).

이러한 무권대리행위 대하여 민법총칙상의 표현대리규정을 유추적용 할 수 있는가에 관한 논의가 있다. 판례는 표현대리의 유추적용을 부정한다. 부정설에 대하여는 채권자가 별도의 이행소송을 제기하여 표현대리주장을 통하여 집행권원을 얻은 다음 집행하는 것을 막을 방법이 없어 결국 절차의 우회만 가져온다는 것이라는 비판이 있다.

≪판례≫ **집행수락의사표시와 표현대리**[대법원 1984. 6. 26. 선고 82다카1758 판결]

공정증서가 채무명의로서 집행력을 갖기 위해서는 "즉시 강제집행할 것을 기재한 경우"이어야 하고 이러한 집행인락표시는 합동법률사무소 또는 공증인에 대한 소송행위이고 이러한 소송행위에는 민법상의 표현대리규정이 적용 또는 준용될 수 없다고 할 것이므로, 무권대리인의 촉탁에 의하여 작성된 공정증서는 채권자는 물론 합동법률사무소나 공증인이 대리권이 있는 것으로 믿은 여부나 믿을 만한 정당한 사유의 유무에 관계없이 채무명의로서의 효력을 부정하여야 할 것이다(같은 취지: 대법원 1983. 2. 8. 선고 81다카621 판결, 대법원 1994. 2. 22. 선고 93다42047 판결).

간이한 절차를 통해 집행력이라는 중대한 효과를 발생시키는 소송행위라는 점에서 당사자의 절차보장을 위해 부정설을 지지한다. 부정설에 서더라도 무권대리에 기한 집행증서는 추인이 있으면 유효하게 된다. 추인의 의사표시는 공증인을 상대로 공증의 방식에 따라 하여야 한다.

≪판례≫ **무권대리에 있어서 추인방식**[대법원 2006. 3. 24. 선고 2006다2803 판결]

공정증서상의 집행인낙의 의사표시는 공증인가 합동법률사무소 또는 공증인에 대한 채무자의 단독 의사표시로서 성규의 방식에 따라 작성된 증서에 의한 소송행위이어서, 대리권 흠결이 있는 공정증서 중 집행인낙에 대한 추인의 의사표시 또한 당해 공정증서를 작성한 공증인가 합동법률사무소 또는 공증인에 대하여 그 의사표시를 공증하는 방식으로 하여야 하므로, 그러한 방식에 의하지 아니한 추인행위가 있다 한들 그 추인행위에 의하여는 채무자가 실체법상의 채무를 부담하게 됨은 별론으로 하고 무효의 채무명의가 유효하게 될 수는 없다(같은 취지: 대법원 1983. 2. 8. 선고 81다카621판결).

2. 실체적 요건

집행증서에 표시된 사법상 이행청구권이 적법하게 성립된 유효한 것이어야 한다. 사법상 이행청구권의 발생원인이 된 의사표시와 위에서 설명한 집행수락의사표시는 전혀 다른 것으로 구별하여야 한다. 예를 들어 사법상 이행청구권의 성립과정에 무권대리의 하자가 있는 것은 집행증서의 집행권원으로서의 효력에는 직접적인 영향이 없으나 집행수락의사표시에 무권대리의 하자가 있는 경우에는 집행증서가 집행권원으로서 효력을 갖지 못하게 한다.

3. 공증인의 심사범위

공증인이 집행증서를 작성함에 있어서 형식적 요건에 관하여만 심사할 권한과 의무가 있다. 이러한 탓으로 집행증서가 경제적 강자의 남용수단으로 이용되는 경우가 흔하다. 실체적 요건에 대하여도 상당정도 심사범위를 넓히는 것을 고려해 볼 필요가 있다.

Ⅲ. 집행증서의 하자

사 례 8 집행증서의 하자

갑의 배우자 을은 사채업자 병에게 돈을 빌리면서 갑의 허락 없이 갑을 대리하여 갑을 채무자로 하는 집행증서를 작성하였다. 그 후 병은 을이 돈을 갚지 아니하자 위 집행증서에 따라 집행문을 부여 받은 다음 갑의 소유의 부동산에 관하여 강제경매절차에 착수하였다. 이러한 경우 갑의 대처방안은 어떠한가?

1. 의　　의

집행증서가 형식적 또는 실체적 요건을 구비하지 못한 경우에는 종국적으로 정당한 집행권원으로서 인정받지 못한다. 이러한 의미에서 요건불비의 집행증서는 무효라고 한다. 그러나 형식적 요건에 하자가 있는 경우와 실체적 요건에 하자가 있는 경우에 그 무효의 의미는 전혀 다르다. 이를 구체적으로 살펴보면 다음과 같다.

2. 형식적 하자

가. 의　　의

집행증서가 형식적 요건을 갖추지 못한 경우에 집행증서는 집행력을 발생시킬 수 없다. 예를 들어 무권대리인의 촉탁에 기초한 집행증서는 무효인 것이다. 이를 집행증서의 형식적 무효라고 한다. 무효인 집행증서에 기하여 진행된 집행절차상 집행처분은 아무런 실체법상의 효과를 발생시키지 못한다. 그러므로 형식적 요건이 흠결된 집행증서에 터 잡아 내려진 채권압류 및 전부명령은 채무자에 대하여 실체법상의 효력이 없으며 경매절차에서 대금을 납입한 매수인 역시 소유권을 취득하지 못한다.

나. 형식적 하자있는 집행증서에 기한 전부명령의 효력

형식적 하자있는 집행증서에 기한 전부명령이 자주 문제된다. 이러한 경우 집행증서가 형식적으로 무효라고 하더라도 전부명령이라는 재판까지 당연무효라고 볼 수는 없다. 그러나 형식적 하자있는 집행증서는 집행권원으로서 아무런 효력이 없다고 할 것이므로 전부명령은 그에 따른 권리이전적 효력을 갖지 못한다.

다. 형식적 하자를 다투는 방법

집행수락문언에 의사표시의 유효요건이 흠결된 경우 등과 같이 형식적으로 무효인 집행증서에 기초하여 진행되는 강제집행절차를 다투는 방법에 관하여 견해의 대립이 있다. 집행증서의 형식적 무효를 다투는 방법에 관하여 집행문부여에 대한 이의설, 청구이의설, 병용설의 대립이 있다. 형식적 하자에 대해서는 집행문부여에 대한 이의로서 다투어야 하는 것이 논리적이지만 집행증서의 기재 자체만으로는 의사표시상의 하자를 용이하게 파악하기 어렵다는 점에서 청구이의의 소에 의한 구제도 허용할 것이다(병용설). 판례도 병용설의 입장에서 있다. 위와 같은 구제방법은 집행절차가 전체적으로 종료되기 이전에만 가능한 수단이다.

≪판례≫ 명의모용과 집행문 부여에 관한 이의[대법원 1999. 6. 23.자 99그20 결정]

집행증서상의 명의를 모용당하였다고 주장하는 채무자는 위 집행증서에 채무자 본인의 집행촉탁 및 집행수락의 의사가 결여되었음을 내세워 집행문 부여에 대한 이의로써 무효인 집행증서에 대하여 부여된 집행문의 취소를 구하는 것도 가능하다 할 것이고, 그 경우 이의를 심리하는 법원으로서는 임의적 변론을 거쳐 결정의 형식으로 그 당부를 판단하면 족하며, 반드시 심문 또는 변론절차를 열거나 제출된 자료만으로 소명이 부족하다 하여 신청인에게 추가 소명의 기회를 주어야 하는 것은 아니다.

≪판례≫ 명의모용과 청구이의[대법원 1989. 12. 12. 선고 87다카3125 판결]

공정증서가 무권대리인의 촉탁에 기하여 작성된 것으로서 무효인 때에는 채무자는 청구이의의 소에 의하여 강제집행불허의 재판을 구할 수 있는 것이지만 위 공정증서에 기한 강제집행이 일단 전체적으로 종료된 후에는 그 강제집행이 압류가 경합된 상태에서 발하여진 것이라든가 혹은 피전부 채권이 존재하지 아니하는 등 다른 사유로 무효로 된 경우 이외에는 채권자가 위 공정증서가 당초부터 무효이었기 때문에 이에 기한 강제집행이 무효가 되어 집행이 끝나지 않았다는 이유를 내세워 다시 강제집행에 착수할 수는 없는 노릇이므로 채무자가 청구이의의 소로써 그 강제집행의 불허를 구할 소의 이익이 없다(같은 취지 대법원 1997. 4. 25. 선고 96다52489 판결).

이와 관련하여 즉시항고로 다투는 것은 인정되지 아니한다. 즉시항고를 허용하는 명문규정이 없기 때문이다. 또한 집행에 관한 이의로서도 다투는 것이 인정되지 아니한다. 집행권원으로서 집행증서가 무효라는 사정은 집행절차상의 고유한 하자라고 할 수 없기 때문이다.

≪판례≫ 형식적 하자있는 집행증서와 즉시항고[대법원 1998. 8. 31.자 98마1535,1536 결정]

집행법원이 채권압류 및 추심명령의 결정을 함에 있어서는 채무명의의 유무 및 그 송달여부, 선행하는 압류명령의 존부, 집행장해의 유무 및 신청의 적식 여부 등 채권압류 및 추심명령의 요건을 심리하여 결정하면 되고, 비록 그 채무명의인 집행증서가 무권대리인의 촉탁에 의하여 작성되어 당연무효라고 할지라도 그러한 사유는 형식적 하자이기는 하지만 집행증서의 기재 자체에 의하여 용이하게 조사·판단할 수 없는 것이므로 청구이의의 소에 의하여 그 집행을 배제할 수 있을 뿐 적법한 항고사유는 될 수 없다.

라. 채권의 준점유자에 대한 변제 등

집행증서 내지 그에 기초한 집행처분이 무효라고 하더라도 채권의 준점유자에 대한 변제, 신의칙, 경매의 공신력 등의 법리에 의하여 집행결과가 종국적으로는 유효로 취급될 수 있다. 이로 인한 채권자와 채무자 사이의 이해의 불균형은 불법행위책임이나 부당이득의 법리에 의해 조정하면 된다.

≪판례≫ 무효인 집행증서와 신의칙[대법원 2000. 2. 11. 선고 99다31193 판결]

[1] 무효인 공정증서에 기한 경매임을 이유로 경매절차가 무효라고 주장하여 그 경매목적물에 관한 소유권이전등기의 말소를 청구하는 경우에 그 말소 주장이 금반언의 원칙 및 신의칙에 위반되는 것이어서 허용될 수 없다고 하려면, 무효인 공정증서상에 집행채무자로 표시된 자가 그 공정증서를 채무명의로 한 경매절차가 진행되고 있는 동안에 공정증서의 무효를 주장하여 경매절차를 저지할 수 있었음에도 불구하고 그러한 주장을 일체 하지 않고 이를 방치하였을 뿐만 아니라, 오히려 공정증서가 유효임을 전제로 변제를 주장하여 경락허가결정 등에 대한 항고절차를 취하고 경락허가결정 확정 후에 경락대금까지 받았다든지 배당기일에 자신의 배당금을 이의 없이 수령하고 경락인으로부터 이사비용을 받고 부동산을 임의로 명도하였다든지 하여 경락인에 대하여 객관적으로 그 공정증서가 유효하다는 신뢰를 부여하는 경우라야 할 것이다(같은 취지: 대법원 1992. 7. 28. 선고 92다7726 판결).

[2] 집행채권자를 상대로 청구이의의 소를 제기하고 강제집행정지결정을 받았음에도 이를 집행법원에 제출하지 아니하였다는 사정만으로는 공정증서가 유효라는 신뢰를 경락인에게 보인 것이라 할 수 없다는 이유로 경매목적물에 대한 소유권이전등기의 말소를 청구하는 것이 금반언의 원칙 및 신의칙에 위반되지 않는다고 한 사례.

3. 실체적 무효

집행증서의 위와 같은 형식적 무효와 구별하여 집행증서에 나타난 사법상의 이행청구권에 무효 또는 취소의 원인이 있는 것을 실체적 무효라고 한다. 이러한 실체적 무효사유는 집행증서의 집행권원으로서의 유효성과는 무관하다. 그러므로 그러한 집행증서에 기해 진행된 집행절차는 적법한 것으로 인정되며 대금을 완납한 매수인은 완전한 소유권을 취득한다. 이로 인한 채권자와 채무자 사이의 이해의 불균형은 불법행위책임이나 부당이득의 법리로 조정할 수 있을 뿐이다.

≪판례≫ 집행증서의 실체적 무효와 전부명령[대법원 1989. 9. 12. 선고 88다카34117 판결]

실제채무액보다 더 많은 액수의 어음을 발행하여 공증을 하였다고 하더라도 그 공정증서에 표시되어 있는 채권자와 채무자의 촉탁에 의하여 그 공정증서가 작성된 것이 확실하다면 그 공정증서에 의한 강제집행인 전부명령을 무효라고 하기 어렵고 제 3 채무자로서는 채무자에 대하여 부담하고 있는 채무액의 한도에서 그것을 전부채권자에게 변제하면 완전히 면책된다 할 것이다.

≪판례≫ 집행증서상 집행채권소멸과 전부명령[대법원 1997. 10. 24. 선고 97다20410 판결]

집행력 있는 채무명의에 기하여 채권의 압류 및 전부명령이 적법하게 이루어져 확정된 이상 피압류채권은 집행채권의 범위 내에서 당연히 집행채권자에게 이전하는 것이어서 그 집행채권이 이미 소멸하였거나 소멸할 가능성이 있다고 하더라도 채권의 압류 및 전부명령의 효력에는 아무런 영향이 없다.

이러한 경우 채무자로서 매수인의 대금납입 전까지 청구이의의 소로써 실체적 무효를 주장하여 경매절차를 저지해야만 권리구제가 가능하고 집행절차 자체의 위법을 다툴 수는 없다.

4. 형식적 하자와 실체적 하자의 중복

집행증서에 형식적 하자와 실체적 하자가 동시에 존재하는 경우가 많다. 예를 들어 집행수락의 의사표시와 집행채무부담의 의사표시 양자에 무권대리의 하자가 있는 것을 들 수 있다. 이러한 경우에는 더 큰 하자인 형식적 하자를 기준으로 집행증서의 효력을 정하면 될 것이다. 그러나 채무자가 집행채권부존재라는 실체적 하자에 초점을 두어 집행증서의 하자를 주장하는 것을 막을 것은 아니라고 본다.

사례 8 〈해설〉 집행증서의 하자

1. 형식적 하자와 실체적 하자

사안과 같은 집행증서에는 채무자 갑의 '집행수락의사표시'라는 소송행위가 결여되었다는 측면에서 형식적 하자가 있다고 할 것이며 동시에 채무자 갑의 '채무부담'이라고 하는 사법상 의사표시가 결여되었다는 측면에서는 실체적 하자가 있다고 하겠다.

2. 형식적 하자에 대한 구제수단

집행증서가 형식적 하자가 있는 경우에는 집행증서는 그 자체로 아무런 집행력을 가질 수 없다는 의미에서 무효이다. 그러므로 사안에서 채권자 병은 유효한 집행권원이 없이 집행문을 부여받았다 할 것이고, 이러한 측면에서 집행문 부여자체에 잘못이 있다. 그러므로 채무자 갑은 집행문부여에 대한 이의절차를 통하여 위와 같은 형식적 하자를 지적함으로써 궁극적으로 병의 집행을 저지할 수 있다.

3. 실체적 하자에 대한 구제수단

집행증서에 실체적 하자가 있다는 것만으로는 곧바로 집행증서가 담고 있는 집행력이 부정되는 것은 아니다. 이러한 경우 채무자 갑은 집행증서의 집행력을 배척하기 위하여는 청구이의의 소를 제기하여 위와 같은 실체적 하자를 지적함으로써 궁극적으로 병의 집행을 저지할 수 있다.

4. 기 타

경매개시결정에 대한 이의, 집행에 관한 이의, 즉시항고, 제 3 자이의의 소 등과 같은 방법으로 다투는 것은 부적절한 대응이다. 경매개시결정에 대한 이의 · 집행에 관한 이의 · 즉시항고는 집행절차 자체의 고유한 위법을 지적하는 절차라 할 것이며, 제 3 자 이의의 소는 집행당사자가 아닌 제 3 자가 집행절차의 부당함을 지적하는 절차이기 때문이다

Ⅳ. 집행증서의 효력

1. 집 행 력

집행증서가 위 요건을 갖추어 작성되면 집행력을 갖게 되므로 채권자는 판결절차 없이도 강제집행에 착수할 수 있게 된다. 집행증서는 본래 분쟁예방에 이바지 하는 제도이나 채무자의 채무면탈을 위한 도구나 경제적 약자인 채무자를 더욱 불리한 지위로 전락하게 만드는 수단으로 악용되고 있는 것이 현실이다. 이러한 점은 공증인에게 실질적 심사권이 없다는 제도적인 문제점에서도 그 원인을 찾을 수 있다.

2. 기 판 력

집행증서에는 기판력이 없다. 그러므로 판결과 달리 집행권원의 성립 이전의 사유에 대해서도 다툴 수 있다. 집행증서에 그 성립 이전의 실체적 무효사유가 있는 경우에는 청구이의의 소로 다툴 수 있는 것은 이 때문이다. 또한 기판력이 없으므로 집행증서에 나타난 청구권에 관한 이행의 소나 확인의 소를 제기하여도 적법한 소로 인정된다. 실무상 집행증서가 있음에도 기판력 있는 판결을 통하여 분쟁의 발본적 해결을 위하여 이행의 소를 제기하는 경우가 흔하다. 이로 인해 집행권원이 경합될 수 있음은 앞서 보았다.

제 4 절 기타의 집행권원

제56조 (그 밖의 집행권원)

강제집행은 다음 가운데 어느 하나에 기초하여서도 실시할 수 있다.

1. 항고로만 불복할 수 있는 재판
2. 가집행의 선고가 내려진 재판
3. 확정된 지급명령
4. 공증인이 일정한 금액의 지급이나 대체물 또는 유가증권의 일정한 수량의 급여를 목적으로 하는 청구에 관하여 작성한 공정증서로서 채무자가 강제집행을 승낙한 취지가 적혀 있는 것
5. 소송상 화해, 청구의 인낙(認諾) 등 그 밖에 확정판결과 같은 효력을 가지는 것

제57조 (준용규정)

제56조의 집행권원에 기초한 강제집행에 대하여는 제58조 및 제59조에서 규정하는 바를 제외하고는 제28조 내지 제55조의 규정을 준용한다.

I. 화해조서

다툼이 있는 당사자가 법관의 면전에서 서로 양보하여 다툼을 해결하는 것을 사법상 화해와 구별하여 재판상 화해라고 한다. 재판상 화해는 소송상의 화해와 제소전 화해의 두 가지가 있다. 그 밖에 재판상의 화해가 성립된 것으로 보는 의제화해가 있다(정동윤 626면). 재판상 화해의 진술을 기재한 화해조서는 확정판결과 동일한 기판력과 집행력이 인정되는(민소법 제220조, 기판력긍정설) 집행권원이다(제56조 5호).

Ⅱ. 인낙조서(제56조)

피고가 자기에 대한 원고의 소송상 청구가 이유 있음을 인정하는 법원에 대한 일방적인 의사표시를 청구의 인낙이라고 한다(정동윤 617면). 청구의 인낙은 조서에 기재되면 확정판결과 동일한 기판력과 집행력을 갖으며(민소법 제220조), 집행권원이 된다(제56조 5호).

Ⅲ. 항고로만 불복할 수 있는 재판(제56조)

1. 의 의

항고로만 불복할 수 있는 재판이란 판결 이외의 재판인 결정·명령으로 법률에 의하여 통상항고나 즉시항고로서 불복신청이 허용되는 것을 말한다. 이러한 결정·명령이라고 하여 모두 집행권원으로 되는 것은 아니고 그 내용이 사법상 이행청구권을 담고 있는 것만 집행권원이 된다. 이렇게 집행권원이 되는 결정·명령은 재판은 확정과 관계없이 고지함으로써 즉시 집행력이 발생한다(제56조 1호).

2. 종 류

이에 해당하는 것을 구체적으로 살펴보면 다음과 같다(이하 사법연수원 31면).

① 제 3 자의 소송비용 상환결정(민소법 제107조)
② 소송비용의 액수와 부담을 정하는 결정(민소법 제114조)
③ 피구조자에 대한 유예소송비용 납입명령(민소법 제131조)
④ 증인 또는 감정인에 대하여 소송비용의 부담을 명하는 결정(민소법 제311, 318, 326, 333조)
⑤ 대체집행에서 채무자에게 비용의 지급을 명하는 결정(제260조)
⑥ 간접강제에서 금전배상을 명하는 결정(제261조)
⑦ 소송비용액확정결정(민소법 제110, 113조)

소송비용에 관하여 원재판은 누가 부담할지만을 종된 주문으로 정하고 구체적인 소송비용액에 관하여는 소송비용액 확정절차를 거쳐서 정해진다. 이때 소송비용에 관하여 집행권원이 되는 것은 원재판이 아니라 소송비용확정절차에 따른 소송비용액확정결정이다(독립설, 대법원 재판예규 제866-5호). 이에 대하여 소송비용 부담에 관한 재판과 확정결정이 합하여 집행권원이 된다는 입장도 제시된다(합체설). 과거의 판례는 원재판을 집행권원으로 보고 있었다.

≪판례≫ **소송비용액확정결정에 기한 재산명시신청**[대법원 1995. 4. 18.자 94마2190 결정]

소송비용액확정결정 절차에서는 상환할 소송비용의 액수를 정할 수 있을 뿐 소송비용에 관한 재판에서 확정한 상환의무 자체의 범위를 심리판단하거나 변경할 수는 없으므로 재산관계의 명시신청을 할 수 있는 민사소송법 제524조의2 제 1 항 소정의 확정판결, 제206조의 조서, 확정된 지급명령 또는 민사조정조서 등에서 정하여진 소송비용 부담부분은 확정된 채무명의이고 소송비용액확정결정은 위 채무명의 등에 의하여 확정된 소송비용상환청구권을 집행하기 위하여 그 수액만을 정하기 위한 것으로서 위 채무명의 등을 전제로 이를 보충하는 부수적인 재판에 불과하여 위 채무명의 등과 밀접불가분한 일체의 관계에 있으므로, 이 경우 소송비용액확정결정을 받은 채권자는 당연히 같은 법 제524조의 2 제 1 항에 의한 재산관계명시신청을 할 수 있다.

3. 집 행 력

위와 같은 결정·명령은 고지로써 즉시 집행력이 발생한다. 보통항고와 달리 즉시항고에는 집행정지의 효력(민소법 제447조)이 있으므로 즉시항고가 있는 경우에는 확정되어야 집행력이 발생한다. 그러나 민사집행법이 규정하는 대부분의 즉시항고에는 집행정지효가 없다.

4. 집행의 정지

보통항고에는 집행정지의 효력이 없으므로 보통항고를 제기한 자는 민사소송법 제448조의 집행정지결정을 받아 그 정본은 집행정본을 제출하여 집행을 정지시킬 수 있다. 집행정지의 효력이 없는 집행절차에 관한 재판에 대하여 즉시항고를 제기한 자도 이와 마찬가지이다. 집행정지의 효력이 있는 즉시항고가 있는 경우에는 즉시항고 이외에 별도의 집행정지를 위한 조치가 필요 없다. 집행정지의 효력이 있는 즉시항고가 가능한 재판에 대해서는 통상 즉시항고기간이 지난 다음에 집행문을 부여하는 것이 보통이므로 실제로 즉시항고에 기하여 집행이 정지되는 경우는 그렇게 많지 않을 것이다.

Ⅳ. 확정된 지급명령(제56조 3호)

제58조 (지급명령과 집행)

① 확정된 지급명령에 기한 강제집행은 집행문을 부여받을 필요 없이 지급명령 정본에 의하여 행한다. 다만, 다음 각호 가운데 어느 하나에 해당하는 경우에는 그러하지 아니하다.

1. 지급명령의 집행에 조건을 붙인 경우
2. 당사자의 승계인을 위하여 강제집행을 하는 경우
3. 당사자의 승계인에 대하여 강제집행을 하는 경우

② 채권자가 여러 통의 지급명령 정본을 신청하거나, 전에 내어준 지급명령 정본을 돌려주지 아니하고 다시 지급명령 정본을 신청한 때에는 법원사무관등이 이를 부여한다. 이 경우 그 사유를 원본과 정본에 적어야 한다.

③ 청구에 관한 이의의 주장에 대하여는 제44조 제2항의 규정을 적용하지 아니한다.

④ 집행문부여의 소, 청구에 관한 이의의 소 또는 집행문부여에 대한 이의의 소는 지급명령을 내린 지방법원이 관할한다.

⑤ 제 4 항의 경우에 그 청구가 합의사건인 때에는 그 법원이 있는 곳을 관할하는 지방법원의 합의부에서 재판한다.

지급명령은 확정되면 집행력이 발생한다(민소법 제474조). 지급명령은 채무자에게 송달한 이후에 채무자의 이의신청이 없으면 확정된다. 이의신청이 있더라도 이의신청을 취하하거나 이의신청이 각하된 경우도 확정된다. 확정된 지급명령의 집행은 원칙적으로 집행문이 필요 없지만 당사자의 승계가 있거나 조건이 있는 경우에는 집행문을 부여받아야 한다. 확정된 지급명령에 기하여 집행개시를 신청하는 경우에는 송달증명과 확정증명이 필요 없다는 점도 알아둘만 한다. 왜냐하면 지급명령을 채권자에게 송달하기에 앞서 담당 법원사무관 등이 채무자에 대한 송달과 확정을 확인한 후에 송달일자와 확정일자를 적고 날인한 정본을 채권자에게 송달하기 때문이다. 이러한 절차 때문에 채권자가 지급명령의 정본을 수령하기까지는 생각보다 상당한 시간이 걸린다. 이러한 사정은 이행권고결정에서도 마찬가지이다.

Ⅴ. 보전명령(제291조, 제301조)

보전명령으로서 가압류 · 가처분명령은 집행권원의 하나로 자세한 것은 제4편 보전처분절차에서 설명한다.

Ⅵ. 기 타

제60조 (과태료의 집행)
① 과태료의 재판은 검사의 명령으로 집행한다.
② 제 1 항의 명령은 집행력 있는 집행권원과 같은 효력을 가진다.

그 밖에도 조정조서(민사조정법 제29조, 가사조정법 제49조), 확정된 화해권고결정(민소법 제231조), 언론중재위원회의 중재화해조서와 중재조서(언론중재법 제18조), 도산절차상 채권표의 기재, 과태료 재판에 대한 검사의 집행명령 등이 있다 등이 있다.

제6장 집 행 문

개 관

집행절차는 원칙적으로 집행권원형성절차(대표적으로 판결절차)와는 별개의 기관에 의하여 별개의 절차로 진행된다. 그러므로 집행권원형성절차와 집행절차를 연결지어 주는 절차가 필요한 데 그것이 바로 집행문부여절차이다. 즉 집행권원이 담고 있는 사법상 이행청구권은 실체관계와 불일치하는 경우가 빈번하므로 집행권원에서 곧바로 집행절차로 나아가기에 앞서 집행권원에 실체관계의 변동내용을 반영시켜 줄 필요성이 있는데 이러한 역할을 담당하는 것이 집행문부여절차인 것이다. 본장에서는 이처럼 집행문부여절차를 통하여 실체관계의 내용이 집행권원에 어떻게 반영되는가를 중심으로 살펴보기로 한다..

학습목표

1. 집행문부여절차의 의의와 성격을 이해한다.
2. 집행문부여를 담당하는 기관을 파악한다.
3. 집행문부여요건과 집행개시의 요건을 구별한다.
4. 집행문부여절차의 유형을 파악한다.
5. 집행문부여절차상 이해관계의 구제방안을 정리한다.

Ⅰ. 서 론

1. 의 의

제29조 (집행문)

① 집행문은 판결정본의 끝에 덧붙여 적는다.

② 집행문에는 "이 정본은 피고 아무개 또는 원고 아무개에 대한 강제집행을 실시하기 위하여 원고 아무개 또는 피고 아무개에게 준다"라고 적고 법원사무관등이 기명날인하여야 한다.

제37조 (집행력 있는 정본의 효력)

집행력 있는 정본의 효력은 전국 법원의 관할구역에 미친다.

집행권원에 집행력이 현존하는 사실과 집행력이 미치는 범위를 공증하기 위하여 집행문 부여기관이 집행권원정본의 끝에 덧붙여 적는 공증문언를 집행문이라고 한다(제29조). 집행문부여는 집행행위가 아닌 집행준비행위이다. 이와 같이 집행권원에 집행문이 부가된 것을 집행정본이라고 하며 집행정본은 모든 법원의 관할에 그 효력이 미친다. 집행문부여절차는 집행절차에 특유한 제도라는 점에서 보다 상세하게 살펴보기로 한다.

2. 제도적 기능

가. 집행준비기능

판결절차와 집행절차 사이에는 시간적인 간격과 더불어 변제나 시효소멸 등과 같은 여러 가지 실체적 사정변경이 따르는 경우가 많다. 또한 집행권원에서 이행을 명함에 있어 기한부 또는 동시이행 등의 조건을 부가한 때에는 집행권원만으로 바로 집행에 나아갈 수 없다. 여기에서 판결절차와 집행절차 사이의 간격을 메워 주는 절차가 필요한데 이것이 바로 집행문부여절차이다. 즉 집행문부여절차는 판결절차와 집행절차를 가교하는 절차이다. 한편 집행문부여기관이 아닌 집행기관이 위와 같은 판결절차와 집행절차의 간격을 심사하는 것은 형식주의를 따르는 현행법하에서는 허용되지 않는다. 이러한 점에서 집행문부여절차는 형식주의를 전제하는 것이라고 할 수 있다.

나. 독자적 기능

등기절차를 명하는 판결 등과 같이 의사진술을 명하는 판결은 광의의 집행만 있을 뿐 본래 의미의 집행이라고 할 것이 없어 원칙적으로 집행문이 문제되지 아니한다. 그러나 예외적으로 등기의무의 승계가 있는 경우 등에는 등기실행을 위해서는 판결정본만으로는 부족하고 더하여 집행문을 첨부하여야만 등기를 신청할 수 있다. 여기서 집행문부여절차는 단순히 집행을 준비하는 절차에 그치지 아니하고 독자의 기능을 가진 절차라는 점을 볼 수 있다.

3. 집행문부여기관

제28조 (집행력 있는 정본)

① 강제집행은 집행문이 있는 판결정본(이하 "집행력 있는 정본"이라 한다)이 있어야 할 수 있다.

② 집행문은 신청에 따라 제1심 법원의 법원서기관·법원사무관·법원주사 또는 법원주사보(이하 "법원사무관 등"이라 한다)가 내어 주며, 소송기록이 상급심에 있는 때에는 그 법원의 법원사무관 등이 내어 준다.

③ 집행문을 내어 달라는 신청은 말로 할 수 있다.

집행권원에 관한 기록을 보관하는 기관이 집행문부여기관이 된다. 집행권원이 판결인 경우에는 원칙적으로 1심법원사무관이 집행문 부여기관이며 소송기록이 상급심에 있는 경우에는 당해 심급법원의 사무관이 집행문 부여기관이다. 집행권원이 집행증서인 경우에는 당해 증서를 보관하는 공증인, 확정판결과 동일한 효력이 인정되는 집행권원이나 항고로만 불복할 수 있는 재판 등의 집행권원에 대해서는 당해 기록을 보관하거나 절차를 주관하는 법원의 사무관이 집행문 부여기관이 된다. 법원 또는 법원의 조정위원회 이외의 각종 분쟁조정기관(조정위원회, 심의위원회, 중재위원회, 중재부 등)이 작성한 조서(조정조서, 조성서, 화해조서, 중재조서 등)로 재판상 화해와 동일한 효력이 있는 문서에 대한 집행문은 그 조서를 작성한 분쟁조정기관 소재지를 관할하는 지방법원 본원의 법원사무관 등이 집행문이 집행문 부여기관이다(각종분쟁조정위회 등의 조정조서 등에 대한 집행문부여규칙 제2·3·6·7조).

특허법이나 실용신안법 등에서 집행권원으로 보는 결정(특허법 제166조, 실용신안법 제56조, 의장법 제72조, 상표법 제77조)에 대해서는 특허심판공무원이 집행문부여기관이 된다고 보는 견해가 있다. 그러나 이 경우는 위 결정 자체가 집행정본과 동일한 효력이 있는 것이어서 집행문 자체가 필요 없는 경우이므로 집행문부여기관이 문제되지 아니한다.

Ⅱ. 집행문의 요부

1. 집행문의 필요

원칙적으로 집행권원에 더하여 집행문이 부가되어야만 강제집행의 개시가 가능하다. 집행권원 자체에 집행할 수 있다는 취지의 기재가 있는 가집행선고부 종국판결, 집행판결, 집행증서 등의 경우에도 집행을 위해서는 집행문이 필요하다. 매각대금의 납부에 따른 부동산인도명령(제136조 1항)의 집행에 대해서도 집행문이 필요하다(반대견해 있음).

2. 집행문부여절차의 생략

신속한 집행을 요하거나 강제집행집행절차 중의 부수적 집행의 경우에는 예외적으로 집행문이 필요하지 않다. 예외를 열거하면 다음과 같다(이하는 사법연수원 31면).

① 보전명령(제292조, 제301조)

② 집행법원이 집행절차의 일환으로 한 재판의 집행: 채권의 압류명령에 따른 채권증서의 인도집행(제234조), 강제관리 개시결정에 따른 부동산의 인도집행(제166조 2항)

③ 검사의 집행명령(형사소송법 제477조)

④ 과태료의 재판에 대한 검사의 명령(제60조, 비송사건절차법 제249조)

⑤ 권리관계의 성립을 인낙한 조서, 의사의 진술을 명하는 재판(제263조 1항)

⑥ 확정된 지급명령(제58조 1항)

⑦ 소액사건의 확정된 이행권고결정(소액사건심판법 제 5 조의8 1항): 이와는 달리 확정된 화해권고결정의 집행을 위하여는 집행문이 필요하다.

⑧ 확정된 배상명령 또는 가집행선고 있는 배상명령이 적힌 유죄판결(소송촉진 등에 관한 특례법 제34조 1항) 등

3. 승계집행문 등

집행문이 필요하지 않은 경우라도 당사자의 승계가 있거나 집행에 조건이 붙여진 경우에는 집행문이 필요하다. 집행에 조건이 붙여진 예로는 권리관계의 성립을 인낙한 조서나 의사진술을 명하는 재판 등에 동시이행 또는 선이행의 반대의무가 붙여진 경우를 들 수 있다. 당사자의 승계는 채권자의 승계이든 채무

자의 승계이든가를 묻지 아니한다. 승계인이 여러 사람인 경우에는 집행문에 각 승계인별로 승계비율이 표시되어야 한다.

≪판례≫ 수인의 승계인에 대한 승계집행문[대법원 2003. 2. 14. 선고 2002다64810 판결]
채무명의에 표시된 채무가 여러 사람에게 공동상속된 경우에 그 채무가 가분채무인 경우에는 그 채무는 공동상속인 사이에서 상속분에 따라 분할되는 것이고, 따라서 이 경우 부여되는 승계집행문에는 상속분의 비율 또는 그에 기한 구체적 수액을 기재하여야 하며, 비록 그와 같은 기재를 누락하였다고 하더라도 그 승계집행문은 각 공동상속인에 대하여 각 상속분에 따라 분할된 채무 금액에 한하여 효력이 있는 것으로 보아야 할 것이고, 또한 이 경우 승계집행문 부여의 적법 여부 및 그 효력의 유무를 심사함에 있어서도 각 공동상속인 별로 개별적으로 판단하여야 한다.

4. 집행문흠결의 효과

집행문에 관한 규정은 강행규정으로 당사자의 합의에 의하여 배제될 수 없다. 또한 집행문흠결상태에서 이루어진 강제집행은 실체적으로 무효이며 대금을 완납한 매수인이라도 소유권을 취득할 수 없다. 집행문을 추완하는 것도 허용되지 아니한다.

≪판례≫ 집행문이 흠결된 집행행위의 효력[대법원 1978. 6. 27. 선고 78다446 판결]
부동산에 관한 강제집행절차에 있어서 집행문이 없는 채무명의에 의하여 이루어진 강제경매는 절대적으로 무효이다.

Ⅲ. 집행문부여요건

사 례 9 집행절차상 동시이행항변

갑은 서울에서 을의 주택을 임차하여 살던 중 지방으로 발령이 나게 되어 이사를 하게 되었다. 갑은 마침 임대차기간이 수일 내에 만료된 사정을 이야기 하며 임대인 을에게 임대보증금의 반환을 부탁하였다. 그러나 을은 다음 임차인이 들어와야만 보증금을 돌려줄 수 있다고 그 지급을 미루었다. 이에 갑은 어쩔 수 없이 임차권등기명령절차를 통하여 임차권 등기를 마치고 지방으로 이사를 했으며, 나아가 보증금지급의 단순이행을 명하는 지급명령을 얻어두었다. 그 후 갑은 수차에 걸쳐 보증금의 반환을 요구하였음에도 을이 미루기만 하자 지급명령을 기초로 강제경매를 신청하였다. 이에 대하여 을은 갑이 임차권등기를 말소하지도 아니하고 강제경매를 신청한 것은 잘못되었다는 점을 지적하고 있다. 을의 지적은 타당한 것인가, 타당하다면 을의 주장을 관철시킬 수 있는 가장 적절한 수단은 무엇인가?

1. 의 의

가. 개 념

집행문이 부여되기 위한 요건을 집행문부여요건이라고 한다. 집행문부여요건은 형식적 요건과 실질적으로 나누어 보는 것이 편리하다. 이러한 분류는 집행문부여기관의 독자적인 판단대상이 되는가, 구제절차의 면과 관련하여 어떠한 구제방법이 채택되어야 하는가, 집행권원의 내용 자체와 관련된 것인가 등을 고려하여 정한 것이다.

나. 용 어

제40조 (집행개시의 요건)

① 집행을 받을 사람이 일정한 시일에 이르러야 그 채무를 이행하게 되어 있는 때에는 그 시일이 지난 뒤에 강제집행을 개시할 수 있다.

용어의 사용이 다소 혼란스러운 점이 있다. 형식적 요건을 절차적 요건, 실질적 요건을 실체적 요건이라고 표현하기도 한다. 본서에서는 집행문 부여절차상의 구제방법과 관련해서는 형식적 요건과 실질적 요건의 용어와 개념을 사용하고, 집행절차상의 구제방법과 관련해서는 절차적 요건과 실체적 요건의 용어와 개념을 엄격하게 구별하여 사용하기로 한다. 이러한 분류는 집행문 부여절차상의 구제방법과 집행절차상의 구제방법을 체계적으로 이해하는 데 혼란을 줄여주는 이점이 있다. 다만 위와 같은 용어의 사용과 하자의 체계구성은 보편화된 것이 아니며 본서에서 새롭게 시도하는 것임을 밝혀둔다.

다. 집행문부여요건과 집행개시요건

집행문부여요건은 집행개시요건과 구별해야 한다. 집행문부여절차는 집행문부여기관이 판결절차와 집행절차의 간격을 채워주는 절차이다. 그러나 양 절차의 간격은 집행문 부여기관이 조사하는 것 보다는 집행기관이 조사하는 것이 적절한 경우도 많다. 사법상 이행청구권의 성질상 집행기관이 조사하는 것이 타당하거나 집행의 현장에 임해 있는 집행기관만이 현실적으로 조사가 가능한 것들이 그것이다. 이와 같은 사항들을 집행문부여요건과 구별하여 집행개시의 요건이라고 하며 때로는 양자의 경계가 불분명한 것들도 있다.

2. 형식적 요건

제30조 (집행문부여)

① 집행문은 판결이 확정되거나 가집행의 선고가 있는 때에만 내어 준다.

집행문부여기관은 집행문을 부여하기에 앞서 집행권원이 현재 유효하며 본래의미의 강제집행의 대상이 되는 것인가를 조사하여야 한다. 예를 들어 판결의 확정여부, 가집행선고의 실효여부, 소 취하의 유무, 재심에 의한 판결의 취소 유무, 공정증서의 경우 공정증서의 방식 구비 여부 등에 관하여 조사를 하여야 한다. 이러한 사항은 집행권원의 내용 자체에 관한 것이 아니라는 점에서 형식적 요건으로 분류한 것이다.

집행장애사유는 집행문부여에 장애가 되지 아니한다. 예를 들어 집행의 일시정지를 명한 재판정본제출, 판결정본의 송달(제39조 1항), 도산절차의 개시 등의 사정이 있더라도 집행문부여에는 아무런 장애가 되지 아니한다. 또한 집행문에는 집행의 대상을 기재하지 아니하므로 압류금지물에 관한 사항도 고려할 여지가 없다.

3. 실질적 요건

집행권원의 내용 자체로부터 집행문 부여를 위해 필요한 요건을 실질적 요건으로 분류하기로 한다. 구체적인 내용은 다음과 같다.

가. 조 건

제30조 (집행문부여)

② 판결을 집행하는 데에 조건이 붙어 있어 그 조건이 성취되었음을 채권자가 증명하여야 하는 때에는 이를 증명하는 서류를 제출하여야만 집행문을 내어 준다. 다만, 판결의 집행이 담보의 제공을 조건으로 하는 때에는 그러하지 아니하다.

제31조 (승계집행문)

① 집행문은 판결에 표시된 채권자의 승계인을 위하여 내어 주거나 판결에 표시된 채무자의 승계인에 대한 집행을 위하여 내어 줄 수 있다. 다만, 그 승계가 법원에 명백한 사실이거나, 증명서로 승계를 증명한 때에 한한다.

② 제 1 항의 승계가 법원에 명백한 사실인 때에는 이를 집행문에 적어야 한다.

제32조 (재판장의 명령)

① 재판을 집행하는 데에 조건을 붙인 경우와 제31조의 경우에는 집행문은 재판장(합의부의 재판장 또는 단독판사를 말한다. 이하 같다)의 명령이 있어야 내어 준다.

② 재판장은 그 명령에 앞서 서면이나 말로 채무자를 심문(審問)할 수 있다.
③ 제 1 항의 명령은 집행문에 적어야 한다.

집행권원이 그 자체에서 사법상의 이행청구권의 집행과 관련하여 일정한 조건을 부가하고 있는 경우 채권자는 이러한 조건의 성취를 증명하여야만 집행문을 부여받을 수 있다(제30조 2항, 제32조 1항). 조건성취에 따라 부여되는 집행문을 조건성취집행문 또는 보충집행문이라고 한다. 여기의 조건은 민법총칙상의 조건과는 다른 개념이다. 한편 집행문부여시 집행의 범위를 집행권원의 일부에 한정하여 부기하는 것은 여기의 조건과 무관하며 재판장의 명령 등을 경유할 필요가 없다.

⑴ 좁은 의미의 조건 집행권원에 표시된 사법상 이행청구권의 효력발생이 본래의 의미의 조건에 달려있는 경우에는 조건성취 이후에만 집행문을 부여받을 수 있다. 집행권원에 조건이 부가된 경우는 아래의 불확정기한과 마찬가지로 판결이외의 집행권원에서 흔히 보인다. 여기서 조건이라 함은 정지조건인 것이 보통이고 해제조건은 그 성질상 집행문부여의 요건이 되는 것을 생각하기 어렵다.

⑵ 불확정기한과 확정기한

㈎ 집행문부여요건 기한의 도래여부는 실체관계에 관한 사항이므로 집행기관이 심사할 것이 아니어서 집행문부여요건으로 파악된다. 이러한 설명은 불확정기한에 관하여는 그대로 타당하다. 그러나 확정기한의 도래여부는 역수상 용이하게 판단할 수 있는 것이므로 집행기관이라도 쉽게 조사할 수 있는 것이다. 이러한 점을 고려하여 민사집행법은 확정기한의 도래에 관하여는 집행개시요건으로 정하고 있다(제40조 1항).

㈏ 기한미도래의 효과 기한미도래를 간과한 집행행위는 위법한 것으로 취소되어야 할 것이다. 그러나 집행절차가 전체적으로 종료되거나 집행절차의 진행중에 기한이 도래한 경우에는 더 이상 그 하자를 다투지 못한다고 할 것이다.

⑶ 선이행의무 집행의 대상이 된 채무자의 사법상 의무의 내용이 채권자의 일정한 의무의 선이행을 조건으로 하고 있는 경우에는 채권자의 선이행의무의 이행이 있은 후에만 집행문을 부여 받을 수 있다.

≪판례≫ 임차권등기말소의무[대법원 2005. 6. 9. 선고 2005다4529 판결]

주택임대차보호법 제 3 조의3 규정에 의한 임차권등기는 이미 임대차계약이 종료하였음에도 임대인이 그 보증금을 반환하지 않는 상태에서 경료되게 되므로, 이미 사실상 이행지체에 빠진 임대인의 임대차보증금의 반환의무와 그에 대응하는 임차인의 권리를 보전하기 위하여 새로이 경료하는 임차권등기에 대한 임차인의 말소의무를 동시이행관계에 있는 것으로 해석할 것은 아니고, 특히 위 임차권등기는 임차인으로 하여금 기왕의 대항력이나 우선변제권을 유지하도록 해 주는 담보적 기능만을 주목적으로 하는 점 등에 비추어 볼 때, 임대인의 임대차보증금의 반환의무가 임차인의 임차권등기 말소의무보다 먼저 이행되어야 할 의무이다.

위와 같이 채권자가 선이행의무를 부담하는 경우와 달리 채무자가 선이행의무를 부담하는 경우에는 집행문부여에 있어서 조건성취가 문제될 여지가 없다.

⑷ 동시이행의무

㈎ 집행개시의 요건: 원칙

제41조 (집행개시의 요건)

① 반대의무의 이행과 동시에 집행할 수 있다는 것을 내용으로 하는 집행권원의 집행은 채권자가 반대의무의 이행 또는 이행의 제공을 하였다는 것을 증명하여야만 개시할 수 있다.

절차법상의 논리만으로 따져보면 동시이행관계에 있는 채권자의 반대급부의무는 채권자의 선이행의무와 마찬가지로 집행문부여요건이라 볼 것이다. 그러나 반대급부의무의 이행을 집행문부여요건으로 보게 되면 본래는 동시이행관계에 있는 반대급부의무를 채권자가 선이행해야 하는 결과를 되기 때문에 불합리하다. 그러므로 반대급부의무의 실체법적 성질에 비추어 집행개시요건으로 보는 것이 타당하다. 민사집행법은 이러한 취지를 명문으로 규정하고 있다(제41조).

≪판례≫ 전세물인도의무와 전세권등기말소의무[대법원 1977. 4. 13.자 77마90 결정]

전세권자의 전세목적물 인도의무 및 전세권설정등기말소등기 의무와 전세권설정자의 전세금반환의무는 서로 동시이행의 관계에 있으므로 전세권자인 채권자가 전세목적물에 대한 경매를 청구하려면 우선 전세권 설정자에 대하여 전세목적물의 인도의무 및 전세권설정등기말소 의무의 이행제공을 완료하여 전세권설정자를 이행지체에 빠뜨려야 한다.

㈏ 집행문부여의 요건: 예외1 의사진술을 명하는 재판이나 권리관계의 성립을 인낙한 조서는 본래의미의 집행절차라고 하는 것이 없다. 그러므로 통상 집행문 부여라는 것이 문제되지 아니한다. 다만 이러한 집행권원에 조건이 있거나 당사자의 승계가 있는 경우에는 집행문을 부여받아야 함은 앞서 설명한 바와

같다. 그런데 위와 같이 의사진술을 명하는 판결 등에 있어서 집행문을 부여 받은 경우라도 본래의미의 집행절차를 경유하는 것은 아니어서 결국 상환급부의무 이행은 집행문부여요건으로 파악할 수밖에 없다.

(다) **배당금수령의 요건: 예외2** 반대급부의무의 이행이라도 특별한 규정이 있는 경우에는 집행개시요건으로도 삼지 아니하는 경우가 있다. 채권자가 경제적 약자에 해당하는 경우에는 정책적 배려에 의해서 반대급부의무의 이행 없이도 집행이 진행되고 다만 반대급부의무이행을 배당금수령의 조건으로 삼는 것이다. 실체법상 동시이행의무를 절차법에서 선이행의무로 변질시킨 것이라고도 볼 수 있다. 이러한 경우로는 주택이나 상가의 임차인이 임대차보증금의 반환청구권을 소송상 구하여 목적물인도의무와 상환하여 보증금반환청구를 인용한 판결에 기한 강제집행에서 나타난다. 상식적으로 말하자면 세입자가 집을 비워주지 않고서도 강제집행에 착수할 수 있는 것으로 한 것이다(주택임대차보호법 제3조의2 1항, 상가건물임대차보호법 제5조 1항). 그러나 임대차 목적물이 아닌 임대인 소유물에 대한 강제집행에는 위와 같은 예외적 취급이 인정되지 아니한다.

≪판례≫ 임차인의 집행신청과 목적물인도의무[대법원 2000. 3. 15.자 99마4499 결정]

[1] 주택임대차보호법 제3조의2 제1항은 임차인이 임차주택에 대하여 보증금반환청구소송의 확정판결 기타 이에 준하는 채무명의에 기한 경매를 신청하는 경우에는 민사소송법 제491조의2 제1항의 규정에 불구하고 반대의무의 이행 또는 이행의 제공을 집행개시의 요건으로 하지 아니한다고 규정하고 있는바, 같은 법 제3조의2 제2항 및 제8조 제3항이 임차주택의 환가대금에 건물뿐만 아니라, 대지의 가액도 포함된다고 규정하고 있는 점, 통상적으로 건물의 임대차에는 당연히 그 부지 부분의 이용이 수반되는 것이고, 같은 법 제2조에서 같은 법의 적용 대상으로 규정하고 있는 주거용 건물의 임대차라 하는 것도 임차목적물 중 건물의 용도가 점포나 사무실 등이 아닌 주거용인 경우의 임대차를 뜻하는 것일 뿐 같은 법의 적용 대상을 대지를 제외한 건물에만 한정하는 취지는 아닌 것으로 해석되는 점, 위 규정은 기본적으로 임차인의 권익보호를 그 입법 취지로 하고 있는데, 만일 반대의무의 이행 또는 이행의 제공 없이 집행개시를 할 수 있는 대상을 건물에만 한정할 경우 사실상 대지와 그 지상 주택의 경매절차가 분리되는 결과 경매절차의 진행에 어려움이 발생하고 임차주택의 환가에 의한 임차보증금의 회수를 간편하게 하겠다는 입법 취지에 부합되지 않게 되는 점 등에 비추어 보면, 여기에서 말하는 임차주택에는 건물뿐만 아니라, 그 부지도 포함하는 것으로 봄이 상당하다.

[2] 주택임대차보호법 제3조의2 제1항이 임차주택의 대지 그 자체가 아닌 그에 관한 소유권이전등기청구권에 대한 압류의 경우에도 유추적용 될 수 있을 것인가에 관하여 보건대, 첫째 부동산소유권이전등기청구권에 대한 강제집행은 부동산 그 자체에 대한 강제집행과는 그 절차를 달리하는 것으로 직접 채무자 명의의 등기를 실현함으로써 그 강제

집행절차는 종료하며, 그 후에 이루어진 부동산 그 자체에 대한 강제집행은 선행 부동산 청구권압류절차로부터 독립된 새로운 집행절차로서 본래의 채무명의에 기하여 부동산청구권의 압류가 아닌 강제경매 등의 방법으로 진행되는 점, 둘째 위 조항은 임차주택에 대한 경매신청이라고 한정하여 규정하고 있을 뿐 임차주택에 대한 일반적인 강제집행신청까지를 포괄하여 규정하고 있지 않은 점 등을 종합하여 보면, 위 조항은 임차주택 그 자체를 집행의 대상으로 한 경매의 경우에 집행개시의 요건에 관한 민사소송법 제491조의2 제 1 항의 예외사유를 인정하는 것이고, 임차주택의 이전등기청구권에 관한 일반 강제집행절차로서의 압류에까지 위 조항을 유추하여 적용할 것은 아니다.

임차인이 목적물을 즉시 인도하여야 할 의무가 발생하는 시기는 현실로 보증금을 전액 수령한 때가 아니고 보증금을 전액 돌려받을 수 있는 것으로 확정된 시점이다. 배당표가 확정된 때가 이에 해당한다.

≪판례≫ 배당표확정과 임차목적물 반환의무[대법원 1997. 8. 29. 선고 97다11195 판결]

[1] 주택임대차보호법 제 3 조, 제 3 조의2, 제 4 조의 규정에서 임차인에게 대항력과 우선변제권의 두 가지 권리를 인정하고 있는 취지가 보증금을 반환받을 수 있도록 보장하기 위한 데에 있는 점, 경매절차의 안정성, 경매 이해관계인들의 예측가능성 등을 아울러 고려하여 볼 때, 두 가지 권리를 겸유하고 있는 임차인이 우선변제권을 선택하여 임차주택에 대하여 진행되고 있는 경매절차에서 보증금에 대하여 배당요구를 하였다고 하더라도, 순위에 따른 배당이 실시될 경우 보증금 전액을 배당받을 수 없는 때에는 보증금 중 경매절차에서 배당받을 수 있는 금액을 공제한 잔액에 관하여 경락인에게 대항하여 이를 반환받을 때까지 임대차관계의 존속을 주장할 수 있고, 보증금 전액을 배당받을 수 있는 때에는 경락인에게 대항하여 보증금을 반환받을 때까지 임대차관계의 존속을 주장할 수는 없다고 하더라도 다른 특별한 사정이 없는 한 임차인이 경매절차에서 보증금 상당의 배당금을 지급받을 수 있는 때, 즉 임차인에 대한 배당표가 확정될 때까지는 경락인에 대하여 임차주택의 명도를 거절할 수 있는바, 경락인의 임차주택의 명도청구에 대하여 임차인이 동시이행의 항변을 한 경우 동시이행의 항변 속에는 임차인에 대한 배당표가 확정될 때까지 경락인의 명도청구에 응할 수 없다는 주장이 포함되어 있는 것으로 볼 수 있다.

[2] 변론종결일 현재 임차인을 상대로 한 배당이의소송이 계속중이어서 임차인에 대한 배당표가 확정되지 아니한 경우에는 임차인에 대한 배당표가 확정되는 때에 명도할 것을 명하는 판결을 하여야 한다.

한편 매수인에게 대항력 있는 임차인이 경매절차를 통하여 보증금의 일부만을 변제받음에 그친 경우에는 문제가 조금 다르다. 이러한 경우에는 일부 변제받은 범위에는 목적물 인도의무가 발생하고 보증금잔액의 범위에서는 매수인의 인도청구에 대한 동시이행의 항변이 인정된다는 일응의 모순점이 보인다. 그러나 임대차보증금을 전액을 돌려받기까지 임차인은 목적물 전부에 대한 점유할 권리가 인정되므로 이러한 경우 일부 변제받은 범위에서도 임차인은 목적물 인도의무가 인정되지 아니한다. 그러므로 변제받을 일부의 범위에서 배당금을 수령하기 위하여 명도확인서를 별도로 제출할 필요가 없이 곧바로 배당금을 수령할 수 있다. 사정이 이와 같다면 임차인은 종전 보다 작은 금액으로 목적물을 전부 사용하는 점에서 배당받은 금액만큼의 부당이득을 한 셈이 된다. 이에 대하여 매수인은 임차인에게 배당금액에 상당하는 부당이득반환을 구하면 된다.

≪판례≫ 보증금의 일부배당과 임차인의 지위[대법원 1998. 7. 10. 선고 98다15545 판결]

주택임대차보호법상의 대항력과 우선변제권을 겸유하고 있는 임차인이 배당요구를 하였으나 보증금 전액을 배당받지 못하였다면 임차인은 임차보증금 중 배당받지 못한 금액을 반환받을 때까지 그 부분에 관하여는 임대차관계의 존속을 주장할 수 있으나 그 나머지 보증금 부분에 대하여는 이를 주장할 수 없으므로, 임차인이 그의 배당요구로 임대차계약이 해지되어 종료된 다음에도 계쟁 임대 부분 전부를 사용·수익하고 있어 그로 인한 실질적 이익을 얻고 있다면 그 임대 부분의 적정한 임료 상당액 중 임대차관계가 존속되는 것으로 보는 배당받지 못한 금액에 해당하는 부분을 제외한 나머지 보증금에 해당하는 부분에 대하여는 부당이득을 얻고 있다고 할 것이어서 이를 반환하여야 한다.

㈑ **상환증권의 제시: 예외3** 한편 어음이나 수표와 같은 상환증권상의 채권을 내용으로 하는 집행권원에 기한 강제집행에 있어서 강제집행의 개시에 증권의 제시가 필요가 하는 의문이 있을 수 있다. 이에 대하여 강제집행절차는 채권의 이행청구절차가 아니라는 점에서 증권의 제시는 집행개시요건으로 볼 것은 아니라고 본다.

⑸ **선택채권의 선택**

제41조 (집행개시의 요건)

② 다른 의무의 집행이 불가능한 때에 그에 갈음하여 집행할 수 있다는 것을 내용으로 하는 집행권원의 집행은 채권자가 그 집행이 불가능하다는 것을 증명하여야만 개시할 수 있다.

채권의 목적이 당사자 또는 제3자의 선택에 달려있는 경우에 조건과 마찬가지로 선택이 이루어진 이후에야 집행문을 부여받을 수 있다. 선택에 관한 입증책임은 채권자에게 있다. 채권자의 최고에 따라 채권자에게 선택권이 이전된 경우에 채권자는 선택권행사를 최고한 사실도 입증하여야 한다.

(6) **본래급부의 집행불능** 본래급부 청구와 더불어 그 집행 불능에 대비하여 대상청구를 병합한 청구는 청구의 단순병합에 해당한다. 이러한 단순병합 청구에서 본래급부의 집행불능에 관하여는 집행현장에 임해있는 집행기관이 심사할 수밖에 없다. 그러므로 본래급부의 집행 불능의 사정은 집행문부여요건이 아니라 집행개시의 요건이다.

(7) **실권약관** 계약 당사자들 사이에 일방의 이행지체 등 일정한 조건의 발생이 있으면 계약은 효력을 잃는다는 해제조건부 약정을 실권약관 또는 과태약관이라고 한다. 이러한 실권약관은 흔히 당사자 사이의 자주적 분쟁해결절차를 통해 이루어지는 화해조서나 조정조서와 같은 집행권원에도 나타난다. 위와 같이 집행권원이 담고 있는 실권약관에 따른 조건의 성취를 집행절차상 민사집행법(제30조 2항)이 규정하는 조건에 해당하는 것으로 볼 것인지의 문제가 있다. 이에 대하여는 실권약관이 정하는 조건이 채무불이행에 관한 것인 경우에는 민사집행법(제30조 2항)이 규정하는 조건으로 볼 것이 아니나 채무불이행 이외의 것인 경우에는 이를 긍정하는 것이 타당하다고 본다(반대견해 있음).

(8) **담보제공**

(가) **집행개시요건**

제40조 (집행개시의 요건)

② 집행이 채권자의 담보제공에 매인 때에는 채권자는 담보를 제공한 증명서류를 제출하여야 한다. 이 경우의 집행은 그 증명서류의 등본을 채무자에게 이미 송달하였거나 동시에 송달하는 때에만 개시할 수 있다.

강제집행의 실시가 채권자의 담보제공에 달려있는 경우가 있다. 예를 들어 가집행선고를 하면서 가집행선고에 기한 채권자의 강제집행에 대해 담보제공명령을 한 경우가 그것이다. 이러한 경우에 채권자의 담보제공은 강제집행으로 인한 채무자의 손해를 담보하는 것이기 때문에 집행문부여의 요건으로 볼 것이 아니라 집행개시요건으로 보아야한다.

(나) **담보제공증명서의 제출** 집행이 채권자의 담보제공에 달린 경우에는 채권자는 채권자 또는 채무자의 보통재판적 소재지 지방법원 또는 집행법원의 어느 한 곳에 담보를 제공하여야 한다(제19조 1항). 채권자는 집행을 신청하면서 담보제공에 따라 관할법원으로부터 받은 담보제공의 공정증서(공탁증명서 기타 법원

의 담보제공증명서)를 제출하고, 집행법원은 그 등본을 늦어도 집행개시 시점까지는 채무자에게 송달하여야 한다(제40조 2항).

(다) **담보제공흠결의 효과** 담보제공 없이 이루어진 집행행위는 무효로 볼 것이지만 담보제공은 있었으나 담보제공증명서의 제출이나 그 등본의 송달만이 미비 된 경우에는 집행절차의 취소 전까지 제출과 송달이 이루어진다면 그 하자는 치유된다.

나. 당사자적격의 승계

집행권원에 표시된 당사자 이외의 자가 집행문을 신청하는 경우에 신청인에게 당자사자적격 내지는 집행적격이 있어야 한다. 집행권원에 표시된 당사자 이외의 자를 채무자로 삼는 경우도 마찬가지이다. 이러한 당사자적격의 범위와 변동에 대해서는 이미 설명하였다. 이 중에 승계인에 관하여 부여되는 집행문을 승계집행문이라고 한다. 승계의 원인이 특정승계인가 포괄승계인가는 묻지 아니한다.

당사자적격의 승계와 당사자의 개명이나 상호변경을 구별해야 한다. 당사자의 개명이나 상호변경은 그 전후에 인격의 동일성의 변경이 없다는 점에서 승계와 전혀 다르다. 이러한 사항은 그 신청서에 그 변경 전후의 성명이나 상호를 모두 밝혀 적고 양자의 인격의 동일성을 입증할 수 있는 법인등기등본이나 호적등본을 첨부하는 것으로 족하며 집행문을 부여 받기 위해 다음에 보는 바와 같은 재판장의 명령 등을 경유할 필요가 없다.

한편 판결절차상 당사자의 사망 등으로 소송승계사유가 있음에도 소송대리인이 있어 소송중단 없이 종전 당사자를 당사자로 표시하여 판결이 선고된 경우, 승계인에 대한 집행을 위하여 승계집행문을 받아야 하는지가 문제된다. 이에 대하여는 판결경정절차를 통하여 당사자로 경정하여 집행문을 부여 받을 것이고 승계집행문에 의할 것은 아니라고 본다.

다. 수통·재도 부여

(1) **집행문의 수통·재도 부여** 어느 하나의 지역 또는 어느 하나의 방법에 따른 집행만으로는 채권만족에 부족한 경우에 여러 지역 또는 여러 가지 방법으로 집행을 동시에 진행할 필요가 있다. 이러한 경우에 수통의 집행문이 필요하다. 한편 하나의 집행문만으로 족한 경우라도 채권자가 이미 부여받은 집행문을 분실하거나 집행문이 훼손된 경우에는 집행문을 다시 부여받는 것, 즉 집행문의 재도부여가 필요하다.

(2) **집행권원정본의 수통·재도 부여와의 구별** 집행문의 수통·재도부여와 구별할 것으로 확정된 지급명령이나 이행권고결정 등의 집행을 위한 집행권원정본의 수통·재도 부여가 있다. 확정된 지급명령이나 확정된 이행권고결정은 앞서 본 바와 같이 원칙적으로 그 집행에 집행문이 필요 없다. 이에 대하여 집행문의 수통·재도 부여가 필요한 상황에 대하여는 지급명령과 이행권고결정 자체의 정본을 수통·재도 부여하는 것으로 규정하고 있다(제58조 2항, 소액사건심판법 제5조의8 2항). 이와 같은 정본의 수통·재도 부여에 대하여는 다음에서 보는 바와 같은 집행문의 수통·재도 부여에 필요한 사법보좌관의 명령(제35조, 사보보좌관규칙 제2조)을 경유할 필요도 없다. 이와는 달리 지급명령이나 이행권고결정이 조건부이거나 당사자의 승계가 있는 경우에는 사법보좌관의 명령을 경유하여 집행문을 부여받아야 한다.

4. 입증책임

위의 집행개시의 요건은 권리근거규범의 요건사실과 유사한 것으로 채권자에게 입증책임이 있다. 입증책임의 소재는 실체법에 따라 정해지는 것이며 절차법상의 쟁의형태에 따라 변동되는 것은 아니다.

사례 9 〈해설〉 집행절차상 동시이행항변

1. 임차권등기말소의무의 성질

갑이 임차권의 대항력을 유지하고자 하면 임차주택에 계속적으로 거주하여야 하는 것이 원칙이다. 이러한 원칙을 관철하면 임차권의 대항력을 유지하기 위해서는 다른 곳으로 이사를 못하는 사태가 발생한다. 이러한 불편을 해소하기 위하여 임차권등기명령절차를 마련하여 간편하게 임차권등기를 마침으로서 계속 주거하지 않더라도 임차권의 대항력을 유지할 수 있도록 하고 있다. 이러한 임차권등기는 보증금회수를 담보하기 위한 것으로 그 실질에 있어서 저당권과 유사한 기능을 갖는 것이다. 따라서 임대인이 임차권등기의 말소를 구하기 위하여는 먼저 보증금을 지급하여야 한다. 즉 을의 보증금반환의무는 갑의 임차권등기말소의무에 대하여 선이행의무이다. 따라서 갑은 강제경매에 나아가기 위하여 임차권등기를 먼저 말소할 필요가 없는 것이다. 결국 을의 주장은 부당한 것이다.

2. 청구이의의 소

만일 임차권등기말소의무와 보증금반환의무가 동시이행관계라면, 을의 구제수단으로는 일응 집행문부여에 대한 이의를 생각할 수 있다. 즉 반대급부의무의 제공을 확인하지 아니하고 집행문이 부여되었다는 점을 지적하는 가장 적절한 수단으로는 집행문부여에 대한 이의 또는 집행문부여에 대한 이의의 소를 생각할 수 있는 것이다. 그러나 위와 같은 사례에서는 집행문부여를 다투는 것이 적절한 대책이라고 할 수 없다. 왜냐하면 집행권원인 지급명령은 보증금지급의 단순이행을 명하고 있었으므로, 집행문부여기관 역시 지급명령정본에 나타나지 않는 동시이행관계를 고려하지 아니하고 집행문을 부여한 것을 탓할 이유는 전혀 없기 때문이다. 따라서 이러한 경우에는 지급명령의 집행력 자체를 소멸시키는 청구이의의 소를 제기하는 것이 적절한 대책일 수밖에 없다. 더욱이 지급명령에는 기판력이 없다는 점에서 을이 청구이의를 통해 임차권등기말소의무와 보증금반환의무 사이의 동시이행관계를 주장하는 것은 전혀 문제되지 아니한다.

Ⅳ. 집행문부여절차

1. 집행문부여신청

가. 신 청

집행당사자적격이 있는 자는 서면 또는 구두로 집행문부여를 신청한다(제28조 3항). 집행권원의 일부에 대한 집행을 신청하는 것도 가능하다. 다만 집행문부여의 실질적 요건의 구비 여부가 문제되는 경우에는 곧바로 집행문부여를 신청할 수 없고 일정한 경유절차를 거쳐야 한다.

나. 첨부서류

확정판결 등에 의한 집행문부여를 신청하는 경우에는 송달증명서와 확정증명서의 제출이 필요하다. 이와는 달리 지급명령이나 이행권고결정에 있어서는 채무자에 대한 송달과 확정이 있은 이후에 지급명령정본과 이행권고결정정본 자체에 송달일자와 확정일자를 기재하여 채권자에게 송달하게 되므로 강제집행신청에 별도로 송달증명서나 확정증명서의 제출이 요구되지 아니한다.

2. 집행문부여 요건의 조사

가. 집행문부여기관의 조사권한

집행문 부여기관이 형식적 요건에 관하여는 집행문부여기관이 독자적으로 조사한다.

나. 집행문부여기관의 조사권한의 보충

실질적 요건의 충족이 문제된 경우에는 독자적으로 조사하지 못하고 사법보좌관의 명령 또는 집행문 부여의 소라고 하는 절차를 통해 조사권한을 보충 받아야 한다. 이를 채권자의 입장에서 보면 실질적 요건의 충족이 문제된 경우에는 곧바로 집행문 부여를 신청하지 못하고 사법보좌관의 명령 또는 집행문 부여의 소를 경유하여 집행문 부여를 신청해야 한다는 의미이다. 실질적 요건의 충족에 관하여 채권자가 증명서로서 증명할 수 있거나 그 사실이 법원에 명백한 경우에는 재판장의 명령을 경유하는 것으로 족하나 그렇지 아니한 경우에는 집행문 부여의 소를 경유해야 한다.

다. 집행문부여절차의 유형

집행문 부여기관이 단독으로 집행문을 부여하는 경우를 통상부여절차, 사법보좌관의 명령 또는 집행문 부여의 소를 경유하여야 하는 경우를 특별부여절차라고도 한다. 이를 도표로 정리해보면 다음과 같다.

<table>
<tr><th colspan="2">집행문부여절차의 유형</th><th>집행문 부여요건</th></tr>
<tr><td colspan="2">통상부여절차</td><td>형식적 요건은 집행문 부여기관의 단독으로 조사가능</td></tr>
<tr><td rowspan="2">특별부여
절 차</td><td>사법보좌관의
명령 경유</td><td>실질적 요건구비가 법원에 명백하거나 당사자가 증명서로 증명할 수 있는 경우 또는 집행문의 수통·재도 부여의 경우</td></tr>
<tr><td>집행문부여의
소 경유</td><td>실질적 요건구비가 법원에 명백하지 않으며 당사자가 증명서로 증명할 수도 없는 경우</td></tr>
</table>

3. 통상부여절차

가. 집행문의 부여

집행문부여에 필요한 실질적 요건이 문제되지 아니하며 수통·재도부여가 아닌 경우에는 집행문부여기관이 단독으로 집행문 부여에 필요한 형식적 요건을 단독으로 조사하여 집행문을 부여한다. 집행채권의 일부에 관한 집행문부여신청에 대하여는 집행문에 집행의 범위를 한정하는 취지를 기재하여야 한다.

나. 부수절차

집행문은 집행권원의 정본과 같은 서면에 기재되며 별지로 기재해서는 안된다. 집행문의 말미에는 집행문부여기관이 서명날인하여야 한다. 집행권원의 정본에 집행문을 기재하는 것과 별도로 판결원본 또는 상소심 판결정본에 집행문을 부여한 취지와 날짜를 기재하여야 한다(제36조).

4. 특별부여절차

가. 사법보좌관의 명령

(1) **사법보좌관의 명령** 집행문 부여의 실질적 요건을 채권자가 증명서로서 입증할 수 있거나 법원에 명백한 한 경우에는 사법보좌관의 명령을 경유하여 집행문을 부여한다(제32조 1항). 사법보좌관은 실질적 요건을 조사하기 위하여 서면이나 말로써 채무자를 심문할 수 있다. 심문하지 아니하는 경우에는 채무자에게 그 사유를 통지하여야 한다(제35조 2항). 통지규정은 훈시규정이다.

(2) **집행문부여** 사법보좌관의 명령을 경유하지 아니한 집행문 부여신청에 대하여 집행문 부여기관은 이를 각하하여야 한다. 사법보좌관의 명령을 경유하는 집행문에는 승계 등에 관한 실질적 요건의 구비가 법원에 명백한 사실 및 사법보좌관의 명령을 경유한 취지를 기재한다(제31조 2항, 제32조 3항). 그러나 증명서에 관한 사항은 집행문에 기재할 것이 아니다.

(3) **승계집행문과 증명서등본의 송달** 일반적으로 집행문은 채무자에 대하여 송달할 필요가 없다. 그러나 승계집행문을 부여한 경우에는 늦어도 강제집행의 개시시점까지는 승계인에게 집행문을 송달하여야 한다(제39조 2항). 위와 별도로 증명서에 의하여 집행문을 내어 준 때에는 그 증명서의 등본을 늦어도 강제집행의 개시시점까지는 채무자에게 송달하여야 한다(제39조 3항).

(4) **집행문의 수통·재도부여** 집행문의 수통・재도부여절차도 위와 마찬가지이다.

(5) **집행증서와 사법보좌관의 명령** 집행증서에 기한 조건성취집행문 부여 또는 수통・재도 부여의 경우에는 사법보좌관의 명령을 경유함이 없이 공증인이 이를 조사하고 내어준다(제59조 1항).

(6) **불 복** 사법보좌관의 명령은 집행문부여기관에 대한 내부적 지시에 불과한 것이다. 집행문 부여기관은 여전히 법원사무관 등이며 사법보좌관이 집행문 부여기관이 되는 것은 아니다. 그러므로 사법보좌관의 명령에 대하여 곧바로 다투지 못하고 집행문 부여 또는 부여거절을 기다려 다투어야 한다.

≪판례≫ 집행문부여명령 거절에 대한 구제수단[대법원 1985. 7. 23.자 85마353 결정]

민사소송법 제522조 제2항의 규정에 의하여 지방법원 단독판사가 행하는 집행문재도부여허가 여부의 재판은 집행문부여기관에 대한 법원의 내부적 감독작용에 지나지 아니하므로 공증인의 제도부여허가신청을 기각한 결정에 대하여는 채권자는 물론 공증인도 불복을 할 수 없고, 다만 채권자는 공증인의 재도부여거절처분이 있은 후에 이 거절처분에 대하여 지방법원 단독판사에게 이의신청을 할 수 있을 뿐이다.

나. 집행문 부여의 소

제33조 (집행문부여의 소)

제30조 제 2 항 및 제31조의 규정에 따라 필요한 증명을 할 수 없는 때에는 채권자는 집행문을 내어 달라는 소를 제 1 심 법원에 제기할 수 있다.

제34조 (집행문부여 등에 관한 이의신청)

① 집행문을 내어 달라는 신청에 관한 법원사무관등의 처분에 대하여 이의신청이 있는 경우에는 그 법원사무관 등이 속한 법원이 결정으로 재판한다.

② 집행문부여에 대한 이의신청이 있는 경우에는 법원은 제16조 제 2 항의 처분에 준하는 결정을 할 수 있다.

제35조 (여러 통의 집행문의 부여)

① 채권자가 여러 통의 집행문을 신청하거나 전에 내어 준 집행문을 돌려주지 아니하고 다시 집행문을 신청한 때에는 재판장의 명령이 있어야만 이를 내어 준다.

② 재판장은 그 명령에 앞서 서면이나 말로 채무자를 심문할 수 있으며, 채무자를 심문하지 아니하고 여러 통의 집행문을 내어 주거나 다시 집행문을 내어 준 때에는 채무자에게 그 사유를 통지하여야 한다.

③ 여러 통의 집행문을 내어 주거나 다시 집행문을 내어 주는 때에는 그 사유를 원본과 집행문에 적어야 한다.

제36조 (판결원본에의 기재)

집행문을 내어 주는 경우에는 판결원본 또는 상소심 판결정본에 원고 또는 피고에게 이를 내어 준다는 취지와 그 날짜를 적어야 한다.

제38조 (여러 통의 집행력 있는 정본에 의한 동시집행)

채권자가 한 지역에서 또는 한 가지 방법으로 강제집행을 하여도 모두 변제를 받을 수 없는 때에는 여러 통의 집행력 있는 정본에 의하여 여러 지역에서 또는 여러 가지 방법으로 동시에 강제집행을 할 수 있다.

(1) 의 의 집행문 부여의 실질적 요건에 관하여 그 사실이 법원에 명백하지 아니하거나 채권자가 증명서로써 증명할 수 없는 때에는 채무자를 피고로 한 소송절차를 경유하여 집행문을 부여받을 수 있을 뿐이다. 이때의 소송절차를 집행문 부여의 소라고 한다(제33조). 그 밖에도 통상부여절차 또는 사법보좌관의 명령절차를 경유하여 집행문을 부여받을 수 있는 경우라고 하더라도 채권자는 곧바로 집행문부여의 소를 제기할 수도 있다. 소송경제상의 문제점은 있으나 집행문 부여와 관련하여 기판력 있는 판결을 얻을 수 있다는 점에서 소의

이익이 인정된다고 본다(반대견해 있음). 실무상 집행문 부여의 소는 집행문을 부여절차라기 보다는 집행문 부여거절에 대한 권리구제의 의미가 강하다.

(2) **소의 성질** 집행문 부여의 소는 통상의 소송절차와 달리 집행과 관련하여 비로소 발생하는 소송형태라는 점에서 그 법적 성질이 문제된다. 형성소송설, 이행소송설, 확인소송설이 그것이다. 집행문 부여의 소의 인용판결이 곧바로 집행문 부여와 동일시되는 것은 아니며, 실체법상의 이행청구권에 관한 다툼이 아니라는 점에서 형성소송설과 이행소송설은 취하기 어렵다. 집행권원의 집행력의 확인을 구하는 소송이라고 보는 확인소송설을 지지한다.

(3) **관 할** 아래에서 살펴보는 바와 같이 집행권원의 유형에 따라 그 관할이 다르다. 모두 전속관할이다(제21조).

① 판결 · 소송상 화해조서 · 인낙조서가 집행권원인 경우: 당해 집행권원이 성립한 곳의 제 1 심 수소법원(제33조, 제57조)
② 지급명령 · 제소전 화해 · 조정조서가 집행권원이 경우: 이행청구권의 가액에 따라 당해 집행권원이 성립한 곳의 지방법원 단독판사 또는 합의부(제58조 4항, 5항)
③ 집행증서가 집행권원인 경우: 채무자의 보통재판적이 있는 곳이 지방법원 또는 그 법원이 없는 때에는 민사소송법 제11조의 규정에 따라 채무자에게 소를 제기할 수 있는 법원에(제59조 4항)
④ 화해나 조정이 시군법원에서 성립된 경우: 당해 시군법원(제22조)

(4) **당 사 자** 채권자 또는 그 승계인이 원고이며 채무자 또는 그 승계인이 피고이다.

≪판례≫ 승계집행문부여에 대한 이의적격자[대법원 2002. 8. 21.자 2002카기124 결정]

민사집행법 제34조 제 1 항이 규정하는 집행문 부여 등에 관한 이의 가운데 집행문 부여에 대한 이의는 어떤 사람을 집행채무자로 한 집행문이 부여된 경우에 그 집행문에 표시된 채무자가 집행문 부여의 위법을 이유로 집행문 부여의 취소 등 시정을 구하기 위하여 제기하는 이의를 말하는 것이므로, 판결에 표시된 채무자의 승계인에 대한 집행을 위하여 집행문이 부여된 경우에는 승계인만이 이의를 할 수 있는 것이고, 판결에 표시된 원래의 채무자는 이에 대한 이의를 할 수 없다.

집행문부여기관을 피고로 삼아서는 안 된다. 당사자 사이의 집행력의 존부를 확인하는 절차이기 때문이다.

⑸ **심리·재판·불복** 통상의 소송절차에 따라 심리한다. 필요적 변론에 의하고 원고의 실질적 요건에 관한 입증방법에 제한이 없다. 피고는 집행문 부여의 소에서 집행문 부여를 위법하게 하는 모든 사유를 주장할 수 있다. 실질적 요건의 흠결은 물론 형식적 요건의 흠결도 아울러 주장할 수 있다. 이 소송의 본래적 취지는 집행문 부여의 실질적 요건에 대한 다툼을 위한 것이지만 채권자가 집행문 부여에 관한 기판력 있는 판결을 얻는 방편으로 더 넓게 운용되고 있는 점에서 피고 역시 실질적 요건의 흠결은 물론 집행문 부여를 위법하게 하는 모든 사유를 주장할 수 있는 것이다. 따라서 이 소송에 따른 판결의 기판력은 변론종결시까지의 제출할 수 있었던 집행문 부여요건에 관한 모든 주장에 미친다.

⑹ **청구이의의 소와의 관계** 본소에서 채무자가 청구이의의 소로서 주장할 수 있는 사유까지 주장할 수 있다는 주장이 제기된다(적극설). 분쟁을 일거에 해결할 수 있다는 소송경제의 관점에서는 수긍할만한 견해이다. 그러나 집행문 부여의 소와 별도로 청구이의의 소를 규정한 취지에 반하고, 무엇보다도 집행문 부여의 소에 관한 판결의 기판력의 객관적 범위를 한정할 수 없는 문제점을 야기한다는 점에서 받아들이기 어려운 주장이다(소극설).

⑺ **집행문의 부여** 집행문 부여의 소에 관한 인용판결이 집행문을 대신하는 것은 아니다. 그러므로 인용판결이 확정되면 채권자는 그 판결정본을 첨부하여 집행문을 부여해 줄 것을 집행문 부여기관에 별도로 신청하여야 한다.

Ⅴ. 집행문부여절차상 구제방법

사 례 10 **집행문부여에 대한 구제수단**

갑은 사채업자 을로부터 거액의 사업자금을 빌려 쓰고 집행공증을 해주었다. 그런데 갑은 사업에 실패하여 모든 재산을 잃고 사망하였다. 그 후 을은 위 집행증서를 바탕으로 갑의 상속인 병을 승계인으로 하는 승계집행문을 부여받아 병에 재산에 대한 강제집행절차에 착수하였다. 이에 병은 갑의 사망 직후 상속을 포기하였다는 사정을 말하였음에도 을은 막무가내였다. 이때 병은 어떠한 구제수단을 강구할 수 있는가?

1. 서 론

지금까지는 집행문이 어떻게 부여되는가를 살펴보았다. 여기서는 집행문 부여요건이 갖추어지지 않았음에도 집행문이 부여된 경우에 채무자는 이에 대하여 어떻게 대처하여야 하는가를 본다. 마찬가지로 집행문 부여요건이 갖추어졌음에도 집행문 부여거절이 있는 경우 채권자는 어떻게 대처하여야 하는가에 대해서 살펴본다. 집행문 부여거절에 대한 채권자의 구제방법으로는 집행문 부여거절에 대한 이의와 집행문 부여의 소가 있다. 집행문 부여에 대한 채무자의 구제방법으로는 집행문 부여에 대한 이의와 집행문 부여에 대한 이의의 소가 있다. 절차의 성질을 기준으로 보면 집행문 부여 및 부여거부에 대한 이의는 결정절차이고, 부여의 소와 부여에 대한 이의의 소는 판결절차로 되어있음을 알 수 있다. 집행문 부여의 소에 관하여는 이미 설명하였다. 이러한 구제방법의 체계에 대하여 민사집행법은 상당한 혼란스러움을 주고 있다. 특히 결정절차에 의하는 경우와 판결절차에 의하는 경우의 경계가 대단히 불분명하다. 이러한 점은 판결절차에 따른 재판의 기판력의 객관적 범위를 정하는 데 난점을 던져주고 있다. 다른 말로 표현하면 심리절차상 당사자가 제출할 수 있는 공격·방어방법의 종류와 범위에 대하여 체계적인 해석을 대단히 어렵게 하고 있는 것이다. 이러한 체계상·해석상의 난점에 대해서는 다른 지면을 통해서 상세히 지적하기로 하고 본서에서는 일반적인 설명방식에 따르기로 함을 밝혀둔다.

2. 집행문 부여거절에 대한 이의

가. 의 의

집행문 부여기관이 집행문 부여를 거부한 때에는 집행문 부여기관의 소속법원 또는 관할 법원에 거부처분에 대한 이의를 신청할 수 있다(제34조 1항, 제59조 2항). 종전에는 집행문 부여와 관련한 이의신청에 관하여 별도의 규정이 없었고 일반 규정인 구민사소송법 제209조에 그 근거를 두고 있었다.

나. 신 청

채권자는 서면 또는 구두로 신청한다(민사소송법 제161조). 실무상 말로 신청하는 경우는 드물다. 이의신청절차는 편면적 절차로 채무자는 이의신청절차의 당사자가 아니다. 그러므로 채무자를 피신청인으로 삼아서는 안 된다.

다. 관 할

법원사무관 등의 거부처분에 대해서는 그 소속법원에, 공증인 등의 거부처분에 대해서는 공증인의 사무소가 있는 곳을 관할하는 지방법원에 신청을 하여야 한다(제34조 1항, 제59조 2항). 집행문부여에 대한 이의절차와 달리 관할 법원이 집행기록의 소재에 따라 관할이 달라질 수 있는 점에 유의해야 한다.

≪판례≫ 집행문부여거절에 이의신청의 관할[대법원 2000. 3. 13.자 99마7096 결정]

민사소송법 제478조 제 2 항에 의하면 집행문은 제 1 심법원의 법원사무관 등이 부여하되 소송기록이 상급심에 있는 때에는 그 법원의 법원사무관 등이 부여하는 것이므로, 제 1 심법원의 법원사무관 등은 그 법원에서의 소송절차가 종료되고 상소에 의하여 소송기록을 상급심법원에 송부한 후에는 집행문 부여의 권한을 잃게 되고, 따라서 제 1 심법원의 법원사무관 등이 한 집행문 부여 거절처분에 대한 이의신청은 이와 같이 그 거절처분을 한 법원의 법원사무관 등이 집행문 부여의 권한을 잃은 뒤에는 특별한 사정이 없는 한 신청의 이익이 없어 부적법하다.

라. 이의사유

흔히 집행문 부여거부에 대한 이의의 사유에 대해서는 별도의 설명을 하지 아니하거나 집행문 부여요건에 관한 모든 사유를 이의의 사유로 삼을 수 있다고 설명하고 있는 것이 보통이다. 제34조 1항에서도 이의사유를 한정하여 규정하고 있지는 않다.

마. 심리·재판

이의신청절차이므로 임의적 변론에 의하고 결정으로 재판한다. 인용결정이 있는 것만으로 집행문이 부여된 것으로 되는 것은 아니다. 인용결정을 바탕으로 별도로 채권자가 집행문부여신청을 하여야 한다. 인용결정이 있는 경우라도 필요한 경우에는 사법보좌관의 명령절차를 경유하여야 한다.

바. 불 복

이의신청절차는 편면적 절차로 채무자는 그 당사자가 아니다. 그러므로 채무자는 인용결정이 있더라도 당해 인용결정을 직접 다툴 수는 없고 인용결정에 따라 집행문 부여가 있는 때에 비로소 집행문 부여에 대하여 다투어야 한다.

≪판례≫ 집행문부여명령에 대한 채무자의 구제수단[대법원 1979. 8. 25.자 78마249 결정]

법원주사의 집행문부여거절처분에 대한 채권자의 이의신청을 인용하여 그 집행문의 부여를 명하는 결정은 채권자에 대한 일방적인 것이고 그 채무자를 상대방으로 하는 것이 아니기 때문에, 채무자는 직접 이에 대한 불복신청을 할 수 없고, 다만 위 결정에 의한 집행문 부여에 대하여 이의할 수 있을 뿐이다(같은 취지 대법원 1977. 11. 23.자 77마348 결정).

기각결정에 대하여는 채권자는 민사소송법 제449조에 따라 특별항고 이외의 방법으로는 불복할 수 없다. 그러나 특별항고는 단순한 법령위반만으로는 항고의 사유로 삼을 수 없으므로 불복방법으로서 별 의미가 없다고 할 것이다.

≪판례≫ **집행문부여명령신청 기각에 대한 불복**[대법원 1995. 5. 13.자 94마2132 결정]

[1] 민사소송법은 좁은 의미의 소송절차에 관한 결정에 대한 불복방법과 강제집행절차에 관한 불복방법을 달리 규정하고 있어서 집행문부여에 대한 이의에 관한 재판이 어느 절차에 속한 재판인지에 따라 그 불복방법을 가려야할 것인바, 집행문부여에 대한 이의에 관한 재판의 실질을 보면 이미 채무명의가 부여되어 채권자는 곧바로 집행을 신청할 수 있는 단계에 와 있고, 그 재판의 내용도 실체상의 권리 또는 법률관계의 존부를 확정하는 것이라기보다도 이미 판결절차에서 확정된 법률관계를 강제적으로 실현시키는 것을 허용할 것인지 여부를 판단하는 단계에서의 재판이고, 관계 규정인 같은 법 제484조가 강제집행편에 규정되어 있는 점 등으로 보아, 이는 넓은 의미의 강제집행절차로 보는 것이 타당하므로, 결국 일반 소송절차에 대한 규정인 같은 법 제409조에 따른 항고나 재항고의 규정에 따를 수는 없고, 강제집행절차상의 불복방법에 따라 할 수밖에 없다.

[2] 강제집행절차에서는 민사소송법 제517조 제 1 항은 강제집행절차에 관한 재판에 대하여는 특별한 규정이 있는 경우에 한하여 즉시항고를 할 수 있다라고 규정하고 있고, 또 규정이 없는 경우에는 해석상 그와 동일시되어야 할 경우에 한하여 제517조의 즉시항고를 할 수 있는바, 집행문부여에 대한 이의의 재판에 관하여는 그와 같은 특별규정이 없을 뿐더러 해석상 그와 동일시할 것도 못 되어 결국 즉시항고는 할 수 없는 것으로 해석이 되고, 같은 법 제504조 제 1 항 소정의 집행이의절차는 집행법원의 재판에 대한 이의절차인 데 반하여 집행문부여에 대한 이의의 재판은 같은 법 제484조 제 1 항에서 집행문을 부여한 법원사무관 등의 소속 법원이 재판한다고 규정하고 있고, 그 소속 법원은 판결법원 또는 그 상급법원이므로 결국 집행문부여 결정은 집행이의 대상으로 규정한 집행법원의 재판이 아닐 뿐더러, 본안법원의 재판을 집행법원이 그 재판의 대상으로 삼는다는 것도 성질상 허용하기 어렵다고 보여지므로 집행이의절차도 알맞은 불복방법이라고 할 수 없는바, 그렇게 되면 결국 불복절차가 없기 때문에 같은 법 제420조에 의한 특별항고만이 가능하다.

≪판례≫ **불복수단의 선택과 선해적법**[대법원 1997. 6. 20.자 97마250 결정]

집행문 부여에 대한 이의에 관한 재판에 대하여는 민사소송법 제504조의 집행에 관한 이의도 할 수 없고 같은 법 제517조의 즉시항고도 할 수 없어 결국 불복절차가 없기 때문에 같은 법 제420조 소정의 특별항고만 허용될 뿐이라고 해석되며, 이러한 결정에 대한 불복은 당사자가 특별항고라는 표시와 항고법원을 대법원이라고 표시하지 아니하였다 하더라도 그 항고장을 접수한 법원으로서는 이를 특별항고로 취급하여 소송기록을 대법원에 송부함이 마땅하다.

사. 잠정처분

집행절차의 개시는 물론 집행문조차 부여되지 아니한 상황이므로 잠정처분은 별도로 문제되지 아니한다.

3. 집행문 부여에 대한 이의

가. 의 의

집행문 부여 요건의 흠결이 있음을 사유로 하여 집행문의 취소를 구하는 채무자의 이의신청절차를 말한다(제34조). 집행문이 재판장의 명령 또는 집행문 부여의 소를 경유하여 부여된 경우라도 이의를 할 수 있다. 다만 이의사유의 주장에 있어서 기판력에 따른 제한을 받을 수 있다.

나. 관 할

법원사무관이 집행문을 부여한 경우에는 그 소속법원에, 공증인 등이 집행문을 부여한 경우에는 그 사무소 소재지를 관할하는 지방법원 단독판사의 전속관할이다. 집행기록이 어디에 있는가는 묻지 아니한다.

다. 신청권자

집행문상에 채무자로 표시된 자만이 신청권자이다. 집행권원에 채무자로 표시된 자라도 집행문상에 채무자로 표시된 자가 아니면 이의신청을 할 수 없다.

≪판례≫ **승계집행문부여에 대한 이의적격자**[대법원 2002. 8. 21.자 2002카기124 결정]

민사집행법 제34조 제1항이 규정하는 집행문 부여 등에 관한 이의 가운데 집행문 부여에 대한 이의는 어떤 사람을 집행채무자로 한 집행문이 부여된 경우에 그 집행문에 표시된 채무자가 집행문 부여의 위법을 이유로 집행문 부여의 취소 등 시정을 구하기 위하여 제기하는 이의를 말하는 것이므로, 판결에 표시된 채무자의 승계인에 대한 집행을 위하여 집행문이 부여된 경우에는 승계인만이 이의를 할 수 있는 것이고, 판결에 표시된 원래의 채무자는 이에 대한 이의를 할 수 없다.

라. 신청의 시기

신청의 시기는 제한이 없다. 집행절차의 개시 전후를 묻지 아니한다. 그러나 집행이 전체적으로 끝난 다음에는 집행문 부여에 대한 이의를 할 수 없다.

≪판례≫ 집행종료 후의 집행문부여에 대한 불복[대법원 1992. 3. 6.자 92마46 결정]

집행문이 재도부여 된 채무명의에 기하여 강제집행이 종료된 경우 채무자로서는 위 집행문 재도부여에 대하여 이의신청을 할 이익이 없다.

마. 신청의 방식

서면 또는 말로 신청할 수 있다.

바. 이의사유

집행문 부여를 위법하게 하는 모든 사정을 이의사유로 삼을 수 있다. 집행문부여절차상의 형식적 하자는 물론 실질적 하자도 이의사유로 삼을 수 있다고 보는 것이 일반적이다(적극설). 한편 집행문부여절차상의 위법과는 무관한 집행절차상 절차적 하자나 실체적 하자는 이의사유로 삼을 수 없다.

≪판례≫ 전체집행의 종료와 집행문의 재도부여[대법원 1999. 4. 28.자 99그21 결정]

채권자가 가집행선고부 판결에 기한 집행문을 부여받아 채무자가 장래에 받게 될 봉급 등의 채권에 대하여 압류 및 전부명령을 받았다면 위 전부명령이 무효가 되지 않는 한 가집행선고부 판결에 기한 강제집행은 이미 종료되었다고 할 것이므로, 채무자의 봉급 등의 장래 채권이 발생하지 않는다거나 채권자가 변제받아야 할 채권액의 일부만에 한정하여 압류 및 전부명령을 받았다는 등의 사정이 주장·입증되지 않는 한, 같은 내용의 집행력 있는 판결정본을 채권자에게 재도부여한 것은 위법하다.

사. 심리와 재판

임의적 변론을 거쳐 결정으로 재판한다. 이의신청이 정당한지 여부는 집행문부여시가 아니고 이의신청에 대한 재판시를 기준으로 판단한다. 변론을 거친 경우에는 변론종결시를 기준으로 할 것이다. 이의신청이 정당한 경우에는 부여된 집행문을 취소하고, 집행권원에 기초한 집행정본에 의한 강제집행의 불허를 선언한다. 이의신청이 이유 없으면 단순히 신청을 기각하면 된다.

아. 불 복

이의신청에 대한 재판에 대해서는 불복할 수 없고 특별항고만이 가능하다. 집행문부여에 대한 이의신청을 기각한 결정에 대하여 채권자는 특별항고 이외의 방법으로는 다툴 수 없는 것과 같은 이유이다.

자. 잠정처분

이의신청만으로는 집행절차의 진행이 정지되지 않는다. 나아가 이의신청에 대한 인용결정이 있는 것만으로도 집행절차의 진행이 정지되지 않는다. 인용결정이 있는 경우에는 채무자가 당해 결정정본(제49조 2호)을 집행기관에 제출하는 때에 비로소 집행절차가 정지된다. 한편 이의신청과 재판시까지는 상당한 시간적 간격이 있게 마련이어서 그 사이에 잠정적인 집행정지가 필요하다. 이에 대해 채권자의 입장에서도 채무자의 신청에 의한 잠정적인 집행정지에 대하여 집행의 속행신청을 인정할 필요가 있다. 이에 이의신청의 관할법원은 채무자에게 일정한 담보제공을 조건으로 또는 담보제공 없이 집행의 일시정지를 명할 수 있고, 일시 정지한 집행절차에 관련해서 채권자에게 담보제공을 조건으로 집행을 속행을 명할 수 있는데 이를 잠정처분이라고 한다(제34조 2항, 제16조 2항). 잠정처분을 명하는 재판에 대해서는 불복할 수 없다.

≪판례≫ 잠정처분에 대한 불복[대법원 1959. 9. 7. 57마172]

구 민사소송법 제522조 제 2 항의 강제집행정지처분은 집행문부여에 대한 이의 또는 집행방법에 대한 이의에 부수하는 일시응급적인 재판으로서 그 자체가 독립하여 불복신청의 대상이 될 수 없으므로 그 강제집행정지명령 또는 거하의 재판에 대하여는 즉시항고 등의 불복신청을 할 수 없다.

4. 집행문부여에 대한 이의의 소

제45조 (집행문부여에 대한 이의의 소)

제30조 제 2 항과 제31조의 경우에 채무자가 집행문부여에 관하여 증명된 사실에 의한 판결의 집행력을 다투거나, 인정된 승계에 의한 판결의 집행력을 다투는 때에는 제44조의 규정을 준용한다. 다만, 이 경우에도 제34조의 규정에 따라 집행문부여에 대하여 이의를 신청할 수 있는 채무자의 권한은 영향을 받지 아니한다.

가. 의 의

채무자가 집행문 부여시에 증명된 조건의 성취 또는 승계를 다투어 집행문의 취소를 구하는 판결절차를 말한다(제45조). 집행절차가 종료된 이후에는 집행문 취소의 실익이 없으므로 소의 이익이 부정된다.

나. 소의 성질

집행문부여에 대한 이의의 소의 성질에 관하여 형성소송설, 확인소송설, 확인형성소송설 등의 견해의 대립이 있다. 본소는 이미 부여된 집행문을 취소시킨다는 것에 본지가 있는 것이므로 형성소송설을 지지한다. 한편 본소에 따른 판결에는 기판력이 미치므로 본소 판결 이후에는 본소의 변론종결시 이전의 사유로는 집행문 부여에 대한 이의의 사유로 삼는 것은 허용되지 아니한다.

다. 당 사 자

집행문에 표시된 채권자가 원고가 되어 집행문에 표시된 채무자를 피고로 하여 서면으로 소를 제기하여야 한다. 집행문 부여 전이라도 채권자가 조건성취를 주장하는 경우 등에는 본소를 제기할 수 있다는 입장도 있다.

라. 이의사유

집행권원에 나타난 조건의 불성취 또는 승계의 부존재만이 이의사유로 삼을 수 있다. 이와 같은 사유에 대하여는 집행문 부여에 대한 이의로도 다툴 수 있다. 형식적 요건의 흠결만을 이유로 이의사유로 삼는 것은 허용되지 아니하나, 조건 불성취나 승계의 부존재를 다투는 한 형식적 요건의 흠결에 관해서도 아울러 이의사유로 삼을 수 있다고 파악하는 것이 보통이다(적극설). 이러한 해석은 기판력의 객관적 범위를 한정하는데 어려움을 던져주는 점은 앞서 설명하였다.

≪판례≫ **승계집행문부여 후의 상속포기**[대법원 2003. 2. 14. 선고 2002다64810 판결]

집행채권자가 집행채무자의 상속인들에 대하여 승계집행문을 부여받았으나 상속인들이 적법한 기간 내에 상속을 포기함으로써 그 승계적격이 없는 경우에 상속인들은 그 집행정본의 효력 배제를 구하는 방법으로서 구 민사소송법(2002. 1. 26. 법률 제6626호로 전문개정되기 전의 것) 제484조의 집행문 부여에 대한 이의신청을 할 수 있는 외에 같은 법 제506조의 집행문 부여에 대한 이의의 소를 제기할 수도 있다.

이의사유에 대한 판단의 기준시점은 사실심 변론종결시를 기준으로 할 것이다. 무변론 판결을 하는 경우에는 판결 선고시를 기준시점으로 한다.

마. 청구이의의 소와의 관계

한편 사법상 이행청구권에 관한 실체적 하자에 관해서는 뒤에 볼 청구이의의 소로 다투어야 할 것인데 집행문 부여에 대한 이의의 소에서도 그러한 실체적 하자를 주장할 수 있는지에 관하여 견해의 대립이 있다. 청구이의 소와 집행문 부여에 대한 이의의 소의 관계를 어떻게 볼 것인지의 문제이다. 이에 관해서는 실질적 하자를 다투는 절차인 집행문부여에 대한 이의의 소와 실체적 하자를 다투는 청구이의의 소는 별개의 독립된 절차로 이해할 것이다(소권경합설). 그러므로 어느 한 절차에서 다른 절차의 이의사유를 주장하지 못한다. 실질적 하자와 실체적 하자를 한 번에 다투고자 한다면 양 소를 병합하여 제기해야 한다. 이에 대해 집행문부여에 대한 이의의 소를 청구이의의 소의 아종에 불과하다는 입장

(법조경합설), 양자는 별개의 제도이기는 하나 어느 하나의 절차에서 다른 절차의 이의사유를 주장할 수는 있되 기판력에 있어서는 다른 절차의 이의사유에 대해서는 미치지 않는다는 입장(절충설)이 있다.

바. 관할·심리·재판·불복·잠정처분

이에 대하여는 다음에 살펴볼 청구이의의 소에 설명한 것에 준한다(제45조, 제44조 1항).

사례 10 〈해설〉 집행문부여에 대한 구제수단

1. 집행문부여에 대한 이의와 이의의 소

갑과 병 사이에 승계가 없음에도 병을 채무자로 하는 승계집행문이 부여되었다면, 이러한 승계집행문에는 집행부여의 실질적 요건을 갖추지 못한 것이다. 이러한 집행문부여의 실질적 하자에 대하여, 채무자 병은 집행문부여에 대한 이의의 소로 다툴 수 있다. 여기에서 나아가 집행문부여에 대한 이의신청절차로서도 다툴 수 있다고 보는 것이 판례와 학설의 대체적인 태도로 보인다(사견은 이에 대하여 반대함).

2. 청구이의의 소와 제 3 자이의의 소

위와 같은 사안에서 병은 청구이의나 제 3 자 이의로는 다투지 못한다. 비록 잘못된 것이기는 하지만 병은 집행문에 형식적으로 채무자로 기재되었다는 점에서 집행절차상 제 3 자가 아닌 당사자라 할 것이므로 제 3 자이의의 소로 다투는 것은 허용되지 아니한다. 또한 집행권원인 집행증서가 담고 있는 사법이행청구권의 자체의 존속에는 아무런 문제가 없다는 점에서 청구이의의 소로 다투는 것도 허용될 여지가 없다.

3. 경매개시결정에 대한 이의, 집행에 관한 이의, 즉시항고

위 사안에서 집행절차 자체에는 아무런 위법이 없다. 다만 집행절차에 앞선 집행문부여절차에 하자가 있을 뿐이다. 그러므로 집행절차 자체의 위법을 지적하는 경매개시결정에 대한 이의·집행에 관한 이의·즉시항고와 같은 구제수단은 위 사안에서 처음부터 문제될 여지가 없다.

제 7 장 구제제도

개 관

집행절차는 판결절차에 비하여 훨씬 더 다양한 절차의 연쇄구조로 이루어져 있다. 또한 판결절차에 비하여 절차상 이해관계인의 범위가 대단히 넓은 것이 특징이다. 따라서 집행절차와 관련한 이해충돌의 범위가 대단히 넓고 그 모습 또한 다양하다. 본장에서는 이러한 다양한 이해충돌의 양상을 유형화 시켜보고 각각의 유형에 따른 이해관계인의 권리구제방안을 고찰해보기로 한다. 이해충돌의 양상을 유형화하는데 있어서는 실체관계 · 판결절차 · 집행문부여절차 · 집행절차라는 4가지 절차를 비교하고 대립시켜보는 시각에서 살펴보기로 함을 미리 밝혀둔다.

학습목표

1. 집행절차와 관련하여 나타날 수 있는 다양한 하자의 모습을 통일적인 시각에서 유형화시켜 본다.
2. 형식적 하자 · 실질적 하자 · 절차적 하자 · 실체적 하자를 구별한다.
3. 위법집행과 부당집행을 구별한다.
4. 개별적인 하자의 유형에 따른 이해관계인의 구제방법을 대응시켜본다.
5. 구제절차의 일반적 형태가 집행절차의 유형에 따라 어떻게 변용되는지를 이해한다.

제 1 절 구제제도 개관

I. 서 론

실체법에 바탕하여 형성된 권리관계는 궁극적으로 절차법을 통해서 실현된다. 절차법에 따라 규율되는 영역은 집행권원이 만들어지는 절차(대표적으로 판결절차), 집행문부여절차, 집행절차의 3가지 영역으로 크게 나눌 수 있다. 실체법 규율 영역과 절차법 규율 영역을 다시 정리해 보면 실체관계, 판결절차, 집행문부여절차, 집행절차의 네 가지 영역으로 정리된다. 네 가지 영역은 논리적 연속선상에 있으므로 그 구체적인 내용들이 상호 호응하는 것이 정상적인 모습이다. 그러나 네 가지 영역은 상호 모순과 충돌을 발생하는 경우도 있다. 이러한 상호 모순되고 충돌하는 법적 하자의 모습들은 다양한 복잡한 양상으로 나타난다. 이러한 법적 하자를 시정하는 절차를 민사집행법상의 구제절차라고 하겠다. 그러므로 민사집행법상의 구제절차를 이해하기 위해서는 먼저 법적 하자의 성질과 유형들을 먼저 정리할 필요가 있다. 본서에서는 다양한 하자의 유형에 대하여 형식적 하자, 실질적 하자. 절차적 하자, 실체적 하자의 네 가지 유형으로 분류해보기로 한다. 이와 같은 분류는 본서에서 새롭게 시도해보는 것으로 보편화된 것은 아님을 밝혀둔다.

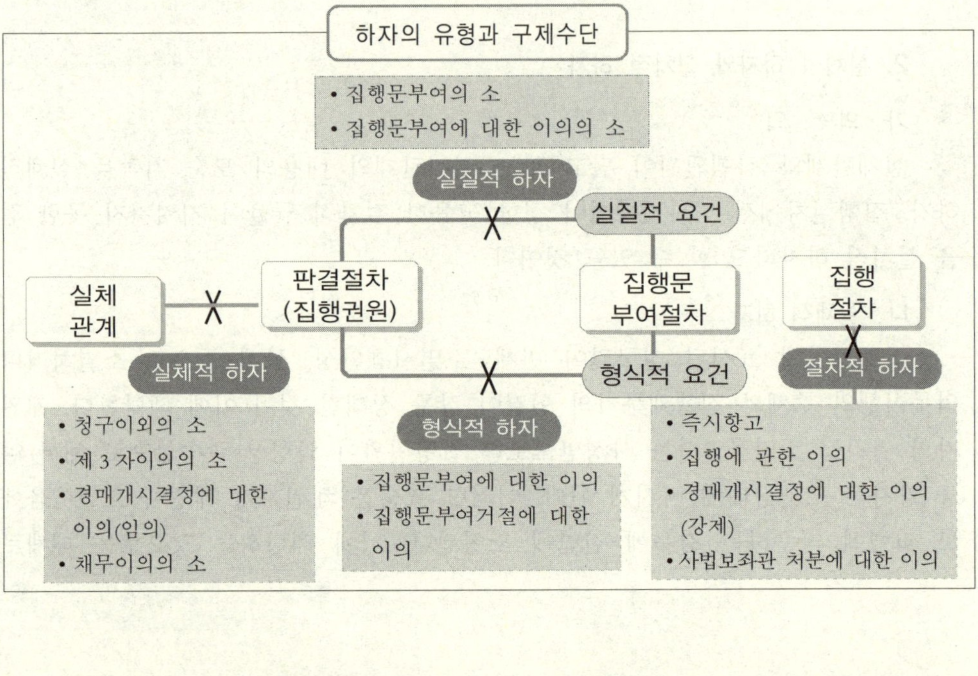

Ⅱ. 하자의 유형

1. 실질적 하자와 형식적 하자

가. 의 의

집행권원과 집행문부여절차의 모순 저촉되는 것을 실질적 하자와 형식적 하자로 분류할 수 있을 것이다. 다시 말해 권원이 담고 있는 권리관계의 내용과 집행문부여절차의 저촉되는 점을 실질적 하자, 집행권원의 내용이 아닌 집행권원 외형과 집행문부여절차의 저촉되는 점을 형식적 하자라고 할 수 있을 것이다. 앞서 설명한 집행문 부여의 형식적 요건과 실질적 요건에 상응하는 것이다.

나. 형식적 하자

판결의 확정여부, 가집행선고의 실효, 소 취하, 재심에 의한 판결의 취소, 공정증서의 경우 공정증서의 방식의 흠결로 인한 하자를 형식적 하자로 분류할 수 있을 것이다.

다. 실질적 하자

조건 성취에 관한 것과 집행당사자 적격의 변동에 관한 하자를 실질적 하자로 분류할 수 있다. 여기서의 조건은 넓은 의미의 것으로 정지조건의 불성취, 불확정기한의 미도래, 선이행의무의 불이행을 포괄하는 것임은 모두 설명한 바와 같다.

2. 실체적 하자와 절차적 하자

가. 의 의

실체관계와 집행권원이 담고 있는 권리관계의 내용의 모순 저촉을 실체적 하자, 집행절차에서 민사집행법이 정한 고유한 절차적 규율이 지켜지지 못한 점을 절차적 하자라고 할 수 있을 것이다.

나. 실체적 하자

집행권원에 표시된 청구권이 변제, 소멸시효완성, 상계 등으로 소멸하거나 의무이행의 주체와 집행채무자의 연결이 잘못 정해진 것이 이에 해당한다. 채권자의 권리는 소멸하였다는 사정만으로는 집행권원이 외형상 존속함으로 해서 일응 양자는 모순상태에 빠지게 된다. 이러한 모순은 채권자가 채권이 소멸했음에도 집행에 착수하는 경우에 전면에 노정된다. 이에 해당하는 것으로는 대체로 이행청구소송에서 본안에 관한 항변사항이 이에 해당한다고 보면 된다. 그러나 집행권원이 판결인 경우에는 기판력에 의해 변론종결시 이전의 사정은 주장하지 못한다. 집행증서는 기판력이 없으므로 하자 주장의 범위가 훨씬 넓다.

다. 절차적 하자

집행절차는 채무자의 의사에 반하여 강제적으로 채무자의 재산을 처분하는 절차이므로 법정의 절차에 엄격하게 기속된다. 민사집행법이 정한 절차적 규율에 위배되는 절차의 진행은 집행을 위법하게 만든다. 이러한 하자를 절차적 하자라고 한다.

3. 위법집행과 부당집행

구제절차와 관련하여 위법집행과 부당집행을 구별하여야 한다. 위법집행이란 집행절차상 준수되어야 하는 집행절차상의 강행규정에 위배되는 집행을 말하며, 부당집행이란 당해 집행절차에 있어서 집행절차상의 강행규정에 위배되는 점은 없으나 실체관계 내지 집행권원의 내용과 저촉되는 집행을 말한다. 이를 하자의 유형과 관련지어 보면 위법집행은 집행절차에 형식적·실질적·절차적 하자있는 집행을 말하며, 부당집행은 집행절차에 실체적 하자가 있는 집행을 의미한다.

Ⅲ. 구제수단의 체계

집행절차와 관련된 하자의 유형에 대응하여 각각의 구제수단을 정리해 보면 다음과 같다.

1. 절차법상 구제수단

가. 형식적·실질적 하자 대한 구제수단

위와 같은 하자에 대하여는 집행문부여에 대한 이의, 집행문 부여거절에 대한 이의, 집행문부여에 대한 이의의 소, 집행문부여의 소를 들 수 있다. 이에 대하여는 앞서 설명하였으므로 별도로 논하지 아니한다.

나. 절차적 하자에 대한 구제수단

절차적 하자에 대하여는 즉시항고와 집행에 관한 이의를 두면서, 집행에 관한 이의의 특수한 형태로 사법보좌관의 처분에 대한 이의와 경매개시결정에 대한 이의, 매각결정기일에서의 이의 등을 두고 있다.

다. 실체적 하자에 대한 구제수단

실체적 하자있는 부당집행에 대하여는 청구이의의 소와 제 3 자 이의의 소를 두고 있다.

2. 실체법상 구제수단

위와 같은 절차상의 구제방법 이외에도 민법이나 국가배상법 등에 의한 실체법상의 권리구제방안도 함께 정리해보기로 한다. 다음에 설명할 집행에 관한 담보 · 보증 · 공탁은 이러한 실체법상의 권리구제방안을 실효성 있게 하는 수단이라고 할 수 있다.

제 2 절 절차적 하자를 다투는 절차

I. 의 의

집행절차의 절차적 규율은 집행기관의 행위로 통해 나타난다. 결국 집행의 절차적 하자를 다툰다는 것은 집행기관의 행위의 위법을 시정할 것을 구하는 것이라고 할 수 있다. 먼저 집행기관의 행위의 유형을 살펴보고 그에 따른 구제수단을 살펴보면 다음과 같다.

1. 집행행위의 유형

가. 집행법원의 행위

집행법원의 집행에 관한 행위는 재판과 사실행위로 구성된다. 재판에는 집행처분의 성질을 가지는 것과 그렇지 아니한 것이 있다. 집행처분이라고 함은 법률효과의 변동을 가져오는 집행행위를 말한다. 집행처분의 성질을 갖는 재판에는 경매개시결정, 매각허부결정, 집행취소결정 등이 있고 집행처분의 성질을 갖지 아니하는 재판에는 공휴일 · 야간 집행의 허가 등을 들 수 있다. 집행법원이 행하는 사실행위로는 매각물건명세의 작성, 공과 주관 공공기관에 대한 최고, 강제관리인의 감독 등을 들 수 있다.

나. 집행관의 행위

집행관의 행위는 집행처분과 사실행위로 구성된다. 한편 집행관이 집행법원의 보조기관으로서 일정한 행위를 하는 경우 당해 절차의 집행기관은 집행법원이지 집행관이 아니다. 예를 들어 부동산 강제경매절차에서 현황조사나 매각의 실시는 집행관이 집행법원의 보조기관으로 행하는 것이므로 이러한 절차에서의 집행기관은 집행법원이고 집행관이 집행기관이 되는 것은 아니다.

2. 구제수단의 체계

민사집행법은 절차상의 하자를 시정하는 수단으로 원칙적으로 즉시항고와 집행에 관한 이의를 규정하고 있다. 즉시항고는 집행법원의 재판에 대한 불복으로 명문규정이 있거나 해석론상과 명문규정이 있는 것과 동일시 할 수 있는 경우에 한하여 허용되는 구제수단이다.

≪판례≫ 즉시항고장각하명령에 대한 즉시항고[대법원 1995. 1. 20.자 94마1961 결정]

민사소송법은 강제집행절차에 있어서 집행법원의 재판에 대한 불복방법으로서 즉시항고(제517조)와 집행에 관한 이의(제504조)를 마련하고 있는데, 그중 즉시항고는 원칙적으로 특별한 규정이 있는 경우에 한하여 허용되는 것이나(제517조 제1항), 특별한 규정이 없는 경우에도 해석상 그와 동일하게 취급되어야 한다고 인정되는 때에는 허용된다고 할 것인바, 강제집행절차에 있어서도 같은 법 제413조의 규정이 적용되므로 같은 규정에 의하여 소송절차상의 항소심에 관한 같은 법 제 368조의2 규정이 준용된다 할 것이고, 따라서 경매부동산의 소유자 등 이해관계인이 경락허부결정에 대하여 불복하여 즉시항고를 한 경우에 있어서 원심법원인 경매법원의 재판장은 그 항고장이 같은 법 제413조, 제367조 제2항의 규정에 위배된 경우 및 그 항고장에 법률의 규정에 의한 인지를 붙이지 아니한 경우에 상당한 기간을 정하여 보정을 명하였음에도 항고인이 흠결을 보정하지 아니한 때와 항고기간이 경과하였음이 명백한 때에는 명령으로 위 항고장을 각하하여야 하고(제368조의2 제1항, 제2항), 그 각하명령에 대하여는 즉시항고의 방법으로 불복할 수 있다고 할 것이고(제368조의2 제3항), 강제집행절차상의 원심재판장의 항고장각하명령과 같은 법 제642조 제5항 소정의 원심법원의 항고장각하결정은, 남항고의 방지와 절차의 촉진이라는 제도의 취지 및 각하됨으로 인한 이해관계인(특히 항고인)의 이해 등을 같이 하여 그 성질에 있어서 서로 다를 바가 없으므로, 항고인이 위 각하명령에 대하여 같은 법 제413조, 제368조의2 제3항에 의하여 즉시항고의 방법으로 불복할 수 있는 것과 마찬가지로 위 각하결정에 대하여도 같은 규정에 의하여 즉시항고의 방법으로 불복할 수 있다고 보아야 한다.

즉시항고가 허용되지 아니하는 집행법원의 재판과 기타의 집행행위에 대하여는 집행에 관한 이의로 다툴 것으로 규정하고 있다. 집행법원의 사실행위에 대하여는 다투지 못한다. 한편 사법보좌관제도의 도입과 더불어 법원조직법(제54조 3항)과 사법보좌관규칙(제 3 조, 제 4 조, 제 5 조)에서 사법보좌관제도의 처분에 대한 이의신청제도가 신설되었다. 경매개시결정에 대한 이의제도에 관하여는 제 2 편으로 설명을 미룬다. 절차적 하자를 다투는 수단은 위와 같이 다양한데 당사자가 집행절차의 위법을 지적하면서 다툼의 방법을 잘못 선택한 경우라도 이를 선해하여 적법한 것으로 인정하므로 구제수단의 종류의 선택이 큰 의미를 갖지는 않는다. 무효행위의 전환을 인정한 것이다.

Ⅱ. 즉시항고

제15조 (즉시항고)

① 집행절차에 관한 집행법원의 재판에 대하여는 특별한 규정이 있어야만 즉시항고(卽時抗告)를 할 수 있다.

② 항고인(抗告人)은 재판을 고지받은 날부터 1주의 불변기간 이내에 항고장(抗告狀)을 원심법원에 제출하여야 한다.

③ 항고장에 항고이유를 적지 아니한 때에는 항고인은 항고장을 제출한 날부터 10일 이내에 항고이유서를 원심법원에 제출하여야 한다.

④ 항고이유는 대법원규칙이 정하는 바에 따라 적어야 한다.

⑤ 항고인이 제 3 항의 규정에 따른 항고이유서를 제출하지 아니하거나 항고이유가 제 4 항의 규정에 위반한 때 또는 항고가 부적법하고 이를 보정(補正)할 수 없음이 분명한 때에는 원심법원은 결정으로 그 즉시항고를 각하하여야 한다.

⑥ 제 1 항의 즉시항고는 집행정지의 효력을 가지지 아니한다. 다만, 항고법원(재판기록이 원심법원에 남아 있는 때에는 원심법원)은 즉시항고에 대한 결정이 있을 때까지 담보를 제공하게 하거나 담보를 제공하게 하지 아니하고 원심재판의 집행을 정지하거나 집행절차의 전부 또는 일부를 정지하도록 명할 수 있고, 담보를 제공하게 하고 그 집행을 계속하도록 명할 수 있다.

⑦ 항고법원은 항고장 또는 항고이유서에 적힌 이유에 대하여서만 조사한다. 다만, 원심재판에 영향을 미칠 수 있는 법령위반 또는 사실오인이 있는지에 대하여 직권으로 조사할 수 있다.

⑧ 제 5 항의 결정에 대하여는 즉시항고를 할 수 있다.

⑨ 제 6 항 단서의 규정에 따른 결정에 대하여는 불복할 수 없다.

⑩ 제 1 항의 즉시항고에 대하여는 이 법에 특별한 규정이 있는 경우를 제외하고는 민사소송법 제 3 편 제 3 장 중 즉시항고에 관한 규정을 준용한다.

1. 서 론

가. 재판에 대한 불복방법

재판에 대한 불복방법으로는 판결에 대한 상소와 결정·명령에 대한 항고 및 특수한 불복방법으로서 재심·준재심·준항고·이의신청 등이 있다. 항고가 상소와 다른 점은 결정절차라는 간편한 절차에서 재도의 고안으로서 원법원이 스스로 재판의 변경할 수 있는 기회를 가진다는 점이다. 이의신청이 다른 불복방법과 다른 것은 상급법원이 아닌 동일심급에 하는 불복절차라는 점이다.

나. 항고의 분류

항고는 여러 가지 기준에 따라 분류가 다르다. 항고제기 기간의 유무에 따라 통상항고와 즉시항고, 심급의 구분에 따른 최초의 항고와 재항고가 있다. 한편 불복이 인정되지 아니하는 결정·명령에 대하여 재판에 영향을 미친 헌법 또는 법률에 위반이 있음을 이유로 하는 대법원에 하는 항고를 특별항고라 하는데, 특별항고 이외의 항고를 일반항고라 한다. 즉시항고는 통상항고·재항고·특별항고에 대비되는 관념이다.

다. 민사집행법상 즉시항고

⑴ 의 의 즉시항고는 통상의 소송절차상 불복방법으로서 즉시항고와 집행절차상 불복방법으로서 즉시항고로 나눌 수 있다. 전자를 민사소송법상 즉시항고 후자를 민사집행법상 즉시항고라고 부를 수 있을 것이다.

⑵ 논의의 실익 집행법상의 즉시항고에 대하여는 민사집행법에 특별규정 있는 것을 제외하고는 원칙적으로 민사소송법상의 즉시항고에 관한 규정이 준용된다(제15조 10항). 다만 집행법상의 즉시항고에는 집행부정지와 항고이유서 제출강제주의가 적용된다. 이와 같은 집행절차상 즉시항고는 명문규정이 있는 경우에만 예외적으로 허용된다(제15조 1항). 원래 결정이나 명령의 재판에 대해서는 보통항고나 즉시항고로 다툴 수 있는 것인데 민사집행법 제15조 1항은 명문규정이 있는 경우에 즉시항고만을 허용하는 것으로 일반적 불복방법을 위와 같이 한정한 것이다. 집행절차의 신속을 위한 것이다.

⑶ 양자의 구별 양자는 원칙적으로 즉시항고를 허용하는 근거규정의 소재에 따라 구별하여야 한다. 그러나 민사집행법이 집행문부여절차나 집행보조절차에 관련하여 정하는 즉시항고는 그 성질을 파악함에 있어서 다소 문제이다. 집행문부여절차나 집행보조절차는 집행절차라기 보다는 판결절차와 집행절차를

연결해주는 절차에 불과한 것이어서 비록 그와 관련하여 즉시항고를 정하고 있다고 하더라도 이를 두고 곧바로 집행절차상 즉시항고라고 보기는 어려운 점이 있기 때문이다. 이에 대하여 판례와 학설의 대체적인 태도는 집행문부여절차나 집행보조절차에 관하여 정해진 즉시항고에 대하여도 집행절차상의 즉시항고의 성질을 갖는 것으로 이해하는 것이 일반적이다.

2. 즉시항고사유

강제집행절차에 관한 집행법원의 재판 중에서 명문으로 즉시항고를 허용하는 것이어야 한다. 즉시항고를 허용하는 경우는 집행절차상 중대한 의미를 갖는 것으로 집행절차를 종료시키는 재판이나 집행관계인에게 중대한 이해관계를 갖는 재판이 대부분이다. 즉시항고를 허용하는 규정은 다음과 같다.

① 집행절차의 취소 등(제17조 1항)
② 집행비용예납 불이행에 대한 제재(제18조 3항)
③ 재산명시신청을 배척하는 재판(제62조 8항), 재산명시명령에 관한 이의신청에 대한 재판(제63조 5항), 재산목록 정정에 대한 허가결정(제66조 2항), 재산명시절차상 채무자의 감치(제68조 4항)
④ 채무불이행자명부 등재신청에 대한 재판(제71조 3항), 채무불이행자명부 등재말소결정(제73조 2항)
⑤ 경매신청의 기각·각하(제83조 5항)
⑥ 부동산의 멸실 등으로 말미암은 경매취소(제86조 3항), 잉여위반에 따른 경매취소(제102조 3항)
⑦ 매각허가결정의 취소신청에 대한 재판(제127조 2항), 매각허부결정(제129조 1항과 2항)
⑧ 담보부제공 또는 보증서부제출에 따른 항고장 각하(제130조 5항)
⑨ 인도명령신청에 대한 재판(제136조 5항)
⑩ 강제관리신청에 대한 재판(제164조 4항), 강제관리취소결정(제171조 3항)
⑪ 선박국적증서 등의 인도명령(제175조 3항), 선박운행허가결정(제176조 3항)
⑫ 보증제공에 따른 강제경매취소신청을 기각하는 재판(제181조 3항)
⑬ 압류물을 점유하고 있는 제 3 자에 대한 인도명령(제193조 5항)
⑭ 압류금지물건을 정하는 재판(제196조 4항)

⑮ 금전채권 압류 신청에 대한 재판(제227조 4항)

⑯ 추심명령 또는 전부명령 신청에 대한 재판(제229조 6항)

⑰ 특별한 현금화 방법을 정하는 재판(제241조 3항)

⑱ 압류금지채권의 범위를 변경하는 재판(제246조 3항)

⑲ 대체집행결정(제260조 3항), 간접강제결정(제261조 2항)

⑳ 규칙 제106조, 규칙 제117조 3항, 규칙 제130조 등

3. 관 할

다툼의 대상이 된 재판을 한 집행법원의 직근상급법원이 관할한다. 다만 항고장은 원심법원에 제출하여야 한다.

4. 당 사 자

가. 항고권자

집행법원의 재판으로 불이익을 받은 자가 항고권자이다. 채무자나 채권자에 한하지 아니하고 재판에 대하여 법률상 이해관계가 있으면 족하다. 즉시항고는 집행절차 내의 불복방법이므로 채권자대위에 의한 즉시항고는 허용되지 아니한다.

나. 상 대 방

즉시항고는 그 성질상 편면적 절차로 상대방을 필요로 하지 않는다. 그러나 실무상 항고장에 대립되는 이해관계인을 기재하는 경우가 많고 집행법원으로서도 대립되는 이해관계인을 심리에 참여시키거나 결정문에 상대방을 표시하고 결정문을 송달하는 것이 보통이다. 제131조 1항은 매각허부결정에 대한 항고절차에서 이러한 규율을 명문으로 규정하고 있다.

5. 신청의 시기와 방식

가. 항고기간

재판을 고지 받은 날로부터 1주일 이내에 원심법원인 집행법원에 항고장을 제출하여야 한다(제15조 2항). 여기서 1주일은 불변기간이므로 항고추완이 인정된다(민소법 제173조). 즉시항고를 할 수 있는 사람이 재판을 고지받아야 할 사람이 아닌 경우 즉시항고의 제기기간은 그 재판을 고지받아야 할 사람 모두에게 고지

된 날부터 진행한다(규칙 제12조).

나. 항고이유서제출강제주의

항고장에 항고이유를 적지 아니한 경우에는 항고장을 제출한 날로부터 10일 이내에 이유서를 제출하여야 하고, 이유서의 제출이 없는 경우에는 원심법원이 항고를 각하한다(제15조 3항, 5항).

≪판례≫ **항고이유서부제출에 따른 항고각하**[대법원 2006. 3. 27.자 2005마1023 결정]

민사소송법상의 항고심에는 항소심의 규정이 준용되므로(민사소송법 제443조, 제408조, 제146조) 민사소송법상의 즉시항고에 있어서는 항고의 이유를 항고심의 결정이 있기 전까지 명확하게 하면 되지만, 민사집행법상의 즉시항고에 있어서는 집행의 신속을 기하고 그 남용을 방지하려는 취지에서 항고를 신청하면서 그 이유를 명확하게 하여야 하고 항고심은 거기서 명확하게 된 이유에 한하여 조사하는 것이 원칙이며, 다만 항고인이 항고장에 항고의 이유를 적지 아니한 때에는 항고장을 제출한 날로부터 10일 이내에 항고이유서를 원심법원에 제출하여야 하고, 이 경우 즉시항고의 이유는 대법원규칙이 정하는 바(민사집행규칙 제13조)에 따라 적어야 하며, 항고인이 즉시항고의 이유서를 정해진 기간 안에 제출하지 않거나 항고이유서를 제출하기는 하였으나 그 기재가 대법원규칙이 정하는 바에 위반된 때 또는 즉시항고가 부적법하고 그 불비를 보정할 수 없음이 분명한 때에는 원심법원은 결정으로 그 즉시항고를 각하하여야 한다(민사집행법 제15조 제3항, 제4항, 제5항, 제7항). 또한, 원심법원이 즉시항고를 각하하여야 함에도 불구하고 이를 각하하지 아니하고 사건을 송부한 경우에는 항고법원은 곧바로 즉시항고를 각하하여야 할 것이고, 이와 같은 법리는 민사집행법상의 재항고에 있어서도 마찬가지라고 할 것이다(대법원 2004. 9. 13.자 2004마505 결정, 2005. 5. 19.자 2004마593 결정 등 참조).

여기서 10일은 불변기간이 아니어서 신축이 인정되지 아니한다(민소법 제172조). 항고이유서 제출기간이 경과한 후에는 새로운 항고이유의 추가는 허용되지 아니한다.

다. 항고보증의 제공

매각허가결정에 대하여 즉시항고를 함에 있어서는 일정한 보증을 제공하여야 한다(제130조 3항). 그럼에도 불구하고 항고보증을 제공하지 아니한 경우에는 원심법원은 항고장 각하결정을 하여야 한다(제130조 4항).

6. 심리 · 재판 · 불복

가. 심 리

심리와 재판은 원칙적으로 항고에 관한 일반절차(민사소송법 제443조 2항)에 의한다. 심리방법에 있어서도 통상이 항고심과 다를 것이 없다(제15조 10항). 심리의 범위는 항고이유서에 기재된 이유에 한한다. 직권조사의무가 인정되는 것은 아니다. 다만 원심재판에 영향을 미칠 수 있는 법령위반 또는 사실오인이 있는지에 대하여 직권으로 조사할 수 있다(제15조 7항). 이와 같은 심리범위의 제한은 항고심이 종전의 속심구조에서 사후심구조로 변경되었음을 보여준다.

나. 재 판

(1) **원심법원의 재판** 원심법원이 항고에 정당한 이유가 있다고 인정하는 때에는 그 재판을 경정할 수 있다(민소법 제446조). 재도의 고안을 인정한 것이다. 재도의 고안에 의한 경정은 항고가 적법한 경우에만 가능하다. 원심법원은 항고이유의 제출이 없으면 항고를 각하한다. 항고각하와 구별하여 항고장각하에 대하여는 앞서 설명하였다.

(2) **항고법원의 재판** 항고가 이유 있으면 원심법원의 재판을 취소·변경하고 새로 상당한 재판을 하여야 한다. 다만 매각허부재판에 즉시항고에 있어서는 항고가 이유 있는 경우라도 항고법원은 원심을 취소하여 환송함에 그치고 환송받은 원심법원이 새로운 매각허부의 재판을 한다(제132조). 항고법원의 재판은 공고할 사항이 아니다.

다. 불 복

즉시항고에 대한 재판에 대하여는 재항고할 수 있다(민소법 제442조). 이러한 집행절차상 재항고 역시 통상의 항고와 달리 집행법상 즉시항고와 같은 성질을 갖는다. 그러므로 집행절차상의 재항고에도 집행부정지와 항고이유서 제출강제주의가 적용된다.

≪판례≫ 재항고에 즉시항고 규정준용 여부[대법원 2004. 9. 13.자 2004마505 결정]

[1] 인도명령에 대한 즉시항고(민사집행법 제136조 제5항)도 민사집행법상의 즉시항고이므로 그에 관한 항고법원의 결정에 대한 재항고절차에 있어서는 민사집행법상의 즉시항고와 재항고에 관한 규정이 준용된다.
[2] 제1심의 인도명령에 대한 즉시항고를 기각한 원심의 항고기각결정에 대하여 재항고인이 재항고를 제기하면서 10일 이내에 재항고이유서를 제출하지 않은 경우, 원심으로서는 결정으로 재항고를 각하하여야 하고, 원심이 이를 각하하지 않은 때에는 대법원이 재항고를 각하하여야 한다고 한 사례(같은 취지: 대법원 2005. 1. 31.자 2004마1057 결정).

7. 잠정처분

가. 즉시항고와 집행정지

통상의 소송절차상 즉시항고에는 집행정지효가 있음이 원칙(민사소송법 제447조)이지만 집행절차상의 즉시항고에는 집행정지효가 없다(제15조 6항). 그러므로 다툼의 대상이 된 결정은 그에 대한 즉시항고가 있더라도 효력발생에 영향이 없다. 그러나 집행정지를 인정하지 아니하면 당사자에게 돌이킬 수 없는 손해가 발생할 염려가 있는 경우에는 항고법원(항고기록이 원심법원에 있는 경우에는 원심법원)은 즉시항고에 대한 재판이 있을 때까지 항고인이 담보를 제공해야 하는 지 여부를 정하여 다툼의 대상이 된 재판의 집행정지 또는 집행절차의 정지를 명할 수 있다. 이렇게 정지된 절차에 관해서는 다시 상대방에게 담보를 제공하게 하고 속행을 명할 수도 있다(제15조 6항). 위와 같은 집행의 일시정지를 명하는 잠정처분은 집행법원이 직권에 의하는 것으로 이의신청인에게는 잠정처분에 대한 신청권이 인정되지 아니한다(제15조 6항).

나. 즉시항고와 확정차단

위와 같은 집행정지·부정지의 잠정처분에 관한 설명은 즉시항고의 대상이 되는 재판이 선고와 동시에 효력이 발생하는 경우에만 그 의미가 있다. 그렇지 아니하고 선고에 나아가 확정되어야만 효력이 발생하는 재판에는 즉시항고의 집행부정지가 별 의미가 없다. 즉시항고가 있게 되면 확정이 차단되므로 집행력 역시 발생할 수 없기 때문이다. 확정되어야만 효력이 발생하는 집행절차상 재판으로 다음과 같은 것들이 있다.

① 강제집행 절차를 취소하는 결정(제17조 1항)
② 집행관의 집행절차처분에 대한 이의신청을 배척하는 결정(제17조 2항)
③ 집행관에게 강제집행절차의 취소를 명하는 결정(제17조 2항)
④ 매각허부의 결정(제126조 3항)
⑤ 선박운행허가결정(제176조 4항)
⑥ 전부명령(제229조 7항)
⑦ 채권의 특별한 현금화명령(제241조 4항) 등

위와 같은 재판들 중에 전부명령은 확정되면 확정시점이 아닌 제 3 채무자에게 송달된 시점으로 소급하여 그 효력이 발생한다는 점에 또 다른 특색이 있다.

Ⅲ. 집행에 관한 이의

제16조 (집행에 관한 이의신청)

① 집행법원의 집행절차에 관한 재판으로서 즉시항고를 할 수 없는 것과, 집행관의 집행처분, 그 밖에 집행관이 지킬 집행절차에 대하여서는 법원에 이의를 신청할 수 있다.

② 법원은 제 1 항의 이의신청에 대한 재판에 앞서, 채무자에게 담보를 제공하게 하거나 제공하게 하지 아니하고 집행을 일시정지하도록 명하거나, 채권자에게 담보를 제공하게 하고 그 집행을 계속하도록 명하는 등 잠정처분(暫定處分)을 할 수 있다.

③ 집행관이 집행을 위임받기를 거부하거나 집행행위를 지체하는 경우 또는 집행관이 계산한 수수료에 대하여 다툼이 있는 경우에는 법원에 이의를 신청할 수 있다.

1. 의 의

즉시항고의 대상이 아닌 집행법원의 재판 · 집행관의 집행처분 및 사실행위의 위법에 대하여 동일심급에 하는 불복신청으로 그 시정을 구하는 집행절차상의 구제수단이다(제16조). 집행문부여절차나 집행보조절차는 집행절차라고 할 수 없으므로 당해 절차상 위법에 대하여 집행에 관한 이의로 불복할 것이 아니다.

2. 이의사유

집행에 관한 이의사유는 절차적 하자 중에서 즉시항고가 허용되지 아니하는 것임은 앞서 살펴보았다. 즉시항고로 불복할 수 있는 것과 집행법원의 사실행위를 제외하고는 집행절차상의 위법은 집행에 관한 이의로 불복한다고 알아두면 된다. 예를 들어 위법한 대금지급기한결정에 대하여는 즉시항고로 다툴 것이고 집행에 관한 이의로 다투어서는 아니 된다. 흔히 문제되는 것을 예시하면 다음과 같다.

① 집행권원의 하자

② 집행정본의 하자

③ 강제집행 개시요건(집행권원의 송달, 이행기의 도래, 반대급부의 제공 등)의 하자

④ 집행장애 · 집행정지 · 취소사유의 간과

⑤ 집행위임의 하자

⑥ 집행관의 무권한(제척사유의 존재, 관할위반 등),

⑦ 집행위임의 거부,

⑧ 집행관의 개개의 집행행위의 하자(허가없는 야간 · 휴일집행, 증인의 불참석, 압류

금지물의 압류 등),

⑨ 집행관의 수수료 과다계산 등

집행관이 집행기관이 아닌 집행보조기관으로서 행하는 현황조사(제85조)나 매각기일의 진행(제112조), 선박국적증서의 수취(제174조 1항)와 같은 집행처분에 대하여도 집행에 관한 이의로 다툴 수 있다(반대 견해 있음).

3. 관 할

집행법원의 재판에 대한 이의신청은 집행법원이 관할하고 집행관의 행위에 대한 이의신청은 집행절차를 실시할 곳이나 실시한 곳을 관할하는 지방법원이 관할한다(제16조, 3조). 집행관에게 이의신청할 것은 아니다.

4. 당 사 자

가. 신청권자

다툼의 대상이 되는 집행기관의 행위에 대한 이해관계인은 모두 집행에 관한 이의를 신청할 수 있다. 채권자와 채무자에 한하지 아니한다.

≪판례≫ 이해관계인의 범위와 응찰예정자[대법원 1999. 11. 17.자 99마2551 결정]

경매절차의 진행에 관한 경매법원의 결정에 대하여 집행에 관한 이의를 신청하려면, 원칙적으로 그와 같은 경매법원의 결정에 대하여 법률상의 이해관계를 가져야만 할 것인바, 장차 경매절차에서 응찰할 예정이라는 사유만으로는 그 경매절차에 관하여 법률상 이해관계를 가진다고 할 수 없어 집행에 관한 이의를 신청할 적격이 없다.

나. 상 대 방

이의신청절차는 편면적 절차로 상대방을 정할 필요가 없다. 실무상 이의신청서에 상대방을 기재하는 경우가 많다. 이러한 경우에는 신청인과 대립되는 이해관계인을 상대방으로 기재할 것이고 집행기관을 상대방으로 삼아서는 안 된다.

5. 신청의 시기와 방법

이의신청은 서면 또는 구두로 할 수 있다. 다만 구두에 의한 이의신청은 다툼의 대상이 된 집행행위가 있는 기일에 출석하여 이의하는 경우에 한한다. 이의신청에는 이유를 명시하여야 한다(규칙 제15조). 재도의 고안이 인정되는 점은 즉시항고와 같다. 이의신청에 대한 일반적인 기간의 제한은 없고 집행이 종료하기 전이면 족하다. 그러나 집행관은 수수료의 계산에 관한 이의신청은 집행이 종료한 이후에도 가능하다.

≪판례≫ 집행절차의 종료와 집행에 관한 이의[대법원 1996. 7. 16.자 95마1505 결정]

[1] 집행에 관한 이의에 있어서는 즉시항고와 같은 신청기간의 제한이 없으나, 이의의 이익이 있고 또한 존속하고 있는 동안에 신청하여야 하므로, 집행이의에 의하여 집행처분의 취소를 구하는 경우 그 집행절차가 종료한 후에는 이미 그 이의의 이익이 없어 이의의 신청을 할 수 없다(같은 취지 대법원 1979. 10. 29.자 79마150 결정).

[2] 재배당절차가 그 배당절차 개시요건을 흠결하여 위법한 것이라고 하더라도, 경매법원이 재배당기일을 실시하여 작성한 재배당표는 그에 대한 이의의 진술을 한 신청인이 제기한 재배당이의의 소가 원고 패소판결로 확정됨으로써 확정되었고 그것으로 재배당절차가 종료되었으므로, 그 재배당절차의 취소를 구하는 집행이의의 신청은 그 이의의 이익이 없어져 부적법하다는 이유로, 이의신청을 받아들인 원심결정을 파기한 사례.

실무상 즉시항고 등 다른 불복방법에 관한 서식은 법원에 비치되어 있으나 집행에 관한 이의신청은 서식이 별도로 없다. 불복의 대상과 이유가 다양하기 때문이다.

6. 심리 · 재판

임의적 변론에 따라 결정으로 재판한다. 변론을 거친 경우라고 판결이 아닌 결정으로 재판한다(제3조 2항). 변론을 열지 아니하는 경우에는 이의신청인을 심문할 수 있다(민소법 제134조 2항). 이의신청에 따라 집행을 불허하는 재판이 있는 경우 그 정본을 집행기관에 제출할 것이나 집행기관이 집행법원인 경우에는 별도로 제출할 필요가 없다.

7. 불 복

이의신청에 대한 결정에 대하여는 원칙적으로 특별항고의 이외의 방법으로는 불복이 허용되지 아니한다(민소법 제449조). 집행에 관한 이의의 대상은 대부분 집행기관의 사실행위나 단순한 절차상의 위법을 다투는 것이므로 당사자에게 미치는 영향이 크지 아니하고 그 재판에 대하여 즉시항고를 허용하면 다시 재항고로 이어지는 절차의 지연을 초래하기 때문이다. 다만 경매개시결정에 대한 이의신청 등에 따라 집행절차를 취소하는 결정, 집행절차를 취소한 집행관의 처분에 대한 이의신청을 기각하거나 각하하는 결정, 집행관에게 집행절차의 취소를 명하는 결정에 대하여는 즉시항고로 다툴 수 있다. 이러한 결정은 모두 확정되어야 효력이 발생함은 앞서 살펴보았다(제17조).

8. 잠정처분

이의신청은 집행정지의 효력이 없다. 집행정지를 위한 잠정처분이 필요한데 이에 관해서는 즉시항고에 관한 설명에 준한다(제16조 2항). 잠정처분에 대해서는 불복할 수 없다. 특별항고로는 다툴 수 있다.

Ⅳ. 사법보좌관의 처분에 대한 이의

1. 서 론

사법보좌관 제도의 도입으로 집행법원의 직무 중 많은 부분이 비법관에 의하여 이루지는 문제점을 낳고 있다. 사법보좌관 제도는 무엇보다도 헌법(제27조)이 정하는 법관에 의하여 재판을 받을 권리를 침해하는 위헌적인 소지를 안고 있다. 이러한 위헌적 소지에 대하여 사법보좌관의 집행처분 또는 재판에 대하여 같은 집행법원에 속한 법관에 의하여 재심사하는 제도를 두고 있는바 이것이 사법보좌관의 처분에 대한 이의신청제도이다. 이러한 사법보좌관의 처분에 대한 이의신청은 그 대상에 따라 세 가지 유형이 있다.

2. 즉시항고로 다툴 수 없는 처분에 대한 이의신청(사법보좌관규칙 제 3 조)

즉시항고로 다툴 있다는 명문의 규정이 없는 경우에는 사법보좌관의 처분에 대하여 이의신청의 방법으로 불복할 수 있다. 위와 같은 처분을 사법보좌관이 아닌 판사가 한 경우라도 이의신청으로 다툴 수 있었던 것이므로 사법보좌관규칙 제 3 조는 특별한 의미가 없다고 할 것이다.

3. 항고로서 다툴 수 있는 재판에 대한 이의신청(사법보좌관규칙 제 4 조)

가. 의 의

재판형식의 집행처분 중 일정한 집행재판에 한하여 즉시항고가 가능함은 앞서 살펴보았다. 그런데 집행재판에 관하여 법관의 업무를 사법보좌관의 업무로 변경하는 법개정을 하였고 이에 따라 불복체계에 약간의 변경을 가하고 있다. 즉 즉시항고를 허용하는 집행재판을 법관이 아닌 사법보좌관이 담당하는 경우에는 곧바로 즉시항고를 허용하는 것이 아니고 먼저 사법보좌관의 처분에 대한 이의절차를 경유하게 하고 있는 것이다.

나. 신 청

즉시항고의 대상이 되는 집행처분을 사법보좌관이 한 경우에 당해 처분을 고지 받은 날로부터 7일 이내에 사법보좌관에게 이의를 신청하여야 한다. 이의신청을 받은 사법보좌관은 직접 이의에 대하여 심리하지 못하고 곧바로 당해 이의를 집행법원의 판사에게 송부하여야 한다.

다. 심 리

이의신청을 송부 받은 집행법원의 판사는 이의신청의 방식과 이의신청기간 경과여부를 심리한 후 이의신청이 이유 있다고 인정되는 경우에는 사법보좌관의 처분을 경정한다. 이의신청이 이유 없다고 인정되는 경우에는 사법보좌관의 처분을 인가하고 당해 이의신청사건을 항고법원으로 송부한다.

4. 배당표에 대한 이의신청(사법보좌관규칙 제 5 조)

가. 이의신청

배당절차의 진행은 현재 사법보좌관의 업무로 하고 있는데 사법보좌관이 작성한 배당표에 대하여 이의가 있는 경우 이해관계인은 이의를 제기할 수 있다. 이의제기에 대하여 사법보좌관은 독자적으로 심리하여 제152조에 따라 이의를 완결하고 배당을 실시할 수 있다. 그러나 이의제기의 내용이 난해하여 사법보좌관이 독자적으로 배당절차를 진행하기 어려운 경우에는 배당절차를 중지한 후 이의신청사건을 집행법원의 판사에게 지체 없이 송부하여야 한다.

나. 배당실시

이의를 송부 받은 집행법원의 판사는 이의신청에 대한 심리를 거쳐 새로이 배당표를 작성하여 배달절차를 진행한다.

제 3 절 실체적 하자를 다투는 절차

Ⅰ. 서 설

실체상의 하자에 관해서는 위에서 본 바와 같으며, 다시 그 하자의 내용에 따라 사법상 이행청구권 자체의 변동이 있어서 집행권원에 표시된 이행청구권을 그대로 집행하는 것이 부당한 경우에는 청구이의의 소, 사법상의 이행청구권의 진정한 채무자가 아닌 제 3 자에게 집행하는 경우에는 제 3 자 이의의 소로서 다툴 수 있다. 상식적으로 말하자면 청구이의의 소는 '내가 본래 채무자인 것은 맞지만 지금은 내가 책임질 채무가 없다'는 것이고, 제 3 자 이의의 소는 '나는 채무자가 아니다'라는 것이다.

Ⅱ. 청구이의의 소

사 례 11 부진정연대채무와 청구이의 소

갑은 공동불법행위자인 을과 병을 상대로 손해배상청구소송을 제기하여 '피고들은 원고에게 각자 금 30,000,000원을 지급하라'라는 1심 승소판결을 얻었다. 이에 병은 항소를 포기하고 갑에게 판결에서 명한 대로 갑에게 손해배상금을 지급하였다. 그러나 을은 단독으로 항소하여 손해배상의무의 존부를 다투었으나 갑과 을 어느 누구도 병이 손해배상금을 지급한 사실을 주장하지는 않았다. 결국 을의 항소를 기각하는 항소심판결이 확정되었다. 이에 갑은 1심판결을 집행권원으로 하여 집행절차에 착수하였다. 이때 을의 구제수단은 어떠한가?

사 례 12 임의경매절차와 피담보채권부존재

갑은 을로부터 돈을 빌리고 갑 소유의 부동산에 저당권을 설정하여 주었다. 그 후 갑은 약속된 날짜에 원리금을 모두 변제하였다. 그럼에도 불구하고 을은 저당권등기가 남아있음을 기화로 위 부동산에 대한 임의경매절차에 착수하였다. 이때 갑의 구제수단은 어떠한가?

제44조 (청구에 관한 이의의 소)

① 채무자가 판결에 따라 확정된 청구에 관하여 이의하려면 제 1 심 판결법원에 청구에 관한 이의의 소를 제기하여야 한다.

② 제 1 항의 이의는 그 이유가 변론이 종결된 뒤(변론 없이 한 판결의 경우에는 판결이 선고된 뒤)에 생긴 것이어야 한다.

③ 이의이유가 여러 가지인 때에는 동시에 주장하여야 한다.

1. 의 의

집행권원에 표시된 사법상의 이행청구권이 현재의 실체적 법률관계와 일치하지 않음을 주장하여 집행권원이 가지는 집행력의 배제를 구하는 소이다(제44조, 제57조, 제58조 3항, 제59조). 이와 같이 청구이의의 소는 집행권원의 집행력을 배제하기 위한 것이므로 개별적인 집행행위의 불허를 구하는 청구이의의 소는 부적법하며 집행권원의 확정력을 상실시키는 재심절차와도 구별할 것이다. 이러한 점에서 청구이의의 소는 정기금지급판결에 대한 변경의 소(민소법 제252조)와 대단히 유사한 것이지만 청구이의의 소는 기판력을 변경함이 없이 집행력만을 배제하는 절차라는 점에서 양자는 서로 다르다.

≪판례≫ 개개의 집행행위에 대한 불복[대법원 1971. 12. 28. 선고 71다1008 판결]

청구이의의 소는 채무명의의 집행력자체의 배제를 구하는 것이므로 이미 집행된 개개의 집행행위의 불허를 구하는 것은 부적법하다.

2. 소의 성질

청구이의의 소는 실체법상의 법률관계를 원인으로 하여 집행권원의 집행력을 배제하기 위한 일종의 형성권으로서 소송법상의 이의권을 소송물로 하는 소송법상 형성의 소라고 보는 것이 통설이며 판례의 태도이다(형성소송설).

3. 적용범위

특별한 사정이 없는 한 모든 종류의 집행권원에 대하여 집행력을 배제하기 위해서는 청구이의의 소에 의해야 한다. 집행권원의 내용이 금전채권인가 비금전채권인가를 묻지 아니한다. 특별한 규정이 있거나 다른 사정으로 청구이의의 소로 다투는 것이 인정되는지 여부가 문제되는 것을 살펴보면 다음과 같다.

가. 의사진술을 명하는 재판

청구이의의 소는 집행력의 배제를 구하는 절차로 본래의미의 강제집행을 전제하고 있다. 그러므로 등기절차를 명하거나 채권양도통지를 명하는 경우와 같은 의사진술을 명하는 재판은 본래의미의 강제집행이 처음부터 문제되지 아니하므로 청구이의의 소가 문제되지 아니한다.

≪판례≫ **의사진술을 명하는 판결과 청구이의**[대법원 1995. 11. 10. 선고 95다37568 판결]

대지에 대한 수분양자 명의변경 절차의 이행을 소구함은 채무자의 의사의 진술을 구하는 소송으로서 그 청구를 인용하는 판결이 선고되고 그 소송이 확정되었다면, 그와 동시에 채무자가 수분양자 명의변경 절차의 이행의 의사를 진술한 것과 동일한 효력이 발생하는 것이므로 위 확정판결의 강제집행은 이로써 완료되는 것이고 집행기관에 의한 별도의 집행절차가 필요한 것이 아니므로, 특별한 사정이 없는 한 위 확정판결 이후에 집행절차가 계속됨을 전제로 하여 그 채무명의가 가지는 집행력의 배제를 구하는 청구이의의 소는 허용될 수 없다.

나. 보전처분에 대한 이의

보전처분의 집행력 배제를 위해서도 이론적으로는 청구이의의 소가 부정될 이유가 없다. 그러나 보전명령의 발령은 결정이라는 간이절차에 의할 수 있다는 점에 비추어 그 집행력 배제를 위해서도 보다 간편한 절차에 의해 집행력을 배제할 수 있다는 특별 규정을 두고 있다. 보전명령에 대한 이의절차(제283조, 제301조), 사정변경에 따라 취소절차(제288조, 제301조) 등이 그것이다.

다. 가집행선고의 재판

가집행선고에 대해서는 상소라는 절차내의 방법으로 다툴 것이므로 청구이의의 소로 다툴 것이 아니다.

라. 수권결정

대체적 작위의무 집행을 위한 대체집행결정이나 부작위의무 또는 부대체적 작위의무의 집행을 위한 간접강제결정에 따른 집행의 저지를 위해서는 청구이의의 소로 다툴 수 없다. 이러한 수권결정은 집행권원이 아니고 구체적인 집행의 방법에 불과할 뿐이기 때문이다.

≪판례≫ **대체집행비용지급명령과 청구이의의 소**[대법원 1987. 9. 8. 선고 86다카2771 판결]

대체집행비용지급명령은 이른바 수권결정으로서 채무명의의 내용인 실체상 청구권의 당부와 관계없이 일반의 집행요건과 대체 집행요건을 심사하여 내리는 결정으로서 채무명의의 내용인 실체상의 청구권에 관하여 이의가 있으면 그 채무명의의 집행력을 다투어야 하고 수권결정의 집행력 배제를 구할 수 없다.

그러므로 이러한 수권결정과 관련하여 집행력을 배제하기 위해서는 수권결정의 근거가 된 집행권원 자체에 대하여 청구이의의 소로 다툴 것이다. 다만 수권결정에 기하여 집행이 이루어지고 난 후에 그 집행비용이나 배상금지급의무의 집행에 대하여는 수권결정 자체가 집행권원이 된다고 할 것이어서 이러한 경우에는 수권결정을 대상으로 한 청구이의의 소로 다툴 수 있다.

마. 검사의 집행명령

검사의 집행명령에 대해서는 형사소송법 제489조, 제491조에서 별도의 구제방법을 두고 있으므로 청구이의의 소로 다툴 것이 아니다.

바. 부동산인도명령

부동산인도명령(제136조)은 강제경매절차에 부수된 것이기는 하나 독립된 집행권원이라고 할 것이므로 부동산인도명령에 대한 청구이의의 소를 부정할 이유가 없다.

4. 이의사유

앞서 본 실체적 하자가 이의원인이 된다. 앞서 설명한 바와 같이 집행권원 성립절차상의 하자, 집행권원의 내용불명확, 집행절차상의 하자에 관하여는 이의사유로 삼지 못한다. 본소의 이의사유는 대개 제49조 4호가 정하는 증서의 원인되는 사유에 관한 것이다. 그러므로 이의사유에 관한 증서가 있는 경우에는 따로 청구이의의 소를 제기하기 보다는 그러한 증서를 바로 집행법원에 제출하는 것만으로 채무자의 구제에 사실상 충분하게 된다. 이러한 점에서 실무상 청구이의의 소는 변제 등이 당사자 사이에 다투어져 채무자가 제49조 4호의 증서를 얻을 수 없는 경우에 비로소 문제되는 소송형태이다. 한편 제49조 4호의 증서는 매수신고가 있기 전까지 제출하여야만 집행의 정지가 가능하다는 점을 주목할 필요가 있다. 그러므로 본소의 이의사유 역시 경매절차에서 매수신고 이전에 발생한 것이어야 한다고 보아야 할 것이다. 이의사유를 구체적으로 살펴보면 다음과 같다.

가. 청구권존부의 변동

법률행위의 무효나 취소로 인한 청구권의 불발생, 변제나 소멸시효 또는 공탁 등으로 인한 청구권의 소멸, 이행조건의 변동이나 변제기한의 유예 등으로 인한 청구권의 효력정지 또는 제한 등이 이에 해당한다. 일부 변제나 일부 공탁 등으로 청구권의 일부만이 소멸한 경우에는 그 부분에 한하여 본소가 가능하다. 변제나 공탁의 경우 채권자가 예납한 집행비용이 있으면 집행비용까지 포함한 것이어야 한다.

≪판례≫ **집행력을 배제하기 위한 공탁의 범위**[대법원 1992. 4. 10. 선고 91다41620 판결]
강제집행에 필요한 비용은 채무자의 부담으로 하고 그 집행에 의하여 우선적으로 변상을 받게 되어 있으므로, 이러한 집행비용은 별도의 채무명의 없이 그 집행의 기본인 당해 채무명의에 터 잡아 당해 강제집행절차에서 그 채무명의에 표시된 채권과 함께 추심할 수 있고, 따라서 채무명의에 표시된 본래의 채무가 변제공탁으로 소멸되었다 하여도 그 집행비용을 변상하지 아니한 이상 당해 채무명의의 집행력 전부의 배제를 구할 수는 없다.

≪판례≫ **집행채권의 일부소멸과 청구이의의 소**[대법원 1967. 12. 26. 선고 67다2249 판결]
채무명의에 표시된 청구권이 완전히 소멸된 것이 아니라 하더라도, 그 일부가 변제에 의하여 소멸한 것이라면, 그 소멸부분에 관하여는, 채무명의의 집행력을 유지하여 강제집행을 허용할 아무런 이유가 없다 할 것이므로,원심으로서는 본건 변제공탁의 적법여부를 심사하여, 적법한 것이라면 본건 채무명의 중 금 8,620원에 관한 집행은 이를 허용하여서는 아니 되는 것임에도 불구하고, 원심이 앞에 적기한 바와 같이 설시하여 이 점에 관한 원고의 주장을 배척하였음은 법리오해의 잘못이 있는 것이라 아니할 수 없고, 논지는 이유 있다 할 것이다.

나. 청구권귀속의 변동

채권양도, 전부명령, 면책적 채무인수 등이 이에 해당한다. 한정승인에 관해서는 별개의 항목으로 보기로 한다.

다. 청구권효력의 변동

(1) **한정승인** 한정승인과 관련해서는 3가지의 경우로 나누어 살펴보기로 한다.

㈎ **집행권원에 한정승인의 취지가 반영된 경우** 집행권원인 판결의 사실심 변론 종결이전에 상속인이 한정승인의 항변을 제출하고 법원이 이를 받아들여 판결에 한정승인의 취지가 반영된 경우이다. 이 경우 상속인은 상속재산이 아닌 자기의 고유 재산에 대한 집행에 대해서는 제 3 자 이의의 소로 다투어야 한다고 본다(제 3 자이의의 소 설).

≪판례≫ **고유재산에 대한 집행과 제 3 자이의의 소**[대법원 2005. 12. 19.자 2005그128 결정]
상속채무의 이행을 구하는 소송에서 피고의 한정승인 항변이 받아들여져서 원고 승소판결인 집행권원 자체에 '상속재산의 범위 내에서만' 금전채무를 이행할 것을 명하는 이른바 유한책임의 취지가 명시되어 있음에도 불구하고, 상속인의 고유재산임이 명백한 임금채권 등에 대하여 위 집행권원에 기한 압류 및 전부명령이 발령되었을 경우에, 상속인인 피고로서는 책임재산이 될 수 없는 재산에 대하여 강제집행이 행하여졌음을 이유로 제3자이의의 소를 제기하거나, 그 채권압류 및 전부명령 자체에 대한 즉시항고를 제기하여 불복하는 것은 별론으로 하고, 청구에 관한 이의의 소에 의하여 불복할 수는 없다고 보아야 하고, 나아가 만약 그 채권압류 및 전부명령이 이미 확정되어 강제집행절차가 종료된 후에는 집행채권자를 상대로 부당이득의 반환을 구하되, 피전부채권 중 실제로 추심한 금전 부분에 관하여는 그 상당액을 반환을 구하고, 아직 추심하지 아니한 부분에 관하여는 그 채권 자체의 양도를 구하는 방법에 의할 수밖에 없다.

(나) 집행권원이 성립된 이후에 한정승인이 있은 경우 집행권원의 성립 이후에 피상속인이 사망하고 상속인이 한정승인을 한 경우이다. 상속과 한정승인의 사실이 변론종결 이후의 사정이므로 상속인이 한정승인을 내세워 다툴 수 있다는 점에 대해서는 이견이 없다. 다만 다투는 방법에 관하여는 견해의 대립이 있다. 한정승인이 있는 경우 상속인은 피상속인의 채무 자체는 승계하되 책임을 지지 않는 것뿐이므로 채무가 없음을 전제로 하는 제3자 이의의 소 보다는 청구이의의 소로 다투어야 한다고 본다. 이에 대해 제3자이의의 소로 다투어야 한다는 입장, 집행문부여에 대한 이의 또는 이의의 소로 다투어야 한다는 보는 견해도 있다.

(다) 집행권원 형성 중 한정승인 주장의 실기 사실심 변론 종결 전에 주장할 수 있었던 한정승인의 사실을 소송상 항변으로 제출하지 아니하여 판결에 한정승인의 취지가 반영되지 아니한 경우에 기판력의 실권효와 관련하여 상속인의 구제수단이 문제된다. 이에 대하여는 기판력의 실권효가 미치므로 한정승인의 주장을 내세워 다툴 수 없다는 견해도 있으나, 한정승인은 소송물 자체에 부착된 항변이 아니라는 점에서 기판력의 실권효가 미친다고 보기 어렵다. 구제방법에 관해서는 제3자 이의의 소로 다툴 것이라는 주장도 있으나, 위에서 본 바와 같이 한정승인의 성질에 비추어 볼 때 청구이의의 소로 다투어야 한다고 본다. 판결 이외의 집행권원의 경우에는 기판력의 실권효가 문제되지 아니하므로 그 구제방법에 대해서만 문제될 것이다.

(2) 집행계약 채무자는 부집행합의나 집행신청취하의 합의의 존재를 주장하여 청구이의의 소를 제기할 수 있다. 집행계약에 관하여는 추후에 상세히 설명한다.

≪판례≫ 부집행합의와 청구이의의 소[대법원 1996. 7. 26. 선고 95다19072 판결]

부집행의 합의는 실체상의 청구의 실현에 관련하여 이루어지는 사법상의 채권계약이라고 봄이 상당하고, 이것에 위반하는 집행은 실체상 부당한 집행이라고 할 수 있으므로 민사소송법 제505조가 유추적용 내지 준용되어 청구이의의 사유가 된다.

(3) **판결편취** 판결편취에 대한 소송법상의 구제방법으로 청구이의의 소를 허용할 것인가에 견해의 대립이 있다. 판례는 이를 인정하고 있다. 기판력 제도에 비추어 재심에 의해 구제할 것이지 청구이의로 다툴 수 없다는 견해도 있다.

≪판례≫ 판결편취와 청구이의의 소[대법원 1984. 7. 24. 선고 84다카572 판결]

[1] 확정판결에 의한 권리라 하더라도 그것이 신의에 좇아 성실히 행사되어야 하고 권리남용이 되는 경우에는 이는 허용되지 않는 다 할 것인바, 피고들이 확정판결의 변론종결 이전에 부진정 연대채무자 중의 1인으로부터 금원을 수령하고 더 이상 손해배상을 청구하지 않는다고 합의함으로써 원고의 손해배상채무도 소멸한 사실을 스스로 알고 있으면서도 이를 모르는 원고에게 이미 소멸한 채권의 존재를 주장 유지하여 위의 확정판결을 받은 것이라면, 위 확정판결을 채무명의로 하는 강제집행을 용인함은 이미 변제, 소멸된 채권을 이중으로 지급받고자 하는 불법행위를 허용하는 결과가 된다 할 것이므로 이와 같은 피고들의 집행행위는 자기의 불법한 이득을 꾀하여 상대방에게 손해를 줄 목적이 내재한 사회생활상 용인되지 아니하는 행위라 할 것이어서 그것이 신의에 좇은 성실한 권리의 행사라 할 수 없고 그 확정판결에 의한 권리를 남용한 경우에 해당한다 할 것이므로 이는 허용되지 아니한다.

[2] 민사소송법 제505조에서 청구에 관한 이의의 소를 규정한 것은 부당한 강제집행이 행하여지지 않도록 하려는데 있다 할 것으로 판결에 의하여 확정된 청구가 그 판결의 변론종결 후에 변경 소멸된 경우뿐만 아니라 판결을 집행하는 자체가 불법한 경우에는 그 불법은 당해 판결에 의하여 강제 집행에 착수함으로써 외부에 나타나 비로소 이의의 원인이 된다고 보아야 하기 때문에 이 경우에도 이의의 소를 허용함이 상당하다 할 것이다(같은 취지: 대법원 2001. 11. 13. 선고 99다32899 판결, 대법원 2001. 11. 13. 선고 99다32905 판결, 대법원 2007. 5. 31. 선고 2006다85662 판결).

≪판례≫ 판결편취와 권리남용[대법원 1997. 9. 12. 선고 96다4862 판결]

채권자가 연대보증인 중 1인에 대한 소송에서 변론종결일 전에 다른 보증인의 변제 및 담보물건의 경매로 보증채무액의 일부가 변제되었는데도 보증한도액 전부의 지급을 구하는 청구를 유지하여 실체의 권리관계와는 달리 위 금원의 지급을 명하는 판결을 받았고, 그 후 나머지 보증채무도 변제에 의하여 소멸하였음에도 불구하고 채무자에 대하여 확정판결을 받아두었음을 기화로 그 판결에 기한 강제경매신청을 하였다가 채무자가 보증채무의 소멸을 이유로 이의를 제기하자 경매신청을 취하한 뒤 다시 채무자 거주의 아파트에 관하여 강제집행을 신청한 사안에서, 그 강제집행은 판결의 변론종결 전에 채무자의 보증채무 중 일부가 이미 소멸한 사실을 알았거나 쉽게 알 수 있었음에도 불구하고 그 보증채무 전액의 지급을 명하는 판결을 받았음을 기화로 채무자의 보증채무가 변제에 의하여 모두 소멸된 후에 이를 이중으로 지급받고자 하는 것일 뿐만 아니라 그 집행의 과정도 신의에 반하는 것으로서 그 부당함이 현저하고, 한편 보증인에 불과한 자로서 그 소유의 담보물건에 관하여 일차 경매가 실행된 바 있는 채무자에게 이미 소멸된 보증채무의 이중변제를 위하여 그 거주의 부동산에 대한 강제집행까지 수인하라는 것이 되어 가혹하다고 하지 않을 수 없으므로, 위 강제집행은 사회생활상 도저히 용인할 수 없다 할 것이어서 권리남용에 해당한다고 본 사례.

판결편취에 대한 실체법상 구제방법으로서 부당이득반환청구와 불법행위를 원인으로 하는 손해배상청구에 관하여는 민사소송법 이론서를 참고하면 될 것이다.

5. 이의원인 주장의 제한

가. 확정판결

기판력의 실권효에 의하여 변론종결 전의 사유는 원칙적으로 이의사유로 삼지 못한다. 변론 종결 이후에 발생한 사정만을 청구의의의 사유로 삼을 수 있을 뿐이다. 집행권원이 무변론판결인 경우에는 판결선고시 이후의 사유만을 이의사유로 삼을 수 있다. 그러나 한정승인, 상계, 건물철거의무 있는 임차인이나 지상권자의 건물매수청구권행사 등은 소송물 자체에 부착된 항변이 아니라 할 것이므로 변론종결 전에 이를 행사할 수 있었다고 하더라도 이의사유로 삼을 수 있다고 할 것이다(비실권설). 기판력의 실권효에 대한 보다 상세한 논의는 민사소송법 이론서에 맡기고 주요 판례만을 적시해 본다.

≪판례≫ **기판력의 시적범위**[대법원 1961. 12. 14. 선고 60다837 판결]

당사자가 최종 사실 심의 변론종결 이전에 존재한 사실증거를 동 종결이전의 변론에서 주장 제출하지 아니하고 패소한 경우 다시 동 사실이나 증거를 이유로 패소된 확정판결의 내용을 다툴 수 없다.

≪판례≫ **변론종결 후의 상계항변**[대법원 1966. 6. 28. 선고 66다780 판결]

채무명의인 확정판결의 변론종결 전에 상대방에 대하여 상계적상에 있는 채권을 가지고 있었다 하여도 변론종결 이후에 비로소 상계의의사표시를 한 때에는 그 청구이의의 원인이 변론종결 이후에 생긴 때에 해당하는 것으로서 당사자들이 그 변론종결 전에 상계적상에 있은 여부를 알았던 몰랐던 간에 적법한 이의의 사유가 된다(같은 취지 대법원 1998. 11. 24. 선고 98다25344 판결, 대법원 2005. 11. 10. 선고 2005다41443 판결).

≪판례≫ 변론종결 후의 취소권행사[대법원 1979. 8. 14. 선고 79다1105 판결]

확정된 법률관계에 있어 동 확정판결의 변론종결 전에 이미 발생하였던 취소권을 그 당시에 행사하지 않음으로 인하여 취소권자에게 불리하게 확정된 경우 그 확정 후 취소권을 뒤늦게 행사함으로써 동 확정의 효력을 부인할 수 없다.

≪판례≫ 변론종결 후의 해제권행사[대법원 1981. 7. 7. 선고 80다2751 판결]

기판력은 후소와 동일한 내용의 전소의 변론종결 전에 있어서 주장할 수 있었던 모든 공격 방어방법에 미치므로 해제사유가 전소의 변론종결 전에 존재하였다면 그 변론종결 후에 해제의 의사표시를 하였다고 하여도 이는 기판력에 저촉된다.

≪판례≫ 변론종결 후 임차인의 건물매수청구권행사[대법원 1995. 12. 26. 선고 95다42195 판결]

건물의 소유를 목적으로 하는 토지 임대차에 있어서, 임대차가 종료함에 따라 토지의 임차인이 임대인에 대하여 건물매수청구권을 행사할 수 있음에도 불구하고 이를 행사하지 아니한 채, 토지의 임대인이 임차인에 대하여 제기한 토지인도 및 건물철거청구 소송에서 패소하여 그 패소판결이 확정되었다고 하더라도, 그 확정판결에 의하여 건물철거가 집행되지 아니한 이상 토지의 임차인으로서는 건물매수청구권을 행사하여 별소로써 임대인에 대하여 건물매매대금의 지급을 구할 수 있다.

나. 집행판결

외국판결의 집행을 위해서는 집행판결을 얻어야 함은 이미 설명하였다. 다만 문제가 되는 것은 기판력의 시적범위를 결정함에 있어 외국판결을 기준으로 할 것인지 아니면 집행판결을 기준으로 할 것인가 이다. 집행판결은 그 심리에 있어서 청구권의 존부 자체는 심사 대상이 아니어서(민사소송법 제217조) 외국판결을 기준으로 기판력의 표준시를 정할 것이라고 보는 것이 통설이다.

다. 확정판결과 동일한 효력이 있는 집행권원

청구의 인낙조서나 화해조서 등의 경우에는 조서가 성립된 시점을 기준으로 하여 그 이후에 생긴 사유만을 이의사유로 삼을 수 있다. 집행권원이 도산처리 절차상 채권표인 경우에도 마찬가지로 채권표에 기재된 시점 이후의 사유만을 이의사유로 삼을 수 있다.

라. 항고로만 불복할 수 있는 재판

이러한 집행권원에 본래 의미의 기판력이 미치는 것은 아니지만 재판이 성립된 이전의 사유에는 실권효가 작용한다고 보는 것이 대체적인 견해이다. 그러므로 재판 성립 이후의 사유만을 이의사유로 삼을 수 있다고 할 것이다.

마. 지급명령, 이행권고결정, 집행증서, 배상명령 등 기타의 집행권원

이와 같은 집행권원은 기판력이 문제되지 아니하므로 이의원인의 발생시기에 상관없이 이의사유로 삼을 수 있다. 민사소송법 제474조는 지급명령이 확정된 경우 확정판결과 동일한 효력이 있다고 규정하고 있으나 동조는 집행력에 관한 것이고 기판력까지 인정한다는 취지는 아니라고 해석함이 일반적이다.

≪판례≫ 이행권고결정과 기판력[대법원 2006. 1. 26. 선고 2005다54999 판결]

소액사건심판법 제5조의7은 "이행권고 결정은 피고가 2주 내에 이의하지 아니하면 확정판결과 같은 효력을 가진다."는 취지로 규정하면서도, 한편 같은 법 제5조의8 제3항은 "이행권고 결정에 기한 강제집행에 있어서 청구에 관한 이의의 주장에 관하여는 민사집행법 제44조 제2항의 규정{판결에 따라 확정된 청구에 관한 청구이의의 소에 있어서는 그 이유가 변론이 종결된 뒤(변론 없이 한 판결의 경우에는 판결이 선고된 뒤)에 생긴 것이어야 한다는 내용의 규정}에 의한 제한을 받지 아니한다."고 규정하고 있으므로, 확정된 이행권고 결정에 대한 청구이의의 소에 있어서는 이행권고 결정 이후의 청구권의 소멸이나 청구권의 행사를 저지하는 사유뿐만 아니라, 이행권고 결정 전의 청구권의 불성립이나 무효 등도 그 이의사유가 된다고 할 것이다.

바. 가집행선고부판결

가집행선고에 따른 집행으로 인한 채권만족은 잠정적인 것에 불과하여 판결선고시 이를 고려하여서는 아니 된다. 예를 들어 100만원의 지급을 명하는 가집행선고부 1심판결의 선고 후 항소심 계속 중 가집행으로 채권자가 100만원의 만족을 얻은 경우라도 항소심은 100만원의 지급을 명해야 하며 청구권이 소멸하였음을 이유로 청구를 기각하여서는 안 된다. 이때 100만원의 지급의 효과가 발생하는 시점은 청구를 인용하는 판결이 있는 때이다. 다시 말해 가집행에 따른 집행의 효과는 변론종결이후의 사유로 취급하는 것이다. 판례에 따르면 가집행선고에 따라 채무자가 임의로 지급한 경우에 대해서도 이를 변론종결 후의 변제로 취급하여 청구이의로 다툴 수 있다고 보고 있다.

≪판례≫ 가집행선고부판결 후 임의변제[대법원 1995. 6. 30. 선고 95다15827 판결]

가집행이 붙은 제1심 판결을 선고받은 채무자가 선고일 약 1달 후에 그 판결에 의한 그때까지의 원리금을 추심 채권자에게 스스로 지급하기는 하였으나 그 제1심 판결에 대하여 항소를 제기하여 제1심에서 인용된 금액에 대하여 다투었다면, 그 채무자는 제1심 판결이 인용한 금액에 상당하는 채무가 있음을 스스로 인정하고 이에 대한 확정적 변제행위로 추심 채권자에게 그 금원을 지급한 것이 아니라, 제1심 판결이 인용한 지연손해금의 확대를 방지하고 그 판결에 붙은 가집행 선고에 기한 강제집행을 면하기 위하여 그 금원을 지급한 것으로 봄이 상당하고, 이와 같이 제1심 판결에 붙은 가집행선고에 의하여 지급된 금원은 확정적으로 변제의 효과가 발생하는 것이 아니어서 채무자가 그 금원의 지급 사실을 항소심에서 주장하더라도 항소심은 그러한 사유를 참작하지 않으므로, 그 금원 지급에 의한 채권 소멸의 효과는 그 판결이 확정된 때에 비로소 발생한다고 할 것이며, 따라서 채무자가 그와 같이 금원을 지급하였다는 사유는 본래의 소송의 확정판결의 집행력을 배제하는 적법한 청구이의사유가 된다.

위와 같이 가집행선고부 판결 이후에 가집행에 따른 변제의 효과와 임의지급에 따른 변제의 효과를 동일시하는 것은 수긍하기 어려운 면이 있다.

사. 청구이의의 기판력

청구이의의 소에 대한 재판은 기판력이 따르는 판결에 의한다. 그러므로 종전의 청구이의의 소에서 변론종결시까지 주장할 수 있었던 이의사유를 주장하며 새로운 청구이의의 소를 제기하는 것은 허용되지 아니한다. 이에 따른 이의주장의 주장제한은 집행권원의 종류를 묻지 아니한다.

6. 소송절차

가. 소의 제기

통상의 소제기와 다를 것이 없다. 표제도 단순히 '소장'이라고 기재한다. 청구원인에는 이의의 대상인 집행권원과 이의사유를 적고 소가는 집행권원의 소가를 기준으로 정한다. 소제기 시기에는 집행권원이 성립된 이후면 언제라도 족하다. 집행 개시의 전후를 묻지 아니한다. 집행문부여도 묻지 아니한다. 다만 전체로써 강제집행이 종료한 이후에는 청구이의의 소를 제기할 이익이 없다. 배당절차의 단계에서 비로소 제기된 청구이의의 소는 인용되는 경우라도 하더라도 매수인의 지위에는 영향이 없다.

≪판례≫ 집행절차종료 후의 청구이의의 소[대법원 1997. 4. 25. 선고 96다52489 판결]

채무명의인 공정증서가 무권대리인의 촉탁에 기하여 작성된 것으로서 무효인 때에는 채무자는 청구이의의 소로써 강제집행 불허의 재판을 구할 수 있음은 물론이지만, 그 공정증서에 기한 강제집행이 일단 전체적으로 종료되어 채권자가 만족을 얻은 후에는 더 이상 청구이의의 소로써 그 강제집행의 불허를 구할 이익은 없다(같은 취지: 대법원 1989. 12. 12. 선고 87다카3125 판결).

청구이의의 소송계속 중에 집행절차가 종료된 경우에는 소를 각하할 것이지만 각하 전이면 부당이득 또는 손해배상을 구하는 소로 변경할 수 있다.

나. 당사자적격

(1) **원고적격** 집행절차의 개시 전이면 집행권원을 기준으로 할 것이지만 집행절차가 개시된 이후에는 집행절차상 당사자로 확정된 자에게 원고적격이 있다. 집행권원의 효력을 받지 아니하는 자라도 집행문에 채무자로 표시된 자는 청구이의로 다툴 것이지 제3자 이의로 다툴 수 없다.

≪판례≫ 원고적격과 승계집행문[대법원 1992. 10. 27. 선고 92다10883 판결]

제3자이의의 소의 원고적격은 집행의 목적물에 대하여 양도 또는 인도를 저지할 권리가 있음을 주장하는 제3자에게 있고, 제3자란 채무명의 또는 집행문에 채권자, 채무자 또는 그 승계인으로 표시된 자 이외의 자를 말하며, 승계집행문으로 인하여 피고의 승계인으로 표시된 자가 그 채무명의의 집행력의 배제를 구하는 소는 제3자이의의 소라 할 수 없다.

집행채무자의 일반승계인이 아닌 특정승계인은 특정승계인이라는 지위 자체에 기하여서는 청구이의를 할 수 없다. 그러나 청구이의의 소는 집행절차와 별개의 독립된 절차이므로 즉시항고나 집행에 관한 이의에서와 달리 특정승계인은 집행채무자를 대위하여 청구이의를 할 수 있으므로 이러한 구별은 의미가 없다.

≪판례≫ 채권자대위에 의한 청구이의의 소[대법원 1992. 4. 10. 선고 91다41620 판결]

청구이의의 소를 제기할 수 있는 자는 채무명의에 채무자로 표시된 자 및 채무의 승계 기타 원인으로 채무자에 대신하여 집행력을 받는 자이지만 이러한 자의 채권자도 채권자 대위권에 기하여 청구이의의 소를 제기할 수 있다.

(2) **피고적격** 집행기관이 아니라 채권자를 피고로 삼아야 한다. 피고적격도 원고적격과 같은 기준에 의해 정할 것이다. 집행채권의 승계가 있는 경우에는 승계집행문이 있기 전이라도 승계인을 피고로 삼을 수 있다.

≪판례≫ 채권양도와 피고적격[대법원 2008. 2. 1. 선고 2005다23889 판결]

집행권원상의 청구권이 양도되어 대항요건을 갖춘 경우 집행당사자적격이 양수인으로 변경되고, 양수인이 승계집행문을 부여받음에 따라 집행채권자는 양수인으로 확정되는 것이므로, 승계집행문의 부여로 인하여 양도인에 대한 기존 집행권원의 집행력은 소멸한다. 따라서, 그 후 양도인을 상대로 제기한 청구이의의 소는 피고적격이 없는 자를 상대로 한 소이거나 이미 집행력이 소멸한 집행권원의 집행력 배제를 구하는 것으로 권리보호의 이익이 없어 부적법하고, 이러한 법리는 소액사건심판법상의 확정된 이행권고결정과 같이 위 법 제 5 조의8 제 1 항에 의하여 집행문을 별도로 부여받을 필요 없이 이행권고결정서의 정본에 의하여 강제집행이 가능한 경우에도 마찬가지이다(집행권원상의 청구권을 양도한 채권자가 집행력이 소멸한 이행권고결정서의 정본에 기하여 강제집행절차에 나아간 경우에 채무자는 민사집행법 제16조의 집행이의의 방법으로 이를 다툴 수 있다).

다. 소송대리권

청구이의의 소는 독립된 별개의 소송절차이다. 그러므로 집행권원이 되는 판결을 얻기 위한 절차상의 소송대리인이라도 별도의 소송위임이 없다면 이 소에서 소송대리권이 인정되지 아니한다(반대견해 있음). 판결절차이므로 변호사 아닌 자는 법원의 허가를 얻어야 대리할 수 있다.

라. 관 할

집행권원의 종류에 따라 관할이 다르며 모두 전속관할이다. 구체적으로 살펴보면 다음과 같다(이하는 사법연수원 80면).

① 확정판결: 제 1 심판결법원(제44조 1항) 또는 가정법원
② 확정된 지급명령: 지급명령을 내린 지방법원 단독판사 또는 합의부(제58조 4항, 5항)
③ 항고로만 불복할 수 있는 재판: 그 재판을 한 제 1 심법원(제57조, 제56조 1호, 제44조 1항)
④ 청구의 인낙조서, 소송상의 화해조서: 제 1 심 수소법원(제57조, 제56조 5호, 제44조 1항). 항소심에서 화해가 성립된 경우에도 제 1 심법원이 관할법원이다.
⑤ 제소전화해조서, 조정조서: 소가에 따라 그 절차를 행한 지방법원의 단독판사 또는 합의부. 항소심에서 조정이 성립된 경우에도 제 1 심법원이 관할법원이다. 가사조정조서나 가사심판에 대한 청구이의의 소는 가정법원이 관할한다.
⑥ 집행증서: 채무자의 보통재판적이 있는 곳의 법원 또는 그 법원이 없는 때에는 민사소송법 제11조에 따라 채무자에 대하여 소를 제기할 수 있는 법원(제59조 4항)이 관할법원이다. 종전에는 집행증서에 관한 청구이의의 소의 관할은 공증인 사무소 소재지를 기준으로 하였던 것을 개정한 것이다.

마. 심 리

통상의 소송절차와 다를 것이 없다. 변론절차에 따라 심리한다. 의제자백도 당연히 인정된다. 이의사유의 존재는 원고인 채무자에게 입증책임이 있고 다른 청구와의 병합도 가능하다. 청구이의의 소송 계속 중에 집행절차가 종료된 경우에는 부당이득 또는 손해배상을 구하는 것으로 청구를 변경할 수 있다. 원고는 변론종결시까지 존재하는 이의사유를 모두 주장하여야 한다(제44조 3항).

바. 재 판

원고의 주장이 이유 있으면 집행력의 일부 또는 전부에 대하여 일시적으로 또는 영구적으로 강제집행의 정지를 명하는 판결을 한다. 건물철거의무와 같이 채무 자체가 불가분적인 경우가 아닌 한 일부인용판결도 가능하다. 집행의 일부 배제를 명하는 판결은 일부기각의 성질을 가지므로 항소로써 불복할 것이다.

≪판례≫ 채권양도와 피고적격[대법원 2008. 2. 1. 선고 2005다23889 판결]

집행권원상의 청구권이 양도되어 대항요건을 갖춘 경우 집행당사자적격이 양수인으로 변경되고, 양수인이 승계집행문을 부여받음에 따라 집행채권자는 양수인으로 확정되는 것이므로, 승계집행문의 부여로 인하여 양도인에 대한 기존 집행권원의 집행력은 소멸한다. 따라서, 그 후 양도인을 상대로 제기한 청구이의의 소는 피고적격이 없는 자를 상대로 한 소이거나 이미 집행력이 소멸한 집행권원의 집행력 배제를 구하는 것으로 권리보호의 이익이 없어 부적법하고, 이러한 법리는 소액사건심판법상의 확정된 이행권고결정과 같이 위 법 제5조의8 제1항에 의하여 집행문을 별도로 부여받을 필요 없이 이행권고결정서의 정본에 의하여 강제집행이 가능한 경우에도 마찬가지이다(집행권원상의 청구권을 양도한 채권자가 집행력이 소멸한 이행권고결정서의 정본에 기하여 강제집행절차에 나아간 경우에 채무자는 민사집행법 제16조의 집행이의의 방법으로 이를 다툴 수 있다).

≪판례≫ 건물철거판결과 집행력의 일부배제[대법원 1987. 9. 8. 선고 86다카2771 판결]

건물철거 판결에 있어 건물철거 의무는 일체로서 집행되어야 할 의무이고 가분적인 것이라 할 수 없으므로 그 집행력의 일부배제를 구할 수는 없다.

주문에는 집행권원의 표시를 하여야 하나 집행목적물이나 집행정본의 표시는 하지 않는다. 원고의 주장이 이유 없으면 청구를 기각하는 판결을 선고한다. 판결에는 기판력이 인정되므로 청구이의 소송의 변론종결시까지 주장할 수 있었던 사유를 내세워 다시 다투지 못한다. 예를 들어 본소를 기각하는 확정판결이 있는 경우에는 집행절차가 종료한 이후라고 하더라도 청구이의의 소에서 주장할 수 있었던 사유를 내세워 부당이득이나 손해배상을 구하는 소는 허용되지 아니한다.

7. 잠정처분

가. 중간재판으로서 잠정처분(제46조)

제46조 (이의의 소와 잠정처분)

① 제44조 및 제45조의 이의의 소는 강제집행을 계속하여 진행하는 데에는 영향을 미치지 아니한다.

② 제 1 항의 이의를 주장한 사유가 법률상 정당한 이유가 있다고 인정되고, 사실에 대한 소명(疎明)이 있을 때에는 수소법원(受訴法院)은 당사자의 신청에 따라 판결이 있을 때까지 담보를 제공하게 하거나 담보를 제공하게 하지 아니하고 강제집행을 정지하도록 명할 수 있으며, 담보를 제공하게 하고 그 집행을 계속하도록 명하거나 실시한 집행처분을 취소하도록 명할 수 있다.

③ 제 2 항의 재판은 변론 없이 하며 급박한 경우에는 재판장이 할 수 있다.

④ 급박한 경우에는 집행법원이 제 2 항의 권한을 행사할 수 있다. 이 경우 집행법원은 상당한 기간 이내에 제 2 항에 따른 수소법원의 재판서를 제출하도록 명하여야 한다.

⑤ 제 4 항 후단의 기간을 넘긴 때에는 채권자의 신청에 따라 강제집행을 계속하여 진행한다.

청구의의 소를 제기한 것만으로는 집행절차의 개시와 속행에 영향이 없다. 집행절차의 정지를 위하서는 별도의 잠정처분이 있어야 한다. 청구이의의 소를 제기하지 아니한 상태에서 잠정처분만의 신청은 부적법하다.

≪판례≫ 청구이의의 소와 잠정처분[대법원 1981. 8. 21.자 81마292 결정]

청구이의의 소를 제기하지 아니하고 한, 민사소송법 제507조 제2항 소정의 강제집행에 관한 가처분신청은 부적법하여 각하하여야 하므로 이를 기각한 원심결정은 잘못이나 결론에 있어서 위 신청을 배척한 것이므로 이점은 원심결정의 파기사유가 되지 아니한다(같은 취지: 대법원 2004. 8. 17.자 2004카기93 결정).

≪판례≫ 청구이의의 소와 잠정처분[대법원 2003. 9. 8.자 2003그74 결정]

제소 전 화해조서에 기한 점포 명도집행에 대하여 청구이의의 소가 아닌 점포임대차계약존속확인의 소를 제기한 상태에서 강제집행정지신청을 한 경우, 민사집행법 제46조 제2항 소정의 집행정지요건을 갖추지 못하였다고 한 사례.

이러한 잠정처분은 일반 가처분 규정에 대한 특칙에 해당하므로 가처분신청에 의해 집행절차의 정지를 구하는 것은 허용되지 않는다.

≪판례≫ **잠정처분과 가처분의 관계**[대법원 1986. 5. 30.자 86그76 결정]

확정판결 또는 이와 동일한 효력이 있는 채무명의에 기한 강제집행의 정지는 오직 강제집행에 관한 법규 중에 그에 관한 규정이 있는 경우에 한하여 가능한 것이고, 이와 같은 규정에 의함이 없이 일반적인 가처분의 방법으로 강제집행을 정지시킨다는 것은 허용할 수 없다(같은 취지: 대법원 2003. 9. 8.자 2003그74 결정).

본소에 따른 잠정처분은 중간적 재판으로 일반항고로는 불복할 수 없으며 특별항고로 다툴 수 있을 뿐이다. 재심청구나 가집행선고부판결에 대한 상소에 따른 임시적 집행정지와는 성질이 다른 것이다. 즉 민소법 제500조 제3항은 본소에 따른 잠정처분에는 적용이 없다. 특별항고에는 재도의 고안이 인정되지 아니한다.

≪판례≫ **잠정처분에 대한 특별항고 선해적법**[대법원 1981. 8. 21.자 81마292 결정]

민사소송법 제507조 제2항 소정의 가처분에 대하여는 동법 제473조 제3항을 유추하여 불복신청을 할 수 없다고 할 것이고, 이와 같이 불복불허의 결정에 대하여 한 항고는 당사자가 특별항고라는 표시를 하지 아니하였어도 원심법원은 이를 특별항고로 보아 기록을 대법원에 송부하여야 할 것인바, 원심법원이 기록을 대구고등법원에 송부하여 대구고등법원에서 이에 대하여 결정을 한 것은 권한 없는 법원이 한 것으로 되므로 대법원은 위 고등법원의 결정에 대한 이건 항고를 원심법원의 결정에 대한 특별항고사건으로 보아 처리하여야 한다(같은 취지: 대법원 1967. 2. 20.자 65마1119 결정, 대법원 2005. 12. 19.자 2005그128 결정).

≪판례≫ **특별항고와 재도의 고안**[대법원 2001. 2. 28.자 2001그4 결정]

일반적으로 원심법원이 항고를 이유 있다고 인정하는 때에는 그 재판을 경정할 수 있으나 통상의 절차에 의하여 불복을 신청할 수 없는 결정이나 명령에 대하여 특별히 대법원에 위헌이나 위법의 심사권을 부여하고 있는 특별항고의 경우에 원심법원에 반성의 기회를 부여하는 재도의 고안을 허용하는 것은 특별항고를 인정한 취지에 맞지 않으므로 특별항고가 있는 경우 원심법원은 경정결정을 할 수 없고 기록을 그대로 대법원에 송부하여야 한다.

채무자의 집행정지를 명하는 잠정처분의 신청이 부당한 것으로 귀결될 경우에는 채무자에게 손해배상책임이 인정된다.

≪판례≫ **부당한 잠정처분신청과 손해배상책임**[대법원 2001. 2. 23. 선고 98다26484 판결]

[1] 근저당권에 기하여 담보권의 실행을 위한 경매절차가 진행되던 중, 채무자가 채권자

를 상대로 근저당권설정등기의 말소를 구하는 본안소송을 제기하는 한편 이를 근거로 민사소송법 제505조의 청구에 관한 이의의 소에 준하여 같은 법 제507조 제 2 항에 의한 잠정처분으로서 경매절차를 정지하는 가처분을 받아 그에 따라 경매절차가 정지되었다가 그 후 위 본안소송에서 채무자의 패소 판결이 선고·확정되었다면, 그 법률관계는 부당한 보전처분 집행의 경우와 유사하여, 그 잠정처분에 의하여 경매절차가 정지되고 그로 인하여 채권자가 입은 손해에 대하여 특별한 반증이 없는 한 잠정처분을 신청한 채무자에게 고의 또는 과실 있음이 추정되고 따라서 부당한 경매절차 정지로 인한 손해에 대하여 이를 배상할 책임이 있다.

[2] 부당한 경매절차의 정지로 인하여 경매 채권자가 입게 된 손해는, 그 정지된 기간 동안 경매 목적물의 가격에 현저한 등락이 있었다는 등의 특별한 사정이 없는 한, 경매절차가 정지되지 않았더라면 일찍 받았을 배당금의 수령이 지연됨에 따른 손해라 할 것인데, 경매 채권자에 대한 배당은 경매절차가 정지된 날부터 본안소송의 패소 판결이 확정되어 다시 경매절차가 진행되기 전날까지의 기간에 해당하는 일수만큼 지연된 것으로 봄이 상당하며, 한편 금원의 수령이 지체되어 이를 이용하지 못함으로 인하여 생기는 통상 손해는 이용하지 못한 기간 동안의 법정이자 상당액이라 할 것이다.

수소법원은 채무자의 신청으로 판결이 있을 때까지 담보 제공여부를 정하여 집행정지를 명할 수 있고 형평상 채권자의 신청으로 담보를 제공하게 하고 집행의 속행 또는 집행처분의 취소를 명할 수 있다. 집행정지의 시한은 본안판결 선고시까지로 정하는 것이 보통이다. 본안판결 확정시까지 정지시한을 두는 것도 가능하지만 실무상 매우 드물다.

≪판례≫ 잠정처분과 집행정지의 시한[대법원 1977. 12. 21.자 77그6 결정]

민사소송법 제507조 2항의 "판결이 있을 때까지"라고 함은 "본안판결시까지"만이라고 해석할 이유는 없고 당해법원의 재량에 의하여 "본안판결 확정시까지"로 그 시한을 정할 수 있는 것이라고 해석함이 타당하다.

급박한 경우에는 수소법원뿐만 아니라 수소법원의 재판장이나 집행법원이 잠정처분을 할 수 있으며, 집행법원이 잠정처분을 상당기간을 정하여 수소법원의 집행정지를 명하는 재판서를 제출하도록 하고 그 기간이 지나면 채권자의 신청으로 강제집행을 속행한다(제46조). 담보의 제공에 관해 실무는 채무액 전액에 상당하는 금액의 제공을 명하고 있고 지급보증위탁계약을 체결한 문서의 제출로 담보를 제공하는 것은 허용되지 아니한다. 담보제공명령은 중간적 재판으로 담보제공명령만에 관하여 따로 불복하지 못한다.

≪판례≫ 담보제공명령에 대한 불복[대법원 2001. 9. 3.자 2001그85 결정]

수소법원이 민사소송법 제507조 제 2 항 소정의 강제집행정지결정 등을 명하기 위하여 담보제공명령을 내렸다면 이러한 담보제공명령은 나중에 있을 강제집행을 정지하는 재판에 대한 중간적 재판에 해당하는바, 위 명령에서 정한 공탁금액이 너무 과다하여 부당하다고 하더라도 이는 강제집행정지의 재판에 대한 불복절차에서 그 당부를 다툴 수 있을 뿐, 중간적 재판에 해당하는 담보제공명령에 대하여는 독립하여 불복할 수 없다.

나. 종국재판에 따르는 잠정처분

제47조 (이의의 재판과 잠정처분)

① 수소법원은 이의의 소의 판결에서 제46조의 명령을 내리고 이미 내린 명령을 취소·변경 또는 인가할 수 있다.

② 판결 중 제 1 항에 규정된 사항에 대하여는 직권으로 가집행의 선고를 하여야 한다.

③ 제 2 항의 재판에 대하여는 불복할 수 없다.

중간재판으로서의 잠정처분(제46조)은 종국판결 선고시 또는 확정시까지의 임시적 조치이므로 종국판결이 있게 되면 당연히 효력을 상실한다. 그러므로 수소법원이 청구를 인용하는 판결을 하는 경우에는 새롭게 판결의 주문 중에 잠정처분(제47조)을 하고 이미 내린 잠정처분(제46조)의 취소·변경·인가의 판결을 한다. 이때의 잠정처분(제47조)과 이미 내린 잠정처분(제46조)의 취소·변경은 확정되어야 효력이 발생하므로 반드시 직권으로 가집행선고를 붙여야 하고 이에 대해서는 불복하지 못한다. 재산상의 청구가 아닌데도 가집행선고를 붙이는 경우이며 이때의 가집행은 본래의미의 집행이 아닌 넓은 의미의 집행을 의미하는 것이다. 한편 제46조의 잠정처분과 제47조의 잠정처분은 상당히 이질적이다. 전자는 결정으로 선고와 동시에 효력이 발생하지만 후자는 판결로 확정되어야 효력이 발생한다. 그러므로 전자에는 가집행선고가 필요 없지만 후자에는 가집행선고가 있게 된다. 일반적으로 전자는 판결선고시까지의 집행절차 정지를 위한 것이고 후자는 판결선고시부터 판결확정시까지의 집행절차 정지를 위한 것이다. 전자는 반드시 신청이 있어야 하지만 후자는 직권에 의한다는 점도 서로 다르다. 전자에 대한 불복은 특별항고에 의할 것이지만 후자에 대한 불복은 상소에 의한다. 다만 후자는 그에 대하여서만 독립하여 상소하는 것은 허용되지 아니한다.

8. 실체적 하자와 임의경매

가. 서 론

청구이의의 소는 강제집행절차와 관련된 실체적 하자가 있음을 주장하여 당해 집행권원의 집행력을 소멸시키는 제도임은 앞서 설명하였다. 그렇다면 임의경매절차와 관련된 실체적 하자가 있는 경우에는 채무자는 이를 어떻게 다투어야 하는 문제가 제기된다. 왜냐하면 임의경매절차에 관하여는 집행권원이라고 할 것이 없으므로 청구이의의 소로서 다툴 여지가 없는 것 아닌가 하는 의문이 들기 때문이다. 이에 대한 해결책으로 제265조와 제275조를 두고 있다. 이를 상세히 살펴보며 다음과 같다.

나. 민사집행법 제275조에 따른 구제

(1) 임의경매절차와 청구이의의 소 민사집행법은 제275조에서 임의경매절차에도 청구이의의 소(제44조)가 준용됨을 규정하고 있다. 이러한 민사집행법의 규정 문언만을 기준으로 본다면 임의경매절차에도 곧바로 청구이의의 소가 인정되는 것으로 볼 여지가 있다. 그러나 임의경매절차에는 집행권원이라고 할 것이 없으므로 청구이의의 소가 직접 준용된다고 보기는 어렵다. 이에 대하여는 민사집행법 제275조의 취지는 제46조와 제47조에 따른 잠정처분을 인정하기 위한 전제로서 제44조를 준용한다는 한정적 의미에 불과한 것이라고 이해하는 것이 옳다고 본다. 그러므로 임의경매절차상에 청구이의의 소가 인정된다고 볼 것은 아니고 청구이의의 소에 따른 잠정처분만이 한정적으로 준용된다고 할 것이다(부정설).

≪판례≫ 임의경매와 청구이의의 소[대법원 2002. 9. 24. 선고 2002다43684 판결]

부동산을 목적으로 하는 담보권을 실행하기 위한 경매절차를 정지하려면구 민사소송법(2002. 1. 26. 법률 제6626호로 전문 개정되기 전의 것) 제603조의3 제 1 항에 따라 경매개시결정에 대한 이의신청을 하고 제603조의3 제 2 항에 따라 제484조 제 2 항에 준하는 집행정지명령을 받거나 그 담보권의 효력을 다투는 소를 제기하고 같은 법 제507조에 준하는 집행정지명령을 받아 그 절차의 진행을 정지시킬 수 있을 뿐이고, 직접 경매의 불허를 구하는 소(청구이의의 소를 가리킨다/필자 각주)를 제기할 수는 없다.

(2) 채무이의의 소 그렇다면 청구이의사유가 존재하는 사정을 집행절차에 어떻게 반영할 것인지가 문제된다. 이에 대하여는 실무상으로 채무자는 채권자를 상대로 채무부존재확인소송 또는 담보권말소청구소송을 제기하고 당해

수소법원으로부터 경매절차의 일시정지를 명하는 잠정처분을 받아 집행법원에 제출하여 집행정지의 목적을 달성할 수 있다. 이를 청구이의의 소에 대응하여 채무이의의 소라고 한다. 저당권말소를 구하는 소는 통상의 이행의 소로 제46조와 제47조에 따른 잠정처분이 허용되지 않는 것이지만 제275조에 의하여 예외적으로 잠정처분이 허용하고 있는 것이다.

≪판례≫ **근저당권말소등기청구소송과 잠정처분**[대법원 1993. 10. 8. 선고 93그40 판결]

저당채무의 부존재를 이유로 근저당권설정등기의 말소등기절차이행청구의 소를 제기한 경우 민사소송법 제505조의 청구에 관한 이의의 소에 준하여 같은 법 제507조 제2항에 의한 잠정처분을 할 수 있다.

이러한 채무이의의 소는 저당권의 부존재 또는 소멸과 같이 근저당권의 집행력을 직접 배제할 수 있는 것에 한하고 피담보채무의 변제 등 일정한 조건하에 근저당권의 말소를 구하는 소는 이에 해당하지 아니한다. 예를 들어 채무변제를 조건으로 저당권의 말소를 구하는 소에서는 집행정지의 잠정처분을 구할 수 없다고 볼 것이다.

다. 민사집행법 제265조에 따른 구제

다음에 자세히 살펴볼 것이지만 임의경매개시결정에 대한 이의는 실체적 하자까지 아울러 다툴 수 있는 것이므로 채무자는 경매개시결정에 대한 이의를 신청하여 집행법원으로부터 집행의 일시정지를 명하는 잠정처분을 받아 집행정지의 목적을 달성할 수 있다.

≪판례≫ **피담보채권의 부존재**[대법원 1987. 3. 10. 선고 86다152 판결]

경매법에 의한 경매를 신청할 수 있는 권리의 존부를 다투는 경우에 그 경매절차를 정지하기 위하여는 경매법 제28조에 의하여 경매개시 결정에 대한 이의신청을 하고 같은 법 소정의 집행정지 명령을 받거나, 민사소송법 제505조를 준용하여 채무에 관한 이의의 소를 제기하고 같은 법 제507조에 의한 경매정지 명령을 받아 그 경매절차의 진행을 정지시킬 수 있을 뿐이므로 별개의 소로서 경매의 불허를 구하는 청구는 부적법하다(같은 취지 대법원 2002. 9. 24. 선고 2002다43684 판결, 대법원 2004. 8. 17.자 2004카기93 결정).

그러므로 민사집행법이 제265조의 특칙을 두고 있으므로 굳이 앞서 살펴 본 바와 같은 채무이의의 소를 별도로 인정할 필요가 없는 것이 아닌가 하는 의문이 제기된다. 그러나 경매개시결정에 대한 이의는 집행법원이 관할하는 것으로 집행법원에서 근저당권의 유·무효, 채무의 존부와 범위 등 실체적 사유를 심리하기에 부적절하므로 근저당권의 말소, 채무의 완제 등 명백한 사유가 아니면 통상 본안의 소(채무이의의 소)를 제기할 것을 권고하는 것이 실무의 경향이다. 이러한 한도에서 채무이의의 소가 실제적 의미를 갖는다고 하겠다.

사례 11 〈해설〉 부진정연대채무와 청구이의 소

갑에 대한 을과 병의 채무는 부진정연대채무이다. 따라서 병이 갑에게 변제를 하였다면 을의 갑에 대한 채무는 소멸한다. 그럼에도 불구하고 갑은 이미 소멸한 손해배상청구권에 관한 주장을 유지하여 확정판결을 얻고 그에 기초하여 집행절차에 나아가는 것은 권리남용에 해당한다. 이러한 경우 을로서는 재심절차를 통하여 기판력을 배척하는 절차를 우회할 필요가 없이, 곧바로 청구이의의 소를 제기하여 위 집행권원의 집행력을 소멸시킴으로써 궁극적으로 위 집행절차를 막을 수 있다.

사례 12 〈해설〉 임의경매절차와 피담보채권부존재

1. 경매개시결정에 대한 이의

경매개시결정에 대한 이의가 본래 예정하는 바는 경매개시결정 자체에 내재하는 절차적 하자를 시정하는 것이다. 따라서 경매개시결정에 대한 이의절차를 통하여 집행채권의 부존재와 같은 실체적 하자를 주장하는 것은 허용되지 아니한다. 실체적 하자에 대하여는 청구이의의 소로 다투어야 하는 것이다. 그러나 임의경매절차에서는 집행권원이라고 할 것이 없는 탓에 '집행권원'의 집행력을 배척하는 청구이의의 소가 문제될 여지가 없다. 이에 강제경매절차에서와 달리 임의경매절차에서는 경매개시결정에 대한 이의절차를 통해 실체적 하자를 주장하는 것을 예외적으로 허용하고 있다(제265조).

2. 저당권말소등기청구소송[채무이의의 소]

한편 임의경매절차상 집행법원이 경매개시결정에 대한 이의를 통하여 제기된 집행채권의 부존재라는 실체적 하자주장을 심리하는 것은 형식주의와 기관분리독립의 원칙을 근간으로 하는 민사집행법의 전체적 체계에 부적절한 면이 있다. 이에 민사집행법(제275조)은 '청구이의의 소를 임의경매절차에도 준용한다'를 취지의 규정을 두고 있는데, 동조의 취지는 '저당권말소청구소송절차는 청구이의의 소는 아니라 할 것이지만 제46조와 제47조가 규정하는 있는 잠정처분만에 대하여는 제한적으로 유추적용을 허용한다'는 것이라고 하겠다(반대견해 있음). 이와 같이 집행절차를 저지하기 위한 저당권말소청구소송을 두고 '채무이의의 소'라 한다.

3. 피담보채무부존재확인소송

확인의 소는 원고의 법적 지위의 불안 또는 위험을 제거하기 위하여 가장 유효적절한 수단이어야 한다. 이를 확인의 소의 보충성이라고 한다. 따라서 확인판결보다 더 발본색원적인 수단이 있는 경우 또는 확인의 소에 의하지 않고 목적을 달성할 수 있는 경우에는 확인의 소의 권리보호의 필요가 부정된다(유병현 372면). 따라서 저당권의 말소를 구하지 않고 피담보채무부존재확인을 구하는 것은 소의 이익이 없다.

4. 통상의 가처분에 의한 집행정지신청

민사집행법 제46조와 제47조는 집행정지에 관하여 통상의 가처분에 대한 특별규정이다. 따라서 사안에 있어서 통상의 가처분에 기하여 집행정지를 구하는 것은 부적법하다.

Ⅲ. 제 3 자이의의 소

사 례 13 집행절차상 동산양도담보의 취급

양만장을 운영하는 갑은 사료회사인 을에게 양만장에서 사육하는 전체 뱀장어 약 100만 마리를 양도담보로 제공함과 아울러 집행증서를 작성하고 사료를 외상으로 공급받았다. 이에 배신감을 느낀 종전 사료회사 병은 그동안의 외상대금채권으로 지급명령절차를 통해 집행권원을 얻어 위 뱀장어에 대한 유체동산경매를 신청하였다. 이때 을은 취할 수 있는 가장 적절한 대책은 어떠한 것이 있는가?

제48조 (제 3 자이의의 소)

① 제 3 자가 강제집행의 목적물에 대하여 소유권이 있다고 주장하거나 목적물의 양도나 인도를 막을 수 있는 권리가 있다고 주장하는 때에는 채권자를 상대로 그 강제집행에 대한 이의의 소를 제기할 수 있다. 다만, 채무자가 그 이의를 다투는 때에는 채무자를 공동피고로 할 수 있다.

② 제 1 항의 소는 집행법원이 관할한다. 다만, 소송물이 단독판사의 관할에 속하지 아니할 때에는 집행법원이 있는 곳을 관할하는 지방법원의 합의부가 이를 관할한다.

③ 강제집행의 정지와 이미 실시한 집행처분의 취소에 대하여는 제46조 및 제47조의 규정을 준용한다. 다만, 집행처분을 취소할 때에는 담보를 제공하게 하지 아니할 수 있다.

1. 의 의

강제집행이 채무자의 책임재산이 아닌 제 3 자의 재산을 대상으로 이루어지는데 대하여 제 3 자가 이를 다투어 집행행위의 배제를 구하는 소이다(제48조 1항). 집행권원의 집행력 자체를 다투어 전체로서의 강제집행의 효력을 배제하고자 하는 것이 아니라 구체적인 집행행위만을 다투는 제도인 것이다. 이 점에서 청구이의의 소와 전혀 다르다. 집행기관은 집행의 대상이 되는 재산이 채무자의 재산인지를 실질적으로 심사할 권한도 의무도 없고 외부적 징표만을 기준으로 채무자의 재산인지를 판단한다. 예를 들어 부동산의 경우에는 등기부를 기준으로, 동산의 경우에는 점유를 기준으로, 채권의 경우에는 채권자의 주장만으로 책임재산인지 여부를 정한다. 그리하여 흔히 제3자의 재산을 대상으로 집행이 이루어지는 경우가 있고 이러한 부당집행에 대한 구제방법으로 제3자 이의의 소에 관한 규정을 두고 있는 것이다.

2. 소의 성질

제3자이의의 소는 목적물에 대한 집행의 불허를 선고하여 장래에 향하여 당해 목적물에 대한 집행을 위법하게 하는 집행법상의 효과를 발생시키는 형성의 소(형성소송설)라고 보는 것이 통설이며 판례의 태도이다. 형성소송설에 서면 실체법상의 권리를 원인으로 하는 소송상의 이의권을 소송물로 보게 되며 본소의 판결에는 소유권의 귀속에 관한 기판력이 인정되지 아니한다.

3. 적용범위

가. 본래의미의 강제집행

본래의미의 강제집행이 전제되는 모든 종류의 집행권원에 대해 적용된다. 비금전채권집행, 가집행절차에도 그 적용이 있다. 매각대금 납입에 따른 부동산 인도명령절차(제136조)에 관여도 본소의 적용이 인정됨은 청구이의의 소에서 설명한 바와 다를 것이 없다.

나. 보전처분절차

보전집행에도 적용된다. 보전처분절차에서는 청구이의의 소에 대한 특칙이라고 할 수 있는 보전명령에 대한 이의절차(제283조, 제301조), 사정변경에 따라 취소절차(제288조, 제301조) 등을 두고 있으나 제3자 이의의 소에 대한 특칙을 별도로 두고 있지 않다.

≪판례≫ 가압류집행에 대한 제3자이의의 소[대법원 1982. 10. 26. 선고 82다카884 판결]

가압류결정시까지 이 사건 부동산에 관하여 원고 명의의 소유권이전등기가 경료 되지 않았으나, 피고의 가압류신청이 사망자를 상대로 한 것이라면 사망자 명의의 그 가압류결정은 무효라고 할 것이고 따라서 무효의 가압류결정에 기한 가압류집행에 대해서는 그 집행이후 소유권을 취득한 원고도 그 집행채권자인 피고에 대하여 그 소유권취득을 주장하여 대항할 수 있다고 할 것이므로 원고는 제3자이의 소에 의하여 위 집행의 배제를 구할 수 있다.

다. 임의경매절차

본소는 담보권실행절차에도 적용된다. 청구이의의 소와 달리 집행권원의 집행력 자체를 배제하고자 하는 것이 아니기 때문에 임의경매절차에 대해서도 그 적용이 있는 것이다.

4. 이의사유

집행채권자에게 대항할 수 있는 목적물의 양도나 인도를 막을 수 있는 권리가 있는 자는 집행채권자의 집행에 대하여 본소로써 다툴 수 있다. 이러한 권리는 집행개시 당시에 이미 존재하는 것이 일반적이지만 압류 후에 취득한 권리라도 채권자에게 대항할 수 있는 것이면 이의사유로 삼을 수 있다. 이러한 이의사유는 변론종결시까지 존재해야 한다. 한편 이의사유의 소송법상 의의에 관하여 판례는 당사자적격의 문제로 이해하는 듯하다.

≪판례≫ 제3자이의의 소의 원고적격[대법원 1976. 8. 24. 선고 76다216 판결]

강제집행에 대한 제3자 이의의 소는 이미 개시된 집행목적물에 대하여 소유권 기타 목적물의 양도나 인도를 저지하는 권리를 주장함으로써 그에 대한 집행의 배제를 구하는 것이기 때문에 그 권리는 집행채권자에게 대항할 수 있는 것이어야 하고 경매개시 결정 후의 소유권 취득자는 집행채무자에 대항할 수 없다 할 것이므로 강제집행의 기초가 되는 채무명의의 허위 가장 여부를 다툴 적격이 없다.

이의 사유의 개별적으로 살펴보면 다음과 같다.

가. 소 유 권

(1) **소유권자** 소유권은 가장 대표적인 이의사유이다. 소유권자이어야 하므로 소유권유보부매매에 있어서 매도인이나 신탁재산에 있어서 수탁자는 이의 할 수 있으나 소유권이전등기청구권만을 가지는 자나 소유권이전등기청구권을 가등기한 자 또는 신탁자 등은 이의 할 수 없다.

≪판례≫ 소유권이전등기청구권의 상대적 효력[대법원 1980. 1. 29. 선고 79다1223 판결]

(중략) 소유권이전등기청구권이 있다는 이유만으로 원고의 이 사건 강제집행에 대한 제3자 이의의 소에 의한 청구를 인용하였으니 이는 필경 민사소송법 제509조의 법리를 오해

한 위법이 있어 판결에 영향을 미쳤다 할 것이므로 이에 관한 논지는 이유 있다.

≪판례≫ 명의신탁자의 제3자이의[대법원 2007. 5. 10. 선고 2007다7409 판결]

부동산 실권리자명의 등기에 관한 법률 제8조 제1호에 의하면 종중이 보유한 부동산에 관한 물권을 종중 이외의 자의 명의로 등기하는 명의신탁의 경우 조세포탈, 강제집행의 면탈 또는 법령상 제한의 회피를 목적으로 하지 아니하는 경우에는 같은 법 제4조 내지 제7조 및 제12조 제1항·제2항의 규정의 적용이 배제되어 종중이 같은 법 시행 전에 명의신탁한 부동산에 관하여 같은 법 제11조의 유예기간 이내에 실명등기 또는 매각처분을 하지 아니한 경우에도 그 명의신탁약정은 여전히 그 효력을 유지하는 것이지만, 부동산을 명의신탁한 경우에는 소유권이 대외적으로 수탁자에게 귀속하므로 명의신탁자는 신탁을 이유로 제3자에 대하여 그 소유권을 주장할 수 없고 특별한 사정이 없는 한 신탁자가 수탁자에 대해 가지는 명의신탁해지를 원인으로 한 소유권이전등기청구권은 집행채권자에게 대항할 수 있는 권리가 될 수 없으므로 결국 명의신탁자인 종중은 명의신탁된 부동산에 관하여 제3자이의의 소의 원인이 되는 권리를 가지고 있지 않다고 할 것이다.

(2) **소유권의 침해** 소유권이라고 하여 항상 이의사유가 되는 것은 아님에 유의해야 한다. 소유권이라도 강제집행에 의해 소유권 자체가 침해된 것이 아니라면 이의하지 못한다. 예를 들어 지상권에 기한 인도청구권의 집행에 대해서는 소유권을 근거로 이의하지 못한다.

≪판례≫ 점유이전금지가처분과 제3자이의[대법원 2002. 3. 29. 선고 2000다33010 판결]

목적물에 대한 채무자의 점유를 풀고 채권자가 위임하는 집행관에게 그 보관을 명하며 집행관은 현상을 변경하지 아니할 것을 조건으로 하여 채무자에게 그 사용을 허가하도록 하는 내용의 점유이전금지가처분은, 가처분집행 당시의 목적물의 현상을 본집행시까지 그대로 유지함을 목적으로 하여 그 목적물의 점유이전과 현상의 변경을 금지하는 것에 불과하여, 이러한 가처분결정에도 불구하고 점유가 이전되었을 때에는 가처분채무자는 가처분채권자에 대한 관계에서 여전히 그 점유자의 지위에 있는 것으로 취급되는 것일 뿐 가처분집행만으로 소유자에 의한 목적물의 처분을 금지 또는 제한하는 것은 아니므로, 점유이전금지가처분의 대상이 된 목적물의 소유자가 그 의사에 기하여 가처분채무자에게 직접점유를 하게 한 경우에는 그 점유에 관한 현상을 고정시키는 것만으로 소유권이 침해되거나 침해될 우려가 있다고 할 수는 없고 소유자의 간접점유권이 침해되는 것도 아니라고 할 것이며, 따라서 간접점유자에 불과한 소유자는 직접점유자를 가처분채무자로 하는 점유이전금지가처분의 집행에 대하여 제3자이의의 소를 제기할 수 없다.

(3) **소유권의 대항력** 소유권자라도 집행채권자에게 대항할 수 없는 경우에는 제3자이의로 다툴 수 없다. 예를 들어 소유권자라도 유효한 가압류나 압류 이후에 소유권을 취득한 자는 집행채권이 존속하는 한 압류권자에게 대항

할 수 없으므로 이의하지 못한다.

≪판례≫ 제 3 취득자의 피보전채권변제[대법원 1982. 9. 14. 선고 81다527 판결]

가압류 부동산을 양수한 제 3 취득자의 변제로 인하여 피보전채권이 소멸되면 그 제3취득자는 가압류 채권자에 대한 관계에 있어서도 소유권 취득을 대항할 수 있게 되어 가압류 채권자에 의한 강제집행은 결국 채무자이외의 제 3 자의 소유물에 대하여 시행된 것이 되어 허용될 수 없다.

≪판례≫ 망인에 대한 가압류와 제 3 취득자[대법원 1982. 10. 26. 선고 82다카884 판결]

가압류결정시까지 이 사건 부동산에 관하여 원고 명의의 소유권이전등기가 경료 되지 않았으나, 피고의 가압류신청이 사망자를 상대로 한 것이라면 사망자 명의의 그 가압류결정은 무효라고 할 것이고 따라서 무효의 가압류결정에 기한 가압류집행에 대해서는 그 집행이후 소유권을 취득한 원고도 그 집행채권자인 피고에 대하여 그 소유권취득을 주장하여 대항할 수 있다고 할 것이므로 원고는 제 3 자이의의 소에 의하여 위 집행의 배제를 구할 수 있다.

≪판례≫ 무효인 가압류와 제 3 취득자[대법원 1996. 6. 14. 선고 96다14494 판결]

[1] 일반적으로 가압류 후의 소유권취득자는 그 가압류에 터 잡아 한 강제경매의 집행채권자에게 대항할 수 없는 것이고, 그 강제집행의 기초가 되는 채무명의의 허위, 가장 여부를 다툴 적격이 없는 것이나, 그 집행 후에 취득한 권리라 할지라도 특별히 권리자가 이로써 집행채권자에게 대항할 수 있는 경우라면 그 권리자는 그 집행의 배제를 구하기 위하여 제 3 자이의의 소를 제기할 수 있다.
[2] 가압류집행이 형식적으로는 채권 확보를 위한 강제집행절차에 따른 것이라고 하여도 법이 보호할 수 없는 반사회적인 행위에 의하여 이루어진 것이어서 무효이므로, 그 가압류 이후의 소유권 취득자가 강제집행절차에서 그 무효를 주장하고 제 3 자(소유권자)로서 그 집행의 배제를 구할 수 있다고 한 사례(같은 취지: 대법원 1997. 8. 29. 선고 96다14470 판결).

≪판례≫ 가압류의 피보전권리와 제 3 자이의[대법원 1988. 9. 27. 선고 84다카2267 판결]

[1] 부동산의 전득자가 양수인 겸 전매자에 대한 소유권이전등기청구권을 보전하기 위하여 양수인을 대위하여 양도인을 상대로 처분금지가처분결정을 받아 그 등기를 마쳤다면 그 피보전권리는 양수인의 양도인에 대한 소유권이전등기청구권의 보전이고 전득자의 양수인에 대한 소유권이전등기청구권의 보전까지 포함되는 것은 아닌 것이며 따라서 그 후 양도인으로부터 양수인 명의로 소유권이전등기가 마쳐졌고 이에 터 잡아 다른 등기가 마쳐졌다고 하여도 그 등기는 위 처분금지가처분에 위배되는 것은 아니다.
[2] 부동산을 갑이 은행으로부터 을의 이름으로 매수하고 을은 그 즉시 갑에게 그 소유권을 양도하여 주기로 약정하였는데, 을이 갑에 대한 위 소유권이전등기의무를 면탈하기 위하여 갑에 대한 양도절차의 이행을 거부하자 갑이 은행을 상대로 처분금지가처분을 하

였는데도 을은 위 은행을 상대로 소유권이전등기소송을 제기하여 그 승소의 확정판결을 받아서 병의 을에 대한 가장채권에 기한 병의 채무명의를 이용하여 을 명의로의 대위에 의한 소유권이전등기를 마침과 동시에 강제경매를 하게 하기에 이르고 병이 이에 적극 가담한 것이라면 이는 법이 보호할 수 없는 반사회적인 행위로서 이중매매의 매수인이 매도인이 배임행위에 적극 가담한 경우 등과 마찬가지의 법리가 적용되어 무효이고, 갑은 위 강제집행절차에서 그 무효를 주장하고 제 3 자(소유권자)로서 그 집행의 배제를 구할 수 있다.

(4) **본압류 후의 제 3 취득자** 가압류가 아닌 본압류 집행 후 제 3 취득자가 집행채권을 변제한 경우에는 청구이의의 소를 제기할 것이지 제 3 자 이의의 소를 제기할 것은 아니라는 것이 판례의 태도이다. 가압류는 집행채권인 피보전권리가 변제 등으로 소멸하면 가압류는 무효로 취급되나 본압류는 청구이의의 소에 의하여 집행권원의 집행력이 소멸하기 전에는 집행채권의 변제가 있다는 사정만으로는 본압류가 무효로 취급되는 것이 아니기 때문이다. 이때 제3채무자가 집행채무자의 일반승계인이라면 자신의 지위에 기하여 청구이의를 할 것이나 특정승계인에 불과한 경우에는 채무자를 대위하여서만 청구이의를 할 수 있다.

≪판례≫ 압류 후의 제 3 취득자의 집행채권변제[대법원 1982. 9. 14. 선고 81다527 판결]

강제집행에 대한 제 3 자 이의의 소는 집행목적물에 대하여 채무자 이외의 제 3 자가 소유권 기타 목적물의 양도나 인도를 저지하는 권리를 주장하여 강제집행의 배제를 구하는 것이기 때문에 그 소의 원인이 되는 권리는 집행채권자에게 대항할 수 있는 것이어야만 하는바, 강제집행 개시결정 후 소유권을 취득한 제 3 자는 집행채권이 변제 기타사유로 소멸된 경우에도 청구에 관한 이의의 소에 의하여 채무명의의 집행력이 배제되지 아니한 이상 그 경매개시 결정은 취소 될 수 없고 그 결정이 취소되지 않는 동안에는 집행채권이 변제되었다는 사유만으로 소유권을 집행채권자에게 대항할 수 없으므로 제 3 자 이의의 소에 의하여 그 강제집행의 배제를 구할 수 없다.

나. 공유권과 합유권

수인의 공유자 중 1인에 대한 집행권원으로써 공유물 전부에 대한 집행에 대해서 다른 공유자는 공유물전부에 대한 집행불허를 구할 수 있다고 보는 것이 일반적이다. 그러나 집행의 성질이 가분적이고 이의자의 지분에 대한 집행불허만으로 이의자의 권리가 확보되는 경우에는 공유물전부에 대한 집행불허를 구할 수 없다는 견해가 있다. 합유관계에 있어서도 마찬가지이다.

≪판례≫ **조합원에 대한 채권과 조합재산**[대법원 1997. 8. 26. 선고 97다4401 판결]
조합의 채권은 조합원 전원에게 합유적으로 귀속하는 것이어서, 특별한 사정이 없는 한 조합원 중 1인이 임의로 조합의 채무자에 대하여 출자지분의 비율에 따른 급부를 청구할 수 없는 것이므로, 조합원 중 1인의 채권자가 그 조합원 개인을 집행채무자로 하여 조합의 채권에 대하여 강제집행 하는 경우, 다른 조합원으로서는 보존행위로서 제 3 자이의의 소를 제기하여 그 강제집행의 불허를 구할 수 있다.

다만 부부공유의 유체동산에 대해서는 채무자 아닌 배우자는 지분권을 주장하여 집행의 불허를 구할 수 없다(제190조). 채무자 아닌 배우자의 지분은 배당절차에서 고려될 뿐이다.

다. 점 유 권

⑴ **강제집행에 의한 점유의 제한** 강제집행은 점유의 제한이 있는 것과 점유의 제한이 없는 것이 있다. 동산 경매절차와 인도집행절차에서는 점유의 제한이 있는 반면 부동산 경매절차에서는 통상 처분의 제한만이 있을 뿐 점유의 제한이 없다. 다만 부동산 강제관리절차에서는 점유의 제한이 따른다. 위와 같이 점유의 제한이 있는 강제집행으로 인하여 정당한 제 3 자의 점유가 침해되는 경우에 점유자인 제 3 자는 점유권 침해를 이유로 제 3 자 이의의 소를 제기할 수 있다. 그러므로 점유권에 기한 제 3 자 이의의 소는 동산집행에서 주로 문제되고 부동산강제경매에서는 거의 문제될 여지가 없다. 민사집행법 제83조 2항은 위와 같은 이치를 밝힌 것으로 볼 수 있다.

⑵ **점유의 태양** 점유의 태양에는 간접점유와 직접점유가 있다. 마찬가지로 제 3 자 이의의 소의 이의사유로서 문제되는 점유의 태양도 제 3 자의 간접점유와 직접점유가 문제된다. 채무자 소유 · 제 3 자 직접점유의 경우 점유자는 제 3 자 이의의 소로 다툴 수 있음은 물론 집행의 위법을 이유로 집행에 관한 이의로서도 다툴 수 있다. 점유자가 집행을 승낙한 경우에는 다투지 못한다. 제 3 자 간접점유 · 채무자 직접점유의 경우에도 제 3 자는 점유의 침해를 다툴 수 있다. 다만 채무자에게 보관을 명한 점유이전금지가처분의 집행에서는 당해 가처분으로 인하여 제 3 자의 간접점유를 침해하지 아니하므로 본소로써 다툴 수 없다.

라. 제한물권

⑴ **점유가 따르는 제한물권** 지상권, 지역권, 전세권, 유치권, 동산질권은 점유를 수반하는 물권이므로 강제관리와 같이 이러한 물권자의 점유를 침해

하는 집행에 대하여는 점유권 항목에서 본 바와 같이 본소로써 다툴 수 있다. 대항력 있는 임차권의 경우에도 이에 준하여 보면 된다. 한편 부동산 경매절차는 점유를 제한하는 것이 없으므로 점유가 따르는 제한물권의 존재를 이의사유로 삼을 수 없다. 예를 들어 부동산경매절차상 임차권 또는 지상권은 소제와 인수여부만이 문제되며 대항력 유무를 불문하고 본소의 이의사유로 삼지 못한다.

(2) **점유가 따르지 않는 제한물권** 점유의 제한이 따르지 않는 제한 물권은 양도나 인도를 막을 수 있는 권리에 해당하지 아니하므로 원칙적으로 본소로써 다투지 못한다. 강제관리는 물론이고 강제경매에 있어서도 마찬가지이다. 다만 저당부동산의 종물이나 공장재단에 속하는 일부의 동산이 독립하여 집행의 목적물이 되는 경우에는 저당권을 근거로 본소로써 다툴 수 있다. 한편 권리질권의 경우에는 점유라고 할 것이 없으나 추심명령이나 전부명령 등의 강제집행으로 인한 질권의 침해가 인정되는 경우 본소로써 다툴 수 있다. 다만 채권에 대한 압류만으로는 채권질권자의 추심에 아무런 영향이 없으므로 본소로써 다투지 못한다.

마. 양도담보권

(1) **동산 양도담보** 점유개정에 의한 동산양도담보의 경우 담보권설정자에 대한 강제집행에 대해서 담보권자가 본소로써 다툴 수 있는가에 대하여 견해가 갈린다. 동산양도담보의 성질을 어떻게 보는가와 관련이 있다. 판례는 동산양도담보를 신탁적소유권이전으로 이해하고 있으며 이에 따라 양도담보권자가 본소로써 다투는 것을 인정한다. 동산양도담보권자가 제 3 자이의의 소로 다투는 것을 포기하고 집행절차에 참가하여 우선변제를 받을 수도 있다. 이에 대해 동산양도담보의 성질을 담보물권으로 이해하는 입장에 의하면 담보권자는 본소로써 다투지 못하며 배당절차에서 우선권만을 인정한다.

≪판례≫ 동산양도담보권자와 제 3 자이의의 소[대법원 1971. 3. 23. 선고 71다225 판결]

양도담보에 의하여 소유권을 취득한 사람은 그 점유취득 여부나 그 청산적인 여부에 관계없이 제 3 자에 대하여 소유권을 취득한 사실을 주장할 수 있으므로 제 3 자 이의의 소를 제기할 수 있다(같은 취지: 대법원 1994. 8. 26. 선고 93다44739 판결, 대법원 2004. 12. 24. 선고 2004다45943 판결).

한편 양도담보권자 점유형의 동산양도담보에 있어서는 점유자인 양도담보권자의 동의 없이는 집행이 이루어질 수 없으므로 본소로서 다투는 것이 처음부터 문제될 여지가 거의 없다. 만일 양도담보권자의 동의를 얻어 집행절차가 이루어진 경우에는 신의칙상 양도담보권자는 본소로서 다투지 못하고 배당절차상 우선권만을 주장할 수 있을 뿐이라고 본다.

⑵ **부동산 양도담보** 점유개정에 의한 동산양도담보와 달리 부동산양도담보에서는 등기부상 양도담보권자에게 소유명의가 있으므로 담보권설정자를 채무자로 하는 압류를 할 수 없다는 점에서 본소로써 다툴 여지가 거의 없다.

⑶ **소유권유보부매매** 소유권유보부매매에서 목적물의 매도인도 양도담보권자의 지위와 유사하다. 소유권유보부매매에서 매도인은 집행절차에서 제3자이의의 소로 다투는 것이 가능하며 그렇지 아니하고 우선변제권만을 행사하는 것도 가능하다고 본다.

바. 가 등 기

⑴ **가등기의 유형** 가등기에는 담보가등기와 청구권보존가등기가 있다. 등기부를 기준으로 청구권보존가등기인지 담보가등기인지를 구별할 방법은 없다. 가등기의 유형에 따라 그 지위를 살펴보면 다음과 같다.

⑵ **청구권보존가등기** 청구권보존가등기권자는 본소로써 다툴 수 없으며 매각으로 인하여 소제와 인수 여부만이 문제된다.

⑶ **담보가등기** 담보가등기의 성질을 어떻게 보느냐에 따라 다소 달리 파악할 여지가 있다. 그러나 가등기담보에 관한 법률의 적용이 있는 경우에는 담보가등기권자는 청산금 지급의 선후를 묻지 아니하고 항상 본소로서 다툴 수 없다고 본다. 이에 대하여 담보가등기권자가 청산금을 지급한 이후라면 가등기담보권자는 가등기에 기한 본등기를 청구할 수 있는 지위를 갖게 되므로 본등기 이전이라도 본소로써 다툴 수 있는 여지가 있다고 보는 입장도 있다. 그러나 후자의 입장을 취하는 경우라도 경매신청채권자가 가등기담보권보다 선순위담보권에 근거한 경우에는 청산금 지급 이후라도 본소로서 다투는 것을 허용하지 아니한다.

사. 처분금지 가처분

매각에 의하여 소멸되는 처분금지가처분은 본소의 이의사유로 삼을 여지가 없다. 매각으로 소멸되지 아니하고 매수인에게 인수되는 처분금지가처분에 대하여는 본소의 이의사유로 삼을 수 있는지에 관하여 긍정하는 입장(가처분우위설, 포함설)과 부정하는 입장(강제집행우위설, 비포함설)의 대립이 있다. 강제집행우위설에서는 경우라도 가처분 권리자가 본소로써 다투지 못하는 것일 뿐 매각으로 가처분이 소멸하는 것이 아니므로 나중에 본안소송에서 승소하는 경우에는 강제집행의 결과를 부인할 수 있으므로 가처분 권리자가 보호된다. 실무는 선순위 가처분이 있는 경우라도 일단 강제집행을 개시하여 압류절차까지만 진행하고 가처분의 운명이 최종적으로 결정되는 시점까지는 나머지 집행절차를 정지하여둔다. 실무의 입장을 절충설이라고 한다.

아. 채권적 청구권

(1) **채권적 청구권의 대항력** 채권적 청구권은 상대권으로 집행채무자에게만 주장할 수 있는 권리일 뿐 집행채권자에게 대항할 수 있는 양도나 인도를 막을 수 있는 권리가 아니어서 이를 이유로 본소로써 다투지 못한다. 그러나 아래 판례의 사안과 같이 집행목적물이 채무자의 소유에 속하는 것이 않는 경우에는 채권적 청구권이라도 이의사유로 삼아 본소로써 다툴 여지가 있다고 한다.

≪판례≫ 채무자 소유 아닌 목적물[대법원 2003. 6. 13. 선고 2002다16576 판결]

제 3 자이의의 소의 이의원인은 소유권에 한정되는 것이 아니고 집행목적물의 양도나 인도를 막을 수 있는 권리이면 족하며, 집행목적물이 집행채무자의 소유에 속하지 아니한 경우에는 집행채무자와 사이의 계약관계에 의거하여 집행채무자에 대하여 목적물의 반환을 구할 채권적 청구권을 가지고 있는 제 3 자는 집행에 의한 양도나 인도를 막을 이익이 있으므로 그 채권적 청구권도 제 3 자이의의 소의 이의원인이 될 수 있다.

(2) **채권적 청구권의 귀속** 한편 채권적 청구권이라도 채권적 청구권 자체가 집행의 대상을 이루는 경우에 그 귀속을 다투어 이의를 하는 것은 본소의 이의사유로 인정된다. 채권적 청구권 자체의 귀속을 다투는 것과 채권적 청구권의 효력을 주장하는 것은 서로 다른 국면인 것이다.

≪판례≫ 채권의 귀속을 다투는 제 3 자이의의 소[대법원 1997. 8. 26. 선고 97다4401 판결]

제 3 자이의의 소는 모든 재산권을 대상으로 하는 집행에 하여 적용되는 것이므로, 금전채권에 대하여 압류 및 추심명령이 있은 경우에 집행채무자 아닌 제 3 자가 자신이 진정한 채권자로서 자신의 채권의 행사에 있어 압류 등으로 인하여 사실상 장애를 받았다면 그 채권이 자기에게 귀속한다고 주장하여 집행채권자에 대하여 제 3 자이의의 소를 제기할 수 있다.

≪판례≫ 소유권이전등기청구권의 귀속[대법원 1999. 6. 11. 선고 98다52995 판결]

제 3 자이의의 소는 등기청구권을 포함하여 모든 재산권을 대상으로 하는 집행에 대하여 적용되는 것이므로, 등기청구권에 대하여 압류명령이 있은 경우에 집행채무자 아닌 제 3 자가 자신이 진정한 등기청구권의 귀속자로서 자신의 등기청구권의 행사에 있어 위 압류로 인하여 장애를 받는 경우에는 그 등기청구권이 자기에게 귀속함을 주장하여 집행채권자에 대하여 제 3 자이의의 소를 제기할 수 있다.

5. 소송절차

가. 소의 제기

(1) **본집행의 계속** 제 3 자 이의의 소는 강제집행을 전제하므로 강제집행절차가 진행 중인 동안에 한하여 제기할 수 있다. 강제집행이 아직 개시되지 않았거나 이미 종료한 경우에는 다툴 대상이 없으므로 본소는 각하를 면할 수 없다. 제 3 자 이의의 소가 적법하게 제기되었음에도 집행이 속행되어 본소의 계속 중에 집행이 종료되었다면 본소는 소의 이익이 없는 것으로 각하되어야 한다.

≪판례≫ 집행절차종료 후의 제 3 자이의[대법원 1996. 11. 22. 선고 96다37176 판결]

제 3 자이의의 소는 강제집행의 목적물에 대하여 소유권이나 양도 또는 인도를 저지하는 권리를 가진 제 3 자가 그 권리를 침해하여 현실적으로 진행되고 있는 강제집행에 대하여 이의를 주장하고 집행의 배제를 구하는 소이므로, 당해 강제집행이 종료된 후에 제 3 자 이의의 소가 제기되거나 또는 제 3 자이의의 소가 제기된 당시 존재하였던 강제집행이 소송계속 중 종료된 경우에는 소의 이익이 없어 부적법하다.

유체동산매각절차에서 매수인의 선의취득이 인정되는 경우에는 매각대금의 납부가 있다고 하더라도 배당절차가 종료되기 이전이라면 매각대금을 채권자에 배당하지 아니하고 제 3 자에게 귀속시킬 실익이 있으므로 그 단계에서도 제 3 자 이의의 소로서 다툴 소의 이익이 인정된다.

≪판례≫ 매각 이후의 제 3 자이의[대법원 1997. 10. 10. 선고 96다49049 판결]

물건에 대한 매각절차는 종료되었으나 배당절차는 아직 종료되지 아니한 경우, 경매목적물의 경락인이 유효하게 소유권을 취득한다면 경매절차에서 집행관이 영수한 매득금은 경매목적물의 대상물로서 제 3 자이의의 소에서 승소한 자가 그 대상물에 대하여 권리를 주장할 수 있다고 할 것이므로, 매각절차가 종료되었다고 하더라도 배당절차가 종료되지 않은 이상 제 3 자이의의 소는 여전히 소의 이익이 있다.

(2) **부동산 등 특정물 인도집행의 개시** 부동산 등 특정물인도집행(제257조, 제258조)은 집행권원에 의해 목적물과 집행내용이 특정되며 집행이 개시 후 즉시 종료되므로 예외적으로 집행이 개시되기 전이라도 본소로써 다툴 수 있다.

(3) **보전집행의 종료** 본집행은 배당이 이루어짐으로써 절차가 종료되는 것이지만 보전집행은 그 성질상 집행행위가 완료된 이후라도 집행방법이 존재하는 동안에는 집행절차가 종료되었다고 할 수 없다. 예를 들어 부동산가압류에 있어서 집행행위로서 가압류등기가 마쳐진 경우라도 가압류등기가 존속하는 한 보전집행절차가 종료된 것이라고 할 수 없는 것이다. 그러므로 보전집행절차에 있어서는 집행행위가 완료된 경우라도 보전집행의 효력이 존속하는 동안까지는 본소로써 다툴 수 있다.

(4) **집행절차 종료 이후의 구제수단** 제3자 이의의 소를 제기하지 않음으로 해서 매각대금이 채권자에게 배당이 이루어졌다면 제3자는 더 이상 제3자 이의의 소로는 다투지 못하고 채권자를 상대로 부당이득의 반환을 구할 수 있을 뿐이다.

≪판례≫ 매각 후의 권리구제수단[대법원 2003. 7. 25. 선고 2002다39616 판결]

채무자 이외의 자의 소유에 속하는 동산에 대한 경매절차에서 그 동산의 매득금은 채무자의 것이 아니어서 채권자가 이를 배당을 받았다고 하더라도 채권은 소멸하지 않고 계속 존속하므로, 배당을 받은 채권자는 이로 인하여 법률상 원인 없는 이득을 얻고 소유자는 경매에 의하여 소유권을 상실하는 손해를 입게 되었다고 할 것이니, 그 동산의 소유자는 배당을 받은 채권자에 대하여 부당이득으로서 배당받은 금원의 반환을 청구할 수 있다.

나. 당사자적격

(1) 원고적격

(가) **제3자** 앞서 설명한 이의사유 있는 권리를 보유한 자로 집행당사자 아닌 제3자에게 원고적격이 인정된다. 집행의 목적물이 공유인 경우에는 공유자 중의 1인은 보존행위로써 공유물 전체에 관하여 단독으로 본소의 제기가 가능하다. 집행권원의 집행력이 미치지 아니하는 제3자에게 승계집행문이 부여되어 제3자가 승계집행문상 집행채무자로 기재되어 있다면 제3자는 청구이의로 다툴 것이지 제3자 이의로 다툴 것이 아니다.

(나) **목적물 관련성** 제3자인가 여부는 단순히 집행당사자 명의만을 기준으로 할 것이 아니고 집행청구권과 집행목적물과의 관련성까지 고려하여 정해진다. 즉 형식적으로는 집행채무자라 하여도 당해 집행절차상 목적물과 관련한 채무자의 지위가 인정되는 경우가 아니라면 본소의 원고적격이 인정된다. 예컨대

특정물의 인도집행에 대해 집행채무자는 당해 집행이 집행권원에 표시된 목적물 이외의 다른 물건에 대해 집행이 이루어지는 것에 대하여 본소로써 다툴 수 있고, 한정승인의 유보 있는 집행권원에 기초하여 한정승인을 한 상속인의 고유재산에 대한 집행에 대해서 상속인은 본소로써 다툴 수 있다. 한정승인의 유보 없는 집행권원을 가지고 한정승인을 한 상속인의 고유재산에 대한 집행에 대해서는 본소로써 다툴 것이 아니고 청구이의의 소로써 다투어야 하는 점은 앞서 설명한 것과 같다.

(다) **채권자대위소송** 본소는 집행절차를 전제로 하는 절차이나 집행절차와는 독립된 별개의 절차이다. 그러므로 채권자대위권에 기초한 본소의 제기도 가능하다.

(2) **피고적격**

(가) **집행채권자** 집행채권자가 피고로 되며 집행기관은 피고가 아니다. 누가 집행채권자가 되는가는 실체법을 기준으로 정할 것이 아니고 집행법을 기준으로 정할 것이다. 예를 들어 집행채권이 양도된 경우라도 승계집행문이 부여되기 전이라면 원래의 채권자만이 피고적격이 인정되므로 채권양수인을 피고로 삼아서는 안 된다.

(나) **집행채무자** 집행채무자만을 단독으로 본소의 피고로 삼는 것은 허용되지 아니한다. 다만 집행채무자가 본소의 원고인 제 3 자의 권리의 존부를 다투는 경우에는 채권자와 채무자를 공동피고로 다툴 수 있다(제48조 1항 단서). 양자를 공동피고 삼는 경우에도 그 소송형태는 통상공동소송이며 집행채권자에 대한 형성의 소와 집행채무자에 대한 이행의 소 또는 확인의 소의 단순병합에 해당한다.

다. 관 할

(1) **직무관할** 집행법원의 전속관할이다.

(2) **토지관할** 집행행위가 있는 곳을 관할하는 지방법원의 관할이다.

≪판례≫ 제 3 자이의의 소의 토지관할[대법원 1967. 3. 29.자 67그3 결정]

본건 유체동산가압류는 춘천지방법원 원주지원 소속 집달리에 의하여 그 지원 관내에서 집행되었음을 확정할 수 있는 바이므로 본건 유체동산가압류집행에 대한 제 3 자이의의 소나 그 집행의 취소정지는 집행법원인 위 원주지원의 전속관할에 속한다 할 것임에도 집행법원이 아닌 서울민사지방법원에서 본건 유체동산가압류집행의 취소를 명하는 결정을 하였음은 위 전속관할을 무시한 위법의 재판이라 할 것이다.

(3) **사물관할** 소송가액에 따라 단독판사 또는 합의부가 관할한다(제48조 2항). 여기의 소송가액은 집행권원에서 인정된 권리의 가액을 한도로 한 원고의 권리의 가액이다(민사소송 등 인지규칙 제16조 4호).

라. 심 리

심리방법은 일반의 판결절차와 같다. 입증책임도 통상의 소송절차와 다를 것이 없다. 본안심리의 대상은 제 3 자가 주장하는 이의사유의 존부이며 집행의 적부는 그 대상이 아니다. 이의사유의 유무는 변론종결시를 기준으로 판단하여야 함은 앞서 설명한 바와 같다.

마. 재 판

심리한 결과 이의가 정당하면 청구를 인용하는 판결을 하는 데 강제집행의 불허를 선언하는 형태가 된다. 이의가 이유 없으면 청구를 기각하는 판결을 한다. 이 소의 판결의 효력은 제 3 자의 집행이의권의 존부만을 확정함에 그치고 제 3 자의 실체법상 권리의 존부에는 기판력이 미치지 아니한다.

≪판례≫ 제 3 자이의의 기판력의 객관적 범위[대법원 1959. 11. 12. 선고 59다296 판결]

강제집행의 목적물에 관하여 제 3 자가 소유권을 주장하여 집행이의의 소송을 제기한 경우에 있어서 언도하는 판결은 다만 제 3 자의 집행이의권 존부를 확정하는 것이고 제 3 자의 소유권 존부를 확정하는 것은 아니다.

또한 원고 승소판결이 확정되더라도 집행이 당연히 정지되는 것은 아니며 청구인용판결의 정본을 집행기관에 제출하여야 비로소 집행절차가 정지된다.

6. 잠정처분

가. 의 의

제 3 자 이의의 소가 제기된 것만으로는 집행절차의 속행에 아무런 영향이 없다(제48조 3항, 제46조 1항). 그러므로 원고의 지위를 보호하기 위하여 잠정처분제도를 두고 있다. 자세한 내용은 청구이의의 소에서 잠정처분의 설명에 준하여 이해하면 된다. 제 3 자 이의의 소가 계속 중에만 잠정처분을 신청할 수 있으며 잠정처분신청에 대한 재판에 대해서는 불복하지 못하는 점도 같다.

≪판례≫ 제 3 자이의의 소의 소송계속과 집행정지[대법원 1986. 5. 30.자 86그76 결정]

법원이 민사소송법 제509조 제 3 항에 의하여 강제집행정지명령을 발하려면 그 발령법원에 같은 조 제 1 항의 제 3 자 이의소송이 계속 중임을 요하는 것이고, 이러한 집행정지요건이 결여되었음에도 불구하고 집행정지결정을 한 때에는 이는 법률에 위반된 것으로서 특별항고이유가 된다.

≪판례≫ 잠정처분에 대한 불복[대법원 1964. 12. 9. 선고 64마912 판결]

제 3 자 이의의 소를 제기한 자의 강제집행 취소 신청을 기각한 수소법원의 결정에 대하여 항고를 할 수 없다.

나. 임의적 담보제공

집행처분을 취소하는 잠정처분은 청구이의의 소에서와 달리 반드시 담보를 제공케 할 필요는 없다(제48조 3항). 채무자 아닌 자의 재산에 대한 압류해제에 반드시 담보를 제공하게 하는 것은 형평에 맞지 않기 때문이다.

다. 집행정지·취소의 범위

잠정처분에 따른 집행처분 취소의 범위는 원고가 주장하는 피압류재산에 대한 집행에 한하고 집행권원에 기초한 일반적 정지·취소는 허용되지 아니함을 주의한다. 제 3 자 이의의 소는 구체적·개별적인 집행행위를 다투는 제도이기 때문이다.

라. 보론: 잠정처분에 따른 집행정시서류제출기한

위에서 설명한 잠정처분은 민사집행법 제49조 2호 서류에 해당한다. 이러한 집행의 일시정지를 명하는 서류는 원칙적으로 매수인이 매각대금을 납부하기 전까지 제출하여야 한다(규칙 제50조 1항). 매수인이 매각대금을 납부하여 매각절차가 종료한 이후에는 배당절차만 남게 되는데, 본소(제 3 자이의의 소)를 제기한 제 3 자로서는 배당절차에 관여할 자격이 없으므로 배당절차의 정지를 구할 이익도 없다. 그러므로 제 3 자이의의 소에서 집행정지를 명한 잠정처분에 관한 서류는 매각대금납부 전까지만 제출하도록 하고 있는 것이다.

그런데 유체동산매각절차에서는 선의취득이라는 특수한 사정을 고려하여야 한다. 즉 제 3 자 소유의 유체동산이라도 매수인에게 선의취득이 인정되는 경우에는 진정한 소유자였던 제 3 자는 종국적으로 소유권을 상실하게 된다는 사정을 고려하여야 하는 것이다. 이러한 경우에 매각대금은 집행절차상 채권자에게 배당할 것이 아니고 유체동산의 대상물로서 진정한 소유자였던 제 3 자에게 귀속되어야 한다. 위와 같은 사정이 있는 경우에는 매수인이 매각대금을 납부한 이후라도 배당절차가 종료되기 전이라면 본소의 제 3 자는 잠정처분에 따른 집행정지서류를 제출할 수 있는 것이며, 이를 규정하고 있는 것이 민사집행규칙 제50조 2항 2호인 것이다.

사례 13 〈해설〉 집행절차상 동산양도담보의 취급

1. 유동집합동산에 대한 양도담보

위 사례에서 '양만장 내에 있는 전체 뱀장어 약 100만 마리'라는 것으로 물권의 대상으로서 특정성을 갖추었다고 볼 수 있는가 하는 의문이 없지 아니하나, 판례취지에 따르면 위 같은 정도로서 양도담보의 대상으로서 특정성을 갖춘 것이라고 본다(반대견해 있음). 따라서 을의 양도담보권은 유효한 것으로 볼 수 있다.

2. 동산양도담보의 법적 성질

동산양도담보의 성질은 신탁적 소유권이전이라고 보는 것이 판례의 태도이다(반대견해 있음). 이에 따르면 뱀장어는 대내적으로는 갑의 소유라 하겠지만, 대외적으로는 을의 소유라 하겠다.

3. 제 3 자이의의 소

따라서 병의 유체동산경매신청은 채무자가 아닌 제 3 자 을이 소유하는 물건에 대한 것으로 부당한 것이다. 그러므로 을은 제 3 자이의의 소로 제기하여 궁극적으로 병의 집행을 저지할 수 있다.

4. 배당절차참가

한편 판례에 따르면 을은 제 3 자이의로 다투지 아니하고 병의 신청에 의한 집행절차에 참가하여 집행증서와 양도담보권을 바탕으로 뱀장어 매각대금으로부터 우선배당을 받을 수도 있다고 한다. 그러나 유체동산경매절차상 배당에 참가할 수 있는 자를 열거하고 있는 민사집행법 제217조는 '양도담보권자'에 대하여 규정하고 있지 않다. 그럼에도 불구하고 양도담보권자에게 배당받을 수 있는 지위와 그에 더하여 우선순위까지 부여하는 것은 납득하기 어렵다. 이러한 판례의 태도는 명문규정인 민사집행법 제217조에 정면으로 배치되는 것은 물론 민사집행절차를 관통하고 있는 형식주의의 근간을 파괴하는 것이라고 본다.

제 4 절 실체법상 구제방법

I. 의 의

위법·부당 집행에 대한 권리구제는 위와 같은 절차적 수단 이외에도 실체법상 구제수단이 대단히 중요하다. 절차적 수단은 집행절차가 전체적으로 종료된 이후에는 다툼의 이익이 부정되기 때문이다. 이와 관련하여 국가배상법상 손해배상청구제도와 민법상 불법행위 및 부당이득제도를 살펴보기로 한다.

Ⅱ. 국가배상청구

집행기관의 위법한 행위로 손해를 입은 자는 국가배상법(제2조1항)에 따라 국가에 대하여 손해배상을 구할 수 있다. 나아가 집행기관에게 직무집행상 고의 또는 중대한 과실이 있는 경우에는 집행기관에 대하여도 선택적으로 손해배상을 구할 수 있다.

≪판례≫ 현황조사에 있어서 임대차관계의 확인[대법원 2003. 2. 11. 선고 2002다65929 판결]

집행관으로 하여금 임대차관계의 확인을 위하여 경매목적물 소재지에 주민등록 전입신고된 세대주 전원에 대하여 주민등록 등·초본을 발급받도록 하고 임차인 본인 및 그 가족들의 전·출입 상황을 현황조사보고서에 기재하도록 한 송무예규가 제정되어 시행된 것은 현황조사 이후로서 그 전에는 위와 같은 현황조사 방법과 정도에 관한 구체적인 기준이 마련되어 있지 않았던 점, 세대주가 가족들과 함께 거주하는 경우에도 사정상 다른 가족들은 주민등록을 달리하는 사례가 적지 아니하며, 한 가족이 같은 주소지에 전입신고를 하면서 세대를 합가하지 아니하고 별도의 세대로 주민등록을 하는 경우는 이례에 속하는 것으로 보이는 점 등의 사정에 공무원의 공무집행의 안정성을 확보하기 위해 고의·중과실의 경우에만 공무원 개인이 책임을 지도록 한 국가배상법의 취지와 중과실에 관한 법리를 종합하여 보면, 현황조사를 함에 있어 집행관에게 비록 정확하고 충실한 현황조사를 하지 못한 직무상의 과실이 있다 하더라도, 그것이 집행관이 현황조사를 함에 있어 기울여야 할 통상의 주의의무를 현저하게 결여한 중대한 과실에 해당한다고 보기는 어렵다고 한 사례.

집행기관이 집행법원이거나 수소법원인 경우에는 국가배상책임이 인정되는 경우는 극히 드물 것이다. 다만 집행법원이 집행기관인 경우라도 사법보좌관의 직무와 관련하여서는 국가배상책임인정에 있어서 일반공무원과 달리 볼 것은 아니라고 본다. 더 이상의 상세한 설명은 행정법 이론서를 참고하기 바란다.

≪판례≫ 법관의 행위에 대한 국가배상책임[대법원 2003. 7. 11. 선고 99다24218 판결]

법관의 재판에 법령의 규정을 따르지 아니한 잘못이 있다 하더라도 이로써 바로 그 재판상 직무행위가 국가배상법 제2조 제1항에서 말하는 위법한 행위로 되어 국가의 손해배상책임이 발생하는 것은 아니고, 그 국가배상책임이 인정되려면 당해 법관이 위법 또는 부당한 목적을 가지고 재판을 하였다거나 법이 법관의 직무수행상 준수할 것을 요구하고 있는 기준을 현저하게 위반하는 등 법관이 그에게 부여된 권한의 취지에 명백히 어긋나게 이를 행사하였다고 인정할 만한 특별한 사정이 있어야 한다.

Ⅲ. 부당이득반환 및 불법행위로 인한 손해배상청구

1. 서 론

위법 또는 부당한 집행으로 인하여 이해관계인 사이의 이해의 충돌이 있는 경우에는 집행절차상의 구제수단 이외에도 민법이나 특별한 규정에 따른 부당이득반환청구 또는 불법행위로 인한 손해배상청구가 인정된다. 이에 관하여 주로 문제되는 경우를 간략히 살펴보기로 한다.

2. 가집행에 관련한 원상회복 및 손해배상(민소법 제215조)

가집행선고부 판결을 변경하는 본안 판결을 하는 경우에 법원은 채무자의 신청에 따라 가집행선고에 따라 지급한 물건을 되돌려 줄 것과 가집행으로 말미암은 손해 또는 그 면제를 받기 위하여 입은 손해를 배상할 것을 채권자에게 명한다. 가집행선고만이 변경된 것만으로는 부족하고, 가집행선고부 판결의 주된 주문의 변경이 있어야 한다. 여기서 가지급물의 반환은 부당이득반환의무로서 원상회복의무에 해당하며 손해의 배상은 무과실책임으로서 광의의 불법행위책임에 해당한다.

3. 강제집행과 부당이득반환 및 손해배상의무

부당한 강제집행에 대하여 채무자는 청구이의의 소로서 다툴 수 있음은 앞서 보았다. 그러나 청구이의의 소는 집행절차가 전체적으로 종료된 경우에는 다툴 이익이 없으므로 이러한 경우 채무자는 채권자를 상대로 불법행위책임을 물을 수 있다.

≪판례≫ 부당집행과 채권자의 불법행위책임[대법원 1988. 3. 8. 선고 87다카1962 판결]

집달관이 채무자 아닌 제3자의 재산을 압류함으로써 받은 제3자의 손해를 채권자가 불법행위자로서 배상책임을 지기 위하여서는 압류한 사실이외에 채권자가 압류당시 그 압류목적물이 제3자의 재산임을 알았거나 알지 못한데 과실이 있어야 할 것이고 위와 같은 고의 과실은 압류목적물이 채무자 아닌 제3자의 소유였다는 사실 자체에서 곧바로 추정된다고는 할 수 없고 피해자가 이를 따로 주장·입증하여야 한다.

채권자가 진정한 채무자가 아닌 제 3 자를 채무자로 한 강제집행이 있은 경우 제 3 자는 제 3 자 이의의 소로 통하여 다툴 수 있다. 그러나 집행절차가 전체적으로 종료된 경우에는 제 3 자 이의의 소로 다툴 이익이 없으므로 제 3 자는 매수인을 상대로 소유물반환청구를 하는 것이 실효적인 구제수단이다. 그러나 유체동산 강제경매에서는 매수인에게 선의취득이 인정되는 경우가 많은데 이러한 경우에는 채권자를 상대로 매각대금에 대한 부당이득의 반환을 구하거나 유체동산의 시가에 상당하는 액수의 손해배상을 구할 수밖에 없다.

≪판례≫ 유체동산매각과 진정한 소유자[대법원 2003. 7. 25. 선고 2002다39616 판결]

채무자 이외의 자의 소유에 속하는 동산에 대한 경매절차에서 그 동산의 매득금은 채무자의 것이 아니어서 채권자가 이를 배당을 받았다고 하더라도 채권은 소멸하지 않고 계속 존속하므로, 배당을 받은 채권자는 이로 인하여 법률상 원인 없는 이득을 얻고 소유자는 경매에 의하여 소유권을 상실하는 손해를 입게 되었다고 할 것이니, 그 동산의 소유자는 배당을 받은 채권자에 대하여 부당이득으로서 배당받은 금원의 반환을 청구할 수 있다.

4. 부당한 강제집행정지와 손해배상의무

정당한 강제집행임에도 불구하고 채무자가 부당한 다툼으로 집행절차지연의 초래하는 경우가 많다. 이러한 경우에는 채무자는 채권자에게 집행지연에 대한 손해배상책임이 인정된다. 채권자의 손해배상청구권 행사를 용이하게 위하여 집행에 관한 담보·보증·공탁제도를 두고 있다.

≪판례≫ 부당한 강제집행정지와 손해배상책임[대법원 2001. 2. 23. 선고 98다26484 판결]

[1] 근저당권에 기하여 담보권의 실행을 위한 경매절차가 진행되던 중, 채무자가 채권자를 상대로 근저당권설정등기의 말소를 구하는 본안소송을 제기하는 한편 이를 근거로 민사소송법 제505조의 청구에 관한 이의의 소에 준하여 같은 법 제507조 제 2 항에 의한 잠정처분으로서 경매절차를 정지하는 가처분을 받아 그에 따라 경매절차가 정지되었다가 그 후 위 본안소송에서 채무자의 패소 판결이 선고·확정되었다면, 그 법률관계는 부당한 보전처분 집행의 경우와 유사하여, 그 잠정처분에 의하여 경매절차가 정지되고 그로 인하여 채권자가 입은 손해에 대하여 특별한 반증이 없는 한 잠정처분을 신청한 채무자에게 고의 또는 과실 있음이 추정되고 따라서 부당한 경매절차 정지로 인한 손해에 대하여 이를 배상할 책임이 있다.

[2] 부당한 경매절차의 정지로 인하여 경매 채권자가 입게 된 손해는, 그 정지된 기간 동안 경매 목적물의 가격에 현저한 등락이 있었다는 등의 특별한 사정이 없는 한, 경매절차가 정지되지 않았더라면 일찍 받았을 배당금의 수령이 지연됨에 따른 손해라 할 것인

데, 경매 채권자에 대한 배당은 경매절차가 정지된 날부터 본안소송의 패소 판결이 확정되어 다시 경매절차가 진행되기 전날까지의 기간에 해당하는 일수만큼 지연된 것으로 봄이 상당하며, 한편 금원의 수령이 지체되어 이를 이용하지 못함으로 인하여 생기는 통상 손해는 이용하지 못한 기간 동안의 법정이자 상당액이라 할 것이다.

5. 판결편취와 부당이득반환 및 손해배상의무

당사자가 악의 또는 불법한 수단으로 상대방과 법원을 속여 확정판결을 취득하는 것을 판결의 부당편취 또는 판결편취라고 한다(정동윤 729면). 이러한 판결편취에 대한 실체법상 구제수단에 관한 논의가 있다. 부당편취한 판결에 기한 강제집행으로 손해가 발생한 경우 재심을 거치지 아니하고도 판결이 무효임을 주장하며 채무자가 채권자에게 부당이득반환 또는 불법행위책임으로서 손해배상책임을 물을 수 있는지가 다투어지는 것이다. 이에 대하여 판례의 태도는 부당이득반환청구는 인정하지 아니하나(재심필요설) 불법행위책임에 관하여는 확정판결의 효력을 인정하는 것이 명백히 정의에 반하는 것과 같은 특별한 사정이 있는 경우에 한하여 제한적으로 긍정하고 있다(제한적불요설).

≪판례≫ 기판력과 부당이득반환의무[대법원 1995. 6. 29. 선고 94다41430 판결]

대여금 중 일부를 변제받고도 이를 속이고 대여금 전액에 대하여 소송을 제기하여 승소 확정판결을 받은 후 강제집행에 의하여 위 금원을 수령한 채권자에 대하여, 채무자가 그 일부 변제금 상당액은 법률상 원인 없는 이득으로서 반환되어야 한다고 주장하면서 부당이득반환 청구를 하는 경우, 그 변제주장은 대여금반환청구 소송의 확정판결 전의 사유로서 그 판결이 재심의 소 등으로 취소되지 아니하는 한 그 판결의 기판력에 저촉되어 이를 주장할 수 없으므로, 그 확정판결의 강제집행으로 교부받은 금원을 법률상 원인 없는 이득이라고 할 수 없다고 한 원심판결을 수긍한 사례.

≪판례≫ 기판력과 불법행위책임[대법원 1995. 12. 5. 선고 95다21808 판결]

판결이 확정되면 기판력에 의하여 대상이 된 청구권의 존재가 확정되고 그 내용에 따라 집행력이 발생하는 것이므로, 그에 따른 집행이 불법행위를 구성하기 위하여는 소송당사자가 상대방의 권리를 해할 의사로 상대방의 소송 관여를 방해하거나 허위의 주장으로 법원을 기망하는 등 부정한 방법으로 실체의 권리관계와 다른 내용의 확정판결을 취득하여 집행을 하는 것과 같은 특별한 사정이 있어야 하고, 그와 같은 사정이 없이 확정판결의 내용이 단순히 실체적 권리관계에 배치되어 부당하고 또한 확정판결에 기한 집행 채권자가 이를 알고 있었다는 것만으로는 그 집행행위가 불법행위를 구성한다고 할 수 없다. 편취된 판결에 기한 강제집행이 불법행위로 되는 경우가 있다고 하더라도 당사자의 법적 안정성을 위해 확정판결에 기판력을 인정한 취지나 확정판결의 효력을 배제하기 위하여는 그 확정판결에 재심사유가 존재하는 경우에 재심의 소에 의하여 그 취소를 구하는 것이 원칙적인 방법인 점에 비추어 볼 때 불법행위의 성립을 쉽게 인정하여서는 아니되고, 확정판결에 기한 강제집행이 불법행위로 되는 것은 당사자의 절차적 기본권이 근본적으로 침해된 상태에서 판결이 선고되었거나 확정판결에 재심사유가 존재하는 등 확정판결의 효력을 존중하는 것이 정의에 반함이 명백하여 이를 묵과할 수 없는 경우로 한정하여야 한다.

6. 보전처분과 부당이득반환 및 손해배상의무

부당한 보전처분으로 채무자가 손해를 입은 것이 있으면 채권자에게 불법행위책임이 성립할 수 있다. 특히 채권자가 본안소송에서 패소한 경우에는 채권자의 불법행위책임 인정이 용이하다. 불법행위책임이 인정되는 경우라도 손해액의 산정에 있어서는 극히 인색한 것이 판례의 태도이다. 보전처분의 남용을 막기 위하여 손해액의 산정에 있어서 위자료나 특별손해의 인정에 보다 적극적인 인정이 필요하다고 본다. 한편 부당한 보전처분에 대한 부당이득반환의무로서 원상회복의무에 대하여는 명문규정을 두고 있다(제308조). 상세한 내용은 보전처분절차에 관한 논의에서 다루기로 한다.

제 8 장 집행에 대한 담보 · 보증 · 공탁

개 관

집행절차는 집행권원에 기초하여 강제적으로 진행되는 절차로 채권자에 의하여 일방적으로 진행됨으로 인하여 채무자의 권익을 침해할 소지가 상당하다. 반대로 집행절차는 다양한 절차의 연쇄와 많은 이해관계인의 참여가 있음을 기화로 채무자가 그러한 사정을 악용하여 절차를 지연시키는 등으로 채권자의 권익침해를 시도하는 예가 빈번하다. 또한 제 3 채무자 등과 같이 당사자 아님에도 집행절차가 있음으로 인하여 변제의 상대방을 알 수 없는 등으로 불안정한 지위에 놓이게 되는 경우가 많다. 이와 같은 사정에 대비하여 두고 있는 제도가 집행에 관한 담보 · 보증 · 공탁인데, 이는 실질적으로 이해관계인의 마구잡이식의 권리주장을 제한하여 집행절차의 안정적 진행과 상대방의 손해발생을 막아주는 기능을 한다.

학습목표

1. 집행에 관한 담보 · 보증 · 공탁을 구별한다.
2. 집행에 관한 담보 · 보증 · 공탁을 공탁법의 시각에서 재조명해 본다.
3. 집행에 관한 담보 · 보증 · 공탁에 있어서 담보제공자 등과 그 상대방의 권리를 이해한다.

Ⅰ. 서 론

집행절차는 강제적으로 채무자의 재산을 처분하는 절차로 항상 채무자의 권익을 침해할 위험을 안고 있다. 또한 채무자로서는 집행절차를 지연시키거나 무산시키려는 시도를 하는 것을 많이 볼 수 있다. 이에 대비하여 두고 있는 제도가 집행에 대한 담보 · 보증 · 공탁이다.

Ⅱ. 집행에 관한 담보

사 례 14 **집행에 관한 담보의 범위**

갑은 을에게 건물인도와 더불어 인도할 때까지 차임상당액으로 월 금 2,000만원의 지급을 구하는 소를 제기하여 1심에서 가집행선고부 승소판결을 얻었다. 이에 을은 상소를 제기함과 더불어 1심판결의 집행정지를 구하여 상소심법원으로부터 1억 5,000만원의 담보공탁부 강제집행정지결정을 얻었다. 을은 1억 5,000만원을 공탁하고 다투었으나, 결국이 1심판결이 확정되었다. 이에 갑은 위 확정판결에서 정한 차임상당액의 합계액 1억 5,000만원을 집행채권으로 삼아 을의 공탁금회수청구권에 대한 압류 및 전부명령을 받은 후, 을을 대위하여 담보취소신청과 아울러 채권자로서 담보취소에 동의하여 담보취소결정을 얻었다. 갑의 전부명령은 실체에 부합하는 것인가?

제19조 (담보제공·공탁 법원)

① 이 법의 규정에 의한 담보의 제공이나 공탁은 채권자나 채무자의 보통재판적(普通裁判籍)이 있는 곳의 지방법원 또는 집행법원에 할 수 있다.
② 당사자가 담보를 제공하거나 공탁을 한 때에는, 법원은 그의 신청에 따라 증명서를 주어야 한다.
③ 이 법에 규정된 담보에는 특별한 규정이 있는 경우를 제외하고는 민사소송법 제122조 · 제123조 · 제125조 및 제126조의 규정을 준용한다.

1. 의 의

민사집행법은 집행절차의 진행과 관련하여 여러 곳에 절차의 개시 · 진행 · 정지에 대한 이해관계인의 신청권를 인정하고 있다. 이러한 이해관계인의 신청권의 행사가 정당한 것이라면 아무런 문제가 되지 아니하나, 사후적으로 이해관계인의 신청이 정당성이 없었던 것으로 밝혀짐에 따라 절차의 개시 · 진행 · 정지로 인하여 상대방이 입은 손해를 담보하기 위하여 금전이나 유가증권 또는 지급보증위탁계약서의 제출을 강제할 필요성이 인정된다. 이것이 집행에 관한 담보 또는 집행법상의 담보제도인 것이다. 이에 대하여는 원칙적으로 민사소송법상 소송비용의 담보에 관한 규정이 적용된다.

≪판례≫ 강제집행정지를 위한 담보의 목적[대법원 2000. 1. 14. 선고 98다24914 판결]

가집행선고부 판결에 대한 강제집행정지를 위하여 공탁한 담보는 강제집행정지로 인하여 채권자에게 생길 손해를 담보하기 위한 것이고 정지의 대상인 기본채권 자체를 담보하는 것은 아니므로, 채권자는 그 손해배상청구권에 한하여서만 질권자와 동일한 권리가 있을 뿐 기본채권에까지 담보적 효력이 미치는 것은 아니다(같은 취지: 대법원 1988. 3. 29. 선고 87카71 판결, 대법원 1992. 1. 31.자 91마718 결정).

2. 종 류

민사집행절차와 관련된 집행법상의 담보는 다음과 같다(실무제요 I. 123면 이하).

가. 채무자가 제공하는 담보

① 재심 또는 상소의 추후보완의 신청에 의한 집행정지 · 취소(민소 제500조 1항)

② 가집행의 선고가 붙은 판결에 대한 상소 또는 정기금의 지급을 명한 확정판결에 대한 변경의 소제기로 인한 집행의 정지 · 취소(민소 제501조, 제500조 1항)

③ 즉시항고에 의한 집행정지(제15조 6항)

④ 집행에 관한 이의신청에 의한 집행정지(제16조 2항)

⑤ 청구에 관한 이의의 소와 집행문 부여의 이의의 소에 의한 집행정지 · 취소(제46조 2항)

⑥ 압류금지물의 확장 또는 압류금지물에 대한 압류명령의 취소 · 변경에 의한 집행정지(제196조 3항, 제16조 2항)

⑦ 가압류 · 가처분에 대한 이의신청에 의한 변경 또는 취소 판결(제286조 3항, 제301조)

⑧ 담보제공을 이유로 한 가압류 · 가처분의 취소신청에 의한 취소(제288조 1항, 제301조, 제307조 1항)

⑨ 소송물인 권리 또는 법률관계가 이행되는 것과 같은 내용의 가처분을 명한 재판에 대하여 이의신청 또는 상소가 있는 경우에 하는 가처분의 집행정지 또는 집행처분의 취소(제309조 1항) 등

나. 채권자가 제공하는 담보

① 재심 또는 상소후추보완의 신청에 대하여 재심피고 또는 추후보완신청의 상대방의 집행실시(민소 제500조 1항)

② 가집행의 선고가 있는 판결에 대한 상소의 제기에 있어서 승소자의 집행실시 또는 정기금의 지급을 명한 확정판결에 대한 변경의 소제기에 있어서 상대방의 집행실시(민소 제501조, 제500조 1항)

③ 즉시항고에 있어서 상대방이 하는 집행의 속행(제15조 6항)

④ 집행에 관한 이의신청시 채권자가 하는 집행의 속행(제16조 2항)

⑤ 집행문부여 등에 관한 이의신청에 있어서 상대방이 하는 집행의 속행(제34조 2항, 제16조 2항)

⑥ 청구에 관한 이의의 소와 집행문 부여에 대한 이의의 소에서 집행정지에 대하여 피고가 하는 집행의 속행(제46조 2항)

⑦ 제 3 자 이의의 소의 피고가 하는 집행의 속행(제48조 3항)

⑧ 채권자의 신청에 의한 부동산 관리명령으로서의 인도명령(제136조 3항)

⑨ 압류금지물에 대한 압류명령 또는 압류금지물의 확장신청에 있어서 상대방이 하는 집행의 속행(제196조 3항)

⑩ 가압류 · 가처분(제280조 2항과 3항, 제301조)

⑪ 가압류 · 가처분에 대한 이의신청에 있어서 인가 또는 변경판결(제286조 3항, 제301조)

⑫ 가집행의 선고가 붙은 가압류 · 가처분의 취소결정에 대한 상소제기로 인한 가집행선고의 효력정지(제289조 1항, 제301조)

⑬ 본안의 제소명령 불이행을 이유로 한 가압류 · 가처분 취소결정에 대한 즉시항고(제287조 3항) 및 가압류 · 가처분 집행 후 5년간 본안의 소를 제기하지 아니하였음을 이유로 한 가압류 · 가처분의 취소결정에 대한 즉시항고(제288조 4항)의 경우 각 가압류 · 가처분 취소결정의 효력저지(제289조 5항, 제301조) 등

다. 제 3 자가 제공하는 담보

① 제 3 자 이의의 소에 의한 집행의 정지 · 취소(제48조 3항, 제46조 2항)

② 제 3 자가 제기한 집행에 관한 이의신청에 의한 집행정지(제16조 2항)

③ 매수인이 신청에 의한 부동산 관리명령의 인도명령(제136조 3항) 등

3. 담보의 제공(제19조)

※ **지급보증위탁계약체결문서의 제출에 의한 담보제공과 관련한 사무처리요령**(재민 2003-5, 재판예규 제1014호)

제 5 조 (보증서 제출에 의한 담보제공이 허용되지 아니하는 경우)

다음 각 호의 경우에는 보증서 제출에 의한 담보제공이 허용되지 아니한다.

1. 가집행선고 있는 판결에 대하여 상소제기가 있는 때의 강제집행의 일시정지를 위한 담보
2. 청구이의의 소의 제기가 있는 때의 강제집행의 일시정지를 위한 담보
3. 민사소송법 제299조 제 2 항의 규정에 따른 소명에 갈음한 보증
4. 매각허가결정에 대한 항고에 있어서의 보증(민사집행법 제130조 제 3 항, 제268조, 제269조)
5. 가압류해방금액(민사집행법 제282조)
6. 그 밖에 담보제공의 성질상 제 1 호 내지 제 5 호에 준하는 경우

가. 관 할

담보의 제공은 채권자나 채무자의 보통재판적이 있는 곳의 지방법원 또는 집행법원에 할 수 있다. 당사자가 담보를 제공한 때에는 법원은 그의 신청에 따라 증명서를 주어야 한다.

나. 제공의 방법

금전의 공탁이나 법원이 인정하는 유가증권의 공탁 이외에 법원의 허가를 얻어 지급보증위탁계약서(흔히 보증서로 약칭한다)의 제출로 할 수 있다(민소법 제122조, 민소규칙 제22조). 보증서에 의한 담보제공에 있어서 담보제공자와 지급보증인이 동일인이 아니어야 한다. 다음의 경우에는 보증서제출에 의한 담보제공이 허용되지 아니한다.

① 가집행선고부 판결에 대한 상소제기 후 강제집행의 일시정지를 위한 담보
② 청구이의의 소제기 후 강제집행의 일시정지를 위한 담보
③ 매각허가결정에 대한 항고보증(제130조 3항, 제268조, 제269조) 등

위와 같은 경우에는 담보의 성질이 담보권리자의 손해를 담보하는 것, 즉 집행법상의 담보의 성격에 나아가 담보제공자가 주장하는 내용의 소명에 갈음하는 점과 담보권리자의 장래의 집행의 편의나 집행의 확실성을 보장하기 위한 점까지도 담고 있기 때문이다. 즉 위와 같은 경우에는 통상 집행에 관한 담보로

분류되기는 하나 그 기능에 있어서 순수하게 집행에 관한 담보로서의 성질만을 갖는다고 보기 어려운 것이다.

다. 공탁의 당사자

공탁의 경우에 있어서 공탁자가 공탁서에 기재한 원인사실에 관한 행위로 손해를 입게 될 상대방이 피공탁자가 된다. 피공탁자는 공탁의 원인사실에 따라 공탁의 시점에서는 특정할 수 없는 경우가 많고, 그러한 경우에는 공탁서에 피공탁자를 표시하지 않는다. 피공탁자는 공탁물출급청구권을 갖지만, 담보취소가 있는 경우에는 공탁자에게 공탁물회수청구권이 발생한다.

라. 담보물의 변경

담보물은 법원의 결정이나 당사자 사이의 특약으로 변경할 수 있다(민소법 제126조). 금전을 유가증권으로 변경하는 것은 법원의 재량이다.

≪판례≫ 담보물을 현금에서 당좌수표로 변경 가부[대법원 2000. 5. 31.자 2000그22 결정]

[1] 법원은 담보제공자의 신청에 의하여 상당하다고 인정할 때에는 공탁한 담보물의 변환을 명할 수가 있는 것이고 신 담보물을 어떠한 종류와 수량의 유가증권으로 할 것인가는 법원의 재량에 의하여 정하여지는 것이라 할 것이나, 법원은 이로 인하여 담보권리자의 이익이나 권리가 침해되지 않도록 원래의 공탁물에 상당한 합리적인 범위 내에서 결정하여야 할 것인바, 공탁할 유가증권은 담보로 하여야 할 성질상 환가가 용이하지 아니하거나 시세의 변동이 심하여 안정성이 없는 것은 부적당하다고 할 것이다.

[2] 본래의 현금공탁에 대신하여 공탁담보물의 변환을 구하는 담보제공자 발행의 당좌수표는 금융기관 발행의 수표와는 달리 그 지급 여부가 개인의 신용에 의존하는 것으로서 환가가 확실하다고 볼 수 없으므로 공탁할 유가증권이 되기에 적절하지 못하다.

4. 담보권의 실행

담보권자의 손해배상청구권의 존재 및 범위가 확정된 이후에 담보권의 실행은 담보물의 종류에 따라 그 방법이 다르다.

가. 현금·유가증권 공탁의 경우

(1) 담보권 실행방법 　현금이나 유가증권이 공탁된 경우 공탁물에 대한 담보권자의 권리실현 방법은 질권 실행절차에 의하는 방법과 강제집행절차에 의하는 방법이 있다. 질권 실행절차에 의하는 방법에는 민법 제353조에 기초한 방법과 제354조에 기초한 방법이 있다. 이를 도표로 정리하면 다음과 같다.

<table>
<tr><th colspan="2">담 보 권</th><th>실 행 방 법</th></tr>
<tr><td rowspan="2">질권실행절차에 따르는 방법</td><td>민법 제353조에 기초한 방법</td><td>담보제공자의 공탁물회수청구권을 직접 행사하는 방법</td></tr>
<tr><td>민법 제354조에 기초한 방법</td><td rowspan="2">담보제공자의 공탁물회수청구권을 집행대상으로 삼는 방법</td></tr>
<tr><td>강제집행절차에 따르는 방법</td><td></td></tr>
</table>

(2) 질권실행절차에 의하는 방법

(가) 의 의 민법은 채권질권의 실행방법으로 2가지를 정하고 있다. 하나는 질권의 대상이 되는 채권을 직접 행사하는 방법(민법 제353조)이고 다른 하나는 민사집행법이 정하는 질권실행절차를 따르는 방법(민법 제354조)이다. 이를 차례로 살펴보면 다음과 같다.

(나) 민법 제353조에 기초한 방법 담보권자가 담보제공자의 공탁물회수청구권을 직접 행사하는 방법이다. 이를 위하여는 피담보채권인 손해배상청구권의 존재와 범위를 밝힌 확정판결이나 확정판결에 준하는 효력을 갖는 화해조서나 인낙조서 또는 담보제공자의 인감증명서가 첨부된 동의서를 담보제공을 명한 법원에 제출하여 당해 법원으로부터 공탁서를 넘겨받아 공탁공무원에게 제출하여야 한다.

(다) 민법 제354조에 기초한 방법

1) 의 의 담보권자는 담보물에 관하여 질권자와 동일한 효력을 갖는다(제19조 3항, 민소법 제123조, 제502조 3항). 동조에 의하여 인정되는 질권에 기하여 제273조에서 정한 질권실행절차에 따라 피담보채권의 만족을 얻는 방법이다.

2) 문 제 점 한편, 동조에서 '질권자와 동일한 효력이 있다'는 의미가 구체적으로 무엇인가에 견해가 대립된다.

가) 제 1 설 동조의 의미를 문언 그대로 해석하여, 담보권자는 담보물인 현금이나 유가증권 자체에 대한 질권으로서 동산질권을 갖는 것이라는 주장이 있다. 그러나 유가증권의 경우라면 몰라도 현금의 경우에는 공탁된 이후에는 물건으로서 특정성을 상실한다고 볼 것이므로 담보권자가 공탁물에 대하여 동산질권을 인정하기는 어렵다.

나) 제 2 설 담보권자는 담보제공자가 갖는 공탁물회수청구권이라는 채권에 대하여 채권을 질권을 갖는 것으로 본다. 그러나 공탁물회수청구권은 담

보취소에 따른 공탁자의 권리로서 담보취소는 담보권을 소멸을 전제하는 것이라는 점에서 전후 모순된 점이 있다.

다) 제 3 설 담보권자는 담보권의 효력에 기하여 공탁물회수청구권을 직접 취득하며 회수한 공탁물에서 우선변제력을 갖는다는 의미에서 질권을 갖는 것이라고 본다. 그러나 공탁자 아닌 자에게 공탁물회수청구권이 발생한다는 것은 납득하기 어렵고 질권의 대상을 제시하지 못하는 점에서 받아들이기 어렵다.

3) 소 결 실무는 제 2 설에 따르고 있다. 담보취소의 사유는 담보권의 소멸에 한정되지 않으므로(민소법 제125조) 담보권에 기한 공탁물회수청구권에 대한 질권인정과 담보취소에 따른 공탁물회수청구권의 발생은 양자가 모순되는 것은 아니라고 본다. 그러므로 담보권자는 채권질권의 실행방법으로 공탁물회수청구권에 대한 압류·추심 또는 전부를 받아 담보권을 실현할 수 있다고 본다. 담보권자는 추심 또는 전부한 공탁물회수청구권을 행사하기에 앞서 담보의 취소를 신청하여야 한다.

⑶ 강제집행절차에 의한 방법 담보권자는 피담보채권에 관한 확정판결 등과 같은 집행권원을 얻은 다음 담보제공자의 공탁물 회수청구권에 대한 강제집행방법에 따라 담보권을 실현하는 방법이다. 이러한 방법은 금전채권에 대한 통상의 금전채권집행방법에 해당한다. 구체적인 절차는 공탁물회수청구권에 대한 압류·추심 또는 전부에 의할 것이다. 담보취소를 신청하여야 하는 점은 민법 제354조에 기초한 담보권실행방법과 같다.

≪판례≫ 담보취소신청권자[대법원 1969. 11. 26.자 69마1062 결정]

가집행항선고부판결의 채무명의에 의하여 채무자의 강제집행정지를 위한 공탁금반환청구권에 관하여 채권압류 및 전부명령을 받은 채권자는 담보권리자로서 담보공여자인 채무자에 대신하여 담보취소신청을 할 수 있는 것이다.

한편 이와 같은 담보권실행방법은 통상의 강제집행이라고 할 것이므로 이것을 두고 담보권의 실행방법이라고 하는 것이 모순이 아닌가 하는 의문이 있을 수 있다. 이러한 통상의 강제집행의 방법에 의하는 경우 담보권자에게는 우선변제권이 없다고 보아야 하지 않은가 하는 의문 역시 마찬가지이다. 이에 대하여 판례는 이러한 방법에 의하는 경우에도 집행에 관한 담보를 계기로 인한 집행절차라는 점에서 민사소송법 제123조를 유추적용하여 담보권자의 우선변제권을 인정하는 것으로 보인다.

나. 지급보증계약서 제출의 경우

이러한 경우 담보권자는 지급보증위탁계약의 피보험자가 된다. 담보권자가 보험금을 청구하기 위해서는 보증보험계약을 체결한 사실을 증명하는 서면과 피담보채권의 존재와 범위를 밝힌 서류를 제출하여야 한다. 보전처분과 관련하여 전자의 서면에 해당하는 것으로는 보전처분에 별지로 첨부된 공탁보증보험증권의 사본이 첨부되지 아니한 경우에는 보증보험증권번호가 기재된 보전처분 재판서 정본이 있고, 후자에 해당하는 서면으로는 피담보채권인 손해배상청구권의 존재와 범위를 밝힌 확정판결 내지는 그와 동일한 효력을 가진 조정조사나 화해조서의 정본이 있다. 담보권자는 담보제공자에 대한 집행권원을 얻은 후 보험자에게 보험금을 청구할 것이고 보험자에게 곧바로 손해배상을 구하는 것을 허용되지 아니한다.

≪판례≫ 보증보험계약이 책임보험계약인지 여부[대법원 1999. 4. 9. 선고 98다19011 판결]

[1] 보험계약자인 가압류 신청인 등의 부당신청으로 인하여 피보험자인 피신청인 등이 손해배상청구권 및 소송비용 상환청구권에 관한 채무명의를 받은 경우 이의 변제를 보험자가 보증하는 공탁보증보험계약은 피보험자가 보험기간 중의 약정사고로 인하여 제 3 자에게 손해배상책임을 지게 되는 경우 보험자가 피보험자에게 이를 보상하여 주는 보험계약인 책임보험계약과는 그 기본성격, 피보험자, 담보되는 손해의 종류와 책임의 성질, 보험의 주된 목적 등이 상이하여 책임보험계약상 법률의 규정에 의하여 특별히 인정되는 피해자(제 3 자)의 직접청구권 규정인 상법 제724조 제 2 항을 위 공탁보증보험에 직접 혹은 유추적용 할 수는 없다.

[2] 보증보험계약이 실질적으로는 보증의 성격을 가지고 보증계약과 같은 효과를 목적으로 하는 것이어서 보험자는 보험계약자가 주계약에 따른 채무를 이행하지 아니함으로써 피보험자가 입게 되는 손해를 보상하는 것이라 할지라도 그 보상은 보험약관이 정하는 바에 따라 그 보험금액의 범위 내에서 보상하는 것이니, 보증보험계약의 보증성에서 곧바로 피보험자가 보험약관이 정한 채무명의 없이도 보험자에 대하여 직접청구권을 취득한다고 볼 수는 없다.

5. 담보의 회수

가. 의 의

현금이나 유가증권의 공탁에 의하여 담보가 제공된 경우에만 담보의 회수가 문제된다. 담보제공자는 담보제공을 명한 재판이 실효되거나 담보취소결정의 확정을 입증하여 공탁물을 회수하게 된다(민소법 제502조, 제125조).

나. 담보취소

(1) 신 청 담보취소 신청권은 공탁물회수청구권자에게 있다. 공탁물회수청구권에 추심명령이 있은 경우에는 추심채권자에게 있으며 공탁물회수청구권이 양도나 전부가 있은 경우에는 양수인이나 전부채권자에게 신청권이 있다.

(2) 담보취소사유 담보취소사유는 다음의 세 가지가 있다(민소법 제125조).

(가) 담보사유의 소멸 담보를 제공한 원인이 부존재하거나 손해발생의 가능성이 없는 것을 말한다. 보전처분절차에서 담보제공자인 채권자가 본안의 승소판결을 얻은 경우 등이 이에 해당한다.

≪판례≫ **이행권고결정의 확정과 담보사유소멸**[대법원 2006. 6. 30.자 2006마257 결정]

민사집행법 제23조에 의하여 가압류를 위한 담보에도 준용되는 민사소송법 제125조 제1항에서 담보의 취소사유로 규정하고 있는 담보사유가 소멸된 것이란 그 담보를 제공할 원인이 부존재인 경우는 물론이고 그 후 담보의 존속을 계속시킬 원인이 부존재하게 된 경우 또는 장래에 있어서 손해발생의 가능성이 없게 된 경우 등을 의미하는 것으로서, 가압류 채권자가 본안소송에서 승소의 확정판결을 얻은 것과 같이 이미 집행된 가압류 등 보전처분의 정당성이 인용됨으로써 손해가 발생되지 아니할 것이 확실하게 된 경우도 이에 해당한다고 할 것인바, 소액사건심판법 제5조의7 제1항에서는 확정된 이행권고결정도 확정판결과 같은 효력을 가진다고 규정하고 있으므로, 이행권고결정이 확정된 경우에도 본안승소의 확정판결을 받은 것과 같이 담보사유가 소멸되었다고 해석함이 상당하다.

한편 보전처분의 취하로 보전처분의 효력이 소멸한 경우 또는 보전명령이 있은 후에 집행기간이 도과된 경우를 담보소멸사유로 볼 것인지의 문제가 있다. 판례는 이에 대하여 담보사유가 소멸하지 아니한 것으로 본다.

≪판례≫ **보전명령만으로 손해가 발생하는지 여부**[대법원 1967. 12. 29. 선고 67마1009 판결]

가처분명령이 집행되지 아니하고 집행기간이 도과된 경우에도 가처분명령의 존재만으로도 피신청인에게 정신상 손해를 주었을 수 있고 또한 그 보증공탁이 담보하는 피신청인의 손해배상 범위에는 그 가처분명령 자체를 다투는 데 필요한 소송비용도 든다 할 것이므로 특별한 사정이 없는 한 그 담보사유는 소멸되었다 할 수 없다.

≪판례≫ **가처분집행 전 가처분신청취하와 손해발생**[대법원 1981. 12. 22.자 81마290 결정]

가처분집행에 착수하였으나 집행 불능이 되고 그 후 채권자가 가처분신청을 취하하였다 하더라도 집행의 착수가 있었던 이상 채무자가 명예, 신용 기타 무형적 손해를 입었을 수도 있어 위 사유만 가지고 담보사유가 소멸되었다고 할 수 없다.

위와는 달리 보전처분결정 전에 보전처분 신청을 취하한 경우에는 담보권자에게 아무런 손해 발생이 없음이 분명하므로 사전 제공한 담보에 관하여 담보취소절차 없이 취하증명서를 제출하여 담보를 회수할 수 있다.

㈏ **담보권자의 동의** 담보권자의 담보취소에 대한 동의는 담보권의 포기로 이해된다는 점에서 담보취소사유로 정한 것이다. 담보권자의 동의는 서면에 의한 것이어야 한다. 실무의 운영에 있어서는 동의서에 나아가 담보취소에 대한 즉시항고권 포기서를 아울러 것을 요구하는 것이 보통이다. 담보권자가 공탁물회수청구권에 대한 추심이나 전부에 기하여 담보취소를 신청하는 경우에는 담보취소신청권자와 담보 취소에 대한 동의권자가 일치하므로 별도의 동의서나 항고권포기서면을 제출할 필요가 없다.

㈐ **최고기간의 만료** 소송절차가 완결된 경우에는 손해발생 여부와 그 범위가 확정된다. 그러므로 이때에는 담보제공자의 신청에 따라 담보제공을 명한 법원이 담보권자에게 통상 1주일 내지 2주일간의 기간을 정하여 담보권을 행사할 것을 최고하고 그 기간이 지나도록 담보권자의 담보권 행사가 없으면 담보권자가 담보취소에 동의한 것으로 간주하여 담보취소를 결정한다.

권리행사최고에 따른 담보권자의 권리행사는 소송 기타 재판상 행사의 방법에 따른 것이어야 한다. 최고기간 경과로 담보취소결정이 있었으나 당해 결정이 확정되기 전에 채권자의 권리행사가 있는 경우에는 담보취소결정은 효력을 상실한다고 본다.

≪판례≫ 권리행사최고기간도과 후의 권리행사[대법원 2000. 7. 18.자 2000마2407 결정]

민사소송법 제115조 제 3 항에 따른 담보취소결정이 발하여진 후 그 결정이 확정되기 전에 담보권리자가 권리행사를 하고 이것을 증명한 경우에는 담보권리자가 담보취소에 동의한 것으로 간주하여 발하여진 담보취소결정은 그대로 유지할 수 없게 되었다고 해석함이 상당하고, 이는 재항고심에 이르러 비로소 권리행사를 하면서 이를 증명하는 서면을 제출한 경우에도 마찬가지이다.

권리행사 최고에 따른 담보취소는 통상 보전처분절차와 관련하여 문제된다. 여기서 소송이 완결된 경우라 함은 보전처분절차가 완결된 경우를 말하는 것이지만 보전처분에 이어 본안소송이 제기된 경우에는 본안소송까지 완결된 경우이어야 한다.

≪판례≫ **본안사건계속과 소송완결**[대법원 1969. 12. 12. 69마967,968 결정]

가압류의 본안사건이 계속 중이라면 가압류사건이 완결되었다 하여도 담보권리자에게 그 권리행사를 최고할 수 있는 소송완결이 있다고 할 수 없다.

≪판례≫ **가압류이의절차완결과 소송완결**[대법원 1970. 2. 21.자 69마970,971 결정]

채권가압류결정에 대한 이의의 소가 완결된 이상 그에 관한 본안소송이 완결되지 않았다 하더라도 본조 제3항에서 말하는 소송완결의 경우에 해당한다(이 판례는 가압류 이의절차가 판결절차로 규율되고 있다는 전제에 선 것으로 더 이상 유지되기 어려울 것으로 보인다/필자 각주).

사례 14 〈해설〉 집행에 관한 담보의 범위

1. 담보의 범위

가집행선고부 판결에 관한 집행정지결정에 따른 담보는 가집행선부판결이 이행을 명하는 기본채권 자체를 담보하는 것이 아니고 기본채권에 따른 집행지연으로 인한 손해를 담보하는 것이다. 그런데 기본채권의 관념이 다소 명확하지 못한 점이 있다. 예를 들어 위 사례에서 인도청구만을 기본채권으로 볼 것인지 아니면 인도청구와 그 지연에 따른 차임상당액 청구부분까지 기본채권으로 볼 것인가 불분명한 것이다. 상식적으로 생각하면 판결주문에서 명한 의무 전체의 집행지연으로 인한 손해를 담보한다고 보는 것이 타당할 것으로 보인다. 그러나 판례는 주문에서 명하는 의무(차임상당액 지급의무)라도 그 성질상 주된 의무(인도의무)의 집행지연에 따른 손해라는 성질을 띠고 있는 것이면 집행에 관한 담보가 담보하는 범위라고 보고 있다. 따라서 갑이 1심판결이 주문 자체에서 명하고 있는 차임상당액 지급청구권을 집행채권으로 삼은 것은 실체에 부합하는 것이다.

2. 집행에 관한 담보에 대한 권리행사방법

집행에 관한 담보에 있어서 담보권자는 담보제공자의 공탁금회수청구권에 관한 질권을 갖는다(반대견해 있음). 따라서 담보권행사방법으로는 질권의 행사방법을 정하고 있는 민법 제353조 또는 제354조에 따르는 것이 자연스러운 모습이다. 그러나 실무에 있어서는 대부분 집행지연으로 인한 손해배상청구권에 관하여 집행권원을 얻은 다음 담보제공자의 공탁금회수청구권을 대상으로 통상의 금전채권에 대한 강제집행절차를 따르는 것이 보통이다. 이에 관하여 현재의 판례는 그러한 통상의 강제집행절차에 따르는 경우라도 그 본질에 있어서 집행에 관한 담보를 계기로 하는 집행이라는 점에서 담보권자의 우선변제적 지위를 인정한다. 사견으로는 담보권자의 우선변제적 지위를 인정하는 것은 타당하지 않다고 본다. 왜냐하면 담보권자가 집행의 기초로 삼는 집행권원에는 집행지연에 따른 손해발생에 관한 사정만이 담겨 있을 뿐 담보에 관한 우선변제적 지위는 나타나 있지 않음에도, 집행법원이 집행권원에는 전혀 나타나 있지 않는 '집행에 관한 담보를 계기하는 집행'이라는 사정을 지적하며 담보권자에게 우선변제적 지위를 인정하는 것은 민사집행절차를 관통하는 '형식주의원칙'에 배치되는 것이기 때문이다.

(3) 담보취소에 대한 불복 담보권자는 담보취소결정에 대하여 즉시항고로 불복할 수 있다(민소법 제127조, 제125조 4항).

다. 담보제공을 명한 재판의 실효

담보제공을 명한 재판의 효력이 소멸한 경우에도 담보를 회수할 수 있다.

Ⅲ. 집행에 관한 보증(집행법상 보증)

1. 의 의

집행에 관한 담보는 이해관계인의 손해배상청구권의 실현을 확보하기 위한 것임에 비하여 집행에 관한 보증은 절차의 신속을 지향하면서 궁극적으로는 배당재단의 형성을 위한 것이라는 점에서 그 성질이 서로 다르다. 그러므로 집행에 관한 보증에 대해서는 집행법상 담보에 관한 규정이 적용될 여지가 없고 개별규정이 정하는 바에 따라 규율될 뿐이다.

2. 종 류

집행에 관한 보증을 규정한 예로는 다음과 같다.

① 경매절차에서 매수보증금(제113조, 제172조, 제187조)
② 잉여의 보증(제102조 3항, 제104조 1항)
③ 매각허가결정에 대한 항고보증(제130조 3항)
④ 선박강제경매에서 강제경매절차취소를 위해 채무자가 제공하는 보증(제181조 1항) 등

Ⅳ. 집행에 관한 공탁

1. 의 의

민사집행법은 채무자나 제3채무자 또는 집행관이 집행의 목적물 또는 그에 갈음하는 금전을 공탁소에 제출하는 것에 관하여 규정하고 있는 것이 많다. 이

를 집행에 관한 공탁이라고 하며 집행공탁 내지 집행법상 공탁 또는 집행목적물의 공탁이라고도 한다. 집행법상 담보·보증과의 차이는 공탁자의 상대방의 손해배상청구권이나 배당재산의 형성과는 직접관련이 없다는 점이다. 집행법상의 공탁은 공탁자가 자신의 손해를 피하기 위하여 혹은 이행의 강제를 면하기 위하여 혹은 절차를 완결 짓기 위한 것이다.

≪판례≫ 집행공탁과 변제공탁의 혼합[대법원 2008. 1. 17. 선고 2006다56015 판결]

[1] 특정 채권에 대하여 채권양도의 통지가 있었으나 그 후 통지가 철회되는 등으로 채권이 적법하게 양도되었는지 여부에 관하여 의문이 있어 민법 제487조 후단의 채권자불확지를 원인으로 하는 변제공탁 사유가 생기고, 그 채권양도 통지 후에 그 채권에 대하여 채권가압류 또는 채권압류 결정이 내려짐으로써 민사집행법 제248조 제 1 항의 집행공탁의 사유가 생긴 경우에, 채무자는 민법 제487조 후단 및 민사집행법 제248조 제1항을 근거로 하여 채권자불확지를 원인으로 하는 변제공탁과 압류 등을 이유로 하는 집행공탁을 아울러 할 수 있고, 이러한 공탁은 변제공탁에 관련된 채권양수인에 대하여는 변제공탁으로서의 효력이 있고, 집행공탁에 관련된 압류채권자 등에 대하여는 집행공탁으로서의 효력이 있다.

[2] 민법 제487조 후단의 채권자불확지 변제공탁 사유와 민사집행법 제248조 제 1 항의 집행공탁 사유가 함께 발생하여 채무자가 혼합공탁을 한 경우, 집행법원으로서는 채권자불확지의 변제공탁 사유, 예컨대 채권양도의 유·무효 등의 확정을 통하여 공탁된 금액을 수령할 본래의 채권자가 확정되지 않는 이상 배당절차를 진행할 수 없어 그 때까지는 사실상 절차를 정지하여야 하므로, 집행채권자가 위 공탁금에서 그 채권액을 배당받기 위하여는 압류의 대상이 된 채권이 집행채무자에게 귀속하는 것을 증명하는 문서, 예컨대 채무자에게 공탁금출급청구권이 있다는 것을 증명하는 확인판결의 정본과 그 판결의 확정증명서나 그와 동일한 내용의 화해조서등본, 양수인의 인감증명서를 붙인 동의서 등을 집행법원에 제출하여야 한다.

[3] 집행채권자가 혼합공탁된 공탁금으로부터 전부금채권 상당액을 배당받기 위하여는 공탁금이 채무자에게 귀속하는 것을 증명하는 문서를 집행법원에 제출하여야 하는데, 집행채권자가 압류전부명령에 기한 전부금채권을 가지고 있다는 것의 확인을 구하는 것은 그 확인판결의 제출로 집행법원이 공탁금의 배당절차를 개시할 수 없으므로 분쟁을 근본적으로 해결하는 가장 유효, 적절한 수단이라고 볼 수 없어 확인의 이익이 없다고 한 사례.

≪판례≫ 혼합공탁과 배당이의의 소[대법원 2006. 2. 9. 선고 2005다28747 판결]

집행공탁과 민법의 규정에 의한 변제공탁이 혼합되어 공탁된 이른바 혼합공탁의 경우에 어떤 사유로 배당이 실시되었고 그 배당표상의 지급 또는 변제받을 채권자와 금액에 관하여 다툼이 있으면 이를 배당이의의 소라는 단일한 절차에 의하여 한꺼번에 확정하여 분쟁을 해결함이 상당하다고 할 것이고, 따라서 이 경우에도 공탁금에서 지급 또는 변제받을 권리가 있음에도 불구하고 지급 또는 변제를 받지 못하였음을 주장하는 자는 배당표에 배당을 받는 것으로 기재된 다른 채권자들을 상대로 배당이의의 소를 제기할 수 있다.

집행공탁의 두드러진 특성 중의 하나는 공탁당시에는 피공탁자가 관념적으로만 존재하는 것으로 공탁서에 특정인을 피공탁자로 기재하였더라도 그 피공탁자의 기재는 법원을 구속하는 효력이 없다는 점이다.

≪판례≫ 집행공탁서의 피공탁자 기재의 효력[대법원 1999. 5. 14. 선고 98다62688 판결]

[1] 민법 제370조, 제342조에 의한 저당권자의 물상대위권의 행사는 민사소송법 제733조에 의하여 담보권의 존재를 증명하는 서류를 집행법원에 제출하여 채권압류 및 전부명령을 신청하거나, 민사소송법 제580조에 의하여 배당요구를 하는 방법에 의하여 하는 것인바, 이는 늦어도 민사소송법 제580조 제 1 항에서 규정하고 있는 배당요구의 종기까지 하여야 하는 것이고, 저당권자의 물상대위권은 어디까지나 그 권리실행의사를 저당권자 스스로 법원에 명확하게 표시하는 방법으로 저당권자 자신에 의하여 행사되어야 하는 것이지, 저당권자 아닌 다른 채권자나 제 3 채무자의 태도나 인식만으로 저당권자의 권리행사를 의제할 수는 없으므로, 저당권자 아닌 다른 채권자나 제 3 채무자가 저당권의 존재와 피담보채무액을 인정하고 있고, 나아가 제 3 채무자가 채무액을 공탁하고 공탁사유를 신고하면서 저당권자를 피공탁자로 기재하는 한편 저당권의 존재를 증명하는 서류까지 제출하고 있다 하더라도 그것을 저당권자 자신의 권리행사와 같이 보아 저당권자가 그 배당절차에서 다른 채권자들에 우선하여 배당 받을 수 있는 것으로 볼 수 없으며, 저당권자로서는 제 3 채무자가 공탁사유신고를 하기 이전에 스스로 담보권의 존재를 증명하는 서류를 제출하여 물상대위권의 목적채권을 압류하거나 법원에 배당요구를 한 경우에 한하여 공탁금으로부터 우선배당을 받을 수 있을 뿐이다.

[2] 토지수용법상의 보상금청구권에 대하여 압류의 경합이 있는 때에는 기업자는 보상금을 공탁함으로써 면책될 수 있는바, 그 경우에 기업자가 하는 공탁의 성격은 변제공탁이 아니라 집행공탁이고, 집행공탁에 있어서는 배당절차에서 배당이 완결되어야 피공탁자가 비로소 확정되고, 공탁 당시에는 피공탁자의 개념이 관념적으로만 존재할 뿐이므로, 공탁 당시에 기업자가 특정 채권자를 피공탁자에 포함시켜 공탁하였다 하더라도 그 피공탁자의 기재는 법원을 구속하는 효력이 없다.

[3] 민사소송법 제580조 제 1 항 제 1 호가 압류채권자 이외의 채권자가 배당요구의 방법으로 채권에 대한 강제집행절차에 참가하여 압류채권자와 평등하게 자신의 채권의 변제를 받는 것을 허용하면서도, 다른 한편으로 그 배당요구의 종기를 제 3 채무자의 공탁사유 신고시까지로 제한하고 있는 이유는 제 3 채무자가 채무액을 공탁하고 그 사유 신고를 마치면 배당할 금액이 판명되어 배당절차를 개시할 수 있는 만큼 늦어도 그 때까지는 배당요구가 마쳐져야 배당절차의 혼란과 지연을 막을 수 있다고 본 때문인바, 이러한 배당요구 시한의 설정은 배당요구를 제한 없이 허용할 경우에 초래될 배당절차의 혼란과 지연을 방지하기 위한 합리적인 조치로서, 그로 말미암아 그 때까지 배당요구를 하지 못한

채권자가 배당에서 제외되어 다른 채권자들에 비하여 차별대우를 받게 된다 하더라도 그러한 차별은 합리적인 이유가 있는 것이며, 물상대위에 있어서 우선변제청구권 있는 자의 경우라 하여 달리 취급할 수 없다고 할 것이므로 이러한 해석이 헌법상의 평등의 이념에 반한다고 할 수는 없다.

2. 종 류

집행에 관한 공탁을 규정한 예는 다음과 같다. 공탁물은 현금에 한하고 그 성질상 보증서 제출로 갈음할 여지가 없다.

① 집행관의 압류물매각대금공탁(제222조 1·2항)
② 추심채권자의 추심금공탁(제236조 2항)
③ 압류 또는 가압류에 따른 제 3 채무자의 권리공탁(제248조, 제291조)
④ 집행관의 집행목적물 아닌 동산매각대금공탁(제258조 6항)
⑤ 가압류해방공탁(제282조)
⑥ 집행관의 가압류금전 또는 가압류목적물의 매각대금공탁(제296조 4·5항, 제299조) 등

제 9 장　집행비용

개　관

집행절차를 진행함에 있어서는 현황조사나 감정평가에 소용되는 공익비용 이외에도 이해관계인에 송달에도 상당한 비용이 소용된다. 이러한 집행비용은 채무불이행으로 인하여 발생하는 것이므로 궁극적으로 채무자가 부담할 것이지만 채무자는 집행절차의 원활한 진행을 위하여 채권자에게 상당부분을 예납하도록 있다. 예납한 집행비용은 채권자가가 원칙적으로 당해 집행절차에서 최우선하여 추심할 수 있다.

학습목표

1. 집행비용의 의의와 범위를 살펴본다.
2. 예납할 집행비용의 범위를 파악한다.
3. 집행비용을 추심하는 절차를 이해한다.
4. 잘못된 집행으로 인한 집행비용변상절차를 알아둔다.

Ⅰ. 의 의

강제집행을 준비하고 실시하는 데 있어서 필요한 비용을 집행비용이라고 한다. 집행비용의 규율에 있어서는 원칙적으로 소송비용에 관한 규정이 유추 적용되어야 할 것이지만 그 범위·부담자·추심방법 등에 있어서 소송비용과는 차이점이 많다.

Ⅱ. 집행비용의 범위

1. 본래 의미의 강제집행

집행비용은 본래 의미의 강제집행에 필요한 비용만을 의미하고 넓은 의미의 집행에 필요한 비용은 집행비용에 해당하지 아니한다. 예를 들어 등기를 명하는 재판에 따라 등기를 하는데 필요한 비용은 집행비용이 아니다.

2. 직접비용

집행비용은 강제집행에 직접 필요한 비용에 한하고 간접비용은 집행비용에 해당하지 아니한다. 예를 들어 채무자의 피상속인 명의의 부동산을 집행의 대상으로 삼기 위하여 채권자가 채권자대위에 의한 상속등기에 소요된 비용은 집행비용이 아니라고 할 것이다.

≪판례≫ 채권자대위권행사에 따른 비용상환[대법원 1996. 8. 21.자 96그8 결정]

채권자대위권을 행사하는 경우 채권자와 채무자는 일종의 법정위임의 관계에 있으므로 채권자는 민법 제688조를 준용하여 채무자에게 그 비용의 상환을 청구할 수 있고, 그 비용상환청구권은 강제집행을 직접 목적으로 하여 지출된 집행비용이라고는 볼 수 없으므로 지급명령신청에 의하여 지급을 구할 수 있다.

그 밖에도 조건성취비용, 반대의무이행비용, 집행법상의 구제절차를 수행에 소용된 비용 등도 마찬가지로 간접비용에 불과한 것으로 집행비용이라고 할 수 없다.

3. 집행절차의 목적달성

집행비용은 집행개시를 전제한 것이므로 채권자가 집행신청을 취하한 탓으로 집행개시가 효력을 상실한 경우에는 집행비용이 고려될 여지가 없다. 집행신청의 일부를 취하한 경우에는 취하되지 아니한 범위에서만 집행비용을 산정한다. 또한 경매신청이 경락허가 없이 완결된 경우 경매신청기입등기의 말소촉탁에 관한 등록세, 과첩 된 인지비용 등은 경매신청채권자의 부담으로 귀착되며 집행비용으로 계상할 수 없다(규칙 제77조).

4. 집행비용계산서

부동산강제경매절차에서 법원사무관 등은 배당실시여부와 관계없이 배당표와 별도로 집행비용계산서를 작성하여야 한다. 집행비용계산서에 기록할 비용으로는 경매신청서 등 첨부인지대, 경매신청서 서기료, 경매신청기입등기 등록세, 등기신청수입증지대, 송달비용, 등본수수료, 평가비용, 현황조사비용, 경매수수료, 공고비용이 있다. 송달비용은 우표로 예납된 경우에는 송달수급카드, 현금예납의 경우에는 송달수불명세서에 의하여 산출한다. 송달비용과 구별할 것으로 채권자나 그 대리인에 대한 사무연락비용이나 송달료 추가납부통지비용은 집행비용으로 계상할 것이 아니다.

Ⅲ. 집행비용의 예납

제18조 (집행비용의 예납 등)

① 민사집행의 신청을 하는 때에는 채권자는 민사집행에 필요한 비용으로서 법원이 정하는 금액을 미리 내야 한다. 법원이 부족한 비용을 미리 내라고 명하는 때에도 또한 같다.

② 채권자가 제 1 항의 비용을 미리 내지 아니한 때에는 법원은 결정으로 신청을 각하하거나 집행절차를 취소할 수 있다.

③ 제 2 항의 규정에 따른 결정에 대하여는 즉시항고를 할 수 있다.

1. 예납의무자

집행비용은 종국적으로 채무자의 부담으로 되는 것이지만 집행절차의 원활한 진행을 위해 채권자에게 예납을 명하게 된다. 국가나 지방자치단체 기타 공공단체가 집행신청을 하는 경우에도 집행비용을 예납하여야 한다. 다만 소송구조를 받은 자는 예납의무가 없다.

2. 예납의 범위

비용이 요구되는 개개의 행위 마다 비용을 예납하게 하는 것은 절차의 원활한 진행에 맞지 않으므로 집행절차 전체에 필요한 통상비용의 개산액을 일괄예납하도록 있다. 구체적인 집행비용 내지 집행에 소요되는 실제비용과 예납액은 그 범위가 서로 다른 것이다. 집행개시 후의 당사자 비용과 집행개시 전의 비용은 예납할 개산액에서 제외된다.

3. 예납의무의 불이행

집행비용의 예납의 불이행이 있으면 비용이 드는 집행행위를 하지 아니하거나 집행신청을 각하 또는 집행절차를 취소하는 결정을 할 수 있다. 이러한 결정에 대해서는 즉시항고로 다툴 수 있다.

4. 이중경매신청과 집행비용예납

이중경매신청에 있어서는 선행 경매신청채권자가 비용을 예납하였으므로 감정평가나 현황조사등에 소요되는 공익비용을 제외하고는 별도로 비용예납을 요구하지 않는 것이 보통이다.

Ⅳ. 집행비용의 부담

1. 비용부담자

제53조 (집행비용의 부담)

① 강제집행에 필요한 비용은 채무자가 부담하고 그 집행에 의하여 우선적으로 변상을 받는다.

② 강제집행의 기초가 된 판결이 파기된 때에는 채권자는 제1항의 비용을 채무자에게 변상하여야 한다.

집행비용은 채무자의 부담으로 한다(제53조 1항). 통상의 소송절차와 달리 집행절차에서 비용부담에 관한 별도의 재판을 하지 아니한다. 다만 채권자의 집행에 무익한 행위로 인한 비용은 채권자가 부담한다.

2. 집행비용의 추심

집행절차의 유형에 따라 구체적인 비용추심방법을 살펴보면 다음과 같다. 어느 경우에나 별도의 소로써 구하는 것은 허용되지 아니한다.

≪판례≫ 지급명령에 의한 소송비용청구[대법원 1996. 8. 21.자 96그8 결정]
유체동산에 대한 집행을 위하여 집행관에게 지급한 수수료는 민사소송법 제513조 제1항, 민사소송규칙 제107조 제1항 소정의 집행비용에 해당하므로, 그 집행절차에서 변상을 받지 못하였을 경우에는 별도로 집행법원에 집행비용액확정결정의 신청을 하여 그 결정을 채무명의로 삼아 집행하여야 하고, 집행관에게 지급한 수수료 상당의 금원을 채무자에게 지급명령신청의 방법으로 지급을 구하는 것은 허용되지 않는다.

가. 금전채권집행에서의 추심

금전채권집행에 있어서는 별도의 집행권원이 필요 없이 당해 집행절차에서 최우선하여 추심한다(제53조 1항).

그러므로 잉여 유무의 판단에 있어서 집행비용은 압류채권자의 우선하는 채권액의 계산에 포함된다(제102조). 당해 집행절차에서 집행비용을 추심하지 못한 경우에는 따로 집행비용확정신청에 따른 집행비용확정결정을 집행권원으로 하여 별도의 금전집행을 하여야 한다.

나. 금전채권에 대한 집행에서의 집행비용추심

압류명령과 현금화명령을 함께 발령하는 경우에는 압류명령에 집행비용에 관한 기재가 있으면 현금화절차에서 집행비용을 우선하여 추심하면 된다. 이와는 달리 집행비용에 관한 기재가 없는 압류명령 이후에 별도로 현금화명령을 신청하는 경우에는 현금화명령신청에 집행비용에 관한 재판을 구하여 현금화명령에 집행비용에 관한 사항 부기되도록 하여 집행비용을 추심할 수 있다.

다. 비금전채권집행에서의 추심

비금전채권의 집행에서는 집행비용확정결정을 거쳐 이를 별도의 집행권원으로 하여 추심한다(규칙 제24조 1항). 대체집행에 있어서는 비용을 추심할 수도 있다(제260조 2항).

3. 집행비용의 변상

확정판결 또는 그와 동일한 효력이 있는 집행권원이 파기된 경우에는 채권자는 채무자에게 집행비용을 변상하여야 한다(제53조 2항).

가집행선고부판결이 효력을 잃은 경우에 채무자가 민사소송법(제215조)에 의하여 손해배상을 받지 못한 때에도 마찬가지이다. 채권자가 채무자에게 변상하여야 할 구체적인 변상액은 소송비용확정절차에 준한다(규칙 제24조).

제10장　강제집행의 진행

개　관

본장에서는 구체적인 집행절차의 진행에 관한 상세한 논의에 앞서 집행절차 전반에 관한 공통된 일반적 진행구조를 집행개시·집행진행·집행종료의 세 가지 국면으로 나누어 살펴본다. 편의상 집행개시와 집행종료의 국면을 먼저 살펴본다. 즉 집행개시에 필요한 적극적·소극적 요건에는 어떠한 것들이 있는가를 살펴봄(제1절)과 아울러 위와 같이 개시된 집행절차는 어떠한 사정이 있는 경우에 종료되는가(제2절)를 고찰해보기로 한다. 집행진행국면에 관하여는 집행절차 밖에 있는 실체관계의 변동·집행권원의 변동·집행문의 변동이 어떠한 경로를 통하여 집행절차의 진행에 어떠한 영향을 주는지(제3절)를 검토해보기로 한다.

학습목표

1. 집행개시요건을 정리한다.
2. 집행종료사유를 이해한다.
3. 실체관계의 변동 등이 어떠한 경로를 통하여 집행절차에 어떠한 영향을 주는지를 파악한다.

제 1 절 강제집행의 개시

Ⅰ. 의 의

집행기관이 집행채무자에게 일정한 강제력의 발동을 실현시키는 최초의 행동이 있는 때에 집행이 개시되었다라고 할 수 있다. 먼저 강제집행개시의 일반적 요건에 대하여 설명하고 집행의 유형에 따라 구체적인 집행개시의 시점을 보기로 한다.

Ⅱ. 강제집행개시의 일반적 요건

사 례 15 집행채권에 대한 압류와 집행장애

부동산 중개업을 하는 을은 친구 병으로부터 사업자금을 빌려달라는 부탁받았다. 그런데 마침 을은 며칠 전 이웃에 사는 갑으로부터 여윳돈을 굴릴만한 곳이 없겠냐는 문의를 받은 적이 있었다. 이에 을은 갑에게 연 15%로 빌린 다음 다시 병에게 연 30%에 빌려주면 이득이 있겠다고 생각하고, 갑으로부터 차용한 돈 3,000만원을 병에게 집행증서를 받고 대여하여 주었다. 이후에 갑은 을이 별로 신용이 좋은 사람이 아니라는 것을 알고 을의 병에 대한 위 대여금채권을 가압류하여 두었다. 사정에 이에 이르자 을은 돈을 챙겨 잠적할 목적으로 위 집행증서에 기하여 병의 공장에 대한 강제경매를 신청하였다. 이러한 경우 집행채권이 가압류되었다는 사정은 집행절차에 어떻게 반영되는가?

1. 의 의

집행개시의 요건은 집행문부여요건의 요건과 구별하여야 함은 앞서 설명하였다. 집행개시의 요건이라 함은 집행기관이 집행행위를 개시하는데 필요한 것으로 이는 집행기관이 직권으로 조사하여야 한다. 강제집행개시의 요건은 다른 말로 강제집행개시결정의 요건이라고 할 수 있다.

2. 적극적 요건

가. 집행당사자의 집행신청

제 4 조 (집행신청의 방식)
민사집행의 신청은 서면으로 하여야 한다.

집행절차의 개시는 처분권주의에 의하므로 집행당사자의 서면에 의한 신청이 있어야 한다. 집행당사자의 확정에 관하여는 앞서 설명하였다. 신청서에는 이러한 집행당사자를 동일성을 인식할 수 있는 정도로 기재되어야 한다(제39조 1항). 아래의 판례는 제3채무자의 표시에 관한 것이지만 채무자의 표시에 있어서도 마찬가지이다.

≪판례≫ 제3채무자의 표시[대법원 1965. 5. 18. 선고 65다336 판결]

강제집행에 있어서 채권자평등주의를 채택한 현행 민사소송법하에서는 채권의 가압류나 압류가 경합되었을 경우에 그 압류된 채권을 채권자의 한 사람에게 전부할 수는 없는 것이라 할 것이므로 그러한 전부명령은 무효이나 압류명령부분만은 유효하다 할 것이고, 제3채무자를 "대한석공 함백광업소장"으로 표시한 경우 이는 대한석탄공사와 동일성을 인정할 수 있으므로 유효하다.

집행정본에 표시가 없는 자를 당사자로 한 집행은 집행권원 없이 집행을 한 것과 다를 바 없는 것으로 위법할 뿐만 아니라 무효이다.

나. 집행권원의 송달

(1) 송달의 필요성 집행을 당하는 채무자의 방어권 보장을 위하여 늦어도 집행이 시작되는 시점까지는 집행권원이 송달되어야 함이 원칙이다(제39조 1항). 그러나 실제에 있어서는 집행권원이 당해 집행권원의 성립절차 내에서 이미 송달되었거나 집행의 신속을 위하여 송달의 생략을 인정하고 있는 경우가 많다.

(가) 판 결 등 판결이나 지급명령 또는 각종 조서는 당해 집행권원의 성립절차 내에서 법원사무관 등이 직권으로 송달하게 되므로(민소법 제210조, 제469조 1항, 민소규칙 제56조) 집행절차에 즈음하여 별도로 집행권원의 송달이 별도로 문제되지 않는 것이 보통이다. 송달여부는 집행기관이 직권으로 조사할 것이지만 강제집행 신청시에 신청인이 송달증명을 첨부하게 하고 있다.

(나) 결 정 등 결정·명령과 같은 집행권원은 당해 집행권원의 성립절차 내에서는 상당한 방법으로 고지하는 것으로 족하므로 결정·명령을 집행권원으로 하여 집행함에 있어서는 별도로 집행권원의 정본 송달이 필요하다. 다만 신속한 집행 등을 필요한 경우에는 예외적으로 집행권원의 송달이 필요하지 않으며 그 예는 다음과 같다(이하 사법연수원 42면).

① 보전명령의 집행(민사집행법 제292조 2항, 제301조)

② 비송사건절차법상 비용재판에 따른 집행(비송사건절차법 제29조 2항)

③ 과태료재판에 대한 검사의 명령집행(비송사건절차법 제249조 2항)

④ 벌금 등에 대한 검사의 명령집행(형사소송법 제477조) 등

㈐ **집행증서** 　집행증서의 송달 역시 별도로 문제되지 않는 것이 보통이다. 집행증서는 그 작성절차에 있어서 그 정본 또는 등본을 교부가 따르는 것이 보통이고(공증인법 제46조, 제50조), 집행증서 자체에 그러한 교부가 있었다는 취지의 기재가 있는 것이 대부분이기 때문이다. 아울러 집행증서 자체에 교부취지의 기재가 있는 탓에 집행신청에 있어서 송달증명도 별도로 요구하지 않는 것이 일반적이다. 일부견해는 아래의 판례에 관하여 다소 비판적인 취지로 인용하고 있으나 이 판례는 폐지된 간이절차에 의한 민사분쟁사건처리특례법에 근거한 것으로 현행 공증인법에 따르면 별 의미가 없다고 본다.

≪판례≫ 집행증서의 송달[대법원 1980. 3. 12.자 80마78 결정]

약속어음을 공증한 데에 따른 공정증서에 기한 강제집행에는 그 집행 전에 그 공정증서를 채무자에게 송달하여야 할 법률상의 근거가 없다.

⑵ **송달의 시기** 　송달은 원칙적으로 사전에 송달되어야 하는 것이지만 유체동산의 집행에서는 집행기관인 집행관이 현장에서 채무자에게 집행권원을 송달하는 동시송달이 가능하다. 법원이 집행기관인 경우에는 동시송달하는 경우가 없다.

⑶ **송달방법** 　집행절차와 관련하여 집행권원의 송달이 별도로 필요한 경우에는 민사소송법(제176조 이하)이 정하는 통상의 송달의 방법에 따른다.

⑷ **송달증명** 　집행권원의 송달 여부는 집행기관이 직권으로 조사할 사항이다. 실제에 있어서는 집행신청 채권자에게 송달증명서를 첨부하도록 하고 있다. 집행증서에 기한 집행신청에 있어서는 송달증명이 거의 문제되지 않는다는 점은 앞서 설명하였다.

⑸ **송달흠결의 효과** 　집행권원은 채무자에게 방어의 기회를 주기 위한 것인데 이러한 집행권원의 송달이 흠결된 집행행위의 효력에 관해서는 절대적 무효라고 할 것이다(절대무효설). 판례도 절대무효설을 취하고 있다. 집행권원이 허위주소로 송달된 경우도 송달이 없는 것과 마찬가지로 취급된다.

≪판례≫ 집행권원송달이 흠결된 집행행위[대법원 1973. 6. 12. 선고 71다1252 판결]

허위주소로 송달된 채무명의의 효력은 집행채무자에게 미친다고 볼 수 없고 따라서 이러한 채무명의에 의하여 집행채무자 소유의 부동산에 대하여 이루어진 강제경매 절차는 채무명의 없이 경매가 진행된 것이나 다를 바 없다.

≪판례≫ 집행권원송달이 흠결된 집행행위[대법원 1987. 5. 12. 선고 86다카2070 판결]

채권압류 및 전부명령의 기초가 된 채무명의인 가집행선고부판결정본이 상대방의 허위주소로 송달되었다면 그 송달은 부적법하여 무효이고 상대방은 아직도 판결정본의 송달을 받지 않은 상태에 있다 할 것이므로 그 판결정본에 기하여 행하여진 채권압류 및 전부명령은 집행개시의 요건으로서의 채무명의의 송달 없이 이루어진 것으로서 무효라 할 것이다.

라. 집행문의 송달

(1) 송달의 요부

제39조 (집행개시의 요건)

① 강제집행은 이를 신청한 사람과 집행을 받을 사람의 성명이 판결이나 이에 덧붙여 적은 집행문에 표시되어 있고 판결을 이미 송달하였거나 동시에 송달한 때에만 개시할 수 있다.

② 판결의 집행이 그 취지에 따라 채권자가 증명할 사실에 매인 때 또는 판결에 표시된 채권자의 승계인을 위하여 하는 것이거나 판결에 표시된 채무자의 승계인에 대하여 하는 것일 때에는 집행할 판결 외에, 이에 덧붙여 적은 집행문을 강제집행을 개시하기 전에 채무자의 승계인에게 송달하여야 한다.

③ 증명서에 의하여 집행문을 내어 준 때에는 그 증명서의 등본을 강제집행을 개시하기 전에 채무자에게 송달하거나 강제집행과 동시에 송달하여야 한다.

집행문은 집행권원과 달리 별도로 송달할 필요가 없는 것이 원칙이다. 그러나 집행이 채권자의 담보제공 등의 조건에 달린 경우이거나 승계집행문을 부여하는 경우에는 늦어도 집행개시 시점까지는 집행문을 송달하여야 한다(제39조 2항). 이러한 집행문은 실질적으로 집행권원의 내용을 보충하는 것이기 때문이다. 채권자가 집행문을 신청하면서 조건성취 또는 승계사실에 관한 증명서를 제출한 경우에는 그 증명서의 등본도 함께 송달하여야 한다(제39조 3항).

(2) 송달흠결의 효과 집행문에 관한 규정은 강행규정으로 당사자의 합의에 의해 배제될 수 없으며 집행문이 없는 상태에서 이루어진 강제집행은 실체적으로 무효이며 경매절차에서 매수인이 대금을 완납한 경우라도 소유권을 취득

할 수 없다. 집행문을 추완하는 것도 허용되지 아니한다고 본다(절대무효설).

≪판례≫ **집행문 없이 이루어진 집행행위의 효력**[대법원 1978. 6. 27. 선고 78다446 판결]
부동산에 관한 강제집행절차에 있어서 집행문이 없는 채무명의에 의하여 이루어진 강제경매는 절대적으로 무효이다.

일부 견해는 아래의 판례를 거시하면서 집행문 송달이 흠결된 경우라도 당해 집행행위가 위법하기는 하나 취소되기 전까지는 유효하다는 입장(취소설)이 판례의 태도라고 설명하고 있다. 그러나 아래의 판례는 본래의미의 집행에 관한 사례가 아니므로 이를 바탕으로 판례의 태도를 이해하는 것은 부적절하다고 본다.

≪판례≫ **집행정본송달이 흠결된 광의의 집행행위**[대법원 1980. 5. 27. 선고 80다438 판결]
채무자의 승계인들에 대하여 집행문을 부여한 뜻을 부기한 화해조서 정본을 송달한 증명 없이 화해조서 정본에 따른 강제집행에 의하여 소유권이전등기가 행하여졌다면 이는 위법이지만 이로써 곧 위 소유권이전등기가 무효라고는 할 수 없다.

마. 반대급부의 제공 등

동시이행관계에 있는 반대급부의 제공, 집행에 관한 담보의 제공, 대상집행에서 본래청구의 집행불능, 확정기한의 도래 등은 집행문 부여의 요건이 아니라 집행개시의 요건이라는 점에 관하여는 앞서 상세히 설명하였다. 반대급부의 제공 등을 간과한 집행행위의 효력은 무효라고 본다. 만일 반대급부의무가 이행불능이라면 당해 집행권원은 집행불능에 빠진다. 이와는 달리 집행채권이 이행기에 도달하지 않았다는 사정은 단순 위법사유에 그친다.

바. 담보제공증명서의 송달

(1) **담보제공과 담보제공증명서** 담보제공을 조건으로 한 가집행선고부 판결에서 담보제공은 집행개시의 요건임은 앞서 설명하였다. 이러한 경우 채권자는 집행신청에 있어서 담보제공증명서를 제출하여야 한다. 나아가 집행기관이 위 담보제공서의 등본을 늦어도 집행을 개시할 때까지 채무자에게 송달하여야 한다(제40조 2항).

(2) **담보제공방법** 담보제공은 반드시 집행기관에 하여야 할 필요는 없고 채권자나 채무자의 보통재판적 소재지 지방법원에도 할 수 있다(제19조 1항).

(3) **담보제공흠결의 효과** 담보제공 없이 이루어진 집행행위는 당연무효

라고 할 것이다. 이와는 달리 단순히 담보제공증명서의 송달만이 흠결된 경우에는 위법하기는 하나 취소할 수 있음에 그치며 취소 전에 송달되면 그 하자가 치유된다고 할 것이다.

사. 관련문제: 경매개시결정 등의 송달

위에서 설명한 집행권원 등의 송달은 집행이 개시되기 이전의 문제이다. 이와 달리 경매개시결정의 송달이나 매각기일의 통지 등은 집행절차 내에서 이루어지는 것이라는 점에서 구별된다. 상세한 사항은 해당부분의 설명을 참고하기 바란다.

3. 소극적 요건(집행장애)

가. 의 의

집행절차의 진행에 장애가 되는 사유를 말한다. 집행장애사유에 대하여는 법원이 직권으로 조사하여야 하고 집행절차의 진행 중에 발견된 경우에는 절차를 정지하거나 취소하여야 한다. 집행장애사유가 있더라도 집행문 부여를 거부해서는 안 된다. 집행장애사유는 집행개시의 요건이지 집행문부여의 요건은 아니기 때문이다.

≪판례≫ 집행장애사유의 직권조사[대법원 2000. 10. 2.자 2000마5221 결정]

집행법원은 강제집행의 개시나 속행에 있어서 집행장애사유에 대하여 직권으로 그 존부를 조사하여야 하고, 집행개시 전부터 그 사유가 있는 경우에는 집행의 신청을 각하 또는 기각하여야 하며, 만일 집행장애사유가 존재함에도 간과하고 강제집행을 개시한 다음 이를 발견한 때에는 이미 한 집행절차를 직권으로 취소하여야 한다.

이러한 집행장애사유는 집행절차진행의 일반에 관련되는 것으로 압류금지물건 등과 같이 개별적인 집행행위의 장애사유와 구별된다. 집행장애사유를 구체적으로 살펴보면 다음과 같다.

나. 도산절차의 개시

민사집행절차는 개별집행절차이다. 이에 비해 도산절차는 총채권자의 공평한 만족을 위한 일반집행절차라는 점에서 민사집행절차에 대하여 절차적 우위성을 갖는다. 이러한 점에서 도산절차의 개시가 있게 되면 개별적인 집행신청은 배척되며 이미 진행 중인 집행절차는 정지된다. 도산절차의 진행과 관련하여 파산절차와 개인회생절차 사이에는 개별집행절차에 미치는 영향이 약간 다르다.

파산절차에 있어서는 파산신청에 나아가 파산폐지 또는 파산종결결정에 이르러서야 개별집행절차진행의 정지가 가능하나(통합도산법 제557조), 개인회생절차에 있어서는 개인회생절차개시신청 단계에서 곧바로 개별집행절차의 정지가 인정된다(통합도산법 제593조, 제600조). 소비자파산절차에 있어서만큼은 파산신청이 있는 것만으로도 개별집행절차의 정지를 허용하는 것이 바람직하다고 본다.

≪판례≫ **파산신청과 집행장애사유**[대법원 1999. 8. 13.자 99마2198,2199 결정]

채무자에 대한 청산절차가 진행 중이라거나 파산신청이 되어 있다는 사정만으로는 집행에 장애사유가 된다고 할 수 없고, 집행채권이 변제나 상계 등에 의하여 소멸되었다는 것과 같은 실체상의 사유는 적법한 항고이유가 되지 아니한다.

다. 집행채권에 대한 압류·가압류

압류·가압류의 본질적 효력은 처분금지효에 있음은 앞서 살펴보았다. 집행채권에 이러한 압류·가압류가 있게 되면 집행채권자는 추심권을 상실한다(제227조 1항). 추심권을 상실의 구체적 의미는 당해 집행채권의 만족을 위한 환가절차를 진행할 수 없다는 것이다. 그러므로 집행채권의 만족에 이르지 않는 한도에서의 집행절차의 진행은 가능하다. 즉 집행채권이 압류되거나 가압류된 경우라도 그에 기초한 집행절차의 진행에 있어서 압류나 가압류는 허용하되 그 이후의 현금화절차에는 나아갈 수 없는 것이다. 이러한 의미에서 집행채권에 대한 압류나 가압류가 있다는 사정은 집행장애사유라기보다는 현금화장애사유라고 하는 것이 좀더 정확한 표현일 것이다.

라. 집행정지서면 등의 제출

이 밖에도 집행절차는 다양한 사유에 의하여 절차의 속행이 정지되는 경우가 많다. 이러한 것을 묶어 규정하고 있는 것이 민사집행법 제49조이다. 이에 관해서는 강제집행의 정지의 항목에서 상세히 설명한다.

마. 집행제한계약

(1) 의 의 강제집행의 요건이나 방법과 범위에 관한 당사자 사이의 소송상의 합의를 집행계약이라고 한다. 집행계약은 채권자에게 유리한 집행완화계약과 채무자에게 유리한 집행제한계약 내지 부집행합의가 있다. 이러한 집행계약은 집행신청취하에 관한 합의(제49조 6호, 제266조 1항 4호), 변제유예에 관한 합의(제266조 1항 4호), 즉시 강제집행수락에 관한 합의(제56조 4호), 매각조건변경에 관한 합의(제110조), 배당에 관한 합의(제152조), 매각장소에 관한 합의(제203조) 등과 같

이 법률상 명문으로 허용하고 있는 경우가 많다.

(2) **허용여부** 채무자에게 불리한 집행완화계약은 경제적 약자인 채무자 보호의 견지에서 이를 허용할 수 없다는 점에 대하여는 이견이 없다. 그러나 명문규정으로 정하지 아니한 집행제한계약의 유효성에 관하여는 임의소송금지의 원칙과 관련하여 다툼이 있다. 이에 대하여는 처분권주의의 범위 내에서 당사자가 합의의 법효과를 정확히 예측하고 합의한 때에는 적법한 것으로 보는 것이 일반적이며 집행제한계약에 대하여도 특별한 사정이 없는 한 그 유효성을 인정하는 것이 보통이다.

≪판례≫ 부집행합의 유효성[대법원 1996. 7. 26. 선고 95다19072 판결]

부집행의 합의는 실체상의 청구의 실현에 관련하여 이루어지는 사법상의 채권계약이라고 봄이 상당하고, 이것에 위반하는 집행은 실체상 부당한 집행이라고 할 수 있으므로 민사소송법 제505조가 유추적용 내지 준용되어 청구이의의 사유가 된다.

사례 15 〈해설〉 집행채권에 대한 압류와 집행장애

갑이 을의 병에 대한 채권을 가압류함으로써 을은 병에 대한 채권의 추심권과 처분권을 상실한다. 그 결과 을이 가압류된 채권을 집행절차를 통하여서도 만족을 얻는 것이 금지된다. 따라서 을의 강제경매신청은 일응 각하 또는 기각되어야 한다고도 볼 수 있다. 한편 강제경매절차는 압류 · 매각 · 현금화절차의 세 단계를 거치게 되는데 압류절차는 일종의 집행채권의 보전을 위한 조치이다. 그러므로 을의 신청을 받아들이되, 그에 따른 집행절차를 압류의 단계까지만 진행하고 그 이후의 절차는 정지상태에 두어야 한다는 것이 판례의 태도이다. 이러한 점에서 채권채권이 가압류되었다는 사정을 두고 '집행장애사유'보다는 '매각장애사유'로 표현하는 것이 적확한 표현이라고 하겠다.

Ⅲ. 집행의 개시

구체적인 집행개시의 시점은 중요한 의미를 갖는다. 집행에 관한 이의나 즉시항고 또는 제3자 이의의 소는 집행절차가 개시된 이후의 구제방법이므로 구체적인 집행절차가 시작되기 전이라면 이러한 구제방법은 부적절하기 때문이다. 또한 집행개시의 요건은 구체적인 집행행위의 개시가 있는 때까지만 갖추면 된다. 일반적으로 집행기관이 최초로 채무자에 대하여 강제적 행동을 취한 때에 집행절차가 개시된다고 할 수 있다. 절차의 유형에 따라 집행의 구체적 개시의 시점은 다음과 같다.

1. 집행관이 집행기관인 경우

유체동산경매절차에서는 압류를 위하여 집행의 대상이 되는 목적물을 수색한 시점이고 인도집행에 있어서는 강제적 사실행위를 하여 집행채무자의 점유를 푸는 시점이 집행개시시점이 된다. 집행관이 집행개시에 앞서 집행채무자에게 임의의 이행을 촉구하거나 퇴거를 요구하는 조치는 채무자에게 대한 강제력의 발동이 있다고 할 수 없으므로 그것만으로는 집행이 개시되었다고 할 수 없다.

2. 집행법원 · 수소법원이 집행기관인 경우

법원이 집행기관인 경우에는 최초의 재판이 있는 시점에 집행이 개시된 것으로 본다. 이러한 재판에는 채권압류명령, 경매개시결정, 강제관리개시결정, 대체집행결정, 간접강제결정(사법연수원 43면) 등이 있다.

제 2 절 강제집행의 종료

Ⅰ. 의 의

집행채권과 집행비용이 만족을 얻은 때 또는 만족이 종국적으로 불능으로 된 때 전체로서의 집행이 종료된다. 이러한 전체집행의 종료와 달리 집행채권이 만족을 얻었는가와 관계없이 특정의 집행절차가 종료한 것을 개별집행의 종료라 한다.

Ⅱ. 전체집행의 종료시점

전체집행의 종료시점은 집행절차 자체를 기준으로 판단할 것이 아니고 집행채권이 완전한 만족을 얻었는가 또는 집행채권의 만족이 종국적으로 불가능한 것으로 되었는가를 기준으로 판단한다. 전체집행이 종료한 이후에는 청구이의의 소, 집행문부여에 대한 이의신청과 이의의 소를 제기할 수 없다.

Ⅲ. 개별집행의 종료시점

개별집행은 ① 유체동산, 부동산에 대한 금전채권집행에서는 압류금전 또는 매각대금을 채권자에게 교부 또는 배당한 때, ② 채권에 대한 금전채권집행에서는 추심신고를 한 때나 배당절차가 끝난 때, 전부명령이 확정된 때, ③ 유체물인도청구권에 대한 금전채권집행에서는 집행관이 목적물을 인도받아 현금화하여 매각대금을 채권자에게 교부, 배당한 때, ④ 동산, 부동산의 인도집행에서는 목적물을 채권자에게 인도하여 점유하게 한 때, ⑤ 대체집행에서는 채권자가 이행의 결과를 향유하게 된 때, ⑥ 간접강제에서는 채권자가 이행을 받거나 손해배상을 받은 때에 종료한다. 개별집행이 종료한 이후에는 집행에 관한 이의, 제3자 이의의 소로 다투지 못하고, 강제집행의 정지 · 제한 · 취소명령을 발령할 수 없고 강제집행의 신청의 취하를 할 수 없게 된다.

제 3 절 강제집행의 정지 · 제한 · 취소

Ⅰ. 강제집행의 정지와 제한

사 례 16 **집행정지서류제출 등의 시한**

갑은 을에게 동업관계청산금으로 3,000만원을 주기로 하였으나, 계산착오가 있었다는 생트집으로 지급을 매번 늦추었다. 이에 을은 갑의 주택에 관하여 경매를 신청하였고, 을의 신청에 따른 경매절차에서 병이 첫 매각기일인 2006. 4. 9. 최고가매수인으로 정해졌다. 그러자 이튿날 갑은 을을 찾아가 돈을 모두 갚았다. 이때 위 집행절차에는 매각허가결정시까지 아무런 위법 · 부당함이 없다면, 갑이 병이 주택이 매각되는 것을 저지할 수 있는 가장 적절한 대책은 무엇인가(병의 협조를 얻을 수는 없다고 가정한다)?

사 례 17 **넓은 의미의 강제집행과 집행정지**

갑은 을에게 공장부지를 매도하고 등기상 소유명의를 이전하여 주었다. 그러나 을의 매매대금지급의무에 관한 소가 제기되었고, 이어 갑과 을 사이에 '을은 갑으로부터 금 3,000만원을 지급받음과 동시에 공장부지에 관한 소유권이전등기의 말소등기절차를 이행한다.'라는 내용의 재판상 화해가 이루어졌다. 이에 갑은 2001. 9. 26. 을에게 3,000만원을 지급하고, 같은 날 화해조서에 집행문을 부여받은 다음 2001.

10. 30. 을의 등기상 소유명의를 말소를 신청하였다. 그런데 을은 2001. 9. 27. 갑과 을 사이에 위 화해조서를 무효로 하기로 하는 약정이 있었다는 점을 지적하며 집행문부여에 대한 이의신청과 아울러 집행의 일시정지를 명하는 잠정처분을 구하였던바, 법원으로부터 2001. 10. 12. 집행의 일시정지를 명하는 재판을 얻어 2001. 10. 25. 그 정본을 송달받고, 같은 날 관할등기소에 제출하였다. 위와 같은 경우 등기관은 갑의 말소등기신청을 배척하여야 하는가?

1. 의　　의

집행채권에 관한 실체관계의 변동 또는 집행권원이나 집행문의 효력변동이 있는 경우라도 집행기관이 이를 바로 심사하여 집행절차에 반영시키는 것은 허용되지 아니한다. 기관분리·독립의 원칙 내지는 형식주의가 작용하기 때문이다. 그러나 이러한 변동이 있음에도 이를 무시하고 집행절차를 계속하는 것은 이해관계인의 권리를 침해하게 된다. 그리하여 위와 같은 변동의 내용을 집행절차에 반영시키는 위해서는 일단 집행절차를 정지하고 별도의 절차에 따라 변동 상황에 대한 정확한 평가와 확정을 한 다음에 그에 따라 집행절차를 속행 여부를 정한다. 간단히 말하면 집행정지절차는 실체관계 등의 변동을 집행절차에 반영시키는 준비절차라고 할 수 있다. 담보권실행절차의 정지 등에 대해서는 별도로 설명한다.

한편 의사진술을 명하는 판결은 본래의미의 집행절차가 있을 수 없으므로 집행의 정지도 문제되지 아니한다. 다만 의사진술을 명하는 판결이라도 반대의무의 이행을 조건으로 하는 경우에는 집행문부여절차가 있게 되는데 이러한 경우에는 집행문부여전까지의 집행정지가 있을 수 있다.

≪판례≫ 이전등기를 명하는 판결과 강제집행정지[대법원 1979. 5. 22.자 77마427 결정]

조건부 의사진술을 명하는 재판은, 그 조건이 성취되어 집행문이 부여될 때 의사를 진술한 것과 동일한 효력이 발생하고, 집행기관이 관여하는 현실적인 강제집행절차가 존재할 수 없으므로, 강제집행의 정지도 있을 수 없으니, 등기공무원은 강제집행정지결정에 구애됨이 없이 등기신청을 받아들여 등기기입을 할 수 있다.

≪판례≫ 수분양자명의변경 판결과 집행정지[대법원 1995. 11. 10. 선고 95다37568 판결]

대지에 대한 수분양자 명의변경 절차의 이행을 소구함은 채무자의 의사의 진술을 구하는 소송으로서 그 청구를 인용하는 판결이 선고되고 그 소송이 확정되었다면, 그와 동시에 채무자가 수분양자 명의변경 절차의 이행의 의사를 진술한 것과 동일한 효력이 발생하는 것이므로 위 확정판결의 강제집행은 이로써 완료되는 것이고 집행기관에 의한 별도의 집행절차가 필요한 것이 아니므로, 특별한 사정이 없는 한 위 확정판결 이후에 집행절차가 계속됨을 전제로 하여 그 채무명의가 가지는 집행력의 배제를 구하는 청구이의의 소는 허용될 수 없다.

이와 같은 집행정지는 법률상의 원인에 의하여 집행기관이 집행절차를 계속할 수 없는 상태라고 할 수 있으며 집행중지라고도 한다. 당사자나 집행기관의 사정으로 인해 사실상 집행절차가 사실상 정지된 상태는 여기의 집행정지에 해당하지 아니한다. 이러한 집행정지는 정지되는 집행의 범위에 따라 다음과 같이 분류할 수 있다.

가. 전체정지와 개별정지

하나의 집행권원에 따른 강제집행이 모두 허용되지 않는 것은 전체정지라 하고, 특정의 집행절차만이 더 이상 진행이 허용되지 아니하는 것을 개별정지라 한다. 전체정지의 경우에는 이미 개시된 개별적인 집행절차가 정지되는 것은 물론 집행채권만족을 위한 다른 개별적인 집행절차의 개시도 허용되지 아니한다. 개별정지의 경우에는 특정의 집행절차만 정지될 뿐이고 집행채권만족을 위한 다른 개별적인 집행절차의 개시에는 영향이 없다.

나. 전부정지와 일부정지

위에서 설명한 전체정지와 개별정지는 특정의 집행절차 전부가 정지된다. 이와는 달리 특정의 집행절차 전부가 아니라 특정의 집행절차를 구성하는 개개의 집행행위의 진행이 정지되거나, 집행의 목적물에 대한 일부 또는 집행채권의 일부에 대해서만 집행이 정지되는 것을 일부정지 또는 집행제한이라 하며 제한의 대상이 아닌 부분에 대한 집행은 정지되지 아니한다.

다. 종국적 정지와 일시적 정지

제50조 (집행처분의 취소·일시유지)

① 제49조 제1호·제3호·제5호 및 제6호의 경우에는 이미 실시한 집행처분을 취소하여야 하며, 같은 조 제2호 및 제4호의 경우에는 이미 실시한 집행처분을 일시적으로 유지하게 하여야 한다.

② 제1항에 따라 집행처분을 취소하는 경우에는 제17조의 규정을 적용하지 아니한다.

집행의 정지는 장래 속행가능성을 남기지 않는 종국적 정지와 속행가능성이 남아있는 일시적 정지가 있다. 민사집행법 제49조의 1·3·5·6호의 사유는 종국적 정지사유이고, 2·4호의 사유는 일시적 정지사유에 해당한다.

2. 집행정지의 원인

집행정지는 법률상의 원인이 있어야 하는데 이러한 법률상 원인은 법정서류 제출과 법정사유 발생의 두 가지로 대별할 수 있다. 집행개시 후 채무자의 사망은 집행정지사유가 아님은 앞서 설명하였다. 집행정지에 관한 규정은 가처분에 관한 특별규정이므로 통상의 가처분으로는 집행절차를 정지할 수 없다.

≪판례≫ 통상의 가처분에 의한 집행정지[대법원 1969. 3. 5.자 68그7 결정]

확정판결 또는 이와 동일한 효력이 있는 채무명의에 기한 강제집행 정지는 오직 강제집행에 관한 법규 중에 그에 관한 규정이 있는 경우에 한하여 가능한 것이고 위와 같은 규정에 의함이 없이 일반적인 가처분의 방법으로 강제집행을 정지시킨다는 것은 허용할 수 없다(같은 취지: 대법원 1986. 5. 30. 자 86그76 결정).

가. 법정서류 제출

제49조 (집행의 필수적 정지·제한)

강제집행은 다음 각호 가운데 어느 하나에 해당하는 서류를 제출한 경우에 정지하거나 제한하여야 한다.

1. 집행할 판결 또는 그 가집행을 취소하는 취지나, 강제집행을 허가하지 아니하거나 그 정지를 명하는 취지 또는 집행처분의 취소를 명한 취지를 적은 집행력 있는 재판의 정본
2. 강제집행의 일시정지를 명한 취지를 적은 재판의 정본
3. 집행을 면하기 위하여 담보를 제공한 증명서류
4. 집행할 판결이 있은 뒤에 채권자가 변제를 받았거나, 의무이행을 미루도록 승낙한 취지를 적은 증서
5. 집행할 판결, 그 밖의 재판이 소의 취하 등의 사유로 효력을 잃었다는 것을 증명하는 조서등본 또는 법원사무관등이 작성한 증서
6. 강제집행을 하지 아니한다거나 강제집행의 신청이나 위임을 취하한다는 취지를 적은 화해조서(和解調書)의 정본 또는 공정증서(公正證書)의 정본

집행정지의 원인이 되는 법정서류에 대해서는 민사집행법 제49조에서 규정하고 있다. 이를 상세히 보면 다음과 같다. 여기서의 법정서류의 원인된 것을 반대집행권원이라고 한다.

(1) 집행권원의 취소, 강제집행을 불허하거나 정지를 명하는 취지 또는 집행처분의 취소를 명하는 취지의 집행력 있는 재판의 정본(1호)

㈎ 집행권원의 취소를 명하는 재판　　확정판결을 취소하는 재심판결, 화해

조서를 취소하는 준재심판결, 가집행선고 있는 판결을 취소하는 상소심판결, 가집행선고만을 취소하는 판결이 이에 해당한다.

(나) **강제집행의 불허를 명하는 재판** 청구이의 소, 제 3 자이의의 소, 집행문부여에 대한 이의와 이의의 소, 집행에 관한 이의, 즉시항고 등 집행법상의 구제방법에 관한 신청을 받아들이는 재판이 이에 해당한다.

(다) **강제집행의 정지를 명하는 재판** 위의 재판 중에서 일시적인 집행불허를 명하는 재판을 말한다. 예를 들어 집행채권의 변제기 미도래 또는 기한의 유예를 이유로 한 구제신청을 받아들이는 재판이 이에 해당한다. 2호의 집행의 일시정지를 명하는 재판과는 구별할 것이다.

(라) **집행처분의 취소를 명하는 재판** 집행법상 구체절차에서 종국재판이 있기 전에 일정한 잠정처분이나 집행정지재판 중에서 집행처분의 취소를 명하는 것을 가리킨다.

(마) **집행력 있는 재판의 정본** 여기의 집행력은 본래 의미의 집행은 물론 넓은 의미의 집행에 관한 것도 포함한다. 따라서 여기의 집행력 있는 정본이라 함은 집행정본에 한하지 아니한다.

(2) **강제집행의 일시정지를 명한 취지를 적은 재판의 정본**(2호) 1호에 의한 집행정지는 종국적 정지임에 비하여 본 호에 의한 집행정지는 일시적 정지이다. 다시 말해 2호의 사유는 1호의 사유에 의한 종국적 정지의 재판이 있기까지 잠정적·일시적 정지를 명하는 잠정처분의 내용을 갖는 재판정본을 말한다. 구체적으로는 항고에 의한 결정이 있을 때까지의 집행의 일시정지명령(민소법 제488조), 재심·상소추후보완신청·상소제기에 따른 집행의 일시정지명령(민소법 제500조, 제501조), 집행문부여에 대한 이의신청·집행에 관한 이의신청·청구에 관한 이의의 소·집행문부여에 대한 이의의 소·제 3 자 이의의 소에 부수하는 잠정처분으로서 집행의 일시정지를 명한 명령(제34조 2항, 제16조 2항, 제46조 2항, 제47조, 제48조 3항, 제196조 3항) 등을 들 수 있다(이상 사법연수원 47면).

≪판례≫ **청구이의의 소와 집행정지결정**[대법원 2006. 4. 14.자 2006카기62 결정]

단순 병합된 2개의 청구를 모두 인용한 가집행선고부 제 1 심판결에 대하여 피고만이 항소한 상태에서 항소심이 그 중 1개의 청구 부분에 대해서만 제 1 심판결을 그대로 유지하고 나머지 1개의 청구 부분에 대하여는 원고의 청구를 기각한 사건에서 원고만이 원고 패소 부분에 대하여 상고를 제기한 경우에, 항소심판결 중 원고 승소 부분에 대해서는 원고로서는 상고를 제기하지 아니하였을 뿐만 아니라 상고의 이익 자체가 없는 것인데,

이러한 상황에서 위 원고 승소 부분에 대한 상고를 제기하지 아니한 피고가 더 나아가 부대상고기간을 도과한다든가 부대상고권을 포기하는 등으로 그 부분을 더 이상 다툴 수 없는 상태가 된 경우에는, 위 원고 승소 부분이 분리되어 확정된 것으로 볼 수 있으므로, 피고로서는 부대상고권이 소멸하여 항소심판결이 분리 확정된 다음 민사집행법 제44조를 적용하여 이미 확정된 원고 승소 부분에 관하여 사실심 변론종결 이후에 변제공탁을 하였다는 사유를 들어서 원고를 상대로 청구에 관한 이의의 소를 별도로 제기하고 이에 기하여 강제집행정지 결정을 받을 수 있을 것이다.

(3) **집행을 면하기 위하여 담보를 제공한 증명서류**(3호) 채무자가 집행을 면하기 위해서 담보를 제공하였음을 증명하는 서류를 가리킨다. 가집행선고 있는 판결을 선고하면서 채무자가 집행을 면하기 위한 일정한 담보를 제공하고 집행을 면제받을 수 있음을 선고한 경우에 채무자가 제출하는 담보제공증명서가 이에 해당한다. 가압류해방금액의 공탁증명서(제282조)가 이에 해당한다(반대견해 있음).

(4) **집행할 판결이 있은 뒤에 채권자가 변제를 받았거나 의무이행을 미루도록 승낙한 취지를 적은 증서**(4호)

(가) **의 의** 집행권원이 성립한 이후에 채권자가 채권의 변제를 받았거나 변제기한을 유예를 한 경우에 채무자가 집행을 면하기 위해 그러한 취지를 기재한 서면을 집행기관에 제출하면 집행의 일시정지가 있게 되는데 본 호는 이를 가리킨다. 본 호는 집행권원에 관하여 판결만을 규정하고 있으나 이는 예시에 불과하고 판결뿐 만아니라 기타의 집행권원에 대해서도 마찬가지이다.

(나) **변 제** 여기서 채권의 변제를 받은 경우라 함은 본래 의미의 변제 외에도 채권의 포기나 상계도 이에 해당한다. 구체적으로는 영수증서, 변제증서, 대물변제증서, 채무면제·상계·포기의 의사표시를 기재한 서면, 채권양도통지서 등을 들 수 있다. 이러한 서면은 반드시 채권자가 작성한 것에 한정하지는 않는다. 화해가 진행 중임을 이유로 하는 경매연기신청서는 이에 해당하지 아니하는 것으로 볼 것이지만(반대견해 있음) 실무상으로는 경매기일을 2회 정도 사실상 연기해 주고 있다. 그러나 변제공탁서는 채무자의 일방적 행위에 의해 만들어지는 서류이므로 다툼의 여지가 있는 것이어서 여기에 해당하지 아니한다(반대견해 있음).

≪판례≫ 변제수령을 이유로 한 경매신청취하서[대법원 1979. 10. 31.자 79마132 결정]
경락허가 결정전에 채권 전액을 변제받았음을 이유로 한 경매신청취하서가 경락허가결정전에 집행법원에 제출된 경우에 동 취하서에 최고가 경매인의 동의가 없어 경매취하의 효력은 없다 하더라도 강제집행의 필요적 정지사유가 되는 민사소송법 제510조 제 4 호 소정의 채권자가 변제를 받았다는 취지를 기재한 증서의 제출로 못 볼 바 아니므로 집행법원은 경매절차를 정지하고 경락을 허가하지 아니하여야 한다.

채무자는 변제 등의 사정이 있음에도 채권자의 거부 등으로 인하여 본 호의 서류를 제출할 수 없는 경우에는 청구이의의 소를 제기하여 구제받을 수밖에 없다.

(다) **변제증서 등의 진정성립** 위와 같은 서류는 집행기관이 진정한 것임을 인정할 수 있는 정도의 것이면 족하고 인증서로 작성된 것일 필요는 없다. 집행기관은 이러한 서류의 진정을 확인하기 위해 이해관계인을 심문할 수 있다.

(라) **집행의 일시정지** 다음에 설명하는 바와 같이 제 2 호 서류가 제출된 경우와 마찬가지로 변제증서가 제출된 경우라도 집행절차를 일시 정지함에 그치고 집행절차를 곧바로 취소할 것은 아니다. 변제 등을 이유로 집행절차를 종국적으로 정지시키기 위하여는 청구이의의 소에 의하거나 채권자의 신청취하가 있어야 한다.

(마) **집행정지기간의 제한**

제51조 (변제증서 등의 제출에 의한 집행정지의 제한)

① 제49조 제 4 호의 증서 가운데 변제를 받았다는 취지를 적은 증서를 제출하여 강제집행이 정지되는 경우 그 정지기간은 2월로 한다.

② 제49조 제 4 호의 증서 가운데 의무이행을 미루도록 승낙하였다는 취지를 적은 증서를 제출하여 강제집행이 정지되는 경우 그 정지는 2회에 한하며 통산하여 6월을 넘길 수 없다.

종래 본호 서류제출에 의한 집행지연이 문제점으로 지적되었다. 이에 신법은 변제증서제출 의한 집행정지는 정지기간을 2월로 한정하고, 기한유예증서제출에 의한 집행정지는 정지횟수에 있어서는 2회로 정지기간은 통산하여 6월로 한정하고 있다.

(5) **집행할 판결 그 밖의 재판이 소의 취하 등의 사유로 효력을 잃었다는 것을 증명하는 조서등본 또는 법원사무관 등이 작성한 증서**(5호) 가집행선고 있는 판결이나 항고로써만 불복할 수 있는 재판의 선고에 의한 강제집행이 개시된 이후에 채권자가 본안에 관한 소를 취하하거나 청구를 포기한 경우 당해 판결은 소급적으로 실효된다. 이러한 경우 소 취하 또는 청구포기의 사실을 기재

한 조서의 등본 등이 집행정지서류가 되는데 본 호는 이를 가리킨다. 한편 위와 같은 미확정의 재판에 관한 것 외에도 집행증서 등 집행권원 등에 표시된 청구권을 소멸시키는 화해조서나 포기조서도 본 호에 해당한다.

(6) **강제집행을 아니한다거나 강제집행의 신청이나 위임을 취하한다는 취지를 적은 화해조서의 정본 또는 공정증서의 정본**(6호) 당사자 사이에 집행을 하지 아니하거나 집행신청을 취하하기로 하는 합의를 하고 이를 기재한 화해조서나 공정증서를 채무자가 제출하는 경우가 본 호에 해당한다. 위와 같은 서류를 채권자가 제출하는 경우는 6호에 해당하는 것이 아니라 집행신청을 취하하는 것으로 취급된다.

나. 법정사유 발생

위와 같은 법정서류가 제출된 외에도 법률이 정한 일정한 사유가 발견되면 집행기관은 직권으로 집행한다. 당사자의 신청을 요하지 아니한다. 이에 해당하는 것으로는 집단적 청산절차인 파산선고, 화의개시결정, 회사정리절차개시결정이 있거나, 집행을 당연무효로 하는 집행요건의 흠 등이 있다.

3. 집행정지의 방법

가. 법정서류제출에 따른 정지

(1) **신청의 요부** 제49조에서 정한 법정서류의 근거가 되는 재판 등이 있는 것만으로는 집행이 정지되지 아니하고 채무자가 법정서류를 집행기관에 제출해야 한다. 제출에 나아가 집행정지신청을 별도로 할 필요는 없다. 실무상으로는 신청서를 제출하는 경우가 많으나 직권발동을 촉구하는 의미 이상은 없는 것으로 신청에 대한 재판을 필요로 하지 않는다.

≪판례≫ 집행정지결정정본의 제출[대법원 1966. 8. 12.자 65마1059 결정]

강제집행의 정지결정이 있으면 결정즉시로 당연히 집행정지의 효력이 있는 것이 아니고 그 정지결정 정본을 집행기관에 제출함으로써 집행정지의 효력이 발생한다.

(2) **법정서류 제출기한**

규칙 제50조 (집행정지서류 등의 제출시기)

① 법 제49조 제1호·제2호 또는 제5호의 서류는 매수인이 매각대금을 내기 전까지 제출하면 된다.

② 매각허가결정이 있은 뒤에 법 제49조 제2호의 서류가 제출된 경우에는 매수인은 매

각대금을 낼 때까지 매각허가결정의 취소신청을 할 수 있다. 이 신청에 관한 결정에 대하여는 즉시항고를 할 수 있다.

③ 매수인이 매각대금을 낸 뒤에 법 제49조 각호 가운데 어느 서류가 제출된 때에는 절차를 계속하여 진행하여야 한다. 이 경우 배당절차가 실시되는 때에는 그 채권자에 대하여 다음 각호의 구분에 따라 처리하여야 한다.

1. 제 1 호 · 제 3 호 · 제 5 호 또는 제 6 호의 서류가 제출된 때에는 그 채권자를 배당에서 제외한다.
2. 제 2 호의 서류가 제출된 때에는 그 채권자에 대한 배당액을 공탁한다.
3. 제 4 호의 서류가 제출된 때에는 그 채권자에 대한 배당액을 지급한다.

(가) **집행정지를 위한 제출기한** 제49조 1 · 2 · 5호 서류는 매각대금을 납부하기 전까지 제출하여야 한다(규칙 제50조 1항). 3 · 4 · 6호 서류는 원칙적으로 매수신고 전까지 제출하여야 하되, 매수인의 동의가 있으면 매각대금납부 전까지 제출하여야 한다(제93조 3항).

(나) **기한도과 후의 집행정지서류제출** 위의 제출기간이 도과한 이후에 집행정지서류가 제출된 경우에는 집행절차를 정지시키는 효력이 없다. 다만 1 · 3 · 5 · 6호의 서류가 제출된 경우에는 해당 채권자를 배당에서 제외시키는 효력이 있다. 주의할 것은 변제증서와 같은 4호 서류는 해당 채권자를 배당에서 제외시키는 효력이 없다는 점이다. 이러한 경우 채무자로서는 집행절차 밖에서 배당채권자를 상대로 별도로 부당이득반환청구를 통해 구제받을 수 있을 뿐이다.

(3) **매각허가결정취소신청** 한편 매수인으로서도 법정서류의 제출이 있는 경우에는 대금납부 전이라면 매각허가결정의 취소를 신청할 수 있다(규칙 제50조).

나. 법정사유발생에 의한 정지

집단적 청산절차의 개시가 있은 경우 등 법정사유발생이 인정되는 경우에는 집행기관은 직권으로 집행절차를 정지해야한다. 집행 장애사유에 관해서는 이해관계인이 집행 장애사유 있음을 이유로 하여 집행행위에 대한 취소신청을 하고 이에 대해 취소를 명하는 재판의 정본을 집행기관에 제출하여야 한다. 다만 위의 취소를 명하는 재판기관이 동시에 집행기관인 경우에는 취소의 재판과 동시에 직권으로 집행의 정지를 명한다.

4. 집행정지의 실시

집행정지는 집행기관이 집행을 정지하는 행동으로써 한다. 집행기관이 아닌 기관은 집행정지를 실시할 수 없다. 예를 들어 집행관이 집행기관인 경우에는 수소법원이나 집행법원이라도 집행을 정지할 수 없다. 집행을 정지하는 구체적인 모습은 집행관이 집행기관인 경우에는 압류나 경매를 사실상 피하는 것으로 나타나고, 집행법원이 집행기관이 경우에는 집행을 정지하는 선언하는 재판을 하거나 채권자의 다음 단계의 집행행위의 신청을 배척하거나 전단계의 집행행위를 취소하거나 집행의 완결을 막는 조치 등으로 나타난다.

5. 집행정지의 효력

가. 집행정지의 내용

(1) **집행절차의 진행금지** 집행정지가 있으면 집행정지의 취지에 반하는 새로운 집행이 개시 될 수 없고 기존의 집행절차는 더 이상 진행될 수 없다. 그러나 집행문부여절차는 집행절차가 아니어서 집행정지가 있다고 하더라도 집행문부여에는 아무런 장애가 되지 아니한다. 이미 행하여진 집행행위는 종국적 정지의 경우에는 취소재판 없이도 취소되나 일시적 정지의 경우에는 별도의 취소재판이 없이는 집행정지만으로는 그 효력에 영향이 없으며 재판의 확정을 방해하거나 재판의 효력발생을 저지하는 효력이 없다. 예를 들어 매각허가결정 이후에 집행정지원인이 있는 경우라도 매각허가결정에 대한 즉시항고기간의 진행에 방해되지 아니한다.

≪판례≫ 집행정지서류가 제출과 불복기간의 진행[대법원 1993. 6. 25. 선고 93다12305 판결]
구 민사소송법(1990. 1. 13. 법률 제4201호로 개정되기 전의 것)에 따라 이루어진 부동산강제경매절차에서는, 경락인은 경락대금의 지급기일에 경락대금을 지급하지 아니하는 것을 해제조건으로 경락허가결정이 확정될 때 경매부동산에 대한 소유권을 취득한다고 해석되는바, 채무자가 경락허가결정이 선고된 후 경매법원에 강제집행의 일시정지를 명하는 재판의 정본을 제출하였다 하더라도, 경락허가결정은 즉시항고의 대상인 재판인데 강제집행정지결정은 재판의 확정을 방해하거나 재판의 효력발생 자체를 저지하는 효력이 없으므로 경락허가결정의 확정을 저지할 수 없고, 그 후 경락허가결정이 확정되면 대금납부로 소유권을 확보할 수 있는 경락인의 지위도 확정되기 때문에 경락대금 납부기일의 지정, 경락대금의 수령, 경락인 명의의 소유권이전등기촉탁 등 절차는 정지되지 아니한다 할 것이어서, 위와 같이 경락허가결정이 선고된 후 즉시항고기간의 도과로 경락허가결정이 확정되고 경락인이 대금납부기일에 경락대금을 완납한 이상 경락인은 부동산에 관한 소유권을 적법하게 취득한다.

≪판례≫ **집행정지와 간접강제**[대법원 1997. 1. 16.자 96마774 결정]

강제집행의 일시정지를 명한 취지를 기재한 재판의 정본이 제출된 경우 집행법원은 이미 실시한 집행처분을 일시 유지하여야 한다는 취지를 규정하고 있는 민사소송법 제511조 제1항의 규정은 간접강제에는 적용되지 않으므로, 본래의 채무명의에 대한 강제집행정지결정 정본이 제출되었다는 사유는 간접강제결정의 취소사유에 해당하는 것으로 보아야 하고, 나아가 그와 같은 사유는 간접강제결정에 대한 즉시항고이유로도 주장할 수 있는 것으로 보아야 한다.

또한 집행정지의 취지에 반하지 아니하는 집행행위는 허용된다. 예를 들어 집행정지가 있는 경우라도 목적물이 멸실된 경우라면 집행절차를 취소하는 재판을 하게 된다. 그러나 압류의 경합이 있는 경우에는 선행의 압류에 대한 집행정지가 있는 경우 후행의 압류에 따른 집행절차가 진행될 수 있으며 유체동산 경매절차에서는 집행을 정지하는 경우 목적물의 가치가 급락할 염려가 있거나 보관이 지나치게 많은 비용이 필요한 때에는 매각절차까지의 진행이 허용된다.

(2) **집행정지에 위반한 집행행위의 효력** 집행정지에 반하는 집행행위가 있는 경우에 이해관계인은 집행에 관한 이의로 취소를 구할 수 있다. 다만 집행정지에 반하는 집행행위라도 당해 집행절차가 종결된 이후에는 그 효력을 부인할 수 없다.

≪판례≫ **집행정지를 간과한 집행행위 효력**[대법원 1995. 2. 16.자 94마1871 결정]

경락허가결정이 된 후 경락대금이 납부되기 이전에 민사소송법 제510조 제2호 서면인 강제집행정지결정이 제출되어 강제경매절차를 필요적으로 정지하여야 함에도, 경매법원이 대금납부기일을 지정하고 이에 따라 경락인들이 경락대금을 완납하였다면 이러한 대금납부 기일지정 조치 등은 위법하다 할 것이나, 민사소송법 제646조의2, 민사소송규칙 제146조의3 제1항, 제3항의 각 규정취지에 비추어 경락대금이 완납된 이후에는 이해관계인이 이러한 위법한 처분들에 관하여 민사소송법 제504조 소정의 집행에 관한 이의, 나아가 즉시항고에 의하여 그 시정을 구할 수 없으며, 또한 민사소송법 제511조에 의한 집행처분의 취소신청도 할 수 없다(같은 취지: 대법원 1992. 9. 14. 선고 92다28020 판결).

나. 집행정지의 범위

(1) **인적 범위** 집행채권자와의 관계에 한하여 집행정지의 효력이 미치고 다른 채권자와의 관계에서는 집행정지의 효력이 미치지 아니한다.

(2) **물적 범위** 정지사유에 따라 전체정지와 개별정지 및 전부정지와 일

부정지가 있음은 앞서 설명한 바와 같다.

6. 정지된 집행의 속행

정지된 집행의 속행은 일시적 정지의 경우와 종국적 정지의 경우를 나누어 보기로 한다. 부당한 집행의 속행거절에 대해서는 채권자는 집행에 관한 이의로써 다툴 수 있다.

가. 일시적 정지의 속행

제49조 2·4호의 서류가 되어 집행이 일시적으로 정지된 경우에는 기존의 집행절차가 유효한 상태로 남아있으므로 채권자는 정지사유의 소멸을 증명하여 집행의 속행을 신청할 수 있다. 변제증서나 기한유예증서의 제출에 의한 정지의 경우에는 법정정지기간이 경과한 때 채권자는 집행의 속행을 신청할 수 있다. 일시정지를 명한 재판이 구체적인 집행의 개시 이전에 있은 경우라면 채권자는 집행개시의 신청을 하면 된다. 법정사유발생에 의한 집행정지의 경우에는 당해 사유가 소멸하였음을 증명하여 집행의 개시나 속행을 신청할 수 있다.

나. 종국적 정지의 속행

제49조 1·3·5·6호의 서류가 제출된 경우에는 집행이 종국적으로 정지되고 이미 실시된 집행처분이 취소되므로 기존의 집행절차를 속행할 수 없게 된다. 이러한 경우에는 집행신청을 다시 하여야 한다. 다만 종국적 정지 이후에 집행절차가 아직 취소되지 아니한 경우에는 집행의 속행을 신청할 수 있다.

사례 16 〈해설〉 집행정지서류제출 등의 시한

1. 위 경매절차가 집행권원에 기한 경우

을의 경매신청취하(제49조 6호), 영수증 제출(제49조 4호), 담보제공(제49조 3호) 등의 조치는 최고가매수인 병의 협조나 동의가 없는 경우에는 주택매각을 저지하는 방법으로는 아무런 의미가 없다(규칙 제50조). 또한 위 집행절차에는 매각허가결정시까지 아무런 위법·부당한 점이 없었으므로 제49조 5호를 근거로 집행절차를 막을 길이 없다. 결국 고려할 수단으로는 제49조 1호와 2호에 근거한 방법만이 남는다. 즉 갑으로서는 청구이의의 소를 제기하여 잠정처분과 종국판결을 받아 그 정본을 집행법원에 제출하면 된다. 다만 위와 같은 방법은 반드시 병이 매각대금을 납부하기 전에 이루어져야 한다.

2. 위 경매절차가 담보권에 기한 경우

가. 채무이의의 소

강제경매인 경우와 마찬가지로 제49조 3·4·5·6호에 의한 매각저지는 허용되지 아니한다. 그러므로 채무이의의 소를 제하여 잠정처분과 종국판결을 받아 그 정본을 집행법원에 제출하면 된다(제275조, 제44조, 제46조, 제47조, 제49조 1·2호, 규칙 제50조).

나. 경매개시결정에 관한 이의

임의경매절차상 경매개시결정에 관한 이의는 강제경매상 그것과 크게 두 가지 점에서 다르다. 하나는 임의경매절차와 관련하여서는 절차적 하자는 물론 실체적 하자까지도 이의사유로 삼을 수 있으며, 다른 하나는 경매개시결정과 매각대금납부 사이에 사정까지도 이의사유로 삼을 수 있다. 따라서 갑은 비록 경매개시결정 이후의 사정이라고 하더라도 피담보채무를 변제하였다는 실체적 사정을 지적하며 경매개시결정에 대한 이의로 다툴 수 있다.

다. 말소등기부등본의 제출

임의경매절차에 관하여는 제49조 4호에 대한 특칙으로 제266조 1호를 두고 있다. 즉 피담보채무를 변제하였다는 사정에 더하여 담보권의등기가 말소된 등기부등본을 제출하는 경우에는 매수신고가 있는 이후라도 매각대금납부 이전이기만 하면 목적물의 매각을 저지 할 수 있다. 따라서 갑으로서는 채무이의나 경매개시결정에 대한 이의를 통하여 다투기 보다는 을의 협조를 얻어 담보권말소등기부등본을 제출하는 방법이 가정 적절한 대책으로 보인다.

사례 17 〈해설〉 넓은 의미의 강제집행과 집행정지

민사집행법은 여러 곳에 집행의 일시정지를 명하는 재판에 관하여 규정하고, 이러한 재판이 있는 경우 채무자는 그 정본을 집행기관에 제출하여 집행절차의 진행을 막을 수 있다(제49조 2호). 그러나 위와 같은 일련의 집행정지에 관한 규정들은 모두 본래의미의 강제집행절차를 전제한 것으로 넓은 의미의 강제집행절차에는 전혀 적용될 여지가 없다. 그러므로 사례에서 집행정지결정은 무효로 아무런 구속력이 없다. 더욱이 등기관은 집행기관이 아니라 할 것이어서 위와 같은 집행정지결정을 고려하여서는 아니 된다. 그러므로 등기관은 갑의 말소등기신청을 배척할 수 없다. 결국 을의 주장이 사실이라고 하더라도 을 명의의 등기는 일단 말소를 면할 수 없는 것이다. 이와 같은 을로서는 다시 갑에게 말소회복등기 또는 이전등기를 구하거나 손해배상을 구하는 수밖에 없다.

Ⅱ. 집행취소

1. 의 의

집행절차의 진행 중에 이미 실시한 집행행위의 전부나 일부의 효력을 상실시키는 집행기관의 행위를 집행의 취소 또는 집행처분의 취소라고 한다. 집행의 취소는 집행절차 진행 중에만 가능하고 집행의 개시 전이나 종료 후에는 집행취소의 여지가 없다. 무효인 집행행위에 대해서는 취소가 없이도 당연 무효이므로 취소가 필요한지 의문이 있으나 무효인 집행행위라도 이해관계인에 대한 권리침해의 위험이 있다면 그 취소를 인정하여야 할 것이다.

2. 집행취소의 사유

가. 집행취소서류의 제출

제49조 1·3·5·6호의 서류가 제출되면 집행기관은 집행의 종국적 정지와 함께 집행절차를 취소한다. 제49조 4호 서류에 해당하는 변제증서의 제출이 있는 것만으로는 집행취소를 할 것이 아니다. 변제가 있었다는 사정만으로 집행권원의 집행력이 소멸하는 것은 아니기 때문이다.

나. 집행취소를 명하는 재판

집행의 취소를 명하는 집행력 있는 재판의 정본이 집행기관에 제출되면 집행기관은 집행을 취소한다. 이러한 재판에는 청구이의의 소·제3자이의의 소·집행문부여에 대한 이의의 소에서 취소를 명하는 재판이나 재심이나 상소의 추후보완 또는 상소제기에 따라 취소를 명하는 재판 등이 있다.

다. 집행신청의 취하

집행신청이 취하된 경우에는 집행절차는 당연히 소급하여 실효하므로(제93조 1항) 별도로 집행취소를 명하는 재판이 필요 없다. 집행포기와 집행해제신청의 경우도 마찬가지이다. 다만 추심명령이 있은 다음 추심권의 포기가 있는 경우에는 제240조의 특칙이 있다.

라. 기 타

그 밖에 집행기관이 집행절차를 당연무효로 하는 집행요건의 흠결의 발견, 집행비용예납의 불이행(제18조), 목적물의 멸실(제96조), 잉여주의위반(제102조 2항), 관할위반(제180조), 보증·담보 제공의 불이행(제181조 1항), 강제관리에서 부동산의 수익으로 전부 변제를 받은 경우(제171조) 등이 있으면 집행기관은 집행을 취소하게 된다.

3. 집행취소의 실시

집행취소는 취소의 대상이 되는 집행행위를 한 집행기관이 집행행위의 존재를 없애는 방법으로 한다. 구체적으로는 유체동산집행에 있어서는 봉인을 제거하고 채무자에게 반환하는 방법, 부동산 집행에 있어서는 경매개시결정을 취소하거나 매각불허가결정을 하는 방법, 채권 집행에 있어서는 압류명령이나 추심·전부명령을 취소하는 방법으로 한다.

≪판례≫ 집행불허판결 정본제출과 경매개시결정취소[대법원 1994. 2. 7.자 93마1837 결정]

개정된 민사소송법(1990. 1. 13. 법률 제4201호로 개정된 것)하에서는 강제경매의 경우에도 임의경매의 경우와 마찬가지로 경락인은 경락대금을 완납한 때에 경매부동산에 대한 소유권을 취득하는 것이므로, 강제경매절차에서 경락허가결정이 된 후에라도 경락인이 경락대금을 납부하기 전까지는 경매법원은 같은 법 제510조 제 2 호의 서면인 경매절차의 일시정지를 명하는 결정정본이 제출된 경우 필요적으로 그 경매절차의 진행을 정지하여야 하고, 또 같은 조 제 1 호의 서면인 강제집행을 허가하지 아니한다는 취지의 집행력 있는 판결정본이 제출된 경우에는 이미 실시한 집행처분을 취소하여야 하는 것이므로, 경매법원이 한 경매개시결정도 취소하여야 한다.

4. 집행취소의 효과

취소의 대상이 되는 집행행위의 효력이 소멸한다. 따라서 채무자는 집행대상에 대한 처분권을 회복하게 된다. 그러나 이미 완결된 집행행위의 효력에는 영향이 없다. 예를 들어 경매절차에서 매수인이 대금을 완납한 이후에는 경매개시결정이 취소된 경우라도 매수인의 소유권 취득에는 영향이 없으며, 추심절차상 제 3 채무자가 추심채권자에게 이미 변제한 경우에는 추심절차의 취소가 있더라도 이미 있은 변제의 효과는 유지된다.

5. 집행취소에 대한 불복

제17조 (취소결정의 효력)

① 집행절차를 취소하는 결정, 집행절차를 취소한 집행관의 처분에 대한 이의신청을 기각·각하하는 결정 또는 집행관에게 집행절차의 취소를 명하는 결정에 대하여는 즉시항고를 할 수 있다.
② 제 1 항의 결정은 확정되어야 효력을 가진다.

집행취소의 재판은 원칙적으로 확정되어야 효력이 발생하며 확정을 차단하기 위해서는 즉시항고로 불복하도록 하고 있다(제17조 1·2항). 그러나 제49조 1·3·5·6호의 서류제출에 따른 집행취소결정은 확정을 요하지 아니하고 고지로서 효력을 발생하며(제50조 2항), 즉시항고로 다투지 못하고 집행에 관한 이의로 다툴 수 있을 뿐이다.

≪판례≫ 집행정지사유를 간과한 다툼[대법원 1986. 3. 26.자 85그130 결정]

민사소송법 제511조에 의하면 강제집행진행 중 강제집행취소결정 정본이나 청구이의의 소를 인용한 종국판결정본을 집행기관에 제출하면 집행기관은 필요적으로 강제집행을 취소하도록 규정하고 있으므로 집행법원에 청구이의의 소를 인용한 확정판결 정본을 첨부하여 강제집행취소신청을 하였다 하더라도 이와 같은 신청은 강제집행의 필요적 취소를 촉구하는 의미를 가질 뿐이고 집행법원이 강제집행취소결정 정본을 제출받고도 강제집행을 계속 진행할 때에는 집행방법에 관한 이의절차에 의하여 불복할 수 있을 따름이다.

≪판례≫ 집행취소결정에 대한 특별항고[대법원 1994. 5. 9. 자 94그4 결정]

특별항고는 불복을 신청할 수 없는 결정이나 명령에 대하여만 할 수 있는 것이고 불복을 신청할 수 있는 방법이 따로 마련되어 있는 결정이나 명령에 대하여는 할 수 없는 것인바, 부동산강제집행절차에서 집행법원이 집행취소문서가 제출되었다 하여 당해 집행절차를 취소한 결정은 즉시항고를 할 수 없는 강제집행의 절차에 관한 집행법원의 재판으로서, 그 취소결정에 이의가 있는 사람은 민사소송법 제504조에 따라서 집행에 관한 이의의 방법으로 불복을 신청할 수 있으므로 그 취소결정에 대하여는 대법원에 특별항고를 할 수 없다.

≪판례≫ 간접강제결정취소결정에 대한 즉시항고[대법원 2000. 3. 17.자 99마3754 결정]

민사소송법 제511조 제2항은 같은 조 제1항에 의하여 집행처분을 취소하는 경우에는 즉시항고에 관한 제504조의2의 규정을 적용하지 않는다고 규정하고 있는바, 가처분결정취소판결정본은 민사소송법 제511조 제1항, 제510조 제1호 소정의 '집행처분의 취소를 명한 취지를 기재한 재판의 정본'에 해당한다고 할 것이므로, 가처분결정취소판결정본의 제출에 따른 간접강제결정취소결정에 대하여는 즉시항고가 허용되지 아니하고, 이 경우 불복이 있는 당사자는 집행에 관한 이의로써 다투어야 할 것이고, 이와 같이 집행에 관한 이의만이 인정되고 즉시항고가 허용되지 아니하는 경우 간접강제결정취소결정에 대하여 불복하면서 제출한 서면의 제목이 '즉시항고장'이고, 그 끝부분에 항고법원명이 기재되어 있다 하더라도 이를 집행에 관한 이의로 보아 처리하여야 한다.

불복의 방법에 있어서 임의경매와 강제경매에 따른 차이점은 없다. 집행관의 집행취소에 대하여는 항상 집행에 관한 이의로 다투어야 한다.

제11장 집행보조절차

개 관

현재 변호사가 신용정보회사에 의뢰하여 채무자의 부동산을 파악하는 경우가 빈번한데 이에 대하여 그 적법성 여부에 관하여 논란이 있다. 지금으로서는 채권자가 직접 채무자의 책임재산의 소재를 파악하는 방법으로는 민사집행법상 재산명시절차와 재산조회제도가 고작이다. 재산명시절차는 채무자 스스로의 진술 등을 통하여 책임재산을 탐지하는 방법이고, 재산조회제도는 일정한 금융기관 등을 통하여 책임재산을 찾아내는 방법이다. 이러한 재산조회제도나 재산명시절차 등은 집행절차에 나아가기 위한 예비적 절차라는 점에서 집행보조절차라고 불린다. 한편 채무불이행자명부제도는 사실상의 간접강제절차로 볼 수 있는 것으로 책임재산의 탐지와는 관련이 없는 것이지만 민사집행법은 규정체계상 재산명시절차 등과 연관하여 규정하고 있으므로 본서에도 함께 서술하기로 한다.

학습목표

1. 재산명시절차를 정리한다.
2. 채무불이행자명부제도를 이해한다.
3. 재산조회제도를 알아둔다.

Ⅰ. 서 론

1. 의 의

집행권원이 확보되었다고 하더라도 집행의 대상이 되는 채무자의 재산을 파악할 수 없다면 강제집행을 통한 권리실현은 불가능하다. 이에 채권자가 법원을 통하여 채무자의 재산에 대한 정보를 파악하고 악의적인 채무자에 대한 일정한 제재가 필요하다. 현행법은 이를 위해 재산명시절차, 채무불이행자명부, 재산조회제도를 두고 있다. 이들 세 가지 절차를 모두 합하여 넓은 의미의 재산명시절차라고 한다. 위와 같은 일련의 집행보조절차는 전체적으로 독일의 선서보증제도를 계수한 것이지만 구체적인 내용에 있어서는 상당히 이질적인 특색을 띠고 있다.

2. 법적 성질

위와 같은 일련의 절차는 금전채권집행을 위한 보조절차일 뿐 집행절차는 아니라고 할 것이어서 집행절차에 관한 규정은 원칙적으로 준용될 여지가 없다고 본다(반대견해 있음). 다만 불복방법의 체계 등 소송 기술적 사항에 관하여는 집행절차에 관한 규정을 한정적으로 준용하는 것이 좋다고 본다(반대견해 있음). 그러나 집행절차의 정지 등에 관한 민사집행법 제49조 내지 제51조의 준용을 인정하고 있는 것이 실무의 태도이다.

Ⅱ. 재산명시절차

제61조 (재산명시신청)

① 금전의 지급을 목적으로 하는 집행권원에 기초하여 강제집행을 개시할 수 있는 채권자는 채무자의 보통재판적이 있는 곳의 법원에 채무자의 재산명시를 요구하는 신청을 할 수 있다. 다만, 민사소송법 제213조에 따른 가집행의 선고가 붙은 판결 또는 같은 조의 준용에 따른 가집행의 선고가 붙어 집행력을 가지는 집행권원의 경우에는 그러하지 아니하다.

② 제1항의 신청에는 집행력 있는 정본과 강제집행을 개시하는데 필요한 문서를 붙여야 한다.

제62조 (재산명시신청에 대한 재판)

① 재산명시신청에 정당한 이유가 있는 때에는 법원은 채무자에게 재산상태를 명시한 재산목록을 제출하도록 명할 수 있다.

② 재산명시신청에 정당한 이유가 없거나, 채무자의 재산을 쉽게 찾을 수 있다고 인정한 때에는 법원은 결정으로 이를 기각하여야 한다.
③ 제 1 항 및 제 2 항의 재판은 채무자를 심문하지 아니하고 한다.
④ 제 1 항의 결정은 신청한 채권자 및 채무자에게 송달하여야 하고, 채무자에 대한 송달에서는 결정에 따르지 아니할 경우 제68조에 규정된 제재를 받을 수 있음을 함께 고지하여야 한다.
⑤ 제 4 항의 규정에 따라 채무자에게 하는 송달은 민사소송법 제187조 및 제194조에 의한 방법으로는 할 수 없다.
⑥ 제 1 항의 결정이 채무자에게 송달되지 아니한 때에는 법원은 채권자에게 상당한 기간을 정하여 그 기간 이내에 채무자의 주소를 보정하도록 명하여야 한다.
⑦ 채권자가 제 6 항의 명령을 받고도 이를 이행하지 아니한 때에는 법원은 제 1 항의 결정을 취소하고 재산명시신청을 각하하여야 한다.
⑧ 제 2 항 및 제 7 항의 결정에 대하여는 즉시항고를 할 수 있다.
⑨ 채무자는 제 1 항의 결정을 송달받은 뒤 송달장소를 바꾼 때에는 그 취지를 법원에 바로 신고하여야 하며, 그러한 신고를 하지 아니한 경우에는 민사소송법 제185조 제 2 항 및 제189조의 규정을 준용한다.

제63조 (재산명시명령에 대한 이의신청)

① 채무자는 재산명시명령을 송달받은 날부터 1주 이내에 이의신청을 할 수 있다.
② 채무자가 제 1 항에 따라 이의신청을 한 때에는 법원은 이의신청사유를 조사할 기일을 정하고 채권자와 채무자에게 이를 통지하여야 한다.
③ 이의신청에 정당한 이유가 있는 때에는 법원은 결정으로 재산명시명령을 취소하여야 한다.
④ 이의신청에 정당한 이유가 없거나 채무자가 정당한 사유 없이 기일에 출석하지 아니한 때에는 법원은 결정으로 이의신청을 기각하여야 한다.
⑤ 제 3 항 및 제 4 항의 결정에 대하여는 즉시항고를 할 수 있다.

제64조 (재산명시기일의 실시)

① 재산명시명령에 대하여 채무자의 이의신청이 없거나 이를 기각한 때에는 법원은 재산명시를 위한 기일을 정하여 채무자에게 출석하도록 요구하여야 한다. 이 기일은 채권자에게도 통지하여야 한다.
② 채무자는 제 1 항의 기일에 강제집행의 대상이 되는 재산과 다음 각호의 사항을 명시한 재산목록을 제출하여야 한다.

1. 재산명시명령이 송달되기 전 1년 이내에 채무자가 한 부동산의 유상양도(有償讓渡)
2. 재산명시명령이 송달되기 전 1년 이내에 채무자가 배우자, 직계혈족 및 4촌 이내의 방계혈족과 그 배우자, 배우자의 직계혈족과 형제자매에게 한 부동산 외의 재산의 유상양도
3. 재산명시명령이 송달되기 전 2년 이내에 채무자가 한 재산상 무상처분(無償處分).

다만, 의례적인 선물은 제외한다.

③ 재산목록에 적을 사항과 범위는 대법원규칙으로 정한다.

④ 제1항의 기일에 출석한 채무자가 3월 이내에 변제할 수 있음을 소명한 때에는 법원은 그 기일을 3월의 범위 내에서 연기할 수 있으며, 채무자가 새 기일에 채무액의 3분의 2 이상을 변제하였음을 증명하는 서류를 제출한 때에는 다시 1월의 범위 내에서 연기할 수 있다.

제65조 (선서)

① 채무자는 재산명시기일에 재산목록이 진실하다는 것을 선서하여야 한다.

② 제1항의 선서에 관하여는 민사소송법 제320조 및 제321조의 규정을 준용한다. 이 경우 선서서(宣誓書)에는 다음과 같이 적어야 한다.

"양심에 따라 사실대로 재산목록을 작성하여 제출하였으며, 만일 숨긴 것이나 거짓 작성한 것이 있으면 처벌을 받기로 맹세합니다."

제66조 (재산목록의 정정)

① 채무자는 명시기일에 제출한 재산목록에 형식적인 흠이 있거나 불명확한 점이 있는 때에는 제65조의 규정에 의한 선서를 한 뒤라도 법원의 허가를 얻어 이미 제출한 재산목록을 정정할 수 있다.

② 제1항의 허가에 관한 결정에 대하여는 즉시항고를 할 수 있다.

제67조 (재산목록의 열람·복사)

채무자에 대하여 강제집행을 개시할 수 있는 채권자는 재산목록을 보거나 복사할 것을 신청할 수 있다.

제68조 (채무자의 감치 및 벌칙)

① 채무자가 정당한 사유 없이 다음 각호 가운데 어느 하나에 해당하는 행위를 한 경우에는 법원은 결정으로 20일 이내의 감치(監置)에 처한다.

1. 명시기일 불출석
2. 재산목록 제출 거부
3. 선서 거부

② 채무자가 법인 또는 민사소송법 제52조의 사단이나 재단인 때에는 그 대표자 또는 관리인을 감치에 처한다.

③ 법원은 감치재판기일에 채무자를 소환하여 제1항 각호의 위반행위에 대하여 정당한 사유가 있는지 여부를 심리하여야 한다.

④ 제1항의 결정에 대하여는 즉시항고를 할 수 있다.

⑤ 채무자가 감치의 집행중에 재산명시명령을 이행하겠다고 신청한 때에는 법원은 바로 명시기일을 열어야 한다.

⑥ 채무자가 제5항의 명시기일에 출석하여 재산목록을 내고 선서하거나 신청채권자에 대한 채무를 변제하고 이를 증명하는 서면을 낸 때에는 법원은 바로 감치결정을 취소하고 그 채무자를 석방하도록 명하여야 한다.

⑦ 제 5 항의 명시기일은 신청채권자에게 통지하지 아니하고도 실시할 수 있다. 이 경우 제 6 항의 사실을 채권자에게 통지하여야 한다.
⑧ 제 1 항 내지 제 7 항의 규정에 따른 재판절차 및 그 집행 그 밖에 필요한 사항은 대법원규칙으로 정한다.
⑨ 채무자가 거짓의 재산목록을 낸 때에는 3년 이하의 징역 또는 500만원 이하의 벌금에 처한다.
⑩ 채무자가 법인 또는 민사소송법 제52조의 사단이나 재단인 때에는 그 대표자 또는 관리인을 제 9 항의 규정에 따라 처벌하고, 채무자는 제 9 항의 벌금에 처한다.

제69조 (명시신청의 재신청)

재산명시신청이 기각·각하된 경우에는 그 명시신청을 한 채권자는 기각·각하사유를 보완하지 아니하고서는 같은 집행권원으로 다시 재산명시신청을 할 수 없다.

1. 의 의

금전채권에 관한 집행권원이 성립된 이후에 채권자의 신청에 따라 법원이 명시명령을 통하여 채무자로 하여금 명시기일에 출석하여 재산목록을 제출하고 재산목록의 진실성을 선서하게 하는 제도이다. 명시의무 위반에 대해서는 일정한 제재를 가하고 있는데 이러한 한도에서 재산명시절차는 간접강제적 측면을 갖는다.

≪판례≫ 재산명시절차의 간접강제효과[대법원 2001. 5. 29. 선고 2000다32161 판결]

재산관계명시절차는, 비록 그 신청에 있어서 집행력 있는 정본과 강제집행의 개시에 필요한 문서를 첨부하여야 하고 명시기일에 채무자의 출석의무가 부과되는 등 엄격한 절차가 요구되고, 그 내용에 있어서도 채무자의 책임재산을 탐지하여 강제집행을 용이하게 하고 재산상태의 공개를 꺼리는 채무자에 대하여는 채무의 자진이행을 하도록 하는 간접강제적 효과가 있다.

한편 재산명시절차는 사실상 채권자취소권행사를 용이하게 해 주는 점도 주목해 둘 필요가 있다.

2. 명시명령의 신청

채권자가 서면으로 신청하여야 한다. 신청서에는 집행정본과 그 사본 및 강제집행의 개시요건이 구비되었음을 증명하는 문서와 집행정본을 첨부하여야 한다(제61조). 집행정본은 확인 후 곧바로 반환하고 그 사본만을 사건기록에 편철한다. 수 인의 채권자의 재산명시신청은 병합할 수 있다.

3. 명시명령의 발령

가. 의 의

채권자의 명시명령신청에 따라 채무자가 명시기일에 출석하여 재산목록을 제출하고 그 진실성을 선서할 것을 명하는 재판이다. 그 명칭과 달리 결정에 해당하는 재판이다.

나. 관 할

채무자의 보통재판적 소재지 지방법원(제61조 1항)의 단독판사의 관할이다. 시군법원에는 관할이 인정되지 아니한다. 종전에는 제1심 수소법원의 관할로 규정하였던 것을 이와 같이 개정하였다. 넓은 의미의 재산명시절차에서 채무불이행자명부등재와 재산조회에 관하여는 사법보좌관의 직무로 하면서도 좁은 의미의 재산명시에 관하여는 법관의 직무로 하고 있음은 앞서 설명하였다. 토지관할은 전속관할이라 할 것이지만 사무관할은 임의관할이라고 하겠다.

다. 요 건

(1) **금전채권에 관한 집행권원** 재산명시를 신청할 수 있는 것은 금전채권에 관한 집행권원에 한한다. 비금전채권 또는 담보권에 기한 명시신청은 인정되지 아니한다. 집행권원의 종류는 묻지 아니한다. 확정판결은 물론 지급명령이나 화해조서나 조정조서 등이라도 무방하다. 다만 가집행선고 있는 판결과 가집행선고 있는 배상명령과 같은 미확정의 집행권원에 기한 명시신청은 허용되지 아니한다.

(2) **채무불이행** 채무자가 채무를 이행하지 아니하였어야 한다. 채무의 전부불이행에 한하지 아니한다. 채무불이행의 사정에 더하여 재판상 청구나 강제집행의 부주효라는 사정이 있었는가 하는 것은 묻지 아니한다.

(3) **집행개시요건** 재산명시신청은 반대의무의 제공 등 집행개시에 필요한 요건의 구비가 필요하다.

(4) **소송능력** 채무자에게는 소송능력이 있어야 한다. 소송무능력자의 경우에는 법정대리인이 있는 경우에만 명시명령을 할 수 있고 특별대리인은 선임하여 명시절차를 진행할 수는 없다. 명시절차상 선서와 허위에 대한 제재가 따르기 때문이다.

(5) **재산파악곤란** 채권자가 채무자의 재산을 쉽게 찾을 수 있다는 사정이 없어야 한다(제62조 2항). 채무자의 일부변제나 일부재산에 대한 강제집행이 있

었다는 것만으로는 재산파악이 용이한 경우에 해당하지 아니한다. 다만 드러난 일부재산만으로도 신청채권자의 채권만족에 충분한 경우에는 재산파악이 곤란한 경우에 해당한다고 보기 어렵다. 쉽게 찾을 수 있는 사정은 채무자에게 입증책임이 있다. 국가, 지방자치단체, 공기업, 대기업 등이 채무자일 때에는 통상 채권자가 그 재산을 쉽게 찾을 수 있는 경우에 해당한다고 본다. 만일 채무자가 종전에 재산명시를 한 경우에는 채권자로서는 종전에 채무자가 명시한 내용을 열람할 수 있다 할 것이므로 그 후 사정변경이 없는 한 재산파악이 곤란한 경우에 해당하지 아니한다.

라. 심 리

법원은 필요하다고 인정하는 경우 채무자를 심문할 수 있으나(반대견해 있음) 통상 채무자를 심문함이 없이 서면조사에 의한다. 다음에 보는 명시기일의 절차에서는 채무자의 출석과 채무자에 대한 심문이 필수적인 것과 다르다.

마. 재판(제62조)

명시명령신청에 대해서는 결정의 형식으로 재판한다. 신청에 정당한 이유가 있으면 명시명령을 발령하고 이유 없으면 신청을 기각한다. 신청을 기각한 재판은 채권자에게만 송달한다(규칙 제 7 조 2항).

바. 명시명령의 송달

채권자와 채무자에게 명시명령을 송달하여야 한다. 명시명령의 송달은 반드시 정본에 한하는 것은 아니고 등본의 송달도 가능하다(민소법 제178조 1항).

≪판례≫ 재산명시명령등본의 송달[대법원 2003. 10. 14.자 2003마1144 결정]

민사집행법 제62조 제 1 항, 제 4 항은 재산명시신청에 정당한 이유가 있어 법원이 결정의 형식으로 재산명시명령을 한 때에는 그 결정을 채무자에게 송달하도록 하면서도 정본으로 송달할 것인지 아니면 등본으로 송달할 것인지에 관하여는 아무런 규정을 두고 있지 않은바, 같은 법 제23조 제 1 항은 민사집행법에 특별한 규정이 있는 경우를 제외하고는 민사집행절차에 관하여는 민사소송법의 규정을 준용하도록 하고 있고, 재산명시명령은 그 성질상 정본의 송달을 필요로 한다고 할 수도 없으므로, 재산명시명령의 송달은 민사소송법 제178조 제 1 항에 의하여 그 등본으로도 가능하다.

송달방법에 있어서 교부송달이 원칙으로 보충송달이나 유치송달도 허용된다. 그러나 우편송달(민소법 제187조)나 공시송달(민소법 제194조)은 허용되지 아니한다. 다만 채무자의 주소변경신고의무 위반이 있는 경우에는 종전 주소로 발송송달이 허용된다(제62조 9항). 채무자의 주소불명으로 귀결된 경우에는 재산명시명령을 취소하고 재산명시신청을 각하한다(제62조 7항). 명시명령이 송달 된 경우에는 시효중단사유인 최고로서의 효력이 인정된다. 압류에 준하는 시효중단의 효력은 인정되지 아니한다.

≪판례≫ 최고에 준하는 시효중단[대법원 1992. 2. 11. 선고 91다41118 판결]

소멸시효 중단사유의 하나로서 민법 제174조가 규정하고 있는 "최고"는 채무자에 대하여 채무 이행을 구한다는 채권자의 의사통지(준법률행위)로서, 이에는 특별한 형식이 요구되지 아니할 뿐 아니라 행위 당시 당사자가 시효중단의 효과를 발생시킨다는 점을 알거나 의욕하지 않았다 하더라도 이로써 권리 행사의 주장을 하는 취지임이 명백하다면 "최고"에 해당하는 것으로 보아야 할 것이므로 채권자가 확정판결에 기한 채권의 실현을 위하여 채무자에 대하여 민사소송법 소정의 재산관계명시신청을 하고 그 결정이 채무자에게 송달이 되었다면 거기에 소멸시효 중단사유인 "최고"로서의 효력을 인정하여야 한다(같은 취지: 대법원 2001. 5. 29. 선고 2000다32161 판결).

사. 재판에 대한 불복

(1) 채무자의 불복

㈎ 이의신청　명시명령 대하여 채무자는 명시명령을 송달 받은 날로부터 1주일 이내에 대해서는 명시명령을 발령한 법원에 이의신청으로(제63조)로 다툴 수 있다. 여기의 이의신청은 집행에 관한 이의는 아니라 할 것이지만 그에 준하는 것으로 보아 서면으로 하여야 한다고 본다(반대견해 있음). 명시신청절차상 통상적으로 채무자를 심문하지 않는 점을 고려하여 이의신청으로 다툴 수 있도록 한 것이다.

㈏ 이의사유　앞서 설명한 명시신청의 요건흠결을 이의사유가 된다는 점에는 의문이 없다. 한편 민사집행법 제49조 이하의 집행정지·취소사유 또는 청구이의의 소의 원인되는 사정을 이의사유로 삼을 수 있는가에 관한 논의가 있다. 이에 대하여는 재산명시절차는 집행절차와는 별개의 절차라는 점에서 그와 같은 사유들이 그 자체로 이의사유가 된다고 보기보다는 그와 같은 사유들의 바탕을 이루는 원인사실이 명시신청의 요건의 소극적 요건에 해당하는 한도에서 실질적으로 이의사유로 될 수 있을 뿐이라고 본다(반대견해 있음).

㈐ 심　리　법원은 채권자와 채무자를 출석하게 하여 조사한 다음 이의신청에 대한 재판을 하여야 한다. 당사자에 대한 필요적 심문을 하도록 한 것이다. 다만 명시기일에서와는 달리 본인 아닌 대리인이 출석하는 것도 가능하다.

채무자가 정당한 이유 없이 출석하지 아니하는 경우에는 이의신청을 배척하여야 한다(제63조 4항).

(라) **재 판** 이의신청은 명시신청사건과 별개의 독립된 사건으로 그에 대한 재판은 이의신청에 대한 재판시의 사정을 기준으로 삼아야 한다.

(마) **즉시항고** 이의신청에 대한 재판에 대하여 채권자와 채무자 모두 즉시항고로 다툴 수 있다. 여기의 즉시항고는 다소의 의문은 있으나 집행절차상 즉시항고에 준하는 것으로 보아 집행정지효가 없는 것으로 취급하여야 할 것이다(제15조 6항).

(2) **채권자의 불복** 명시신청을 기각하거나 각하는 재판에 대하여 채권자는 즉시항고로 불복할 수 있다.

4. 명시기일의 실시

가. 출석요구 및 기일통지

명시명령에 대해 채무자가 이의신청을 하지 않거나 이의신청이 기각되면 명시기일을 정하여 채무자에게 출석을 요구하고, 채권자에게도 기일을 통지한다. 채무자에 대한 출석의 요구는 소송대리인의 선임과 관계없이 채무자 본인에게 송달하여야 한다(규칙 제27조 2항). 다만 채무자가 소송무능력자인 경우에는 채무자가 아닌 그의 법정대리인에게 송달하여야 한다(반대견해 있음). 우편송달이나 공시송달은 불출석에 대해 제재가 가해지는 점에서 허용되지 아니한다. 다만 명시명령의 송달이 있은 후에 송달장소가 변경되었음에도 그 취지를 신고하지 아니하고 달리 송달장소를 알 수 없게 되었다면 명시기일의 송달만은 발송송달에 의할 수 있다(제62조 9항). 명시명령의 송달과 명시기일의 송달은 서로 구별하여야 한다.

나. 명시기일의 절차

(1) **채무자의 출석** 명시기일에는 소송대리인의 유무와 관계없이 원칙적으로 채무자 본인이 출석하여야 한다. 다만 법인이나 단체의 경우에는 그 대표자가 출석하여야 하며, 소송무능력자의 경우에는 채무자가 아닌 법정대리인이 출석하여야 한다(반대견해 있음). 채무자가 출석하지 아니한 경우 20일 이내의 감치결정을 할 수 있다. 채권자는 출석하지 않거나 그 소송대리인이 출석하는 것도 무방하다.

(2) **재산목록의 제출** 명시기일에 채무자는 강제집행의 대상이 되는 재산에 관한 사항을 기재한 목록을 제출하여야 한다. 다만 채무자가 책임재산을

구체적으로 밝혀 기재하는 것은 쉽지 않은 일이므로 실무는 명시할 사항이 표시된 일정한 서면을 보내 채무자가 이를 완성하여 제출하게 하고 있다.

㈎ **현재의 책임재산** 채무자의 재산으로 강제집행의 대상이 되는 재산을 모두 기재하여야 한다. 압류금지물은 압류금지의 근거규정이 민사집행법인가 그 밖의 법률인가를 묻지 아니하고 집행의 대상이 아니므로 기재할 것이 아니다(반대견해 있음). 타인에게 명의신탁한 재산도 궁극적으로 집행의 대상이 될 수 있으므로 기재하여야 한다.

㈏ **일정범위의 과거의 책임재산**

1) **부동산의 유상양도** 재산명시명령을 송달받은 날을 기준으로 그 전 1년 이내에 한 부동산의 양도에 관한 사항을 기재하여야 한다. 양도의 상대방은 묻지 아니한다. 여기의 부동산은 민법상의 부동산에 한정할 것이 아니고 민사집행법상의 부동산 즉 부동산 강제경매에 관한 규정이 준용되는 자동차, 선박 등도 포함된다(반대견해 있음).

2) **부동산 외의 재산의 유상양도** 채무자의 재산 중에서 위의 부동산을 제외한 재산에 관하여 명시명령이 송달되기 1년 이내에 한 유상양도에 관한 사항을 기재하여야 한다. 다만 양도의 상대방이 채무자의 배우자, 직계혈족 및 4촌 이내의 방계혈족과 그 배우자, 배우자의 직계혈족과 형제자매에 한정된다. 채무자와 상대방의 친족관계는 재산목록 제출 당시 또는 양도 당시의 어느 한 시점에만 그러한 관계가 있어도 이에 해당한다.

3) **재산의 무상처분** 재산의 무상처분행위는 상대방과 처분의 대상의 불문하고 명시명령 송달되기 2년 이내에 한 행위이면 모두 기재하여야 한다. 무상처분행위는 증여에 한하지 아니하고 채권의 포기, 무상의 채무인수, 무상의 대위변제 등을 포함한다. 다만 사회통념에 따라 의례적인 선물로 인정되는 무상처분은 제외된다.

㈐ **참고자료제출명령** 법원은 채무자의 책임재산을 명확히 하기 위하여 등기부등본 등과 같은 참고자료의 제출을 명할 수 있다. 참고자료제출명령은 선서가 있기 전에 하여야 한다.

⑶ **명시기일의 진행** 채무자는 명시기일에 출석하여 재산목록을 제출함과 동시에 재산목록이 진실함을 선서하여야 한다. 선서의 방식은 민사소송법 제320조, 제321조의 규정이 준용된다(제65조 2항). 선서 이후라도 재산목록의 기재에 형식적인 흠이 있거나 불명확한 점이 있으면 채무자는 서면(반대견해 있음)에 따른

신청으로 법원의 허가를 얻어 이를 정정할 수 있다(제66조). 누락된 책임재산을 새로이 추가하는 것은 허용되지 아니하며, 법원은 정정에 따라 새로이 선서를 하게 할 것은 아니다. 채무자가 16세 미만의 자이거나 선서의 취지를 이해하지 못하는 자(민소법 제322조)인 경우에는 선서 없이 절차를 진행한다. 선서는 선서능력이 있는 한 반드시 채무자가 하여야 하고 일신전속적 행위이므로 법정대리인이라도 대리할 수 없다. 실무상 명시기일은 공개로 진행되고 있으며, 법원은 명시사항에 불명한 점이 있으면 채무자에게 구두로 설명하거나 참고자료를 보완할 것을 명할 수 있다. 채권자가 직접 채무자에게 설명을 요구하는 것은 허용되지 아니한다(반대견해 있음).

(4) 명시기일의 연기

(가) 민사소송법에 따른 기일변경　　법원은 현저한 사유가 있으면 직권 또는 당사자의 신청이 있으면 명시기일을 변경할 수 있다(제23조 1항, 민사소송법 제165조). 이때의 기일변경여부는 법원의 재량에 따르다. 그러므로 법원은 당사자 사이의 합의에 구속되지 아니하며, 당사자는 기일변경신청에 관한 재판에 대하여 불복하지 못한다.

(나) 민사집행법에 따른 기일변경　　명시기일에 출석한 채무자가 3개월 이내에 채무의 일부가 아닌 전부를 변제할 수 있음을 소명한 때에는 그 기일을 3개월의 범위 내에서 연기할 수 있고, 채무자가 새 기일에 채무액의 3분의 2 이상을 변제하였음을 증명한 때에는 다시 1개월의 범위 내에서 연기할 수 있다(제64조 제4항). 그 후 또 다시 3차로 기일을 연기하는 것은 허용되지 아니한다. 민사집행법에 따른 기일연기는 앞서 설명한 민사소송법에 따른 기일연기와 달리 반드시 채무자의 신청이 있는 경우에 한하고, 채무자의 신청은 기일에 출석하여 반드시 구두로 하여야 하고 서면으로 신청하는 것은 허용되지 아니한다(반대견해 있음). 채무자는 기일연기신청에 관한 불허결정에 대하여 집행에 관한 이의로 다툴 수 있다(반대견해 있음).

5. 재산목록의 열람

채무자에 대하여 강제집행을 개시할 수 있는 채권자는 재산목록을 열람하거나 등사를 신청할 수 있다(제67조)). 열람·등사를 할 수 있는 자는 명시신청을 한 채권자에 한하지 않는다. 다만 명시신청을 하지 아니한 채권자는 강제집행을 개시할 수 있는 강제집행 개시에 필요한 서류를 첨부하여 신청하여야 한다. 집행권원이 없는 일반채권자는 열람·등사를 할 수 없다.

6. 명시의무위반에 대한 제재

명시의무위반에 대하여는 형사벌에 의한 제재와 형사벌이 아닌 감치에 의한 제재로 이원화되어 있다.

가. 불출석 등에 대한 제재

채무자가 정당한 사유 없이 명시기일에 불출석하거나 재산목록을 제출하지 아니하거나 선서를 거부한 경우에는 직권으로 20일 이내의 감치결정을 할 수 있다(제68조 1항). 채무자가 법인 등 단체인 경우에는 그 대표자나 관리인을 감치에 처한다. 감치의 집행은 재판장의 명령에 의하고 감치 중이라도 재산목록의 제출과 선서 또는 채무변제가 있으면 채무자를 석방한다(제68조 6항). 감치재판에 관한 기록은 재산명시사건 기록에 합철한다.

나. 허위재산목록제출에 대한 제재

채무자가 거짓의 재산목록을 제출한 경우에는 3년 이하의 징역 또는 500만원 이하의 벌금에 처한다. 법인 등 단체가 거짓의 재산목록을 제출한 경우에는 그 대표자나 관리인을 위와 같이 처벌한다(제68조 9항).

다. 법정대리인에 대한 제재

채무자가 소송무능력자인 탓으로 채무자의 법정대리인에 대하여 명시절차가 진행된 경우에는 위와 같은 제재는 법정대리인에 대하여도 적용된다.

7. 재산명시의 재신청

재산명시신청이 기각 또는 각하된 경우에는 그 명시신청을 한 채권자는 기각 또는 각하의 사유를 보완하지 않고서는 같은 집행권원으로 다시 재산명시신청을 할 수 없다(제69조). 재산명시명령이 있었던 경우라도 채무자에게 새로운 재산의 취득이 있었거나 기존에 제출한 재산목록이 허위로 드러난 경우 또는 재산목록이 멸실된 경우 등에는 새로이 재산명시신청을 할 수 있다. 이와는 달리 재산명시절차가 채권자의 신청취하로 종결된 경우에는 언제든지 재신청할 수 있다. 한편 명시기일이 실시되었으나 채무자의 불출석, 재산목록의 부제출, 선서거부 등으로 종결된 경우에도 마찬가지로 재신청에 제한이 따르지 아니한다(반대견해 있음).

Ⅲ. 채무불이행자명부

제70조 (채무불이행자명부 등재신청)

① 채무자가 다음 각호 가운데 어느 하나에 해당하면 채권자는 그 채무자를 채무불이행자명부(債務不履行者名簿)에 올리도록 신청할 수 있다.

1. 금전의 지급을 명한 집행권원이 확정된 후 또는 집행권원을 작성한 후 6월 이내에 채무를 이행하지 아니하는 때. 다만, 제61조 제 1 항 단서에 규정된 집행권원의 경우를 제외한다.
2. 제68조 제 1 항 각호의 사유 또는 같은 조 제 9 항의 사유 가운데 어느 하나에 해당하는 때

② 제 1 항의 신청을 할 때에는 그 사유를 소명하여야 한다.

③ 제 1 항의 신청에 대한 재판은 제 1 항 제 1 호의 경우에는 채무자의 보통재판적이 있는 곳의 법원이 관할하고, 제 1 항 제 2 호의 경우에는 재산명시절차를 실시한 법원이 관할한다.

제71조 (등재신청에 대한 재판)

① 제70조의 신청에 정당한 이유가 있는 때에는 법원은 채무자를 채무불이행자명부에 올리는 결정을 하여야 한다.

② 등재신청에 정당한 이유가 없거나 쉽게 강제집행할 수 있다고 인정할 만한 명백한 사유가 있는 때에는 법원은 결정으로 이를 기각하여야 한다.

③ 제 1 항 및 제 2 항의 재판에 대하여는 즉시항고를 할 수 있다. 이 경우 민사소송법 제447조의 규정은 준용하지 아니한다.

제72조 (명부의 비치)

① 채무불이행자명부는 등재결정을 한 법원에 비치한다.

② 법원은 채무불이행자명부의 부본을 채무자의 주소지(채무자가 법인인 경우에는 주된 사무소가 있는 곳) 시(구가 설치되지 아니한 시를 말한다. 이하 같다)·구·읍·면의 장(도농복합형태의 시의 경우 동지역은 시·구의 장, 읍·면지역은 읍·면의 장으로 한다. 이하 같다)에게 보내야 한다.

③ 법원은 채무불이행자명부의 부본을 대법원규칙이 정하는 바에 따라 일정한 금융기관의 장이나 금융기관 관련단체의 장에게 보내어 채무자에 대한 신용정보로 활용하게 할 수 있다.

④ 채무불이행자명부나 그 부본은 누구든지 보거나 복사할 것을 신청할 수 있다.

⑤ 채무불이행자명부는 인쇄물 등으로 공표되어서는 아니 된다.

제73조 (명부등재의 말소)

① 변제, 그 밖의 사유로 채무가 소멸되었다는 것이 증명된 때에는 법원은 채무자의 신청에 따라 채무불이행자명부에서 그 이름을 말소하는 결정을 하여야 한다.

② 채권자는 제 1 항의 결정에 대하여 즉시항고를 할 수 있다. 이 경우 민사소송법 제447조의 규정은 준용하지 아니한다.

③ 채무불이행자명부에 오른 다음 해부터 10년이 지난 때에는 법원은 직권으로 그 명부에 오른 이름을 말소하는 결정을 하여야 한다.

④ 제1항과 제3항의 결정을 한 때에는 그 취지를 채무자의 주소지(채무자가 법인인 경우에는 주된 사무소가 있는 곳) 시·구·읍·면의 장 및 제72조 제3항의 규정에 따라 채무불이행자명부의 부본을 보낸 금융기관 등의 장에게 통지하여야 한다.

⑤ 제4항의 통지를 받은 시·구·읍·면의 장 및 금융기관 등의 장은 그 명부의 부본에 오른 이름을 말소하여야 한다.

1. 의 의

채무자가 집행권원의 성립 이후에 일정기간 내에 금전채무를 이행하지 아니하거나 재산명시절차상 제재의 대상이 되는 행위를 한 경우에는 그 명부를 작성하여 법원과 채무자의 주소지 행정관청에 비치하여 일반인이 열람 또는 등사를 허용하는 제도이다. 재산명시절차와는 독립된 절차로 채무자에 대하여는 명예와 신용에 관한 불이익을 가함으로써 채무의 이행을 간접적으로 강제하고 일반인에게는 거래 상대방의 신용조사를 쉽게 할 수 있도록 한 것이다.

2. 등재절차

가. 등재신청

재산명시신청을 할 수 있는 채권자가 서면에 의하여 신청하여야 한다. 다만 재산명시신청과 달리 집행문이나 집행개시요건을 갖출 필요는 없다. 신청서에는 집행권원의 작성 또는 확정 후 6개월 이내에 채무의 이행이 없거나 채무자가 명시절차상 제재의 대상이 되는 행위를 하였음을 증명하는 자료를 첨부하여야 한다(제70조). 가집행선고부판결은 여기의 집행권원이 될 수 없다.

나. 관 할

채무불이행을 사유로 하는 경우에는 채무자의 보통재판적 소재지 법원에, 명시절차상 제재대상이 되는 행위가 있음을 사유로 하는 경우에는 명시절차를 실시하는 법원에 신청하여야 한다(제70조 3항). 판사가 아닌 사법보좌관이 담당하는 업무이다. 토지관할은 전속관할이며 사물관할은 원칙적으로 단독판사의 관할로 임의관할이다.

다. 심 리

채무자를 반드시 심문하여야 한다. 그러나 채무자가 국가·지방자치단체·공법인·금융기관이거나 부득이 한 사유가 있을 때는 심문절차를 생략할 수 있다(대법원 재판예규 제866-14호).

라. 재 판

등재신청에 정당한 이유가 있으면 결정의 형식으로 재판한다. 채무자에 대한 강제집행이 쉽게 이루어질 수 있는 사정이 있는 등 등재신청에 정당한 사유가 없으면 신청을 기각한다.

마. 재판의 고지

등재신청에 대한 재판은 상당한 방법으로 채권자와 채무자에게 고지하면 족하다. 반드시 송달의 방법으로 고지할 필요는 없다.

바. 재판에 대한 불복

채무불이행자명부등재에 관하여는 집행법원의 사법보좌관의 업무로 정하고 있으므로 사법보좌관의 처분에 대한 이의신청으로 다투어야 한다. 배척된 이의신청은 즉시항고로 취급되는 점은 앞서 설명하였다. 즉시항고에는 집행정지의 효력이 없다.

사. 명부의 비치

등재결정을 한 법원의 사무관 등이 채무자별로 채무불이행자명부를 작성하여 법원에 비치하고 그 부본을 채무자의 주소지의 시, 구, 읍, 면의 장과 금융기관 및 금융관련기관의 장에게 송부한다. 채무불이행자명부는 누구든지 열람하고 복사를 신청할 수 있지만 인쇄물의 형태 또는 대중매체를 통해서 공표할 수는 없다.

3. 등재의 말소(제73조)

가. 등재말소사유

(1) **채무자의 신청** 채무자는 채무가 소멸하였음을 이유로 하여 등재말소를 신청할 수 있다. 채무소멸의 원인은 묻지 아니한다. 변제는 물론 소멸시효완성, 상계, 공탁, 채권의 포기, 화해 등에 의해 채무가 소멸한 경우도 등재의 말소를 신청할 수 있다. 그러나 채무의 소멸이 아닌 채무의 유예 등 단순한 채무의 내용의 변동만 있는 경우에는 등재의 말소를 신청할 수 없다. 한편 채무불이행자명부제도는 채권자의 이익은 물론 공공의 이익을 위한 제도이므로 채권자의 동의가 있다는 사정만으로는 말소신청을 받아들여서는 안 된다.

(2) **직권말소** 명부작성의 다음해로부터 10년의 경과, 등재결정의 취소,

등재신청의 취하 등의 사유가 있으면 법원은 직권으로 명부등재말소결정을 한다.

나. 등재말소결정에 대한 불복

(1) **즉시항고** 등재의 말소결정에 대하여는 즉시항고로 다툴 수 있다(제73조 2항). 등재말소신청을 기각하는 결정에 대하여도 즉시항고로 다툴 수 있다고 본다.

(2) **사법보좌관의 처분에 대한 이의** 다만 등재말소 역시 사법보좌관의 직무로 정하고 있으므로 사법보좌관 처분에 대한 이의신청으로 다툴 수 있으며, 배척된 이의신청은 즉시항고로 취급되는 점은 앞서와 같다.

다. 등재말소의 실시

말소결정에 따라 법원에 비치된 명부등재를 말소함과 아울러 명부등재의 부본을 송부한 기관에 등재를 말소하였음을 통지하고 그 통지를 받은 기관은 그 부본을 말소하여야 한다.

Ⅳ. 재산조회제도

제74조 (재산조회)

① 재산명시절차의 관할 법원은 다음 각호의 어느 하나에 해당하는 경우에는 그 재산명시를 신청한 채권자의 신청에 따라 개인의 재산 및 신용에 관한 전산망을 관리하는 공공기관·금융기관·단체 등에 채무자명의의 재산에 관하여 조회할 수 있다.

1. 재산명시절차에서 채권자가 제62조 제6항의 규정에 의한 주소보정명령을 받고도 민사소송법 제194조 제1항의 규정에 의한 사유로 인하여 채권자가 이를 이행할 수 없었던 것으로 인정되는 경우
2. 재산명시절차에서 채무자가 제출한 재산목록의 재산만으로는 집행채권의 만족을 얻기에 부족한 경우
3. 재산명시절차에서 제68조 제1항 각호의 사유 또는 동조 제9항의 사유가 있는 경우

② 채권자가 제1항의 신청을 할 경우에는 조회할 기관·단체를 특정하여야 하며 조회에 드는 비용을 미리 내야 한다.

③ 법원이 제1항의 규정에 따라 조회할 경우에는 채무자의 인적 사항을 적은 문서에 의하여 해당 기관·단체의 장에게 채무자의 재산 및 신용에 관하여 그 기관·단체가 보유하고 있는 자료를 한꺼번에 모아 제출하도록 요구할 수 있다.

④ 공공기관·금융기관·단체 등은 정당한 사유 없이 제1항 및 제3항의 조회를 거부하지 못한다.

제75조 (재산조회의 결과 등)

① 법원은 제74조 제 1 항 및 제 3 항의 규정에 따라 조회한 결과를 채무자의 재산목록에 준하여 관리하여야 한다.

② 제74조 제 1 항 및 제 3 항의 조회를 받은 기관 · 단체의 장이 정당한 사유 없이 거짓 자료를 제출하거나 자료를 제출할 것을 거부한 때에는 결정으로 500만원 이하의 과태료에 처한다.

③ 제 2 항의 결정에 대하여는 즉시항고를 할 수 있다.

제76조 (벌칙)

① 누구든지 재산조회의 결과를 강제집행 외의 목적으로 사용하여서는 아니 된다.

② 제 1 항의 규정에 위반한 사람은 2년 이하의 징역 또는 500만원 이하의 벌금에 처한다.

제77조 (대법원규칙)

제74조 제 1 항 및 제 3 항의 규정에 따라 조회를 할 공공기관 · 금융기관 · 단체 등의 범위 및 조회절차, 제74조 제 2 항의 규정에 따라 채권자가 내야 할 비용, 제75조 제 1 항의 규정에 따른 조회결과의 관리에 관한 사항, 제75조 제 2 항의 규정에 의한 과태료의 부과절차 등은 대법원규칙으로 정한다.

1. 의 의

재산명시 신청채권자는 재산명시절차가 종료한 이후에 법원에 개인의 재산과 신용에 관한 전산망을 관리하는 공공기관이나 금융기관 등에 채무자 명의의 재산에 관한 조회를 해줄 것을 신청할 수 있다.

2. 조회절차

가. 신 청

(1) **신청권자** 원칙적으로 재산명시절차를 거친 채권자만이 신청할 수 있다(제74조 1항). 채무불이행자명부등재절차와 다른 점이다.

(2) **신 청 서** 조회에 필요한 비용을 예납하고 조회할 기관 · 단체를 특정하여 기재한 신청서에 의하여야 한다(제74조 2항).

(3) **조회기관의 지정** 조회할 기관은 ① 토지 · 건물의 소유권은 법원행정처, ② 건물의 소유권은 건설교통부, ③ 자동차 · 건설기계의 소유권은 광역자치단체, ④ 500만원 이상의 금융자산은 금융기관으로 한정되어 있다(규칙 제36조 1항). 금융기관을 조회할 기관을 정함에 있어서는 모든 금융기관으로 하는 것과 같이 포괄적인 기관의 지정은 허용되지 아니한다.

(4) **조회재산의 지정** 조회할 재산의 종류도 지정하여야 한다. 조회할 당

시의 재산은 물론 부동산의 경우에는 재산명시명령이 송달되기 전 2년 내에 채무자가 보유한 것도 조회가 가능하다. 채무자 이외의 명의에 속한 재산은 조회대상이 아니다.

(5) **신청기록의 처리** 　재산조회신청기록은 재산명시기록에 합철하되 재산명시기록이 폐기되면 별책으로 편철한다.

나. 신청사유(제74조 1항)

(1) **송달불능** 　공시송달에 의하지 아니하고는 채무자에게 재산명시명령을 송달할 방법이 없는(1호) 경우에는 명시기일의 절차를 생략하고 곧바로 재산조회의 신청이 가능하다. 채무자가 도주한 것을 대비한 것이다.

(2) **채권만족의 곤란** 　채무자가 제출한 목록만으로는 집행채권의 만족을 얻기 어려운 때에는 채무자의 명시의무위반이 없더라도 곧바로 재산조회가 가능하다(2호).

(3) **채무자의 명시의무위반** 　재산명시절차상 채무자에게 제재할 사유가 있는 때(3호)에도 조회를 신청할 수 있다.

다. 관　할

재산명시신청절차를 관할하는 법원이 관할한다. 재산명시에 관한 직무는 사법보좌관의 직무이다.

라. 재　판

집행법원의 사법보좌관은 명시신청에 대하여 결정으로 허부의 재판을 한다.

마. 재판에 대한 불복

재산조회결정에 대하여는 즉시항고로 다툴 수 있다. 다만 재산조회결정은 사법보좌관의 업무이므로 사법보좌관에 대한 이의절차를 거쳐야 함은 앞서 설명한 바와 같다.

바. 조회의 실시

명시결정을 하는 경우에는 채무자의 인적 사항을 적은 문서에 의하여 해당기관에 채무자의 재산 및 신용에 관한 자료를 한꺼번에 모아 제출하도록 요구할 수 있다(제74조 3항). 재산조회회보가 회답기한 내에 제출되지 않으면 그 다음달 20일에 사건이 종결된다(재산조회규칙 제6조 1항). 조회를 받은 기관을 정당한 이유없이 이를 거절하지 못하며(제74조 4항) 허위자료의 제출 또는 자료제출의 거부가 있는 때에는 500만원 이하의 과태료의 제재가 따른다(제75조 2항). 과태료의 재판에 대하여는 즉시항고로 다툴 수 있다(제75조 3항).

3. 조회결과의 관리와 사용

조회결과는 재산목록에 준하여 관리하고(제75조 1항) 강제집행 이외의 목적으로 활용하여서 아니 되며 이에 위반한 경우에는 2년 이항의 징역 또는 500만원 이하의 벌금에 처한다(제76조).

제 2 편

민사집행법

강제집행절차

제 1 장 총 설

개 관

민사집행법은 제 1 편 총칙(제 1 조 내지 제23조), 제 2 편 강제집행(제24조 내지 제256조), 제 3 편 담보권실행 등을 위한 경매(제264조 내지 제275조), 제 4 편 보전처분(제276조 내지 제312조)으로 크게 나누어 규정하고 있다. 본편에서는 제 1 편 총칙 대한 이해를 바탕으로 제 2 편 강제집행에 관하여 절차의 상세한 내용을 개별적으로 검토해 보기로 한다. 이에 관한 본격적인 논의에 앞서 본장에서는 실무상 가장 흔한 금전채권만족을 위한 집행절차의 전체적 구조와 금전채권집행절차에 참가하는 채권자의 우열을 간략히 검토해보기로 한다.

학습목표

1. 강제집행에 관한 민사집행법의 규정체계를 파악한다.
2. 금전채권집행절차의 전체적 구조를 알아둔다.
3. 금전채권집행절차에 참가하는 채권자 사이의 우열에 관한 입법태도를 이해한다.

Ⅰ. 서 론

강제집행은 집행채권을 기준으로 크게 금전집행과 비금전집행으로 나눌 수 있고 집행대상을 기준으로 부동산집행과 동산집행으로 크게 분류할 수 있음은 앞서 설명하였다. 여기서는 이러한 금전집행과 비금전집행 또는 부동산집행과 동산집행의 구체적 절차를 상세히 살펴보기로 한다. 이에 관하여는 민사집행법은 금전집행과 부동산집행을 중심으로 규정하고 있는데 부동산강제경매와 부동산강제관리가 이에 해당한다. 실무상 부동산강제관리를 통하여 금전집행이 이루어지는 경우는 극히 드물다. 그러므로 본서의 체계에 있어서도 부동산강제경매를 중심으로 상세히 설명하고 다른 부분에 관하여는 부동산강제경매와 다른 차별점만을 지적하는 방식으로 서술하기로 한다. 이에 앞서 금전채권집행의 특징을 살펴보면 다음과 같다.

Ⅱ. 금전채권집행

1. 의 의

금전채권의 강제적 실현을 위한 집행을 금전채권집행이라 한다. 금전채권에 기초한 강제집행 또는 금전집행이라고도 한다. 여기서 금전채권이라 함은 금액채권으로 내국통화는 물론 외국통화의 지급을 목적으로 하는 경우도 포함한다. 특정금전채권은 일정액의 금전지급을 목적으로 하는 것이 아니라 특정물로서의 금전의 지급을 구하는 청구권이므로 금전채권집행이 아닌 동산인도청구권의 집행에 따른다.

2. 금전채권집행의 3단계

집행의 대상에 따라 구체적인 모습은 다르지만 금전채권집행절차는 공통적으로 압류・현금화・배당의 3단계의 구조를 갖는다. 즉 강제집행신청에 따라 집행기관은 채무자가 목적물을 처분하지 못하도록 목적물의 권리상태를 동결하는 압류를 행하고, 다음으로 목적물을 매각 등의 방법으로 현금화하여, 현금화된 금원을 채권자에게 교부하는 배당절차를 실시한다.

3. 집행절차상 채권자의 경합

가. 의 의

금전채권집행의 실제에 있어서는 신청채권자 외에도 다른 채권자들이 있게 마련이고 목적물을 현금화한 금액이 총채권자의 만족을 주지 못하는 것이 보통이다. 이와 같은 상황에서 압류채권자와 당해 집행절차에 참가한 다른 채권자들 사이의 배당순위를 어떻게 정할 것인지가 문제된다. 이에 대한 입법례로는 평등주의와 우선주의 및 군단우선주의가 있다. 이러한 집행절차상 채권자 경합의 문제는 실체법상 채권자의 우열문제와는 구별해야 한다. 실체법상으로는 우선변제권 있는 채권자를 제외하고는 채권자평등의 원칙이 적용된다. 그러나 실체법상 평등한 채권자들 사이라도 자신의 노력과 비용을 들여 먼저 강제집행에 착수한 채권자를 배당에 있어서 어느 정도 우선적 지위를 인정하는 것은 실체법상 채권자평등의 원칙과 모순되지 아니하며 입법정책에 따라 정할 문제이다.

나. 평등주의(평등배당주의, 압류평등주의)

실체법상 채권자평등의 원칙을 집행절차에도 그대로 인정하는 입법주의이다. 먼저 집행에 착수하였다는 사정만으로 우선적 지위를 인정할 수는 없다는 것이다. 일반집행에 의하는 도산절차는 원칙적으로 평등주의를 채택하고 있다.

다. 우선주의(압류선착주의, 압류우선주의, 우선배당주의)

독일이나 영미법이 취하고 있는 입법태도로 집행에 먼저 착수한 채권자에 대하여 다른 채권자보다 우선적인 배당순위를 인정하는 것이다. 실체법상 평등한 채권자라고 하더라도 자신의 노력과 비용으로 먼저 집행에 착수한 채권자에게 우선적 배당순위를 인정하는 것이 합리적이라고 보는 것이다. 국세징수법은 우선주의를 취하고 있다.

≪판례≫ 민사집행절차와 조세압류선착주의[대법원 2003. 7. 11. 선고 2001다83777 판결]

국세기본법 제36조 제 1 항과 지방세법 제34조 제 1 항이 채택하고 있는 이른바 압류선착주의(압류선착주의)의 취지는 다른 조세채권자보다 조세채무자의 자산 상태에 주의를 기울이고 조세 징수에 열의를 가지고 있는 징수권자에게 우선권을 부여하고자 하는 것이고, 이러한 압류선착주의의 입법 취지와, 압류재산이 금전채권인 경우에 제 3 채무자가 그의 선택에 의하여 체납처분청에 지급하는지 집행법원에 집행공탁을 하는지에 따라 조세의 징수액이 달라지는 것은 부당하다는 점을 고려하여 보면, 압류선착주의는 조세가 체납처분절차를 통하여 징수되는 경우뿐만 아니라 구 민사소송법(2002. 1. 26. 법률 제6626호로 개정되기 전의 것)에 의한 강제집행절차를 통하여 징수되는 경우에도 적용되어야 한다.

라. 군단우선주의(집단우선주의, 수정평등주의, 집단집행주의)

스위스 등이 취하는 입법태도로 집행개시시점부터 집행종료시점까지를 시간적으로 여러 단계로 나누어 같은 단계에서 참가한 채권자들 사이는 평등하게 취급하지만 선행단계에 참가한 채권자는 후행단계에 참가한 채권자보다 우선하여 취급하는 것이다.

마. 민사집행법의 태도

민사집행법은 원칙적으로 평등주의를 취하고 있다. 그러나 배당요구종기제도를 두고 있으며 집행권원이 없는 일반채권자의 배당요구를 인정하지 않는 점에서 우선주의 내지는 군단우선주의 요소를 일부 가미하고 있다고 볼 수 있다.

제 2 장 부동산강제경매절차

개 관

부동산강제경매절차는 실무상으로나 이론상으로나 가장 대표적인 집행절차로 받아들여지고 있다. 흔히 확정된 이행판결을 집행권원의 여왕이라고 하는 것에 비견하여 부동산강제경매절차를 집행절차의 여왕이라고 불러도 좋을 것이다. 민사집행법도 규정체계에 있어서도 부동산강제경매에 관하여 상세히 규정하고(제78조 내지 제162조) 대부분의 다른 집행절차에 관한 규정에 있어서는 부동산강제경매규정을 준용하는 방식을 취하고 있다.

한편 부동산강제경매는 본질적으로 사법상의 부동산매매와 다를 것이 없다. 다만 수많은 사건의 안정적이고 신속한 처리를 위하여 극단적으로 정형화된 매매형식을 취할 뿐이다. 즉 특정의 목적물에 대하여(제 2 절 집행의 대상), 채권자의 신청에 따라(제 3 절 신청절차), 먼저 채무자가 목적물을 매각하지 못하게 묶어둔 상태에서(제 4 절 압류절차), 다른 채권자 등 이해관계인의 참여를 보장하는 가운데(제 5 절 집행참가제도), 매매목적물의 가격·현황이나 매매의 일시·장소 등에 관하여 모든 사람들이 상세히 알 수 있는 상태에서(제 6 절 매각준비절차), 매매계약의 내용을 획일적으로 정하고(제 7 절 매각조건), 공개된 장소에서 목적물을 매수할 사람을 선별한다(제 8 절 매각절차). 이후에 전체적인 매각과정이 적절히 진행되었는가를 다시 한 번 검토해보고(제 9 절 매각결정절차), 매수인으로 하여금 매각대금을 내도록 하고(제10절 매각대금납부절차), 그 매각대금으로 집행절차에 참가한 채권자들에게 돈을 나누어 주는(제11절 배당절차) 한편 매수인이 목적물의 소유권이전등기명의(제12절 소유권이전등기절차)와 점유(제13절 인도명령절차)를 손쉽게 얻을 수 있도록 정형화해 놓고 있는 것이다.

학습목표

제 1 절 서 론	제 8 절 매각절차
제 2 절 집행의 대상	제 9 절 매각결정절차
제 3 절 신청절차	제10절 매각대금납부절차
제 4 절 압류절차	제11절 배당절차
제 5 절 집행참가절차	제12절 소유권이전등기절차
제 6 절 매각준비절차	제13절 인도명령절차
제 7 절 매각조건	

제 1 절 서 론

I. 의 의

사 례 18 유체동산경매와 선의취득

갑이 돈을 빌리고자 갚지 않자, 채권자 을은 지급명령을 얻은 다음 집행관에게 갑이 사용하는 가재도구를 경매를 붙이도록 하여 그 매각대금으로부터 대여원리금을 회수하였다. 위 경매절차상 매수인은 병이었다. 그런데 갑은 전에도 다른 채권자에게 돈을 갚지 않아 같은 가재도구에 대한 유체동산경매가 진행된 적이 있었고 당시 이를 안타깝게 여긴 갑의 친구 정이 위 가재도구를 매수하여 갑이 무상으로 사용할 수 있도록 해 주었던 사정이 있었다. 정의 권리구제방안은 어떠한가?

1. 개 념

채무자의 부동산을 강제매각하여 그 매각대금으로 채권자의 금전채권에 만족을 주는 강제집행절차이다. 부동산을 대상으로 하는 집행이라는 점에서 부동산을 목적으로 하는 채권의 집행(제244조)이나 부동산의 인도를 목적으로 하는 집행(제258조)과 다르다.

2. 법적 성질

강제경매의 성질에 관해서는 공법상 처분설과 사법상 매매설의 대립이 있다. 공법상 처분설에 따르면 경매란 집행기관이 집행처분으로서 사법상 권리관계를 설정하는 것이므로 공용징수에 준하는 성질을 갖는다는 점에서 매수인은 목적물을 원시취득 하는 것으로 이해하게 된다. 사법상 매매설은 경매는 본질적으로 사법상 매매와 다를 것이 없으며 매수인의 권리취득은 승계취득이라고 본다. 판례는 사법상 매매설을 취하고 있다.

≪판례≫ 유체동산경매와 선의취득[대법원 1998. 3. 27. 선고 97다32680 판결]

채무자 이외의 자의 소유에 속하는 동산을 경매한 경우에도 경매절차에서 그 동산을 경락받아 경락대금을 납부하고 이를 인도받은 경락인은 특별한 사정이 없는 한 소유권을 선의취득 한다고 할 것이지만, 그 동산의 매득금은 채무자의 것이 아니어서 채권자가 이를 배당 받았다고 하더라도 채권은 소멸하지 않고 계속 존속한다고 할 것이므로, 배당을 받은 채권자는 이로 인하여 법률상 원인 없는 이득을 얻고 소유자는 경매에 의하여 소유권을 상실하는 손해를 입게 되었다고 할 것이니, 그 동산의 소유자는 배당을 받은 채권자에 대하여 부당이득으로서 배당받은 금원의 반환을 청구할 수 있다고 할 것인바, 이와 같은 이치는 제 3 자 소유의 기계·기구가 그의 동의 없이 공장저당법 제 4 조, 제 5 조의 규정에 의한 저당권의 목적이 되어 같은 법 제 7 조의 목록에 기재되는 바람에 공장에 속하는 토지 또는 건물과 함께 일괄경매되어 경락되고 채권자가 그 기계·기구의 경락대금을 배당받은 경우에도 경락인이 그 기계·기구의 소유권을 선의취득 하였다면 마찬가지라고 보아야 한다.

사례 18 〈해설〉 유체동산경매와 선의취득

1. 집행관과 을의 불법행위책임

집행기관은 집행에 착수함에 있어서 권리귀속의 외형을 기준으로 책임재산인지 여부를 판단한다. 유체동산에 있어서는 소지를 기준으로 책임재산인지 여부를 판단하면 되는 것이다. 따라서 사안에서 갑이 가재도구를 이용하고 있었다는 점에서 집행관이 당해 가재도구 갑의 책임재산이라고 보고 집행에 나아간 것은 적법하다. 한편 유체동산집행에 있어서 책임재산의 탐지는 집행관이 할 것이고 채권자는 집행위임을 함에 있어서 단순히 책임재산의 소재가 예상되는 장소를 개괄적으로 지적함에 그친다는 점에서, 채권자 을이 정에게 불법행위책임을 진다고 보기 어렵다. 다만 을이 당해 유체동산이 정의 소유임을 알고 있었다면 정에게 불법행위에 따른 손해배상책임을 진다.

2. 소유권의 귀속

병은 집행절차를 신뢰하였고 또한 갑이 당해 가재도구를 점유하고 있었으므로 특별한 사정이 없는 한 아무런 잘못이 없다. 한편 강제경매절차는 본질적으로 사법상 매매라 할 것이어서 원칙적으로 매매에 관한 민법규정이 적용된다. 따라서 특별한 사정이 없는 한 병은 당해 유체동산을 선의취득하였다고 하겠다.

3. 부당이득반환청구

한편 을은 채무자가 아닌 정의 소유물의 매각대금으로부터 만족을 얻었다는 점에서 그 매각대금은 정에게 부당이득으로 반환하여야 한다. 결국 을은 아무런 채권만족을 얻지 못한 것이다. 즉 을의 갑에 대한 대여금청구권은 소멸하지 않고 계속 존속하는 것이다.

Ⅱ. 절차의 개관

부동산강제경매는 압류·매각·배당의 3단계 구조로 되어 있음은 다른 강제경매절차와 다를 것이 없다. 이를 자세히 살펴보면 다음과 같다.

1. 경매신청

채권자는 집행정본과 강제집행개시 요건을 증명하는 서류를 첨부하여 서면으로 강제집행을 신청한다. 강제집행절차도 원칙적으로 처분권주의에 따르는 절차이므로 직권으로 강제집행을 개시할 수는 없다.

2. 압　　류

법원은 경매신청에 대하여 경매개시결정을 하고 그 정본을 채무자에게 송달하며 경매목적물의 관할 등기소에 경매개시결정의 기입등기를 촉탁한다. 이로써 목적물에 대한 압류의 효력이 발생한다. 채권자나 채무자가 아닌 공유자 등에게는 송달은 필요 없고 고지나 통지로 족하다. 나아가 첫 매각기일 이전의 날로 집행절차상 필요한 상당한 기간을 고려하여 배당요구종기를 정한다. 종전에는 압류를 차압이라고 하였다.

3. 매각준비

이후에 법원은 집행관에게 목적물에 대한 현황조사를 명하고 감정인에게 부동산을 평가하게 하여 이를 기초로 최저매각가격 등의 매각조건을 정한 다음 매각물건명세서를 작성하여 비치한다. 위 절차가 끝난 다음에는 매각기일과 매각결정기일을 정하여 공고한다.

4. 매각절차

매각기일은 집행관으로 하여금 진행하게 한다. 매각기일에 매수신고인이 없는 경우에는 최저매각가격을 저감한 다음 새매각기일을 정하여 다시 매각을 실시한다.

5. 매각결정

매각기일에 최고가매수인이 정해지면 지금까지의 절차를 다시 한번 검토한다는 의미에서 매각결정기일을 열어 이해관계인의 의견을 들은 다음 최고가매수인에게 매각을 허가하고 매각대금지급기한을 정한다.

6. 배　　당

채권자의 경합이 있거나 매수인이 납입한 매각대금만으로는 채권만족에 부족한 경우에는 배당절차를 실시한다. 그렇지 아니하고 채권자의 경합이 없거나 매각대금으로 채권만족에 충분한 경우에는 배당절차라고 하는 것이 의미가 없다. 배당절차가 종료됨으로 해서 경매절차가 끝이 난다.

7. 부수절차

매수인은 대금을 완납한 시점에 소유권을 취득한다. 그러나 현실적으로 목적물에 대한 소유권행사를 위해서는 인도명령절차를 통하여 목적물의 점유를 획득하고 소유권이전등기촉탁을 신청하여 등기부상 소유명의를 얻어야 한다.

사 례 19 **집행절차상 이해관계인의 범위**

갑은 을이 빌려간 돈을 갚지 아니하자 을 소유의 부동산에 대한 강제경매절차에 착수하였다. 이러한 강제경매절차가 시작되기 전에 다른 채권자 병은 위 부동산을 가압류하여 둔 상태였다. 한편 또 다른 채권자 정은 위 부동산에 대여금채권에 관한 근저당권을 가지고 있었으나 무에게 피담보채권을 양도하고 을에게 확정일자부 채권양도통지는 하였으나 근저당권이전의 부기등기를 미쳐 마치지 못하고 있었다. 위 경매절차는 순탄하게 진행되어 매각이 허가되었다. 이때 아래와 같은 상황에 대하여 법원은 어떻게 판단하여야 하는가?

① 병이 경매개시결정이 을에게 송달되지 않았음을 지적하며 매각허가결정에 대하여 즉시항고하였다.

② 무가 위 부동산에 대한 감정평가가 적정하게 이루어지지 않았음을 지적하며 매각허가결정에 대하여 즉시항고하였다.

③ 정이 배당절차에서 병의 가압류채권은 을과 병 사이에 다른 채권자를 해하기 위하여 가공된 것임을 지적하며 배당이의를 하였다.

Ⅲ. 집행절차상 이해관계인

제90조 (경매절차의 이해관계인)

경매절차의 이해관계인은 다음 각호의 사람으로 한다.

1. 압류채권자와 집행력 있는 정본에 의하여 배당을 요구한 채권자
2. 채무자 및 소유자
3. 등기부에 기입된 부동산 위의 권리자
4. 부동산 위의 권리자로서 그 권리를 증명한 사람

1. 서 론

가. 의 의

경매절차는 채무자의 경제적 위기상황에서 진행되는 것이어서 압류채권자는 물론 다른 채권자가 많게 마련이고 또한 매각대상인 부동산상에도 다양한 이해관계인이 있는 것이 보통이다. 따라서 그러한 이해관계인들에게 경매절차에 참여를 보장할 필요가 있다. 그러나 경매절차는 신속하고 통일적으로 진행되어야 하는 절차라는 점에서 모든 경제적 이해관계인들의 참여를 인정하는 것은 부적절하고 또한 참여의 범위에 있어서도 이해관계의 내용에 따라 적절한 제한이 필요하다. 이하에서 이해관계인의 범위와 허용되는 참여의 내용으로서 이해관계인의 권리를 보기로 한다.

나. 배당요구채권자와 구별

여기서 설명하는 이해관계인이라 함은 배당요구를 할 수 있는 지위와 일치하는 경우가 많지만 배당요구지위와는 직접적인 관련은 없다. 예를 들어 경매개시결정의 기입등기 후에 임차인의 지위를 갖게 된 자는 배당요구를 하거나 주택임대차보호법상의 소액임차인으로 인정받을 수는 없으나 권리신고절차를 통하여 이해관계인으로 인정받을 수 있다. 반대로 가압류권자는 이해관계인은 아니지만 배당을 요구할 지위는 인정된다. 아래의 판례를 보면 제90조의 이해관계인에 해당하는가의 문제와 배당절차상 이의를 하거나 배당을 요구할 수 있는 자에 해당하는가의 문제는 별개로 판단할 것이라는 점을 잘 보여준다.

≪판례≫ 이해관계인과 배당채권자의 구별[대법원 2003. 2. 19.자 2001마785 결정]

법원은 경매기일과 경락기일을 이해관계인에게 통지하여야 하는바, 여기서 이해관계인이라 함은 압류채권자와 집행력 있는 정본에 의하여 배당을 요구한 채권자, 채무자 및 소유자, 등기부에 기입된 부동산 위의 권리자, 부동산 위의 권리자로서 그 권리를 증명한 자를 말하는 것이고, 경매절차에 관하여 사실상의 이해관계를 가진 자라 하더라도, 동 조항에서 열거한 자에 해당하지 아니한 경우에는 경매절차에 있어서의 이해관계인이라고 할 수 없으므로, 배당요구를 한 임금채권자는 위 조항에서 말하는 이해관계인이라 할 수 없다(같은 취지: 대법원 2005. 5. 19.자 2005마59 결정).

≪판례≫ 이해관계인과 배당채권자의 구별[대법원 2003. 10. 10. 선고 2001다77888 판결]

피담보채권과 근저당권을 함께 양도하는 경우에 채권양도는 당사자 사이의 의사표시만으로 양도의 효력이 발생하지만 근저당권이전은 이전등기를 하여야 하므로 채권양도와 근저당권이전등기 사이에 어느 정도 시차가 불가피한 이상 피담보채권이 먼저 양도되어 일시적으로 피담보채권과 근저당권의 귀속이 달라진다고 하여 근저당권이 무효로 된다고 볼 수는 없으나, 위 근저당권은 그 피담보채권의 양수인에게 이전되어야 할 것에 불과하고, 근저당권의 명의인은 피담보채권을 양도하여 결국 피담보채권을 상실한 셈이므로 집행채무자로부터 변제를 받기 위하여 배당표에 자신에게 배당하는 것으로 배당표의 경정을 구할 수 있는 지위에 있다고 볼 수 없다.

2. 이해관계인의 범위

민사집행법 제90조는 앞서 본 바와 같은 이유에서 이해관계인의 범위를 한정적으로 열거하고 있다.

≪판례≫ 이해관계인의 한정열거[대법원 1999. 4. 9. 선고 98다53240 판결]

법원은 경매기일과 경락기일을 이해관계인에게 통지하여야 하는바(민사소송법 제617조 제 2 항), 여기서 이해관계인이라 함은 압류채권자와 집행력 있는 정본에 의하여 배당을 요구한 채권자, 채무자 및 소유자, 등기부에 기입된 부동산 위의 권리자, 부동산 위의 권리자로서 그 권리를 증명한 자(같은 법 제607조)를 말하는 것이고, 경매절차에 관하여 사실상의 이해관계를 가진 자라 하더라도, 동 조항에서 열거한 자에 해당하지 아니한 경우에는 경매절차에 있어서의 이해관계인이라고 할 수 없으므로, 가압류를 한 자는 위 조항에서 말하는 이해관계인이라고 할 수 없고, 배당을 요구하지 않은 집행력 있는 정본을 가진 채권자도 역시 위 조항에서 말하는 이해관계인이 아님은 문언상 명백하다(같은 취지: 대법원 2004. 7. 22. 선고 2002다52312 판결, 대법원 2005. 5. 19.자 2005마59 결정).

가. 압류채권자와 집행력 있는 정본에 의하여 배당을 요구한 자(제90조 제 1 호)

(1) **압류채권자** 압류채권자라 함은 경매를 신청한 채권자로 당해 집행절차의 기초가 되는 집행채권자를 가리킨다. 다음에 볼 것이지만 경매신청 채권자가 모두 압류채권자가 되는 것은 아니다.

(2) **집행정본에 의하여 배당을 요구한 자** 집행력 있는 정본과 관련하여 가압류권자는 집행정본이 없으므로 본 호에 해당하지 아니한다. 집행력이 있는 정본에 의하여 배당을 요구하는 경우에는 집행정본의 원본이 아닌 사본의 제출도 인정된다(규칙 제48조 2항). 집행력 있는 정본을 가진 자라도 배당요구를 하지 아니한 경우에는 이해관계인에 해당하지 아니한다.

(3) **이중경매** 선행 경매개시결정이 있더라도 다른 채권자가 같은 목적물에 대하여 경매를 신청하는 것도 허용되는데 일반적으로 이러한 후행 경매신청 채권자는 압류채권자가 아니라 집행력 있는 정본에 의하여 배당을 요구한 자에 해당할 뿐이다. 그러나 선행 경매신청에 의한 절차가 정지되어 후행 경매신

청에 의해 경매절차가 진행되는 경우에는 후행 경매신청채권자가 압류채권자의 지위를 갖게 된다.

나. 채무자 및 소유자(제90조 제 2 호)

채무자는 집행채무자를 가리킨다. 소유자는 집행의 대상이 되는 목적물의 소유자를 가리킨다. 자기 소유 물건을 담보로 제공한 채무자 아닌 자를 물상보증이라 한다.

다. 등기부에 기입된 부동산 위의 권리자(제90조 제 3 호)

(1) **등기부상 이해관계인** 경매개시결정 기입등기를 하는 시점을 기준으로 하여 그 이전에 등기부에 나타난 권리자를 가리킨다.

≪판례≫ **경매개시결정 기입등기와 이해관계인**[대법원 1999. 11. 10.자 99마5901 결정]

민사소송법 제607조 제 3 호는 '등기부에 기입된 부동산 위의 권리자'를 경매절차의 이해관계인으로 규정하고 있는바, '등기부에 기입된 부동산 위의 권리자'라 함은 경매개시결정 시점이 아닌 경매신청기입등기 시점을 기준으로 그 당시에 이미 등기가 되어 등기부에 나타난 자를 말하며 용익권자(전세권자, 지상권자, 임대차등기를 한 임차권자), 담보권자 등이 이에 해당한다.

위의 이해관계인에 해당하는가 여부는 등기부의 기재에 따라 형식적 판단한다. 그러나 구분건물에 대한 경매에서 구분건물이 아닌 대지권만을 공유하는 자는 여기에 해당하지 아니한다. 등기부에 기재된 자에게 실체법상의 청구권이 있는가는 묻지 아니한다. 구체적으로는 공유자, 용익권자, 등기임차권자, 담보권자 등이 이에 해당한다.

≪판례≫ **채무자와 공유관계에 있는 자**[대법원 1998. 3. 4.자 97마962 결정]

경매법원은 공유물의 지분을 경매함에 있어 다른 공유자에게 경매기일과 경락기일을 통지하여야 하므로 경매부동산의 다른 공유자들이 그 경매기일을 통지받지 못한 경우에는 이해관계인으로서 그 절차상의 하자를 들어 항고를 할 수 있다.

건물소유를 목적으로 하는 토지임대차는 건물을 등기한 경우에는 토지임차권을 등기하지 아니한 경우라도 토지임차권을 제 3 자에게 대항할 수 있는데(민법 제622조 제 1 항) 이러한 토지임차인은 비록 대항력은 있을지라도 집행대상에 관한 등기부에 나타난 자가 아니어서 제 3 호의 이해관계인에 해당하지 아니한다. 그러므로 이러한 토지임차인은 건물등기부등본을 첨부하여 권리신고를 함으로써 제 4 호의 이해관계인으로 인정받을 수 있을 뿐이다.

(2) **가등기권자** 가등기권리자는 가등기의 성질이 담보가등기인지 청구보존가등기인지를 묻지 아니하고 가등기담보 등에 관한 법률(제16조 제 3 항)에 의하여 본 호의 이해관계인으로 취급된다. 아래의 판례는 가등기담보 등에 관한 법률 제정(1983. 12. 30.) 이전의 것으로 고려할 것이 아니다.

≪판례≫ **가등기권자**[대법원 1965. 9. 29.자 65마768 결정]

가등기 권리자는 경매절차상의 이해관계인이 아니다.

≪판례≫ **청구권보존을 위한 가등기권자**[대법원 1968. 5. 13.자 68마367 결정]

부동산에 대하여 소유권이전등기청구권의 보전을 위한 가등기를 한 자는 본법 제30조 제 2 항 소정의 이해관계인에 해당하지 아니한다.

(3) **보전채권자** 가압류권자나 가처분권자의 경우에는 별도의 규정이 없는데 판례는 이해관계인에 해당하지 않는 것으로 본다. 일부 견해는 가등기권리자와 균형상 가압류권자와 가처분권자도 이해관계인으로 보아야 한다고 하나 가등기와 가압류 · 가처분은 전혀 이질적인 것으로 비교할 것이 아니라고 본다.

≪판례≫ **가압류권자**[대법원 1968. 5. 13.자 68마367 결정]

집행보전을 위하여 가압류를 한 자는 경매절차에 있어서 이해관계인이 아니다(같은 취지: 대법원 1999. 4. 9. 선고 98다53240 판결, 대법원 2004. 7. 22. 선고 2002다52312).

≪판례≫ **가처분권자**[대법원 1994. 9. 30.자 94마1534 결정]

경매부동산에 대한 가처분권자는 민사소송법 제607조 소정의 이해관계인에 해당하지 아니한다.

(4) **예고등기** 예고등기는 사실적 경고 이외에 아무런 효력이 없으므로 예고등기가 되어있는 자도 여기의 이해관계인에 해당하지 아니한다.

≪판례≫ **예고등기권자**[대법원 1967. 10. 25.자 67마947 결정]

경매부동산의 소유자를 상대로 등기원인의 무효로 인한 소유권이전등기의 말소등기절차 이행청구소송을 제기하여 그 예고등기가 되어있는 자는 본조 제 3 항 소정의 이해관계인에게 해당하지 아니한다.

라. 부동산 위의 권리자로서 그 권리를 증명한 자(제90조 제 4 호)

(1) **의 의** 집행법원이 경매절차상 목적물에 관한 등기부를 검토하는

시점은 경매개시결정을 하기 위해 경매신청채권자가 제출하는 등기부를 조사하는 때이다. 그러므로 법원으로서는 경매개시결정시점에 이후에 비로소 등기부에 등재되는 이해관계인이나 등기부에 나타나지 않는 이해관계인에 대해서는 알 수 없게 된다. 본 호에 따른 이해관계인은 다음 두 가지 유형으로 나누어 볼 수 있다.

㈎ **등기부상 공시되지 아니한 이해관계인** 이에 해당하는 자로는 앞서 본 건물을 등기한 토지임차인, 점유권자, 유치권자, 특수지역권자, 등기하지 아니한 대항력 있는 주택이나 상가의 임차인 등이 있다. 대항력 없는 주택임차인은 이해관계인이 될 수 없다. 주택임차인과 관련하여 일부 견해는 임차인에게 우선변제력까지 있어야 하는 듯한 표현을 하고 있으나 우선변제력 유무는 고려할 것이 아니다.

≪판례≫ 이해관계인으로 인정되는 임차인의 범위[대법원 1995. 6. 5.자 94마2134 결정]

민사소송법 제607조 제 4 호 소정의 이해관계인이 되는 임차인은 주택임대차보호법 제 3 조 제 1 항의 규정에 따라 주택의 인도 및 주민등록을 마친 임차인이면 족하고, 여기에 더하여 주택임대차보호법 제 3 조의2 제 1 항 소정의 확정일자를 받은 임차인이거나 제8조 소정의 소액임차인에 해당하여 우선변제권까지 있을 필요는 없다.

㈏ **경매개시결정기입등기 이후에 등기부에 공시되는 이해관계인** 경매개시결정 이후에 소유권, 용익권, 담보권을 등기한 자 등이 이에 해당한다.

≪판례≫ 경매개시결정 기입등기 이후의 등기명의인[대법원 1964. 9. 30. 64마525]

본조 제 3 항 제 2 호, 제 3 호의 이해관계인은 경매신청등기 이전에 그 부동산의 등기부에 등기되어 있는 소유자 기타 부동산 위의 권리자뿐 아니라 경매신청등기 이후에 소유권 등 권리를 취득하여 이를 등기하고 그 사실을 경매법원에 증명한 자도 포함한다(같은 취지: 대법원 1992. 2. 11. 선고 91누5228 판결).

⑵ **권리신고** 본 호에 해당하는 이해관계인은 매각허가결정 선고시점까지 그 권리의 존재를 증명하여 신고하여야 이해관계인으로 인정된다. 법원이 그 존재를 아는 경우라도 직권으로 이해관계인으로 인정하여서는 아니 된다. 매각허가결정이 선고된 이후에는 당해 결정을 고지하기 전이라도 제 4 호에 의한 이해관계인이 될 수 없다.

≪판례≫ 권리신고의 필요성[대법원 1991. 4. 18.자 91마141 결정]

부동산경락허가결정에 대한 항고는 원칙적으로 그 경매절차의 이해관계인이 이를 할 수 있는 것이고, 비록 경매부동산에 관하여 소유권 회복의 등기를 할 수 있는 확정판결이 있다 하더라도 이에 기한 등기를 갖추고 이를 집행법원에 권리신고를 하여야 이해관계인이 될 수 있다.

≪판례≫ 권리신고의 종기[대법원 1999. 8. 26.자 99마3792 결정]

민사소송법 제607조 제4호 소정의 이해관계인이라고 하여 경락허가결정이나 낙찰허가결정에 대하여 즉시항고를 제기하기 위하여는 경락허가결정이나 낙찰허가결정이 있을 때까지 그러한 사실을 증명하여야 하고, 경락허가결정이나 낙찰허가결정이 있은 후에 그에 대하여 즉시항고를 하면서 그러한 사실을 증명한 자는 그 제4호 소정의 이해관계인이라고 할 수 없으므로 그 즉시항고는 부적법한바, 주택임대차보호법상의 대항요건을 갖춘 임차인이 경매 목적 부동산 위의 권리자라고 하더라도 그러한 사실만으로 당연히 이해관계인이 되는 것이 아니고 경매법원에 스스로 그 권리를 증명하여 신고하여야 비로소 이해관계인으로 되는 것으로서, 그와 같은 권리신고는 자기의 책임으로 스스로 하여야 하는 것이므로, 집행관의 현황조사의 결과 임차인으로 조사, 보고되어 있는지 여부와는 관계없이 스스로 집행법원에 권리를 증명하여 신고하지 아니한 이상 이해관계인이 될 수 없으며, 대법원송무예규(송민98-6)에 의한 경매절차 진행사실의 주택임차인에 대한 통지는 법률상 규정된 의무가 아니라 당사자의 편의를 위하여 주택임차인에게 임차 목적물에 대하여 경매절차가 진행 중인 사실과 소액임차권자나 확정일자부 임차권자라도 배당요구를 하여야 우선변제를 받을 수 있다는 내용을 안내하여 주는 것일 뿐이므로, 임차인이 위와 같은 통지를 받지 못하였다고 하더라도 경락허가결정이나 낙찰허가결정 이후에 권리신고를 한 경우에는 경락허가결정이나 낙찰허가결정에 항고를 제기할 수 있는 정당한 이해관계인이 될 수 없다(같은 취지: 대법원 1986. 9. 24.자 86마608 결정, 대법원 2000. 1. 31.자 99마7663 결정, 대법원 2004. 2. 13.자 2003마44 결정, 대법원 2005. 3. 29.자 2005마58 결정).

(3) 부동산 위의 권리자 본 호에 해당하는 이해관계인은 부동산 위의 권리자이어야 하고 임금채권자와 같이 부동산 위에 권리자 아닌 경우에는 우선변제력이나 대항력이 있는 경우라도 이해관계인으로 볼 수 없다.

마. 이중경매신청과 이해관계인

이중경매신청 사안에서 이해관계인의 범위는 절차진행의 기초가 된 어느 하나의 경매개시결정만을 기준으로 판단한다. 즉 압류채권자를 기준으로 이해관계인 해당여부를 판단할 것이고 압류채권자 아닌 경매신청채권자를 기준으로 고려하여서는 아니 된다.

3. 이해관계인의 권리

이해관계인에게는 다음과 같은 권리가 인정된다.

① 집행에 관한 이의(제16조)
② 부동산 침해행위의 방지신청(제83조 제 3 항)
③ 경매개시결정에 대한 이의(제86조 제 1 항)
④ 압류의 경합이나 배당요구에 관한 통지(제89조)
⑤ 매각조건 변경의 합의(제110조)
⑥ 매각기일의 출석(제116조 제 2 항)
⑦ 매각허가결정에 관한 의견진술(제120조)
⑧ 매각허가결정에 관한 즉시항고(제129조)
⑨ 배당기일의 통지(제146조)
⑩ 배당표에 관한 의견진술(제149조 제 2 항)
⑪ 배당표에 관한 이의(제151조) 등

이해관계인이 사망한 경우라도 집행절차의 중단이 문제되지 아니함은 앞서 살펴보았다.

≪판례≫ 집행절차 진행 중 매수인의 사망[대법원 1970. 11. 24. 선고 70다1894 판결]
강제경매에 있어서 경낙허가결정 이후에 경낙인이 사망하여도 경매절차가 중단되지 아니하며 경낙의 효력은 그 상속인에게 미친다.

사례 19 〈해설〉 집행절차상 이해관계인의 범위

1. 병의 즉시항고에 관한 판단(설문①에 대한 풀이)
경매개시결정에 대한 이의는 민사집행법 제90조에서 이해관계인으로 열거하는 자만이 할 수 있다. 가압류권자나 가처분권자는 어느 경우에나 집행절차상 이해관계인 아니다. 그러므로 가압류권자 병의 즉시항고는 각하하여야 한다.

2. 무의 즉시항고에 관한 판단(설문②에 대한 풀이)
무는 근저당권자이기는 하나 등기부에 나타나 있지 않은 자이다. 그러므로 집행절차상 이해관계인이 아니다. 다만 제90조 제 4 호에 따라 권리신고를 마친 이후에는 이해관계인으로 취급된다. 한편 경매개시결정은 압류의 효력을 발생시키는 것일 뿐만 아니라 경매절차의 기초가 되는 재판으로 반드시 집행당사자에게 송달되어야 하며, 집행당사자에게 송달되지 아니한 사정에 관하여는 당사자는 물론 다른 집행절차상 이해관계인도 그 위법을 지적할 자격이 인정된다. 따라서 무가 권리신고를 마쳤으며 경매개시결정이 을에게 송달되지 아니한 사정이 있다면, 집행법원은 무의 즉시항고를 받아들여 매각허가결정을 취소하여야 한다.

3. 정의 배당이의에 관한 판단(설문③에 대한 풀이)

정은 피담보채권양도 이후에도 등기부에 근저당권자로서 명의가 남아있는 한 집행절차상 이해관계인으로 파악된다(반대견해 있을 수 있음). 그러므로 일견 정은 배당이의를 할 수 있는 자로 볼 여지가 있다. 그러나 배당이의절차에 대한 참여자는 집행절차라는 큰 틀 안에서의 다른 절차와는 달리 제90조가 정하는 이해관계인에 해당하는가를 기준으로 정할 것이 아니고 제151조에 따라 채권자와 채무자에 한정된다. 따라서 정은 피담보채권을 이미 양도하여 아무런 채권을 가지고 있지 아니하면 배당이의를 할 자격이 없다. 따라서 집행법원은 정의 배당이의를 배척하고 배당절차를 곧바로 진행하여야 한다

제 2 절 집행의 대상

I. 서 론

부동산 강제경매는 토지와 그 정착물 및 광업권·어업권 등과 같이 부동산과 동일시되는 권리를 대상으로 한다. 또한 강제경매는 목적물에 대한 매각절차를 내포하는 것이므로 부동산이라고 하여도 독립하여 거래의 대상이 될 수 있는 것만이 집행의 대상이 될 수 있다. 그러므로 부동산의 물리적 일부나 구성부분에 불과한 것은 이를 따로 분리하여 강제경매의 대상으로 삼을 수 없는 것이 원칙이다.

≪판례≫ 구조상 독립성이 없는 등기건물[대법원 1999. 11. 9. 선고 99다46096 판결]

[1] 1동의 건물의 일부분이 구분소유권의 객체가 될 수 있으려면 그 부분이 구조상으로나 이용상으로 다른 부분과 구분되는 독립성이 있어야 하고, 그 이용 상황 내지 이용 형태에 따라 구조상의 독립성 판단의 엄격성에 차이가 있을 수 있으나, 구조상의 독립성은 주로 소유권의 목적이 되는 객체에 대한 물적 지배의 범위를 명확히 할 필요성 때문에 요구된다고 할 것이므로 구조상의 구분에 의하여 구분소유권의 객체 범위를 확정할 수 없는 경우에는 구조상의 독립성이 있다고 할 수 없다.
[2] 구분소유권의 객체로서 적합한 물리적 요건을 갖추지 못한 건물의 일부는 그에 관한 구분소유권이 성립될 수 없는 것이어서, 건축물관리대장상 독립한 별개의 구분건물로 등재되고 등기부상에도 구분소유권의 목적으로 등기되어 있어 이러한 등기에 기초하여 경매절차가 진행되어 이를 낙찰받았다고 하더라도, 그 등기는 그 자체로 무효이므로 낙찰자는 그 소유권을 취득할 수 없다.
[3] 상가 점포가 구조상으로나 실제 이용상으로 다른 부분과 구분되지 않아 위 점포에 관한 소유권보존등기가 무효라고 한 사례.

또한 특별한 사정이 없는 한 권리의 일부만을 집행의 대상으로 삼는 것은 허용되지 아니한다. 예를 들어 채무자가 단독으로 소유하는 부동산의 일부지분만을 집행의 대상으로 삼는 것은 허용되지 아니한다. 이러한 집행의 대상에 관하여 토지와 건물 및 부동산과 동일시되는 권리 세 가지 항목으로 나누어 살펴보면 다음과 같다.

Ⅱ. 토 지 등

1. 토　　지

토지를 물리적으로 그 개수를 정한다는 것이 불가능하다. 그러나 관념적으로 토지 위에 선을 그어 다른 부분과 구별하여 하나의 필지로 삼고 개개의 필지별로 독립된 거래의 대상으로 삼는 것은 가능하다. 부동산강제경매의 집행의 대상이 되는 토지는 하나의 필지 또는 수개 필지 토지의 집합만이다. 지적도상 경계와 현실의 경계가 일치하지 아니하는 지적불부합지에 대한 집행은 사실상 불가능하다.

2. 미등기토지(제81조)

미등기토지에 대하여는 즉시 채무자명의로 등기할 수 있음을 증명하는 서류를 제출하여 집행의 대상으로 삼을 수 있다. '즉시 채무자명의로 등기할 수 있음을 증명하는 서류'라 함은 토지대장, 판결, 수용증명서 등 부동산등기법 제131조에 정하는 서면에 한한다. 여기서 설명하는 미등기 부동산에서 미등기라 함은 보존등기가 개설되어 있지 아니함을 의미한다. 이와는 달리 채무자의 사망에도 불구하고 상속등기가 이루어지지 않는 경우는 채권자가 대위에 의한 상속등기를 하여 집행의 대상으로 삼으면 된다. 이때 대위를 증명하는 서면으로 집행정본 또는 담보권에 관한 등기부등본을 제출하면 되며 그 등기비용은 집행비용으로 산입된다.

3. 토지의 정착물

토지의 정착물은 독립하여 거래의 객체가 되는 것인가에 따라 그 취급이 다른데 토지와의 일체성이 어느 정도인가에 따라 크게 독립정착물, 종속정착물, 반독립정착물로 나누어 볼 수 있다.

가. 독립정착물

건물, 명인방법을 갖춘 수목, 입목에 관한 법률에 의하여 소유권보존등기가 된 입목은 토지와 별개의 부동산으로 취급된다. 토지만을 대상으로 한 집행절차에서 매수인은 독립정착물에 관하여는 소유권을 취득할 수 없다. 건물에 대하여는 별도로 상세히 설명한다.

나. 종속정착물

토지에 존재하는 암석, 교량, 돌담 등은 토지의 구성부분에 불과하다. 집행절차상 토지매수인의 소유권은 종속정착물에 대하여도 당연히 그 효력이 미친다. 감정평가에 있어서 종속정착물에 대한 평가를 누락한 경우라도 대금을 완납한 매수인은 종속정착물에 대하여도 소유권을 취득한다.

≪판례≫ 부동산평가에 있어서 종속정착물의 평가[대법원 1994. 4. 22.자 93마719 결정]

지하 굴착공사에 의한 콘크리이트 구조물은 토지의 구성부분으로서 토지의 일부로 간주될 뿐 아니라 부동산에 건축공사를 시행할 경우에 이를 활용할 수 있는 것으로서 객관적으로 부동산의 가액을 현저히 증가시키는 것이므로 부동산을 평가함에 있어서는 이를 고려하여야 한다고 한 사례.

≪판례≫ 유류저장탱크와 주유기[대법원 1995. 6. 29. 선고 94다6345 판결]

[1] 주유소의 지하에 매설된 유류저장탱크를 토지로부터 분리하는 데 과다한 비용이 들고 이를 분리하여 발굴할 경우 그 경제적 가치가 현저히 감소할 것이 분명하다는 이유로, 그 유류저장탱크는 토지에 부합되었다고 본 사례.

[2] 주유소의 주유기가 비록 독립된 물건이기는 하나 유류저장탱크에 연결되어 유류를 수요자에게 공급하는 기구로서 주유소 영업을 위한 건물이 있는 토지의 지상에 설치되었고 그 주유기가 설치된 건물은 당초부터 주유소 영업을 위한 건물로 건축되었다는 점 등을 종합하여 볼 때, 그 주유기는 계속해서 주유소 건물 자체의 경제적 효용을 다하게 하는 작용을 하고 있으므로 주유소건물의 상용에 공하기 위하여 부속시킨 종물이라고 본 사례.

[3] 공장저당법에 의한 공장저당을 설정함에 있어서는 공장의 토지, 건물에 설치된 기계, 기구 등은 같은 법 제7조 소정의 기계, 기구 목록에 기재하여야만 공장저당의 효력이 생기나, 이와는 달리 공장건물이나 토지에 대하여 민법상의 일반저당권이 설정된 경우에는 공장저당법과는 상관이 없으므로 같은 법 제7조에 의한 목록의 작성이 없더라도 그 저당권의 효력은 민법 제358조에 의하여 당연히 그 공장건물이나 토지의 종물 또는 부합물에까지 미친다.

다. 반독립정착물

(1) 수 목

㈎ **종속정착물로의 취급** 수목은 원칙적으로 토지의 구성부분에 불과한 것으로 토지의 일부로 취급된다. 수목이 종속정착물로 취급되는 경우에는 최저매각가격을 산정함에 있어서는 특별한 사정이 없는 한 수목의 가액을 포함하여 토지를 평가하여야 한다. 다만 수목의 수량·종류 등이 불분명하고 그 가치가 미미한 것인 때에는 수목의 가액을 별도로 평가하지 아니하여도 무방하다고 볼 것이다.

≪판례≫ 임야평가에 있어서 수목의 고려[대법원 1998. 10. 28.자 98마1817 결정]

경매 대상 토지인 임야가 도시계획상 자연녹지지역 내에 설치된 공원으로서 그 사용·수익에 있어서 공법상의 제한이 있다고 하여도 그 지상에 식재된 수목이 경제적 가치를 가지지 않는 것은 아니므로, 경매법원으로서는 마땅히 위 수목의 가액을 포함하여 경매대상이 된 임야의 가액을 평가하여야 함에도 불구하고 위 수목의 가액을 제외시킨 채 오직 토지가격만을 평가하여 이를 그대로 최저입찰가격으로 결정한 것은 그 가격결정에 중대한 하자가 있는 경우에 해당하여 민사소송법 제663조 제 2 항, 제635조 제 2 항 및 제633조 제 6 호의 규정에 따라 낙찰을 불허하여야 한다(같은 취지: 대법원 1976. 11. 24.자 76마275 결정).

한편 종속정착물로 취급되어야 할 수목이 감정평가에서 누락되어 토지만에 대한 감정평가액을 기준으로 정해진 최저매각가격에 따라 매각이 이루어진 것은 위법하다 할 것이지만 당해 집행절차에서 그 위법이 지적되지 아니하였다면 매수인은 수목에 대하여도 소유권을 취득한다. 이때 매수인이 수목에 대한 감정평가액만큼 부당이득을 한 것이 아닌가 하는 의문이 있을 수 있다. 이에 관한 직접적인 판례는 아직까지 없는 것으로 보인다. 다만 아래 판례의 취지를 유추해 보면 부당이득을 인정하기 어렵다고 보인다.

≪판례≫ 종물에 대한 권리취득과 부당이득[대법원 2001. 9. 4. 선고 2001다22604 판결]

[1] 집합건물의 소유 및 관리에 관한 법률 제20조 제 1 항, 제 2 항과 민법 제358조 본문의 각 규정에 비추어 볼 때, 집합건물의 대지의 분·합필 및 환지절차의 지연, 각 세대당 지분비율 결정의 지연 등으로 인하여 구분건물의 전유부분에 대한 소유권이전등기만 경료되고 대지지분에 대한 소유권이전등기가 경료되기 전에 전유부분만에 관하여 설정된 저당권의 효력은, 대지사용권의 분리처분이 가능하도록 규약으로 정하였다는 등의 특별한 사정이 없는 한, 그 전유부분의 소유자가 나중에 대지지분에 관한 등기를 마침으로써 전

유부분과 대지권이 동일 소유자에게 귀속하게 되었다면 당연히 종물 내지 종된 권리인 그 대지사용권에까지 미친다.
[2] 구분건물의 전유부분에 대한 소유권이전등기만 경료되고 대지지분에 대한 소유권이 전등기가 경료되기 전에 전유부분만에 관하여 설정된 근저당권에 터잡아 임의경매절차가 개시되었고, 집행법원이 구분건물에 대한 입찰명령을 함에 있어 대지지분에 관한 감정평가액을 반영하지 않은 상태에서 경매절차를 진행하였다고 하더라도, 전유부분에 대한 대지사용권을 분리처분할 수 있도록 정한 규약이 존재한다는 등의 특별한 사정이 없는 한 낙찰인은 경매목적물인 전유부분을 낙찰받음에 따라 종물 내지 종된 권리인 대지지분도 함께 취득하였다 할 것이므로, 구분건물의 대지지분 등기가 경료된 후 집행법원의 촉탁에 의하여 낙찰인이 대지지분에 관하여 소유권이전등기를 경료받은 것을 두고 법률상 원인 없이 이득을 얻은 것이라고 할 수 없다.

(나) **독립정착물로의 취급** 위와 같이 수목은 원칙적으로 토지의 일부로 취급할 것이지만 타인이 정당한 권원에 의하여 식재하였거나 명인방법 또는 등기된 수목(입목에 관한 법률 제 2 조, 제 3 조 1항)은 독립정착물로 토지와 별개의 부동산으로 취급된다.

≪판례≫ 권원에 의해 식재한 수목의 독립성[대법원 1990. 1. 23.자 89다카21095 결정]
토지의 사용 대차권에 기하여 그 토지상에 식재된 수목을 이를 식재한 자에게 그 소유권이 있고 그 토지에 부합되지 않는다 할 것이므로 비록 그 수목이 식재된 후에 경매에 의하여 그 토지를 경락 받았다고 하더라도 경락인은 그 경매에 의하여 그 수목까지 경락취득하는 것은 아니라고 할 것이다.

권원에 의하여 식재한 경우 당해 권원은 토지소유자로부터 부여 받은 것이어야 한다.

≪판례≫ 임차인이 권원을 부여하였다는 사정[대법원 1989. 7. 11. 선고 88다카9067 판결]
민법 제256조 단서 소정의 '권원'이라 함은 지상권, 전세권, 임차권 등과 같이 타인의 부동산에 자기의 동산을 부속시켜서 그 부동산을 이용할 수 있는 권리를 뜻하므로 그와 같은 권원이 없는 자가 토지소유자의 승낙을 받음이 없이 그 임차인의 승낙만을 받아 그 부동산 위에 나무를 심었다면 특별한 사정이 없는 한 토지소유자에 대하여 그 나무의 소유권을 주장할 수 없다.

(2) **농 작 물** 농작물은 권원의 유무 · 공시방법의 요부 · 점유의 적법여부와 관계없이 토지에 부합하지 아니하며 식재한 자의 소유에 속한다는 것이 판례의 입장이다. 농작물은 독립정착물로 취급되는 것이다. 다만 농작물이라도 소

유권의 이전에 있어서는 별도의 명인방법이 필요하다.

≪판례≫ **농작물의 독립성**[대법원 1979. 8. 28. 선고 79다784 판결]

적법한 경작권 없이 타인의 토지를 경작하였더라도 그 경작한 입도가 성숙하여 독립한 물건으로서의 존재를 갖추었으면 그 입도의 소유권은 경작자에게 귀속한다.

≪판례≫ **명인방법에 의한 소유권취득**[대법원 1996. 2. 23. 선고 95도2754 판결]

쪽파의 매수인이 명인방법을 갖추지 않은 경우, 쪽파에 대한 소유권을 취득하였다고 볼 수 없어 그 소유권은 여전히 매도인에게 있고 매도인과 제3자 사이에 일정 기간 후 임의처분의 약정이 있었다면 그 기간 후에 제3자가 쪽파를 손괴하였더라도 재물손괴죄가 성립하지 않는다고 판단한 원심판결을 긍인한 사례.

농작물과 수목의 구분이 다소 불분명한 문제가 있다. 대체로 1년 이내의 단기간에 수확이 가능한 것인가를 일응의 기준으로 삼을 수 있을 것이다. 과수목은 수목으로 취급할 것이지 농작물로 취급할 것은 아니다.

≪판례≫ **감나무가 농작물에 해당하는지 여부**[대법원 1998. 4. 24. 선고 97도3425 판결]

타인의 토지상에 권원 없이 식재한 수목의 소유권은 토지소유자에게 귀속하고 권원에 의하여 식재한 경우에는 그 소유권이 식재한 자에게 있으므로, 권원 없이 식재한 감나무에서 감을 수확한 것은 절도죄에 해당한다.

(3) **미분리의 천연과실** 미분리의 천연과실은 수목의 일부이므로 수목과 일체로서 취급되는 것이 보통이다. 그러나 미분리의 천연과실만에 대하여 명인방법을 갖추었다면 독립된 집행의 대상으로 삼을 수 있을 것이다. 또한 명인방법을 갖추지 아니한 경우라도 1월 이내에 수확할 수 있는 것에 대하여는 이를 유체동산으로 보아 독립된 집행의 대상으로 삼을 수 있도록 하고 있다(제189조 2항).

4. 환 지

가. 의 의

환지계획에서 정하여진 환지는 그 환지처분의 공고가 있은 날의 다음 날부터 종전의 토지로 보며 종전 토지와 환지 토지는 법률적 동일성이 인정된다. 그러므로 토지 소유자는 환지등기 없이도(민법 제187조) 환지에 대한 소유권을 원시취득한다. 환지계획에서 환지를 정하지 아니하는 종전의 토지에 존재하던 권리는 그 환지처분의 공고가 있은 날이 종료하는 때에 소멸한다(도시개발법 제41조 1항,

구 토지구획정리사업법 제62조 1항). 증평환지의 경우라도 종전 토지에 대한 담보권의 효력은 환지 전부에 대하여 그 효력이 있다.

≪판례≫ 환지처분의 효력발생시기[대법원 1983. 12. 27. 선고 81다1039 판결]

환지처분의 효과로서 환지는 그 환지처분의 공고한 날의 익일부터 이를 종전의 토지로 보게 되므로 종전의 토지소유자는 환지등기가 없어도 그날부터 종전토지에 대한 소유권을 상실함과 동시에 새로 부여된 환지의 소유권을 취득하는 것이고 따라서 환지에 대한 등기로서의 효력이 존속하는 것은 환지처분 공고당시 종전 토지 위에 있는 등기에 한하고 그 공고 이후 환지등기 이전에 이루어진 종전 토지에 관한 등기는 환지에 대한 등기로서의 효력이 없다.

나. 환지와 집행절차

종전 토지에 대하여 집행절차가 진행 중에 환지처분의 공고가 있은 경우에는 환지토지가 집행의 대상이 된다. 매각물건명세서에는 환지절차에 관한 사항을 기재하여야 한다. 임의경매절차에서도 마찬가지이다. 집행절차는 환지전체가 집행의 대상이 된다. 증평환지에 따른 과도면적에 관한 환지청산금의 납부의무는 종전 소유자에게 있으며 매수인이 부담할 것이 아니다. 그러나 과도면적에 대한 환지청산금이 납부되지 아니하면 환지등기를 기대할 수 없다는 점에서 사실상 매수인의 부담으로 귀착될 가능성이 크다. 한편 환지등기는 환지사업 시행자의 촉탁에 의한다는 점에서 환지등기가 이루어지지 않은 환지토지에 대한 매수인의 소유권이전등기촉탁신청절차상 다소의 어려움이 예상된다. 이에 관한 직접적인 판례는 보이지 않는다.

≪판례≫ 환지등기절차[대법원 1993. 10. 22. 선고 93다29976 판결]

토지구획정리사업의 시행자에 대하여 환지를 받은 종전토지의 소유자가 직접 환지등기의 촉탁절차의 이행을 소구하는 것도 허용될 수 없다.

사 례 20 대지사용권의 일체성

건축업자 갑은 을로부터 아파트 건축을 위한 토지를 매수하였으나, 소유권이전등기를 마치지 아니한 상태에서 매매계약의 이행으로 토지를 인도받아 그 지상에 아파트를 건축하였다. 갑은 아파트를 이후에 병에게 전유부분과 대지지분을 함께 분양형식으로 매도하였다. 병은 분양대금을 모두 지급하여 소유권취득의 실질적 요건은 갖추었지만 전유부분에 대한 소유권이전등기만 마치고 대지지분에 대하여는 소유권이전등기를 넘겨받지 못하였다. 위와 같은 상황에서 정은 공사대금채권을 피보전권리로 하여 갑이 을에게 가지고 있는 위 토지에 관한 소유권이전등기청구권에 대한 가압류를 신청하였다. 집행법원은 정의 신청에 대하여 어떻게 판단하여야 하는가?

Ⅲ. 건 물 등

1. 건 물

가. 독 립 성

독립된 부동산으로서 건물은 독립정착물로 토지와 별개의 물건으로 취급된다. 건물이 독립된 부동산인가 하는 것은 토지와 달리 사회통념에 의해 정해진다. 건축물관리대장이나 등기부가 있는가를 기준으로 판단할 것이 아니다. 구분건물의 경우에는 1동 건물 전체가 아니라 구분소유의 대상이 되는 부분의 각 별로 독립된 부동산인가를 정할 것이다. 건축물대장에 경매목적물의 부속건물로 기재된 것이라도 그러한 기재를 근거로 곧바로 종물로 볼 것도 아니다. 한편 건물의 증·개축 부분이 독립된 구분건물로 볼 수 없는 것인 때에는 경매목적물의 부합물 또는 종물에 불과한 것이어서 독립된 집행의 대상으로 삼을 수 없다.

≪판례≫ 독립된 부동산으로서 건물[대법원 2003. 5. 30. 선고 2002다21592,21608 판결]

[1] 독립된 부동산으로서의 건물이라고 하기 위하여는 최소한의 기둥과 지붕 그리고 주벽이 이루어지면 된다(같은 취지: 대법원 2004. 2. 13. 선고 2003다29043 판결).

[2] 신축 건물이 경락대금 납부 당시 이미 지하 1층부터 지하 3층까지 기둥, 주벽 및 천장 슬라브 공사가 완료된 상태이었을 뿐만 아니라 지하 1층의 일부 점포가 일반에 분양되기까지 하였다면, 비록 토지가 경락될 당시 신축 건물의 지상층 부분이 골조공사만 이루어진 채 벽이나 지붕 등이 설치된 바가 없다 하더라도, 지하층 부분만으로도 구분소유권의 대상이 될 수 있는 구조라는 점에서 신축 건물은 경락 당시 미완성 상태이기는 하지만 독립된 건물로서의 요건을 갖추었다고 본 사례.

≪판례≫ 미완성건물의 소유권귀속[대법원 1998. 9. 22. 선고 98다26194 판결]

건축주의 사정으로 건축공사가 중단되었던 미완성의 건물을 인도받아 나머지 공사를 마치고 완공한 경우, 공사가 중단된 시점에서 사회통념상 독립한 건물이라고 볼 수 있는 형태와 구조를 갖추고 있었다면 원래의 건축주가 그 건물의 소유권을 원시취득한다.

나. 법정지상권과 독립성의 완화

민법(제366조)에 따라 건물 소유자에게 법정지상권이 인정되기 위하여는 토지에 대한 저당권 설정 당시에 지상건물이 존재하여야 한다. 이러한 지상건물은 저당권 설정당시에 완전한 독립성을 갖출 것까지는 요구하지 아니하며 토지에 대한 매각대금 완납시까지만 독립성을 갖추면 되는 것으로 보는 것이 판례의 입장이다.

≪판례≫ 건축 중인 건물과 법정지상권[대법원 1992. 6. 12. 선고 92다7221 판결]

민법 제366조 소정의 법정지상권은 저당권 설정 당시 동일인의 소유에 속하던 토지와 건물이 경매로 인하여 양자의 소유자가 다르게 된 때에 건물의 소유자를 위하여 발생하는 것으로서, 토지에 관하여 저당권이 설정될 당시 그 지상에 건물이 위 토지 소유자에 의하여 건축 중이었고, 그것이 사회관념상 독립된 건물로 볼 수 있는 정도에 이르지 않았다 하더라도 건물의 규모, 종류가 외형상 예상할 수 있는 정도까지 건축이 진전되어 있는 경우에는, 저당권자는 완성될 건물을 예상할 수 있으므로 법정지상권을 인정하여도 불측의 손해를 입는 것이 아니며 사회경제적으로도 건물을 유지할 필요가 인정되기 때문에 법정지상권의 성립을 인정함이 상당하다고 해석된다(같은 취지: 대법원 2004. 2. 13. 선고 2003다29043 판결).

2. 미등기건물(제81조)

제81조 (첨부서류)

① 강제경매신청서에는 집행력 있는 정본 외에 다음 각호 가운데 어느 하나에 해당하는 서류를 붙여야 한다.

1. 채무자의 소유로 등기된 부동산에 대하여는 등기부등본
2. 채무자의 소유로 등기되지 아니한 부동산에 대하여는 즉시 채무자명의로 등기할 수 있다는 것을 증명할 서류. 다만, 그 부동산이 등기되지 아니한 건물인 경우에는 그 건물이 채무자의 소유임을 증명할 서류, 그 건물의 지번·구조·면적을 증명할 서류 및 그 건물에 관한 건축허가 또는 건축신고를 증명할 서류

② 채권자는 공적 장부를 주관하는 공공기관에 제 1 항 제 2 호 단서의 사항들을 증명하여 줄 것을 청구할 수 있다.

③ 제 1 항 제 2 호 단서의 경우에 건물의 지번·구조·면적을 증명하지 못한 때에는, 채권자는 경매신청과 동시에 그 조사를 집행법원에 신청할 수 있다.

④ 제 3 항의 경우에 법원은 집행관에게 그 조사를 하게 하여야 한다.

⑤ 강제관리를 하기 위하여 이미 부동산을 압류한 경우에 그 집행기록에 제 1 항 각호 가운데 어느 하나에 해당하는 서류가 붙어 있으면 다시 그 서류를 붙이지 아니할 수 있다.

제82조 (집행관의 권한)

① 집행관은 제81조 제 4 항의 조사를 위하여 건물에 출입할 수 있고, 채무자 또는 건물을 점유하는 제 3 자에게 질문하거나 문서를 제시하도록 요구할 수 있다.

② 집행관은 제 1 항의 규정에 따라 건물에 출입하기 위하여 필요한 때에는 잠긴 문을 여

는 등 적절한 처분을 할 수 있다.

가. 문 제 점

일반적으로 부동산 강제경매는 보존등기를 전제로 하며, 보존등기는 건물대장을 전제로 하며, 건물대장은 사용승인을 전제로 하며, 사용승인은 건축법상 허가나 신고를 전제로 한다. 그렇다면 건축상 신고나 허가가 없는 건물, 사용승인이 없는 건물, 건축물대장이 개설되어 있지 아니한 건물, 보존등기가 개설되어 있지 아니한 건물에 대하여는 어떻게 강제집행의 방법으로 삼을 것인가가 문제된다.

나. 미등기건조물의 종류

민사집행법은 미등기건물을 대상으로 경매를 신청하기 위하여는 ① 미등기건물이 채무자의 소유임을 증명할 서류, ② 미등기건물의 지번·구조·면적을 증명할 서류, ③ 미등기건물에 관한 건축허가 또는 건축신고를 증명할 서류를 첨부하도록 하고 있다(제81조 1항 2호 단서). 채권자는 이러한 첨부서류를 제출하기 위하여 공공기관에 증명을 청구하거나(제81조 2항) 집행법원에 경매신청과 동시에 당해 부동산의 지번·구조·면적을 조사하여 줄 것을 신청할 수 있다(제81조 3항). 부동산의 현황이 아닌 권리관계의 조사에 관하여는 집행법원에 신청할 수 없다. 그런데 민사집행법은 미등기건물의 구체적 현황에 관하여는 침묵하고 있으므로 미등기건물을 그 현황에 따라 세분하여 살펴볼 필요가 있다. 이에 미등기건조물을 ① 건물로서의 독립성을 구비하였는가 여부, ② 건축법상 신고나 허가를 경료하였는가 여부, ③ 건축법상 사용승인을 경료하였는가 여부를 기준으로 나누어 살펴보기로 한다. 이를 도표로 정리하면 다음과 같다. 이러한 분류는 일반화된 것이 아니며 논의의 편의상 본서에서 임의적으로 분류한 것임을 일러둔다.

구 분	유 형
건물 아닌 건조물	건축 중의 건조물로 사회통념상 건물로 보기에 부족한 것
부적법건물	건축법상 신고·허가 없는 부적법한 건물
미승인건물	독립·적법한 건물이나 아직 사용승인이 없는 건물 또는 독립성은 인정되나 완공되지 아니한 건물
승인건물	독립·적법한 건물로 사용승인이 경료 된 건물

다. 건물 아닌 건조물

건물로서 독립성이 인정되지 아니하는 건조물은 부동산 강제집행의 대상이 될 수 없다. 민사집행법(제81조 1항 2호 단서)이 부동산강제집행의 대상으로 삼고 있는 미등기건물은 어디까지나 건물로서 독립성이 인정되는 것을 전제로 하고 있는 것이다. 한편 민사집행법(제189조 2항 1호)은 '등기할 수 없는 토지의 정착물로 독립하여 거래의 객체가 될 수 있는 것'은 유체동산집행에 의하도록 하고 있다. 그런데 건물 아닌 건조물은 독립하여 거래의 객체로 삼을 수 없는 것이므로 유체동산집행의 방법을 따를 수도 없다.

≪판례≫ 미완성건물과 유체동산경매[대법원 1995. 11. 27.자 95마820 결정]

[1] 민사소송법 제527조 제2항 제1호 소정의 유체동산 집행의 대상이 되는 '등기할 수 없는 토지의 정착물'은 토지에의 정착성은 있으나 환가한 후 토지로부터 분리하는 것을 전제로 하여 거래의 대상으로서의 가치를 가지는 것이라고 보아야 한다.

[2] 9층까지 골조공사가 되어 있는 미완성의 철근콘크리트조 아파트 건물이 [1]항의 유체동산 집행의 대상이 될 수 없다고 본 사례.

결국 건물 아닌 건조물에 대하여는 토지와 별도로 그 자체만에 대하여 집행의 대상으로 삼을 수 없고 토지의 부합물로서 토지와 함께 하여서만 집행의 대상이 될 수 있다고 본다. 추후에 매수인은 건축허가명의 변경절차를 거치거나 무허가건물대장상 건물주 명의의 변경을 하여 둘 필요가 있다.

≪판례≫ 무허가건물대장상 건축주명의변경청구[대법원 1998. 6. 26. 선고 97다48937 판결]

[1] 무허가건물대장은 행정관청이 무허가건물 정비에 관한 행정상 사무처리의 편의를 위하여 직권으로 무허가건물의 현황을 조사하고 필요 사항을 기재하여 비치한 대장으로서 건물의 물권 변동을 공시하는 법률상의 등록원부가 아니며 무허가건물대장에 건물주로 등재된다고 하여 소유권을 취득하는 것이 아닐 뿐만 아니라 권리자로 추정되는 효력도 없는 것이므로, 참칭상속인 또는 그로부터 무허가건물을 양수한 자가 무허가건물대장에 건물주로 기재되어 있다고 하여 이를 상속회복청구의 소에 있어 상속권이 참칭상속인에 의하여 침해된 때에 해당한다고 볼 수 없다.

[2] 무허가건물대장이 건물의 물권 변동을 공시하는 법률상의 등록원부가 아니라고 하더라도 그 건물주 명의 기재의 말소를 구하는 청구가 일률적으로 법률상 소의 이익이 없다고 볼 것은 아니고 개별적 사건에 있어 구체적 사정을 고려하여 이를 판단하여야 한다.

[3] 지방자치단체의 조례가 무허가건물대장에 등재된 건물에 대하여 공익사업에 따른 철거시 철거보상금을 지급하도록 규정하고 있고 종전에도 관할 동사무소가 무허가건물에 관하여 무허가건물대장상 건물주 명의의 말소를 명하는 확정판결에 따라 업무를 처

리한 경우, 무허가건물대장상 건물주 명의의 말소를 구하는 청구가 소의 이익이 있다고 본 사례.

라. 부적법 건물

건축법상 미신고 또는 무허가 건물은 민사집행법 제81조의 적용대상이 아니다. 민사집행법 제81조는 보존등기의 개설을 예정하고 있는 건물만을 규율대상으로 삼고 있는데 부적법건물은 보존등기의 개설을 예정할 수 없기 때문이다. 그렇다면 부적법한 건물에 대하여는 어떠한 절차에 따라 집행을 하여야 하는가가 문제된다. 부적법한 것이라도 사회통념상 건물로 파악되는 이상 유체동산집행의 방법에 따를 수도 없다. 민사집행법 제251조(그 밖의 재산권에 대한 집행방법)에 의할 여지가 없지 아니하나 실무상으로는 집행불능으로 취급되고 있다. 이와는 달리 적법한 신고나 허가를 거친 건물로 허가 등의 내용과 다소 달리 지어진 것에 불과하여 신고나 허가 내용과 실제 건축물 사이에 사회통념상 동일성이 인정되는 경우에는 미승인건물과 동일하게 취급하여 부동산강제집행의 대상으로 삼을 수 있다.

마. 미승인건물

(1) **부동산강제집행의 대상** 미승인건물에 대하여 완성된 건물과 마찬가지로 즉시 채무자명의로 등기할 수 있다는 것을 증명하는 서류를 제출하여 부동산 강제집행의 대상으로 삼을 수 있다.

≪판례≫ 미승인건물[대법원 1994. 4. 12.자 93마1933 결정]

건물이 이미 완성되었으나 단지 준공검사만을 받지 아니하여 그 보존등기를 경료하지 못한 상태에 있다면 위와 같이 완성된 건물은 부동산등기법상 당연히 등기적격이 있는 것이고, 비록 준공검사를 마치지 아니함으로써 부동산등기법상 보존등기 신청시에 필요한 서류를 교부받지 못하여 아직 등기를 하지 못하고 있는 경우라고 하더라도 그와 같은 사정만으로 위 완성된 건물이 민사소송법 제527조 제 2 항 제 1 호의 "등기할 수 없는 토지의 정착물로서 독립하여 거래의 객체가 될 수 있는 것"에 해당하여 유체동산집행의 대상이 되는 것이라고 할 수 없다.

(2) **부동산등기법 제131조의 적용배제**

(개) **문 제 점** 미승인건물에 대하여는 건축물대장의 등재가 없으므로 부동산등기법 제131조의 서면을 제출할 수 없는 문제가 있다. 또한 건축물대장의 등재를 위해서는 건축주인 채무자의 건축물 사용승인신청이 있어야 하는데 강제

집행을 당할 처지에 있는 채무자가 자발적으로 사용승인을 신청한다는 것도 생각하기 어렵다.

(나) **부동산등기법 제131조 이외의 서면** 이에 민사집행법(제81조 1항 2호 단서 · 제3항 · 제4항, 부칙 제7조 · 제23조, 규칙 제42조 2항)은 채권자가 '부동산등기법 제131조 서면 이외의 서면'을 제출하여 강제집행의 대상으로 삼을 수 있음을 규정하고 있다. 법원은 채권자가 제출하는 위와 같은 서면이 채무자의 소유를 증명하는 서류라고 인정되는 경우에는 등기관에게 경매개시결정의 기입등기를 촉탁하고 등기관은 그에 따라 직권으로 보존등기를 개설한 후에 경매개시결정의 기입등기를 한다. 즉 등기관은 채권자가 제출하는 위와 같은 서류가 부동산등기법 제131조의 서면이 아니라고 하더라도 보존등기를 거부하지 못한다. 다시 말해 미승인건물에 대한 강제집행에 있어서 부동산등기법 제131조의 적용이 배제되는 것이다.

≪판례≫ 미승인건물과 부동산등기법 제134조[대법원 2005. 9. 9.자 2004마696 결정]

[1] 민사집행법 제81조 제1항 제2호 단서, 제3항은 미등기건물의 강제경매신청서에는 그 건물이 채무자의 소유임을 증명할 서류, 그 건물의 지번 · 구조 · 면적을 증명할 서류 및 그 건물에 관한 건축허가 또는 건축신고를 증명할 서류를 붙이거나 그의 조사를 집행법원에 신청하도록 규정하고, 민사집행규칙 제42조 제2항은 민사집행법 제81조 제1항 제2호 단서의 규정에 따라 채권자가 제출한 서류에 의하여 강제경매신청을 한 건물의 지번 · 구조 · 면적이 건축허가 또는 건축신고된 것과 동일하다고 인정되지 아니하는 때에는 법원은 강제경매신청을 각하하여야 한다고 규정하고, 민사집행법 제268조는 강제경매에 관한 위 규정을 임의경매에도 준용하고 있으며, 부동산등기법 제134조 제1항은 미등기부동산소유권의 처분제한의 등기촉탁에 의한 등기절차를 규정하면서 제3항은 제1항의 경우 그 등기촉탁에 따라 건물의 등기를 하는 때에는 건축물대장에 소유자로서 등록되어 있음을 증명해야 한다는 제131조의 규정을 적용하지 않고 등기부 중 표시란에 그 건물이 건축법상 사용승인을 받아야 할 건물임에도 그 사용승인을 받지 않았음을 적도록 하는 취지를 규정하고 있는 한편, 건물의 경우 건물에 관한 표시등기사항으로 건물의 지번 · 종류 · 구조 및 면적을 기재하도록 하고 있을 뿐이다(부동산등기법 제41조, 제42조 등 참조). 위의 규정들을 종합해 볼 때, 완공이 된 건물뿐 아니라 완공되지 아니하여 보존등기가 경료되지 아니하였거나 사용승인되지 아니한 건물이라고 하더라도 채무자의 소유로서 건물로서의 실질과 외관을 갖추고 그의 지번 · 구조 · 면적 등이 건축허가 또는 건축신고의 내용과 사회통념상 동일하다고 인정되는 경우에는 이를 부동산경매의 대상으로 삼을 수 있다고 할 것이다.

[2] 토지의 근저당권자인 재항고인이 이 사건 건물에 대하여도 민법 제365조의 규정에 따라 일괄경매신청을 하면서 민사집행법 제81조 제1항 제2호 소정의 서류를 붙이지 아

니하였고 같은 조 제3항의 조사를 신청하지 아니하였다고 하더라도, 법원으로서는 민사집행법 제23조 제1항, 민사소송법 제254조에 따라 그 보정을 명하고 이에 불응할 경우 경매신청을 각하할 수 있다고 할 것이지 위 서류를 붙이지 아니하였다고 하여 바로 그 경매신청이 부적법하다고 할 수는 없다고 하겠다(제1심법원은 경매신청서에서 재항고인이 이 사건 건물이 신축중에 있는 미등기건물임을 밝혔음에도 민사집행법 제81조 제1항 제2호 소정의 서류를 제출하라는 보정명령을 한 것이 아니라 같은 항 제1호 소정의 이 사건 건물의 등기부등본을 제출하라는 보정명령을 하고 그 불응을 이유로 이 사건 임의경매신청을 각하하였는바, 이는 적법한 보정명령이라고 할 수 없고 따라서 그 보정을 하지 아니하였음을 이유로 한 임의경매신청 각하결정도 위법하다).

(다) 보존등기 한편 위와 같은 미승인건물에 대한 보존등기절차를 예외적으로 허용하는 것을 악용하여 건축법요건불비의 건축물에 대한 사용승인제도를 일탈하여 보존등기를 개설하는 것을 막기 위하여 민사집행법 제81조 1항 2호 단서 등에 따라 보존등기를 개설하는 경우에는 등기부의 표시란에 당해 건물이 사용승인을 받지 않았음을 기재하도록 하고 있다. 추후에 당해 건물에 대한 사용승인이 있는 경우에는 소유자나 그 채권자 또는 다른 구분소유자가 소유자를 대위하여 그 기재의 말소를 신청할 수 있다(부동산등기법 제52조, 제131조의2).

바. 승인건물

승인건물에 대하여는 채권자가 채무자 명의로 즉시 등기할 수 있다는 것을 증명하는 서류를 제출하여 부동산 강제집행의 대상으로 삼을 수 있다(제81조 1항 2호 본문). 여기서 '즉시 채무자명의로 등기할 수 있다는 것을 증명하는 서류'라 함은 부동산등기법 제131조의 취지에 비추어 가옥대장 · 건축물관리대장 · 과세대장에 의하여 발급된 건물표시 및 소유자 표시가 있는 재산소유증명서 · 건축물사용승인서 · 사용검사필증 등 당해 건물이 건축물대장에 등재되었음을 전제로 한 서면에 한하고 건축허가서 등은 이에 해당하지 아니한다.

≪판례≫ 대장이 개설된 미등기건물과 부등법 제131조[대법원 1992. 12. 28.자 92그32 결정]

[1] 등기부에 채무자의 소유로 등기되지 아니한 부동산에 대하여 경매신청을 할 때에는 즉시 채무자의 명의로 등기할 수 있음을 증명할 서류를 첨부하여야 하고(민사소송법 제602조 제1항 제2호, 제728조), 미등기건물의 소유권보존등기는 가옥대장등본에 의하여 자기 또는 피상속인이 가옥대장에 소유자로서 등록되어 있는 것을 증명하는 자나 판결 또는 기타 시 · 구 · 읍 · 면의 장의 서면에 의하여 자기의 소유권을 증명하는 자 및 수용으로 인하여 소유권을 취득하였음을 증명하는 자만이 이를 신청할 수 있는 것이므로(부동산등기법 제131조), 토지에 대한 저당권자가 민법 제365조에 의하여 지상의 미등기건물에

대하여 토지와 함께 경매를 청구하는 경우에는 지상건물이 채무자 또는 저당권설정자의 소유임을 증명하는 서류로서 위와 같은 부동산등기법 제131조 소정의 서면을 첨부하여야 한다(같은 취지: 대법원 1995. 12. 11.자 95마1262 결정).

[2] 착공신고서, 건물현황사진, 공정확인서, 현장조사서, 건축허가서, 사실확인서 등은 부동산등기법 제131조 소정의 서면에 해당한다고 볼 수 없다.

3. 제시외 건물

가. 의　의

제시외 건물이라 함은 채권자가 집행의 대상으로 삼고자 제출한 부동산목록에 기재되지 아니한 것으로 집행의 대상이 되는 토지상에 존재하는 건물을 말한다. 이러한 제시외 건물은 매각 대상이 되는 물건의 ① 부합물인 경우, ② 종물인 경우, ③ 매각대상인 물건과 독립된 물건인 경우로 나눌 수 있다.

나. 매각대상인지 여부

제시외 건물이 매각대상인지 여부는 건물을 매각으로 삼는 경우에 문제된다. 토지만을 매각대상으로 삼는 경우에는 제시외 건물로 인하여 법정지상권의 성립여부만이 문제될 뿐이다. 흔히 근저당권을 설정하면서 토지상에 미등기건물이 이미 존재하거나 장차 건축이 예상되는 경우에는 당사자 사이의 약정으로 그러한 건물들에 대하여 까지 근저당권의 효력이 미치는 것으로 약정하는 경우가 많다. 이러한 약정자체가 유효함은 물론이나 그러한 건물들에 대하여 등기가 이루어지지 않는 한 아울러 담보권실행의 대상으로 삼을 수는 없다. 건물의 매각절차에서 제시외 건물이 부합물이거나 종물인 경우에는 매각대상에 포함되나 독립된 건물이 경우에는 매각대상에서 제외된다. 부합물 또는 종물에 해당하는가의 판단에 있어서 등기가 별도로 개설되어 있다는 사정은 고려할 요소가 아니다. 부합물이나 종물 해당여부에 관한 자세한 논의는 민법이론서를 참고하기 바란다.

≪판례≫ 증축부분의 독립성[대법원 1999. 7. 27. 선고 98다32540 판결]

기존 건물에 관하여 증축 후의 현존 건물의 현황에 맞추어 증축으로 인한 건물표시변경등기가 경료 된 경우에는 특별한 사정이 없는 한 그 소유자는 증축 부분을 구분건물로 하지 않고 증축 후의 현존 건물 전체를 1개의 건물로 하려는 의사였다고 봄이 상당하고, 이 경우 증축 부분이 기존 건물의 구성 부분이거나 이에 부합된 것으로서 기존 건물과 증축 후의 현존 건물 사이에 동일성이 인정된다면, 위 건물표시변경등기는 증축 후의 현존 건물을 표상하는 유효한 등기라고 할 것이고, 또한 기존 건물에 대하여 이미 설정되어 있던 저당권의 효력은 법률에 특별한 규정이나 설정행위 등에 다른 약정이 없는 한 증축 부분에도 미친다고 할 것이므로 기존 건물에 설정된 저당권의 효력을 증축 부분에 미치게 하는 취지의 저당권변경등기를 할 수 없는 것이고, 설사 그러한 등기가 경료되었다고 하더라도 아무런 효력이 없으며, 한편 증축 부분이 기존 건물의 구성 부분이거나 이에 부합된 것이 아닌 별개의 건물이고 이를 구분건물로 할 의사였다면 구분건물로서 등기를 하여야 할 것이지 건물표시변경등기를 할 수는 없는 것이므로, 그 건물표시변경등기가 경료된 후 기존 건물에 설정된 저당권의 효력을 증축 부분에 미치게 하는 취지의 저당권변경등기를 하였다고 하더라도 그 저당권의 효력이 별개의 건물인 증축 부분에 미칠 수는 없다.

≪판례≫ 주택과 별채로 지어진 간이건물[대법원 1991. 5. 14. 선고 91다2779 판결]

낡은 가재도구 등의 보관장소로 사용되고 있는 방과 연탄창고 및 공동변소가 본채에서 떨어져 축조되어 있기는 하나 본채의 종물이라고 본 사례

제시외 건물이 매각대상인지 여부를 공고하여야 한다.

≪판례≫ 제시외 건물이 매각대상인지에 관한 공고[대법원 1999. 8. 9.자 99마504 결정]

등기부에 등재되지 않은 제시외 건물이 존재하는 경우에는 소유자가 건축하여 소유하는 것으로 판명되어 경매신청인이 대위에 의한 보존등기를 하여 일괄경매신청을 하거나 그것이 경매 대상 부동산의 종물이거나 부합물임이 명백한 경우가 아닌 한 입찰물건에 포함시켜서는 안 된다.

그러나 공고는 일응의 기준에 불과하며 공고상 제시외 건물이 매각대상인지 여부의 기재가 실체관계에 배치되는 경우에는 매각불허가사유가 된다. 제시외 건물에 관하여 건축물관리대상이나 등기부가 개설되어 있다는 사정만으로 독립한 건물이라고 볼 것은 아니다. 공고상 매각대상에서 제외된다는 취지의 기재가 있다고 하더라도 실체상 종물이나 부합물로 인정되는 경우에는 매각의 효과는 제시외 건물에 대하여도 미칠 것이지만 매수인의 주장이 신의칙에 반하는 것으로 인정될 여지가 많다. 제시외 건물을 매각대상이라고 공고한 경우라도 실체상 종물이나 부합물로 인정되지 아니하는 경우에는 매수인은 제시외 건물에 대하여 권리를 취득할 수 없으며 담보책임을 통하여만 구제받을 수 있다.

4. 종된 권리

목적물을 위하여 설정된 종된 권리는 종물에 준하여 매각대상에 포함되는 것으로 본다. 아래는 임의경매에서의 판례이지만 강제경매에서도 마찬가지이다.

≪판례≫ **건물소유를 위한 지상권**[대법원 1996. 4. 26. 선고 95다52864 판결]

저당권의 효력이 저당부동산에 부합된 물건과 종물에 미친다는 민법 제358조 본문을 유추하여 보면 건물에 대한 저당권의 효력은 그 건물에 종된 권리인 건물의 소유를 목적으로 하는 지상권에도 미치게 되므로, 건물에 대한 저당권이 실행되어 경락인이 그 건물의 소유권을 취득하였다면 경락 후 건물을 철거한다는 등의 매각조건에서 경매되었다는 등 특별한 사정이 없는 한, 경락인은 건물 소유를 위한 지상권도 민법 제187조의 규정에 따라 등기 없이 당연히 취득하게 되고, 한편 이 경우에 경락인이 건물을 제 3 자에게 양도한 때에는, 특별한 사정이 없는 한 민법 제100조 제 2 항의 유추적용에 의하여 건물과 함께 종된 권리인 지상권도 양도하기로 한 것으로 봄이 상당하다.

5. 집합건물

가. 구분건물에 관한 권리

구분건물에 관한 권리는 건물에 관한 권리와 대지에 관한 권리로 구성된다. 건물은 ① 전유부분, ② 성질상 · 구조상 공용부분, ③ 규약상 공용부분으로 나뉘며, 대지는 ① 법정대지, ② 규약대지, ③ 간주규약대지로 나뉜다. 대지에 관한 권리는 건물의 전유부분을 소유하기 위한 것으로 이를 대지사용권이라고 한다. 대지사용권은 소유권에 한하지 아니하고 용익물권이나 임대차 · 사용대차와 같은 채권적 권리 기타 무영의 권리라도 무방하며 등기능력 유무를 묻지 아니한다. 대지에 관한 소유권이전등기청구권과 같은 채권적 청구권도 대지사용권이 될 수 있다.

≪판례≫ **매매계약과 대지사용권**[대법원 2000. 11. 16. 선고 98다45652, 45669 전원합의체 판결]

아파트와 같은 대규모 집합건물의 경우, 대지의 분 · 합필 및 환지절차의 지연, 각 세대당 지분비율 결정의 지연 등으로 인하여 전유부분에 대한 소유권이전등기만 수분양자를 거쳐 양수인 앞으로 경료되고, 대지지분에 대한 소유권이전등기는 상당기간 지체되는 경우가 종종 생기고 있는데, 이러한 경우 집합건물의 건축자로부터 전유부분과 대지지분을 함께 분양의 형식으로 매수하여 그 대금을 모두 지급함으로써 소유권 취득의 실질적 요건은 갖추었지만 전유부분에 대한 소유권이전등기만 경료 받고 대지지분에 대하여는 위와 같은 사정으로 아직 소유권이전등기를 경료 받지 못한 자는 매매계약의 효력으로써 전유부분의 소유를 위하여 건물의 대지를 점유 · 사용할 권리가 있는바, 매수인의 지위에서 가지는 이러한 점유 · 사용권은 단순한 점유권과는 차원을 달리하는 본권으로서 집합건물의 소유 및 관리에 관한 법률 제 2 조 제 6 호 소정의 구분소유자가 전유부분을 소유하기 위하여 건물의 대지에 대하여 가지는 권리인 대지사용권에 해당한다고 할 것이고, 수분양자로부터 전유부분과 대지지분을 다시 매수하거나 증여 등의 방법으로 양수받거나 전전 양수받은 자 역시 당초 수분양자가 가졌던 이러한 대지사용권을 취득한다(같은 취지: 대법원 2006. 3. 27.자 2004마978 결정).

나. 일체성의 원칙

구분건물에 대한 소유권과 대지사용권이 동일인에게 귀속된 이후에는 규약으로 달리 정함이 없는 한 양자를 분리하여 처분하는 것은 허용되지 아니한다. 이와 같이 대지사용권이 구분건물에 대한 소유권과 분리처분이 금지된 것을 대지권이라고 하며 대지권의 성립시기는 대지권등기여부와는 무관하다. 건물의 전용부분과 공용부분의 분리처분금지는 규약으로도 달리 정할 수 없다(동법 제13조).

≪판례≫ 대지사용권의 분리처분[대법원 2000. 11. 16. 선고 98다45652, 45669 전원합의체 판결]

집합건물의 소유 및 관리에 관한 법률의 규정내용과 입법취지를 종합하여 볼 때, 대지의 분·합필 및 환지절차의 지연, 각 세대당 지분비율 결정의 지연 등의 사정이 없었다면 당연히 전유부분의 등기와 동시에 대지지분의 등기가 이루어졌을 것으로 예상되는 경우, 전유부분에 대하여만 소유권이전등기를 경료받았으나 매수인의 지위에서 대지에 대하여 가지는 점유·사용권에 터 잡아 대지를 점유하고 있는 수분양자는 대지지분에 대한 소유권이전등기를 받기 전에 대지에 대하여 가지는 점유·사용권인 대지사용권을 전유부분과 분리 처분하지 못할 뿐만 아니라, 전유부분 및 장래 취득할 대지지분을 다른 사람에게 양도한 후 그 중 전유부분에 대한 소유권이전등기를 경료해 준 다음 사후에 취득한 대지지분도 전유부분의 소유권을 취득한 양수인이 아닌 제 3 자에게 분리 처분하지 못한다 할 것이고, 이를 위반한 대지지분의 처분행위는 그 효력이 없다.

위와 같은 일체성의 원칙은 집행절차에서도 동일하게 적용된다.

≪판례≫ 일체성의 원칙과 집행절차[대법원 1997. 6. 10.자 97마814 결정]

[1] 구분건물의 대지사용권은 전유부분 및 공용부분과 분리처분이 가능한 규약이나 공정증서가 없는 때에는 전유부분과 종속적 일체불가분성이 인정되어 전유부분에 대한 경매개시결정과 압류의 효력이 당연히 종물 내지 종된 권리인 대지사용권에도 미치며, 그와 같은 내용의 규약이나 공정증서가 있는 때에는 종속적 일체불가분성이 배제되어 전유부분에 대한 경매개시결정과 압류의 효력이 대지사용권에는 미치지 아니한다.
[2] 구분건물에 대한 경매에 있어서 비록 경매신청서에 대지사용권에 대한 아무런 표시가 없는 경우에도 집행법원으로서는 대지사용권이 있는지, 그 전유부분 및 공용부분과 분리처분이 가능한 규약이나 공정증서가 있는지 등에 관하여 집달관에게 현황조사명령을 하는 때에 이를 조사하도록 지시하는 한편, 그 스스로도 관련자를 심문하는 등의 가능한 방법으로 필요한 자료를 수집하여야 하고, 그 결과 전유부분과 불가분적인 일체로서 경매의 대상이 되어야 할 대지사용권의 존재가 밝혀진 때에는 이를 경매 목적물의 일부로서 경매평가에 포함시켜 최저입찰가격을 정하여야 할 뿐만 아니라, 입찰기일의 공고와

입찰물건명세서의 작성에 있어서도 그 존재를 표시하여야 할 것이나, 그렇지 않고 대지사용권이 존재하지 아니하거나 존재하더라도 규약이나 공정증서로써 전유부분에 대한 처분상의 일체성이 배제되어 있는 경우에는 특별한 사정이 없는 한 전유부분 및 공용부분에 대하여만 경매절차를 진행하여야 한다(같은 취지: 대법원 2006. 3. 27.자 2004마978 결정).
[3] 대지사용권이 존재함에도 그에 대한 경매신청이 없다는 이유로 집행법원이 대지사용권의 존부 등에 관하여 조사를 함이 없이 전유부분 및 공용부분에 대하여만 경매절차를 진행한 경우에 있어서도, 대지사용권에 대하여 분리 처분이 가능한 규약이나 공정증서가 없는 때에는 전유부분에 대한 경매개시결정 및 압류의 효력이 그 대지사용권에도 미치므로 일괄경매를 할 필요가 없고(다만 이 경우 이해관계인으로서는 입찰기일의 공고가 법률의 규정에 위반하거나 최저입찰가격의 결정 또는 입찰물건명세서 작성에 중대한 하자가 있음을 이유로 민사소송법 제632조, 제642조 제 2 항, 제633조 제 6 호 등에 의하여 입찰허가에 대한 이의를 하거나 입찰허가결정에 대한 항고를 함으로써 구제받을 수 있다고 할 것이다), 그와 같은 내용의 규약이나 공정증서가 있는 때에는 전유부분에 대한 경매개시결정 및 압류의 효력이 대지사용권에는 미치지 아니하고 그 대지사용권이 경매 목적물에서 제외되어 일괄경매의 요건을 충족하지 아니하므로 일괄경매를 할 수가 없으므로, 구분건물의 대지사용권이 존재한다고 하더라도 그에 대한 경매신청이 없었던 이상 집행법원이 이를 그 전유부분 및 공용부분과 일괄경매를 하지 아니하였다 하여 그러한 사유만으로 경매절차에 하자가 있다고 할 수 없다.

≪판례≫ 전유부분만에 관하여 설정된 저당권[대법원 2001. 9. 4. 선고 2001다22604 판결]

[1] 집합건물의 소유 및 관리에 관한 법률 제20조 제 1 항, 제 2 항과 민법 제358조 본문의 각 규정에 비추어 볼 때, 집합건물의 대지의 분·합필 및 환지절차의 지연, 각 세대당 지분비율 결정의 지연 등으로 인하여 구분건물의 전유부분에 대한 소유권이전등기만 경료되고 대지지분에 대한 소유권이전등기가 경료되기 전에 전유부분만에 관하여 설정된 저당권의 효력은, 대지사용권의 분리처분이 가능하도록 규약으로 정하였다는 등의 특별한 사정이 없는 한, 그 전유부분의 소유자가 나중에 대지지분에 관한 등기를 마침으로써 전유부분과 대지권이 동일 소유자에게 귀속하게 되었다면 당연히 종물 내지 종된 권리인 그 대지사용권에까지 미친다.
[2] 구분건물의 전유부분에 대한 소유권이전등기만 경료 되고 대지지분에 대한 소유권이전등기가 경료되기 전에 전유부분만에 관하여 설정된 근저당권에 터 잡아 임의경매절차가 개시되었고, 집행법원이 구분건물에 대한 입찰명령을 함에 있어 대지지분에 관한 감정평가액을 반영하지 않은 상태에서 경매절차를 진행하였다고 하더라도, 전유부분에 대한 대지사용권을 분리처분할 수 있도록 정한 규약이 존재한다는 등의 특별한 사정이 없는 한 낙찰인은 경매목적물인 전유부분을 낙찰받음에 따라 종물 내지 종된 권리인 대지지분도 함께 취득하였다 할 것이므로, 구분건물의 대지지분 등기가 경료된 후 집행법원의 촉탁에 의하여 낙찰인이 대지지분에 관하여 소유권이전등기를 경료받은 것을 두고 법률상 원인 없이 이득을 얻은 것이라고 할 수 없다.

≪판례≫ 전유부분만에 대한 저당권[대법원 1995. 8. 22. 선고 94다12722 판결]

구분건물의 전유부분과 대지권을 분리하여 처분하는 것이 가능하도록 규약으로 정하였다는 등의 특별한 사정을 인정할 증거가 없는 이 사건에 있어서 위에서 본바와 같이 이 사건 구분건물의 전유부분의 소유자인 소외 안삼영이 그 전유부분에 대하여만 원고에게 근저당권을 설정하여 준 후 이 사건 대지권에 대한 등기를 함으로써 그 전유부분과 대지권이 동일소유자의 소유에 속하게 된 이상 그 전유부분에 대한 근저당권은 대지권에 대하여도 미친다고 할 것이므로 이 사건 경락대금 중 대지권에 대한 부분에 대하여도 원고가 위 대지권등기 이후에 담보가등기를 설정한 피고보다 우선하여 변제받을 권리가 있다(판결이유의 일부를 발췌한 것이다/필자 각주).

≪판례≫ 일체성의 원칙에 반하는 집행[대법원 2006. 3. 10. 선고 2004다742 판결]

[1] 집합건물의 건축자가 그 대지를 매수하였으나 아직 소유권이전등기를 마치지 아니하였다 하여도 매매계약의 이행으로 대지를 인도받아 그 지상에 집합건물을 건축하였다면 매매계약의 효력으로서 이를 점유·사용할 권리가 생긴 것이고, 이러한 경우 집합건물의 건축자로부터 전유부분과 대지지분을 함께 분양의 형식으로 매수하여 그 대금을 모두 지급함으로써 소유권 취득의 실질적 요건은 갖추었지만 전유부분에 대한 소유권이전등기만 마치고 대지지분에 대하여는 위와 같은 사정으로 아직 소유권이전등기를 마치지 못한 자 역시 매매계약의 효력으로서 전유부분의 소유를 위하여 건물의 대지를 점유·사용할 권리가 있는바, 이러한 점유·사용권은 단순한 점유권과는 차원을 달리하는 본권으로서 집합건물의 소유 및 관리에 관한 법률 제2조 제6호 소정의 구분소유자가 전유부분을 소유하기 위하여 건물의 대지에 대하여 가지는 권리인 대지사용권에 해당한다.
[2] 집합건물의 소유 및 관리에 관한 법률은 제20조에서, 구분소유자의 대지사용권은 그가 가지는 전유부분의 처분에 따르고(제1항), 구분소유자는 규약 또는 공정증서로써 달리 정하지 않는 한 그가 가지는 전유부분과 분리하여 대지사용권을 처분할 수 없으며(제2항, 제4항), 위 분리처분금지는 그 취지를 등기하지 아니하면 선의로 물권을 취득한 제3자에 대하여 대항하지 못한다(제3항)고 규정하고 있는바, 위 규정의 취지는 집합건물의 전유부분과 대지사용권이 분리되는 것을 최대한 억제하여 대지사용권 없는 구분소유권의 발생을 방지함으로써 집합건물에 관한 법률관계의 안정과 합리적 규율을 도모하려는 데 있다.
[3] 한국수자원공사로부터 토지를 분양받은 집합건물의 건축주가 토지상에 아파트 및 상가를 신축하다가 부도를 내자 건축주의 채권자들이 건축의 마무리 공사를 진행하고 신축건물에 관하여 건축주 명의의 소유권보존등기와 수분양자들 명의의 이전등기를 마친 경우, 건축주가 한국수자원공사에 대하여 가지는 토지에 관한 소유권이전등기청구권에 대한 압류 및 가압류는 필연적으로 전유부분과 토지의 분리처분이라는 결과를 낳게 되어 효력이 없다고 한 사례.

한편 매각에 따른 등기촉탁절차에 있어서도, 매각허가결정에 매각대상에 대지권이 포함된다는 기재가 있고 대지권의 등기의무자와 토지의 등기부상 소유명의인이 일치하는 경우에는 토지등기부에 경매개시결정의 등기가 없더라도 집행법원은 토지에 관한 소유권이전 및 부담등기의 말소촉탁을 하여야 한다.

다. 토지별도등기 있음

구분건물에 대한 소유권과 대지사용권이 동일인에게 귀속된 경우라도 대지사용권이 성립하기 이전에 이미 토지에 관하여 저당권 등의 제한이 있는 경우에는 일체성의 원칙이 적용되지 아니한다. 이러한 경우 대지만을 독립하여 집행의 대상으로 삼을 수 있으며 구분건물에 대한 집행절차상 매각물건명세서에 '토지별도 등기 있음'을 기재하여 비치한다.

≪판례≫ 토지별도등기[대법원 2002. 6. 14. 선고 2001다68389 판결]

집합건물이 되기 전의 상태에서 건물 일부만에 관하여 전세권이 설정되었다가 그 건물이 집합건물로 된 후 그 전세권이 구분건물의 전유 부분만에 관한 전세권으로 이기된 경우, 구분소유자가 가지는 전유 부분과 대지사용권의 분리처분이 가능하도록 규약으로 정하는 등의 특별한 사정이 없는 한, 그 전유 부분의 소유자가 대지사용권을 취득함으로써 전유 부분과 대지권이 동일소유자에게 귀속하게 되었다면 위 전세권의 효력은 그 대지권에 까지 미친다고 보아야 할 것이고, 위 집합건물에 관하여 경매가 실행된 경우 대지권의 환가대금에 대한 배당순위에 있어서, 위 전세권이, 대지사용권이 성립하기 전의 토지에 관하여 이미 설정된 저당권보다 우선한다고 할 수는 없는 바, 이는 대지사용권에 대한 전세권의 효력은 대지사용권이 성립함으로써 비로소 미치게 되는 것이므로 대지사용권이 성립하기 전에 그 토지에 관하여 이미 저당권을 가지고 있는 자의 권리를 해쳐서는 안되기 때문이다.

사례 20 〈해설〉 대지사용권의 일체성

1. 대지사용권의 성립

갑이 매매대금을 지급하였으나 아직 을로부터 이전등기를 넘겨받지 못한 탓으로 병 역시 소유권이전에 필요한 실질적 요건은 갖추고 전유부분에 대한 소유권이전등기만 경료 받고 대지지분에 관하여는 갑으로부터 소유권이전등기를 넘겨받지 못하고 있는 상황에서 과연 병이 대지사용권을 취득하였다고 볼 수 있는가가 문제된다. 판례에 따르면 위와 같은 상황에서 병이 매매계약의 효력으로서 전유부분의 소유를 위하여 갖는 대지에 대한 점유·사용권은 단순한 점유권과는 차원을 달리하는 본권으로서 구분소유자가 전유부분을 소유하기 위하여 건물의 대지에 대하여 가지는 권리인 대지사용권에 해당한다고 본다(반대견해 있음).

2. 일체성의 원칙

집합건물법(제20조)는 전유부분과 대지사용권의 분리처분을 금지하고 그에 위반한 처분행위를 무효로 취급하고 있다. 따라서 병의 전유부분에 대한 소유권과 대지사용권은 분리처분이 금지된다. 결국 정의 신청은 궁극적으로 일체성의 원칙에 반하는 것으로, 집행법원은 정의 신청을 각하하여야 한다. 즉 대지사용권만에 대한 집행신청은 압류금지물에 대한 집행신청과 동일하게 취급하여야 한다.

3. 보론: 구분소유권매도청구권

위와 같은 상황에서 대지사용권의 성립을 부정한다면 궁극적으로 정에 의한 강제집행에 따라 대지와 전유부분의 소유자가 서로 달라질 수 있다. 이때 대지 소유자는 병에게 1동 건물의 일부만에 대한 철거를 구할 수는 없고 전유부분을 시가로 매도할 것을 청구할 수 있을 뿐이다(집행건물법 제7조). 이를 구분소유권매도청구권이라 하며 그 법적성질은 형성권이다.

Ⅳ. 부동산과 동일시되는 권리

1. 부동산의 공유지분

부동산의 공유지분에 관하여는 부동산강제집행절차에 따를 것이지만 합유지분에 관하여는 그 밖의 재산권에 대한 강제집행절차에 의한다.

2. 구분소유적 공유관계

등기상으로는 부동산 전부에 대한 공유지분등기가 경료 되어 있으나 내부적으로는 각 공유자들이 그 토지의 특정부분만을 배타적으로 사용・수익하는 관계를 구분소유적 공유관계라 한다. 이러한 구분소유적 공유지분에 대한 집행역시 부동산 강제집행절차에 따른다. 여기서 구분소유적 공유관계를 집행절차에서 있어서도 그대로 인정할 것인지가 문제된다. 판례는 통상의 공유관계와 구별하여 구분소유적 공유관계의 특수성이 집행절차에서도 그대로 유지되는 것으로 취급한다.

≪판례≫ 집행절차상 구분소유적 공유관계의 취급[대법원 2001. 6. 15.자 2000마2633 결정]

1동의 건물 중 위치 및 면적이 특정되고 구조상 및 이용상 독립성이 있는 일부분씩을 2인 이상이 구분소유하기로 하는 약정을 하고 등기만은 편의상 각 구분소유의 면적에 해당하는 비율로 공유지분등기를 하여 놓은 경우 공유자들 사이에 상호 명의신탁관계에 있는 이른바 구분소유적 공유관계에 해당하고, 낙찰에 의한 소유권취득은 성질상 승계취득이어서 1동의 건물 중 특정부분에 대한 구분소유적 공유관계를 표상하는 공유지분을 목적으로 하는 근저당권이 설정된 후 그 근저당권의 실행에 의하여 위 공유지분을 취득한 낙찰자는 구분소유적 공유지분을 그대로 취득하는 것이므로, 건물에 관한 구분소유적 공유지분에 대한 입찰을 실시하는 집행법원으로서는 감정인에게 위 건물의 지분에 대한 평가가 아닌 특정 구분소유 목적물에 대한 평가를 하게 하고 그 평가액을 참작하여 최저입찰가격을 정한 후 입찰을 실시하여야 한다(같은 취지: 대법원 1991. 8. 27. 선고 91다3703 판결).

다만 내부적으로는 구분소유적 공유관계에 서는 경우라도 그 등기가 구분소유적 공유관계를 표상하지 있지 아니하는 경우에는 특별한 사정이 없는 한 통상의 공유지분으로 취급하여야 한다고 본다. 따라서 이러한 경우 매수인은 구분소유적 공유지분을 취득한다고 볼 것이 아니고 지분비율에 따라 전체 부동산에 관한 소유권을 취득한다고 보아야 할 것이다.

≪판례≫ 구분소유적 공유관계의 표상[대법원 2008 .2. 15. 선고 2006다68810,68827 판결]

[1] 1필지의 토지의 위치와 면적을 특정하여 2인 이상이 구분소유하기로 하는 약정을 하고 그 구분소유자의 공유로 등기하는 이른바 구분소유적 공유관계에 있어서, 각 구분소유적 공유자가 자신의 권리를 타인에게 처분하는 경우 중에는 구분소유의 목적인 특정 부분을 처분하면서 등기부상의 공유지분을 그 특정 부분에 대한 표상으로서 이전하는 경우와 등기부의 기재대로 1필지 전체에 대한 진정한 공유지분으로서 처분하는 경우가 있을 수 있고, 이 중 전자의 경우에는 그 제3자에 대하여 구분소유적 공유관계가 승계되나, 후자의 경우에는 제3자가 그 부동산 전체에 대한 공유지분을 취득하고 구분소유적 공유관계는 소멸한다. 이는 경매에서도 마찬가지이므로, 전자에 해당하기 위하여는 집행법원이 공유지분이 아닌 특정 구분소유 목적물에 대한 평가를 하게 하고 그에 따라 최저경매가격을 정한 후 경매를 실시하여야 하며, 그러한 사정이 없는 경우에는 1필지에 관한 공유자의 지분에 대한 경매목적물은 원칙적으로 1필지 전체에 대한 공유지분이라고 봄이 상당하다.

[2] 구분소유적 공유관계에 있는 토지지분에 대한 강제경매절차에서 이를 매수한 사람이 1필지 전체에 대한 공유지분을 취득하였다고 주장하는 사안에서, 그 공유지분이 토지의 특정 부분에 대한 구분소유적 공유관계를 표상하는 것으로 취급되어 감정평가와 최저경매가격 결정이 이루어지고 경매가 실시되었다는 점이 입증되지 않은 이상, 위 매수인은 1필지 전체에 대한 공유지분을 적법하게 취득하고 기존의 상호명의신탁관계는 소멸한다고 보아야 하며, 이는 매수인의 구분소유적 공유관계에 대한 인식 유무에 따라 달라지지 않는다고 한 사례.

3. 어업권 · 광업권

가. 어 업 권

어업권에 대한 금전집행은 부동산강제경매절차에 따른다(수산업법 제15조 2항,

내수면어업법 제 7 조 2항). 공동어업권자 사이의 관계는 민법상의 공유관계와 다를 바 없으므로 그 지분에 대한 강제집행은 부동산의 공유지분에 대한 집행절차에 따른다. 즉 부동산강제집행절차에 따른다.

나. 광 업 권

광업권에 대한 금전집행은 부동산강제경매절차에 따른다(광업법 제10조). 이와는 달리 공동광업자 사이의 관계는 조합관계로 인정되므로 공동광업권지분에 대한 집행은 그 밖의 재산권에 대한 집행절차에 따른다. 한편 공동광업권지분에 대한 처분에 대하여는 다른 공동광업권자의 동의(광업법 제34조)가 있어야 하므로 경매의 대상으로 삼을 수 없다고 보는 견해가 제시된다. 그러나 다른 공동광업권자의 동의는 특별매각조건의 문제로 볼 것이지 집행의 대상에서 제외할 것은 아니라고 본다.

4. 선박 · 자동차 · 건설기계 · 항공기

선박 · 자동차 · 건설기계 · 항공기는 민법상 동산이라 할 것이지만 집행절차상 부동산에 준하여 취급된다. 이에 대하여는 별도로 상세히 설명한다.

5. 기 타

그 밖에도 댐사용권(댐건설 및 주변지역지원 등에 관한 법률 제29조), 공장재단(공장저당법 제10조, 제14조), 광업재단(광업재단저당법 제 5 조), 소유권보존등기가 된 입목(입목법 제 3 조 1항, 제23조), 지상권 및 그 공유지분(규칙 제40조), 전세권을 목적으로 하는 저당권실행절차에 있어서 전세권 등은 금전채권집행절차에 있어서 부동산으로 취급된다. 이와는 달리 지역권(민법 제292조), 전세권, 저당권, 가등기상의 권리, 부동산환매권 등에 대하여는 금전채권집행절차에 있어서 부동산으로 취급할 수 없다.

≪판례≫ 전세권을 목적으로 하는 저당권의 실행방법[대법원 1995. 9. 18.자 95마684 결정]
전세권에 대하여 설정된 저당권은 민사소송법 제724조 소정의 부동산경매절차에 의하여 실행하는 것이나, 전세권의 존속기간이 만료되면 전세권의 용익물권적 권능이 소멸하기 때문에 더 이상 전세권 자체에 대하여 저당권을 실행할 수 없게 되고, 이러한 경우는 민법 제370조, 제342조 및 민사소송법 제733조에 의하여 저당권의 목적물인 전세권에 갈음하여 존속하는 것으로 볼 수 있는 전세금반환채권에 대하여 추심명령 또는 전부명령을 받거나(이 경우 저당권의 존재를 증명하는 등기부등본을 집행법원에 제출하면 되고 별도의 채무명의가 필요한 것이 아니다), 제 3 자가 전세금반환채권에 대하여 실시한 강제집행절차에서 배당요구를 하는 등의 방법으로 자신의 권리를 행사할 수 있을 뿐이다.

Ⅴ. 압류금지 부동산

학교법인의 교육용 기본재산, 국가유공자에 대한 대출금으로 취득한 부동산, 전통사찰, 제사용 재산 등과 같은 압류금지 부동산은 강제경매의 대상이 될 수 없다. 이에 대한 경매신청은 각하해야 한다. 압류금지임을 간과하여 매각이 이루어지더라도 매수인은 소유권을 취득할 수 없다.

≪판례≫ 집행절차상 학교재산처분제한[대법원 1972. 4. 14.자 72마330 결정]

사립학교법 제28조 2항, 동법시행령 제12조에서 규정하고 있는 학교법인 재산의 매도금지는 매매로 인한 소유권 이전 가능성을 전부 배제하자는 것으로서 강제 경매절차에 의한 매도금지도 포함한다.

신탁재산에 대하여도 원칙적으로 강제집행이 금지된다. 다만 신탁 전에 이미 신탁부동산에 저당권이 설정된 경우와 같이 신탁 전의 원인으로 발생한 권리 즉 신탁재산 자체에서 연유하는 권리나 수탁자가 신탁사무 처리과정에서 발생한 권리에 기한 강제집행은 예외적으로 허용된다(신탁법 제21조).

≪판례≫ 신탁재산에 대한 집행채권[대법원 1987. 5. 12. 선고 86다545,86다카2876 판결]

[1] 신탁법상의 신탁재산은 수탁자의 고유재산으로부터 구별되어 관리될 뿐만 아니라 위탁자의 재산권으로부터도 분리되어 독립성을 갖게 되는 것이다.
[2] 신탁법 제21조 제 1 항 단서 소정의 신탁전의 원인으로 발생한 권리라 함은 신탁 전에 이미 신탁부동산에 저당권이 설정된 경우 등 신탁재산 그 자체를 목적으로 하는 채권이 발생된 경우를 말하는 것이고 신탁 전에 위탁자에 관하여 생긴 모든 채권이 이에 포함되는 것은 아니다.

제 3 절 신청절차

Ⅰ. 경매신청

사 례 21 청구금액확장과 원인채권변경

귀금속 도매상을 하는 갑은 귀금속 세공업을 하는 을에게 금 1억원을 빌려주고 집행증서를 받아 두었다. 그 후 갑은 위 집행증서에 기초하여 을 소유의 공장부지에 대한 강제경매를 신청함에 있어 신청비용을 아끼기 위하여 청구채권액을 1,000만원으로 한정하였고, 집행법원은 갑의 신청에 따라 강제경매절차를 진행 중에 있다. 위 경매절차 진행 중 을은 공장부지를 병에게 양도하고, 병은 갑의 청구채권액을 전액 변제공탁하였다. 이어 병은 을을 대위하여 청구이의의 소를 제기하여 집행절차가 취소되어야 한다고 주장하고 있다.

① 병이 제 3 자이의로 다투지 아니하고 청구이의로 다툰 것은 올바른 것인가?

② 갑은 병의 주장에 대하여 자신에게는 아직 9,000만원을 받지 못하고 있으므로 경매절차가 그대로 진행되어야 한다고 항변하고 있다. 갑의 항변은 타당한가?

당사자 · 법원 · 목적물 · 집행권원 · 집행채권을 기재한 신청서를 작성하고(제4조, 제80조) 집행정본 · 집행개시요건을 증명하는 서류 · 등기부등본 등을 첨부하여(제81조) 신청한다. 이와 함께 집행비용도 예납하여야 한다(제18조).

1. 신 청 서

제80조 (강제경매신청서)

강제경매신청서에는 다음 각호의 사항을 적어야 한다.

1. 채권자 · 채무자와 법원의 표시
2. 부동산의 표시
3. 경매의 이유가 된 일정한 채권과 집행할 수 있는 일정한 집행권원

가. 당 사 자

신청서에는 앞서 설명한 집행의 당사자에 관한 사항을 기재하여야 한다. 당사자의 특정을 위해 주소도 기재하여야 한다. 당사자의 승계가 있는 경우에는 승계인을 기재한다. 당사자가 소송무능력자인 경우에는 법정대리인을 기재한다. 당사자를 특정할 수 있는 것이면 성명에 한하지 아니하고 아호나 상호의 기재도 가능하다. 가압류채권자가 집행권원을 얻어 집행을 신청하는 경우에 가압류 이후의 제 3 취득자는 기재할 필요가 없다. 임의경매에서는 물상보증인이 있는 경

우와 같이 채무자와 집행의 대상인 목적물의 소유자가 다른 경우에는 소유자와 채무자 모두를 기재하여야 한다. 대표자가 없는 법인이 채무자인 경우에는 특별대리인선임절차를 거쳐야 한다.

나. 대 리 인

대리인에 의하여 신청하는 경우에는 대리인도 기재하여야 한다. 경매신청은 소송행위이지만 재판상의 행위는 아니라 할 것이어서 대리인의 자격에는 제한이 없다. 부동산 경매의 매각기일의 입찰행위와 그 성질이 같은 것이다. 그러나 대가를 받고 경매신청을 대리하는 것은 특별한 사정이 없는 한 변호사법에 저촉된다. 법무사법(제 2 조 1항)은 법무사가 경매신청을 대리할 수 있음을 규정하고 있다.

≪판례≫ 비변호사의 경매신청대리[대법원 1985. 10. 12.자 85마613 결정]

경매신청 행위는 소송행위이긴 하나 민사소송법 제80조 제 1 항에 규정된 재판상 행위에 해당하지 않으므로 변호사가 아니라도 대리할 자격이 있다.

다. 관할(제79조)

제79조 (집행법원)

① 부동산에 대한 강제집행은 그 부동산이 있는 곳의 지방법원이 관할한다.

② 부동산이 여러 지방법원의 관할구역에 있는 때에는 각 지방법원에 관할권이 있다. 이 경우 법원이 필요하다고 인정한 때에는 사건을 다른 관할 지방법원으로 이송할 수 있다.

(1) **직무관할** 부동산강제경매는 집행법원의 직무관할이다. 집행법원 중에서도 대부분 사법보좌관의 직무이다. 강제관리와 다른 점이다.

(2) **토지관할** 집행의 대상으로 삼고자 하는 부동산 소재지 지방법원이 관할한다. 일괄경매에서 흔히 집행대상인 부동산이 수 개 법원의 관할구역에 산재해 있는 경우가 있는데 이러한 경우에는 수개의 법원 모두에 관할권이 인정된다. 수 개의 관할법원 중 하나의 법원은 필요한 경우 다른 법원에 이송할 수 있다.

라. 목적물의 표시

집행의 대상으로 삼고자 하는 목적 부동산의 동일성을 인식할 수 있을 정도로 특정하여 기재한다.

마. 집행채권과 청구금액

(1) **집행채권과 청구금액의 특정** 집행채권을 동일성을 인식할 수 정도로 특정하여 기재하여야 한다. 청구금액의 기재에 있어서도 그 범위를 결정할 수 있는 요소를 특정하여 기재하여야 한다. 반드시 확정된 수치로서 기재할 필요는 없다. 예를 들어 이자채권 등 부대채권이 있는 경우에는 이율과 기간을 특정하여 기재하는 것으로 족하다. 정기금채권의 기재에서도 금액을 한정할 수 있는 요소를 기재하면 족하다. 집행채권의 일부에 대해서만 청구하는 경우에는 일부라는 취지를 기재하여야 한다. 집행권원에 나타난 금액을 넘어서는 청구금액의 기재는 집행권원에 기재된 금액의 한도에서만 신청한 것으로 볼 것이고 초과하는 부분에 대해서는 경우에 따라서 배당요구의 의미만을 갖는다고 볼 것이다.

≪판례≫ **소액배당채권자의 경매신청**[대법원 1997. 6. 10.자 97마814 결정]

다른 고액의 배당요구 채권자가 있어 경매신청 채권자에게 배당될 금액이 소액에 그친다고 하더라도 그러한 사유만으로 그 경매신청이 권리남용에 해당한다거나 위법하다고 할 수 없다.

(2) **청구금액의 확장**

(가) **의 의** 다음에 상세히 설명할 것이지만 압류의 효력은 집행채권액의 범위에서만 그 효력이 미친다. 여기서 청구금액의 확장이라고 하는 것은 집행채권의 청구금액을 경매개시결정 이후에 증액한 경우에 과연 압류의 범위가 증액되는 범위까지 포함하여 인정되는 것인가의 문제를 말한다. 청구금액의 확장이 인정되지 아니한다는 것은 경매개시결정 당시의 집행채권의 청구금액 범위를 넘어서는 금액까지 압류의 객관적 범위를 확장하는 것은 허용되지 아니한다는 의미이다. 상세한 이론적인 근거는 압류의 효력에 관한 설명을 미루고 여기서는 간략하게 결론을 제시하는 것으로 그친다.

(나) **인정여부** 압류채권액을 경매개시결정 이후에 확장하는 것은 허용되지 아니한다. 따라서 경매개시결정 이후에 집행대상인 부동산의 소유권을 취득한 제 3 취득자는 집행채권의 청구금액만을 변제하여 청구이의의 소를 제기할 수 있다. 채권의 일부의 이행기가 도래하지 아니하여 일부 채권액에 대하여만 경매를 신청한 경우라도 마찬가지이다.

≪판례≫ **강제경매와 청구금액의 확장**[대법원 1983. 10. 15.자 83마393 결정]

강제경매에 있어서 채권의 일부청구를 한 경우에 그 경매절차 개시를 한 후에는 청구금액의 확장은 허용되지 않고 그 후에 청구금액을 확장하여 잔액의 청구를 하였다 하여도 배당요구의 효력밖에는 없는 것이므로 강제경매 개시결정에 의하여 압류의 효력이 발생한 후에 채무자가 경매부동산을 처분하여 그 등기를 경료하였고 그 후에 청구금액 확장신청이 있고 먼저 한 강제경매 사건이 강제경매 절차에 의하지 않고 종료하였다면 청구금액 확장신청 이전에 소유권이전등기를 경료한 제3취득자는 그 소유권 취득을 확장신청인에게 대항할 수 있다.

≪판례≫ **임의경매와 청구금액의 확장**[대법원 1995. 6. 9. 선고 95다15261 판결]

[1] 담보권실행경매에서 경매채권자가 피담보채권의 일부에 대하여만 담보권을 실행하겠다는 취지로 경매신청서에 피담보채권의 원금 중 일부만을 청구금액으로 하여 경매를 신청하였을 경우에는 경매채권자의 청구금액은 그 기재된 채권액을 한도로 확정되고 경매채권자는 채권계산서에 청구금액을 확장하여 제출하는 방법에 의하여 청구금액을 확장할 수 없다.

[2] '[1]'항의 법리는 피담보채권 중 일부 채권의 변제기가 도래하지 아니한 경우에도 마찬가지이다.

그러나 압류채권액의 범위 내에서 청구금액을 구성하는 채권경매신청서에 원본채권과 더불어 이자 채권 등 부대채권을 표시한 경우에는 최종적으로 배당시에 채권자가 부대채권에 관한 계산서를 제출하여 원본채권보다 많은 액수의 배당을 받게 되는데 이것은 이미 청구금액이 신청시에 부대채권에 관한 사항이 특정되어 있는 것이어서 이를 청구금액의 확장이라고 볼 수 없는 것으로 당연히 허용되는 것이다. 이를 두고 청구금액의 확장이 예외적으로 허용되는 것이라고 설명하기도 한다.

≪판례≫ **청구금액의 확장과 채권계산서제출**[대법원 2001. 3. 23. 선고 99다11526 판결]

[1] 신청채권자가 경매신청서에 피담보채권의 일부만을 청구금액으로 하여 경매를 신청하였을 경우에는 다른 특별한 사정이 없는 한 신청채권자의 청구금액은 그 기재된 채권액을 한도로 확정되고 그 후 신청채권자가 채권계산서에 청구금액을 확장하여 제출하는 등 방법에 의하여 청구금액을 확장할 수 없으나, 이러한 법리는 신청채권자가 경매신청서에 경매청구채권으로 이자 등 부대채권을 표시한 경우에 나중에 채권계산서에 의하여 부대채권을 증액하는 방법으로 청구금액을 확장하는 것까지 금지하는 취지는 아니라고 할 것이다(같은 취지: 대법원 2007. 5. 11. 선고 2007다14933 판결).

[2] 신청채권자를 포함한 각 채권자는 경락기일까지 채권계산서를 제출하여야 하고, 경

락기일까지 채권계산서를 제출하지 아니하면 경매신청서 등 집행기록에 있는 서류와 증빙에 의하여 채권을 계산하여 배당하고, 거기서 인정되지 아니한 채권은 보충을 불허하는 것으로 하고 있는 민사소송법 규정의 취지를 종합하여 보면, 담보권 실행을 위한 경매절차에 있어 신청채권자가 이자 등 부대채권을 표시하였다가 나중에 채권계산서에 의하여 그 부대채권을 증액하는 방법으로 청구금액을 확장하는 경우 그 확장은 늦어도 채권계산서의 제출시한인 경락기일까지는 이루어져야 하고, 그 이후에는 허용되지 않는다고 보아야 한다.

다만 청구금액의 확장이 항상 무의미한 것은 아니며 배당요구종기 이전에 청구금액의 확장신청이 있는 경우라면 강제경매절차에서는 배당요구의 의미는 인정된다. 예를 들어 경매신청서에 원금과 이자를 함께 기재하였으나 원금액에 관하여만 경매개시결정이 있었다면 당해 경매개시결정의 위법은 별론으로 하고 원금액에 한하여서만 압류의 효력이 미칠 것이나 이자액에 관하여는 압류의 효력은 아니라도 배당요구의 의미는 인정된다고 할 것이어서 이자액에 대하여도 배당을 하여야 한다.

≪판례≫ 경매신청서와 경매개시결정[대법원 1968. 6. 3.자 68마378 결정]

경매신청서에 청구금액으로서 원리금의 기재가 있는데 경매개시 결정서에는 원금만이 기재되어 있다고 하여서 매득금에서 채권자가 변제받을 수 있는 금액이 원금에 한정된다고 할 수는 없다(이 판례는 배당범위에 관한 것이지 압류의 객관적 범위에 관한 것이 아님에 주의해야 한다/필자 주).

한편 임의경매절차에서는 청구금액확장신청이 배당요구의 의미조차도 인정되지 아니하는데 이는 압류의 효력은 물론 피담보채권의 확정문제와도 관련이 있다.

(다) **청구원인의 변경** 한편 청구금액의 확장을 인정하지 아니하는 것은 압류의 객관적 범위를 유지하고자 하는 것일 뿐이고 집행채권의 청구금액의 원인을 특정하고자 하는 것에 있지 않다. 그러므로 집행채권의 청구의 기초의 동일성이 인정된다면 청구금액의 범위 내에서 청구채권의 원인을 교환하거나 변경하는 것은 허용된다고 보아야 한다.

≪판례≫ 청구원인채권만의 변경[대법원 1998. 7. 10. 선고 96다39479 판결]

민사소송법 제728조에 의하여 담보권의 실행을 위한 경매절차에 준용되는 같은 법 제601조 제3호, 민사소송규칙 제204조 제2호 및 제4호의 규정의 입법 취지, 근저당권의 특성 등에 비추어 볼 때, 근저당권의 실행을 위한 경매절차에서 신청채권자는 일단 경매신청서에 특정의 피담보채권을 기재함으로써 이를 청구채권으로 표시하였다고 하더라도 당해 근저당권의 피담보채권으로서 다른 채권이 있는 경우에는 그 다른 채권을 청구채권에 추가하거나 당초의 청구채권을 그 다른 채권으로 교환하는 등 청구채권을 변경할 수 있으며(다만 변경 후의 피담보채권액이 경매신청서에 기재되어 있는 청구채권액을 초과하는 때에는 그 초과하는 금액에 대하여는 배당을 받을 수 없다), 이 때 청구채권의 변경이 추가적 변경인가 교환적 변경인가는 신청채권자가 경매법원에 표시한 의사를 객관적·합리적으로 해석하여 판단하여야 한다(같은 취지: 대법원 1997. 1. 21. 선고 96다457 판결).

㈑ **채권자의 구제방안** 위와 같이 청구금액의 확장은 인정되지 아니한다. 그러므로 집행채권자로서는 청구금액을 확장하는 목적을 달성하고자 하면 경매신청을 취하하고 집행채권의 청구금액을 새로이 정하여 경매를 다시 신청하는 방법을 생각할 수 있을 것이다. 그러나 이러한 방법은 비용의 손실이 있게 되므로 채권자로서는 잔액으로 이중경매를 신청하는 것이 가장 좋을 것이다. 이중경매의 신청 등의 조치가 없는 한 당해 집행절차 내에서는 물론 절차 밖에서도 전혀 고려되지 아니한다.

≪판례≫ 임의경매절차상 청구금액확장과 배당요구[대법원 1997. 2. 28. 선고 96다495 판결]

담보권의 실행을 위한 경매에서 신청채권자가 경매를 신청함에 있어서 경매신청서에 피담보채권 중 일부만을 청구금액으로 기재하였을 경우에는 다른 특별한 사정이 없는 한 신청채권자가 당해 경매절차에서 배당을 받을 금액이 그 기재된 채권액을 한도로 확정되고, 신청채권자가 채권계산서를 제출하는 방법에 의하여 청구금액을 확장할 수 없다고 할 것이므로, 설사 신청채권자가 경매신청서에 기재하지 아니한 다른 피담보채권을 가지고 있었다고 하더라도 청구금액을 확장한 채권계산서를 제출하는 방법으로는 피담보채권액 중 경매신청 당시의 청구금액을 초과하는 금액에 관하여는 배당에 참가할 수 없으며, 배당법원으로서는 경매신청 당시의 청구금액만을 신청채권자에게 배당하면 족하다. 따라서 근저당권자가 경매신청서에 피담보채권 중 일부만을 청구금액으로 기재하여 담보권의 실행을 위한 경매를 신청한 후 청구금액을 확장한 채권계산서를 제출하였을 뿐 달리 경락기일까지 이중경매를 신청하는 등 필요한 조치를 취하지 아니한 채 그대로 경매절차를 진행시켜 경매신청서에 기재된 청구금액을 기초로 배당표가 작성·확정되고 그에 따라 배당이 실시되었다면, 신청채권자가 청구하지 아니한 부분의 해당 금원이 후순위채권자들에게 배당되었다 하여 이를 법률상 원인이 없는 것이라고 볼 수는 없다.

바. 집행권원

신청서에는 집행권원에 관한 사항을 기재하여야 한다.

2. 첨부서류

가. 집행정본 등

신청채권자는 신청서외에도 집행정본, 반대의무의 제공 등 집행개시요건을 증명하는 서류, 부동산 등기부등본이나 이에 갈음하는 서류, 집행의 대상이 되는 부동산 목록, 대리인이 경매를 신청하는 경우에는 위임장과 같은 대리인의 자격을 증명하는 서류, 채권자가 법인인 경우에는 법인등기부등본과 같이 대표자의 자격을 증명할 수 있는 서류, 집행불능증명서 등을 아울러 제출하여야 한다. 미등기부동산을 집행의 대상으로 삼고자 하는 경우에 필요한 첨부서류에 관하여는 앞서 설명하였다.

나. 확정증명과 송달증명

집행권원이 송달되고 확정되어야만 집행개시가 허용되는 경우에는 송달증명과 확정증명도 아울러 제출하여야 한다. 다만 집행기관이 집행권원을 직접 송달하는 등의 사정으로 집행기록상 송달사실이 명백한 경우에는 송달증명을 첨부할 필요가 없다. 판결의 확정은 대체로 송달을 전제하는 것이므로 확정증명을 제출하는 경우에는 송달증명을 별도로 제출할 필요가 없는가 하는 의문이 있을 수 있으나 상소권포기나 상소취하 등에 의하여 판결이 확정되는 경우도 있으므로 확정증명과 더불어 송달증명을 제출하여야 한다. 한편 지급명령과 이행권고결정에 있어서는 법원사무관 등이 그 송달과 확정을 확인한 이후에 그 정본을 채권자에게 송달하는 것이므로 지급명령과 이행권고결정에 기한 집행신청에 있어서는 별도로 송달증명과 확정증명을 제출할 필요가 없다.

3. 등록세 등의 납부

집행채권액의 1000분의 2에 해당하는 등록세와 등록세액의 100분의 20에 해당하는 지방교육세를 낸 영수필증통지서 1통 및 영수필확인서 1통과 함께 송달료, 감정료, 현황조사료, 신문공고료, 집행관수수료 등의 비용도 미리 내야 한다.

4. 신청에 대한 재판

경매개시신청이 정당하면 경매개시결정의 재판을 한다. 신청이 부당하거나 요건을 흠결한 신청에 대해서는 기각 또는 각하의 재판을 한다.

사례 21 〈해설〉 청구금액확장과 원인채권변경

1. 압류의 처분금지효(설문①에 대한 풀이)

을이 병에게 공장부지를 처분한 것은 갑에 대하여 그리고 갑의 압류채권액의 범위에서 무효이다. 그러나 압류라는 재판 자체가 취소되지 아니하는 한 압류채권액을 변제하였다는 사유만으로 곧바로 압류의 효력을 배척하지 못한다. 즉 병이 압류채권액을 변제하였다는 사정을 들어 곧바로 자신이 유효하게 소유권을 취득하였다는 점을 갑에게 주장할 수 없는 것이다. 한편 병은 위 집행절차상 당사자가 아니어서 자신의 지위에서 청구이의로도 다투지 못한다. 결국 병으로서는 집행절차상 당사자인 을을 대위하여 청구이의로 다툴 수밖에 없는 것이다.

2. 청구채권의 특정(설문②에 대한 풀이)

압류채권은 경매신청서 기재에 의하여 그 내용과 종류가 특정됨과 동시에 그 금액이 확정된다. 여기서 '특정'과 '확정'에 있어서 취급이 약간 다르다. 먼저 압류채권액의 확정에 관하여는 대단히 엄격하게 취급하여 이중경매신청을 하지 아니하는 한 압류채권액을 확장시키는 것을 일체 인정하지 아니하나, 압류채권의 특정에 있어서는 대단히 너그럽게 취급하여 청구채권액의 한도를 벗어나는 것이 아니라면 자유롭게 다른 채권으로 추가적·교환적 변경을 인정하는 것이 판례의 태도이다. 그러므로 갑이 아직 9,000만원이 남아있다는 주장을 청구채권을 변경하는 취지로 본다면 일응 갑의 항변은 타당하다고도 볼 수 있다. 그러나 청구채권이 변제로 소멸한 경우에도 청구채권변경을 허용하는 것은 실질적으로 청구채권액을 확장하는 결과를 가져온다는 점에서 갑의 주장과 같은 청구채권변경은 허용될 수 없다고 본다.

Ⅱ. 경매신청의 취하

제93조 (경매신청의 취하)

① 경매신청이 취하되면 압류의 효력은 소멸된다.

② 매수신고가 있은 뒤 경매신청을 취하하는 경우에는 최고가매수신고인 또는 매수인과 제114조의 차순위매수신고인의 동의를 받아야 그 효력이 생긴다.

③ 제49조 제 3 호 또는 제 6 호의 서류를 제출하는 경우에는 제 1 항 및 제 2 항의 규정을, 제49조 제 4 호의 서류를 제출하는 경우에는 제 2 항의 규정을 준용한다.

1. 의 의

경매를 신청한 채권자는 경매절차가 개시된 이후라도 경매신청을 취하할 수 있다. 경매절차 역시 처분권주의의 적용을 받기 때문이다.

2. 방　　법

경매신청의 취하는 집행법원에 대하여 하여야 하고 집행관이나 채무자에 대한 취하의 의사표시는 효력이 없다. 취하를 구두로 하는 경우에는 조서를 작성하여야 한다(민사소송법 제161조). 그러나 실무상 말로 취하하는 경우는 거의 없고 취하서를 제출하도록 하고 있다. 취하에 최고가매수인 등과 같은 이해관계인의 동의가 요구되는 경우에는 그 동의서를 첨부하여야 한다.

3. 요　　건

가. 취하권자

경매를 신청한 채권자가 취하할 수 있다. 그러나 신청채권자의 지위가 승계된 경우에는 승계인만이 취하할 수 있다.

≪판례≫ 피담보채권의 대위변제와 승계[대법원 2001. 12. 28.자 2001마2094 결정]

임의경매절차가 개시된 후 경매신청의 기초가 된 담보물권이 대위변제에 의하여 이전된 경우에는 경매절차의 진행에는 아무런 영향이 없고, 대위변제자가 경매신청인의 지위를 승계하므로, 종전의 경매신청인이 한 취하는 효력이 없다.

나. 취하의 시기

신청채권자는 매수인이 매각대금을 납부하기 전까지는 경매신청을 취하할 수 있다. 그러나 경매절차상 최고가매수인이나 차순위매수신고인이 정해진 경우에는 이들의 동의가 없이는 취하하지 못한다(제93조 2항). 매수인의 경우 입찰을 위해 담보의 제공 등 상당한 노력을 기울이는 것이 보통이므로 이들을 보호하기 위한 취하에 제한을 가하는 것이다. 경매신청 이후 매각대금 납부 시점까지를 몇 가지로 나누어 정리할 필요가 있다.

(1) **경매신청 이후 매수신고 이전의 취하** 　매수신고가 없는 경우는 신청채권자가 자유롭게 취하할 수 있다. 채무자, 소유자, 배당요구권자, 부동산 위의 권리자 등의 동의는 필요 없다. 채무자나 소유자는 취하로 인한 불이익이 전혀 없고 배당요구권자 등은 스스로 절차를 주도하는 것이 아니고 신청채권자에 의해 개시된 집행절차에 편승한 지위에 있는 자에 불과하기 때문이다.

(2) **매수신고 이후 최고가매수인 결정 전의 취하** 　기일입찰에서는 매수신고와 최고가 매수인결정이 같은 날에 이루어지므로 별 문제가 없지만 실무상 기간입찰이 보편화되고 있는 점에서 이에 대한 검토가 필요하다. 제93조 2항을

형식적으로만 보면 매수신고가 있는 경우라도 최고가매수인이 정해지기 전에는 자유롭게 취하할 수 있는 것으로 볼 여지가 있다. 그러나 이러한 경우에는 개찰을 기다려 최고가 매수인이 정해지는 경우에는 그의 동의가 없는 취하는 효력이 없는 것으로 보아야 할 것이다.

(3) **최고가매수인 결정 이후 매각허가결정 전의 취하** 이 경우에는 최고가매수신고인의 동의가 있어야만 취하가 가능하다. 차순위매수신고인이 있으면 그의 동의도 있어야 한다. 이러한 경우 적법한 취하신청이 있으면 집행법원은 매각결정일에 매각불허가결정을 하게 된다.

(4) **매각허가결정 이후 매각대금 납부 이전의 취하** 위와 마찬가지로 최고가 매수인등이 동의가 있으면 경매신청을 취하할 수 있다. 적법한 취하가 있으면 집행법원은 별도로 매각허가결정을 취소할 필요가 없다. 매각허가결정에 대한 즉시항고가 있었더라도 즉시항고에 대한 재판이 필요 없게 된다.

(5) **재매각절차상의 취하** 재매각절차에서 종전 매수인은 더 이상 보호할 이유가 없으므로 그의 동의는 필요 없다.

≪판례≫ **경매신청취하와 종전 매수인의 동의**[대법원 1999. 5. 31.자 99마468 결정]

민사소송법 제648조 제 4 항에서 전 경락인이 재경매기일의 3일 이전까지 대금 등을 지급한 경우 재경매명령의 취소와 함께 전 경락인의 매매목적물의 소유권 취득을 인정하는 취지는, 재경매절차라는 것이 전 경락인의 대금지급의무의 불이행에 기인하는 것이어서 그 전 경락인이 법정의 대금 등을 완전히 지급하려고 하는 이상 구태여 번잡하고 시일을 요하는 재경매절차를 반복하는 것보다는 최초의 경매절차를 되살려서 그 대금 등을 수령하는 것이 경매의 목적에 합당하다는 데에 있는 것이므로, 재경매명령이 내려진 이후 전 경락인이 법정의 대금 등을 지급하지 아니한 상태에서 경매신청인이 경매신청 자체의 취하로써 경매절차를 종결시키고자 하는 경우, 원래의 대금지급기일에 그 의무를 이행하지 아니하여 재경매절차를 야기한 전 경락인은 같은 법 제610조 제 2 항이 규정하는 경매신청 취하에 대한 동의권자에 해당하지 아니한다.

(6) **이중경매개시결정과 취하** 선행 경매신청에 따라 경매절차 진행 중에 후행 경매신청에 따른 경매개시결정이 있는 경우 후행 경매신청의 취하에는 제한이 없다. 후행 경매신청의 취하로 경매절차의 진행에 영향이 없기 때문이다. 또한 선행 경매신청이 취하되는 경우라도 후행 경매신청에 따라 경매절차가 진행되는 것이므로 원칙적으로 취하에 제한이 없다. 그러나 선행의 경매신청의 취하로 인하여 매각조건의 변경이 있게 되어 이것이 최고가매수인의 지위에 영향

을 미치는 경우에는 최고가매수인의 동의가 있어야 한다. 그러나 이러한 예는 실제상 거의 발생하지 않는다. 이미 경매가 개시된 부동산에 전세권설정 등의 권리변동이 있다는 것은 생각하기 어렵기 때문이다.

4. 효　　과

경매신청이 취하되면 경매절차가 종료한다. 압류의 효력도 당연히 소멸한다. 법원사무관 등은 등기관에게 경매개시결정의 기입등기의 말소를 촉탁한다(제141조).

5. 불　　복

취하를 간과하여 경매절차를 계속하거나 취하가 없거나 부적법함에도 경매절차를 속행하지 아니하는 것에 대하여는 집행에 관한 이의로서 그 시정을 구할 수 있다. 다만 후자의 경우에는 취하에 동의권을 가지는 자에 한하여 그 시정을 구할 수 있다.

제 4 절　압류절차

Ⅰ. 경매개시결정

제83조 (경매개시결정 등)

① 경매절차를 개시하는 결정에는 동시에 그 부동산의 압류를 명하여야 한다.
② 압류는 부동산에 대한 채무자의 관리·이용에 영향을 미치지 아니한다.
③ 경매절차를 개시하는 결정을 한 뒤에는 법원은 직권으로 또는 이해관계인의 신청에 따라 부동산에 대한 침해행위를 방지하기 위하여 필요한 조치를 할 수 있다.
④ 압류는 채무자에게 그 결정이 송달된 때 또는 제94조의 규정에 따른 등기가 된 때에 효력이 생긴다.
⑤ 강제경매신청을 기각하거나 각하하는 재판에 대하여는 즉시항고를 할 수 있다.

1. 의　　의

경매신청에 대하여 집행법원은 형식적 심사를 통해 신청이 적법하다고 판단되면 강제경매개시결정을 하여 압류를 명한다(제83조 1항). 경매개시신청을 기각하거나 각하하는 재판에 대해서는 즉시항고로 불복할 수 있다(제83조 제 5 항).

2. 이해관계인에 대한 송달 · 통지 · 고지

가. 송 달

(1) 상 대 방 　채무자에게는 반드시 경매개시결정을 송달하여야 한다. 채무자 이외의 이해관계인에게는 통지나 고지로 족한 것과 다르다. 채무자가 사전에 경매개시결정 사실을 알고 있는 경우라도 송달하여야 한다. 송달특례가 적용되지 아니하는 한 채무자가 외국에 있거나 주소불명이라도 발송송달에 따르는 것은 허용되지 아니한다.

(2) 송달방법

(가) 원 칙 　강제경매개시결정은 그 정본을 민사소송법의 일반규정에 따라 채무자에게 송달하여야 한다(제83조 4항). 그러나 송달의 생략(민사소송법 제12조)과 발송송달(제104조 3항)에 관한 규정은 적용되지 않는다. 경매개시결정의 기입등기가 있으면 송달이 있었던 것으로 추정된다.

≪판례≫ 경매개시결정의 기입등기와 송달추정[대법원 1982. 9. 14. 선고 81다527 판결]

강제경매 개시결정이 있으면 집행법원은 직권으로 채무자에게 이를 송달하고 그 사유를 등기부에 기입할 것을 등기공무원에게 촉탁하여야 하는 것이므로 특별한 사정이 없는 한 강제경매 개시결정이 있고 그 기입등기가 경료 된 경우에는 채권자(채무자의 오기로 보인다/필자 각주)에 대한 송달도 있는 것으로 일응 추정된다.

(나) 송달특례 　일정한 금융기관이 신청한 임의경매절차에서는 위와 같은 통상의 송달이 아닌 발송송달에 따를 수 있음을 예외적으로 허용하고 있다(금융기관부실자산 등의 효율적 처리 및 한국자산관리공사의 설립에 관한 법률 제45조의2). 즉 일정한 금융기관이 채권자인 경우에는 임의경매절차상 채무자난 소유자에게 통지나 송달에 있어서 ① 집행법원에 신고 된 주소, ② 주민등록표에 기재된 주소, ③ 등기부상 주소 중 먼저 밝혀진 순서에 따라 발송송달에 의할 수 있도록 하고 있다. 집행법원에 따로 신고된 주소가 없고 주민등록표상 주소나 등기부상 주소가 복수로 그 순서를 알 수 없는 경우에는 복수의 모든 주소로 발송송달하여야 한다. 어느 주소도 알 수 없는 경우에는 공시송달에 의한다.

≪판례≫ 송달보고서 미작성과 발송송달 특례[대법원 2003. 6. 24. 선고 2003다13116 판결]

구 금융기관의 연체대출금에 관한 특별조치법(1999. 1. 29. 법률 제5693호로 폐지) 제 3 조의 규정에 의한 통지 또는 송달은 경매신청 당시 당해 부동산등기부상에 기재되어 있는 주소(주소를 법원에 신고한 때에는 그 주소)에 발송함으로써 송달의 효력이 발생하고, 발송된 송달서류가 실제로 송달되었는지 아니면 송달불능이 되었는지 여부는 위와 같은 효력에 영향이 없는바, 여기에서의 송달은 통상의 우편에 의한 송달방법으로 발송하더라도 그 효력이 발생하는 것이고, 반드시 민사소송법 제187조 소정의 우편송달의 경우와 같이 별도의 형식을 갖춘 송달보고서가 작성되어야만 송달의 효력이 발생한다고 볼 것은 아니다.

(3) **송달의 흠결** 경매개시결정은 경매절차의 기초가 되는 재판으로 반드시 채무자에게 송달되어야 한다. 경매개시결정은 압류 이상의 의미를 갖는 것이다. 이러한 점에서 경매개시결정이 채무자에게 송달되지 아니한 사정은 당사자뿐 아니라 이해관계인 모두는 그 하자를 다툴 지위가 인정되며 매각허가결정에 대한 항고사유가 됨은 물론 대금을 완납한 매수인이라도 소유권을 취득할 수 없게 한다.

≪판례≫ 채무자에 대한 개시결정송달흠결[대법원 1997. 6. 10.자 97마814 결정]

경매개시결정은 비단 압류의 효력을 발생시키는 것일 뿐만 아니라 경매절차의 기초가 되는 재판이어서 그것이 당사자에게 고지되지 않으면 효력이 있다고 할 수 없고, 따라서 따로 압류의 효력이 발생하였는지의 여부와 관계없이 채무자에 대한 경매개시결정의 고지 없이는 유효하게 경매절차를 속행할 수 없으므로, 채무자가 아닌 이해관계인으로서도 채무자에 대한 경매개시결정 송달의 흠결을 민사소송법 제642조 제 2 항, 제633조 제 1 호의 규정에 의하여 낙찰허가결정에 대한 항고사유로 삼을 수 있는 반면, 같은 법 제634조의 규정에 의하여 낙찰허가에 대한 이의는 다른 이해관계인의 권리에 관한 이유에 의하여는 하지 못하므로, 설사 채무자에 대한 입찰기일의 송달에 하자가 있다고 할지라도 다른 이해관계인이 이를 낙찰허가결정에 대한 항고사유로 주장할 수는 없다.

≪판례≫ 채무자에 대한 개시결정송달흠결[대법원 1994. 1. 28. 선고 93다9477 판결]

경매개시결정은 비단 압류의 효력을 발생시키는 것일 뿐만 아니라 경매절차의 기초가 되는 재판이어서 그것이 당사자에게 고지되지 않으면 효력이 있다 할 수 없고, 따라서 따로 압류의 효력이 발생하였는지의 여부에 관계없이 경매개시결정의 고지 없이는 유효하게 경매절차를 속행할 수 없는 것이므로, 경매법원이 이중경매신청에 의한 강제경매개시결정을 채무자에게 송달하지도 않고 그 기입등기만 경료한 채 후행 경매절차를 진행하여 경락대금을 납부 받은 이상, 이는 그 압류의 효력발생 여부에 관계없이 경매개시결정의 효력이 발생하지 아니한 상태에서 경매절차를 속행한 경우이어서 위법하다 아니할 수 없고, 따라서 경락대금 완납에 의한 경락인으로서의 소유권 취득이라는 경락의 효력은 부정될 수밖에 없으며 경매법원이 경락대금의 완납 후에 사후적으로 이중경매개시결정을 채무자에게 송달하였다고 하여 그 결론이 달라지는 것으로 볼 것도 아니다(같은 취지: 대법원 1991. 12. 16.자 91마239 결정).

나. 이해관계인에 대한 통지·고지

(1) **통지·고지** 채권자나 이해관계인에게는 송달이 아닌 통지나 고지로 족하다(민사소송법 제221조). 그러나 실무상 이러한 통지나 고지를 송달의 방법으로 하고 있는 것이 보통이다.

≪판례≫ 채무자 이외의 자에 대한 경매개시결정송달[대법원 1986. 3. 28.자 86마70 결정]

경매절차의 이해관계인이라 하여 경매개시결정정본까지 송달하여야 하는 것은 아니며 또한 다른 이해관계인의 권리에 관한 사유를 가지고 경매허가에 대한 이의나 재항고의 이유로 삼을 수도 없다.

(2) **상 대 방** 채무자 이외의 이해관계인에게 모두 통지나 고지를 하여야 한다. 공유지분경매에서도 집합건물의 대지권을 공유하는 등과 같이 상당한 이유가 있는 경우를 제외하고는 다른 공유자에게 통지하는 것으로 족하다(제139조 1항).

(3) **통지·고지의 흠결** 이러한 통지나 고지가 결여되었다고 하더라도 채무자에 대한 송달과 달리 경매개시결정의 효력에 영향이 없다.

3. 기입등기

제94조 (경매개시결정의 등기)

① 법원이 경매개시결정을 하면 법원사무관등은 즉시 그 사유를 등기부에 기입하도록 등기관(登記官)에게 촉탁하여야 한다.

② 등기관은 제 1 항의 촉탁에 따라 경매개시결정사유를 기입하여야 한다.

제95조 (등기부등본의 송부)

등기관은 제94조에 따라 경매개시결정사유를 등기부에 기입한 뒤 그 등기부의 등본을 법원에 보내야 한다.

가. 기입등기의 촉탁

경매개시결정이 있으면 법원사무관 등은 직권으로 그에 관한 기입등기를 할 것을 등기관에게 촉탁한다(제94조).

나. 등기부등본의 송부

등기관은 촉탁에 따라 기입등기를 마친 등기부등본을 집행법원에 이를 송부한다(제95조). 그러나 등기촉탁서에 기재되어 있는 등기부등본 작성일 이후에 등기부 기재사항의 변동이 없는 경우에는 등기필증에 변동사항이 없다는 고무인을 찍어 송부하는 것으로 등기부등본의 송부에 갈음한다(대법원 재판예규 제943-30호). 이러한 송부절차는 내부적 절차에 불과한 것으로 송부가 없다고 하더라도 경락허가결정에는 영향이 없다.

다. 말소회복등기의 촉탁

경매개시결정등기가 불법으로 말소된 경우에는 법원사무관 등이 직권으로 회복등기를 촉탁할 수 있다.

Ⅱ. 압류의 효력

1. 압류의 효력발생시기

경매개시결정에는 채무자의 처분행위를 금지하는 것을 주된 내용으로 하는 압류의 효력이 따른다. 이러한 압류의 효력이 구체적으로 발생하는 시점은 경매개시결정이 채무자에게 송달된 시점과 경매개시결정의 기입등기 시점 중에서 먼저 행하지진 시점이 기준이 된다(제83조 4항).

≪판례≫ 압류의 효력발생시기[대법원 2003. 6. 24. 선고 2003다13116 판결]

임의경매개시결정정본이 소유자의 등기부상 주소로 발송되기 전에 경매개시결정의 등기가 기입되었다면 구 민사소송법(2002. 1. 26. 법률 제6626호로 전문 개정되기 전의 것) 제728조, 제603조 제4항에 따라 위 경매개시결정에 의한 압류의 효력은 이 때 생겼다고 할 것이어서 경매법원이 당초 경매개시결정을 하면서 채무자의 상호를 잘못 표시하였다가 이를 경정하는 결정을 하고는 이 경정결정정본을 소유자의 등기부상 주소로 발송하지 않았다고 하더라도 이미 생긴 경매개시결정에 의한 압류의 효력에는 영향이 없다.

민사집행법은 여기에서 한 걸음 더 나아가 제3자가 집행목적물에 관하여 경매개시결정 이전에 권리를 취득한 경우라도 권리를 취득할 당시에 경매신청 또는 압류가 있다는 것을 알았을 경우에는 압류에 대항하지 못하도록 하고 있다(제92조 1항).

2. 압류의 효력

압류의 본질적 효력은 목적물에 대한 채무자의 처분행위를 금지함에 있다.

이에 나아가 압류는 부수적으로 집행채권의 시효중단의 효력이 있으며 피담보채권을 확정하는 효력이 있다. 그러나 압류만으로는 채무자의 목적물에 대한 이용을 제한하지는 못한다. 이를 상세히 살펴보면 다음과 같다.

가. 처분제한적 효력

제92조 (제 3 자와 압류의 효력)

① 제3자는 권리를 취득할 때에 경매신청 또는 압류가 있다는 것을 알았을 경우에는 압류에 대항하지 못한다.

② 부동산이 압류채권을 위하여 의무를 진 경우에는 압류한 뒤 소유권을 취득한 제3자가 소유권을 취득할 때에 경매신청 또는 압류가 있다는 것을 알지 못하였더라도 경매절차를 계속하여 진행하여야 한다.

압류에 위배되는 채무자의 처분행위는 그 효력이 부인되는 것이다. 그런데 여기서 채무자의 처분행위가 무효라고 할 때 이러한 무효의 구체적 의미를 두고 견해가 대립된다.

(1) 채무자와 제 3 취득자 사이의 효력: 절대적 효력설과 상대적 효력설

채무자의 처분행위가 무효라고 할 때 이러한 무효가 압류채권자 등에 대한 관계에서만 무효(상대적 효력설)인 것인지 채무자와 그 상대방 사이에서까지 무효(절대적 효력설)인가에 관한 논의이다. 현재는 상대적 효력설이 통설이고 판례이다. 압류라고 하는 것은 채권자에게 직접적인 만족을 주는 것이 아니고 채권만족을 위한 채무자의 책임재산의 보전에 불과한 것이어서 그러한 목적범위에서만 채무자의 처분행위를 무효로 하면 족하기 때문이다. 절대적 효력설을 취하는 경우 압류 이후에 강제경매개시신청이 취하되는 경우라도 처분행위는 여전히 무효로 남게 되는 점에서도 절대적 효력설은 취할 것이 못된다.

≪판례≫ 압류채권자 이외의 자에 대한 효력[대법원 1992. 2. 11. 선고 91누5228 판결]

경매신청기입등기로 인한 압류의 효력은 부동산 소유자에 대하여 압류채권자에 대한 관계에 있어서 부동산의 처분을 제한하는 데 그치는 것일 뿐 그 밖의 다른 제3자에 대한 관계에 있어서까지 부동산의 처분을 금지하는 것이 아니므로 부동산 소유자는 경매절차 진행 중에도 경락인이 경락대금을 완납하여 목적부동산의 소유권을 취득하기 전까지는 목적부동산을 유효하게 처분할 수 있는 것이고 그 처분으로 인하여 부동산의 소유권을 취득한 자는 그 이후 집행법원에 그 취득사실을 증명하여 경매절차의 이해관계인이 될 수 있음은 물론 배당 후 잉여금이 있는 경우에는 부동산 소유자로서 이를 반환받을 권리를 가지게 되는 것이다.

압류 이후에 제 3 취득자가 있더라도 종전 소유자가 여전히 집행채무자의 지위에 선다. 즉 집행채권자는 종전 소유자인 채무자의 재산에 대하여 강제집행을 하는 것이지 제 3 취득자의 재산에 대하여 집행을 하는 것이 아니다. 그런데 이와 구별할 것으로 저당권 설정 후 제 3 취득자가 있은 경우에 임의경매절차의 성질은 약간 다르다. 이때의 임의경매는 집행채권자가 제 3 취득자의 재산에 대하여 집행하는 것이지 종전 소유자인 채무자의 재산에 대하여 집행을 하는 것이 아니다. 즉 집행채권자는 저당권의 추급효라는 실체적 효력에 기하여 제 3 취득자의 재산에 대하여 담보권을 실행하는 것이다.

⑵ **채무자와 채권자 사이의 효력**

㈎ **압류의 주관적 범위** 상대적 효력설은 앞서 설명한 바와 같이 채무자의 처분행위가 압류채권자 등에 대한 관계서만 무효라고 보는 입장이다. 여기서 다시 채무자의 처분행위가 압류채권자에 대한 관계서만 무효인 것인지 다른 집행참가채권자에 대해서도 무효인지가 문제된다. 달리 표현하면 압류의 효력을 당해 집행절차 전체와의 관계에서 이해할 것인지 아니면 압류채권자와의 관계에서만 이해할 것인지의 문제라고 할 수 있다. 개별상대효설과 절차상대효설의 대립이 그것이다.

1) 절차상대효설 압류에 위배되는 채무자의 처분행위를 모든 집행참가채권자에 대한 관계에서 까지 무효로 파악한다. 다만 집행채권자의 강제경매개시신청취하가 있는 경우라면 채무자의 처분행위는 유효한 것으로 인정된다.

2) 개별상대효설 압류에 저촉되는 채무자의 처분행위는 압류채권자에 대한 관계에서만 무효이며 다른 집행참가채권자에 대한 관계에서는 유효로 파악하는 입장이다. 판례의 입장이다.

3) 논의의 실익 위와 같은 견해의 대립은 압류 이후에 채무자인 소유자(구소유자)가 소유권을 제 3 자(신소유자)에게 이전한 경우에 특히 논의의 실익이 있다. 절차상대효설에 따르면 집행절차상 구소유자만이 소유자로 취급된다. 그러므로 신소유자의 채권자는 집행절차에 참가할 수 없고 구소유자의 채권자만 이 집행절차에 참가할 수 있다. 개별상대효설에 의하면 신소유자가 목적물의 소유권을 취득한 시점을 기준으로 그 이후에는 신소유자의 채권자만이 집행절차에 참가할 수 있다(반대견해 있음).

≪판례≫ **압류의 효력과 압류채권액**[대법원 1998. 11. 10. 선고 98다43441 판결]

[1] 가압류의 처분금지적 효력에 따라 가압류집행 후 가압류채무자의 가압류목적물에 대한 처분행위는 가압류채권자와의 관계에서는 그 효력이 없으므로 가압류 집행 후 가압류목적물의 소유권이 제3자에게 이전된 경우 가압류채권자는 채무명의를 얻어 제3취득자가 아닌 가압류채무자를 집행채무자로 하여 그 가압류를 본압류로 전이하는 강제집행을 실행할 수 있고, 이 경우 그 강제집행은 가압류의 처분금지적 효력이 미치는 객관적 범위인 가압류결정 당시의 청구금액의 한도 안에서는 집행채무자인 가압류채무자의 책임재산에 대한 강제집행절차이므로 제3취득자에 대한 채권자는 당해 가압류목적물의 매각대금 중 가압류의 처분금지적 효력이 미치는 범위의 금액에 대하여는 배당에 참가할 수 없다.

[2] 가압류 집행 후 가압류목적물의 소유권이 제3자에게 이전된 경우 가압류채권자는 채무명의를 얻어 제3취득자가 아닌 가압류채무자를 집행채무자로 하여 그 가압류를 본압류로 전이하는 강제집행을 실행할 수 있으나, 이 경우 그 강제집행은 가압류의 처분금지적 효력이 미치는 객관적 범위인 가압류결정 당시의 청구금액의 한도 안에서만 집행채무자인 가압류채무자의 책임재산에 대한 강제집행절차라 할 것이고, 가압류결정 당시의 청구금액이 채권의 원금만을 기재한 것으로서 가압류채권자가 가압류채무자에 대하여 원금 채권 이외에 이자와 소송비용채권을 가지고 있다 하더라도 가압류결정 당시의 청구금액을 넘어서는 이자와 소송비용채권에 관하여는 가압류의 처분금지적 효력이 미치는 것이 아니므로, 가압류채권자는 가압류목적물의 매각대금에서 가압류결정 당시의 청구금액을 넘어서는 이자와 소송비용채권을 배당받을 수 없다.

≪판례≫ **제3자의 권리취득 후 집행절차참가**[대법원 1998. 11. 13. 선고 97다57337 판결]

중기관리법에 의하여 등록된 중기에 대하여 가압류등록이 먼저 되고 나서 제3자 앞으로 소유권이전등록이 된 경우에 그 제3자의 소유권 취득은 가압류에 의한 처분금지의 효력 때문에 그 집행 보전의 목적을 달성하는 데 필요한 범위 안에서 가압류채권자에 대한 관계에서만 상대적으로 무효일 뿐이고 가압류채무자의 다른 채권자 등에 대한 관계에서는 유효하다 할 것이므로, 위와 같은 경우 채무명의를 얻은 가압류채권자의 신청에 의하여 제3자의 소유권 취득 후 당해 중기에 대하여 개시된 강제경매절차에서 가압류채무자에 대한 다른 채권자는 당해 중기의 경락대금의 배당에 참가할 수 없다.

집행절차에 참가한 전소유자의 채권자는 집행절차에 참가한 신소유자의 채권자의 지위보다 항상 우선한다. 예를 들어 전소유자에 대한 가압류권자는 신소유자에 대한 저당권자보다 우선하여 배당을 받는 것이다. 매각대금이 총채권자의 만족을 주고도 남이 있으면 신소유자에게 교부한다(반대견해 있음). 현재 개별상대효설이 통설이며 판례이다.

(나) **압류의 객관적 범위** 상대적 효력설을 취할 때 또 하나 문제되는 것

이 압류에 저촉되는 채무자의 처분행위가 그 전체가 무효인지 아니면 압류채권액에 상당하는 범위 내에서만 무효인가 하는 것으로 압류의 객관적 범위에 관한 논의이다. 달리 표현하면 채무자의 처분행위가 압류채권액의 범위에서만 무효인지 아니면 압류 이후에 채권자의 채권의 추가나 확장이 있는 경우에 그러한 범위에서까지 무효인지에 관한 논의이다. 압류의 객관적 범위에 관한 논의는 주관적 범위에 관한 논의의 연장선상에 있는 것으로 절차상대효설과 개별상대효설의 논의가 그대로 연결된다.

1) 절차상대효설 압류의 효력은 집행절차 전체와의 관계에서 파악해야 하는 것이므로 압류 이후에 채권의 추가나 확장이 있는 경우까지 압류의 효력이 미치는 것으로 파악한다.

2) 개별상대효설 압류의 효력은 압류채권의 범위에서만 효력이 미치는 것으로 압류 이후의 채권의 추가나 확장된 부분에 관련해서는 압류의 효력이 미치지 아니한다.

3) 논의의 실익 위와 같은 견해의 대립은 압류 이후에 채권의 추가나 확장이 있는 경우 신소유자가 목적물의 소유권을 종국적으로 유효하기 취득하기 위해서 필요한 채권의 변제 범위를 정하는데 특히 논의의 실익이 있다. 절차상대효설에 서면 신소유자는 압류채권은 물론 추가나 확장된 채권까지 변제해야 하는 반면 개별상대효설에 서면 신소유자는 압류채권만을 변제하면 된다. 압류의 주관적 범위에 관해서와 마찬가지로 개별상대효설이 현재의 통설이며 판례이다.

≪판례≫ 제 3 자의 권리취득 후의 청구금액확장[대법원 1983. 10. 15. 83마393 결정]

강제경매에 있어서 채권의 일부청구를 한 경우에 그 경매절차 개시를 한 후에는 청구금액의 확장은 허용되지 않고 그 후에 청구금액을 확장하여 잔액의 청구를 하였다 하여도 배당요구의 효력밖에는 없는 것이므로 강제경매 개시결정에 의하여 압류의 효력이 발생한 후에 채무자가 경매부동산을 처분하여 그 등기를 경료하였고 그 후에 청구금액 확장신청이 있고 먼저 한 강제경매 사건이 강제경매 절차에 의하지 않고 종료하였다면 청구금액 확장신청 이전에 소유권이전등기를 경료한 제 3 취득자는 그 소유권 취득을 확장신청인에게 대항할 수 있다.

압류의 객관적 범위에 관한 논의는 주로 집행절차상 청구금액의 확장에 관한 논의에 다름 아니다. 강제경매절차상 청구금액의 확장이 있는 경우 확장된 금액을 집행채권에 편입시킬 것인지 아니면 단순히 배당요구의 의미만 부여할 것인지의 논의에 다름 아닌 것이다. 확장된 금액을 집행채권에 편입시킨다는 것은 청구금액의 확장을 인정한다는 것이고 이는 곧 압류의 효력이 확장된 금액까지 미친다는 것이다. 확장된 금액을 집행채권에 편입을 인정하지 아니하는 것은 청구금액의 확장을 부정한다는 것이고 다만 배당요구의 의미만을 부여하여 압류의 효력이 확장된 금액에는 미치지 아니하는 것으로 파악하는 것이다. 그러나 배당요구 종기 이후의 청구금액의 확장은 어느 견해에 따르더라도 배당요구의 의미조차 가질 수 없다.

(3) 제 3 자에 대한 대항력 압류의 처분금지효에 위배되는 채무자의 행위에 의하여 권리를 취득한 제 3 자는 선의·악의를 불문하고 압류채권자에게 대항할 수 없다. 그러나 앞서 살펴본 바와 같이 제 3 자가 대항할 수 없는 범위는 원칙적으로 압류채권액의 범위에 한한다. 그러므로 제 3 자는 매수인의 매각대금 납부시까지는 정당한 소유자로 인정된다. 제92조 제 1 항에서 제 3 자에 대한 압류의 대항력과 관련해서는 압류의 시기를 앞당기고 있는 점은 앞서 설명하였다. 제 3 자가 집행목적물에 대한 소유권을 취득한 경우라도 집행당사자는 여전히 종전 소유자이다. 그러므로 제 3 자는 청구이의의 소의 당사자 적격이 없다.

나. 시효중단의 효력

압류가 있으면 집행채권의 시효가 중단되는 효력이 있다(민법 제168조). 그러나 경매개시결정이 취소되거나 경매신청이 취하된 경우에는 처음부터 시효가 중단되지 아니한 것으로 된다(민법 제175조). 시효중단의 범위에 있어서도 일부채권을 위한 압류의 경우에는 일부채권액의 범위에 한정된다고 본다.

다. 피담보채권의 확정

경매개시결정이 있는 경우 근저당권에 의해 담보되는 채권의 확정시기가 문제된다. 이에 대해서 민법은 침묵을 하고 있다. 판례에 따르면 피담보채권이 경매를 신청한 채권자의 채권인 경우에는 경매개시결정이 있는 시점에 피담보채권이 확정되며, 피담보채권자가 아닌 다른 채권자의 경매신청이 있는 경우 피담보채권은 배당시를 기준으로 확정된다. 그러나 경매취소나 경매신청의 취하가 있으면 피담보채권은 확정이 없었던 것으로 취급된다.

≪판례≫ 피담보채권의 확정시기[대법원 1999. 9. 21. 선고 99다26085 판결]

당해 근저당권자는 저당부동산에 대하여 경매신청을 하지 아니하였는데 다른 채권자가 저당부동산에 대하여 경매신청을 한 경우 민사소송법 제608조 제 2 항, 제728조의 규정에 따라 경매신청을 하지 아니한 근저당권자의 근저당권도 경락으로 인하여 소멸하므로, 다른 채권자가 경매를 신청하여 경매절차가 개시된 때로부터 경락으로 인하여 당해 근저당권이 소멸하게 되기까지의 어느 시점에서인가는 당해 근저당권의 피담보채권도 확정된다고 하지 아니할 수 없는데, 그 중 어느 시기에 당해 근저당권의 피담보채권이 확정되는가 하는 점에 관하여 우리 민법은 아무런 규정을 두고 있지 아니한바, 부동산 경매절차에서 경매신청기입등기 이전에 등기되어 있는 근저당권은 경락으로 인하여 소멸되는 대신에 그 근저당권자는 민사소송법 제605조가 정하는 배당요구를 하지 아니하더라도 당연히 그 순위에 따라 배당을 받을 수 있고, 이러한 까닭으로 선순위 근저당권이 설정되어 있는 부동산에 대하여 근저당권을 취득하는 거래를 하려는 사람들은 선순위 근저당권의 채권최고액 만큼의 담보가치는 이미 선순위 근저당권자에 의하여 파악되어 있는 것으로 인정하고 거래를 하는 것이 보통이므로, 담보권 실행을 위한 경매절차가 개시되었음을 선순위 근저당권자가 안 때 이후의 어떤 시점에 선순위 근저당권의 피담보채무액이 증가하더라도 그와 같이 증가한 피담보채무액이 선순위 근저당권의 채권최고액 한도 안에 있다면 경매를 신청한 후순위 근저당권자가 예측하지 못한 손해를 입게 된다고 볼 수 없는 반면, 선순위 근저당권자는 자신이 경매신청을 하지 아니하였으면서도 경락으로 인하여 근저당권을 상실하게 되는 처지에 있으므로 거래의 안전을 해치지 아니하는 한도 안에서 선순위 근저당권자가 파악한 담보가치를 최대한 활용할 수 있도록 함이 타당하다는 관점에서 보면, 후순위 근저당권자가 경매를 신청한 경우 선순위 근저당권의 피담보채권은 그 근저당권이 소멸하는 시기, 즉 경락인이 경락대금을 완납한 때에 확정된다고 보아야 한다.

라. 사용제한적 효력

(1) **채무자의 자유사용** 강제경매를 위한 압류만으로는 채무자의 목적물에 대한 사용을 제한하지 못한다(제83조 2항, 규칙 제44조). 예외적으로 채무자나 점유자가 부동산을 침해할 위험이 있는 경우에는 집행법원이 별도로 담보제공여부를 정하여 매각허가결정이 있을 때까지 침해행위를 방지하기 위하여 금지·작위·보관명령을 발하거나 지료의 대불을 허가할 수 있다(제83조 3항, 규칙 제44조, 제45조). 이와는 달리 강제관리를 위한 압류의 경우에는 그 성질상 채무자의 목적물 사용이 허용되지 아니한다.

(2) **처분행위와 사용행위의 구별** 실제에 있어서 채무자의 사용행위와 처분행위의 구별이 용이하지 아니하다. 양자의 구별은 채무자의 입장이 아니라 채권자나 매수인의 시각에서 바라보아야 한다. 즉 채권자의 배당액에 영향을 주거나 매수인에게 인수범위를 확장시키는 행위는 처분행위로 보아야 한다. 예를 들어 임대차계약의 체결은 원칙적으로 처분행위가 아니지만(민법 제619조) 우선변제력 있는 주택이나 상가의 임대차는 실질적으로 처분행위에 해당하므로 허용되지 아니한다고 하겠다. 또한 압류 이후에 목적물에 대한 유치권성립을 용인하는

채무자의 행위 역시 처분행위라 할 것이므로 매수인에게 대항하지 못한다.

≪판례≫ **압류 후 유치권성립**[대법원 2005. 8. 19. 선고 2005다22688 판결]

채무자 소유의 건물 등 부동산에 강제경매개시결정의 기입등기가 경료되어 압류의 효력이 발생한 이후에 채무자가 위 부동산에 관한 공사대금 채권자에게 그 점유를 이전함으로써 그로 하여금 유치권을 취득하게 한 경우, 그와 같은 점유의 이전은 목적물의 교환가치를 감소시킬 우려가 있는 처분행위에 해당하여 민사집행법 제92조 제 1 항, 제83조 제 4 항에 따른 압류의 처분금지효에 저촉되므로 점유자로서는 위 유치권을 내세워 그 부동산에 관한 경매절차의 매수인에게 대항할 수 없다.

Ⅲ. 경매개시결정에 대한 불복: 경매개시결정에 대한 이의

제86조 (경매개시결정에 대한 이의신청)

① 이해관계인은 매각대금이 모두 지급될 때까지 법원에 경매개시결정에 대한 이의신청을 할 수 있다.

② 제 1 항의 신청을 받은 법원은 제16조 제 2 항에 준하는 결정을 할 수 있다.

③ 제 1 항의 신청에 관한 재판에 대하여 이해관계인은 즉시항고를 할 수 있다.

1. 의 의

경매개시결정에 대해서 이해관계인(제90조)은 매각대금이 모두 지급되기 전까지 경매개시결정에 대한 이의로써 불복할 수 있다(제86조 제 1 항).

≪판례≫ **경매경시결정에 대한 준재심**[대법원 2004. 9. 13.자 2004마660 결정]

민사소송법 제461조는 "제220조의 조서 또는 즉시항고로 불복할 수 있는 결정이나 명령이 확정된 경우에 제451조 제 1 항에 규정된 사유가 있는 때에는 확정판결에 대한 제451조 내지 제460조의 규정에 준하여 재심을 제기할 수 있다."고 규정하고 있는바, 여기서 준재심의 대상을 '즉시항고로 불복할 수 있는 결정이나 명령'으로 한정하고 있으나, 이는 대표적인 사례를 든 것에 불과하고, 따라서 종국적 재판의 성질을 가진 결정이나 명령 또는 종국적 재판과 관계없이 독립하여 확정되는 결정이나 명령에 해당하는 경우라면 독립하여 준재심을 신청할 수 있지만, 담보권실행을 위한 경매개시결정에 대하여는 즉시항고를 할 수 있다는 취지의 규정도 없고, 경매개시결정에 대하여는 즉시항고에 의하여 상급심의 판단을 받지 아니하더라도 매각허가결정에 대한 즉시항고로써 다툴 수 있는 것이므로, 이와 같은 경매개시결정은 종국적 재판의 성질을 가진 결정이나 명령 또는 종국적 재판과 관계없이 독립하여 확정되는 결정이나 명령에 해당하지 아니하므로 준재심의 대상에 해당하지 아니한다.

경매개시결정에 대한 이의는 독자의 불복형식이 아니고 민사집행법 제16조에서 규정한 집행에 관한 이의에 다름 아니다. 입법론상 집행절차의 절차상 하자에 대한 일반적인 불복방법인 집행에 관한 이의를 두면서 이와 별도로 경매개시결정에 대한 이의를 별도로 규정한 것은 의문이다.

2. 신 청

이해관계인은 매각대금이 지급되기 전에 경매개시결정을 한 법원에 이의를 신청할 수 있다. 항고 등 집행절차에 부수된 불복 등으로 집행기록이 항고법원에 있는 경우라도 경매개시결정을 한 법원에 이의를 할 것이지 기록소재법원에 이의를 할 것이 아니다. 한편 이의신청에 대한 재판이 있기 전까지는 자유로이 이의를 취하할 수 있다.

≪판례≫ 이의신청취하의 종기[대법원 2004. 3. 26.자 2003마1481 결정]

경매개시결정에 대한 이의신청은 그에 대한 재판이 있기 전까지만 이를 취하할 수 있다고 보아야 할 것이므로, 이의신청에 대한 재판이 있은 후에 이루어진 이의신청의 취하는 아무런 효력이 없다.

한편 경매개시결정에 대한 이의는 중간재판에 대한 다툼으로 집행절차상 이해관계인이라는 지위에 부여되는 고유한 불복방법이므로 채권자대위에 의하여 이의하는 것은 허용되지 아니한다.

3. 이의사유

가. 절차적 하자

경매개시결정시점까지의 집행절차상의 하자를 이의 사유로 삼을 수 있다. 실체상의 하자는 이의 사유로 삼지 못하는 것은 집행에 관한 이의의 항목에서 설명한 바와 같다.

≪판례≫ 집행채권변동과 경매개시결정에 대한 이의[대법원 1991. 2. 6.자 90그66 결정]

강제경매 개시결정에 대한 이의신청은 경매개시 결정에 관한 형식적인 절차상의 하자에 대한 불복 방법이기 때문에 강제경매의 기초가 된 채무명의의 실체적 권리관계에 관한 사유를 경매개시 결정에 대한 이의의 원인으로 할 수는 없다(같은 취지: 대법원 1994. 8. 27.자 94마147 결정, 대법원 2004. 9. 8.자 2004마408 결정).

나. 임의경매와 실체적 하자

위와는 달리 임의경매절차에서는 특례(제265조)를 두어 경매개시결정에 대한 이의에서 청구권의 부존재나 청구채권의 이행기 미도래 등과 같은 실체적 하자를 아울러 다툴 수 있게 하고 있다.

≪판례≫ 기한미도래와 임의경매개시결정에 대한 이의[대법원 1968. 4. 14.자 68마301 결정]

채권자는 특단의 사정이 없는 한 변제기가 도래하기 전에 채무자에게 채무의 이행을 청구할 수 없는 것이므로 저당권자는 피담보채권의 변제기 도래 전에 저당권실행을 위한 경매신청을 할 수 없다(임의경매개시결정에 대한 이의신청사례였음/필자 각주).

실체적 하자는 본래 청구이의의 소로 다투어야 한다. 그러나 청구이의의 소는 집행권원의 집행력을 배제하는 제도인데 임의경매에서 집행권원이라고 할 것이 없으므로 청구이의의 소로 다투지 못하기 때문에 둔 규정이다.

다. 이의사유 발생시기

(1) 강제경매개시결정에 대한 이의 경매개시결정 이후에 새로이 발생한 절차상의 하자는 일반적인 불복 방법인 집행에 관한 이의나 즉시항고로 다투어야지 경매개시결정에 대한 이의로는 다투지 못한다.

(2) 임의경매개시결정에 대한 이의 임의경매개시결정에 대한 이의에 있어서는 개시결정 이후부터 매각대금납부시까지 사이에 발생한 담보권 소멸등과 같은 실체적 사유를 아울러 다툴 수 있다.

≪판례≫ 집행절차진행 중 집행채권소멸[대법원 1987. 8. 18. 선고 87다카671 판결]

부동산임의경매절차에 있어서 경락허가 결정이 확정된 이후라도 경락대금 완납시까지는 채무자는 저당채무를 변제할 수 있고 채권자는 채무자에 대하여 채무의 면제 또는 변제기한의 유예 등을 할 수 있으며 위와 같은 실체법상의 이유는 경매개시 결정에 대한 이의사유로 될 수 있을 뿐만 아니라 그 경우 저당채무가 소멸되었을 때에는 법원은 그 경매개시 결정을 취소할 수도 있는 것이므로 경매절차 진행 중에 경매채권자와 채무자 사이에 대환의 약정이 있어서 기존채무가 소멸하였다면 그 경우 또한 경매개시결정에 대한 이의사유나 경매개시 결정의 취소사유가 될 수 있다.

최고가매수신고인이 정해진 이후라도 이의신청에 있어서 매수인의 동의를 필요로 하지 않는다.

≪판례≫ 개시결정에 대한 이의와 매수인의 동의[대법원 2000. 6. 28.자 99마7385 결정]

신청채권자로부터 변제유예를 받았음을 원인으로 한 임의경매개시결정에 대한 이의신청의 경우, 민사소송법 제728조에 의하여 임의경매에 준용되는 민사소송법 제610조 및 민사소송규칙 제205조에 의하여 임의경매에 준용되는 민사소송규칙 제146조의3 제 2 항의 규정들은 경매법원이 경매절차를 필수적으로 정지·취소하도록 되어 있는 서류의 제출시기를 제한하는 규정일 뿐 임의경매개시결정에 관한 이의신청을 제한하는 규정이 아니고, 달리 민사소송법 및 민사소송규칙상 임의경매개시결정에 관한 이의신청을 제한하는 규정은 보이지 않으므로, 이해관계인인 채무자로서는 민사소송법 제728조, 제725조, 제603조의3에 의하여 경락대금 완납시까지는 그 이의를 신청할 수 있고, 매수의 신고가 있은 후에도 그 이의신청에 최고가매수신고인 등의 동의를 필요로 하지는 않는다 할 것이므로, 변제유예 사실이 인정된다면 그 이의신청이 신의칙에 반하거나 권리남용에 해당하는 경우와 같은 특별한 사정이 없는 한 이를 인용하여야 한다.

4. 재 판

가. 잠정처분

이의 신청이 있는 것만으로는 집행정지의 효력이 없으므로 집행법원은 채무자에게 담보제공여부를 정하여 잠정처분으로 집행의 일시정지를 명하거나 잠정처분 이후에 채권자에 대해서는 담보제공을 명하여 정지된 집행의 속행을 명할 수 있도록 하고 있다(제86조 2항, 제16조 2항).

≪판례≫ 이의신청의 인용가능성과 집행정지명령[대법원 1991. 2. 6.자 90그66 결정]

강제경매절차에서 이해관계인이 민사소송법 제603조의3 제 1 항에 따라 경매개시 결정에 대한 이의신청을 하더라도 강제집행은 정지되지 아니한 채 속행되는 것이어서 법원이 그 이의신청에 대한 재판을 할 때까지 강제집행이 그대로 속행됨으로 말미암아 이의신청인이 예측할 수 없는 손해를 입게 되는 것을 방지하기 위하여 같은 조 제 2 항이 위 이의신청을 받은 법원은 같은 법 제484조 제 2 항에 준하는 가처분명령을 할 수 있도록 규정하고 있는 것이므로 법원은 이의신청이 받아들여질 개연성이 있는 것으로 판단되는 경우에만 같은 조 제 2 항에 따라 강제집행의 일시정지를 명하는 가처분을 할 수 있는 것이고 채무자가 강제경매의 기초가 된 채무명의인 공정증서에 의한 채무를 부담하고 있지 아니하다는 것과 같이 신청원인 자체에 의하더라도 강제경매개시결정에 대한 이의신청이 받아 들여질 수 없는 것임이 명백한 경우에는 그와 같은 가처분명령을 할 수 없는 것이다.

위와 같은 잠정처분에 대해서는 독립하여 불복하지 못한다.

나. 심리·재판

심리는 임의적 변론에 의하고 결정으로 재판한다(제 3 조 2항). 이의신청이 정당한 경우에는 기존의 경매개시결정을 취소함과 아울러 경매신청을 기각하는 주문을 낸다.

다. 불 복

이의신청에 대한 재판에 대해서는 즉시항고로 불복할 수 있다(제83조 5항). 부동산 강제경매의 경매개시결정에 대하여는 현재 사법보좌관의 업무로 하고 있다. 그러므로 곧바로 즉시항고 다툴 것이 아니고 사법보좌관에 대한 이의(사법보좌관규칙 제 4 조)를 하여야 한다. 사법보좌관에 대한 이의가 배척되는 경우에 종국에 당해 이의는 즉시항고로 취급되는 점은 앞서 설명하였다.

Ⅳ. 경매취소

제97조 (부동산의 평가와 최저매각가격의 결정)

① 법원은 감정인(鑑定人)에게 부동산을 평가하게 하고 그 평가액을 참작하여 최저매각가격을 정하여야 한다.

② 감정인은 제 1 항의 평가를 위하여 필요하면 제82조 제 1 항에 규정된 조치를 할 수 있다.

③ 감정인은 제7조의 규정에 따라 집행관의 원조를 요구하는 때에는 법원의 허가를 얻어야 한다.

1. 의 의

경매개시결정 이후에 목적물이 멸실하거나, 매각되는 경우라도 권리를 이전할 수 없는 사정이 등기관의 통지(제95조) 등에 따라 법원에 명백하게 된 경우에는 법원은 경매절차를 취소하여야 한다(제96조 1항).

2. 취소사유

가. 목적물의 멸실

목적물의 멸실 시기를 불문하고 목적물이 멸실한 사실이 인정되면 집행법원은 경매절차를 취소하여야 한다. 만일 경매개시결정 당시에 이미 목적물이 멸실한 사정이 명백한 경우에는 집행법원이 경매신청을 각하할 것이지만 경매개시결정은 형식적 심사만을 통해 이루어지는 것이므로 부동산이 멸실한 상태에서 경매개시결정이 있을 수 있게 된다. 목적물이 없어지는 것은 물론 동일성을 인정할 수 없을 정도의 구조의 변경이 있는 경우에도 경매절차를 취소할 것이다. 부동산의 동일성의 판단은 등기부상의 표시를 기준으로 할 것이다.

나. 권리의 이전불능

목적물을 경매절차에 따라 매각하더라도 매수인에게 소유권을 이전할 수 없는 사정이 명백하면 경매절차를 취소하여야 한다. 몇 가지 경우로 나누어 보기로 한다.

(1) **가 등 기** 매각으로 인하여 소멸되지 아니하는 가등기가 있다는 사정만으로는 경매절차의 진행에 영향이 없다. 그러나 그러한 집행절차의 진행 중에 가등기에 기한 본등기가 이루어지고 그에 따라 채무자 명의의 소유권이전등기가 직권말소되는 경우에는 경매절차를 취소하여야 한다.

(2) **처분금지가처분** 처분금지가처분이 있는 부동산에 대한 경매신청이 있는 경우 가처분권자의 지위에 대하여 강제집행우위설, 가처분우위설, 절충설의 대립이 있는데 이에 대해서는 보전처분에서 상세히 설명하기로 한다. 판례는 선행의 가처분이 있는 부동산에 대한 강제경매신청이 있는 경우 경매개시결정은 하되 그 이후의 절차는 가처분에 관한 본안소송이 결과가 나오기까지 사실상 정지상태에 둔다(절충설). 판례에 따르면 선행하는 가처분의 존재만으로는 경매취소사유는 아니라고 할 것이다.

(3) **법령상 제한** 채무자에 대한 파산 등 집단적 청산절차가 개시되거나 목적물이 공장재단 또는 광업재단의 일부임이 판명된 경우에는 개별적 집행이 허용되지 아니하므로 경매절차를 취소하여야 한다.

3. 불복절차

경매절차의 취소는 직권에 의할 것이고 당사자에게는 신청권이 없다. 경매취소의 사유가 있음에도 법원이 이를 간과하고 경매절차를 속행하는 경우에는 집행에 관한 이의로써 그 시정을 구할 수 있다.

≪판례≫ 집행정지명령을 무시한 집행행위[대법원 1997. 11. 11.자 96그64 결정]

민사소송법 제613조에 의하면, 강제경매절차 중에 부동산의 멸실 기타 매각으로 인하여 권리의 이전을 불가능하게 하는 사정이 명백하게 된 때에는 집행법원이 강제경매의 절차를 필요적으로 취소하도록 규정하고 있으므로, 이해관계인이 집행법원에 대하여 민사소송법 제613조에 의한 경매절차의 취소신청을 하였다고 하더라도 이와 같은 취소신청은 집행법원의 경매절차취소를 촉구하는 의미를 가질 뿐이나, 집행법원이 절차를 취소하여야 할 사정이 명백함에도 불구하고 취소결정을 하지 아니할 때에는 민사소송법 제504조에 정한 집행에 관한 이의에 의하여 불복을 신청할 수 있다.

경매절차를 취소하는 결정은 확정되어야 효력이 있으며(제17조 2항) 이에 대하여는 즉시항고로 불복할 수 있다(제96조 2항).

제 5 절 집행참가절차

Ⅰ. 의 의

금전채권집행은 채무자의 신용상태의 악화로 인한 것이어서 통상 복수의 채권자가 있게 마련이다. 그러므로 어느 한 채권자의 신청에 의하여 집행절차가 개시된 경우에 다른 채권자의 절차관여를 인정할 필요가 있다. 이러한 압류채권자 이외의 다른 채권자의 절차관여를 집행참가제도라고 한다. 현행법상의 집행참가제도는 평등주의를 전제한 것으로 이중경매개시결정제도와 배당요구제도가 있다. 한편 앞서 설명한 권리신고절차 역시 넓은 의미의 집행참가절차로 취급할 수 있을 것이다.

Ⅱ. 이중경매개시결정: 압류의 경합

1. 서 론

제87조 (압류의 경합)

① 강제경매절차 또는 담보권 실행을 위한 경매절차를 개시하는 결정을 한 부동산에 대하여 다른 강제경매의 신청이 있는 때에는 법원은 다시 경매개시결정을 하고, 먼저 경매개시결정을 한 집행절차에 따라 경매한다.

② 먼저 경매개시결정을 한 경매신청이 취하되거나 그 절차가 취소된 때에는 법원은 제91조제1항의 규정에 어긋나지 아니하는 한도 안에서 뒤의 경매개시결정에 따라 절차를 계속 진행하여야 한다.

③ 제2항의 경우에 뒤의 경매개시결정이 배당요구의 종기 이후의 신청에 의한 것인 때에는 집행법원은 새로이 배당요구를 할 수 있는 종기를 정하여야 한다. 이 경우 이미 제84조 제2항 또는 제4항의 규정에 따라 배당요구 또는 채권신고를 한 사람에 대하

여는 같은 항의 고지 또는 최고를 하지 아니한다.

④ 먼저 경매개시결정을 한 경매절차가 정지된 때에는 법원은 신청에 따라 결정으로 뒤의 경매개시결정(배당요구의 종기까지 행하여진 신청에 의한 것에 한한다)에 기초하여 절차를 계속하여 진행할 수 있다. 다만, 먼저 경매개시결정을 한 경매절차가 취소되는 경우 제105조 제 1 항 제 3 호의 기재사항이 바뀔 때에는 그러하지 아니하다.

⑤ 제 4 항의 신청에 대한 재판에 대하여는 즉시항고를 할 수 있다.

제89조 (이중경매신청 등의 통지)

법원은 제87조 제 1 항 및 제88조 제 1 항의 신청이 있는 때에는 그 사유를 이해관계인에게 통지하여야 한다.

가. 의 의

강제경매절차 또는 담보권실행을 위한 경매절차를 개시하는 결정을 한 부동산에 대하여 다른 강제경매신청이 있는 때에는 집행법원은 다시 경매개시결정을 한다(제87조 1항). 이러한 경우에는 2개의 경매개시결정이 있게 된다는 의미에서 이중경매개시결정이라고 한다. 경매개시결정은 압류의 효력이 있는 것이므로 경매개시결정이 있으면 압류도 2개가 되어 경합이 있게 되므로 이러한 의미에서 압류의 경합이라고도 한다.

나. 기록첨부와 공동경매

제162조 (공동경매)

여러 압류채권자를 위하여 동시에 실시하는 부동산의 경매절차에는 제80조 내지 제161조의 규정을 준용한다.

이중경매개시결정과 구별할 것으로 기록첨부제도와 공동경매가 있다. 기록첨부제도는 1990년 이전의 민사소송법상 압류채권자 이외의 다른 채권자의 경매신청이 있더라도 다시 경매개시결정을 하지 아니하고 단순히 이미 진행 중인 경매기록에 후행 신청기록을 첨부하는데 그치고 배당요구의 의미만을 인정한 것을 말한다. 공동경매는 복수의 채권자들의 공동의 신청이 있거나 또는 선행의 경매신청에 따른 경매개시결정이 아직 이루어지지 않은 동안에 다른 채권자가 경매를 신청한 경우에는 하나의 경매개시결정을 하고 여러 채권자는 공동의 압류채권자가 되는 것을 말한다. 공동경매절차의 진행은 압류채권자가 1인인 경우와 다를 것이 없다(제162조). 공동경매와 이중경매개시결정을 합하여 공동집행이라고도 한다. 기록첨부제도와 공동경매의 경우에는 어느 것이나 경매개시결정이 한

번만 있게 되는 점에서 이중경매개시결정과 전혀 다르다.

2. 요 건

가. 선행 경매개시결정

집행의 대상으로 삼고자 하는 부동산에 관하여 이미 경매개시결정이 내려져 있어야 한다. 선행 경매개시결정이 효력을 발생하고 있을 것 까지는 필요하지 않다.

나. 이중경매신청의 종기

이중경매신청의 종기에는 특별한 제한이 없다. 매수인이 대금을 완납하기 전이면 언제라도 신청할 수 있다(대금완납시설). 아래의 판례는 기록첨부제도하의 것이나 이중경매신청에서도 마찬가지라고 할 것이다. 그러나 배당요구종기제도를 도입하고 있는 현행법하에서는 배당요구종기 이후의 이중경매신청은 거의 의미가 없다.

≪판례≫ 매각결정 후 이중경매신청[대법원 1978. 11. 15. 78마285 결정]

임의경매절차에 있어서 그 경락허가결정일 후라도 경락대금납부 전에 강제경매신청이 있는 경우에는 그 강제경매신청기록을 선행 임의경매 사건의 기록에 첨부함이 타당하다.

다. 소유자의 동일성

⑴ **채무자 내지 소유자의 동일성** 선행압류와 후행압류의 소유자가 동일하여야 한다. 임의경매 상호간 또는 임의경매와 강제경매 사이에서는 소유자가 다르더라도 목적물의 채무자가 동일하면 압류의 경합에 해당한다.

⑵ **소유권의 변동과 압류의 병존** 선행압류 이후에 목적물에 대한 소유권 변동에 따라 새로운 소유자를 채무자로 한 경매개시결정이 있는 경우에는 후행 경매개시결정은 이중경매개시결정이 아닌 통상의 경매개시결정일 뿐이다. 이러한 경우 먼저 있은 압류와 나중에 있은 압류는 전혀 독립적이 존재이다. 이때 선행절차가 유효하게 진행되어 매각이 이루어지면 후행절차는 취소에 이르게 되고(제96조) 만일 선행절차가 실효되는 경우라면 비로소 정지해 두었던 후행압류에 의한 집행절차가 새롭게 진행된다.

⑶ **가압류의 본압류 이전과 이중경매개시결정**

㈎ **본압류 이전** 이중경매개시결정은 위와 같이 선행압류와 후행압류에 의한 각 경매절차가 시간적 순서에 따라 잠정적으로 경합하는 구조를 갖는다.

이것은 부동산에 대하여 이미 가압류가 있는 상태에서 다른 채권자가 임의경매 또는 강제경매의 신청에 따라 경매개시결정이 있은 다음 가압류채권자의 본집행 신청에 기하여 경매개시결정이 있게 되는 경우도 마찬가지다.

(나) **절차진행** 위와 같은 가압류채권자의 경매신청에 따른 경매개시결정이 권리관계의 순위 면에서는 선행압류보다 앞서거나 동순위일지라도 절차의 진행은 먼저 있는 본압류에 따라 진행된다.

(다) **가압류 이후의 제 3 취득자** 가압류 목적물의 제 3 취득자를 채무자로 하는 경매개시결정 이후에 가압류채권자의 신청에 기한 경매개시결정이 있는 경우는 이중경매의 문제가 아니다. 이 경우에는 가압류채권자의 지위가 제 3 취득자의 채권자보다 선순위에 있게 되므로 오히려 시간적으로 앞선 경매개시결정에 따른 경매절차가 정지되고 시간적으로 늦은 가압류채권자의 경매신청에 따른 경매절차가 진행된다.

3. 집행기록의 처리

이중경매신청이 있으면 선행 경매사건과 별도의 사건번호를 부여하여 그 기록을 별책으로 만들되 선행사건을 담당하는 재판부에 배당하고 그 기록은 선행기록과 끈으로 연결하여 같이 보관한다. 기록첨부제도가 폐지되었음은 앞서 설명하였다.

4. 절차의 진행

가. 경매개시결정 등

이중경매신청이 있으면 당해 신청에 기초하여 경매개시결정과 기입등기의 촉탁(제94조), 채무자에 대한 경매개시결정의 송달(제83조 4항), 이해관계인에 대한 통지(제89조) 등의 절차를 거쳐야 한다. 또한 후행 경매신청이 배당요구종기 이전에 이루어진 것이라면 당해 경매신청에는 배당요구의 의미가 부여된다(제147조 1호). 위와 같은 결론은 선행압류와 후행압류 어느 것에 기초하여 절차가 진행되는가 하는 것과 무관한 것이다.

≪판례≫ 이중경매개시결정의 송달이 흠결된 집행절차[대법원 1995. 7. 11.자 95마147 결정]

[1] 경매법원이 이중경매 신청에 기한 경매개시결정을 하면서 그 결정을 채무자에게 송달함이 없이 경매절차를 진행하였다면 그 경매는 경매개시결정이 효력을 발생하지 아니한 상태에서 이루어진 것이어서 당연히 무효라고 보아야 하므로, 그 개시결정이 채무자

에게 송달되기 전에 경매대금의 납부를 명하고 이에 따라 경매대금을 납부한 것은 경매절차를 속행할 수 없는 상태에서의 대금납부로서 부적법하여 대금납부의 효력을 인정할 수 없다(같은 취지: 대법원 1994. 1. 28. 선고 93다9477 판결).

[2] '[1]'항과 같이 무효인 경매절차가 그대로 진행되어 경매목적물의 제3취득자인 소유자가 경락대금 중 채권자들에게 순차로 배당되고 남은 금원을 지급받기까지 하였으며, 채무자가 위 경매절차에 관하여 아무런 이의를 제기하지 아니하였다고 하더라도, 그와 같은 사정만으로 그 경매로 인하여 경매목적물에 관한 소유권을 상실할 우려가 있는 제3취득자인 소유자가 그 경매개시결정이 채무자에게 송달되지 아니하여 무효라고 주장하는 것을 가리켜 신의칙에 반한다거나 권리남용에 해당한다고 볼 수 없다.

[3] 경매법원이 제3취득자인 소유자의 집행방법에 대한 이의를 받아들여 대금납부명령이 무효임을 선언하는 의미에서 이를 취소하는 경우에 있어서, 무효인 배당절차에서 이미 경락대금을 지급받은 채권자들이나 소유자에게 그 지급받은 금원을 경매법원에 반환하도록 함께 명하여야 한다고 볼 아무런 법률상의 근거가 없으므로, 그와 같은 반환 명령을 동시에 하지 아니한 원심의 대금납부명령 취소결정은 위법하다 할 수 없다.

나. 선행압류에 따른 절차진행

(1) 이중압류의 불고려 선행압류에 따른 경매절차가 유효하게 진행되는 한도에서 후행 경매개시결정에 따른 경매절차는 진행되지 않는다. 이중경매신청이 있다는 사정만으로 선행압류에 따른 집행절차의 진행과정 자체에는 아무런 영향이 없는 것이다. 이해관계인의 범위를 정함에 있어서도 선행압류만을 기준으로 한다.

≪판례≫ 이중압류와 이해관계인의 범위[대법원 2005. 5. 19.자 2005마59 결정]

민사집행법 제87조 제1항은 강제경매절차 또는 담보권실행을 위한 경매절차를 개시하는 결정을 한 부동산에 대하여 다른 강제경매의 신청이 있는 때에는 법원은 다시 경매개시결정을 하고, 먼저 경매개시결정을 한 집행절차에 따라 경매한다고 규정하고 있으므로, 이러한 경우 이해관계인의 범위도 선행의 경매사건을 기준으로 정하여야 하는바, 선행사건의 배당요구의 종기 이후에 설정된 후순위 근저당권자로서 위 배당요구의 종기까지 아무런 권리신고를 하지 아니한 위 배당요구의 종기 이후의 이중경매신청인은 선행사건에서 이루어진 낙찰허가결정에 대하여 즉시항고를 제기할 수 있는 이해관계인이 아니다.

다만 이중경매개시결정에 따른 기입등기의 촉탁과 채무자에 대한 송달은 별도로 하여야 함은 위에서 설명한 바와 같다.

(2) 잉여주의 예외적으로 잉여주의의 적용에 있어서는 선행 경매개시결정은 물론 후행 경매신청 채권자의 지위까지 아울러 고려하여 판단하여야 한다.

≪판례≫ 잉여의 판단과 이중경매신청채권[대법원 2001. 12. 28.자 2001마2094 결정]

강제경매개시 후 압류채권자에 우선하는 저당권자 등이 경매신청을 하여 이중경매개시결정이 되어 있는 경우에는 절차의 불필요한 지연을 막기 위해서라도 민사소송법 제616조 소정의 최저경매가격과 비교하여야 할 우선채권의 범위를 정하는 기준이 되는 권리는 그 절차에서 경매개시결정을 받은 채권자 중 최우선순위권리자의 권리로 봄이 옳다.

(3) **집행비용의 산정** 선행압류에 따라 절차가 진행되는 한 후행사건의 신청비용은 집행비용으로 고려되지 아니한다.

다. 후행압류에 따른 절차속행

(1) **선행압류가 실효된 경우** 선행 경매개시결정이 취하나 취소 등으로 실효된 경우에는 후행 경매개시결정에 따른 집행절차가 진행된다. 이때 후행 집행절차는 선행 절차의 속행이며 새로운 절차의 개시가 아니다(제87조 2항).

≪판례≫ 후행압류진행과 기존절차의 승계[대법원 2001. 7. 10. 선고 2000다66010 판결]

강제경매 또는 담보권실행을 위한 경매개시결정이 이루어진 부동산에 대하여 다른 채권자로부터 또 다시 경매신청이 있어 이중경매개시결정을 하는 경우에 먼저 개시결정한 경매신청이 취하되거나 그 절차가 취소 또는 정지되지 아니하는 이상 뒤의 경매개시결정에 의하여 경매절차를 진행할 수는 없는 것이지만, 선행한 경매신청이 취하되거나 그 절차가 취소 또는 정지된 경우에는 후행의 경매신청인을 위하여 그때까지 진행되어 온 선행의 경매절차를 인계하여 당연하게 경매절차를 속행하여야 하는 것이고, 이 경우에 선행한 경매절차의 결과는 후행한 경매절차에서 유효한 범위에서 그대로 승계되어 이용되는 것이므로, 선행한 경매절차에서 경매채무자가 주소변경신고를 하였다면 선행절차가 취소되었다고 하더라도 그 주소변경신고는 후행절차에 의하여 속행된 경매절차에서 당연하게 효력이 있다(같은 취지: 대법원 1991. 4. 13. 자 91마131 결정).

다만 잉여의 판단(제91조 1항)이나 압류의 효력범위는 새롭게 정하여야 한다. 또한 이중압류가 선행경매절차에서 정한 배당요구의 종기 이후에 이루어진 것이라면 새롭게 배당요구종기를 정하되(제87조 3항) 이미 배당요구 또는 채권신고를 한 자에 대한 고지·최고는 별도로 하지 아니한다.

(2) **선행 경매절차가 정지된 경우** 선행 경매개시결정에 따른 경매절차가 정지되면 집행법원은 이러한 사유를 후행 경매개시결정을 받은 채권자에게 그 취지를 통지한다(규칙 제47조). 통지를 받은 채권자는 집행의 속행을 신청할 수 있다. 직권으로 후행 절차를 속행할 것이 아니다. 위 신청에 대한 재판에 대해서

는 즉시항고로 다툴 수 있다(제87조 5항). 집행법원은 위의 신청이 있으면 원칙적으로 집행절차를 속행한다(제87조 4항 본문). 절차속행의 구체적인 내용은 위에서 설명한 선행절차가 실효된 경우 등과 같다. 그러나 선행 경매개시결정이 취소됨으로 인하여 매각조건의 변동이 있는 경우에는 절차를 속행할 수 없다(제87조 4항 단서). 선행 경매절차가 취소된 경우와 달리 선행압류 자체는 여전히 유효하므로 잉여의 판단에 있어서 선행 압류까지 고려하여야 한다.

라. 선행절차의 간과

선행 경매개시결정에 따른 절차가 실효되거나 정지되지 않았음에도 불구하고 이를 간과하여 후행 경매개시결정절차가 진행된 경우에는 절차의 위법은 별론으로 하고 매수인은 특별한 사정이 없는 한 유효하게 소유권을 취득한다.

≪판례≫ 선행압류를 간과한 집행절차진행[대법원 2000. 5. 29.자 2000마603 결정]

경매절차의 개시를 결정한 부동산에 대하여 다른 경매의 신청이 있어 다시 경매절차의 개시결정을 한 경우 먼저 개시결정한 경매신청이 취하되거나 그 절차가 취소 또는 정지되지 아니하는 한 뒤의 경매개시결정에 의하여 경매절차를 진행하는 것은 위법이라고 할 것이나, 이와 같이 위법한 경매절차라 할지라도 그 절차의 진행이 저지됨이 없이 그대로 진행되어 경락허가결정이 확정되고 그 대금까지 완납되었다면 경매목적 부동산의 소유권은 그 절차상의 위법에도 불구하고 그 대금납부에 의하여 경락인에게 적법하게 이전된다고 할 것이고, 이러한 이치는 그 경락허가결정이 앞의 개시결정에 기한 경매절차에서 경락허가결정이 먼저 선고되고 난 후에 비로소 선고된 것이라고 하여 달라지는 것은 아니라고 할 것이다.

Ⅲ. 배당요구

사 례 22 **채권최고액초과부분의 취급**

소매업자 갑은 도매업자 을에게 물품대금채무를 담보하기 위하여 갑의 주택에 채권최고액을 1억으로 하여 근저당권을 설정하였다. 그런데 물품대금채무은 예상외로 1억을 3,000만원이나 초과하게 되었고, 갑은 사업은 지지부진하였다. 이에 을은 위 주택에 대하여 물품대금채무전액을 청구채권액으로 하여 임의경매를 신청하였고, 정이 위 주택을 1억 4,000만원에 경락을 받았다. 집행법원은 위 1억 4,000만원을 어떻게 배당하여야 하는가? 단 위 집행절차상 채권자는 을과 소액임차보증금 1,200만원에 관하여 배당을 요구한 병뿐이고, 집행비용은 고려하지 않는다.

사 례 23 **소액임차인에 대한 배당**

갑은 을 소유의 농가주택에 딸린 미등기 간이건물을 주거목적으로 보증금 1,000만원에 전세를 얻어 2004. 5. 25. 주민등록을 마치고 이사를 하였으나 임대차계약서에 확정일자를 받아두지는 못했다. 그 후 정은 2006. 7. 1. 위 주택에 2004. 3. 7.에 설정된 채권최고액 5,000만원으로 하는 근저당권에 따라 청구금액을 4,000만원으로 하여 경매를 신청하였다. 이어 갑은 집행법원에 배당요구종기 안에 배당요구를 하였고, 병은 위 경매절차에서 금 3,500만원에 낙찰을 받아 대금을 납입하였다. 배당기일에 이르러 정은 갑이 확정일자를 받아두지 않았다는 점과 미등기건물에 대한 임차인이라는 점을 지적하며 배당받을 것이 없다는 취지로 이의를 진술하였다. 정의 이의진술은 타당한가?

사 례 24 **임차권양수인**

갑은 을의 주택을 임차하여 2001. 3. 5. 전입신고와 이사를 마치고 거주하던 중 2002. 5. 9. 갑의 동의를 얻어 임차권을 병에게 양도하였으며, 병은 같은 날 이사를 마치고 전입신고를 하였다. 갑과 병 모두 확정일자를 받아 둔 적은 없었다. 그런데 을은 2001. 12. 21. 정에게 금 3,000만원을 빌리고 채권최고액 5,000만원인 근저당권을 설정하여 준 적이 있었다. 이때 정의 근저당권에 기한 경매신청에 따른 집행절차에서 무가 낙찰을 받고 매각대금을 모두 납입하였다. 그 후 무는 병에게 위 주택의 인도를 청구하고 있다. 무의 청구는 이유 있는가?

1. 서 론

제88조 (배당요구)

① 집행력 있는 정본을 가진 채권자, 경매개시결정이 등기된 뒤에 가압류를 한 채권자, 민법·상법, 그 밖의 법률에 의하여 우선변제청구권이 있는 채권자는 배당요구를 할 수 있다.

② 배당요구에 따라 매수인이 인수하여야 할 부담이 바뀌는 경우 배당요구를 한 채권자는 배당요구의 종기가 지난 뒤에 이를 철회하지 못한다.

가. 의 의

다른 채권자의 신청에 의하여 개시된 집행절차에 참가하여 동일한 채무자의 동일한 재산의 매각대금에서 변제를 받고자 하는 채권자의 집행법상의 행위를 배당요구라고 한다.

나. 독립적 배당요구와 종속적 배당요구

집행절차상 압류채권자의 집행개시신청을 독립적 배당요구라고 하는 것에 대비하여 다른 채권자의 배당요구를 종속적 배당요구라고도 한다. 배당요구는 기존의 집행절차에 편승하는 것에 불과한 것을 강조하는 표현이다. 이러한 점에서 배당요구는 이중경매신청행위와 다르다.

다. 당연배당채권과 요구배당채권

민사집행법은 배당요구가 있어야만 배당참가가 허용되는 채권자와 배당요구를 하지 않더라도 배당참가가 허용되는 채권자의 두 가지 경우로 대별하여 규율하고 있다. 편의상 전자를 요구배당채권자라 하고 후자를 당연배당채권자라고 부르기로 한다. 배당받을 있는 자에 관한 민사집행법의 규정은 한정적 열거이며 이에 해당하지 아니하는 자는 배당을 받을 자격이 없다. 예를 들어 집행권원이 없는 일반채권자는 배당에 전혀 참가할 수 없다. 집행절차상 이해관계인의 범위와 배당채권자의 범위는 일치하지 아니한다.

라. 배당채권의 양도

특별한 사정이 없는 한 배당채권의 양도에는 제한이 없다. 이러한 배당채권의 양도에는 통상의 채권양도에 따른 대항요건을 구비하여야 하며 대한민국(집행법원)을 채권양도통지의 상대방으로 삼아야 한다.

2. 당연배당채권

제148조 (배당받을 채권자의 범위)

제147조 제 1 항에 규정한 금액을 배당받을 채권자는 다음 각호에 규정된 사람으로 한다.

1. 배당요구의 종기까지 경매신청을 한 압류채권자
2. 배당요구의 종기까지 배당요구를 한 채권자
3. 첫 경매개시결정등기 전에 등기된 가압류채권자
4. 저당권·전세권, 그 밖의 우선변제청구권으로서 첫 경매개시결정등기 전에 등기되었고 매각으로 소멸하는 것을 가진 채권자

민사집행법(제148조)은 일정한 범위의 채권자에 대하여는 배당요구 등이 없더라도 당연히 배당받은 자로 취급하고 있다. 이를 구체적으로 살펴보면 다음과 같다.

가. 당연배당채권자

(1) **배당요구종기까지 경매신청을 한 압류채권자**(제148조 1호)　이중경매를 신청한 채권자를 말한다. 이중경매신청이라도 반드시 선행경매개시결정에 따른

경매절차에서 정한 배당요구의 종기까지 그 신청이 있어야만 배당에 참가할 수 있음을 주의해야 한다. 후행경매개시신청에 따른 절차가 진행된 경우는 본 호에서 규율하는 것이 아니다.

(2) **첫 경매개시결정 등기 전에 등기된 가압류채권자**(제148조 3호) 부동산에 관한 경매개시신청에는 목적물에 관한 등기부를 첨부하게 되는데 등기부에는 경매개시결정 이전의 권리사항이 공시되어 있다. 그러므로 집행법원으로서도 손쉽게 가압류채권자의 파악이 가능하다. 경매개시결정이 내려진 이후에는 집행법원으로서는 특별한 사정이 없는 한 개시결정 이후의 등기부상 권리상태를 알 수 있는 길이 없다. 이러한 측면에서 경매개시결정 이전의 가압류채권자와 경매개시결정 이후의 가압류채권자를 차별하여 배당참가요건에 차등을 두어 전자에 대해서는 당연배당참가를 인정하는 것이다.

≪판례≫ 경매개시결정 기입등기 전의 가압류권자[대법원 1995. 7. 28. 선고 94다57718 판결]
경매절차 개시 전의 부동산 가압류권자는 배당요구를 하지 않았더라도 당연히 배당요구를 한 것과 동일하게 취급되므로, 그러한 가압류권자가 채권계산서를 제출하지 않았다 하여도 배당에서 제외하여서는 아니 된다.

(3) **저당권·전세권 그 밖의 우선변제청구권으로서 경매개시결정등기 전에 등기되었고 매각으로 소멸하는 것을 가진 채권자**(제148조 4호)

(개) **의 의** 위와 같은 채권자들의 권리는 다음에서 보는 바와 같이 부동산상의 물적 부담에 관하여 소제주의의 적용을 받아 매각으로 당연히 소멸하게 되므로 법률상 당연히 배당을 요구한 것과 동일한 효력을 부여한 것이다.

≪판례≫ 경매개시결정 기입등기 전의 근저당권자[대법원 1999. 1. 26. 선고 98다21946 판결]
담보권의 실행을 위한 경매절차에서 경매신청채권자에 우선하는 근저당권자는 배당요구를 하지 아니하더라도 당연히 등기부상 기재된 채권최고액의 범위 내에서 그 순위에 따른 배당을 받을 수 있으므로, 그러한 근저당권자가 채권계산서를 제출하지 않았다고 하더라도 배당에서 제외할 수 없고, 또한 위 근저당권자는 경락기일 전에 일응 피담보채권액을 기재한 채권계산서를 제출하였다고 하더라도 그 후 배당표가 작성될 때까지 피담보채권액을 보정하는 채권계산서를 다시 제출할 수 있다고 할 것이며, 이 경우 배당법원으로서는 특단의 사정이 없는 한 배당표 작성 당시까지 제출한 채권계산서와 증빙 등에 의하여 위 근저당권자가 등기부상 기재된 채권최고액의 범위 내에서 배당받을 채권액을 산정하여야 한다(같은 취지: 대법원 1996. 5. 28. 선고 95다34415 판결).

근저당권의 경우 원칙적으로 채권최고액을 초과하는 부분에 관하여는 본 호의 적용이 없다.

≪판례≫ **근저당권의 당연배당범위**[대법원 1998. 4. 10. 선고 97다28216 판결]

근저당권의 채권최고액을 초과하는 부분으로서 우선변제의 효력이 미치지 않는 채권에 관하여 다른 가압류채권자와의 사이에 같은 순위로 안분비례하여 배당하기 위하여는 근저당권에 기한 경매신청이나 채권계산서의 제출이 있는 것만으로는 안 되고, 그 채권최고액을 초과하는 채권에 관하여 별도로 민사소송법 제728조, 제605조의 규정에 의한 적법한 배당요구를 하였거나 그 밖에 달리 배당을 받을 수 있는 채권으로서의 필요한 요건을 갖추고 있어야 한다.

그러나 근저당권에 있어서 채무자와 근저당권설정자가 일치하며 제 3 취득자가 없는 경우에는 사정이 다르다. 판례에 따르면 근저당권의 채권최고액은 채무자를 제외한 집행절차상 이해관계인에 대한 우선변제의 한도로서의 의미를 갖는 것이지 채무자의 책임의 한도로서 의미를 갖는 것은 아니라고 한다(반대견해 있음). 경우에 따라서는 채권최고액을 넘어서는 금액까지 당연배당채권액에 포함되는 것이다.

≪판례≫ **근저당권에서 채권최고액의 법률적 의미**[대법원 1992. 5. 26. 선고 92다1896 판결]

[1] 구 경매법(1990. 1. 13. 법률 제4201호에 의하여 폐지)에 의하여 진행되는 경매절차에 있어 근저당권설정자와 채무자가 동일한 경우에 근저당권의 채권최고액은 후순위 담보권자나 저당목적 부동산의 제 3 취득자에 대한 우선변제권의 한도로서의 의미를 갖는 것에 불과하고 그 부동산으로써는 그 최고액 범위 내의 채권에 한하여서만 변제를 받을 수 있다는 이른바 책임의 한도라고까지는 볼 수 없으므로 제 3 취득자나 후순위 근저당권자가 없는 한 근저당권자의 채권액이 근저당권의 최고액을 초과하는 경우에 경락대금 중 그 채권최고액을 초과하는 금액이 있더라도 이는 근저당권설정자에게 반환할 것은 아니고 근저당권자의 채권최고액을 초과하는 채무의 변제에 충당하여야 할 것이다.

[2] 구 경매법(1990. 1. 13. 법률 제4201호에 의하여 폐지)에 의하여 진행되는 경매절차에서는 민사소송법 소정의 배당요구 등 배당절차에 관한 규정이 준용되지 아니하는 결과 배당요구가 허용되는 것을 전제로 하는 구 간이절차에 의한 민사분쟁사건처리특례법(1990. 1. 13. 법률 제4204호로 개정되기 전의 것) 제 5 조의 규정은 근저당권설정자와 채무자가 같아 당해 임의경매절차에서 배당을 받을 수 있는 근저당권자의 채권최고액을 초과하는 채권에 대하여는 적용이 없고 근저당권자는 그 채권액에 관한 소명만으로도 경매법원에 그 채권최고액을 초과하는 채권에 대한 경락대금의 교부를 청구할 수 있다.

(나) 가등기담보권 가등기는 그 형식만으로는 담보가등기인지 청구권보전

을 위한 가등기인지를 알 수 없는 것이어서, 집행절차에서는 가등기권자가 그 성질을 구별하여 밝히지 아니하면 일응 청구권보전을 위한 것으로 취급하고 있다. 한편 집행절차에 있어서 담보가등기는 저당권과 실질적으로 동일하게 취급하면서도(가담법 제13조) 등기형식만으로는 그 성질을 알 수 없다는 점에서 채권신고최고기간 내에 채권신고를 통하여 담보가등기임을 밝힌 경우에만 배당채권자로 취급된다(가담법 제16조). 가등기권자에 대한 채권신고최고기간은 통상 배당요구종기와 일치시키는 것이 보통이다. 다만 배당참가를 할 수 있는 담보가등기권자는 가등기가 가등기담보에 관한 법률 시행(1984. 1. 1.) 이후에 등기된 것이어야 한다. 위와 같이 담보가등기권자라도 채권신고를 하여야만 배당을 받을 수 있다는 점에서 요구배당채권자로 분류하여야 하는 것은 아닌가 하는 의문이 있을 수 있으나, 가등기담보에 관한 법률(제16조)에서 '배당요구'라는 용어가 아닌 '채권신고'라는 용어를 사용하고 있으며, 동법 제13조와 제16조를 체계적으로 해석해보면 가등기담보권자는 당연배당채권자로 분류하여야 한다고 본다. 이와 관련하여 채권신고최고기간 이후에 비로소 채권신고를 한 담보가등기권자를 어떻게 취급할 것인가에 관하여 견해가 대립되고 있으며, 이에 대하여는 실무 역시도 통일되어 있지 않는 것으로 보인다.

≪판례≫ 가담법 시행 전 담보가등기[대법원 1997. 12. 26. 선고 97다33584,33591 판결]

가등기담보 등에 관한 법률이 시행되기 전에는 채권 담보의 목적으로 소유권이전청구권의 가등기가 마쳐진 경우에도 그 가등기에는 순위 보전의 효력만이 인정될 뿐 우선변제권은 인정되지 아니하였다가, 가등기담보 등에 관한 법률이 제정됨에 따라 비로소 법 제13조에 의하여 채권 담보의 목적으로 마쳐진 가등기에는 우선변제권이 인정되게 되었으며, 부칙 제1항은 "이 법은 1984. 1. 1.부터 시행한다."라고 규정하고, 제2항은 "이 법 시행 전에 성립한 담보계약에 대하여는 이 법을 적용하지 아니한다."라고 규정하고 있으므로, 부칙 조항의 내용 및 취지에 비추어 볼 때 채권자와 채무자가 법 시행일 이전에 채권 담보의 목적으로 가등기를 마치기로 하는 내용의 담보계약을 체결하고 담보계약에 따라 가등기 역시 시행일 이전에 마친 경우 그 가등기에는 위 법이 적용되지 아니하여 우선변제권이 인정되지 아니한다.

(다) 용익물권 용익물권 중 지상권과 지역권은 배당참가와 무관하다. 전세권은 전세권자의 선택에 따라 소제주의의 적용이 있는 경우는 당연배당참가가 인정될 것이나 매수인에게 인수되는 경우에는 배당참가의 여지가 없게 된다.

(라) 등기임차권 임차권등기명령에 따라 경매개시결정 이전에 등기된 임

차권의 경우에도 본 호에 준하여 취급된다.

≪판례≫ 기입등기 전의 등기임차권자[대법원 2005. 9. 15. 선고 2005다33039 판결]

임차권등기명령에 의하여 임차권등기를 한 임차인은 우선변제권을 가지며, 위 임차권등기는 임차인으로 하여금 기왕의 대항력이나 우선변제권을 유지하도록 해 주는 담보적 기능을 주목적으로 하고 있으므로, 위 임차권등기가 첫 경매개시결정등기 전에 등기된 경우, 배당받을 채권자의 범위에 관하여 규정하고 있는 민사집행법 제148조 제4호의 "저당권·전세권, 그 밖의 우선변제청구권으로서 첫 경매개시결정 등기 전에 등기되었고 매각으로 소멸하는 것을 가진 채권자"에 준하여, 그 임차인은 별도로 배당요구를 하지 않아도 당연히 배당받을 채권자에 속하는 것으로 보아야 한다.

(4) **경매개시결정 전에 체납처분에 의한 압류권자**(국세징수법 제56조) 경매개시결정 전의 체납처분에 의한 압류등기 또는 국세징수법 제24조 2항에 의한 보전압류등기를 한 경우에는 교부청구, 즉 배당요구의 효력이 있으므로 별도의 배당요구 없이도 당연히 배당받을 자격이 인정된다.

≪판례≫ 경매개시결정 기입등기 전의 교부청구[대법원 1997. 2. 14. 선고 96다51585 판결]

세무서장이 국세징수법 제56조에 따라서 경매법원에 대하여 국세의 교부를 청구하는 것은 민사소송법에 규정된 부동산경매절차에서 하는 배당요구와 성질이 같은 것이므로 국세의 교부청구도 배당요구와 마찬가지로 경락기일까지만 할 수 있으나, 경매부동산에 관하여 국세체납처분의 절차로서 압류의 등기가 되어 있는 경우에는 교부청구를 한 효력이 있는 것으로 보아야 하고, 이 경우 세무서장이 경락기일까지 체납된 국세의 세액을 계산할 수 있는 증빙서류를 제출하지 아니한 때에는 경매법원으로서는 당해 압류등기촉탁서에 의한 체납세액을 조사하여 배당할 수 있다.

이와는 달리 압류에 관한 등기가 없거나 경매개시 이후에야 압류에 관한 등기가 있은 경우에는 별도의 교부청구를 하여야한 배당에 참가할 수 있다.

≪판례≫ 경매개시결정 기입등기 후의 교부청구[대법원 2001. 5. 8. 선고 2000다21154 판결]

부동산에 관한 경매개시결정 기입등기 이전에 체납처분에 의한 압류등기 또는 국세징수법 제24조 제2항에 의한 보전압류의 등기가 마쳐져 있는 경우에는 경매법원으로서도 조세채권의 존재와 그의 내용을 알 수 있으나, 경매개시결정 기입등기 이후에야 체납처분에 의한 압류등기가 마쳐진 경우에는 조세채권자인 국가가 경매법원에 대하여 배당요구를 하여 오지 않는 이상 경매법원으로서는 위와 같은 조세채권이 존재하는지의 여부조차 알지 못하므로, 경매개시결정 기입등기 이전에 체납처분에 의한 압류등기가 마쳐져 있는 경우와는 달리 그 개시결정 기입등기 후에 체납처분에 의한 압류등기가 마쳐지게 된 경우에는 조세채권자인 국가로서는 경매법원에 경락기일까지 배당요구로서 교부청구를 하여야만 배당을 받을 수 있다.

≪판례≫ 경매개시결정 기입등기 후의 교부청구[대법원 2001. 11. 27. 선고 99다22311 판결]

국세징수법 제56조에 규정된 교부청구는 과세관청이 이미 진행 중인 강제환가절차에 가입하여 체납된 국세의 배당을 구하는 것으로서 민사소송법에 규정된 부동산경매절차에서의 배당요구와 같은 성질의 것이므로 당해 국세는 교부청구 당시 체납되어 있음을 요하고 또한 과세관청이 경락기일까지 교부청구를 한 경우에 한하여 비로소 배당을 받을 수 있으며, 적법한 교부청구를 하지 아니한 세액은 그 국세채권이 실체법상 다른 채권에 우선하는 것인지의 여부와 관계없이 배당할 수 없다(같은 취지: 대법원 1994. 3. 22. 선고 93다19276 판결, 대법원 2001. 5. 8. 선고 2000다21154 판결).

나. 채권신고

(1) **채권신고의 필요성** 위와 같은 당연배당채권자는 별도의 배당요구가 없더라도 배당을 하여야 한다. 여기서 별도의 배당요구가 없으므로 집행법원은 구체적인 채권액을 알기 어려운 문제가 있다. 이에 대비하여 법원사무관 등은 당연배당채권자에게 배당요구종기까지 구체적인 채권액을 밝혀 신고할 것을 최고하도록 있다(제84조 4항). 요구배당채권자의 경우 배당요구시에 채권액을 밝히게 되므로 별도로 채권신고절차가 필요 없다.

(2) **채권신고의 효력** 당연배당채권자가 별도로 채권신고를 하지 아니하는 경우에는 등기부등본 등 집행기록에 나타난 자료를 기준으로 채권액을 계산한다(제84조 5항). 이 때문에 근저당권자가 금융기관 또는 공공기관이 아닌 사인인 경우에는 대부분 채권신고를 별도로 하지 않는 것이 보통이다. 근저당권자 등이 별도로 최고신고를 하지 아니하는 경우에는 채권최고액만큼 피담보채권이 존재하는 것으로 취급하여 배당하여 주기 때문이다.

(3) **배당요구종기** 다음에 설명할 배당요구종기가 경과한 이후에는 신고한 채권액을 추가하지 못한다. 실제로 배당받아야 할 채권액보다 작은 금액을 신고한 경우에는 당연배당채권자라도 신고한 범위에 한하여서만 배당받을 자격이 인정된다. 청구금액의 확장과는 전혀 다른 문제이다.

3. 요구배당채권

가. 요구배당채권자

집행절차가 개시되었다고 하더라도 모든 채권자에게 배당참가가 인정되는 것은 아니다. 민사집행법은 위에서 본 당연배당채권자 외에 제88조 1항에서 정한 요구배당채권자에 한하여 배당에 참가할 수 있는 자를 열거하고 있다. 본조에서 열거하지 아니한 유치권자 등은 배당요구자격이 없다.

(1) **집행력 있는 정본을 가진 채권자** 앞서 본 바와 같이 집행권원에 집행문이 부여된 것을 집행력 있는 정본 또는 간단히 집행정본이라고 한다. 이와 같은 원칙적으로 집행정본을 가진 채권자는 배당참가가 가능하다. 집행정본은 사본이라도 무방하다.

≪판례≫ 배당요구와 집행정본의 사본제출[대법원 2002. 10. 29.자 2002마580 결정]

구 민사소송법(2002. 1. 26. 법률 제6626호로 전문 개정되기 전의 것) 제607조는 경매절차의 이해관계인 중의 하나로 집행력 있는 정본에 의하여 배당을 요구한 채권자를 들고 있는 바, 위 채권자가 집행법원에 배당요구를 함에 있어 반드시 집행력 있는 정본 자체를 집행법원에 제출하여야 하는 것은 아니고 집행력 있는 정본 또는 그 사본이 첨부된 배당요구서를 제출함으로써 족하다 할 것이므로, 입찰절차에 있어서 재항고인이 집행문이 부여된 공정증서의 원본이 아닌 사본을 제출하였다는 이유만으로는 그 이해관계인이 아니라고 할 수 없다.

이행권고결정 등과 같이 집행문이 없이도 집행권원 자체로 집행이 가능한 집행권원의 경우에는 집행권원만으로 배당참가가 인정된다.

(2) **경매개시결정등기 이후의 가압류채권자** 앞서 설명한 바와 같은 이유로 경매개시결정등기 이후의 가압류채권자의 존부에 대해서는 집행법원으로서는 알 수 없는 것이 보통이다. 그러므로 경매개시결정 이후의 가압류채권자에 대해서는 가압류채권자가 자신의 존재를 집행법원에 배당요구를 통하여 알릴 필요가 있으므로 요구배당채권자로 규정한 것이다. 한편 여기서 가압류권자라 함은 가압류명령에 나아가 가압류명령의 집행까지를 얻은 자에 한한다(반대견해 있음).

(3) **법률에 의하여 우선변제권 있는 채권자** 이에 해당하는 채권자는 등기부에 공시되는가 여부와 그 시기를 기준으로 세 가지 유형으로 나누어 볼 수 있다.

(가) 등기부상 공시되지 아니하는 우선변제력 있는 채권

1) 의 의 법률에서 우선변제권을 인정하고 있으나 등기부상 공시되지 아니하는 자는 집행법원으로서는 그 채권의 존부를 알 수 없다. 그러므로 이에 해당하는 자는 배당요구를 하여야만 배당참가가 인정된다. 이에 해당하는 것으로 대표적으로 임금채권과 임대차보증금반환채권을 들 수 있다.

2) 임금채권 근로기준법(제37조)이 정한 임금채권 등이 이에 해당한다.

≪판례≫ **우선변제권자와 배당요구의 필요성**[대법원 2004. 7. 22. 선고 2002다52312 판결]

근로기준법에 의하여 우선변제청구권을 갖는 임금채권자라고 하더라도 임의경매절차에서 배당요구의 종기까지 배당요구를 하여야만 우선배당을 받을 수 있는 것이 원칙이나, 경매절차개시 전의 부동산 가압류권자는 배당요구를 하지 않았더라도 당연히 배당요구를 한 것과 동일하게 취급하여 설사 그가 별도로 채권계산서를 제출하지 아니하였다 하여도 배당에서 제외하여서는 아니되므로, 민사집행절차의 안정성을 보장하여야 하는 절차법적 요청과 근로자의 임금채권을 보호하여야 하는 실체법적 요청을 형량하여 보면 근로기준법상 우선변제권이 있는 임금채권자가 경매절차개시 전에 경매 목적 부동산을 가압류한 경우에는 배당요구의 종기까지 우선권 있는 임금채권임을 소명하지 않았다고 하더라도 배당표가 확정되기 전까지 그 가압류의 청구채권이 우선변제권 있는 임금채권임을 소명하면 우선배당을 받을 수 있다.

개별 근로자 사이에 대표자를 선임하고, 대표자가 선정당사자제도를 이용하지 아니하고 단순히 대표자라는 지위만을 이용하여 전체 근로자들을 위한 배당요구를 하는 것은 허용되지 아니한다.

≪판례≫ **선정당사자를 통한 배당요구**[대법원 2003. 5. 30. 선고 2001다10748 판결]

한편 이 사건 압류 후에 지급한 242,908,860원에 대하여도, 기록에 의하여 살펴보면, 이 사건 압류 및 추심명령은 이재영이 선정당사자로 되어 발령된 것이고, 이재영은 선정당사자로서 반대당사자인 범진여객과의 사이에 범진여객이 피고로부터 운영경비로 지급받는 금액에 대하여 이 사건 압류의 효력을 주장하지 않기로 하는 취지의 합의를 하였음을 인정할 여지가 있는바, 선정당사자는 선정자들로부터 소송수행을 위한 포괄적인 수권을 받은 것으로서 일체의 소송행위는 물론 소송수행에 필요한 사법상의 행위도 할 수 있는 것이고 개개의 소송행위를 함에 있어서 선정자의 개별적인 동의가 필요한 것은 아니라 할 것임에도, 원심은 이재영이 선정당사자의 자격으로 위와 같은 합의를 하였는지에 관하여 심리해 보지도 아니한 채 위 합의에 대하여 원고 등 근로자들의 동의가 있었다고 볼 수 없다는 이유만으로 위 금원의 지급은 원고에 대하여 효력이 없다고 하였으니, 원심판결에는 선정당사자에 관한 법리를 오해하여 심리를 다하지 아니한 위법이 있다고 할 것이다(이상은 필자가 임의로 판결이유 중의 일부를 발췌하여 게재한 것임/필자 각주).

3) 임대차보증금채권

가) 요구배당채권 주택임대차보호법(제3조의 1항, 제8조 1항), 상가건물임대차보호법(제5조 2항, 제14조)이 정한 우선변제력 있는 임차보증금채권 역시 배당요구가 없으면 배당이 인정되지 아니한다. 최우선변제력 있는 소액임차인이라도

별도로 배당요구를 하지 아니하면 배당을 전혀 받을 수 없다.

나) 배당요건

① 주거용건물 등 주거용건물 또는 상가 건물의 임차인에게만 배당요구자격이 인정된다. 통상의 임차인에게는 배당요구자격이 인정되지 아니한다. 주택임대차보호법에서 말하는 주거용 건물이라 함은 대지부분을 제외한 건물만을 의미한다. 주거용 건물에 해당하는가 여부는 공부상의 표시를 기준으로 할 것이 아니고 통상 임대차계약 체결시의 현황에 비추어 주거에 사실상 사용하는가를 기준으로 판단하여야 한다. 목적물의 일부를 비주거용으로 사용하는 경우라도 주된 사용현황이 주거용이라면 주거용 건물로 보아야 한다. 비주거용 건물을 임차인이 임대인의 동의 없이 임의로 주거용으로 개조하여 사용하는 경우에는 주거용 건물로 볼 수 없다.

≪판례≫ 주거용 건물과 공부상 표시[대법원 1996. 3. 12. 선고 95다51953 판결]

[1] 주택임대차보호법 제2조소정의 주거용 건물에 해당하는지 여부는 임대차목적물의 공부상의 표시만을 기준으로 할 것이 아니라 그 실지용도에 따라서 정하여야 하고 건물의 일부가 임대차의 목적이 되어 주거용과 비주거용으로 겸용되는 경우에는 구체적인 경우에 따라 그 임대차의 목적, 전체 건물과 임대차목적물의 구조와 형태 및 임차인의 임대차목적물의 이용관계 그리고 임차인이 그곳에서 일상생활을 영위하는지 여부 등을 아울러 고려하여 합목적적으로 결정하여야 한다.

[2] 방 2개와 주방이 딸린 다방이 영업용으로서 비주거용 건물이라고 보여지고, 설사 그 중 방 및 다방의 주방을 주거목적에 사용한다고 하더라도 이는 어디까지나 다방의 영업에 부수적인 것으로서 그러한 주거목적 사용은 비주거용 건물의 일부가 주거목적으로 사용되는 것일 뿐, 주택임대차보호법 제2조 후문에서 말하는 '주거용 건물의 일부가 주거 외의 목적으로 사용되는 경우'에 해당한다고 볼 수 없다고 한 원심의 판단을 수긍한 사례.

≪판례≫ 임차주택과 건물·부지[대법원 2000. 3. 15.자 99마4499 결정]

[1] 주택임대차보호법 제3조의2 제1항은 임차인이 임차주택에 대하여 보증금반환청구소송의 확정판결 기타 이에 준하는 채무명의에 기한 경매를 신청하는 경우에는 민사소송법 제491조의2 제1항의 규정에 불구하고 반대의무의 이행 또는 이행의 제공을 집행개시의 요건으로 하지 아니한다고 규정하고 있는바, 같은 법 제3조의2 제2항 및 제8조 제3항이 임차주택의 환가대금에 건물뿐만 아니라, 대지의 가액도 포함된다고 규정하고 있는 점, 통상적으로 건물의 임대차에는 당연히 그 부지 부분의 이용이 수반되는 것이고, 같은 법 제2조에서 같은 법의 적용대상으로 규정하고 있는 주거용 건물의 임대차라 하는 것도 임차목적물 중 건물의 용도가 점포나 사무실 등이 아닌 주거용인 경우의 임대차를 뜻하는 것일 뿐 같은 법의 적용대상을 대지를 제외한 건물에만 한정하는 취지는 아닌 것으로 해석되는 점, 위 규정은 기본적으로 임차인의 권익보호를 그 입법취지로 하고 있

는데, 만일 반대의무의 이행 또는 이행의 제공 없이 집행개시를 할 수 있는 대상을 건물에만 한정할 경우 사실상 대지와 그 지상 주택의 경매절차가 분리되는 결과 경매절차의 진행에 어려움이 발생하고 임차주택의 환가에 의한 임차보증금의 회수를 간편하게 하겠다는 입법 취지에 부합되지 않게 되는 점 등에 비추어 보면, 여기에서 말하는 임차주택에는 건물뿐만 아니라, 그 부지도 포함하는 것으로 봄이 상당하다.

[2] 주택임대차보호법 제 3 조의2 제 1 항이 임차주택의 대지 그 자체가 아닌 그에 관한 소유권이전등기청구권에 대한 압류의 경우에도 유추적용될 수 있을 것인가에 관하여 보건대, 첫째 부동산소유권이전등기청구권에 대한 강제집행은 부동산 그 자체에 대한 강제집행과는 그 절차를 달리하는 것으로 직접 채무자 명의의 등기를 실현함으로써 그 강제집행절차는 종료하며, 그 후에 이루어진 부동산 그 자체에 대한 강제집행은 선행 부동산청구권압류절차로부터 독립된 새로운 집행절차로서 본래의 채무명의에 기하여 부동산청구권의 압류가 아닌 강제경매 등의 방법으로 진행되는 점, 둘째 위 조항은 임차주택에 대한 경매신청이라고 한정하여 규정하고 있을 뿐 임차주택에 대한 일반적인 강제집행신청까지를 포괄하여 규정하고 있지 않은 점 등을 종합하여 보면, 위 조항은 임차주택 그 자체를 집행의 대상으로 한 경매의 경우에 집행개시의 요건에 관한 민사소송법 제491조의2 제 1 항의 예외사유를 인정하는 것이고, 임차주택의 이전등기청구권에 관한 일반 강제집행절차로서의 압류에까지 위 조항을 유추하여 적용할 것은 아니다.

≪판례≫ 주거용건물의 판단기준시점과 건물개조[대법원 1986. 1. 21. 선고 85다카1367 판결]

구 주택임대차보호법(1981. 3. 5. 법률 제3379호) 제 2 조 소정의 주거용 건물이란 공부상의 표시에 불구하고 그 실지용도에 따라서 정하여야 하고 또한 한 건물의 비주거용 부분과 아울려 주거용 부분이 함께 임대차의 목적이 되어 각기 그 용도에 따라 사용되는 경우 그 주거용 부분에 관하여 본법이 적용되느냐의 여부는 구체적인 경우에 따라 합목적적으로 결정하여야 하며, 더욱이 위 주택임대차보호법이 적용되려면 먼저 임대차계약 체결당시를 기준으로 하여 그 건물의 구조상 주거용 또는 그와 겸용될 정도의 건물의 형태가 실질적으로 갖추어져 있어야 하고, 만일 그 당시에는 주거용 건물부분이 존재하지 아니하였는데 임차인이 그 후 임의로 주거용으로 개조하였다면 임대인이 그 개조를 승낙하였다는 등의 특별한 사정이 없는 한 위 법의 적용은 있을 수 없다.

② 대항요건 주택임대차의 경우 주택의 인도와 전입신고가 있는 다음 날로부터 대항력이 발생한다. 상가임대차의 경우에는 상가의 인도와 사업자등록을 신청한 다음 날부터 대항력이 생긴다(상가건물임대차보호법 제 3 조 1항). 사업자등록신청일은 사업자등록증에 기재된 개업연월일이나 사업자등록증 발급일은 서로 다른 것임을 주의하여야 한다. 사업자등록증신청일은 사업자등록증의 기재만으로는 알 방법이 없다. 그러므로 집행관은 현황조사에 임하여 사업자등록신청일에 관한 사항을 조사하거나 집행법원이 관할세무서에 사실조회를 할 필요가 있다. 이와 별도로 이해관계인은 사업자등록신청일을 확인하기 위하여 관할세무

서에 등록사항을 열람할 수 있다(동법 제4조 1항).

≪판례≫ 주택양도인인 임차인[대법원 2000. 2. 11. 선고 59306 판결]

[1] 경매목적 부동산이 경락된 경우에는 소멸된 선순위 저당권보다 뒤에 등기되었거나 대항력을 갖춘 임차권은 함께 소멸하는 것이고, 따라서 그 경락인은 주택임대차보호법 제3조에서 말하는 임차주택의 양수인 중에 포함된다고 할 수 없을 것이므로 경락인에 대하여 그 임차권의 효력을 주장할 수 없다.

[2] 주택임대차보호법 제3조 제1항에서 주택의 인도와 더불어 대항력의 요건으로 규정하고 있는 주민등록은 거래의 안전을 위하여 임차권의 존재를 제3자가 명백히 인식할 수 있게 하는 공시방법으로 마련된 것으로서, 주민등록이 어떤 임대차를 공시하는 효력이 있는가의 여부는 그 주민등록으로 제3자가 임차권의 존재를 인식할 수 있는가에 따라 결정된다고 할 것이므로, 주민등록이 대항력의 요건을 충족시킬 수 있는 공시방법이 되려면 단순히 형식적으로 주민등록이 되어 있다는 것만으로는 부족하고, 주민등록에 의하여 표상되는 점유관계가 임차권을 매개로 하는 점유임을 제3자가 인식할 수 있는 정도는 되어야 한다.

[3] 갑이 주택에 관하여 소유권이전등기를 경료하고 주민등록 전입신고까지 마친 다음 처와 함께 거주하다가 을에게 매도함과 동시에 그로부터 이를 다시 임차하여 계속 거주하기로 약정하고 임차인을 갑의 처로 하는 임대차계약을 체결한 후에야 을 명의의 소유권이전등기가 경료된 경우, 제3자로서는 주택에 관하여 갑으로부터 을 앞으로 소유권이전등기가 경료되기 전에는 갑의 처의 주민등록이 소유권 아닌 임차권을 매개로 하는 점유라는 것을 인식하기 어려웠다 할 것이므로, 갑의 처의 주민등록은 주택에 관하여 을 명의의 소유권이전등기가 경료되기 전에는 주택임대차의 대항력 인정의 요건이 되는 적법한 공시방법으로서의 효력이 없고 을 명의의 소유권이전등기가 경료된 날에야 비로소 갑의 처와 을 사이의 임대차를 공시하는 유효한 공시방법이 된다고 할 것이며, 주택임대차보호법 제3조 제1항에 의하여 유효한 공시방법을 갖춘 다음날인 을 명의의 소유권이전등기일 익일부터 임차인으로서 대항력을 갖는다.

위와 같은 대항요건은 배당요구종기시까지 존속되어야 한다.

≪판례≫ 배당요구종기와 대항요건존속[대법원 2007. 6. 14. 선고 2007다17475 판결]

주택임대차보호법 제8조에서 임차인에게 같은 법 제3조 제1항 소정의 주택의 인도와 주민등록을 요건으로 명시하여 그 보증금 중 일정액의 한도 내에서는 등기된 담보물권자에게도 우선하여 변제받을 권리를 부여하고 있는 점, 위 임차인은 배당요구의 방법으로 우선변제권을 행사하는 점, 배당요구시까지만 위 요건을 구비하면 족하다고 한다면 동일한 임차주택에 대하여 주택임대차보호법 제8조 소정의 임차인 이외에 같은 법 제3조의 2 소정의 임차인이 출현하여 배당요구를 하는 등 경매절차상의 다른 이해관계인들에게 피해를 입힐 수도 있는 점 등에 비추어 볼 때, 공시방법이 없는 주택임대차에 있어서 주택의 인도와 주민등록이라는 우선변제의 요건은 그 우선변제권 취득시에만 구비하면 족한 것이 아니고, 민사집행법상 배당요구의 종기까지 계속 존속하고 있어야 한다(같은 취지: 대법원 1997. 10. 10. 선고 95다44597 판결).

≪판례≫ 배당요구종기와 대항요건존속[대법원 2006. 1. 13. 선고 2005다64002 판결]

[1] 상가건물의 임차인이 임대차보증금 반환채권에 대하여 상가건물 임대차보호법 제3조 제1항 소정의 대항력 또는 같은 법 제5조 제2항 소정의 우선변제권을 가지려면 임대차의 목적인 상가건물의 인도 및 부가가치세법 등에 의한 사업자등록을 구비하고, 관할세무서장으로부터 확정일자를 받아야 하며, 그 중 사업자등록은 대항력 또는 우선변제권의 취득요건일 뿐만 아니라 존속요건이기도 하므로, 배당요구의 종기까지 존속하고 있어야 한다.

[2] 부가가치세법 제5조 제4항, 제5항의 규정 취지에 비추어 보면, 상가건물을 임차하고 사업자등록을 마친 사업자가 임차 건물의 전대차 등으로 당해 사업을 개시하지 않거나 사실상 폐업한 경우에는 그 사업자등록은 부가가치세법 및 상가건물 임대차보호법이 상가임대차의 공시방법으로 요구하는 적법한 사업자등록이라고 볼 수 없고, 이 경우 임차인이 상가건물 임대차보호법상의 대항력 및 우선변제권을 유지하기 위해서는 건물을 직접 점유하면서 사업을 운영하는 전차인이 그 명의로 사업자등록을 하여야 한다.

③ 확정일자 경매개시결정 이전에 대항요건과 확정일자를 갖춘 경우에만 우선변제력이 인정된다. 우선변제력은 대항력을 전제로 하는 것이다. 소액임차보증금채권에 있어서는 확정일자는 고려하지 아니하고 경매개시결정 이전에 대항력을 갖춘 것으로 족하다.

≪판례≫ 소액임차인과 배당요구의 필요성[대법원 1998. 10. 13. 선고 98다12379 판결]

주택임대차보호법에 의하여 우선변제청구권이 인정되는 임대차보증금반환채권은 현행법상 배당요구가 필요한 배당요구채권에 해당한다.

현행법상 소액임차보증금 및 우선배당액의 기준은 다음 표와 같다.

<table>
<tr><th>구 분</th><th colspan="2">주택임대차</th><th colspan="2">상가건물임대차</th></tr>
<tr><td>월차임전환율</td><td colspan="2">14%/년</td><td colspan="2">월차임×100</td></tr>
<tr><td rowspan="4">소액보증금</td><td>수도권</td><td>4,000만원</td><td>서울시</td><td>4,500만원</td></tr>
<tr><td rowspan="2">광역시</td><td rowspan="2">3,500만원</td><td>수도권</td><td>3,900만원</td></tr>
<tr><td>광역시</td><td>3,000만원</td></tr>
<tr><td>기 타</td><td>3,000만원</td><td>기 타</td><td>2,500만원</td></tr>
<tr><td rowspan="4">우선변제액</td><td>수도권</td><td>1,600만원</td><td>서울시</td><td>1,350만원</td></tr>
<tr><td rowspan="2">광역시</td><td rowspan="2">1,400만원</td><td>수도권</td><td>1,170만원</td></tr>
<tr><td>광역시</td><td>900만원</td></tr>
<tr><td>기 타</td><td>1,200만원</td><td>기 타</td><td>750만원</td></tr>
</table>

④ 건물등기 미등기 주택의 경우 경매신청인이 임차인의 존재여부 등 주택과 대지가 떠안고 있는 부담을 정확히 알 수 없다는 점에서 임차인이 우선변제권행사를 인정하기 어려운 면이 있다. 이에 관하여 종전의 판례는 임차인 보호에 소극적이었으나, 최근 판례변경을 통하여 무주택 서민의 보호에 만전을 기하고 있다.

≪판례≫ 미등기주택 임차인의 지위[대법원 2007. 6. 21. 선고 2004다26133 판결]

대항요건과 확정일자를 갖춘 임차인과 소액임차인에게 우선변제권을 인정한 같은 법 제3조의 2 및 제8조가 미등기 주택을 달리 취급하는 특별한 규정을 두고 있지 아니하므로, 위에서 본 대항요건 및 확정일자를 갖춘 임차인과 소액임차인의 임차주택 대지에 대한 우선변제력에 관한 법리는 임차주택이 미등기인 경우에도 그대로 적용된다고 보아야 할 것이다. 이와 달리 임차주택의 등기 여부에 따라 그 우선변제력의 인정여부를 달리 해석하는 것은 합리적인 이유나 근거 없이 그 적용대상을 축소하거나 제한하는 것이 되어 부당하고, 민법과 달리 임차권의 등기 없이도 대항력과 우선변제력을 인정하는 같은 법의 취지에 비추어 타당하지 아니하다. 다만, 소액임차인의 우선변제권에 관한 같은 법 제8조 제1항이 그 후문에서 '이 경우 임차인은 주택에 대한 경매신청의 등기 전에' 대항요건을 갖추어야 한다고 규정하고 있으나, 이는 소액보증금을 배당받을 목적으로 배당절차에 임박하여 가장 임차인을 급조하는 등의 폐단을 방지하기 위하여 소액임차인의 대항요건의 구비시기를 제한하는 취지이지 반드시 임차주택과 대지를 함께 경매하여 임차주택 자체에 경매신청의 등기가 되어야 한다거나 임차주택에 경매신청의 등기가 가능한 경우로 제한하는 취지는 아니라 할 것이다. 대지에 대한 경매신청의 등기 전에 위 대항요건을 갖추도록 하면 입법취지를 충분히 달성할 수 있으므로, 위 규정이 미등기 주택의 경우에 소액임차인의 대지에 대한 우선변제권을 배제하는 규정에 해당한다고 볼 수 없다(필자가 판결이유 중의 일부를 임의로 발췌하여 게재한 것임/필자 각주).

다) 배당액의 범위 우선변제력이 인정되는 미등기 소액임차인은 주택 매각대금의 2분의 1 또는 상가 매각대금의 3분의 1에 해당하는 금액에 한하여 우선변제를 받을 수 있으며 건물은 물론 대지의 환가액에서도 우선변제를 받을 수 있다.

≪판례≫ 토지저당 후 신축건물에 대한 소액임차인[대법원 1999. 7. 23. 선고 99다25532 판결]

임차주택의 환가대금 및 주택가액에 건물뿐만 아니라 대지의 환가대금 및 가액도 포함된다고 규정하고 있는 주택임대차보호법(1999. 1. 21. 법률 제5641호로 개정되기 전의 것) 제3조의2 제1항 및 제8조 제3항의 각 규정과 같은 법의 입법 취지 및 통상적으로 건물의 임대차에는 당연히 그 부지 부분의 이용을 수반하는 것인 점 등을 종합하여 보면, 대지에 관한 저당권의 실행으로 경매가 진행된 경우에도 그 지상 건물의 소액임차인은 대지의 환가대금 중에서 소액보증금을 우선변제받을 수 있다고 할 것이나, 이와 같은 법리는 대지에 관한 저당권 설정 당시에 이미 그 지상 건물이 존재하는 경우에만 적용될 수 있는 것이고, 저당권 설정 후에 비로소 건물이 신축된 경우에까지 공시방법이 불완전한 소액임차인에게 우선변제권을 인정한다면 저당권자가 예측할 수 없는 손해를 입게 되는 범위가 지나치게 확대되어 부당하므로, 이러한 경우에는 소액임차인은 대지의 환가대금에 대하여 우선변제를 받을 수 없다고 보아야 한다.

(나) **경매개시결정 이후에 공시된 우선변제력 있는 채권** 경매개시결정등기 이후에 설정된 담보물권도 배당요구가 있어야만 배당이 이루어진다. 경매개시결정 이후에 대항력과 확정일자를 갖춘 임차인도 마찬가지다. 그러나 소액임차인은 경매개시결정 이전에 대항력을 갖춘 경우에만 최우선변제력 있는 배당요구자격이 인정된다.

(다) **경매개시결정 전에 공시되지 아니한 조세채권** 경매개시결정 기입등기 전에 공시되지 아니한 조세채권에 대하여는 앞서 설명한 바와 같이 배당요구에 해당하는 교부청구가 있어야만 배당자격이 인정된다. 한편 결손처분이 이루어진 조세채권은 우선변제력 있는 채권이라고 할 수 없으므로 배당받을 자격이 없다.

나. 배당요구종기제도(제84조)

제84조 (배당요구의 종기결정 및 공고)

① 경매개시결정에 따른 압류의 효력이 생긴 때(그 경매개시결정 전에 다른 경매개시결정이 있은 경우를 제외한다)에는 집행법원은 절차에 필요한 기간을 감안하여 배당요구를 할 수 있는 종기(終期)를 첫 매각기일 이전으로 정한다.
② 배당요구의 종기가 정하여진 때에는 법원은 경매개시결정을 한 취지 및 배당요구의 종기를 공고하고, 제91조 제 4 항 단서의 전세권자 및 법원에 알려진 제88조 제 1 항의 채권자에게 이를 고지하여야 한다.
③ 제 1 항의 배당요구의 종기결정 및 제 2 항의 공고는 경매개시결정에 따른 압류의 효력이 생긴 때부터 1주 이내에 하여야 한다.
④ 법원사무관등은 제148조 제 3 호 및 제 4 호의 채권자 및 조세, 그 밖의 공과금을 주관하는 공공기관에 대하여 채권의 유무, 그 원인 및 액수(원금 · 이자 · 비용, 그 밖의 부대채권(附帶債權)을 포함한다)를 배당요구의 종기까지 법원에 신고하도록 최고하여야 한다.
⑤ 제148조 제 3 호 및 제 4 호의 채권자가 제 4 항의 최고에 대한 신고를 하지 아니한 때에는 그 채권자의 채권액은 등기부등본 등 집행기록에 있는 서류와 증빙(證憑)에 따라 계산한다. 이 경우 다시 채권액을 추가하지 못한다.
⑥ 법원은 특별히 필요하다고 인정하는 경우에는 배당요구의 종기를 연기할 수 있다.
⑦ 제 6 항의 경우에는 제 2 항 및 제 4 항의 규정을 준용한다. 다만, 이미 배당요구 또는

채권신고를 한 사람에 대하여는 같은 항의 고지 또는 최고를 하지 아니한다.

(1) **의 의** 집행절차상 채권자의 우열에 관하여는 민사집행법은 원칙적으로 평등주의를 취하고 있음은 앞서 보았다. 그러나 종전의 평등주의의 입법례에 따를 경우 배당요구와 그 철회를 번복하여 집행절차의 안정성을 저해하는 폐해가 지적되어 왔다. 이에 민사집행법은 새로이 배당요구종기제도를 도입하였다. 즉 종전에는 매각허가결정일까지의 배당요구를 허용하였으나 현재는 경매개시결정 이후에 첫 매각기일 이전의 특정한 날을 정하여 그때가지 배당요구를 한 자에 한하여 배당참가를 인정하고 있다.

(2) **배당요구종기의 결정** 경매개시결정에 따른 압류의 효력이 발생한 때로부터 1주일 이내에 결정을 하여야 한다(제84조 3항). 종기는 감정평가와 현황조사를 거쳐 매각물건명세서가 작성될 수 있는 시점을 고려하되 결정일로부터 2월 이상 3월 이내의 범위에서 정하여 첫 매각기일 이전의 날로 한다.

(3) **배당요구종기의 고지 및 공고** 집행법원은 인터넷 법원경매공고란 또는 법원게시판에 게시하는 방법으로 경매개시결정의 취지 및 배당요구종기를 공고하고 이를 제91조 4항 단서의 전세권자 및 법원에 알려진 제88조 1항의 채권자에게 고지한다. 일간신문 등에 게재할 것은 아니다. 집행법원은 기존의 배당요구종기가 도과하기 전에 한하여(반대견해 있음) 특별히 필요하다고 인정하는 경우에는 배당요구종기를 연기할 수 있으며 이를 새로 공고하여야하고 새롭게 배당요구를 할 수 있는 채권자들에게 통지하여야 하나 이미 배당요구나 채권신고를 한 자에게 별도로 연기를 고지하거나 최고할 필요는 없다(제84조 7항 단서). 실무상 배당요구종기가 연기되는 예로는 현황조사보고서가 늦게 제출되는 등으로 집행법원이 미처 파악하지 못했던 임차인에게 배당요구의 기회를 주기 위하여 연기하는 경우를 들 수 있다. 그러나 배당요구종기의 연기는 실무상 찾아보기 힘든데, 이는 채권자의 이해관계에 커다란 영향을 줄 우려가 있기 때문이다. 예를 들어 우선변제력 있는 임차인이 배당요구를 하고 기존의 배당요구종기일이 경과한 이후에 이사를 했는데, 사실은 배당요구종기가 연기되어 새로운 배당요구종기 이전에 대항력을 상실한 것으로 인정되어 배당을 받지 못하는(반대견해 있음) 상황을 가져오기 때문이다.

≪판례≫ 배당요구종기변경[대법원 2007. 11. 29.자 2007그62 결정]

[1] 사업주 소유 부동산에 대한 임의경매절차에서, 배당요구 종기일 이후에 체당금을 지

급하였음을 이유로 근로복지공단이 제기한 배당요구 종기 연기신청을 불허한 것이 정당하다고 한 사례.

[2] 우선변제를 받을 수 있는 권리로서 헌법상 보장되는 재산권에 속하는 임금 등 청구권은 다양한 절차와 방법을 통하여 행사할 수 있는데 이를 특정 부동산경매절차에서 우선변제받기 위하여는 절차법적으로 해당 절차에서 민사집행법 소정의 배당요구를 하여야 하고(법 제88조 제1항, 제148조), 이러한 배당요구권의 행사시기는 같은 법 제84조 제1항에 의하여 종기의 제한을 받게 되는데 이러한 제한은 특정 강제집행절차상의 우선변제권능을 제한하게 되어 경우에 따라서 임금 등 청구권의 행사가 종국적으로 제한되는 결과를 야기할 수도 있으나, 이러한 제한은 본질적으로 특정한 절차에 한정된 일시적 제약에 불과한 것이고 권리의 실체법상 본질, 즉 권리의 존재와 내용 및 실체법상의 권리행사에 무슨 영향을 미치는 것이 아닌 점에서 그 권리의 본질에 관한 제한이라고 할 수 없으며, 이러한 배당요구종기 제도에 의하여 달성되는 경매제도의 효율적 운영은 더욱 중요한 공익에 속하므로 같은 법 제84조 제1항이 배당요구의 종기를 첫 매각기일 이전까지의 범위에서 정하도록 한 것은 합리적인 입법조치이다. 나아가 같은 법 제84조 제6항은 위와 같은 합리적인 배당요구종기 제도를 토대로 하여 법원이 채권자의 배당참가기회를 봉쇄하는 것이 적당하지 아니하다고 판단되는 특별한 사정이 있는 경우 경매절차를 불안하게 하거나 기존 배당요구 채권자의 이익을 해하지 않는 범위 내에서 배당요구의 종기를 연기할 수 있도록 하여 오히려 채권자를 두텁게 보호하는 규정이므로, 성질상 임금 등 청구권을 대위하는 근로복지공단에 대한 침익적 규정(침익적 규정)이 될 수 없고, 따라서 이로 인하여 근로복지공단이 대위하는 실체법적인 권리가 침해된다고 볼 수는 없다.

(4) **배당요구종기의 효력** 배당요구종기제도는 주로 요구배당채권자에 대한 관계에서 의미가 크다. 요구배당채권자는 배당요구종기까지 배당요구를 하지 아니하면 배당절차에서 배제된다. 실체법상 우선변제권이 있는 경우라도 배당참가가 허용되지 아니한다. 당연배당채권자에 대하여는 채권신고종기의 의미를 갖는 것에 불과하며 당해 채권자를 배당절차에서 배제시키는 의미는 갖지 못한다.

(5) **체납처분절차와 배당요구종기** 체납처분절차에는 민사집행법에 따른 배당요구종기제도의 적용이 없다.

다. 배당요구절차

(1) **배당요구방식** 배당요구는 채권의 원인과 액수를 기재하고 배당요구의 자격을 소명하는 서류를 첨부한 서면으로 하여야 한다(규칙 제48조). 서면의 명칭이나 형식에 구애받음이 없이 실질적으로 배당요구의 의사의 유무를 가려 배당요구의 유무를 판단한다. 흔히 '채권계산서'라는 명칭으로 서면이 제출되는 경우도 많다. 그러나 '권리신고 및 배당요구서'라는 하나의 서면의 표제에서 '배당

요구'부분을 두 줄로 주말한 서면을 제출한 경우에는 배당요구가 있다고 할 수 없다.

≪판례≫ 권리신고서면과 배당요구간주[대법원 1999. 2. 9. 선고 98다53547 판결]

배당요구는 채권의 원인과 수액을 기재한 서면에 의하여 집행법원에 배당을 요구하는 취지가 표시되면 되므로, 채권자가 경매목적 부동산에 관하여 가압류결정을 받은 다음 채권의 수액을 기재한 서면에 그 가압류결정을 첨부하여 경매법원에 제출하였다면 채권의 원인과 수액을 기재하여 배당을 요구하는 취지가 표시된 것으로 보아야 하고, 그 서면의 제목이 권리신고라고 되어 있다 하여 달리 볼 것이 아니다.

≪판례≫ 교부청구에 있어서 수취인의 표시[대법원 2001. 6. 12. 선고 99다45604 판결]

국세교부청구의 의사표시가 담긴 교부청구서가 당해 경매사건이 계속되고 있는 법원에 접수된 이상 그 교부청구행위는 당해 경매법원에 대하여 이루어진 것으로 보아야 하고, 우편물의 겉봉에 받는 사람의 표시를 '○○지방법원 등기과'라고 표기하였다거나 교부청구서에 '○○지방법원 등기과 귀하'로 표시하였다고 하여 이를 들어 교부청구의 의사표시가 경매법원 아닌 ○○지방법원 등기과의 등기관에 대하여 행하여진 것이라고 볼 수는 없다.

배당요구자격을 소명하는 서면으로는 집행정본, 등기부등본, 임금대장사본, 주택임대차계약서사본 등이 있다. 집행정본의 경우 사본이라도 무방함은 앞서 설명하였다.

(2) 배당요구사실의 통지 배당요구가 있으면 배당에 이해관계 있는 자에게 그 취지를 통지해야 한다(제89조). 배당요구통지가 결여되었다고 하더라도 배당요구의 효력에는 아무런 영향이 없다는 점에서 제89조는 사실상 사문화된 것이나 다름없다. 국세 등 교부청구의 경우에는 통지가 필요 없다.

≪판례≫ 배당요구통지누락과 배당요구의 효력[대법원 2001. 9. 25. 선고 2001다1942 판결]

배당요구의 사실을 경매법원이 이해관계인에게 통지하도록 규정한 민사소송법 제606조 제 1 항의 취지는 배당받을 자의 범위가 변경됨을 집행절차에 참가하고 있는, 당해 배당요구채권자 이외의 다른 채권자에게 알려 주어 채권의 존부와 액수를 다툴 수 있도록 하려는 데 있고, 이러한 통지가 결여된다고 하여도 배당요구의 효력에는 아무런 영향이 없으므로, 비록 경매담당공무원이 배당요구 사실을 채무자나 소유자 혹은 다른 배당요구채권자 등에게 통지하지 아니하였다 하여도, 당해 배당요구채권자에 대한 관계에 있어서는 불법행위를 구성할 만한 직무상 주의의무위반이 있다고 볼 수 없다.

(3) 배당요구의 철회 배당요구는 원칙적으로 자유롭게 철회할 수 있다.

그러나 배당요구 종기 이후에는 배당요구의 철회로 인하여 매수인이 인수하여야 할 부담의 범위에 변경이 있는 경우에는 철회하지 못한다(제88조 2항). 종전 매수인에게 대항력 있는 임차들이 배당요구를 번복하여 절차안정을 침해한 사례가 빈발한 것에 대하여 보완규정을 둔 것이다.

라. 배당요구의 효력

배당요구에는 다음과 같은 효력이 인정된다.

(1) **배당을 받을 권리** 요구배당채권자는 배당요구를 하여야만 배당을 받을 권리가 인정된다. 임금채권자나 소액임차인과 같이 실체법상 최우선변제권이 있는 자라도 배당요구를 하지 아니하면 아무런 배당도 받을 수 없다. 또한 배당을 하였더라면 배당받을 수 있는 금액의 범위에서 다른 채권자를 상대로 부당이득반환을 구하는 것도 인정될 여지가 없다.

≪판례≫ 배당요구 없는 요구배당채권자[대법원 1996. 12. 20. 선고 95다28304 판결]

민사소송법 제728조에 의하여 준용되는 제605조 제 1 항에서 규정하는 배당요구 채권자는 경락기일까지 배당요구를 한 경우에 한하여 비로소 배당을 받을 수 있고, 적법한 배당요구를 하지 아니한 경우에는 임금채권과 같이 실체법상 우선변제청구권이 있는 채권자라 하더라도 그 경락대금으로부터 배당을 받을 수는 없을 것이므로, 이러한 배당요구 채권자가 적법한 배당요구를 하지 아니하여 그를 배당에서 제외하는 것으로 배당표가 작성·확정되고 그 확정된 배당표에 따라 배당이 실시되었다면, 집행목적물의 교환가치에 대하여서만 우선변제권을 가지고 있는 법정담보물권자의 경우와는 달리 그가 적법한 배당요구를 한 경우에 배당받을 수 있었던 금액 상당의 금원이 후순위 채권자에게 배당되었다 하여 이를 법률상 원인이 없는 것이라고 할 수 없다(같은 취지: 대법원 1997. 2. 25. 선고 96다10263 판결, 대법원 1998. 10. 13. 선고 98다12379 판결, 대법원 2002. 1. 22. 선고 2001다70702 판결, 대법원 2005. 8. 25. 선고 2005다14595 판결).

위와 결론을 달리 하는 아래의 판례는 잘못된 것으로 고려하여서는 아니 된다. 그럼에도 불구하고 아래의 판례가 폐기되지 아니하는 것은 구법시대의 판례이기 때문이다.

≪판례≫ 배당요구 없는 소액임차인[대법원 1990. 3. 27.자 90다카315,322,339 결정]

주택에 관한 임의경매절차에서 개정 전의 주택임대차보호법(1990. 3. 5. 법률 제3379호로 개정되기 전의 것) 제 8 조 소정의 우선변제권 있는 소액임차인이 배당요구를 하지 아니하여 근저당권자가 소액임차인이 배당받아야 할 임차보증금 상당의 금원까지 배당받았다면 이에 의하여 실체법상의 권리가 확정되는 것이 아니므로 소액임차인은 근저당권자에 대하여 소액보증금 상당의 부당이득반환청구권를 갖게 된다.

그러나 체납처분절차에서는 민사집행절차와 다른 점이 있음을 주의해야 한다.

≪판례≫ 체납처분절차와 배당요구[대법원 2003. 1. 24. 선고 2002다64254 판결]

국세기본법 제35조 제1항 제5호에 따라 국세 또는 가산금에 우선하는 임금채권이 국세징수법상 압류재산 매각대금의 분배대상에 포함되면, 체납처분절차를 주관하는 기관은 임금채권자에게 배분할 금액을 직권으로 확정하여 배분계산서를 작성하여야 하고, 임금채권자가 체납처분의 청산절차에서 압류재산의 매각대금을 배분할 때까지 배분요구를 하지 아니하여 그에게 배분되어야 할 돈이 후순위 채권자에게 배분되었다면, 임금채권자는 후순위 권리자를 상대로 부당이득의 반환을 청구할 수 있다(같은 취지: 대법원 2006. 1. 27. 선고 2005다27935 판결).

(2) **시효중단** 집행정본에 기한 배당요구가 있는 경우에는 집행절차상의 이해관계인(제90조)의 자격이 인정됨은 물론 압류에 준하는 시효중단의 효력이 인정된다(민법 제168조 2호).

≪판례≫ 배당요구에 따른 시효중단[대법원 2002. 2. 26. 선고 2000다25484 판결]

[1] 원인채권의 지급을 확보하기 위하여 어음이 수수된 당사자 사이에서 채권자가 어음채권을 피보전권리로 하여 채무자의 재산을 가압류함으로써 그 권리를 행사한 경우에는 그 원인채권의 소멸시효를 중단시키는 효력이 있고, 이러한 법리는 채권자가 어음채권을 청구채권으로 하여 채무자의 재산을 압류함으로써 그 권리를 행사한 경우에도 마찬가지이며, 한편 집행력 있는 채무명의 정본을 가진 채권자는 이에 기하여 강제경매를 신청할 수 있으며, 다른 채권자의 신청에 의하여 개시된 경매절차를 이용하여 배당요구를 신청하는 행위도 채무명의에 기하여 능동적으로 그 권리를 실현하려고 하는 점에서는 강제경매의 신청과 동일하다고 할 수 있으므로, 부동산경매절차에서 집행력 있는 채무명의 정본을 가진 채권자가 하는 배당요구는 민법 제168조 제2호의 압류에 준하는 것으로서 배당요구에 관련된 채권에 관하여 소멸시효를 중단하는 효력이 생긴다고 할 것이고, 따라서 원인채권의 지급을 확보하기 위하여 어음이 수수된 당사자 사이에 채권자가 어음채권에 관한 집행력 있는 채무명의 정본에 기하여 한 배당요구는 그 원인채권의 소멸시효를 중단시키는 효력이 있다.

[2] 다른 채권자가 신청한 부동산경매절차에서 이미 소멸시효가 완성된 어음채권을 원인으로 하여 집행력 있는 채무명의를 가진 채권자가 배당요구를 신청하고, 그 경매절차에서 부동산의 경락대금이 배당요구채권자에게 배당되어 그 채무의 일부변제에 충당될 때까지 채무자가 아무런 이의를 진술하지 아니하였다면, 경매절차의 진행을 채무자가 알지 못하였다는 등 다른 특별한 사정이 없는 한 채무자는 어음채권에 대한 소멸시효 이익을 포기한 것으로 볼 수 있고, 그 때부터 그 원인채권의 소멸시효기간도 다시 진행한다고 봄이 상당하다.

(3) 기 타 그 밖에도 배당요구가 있게 되면 배당기일의 통지를 받을 권리(제146조), 배당표에 대한 이의신청권(제151조) 등이 발생한다.

4. 보론: 배당요구 · 채권신고 · 채권계산서제출 · 권리신고의 구별

가. 의 의

배당요구(제88조)는 요구배당채권자가 배당절차를 통해 채권의 만족을 얻고자 하는 것이며, 채권신고(제84조, 가담법 제16조)는 배당채권자가 배당을 받고자 하는 채권의 범위를 개괄적으로 밝히는 것이며, 채권계산서(규칙 제81조)는 배당요구나 채권신고에서 제시된 채권의 범위를 구체적으로 금액을 밝히는 것이며, 권리신고(제90조)는 배당자체와는 무관하게 집행절차에서 이해관계인이라는 지위를 인정받기 위한 것이라는 점에서 서로 다르다. 이러한 배당요구 · 채권신고 · 채권계산서제출 · 권리신고는 서로 혼동하기 쉬운 면이 있다. 더욱이 실무에 있어서 이들에 관련된 서면을 제출하면서 그 표제를 서로 혼 · 오용하고 있으며, 이에 대하여 집행기관은 표제에 구속되지 아니하고 그 진의를 따져 법률효과를 부여하는 점에서 혼동이 더해진다.

나. 비 교

배당요구와 채권신고는 배당요구종기까지 이루어져야 하지만, 채권계산서제출은 배당기일에 즈음하여 이루어지며, 권리신고는 특별히 기간의 제한이 없는 점에서 서로 다르다. 당연배당채권자는 배당요구가 필요 없으며 실제에 있어서 채권신고나 채권계산서제출 또는 권리신고가 별 의미가 없다. 다만 앞서 설명한 바와 같이 담보가등기권자는 채권신고최고기간 내에 채권신고를 하여야만 배당을 받을 수 있다(가담법 제16조 2항)는 점을 유의해야 한다.

사례 22 〈해설〉 채권최고액초과부분의 취급

병에게 1,200만원, 을에게 1억 2,000만원을 배당하고 갑에게 반환할 것은 없다. 다소의 의문은 없지 아니하나 근저당권의 채권최고액은 후순위 담보권자나 부동산의 제 3 취득자 또는 물상보증인에 대한 우선변제의 한도로서의 의미를 갖는 것에 불과한 것이며, 채무자에 대한 관계에서 변제를 받을 수 있는 책임의 한도를 정한 것이 아니다(반대견해 있음). 그러므로 최우선변제액으로 병에게 1,200만원을 지급하고 남은 전액은 을의 채권변제에 모두 충당하여야 하는 것이다. 이 경우 을에게 배당하는 2,000만원 부분이 을의 청구채권액에 포함되어 있는 한 별도의 배당요구나 집행권원도 필요하지 않다.

사례 23 〈해설〉 소액임차인에 대한 배당

1. 병의 권리취득범위

사례에서 간이건물에 대한 평가가 누락되었거나 매각대상으로 명시되지 아니하였더라도 간이건물은 농가주택에 대한 종물이라 할 것이므로 병은 간이건물에 대하여도 소유권을 취득한다.

2. 소액임차인과 확정일자

소액임차인은 확정일자 없이도 배당에 참가할 수 있으며 일정한 범위에서 다른 채권자보다 우선적 지위를 인정받는다. 그러나 배당요구는 반드시 하여야 한다. 따라서 갑이 확정일자를 받아두지 않았다는 점을 지적하는 정의 주장은 타당하지 않다.

3. 소액임차인과 미등기건물

간이건물이 미등기건물이라는 점에서 갑이 배당을 받을 수 없다는 지적은 일응 타당하다. 그러나 주물인 주택이 등기부를 통하여 주거용 건물이라는 공시가 있었다 할 것이므로 갑이 거주하는 간이건물이 미등기건물이라고 하더라도 소액임차인으로서 배당을 받을 수 있다고 보아야 할 것이다.

사례 24 〈해설〉 임차권양수인

1. 판 례

병이 전입신고를 하고 이사를 한 시점은 2002. 5. 9.로 정의 저당권이 설정된 2001. 12. 21.보다 늦은 때이다. 따라서 병은 일응 무에게 임차권을 대항할 수 없는 것으로 보인다. 그러나 위 사례에서 병의 임차권은 갑으로부터 양수받은 것인데, 갑이 대항요건을 구비한 시점은 2001. 3. 6.으로 정의 저당권이 설정된 시점보다 앞선다. 위와 같은 경우 병의 임차권은 갑으로부터 유래한 것이므로 그 대항력 역시 갑이 대항력을 취득한 시점을 기준으로 보아야 한다는 것이 판례이다.

2. 사 견

정은 선순위 임차인 갑의 존재를 알고 근저당권을 취득하였다는 점에서 위에서 같이 임차권승계의 결과를 인정하더라도 정에게 특별히 불리할 것은 없다는 것이 판례의 논거로 보인다. 그러나 임차권의 승계에 관하여는 전혀 공시할 방법이 없음에도 판례와 같은 결론을 인정하는 것은 지나치게 매수인의 지위를 불안정하게 만드는 것이라고 하겠다. 그러므로 병이 권리신고절차를 통하여 적극적으로 갑의 임차권을 양수한 사실을 집행법원에 알리고, 집행법원은 매각물건명세서를 통하여 그 사실을 공시한 경우에 한하여서만 판례와 같은 결론을 인정하여야 한다고 본다.

제 6 절 매각준비절차

Ⅰ. 서 론

압류와 매각 사이의 절차를 매각준비절차라고 한다. 매각준비절차로는 배당요구종기의 결정·공고·고지, 현황조사명령, 공공기관에 대한 최고, 이해관계인에 대한 최고, 감정평가명령, 매각방법의 결정, 매각가격과 매각결정기일의 지정·공고·통지·변경, 매각물건명세서의 작성과 비치, 최저매각가격 등과 같은 매각조건의 결정 등을 들 수 있다. 이를 상세히 살펴보면 다음과 같다. 배당요구종기에 관하여는 이미 설명하였다.

Ⅱ. 현황조사

제85조 (현황조사)

① 법원은 경매개시결정을 한 뒤에 바로 집행관에게 부동산의 현상, 점유관계, 차임(借賃) 또는 보증금의 액수, 그 밖의 현황에 관하여 조사하도록 명하여야 한다.

② 집행관이 제 1 항의 규정에 따라 부동산을 조사할 때에는 그 부동산에 대하여 제82조에 규정된 조치를 할 수 있다.

1. 의 의

경매를 신청할 당시에 채권자로 하여금 목적물의 목록과 등기부등본을 제출하게 하고 있지만 이것만으로 경매대상 목적물의 현황을 파악하기에는 미흡한 점이 많다. 예를 들어 특별매각조건의 하나인 농지취득자격증명이 요구되는 농지에 해당하는가의 여부는 현황주의에 의하므로 별도로 목적물의 현황을 조사할 필요가 있는 것이다. 이를 위하여 두고 있는 제도가 현황조사제도이다.

≪판례≫ 현황조사와 매각물건명세서의 기능[대법원 2004. 11. 9.자 2004마94 결정]

경매절차에 있어서 부동산현황조사 및 입찰물건명세서의 작성은 입찰대상 부동산의 현황을 되도록 정확히 파악하여 일반인에게 그 현황과 권리관계를 공시함으로써 매수 희망자가 입찰대상 물건에 필요한 정보를 쉽게 얻을 수 있게 하여 예측하지 못한 손해를 입는 것을 방지하고자 함에 있다.

2. 현황조사의 실시

집행법원은 경매개시결정을 한 뒤에 바로 집행관에게 부동산의 권리관계와 사실관계의 현황을 조사하도록 명한다(제85조 1항). 집행관은 현황조사명령에 따라 부동산에의 출입이나 출입문의 강제개방 등 일정한 강제처분을 할 수 있다(제85조 2항, 제82조).

3. 공 고

집행관은 현황조사를 마치면 현황조사조서를 작성하여 집행법원에 제출하여야 한다. 집행법원은 매각물건명세서 사본과 더불어 이를 일반인에게 공고하여야 한다(규칙 제55조).

4. 현황조사에 관한 다툼

집행관의 잘못된 현황조사에 대하여는 국가배상책임이 인정될 수 있음은 앞서 살펴보았다. 한편 현황조사에 있어서 집행관은 집행법원의 보조기관에 불과하며 독립된 집행기관의 지위에 서는 것이 아니다. 그러므로 집행관의 현황조사에 대하여는 독립하여 불복할 것이 못되며 잘못된 현황조사를 지적하며 그에 기초한 최저매각격의 결정 등 집행법원의 집행처분에 대하여 집행에 관한 이의로 다투거나 매각허가결정에 대한 즉시항고로 다투면 된다.

Ⅲ. 공공기관에 대한 최고

1. 의 의

경매개시결정이 있은 다음 법원사무관 등은 목적부동산에 관한 조세 등 공과금의 교부청부의 기회를 주기 위하여 공공기관에 배당요구의 종기까지 조세채권 등을 신고하도록 최고하여야 한다(제84조 4항). 이것은 교부청구의 기회를 주는 동시에 잉여주의의 심사(제102조)를 위해서도 필요한 것이다.

2. 공공기관

최고할 공공기관은 국세에 관해서는 채무자 주소지를 관할하는 세무서이고 지방세에 관해서는 부동산 소재지를 관할하는 시·구이다. 채무자가 회사인 경우에는 관세청에도 최고한다(대법원 재판예규 제866-3).

3. 최고의 흠결

공공기관에 대한 최고절차는 행정상의 편의를 위한 것으로 이를 흠결하였다고 하더라도 집행절차가 위법하다고 할 수는 없다.

≪판례≫ **최고절차가 흠결된 집행행위의 효력**[대법원 1979. 10. 30.자 79마299 결정]
경매법원이 공과주관공무소에 대하여 채권의 유무와 그 한도를 일정 기간 안에 통지할 것을 최고하지 아니 하였어도, 경락허가 결정에는 아무런 영향이 없다.

Ⅳ. 이해관계인에 대한 최고

1. 채권신고의 최고

압류채권자와 배당요구를 한 채권자를 제외한 당연배당채권자에 대하여 채권의 유무・원인・액수를 배당요구의 종기까지 신고하도록 최고하여야 한다(제84조 4항, 제148조 3호, 4호). 이에 관하여는 앞서 상세히 설명하였다.

2. 상 대 방

압류채권자와 배당요구를 한 채권자에 대하여는 별도로 최고할 필요가 없다. 압류신청과 배당요구에는 채권신고 이상의 의미를 내포하고 있기 때문에 별도로 권리신고를 최고할 필요가 없는 것이다. 가등기권리자에 대해서도 최고를 하여야 하는데(가등기담보에 관한 법률 제16조 1항) 이것은 당해 가등기의 성질이 담보가등기인지 청구권보존가등기인지를 파악하고자 하는 의미가 있다. 가등기권리자가 아무런 신고도 하지 아니하는 경우에는 통상 청구권보존가등기로 파악하여 배당에서 고려하지 아니하는 것이 보통이다. 위와 같은 점에서 채권신고의 최고가 의미를 갖는 것은 가등기권리자에 대한 최고에서만 의미를 갖는 것임을 알 수 있다.

3. 채권신고

최고에 따른 채권신고를 하지 않더라도 그 자체로 불이익은 없다. 오히려 실무현실을 보면 금융기관이 아닌 일반인이 근저당권자인 경우에는 아무런 신고를 하지 않는 것이 보통이다. 이러한 경우 집행법원으로서는 근저당권의 채권최고액만큼의 피담보채권이 존재하는 것으로 보고 배당을 하는 것이 보통이다(제84

조 5항). 위와 같은 점에서 당연배당채권자에 대한 최고는 사실상 별 의미가 없다고 하겠다. 채권신고는 배당요구나 권리신고와는 구별하여야 하는 점에 관하여는 앞서 설명하였다.

Ⅴ. 감정평가와 최저매각가격

사 례 25 감정평가에 관한 잘못의 지적

갑은 복잡한 서울생활을 청산하고 고향인 한적한 시골마을에서 전원생활을 시작하였다. 갑이 새로 살게 된 집은 부모님으로부터 단독으로 상속받은 오래된 한옥으로 본채(30평)와 그에 딸린 조그만 헛간건물(9평)로 이루어져 있었다. 그런데 갑은 서울에서 사업을 하다고 을에게 빚을 진 적이 있었고, 이에 을은 집행권원을 얻어 위 한옥에 대한 강제경매를 신청하였다. 한편 법원으로부터 감정평가를 의뢰받은 병은 대지와 본채를 각 500만원과 1,000만원으로 평가하고, 이에 집행법원은 최저매각가격을 1,500만원으로 하여 매각에 붙였고, 맨 처음 열린 매각기일에 정이 1,550만원에 낙찰을 받아 매각결정기일을 기다리는 중이다. 이때 갑이 헛간과 울타리로 심어놓은 쥐똥나무 30그루에 대한 평가액으로 각 190만원과 10만원이 누락되어 매각물건이 약 200만원 정도 저평가되었다는 사정을 지적하고자 한다. 갑의 지적은 타당한 것인가, 만일 타당하다면 어떻게 다투어야 하는가?

1. 감정평가

가. 감정평가명령

경매개시결정의 기입등기가 있은 다음 등기관은 집행법원에 기입등기의 통지를 하게 된다. 집행법원은 이러한 기입등기의 통지를 받은 후 3일 이내에 부동산에 대한 평가를 명한다(대법원 재판예규 제867호). 실무상으로는 경매개시결정이 있게 되면 기입등기 통지를 거치지 아니하고 바로 평가를 명한다. 감정인은 이러한 경우 집행관이 현황조사를 할 때와 마찬가지로 부동산에의 출입 등 일정한 강제력을 행사할 수 있다(제97조 2항).

나. 감정인의 선정과 자격

감정인의 자격에는 원칙적으로 특별한 제한이 없다는 것이 판례의 입장이다.

≪판례≫ 집행관에 의한 감정평가[대법원 1994. 5. 26.자 94마83 전원합의체결정]

민사소송법 제615조는 "법원은 감정인에게 부동산을 평가하게 하고 그 평가액을 참작하여 최저경매가격을 정하여야 한다"고만 규정하고 있어 경매부동산을 평가할 감정인의 자격에 대하여 특별한 제한을 두고 있지 않으므로 금융기관의 연체대출금에 관한 특별조치법 제4조와 같은 특별규정이 적용되지 않는 한 경매법원으로서는 경매부동산을 평가할 능력을 갖추었다고 인정되는 자이면 누구에게나 평가를 명할 수 있다고 해석되고, 지가공시 및 토지 등의 평가에 관한 법률 제21조 제1항의 규정을 위와 같은 경매법원의 권한을 제한하는 취지로 해석할 수는 없으므로 경매법원이 집달관에게 부동산의 평가를 명하고 그 평가액을 참작하여 최저경매가격을 정한 것을 위 법률에 저촉되어 위법한 것이라고는 할 수 없다.

다. 감정에 관한 다툼

(1) **집행절차상 구제방법** 감정인은 집행보조자에 불과하여 감정평가액은 최저매각가격결정에 참작의 요소에 불과하므로 감정평가액 자체에 대한 불복은 인정되지 아니한다. 그러나 감정평가의 잘못은 그에 기초한 최저매각가격결정에 대하여 집행에 관한 이의로 다투거나 매각허가결정에 대하여 즉시항고로 다투면 된다.

≪판례≫ 감정평가를 잘못된 점을 다투는 방법[대법원 2004. 11. 9.자 2004마94 결정]

구 민사소송법(2002. 1. 26. 법률 제6626호로 전문 개정되기 전의 것) 제635조 제2항, 제633조 제6호는 최저경매가격의 결정에 중대한 하자가 있는 때에는 낙찰을 허가하지 아니하도록 규정하고 있는바, 최저경매가격의 결정에 중대한 하자가 있다고 하려면 그 결정이 법에 정한 절차에 위반하여 이루어지거나 감정인의 자격 또는 평가방법에 위법사유가 있어 이에 기초한 결정이 위법한 것으로 되는 등의 사정이 있어야 할 것이고, 단순히 감정인의 평가액과 이에 의하여 결정한 최저경매가격이 매우 저렴하다는 사유는 이의사유가 될 수 없으나, 감정에 의하여 산정한 평가액이 감정평가의 일반적 기준에 현저하게 반한다거나 사회통념상 현저하게 부당하다고 인정되는 경우에는 그러한 사유만으로도 최저경매가격의 결정에 중대한 하자가 있는 것으로 보아야 한다.

흔히 지적되는 감정평가의 잘못은 다음과 같다.

≪판례≫ 미등기건물이 있는 토지의 평가[대법원 1991. 12. 27. 선고 91마608 결정]

지상의 미등기건물이 같이 경매되는 경우와 그렇지 아니한 경우는 경매목적물인 그 부지의 평가액에도 영향이 있다 할 것인데 집행법원이 미등기건물을 경매목적물에서 제외하면서 감정인에게 미등기건물이 제외된 경우의 토지평가액의 보정을 명하는 등의 조치를 취하지 아니하고 종전에 제출된 평가서의 미등기건물이 포함된 전체평가액에서 미등기건물의 가액만을 공제하고 최저경매가격을 정한 것은 최저경매가격결정에 중대한 하자가 있다 할 것이다.

≪판례≫ 수목이 있는 토지의 평가[대법원 1998. 10. 28.자 98마1817 결정]

경매 대상 토지인 임야가 도시계획상 자연녹지지역 내에 설치된 공원으로서 그 사용·

수익에 있어서 공법상의 제한이 있다고 하여도 그 지상에 식재된 수목이 경제적 가치를 가지지 않는 것은 아니므로, 경매법원으로서는 마땅히 위 수목의 가액을 포함하여 경매 대상이 된 임야의 가액을 평가하여야 함에도 불구하고 위 수목의 가액을 제외시킨 채 오직 토지가격만을 평가하여 이를 그대로 최저입찰가격으로 결정한 것은 그 가격결정에 중대한 하자가 있는 경우에 해당하여 민사소송법 제663조 제 2 항, 제635조 제 2 항 및 제633조 제 6 호의 규정에 따라 낙찰을 불허하여야 한다.

≪판례≫ 구분소유적공유지분의 평가[대법원 2001. 6. 15.자 2000마2633 결정]

1동의 건물 중 위치 및 면적이 특정되고 구조상 및 이용상 독립성이 있는 일부분씩을 2인 이상이 구분소유하기로 하는 약정을 하고 등기만은 편의상 각 구분소유의 면적에 해당하는 비율로 공유지분등기를 하여 놓은 경우 공유자들 사이에 상호 명의신탁관계에 있는 이른바 구분소유적 공유관계에 해당하고, 낙찰에 의한 소유권취득은 성질상 승계취득이어서 1동의 건물 중 특정부분에 대한 구분소유적 공유관계를 표상하는 공유지분을 목적으로 하는 근저당권이 설정된 후 그 근저당권의 실행에 의하여 위 공유지분을 취득한 낙찰자는 구분소유적 공유지분을 그대로 취득하는 것이므로, 건물에 관한 구분소유적 공유지분에 대한 입찰을 실시하는 집행법원으로서는 감정인에게 위 건물의 지분에 대한 평가가 아닌 특정 구분소유 목적물에 대한 평가를 하게 하고 그 평가액을 참작하여 최저입찰가격을 정한 후 입찰을 실시하여야 한다.

(2) **손해배상청구** 잘못된 감정에 관련하여서는 집행절차상의 다툼과 별도로 지가공시 및 토지 등의 평가에 관한 법률(제26조 제 1 항) 및 민법(제750조)에 따라 손해배상책임을 물을 수도 있다.

≪판례≫ 감정인의 손해배상책임[대법원 1999. 5. 25. 선고 98다56416 판결]

[1] 타인의 의뢰에 의하여 일정한 보수를 받고 토지 등의 경제적 가치를 판정하여 그 결과를 가액으로 표시하는 감정평가를 업으로 행하는 감정평가업자가 토지를 개별적으로 감정평가하는 경우에는 실지조사에 의하여 대상 물건을 확인하고, 당해 토지와 용도, 지목, 주변환경 등이 동일 또는 유사한 인근지역에 소재하는 하나 또는 둘 이상의 표준지의 공시지가를 기준으로 공시 기준일로부터 가격시점까지의 지가변동률, 도매물가상승률 및 지가변동에 영향을 미치는 관계 법령에 의한 토지의 사용·처분 등의 제한 또는 그 해제, 토지의 형질변경이나 지목의 변경 등의 기타 사항을 종합적으로 참작하고 평가 대상 토지와 표준지의 지역요인 및 개별요인에 대한 분석 등 필요한 조정을 하는 방법으로 신의와 성실로써 공정하게 감정평가를 하여야 할 주의의무가 있다.
[2] 감정평가업자가 과실로 감정평가 당시의 적정가격과 현저한 차이가 있게 감정평가함으로써 감정평가 의뢰인에게 손해를 발생하게 한 때에는 그 손해를 배상할 책임이 있다.
[3] 감정평가업자가 평가 대상 토지가 보전임지에서 전용허가를 받았음에도 불구하고 그 경위 및 그로 인한 사용상의 제한 내역을 조사하지 않은 채 건축물신고수리통보서만을

근거로 기준에 적합하지 않은 비교표준지를 선정하여 감정가격을 산출한 경우, 감정평가 당시의 적정가격과 현저한 차이가 있게 감정평가한 경우에 해당한다고 본 사례.

[4] 금융기관이 감정평가업자를 상대로 감정평가업자가 실시한 담보목적물에 대한 부당 감정을 믿고 그 감정가격에 근거하여 제3자에게 대출을 하여 손해를 입었음을 원인으로 하여 손해배상청구를 하는 경우에 있어서, 금융기관이 감정평가업자의 부당감정과는 관계없이 제3자가 여신적격자가 아님에도 불구하고 대출을 해 줌으로써 손해를 입은 것이라는 취지의 주장은 면책 주장에 해당하는 것이므로 면책의 효과를 주장하는 자에게 그에 대한 입증책임이 있다.

[5] 담보목적물에 대하여 감정평가업자가 부당한 감정을 함으로써 감정 의뢰인이 그 감정을 믿고 정당한 감정가격을 초과한 대출을 한 경우에는 부당한 감정가격에 근거하여 산출된 담보가치와 정당한 감정가격에 근거하여 산출된 담보가치의 차액을 한도로 하여 대출금 중 정당한 감정가격에 근거하여 산출된 담보가치를 초과한 부분이 손해액이 된다.

2. 최저매각가격

가. 최저매각가격의 기능

(1) **입찰의 공정** 최저매각가격은 목적물이 부당하게 염가로 매각되는 것을 막고 입찰에 참여하는 자에게 일응의 기준을 제시하여 입찰이 공정하게 이루어지게 하려는 데 기본적인 취지가 있다.

≪판례≫ 최저매각가격제도의 취지[대법원 1994. 11. 30.자 94마1673 결정]

민사소송법 제615조, 제728조가 부동산에 대한 집행에 있어서 최저입찰(경매)가격제도를 채용하고 있는 것은, 재산으로서의 중요성이 인정되는 부동산이 그 실시세보다 훨씬 저가로 매각되게 되면 채무자 또는 소유자의 이익을 해치게 될 뿐만 아니라 채권자에게도 불이익하게 되므로 부동산의 공정타당한 가격을 유지하여 부당하게 염가로 매각되는 것을 방지함과 동시에 목적부동산의 적정한 가격을 표시하여 입찰신고를 하려는 사람에게 기준을 제시함으로써 입찰이 공정하게 이루어지도록 하고자 함에 있다.

(2) **매수신고의 하한** 매수인은 최저매각가격 이상의 가격의 매수신고를 하여야 하며 그 이하의 가격의 매수신고에 대해서는 최고가매수인에 해당하는 경우라도 매각불허가결정의 사유가 된다. 이는 법정매각조건으로 이해관계인 전원의 합의가 있더라도 변경할 수 없다.

≪판례≫ 최저매각가격 미만으로의 매각[대법원 1967. 9. 26.자 67마796 결정]

경매명령이나 경매기일 공고에 최저가격 금 80,400원으로 표시된 부동산을 경매가격 금 80,000원에 경락을 허가함은 위법하다.

(3) 잉여판단의 기준 최저매각가격은 잉여의 유무를 판단하는 기준이 된다. 이에 관하여는 다음에 상세히 설명한다.

나. 최저매각가격결정

집행법원은 감정평가의 결과를 참작하여 재량에 따라 부동산의 최저매각가격을 결정하게 된다. 실무상으로는 통상적으로 감정평가액을 가감 없이 최저매각가격으로 결정하는 것이 보통이다. 경매에 의하는 경우 통상 일반의 매매보다는 낮은 가격에 매각되는 보통이지만 이러한 사정은 매각가격의 결정에 고려할 사항이 아니다. 경매개시결정 이후 매각이 이루어지기 까지는 상당한 시간이 필요한 것이 보통인데 특별한 사정이 없는 한 그 사이에 시가앙등이 있다고 하여 다시 최저매각가격을 정할 필요는 없다.

≪판례≫ 최저매각가격결정 후의 시가변동[대법원 1994. 12. 2.자 94마1720 결정]

최초의 최저낙찰가격을 결정한 후 상당한 시일이 경과되고 부동산가격에 변동이 있다고 하여 경매법원이 부동산가격을 재평가하여야 하는 것은 아니다(같은 취지: 대법원 1998. 10. 28.자 98마1817 결정).

다. 최저매각가격의 공고

최저매각가격은 매각기일의 공고내용의 하나이다. 최저매각가격 공고의 흠결은 결과적으로 매각기일의 공고가 잘못된 것에 해당하며 이에 대해서는 집행에 관한 이의로 다툴 수 있다.

≪판례≫ 최저매각가격을 잘못 기재한 매각공고[대법원 1994. 11. 30.자 94마1673 결정]

최저입찰가격의 의미 및 이를 입찰기일의 공고내용에 포함시켜 둔 민사소송법 제618조 제 5 호, 제621조 제 2 항, 민사소송규칙 제159조, 제153조의2 규정의 취지 등에 비추어 볼 때 입찰기일을 공고함에 있어서 최저입찰가격을 누락한 경우는 물론 착오로 잘못 기재한 경우에도 그것이 사소한 것이 아니라면 그 입찰기일의 공고는 적법한 공고가 되지 못한다고 보아야 한다.

사례 25 〈해설〉 감정평가에 관한 잘못의 지적

1. 정의 권리취득범위

위 사례에서 헛간은 본채의 종물이며, 쥐똥나무는 대지의 부합물이라 할 것이다. 그러므로 정은 감정평가나 매각기일의 공고에서 헛간과 쥐똥나무가 누락되었는가 여부에 상관없이 매각대금을 납부함으로써 헛간과 쥐똥나무에 대하여도 소유권을 취득한다. 또한 헛간과 쥐똥나무에 대한 평가금 약 200만원이 최저매각가격에 반영되지 않았다는 사유만으로 부당이득이 성립하는 것도 아니다.

2. 감정평가의 잘못과 다툼의 방법

헛간과 쥐똥나무를 감정평가에서 누락하였음은 잘못된 것이라는 점은 당연하다. 이때 감정평가는 집행기관의 행위가 아니라 할 것이어서 직접 다투지 못하고, 잘못된 감정평가에 기초한 최저매각가격결정에 대하여 다투어야 한다. 만일 정이 낙찰을 받기 전이라면 갑은 최저매각가격결정이라는 집행법원의 재판에 대하여 집행에 관한 이의로 다투면 된다. 그런데 사례에서는 매각이 있은 이후이므로, 갑은 매각결정기일에 출석하여 감정평가와 그에 기초한 최저매각가격의 잘못을 지적하며 이의를 진술할 수 있다. 그러한 갑의 이의가 배척되고 매각허가결정이 내려진 경우에는 매각허가결정에 대하여 즉시항고로 다투면 된다.

3. 다툼에 대한 판단

최저매각가격을 1,500만원으로 삼은 매각물건의 평가액 약 200만원이나 누락되었다면 매각을 불허가하여야 한다. 만일 위 사례에서 감정평가에 헛간은 포함되고 쥐똥나무만 누락된 경우라면 전체매각가격에 비추어 평가의 잘못이 극히 미미하다고 할 것이므로 갑의 다툼은 받아들여지기 어려울 것이다.

Ⅵ. 매각기일과 매각결정기일의 지정·공고·통지·변경

1. 매각방법의 결정

민사집행법은 호가경매, 기일입찰, 기간입찰의 세 가지 매각방법을 정하고 있다(제103조). 매각방법의 구체적인 내용에 관한 설명은 다음으로 미룬다. 집행법원은 매각방법을 정하고 그에 따라 매각기일과 매각결정기일을 정하여야 한다.

2. 매각기일과 매각결정기일의 지정 · 공고 · 통지 · 변경

가. 지 정

제104조 (매각기일과 매각결정기일 등의 지정)

① 법원은 최저매각가격으로 제102조 제1항의 부담과 비용을 변제하고도 남을 것이 있다고 인정하거나 압류채권자가 제102조 제2항의 신청을 하고 충분한 보증을 제공한 때에는 직권으로 매각기일과 매각결정기일을 정하여 대법원규칙이 정하는 방법으로 공고한다.

② 법원은 매각기일과 매각결정기일을 이해관계인에게 통지하여야 한다.

③ 제2항의 통지는 집행기록에 표시된 이해관계인의 주소에 대법원규칙이 정하는 방법으로 발송할 수 있다.

④ 기간입찰의 방법으로 매각할 경우에는 입찰기간에 관하여도 제1항 내지 제3항의 규

정을 적용한다.

경매개시결정, 이해관계인에 대한 송달 · 고지 · 통지, 현황조사, 최저매각가격의 결정이 있고 난 다음에 법원은 매각기일과 매각결정기일을 정한다(제104조 1항). 매각결정기일은 매각기일로부터 원칙적으로 1주일 이내의 날로 한다(제109조 1항).

≪판례≫ 매각기일과 매각결정기일 사이의 간격[대법원 1984. 8. 23.자 84마454 결정]
민사소송법 제620조 제 1 항은 훈시규정에 불과하므로 집행법원이 경매기일로 부터 7일을 경과한 일자로 경락기일을 지정하였다 할지라도 그 경락기일을 부적법한 것이라고 할 수 없다.

실무상으로는 매각기일과 매각기일을 3-4회 정도로 일괄지정하고 있으나(대법원 재판예규 제943-38호) 그 이상의 일괄지정도 가능하다. 매각기일과 매각결정기일은 집행법원이 직권에 의하여 재량으로 정한다. 그러므로 통상의 민사소송절차상 변론기일(민소법 제164조 2항)과 달리 매가기일과 매각결정기일에 관한 당사자 사이의 합의는 아무런 효력이 없다. 특별한 사정이 없는 한 당사자의 기일변경 신청을 받아들일 것이 아니다.

나. 공 고

제106조 (매각기일의 공고내용)
매각기일의 공고내용에는 다음 각호의 사항을 적어야 한다.

1. 부동산의 표시
2. 강제집행으로 매각한다는 취지와 그 매각방법
3. 부동산의 점유자, 점유의 권원, 점유하여 사용할 수 있는 기간, 차임 또는 보증금 약정 및 그 액수
4. 매각기일의 일시 · 장소, 매각기일을 진행할 집행관의 성명 및 기간입찰의 방법으로 매각할 경우에는 입찰기간 · 장소
5. 최저매각가격
6. 매각결정기일의 일시 · 장소
7. 매각물건명세서 · 현황조사보고서 및 평가서의 사본을 매각기일 전에 법원에 비치하여 누구든지 볼 수 있도록 제공한다는 취지
8. 등기부에 기입할 필요가 없는 부동산에 대한 권리를 가진 사람은 채권을 신고하여야 한다는 취지
9. 이해관계인은 매각기일에 출석할 수 있다는 취지

(1) 의 의

위와 같이 정해진 매각기일과 매각결정기일을 매각기일로부터 반드시 2주 전까지 공고하여야 한다(규칙 제56조). 위 규정은 효력규정이다.

≪판례≫ **매각공고가 있은 날을 정하는 기준**[대법원 2001. 8. 30.자 99마7372 결정]

민사소송법 제663조, 제619조 제 1 항은 최초의 입찰기일은 공고일로부터 14일 이후로 정하도록 규정하고 있고, 같은 법 제663조, 제621조 제1, 2항에는 최초의 입찰기일에서는 입찰기일의 공고를 법원게시판에 게시하는 외에 공고의 요지를 신문에 게재하도록 규정되어 있으므로 법원게시판의 공고 이외에 신문공고를 필수적으로 하여야 하는 최초의 입찰기일은 법원게시판의 공고와 신문공고 중 뒤에 이루어진 공고를 기준으로 하여 그 공고일로부터 14일 이후로 정하여져야 한다.

≪판례≫ **새매각에서 매각기일의 공고**[대법원 2003. 2. 19.자 2001마785 결정]

구 민사소송법(2002. 1. 26. 법률 제6626호로 전문 개정되기 전의 것) 제631조 제 2 항은 신경매기일은 공고일로부터 7일 이후로 정하여야 한다고 규정하고 있는바, 여기에서 7일 이후라 함은 7일에 해당하는 날을 포함한다.

≪판례≫ **공고기간에 위배된 매각기일공고**[대법원 1960. 7. 19. 60마199]

본법 제619조, 본조의 규정에 위배된 경매기일은 무효이며 따라서 이에 기인한 경락을 허가할 수 없다.

(2) **공고의 내용** 매각공고는 부동산의 표시, 강제집행으로 매각한다는 취지와 그 매각방법, 부동산의 점유자, 점유의 권원, 점유하여 사용할 수 있는 기간, 차임 또는 보증금의 약정 및 그 액수, 매각기일의 일시 · 장소, 매각기일을 진행할 집행관의 성명, 기간입찰의 방법으로 매각할 경우에는 입찰기간 · 장소, 매각물건명세서 · 현황조사서 · 평가서의 사본을 매각기일 전에 법원에 비치하여 누구든지 볼 수 있도록 제공한다는 취지, 등기부에 기입할 필요가 없는 부동산에 대한 권리를 가진 사람은 채권신고를 하여야 한다는 취지, 이해관계인은 매각기일에 출석할 수 있다는 취지, 일괄매각결정을 한 경우에는 그 취지, 매수신청인의 자격을 제한하는 때에는 그 제한의 내용, 매수신청의 보증금액과 보증제공방법을 내용으로 한다(제106조, 규칙 제56조).

(3) **공고의 방법** 공고는 법원게시판, 관보, 신문, 인터넷을 이용한 어느 하나의 방법으로 한다(규칙 제11조 1항). 3~4회의 매각기일과 매각결정기일을 일괄하여 지정하는 경우에 법원게시판공고는 일괄하여 할 수 있으나 신문이나 인터

넷의 게재는 매회 기일마다 하여야 한다(대법원 재판예규 제943-38).

≪판례≫ **법원게시판 공고의 방법**[대법원 1995. 9. 6.자 95마596 결정]

경매법원이 경매기일 공고 서류를 게시하는 경우, 공고 내용을 게시판에서 읽을 수 있는 한 법원게시판이 철창문으로 잠겨져 있다 해서 위법하다고 할 수 없다.

⑷ 공고의 하자

㈎ 하자의 정도 공고에 하자가 있다고 하여 항상 위법한 공고로 볼 것은 아니다. 공고가 위법한 것으로 인정되려면 하자의 정도가 목적물의 동일성이나 평가액 또는 이해관계인의 절차관여에 영향을 줄 수 있는 정도의 것이어야 한다.

≪판례≫ **매각기일공고에 있어서 목적물의 표시**[대법원 1994. 11. 11.자 94마1453 결정]

민사소송법 제618조가 경매기일을 공고함에 있어서 부동산의 표시를 요구하고 있는 것은 경매목적물의 특정과 경매목적물에 대한 객관적 실가를 평가할 자료를 이해관계인에게 주지케 하자는 데 그 뜻이 있는 것이므로, 입찰기일을 신문에 공고함에 있어서 입찰부동산의 표시부분에서 입찰목적부동산 중 건물부분에 관하여 실제면적보다 0.002㎡가 많은 것으로 잘못 기재되었다 하더라도 그 평수의 차이가 극히 미미한 것일 뿐이라면, 이해관계인에게 목적물을 오인하게 하거나 평가를 그르치게 할 정도의 위법한 표시라고 볼 수는 없음에도, 그 사실을 들어 입찰법원 입찰절차가 민사소송법 제633조 제 5 호의 경매기일공고가 법률의 규정에 위반한 때에 해당한다고 해석하고, 입찰불허결정에 대한 재항고인의 항고를 기각한 원심결정을 파기한 사례.

≪판례≫ **매각기일공고에 있어서 목적물의 표시**[대법원 1999. 10. 12.자 99마4157 결정]

[1] 실제 면적이 1,507㎡인 부동산을 15.7㎡로 잘못 표시한 경우, 입찰기일의 공고가 부적법하다고 한 사례.

[2] 민사소송법 제635조 제 2 항, 제633조 제 5 호는 경매기일공고가 법률의 규정에 위반한 때에는 직권으로 경락을 허가하지 아니한다고 규정하고 있을 뿐 위반의 원인이 경매법원의 잘못 때문인지, 이해관계인의 잘못 때문인지에 따라 이를 달리 규정하고 있는 것은 아니므로 경매법원의 잘못으로 경매기일공고가 법률의 규정에 위반한 때에도 직권으로 경락을 허가하지 아니하여야 하고 따라서 그 규정에 따라 낙찰을 허가하지 않은 입찰법원의 결정이 신의칙 위반은 아니다.

≪판례≫ **매각기일공고에 있어서 목적물의 표시**[대법원 1984. 8. 23.자 84마454 결정]

민사소송법 제618조가 경매기일을 공고함에 있어 부동산의 표시를 요구하고 있는 것은 경매목적물의 특정과 경매목적물에 대한 객관적 실가를 평가할 자료를 이해관계인에게 주지케 하자는데 그 뜻이 있는 것이므로 경매기일 공고에 경매 부동산의 표시를 함에 있어 "평가건"이란 것을 뺀 그 소재 지번. 건물구조 및 평수를 기재하였다 해도 목적물의 특정이나 그 객관적인 가격의 평가에 무슨 영향을 주는 바 없으므로 이런 부동산 표시가 위법하다고 볼 수 없다.

(나) 하자의 기준시　공고의 하자 유무는 입찰신고가 있은 기일에 관한 당해 공고만을 기준으로 판단한다. 공고상 하자가 있다고 하더라도 당해 공고에 따른 매각기일에 관하여서만 그 하자를 다툴 수 있다.

≪판례≫ 매각기일공고에 관한 하자주장[대법원 2001. 8. 30.자 99마7372 결정]

민사소송법 제663조, 제633조 제5호가 정한 '입찰기일의 공고가 법률의 규정에 위반한 때'에서의 '입찰기일'이라 함은 낙찰허가 또는 불허가의 대상이 된 입찰신고가 이루어진 당해 입찰기일을 의미하므로 여러 차례의 기일에서 입찰신고 없이 불능으로 된 후 그 다음기일에서 비로소 입찰신고가 이루어진 경우에는 입찰신고가 된 당해 입찰기일의 공고가 법률의 규정에 위반되었는지의 여부만을 따져 같은 법 제663조, 제633조 제5호에 의하여 낙찰을 허가 또는 불허하여야 할 것이어서 당해 입찰기일의 공고에는 법규위반이 없는 이상 이전의 입찰기일의 공고가 법률의 규정에 위반되었다고 하더라도 이를 같은 법 제633조 제5호의 낙찰불허가사유에 해당한다고 보아 낙찰을 불허할 것은 아니다.

다. 통 지

(1) 의 의　매각기일과 매각결정기일은 공고와 별도로 이해관계인에게 통지하여야 한다(제104조 2·3항, 규칙 제9조).

≪판례≫ 매각기일공고의 제도적 취지[대법원 2004. 11. 9.자 2004마94 결정]

입찰절차의 이해관계인에게 입찰기일과 낙찰기일을 통지하도록 규정하고 있는 취지는, 입찰절차의 이해관계인은 입찰기일에 출석하여 목적부동산이 지나치게 저렴하게 매각되는 것을 방지하기 위하여 필요한 조치를 취할 수도 있고, 채무자를 제외하고는 스스로 매수신청을 하는 등 누구에게 얼마에 매각되느냐에 대하여 직접적인 이해관계를 가지고 있을 뿐 아니라, 입찰기일에 출석하여 의견진술을 할 수 있는 권리가 있는 이해관계를 가진 사람들이므로, 입찰기일과 낙찰기일을 공고만으로 고지하는 것은 충분하지 못하다는 점을 고려하여 개별적으로 이러한 기일에 관하여 통지를 함으로써 입찰절차에 참여할 기회를 부여한다는 데에 있다.

≪판례≫ 매수인의 매각기일통지누락에 대한 다툼[대법원 1999. 11. 15.자 99마5256 결정]

[1] 민사소송법 제633조 제1호는 '집행을 속행할 수 없을 때'를 경락에 관한 이의사유의 하나로 들고 있고, 같은 법 제617조 제2항이 법원은 경매기일과 경락기일을 이해관계인에게 통지하도록 규정하고 있으므로, 특별한 사유가 없는 한 그와 같은 기일 통지 없이는 강제집행을 적법하게 속행할 수 없을 것이고 이러한 기일 통지의 누락은 경락에 대한

이의사유가 되는 것이며, 같은 법 제663조 제 2 항에 의하여 준용되는 입찰의 경우에 있어서도 마찬가지이다.

[2] 민사소송법 제617조 제 2 항이 이해관계인에게 입찰기일과 낙찰기일을 통지하도록 규정하고 있는 취지에 비추어 볼 때, 이해관계인이 기일 통지를 받지 못하였더라도 그 이해관계인이 입찰기일을 스스로 알고 그 기일에 출석하여 입찰에 참가함으로써 자신의 권리보호에 필요한 조치를 취할 수 있었다면, 그 이해관계인에 대한 입찰 및 낙찰기일 통지의 누락은 특별한 사정이 없는 한 같은 법 제633조 제 1 호 소정의 경락이의사유인 '집행을 속행할 수 없을 때'에 해당한다고 볼 수 없다.

⑵ **상 대 방**　　이해관계인 아닌 자에게는 통지할 필요가 없다. 이해관계인의 범위와 판단기준에 관하여는 앞서 설명하였다. 매각기일과 매각결정기일을 일괄하여 지정한 경우에는 그 통지도 일괄하여 할 수 있다.

≪판례≫ **권리미신고자에 대한 매각기일통지**[대법원 2000. 1. 31.자 99마7663 결정]

입찰기일의 공고 및 다른 이해관계인에 대한 입찰기일 및 낙찰기일에 대한 통지절차가 완료된 후에 비로소 권리신고가 있는 경우에는 비록 그 신고가 입찰기일 전에 행하여졌다고 하더라도 당해 이해관계인에게 입찰기일 및 낙찰기일을 통지하지 않았다고 하여 위법하다고 할 수 없고, 또 수회의 입찰 및 낙찰기일을 일괄 지정하여 그 기일통지를 하는 경우에 있어서는 수회의 기일통지를 완료한 후 권리신고를 한 자에 대하여 별도로 권리신고 후의 기일을 통지하여야 할 것이나, 이러한 경우에도 다른 이해관계인들에 대한 수회의 기일통지 절차가 이미 완료되었다면 위 법리에 따라 그 권리신고 후 최초로 시행되는 기일에 관하여는 그 기일통지가 누락되었다 하더라도 위법하다고 할 수는 없다.

⑶ **통지의 방법**

㈎ **등기우편에 의한 발송송달**　　매각기일과 매각결정기일은 공고와 별도로 집행기록에 표시된 이해관계인에게 등기우편을 발송하는 방법으로 통지하여야 한다(제104조 2·3항, 규칙 제 9 조). 통지할 주소는 집행기록에 의하여 알 수 있는 주소 중 최근의 주소에 의한다. 통지는 발송함으로써 효력이 발생한다.

≪판례≫ **매각기일통지의 발송주의와 주소**[대법원 1995. 9. 6.자 95마372,373 결정]

[1] 민사소송법 제617조 제 2 항은 법원은 이해관계인에게 경매기일을 통지하여야 한다고 규정함과 아울러, 같은 조 제 3 항은 이해관계인에 대한 경매기일의 통지는 집행기록에 표시된 이해관계인의 주소에 등기우편으로 발송할 수 있다고 규정하고 있는바, 이는 이해관계인에 대한 경매기일 통지를 의무화하여 이해관계인으로 하여금 경매절차에 참가할 수 있는 권리를 보장해 줌과 동시에, 이해관계인에 대한 경매기일 통지 절차의 지연으로 인하여 경매절차의 진행이 늦어지는 것을 방지하기 위하여 이해관계인에 대한 경매기일

의 통지는 집행기록에 나타난 주소에 등기우편으로 발송한 때에 송달의 효력이 생기도록 규정한 것이다(같은 취지: 대법원 1994. 7. 30.자 94마1107 결정).

[2] 민사소송법 제617조 제 3 항이 규정하는 송달은 같은 법 제173조가 규정하는 우편송달과는 그 효력발생 시기만 같이할 뿐 그 요건이나 효과를 달리하는 부동산경매절차에 특유한 제도이므로, 통상의 송달방법에 의한 송달을 시도함이 없이 처음부터 등기우편으로 발송하였다 하더라도 그 발송시에 송달의 효력이 발생하고, 또 근저당권자와 같이 등기부에 기입된 부동산의 권리자가 등기부상 주소변경 등기를 게을리하여 종전의 등기부상 주소에 등기우편으로 송달된 경매 기일 통지를 받지 못하였다 하더라도 그 발송시에 송달의 효력이 발생하고 그로 인하여 경매절차에 참가할 권리가 박탈되는 불이익은 주소변경 등기를 게을리 한 이해관계인이 감수하여야 한다.

[3] 등기부에 기입된 부동산의 권리자가 사망하여 이해관계인의 지위를 승계한 상속인들이 등기부상 상속등기를 게을리 하여 경매 기일 통지가 이미 사망한 등기부상 권리자의 주소에 등기우편으로 송달된 경우, 가령 그 상속인들이 송달된 주소에 아무도 살고 있지 아니하여 그 경매 기일 통지를 받지 못하였다 하더라도 그 송달은 발송시에 상속인들에 대한 송달로서 효력을 발생하고, 그로 인하여 상속인들이 경매절차에 참가할 권리가 박탈되었다 하더라도 그 경매절차가 위법하다고 볼 수 없다(같은 취지: 대법원 1993. 7. 6.자 93마549 결정).

≪판례≫ 특수우편물수령증 미첨부송달보고서[대법원 2000. 1. 31.자 99마7663 결정]

등기우편에 의한 발송송달은 송달사무처리기관인 법원사무관 등이 동시에 송달실시기관이 되어 송달을 시행하는 것이므로 스스로 송달보고서를 작성하여야 하고, 그 송달보고서 작성시에는 소정의 양식에 따라 송달장소, 송달일시 등을 기재하되, 사건번호가 명기된 우체국의 특수우편물 수령증을 첨부하여야 하며(대법원예규 1992. 11. 18. 송무심의 제129호, 재판사무에 관한 문서의 양식에 관한 예규 2-75 참조), 이러한 송달은 발송시에 그 송달의 효력이 발생하는 관계로 우편물 발송일시가 중요하고, 그 송달일시의 증명은 확정일자 있는 우체국의 특수우편물 수령증에 의할 수밖에 없다고 할 것이므로, 위와 같이 특수우편물 수령증이 첨부되지 아니한 송달보고서에 의한 송달은 부적법하여 그 효력을 발생할 수 없다.

(나) **통지방법의 변경** 통지의 방법에 있어서 교부송달이나 공시송달도 가능하다. 교부송달이나 교부송달에 의한 통지가 있더라도 차후의 통지에 있어서는 발송송달이 가능하다.

≪판례≫ 통지방법의 변경과 혼용[대법원 1995. 4. 25.자 95마35 결정]

민사소송법 제617조 제 3 항 규정은 경매절차의 신속한 진행을 위하여 경매기일과 경락기일의 통지의 송달에 관하여 보통의 송달방법과는 다른 특례를 인정하고 있음에 불과하여, 법원으로서는 경매기일과 경락기일을 통지함에 있어 위 규정의 우편송달의 방법 외에도 적절하다고 인정되는 송달방법을 택하여 그 통지를 송달하면 족한 것이므로, 위 규정과 달리 보통의 송달방법에 의하여 교부송달을 실시하거나 요건을 갖추어 공시송달을 실시하였다고 하여 그 송달의 효력을 부인할 수는 없는 것이고, 따라서 법원이 이해관계인에 대한 경매기일의 통지를 처음부터 위 규정에 의한 우편송달의 방법에 의하지 아니하고 교부송달이나 공시송달의 방법에 의하여 송달하였다가 이후의 경매기일과 경락기일의 통지를 다시 위 규정에 의한 우편송달의 방법에 의하여 송달하였다고 하더라도 그 송달은 적법하다.

⑷ **통지의 내용** 매각기일과 그 결정기일을 통지하는 것은 이해관계인의 절차관여를 보장하기 위한 것이다. 이해관계인이 절차적 기본권이 충실히 보장되기 위하여 통지의 내용에 있어서도 올바른 것이어야 한다.

⑸ **통지의 하자에 대한 다툼**

㈎ **통지의 위법** 통지의 내용에 오류가 있다는 사정만으로 항상 통지에 위법이 있다고 볼 것은 아니라는 것이 판례의 태도이다. 특히 최저매각가격에 관한 오류가 있다는 것만으로는 통지에 위법이 있다고 볼 것은 아니라고 한다.

≪판례≫ 매각기일통지와 매각기일공고의 불일치[대법원 1999. 7. 22.자 99마2906 결정]

민사소송법 제663조 제2항, 제617조 제2항에서 입찰절차의 이해관계인에게 입찰기일과 낙찰기일을 통지하도록 규정하고 있는 취지는, 입찰절차의 이해관계인은 입찰기일에 출석하여 목적 부동산이 지나치게 저렴하게 매각되는 것을 방지하기 위하여 필요한 조치를 취할 수도 있고, 채무자를 제외하고는 스스로 매수신청을 하는 등 누구에게 얼마에 매각되느냐에 대하여 직접적인 이해관계를 가지고 있을 뿐 아니라, 입찰기일에 출석하여 의견진술을 할 수 있는 권리가 있는 이해관계를 가진 사람들이므로, 입찰기일과 낙찰기일을 공고만으로 고지하는 것은 충분하지 못하다는 점을 고려하여, 개별적으로 이러한 기일에 관하여 통지를 함으로써 입찰절차에 참여할 기회를 주기 위한 것으로서, 특별한 사정이 없는 한 위와 같은 기일 통지 없이는 강제집행을 적법하게 속행할 수 없고, 이러한 통지를 게을리 하거나 통지의 내용에 하자가 있는 경우에는 경락에 대한 이의사유가 되는 것이지만, 경매법원이 이해관계인에게 통지할 의무가 있는 사항은 입찰기일과 낙찰기일에 관한 것에 한하고 최저입찰가격은 통지의무가 있는 사항이 아니므로, 당사자의 편의를 위해 통지하여 주는 것에 지나지 않는 최저입찰가격을 착오로 잘못 통지하였다고 하여도 낙찰을 허가한 경매법원의 결정을 취소할 만한 사유가 될 수 없다.

㈏ **매각허가결정에 대한 항고** 위법한 통지에 대하여는 매각허가결정에 대한 항고로 다툴 수 있다. 그러나 통지의 위법을 간과하여 매각허가결정이 확정된 경우에는 더 이상 다툴 수 없다.

≪판례≫ 통지절차진행 중 권리신고자 대한 통지[대법원 1995. 4. 22.자 95마320 결정]

이해관계인의 권리신고가 입찰기일의 공고 및 다른 이해관계인들에 대한 통지절차가 완료되기 전에 행해졌다면, 경매법원이 그 이해관계인에 대한 통지가 이루어지지 아니한 채 입찰기일의 경매절차를 속행하여 낙찰이 이루어지게 한 것은 낙찰허가결정에 대한 적법한 항고사유가 된다.

≪판례≫ 통지에 관한 하자의 주장의 종기[대법원 1992. 2. 14. 선고 91다40160 판결]

경매법원이 이해관계인인 채무자에게 경매기일을 통지하지 아니하였다고 하더라도 위와 같은 위법은 경락허가결정에 대한 이의사유로서 경락허가결정에 대한 항고 등으로 다투어야 할 것이지 경락허가결정이 확정된 후에는 위와 같은 사유를 주장하여 경락의 효력을 다툴 수는 없다.

라. 변 경

매각기일의 공고가 있더라도 입찰이 실시되기 전이라면 채권자 또는 채권자의 동의를 얻은 채무자가 매각기일의 연기를 신청하는 경우에는 집행절차의 진행이 정지된다. 이러한 연기는 6개월의 범위에서 2회 이내에서만 가능하다. 통상 1회에 2개월을 연기한다(제51조 2항). 매각기일연기신청서와 의무이행유예문서(제49조 4호)와는 다른 것이다.

3. 기간입찰

기간입찰의 경우에는 입찰기간에 관하여도 이해관계인에게 통지하여야 한다(제104조 4항). 입찰기간은 1주일 이상 1개월 이하로 하고 개찰은 입찰기일은 끝난 1주일 안의 날로 한다(규칙 제68조).

Ⅶ. 매각물건명세서

제105조 (매각물건명세서 등)

① 법원은 다음 각호의 사항을 적은 매각물건명세서를 작성하여야 한다.

1. 부동산의 표시
2. 부동산의 점유자와 점유의 권원, 점유할 수 있는 기간, 차임 또는 보증금에 관한 관계인의 진술
3. 등기된 부동산에 대한 권리 또는 가처분으로서 매각으로 효력을 잃지 아니하는 것
4. 매각에 따라 설정된 것으로 보게 되는 지상권의 개요

② 법원은 매각물건명세서 · 현황조사보고서 및 평가서의 사본을 법원에 비치하여 누구든지 볼 수 있도록 하여야 한다.

1. 의　의

경매에 붙여진 부동산은 많은 경우 권리관계의 파악에 상당한 법률지식이 요구된다. 권리관계의 불명은 집행절차의 원활한 진행에 장애가 되는 것으로 당사자는 물론 사회경제적으로 바람직스럽지 못하다. 이에 민사집행법은 집행법원이 부동산상의 권리관계를 명확히 하고 최저매각가격결정의 기초가 된 사실을 정리한 서류를 작성하여 비치하게 되는데 이것이 매각물건명세서이다.

≪판례≫ 매각물건명세서의 제도적 취지[대법원 1997. 10. 13.자 97마1612 결정]

민사소송법 제617조의2가 집행관에 의한 현황조사(같은 법 제603조의2)와 함께 경매물건명세서 제도를 도입하여 집행법원으로 하여금 경매물건명세서를 작성하고 그 사본을 비치하여 일반인에게 열람할 수 있도록 규정한 것은, 일반인에게 경매 대상 물건을 표시하고 그 현황과 권리관계를 공시하여 매수 희망자가 경매 대상 물건에 필요한 정보를 쉽게 얻을 수 있게 하여 예측하지 못한 손해를 방지하게 하고자 함에 있으므로, 같은 법 제635조 제 2 항, 제633조 제 6 호에 의하여 직권에 의한 경락불허가 사유가 되는 '물건명세서의 작성에 중대한 하자가 있는 때'에 해당하는지 여부는 그 하자가 일반 매수 희망자가 매수 의사나 매수신고가격을 결정함에 있어 어떠한 영향을 받을 정도의 것이었는지를 중심으로 하여 부동산 경매와 경매물건명세서 제도의 취지에 비추어 구체적인 사안에 따라 합리적으로 판단하여야 하고, 이러한 법리는 경매에 갈음하는 입찰의 경우에도 마찬가지이다(같은 취지: 대법원 1995. 11. 22.자 95마1197 결정).

2. 작성과 비치

매각물건명세서는 현황조사보고서 및 감정평가서 사본과 함께 그 사본을 매각기일의 1주일 전까지 누구든지 볼 수 있도록 집행법원에 비치한다(제105조, 규칙 제55조). 실무상 매각기일과 매각결정기일은 3 내지 4회를 일괄하여 정하는 경우가 많은데 그러한 경우에도 매각물건명세서는 매회의 매각기일마다 작성 · 비치하여야 한다.

3. 기재사항(제105조 1항)

매각물건명세서에는 아래와 같은 사항을 기재하여야 한다.

가. 부동산의 표시(1호)

매각의 대상이 되는 부동산의 동일성을 인식할 수 있는 정도로 특정하여야 한다. 매각대상이 되는 등기된 부동산 이외에 매각의 대상에 포함되는 미등기부동산에 관한 사항에 대하여도 기재하여야 한다.

≪판례≫ 매각물건명세서에 미등기건물의 표시[대법원 1991. 12. 27. 선고 91마608 결정]

경매물건명세서 중 부동산의 표시는 목적물의 동일성을 인식할 정도의 기재이면 되고 그 이상 자세히 기재할 필요는 없으나 등기부상 표시 외에 미등기건물이 있음을 표시한 경우에는 그것이 경매목적물에 포함됨을 전제로 한 것으로 보게 되므로 미등기건물을 목적물에서 제외할 경우에는 그 취지를 명확히 하여 매수희망자들로 하여금 그 취지를 알 수 있도록 하여야 할 것이고, 그 경우에는 지상권의 개요를 기재하는 난에 경락으로 인하여 미등기건물을 위한 법정지상권이 생길 여지가 있음을 기재하여야 하며, 그 사본의 비치 후에도 오류가 발견된 경우에는 이를 정정하여야 한다.

나. 부동산의 점유자와 점유의 권원, 점유할 수 있는 기간, 차임 또는 보증금에 관한 관계인의 진술(2호)

본 호는 매수인에게 인수되는 임대차와 유치권에 관하여 특히 의미가 있다. 임대차와 유치권은 등기부에 공시되지 아니하면서도 매수인에게 인수되는 경우가 흔하기 때문이다.

≪판례≫ 현황조사보고서상 임대차기재누락[대법원 1995. 11. 22.자 95마1197 결정]

선순위 임차인의 주민등록에 대한 기재가 누락된 집달관의 임대차조사보고서 및 입찰물건명세서의 하자는 낙찰불허가 사유가 된다고 본 사례.

유치권은 매수인에게 인수될 것이나(제91조 3항) 그 자체로 매각물건명세서에 반드시 기재할 사항은 아니다. 유치권은 등기부에 나타는 사항(제91조 1항 3호)이 아니며 유치권은 점유를 수반하나 점유나 점유권과 동일한 것은 아니기 때문이다. 그러나 유치권 주장에는 점유권 주장이 내포된 것이므로 통상 본 호에 따라 기재하는 것이 보통이다.

다. 부동산에 대한 등기된 권리 또는 가처분으로서 매각으로 효력을 잃지 아니하는 것(3호)

본호는 매각물건명세서를 통하여 등기부에 나타난 권리관계에 대한 소제와 인수의 범위를 밝히고자 하는 것인데, 구체적으로는 인수되거나 인수될 수 있는 것만을 기재하고 소제대상에 대하여는 별도로 기재하지 아니한다. 이해관계인의 합의를 통해 인수의 범위가 달라지는 경우에는 그러한 사항에 대하여도 기재하여야 한다. 이를 위하여 가장 먼저 말소기준시기를 밝혀야 하는데 일괄매각의 경우에도 개별물건마다 별도로 기재하여야 한다. 매수인에게 인수되는 임차권이라도 등기된 것이 아니면 본호에 따라 기재할 것이 아니며 2호에 따라 기재될 뿐이다. 말소기준권리에 앞서는 것으로 임차권등기명령에 따른 등기임차권은 당여배당채권으로 배당절차를 만족을 얻는 경우에만 소제의 대상이 되는 것인데, 매각물건 작성시에는 배당을 통해 모두 만족을 얻을 수 있는가를 알 수 없는 것이므로 그러한 취지와 함께 기재하여야 한다. 전세권은 배당요구가 있으면 항상 소제의 대상이 되므로 배당요구를 하지 아니한 것으로 말소기준권리에 앞서는 경우에만 기재한다. 매수인에게 인수되는 가처분의 기재에 있어서는 가처분의 내용과 집행시기를 기재하면 족하고 피보전권리는 기재할 필요가 없다. 예고등기는 그 자체로 아무런 실체적 효력이 없는 것이어서 기재할 필요가 없는 것이지만 관행적으로 기재하는 경우가 많다.

≪판례≫ 매각물건명세서와 예고등기[대법원 2001. 3. 14.자 99마4849 결정]

> 예고등기는 등기원인의 무효 또는 취소로 인한 등기의 말소 또는 회복의 소가 제기된 경우에 그 등기에 의하여 소의 제기가 있었음을 제 3 자에게 경고하여 계쟁부동산에 관하여 법률행위를 하고자 하는 선의의 제 3 자로 하여금 소송의 결과 발생할 수도 있는 불측의 손해를 방지하려는 목적에서 하는 것으로서 부동산에 관한 권리관계를 공시하는 등기가 아니므로, 예고등기를 경매물건명세서에 기재하여야 하는 민사소송법 제617조의2 제 3 호의 '등기된 부동산에 관한 권리로서 경락에 의하여 그 효력이 소멸되지 아니하는 것'에 해당한다고 볼 수 없다.

위와 같은 사항은 반드시 등기부상 경매개시결정기입등기 이전에 등기된 사항에 한하지 아니한다. 예를 들어 경매개시결정기입등기 이후에 목적물에 대한 철거청구권을 피보전권리로 한 처분금지가처분의 기입등기는 매각물건명세서에 반드시 그 사정을 기재하여야 한다.

라. 매각에 따라 설정된 것으로 보게 되는 지상권의 개요(4호)

부동산의 매각으로 인하여 발생하는 법정지상권이나 관습법상의 법정지상권에 관한 사항을 기재하여야 한다. 개요만을 기재하면 되므로 존속기간 등의 구체적인 내용을 기재할 필요는 없다. 토지가 매각대상인 경우는 물론 건물이 매각대상인 경우에도 기재하여야 한다.

마. 기재사항의 변동

(1) **정정·변경 사항의 고지** 비치된 매각물건명서상 기재사항을 정정·변동할 사정이 있는 경우 사정변경의 내용에 따라 기재사항을 정정·변경하여야 함은 물론이다. 아울러 집행관은 매각기일에 매각에 앞서 정정·변경된 내용을 고지하여야 한다.

(2) **매각기일의 변경** 매각물건명세서 비치 이후에 매수신청에 영향을 줄 수 있는 사정변경이 발생하면 매각기일을 변경하여 이해관계인에게 불이익이 없도록 하여야 한다. 예를 들어 매각물건명세서 사본이 비치된 이후에 대항력 있는 임차인이 추가된 경우에는 반드시 매각기일을 변경하여야 하는 것이다.

바. 불명사항의 기재

매각물건명세서의 기능은 무엇보다도 인수와 소제의 범위를 밝히는 데 있다고 할 것이다. 그러나 인수와 소제의 범위는 불명확한 경우가 많으며 집행법원으로서는 이러한 사항에 대한 실체적인 심사권한도 없다. 이러한 사정은 법정지상권이나 유치권 또는 임차권에 관한 사항에 있어서 그 불명확성이 두드러진다. 이러한 경우 매각물건명세서의 기재에 있어서는 그 불분명한 취지를 지적하며 불명사항까지도 기재하여야 한다.

4. 매각물건명세서에 관한 다툼

매각물건명세서를 작성하여 비치하는 것은 단순한 사실행위에 불과하고 집행처분이라고 볼 수 없는 것으로 매각물건명세서 작성과 비치에 있어서 잘못을 독립하여 다툴 수는 없다(반대견해 있음). 다만 매각물건명세서에 중대한 하자가 있음에도 부동산이 매각된 경우매각절차가 진행된 경우 이해관계인은 매각허가 결정에 대하여 다투면 된다(제121조 5호).

5. 매각물건명세서의 공신력

매각물건명세서는 법원이 작성하는 서류로 일반인으로서는 이를 실체에 부합하는 것으로 받아들이게 된다. 그러나 매각물건명세서는 원칙적으로 매수희망자에 대하여 정보를 제공하여 원활한 매각을 도모하기 위한 것이므로 공신력은 인정되지 아니한다. 따라서 매각물건명세서에 소제와 인수범위 또는 실체법상의 권리관계가 사실과 달리 기재되었다고 하더라도 국가배상책임을 물을 수 있음은 별론 잘못 기재된 내용에 따른 권리주장은 허용되지 아니한다. 매각물건명세서에 관련한 국가배상책임은 성립할 여지가 있다고 본다(반대견해 있음).

제 7 절 매각조건

I. 서 론

1. 의 의

강제경매의 법적 성질은 본질적으로 사법상 매매로 보는 점은 앞서 살펴보았다. 그러나 강제경매는 많은 이해관계의 대립이 있고 절차의 안정이 요구되므로 사법상 매매와는 달리 매각의 요건과 효과에 관하여 획일적으로 규율하고 있는 바 이를 법정매각조건이라 한다. 매각조건을 정한 규정은 민사집행법 이외의 다른 법률에서 규정한 경우도 많다.

2. 특별매각조건

가. 개 념

법정매각조건 중에서도 매각의 본질이나 공익과 관련이 없는 사항에 대해서는 이해관계인 전원의 합의가 있거나 또는 집행법원의 직권에 의하여 변경할 수 있으며 이렇게 변경된 매각조건을 특별매각조건이라고 한다(제111조). 최저매각가격에 관한 매각조건은 합의로 변경할 수 있는 것이 아니다.

나. 고 지

통상의 법정매각조건은 법률에 규정이 있으므로 이를 별도로 알릴 필요가 없다. 이에 비해 특별매각조건에 대하여는 집행관이 매각기일을 개시함에 있어 이를 고지하여야 한다(제112조).

다. 매각조건의 변경

제110조 (합의에 의한 매각조건의 변경)

① 최저매각가격 외의 매각조건은 법원이 이해관계인의 합의에 따라 바꿀 수 있다.

② 이해관계인은 배당요구의 종기까지 제 1 항의 합의를 할 수 있다.

제111조 (직권에 의한 매각조건의 변경)

① 거래의 실상을 반영하거나 경매절차를 효율적으로 진행하기 위하여 필요한 경우에 법원은 배당요구의 종기까지 매각조건을 바꾸거나 새로운 매각조건을 설정할 수 있다.
② 이해관계인은 제 1 항의 재판에 대하여 즉시항고를 할 수 있다.
③ 제 1 항의 경우에 법원은 집행관에게 부동산에 대하여 필요한 조사를 하게 할 수 있다.

최저매각가격 이외의 매각조건은 이해관계인의 합의로 변경이 가능하다(제110조 1항). 이해관계인의 합의는 배당요구종기 이전이어야 한다(제110조 2항). 직권에 의하는 경우에는 최저매각가격까지도 변경할 수 있으나 그 변경에는 상당한 이유가 있어야 한다. 직권에 의한 매각조건변경에 대하여는 즉시항고로 다툴 수 있다(제111조 2항). 종전에는 최저매각가격변경에 대하여만 다툴 수 있도록 하였다.

Ⅱ. 법정매각조건

제91조 (인수주의와 잉여주의의 선택 등)

② 매각부동산 위의 모든 저당권은 매각으로 소멸된다.
③ 지상권 · 지역권 · 전세권 및 등기된 임차권은 저당권 · 압류채권 · 가압류채권에 대항할 수 없는 경우에는 매각으로 소멸된다.
④ 제 3 항의 경우 외의 지상권 · 지역권 · 전세권 및 등기된 임차권은 매수인이 인수한다. 다만, 그중 전세권의 경우에는 전세권자가 제88조에 따라 배당요구를 하면 매각으로 소멸된다.
⑤ 매수인은 유치권자에게 그 유치권으로 담보하는 채권을 변제할 책임이 있다.

1. 의 의

법정매각조건에는 잉여주의(제91조 1항, 제102조), 소제주의 및 인수주의(제91조), 최저매각가격 이상의 매각(제97조), 개별매각과 일괄매각(제98조), 매수신청의 보증(제113조), 소유권의 취득시기(제135조), 부동산 인도의 시기와 방법(제136조), 대금미지급의 효과(제138조), 공유자의 우선매수권(제140조), 대금지급의 시기와 방법(제142조, 제143조), 소유권이전등기의 시기와 방법(제144조), 매수인의 자격제한(규칙 제59조, 농지법 제 6 조, 제 8 조 등), 담보책임(민법 제578조), 법정지상권(민법 제366조), 부도임대주택 임차인의 우선매수권(임대주택법 제15조의2) 등이 있다. 다른 부분에서의 설명과 중복되지 아니하는 한도에서 구체적인 내용을 살펴보면 다음과 같다.

2. 소제주의와 인수주의: 소위 권리분석

사 례 26 **담보가등기와 보존가등기**

갑 소유의 임야에 대하여 을의 대여금채권 2,000만원을 기초로 강제경매가 실시되어 2006. 8. 9. 경매개시결정의 기입등기가 되었다. 위 임야에는 1999. 5. 9.에 설정된 소유권이전등기청구권 가등기 이외에는 다른 물적 부담이 전혀 없었다. 위 임야는 최초의 최저매각가격이 1억 7,000만원이었던 것이 가등기가 있는 탓으로 유찰을 거듭하여 결국 병에게 1,700만원이라는 헐값에 낙찰을 받고 대금을 모두 납부하고 소유권이전등기를 넘겨받았다.

① 만일 집행절차 종료 이후에 위 가등기가 담보가등기가 밝혀진 경우에 병은 가등기권리자 정을 상대로 가등기의 말소를 구할 수 있는가?

② 만일 가등권자 정이 배당기일에 이르러서야 출석하여 담보가등기임을 밝히며 자신에게도 피담보채권 1,000만원의 배당되어야 함을 지적하며 이의진술을 하였다. 정의 이의진술은 타당한가?

③ 만일 집행절차 종료 이후에 가등기권자 정이 갑을 상대로 가등기에 기한 본등기 청구소송을 제기하고 승소판결을 얻어 정 명의의 이전등기를 함에 따라 병 명의의 등기가 직권으로 말소되었다고 하자. 이러한 경우 병의 권리구제방안은 어떠한가?

사 례 27 **전세권과 임차권**

갑은 2층 주택의 소유자로 1층은 을에게 2층은 병에게 각 보증금 5,000만원에 임대해 주었다. 그런데 을은 다니던 직장에서 타 지역으로 전출될 경우 부득이 이사를 하게 될 경우 대항요건을 상실할 염려가 있어 갑과 합의하여 전세권설정등기 마치는 대신에 보증금을 1,000만원 더 지급하였다. 이어 을은 2003. 4. 1. 전입신고와 이사를 마치고 같은 날 확정일자를 받아둔 다음 2003. 4. 8. 전세권설정등기를 하였고, 병은 2003. 5. 23. 이사와 전입신고를 마치고 같은 날 확정일자를 받아 두었다. 그 후 갑은 정에게 2004. 8. 30. 채권최고액 5,000만원의 근저당권설정등기를 해주고 4,000만원을 빌렸으나, 제때에 돈을 갚지 못하여 정이 청구금액을 4,500만원으로 하여 임의경매를 신청하였고, 그에 따른 경매절차에서 무가 1억 2,500만원에 낙찰을 받고 대금을 납입하였다.

① 위 집행절차상 을은 임차권과 전세권 중 어느 하나의 지위만을 주장하여야 하는가?

② 위 집행절차상 을은 배당요구를 하였으나 병은 배당요구를 하지 아니한 경우, 무는 병에게 주택의 인도를 구할 수 있는가?

③ 위 사례에서 을은 전세권에 기하여 경매를 신청할 수 있는가?

④ 위 사례에서 을이 전세권에 기하여 경매를 신청할 수 있다고 가정할 때, 을이 신청한 경매절차에서 배당절차를 통하여 을이 보증금반환채권의 만족을 얻지 못하였다면 을의 임차권과 전세권은 매수인에게 인수되는가?

사 례 28 **담보목적지상권**

갑은 을에게 대출을 해주면서 을 소유의 나대지에 근저당권을 설정 받고, 동시에 을이 나대지에 건물을 신축하는 등으로 근저당권실행이 방해받은 것을 염려하여 지상권까지 설정받기로 하였다. 이에 따라 갑과 을은 관할 등기소에 나가 지상권설정등기신청서류와 근저당권설정등기신청서류를 아울러 접수하였다. 그런데 갑과 을이 신청순서를 따로 특정하지 않아, 등기가 이루어지는 과정에서 지상권설정등기가 저당권설정등기보다 선순위로 경료되었다. 그 후 갑의 위 근저당권에 기하여 경매가 이루어졌다.

① 위 절차에 이어 집행법원은 매수인이 근저당권과 더불어 지상권에 대하여도 말소촉탁신청을 하였음에도 근저당권에 대하여만 말소를 촉탁하였다. 집행법원의 위와 같은 업무처리는 정당한 것인가?

② 만일 지상권에 대한 말소촉탁을 누락한 것이 위법한 것이라면, 매수인은 어떠한 절차를 통해 구제받을 수 있는가?

사 례 29 **말소기준권리의 변동**

갑은 자기 소유의 주택에 관하여 을은행으로부터 2003. 5. 1. 저당권을 설정하고 1억을 대출을 받고 다시 2003. 10. 10. 2번 저당권을 설정하고 2,000만원을 추가로 대출받았다. 한편은 갑은 위 주택을 병에게 보증금 5,000만원에 전세를 주었고, 병은 임대차계약에 따라 2003. 6. 1. 주택을 인도 받음과 동시에 전입신고를 마쳤으나 확정일자를 받아두지는 않았다. 그 후 을은 2005. 4. 1. 등록세 등을 절감하기 위하여 2번 저당권에 기하여만 임의경매를 신청하였고, 정은 경매절차를 통해 2005. 10. 20. 위 주택을 1억 3,000만원에 매수하고 2005. 12. 12. 그 대금을 완납하였다. 그런데 갑은 2005. 10. 25. 1번저당권에 관한 피담보채무를 모두 변제하였다.

이때 갑 · 병 · 정의 법률관계는 어떠한가?

사 례 30 **전세권에 대한 소제와 인수**

근저당권자 갑은 2006. 4. 1. 을의 부동산에 대한 임의경매를 신청하였다. 위 경매절차는 순조롭게 진행되어 2006. 6. 1. 병이 매각대금을 납부하였다. 그런데 갑의 근저당권은 2004. 4. 1.에 설정된 것이었고, 그에 앞서 정 앞으로 존속기간 2002. 12. 12. - 2003. 12. 31.로 하는 전세권이 설정되어 있었다. 정 명의의 전세권에 앞선 다른 등기30부상 권리자는 없었으며, 정은 아무런 배당요구 등 집행절차에 전혀 관여한 바가 없었다. 이러한 경우 정의 전세권은 소제의 대상인가?

사 례 31 유치권과 집행절차

갑은 사채업자 을로부터 돈을 빌려 상가건물 신축공사를 진행하였다. 을은 갑에게 별 다른 담보가 없어 건물을 완성되면 바로 저당권을 설정받기로 약속받았다. 그러나 자금부족으로 건물이 약 80% 정도 완성된 상태에서 공사는 중단하고 말았다. 이에 시공을 맡은 병은 공사대금을 받기 위하여 건물 앞을 컨테이너로 막아두고 관리인을 두어 상가를 점유하고 있었다.

① 위와 같은 상황에서 갑에게 다른 재산이 없다면 을의 가장 적절한 대책은 무엇인가?
② 위와 같은 상황에서 갑에게 다른 재산이 없다면 병의 가장 적절한 대책은 무엇인가?
③ 만일 위 상가에 대한 집행절차가 진행되는 경우 병이 집행절차에 관여할 수 있는 방법은 무엇인가?
④ 병이 공사대금채권을 모두 받았음에도 불구하고 위 집행절차에 관여하는 경우 갑과 을의 가장 적절한 대책은 무엇인가?
⑤ 정이 강제경매절차를 통해 상가를 매수하였으나 병의 유치권 주장으로 소유권 행사가 어렵다면 가장 적절한 대책은 무엇인가?

가. 의 의

⑴ **소제주의와 인수주의** 집행의 대상이 되는 부동산에는 압류채권자의 채권 이외에도 다양한 물적 부담이 존재하게 된다. 위와 같은 상황에서 압류채권자의 채권에 우선하는 부동산상의 물적 부담을 어떻게 취급할 것인가에 관하여 입법주의의 대립이 있다. 이러한 물적 부담에 관하여 소멸하는 것으로 규율하는 소제주의와 매수인이 인수하도록 하는 인수주의가 그것이다.

⑵ **민사집행법의 태도** 현행법은 소제주의와 인수주의를 병용하고 있으나 소제의 범위가 더 넓다. 소제주의의 경우 우선채권자가 원치 않는 시기에 투자회수를 강제당하고 매수인으로서도 일시에 고액의 매각대금을 납부해야 하는 부담을 주는 단점이 있다. 그러나 한 번의 집행으로 부동산상의 권리관계를 정화시켜 매수인이 안심하고 매각에 응할 수 있고 경매가 반복되는 것을 막아준다. 인수주의는 장단점은 위와 반대로 생각하면 된다.

⑶ **배당절차와의 관련성** 소제주의와 인수주의는 배당절차와 표리관계에 선다. 소제대상이 된다고 하는 것은 대체적으로 배당절차에서 고려된다는 것이며 인수대상이 된다고 하는 것은 배당절차가 아닌 매수인과의 사이에서 이해조정이 이루어질 수 있도록 미루어둔다는 의미라고 할 수 있다.

⑷ **권리분석** 소제와 인수의 범위에 관한 논의를 실무에서는 흔히 권리

분석이라는 용어가 사용된다. 권리분석의 기준이 되는 권리를 말소기준권리라고 한다. 권리분석이나 말소기준권리라는 용어는 법률상 용어는 아니며 실무계에서 관행적으로 사용되는 용어이다.

나. 소제·인수의 구체적 범위

(1) **담 보 권** 저당권과 가등기담보권은 매각으로 소멸한다(제91조 2항, 가담법 제15조). 유치권은 담보물권이기는 하나 우선변제력이 없으므로 매수인에게 인수되며(제91조 5항) 부동산질권은 현행법상 인정되지 않으므로 문제되지 아니한다(제91조 5항). 가등기에는 청구권보존가등기와 담보가등기가 있다. 담보가등기는 저당권과 동일하게 취급된다. 청구권보존가등기는 당해 가등기권자에 우선하는 채권자가 있는 경우에는 소멸하나 우선하는 채권자가 없는 경우에는 매수인에게 인수된다. 가등기는 등기부만으로는 그 성질이 청구권보존을 위한 것인지 담보를 위한 것인지 알 수 없으며 설혹 담보를 위한 것이라고 하더라도 매수인이 이를 입증하는 것이 대단히 어려운 문제가 있다. 가등기의 유형이 밝혀질 때까지 경매절차를 정지할 필요는 없으며 양자의 구별이 불분명할 경우에는 청구권보존을 위한 가등기로 보아 경매절차를 진행하는 것이 실무의 태도이다.

≪판례≫ 후순위의 청구권보존가등기[대법원 1992. 4. 14. 선고 91다41996 판결]

근저당권이 설정되어 있는 부동산에 소유권이전등기청구권보전의 가등기가 이루어지고 그 후에 강제경매가 실시되어 그 경락허가결정이 확정된 경우에는 구 민사소송법(1990. 1. 13. 법률 제4201호로 개정되기 전의 것) 제608조 제 2 항에 의하여 선순위의 근저당권은 경락으로 인하여 소멸되고 그보다 후순위인 가등기상의 권리도 소멸되는 것이므로, 이 가등기 또한 같은 법 제661조 제 1 항 제 2 호 소정의 "경락인이 인수하지 아니한 부동산상의 부담의 기입"으로서 말소촉탁의 대상이 되는 것이다.

≪판례≫ 후순위가등기의 소제[대법원 2007. 12. 13. 선고 2007다57459 판결]

제 1, 2 순위의 근저당권설정등기 사이에 소유권이전등기청구권 보전의 가등기가 경료 된 부동산에 대하여 위 제 1 순위 근저당권의 실행을 위한 경매절차에서 매각허가결정이 확정되고 매각대금이 완납된 경우 위 가등기 및 그에 기한 본등기상의 권리는 모두 소멸하고, 위 각 등기는 민사집행법 제144조 제 1 항 제 2 호에 규정된 매수인이 인수하지 아니한 부동산의 부담에 관한 기입에 해당하여 말소촉탁의 대상이 되며, 이와 같은 매각허가결정의 확정으로 인한 물권변동의 효력은 그에 관한 등기에 관계없이 이루어지는 것이다. 그리고 소유권이전등기청구권 보전의 가등기 및 그에 기한 본등기의 말소등기절차의 이행을 구하는 소송 도중에 위 각 등기가 경료된 부동산에 대하여 매각허가결정이 확정되고 매각대금이 완납됨으로써 위 각 등기상의 권리가 모두 소멸하고 위 각 등기가 말소촉탁의 대상이 되어 장차 말소될 수밖에 없는 경우에는 더 이상 위 각 등기의 말소를 구할 법률상의 이익이 없다.

≪판례≫ 가등기의 유형이 불명한 경우 [대법원 2003. 10. 6.자 2003마1438 결정]

부동산의 강제경매절차에서 경매목적부동산이 낙찰된 때에도 소유권이전등기청구권의 순위보전을 위한 가등기는 그보다 선순위의 담보권이나 가압류가 없는 이상 담보목적의 가등기와는 달리 말소되지 아니한 채 낙찰인에게 인수되는 것인바, 권리신고가 되지 않아 담보가등기인지 순위보전의 가등기인지 알 수 없는 경우에도 그 가등기가 등기부상 최선순위이면 집행법원으로서는 일단 이를 순위보전을 위한 가등기로 보아 낙찰인에게 그 부담이 인수될 수 있다는 취지를 입찰물건명세서에 기재한 후 그에 기하여 경매절차를 진행하면 족한 것이지, 반드시 그 가등기가 담보가등기인지 순위보전의 가등기인지 밝혀질 때까지 경매절차를 중지하여야 하는 것은 아니다.

≪판례≫ 인수된 순위보전가등기와 담보책임[대법원 1997. 11. 11.자 96그64 결정]

소유권에 관한 가등기의 목적이 된 부동산을 낙찰받아 낙찰대금까지 납부하여 소유권을 취득한 낙찰인이 그 뒤 가등기에 기한 본등기가 경료됨으로써 일단 취득한 소유권을 상실하게 된 때에는 매각으로 인하여 소유권의 이전이 불가능하였던 것이 아니므로, 민사소송법 제613조에 따라 집행법원으로부터 그 경매절차의 취소결정을 받아 납부한 낙찰대금을 반환받을 수는 없다고 할 것이나, 이는 매매의 목적 부동산에 설정된 저당권 또는 전세권의 행사로 인하여 매수인이 취득한 소유권을 상실한 경우와 유사하므로, 민법 제578조, 제576조를 유추적용하여 담보책임을 추급할 수는 있다고 할 것인바, 이러한 담보책임은 낙찰인이 경매절차 밖에서 별소에 의하여 채무자 또는 채권자를 상대로 추급하는 것이 원칙이라고 할 것이나, 아직 배당이 실시되기 전이라면, 이러한 때에도 낙찰인으로 하여금 배당이 실시되는 것을 기다렸다가 경매절차 밖에서 별소에 의하여 담보책임을 추급하게 하는 것은 가혹하므로, 이 경우 낙찰인은 민사소송법 제613조를 유추적용하여 집행법원에 대하여 경매에 의한 매매계약을 해제하고 납부한 낙찰대금의 반환을 청구하는 방법으로 담보책임을 추급할 수 있다

⑵ 용익권과 말소기준권리

㈎ 말소기준권리

1) 담보권·압류채권·가압류채권 용익물권과 채권적 용익권은 매각으로 소멸하는 담보권이나 압류채권자 또는 가압류채권자에게 대항할 수 있는 경우에만 매수인에게 인수된다(제91조 3항, 4항 본문). 흔히 용익권의 소멸여부의 기준이 되는 위의 담보권이나 압류채권 또는 가압류채권을 말소기준권리라고 부르고 있다.

2) 전 세 권 민사집행법(제91조)은 전세권을 말소기준으로서 직접 규정하고 있지는 아니하다. 그러나 전세권이 소제되는 경우에는 당해 전세권은 담보

물권적 측면이 전면에 드러나게 되므로 저당권 등과 마찬가지로 말소기준권리로 취급되어야 한다. 다만 말소기준의 물적 범위는 별도로 고찰할 필요가 있다. 다른 말소기준권리는 부동산의 일부만을 목적으로 하는 경우는 생각하기 어려우나 전세권의 부동산의 일부만에 대하여 설정된 경우가 흔하기 때문이다. 이처럼 부동산의 일부만에 설정된 전세권이 말소기준권리로 취급되는 경우에 말소의 물적 범위 역시 당해 목적물의 일부만에 대하여 적용된다.

≪판례≫ 건물일부를 목적으로 하는 전세권[대법원 1997. 8. 22. 선고 96다53628 판결]

건물의 일부를 목적으로 하는 전세권은 그 목적물인 건물 부분에 한하여 그 효력을 미치므로, 건물 중 일부(2층 부분)를 목적으로 하는 전세권이 임차인이 대항력을 취득하기 이전에 설정되었다가 경락으로 인하여 소멸하였다고 하더라도, 임차인의 임차권이 전세권의 목적물로 되어 있지 아니한 주택 부분(1층의 일부)을 그 목적물로 하고 있었던 이상 경락으로 인하여 소멸한다고 볼 수는 없다.

≪판례≫ 건물일부를 목적으로 하는 전세권[대법원 2000. 2. 25. 선고 98다50869 판결]

건물의 일부를 목적으로 하는 전세권은 그 목적물인 건물 부분에 한하여 그 효력을 미치므로 건물 중 일부를 목적으로 한 전세권이 경락으로 인하여 소멸한다고 하더라도 그 전세권보다 나중에 설정된 전세권이 건물의 다른 부분을 목적물로 하고 있었던 경우에는 그와 같은 사정만으로는 아직 존속기간이 남아 있는 후순위의 전세권까지 경락으로 인하여 함께 소멸한다고 볼 수 없다.

3) 등기부에 나타나지 아니하는 권리 위와 같은 말소기준권리를 정함에 있어 실무는 '오로지 등기부에 기재된 것'을 기준으로 삼아야 한다고 보고 있다. 이에 대하여 '등기부에 기입되지 아니한 권리로서 특별법에 의하여 우선변제권이 인정되는 권리'까지도 말소기준권리로 취급하여야 한다고 주장하는 견해가 유력하다. 예를 들어 우선변제력 있는 임차권이 최선순위인 경우에는 당해 임차권을 기준으로 소제와 인수의 범위를 정하여야 한다는 입장이다.

(나) 담보목적 지상권 용익권 중에서 지상권의 경우에는 일반적은 용익권과 달리 보아야 할 경우가 있다. 실질적으로 토지를 이용할 목적으로 설정된 지상권은 다른 용익권의 경우와 동일하게 파악하면 된다. 그러나 담보권의 실효성을 확보하기 위하여 설정된 지상권은 달리 보아야 한다. 흔히 금융기관에서 나지를 담보로 대출하면서 담보권의 실효성을 확보하기 위하여 지상권을 아울러 설정하는 경우가 많다. 이러한 지상권설정은 통상 담보권의 직후 순위로 설정하는 것이 보통이지만 담보권보다 앞선 순위로 설정되는 경우도 빈번하다. 위와

같이 담보권의 실효성을 확보하기 위한 지상권은 담보권실행 또는 담보권자에 대한 배당이 있는 경우에는 그 목적이 달성된 것이라 할 것이므로 담보권보다 선순위의 것이라도 소제되는 것이라고 보아야 할 것이다.

(다) **토지저당보다 후순위인 임차권** 대지에 저당권이 설정된 후에 신축건물에 대한 임차인의 지위는 건물만을 기준으로 하면 대항력이 인정될 것이나, 토지까지 아울러 고려하면 대항력을 인정할 수 없다. 이러한 경우 건물만에 대하여 경매 또는 토지와 주택에 대한 일괄경매가 이루어진 경우에 임차인의 지위를 어떻게 취급할 것인지 문제이다. 다소의 의문은 없지 아니하나 임차인의 대항력 유무는 건물만을 기준으로 판단할 것이므로 임차인은 건물 또는 토지와 건물의 매수인에게 대항할 수 있다고 본다. 다만 임차인이 소제를 선택한 경우에 토지 매각대금에 대하여는 토지저당권자와의 관계에서 우선변제를 주장할 수 없다.

(3) **말소기준권리의 변동** 경매절차 진행 중에 채무자가 선순위 말소기준권리자의 채권을 변제하는 등으로 인하여 인수와 소제의 범위가 달라지는 경우가 흔하다. 이러한 현상은 채무자 등이 집행절차의 지연 등을 의도하는 경우에 흔히 발생한다. 예를 들어 집행 목적물에 ① 저당권, ② 우선변제력 없는 대항력 있는 임차권, ③ 압류채권의 부담이 있는 경우에, 채무자가 집행절차의 진행 중에 ① 저당권부 채무를 변제한 경우에는 ② 우선변제력 없는 대항력 있는 임차권은 매수인에게 인수되는 결과를 가져온다.

이러한 경우 매수인은 채무자에 대한 손해배상청구와 더불어 집행절차 내에서 다음과 절차를 통하여 구제 받을 수 있다.

① 매각허가결정 선고 전: 매각불허가신청
② 매각허가결정 선고 후: 매각허가결정에 대한 즉시항고
③ 매각허가결정 확정 후: 매각허가결정에 대한 취소신청 또는 매각대금감액청구
④ 매각대금납입 후 배당실시 전: 집행법원에 대하여 계약해제를 주장하며 대금의 전부나 대금감액청구를 주장하며 대금의 일부의 반환청구(민법 제578조 등)
⑤ 배당실시 후: 채무자에 대한 계약해제나 대금감액청구, 채무자가 무자력인 경우에는 배당채권에게 대금의 일부나 전부의 반환청구(민법 제578조 등)

≪판례≫ 말소기준변동과 손해배상책임[대법원 2003. 4. 25. 선고 2002다70075 판결]

[1] 부동산의 경매절차에 있어서 주택임대차보호법 제 3 조에 정한 대항요건을 갖춘 임차권보다 선순위의 근저당권이 있는 경우에는, 낙찰로 인하여 선순위 근저당권이 소멸하면 그보다 후순위의 임차권도 선순위 근저당권이 확보한 담보가치의 보장을 위하여 그 대항력을 상실하는 것이지만, 낙찰로 인하여 근저당권이 소멸하고 낙찰인이 소유권을 취득하게 되는 시점인 낙찰대금지급기일 이전에 선순위 근저당권이 다른 사유로 소멸한 경우에는, 대항력이 있는 임차권의 존재로 인하여 담보가치의 손상을 받을 선순위 근저당권이 없게 되므로 임차권의 대항력이 소멸하지 아니한다(같은 취지: 대법원 1998. 8. 24.자 98마1031 결정).

[2] 선순위 근저당권의 존재로 후순위 임차권이 소멸하는 것으로 알고 부동산을 낙찰받았으나, 그 후 채무자가 후순위 임차권의 대항력을 존속시킬 목적으로 선순위 근저당권의 피담보채무를 모두 변제하고 그 근저당권을 소멸시키고도 이 점에 대하여 낙찰자에게 아무런 고지도 하지 않아 낙찰자가 대항력 있는 임차권이 존속하게 된다는 사정을 알지 못한 채 대금지급기일에 낙찰대금을 지급하였다면, 채무자는 민법 제578조 제 3 항의 규정에 의하여 낙찰자가 입게 된 손해를 배상할 책임이 있다.

≪판례≫ 인수부담의 변동과 매각허가결정 취소[대법원 1998. 8. 24.자 98마1031 결정]

선순위 근저당권의 존재로 후순위 임차권의 대항력이 소멸하는 것으로 알고 부동산을 낙찰받았으나, 그 이후 선순위 근저당권의 소멸로 인하여 임차권의 대항력이 존속하는 것으로 변경됨으로써 낙찰부동산의 부담이 현저히 증가하는 경우에는, 낙찰인으로서는 민사소송법 제639조 제 1 항의 유추적용에 의하여 낙찰허가결정의 취소신청을 할 수 있다.

≪판례≫ 담보책임을 기초로 한 매각대금반환청구[대법원 1997. 11. 11.자 96그64 결정]

소유권에 관한 가등기의 목적이 된 부동산을 낙찰받아 낙찰대금까지 납부하여 소유권을 취득한 낙찰인이 그 뒤 가등기에 기한 본등기가 경료됨으로써 일단 취득한 소유권을 상실하게 된 때에는 매각으로 인하여 소유권의 이전이 불가능하였던 것이 아니므로, 민사소송법 제613조에 따라 집행법원으로부터 그 경매절차의 취소결정을 받아 납부한 낙찰대금을 반환받을 수는 없다고 할 것이나, 이는 매매의 목적 부동산에 설정된 저당권 또는 전세권의 행사로 인하여 매수인이 취득한 소유권을 상실한 경우와 유사하므로, 민법 제578조, 제576조를 유추적용하여 담보책임을 추급할 수는 있다고 할 것인바, 이러한 담보책임은 낙찰인이 경매절차 밖에서 별소에 의하여 채무자 또는 채권자를 상대로 추급하는 것이 원칙이라고 할 것이나, 아직 배당이 실시되기 전이라면, 이러한 때에도 낙찰인으로 하여금 배당이 실시되는 것을 기다렸다가 경매절차 밖에서 별소에 의하여 담보책임을 추급하게 하는 것은 가혹하므로, 이 경우 낙찰인은 민사소송법 제613조를 유추적용하여 집행법원에 대하여 경매에 의한 매매계약을 해제하고 납부한 낙찰대금의 반환을 청구하는 방법으로 담보책임을 추급할 수 있다.

(4) 전세권과 우선변제력 있는 임차권

(개) **소제와 인수의 선택** 용익권이라도 전세권이나 우선변제력이 있는 주택임차보증금반환채권 등의 경우에는 배당요구가 있는 경우에는 배당절차상 변제의 충족이 있는 한도에서 소멸한다(제91조 4항 단서). 구 민사소송법은 전세권에 관해 존속기간의 정함이 없거나 경매개시결정의 기입등기 후 6월 이내에 그 기간이 만료되는 경우는 매각으로 소멸하는 것으로 한 것을 위와 같이 개정하였다. 인수와 소제 여부를 선택할 수 있도록 한 것이다. 인수와 소제의 선택은 1회에 한한다(반대견해 있음).

≪판례≫ 배당요구의 1회성[대법원 2006. 2. 10. 선고 2005다21166 판결]

[1] 주택임대차보호법상의 대항력과 우선변제권의 두 가지 권리를 함께 가지고 있는 임차인이 우선변제권을 선택하여 제1경매절차에서 보증금 전액에 대하여 배당요구를 하였으나 보증금 전액을 배당받을 수 없었던 때에는 경락인에게 대항하여 이를 반환받을 때까지 임대차관계의 존속을 주장할 수 있을 뿐이고, 임차인의 우선변제권은 경락으로 인하여 소멸하는 것이므로 제2경매절차에서 우선변제권에 의한 배당을 받을 수 없는바, 이는 근저당권자가 신청한 1차 임의경매절차에서 확정일자 있는 임대차계약서를 첨부하거나 임차권등기명령을 받아 임차권등기를 하였음을 근거로 하여 배당요구를 하는 방법으로 우선변제권을 행사한 것이 아니라, 임대인을 상대로 보증금반환청구 소송을 제기하여 승소판결을 받은 뒤 그 확정판결에 기하여 1차로 강제경매를 신청한 경우에도 마찬가지이다(같은 취지: 대법원 2001. 3. 27. 선고 98다4552 판결, 1998. 6. 26. 선고 98다2754 판결).

[2] 보증금이 전액 변제되지 아니한 대항력 있는 임차권은 소멸하지 아니한다는 내용의 주택임대차보호법 제3조의5 단서를 신설한 입법 취지가 같은 법 제4조 제2항의 해석에 관한 종전의 대법원판례(대법원 1997. 8. 22. 선고 96다53628 판결 등)를 명문화하는 데에 있는 점 등으로 보아, "임대차가 종료된 경우에도 임차인이 보증금을 반환받을 때까지 임대차관계는 존속하는 것으로 본다."라고 규정한 같은 법 제4조 제2항과 동일한 취지를 경락에 의한 임차권 소멸의 경우와 관련하여 주의적·보완적으로 다시 규정한 것으로 보아야 하므로, 소멸하지 아니하는 임차권의 내용에 대항력뿐만 아니라, 우선변제권도 당연히 포함되는 것으로 볼 수는 없다.

(내) **인수와 소제의 범위** 매수인에게 대항할 수 있었던 우선변제력 있는 임차인이 배당요구를 통하여 소제를 선택하였으나 배당을 통하여서는 보증금의 일부 밖에 변제받지 못한 경우에는 나머지 잔액의 한도에서 매수인은 임차권의 부담을 감수하여야 한다. 이때 매수인은 전소유자에 대하여 부담범위 내에서 구상할 여지도 전혀 없는 것이며 스스로 그 부담을 전부 감수하여야 한다. 한편 임차권자와 달리 전세권자가 소제를 선택한 경우에는 전세권은 항상 전부 소멸

한다. 전세권자가 배당요구를 통하여 전세금의 일부 밖에 배당받지 못한 경우라도 전세권은 전부가 소제되며, 변제받지 못한 나머지 전세금은 무담보의 일반채권으로 남게 된다. 다만 전세권과 우선변제력 있는 임차권을 겸유하는 경우에는 중복하여 권리보호를 받을 수는 없으나 양자는 서로 별개의 권리로 병존한다고 할 것이므로 당해 권리자는 자신에게 유리한 지위를 선택하여 주장할 수 있다.

≪판례≫ 인수되는 임차보증금의 범위[대법원 2001. 3. 23. 선고 2000다30165 판결]

주택임대차보호법상의 대항력과 우선변제권의 두 가지 권리를 겸유하고 있는 임차인이 먼저 우선변제권을 선택하여 임차주택에 대하여 진행되고 있는 경매절차에서 보증금 전액에 대하여 배당요구를 하였으나 그 순위에 따른 배당이 실시될 경우 보증금 전액을 배당받을 수 없었던 때에는 보증금 중 경매절차에서 배당받을 수 있었던 금액을 공제한 잔액에 관하여 경락인에게 대항하여 이를 반환받을 때까지 임대차관계의 존속을 주장할 수 있는바, 여기서 경락인에게 대항할 수 있는 보증금잔액은 보증금 중 경매절차에서 올바른 배당순위에 따른 배당이 실시될 경우의 배당액을 공제한 나머지 금액을 의미하는 것이지 임차인이 배당절차에서 현실로 배당받은 금액을 공제한 나머지 금액을 의미하는 것은 아니라 할 것이고, 따라서 임차인이 배당받을 수 있었던 금액이 현실로 배당받은 금액보다 많은 경우에는 임차인이 그 차액에 관하여는 과다 배당받은 후순위 배당채권자를 상대로 부당이득의 반환을 구하는 것은 별론으로 하고 경락인을 상대로 그 반환을 구할 수는 없다고 할 것이다.

≪판례≫ 임차권과 전세권을 겸유한 자[대법원 1993. 12. 24. 선고 93다39676 판결]

[1] 임차인의 보호를 위한 주택임대차보호법 제3조 제1항, 제2항, 제3조의2 제1항, 제2항, 제4조 제2항, 제8조 제1항, 제2항 규정들의 취지에 비추어, 위 규정의 요건을 갖춘 임차인은 임차주택의 양수인에게 대항하여 보증금의 반환을 받을 때까지 임대차관계의 존속을 주장할 수 있는 권리와 보증금에 관하여 임차주택의 가액으로부터 우선변제를 받을 수 있는 권리를 겸유하고 있다고 해석되고, 이 두 가지 권리 중 하나를 선택하여 행사할 수 있다.

[2] 주택임차인으로서의 우선변제를 받을 수 있는 권리와 전세권자로서 우선변제를 받을 수 있는 권리는 근거규정 및 성립요건을 달리하는 별개의 것이므로, 주택임대차보호법상 대항력을 갖춘 임차인이 임차주택에 관하여 전세권설정등기를 경료하였다거나 전세권자로서 배당절차에 참가하여 전세금의 일부에 대하여 우선변제를 받은 사유만으로는 변제받지 못한 나머지 보증금에 기한 대항력 행사에 어떤 장애가 있다고 볼 수 없다.

(다) 기간만료전세권의 취급 전세권이 경매개시결정 이전에 존속기간이 만료되거나 매각결정기일 이전에 만료된 경우에는 다소 문제이다. 존속기간이 만료된 경우에는 전세권의 용익권능은 소멸하고 담보권능만이 남아 있다는 점에서

저당권과 같은 담보권으로 보아 소제되는 것으로 볼 여지도 있다. 그러나 전세권의 소제 여부를 전세권자의 배당요구라는 선택의 여지를 남겨 두고 있는 입법취지(제91조 4항)에 비추어 볼 때 전세권자의 배당요구가 없는 한 매수인에게 인수되는 것으로 볼 것이다. 이러한 결론은 전세권의 묵시의 갱신이 인정되지 않는 경우라도 마찬가지로 본다.

⑸ 유 치 권

㈎ 유치권의 인수 유치권은 원칙적으로 항상 매수인에게 인수된다. 유치권의 존재가 집행관의 현황조사나 유치권자의 권리신고를 통하여 집행절차에 나타나지 아니한 경우라도 유치권은 매수인에게 인수되는 부담이다. 유치권자은 담보권이면서도 우선변제력이 없으므로 배당을 받을 수 없는 지위에 있다. 이러한 점을 악용하여 집행절차를 불안하게 하고 사실상 현저하게 낮은 가격에 매각되는 결과를 유발하여 채무면탈의 수단으로 이용되는 경우가 빈번하다. 실무상 권리신고 되는 거의 대부분의 유치권은 허위이거나 과장된 것이다. 현재로서는 부당한 유치권신고를 막을 적절한 방법이 없다. 유치권신고에 대하여 집행법원이 유치권자를 심문하는 것도 생각해 볼 수 있으나 집행절차 내에서 실체적 심사를 하는 것이 되어 부적절하다고 보인다. 한편 채권자나 채무자의 입장에서는 '유치권배제신청'이라는 서면을 제출하는 경우도 보이는데 아무런 구속력이 없는 사실상의 관행일 뿐이다. 가장 근본적인 대책으로는 유치권신고자를 상대로 유치권부존재확인의 소를 제기하는 것이라 할 수 있겠지만, 유치권부존재확인의 소가 계속 중이라는 사정을 집행절차에 반영할 방법이 없다. 즉 유치권부존재확인의 소가 제기된 경우라도 집행법원으로서는 집행절차를 정지하여 주지 않고 있으며, 당해 소송절차에서 잠정처분을 구할 제도도 전혀 마련되어 있지 않다.

≪판례≫ 유치권부존재확인청구[대법원 2004. 9. 23. 선고 2004다32848 판결]
담보권 실행을 위한 경매절차에서 근저당권자가 유치권자로 권리신고를 한 자에 대하여 유치권부존재확인의 소를 구할 법률상의 이익이 있다고 한 사례

㈏ 인수책임의 내용

매수인은 유치권자에게 그 유치권으로 담보되는 채권을 변제할 책임이 있다(제91조 5항). 여기서 책임의 내용은 인적 책임이 아닌 물적 책임이다. 그러므로 유치권자는 매수인에게 유치권의 피담보채권의 변제가 있을 때까지 목적물의 인도를 거절할 수 있을 뿐 매수인에게 직접 피담보채무의 변제를 청구할 수는 없다

(물적 책임설).

≪판례≫ 유치권자에 대한 물적 책임[대법원 1996. 8. 23. 선고 95다8713 판결]

[1] 점유라고 함은 물건이 사회통념상 그 사람의 사실적 지배에 속한다고 보여지는 객관적 관계에 있는 것을 말하고 사실상의 지배가 있다고 하기 위하여는 반드시 물건을 물리적, 현실적으로 지배하는 것만을 의미하는 것이 아니고 물건과 사람과의 시간적, 공간적 관계와 본권관계, 타인지배의 배제가능성 등을 고려하여 사회관념에 따라 합목적적으로 판단하여야 한다.

[2] 공장 신축공사 공사잔대금채권에 기한 공장 건물의 유치권자가 공장 건물의 소유 회사가 부도가 난 다음에 그 공장에 직원을 보내 그 정문 등에 유치권자가 공장을 유치·점유한다는 안내문을 게시하고 경비용역회사와 경비용역계약을 체결하여 용역경비원으로 하여금 주야 교대로 2인씩 그 공장에 대한 경비·수호를 하도록 하는 한편 공장의 건물 등에 자물쇠를 채우고 공장 출입구 정면에 대형 컨테이너로 가로막아 차량은 물론 사람들의 공장 출입을 통제하기 시작하고 그 공장이 경락된 다음에도 유치권자의 직원 10여 명을 보내 그 공장 주변을 경비·수호하게 하고 있었다면, 유치권자가 그 공장을 점유하고 있었다고 볼 여지가 충분하다는 이유로, 유치권자의 점유를 인정하지 아니한 원심판결을 파기한 사례.

[3] 민사소송법 제728조에 의하여 담보권의 실행을 위한 경매절차에 준용되는 같은 법 제608조 제 3 항은 경락인은 유치권자에게 그 유치권으로 담보하는 채권을 변제할 책임이 있다고 규정하고 있는바, 여기에서 '변제할 책임이 있다'는 의미는 부동산상의 부담을 승계한다는 취지로서 인적 채무까지 인수한다는 취지는 아니므로, 유치권자는 경락인에 대하여 그 피담보채권의 변제가 있을 때까지 유치목적물인 부동산의 인도를 거절할 수 있을 뿐이고 그 피담보채권의 변제를 청구할 수는 없다.

(다) **유치권의 실행** 앞서 본 바와 같이 유치권자는 매수인에게 인도를 거절할 수 있을 뿐 직접 변제를 구할 수는 없다. 그렇다면 유치권자는 인도를 거절만 할 수 있을 뿐 언제까지나 적극적으로 피담보채권의 만족을 받을 수는 없는 것 아닌가 하는 의문이 제기될 수 있다. 이러한 경우에는 유치권자는 유치권에 기한 경매를 청구하여 피담보채권의 만족을 구할 수 있다. 이때 유치권에 기한 경매절차상 종전 소유자를 채무자로 삼아야 하고, 매수인은 물상보증인과 같은 지위에 서게 된다(물적 책임설).

(6) **법정지상권과 분묘기지권** 유치권과 더불어 매각가격을 낮추어 채권자들에 피해를 주는 것으로는 법정지상권 또는 관습법상의 법정지상권과 분묘기지권이 있다. 관습법상의 법정지상권과 분묘기지권의 성립 및 그 범위에 관한 상세한 논의는 민법 이론서를 참고하기 바란다.

(7) 보전처분

(가) 가 압 류 가압류는 매각으로 항상 소멸한다. 가압류등기 뒤에 소유권을 이전받은 신소유자의 채권자가 경매를 신청하여 매각되는 경우에 관해서는 견해의 대립이 있으나 이러한 경우에도 가압류는 소멸하는 것으로 볼 것이다.

≪판례≫ 전소유자에 대한 가압류[대법원 2006. 7. 28. 선고 2006다19986 판결]

부동산에 대한 가압류집행 후 가압류목적물의 소유권이 제3자에게 이전된 경우 가압류의 처분금지적 효력이 미치는 것은 가압류결정 당시의 청구금액의 한도 안에서 가압류목적물의 교환가치이고, 위와 같은 처분금지적 효력은 가압류채권자와 제3취득자 사이에서만 있는 것이므로 제3취득자의 채권자가 신청한 경매절차에서 매각 및 경락인이 취득하게 되는 대상은 가압류목적물 전체라고 할 것이지만, 가압류의 처분금지적 효력이 미치는 매각대금 부분은 가압류채권자가 우선적인 권리를 행사할 수 있고 제3취득자의 채권자들은 이를 수인하여야 하므로, 가압류채권자는 그 매각절차에서 당해 가압류목적물의 매각대금에서 가압류결정 당시의 청구금액을 한도로 하여 배당을 받을 수 있고, 제3취득자의 채권자는 위 매각대금 중 가압류의 처분금지적 효력이 미치는 범위의 금액에 대하여는 배당을 받을 수 없다.

이에 관해 법원의 실무례는 통일되어 있지 않으며 매수인에게 인수되는 것으로 취급하는 경우에는 매각물건명세서에 인수되는 사항을 기재하고 있다. 다소간 문제가 없지 아니하나 집행법원이 인수주의의 적용이 있는 것으로 매각물건명세서에 기재하여 공고한 경우에는 매수인은 신의칙상 소제주의의 적용을 주장할 수 없을 것이다.

≪판례≫ 전소유자에 대한 가압류[대법원 2007. 4. 13. 선고 2005다8682 판결]

부동산에 대한 선순위가압류등기 후 가압류목적물의 소유권이 제3자에게 이전되고 그 후 제3취득자의 채권자가 경매를 신청하여 매각된 경우, 가압류채권자는 그 매각절차에서 당해 가압류목적물의 매각대금 중 가압류결정 당시의 청구금액을 한도로 배당을 받을 수 있고, 이 경우 종전 소유자를 채무자로 한 가압류등기는 말소촉탁의 대상이 될 수 있다. 그러나 경우에 따라서는 집행법원이 종전 소유자를 채무자로 하는 가압류등기의 부담을 매수인이 인수하는 것을 전제로 하여 위 가압류채권자를 배당절차에서 배제하고 매각절차를 진행시킬 수도 있으며, 이와 같이 매수인이 위 가압류등기의 부담을 인수하는 것을 전제로 매각절차를 진행시킨 경우에는 위 가압류의 효력이 소멸하지 아니하므로 집행법원의 말소촉탁이 될 수 없다. 따라서 종전 소유자를 채무자로 하는 가압류등기가 이루어진 부동산에 대하여 매각절차가 진행되었다는 사정만으로 위 가압류의 효력이 소멸하였다고 단정할 수 없고, 구체적인 매각절차를 살펴 집행법원이 위 가압류등기의 부담을 매수인이 인수하는 것을 전제로 하여 매각절차를 진행하였는가 여부에 따라 위 가압류 효력의 소멸 여부를 판단하여야 한다.

(나) 가 처 분 가처분등기를 말소할 것인지 여부는 가처분과 말소기준권리 또는 압류와의 관계에 따라 그 취급이 다르다.

1) 양립할 수 없는 경우 가처분과 강제집행절차가 일응 양립할 수 없는 경우에는 가처분과 말소기준권리의 선후를 따져보아야 한다. 먼저 가처분이 말소기준권리보다 후순위라면 당해 가처분등기는 소제의 대상이 된다. 예를 들어 선순위가압류 이후에 소유권이전등기청구권보전을 위한 가처분이 있은 다음 강제경매절차에 따라 매각이 이루어지면 당해 가처분등기는 말소를 면할 수 없다. 다음으로 가처분이 말소기준권리보다 선순위인 경우라면 당해 가처분등기는 매수인에게 인수되는 것으로 보아야 할 것이지만, 이러한 경우에는 집행절차를 압류절차까지만 진행하고 매각절차에 나아가지 않게 되므로 실제로는 매수인에게 인수될 여지가 없게 된다. 예를 들어 소유권이전등기청구권보전을 위한 최선순위 가처분이 있는 부동산에 대한 강제경매신청이 있으면, 집행법원으로서는 압류에 이르기까지만 집행절차를 진행하고 그 이후의 매각 등의 절차를 사실상 정지상태에 두는 것이다(절충설).

2) 양립 가능한 경우 가처분과 강제집행절차가 양립가능 한 경우에 가처분은 매수인에게 인수된다. 즉 가처분의 피전권리와 가처분명령의 내용에 비추어 당해 가처분이 매각에 따른 소유권귀속의 변동과 무관한 것이라면 그러한 가처분은 매수인에게 인수된다고 보아야 한다. 그러나 이러한 가처분은 매수인에게 인수되는 것이라고 하기보다는 인수 또는 소제와 무관한 것이라고 하는 것이 더 정확한 표현일 것이다. 위와 같은 예로는 토지소유자가 그 자상 건물소유자에 대한 건물철거·토지인도청구권을 보전하기 위하여 건물에 대한 처분금지가처분을 한 때에는 처분금지가처분등기가 건물에 관한 강제경매개시결정등기 또는 담보권설정등기 이후에 이루어진 경우(실무제요Ⅱ 390면)를 들 수 있다.

≪판례≫ 말소기준보다 앞선 가처분[대법원 1998. 10. 27. 선고 97다26104, 26111 판결]

[1] 가처분채권자가 가처분의 본안소송인 소유권이전등기청구의 소에서 승소의 확정판결을 받은 이상, 가처분채권자의 지위에서 그 피보전권리인 소유권이전등기청구권에 기하여 등기를 하는 경우에는 위 가처분기입등기 이후에 개시된 강제경매절차에서 당해 토지를 낙찰받은 낙찰자 명의의 소유권이전등기는 가처분채권자에 대한 관계에서는 무효인 것으로서 말소될 처지에 있다고 할 것이며, 이는 가처분채권자가 위 강제경매절차가 진행되는 것을 알고 아무런 이의를 하지 아니하였다 하더라도 달리 볼 것이 아니다.

[2] 가처분기입등기 이후에 개시된 부동산 강제경매절차에서 부동산을 낙찰받은 자의 소유권이전등기가 가처분채권자에 대한 관계에서 무효로 되는 경우, 특별한 사정이 없는 한 위 토지에 관한 낙찰자 명의의 소유권이전등기가 아직 말소되지 않고 있다고 하더라도 낙찰자로서는 위 토지를 자신 소유 건물의 부지 등으로 점용하고 있는 가처분채권자에 대하여 그 건물의 철거 및 위 토지 중 가처분채권자가 위 건물의 부지 등으로 점용하고 있는 부분의 인도를 구할 수 없다.

≪판례≫ 압류 이후에 경료 된 가처분등기[대법원 1964. 12. 15. 선고 63다1071 판결]

부동산강제경매개시결정 등기 후에 그 부동산에 대하여 처분금지가처분등기를 한 자는 강제경매 신청인이나 경락인에게 대항할 수 없다.

(8) **토지별도등기** 토지별도 등기에 관하여는 앞서 집행의 대상에 관한 설명을 참고하면 된다.

(9) **소제·인수범위의 변경** 앞서 법정매각조건으로서 소제와 인수의 범위에 관하여 특별매각조건으로 달리 정할 수 있다. 그러나 담보권과 임차권 이외의 권리에 대하여 소제와 인수에 관한 특별매각조건을 정한다는 것은 생각하기 어렵다.

(10) **매수인의 권리구제**

(가) **소제범위에 관한 다툼** 말소촉탁되어야 할 등기임에도 불구하고 법원사무관이 말소대상이 아니라고 파악하여 말소촉탁을 하지 아니하는 경우에 매수인의 구제수단에 관하여는 견해의 대립이 있다. 매수인은 이에 대하여 직접 불복할 수 없고 등기명의자를 상대로 말소등기청구소송을 제기하는 수밖에 없다는 견해, 민사집행법 제16조를 유추적용하여 법원사무관 등의 처분에 대한 이의를 제기할 수 있다는 견해, 민사소송법 제223조를 유추적용하여 법원사무관의 처분에 대한 이의를 제기할 수 있다는 견해 등이 제시된다. 민사집행법 제16조를 유추적용하는 것이 적절하다고 본다.

(나) **권리신고와 인수주의** 부동산 위의 권리자로서 그 권리를 증명한 자(제90조 4호)는 권리신고(제90조 4호)를 통하여 비로소 집행절차상 이해관계인으로 취급된다. 동조의 권리신고는 이해관계인으로 인정받기 위한 측면에서는 창설적 효력을 갖는 것이다. 그러나 권리신고를 하였는가 여부와 소제와 인수의 범위와는 무관한 문제이다. 예를 들어 집행목적물에 관한 유치권자라도 권리신고를 하지 아니한 경우에는 집행절차상 이해관계인으로 취급되지 아니하나 매수인에게 인수를 주장하는 것은 권리신고와 무관한 것이다. 즉 유치권자가 집행절차상 권

리신고를 하지 않아 매수인이 그 존재를 모르고 매수한 경우라도 매수인은 유치권을 인수하여야 하는 것이다. 다만 이러한 경우 매수인으로서는 매각허가결정이 선고되기 전이라면 매각불허가신청을, 매각허가결정이 확정되기 전이면 즉시항고로, 확정 이후라면 취소신청으로, 매각대금을 납입한 이후라면 유치권 상당액만큼 배당채권자에게 반환을 구하여 구제받을 수 있다.

≪판례≫ 불의의 유치권인수에 대한 구제[대법원 2001. 8. 22.자 2001마2652 결정]

민사소송법 제639조 제1항은 "매수가격의 신고 후에 천재·지변 기타 자기가 책임을 질 수 없는 사유로 인하여 부동산이 훼손된 때에는 최고가매수인은 경락불허가신청을, 경락인은 대금을 납부할 때까지 경락허가결정의 취소신청을 할 수 있다. 다만, 부동산의 훼손이 경미한 때에는 그러하지 아니하다."라고 규정하고 있는바, 부동산에 물리적 훼손이 없는 경우라도 부동산의 교환가치가 감손된 때에는 위 규정이 유추적용된다 할 것이고, 또한 부동산의 훼손이 매수가격의 신고 전에 있었던 경우라도 그 훼손 및 이를 간과한 것이 자기가 책임을 질 수 없는 사유로 인한 것인 때에도 위 규정이 유추적용된다(매수인이 집행절차상 알 수 없었던 유치권을 인수하게 된 사례임/필자 각주).

사례 26 〈해설〉 담보가등기와 보존가등기

1. 가등기말소등기청구(설문①에 대한 풀이)

집행절차상 가등기는 그 성질이 밝혀진 경우가 아니면 일응 청구권보전을 위한 것으로 취급된다. 그러나 가등기의 성질은 집행절차상 어떻게 취급되었는가와 상관없이 실체관계에 따라 정해질 뿐이다. 따라서 가등기가 담보가등기임이 집행절차 종료 이후에 밝혀진 경우라도 당해 가등기는 집행절차상 소제되어야 했던 것이 남아있는 것뿐이라 할 것이므로 병은 정에게 가등기의 말소를 구할 수 있다고 하겠다. 여기서 정은 종전 경매절차에서 보전가등기로 취급되어 배당을 받지 못했음을 지적하며 을이 배당받은 돈을 부당이득으로 반환을 구할 수 있는 것이 아닌 하는 점과 병이 정 명의의 가등기가 담보가등기임에도 보전가등기로 취급되었던 탓에 상대적으로 헐값에 낙찰을 받았다가 할 것이어서 병이 그러한 한도에서 부당이득을 얻은 것이 아닌가 하는 점에 의문이 있을 수 있다. 그러나 정은 담보가등기임을 밝혀 집행절차에서 배당을 받을 수 있는 기회를 스스로 방기하였다고 볼 수 있다는 점과 병은 집행절차상 아무런 하자 없이 권리를 취득하였다는 점에서 위와 같은 부당이득의 문제는 발생될 여지가 없다고 본다.

2. 당연배당채권(설문②에 대한 풀이)

정의 담보가등기는 집행절차상 저당권과 동일하게 취급되는 것으로 그 피담보채권은 당연배당채권이다. 따라서 배당요구종기의 제한을 받지 않으며 별도의 배당요구가 없더라도 배당참가자격이 인정된다. 그러므로 정의 배당이의는 타당하다고 하겠다.

3. 하자담보책임(설문③에 대한 풀이)

정의 가등기가 청구권보전을 위한 것인 때에서는 사례에서와 같이 병은 소유권을 상실할 수밖에 없다. 여기서 병이 소유권을 상실한 현상을 따져보면 병은 집행절차를 통해 적법하게 소유권을 하였다 하겠지만 정의 가등기에 기한 본등기라는 집행절차 외의 사정에 기초하여 소유권을 상실한 것뿐이다. 따라서 병이 민사집행법 제127조에 따라 매각허가결정의 취소를 신청하는 것은 허용되지 아니하며, 민법 제578조와 제576조에 따라 하자담보책임을 물을 수 있을 뿐이라고 하겠다. 한편 판례에 따르면 대금납입 전에 정의 본등기가 이루어진 경우라면 병의 권리구제의 편의를 위하여 민사집행법 제127조를 유추적용할 수 있다고 한다.

사례 27 〈해설〉 전세권과 임차권

1. 임차권과 전세권의 병존(설문①에 대한 풀이)

을은 임차권과 전세권을 겸유한다. 따라서 임차권과 전세권은 독립적으로 병존한다. 다만 전세권은 일종의 임차권을 담보하는 기능을 한다는 점에서 을이 보증금을 모두 돌려받고 임대차관계가 종료되었다면 임차권에 부종하여 소멸한다고 보아야 할 것이다. 또한 임차권자의 지위에서 배당절차를 통해 보증금의 만족을 얻은 경우에는 전세권도 소멸한다고 하겠다.

2. 말소기준권리가 전세권인 경우 소제의 범위(설문②에 대한 풀이)

사례에서 전세권이 말소기준권리라 할 것이므로 그 보다 후순위인 병의 임차권은 일응 소제되어야 하는 것으로 보인다. 그러나 을의 전세권은 2층에는 미치지 아니하므로 2층을 목적으로 하는 병의 임차권에는 말소기준권리로 작용하지 못한다. 따라서 무는 병의 임차권을 인수하여야 한다.

3. 전세권자의 경매신청권(설문③에 대한 풀이)

부동산의 일부를 목적으로 하는 전세권이라도 목적물의 매각대금 전부에서 우선변제를 받을 수는 있으나, 전세권의 목적이 된 부동산의 일부가 구조상·이용상 독립성이 없어 독립된 소유권의 객체로 분할할 수 있는 경우가 아니면 목적물의 전부에 대하여 경매를 신청할 수는 없다. 따라서 을은 주택 전부에 대하여 경매를 신청하지는 못할 가능성이 더 크다.

4. 만족을 얻지 못한 대항력 있는 전세권과 임차권의 취급(설문④에 대한 풀이)

전세권자가 배당을 요구하여 소제를 선택하였다면, 전세권은 비록 보증금의 만족을 얻지 못하였더라도 항상 소제의 대상이 된다. 이와는 달리 말소기준권리보다 우선하는 대항력 있는 임차권은 배당요구를 하였더라도 보증금을 모두 배당받지 못하였다면 매수인에게 인수된다.

그러므로 사례에서 매각에 따라 을의 전세권은 소제되나 임차권은 매수인에게 인수된다고 본다.

사례 28 〈해설〉 담보목적지상권

1. 담보목적 지상권의 소제(설문①에 대한 풀이)

민사집행법 제91조 3항을 형식적으로 해석하면 사례에서 지상권은 매수인에게 인수된다고 보아야 한다. 그러나 위 지상권은 근저당권의 실효성을 확보하기 위한 것으로 근저당권이 소제되는 경우에는 지상권 역시 소제의 대상이 된다고 보아야 한다. 이러한 결론은 근저당권의 피담보채권이 모두 만족을 얻었는가를 묻지 아니한다.

2. 말소촉탁 누락에 대한 구제수단(설문②에 대한 풀이)

고려할 수 있는 구제방법으로는 민사집행법 제16조에 따른 이의, 민사소송법 제223조에 따른 이의, 지상권자에 대한 통상의 말소등기청구소송을 제기하는 것이 있다. 민사소송법 제223조가 예정하는 것은 집행절차를 전제로 하는 것이 아니라는 점에서 적용에 다소 부적절한 면이 있고, 집행절차에 부수하여 당연히 말소되어야 하는 등기를 통상의 소송절차를 통해 말소하라고 하는 것은 매수인에 지나치게 불리한 면이 있다. 따라서 민사집행법 제16조를 유추적용하여 집행에 관한 이의로 다툴 수 있다고 보아야 할 것이다. 다만 말소촉탁행위는 매각에 따른 기존의 권리변동을 등기부에 단순히 반영하는 것에 불과하다는 점에서 집행처분이라거나 재판으로 볼 것은 아니라 할 것이므로 그에 대하여 집행에 관한 이의로 다툴 수 있다고 하는 것은 다소 의문이 있다.

사례 29 〈해설〉 말소기준권리의 변동

1. 집행채권

위 사례에서 집행채권은 2번 저당권의 피담보채권만이고 1번 저당권의 피담보채권은 집행채권을 구성하지 아니한다. 실제로 수개의 저당권이 있는 경우에는 그 선후를 가리지 아니하고 등록세 등의 절감을 위하여 피담보채권액이 가장 적은 저당권을 기초로 경매를 신청하는 경우가 흔하며, 이러한 경매신청은 적법한 것으로 취급되고 있다. 그러므로 위 경매절차진행 중 1번 저당권의 소멸은 집행절차의 진행면에 아무런 영향을 미치지 아니한다.

2. 임차권 인수

정은 병의 임대차보증금채무를 인수하여야 한다. 정의 매수시를 기준으로 보면 병의 임차권은 을의 1번 저당권에 후순위이므로 정이 인수할 것이 아니지만, 그 후 갑이 1번 저당권의 피담보채무를 변제함으로서 위 집행절차상 말소기준권리는 1번 저당권에서 2번 저당권으로 변동되었다할 것이므로 2번 저당권보다 선순위인 병의 임차보증금채무는 매수인 정에게 인수되는 것이다.

3. 손해배상책임

위와 같이 정은 당초에 예상하지 않았던 임차권을 인수하여야 하는 불의의 손해를 입게 된다. 이러한 경우 정은 매각결정기일에 매각불허가를 구하거나, 매각허가 이후에는 매각허가결정의 취소를 구하거나 또는 대금감액청구를 할 수 있을 것이다. 그러나 매각대금을 모두 납입한 이후에 비로소 임차권 인수결과를 알게 되었다면 정은 갑에 대한 손해배상책임을 물을 수밖에 없다. 이때 손해배상책임은 민법 578조 3항이 정하는 하자담보책임에 따른 것이라고 보는 것이 판례의 태도이다.

4. 매매계약의 해제

한편 위와 같은 손해배상책임의 추궁은 채무자 갑에게 아무런 자력이 없다면 별 의미가 없다. 그러한 경우에는 민사집행법 제127조를 유추적용을 근거로 매매계약을 해제하고, 배당채권자들을 상대로 매각대금에 상당한 부당이득의 반환을 구할 수도 있다.

사례 30 〈해설〉 전세권에 대한 소제와 인수

민사집행법(제91조 4항 단서)은 전세권의 소제와 인수에 관하여 전세권자의 선택에 맡기고 있다. 종전에는 존속기간의 정함이 없거나 경매개시결정 기입등기 후 6월 이내에 기간이 만료되는 경우에 소제되는 것으로 취급하였던 것을 위와 같이 개정하였다. 즉 전세권은 존속기간을 불문하고 소제와 인수여부에 관하여 항상 전세권자의 선택에 맡기고 있는 것이다. 이와 같은 결론은 다소 의문은 없지 아니하나 경매개시결정 이전에 이미 존속기간이 만료된 경우도 마찬가지이다. 입법론적으로는 집행절차의 안정을 위하여 존속기간이 없거나 경매개시 이전에 존속기간이 만료된 전세권은 소제의 대상으로 삼는 것이 바람직하다고 본다.

사례 31 〈해설〉 유치권과 집행절차

1. 을의 대책(설문①에 대한 풀이)

우선 위 상가건물에 대한 강제경매를 생각해 볼 수 있다. 비록 위 상가는 미등기건물이나 70%가 넘는 공정이 이루어졌다면 민사집행법 제81조를 기초로 하여 부동산 강제경매의 대상으로 삼을 수 있는 것이다. 그러나 이러한 경우 강제경매절차상 병이 유치권 주장을 해 올 경우 매각가격이 현저하게 낮아질 것이 예상되는 점에서 갑은 충분한 채권만족을 기대하기 어렵다. 그러므로 경우에 따라서 을은 강제경매를 신청하지 아니하고 민사집행법 제81조를 기초로 '저당권설정청구권'을 피보전권리로 하여 상가에 대한 처분금지가처분을 해 둔 상태에서 적절한 시기를 기다려보는 것도 한 방법일 것이다.

2. 병의 대책(설문②에 대한 풀이)

을과 마찬가지로 민사집행법 제81조를 기초로 유치권에 기한 경매를 신청하는 것이 가장 좋을 것이다. 을의 경우와 달리 병은 유치권에 기한 경매절차상 매각대금으로 사실상 가장 우선하여 공사대금채권의 만족을 얻을 수 있을 것이다.

3. 병의 집행절차참가(설문③에 대한 풀이)

병은 유치권자라는 지위 자체로 집행절차상 이해관계인으로 인정되는 것이 아니므로 별도로 권리신고를 하여야 한다(제90조 4호). 그러나 집행절차의 위법이나 부당함을 다투고자 하는 경우가 아니라면 유치권자의 권리신고는 별 의미가 없다. 권리신고는 집행절차상 이해관계인으로 지위부여라는 점에서는 창설적인 것이라 하겠지만, 권리신고가 없더라도 추후에 매수인에게 인수를 주장할 수 있는가 여부와는 아무 관련이 없기 때문이다. 한편 유치권자는 배당요구를 할 수 없다(제88조).

4. 병에 절차관여에 대한 대책(설문④에 대한 풀이)

병이 공사대금을 모두 받았음에도 집행절차상 관여하는 경우에 소유자 갑이나 채권자 을로서는 '유치권배제신청'을 하거나 '유치권부존재확인소송'을 제기하는 것을 생각해 볼 수 있다. 특히 판례에 따르면 유치권부존재확인소송은 채무자는 물론 집행절차상 다른 채권자에게도 원고적격이 인정된다. 그러나 유치권배제신청 자체에는 아무런 법적 근거 없이 관행적으로 이루어지는 것에 불과하며, 유치권부존재확인소송 역시 당해 소송이 있다는 사정을 집행절차에 반영시킬 수단이 없다는 점에서 실효성에는 의문이 있다. 유치권부존재 확인소송에 있어서도 청구이의의 소에서와 같이 일정한 잠정처분을 허용하는 것을 입법적으로 검토해 볼 필요가 있다. 한편 허위 유치권 주장에 대하여 입찰방해죄로 형사고소를 함으로써 우회적인 해결을 시도하는 경우도 흔히 볼 수 있다는 점을 언급해 둔다.

5. 정의 대책(설문⑤에 대한 풀이)

유치권 주장자의 점유가 압류 이전에 이루어진 것이라면 유치권은 항상 매수인에게 인수된다. 이러한 유치권 인수의 결론은 유치권자가 집행절차상 권리신고를 하였는가와 무관함은 앞서 설명하였다. 그러므로 매수인 정은 병의 유치권행사에 대항할 수 없다. 이러한 경우 정으로서는 소유자인 갑 또는 채권자 을을 상대로 민법이 정하는 하자담보책임을 물을 수 있다. 한편 민사집행법 제127조를 유추적용을 근거로 매매계약을 해제하고, 배당채권자들을 상대로 매각대금에 상당한 부당이득의 반환을 구할 수도 있다. 만일 정이 매각대금납부 이전이면 매각허가결정의 취소를 구하거나 대금감액을 청구하는 것도 가능하다.

3. 잉여주의

제91조 (인수주의와 잉여주의의 선택 등)

① 압류채권자의 채권에 우선하는 채권에 관한 부동산의 부담을 매수인에게 인수하게 하거나, 매각대금으로 그 부담을 변제하는 데 부족하지 아니하다는 것이 인정된 경우가 아니면 그 부동산을 매각하지 못한다.

제102조 (남을 가망이 없을 경우의 경매취소)

① 법원은 최저매각가격으로 압류채권자의 채권에 우선하는 부동산의 모든 부담과 절차비용을 변제하면 남을 것이 없겠다고 인정한 때에는 압류채권자에게 이를 통지하여야 한다.

② 압류채권자가 제 1 항의 통지를 받은 날부터 1주 이내에 제 1 항의 부담과 비용을 변제하고 남을 만한 가격을 정하여 그 가격에 맞는 매수신고가 없을 때에는 자기가 그 가격으로 매수하겠다고 신청하면서 충분한 보증을 제공하지 아니하면, 법원은 경매절차를 취소하여야 한다.

③ 제 2 항의 취소 결정에 대하여는 즉시항고를 할 수 있다.

가. 의　　의

최저매각가격으로는 압류채권자에 우선하는 부동산의 부담과 집행비용을 변제하고 남을 것이 없다고 인정되는 경우 부동산의 매각을 허용하지 아니하는 것을 말한다. 압류채권자가 변제받을 가능성이 전혀 없음에도 매각을 허용하는 것은 압류채권자에 우선하는 채권자가 원하지 않는 시기에 투자회수를 강제하는 결과를 가져오기 때문이다. 이러한 잉여주의는 소제주의를 전제하는 것이며 인수주의를 취하는 입법례에서는 문제되지 아니한다. 담보권실행경매에서도 잉여주의가 적용된다(제268조). 잉여주의는 압류채권자에 우선하는 채권자를 보호하기 위한 제도이며 채무자의 이익과는 무관한 것으로 잉여주의에 위반이 있는 경우라도 채무자는 이를 다투지 못한다.

≪판례≫ 채무자가 잉여위반을 다툴 수 있는지 여부[대법원 1987. 10. 30.자 87마861 결정]

민사소송법 제608조 제 1 항, 제616조, 제631조의 규정은 압류채권자가 집행에 의해서 변제를 받을 가망이 전혀 없는데도 무익한 경매가 행해지는 것을 막고 또 우선채권자가 그 의사에 반한 시기에 투자의 회수를 강요당하는 것과 같은 부당한 결과를 피하기 위한 것으로서 우선채권자나 압류 채권자를 보호하기 위한 규정일 뿐 결코 채무자나 그 목적부동산 소유자의 법률상 이익이나 권리를 위한 것이 아니므로 강제경매에 있어서의 채무자겸 경매목적물의 소유자는 경락절차에 있어서의 규정에 어긋나 잘못이 있음을 다툴 수 있는 이해관계인에 해당하지 않는다.

나. 압류채권자에 우선하는 부동산상의 부담

매각대금에서 압류채권자에 우선하여 배당을 하여야 하는 채권을 의미한다. 매수인에게 인수되는 부동산상의 부담은 고려할 것이 아니다. 자세한 것은 배당의 순위와 소제주의에 관한 설명을 참고할 것이다. 이중경매시결정이 있는 경우에는 경매개시결정을 받은 채권자 중 최우선순위권리자의 권리를 기준으로 잉여를 판단하여야 하며, 잉여의 정도가 소액에 그치는 경우라도 특별한 사정이 없는 한 잉여주의 위반으로 볼 것은 아니라는 점에 관하여는 앞서 설명하였다.

다. 압류채권자와 우선채권자가 동일한 경우

동일 부동산에 동일한 채권자를 위하여 수개의 저당권이 설정된 경우가 흔하다. 이러한 경우에 채권자로서는 등록세 등을 절감하기 위하여 피담보채권액이 가장 작은 저당권에 기하여 경매를 신청하는 것이 보통이다. 이때 후순위 저당권에 기하여 경매가 진행되었으나 선순위 저당액을 변제하고도 남을 것이 없게 된 경우에도 잉여주의를 통상의 경우와 동일하게 적용하는 것이 실무의 태도이다. 그러나 잉여주의는 우선채권자의 보호를 위한 것이므로 위와 같이 집행채권자와 우선채권자가 동일한 경우에는 잉여주의의 적용을 제한하여야 한다고 본다.

라. 절차의 진행

(1) **무잉여의 통지** 잉여가 없다고 판단되는 경우 집행법원은 그 사실을 압류채권자에게 통지한다. 실무상 통지는 송달의 방식에 의하는 것이 보통이지만 반드시 송달의 방법으로 하여야만 하는 것은 아니다(반대견해 있음).

≪판례≫ 잉여위반통지의 하자[대법원 1994. 9. 5.자 94마1205 결정]

경매법원이 경매신청 채권자에게 민사소송법 제728조에 의하여 준용되는 같은 법 제616조 소정의 통지를 함에 있어 경매신청 채권자에게 우선하는 주택임차인의 보증금반환채권이 있음을 간과하고 선순위 근저당권의 피담보채권만이 있음을 통지하여 경매신청 채권자가 위 선순위 근저당권의 피담보채권과 절차비용을 변제하고 잉여 있을 가격을 정하여 매수신고를 한 때에도 경매법원이 그 후 위 보증금반환채권이 누락되었음을 발견하였을 때에는 경매신청 채권자에게 새로이 위 통지를 하여야 하고, 경매신청 채권자가 위 통지를 받은 날로부터 7일 이내에 위 보증금반환채권까지 변제하고 잉여 있을 가격을 정하여 매수신고를 하지 않으면 경매법원으로서는 경매절차를 취소하는 결정을 하여야 한다.

(2) **매수신청 및 보증의 제공** 무잉여의 통지를 받은 압류채권자는 통지를 받은 날로부터 1주일 이내에 압류채권자에 우선하는 부동산상의 부담과 집행비용을 변제하고도 남을 만한 가격을 정하여 그 가격 이상의 매수신고가 없는 경우에는 자신이 그 가격으로 매수하겠다는 신청과 그에 대한 충분한 보증을 제공하여야 한다. 보증의 제공은 현금 또는 유가증권을 공탁하고 그 공탁서를 제출하는 방법에 의한다. 보증액에 관하여는 제102조 2항은 '충분한 보증'이라고 규정할 뿐 구체적인 기준을 제시하고 있지 않고 있는데 이에 대해서는 매수신청가액상당액으로 해석하는 입장도 있으나 최저매각가격과 매수신고액의 차액으로 보는 것이 대체적인 견해이다. 이러한 매수신청과 보증제공은 매각기일까지 철

회할 수 있으며, 철회한 경우에는 보증의 반환을 청구할 수 있다.

(3) **집행절차의 취소와 계속** 위와 같은 채권자의 매수신청과 보증의 제공이 없으면 법원은 결정으로 집행절차를 취소한다. 다만 위 기간이 경과한 후라도 법원의 집행취소결정 전 에 채권자의 매수신청과 보증을 제공이 있으면 집행절차를 계속하여야 한다.

≪판례≫ 잉여통지로부터 7일 이후의 매수신청[대법원 1975. 3. 28.자 75마64 결정]

민사소송법 제616조 2항 소정 7일 내의 기간이라 함은 성질상 일종의 재정기간에 지나지 않으므로 경매신청인이 경매 법원으로부터 같은 법 제616조 1항 소정의 잉여의 가망이 없다는 통지를 받은 날로부터 7일의 기간이 경과한 뒤에 압류채권자의 채권에 우선하는 부동산상의 모든 부담과 비용을 변제하고 잉여있을 가격을 정하여 그 가격에 응하는 경매인이 없는 때에는 그 가격으로 매수할 것을 신청하고 담보를 제공하였다 하더라도 경매법원으로서는 위 기간이 경과된 뒤에 한 것이라는 사유로 경매절차를 취소할 수 없다.

(4) **무잉여의 간과** 무잉여를 고려하지 못한 탓으로 매각절차를 진행하여 최고가매수인이 정해진 경우에는 곧바로 매각을 불허가할 것이 아니고, 매수신고가에 비추어 잉여유무를 다시 판단하여 매각허부를 결정하여야 한다.

≪판례≫ 잉여위반을 간과한 절차의 위법[대법원 1995. 12. 1.자 95마1143 결정]

최저경매가격이 압류채권자의 채권에 우선하는 채권과 절차비용에 미달하는데도 불구하고 경매법원이 이를 간과하고 민사소송법 제616조 소정의 조치를 취하지 아니한 채 경매절차를 진행한 경우에, 최고가 매수신고인의 매수가액이 우선채권 총액과 절차비용을 초과하는 한 그 절차 위반의 하자가 치유되지만, 그 매수가액이 우선채권 총액과 절차비용에 미달하는 때에는 경매법원은 경락을 불허가하는 결정을 하여야 하며, 경매법원이 절차를 그대로 진행하였다고 하여 매수가액이 우선채권 총액과 절차비용에 미달함에도 불구하고 그 법조항 위반의 하자가 치유된다고는 할 수 없다.

그럼에도 불구하고 매각허가결정이 있는 경우에 압류채권자와 우선채권자는 즉시항고로 이를 다툴 수 있다. 그러나 매각허가결정이 확정된 경우에는 더 이상 무잉여의 하자를 다투지 못한다.

4. 개별매각과 일괄매각

사 례 32 일괄매각결정에 대한 다툼

갑은 공장을 가동 중 인근 농지 소유자의 오·폐수에 관한 민원제기가 빈번하여 공장주변의 농지를 시세보다 높을 값을 주고 매입하였다. 한편 갑은 제품 값 하락으로 운영이 어려워지자 공장부지와 공장건물 및 기계·기구 등 공장공용물을 묶어 공장재단으로 등록하고 전에 매입해 둔 공장주변 농지와 한데 아울러 공장저당권을 설정하고 은행으로부터 운영자금을 대출받았다. 그 후 갑은 거래처가 부도를 내는 바람에 연쇄부도에 처하게 되었고, 대출은행은 공장저당에 기하여 경매를 신청하였다. 이에 법원은 공장재단과 공장 주변 농지에 대한 일괄매각결정을 하고 집행절차를 진행하였던바, 공장에 대한 매수희망자는 많았으나 농지취득자격증명을 제출할 수 있는 사람이 드물어 유찰을 반복하였다.
이때 갑이 공장에 집행절차에서 제값에 매각되게 하기 위한 가장 적절한 대책은 무엇인가?

제98조 (일괄매각결정)

① 법원은 여러 개의 부동산의 위치·형태·이용관계 등을 고려하여 이를 일괄매수하게 하는 것이 알맞다고 인정하는 경우에는 직권으로 또는 이해관계인의 신청에 따라 일괄매각하도록 결정할 수 있다.
② 법원은 부동산을 매각할 경우에 그 위치·형태·이용관계 등을 고려하여 다른 종류의 재산(금전채권을 제외한다)을 그 부동산과 함께 일괄매수하게 하는 것이 알맞다고 인정하는 때에는 직권으로 또는 이해관계인의 신청에 따라 일괄매각하도록 결정할 수 있다.
③ 제1항 및 제2항의 결정은 그 목적물에 대한 매각기일 이전까지 할 수 있다.

제99조 (일괄매각사건의 병합)

① 법원은 각각 경매신청된 여러 개의 재산 또는 다른 법원이나 집행관에 계속된 경매사건의 목적물에 대하여 제98조 제1항 또는 제2항의 결정을 할 수 있다.
② 다른 법원이나 집행관에 계속된 경매사건의 목적물의 경우에 그 다른 법원 또는 집행관은 그 목적물에 대한 경매사건을 제1항의 결정을 한 법원에 이송한다.
③ 제1항 및 제2항의 경우에 법원은 그 경매사건들을 병합한다.

제100조 (일괄매각사건의 관할)

제98조 및 제99조의 경우에는 민사소송법 제31조에 불구하고 같은 법 제25조의 규정을 준용한다. 다만, 등기할 수 있는 선박에 관한 경매사건에 대하여서는 그러하지 아니하다.

제101조 (일괄매각절차)

① 제98조 및 제99조의 일괄매각결정에 따른 매각절차는 이 관의 규정에 따라 행한다. 다만, 부동산 외의 재산의 압류는 그 재산의 종류에 따라 해당되는 규정에서 정하는

방법으로 행하고, 그 중에서 집행관의 압류에 따르는 재산의 압류는 집행법원이 집행관에게 이를 압류하도록 명하는 방법으로 행한다.

② 제1항의 매각절차에서 각 재산의 대금액을 특정할 필요가 있는 경우에는 각 재산에 대한 최저매각가격의 비율을 정하여야 하며, 각 재산의 대금액은 총대금액을 각 재산의 최저매각가격비율에 따라 나눈 금액으로 한다. 각 재산이 부담할 집행비용액을 특정할 필요가 있는 경우에도 또한 같다.

③ 여러 개의 재산을 일괄매각하는 경우에 그 가운데 일부의 매각대금으로 모든 채권자의 채권액과 강제집행비용을 변제하기에 충분하면 다른 재산의 매각을 허가하지 아니한다. 다만, 토지와 그 위의 건물을 일괄매각하는 경우나 재산을 분리하여 매각하면 그 경제적 효용이 현저하게 떨어지는 경우 또는 채무자의 동의가 있는 경우에는 그러하지 아니하다.

④ 제3항 본문의 경우에 채무자는 그 재산 가운데 매각할 것을 지정할 수 있다.

⑤ 일괄매각절차에 관하여 이 법에서 정한 사항을 제외하고는 대법원규칙으로 정한다.

가. 개별매각의 원칙

여러 개의 부동산에 대하여 동시에 경매신청이 있는 경우라도 각각의 부동산마다 최저매각가격을 정하여 개별적으로 매각하여야 한다. 이러한 개별매각의 원칙을 명문으로 규정한 바는 없으나 과잉매각금지원칙(제124조 1항)과 일괄매각에 관한 특칙(제98조)에 비추어 해석론상 인정되는 것이라고 할 수 있다.

≪판례≫ 개별매각에 따른 개별매수신청[대법원 1994. 8. 8.자 94마1150 결정]

여러 개의 부동산을 동시에 입찰하는 경매법원이 일괄입찰결정을 한 바 없었다면 그 부동산들은 개별입찰되는 것이므로, 개별입찰로 진행되는 입찰절차에서 입찰자가 1장의 입찰표에 여러 개의 부동산을 입찰가액의 총액만을 기재하여 제출하였다가 입찰기일이 종결된 후에 집달관의 보완지시를 받고 부동산별로 입찰표를 다시 작성, 제출하였다면 그 입찰표는 모두 무효이고, 이러한 결론은 입찰자가 위 입찰을 일괄입찰한 것으로 잘못 알았었다거나 입찰표를 다시 작성하여 제출하게 된 것이 집달관의 지시에 의한 것이고 다시 작성, 제출할 때까지 사이에 원래의 입찰표가 개봉되지 아니하였었다고 하여 달라질 수 없다.

나. 일괄매각(제98조)

(1) 의　　의　　여러 개의 부동산을 일괄하여 매각하면 고액의 매수신청이 기대되거나 법정지상권 등 여러 가지 법률상 난점을 회피할 있는 경우가 많다. 이때 과잉경매에 해당하지 아니하는 한도에서 이해관계인의 신청이나 직권에 의하여 매각기일 이전까지 일괄매각을 결정할 수 있다. 부동산과 다른 종류

의 목적물을 일괄매각하는 것도 가능하다.

(2) 요 건

(가) **과잉경매의 금지** 일부의 부동산의 매각대금만으로도 모든 채권자의 채권과 집행비용에 충당하기에 충분한 경우에는 다른 재산의 매각을 허가할 수 없다. 다만 채무자의 동의가 있거나 개별매각을 하는 경우 목적물의 가치가 현저하게 떨어지는 경우에는 과잉매각에 해당하는 경우라도 일괄매각을 할 수 있다(제101조 3항).

(나) **이용관계상 견련성** 일괄매각하면 개별매각보다 고액으로 매각될 것이 기대됨은 물론 수개의 목적물 상호간에 이용관계에 있어서 견련성이 존재하여야 한다. 이러한 이용상의 견련성은 일괄매각여부의 유일한 기준이다. 부동산 상호간의 물론 유체동산과 부동산도 일괄매각할 수 있다. 금전채권과 부동산 사이에는 이용관계상 견련성을 수긍하기란 어렵다 할 것이므로 양자 사이의 일괄매각은 허용되지 아니한다.

≪판례≫ 항공기의 일괄매각[대법원 2001. 8. 22.자 2001마3688 결정]

[1] 민사소송법 제728조는 부동산을 목적으로 하는 담보권의 실행을 위한 경매절차에 민사소송법 제615조의2를 준용하고 있고, 또한 민사소송법 제729조는 선박을 목적으로 하는 담보권의 실행을 위한 경매절차에는 민사소송법 제728조를 준용하고 있으며, 민사소송법 제730조에 의한 민사소송규칙 제209조는 항공기에 대한 강제집행에는 선박에 대한 강제집행의 예에 의한다는 민사소송규칙 제109조를 준용하고 있는바, 결국 항공법에 의하여 등록된 항공기를 목적으로 하는 담보권의 실행을 위한 경매절차에는 선박에 대한 담보권의 실행을 위한 경매절차의 예에 의한다고 할 것이므로, 민사소송법 제615조의2의 일괄경매의 규정은 항공기를 목적으로 하는 담보권의 실행을 위한 경매절차에도 적용되고, 이는 경매에 갈음하는 입찰절차에도 마찬가지이다.

[2] 민사소송법 제615조의2에서 일괄경매의 요건으로 수 개의 부동산의 상호간 이용관계에 있어서 견련성을 요구하고 있는 것은 일괄경매 여부를 전적으로 집행법원의 재량에 맡기게 되면 당사자나 사회적 관점에서 일괄경매가 불필요한 경우에도 경매절차의 간이화를 위하여 안이하게 일괄경매의 방법이 채택될 우려가 있고, 불필요하게 일괄경매를 하게 되면 최저경매가격이 지나치게 높아지게 되어 오히려 매수희망자를 감소시키는 결과가 될 수 있기 때문이다.

[3] 집행법원은 그 재량에 의하여 수개의 항공기를 일괄하여 동일인에게 매수시키는 것이 상당하다고 인정하는 것만으로는 민사소송법 제615조의2를 적용하여 수개의 항공기에 대한 일괄경매를 할 수는 없고, 그러한 수개의 항공기 상호간의 이용관계에 있어서 견련성이 있어야 하는 것이며, 항공기 상호간의 이용관계에 있어서 견련성은 집행법원이 일괄경매의 상당성을 판단하는 경우에 있어서 요건의 예시가 아니고, 일괄경매의 상당성을

판단하는 유일한 기준이 되는 것이므로, 상호간의 이용관계에서 견련성이 없는 수개의 항공기의 경우에는 가사 일괄경매를 함으로써 보다 높은 가액으로 또는 보다 신속하게 매각할 수 있을 가능성이 있다고 하더라도 그것만으로는 일괄하여 경매하는 것은 허용되지 아니한다.

≪판례≫ 농지와 비농지의 일괄매각[대법원 2004. 11. 30.자 2004마796 결정]

[1] 공장저당법에 정하여진 공장재단을 이루지 아니한 다수의 토지가 공장저당의 목적물이 된 경우에 있어서 그 중 일부의 토지 위에 공장에 속하는 건물이나 공장의 공용물 등이 설치되어 있지 아니하면 단순히 공동으로 공장저당의 목적물이 되었다는 이유만으로 다수의 토지 전부에 대하여 일괄매각을 하여야 하는 것은 아니고, 이러한 경우에도 그 토지들이 공장의 부지로 상용되고 있는 것으로 사회통념상 인정될 수 있는 경우에 이를 공장건물이 서 있는 토지와 마찬가지로 보아 그 토지 또는 건물 및 공장의 공용물 등과 분리하여 분할매각을 할 수 없다.

[2] 농지와 농지가 아닌 토지는 특별한 사정이 없는 한 그 상호간에 이용관계에 있어서 견련성이 없으며, 농지법상의 농지인 경우에는 매수인의 자격이 법령에 의하여 제한되므로 농지와 농지가 아닌 토지를 일괄하여 매각하게 되면 농지취득자격증명을 받을 수 없는 사람은 매수신고를 할 수 없게 되어 매수희망자를 제한하게 되므로 경매목적인 토지 중 일부 토지만이 농지에 해당하는 경우에는 일괄매각의 요건을 갖추지 못한 것이다.

[3] 농지가 공장에 속하는 토지 또는 건물 및 공장의 공용물 등과 함께 공장저당의 목적물이 된 경우에 있어서 그 농지 위에 공장에 속하는 건물이나 공장의 공용물 등이 설치되어 있지 아니하면 단순히 공장저당의 목적물이 되었다는 이유만으로 그 농지에 대하여도 일괄매각을 할 수는 없는 것이다.

≪판례≫ 하나의 기업시설을 이루고 있는 목적물[대법원 2004. 11. 9.자 2004마94 결정]

경매목적 부동산이 2개 이상 있는 경우 분할경매를 할 것인지 일괄경매를 할 것인지 여부는 집행법원의 자유재량에 의하여 결정할 성질의 것이나, 토지와 그 지상건물이 동시에 매각되는 경우, 토지와 건물이 하나의 기업시설을 구성하고 있는 경우, 2필지 이상의 토지를 매각하면서 분할경매에 의하여 일부 토지만 매각되면 나머지 토지가 맹지 등이 되어 값이 현저히 하락하게 될 경우 등 분할경매를 하는 것보다 일괄경매를 하는 것이 당해 물건 전체의 효용을 높이고 그 가액도 현저히 고가로 될 것이 명백히 예측되는 경우 등에는 일괄경매를 하는 것이 부당하다고 인정할 특별한 사유가 없는 한 일괄경매의 방법에 의하는 것이 타당하고, 이러한 경우에도 이를 분할경매하는 것은 그 부동산이 유기적 관계에서 갖는 가치를 무시하는 것으로써 집행법원의 재량권의 범위를 넘어 위법한 것이 된다.

(다) **필요적 일괄매각** 집합건물의 전유부분과 대지사용권(집합건물의 소유 및 관리에 관한 법률 제20조), 공장재단을 구성하는 저당권의 목적인 물건(공장저당법 제4,5,7,10조) 등은 반드시 일괄매각을 하여야 한다. 전유부분과 대지사용권을 일괄매

각하는 경우에는 별도의 일괄매각결정이 필요 없다.

≪판례≫ 공장재단의 일괄매각[대법원 2003. 2. 19.자 2001마785 결정]

공장저당법 제4조, 제5조, 제7조 제1항에 의하면, 공장저당의 목적이 된 토지 또는 건물과 거기에 설치된 기계, 기구 등은 이를 분할하여 경매할 수 없으므로, 그 부동산에 신청근저당권자 이외의 근저당권자의 공장저당이 있을 때에는 경매법원으로서는 그 근저당권자의 공장저당의 목적이 된 기계, 기구 등도 함께 일괄경매하여야 한다(같은 취지: 대법원 1992. 8. 29.자 92마576 결정).

≪판례≫ 소유자가 다른 수개 공장저당물의 일괄매각[대법원 1985. 3. 14.자 84마718 결정]

공장에 속하는 토지, 건물 및 이에 첨가하여 비치된 기계, 기구등 공장의 가동, 운영에 제공되는 물건들은 모두 일체가 되어야만 비로소 기업시설로서의 특수한 가치들을 발휘하게 되고 공장저당은 위와 같은 특수한 가치를 파악하여 담보화하려는 데 그 목적이 있다 할 것이므로 일단 공장저당의 목적이 된 이상 경매에 있어서도 일괄경매가 됨으로써 일체를 이루고 있는 그 특수한 가치를 보유하게 될 것이고 또 이것이 사회적·경제적으로도 유익하다 할 것이어서 비록 목적물의 일부가 각기 그 소유자를 달리한다고 하더라도 공장저장의 목적물은 분할경매를 할 수 없다.

≪판례≫ 공장공용물의 판단기준[대법원 1993. 4. 6.자 93마116 결정]

[1] 공장저당법 및 민법의 각 규정을 종합하여 보면 공장의 토지 또는 건물에 설치된 기계, 기구 기타의 공용물은 공장저당법 제7조 소정의 기계, 기구목록에 기재되어야만 공장저당의 효력이 미친다.
[2] 공장저당에 의한 경매에서 최저경매가격을 결정한 감정평가서상의 평가대상인 기계, 기구 등이 경매물건명세서상의 기재와 동일한지 여부 및 저당권의 효력이 미치는지 여부에 의심이 있으므로 그 감정평가서의 감정금액에 의하여 한 경락허가결정에는 중대한 하자가 있다고 한 사례.

≪판례≫ 공장공용물을 기재누락[대법원 2000. 4. 14.자 99마2273 결정]

공장저당법 제4조, 제5조는 공장에 속하는 토지 또는 건물에 설정한 저당권의 효력은 그 토지 또는 건물에 설치된 기계·기구 기타의 공장공용물에 미치고, 같은 법 제10조 제1항은 공장저당권의 목적인 토지 또는 건물에 대한 압류의 효력이 공장공용물에 미친다고 하여 집행의 불가분성을 규정하고 있으므로, 법원의 경매절차에서 공장저당권의 목적인 토지 또는 건물에 대한 경매개시결정이 내려져 위 토지 또는 건물이 압류된 경우에는 특별한 사정이 없는 한 공장저당권의 목적인 토지 또는 건물과 함께 그 공장공용물도 법률상 당연히 일괄경매 되어 경락허가결정도 일괄하여 이루어지는 것이고, 경매법원이 경매개시결정에서 공장공용물을 경매목적물로 명시하지 아니하거나 경매목적물의 감정평가와 물건명세서에서 이를 누락하였다고 하여도 이를 달리 볼 것은 아니라 할 것이며, 경매법원이 경락허가결정에서 그 목적물을 표시함에 있어 공장공용물을 누락하였다고 하더라도 특별한 사정이 없는 한 이는 오기 기타 이에 유사한 오류가 있음에 불과한 것으로서 경매법원은 이를 보충하는 경정결정을 할 수 있다(같은 취지: 대법원 1965. 12. 29.자 65마950 결정, 대법원 1969. 12. 9.자 69마920 결정).

≪판례≫ 공장공용물과 공장부동산의 예외적 분리매각[대법원 1966. 7. 27.자 66마714 결정]

[1] 공장의 토지와 건물 및 본법 제7조에 의한 목록기재의 물건들에 대하여 경매개시결정을 하였다가 그 목록기재 물건들의 소재를 알 수 없어 추급권의 행사 없이 당초 경매개시결정을 경정하지 아니하고 위 공장의 토지와 건물에 대하여서만 경매절차를 진행하여 이를 경락허가결정하였음은 적법하다.

[2] 본조에 규정한 저당권의 추급권은 저당권자의 권리로서 이를 규정하였을 뿐 저당권자나 경매법원에 대하여 그 추급력의 행사를 그들의 의무로서 규정한 것은 아니다.

여러 필지의 토지가 공장부지로 공동으로 이용되고 있다고 하더라도 공장재단을 구성하는 것이 아닌 한 반드시 일괄매각을 하여야 하는 것은 아니다. 또한 공장재단에 포함되는 것으로 공장저당목록에 기재된 것이라도 당해 공장저당권의 설정 이전에 제3자에게 점유개정의 방법으로 양도담보로 제공된 기계류 등의 유체동산은 채무자 소유에 속한다고 할 수 없으므로 일괄매각의 대상이 될 수 없다.

㈑ **토지저당권자의 일괄매각청구권** 토지를 목적으로 한 저당권을 설정한 후에 건물이 지어진 경우 토지와 건물에 대한 일괄매각신청이 있으면(민법 제365조) 별도의 일괄매각을 결정함이 없이 당연히 일괄매각한다. 만일 저당권자가 토지만에 대하여 경매를 신청한 경우에는 토지만에 대하여 경매절차를 진행한다.

≪판례≫ 민법 제365조와 일괄경매추가신청[대법원 2001. 6. 13.자 2001마1632 결정]

[1] 민법 제365조에 기한 일괄경매청구권은 토지의 저당권자가 토지에 대하여 경매를 신청한 후에도 그 토지상의 건물에 대하여 토지에 관한 경매기일 공고시까지는 일괄경매의 추가신청을 할 수 있고, 이 경우에 집행법원은 두 개의 경매사건을 병합하여 일괄경매절차를 진행함이 상당하다.

[2] 민법 제365조에 기하여 건물에 대한 일괄경매를 추가 신청하는 경우에, 그 신청서에는 민사소송규칙 제204조에 정해진 기재사항과 아울러 민법 제365조의 일괄경매의 요건사실 이외에 이미 선행하여 토지에 대하여 부동산경매사건이 계속되어 있다는 취지와 그 토지의 경매신청에 추가하여 지상건물에 대하여 일괄경매를 신청하는 취지를 기재하여 소정의 인지를 붙여야 하며, 반드시 담보권의 등기가 되어 있는 토지등기부등본을 첨부하여 법원에 제출하여야 한다.

한편 민법 제365조가 적용되기 위하여는 저당권설정 당시에 지상건물이 존재하지 아니할 것과 저당권실행시에 지상물이 토지소유자의 소유이어야 한다고 하는 것이 대체적인 견해이다. 저당권설정 당시에 지상건물이 존재한 경우라도 저당권설정 후에 지상건물이 멸실된 이후에 새로이 건물이 축조된 것이라면 민법 제365조의 적용이 인정된다. 이와 관련하여 민법 제365조는 저당권자의 이익보호는 물론 법정지상권제도와의 상관성이라는 사회경제적 이익보호를 위한 규정이라는 점에서 동조의 적용범위를 확대하자는 주장이 유력하다.

≪판례≫ 지상건물의 소유권변동[대법원 2003. 4. 11. 선고 2003다3850 판결]
민법 제365조가 토지를 목적으로 한 저당권을 설정한 후 그 저당권설정자가 그 토지에 건물을 축조한 때에는 저당권자가 토지와 건물을 일괄하여 경매를 청구할 수 있도록 규정한 취지는, 저당권은 담보물의 교환가치의 취득을 목적으로 할 뿐 담보물의 이용을 제한하지 아니하여 저당권설정자로서는 저당권설정 후에도 그 지상에 건물을 신축할 수 있는데, 후에 그 저당권의 실행으로 토지가 제3자에게 경락될 경우에 건물을 철거하여야 한다면 사회경제적으로 현저한 불이익이 생기게 되어 이를 방지할 필요가 있으므로 이러한 이해관계를 조절하고, 저당권자에게도 저당토지상의 건물의 존재로 인하여 생기게 되는 경매의 어려움을 해소하여 저당권의 실행을 쉽게 할 수 있도록 한 데에 있다는 점에 비추어 볼 때, 저당지상의 건물에 대한 일괄경매청구권은 저당권설정자가 건물을 축조한 경우뿐만 아니라 저당권설정자로부터 저당토지에 대한 용익권을 설정받은 자가 그 토지에 건물을 축조한 경우라도 그 후 저당권설정자가 그 건물의 소유권을 취득한 경우에는 저당권자는 토지와 함께 그 건물에 대하여 경매를 청구할 수 있다.

(마) **당사자의 동일성** 소유자가 다르거나 압류채권자가 다르더라도 채무자가 동일하면 일괄매각이 가능하다. 예를 들어 동일한 채무자의 담보에 제공된 수인의 물상보증인의 각각의 재산을 일괄매각하는 것도 가능하다. 또한 동일한 채무자의 수개의 재산에 대하여 수인의 채권자에 의하여 진행되는 수개의 집행절차를 병합하여 일괄매각하는 것도 가능하다. 이를 위하여 뒤에서 보는 바와 같이 전속관할의 관련재판적과 사건의 병합을 인정하고 있다. 아래의 판례는 구법하의 것으로 더 이상 유지될 수 없는 것이다.

≪판례≫ 수인의 물상보증인 소유물들에 대한 일괄매각[대법원 1962. 2. 8. 61마626]
경매목적 부동산이 수 개 있는 경우에 이를 분할경매로 하는가 일괄경매로 하는가는 원칙으로 법원이 자유로 결정할 수 있으나 임의경매에 있어서 담보제공자가 2명 이상 있을 때에는 일괄경매는 허용되지 않는다.

(3) **결정절차** 일괄매각결정 여부는 필요적 일괄매각의 경우를 제외하고

는 집행법원의 자유재량으로 정한다. 이해관계인의 합의에 법원은 구속되지 않는다. 일괄매각결정절차는 다음과 같은 특징이 있다.

(가) **전속관할의 관련재판적** 집행법상의 관할은 전속관할이므로 원칙적으로 관련재판적이 인정되지 않는다. 그러나 민사집행법은 제100조에서 이에 대한 예외를 두어 관련 재판적을 인정함으로서 일괄매각을 용이하게 하고 있다. 그러므로 관할경계를 걸쳐서 있는 수개의 토지에 대한 일괄매각이 허용될 수 있는 것이다. 관련재판적의 특례는 등기된 선박에는 인정되지 아니한다.

(나) **사건의 병합** 일괄매각은 다른 법원이나 집행관이 관할하는 경매신청에 대해서도 인정된다(제99조). 수인이 압류채권자가 있는 수개의 사건 또는 같은 압류채권자에 의한 수개의 사건 사이에 병합을 인정한 것이다. 다시 말해 일괄매각은 같은 압류채무자에 의한 하나의 사건 내에서만 가능한 것으로 한정되지 아니한다. 다른 법원이나 집행관에 계속된 경매사건의 목적물에 관해 필요한 경우 그 다른 법원 또는 집행관은 그 목적물에 관한 경매사건을 일괄매각결정을 한 법원에 이송하고, 이송받은 법원은 사건을 병합하여 매각절차를 진행한다. 민법 제365조의 적용과 관련하여 저당권자가 지상건물이 있음을 간과하는 등으로 토지에 대하여만 집행을 신청한 경우에는 토지에 대한 집행신청을 취하한 후에 토지와 건물에 대한 일괄경매를 신청하는 것도 가능하다. 그러나 이러한 우회적인 절차를 거칠 필요가 없이 토지에 대한 집행신청을 그대로 두고 건물에 대한 일괄경매의 추가신청이 있으면 두 사건을 병합하여 절차를 진행한다.

(다) **최저매각가격결정** 일괄매각의 경우에는 전체 부동산의 최저매각가격을 정하면 족하다. 그러나 각 부동산별로 우선변제의 범위가 다르거나 집행비용을 따로 정할 필요가 있는 경우에는 각 부동산마다 개별적인 최저매각가격도 결정하여야 한다(제101조 2항).

≪판례≫ 일괄매각과 최저매각가격의 개별결정[대법원 1999. 7. 27. 선고 98다35020 판결]

어느 부동산에 대하여 저당권의 효력이 미친다는 것은 그 부동산이 저당권 실행의 대상이 된다는 것과 그 부동산의 처분대가가 피담보채권의 우선변제에 충당되고 그 결과 경락인은 그 부동산에 대한 소유권을 취득하게 된다는 것을 의미하므로, 서로 다른 별개의 부동산에 대한 낙찰대금의 배당 순서를 달리하여야 한다면, 각 부동산에 대한 낙찰대금을 별도로 특정할 필요가 있다고 할 것이고, 민사소송법 제655조 제 2 항은 "부동산 일괄경매의 경우에 각 부동산의 대금액을 특정할 필요가 있는 때에는 그 각 대금액은 총 대금액을 각 부동산의 최저경매가격 비율에 의하여 안분한 금액으로 한다."라고 규정하고 있으므로, 일괄경매의 각 부동산별로 그 최저경매가격을 정하여 경매절차를 진행하여야 한다.

≪판례≫ 일괄매각과 최저매각가격의 개별결정[대법원 2003. 9. 5. 선고 2001다66291 판결]

대지와 건물을 일괄경매하더라도 배당절차는 기본적으로 개별경매의 경우와 다르지 않으므로, 대지와 건물을 개별경매하는 경우와 마찬가지로 대지에 대한 권리자는 대지매각대금에서, 건물에 대한 권리자는 건물매각대금에서 각 배당을 받아야 하고, 따라서 대지와 건물을 일괄매각하는 경우 각 재산의 매각대금에서 배당받을 채권자 및 채권이 다른 때에는 각 부동산의 매각대금마다 구분하여 이른바 개별배당재단을 형성한 후 각 대금마다 따로 배당표를 작성하여야 하며, 이 경우 배당표에 대한 이의는 각 물건마다 작성된 배당표를 대상으로 따로 처리되어야 하는 것이고, 설령 대지와 건물에 대한 배당표가 하나로 작성되었다고 하더라도 이는 대지매각대금에 대한 배당표와 건물매각대금에 대한 배당표의 각 채권자의 배당액이 합산되어 하나로 작성된 것에 불과하므로, 대지 매각대금이 모두 대지에 대한 권리자들에게 배당되었는데, 다만 그들 사이의 배당순위만 문제되는 경우 대지에 대한 선순위 채권자로서 배당을 받지 못한 자는 대지에 대한 후순위 채권자로서 선순위 채권자에 우선하여 배당받은 채권자를 상대로 배당이의를 할 수 있는 것이고, 후순위권자가 건물매각대금으로부터 배당을 받을 수 있어서 결과적으로 후순위 채권자의 배당액에 변경이 없을 것이라고 하여 달리 볼 것이 아니다.

(라) 목적물의 압류와 매각 부동산과 부동산 외의 물건을 일괄매각하는 경우 매각절차는 부동산매각절차에 따라 실시한다. 부동산매각절차가 다른 집행절차보다 더 까다로운 절차이기 때문이다. 그러나 압류절차는 각 물건의 종류에 따른 고유한 절차를 거쳐야 한다.

(마) 결정시기 및 공고 일괄매각결정은 역시 원칙적으로 매각기일의 공고내용(제106조)에 포함되는 것으로 매각기일로부터 2주 전까지 공고하여야 한다(규칙 제56조 1호). 그러면서도 민사집행법은 일괄매각결정은 매각기일 이전까지 할 수 있도록 하고 있는데(제98조 3항), 결국 매각기일 공고 이후에 일괄매각결정이 있는 경우에는 다시 매각기일의 공고를 할 것이 아니라 집행관이 매각기일에 매수신고최고에 앞서 그 취지를 고지하는 것으로 족하다.

(바) 과잉매각금지와 일괄매각 수 개의 부동산을 매각함에 있어 어느 하나의 부동산에 대한 매각대금만으로 채권만족과 집행비용충당에 충분한 경우에는 부동산의 매각을 불허가하여야 한다(제124조 1항 본문). 그러나 일괄매각에 있어서 필요적 일괄매각 또는 채무자의 동의가 있는 경우에는 과잉매각금지의 적용이 제한된다(제124조 1항 단서).

(사) 매각허가 등 일괄매각에 있어서 매수인이 그 중 어느 하나의 물건에

대한 매각조건을 충족시키지 못한 경우에는 전체물건에 대한 매각조건을 갖추지 못한 것으로 취급된다. 예를 들어 일괄매각 물건 중 어느 하나의 물건에 농지취득자격증명 등 매수자격제한을 갖추지 못한 경우에는 전체물건에 대한 매각을 불허하여야 한다.

한편 일괄매각 되는 물건 중 일부 물건만이 부동산의 공유지분인 경우에는 공유자 우선매수제도의 적용이 없음은 앞서 설명한 바와 같다.

(아) 불 복

이해관계인은 일괄매각결정에 대하여 즉시항고로 다툴 수 있다.

사례 32 〈해설〉 일괄매각결정에 대한 다툼

공장재단은 물론 공장재단을 구성하지 아니하는 부동산도 공장저당의 목적이 될 수 있다. 따라서 공장재단은 반드시 일괄매각하여야 하는 것과 달리 공장저당의 목적물 중 공장재단을 구성하지 아니하는 부동산을 일괄매각할 것인지 여부는 목적물 상호간의 이용관계상 견련성을 따져 결정하면 그만이다. 그런데 사례를 살펴보면 공장재단과 공장주변의 농지 상호간에는 이용관계상 견련성이 있다고 보기 어렵다. 더욱이 농지와 비농지를 일괄매각하게 되면 농지취득자격증명을 제출할 수 있는 사람만이 매수인이 될 수 있어 비농지가 상대적으로 헐값에 팔리는 결과를 가져오게 된다. 그러므로 농지와 비농지 사이에 이용관계상 견련성은 통상의 경우보다 더 높은 수준이어야 한다고 본다. 그런데 사례에서는 그와 같은 사정을 전혀 찾을 수 없으므로 공장재단과 공장 주변농지를 일괄매각한 것은 위법하다. 이러한 위법한 일괄매각결정에 대하여는 즉시항고로 다툴 수 있다.

5. 보증제공 등

매수신청인은 매수신청을 할 때 최저매각가격의 10분의 1을 제공하여야 한다. 다만 법원은 특별매각조건으로 상당하다고 인정하는 때에는 이와 달리 보증금액을 정할 수 있다(제113조, 규칙 제63조). 구법상으로는 보증액을 매수신청가격의 10분의 1로 하여 매수신청인 마다 보증액이 달라 매수신청가격이 알려질 염려가 있었다. 보증의 제공은 매각방법에 따라 약간 다른데 기일입찰과 호가경매에서는 현금·자기앞수표·지급보증위탁문서 중 어느 하나로 할 수 있고, 기간입찰에서는 지급보증위탁문서 또는 법원의 예금계좌에 보증금을 입금하고 발행받은 입금보증서 중 어느 하나를 제출하는 방법에 의한다. 매수신청인은 매수신청을 취소·변경·교환할 수 없다(규칙 제64조).

6. 담보책임

경매도 본질적으로는 사법상 매매에 해당하므로 담보책임이 인정된다. 다만 민법 제580조에 따라 물건의 흠으로 인한 담보책임(하자담보책임)은 문제되지 않으며 권리의 흠으로 인한 담보책임만 인정된다. 담보책임의 내용에 관한 상세한 설명은 매수인의 지위에 관한 논의로 미룬다.

7. 매수인의 자격제한

사 례 33 **농지와 현황주의**

갑은 은행에 근무하던 중 귀농을 결심하고 명예퇴직을 신청하여 퇴직금과 명퇴위로금으로 귀농자금을 마련하였다. 고향에 내려온 갑은 부모님으로부터 단독으로 상속받은 논 옆에 야산을 개간하여 밭으로 이용하였다. 그러던 보증을 서 준 친구가 부도를 내는 바람에 밭이 경매에 붙여지게 되었다. 그런데 집행법원은 갑의 밭이 지목이 임야로 되어있는 탓에 농지취득자격증명을 제출할 것을 매각조건으로 삼지 아니하였던 바, 인근 도시에 사는 을이 묘지로 활용할 목적으로 낙찰을 받고 매각대금을 납입하였다. 그 후 을은 갑에게 밭에 심은 농작물 수확이 끝나면 다음 해부터는 경작을 해서는 안 된다고 주장하고 있다. 을의 주장은 타당한가?

가. 의 의

고가매각을 위해 매수인의 자격에는 제한을 두지 않는 것이 바람직하다. 그러나 강제집행절차의 성질상 또는 목적물의 성질상 매수인의 자격에 일정한 제한이 가해지기도 한다. 매수인의 자격제한이 있는 경우 매각기일의 공고에 그에 관한 사항을 밝혀야하고 최고가매수인에게 자격제한에 위반한 점이 있는 경우 매각을 불허가한다. 이하에서는 민사집행법의 논의 영역을 넘어 다소 상세하게 살펴보기로 한다.

나. 유 형

(1) **채무자·집행관·감정인·재매각절차상 전매수인** 채무자 · 집행관 · 감정인 · 재매각절차상 전매수인은 매수인이 될 수 없음은 해당부분의 설명을 참조하기 바란다. 종전 판례에 따르면 채무자 아닌 물상보증인은 매수인이 될 수 있다고 본다(반대견해 있음).

≪판례≫ 물상보증인의 매수자격[대법원 1978. 2. 28. 선고 77다2314 판결]

임의경매에 있어서 저당권의 목적물인 부동산의 소유자가 아닌 채무자는 그 채무를 담보하기 위하여 설정된 저당권 실현을 위한 경매에 있어서 원매자가 되고 경락인이 될 수 있다.

(2) 농지법 제 8 조

(가) **농 지** 농지법 제 2 조는 현황주의에 입각하여 전·답 또는 과수원 기타 그 법적 지목 여하에 불구하고 실제의 토지현황이 농작물의 경작 또는 다년성식물재배지로 이용되는 토지 등을 농지로 정의하고 있다. 농지의 개념에 관하여 현황주의에 의하는 탓으로 농지의 해당여부가 불분명한 경우가 많다. 지적법 제 5 조는 지목을 전·답·과수원·목장용지·임야·광천지·염전·대·공장용지·학교용지·주차장·주유소용지·창고용지·도로·철도용지·제방·하천·구거·유지·양어장·수도용지·공원·체육용지·유원지·종교용지·사적지·묘지·잡종지로 28가지로 나누고 있다. 실무의 입장은 1차적으로 지목이 전·답·과수원에 해당하는 경우에는 농지로 파악하되 일시적으로 농지 이외의 용도로 이용되고 있는 경우라도 장차 농지로서 원상회복이 불가능할 정도에 이르지 아니하는 한 농지에 해당하는 것으로 본다. 농지전용허가가 있다는 사정만으로 농지가 아니라고 할 것은 아니다.

≪판례≫ **현황주의와 농지전용허가**[대법원 1997. 12. 23. 선고 97다42991 판결]

[1] 어떤 토지가 농지법 소정의 농지인지의 여부는 공부상의 지목 여하에 불구하고 당해 토지의 사실상의 현상에 따라 가려져야 할 것이고, 공부상 지목이 답인 토지의 경우 그 농지로서의 현상이 변경되었다고 하더라도 그 변경 상태가 일시적인 것에 불과하고 농지로서의 원상회복이 용이하게 이루어질 수 있다면 그 토지는 여전히 농지법에서 말하는 농지에 해당한다.

[2] 지목이 답으로 되어 있는 토지에 대하여 제 3 자 명의로 주택 부지로의 농지전용허가가 되었다는 점만으로는 이미 농지로서의 성질을 상실하고 사실상 대지화되었다고 보기 어렵고, 여름철에 야영장 등으로 이용되면서 사실상 잡종지로 활용될 뿐 농작물의 경작에 이용되지 않고 있다고 하여도, 그 토지에 별다른 견고한 구조물이 축조되어 있지 아니하고 터파기작업 등이 이루어져 현상이 크게 변동된 것도 아니어서 그 원상회복이 비교적 용이해 보이는 점 등에 비추어 그 현상 변경이 일시적인 것에 불과하다면 그 토지는 농지법상의 농지로서 그 취득에 소재지 관서의 농지취득자격증명이 필요하다고 본 사례(같은 취지: 대법원 1999. 2. 23.자 98마2604 결정, 대법원 2007. 6. 29.자 2007마258 결정).

(나) **농지취득자격증명** 농지의 취득을 위하여는 원칙적으로 농지의 소재지를 관할하는 시장·구청장·읍장 또는 면장으로부터 농지취득자격증명을 발급

받아야 한다. 확정판결에 기초하여 소유권이전등기를 신청하는 경우에도 마찬가지이다. 국토의 이용 및 계획에 관한 법률상 주거지역·상업지역·공업지역·농지로 이용되지 아니하는 녹지지역인 경우에는 그러하지 아니하다. 법인의 경우에는 농업·농촌기본법이 정하는 영농조합법인과 농업회사법인만이 농지를 취득할 수 있다. 한편 농지취득자격증명과 유사한 제도로는 2000㎡ 이상의 임야거래에 요구되는 임야매매증명제도가 있었으나 민사집행절차에 따라 매각하는 경우에는 임야매매증명제도가 적용되지 아니하였다. 현재 산림법은 1997. 4. 10(법률 제5323호) 일부개정으로 임야매매증명제도 자체를 폐지하였다.

(다) **특별매각조건** 집행절차에 있어서는 경매개시결정을 발령함과 동시에 지목에 비추어 농지로 인정될 가능성이 있는 경우에는 관할관청에 사실조회를 실시하여 농지의 해당여부를 판단한다. 그러나 집행법원은 관할관청의 사실조회에 반드시 구속되는 것은 아니며 집행관의 현황조사서와 감정인의 감정서를 참고하여 농지 인정여부를 판단할 수 있다. 집행법원이 특별매각조건으로 농지취득자격을 요구함에 따라 최고가매수인이 관할관청에 농지취득자격증명발급을 신청하였으나 관할관청이 당해 토지가 농지에 해당하지 아니한다는 이유로 신청을 반려하는 경우가 종종 있는데 이러한 경우에는 농지취득자격증명의 제출이 없더라도 매각을 허가하여야 한다.

≪판례≫ 비농지에 대한 농지취득자격증명 제출요구[대법원 1999. 2. 23.자 98마2604 결정]

지적공부상 토지의 지목이 답으로 되어 있기는 하나 그 토지에 대한 낙찰허가결정 훨씬 전에 인근 토지보다 약 1~2m나 성토되어 그 지상에 콘테이너박스와 창고가 설치되는 등 이미 타용도로 전용되어 상당 기간 동안 건축자재 하치장으로 사용되어 왔기 때문에 농지로서의 기능을 완전히 상실하였고, 또한 낙찰인이 낙찰허가결정 이전에 농지취득자격증명의 발급을 신청하였음에도 해당 관서에서 농지로 볼 수 없다는 이유로 신청 자체가 반려된 점이나 낙찰인이 낙찰을 받은 직후에 적법한 절차를 거쳐 현황대로 농지전용허가가 이루어짐으로써 향후 원상회복명령이 발하여질 가능성이 소멸된 점을 고려하여 볼 때, 낙찰허가결정 당시 그 토지는 이미 농지법 제2조 소정의 농지에 해당한다고 볼 수 없으므로, 낙찰인이 임의경매절차에서 최고가입찰자로서 그 토지를 낙찰받음에 있어서 농지법 제8조 소정의 농지취득자격증명을 발급받을 필요는 없다고 한 사례(같은 취지: 대법원 1987. 1. 15.자 86마1095 결정).

지목이 전·답이 아닌 경우라도 농지로 이용되고 있으면 농지취득자격증명이 필요할 것이지만 이를 농지로 인정하여 농지취득자격증명을 요구하는 경우는 극히 드물다. 만일 농지로 인정됨에도 집행법원이 이를 간과하여 농지취득자격증명제출을 특별매각조건으로 삼지 아니하고 매각하여 매수인명의로 소유권이전등기가 이루어진 경우라도 매수인은 소유권을 취득할 수 없다.

사례 33 〈해설〉 농지와 현황주의

집행목적물이 농지인 경우 집행기관은 반드시 농지취득자격증명을 제출할 것을 특별매각조건으로 삼아야 한다. 농지에 해당하는가 여부는 지목을 묻지 아니하고 실제의 토지현황이 농작물의 경작 또는 다년생식물 재배지로 이용되는가를 따져서 정한다. 따라서 갑이 이용하는 밭이 지목이 임야라고 하더라도 농지로 보아 농지취득자격증명제출을 특별매각조건으로 삼아야 한다. 만일 집행대상이 농지임을 간과하고 위와 같은 특별매각조건 없이 매각이 이루진 경우에는 매수인이 매각대금을 모두 납부하더라도 소유권을 취득할 수 없다. 따라서 사례에서 을은 밭에 관하여 소유권을 취득할 수 없고, 을의 갑에 대한 주장은 전혀 근거가 없는 것이다. 한편 현황이 농지임에도 농지가 아닌 것으로 취급되는 막기 위하여 집행절차상 집행관을 통하여 현황을 조사케 하고 행정기관에 사실조회를 하는 과정을 거치게 되므로 사례에 있어서와 같은 상황은 실제에 있어서 매우 드물다.

(3) **공익적 법인의 재산에 대한 처분제한**　일정한 공익적 목적에 바쳐진 재산에 대한 처분에 대하여는 관할관청의 인·허가를 필요로 하는 경우가 많다. 사립학교 재산에 대한 처분제한 가장 전형적인 예이다. 이러한 규율은 집행절차를 통하여 당해 재산이 처분되는 경우에도 그대로 유지된다. 이를 상세히 살펴보면 다음과 같다.

(가) **사립학교법 제28조**

1) 학　교　사립학교를 운영하는 주체는 학교법인과 사립학교경영자가 있다(사립학교법 제 2 조). 사립학교경영자라 함은 법인 이외의 학교를 운영하는 주체를 말한다. 학교법인의 이사장 등 대표자는 학교법인의 기관일 뿐 사립학교경영자로 되는 것이 아니다.

2) 학교재산의 처분제한

가) 재산의 구성　학교재산은 기본재산과 보통재산이 있고 기본재산은 다시 교육용 기본재산과 수익용 기본재산으로 나누어진다. 부동산은 항상 기본재산으로 취급된다(사립학교법 시행령 제 5 조).

≪판례≫ 교장이 학교법인을 대리하여 한 예금[대법원 1987. 3. 24. 선고 86다카2389 판결]

학교법인이 유지 경영하는 중학교의 교장이 학교법인을 대리하여 한 예금은 사립학교법

제28조 및 같은 법 시행령 제12조에 규정하는 기본재산에 해당하지 아니한다.

≪판례≫ 부동산에 대한 기본재산간주[대법원 1994. 12. 22. 선고 94다12005 판결]

사립학교법시행령 제5조 제1항 제1호의 규정에 의하면 학교법인의 소유인 부동산은 당연히 학교법인의 기본재산이 된다고 볼 것이고, 그 부동산이 학교법인의 정관상 기본재산으로 기재되어 있지 않고 그 부동산을 기본재산으로 편입시키기로 하는 이사회의 결의가 없었거나 그 부동산의 취득에 관한 주무관청의 인가가 없었다고 하여 기본재산이 아니라고 볼 수는 없다.

위와 같은 학교재산의 처분제한은 명의신탁해지를 원인으로 한 소유권이전에는 적용되지 아니하며 수익용 기본재산에 대한 처분제한은 학교법인이 운영주체인 경우에 한한다.

≪판례≫ 명의신탁해지와 학교재산 처분제한[대법원 1999. 3. 12. 선고 98다12669 판결]

사립학교법 제28조 제1항에서 학교법인이 그 기본재산에 대한 처분행위를 하고자 할 때에는 관할청의 허가를 받아야 한다고 규정한 것은 사립학교의 설치·경영을 위하여 설립된 학교법인이 그 기본재산을 부당하게 감소시키는 것을 방지함으로써 사립학교의 건전한 발달을 도모하고자 하는 데 그 목적이 있으므로, 실질적인 소유자에게 그 명의를 돌려주는 것에 지나지 아니하여 학교법인의 실질적인 기본재산에는 아무런 영향이 없는 명의신탁해지의 경우에는 그 대상이 형식상으로는 명의수탁자인 학교법인의 기본재산이라고 할지라도, 교육에 직접 사용하는 교사 및 학교용지 등의 매도 또는 담보제공을 금지하는 같은 조 제2항 및 사립학교법시행령 제12조 제1항의 적용이 없다.

처분제한의 내용을 상세히 살펴보면 다음과 같다. 처분제한에 위배되는 등기신청에 대하여는 이를 각하하여야 한다.

나) 교육용 기본재산　　교육용 기본재산은 거래의 대상이 될 수 없다(사립학교법 제28조 2항, 제51조). 민사집행절차를 통한 매각도 허용되지 아니하며 이른바 압류금지물에 해당한다.

≪판례≫ 학교재산 처분제한의 집행절차 적용여부[대법원 1972. 4. 14.자 72마330 결정]

본 조 제2항, 본법시행령 제12조에서 규정하고 있는 사립학교의 교육에 직접 사용하는 교지, 교사 등 재산의 매도금지는 비단 그것이 매매계약의 목적물이 될 수 없다는 데에 그치는 것이 아니고 매매로 인한 소유권이전 가능성을 전부 배제하자는 것으로서 강제경매절차에 의한 매도금지도 포함한다.

≪판례≫ 비상시적인 교육용 이용[대법원 2000. 6. 23. 선고 2000다12761,12778 판결]

[1] 사립학교법 제51조, 제28조 제2항은 사립학교의 존립 및 목적수행에 필수적인 교육

시설을 보전함으로써 사립학교의 건전한 발달을 도모하는 데 그 목적이 있으므로 강행규정인 위 규정을 위반하였을 경우에 위반한 자 스스로가 무효를 주장하는 것이 신의칙에 위배되는 권리의 행사라는 이유로 이를 배척한다면 위와 같은 입법취지를 완전히 몰각시키는 결과가 되므로 특별한 사정이 없는 한 그러한 주장이 신의칙에 위반된다고 볼 수 없으며, 위 사립학교법 규정들이 헌법에 위배된다고 볼 수도 없다(같은 취지: 대법원 1997. 3. 14. 선고 96다55693 판결, 대법원 2000. 6. 9. 선고 99다70860 판결).

[2] 집합건축물대장상 용도가 준공시부터 유치원으로 되어 있고 전체건물의 등기부의 건물표시란에도 유치원 및 근린생활시설로 되어 있으며 관할 교육청에서는 유치원의 강당시설로 파악하고 있는 지층을 유치원 경영자가 유치원강당으로 사용할 것을 전제로 교육에 매일 사용되는 시설은 아니므로 현실적으로 유치원에서 사용하지 않는 시간에 타 용도에 전용하는 경우, 이를 사립학교법시행령 제12조 제1항 소정의 학교 교육에 직접 사용되는 재산이 아니라고 단정할 수 없다고 한 사례.

≪판례≫ **사립학교 경영자명의의 부동산**[대법원 2000. 6. 9. 선고 99다70860 판결]

사립학교법 제28조 제2항, 같은 법 시행령 제12조는 학교교육에 직접 사용되는 학교법인의 재산 중 교지, 교사 등은 이를 매도하거나 담보에 제공할 수 없다고 규정하고 있고, 같은 법 제51조는 사립학교 경영자에게도 학교법인에 관한 같은 법 제28조 제2항을 준용한다고 규정하고 있으므로, 사립학교 경영자가 사립학교의 교지, 교사로 사용하기 위하여 출연·편입시킨 토지나 건물이 등기부상 학교경영자 개인 명의로 있는 경우에도 그 토지나 건물에 관하여 경료된 담보 목적의 가등기나 근저당권설정등기는 같은 법 제51조에 의하여 준용되는 같은 법 제28조 제2항, 같은 법 시행령 제12조에 위배되어 무효이다(같은 취지: 대법원 1983. 11. 16. 83마138 결정, 대법원 1974. 8. 30. 선고 74다403 판결).

그러나 교육용 기본재산이라도 학교 이전 등을 전제로 하는 경우에는 이러한 처분제한이 따르지 아니한다. 한편 교육용 기본재산이라도 교육용 기본재산으로 편입되기 이전에 담보권이 설정되어 있었던 경우에는 당해 담보권에 기한 경매절차는 허용된다.

≪판례≫ **기본재산편입 전 설정된 담보권**[대법원 2004. 7. 5.자 2004마97 결정]

사립학교법상의 사립학교에 해당하는 유치원 설립자 겸 경영자 소유의 재산으로서, 유치원교육에 직접 사용되는 교지 등 사립학교법시행령 제12조 소정의 재산의 경우에는 관할관청의 처분허가 유무에 관계없이 처분할 수 없는 것이지만, 위에 해당하는 재산이라고 하더라도 유치원 설립자가 유치원 설립허가를 얻기 전에 담보권을 설정한 경우에는 담보권 성립 당시 담보제공자가 사립학교의 경영자라고 볼 수 없으므로 학교재산은 적법하게 설정된 피담보채무를 부담한 것이라 할 것이고, 적법하게 담보권이 성립한 이상 그 후에 담보제공자가 유치원 설립자의 지위를 얻었고, 그 재산이 유치원교육에 직접 사용하게 되었다고 하여 담보권자가 그 담보권을 실행하는 것이 금지된다거나 새삼스럽게 감독청의 처분허가를 필요로 한다고 볼 것은 아니다.

≪판례≫ **교육목적사용종료를 조건으로 하는 거래**[대법원 1997. 5. 28. 선고 97다10857 판결]
매매 당사자들이 유치원 부지에 대하여 유치원을 다른 곳으로 이전하거나 폐원함으로써 매매 목적 토지상에 유치원이 존재하지 않을 것을 조건으로 하여 매매계약을 체결한 경우, 당해 유치원의 이전이나 폐원이 불가능하지 않다면 사립학교법 제28조 제 2 항의 규정에 불구하고 그 매매계약은 효력이 있다(같은 취지: 대법원 2002. 9. 27. 선고 2002다29152 판결).

다) 수익용 기본재산 수익용 기본재산은 이를 매도·증여·교환 또는 용도변경하거나 담보에 제공하고자 할 때 또는 의무의 부담이나 권리의 포기를 하고자 할 때에는 관할청의 허가를 받아야 함을 규정하고 있다. 수익용재산은 압류금지물이 아니다. 즉 압류금지물은 아니라 할 것이어서 압류자체에는 아무런 제한이 따르지 아니하며 위와 같은 처분제한은 매각절차에서 매각조건으로 부가될 뿐인 것이다. 위와 같이 압류 자체는 자유롭게 허용되면서 처분만이 제한된다는 측면은 금전채권집행절차에서 더욱 뚜렷하게 그 성질이 드러난다.

≪판례≫ **사립학교예금채권에 대한 집행제한**[대법원 2002. 9. 30.자 2002마2209 결정]
사립학교법 제28조 제 1 항에서 정한 기본재산이 관할청의 허가 없이 양도된 경우 그것이 학교법인의 의사에 기한 것이든 강제집행절차에 의한 것이든 무효가 되는 점에, 비록 추심명령으로 인하여 곧바로 채권 자체가 추심채권자에게 이전하는 것은 아니지만 추심이 완료되면 추심채권자로부터 이를 반환받는 것이 불가능한 경우가 많아 사실상 채권의 양도와 다를 바 없는 결과를 초래하여 사립학교의 재정 충실을 기하려는 사립학교법의 취지가 몰각될 위험이 있는 점, 그리고 위 법조항에 따르면 관할청의 허가가 없는 한 채권자가 사립학교의 기본재산인 채권으로 최종적인 만족을 얻는 것은 금지될 수밖에 없는데, 추심명령을 금지하지 아니한다면 채권자로서는 추심금 소송을 제기하여 승소하고서도 관할청의 허가를 받지 못하여 그 동안의 소송절차를 무위로 돌려야만 하는 결과가 될 수 있어 사회 전체적으로 보아도 소송경제에 반하는 점 등을 아울러 살펴보면, 이러한 기본재산인 채권에 대하여 압류 및 추심명령의 신청이 있는 경우, 집행법원으로서는 그 처분을 금지하는 압류명령은 발할 수 있지만, 관할청의 허가가 없는 이상 현금화(환가)를 명하는 추심명령을 발할 수는 없다고 봄이 상당할 것이고, 압류명령이 발하여진 경우에도 피압류채권이 사립학교의 기본재산임이 밝혀지고 나아가 관할청의 허가를 받을 수 없는 사정이 확실하다고 인정되거나 관할청의 불허가가 있는 경우 그 채권은 사실상 압류적격을 상실하게 된다고 봄이 상당하다고 할 것이므로, 채무자는 그 결정에 대한 즉시항고를 하여 압류명령의 취소를 구하거나, 민사집행법 제246조 제 2 항에 따라 위와 같은 이유를 들어 압류명령의 전부 또는 일부의 취소를 신청할 수 있다.

≪판례≫ **수익용 기본재산에 대한 압류**[대법원 2003. 5. 16. 선고 2002두3669 판결]

사립학교법 제28조 제1항, 제2항, 사립학교법시행령 제12조 제1항에 의하면, 학교법인이 매도하거나 담보에 제공할 수 없는 교지, 교사 등을 제외한 기본재산에 대하여는, 학교법인이 이를 매도, 증여, 임대, 교환 또는 용도변경하거나 담보에 제공하고자 할 때 또는 의무의 부담이나 권리의 포기를 하고자 할 때에는 관할청의 허가를 받아야 한다고 제한하고 있을 뿐이므로, 관할청의 허가를 받을 수 없는 사정이 확실하다고 인정되는 등의 특별한 사정이 없는 한, 이러한 기본재산에 대한 압류는 허용된다.

라) 보통재산　　보통재산에 대하여는 거래의 제한이 없다. 아래 판례는 사립학교법 개정 전의 것으로 현재는 무의미하다.

≪판례≫ **보통재산에 대한 처분제한**[대법원 1977. 10. 11. 선고 77다1357 판결]

사립학교법 제28조의 규정을 자세히 검토해 보아도 학교법인이 의무를 부담하고자 할 때에는 감독청의 허가를 받아야 한다고 규정했을 뿐 그 의무부담 행위를 기본재산에 관한 것으로 제한하고 있다고는 보여지지 않으므로 원심의 위와 같은 해석은 잘못이라고 아니할 수 없다.

3) 매수인의 자격제한　　집행절차에서는 이러한 사립학교법 제28조 1항의 취지를 반영하여 집행의 대상이 학교법인의 수익용 기본재산인 경우에는 관할청의 허가를 받을 것을 특별매각조건으로 정한다. 관할청의 허가는 압류금지와는 무관하다. 매수인의 입장에서 이러한 특별매각조건을 충족시키는 것이 극히 어려운 것이 보통이므로 감정가액보다 훨씬 낮은 가격에 매각되는 것이 보통이다. 그렇다고 채권자가 사전에 관할청에 처분허가를 미리 얻기도 어려운 것이어서 결국 채권자의 만족은 기대하기 어렵다.

≪판례≫ **기본재산처분 허가신청의 대위**[대법원 1994. 9. 27. 선고 93누22784 판결]

강제경매절차에 있어서 최고가매수신고인은 경락기일에 경락허가를 받을 경매절차상의 권리가 있을 뿐 직접 집행채권자나 채무자에 대하여 어떠한 권리를 가진다고 할 수는 없으므로, 최고가매수신고인이 집행채무자인 학교법인을 대위하여 감독청에 대하여 기본재산의 처분에 관한 허가신청을 대위행사할 수는 없다.

≪판례≫ **재단에 대한 처분허가신청 청구**[대법원 1998. 8. 21. 선고 98다19202,19219 판결]

재단법인은 일정한 목적을 위하여 바쳐진 재산이라는 실체에 대하여 법인격을 부여한 것이므로 그 출연된 재산 즉 재단법인의 기본재산은 바로 법인의 실체인 동시에 법인의 목적을 수행하기 위한 가장 기본적인 수단으로서 이를 처분한다는 것은 재단법인의 실체가 없어지는 것을 의미하므로 재단법인의 기본재산은 이를 함부로 처분할 수 없는 것이고,

재단법인이 정관의 변경을 초래하는 기본재산의 처분을 위하여 주무관청의 허가를 신청할 것인지 여부는 특별한 사정이 없는 한 재단법인의 의사에 맡겨져 있다고 할 것이므로, 채무자인 재단법인에 다른 재산이 없어 기본재산을 처분하지 않고는 채무의 변제가 불가능하다고 하더라도, 재단법인으로부터 기본재산을 양수한 자도 아니고 금전채권자들에 불과한 자에게는 강제이행청구권의 실질적인 실현을 위하여 필요하다는 사유만으로 기본재산의 처분을 희망하지도 않는 재단법인을 상대로 주무관청에 대하여 기본재산에 대한 처분허가신청절차를 이행할 것을 청구할 권한이 없다.

집행법원이 이를 간과하고 관할청의 허가를 특별매각조건으로 정하지 아니하였더라도 매수인은 관할청의 허가를 받지 아니하는 한 소유권을 취득할 수 없다.

≪판례≫ 기본재산처분제한에 관한 매각조건누락[대법원 1994. 1. 25. 선고 93다42993 판결]

구 사립학교법(1990. 4. 7. 법률 제4266호로 개정되기 전의 것) 제28조 제1항은 학교법인이 그 기본재산을 매도, 증여, 임대, 교환 또는 용도변경하거나 담보에 제공하고자 할 때 또는 의무의 부담이나 권리의 포기를 하고자 할 때에는 감독청의 허가를 받아야 한다고 규정하고 있으므로, 학교법인이 그 의사에 의하여 기본재산을 양도하는 경우뿐만 아니라 강제경매절차에 의하여 양도되는 경우에도 감독청의 허가가 없다면 그 양도행위가 금지된다고 할 것이고, 따라서 학교법인의 기본재산이 감독청의 허가 없이 강제경매절차에 의하여 경락되어 이에 관하여 경락을 원인으로 하여 경락인 명의의 소유권이전등기가 경료되었다 하더라도 그 등기는 적법한 원인을 결여한 등기이다.

(나) **사회복지사업법 제23조 2항** 사회복지법인은 사회복지사업에 필요한 재산을 소유하여야 한다. 사회복지법인의 재산은 기본재산과 보통재산으로 구별되며 기본재산에 대하여는 거래 등에 관하여는 보건복지부장관의 허가를 받아야 한다. 학교법인의 수익용 기본재산에 대한 거래 제한과 유사한 규율이다. 그러므로 사회복지법인의 기본재산은 압류금지물은 아니라 할 것이나 보건복지부장의 허가를 특별매각조건으로 정하여야 한다.

≪판례≫ 기본재산처분제한에 관한 매각조건누락[대법원 2003. 9. 26.자 2002마4353 결정]

사회복지법인의 기본재산의 매도, 담보제공 등에 관한 사회복지사업법 제23조 제3항의 규정은 강행규정으로서 사회복지법인이 이에 위반하여 주무관청의 허가를 받지 않고 그 기본재산을 매도하더라도 효력이 없으므로, 법원의 부동산임의경매절차에서 사회복지법인의 기본재산인 부동산에 관한 낙찰이 있었고 낙찰대금이 완납되었다 하더라도 위 낙찰에 대하여 주무관청의 허가가 없었다면 그 부동산에 관한 소유권은 사회복지법인으로부터 낙찰인에게로 이전되지 아니한다.

≪판례≫ **기본재산과 비기본재산의 일괄매각**[대법원 2007. 6. 18.자 2005마1193 결정]

사회복지사업법 제23조 제 3 항 제 1 호의 규정에 의하면 사회복지법인이 기본재산을 매도하기 위하여는 보건복지부장관의 허가를 받아야 하고, 이는 경매절차에 의한 매각의 경우에도 마찬가지인바, 사회복지법인의 기본재산에 대하여 실시된 부동산경매절차에서 최고가매수신고인이 그 부동산 취득에 관하여 보건복지부장관의 허가를 얻지 못하였다면 민사집행법 제121조 제 2 호에 정한 '최고가매수신고인이 부동산을 매수할 자격이 없는 때'에 해당하므로 경매법원은 그에 대한 매각을 불허하여야 한다. 그리고 이는 사회복지법인이 보건복지부장관의 허가를 받아 토지 및 건물에 대하여 공동근저당권을 설정하였다가 건물을 철거하고 새 건물을 신축하여, 민법 제365조의 '저당지상 건물에 대한 일괄경매청구권'에 기하여 위 신축건물에 대한 경매가 진행된 경우라도 마찬가지이므로, 위 신축건물의 매각에 관하여 별도로 보건복지부장관의 허가가 없다면 최고가매수신고인에 대한 매각은 허가될 수 없다.

㈐ **전통사찰보존법** 문화체육부장관이 지정한 전통사찰의 동산·경내지는 문화체육부장관의 허가가 있는 경우에만 거래의 대상으로 삼을 수 있다. 문화체육부장관의 허가가 없는 처분행위는 유동적 무효라고 할 것이다.

≪판례≫ **사찰재산처분계약의 유동적 무효**[대법원 2001. 2. 9. 선고 99다26979 판결]

[1] 인낙조서에 의하여 확정된 소유권이전등기청구권의 시효중단을 위한 재소(재소)는 인낙조서의 기판력에도 불구하고 소의 이익이 있는 것이 원칙이나, 이러한 법리는 어디까지나 그 시효를 중단하여 소유권이전등기청구권을 그대로 유지시킬 실익이 있는 경우에 한하여 타당한 것이고, 그것을 그대로 유지하는 것이 아무런 실익이 없는 경우에는 그 시효중단을 위한 재소(재소)는 소의 이익이 없어 허용되지 아니한다.

[2] 사찰 소유의 일정한 재산을 대여, 양도 또는 담보에 제공하는 때에는 관할청의 허가를 받아야 한다는 구 불교재산관리법(1962. 5. 31. 법률 제1087호, 전통사찰보존법 부칙 제 2 조에 의하여 폐지) 제11조 제 1 항 제 2 호 및 전통사찰보존법 제 6 조의 규정은 강행법규로서 이에 위반한 양도계약은 무효이고, 사찰재산의 양도에 필요한 위와 같은 허가는 반드시 그 양도 전에 미리 받아야 하는 것은 아니고 양도 후에라도 허가를 받으면 그 양도계약은 소급하여 유효한 것으로 된다고 할 것이지만, 양도계약이 처음부터 허가를 배제·잠탈하는 내용의 것이거나 또는 양도계약 후 당사자 쌍방이 허가받지 않기로 하는 의사표시를 명백히 한 때에는 그 양도계약은 그로써 확정적으로 무효로 되어 더 이상 관할청의 허가를 받아 유효한 것으로 될 여지가 없다.

[3] 사찰재산의 양도계약에 기한 소유권등기이전청구권이 인낙조서에 의해 확정되었으나 양도계약이 관할청의 허가를 받지 못해 무효가 되어 유효한 소유권이전등기를 경료할 수 없게 되었다면, 위 인낙조서에 의해 확정된 소유권이전등기청구권의 시효중단을 위한 재소(재소)는 소의 이익이 없어 부적법하다고 한 사례.

전통사찰의 동산·경내지는 압류금지물은 아니라고 할 것이나 문화체육부장관의 허가를 특별매각조건으로 정하여야 한다. 문화체육부장관의 허가가 없는 경우에는 경매개시결정을 취소해야한다는 입장도 있으나 매각불허가사유에 그치는 것이라고 본다.

≪판례≫ 사찰재산처분제한과 집행절차[대법원 1999. 10. 22. 선고 97다49817 판결]

구 전통사찰보존법(1997. 12. 13. 개정되기 전의 것) 제6조 제1항 제2호, 같은 조 제5항 및 같은 법 시행령 제7조 제2항 등에 의하면 전통사찰보존법상의 경내지 등을 대여, 양도, 담보제공 등 처분행위를 함에는 문화체육부장관의 허가를 받게 되어 있고, 이에 위배되는 처분은 무효로 한다고 규정하고 있는바, 그 처분행위가 강제경매절차의 한 경우라 하더라도 달리 볼 것은 아니다.

⑷ **국토의 이용 및 계획에 관한 법률**(제118조, 제121조 2항) 토지거래허가제도는 경매절차에서는 적용되지 아니한다. 목적물이 보다 높은 가격에 매각될 수 있도록 하기 위함이다. 이로 인하여 집행절차가 토지거래허가제도를 면탈하기 위한 수단으로 악용될 여지가 있다. 동법은 저당권설정을 허가대상에서 제외하고 있는 점(제118조 1항)에서 더욱 문제이다.

⑸ **공동소유지분의 취득제한** 공동소유관계는 공동소유자 사이의 인적결합요소가 반영된 관계이다. 이러한 긴밀한 인적결합 사이에 제3자가 개입되는 경우에는 당사자들 사이에 예상치 못한 복잡한 문제를 야기한다. 이에 대하여 민사집행법은 공동소유지분에 대한 취득에 일정한 제약을 가하고 있다.

㈎ **부동산 공유지분** 부동산 공유지분이 집행의 대상이 되는 경우에는 매수인의 자격에 대한 직접적 제한은 없다. 그러나 다른 공유자에게 우선매수권을 인정함으로써 우회적으로 매수인의 자격에 제한을 가하고 있다. 이에 대하여는 별도로 상세히 설명한다.

㈏ **공동어업권지분** 공동어업권자 사이의 관계는 민법상 공유관계에 해당하므로 공동어업권에 대한 집행은 부동산 공유지분에 대한 집행절차에 따른다. 그러나 공동어업권자 사이의 관계는 일반적인 공유자 사이의 관계보다 더 밀접한 관계로 조합적 색채를 띠고 있다. 이러한 사정을 반영하여 수산업법(제21조)은 공동어업권지분의 처분에는 다른 공유자의 동의를 요구하고 있다. 이러한 수산업법의 규율을 반영하여 공동어업권에 대한 집행절차에서는 매수인에게 다른 공동어업권자의 동의를 얻을 것을 특별매각조건으로 정한다(수산업법 제21조).

동의를 얻는다는 것은 사실상 불가능하고 다른 공동어업권자에게 어업권 지분을 거저 주는 것과 다를 바 없는 결과를 가져올 뿐이다.

(다) **공동광업권지분** 앞서 설명한 바와 같이 공동광업권자 사이의 관계는 조합관계로 그 지분에 대하여는 그 밖의 재산권에 대한 집행에 따른다. 다만 매수인의 자격에 관하여는 공동어업권지분에서와 마찬가지의 제한이 따른다고 할 것이다(광업법 제34조).

(6) **기 타** 일부 견해는 외국인 토지법 제 5 조, 공업배치 및 공장설립에 관한 법률 제39조에 의한 규율도 이에 해당하는 것으로 제시하나 이를 매수인이 자격제한에 관한 규정으로 보기는 어렵다고 본다.

다. 자격제한의 문제점

위와 같이 매수인의 자격을 제한하는 대부분의 규정들은 커다란 문제점을 안고 있다. 농지법 제 8 조에 따른 제한을 제외하고는 사실상 매수인이 관할청 등의 허가나 동의를 얻는 것은 극히 어렵다. 실제에 있어서도 매각가격이 최초의 최저매각가격(감정평가액)의 10%에도 못 미치는 경우가 대부분이며 매수인도 알고 보면 실제로는 채무자가 형식적으로 내세운 사람인 경우가 많다. 결국 위와 같은 매수인의 자격제한은 재단법인 등의 채무면탈을 조장하는 것과 다를 바 없다. 결국 이러한 위와 같은 매수인의 자격제한이 있는 한 민사집행절차를 통한 채권만족은 기대하기 어렵고 채권자로서는 채무자에 대한 파산선고를 유도하여 문제를 해결하는 것이 그나마 실효가 있을 것이다.

8. 부도임대주택의 임차인 우선매수권

국민주택기금을 지원받아 건설하거나 공공사업에 의하여 조성된 택지에 건설한 임대주택을 민사집행법에 따라 경매하는 경우에는 우선분양전환을 받을 수 있는 지위에 있는 임차인은 매각기일까지 우선매수신고를 할 수 있다. 이러한 우선매수신고가 있는 경우에는 최고가매수신고가 있더라도 법원은 임차인에게 매각을 허가한다(임대주택법 제15조의2). 그러나 동조는 임의경매절차에는 적용이 없다.

≪판례≫ 임차인우선매수제도와 임의경매[대법원 2004. 2. 13.자 2003마44 결정]

임대주택법 시행령 제13조 제 2 항 각 호에 해당하는 임차인은 당해 임대주택을 다른 사람에 우선하여 분양받을 수 있는 지위를 가지게 된다고 할 것이나, 위 규정이 임대주택에 관한 부동산임의경매절차의 경우에도 적용되어 임대주택의 임차인에게 우선매수권을 주어야 한다고 해석할 수는 없다.

Ⅲ. 특별매각조건

1. 의 의

경매절차의 본질에 해당하는 사항이 아니라면 이해관계인 전원의 합의나 집행기관의 직권에 의하여 법정매각조건을 변경할 수 있으며 이와 같이 변경된 매각조건을 특별매각조건이라고 한다. 특별매각조건은 매각기일 전에 정해진 것은 이를 공고할 것이고 매각기일에 집행관이 이를 고지하여야 한다. 직권으로 정한 특별매각조건에 대한 불복은 즉시항고에 의한다(제111조 2항).

2. 합의에 의한 매각조건의 변경(제110조)

경매도 본질은 사법상의 매매에 해당하므로 사적자치를 존중할 필요가 있다. 그러므로 매각에 따른 소유권의 이전과 같은 경매의 근본에 관한 사항 이외의 것에 대해서는 배당요구의 종기 전까지는 이해관계인 전원의 합의가 있다면 법원은 매각조건을 변경할 수 있다. 합의가 필요한 이해관계인의 범위는 제90조에서 정한 이해관계인 중에서 당해 매각조건의 변경으로 자기의 권리에 영향을 받게 되는 자에 한한다. 변경할 수 있는 매각조건으로는 대금지급방법, 대금지급시기, 잉여주의, 인수와 소제범위를 변경하는 것 등이 이에 해당한다. 구체적인 설명은 관련부분을 참고하면 된다.

3. 직권에 의한 매각조건의 변경(제111조)

경매의 근본에 관한 사항이 아니라면 경매절차의 효율성을 위해 이해관계인의 합의가 없더라도 직권으로 매각조건을 변경하거나 새로운 매각조건을 설정할 수 있다. 이해관계인의 합의로 변경할 수 없는 사항에 대해서도 변경할 수 있다. 이에 해당하는 것으로는 매수신청 보증액의 변경, 매수인의 자격제한 위반에 대한 보증금의 몰수, 매각대금 납부 지연에 대한 지연이자의 부가 등이 있다. 구체적인 설명은 관련부분을 참고하면 된다.

제 8 절 매각절차

Ⅰ. 서 론

제103조 (강제경매의 매각방법)

① 부동산의 매각은 집행법원이 정한 매각방법에 따른다.

② 부동산의 매각은 매각기일에 하는 호가경매(呼價競賣), 매각기일에 입찰 및 개찰하게 하는 기일입찰 또는 입찰기간 이내에 입찰하게 하여 매각기일에 개찰하는 기간입찰의 세 가지 방법으로 한다.

③ 부동산의 매각절차에 관하여 필요한 사항은 대법원규칙으로 정한다.

민사집행법은 기일입찰, 기간입찰, 호가경매의 세 가지 매각방법을 두고 있다. 어떠한 방법으로 매각할 것인지는 매각준비절차로서 집행법원이 재량으로 정한다. 각각의 매각방법에 따른 매각절차의 구체적 내용을 살펴보면 다음과 같다.

Ⅱ. 기일입찰방식에 의한 매각

1. 집행관에 의한 진행

제107조 (매각장소)

매각기일은 법원 안에서 진행하여야 한다. 다만, 집행관은 법원의 허가를 얻어 다른 장소에서 매각기일을 진행할 수 있다.

제108조 (매각장소의 질서유지)

집행관은 다음 각호 가운데 어느 하나에 해당한다고 인정되는 사람에 대하여 매각장소에 들어오지 못하도록 하거나 매각장소에서 내보내거나 매수의 신청을 하지 못하도록 할 수 있다.

1. 다른 사람의 매수신청을 방해한 사람
2. 부당하게 다른 사람과 담합하거나 그 밖에 매각의 적정한 실시를 방해한 사람
3. 제 1 호 또는 제 2 호의 행위를 교사(敎唆)한 사람
4. 민사집행절차에서의 매각에 관하여 형법 제136조 · 제137조 · 제140조 · 제140조의 2 · 제142조 · 제315조 및 제323조 내지 제327조에 규정된 죄로 유죄판결을 받고 그 판결확정일부터 2년이 지나지 아니한 사람

제112조 (매각기일의 진행)

집행관은 기일입찰 또는 호가경매의 방법에 의한 매각기일에는 매각물건명세서 · 현황조사보고서 및 평가서의 사본을 볼 수 있게 하고, 특별한 매각조건이 있는 때에는 이를 고지하며, 법원이 정한 매각방법에 따라 매수가격을 신고하도록 최고하여야 한다.

매각기일은 법원 안에서 집행관이 진행한다(제2조). 집행법원의 허가가 있으면 법원 이외의 다른 장소에서 진행할 수 있다(제107조). 입찰장소에는 입찰표, 입찰봉투, 입찰사건목록, 매각물건명세서를 비치 또는 게시하고(대법원 재판예규 제943-41호), 특별매각조건을 고지한다(제112조).

2. 입　　찰

가. 입찰표의 제출

집행관이 입찰표의 제출을 최고하고 입찰마감시간과 개찰시각을 고지함으로써 입찰이 시작된다(규칙 제65조 1항). 입찰은 입찰표를 작성하여 매수신청의 보증과 함께 입찰봉투에 넣어 집행관에 제출하는 방법으로 한다(대법원 재판예규 제943-41호). 실제로는 입찰함에 투입하면 집행관에게 제출한 것이 된다. 입찰표의 취소·변경·교환은 허용되지 않는다(규칙 제62조 6항). 특히 입찰표에서 입찰가액 기재는 변경은 엄격하게 제한된다. 예를 들어 입찰표를 기재하는 과정에서 입찰가격기재가 잘못된 경우에는 새로 입찰표를 작성하여야 할 것이지 잘못된 기재를 정정하는 것은 어떠한 경우에도 허용되지 아니한다. 입찰표에는 사건번호, 부동산의 표시, 입찰자의 이름과 주소, 대리입찰의 경우 대리인의 이름과 주소 및 대리권증명서면, 입찰가격을 기재하여야 한다. 입찰가격은 일정한 가격으로 표시하여야 하고 다른 입찰가격에 대한 비례로 표시하지 못한다(규칙 제62조 2항). 입찰을 실시할 사건이 수개이거나 매각할 부동산이 복수인 경우에도 법원이 따로 정하지 아니한 이상 각 부동산에 대한 입찰을 동시에 실시한다(규칙 제61조 2항, 동시입찰의 원칙). 부동산의 표시에 관하여는 사건번호와 물건번호를 기재함으로써 그 기재가 있는 것으로 본다.

≪판례≫ 개별매각과 일괄입찰[대법원 1994.8.8. 자 94마1150 결정]

여러 개의 부동산을 동시에 입찰하는 경매법원이 일괄입찰결정을 한 바 없었다면 그 부동산들은 개별입찰되는 것이므로, 개별입찰로 진행되는 입찰절차에서 입찰자가 1장의 입찰표에 여러 개의 부동산을 입찰가액의 총액만을 기재하여 제출하였다가 입찰기일이 종결된 후에 집달관의 보완지시를 받고 부동산별로 입찰표를 다시 작성, 제출하였다면 그 입찰표는 모두 무효이고, 이러한 결론은 입찰자가 위 입찰을 일괄입찰한 것으로 잘못 알았었다거나 입찰표를 다시 작성하여 제출하게 된 것이 집달관의 지시에 의한 것이고 다시 작성, 제출할 때까지 사이에 원래의 입찰표가 개봉되지 아니하였었다고 하여 달라질 수 없다.

나. 매수신청의 보증

제113조 (매수신청의 보증)

매수신청인은 대법원규칙이 정하는 바에 따라 집행법원이 정하는 금액과 방법에 맞는 보증을 집행관에게 제공하여야 한다.

매수신청의 보증은 대법원규칙이 정하는 바에 따라 집행법원이 정하는 금액과 방법에 따른다(제113조). 현재는 최저매각가격의 1할을 보증금액으로 하고 기간입찰의 경우에 한하여 지급보증보험증권의 제출로 갈음할 수 있게 하고 있다(규칙 제63조). 자기앞수표로 보증을 제공하는 경우에는 그 지급제시기간이 끝나는 날까지 5일 이상의 기간이 남아 있어야 한다(규칙 제64조). 입찰보증금이 모자라는 입찰은 무효이다. 우선변제청구권 있는 저당권자가 응찰하는 경우에도 보증을 제공하여야 한다.

≪판례≫ 담보권자도 보증 제공하여야 하는지 여부[대법원 1959. 5. 6. 58마189]

경매부동산상에 등기된 담보권자가 경매인인 경우에도 경매신청의 담보는 필요하다.

≪판례≫ 보증제공의 하자를 간과한 매각하가결정[대법원 1969. 11. 14. 69마883 결정]

집달리가 경매신청의 담보로 경매가격의 1/10에 미달하는 금액을 영수한 후 그것은 최고가격매인으로 호창하고 경매법원이 그에게 경락을 허가한 것은 잘못이다.

한국자산관리공사가 채권회수를 위탁한 금융기관을 대리하여 매수신고를 하는 경우에는 보증제공에 갈음하여 지급확약서를 담보로 제공할 수 있다(자산관리공사법 제45조).

다. 대리입찰

입찰행위는 사법행위와 소송행위라는 두 가지 성질을 겸유한다. 즉 입찰행위는 실체법적으로는 매매청약의 성질을 갖는 동시에 소송법적으로 매각허가결정을 구하는 신청행위의 성질을 갖는다. 다만 소송행위이기는 하나 재판상 행위에는 해당하는 것이 아니어서 입찰행위를 대리하는 것에는 아무런 자격제한이 따르지 아니한다. 다만 기간입찰이 아닌 기일입찰에 있어서 한 사람이 동시에 2인 이상을 대리하거나, 입찰자가 동시에 다른 입찰자를 대리하는 것은 무효이다(재판예규 1007호 부동산등에 대한 경매절차 처리지침). 그러나 공동입찰자를 한 사람이 대리하는 것은 전혀 유효하다.

≪판례≫ **매수신청대리와 쌍방대리금지**[대법원 2004. 2. 13.자 2003마44 결정]

민법 제124조는 "대리인은 본인의 허락이 없으면 본인을 위하여 자기와 법률행위를 하거나 동일한 법률행위에 관하여 당사자 쌍방을 대리하지 못한다."고 규정하고 있으므로 부동산 입찰절차에서 동일물건에 관하여 이해관계가 다른 2인 이상의 대리인이 된 경우에는 그 대리인이 한 입찰은 무효이다.

변호사나 법무사 또는 공인중개사가 아니면 영업으로 입찰을 대리하지는 못한다. 변호사가 사무원을 복대리인으로 하여 입찰을 대리하게 하는 것이 변호사법에 저촉되는지의 논의가 있다. 경매브로커의 폐단을 막기 위하여 변호사법에 저촉되는 것으로 보아야 할 것이다(반대견해 있음). 대리권을 증명하는 서면은 통상 입찰봉투에 입찰표와 함께 제출하는 것이 보통이다. 그러나 입찰표 제출 이후에 개찰시에 최고가매수인을 결정하는 때까지만 대리권 증명서면을 제출하더라도 무방하다. 대리권증명서면의 제출이 없는 대리입찰은 무효이다. 대리권증명서면으로는 본인의 위임장과 인감증명이 필요하다.

라. 공동입찰

공동입찰도 가능하다. 공동입찰은 종전에는 사전허가를 받도록 하였으나 지금은 공동입찰신고서를 제출하는 것으로 하였다. 공동입찰시에는 각자의 지분을 표시하여야 한다(부동산등기법 제44조 1항). 공동입찰인 중 일부에 대한 입찰불허가 사유가 있으면 전원에 대하여 불허가한다.

≪판례≫ **매수인 중 일부에 대한 매각불허가사유**[대법원 2001. 7. 16.자 2001마1226 결정]

부동산 입찰절차에서 수인이 공동입찰한 경우 그 수인의 공동입찰인은 각자 매수할 지분을 정하여 입찰하였더라도 일체로서 그 권리를 취득하고 의무를 부담하는 관계에 있으므로, 그 공동입찰인에 대하여는 일괄하여 그 낙찰허부를 결정하여야 하고 공동입찰인 중의 일부에 낙찰불허가 사유가 있으면 전원에 대하여 낙찰을 불허하여야 한다(같은 취지: 대법원 1985. 2. 8.자 84마카31 결정).

한편 공동입찰을 통해 담합행위를 한 것이 판명되면 집행관은 매수신청을 하지 못하도록 할 수 있고(제108조 1·2호) 매수신청과정에서 그러한 사정이 간과라도 매각불허가의 사유가 된다(제123조 2항, 제121조 4호). 그러나 담합의 입증은 사실상 불가능한 것이 보통일 것이다.

마. 입찰능력

집행절차는 소송절차이다. 그러므로 입찰행위는 민사소송법 제87조의 재판상의 행위는 아니라고 할 것이나 소송행위임에는 틀림없다. 그러므로 입찰에는 권리능력과 행위능력이 없는 자의 입찰은 무효이다. 행위무능력자는 법정대리인을 통하여만 입찰할 수 있다.

≪판례≫ 미성년자의 단독매수신청[대법원 1967. 7. 12. 선고 67마507 판결]

미성년자는 경매목적물을 경락할 수 없고 가사 경락이 되었다 할지라도 이러한 경락행위는 무효이다(같은 취지: 대법원 1968. 2. 8, 67마 1351결정, 대법원 1969. 11. 19. 69마989 결정).

바. 입찰자격 제한

채무자나 집행관과 그 배우자·4촌 이내의 친족 또는 감정인과 그 배우자·4촌 이내의 친족 등은 입찰에 참가할 수 없다(집행관법 제15조, 민사집행규칙 제59조). 이외에도 법정매각조건으로 입찰자의 자격을 제한하는 경우가 있음은 앞서 살펴보았다. 농지취득자격 증명서 등은 입찰시에 미리 제출할 필요는 없고 최고가매수인으로 정해진 다음 매각결정기일 또는 매각결정에 대한 항고심의 재판시까지만 제출하면 된다. 농지취득자격 증명서 등의 부제출은 직권에 의한 매각불허가 사유가 된다.

3. 최고가매수신고인 및 차순위매수신고인의 결정(제114조, 제115조)

차순위매수신고인결정은 최고가매수인을 전제한 것이므로 최고가매수인의 입찰이 무효인 경우에는 차순위자를 최고가매수인으로 결정할 것이지 차순위매수신고인으로 취급할 것이 아니다.

제114조 (차순위매수신고)

① 최고가매수신고인 외의 매수신고인은 매각기일을 마칠 때까지 집행관에게 최고가매수신고인이 대금지급기한까지 그 의무를 이행하지 아니하면 자기의 매수신고에 대하여 매각을 허가하여 달라는 취지의 신고(이하 "차순위매수신고"라 한다)를 할 수 있다.
② 차순위매수신고는 그 신고액이 최고가매수신고액에서 그 보증액을 뺀 금액을 넘는 때에만 할 수 있다.

제118조 (최고가매수신고인 등의 송달영수인신고)

① 최고가매수신고인과 차순위매수신고인은 대한민국안에 주소·거소와 사무소가 없는 때에는 대한민국안에 송달이나 통지를 받을 장소와 영수인을 정하여 법원에 신고하

여야 한다.

② 최고가매수신고인이나 차순위매수신고인이 제1항의 신고를 하지 아니한 때에는 법원은 그에 대한 송달이나 통지를 하지 아니할 수 있다.

③ 제1항의 신고는 집행관에게 말로 할 수 있다. 이 경우 집행관은 조서에 이를 적어야 한다.

가. 매수인의 결정

입찰표의 제출을 최고하고 1시간 이상이 경과하면 입찰을 마감하고(규칙 제65조) 입찰표를 개봉하는 개찰절차를 실시한다. 개찰의 공정을 위하여 입찰자의 참여가 보장되고 입찰자가 참여하지 아니하는 경우에는 법원사무관 등 적당한 사람을 참여하게 하여야 한다. 참여 위반에 대하여는 매각허가에 대한 이의 또는 즉시항고로 다툴 수 있다. 개찰결과 보증의 제공과 함께 최고가로 매수신청을 한 자를 최고가매수인으로 결정한다.

≪판례≫ 최고가매수인결정 후의 추가매각실시[대법원 2000. 3. 28.자 2000마724 결정]

민사소송법 제627조의 규정에 의하면 집행관은 입찰기일에서 최고가매수신고인이 있으면 그의 성명과 가격을 호창하고 경매의 종결을 고지하여야 하는바, 입찰기일에 최고가매수신고인이 한 사람임에도 불구하고 집행관이 그의 성명과 가격을 호창하고 경매의 종결을 고지하는 절차를 취함이 없이 같은 법 제665조에서 정하는 추가입찰을 실시하였다면, 그 일련의 절차는 같은 법 제627조의 규정에 위반한 것이고, 비록 그 추가입찰에서 최고가매수신고인이 나왔다고 하더라도 이러한 경우는 같은 법 제633조 제7호에서 정하는 '제627조의 규정에 위반한 때'에 해당하므로 같은 법 제635조 제2항 본문의 규정에 의하여 직권으로 경락을 불허할 사유가 된다.

최고가매수인이 2인 이상이면 그들만으로 추가입찰을 실시한다. 추가입찰에서 다시 최고가매수신고인이 2인 이상 이거나 입찰참여가 없으면 추첨에 의한다. 추가입찰은 종전 최고가 이상으로 입찰하여야 하며 입찰참여가 없는 경우에는 최고가매수신고액에서 그 보증액을 차감한 금액으로 응찰한 자의 차순위매수신고가 있으면 차순위매수신고인으로 정한다. 차순위매수신고를 한 자가 복수이면 그 중에서 높은 가격으로 매수신고 한 자를 차순위매수인으로 하고 매수신고가격이 같으면 추첨에 의하여 차순위매수신고인을 정한다.

나. 매수인지위의 양도

집행절차상 매각은 본질적으로 사법상 매매라 할 것이지만 집행절차의 안정성 등을 고려하여 매수인 지위의 양도는 허용되지 아니한다(반대견해 있음).

4. 매각기일종결의 고지

제115조 (매각기일의 종결)

① 집행관은 최고가매수신고인의 성명과 그 가격을 부르고 차순위매수신고를 최고한 뒤, 적법한 차순위매수신고가 있으면 차순위매수신고인을 정하여 그 성명과 가격을 부른 다음 매각기일을 종결한다고 고지하여야 한다.

② 차순위매수신고를 한 사람이 둘 이상인 때에는 신고한 매수가격이 높은 사람을 차순위매수신고인으로 정한다. 신고한 매수가격이 같은 때에는 추첨으로 차순위매수신고인을 정한다.

③ 최고가매수신고인과 차순위매수신고인을 제외한 다른 매수신고인은 제1항의 고지에 따라 매수의 책임을 벗게 되고, 즉시 매수신청의 보증을 돌려 줄 것을 신청할 수 있다.

④ 기일입찰 또는 호가경매의 방법에 의한 매각기일에서 매각기일을 마감할 때까지 허가할 매수가격의 신고가 없는 때에는 집행관은 즉시 매각기일의 마감을 취소하고 같은 방법으로 매수가격을 신고하도록 최고할 수 있다.

⑤ 제4항의 최고에 대하여 매수가격의 신고가 없어 매각기일을 마감하는 때에는 매각기일의 마감을 다시 취소하지 못한다.

제116조 (매각기일조서)

① 매각기일조서에는 다음 각호의 사항을 적어야 한다.

1. 부동산의 표시
2. 압류채권자의 표시
3. 매각물건명세서 · 현황조사보고서 및 평가서의 사본을 볼 수 있게 한 일
4. 특별한 매각조건이 있는 때에는 이를 고지한 일
5. 매수가격의 신고를 최고한 일
6. 모든 매수신고가격과 그 신고인의 성명 · 주소 또는 허가할 매수가격의 신고가 없는 일
7. 매각기일을 마감할 때까지 허가할 매수가격의 신고가 없어 매각기일의 마감을 취소하고 다시 매수가격의 신고를 최고한 일
8. 최종적으로 매각기일의 종결을 고지한 일시
9. 매수하기 위하여 보증을 제공한 일 또는 보증을 제공하지 아니하므로 그 매수를 허가하지 아니한 일
10. 최고가매수신고인과 차순위매수신고인의 성명과 그 가격을 부른 일

② 최고가매수신고인 및 차순위매수신고인과 출석한 이해관계인은 조서에 서명날인하여야 한다. 그들이 서명날인할 수 없을 때에는 집행관이 그 사유를 적어야 한다.

③ 집행관이 매수신청의 보증을 돌려 준 때에는 영수증을 받아 조서에 붙여야 한다.

제117조 (조서와 금전의 인도)

집행관은 매각기일조서와 매수신청의 보증으로 받아 돌려주지 아니한 것을 매각기일부터

3일 이내에 법원사무관 등에게 인도하여야 한다.

최고가매수인과 차순위매수신고인이 정해지면 매수인의 이름과 신고액을 호창한 다음 입찰 종결을 고지한다(제115조 1항). 입찰자가 없는 사건에 대해서도 입찰의 종결을 고지한다. 실무상으로는 입찰기일에 입찰자 없는 사건을 다른 사건의 개찰에 앞서 일괄하여 입찰의 종결을 고지한다. 매각기일이 종결되는 시점은 매각기일 당일의 일정이 모두 끝나는 시각이 아니라 개개의 사건별로 입찰의 종결이 고지되는 시각이다. 입찰이 종결되면 최고가매수신고인이나 차순위매수신고인 이외의 매수신고인의 보증을 즉시 돌려주고 매각기일조서를 작성하여 집행법원에 제출한다.

5. 1기일2회입찰제도

기일입찰과 호가경매의 방법에 의한 매각기일에서는 매각기일을 마감할 때까지 허가할 매수가격의 신고가 없는 때에는 집행관은 즉시 매각기일의 마감을 취소하고 최저매각가격의 저감이 없이 매수가격을 신고할 것을 최고할 수 있다(제115조 4항). 이러한 최고 후에도 매수신고가 없어 매각기일을 마감한 경우에는 매각기일의 마감을 재차 취소하지는 못한다. 기간입찰에는 1기일2회입찰제도가 적용되지 아니한다.

Ⅲ. 기간입찰방식에 의한 매각

1. 의 의

입찰기간을 1주일 이상 1월 이하의 범위로 정하여 그 기간 안에 입찰을 하게하고 그 기간 내에 입찰이 있으면 입찰기간이 지난 후 1주일 이내의 날을 매각기일로 정하여 개찰하는 매수인을 정하는 방법을 기간입찰이라고 한다. 입찰의 방법, 매수신고보증의 제공방법, 입찰기간이 있는 점에서 기일입찰과 다르다.

2. 기일입찰과의 차이

가. 입찰의 방법

작성한 기간입찰표와 함께 입금증명서나 보증서, 자격증명서 등을 기간입찰봉투에 넣어 봉인한 후에 입찰기간 내에 집행관에게 직접 제출하거나 등기우편으로 송부하는 방법으로 입찰한다.

나. 매수신고보증의 제공과 반환

등기우편방식으로 입찰하는 경우에는 보증서에 의하여 보증을 제공하여야 한다. 집행관에게 직접 제출하는 방식으로 입찰하는 경우에는 보증을 현금으로 제공할 수도 있다. 매수신청보증의 반환은 입금증명서 중 확인란을 작성하여 출납공무원에게 제출하거나 보증서를 반환하는 등의 방법으로 한다.

Ⅳ. 호가경매방식에 의한 매각

1. 의 의

매각기일에 매수할 가격을 구두로 호창하고 경쟁자가 있으면 경쟁적으로 더 높은 가격을 호창하며 최고가로 매수신고를 한 자를 매수인으로 결정하는 매각 방법을 말한다.

2. 적용범위

실무상으로 유체동산매각은 호가방식을 취하고 있다. 부동산매각절차에서도 호가경매방식을 취하지 못할 것은 아니다.

3. 호가경매의 진행

호가경매에 있어서도 기일입찰에서와 동일한 보증을 제공하여야 한다. 집행관은 기일을 개시하는 때에 매각조건을 고지 한 다음 호가에 의한 매수신청을 기다려 최고가매수신청액을 3회 부른 후 더 높은 가격의 호가가 없으면 당해 매수신청인에게 매각을 허가한다는 고지를 하고 즉시로 매각대금을 납입하도록 한 목적물을 인도한다. 그러므로 최고가매수인이나 차순위매수신고인을 정하는 것이 처음부터 문제되지 아니한다.

Ⅴ. 새 매 각

제119조 (새 매각기일)

허가할 매수가격의 신고가 없이 매각기일이 최종적으로 마감된 때에는 제91조 제1항의 규정에 어긋나지 아니하는 한도에서 법원은 최저매각가격을 상당히 낮추고 새 매각기일을 정하여야 한다. 그 기일에 허가할 매수가격의 신고가 없는 때에도 또한 같다.

1. 의 의

매각기일에 허가할 매수신고가 없이 매각기일이 마감되거나 매각불허가결정 또는 매각허가결정이 취소된 경우에는 매각기일을 새로이 정해야 한다. 매수인의 대금미납에 따른 재매각(제138조)과 구별할 것이다. 새 매각절차 자체는 일반의 매각절차와 다를 것이 없다(제125조 2항).

2. 매수신고가 없는 경우의 새 매각

가. 최저매각가격의 저감

매각기일에 허가할 매수신고가 없이 매각기일이 마감되면 법원은 잉여주의 적용(제91조 1항)에 검토하여 최저매각가격을 상당히 저감하여 새 매각기일을 정하여 공고한다(제119조). 직권에 의하여 매각기일을 변경하는 경우에는 최저매각가격을 저감하여서는 아니 되는 것과 다르다 .

≪판례≫ 직권에 의한 매각기일변경[대법원 1969. 9. 23.자 69마544 결정]

[1] 경매기일은 직권으로 변경하였을 때에는 최저경매가격을 저감할 수 없다.

[2] 최저경매가격의 저감 자체가 잘못된 이상 비록 경매가격이 저감되기 전의 최저경매가격 이상이었다 하더라고 그 경매절차는 위법이다.

나. 저감의 정도

저감의 정도는 법원의 자유재량이나 지나친 저감은 위법하다. 실무상 10퍼센트에서 30퍼센트를 저감하고 있다. 최저매각가격의 저감 자체에 대하여는 직접 다투지 못하고 추후에 매각허가결정에 다투면서 저감의 하자를 지적하면 된다.

≪판례≫ 최저매각가격 저감에 대한 불복[대법원 1971. 7. 19.자 71마215 결정]

최저경매가격의 저감결정에 대하여는 불복할 수 없다.

≪판례≫ 최저매각가격 저감의 정도[대법원 1994. 8. 27.자 94마1171 결정]

신경매로 인한 경매목적물의 최저경매가액을 저감함에 있어서 합리적이고 객관적인 타당성을 구비하지 못할 정도로 과도하게 가격을 낮춘 최저경매가격 저감절차는 위법하여 무효이다.

다. 저감의 하한

저감 자체의 하한은 없다. 아무리 많이 유찰이 되어도 그 자체로 경매절차가 취소되지는 않는다. 최초의 최저매각가격의 1퍼센트까지 저감되는 것도 가능하다. 그러나 잉여주의의 원칙에 따라 최저매각가격이 최소한 집행비용을 상회하는 한도까지만 집행절차가 진행될 것이다.

3. 매각불허가결정에 따른 새 매각

매각결정기일에 최고가매수인에 대하여 매각허가를 할 수 없는 사유가 있어 매각을 불허가 하며 최저매각가격을 저감하지 않고 새로이 매각을 실시한다.

≪판례≫ 매각불허가 후 매각에서 최저매각가격[대법원 1994. 11. 30.자 94마1673 결정]

최저입찰가격은 입찰법원이 직권으로 변경할 수 있지만, 그 변경은 수긍할 만한 합리적인 이유가 있는 경우에 한하여 허용되고, 한편 입찰기일에 허가할 입찰신고가 없으면 입찰법원은 신기일을 정하면서 최저입찰가격을 상당히 저감할 수 있으나, 이는 어디까지나 그 입찰기일이 적법하게 열린 입찰기일이어야 하는 것이므로 입찰기일의 공고내용에 흠결사항이 있는 등 입찰기일이 적법하게 열릴 수 없는 경우라면 그 입찰기일에 허가할 입찰신고가 없더라도 최저입찰가격을 저감할 수는 없으며, 따라서 입찰기일공고 등의 위법으로 낙찰을 불허하고 다시 입찰을 하는 경우에 있어서 최저입찰가격은 당초의 최저가격에 의하여야 하고 위법한 절차에 의하여 저감된 가격에 의할 수는 없다(같은 취지: 대법원 2000. 8. 16.자 99마5148 결정).

그러나 매각불허가의 사유가 종국적으로 매각을 불허가할 사유인 경우에는 새 매각을 실시할 것이 아니고 집행절차가 취소 등으로 종료되도록 하여야 한다. 한편 매각을 실시한 후에 매각결정 전에 목적물이 현저하게 훼손되거나 중대한 권리관계의 변동이 있어 매각불허가 결정을 한 경우에도 새 매각을 실시하며 이때에는 재평가를 거쳐 새로이 최저매각가격을 정하여 매각절차를 진행한다(제121조 6호, 제127조, 제125조 2항, 제121조, 제134조).

4. 매각허가결정취소에 따른 새 매각

매각허가결정이 항고심에서 취소되거나 매각허가결정 이후에 목적물이 현저하게 훼손되거나 중대한 권리관계의 변동이 있어 매각허가결정을 취소한 경우에도 새 매각을 실시한다(제132조, 제127조).

Ⅵ. 공유자우선매수권

사 례 34 **공유자우선매수권**

갑·을·병은 친구 사이로 가까운 교외에 주택과 텃밭을 일구며 함께 여가를 보낼 수 있는 땅을 물색하던 중 1필지로 된 3만평 야산을 매입하게 되었다. 다만 세 사람은 야산을 동쪽에서 서쪽 방향으로 3등분하여 소유하되 필지분할의 번잡함을 고려하여 등기만은 세 사람이 공유하는 것으로 하였다. 그런데 병은 위 임야에 관한 지분에 대하여 처남 을이 새마을금고로부터 대출을 받는데 담보로 제공해주었는데, 보증을 서 준 처남이 부도를 내는 바람에 병의 지분이 경매에 붙여지게 되었다.

① 만일 새마을금고의 신청에 따른 경매절차에서 정이 낙찰을 받고 대금을 납입하였다면, 정은 갑과 을을 상대로 지분비율에 따라 위 임야 전체에 대한 소유권을 주장할 수 있는가?

② 위 집행절차에서 갑은 공유자로서 집행절차에서 우선매수권을 행사할 수 있는가?

제139조 (공유물지분에 대한 경매)

① 공유물지분을 경매하는 경우에는 채권자의 채권을 위하여 채무자의 지분에 대한 경매개시결정이 있음을 등기부에 기입하고 다른 공유자에게 그 경매개시결정이 있다는 것을 통지하여야 한다. 다만, 상당한 이유가 있는 때에는 통지하지 아니할 수 있다.

② 최저매각가격은 공유물 전부의 평가액을 기본으로 채무자의 지분에 관하여 정하여야 한다. 다만, 그와 같은 방법으로 정확한 가치를 평가하기 어렵거나 그 평가에 부당하게 많은 비용이 드는 등 특별한 사정이 있는 경우에는 그러하지 아니하다.

제140조 (공유자의 우선매수권)

① 공유자는 매각기일까지 제113조에 따른 보증을 제공하고 최고매수신고가격과 같은 가격으로 채무자의 지분을 우선매수하겠다는 신고를 할 수 있다.

② 제 1 항의 경우에 법원은 최고가매수신고가 있더라도 그 공유자에게 매각을 허가하여야 한다.

③ 여러 사람의 공유자가 우선매수하겠다는 신고를 하고 제 2 항의 절차를 마친 때에는 특별한 협의가 없으면 공유지분의 비율에 따라 채무자의 지분을 매수하게 한다.

④ 제 1 항의 규정에 따라 공유자가 우선매수신고를 한 경우에는 최고가매수신고인을 제114조의 차순위매수신고인으로 본다.

1. 우선매수권

가. 의 의

공유자 사이의 유대관계를 고려하여 부동산 공유지분에 대한 강제매각에 있어서 다른 공유자에게 최고가매수인과 동일한 조건으로 당해 지분을 매수할 지위를 인정하고 있다. 이를 공유자 우선매수권이라고 한다(제140조).

나. 우선매수권의 행사

집행관이 매각기일의 종결을 고지하기 전까지 당해 매각지분에 대한 우선매수신고를 하여야 한다. 입찰마감 이후라도 매각기일을 종결한다는 고지 전이면 우선매수를 신고할 수 있다.

≪판례≫ 우선매수신고의 종기[대법원 2000. 1. 28.자 99마5871 결정]

민사소송법 제650조 제 1 항은 공유자는 경매기일까지 보증을 제공하고 최고매수신고가격과 동일한 가격으로 채무자의 지분을 우선매수할 것을 신고할 수 있다고 규정하고, 같은 조 제 2 항은 제 1 항의 경우에 법원은 최고가매수신고에 불구하고 그 공유자에게 경락을 허가하여야 한다고 규정하고 있는데, 여기서 '경매기일까지'라 함은 집행관이 경매기일을 종결시키기 전까지를 의미하는 것으로서 공유자는 집행관이 최고가매수신고인의 성명과 가격을 호창하고 경매의 종결을 선언하기 전까지는 우선매수신고를 할 수 있다 할 것이고, 공유자의 우선매수권을 규정한 위 민사소송법 규정은 같은 법 제663조 제 2 항에 의하여 입찰의 경우에도 준용된다 할 것인바, 위와 같은 공유자의 우선매수권은 일단 최고가매수신고인이 결정된 후에 공유자에게 그 가격으로 경락 내지 낙찰을 받을 수 있는 기회를 부여하는 제도이고, 경매와 입찰은 최고가매수인을 결정하는 방법에 불과한 점을 고려하면 입찰의 경우에도 공유자의 우선매수신고시기는 집행관이 입찰의 종결을 선언하기 전까지이면 되지 경매와 달리 입찰마감시각까지로 제한할 것은 아니다(같은 취지 : 대법원 2002. 6. 17.자 2002마234 결정).

집행관은 매각기일의 종결을 고지하기에 앞서 우선매수권자의 출석과 우선매수권 행사여부를 확인하여야 한다. 보증의 제공이 있어야 함은 물론이나 반드시 우선매수신고와 동시에 제공할 필요는 없고 우선매수신고인을 최고가매수인으로 정하는 시점까지 제공하면 족하다. 우선매수신고와 별도로 매수신고를 한 것만으로 곧바로 우선매수권을 포기한 것으로 볼 것은 아니다.

≪판례≫ 우선매수권자의 입찰과 우선매수권포기[대법원 2002. 6. 17.자 2002마234 결정]

[1] 공유자가 입찰기일 이전에 집행법원 또는 집행관에게 공유자우선매수신고서를 제출하는 방식으로 우선매수신고를 한 경우에도 반드시 이와 동시에 입찰보증금(최고가입찰자가 제공하게 될 입찰보증금 이상의 금액)을 집행관에게 제공하여야만 적법한 우선매수신고를 한 것으로 볼 것은 아니고, 우선매수신고서만을 제출하거나 최고가입찰자가 제공한 입찰보증금에 미달하는 금액의 보증금을 제공한 경우에도 입찰기일에 입찰법정에서 집행관은 최고가입찰자와 그 입찰가격을 호창하고 입찰의 종결선언을 하기 전에 그 우선매수신고자의 출석 여부를 확인한 다음, 최고가입찰자의 입찰가격으로 매수할 의사가 있

는지 여부를 확인하여 즉시 입찰보증금을 제공 또는 추가 제공하도록 하는 등으로 그 최고입찰가격으로 매수할 기회를 주어야 한다.

[2] 입찰기일 전에 공유자우선매수신고서를 제출한 공유자가 입찰기일에 입찰에 참가하여 입찰표를 제출하였다고 하여 그 사실만으로 우선매수권을 포기한 것으로 볼 수도 없다.

다. 공유자와 최고가매수신고인의 관계

우선매수신고를 한 공유자에게는 최고가매수인과 같은 가격으로 매각을 허가하여야 한다. 이후에 최고가매수인이 추가로 매수신고가격을 더 높게 제시하는 것은 허용되지 아니한다(반대견해 있음). 다만 입찰방식이 아닌 호가매각방식에 있어서는 우선매수신고인과 최고가매수신고인 사이에 매수경쟁이 허용된다(반대견해 있음).

≪판례≫ **매수신고액을 증액한 추가매수신청**[대법원 2004. 10. 14.자 2004마581 결정]

구 민사소송법(2002. 1. 26. 법률 제6626호로 전문 개정되기 전의 것) 제663조 제 2 항에 의하여 입찰에 준용되는 같은 법 제650조 제 1 항, 제 2 항은 공유자가 우선매수권을 행사한 경우 법원은 그 공유자에게 경락을 허가하여야 한다고 규정하고 있고, 최고가입찰자로 하여금 당해 입찰기일에서 더 높은 입찰가격을 제시하도록 하는 것은 입찰의 본질에 반하는 것이며, 공유자와 최고가입찰자만이 참여하여 더 높은 입찰가격 내지 호가를 제시할 수 있는 새로운 입찰기일 등에 관한 절차규정도 없으므로, 공유자가 우선매수권을 행사한 경우에 최고가입찰자는 더 높은 입찰가격을 제시할 수 없다.

최고가매수인은 차순위매수신고인으로 간주되나 집행관의 매각기일종결의 고지 전까지 차순위매수신고인의 지위를 포기할 수 있다. 최고가매수신고인이 없으면 우선매수신고인에게 최저매각가격으로 매각을 허가할 것이나 이러한 경우에는 우선매수신고인이 보증제공을 하지 않음으로써 유찰을 유도하는 것이 보통이다.

라. 수인의 공유자

집행채무자 아닌 공유자가 수인인 경우에는 수인 모두에게 우선매수권이 인정된다. 이때 수인의 공유자가 우선매수신고를 한 경우에는 공유자 사이에 특별한 협의가 없는 한 공유지분의 비율에 따라 채무자의 지분을 매수하게 한다. 이를 공동입찰로 취급할 것은 아니다.

2. 적용범위

가. 형식적 경매

공유물분할을 위한 형식적 경매에서는 공유자의 우선매수권제도가 적용되지 않는다. 위와 같은 절차는 공유관계의 해체를 위한 것이므로 공유자 사이의 인적 유대관계를 고려할 필요가 없기 때문이다.

≪판례≫ 형식적 경매와 공유자우선매수권[대법원 1991. 12. 16.자 91마239 결정]

공유물분할판결에 기하여 공유물 전부를 경매에 붙여 그 매득금을 분배하기 위한 환가의 경우에는 공유물의 지분경매에 있어 다른 공유자에 대한 경매신청통지와 다른 공유자의 우선매수권을 규정한 민사소송법 제649조, 제650조는 적용이 없다.

나. 구분소유적 공동소유

구분소유적 공유관계에 있어서는 통상의 공유관계보다 공유자 사이의 인적 유대관계가 현저히 약하다. 그러므로 구분소유적 공유지분에 대한 강제경매절차에서는 공유자 우선매수권이 적용될 여지가 없다고 보아야 한다. 그러나 당해 공유지분에 관한 등기가 구분소유적 공유관계를 표상하고 있지 아니하면 특별한 사정이 없는 한 통상의 공유지분과 같이 취급하여, 그 지분에 대한 경매에 있어서도 공유자우선매수권을 인정하여야 할 것이다.

다. 일괄매각

수 개의 부동산을 일괄매각함에 있어서 일부의 부동산만에 대한 공유자에게는 우선매수권이 인정되지 아니한다.

≪판례≫ 일괄매각과 공유자매수권[대법원 2006. 3. 13.자 2005마1078 결정]

[1] 집행법원이 여러 개의 부동산을 일괄매각하기로 결정한 경우, 집행법원이 일괄매각결정을 유지하는 이상 매각대상 부동산 중 일부에 대한 공유자는 특별한 사정이 없는 한 매각대상 부동산 전체에 대하여 공유자의 우선매수권을 행사할 수 없다고 봄이 상당하다.
[2] 매수신고인의 우선매수신고 자체가 부적법하므로 민사집행법 제129조 제1항의 매각허가결정에 대한 즉시항고를 할 수 없다고 한 사례.

사례 34 〈해설〉 공유자우선매수권

1. 구분소유적 공유관계

갑 · 을 · 병은 위 야산에 관하여 내부관계에서는 각자가 특정부분을 단독소유하고 대외적으로는 공유하는 구분소유적 공유관계로 각자는 특정매수 부분의 소유권을 상호명의신탁을 한 것으로 볼 수 있다.

2. 집행의 대상(설문①에 대한 풀이)

구분소유적 공유지분에 대한 매각이 이루어지는 경우에 매수인은 구분소유라는 내부관계를 고려하지 아니하고 목적물 전체에 대한 공유지분을 취득하는 것인지 아니면 특정의 구분소유부분을 취득하는 것인지가 문제된다. 이에 대하여 판례는 매수인에게도 구분소유적 공유관계가 이어지는 것으로 보고 있다. 그러나 구분소유적 공유관계는 당초 공유자 사이의 내부관계일 뿐이며 대외적으로는 통상의 공유관계가 다를 것이 없다. 더욱이 명의신탁재산은 대외적으로 상대방의 선의·악의를 묻지 아니하고 수탁자의 재산으로 취급된다는 점을 고려하면 매수인에게도 구분소유적 공유관계가 이어진다고 보는 것은 옳지 않다고 본다. 또한 구분소유적 공유관계를 등기부의 기재만으로는 전혀 알 수 없는 것임에도 불구하고 매수인에게 구분소유관계를 인정하는 것은 매수인에게 지나치게 불리하게 된다. 따라서 당해 공유지분에 관한 등기가 구분소유적 공유관계를 표상하고 있는가의 여부에 따라 매수인의 권리취득의 대상을 정하여야 한다. 설문에서 등기부를 통하여서는 구분소유적 공유관계를 전혀 알 수 없으므로 매수인은 구분소유적 공유지분이 아닌 통상의 공유지분에 관한 권리를 취득한다고 보아야 한다.

3. 공유자우선매수권의 적용범위(설문②에 대한 풀이)

민사집행법은 공유지분에 대한 집행절차에 있어서 공유자 사이의 유대관계를 고려하여 채무자 아닌 다른 공유자에게 최고가매수인과 동일한 조건으로 우선 매수할 지위를 인정하고 있다. 그런데 구분소유적 공유관계는 통상의 공유관계보다 공유자 사이의 유대성이 현저하게 미약하고 목적물의 관리와 이용에 이해충돌의 가능성이 낮다. 따라서 판례는 구분소유적 공유관계가 매수인에게도 이어진다는 전제하에서 구분소유적 공유지분에 대한 매각절차에는 공유자우선매수권을 인정하지 아니하고 있다. 그런데 설문은 앞서 설명한 바와 같이 구분소유적 공유지분이 아닌 통상의 공유지분에 대한 경매절차에 관한 것이라고 보아야 하므로 갑은 공유자로서 집행절차에서 우선매수권을 행사할 수 있다고 보아야 한다.

제 9 절 매각결정절차

Ⅰ. 매각결정기일

제109조 (매각결정기일)

① 매각결정기일은 매각기일부터 1주 이내로 정하여야 한다.

② 매각결정절차는 법원 안에서 진행하여야 한다.

매각결정기일은 매각기일로부터 일주일 이내의 날로 정한다(제109조). 법원은 직권으로 매각결정기일을 변경할 수 있고 법원사무관 등은 최고가매수신고인·차순위매수신고인·이해관계인에게 이를 고지해야 한다(규칙 제73조). 변경된 기일을 공고할 필요는 없다.

≪판례≫ 매각결정을 공고하여야 하는지 여부[대법원 1981. 1. 19.자 80마96 결정]
변경된 경락기일을 우편송달 기타의 방법으로 이해관계인에게 통지하여 알렸으면 족하고 이를 공고하지 않았다고 하여 경락허가결정을 위법이라고 할 수 없다.

매각의 준비나 매각기일을 법관이 아닌 집행관이 진행하는 점에서 집행법원이 최종적으로 절차적인 문제점을 신중하게 재검토하는데 제도적 의의가 있다.

Ⅱ. 이해관계인의 진술

사 례 35 매각물건명세서의 하자

갑 소유의 주택에 관하여 을은 2005. 4. 6. 임대차계약에 따라 보증금 5,000만원을 지급한 다음 같은 날 전입신고와 이사를 마쳤다. 한편 정은 갑에게 위 주택에 관하여 2006. 9. 17. 근저당권설정등기를 마치고 돈을 빌려주었다. 그 후 정은 갑이 약속된 날짜에 돈을 갚지 아니하여 위 근저당권에 기한 경매를 신청하였다. 이에 집행법원은 경매개시결정을 내리고 매각기일에 맞추어 매각물건명세서를 작성·비치하였다. 그런데 집행법원은 을이 적법하게 배당요구를 하였음에도 그와 같은 사실을 매각물건명세서 기재에서 누락하고 말았다. 그로 인하여 매수인이 임차권을 인수하여야 하는 것처럼 취급된 나머지 입찰자가 없어 유찰을 반복하다가 최초의 최저매각가격에서 70퍼센트나 저감된 가격인 6,000만원에 낙찰되는 결과를 가져왔다. 이에 갑은 매각물건명세서의 위와 같은 하자로 인하여 지나치게 낮은 가격에 매각되었다는 사정을 지적하며 매각결정기일에 이의를 진술하고 있다. 갑의 이의진술은 타당한가?

제120조 (매각결정기일에서의 진술)

① 법원은 매각결정기일에 출석한 이해관계인에게 매각허가에 관한 의견을 진술하게 하여야 한다.

② 매각허가에 관한 이의는 매각허가가 있을 때까지 신청하여야 한다. 이미 신청한 이의에 대한 진술도 또한 같다.

1. 의 의

집행법원은 매각기일에 출석한 이해관계인에게 매각허가에 관한 의견을 진술하게 하여야 한다(제120조 1항). 이러한 매각결정기일의 이해관계인의 이의는 집행법상의 다른 구제수단과 경합하는 것으로 집행법이 마련하고 있는 독특한 형식의 구제수단이라고 할 수 있다. 그러나 실무상 매각결정기일에서의 이의진술이 있는 경우는 매우 드물다.

2. 이해관계인의 범위

여기의 이해관계인은 제90조의 이해관계인뿐만 아니라 최고가매수신고인, 보증을 찾아가지 아니한 매수신고인으로 자기에게 매각을 허가할 것을 구하는 자도 포함한다. 자세한 설명은 매각허부결정에 대한 항고인의 범위에 관한 설명을 참고하면 된다.

3. 이의사유

제121조 (매각허가에 대한 이의신청사유)

매각허가에 관한 이의는 다음 각호 가운데 어느 하나에 해당하는 이유가 있어야 신청할 수 있다.

1. 강제집행을 허가할 수 없거나 집행을 계속 진행할 수 없을 때
2. 최고가매수신고인이 부동산을 매수할 능력이나 자격이 없는 때
3. 부동산을 매수할 자격이 없는 사람이 최고가매수신고인을 내세워 매수신고를 한 때
4. 최고가매수신고인, 그 대리인 또는 최고가매수신고인을 내세워 매수신고를 한 사람이 제108조 각호 가운데 어느 하나에 해당되는 때
5. 최저매각가격의 결정, 일괄매각의 결정 또는 매각물건명세서의 작성에 중대한 흠이 있는 때
6. 천재지변, 그 밖에 자기가 책임을 질 수 없는 사유로 부동산이 현저하게 훼손된 사실 또는 부동산에 관한 중대한 권리관계가 변동된 사실이 경매절차의 진행중에 밝혀진 때
7. 경매절차에 그 밖의 중대한 잘못이 있는 때

제121조는 이의사유를 한정적으로 열거하고 있는 것으로 이해된다. 집행지연을 방지하기 위하여 이의사유를 제한하고 있는 것이다. 그러나 제121조는 제7호에 일반조항을 두고 있는 점에서 열거라는 의미는 거의 없다. 여기의 이의사

유는 대부분이 집행에 관한 이의·즉시항고·경매개시결정에 관한 이의 등에 있어서 불복사유가 된다.

가. 강제집행을 허가할 수 없거나 집행을 계속 진행할 수 없을 때(제 1 호)

강제집행을 허가할 수 없다는 것은 강제집행의 요건이나 강제집행개시의 요건 또는 강제경매신청의 요건 등에 있어서 하자로 강제집행을 허가할 수 없는 경우를 말한다. 집행절차상의 하자가 아닌 실체상 하자는 이의사유가 아니다. 집행을 계속할 수 없다는 것은 위와 같은 절차상의 하자가 집행의 진행 중에 발견된 것을 말한다.

나. 최고가매수신고인이 부동산을 매수할 능력이나 자격이 없는 때(제 2 호)

(1) **무 능 력** 매수할 능력이 없다고 하는 것은 매수인이 미성년자, 한정치산자, 금치산자 등에 해당하여 독립하여 법률행위를 할 수 없는 것을 말한다. 경제적 능력은 묻지 아니한다.

≪판례≫ **매수인의 경제적 능력**[대법원 2004. 11. 9.자 2004마94 결정]

구 민사소송법(2002. 1. 26. 법률 제6626호로 전문 개정되기 전의 것) 제633조 제 2 호는 경락허가에 대한 이의신청사유로 '최고가매수신고인이 부동산을 매수할 능력이나 자격이 없는 때'를 규정하고 있는바, 여기서 '매수할 능력이 없는 때'는 미성년자, 금치산자, 한정치산자와 같이 독립하여 법률행위를 할 수 있는 능력이 없는 경우를 의미하고, '매수할 자격이 없는 때'는 법률의 규정에 의하여 매각부동산을 취득할 자격이 없거나 그 부동산을 취득하려면 관청의 증명이나 인·허가를 받아야 하는 경우를 의미하는 것으로서, 부동산을 매수할 경제적 능력을 의미하는 것이 아니다.

(2) **무 자 격** 자격이 없다고 하는 것은 법령의 규정에 따른 입찰의 제한이 있거나 매각조건으로써 매수인의 자격제한이 있음을 말하며 이에 관하여는 앞서 자세히 설명하였다.

≪판례≫ **재경매절차에서 매수자격**[대법원 1978. 8. 30. 78마215 결정]

경락대금을 납입하지 아니한 전 경락인은 재경매에 참가할 수 없으므로 전 경락인이 한 재경매신청은 경락허가에 관한 이의사유에 해당하여 직권으로 경락을 허가하지 아니할 것이다.

≪판례≫ **불공정행위자의 매수자격제한**[대법원 1985. 2. 8.자 84마카31 결정]

경매절차에서 부정하게 경락받을 목적으로 경매사무를 취급하는 담당공무원에게 뇌물을 공여하는 범법행위를 함으로써 경매절차의 공정을 해한 경우 이는 경매법 제33조가 준용하는 민사소송법 제633조 제 2 호가 규정한 최고가 경매인이 매매계약을 체결하거나 부동산을 취득할 능력이 없는 경우에 해당하여 같은 법 제635조 제 2 항에 의한 경락불허가 사유가 된다.

≪판례≫ **농지취득자격증명 제출기한**[대법원 2007. 6. 29.자 2007마258 결정]

이 사건 토지에 관한 농지취득자격증명을 제출하지 아니하였다는 이유로 경매법원이 매각불허가결정을 한 이후, 재항고인이 그 결정에 대하여 항고를 하고 그 항고가 기각되자 재항고를 하여, 재항고사건이 계속 중에 비로소 농지취득자격증명을 제출하였다고 하더라도, 재항고심은 법률심으로서 사후심이므로 그와 같은 사유는 재항고심의 고려사유가 될 수 없다.

(3) **하자추완** 이러한 자격이나 능력은 입찰표 제출 당시에 구비하지 않았더라도 매각결정시까지 추완할 수 있는 것이다(제123조 2항). 매각허부결정에 대한 항고가 있은 경우에는 늦어도 항고에 대한 재판이 있을 때까지 추완하여야 한다.

≪판례≫ **농지취득자격증명제출의 종기**[대법원 2004. 2. 25.자 2002마4061 결정]

구 민사소송법(2002. 1. 26. 법률 제6626호로 전문 개정되기 전의 것)이 적용되는 사건에서 경매법원에 의하여 경락불허가결정이 내려진 이후 그 결정에 대한 항고사건 계속 중에 농지취득자격증명이 제출된 경우에는 항고법원으로서는 이와 같은 사유까지 고려하여 경락불허가결정의 당부를 판단하여야 할 것이다.

다. 부동산을 매수할 자격이 없는 사람이 최고가매수신고인을 내세워 매수신고를 한 때(제 3 호)

제 2 호 후단에 해당하는 자가 타인 명의로 매수신고를 하는 것을 말한다. 본 호는 입증의 어려움 때문에 별 의미가 없는 규정이다. 실무상 채무자가 다른 사람을 대리하여 입찰하거나 채무자의 가족이 입찰에 참여하는 경우가 적지 아니한데 그 자체로는 매각을 불허가할 사유가 되지 않는다. 그러나 이러한 경우에는 실질적으로는 채무자 자신의 계산으로 입찰하면서 매수자격이 제한되는 것을 피하기 위한 방책에 불과할 여지가 많으므로 집행법원은 매각결정기일에 채무자나 매수명의인을 심문할 필요가 있다.

무자격자가 타인명의로 매수신청을 하는 것과 달리 단순히 제 3 자를 내세워 매수신고를 한 사실은 본 호가 직접 규율하는 사항은 아니다. 이러한 타인명의에 의한 매수신고에 부동산실권리자명의의 등기에 관한 법률의 적용이 문제된다. 집행절차상의 매각이라도 그 본질은 사법상매매의 성질을 갖는 것이나 소송절차의 성질도 아울러 갖는 것으로 그 효력 여하는 획일적으로 정하여야 할 것이다. 그러므로 여기에는 부동산실명법이 적용될 여지가 없다고 본다(반대견해 있음).

라. 최고가매수신고인, 그 대리인 또는 최고가매수신고인을 내세워 매수신고를 한 사람이 제108조 각호 가운데 어느 하나에 해당되는 때(제 4 호)

집행관은 매각장소의 질서유지를 위하여 매수신청을 제한할 수 있는데(제108조) 이러한 매수신청의 제한을 받는 자가 타인 명의로 매수신고를 하는 것을 말한다. 제 4 호와 마찬가지로 별 의미가 없는 규정이다.

마. 최저매각가격의 결정, 일괄매각의 결정 또는 매각물건명세서의 작성에 중대한 흠이 있는 때(제 5 호)

(1) **최저매각가격결정의 하자** 　최저매각가격의 결정에 중대한 흠이 있다고 하는 것은 최저매각가격의 결정절차나 감정인의 자격 또는 감정평가방법에 위법한 하자가 있어 이로 인하여 최저매각가격결정이 위법하게 되는 것을 말한다. 단순히 감정평가액과 이에 기초한 최저매각가격이 시가에 비하여 저렴하다는 것만으로는 본 호에 해당하지 않는다. 감정평가액의 산정이 사회통념상 현저하게 부당하거나 감정평가의 일반적 기준에 현저하게 위배된 경우여야 한다. 매각의 대상의 일부를 누락하거나 최저매각가격의 저감이 잘못된 경우도 이에 해당한다.

≪판례≫ 채권최고액과 감정평가액[대법원 2000. 6. 23.자 2000마1143 결정]

경매부동산에 설정된 근저당권들의 채권최고액이 추가 담보로 제공된 다른 부동산의 담보가치나 사실상 같은 담보 목적으로 양도된 건물 기성 부분에 대한 담보가치까지 아울러 고려하여 정해진 것이라는 등의 사정들을 감안하더라도 경매부동산에 설정된 근저당권들의 채권최고액의 합계액이 감정인의 경매부동산에 대한 감정평가 금액의 수배에 달하고 있는 점 등에 비추어 그 감정평가는 감정평가의 일반적 기준에 현저하게 반하거나 사회통념상 현저하게 부당하여 이를 최저경매가격으로 정한 집행법원의 결정에 중대한 하자가 있다고 한 사례.

≪판례≫ 평가대상의 일부누락[대법원 2000. 11. 2.자 2000마3530 결정]

[1] 감정인이 일부 경매대상 물건에 대하여 소재불명이라 하여 평가하지 못한 경우, 그 소재불명의 원인이나 경위 추급에 의한 원상회복의 가능 여부를 기록상 알 수 없고 저당권자나 소유자가 추급권을 행사하지도 아니한 상황이라면 경매법원이 추급의 가능 여부를 조사하여 추급할 책무가 있는 것도 아니므로, 경매법원이 추급권의 행사 없이 사실상 현존하는 물건에 대하여 경매절차를 진행하였다 하여 중대한 하자가 있다고 할 수 없다. [2] 일부 경매대상 물건이 감정평가에서 누락되었다 하더라도 감정인의 총평가액과 누락

부분의 가액, 후순위 근저당권자의 배당가능성 등을 고려하여 그 누락부분이 낙찰을 허가하지 아니하여야 할 정도로 중대한 것인 경우에만 최저경매가격의 결정에 중대한 하자가 있는 것으로 판단될 수 있다.

(2) **일괄매각결정의 하자** 일괄매각결정에 중대한 하자가 있다고 하는 것은 일괄매각결정절차에 위법성이 있거나 일괄매각요건에 위배한 일괄매각결정이 있는 것을 말한다.

≪판례≫ 경매목적물 이외의 물건과 일괄경매[대법원 2000. 11. 2.자 2000마3530 결정]

경매 목적 토지 및 건물과 별개의 독립한 시설 또는 건물에 대하여 경매신청인의 별도의 경매청구는 물론이고 어느 누구로부터도 일괄경매의 대상이 된다는 주장이나 소명조차 없는 상태에서 경매절차가 진행되어 입찰 대상 토지 및 건물에 대한 낙찰허가결정까지 있게 되었다면, 그 후 후순위 저당권자로서는 그와 같은 별개의 독립한 건물에 대하여 일괄경매를 하여야 한다는 소명자료를 제출하면서 경매절차에 있어 최저경매가격결정이나 일괄경매결정에 하자가 있다고 주장할 수 없다.

(3) **매각물건명세서작성의 하자** 매각물건명세서에 기재할 사항이 누락되었거나 기재내용에 중대한 오류 또는 매각물건명세서작성절차상에 하자가 있는 것을 말한다. 구체적인 판단은 당해 하자가 매수신고가격을 결정하는 데 어느 정도의 영향을 미치는 것인가에 따라 합리적으로 정할 것이다.

≪판례≫ 인수되는 것으로 잘못 취급된 임차권[대법원 1999. 9. 6.자 99마2696 결정]

입찰기일까지 입찰물건명세서에 입찰 목적물인 주택의 임차인의 전입신고일자가 저당권설정일자보다 앞선 일자로 잘못 기재되어 있어 임차인이 대항력을 갖춘 것처럼 보이게 되었는데 임차인이 입찰기일까지 배당요구를 하지 않은 경우, 일반 매수희망자들은 그 주택을 낙찰받을 경우 임대인으로서의 지위를 승계하게 될 것으로 생각할 것이므로, 그러한 입찰물건명세서상의 하자는 매수희망자들이 매수의사나 매수신고가격을 결정함에 있어 중대한 영향을 미치는 중대한 하자에 해당한다.

≪판례≫ 선순위 임차인의 배당요구기재 누락[대법원 1999. 11. 15.자 99마4498 결정]

입찰물건명세서에 선순위 임차인의 배당요구 사실이 기재되지 않았다는 사정만으로는 민사소송법 제633조 제6호 소정의 '물건명세서의 작성에 중대한 하자가 있는 때'에 해당하지 않는다고 본 사례.

≪판례≫ 임차인과 소유자 사이의 부자관계[대법원 2000. 1. 19.자 99마7804 결정]

최선순위 근저당권자보다 먼저 대항력을 갖추었으나 확정일자를 부여받지 않아 경락대금에서 배당받지 못하고 경락인이 임대인의 지위를 양수해야 하는 임차인과 그 부동산의 소유자가 부자관계에 있다는 사실을 입찰물건명세서에 기재하지 않은 것이 민사소송법 제633조 제 6 호 소정의 '입찰물건명세서의 작성에 중대한 하자가 있는 때'에 해당하지 않는다고 한 사례.

≪판례≫ 효력 없는 배당요구사실 미기재[대법원 2001. 9. 25. 선고 2001다1942 판결]

구 주택임대차보호법(1999. 1. 21. 법률 제5641호로 개정되기 전의 것)상 제 3 자에 대한 대항요건과 확정일자를 갖춘 선순위 임차인이 입찰기일까지 배당요구를 하지 않은 경우에 일반 매수희망자는 그 주택을 낙찰 받게 되면 그 임대차에 관한 권리 · 의무를 승계하여야 할 것으로 예상하고 입찰에 참가하게 되는 것인바, 위 임차인이 입찰이 끝난 후 낙찰기일 전에 배당요구를 하였으나 임대차가 아직 종료되지 아니하였고 법원에 의한 배당요구사실의 통지가 임대인인 채무자 또는 소유자에게 도달되지도 아니한 결과 위 배당요구에도 불구하고 임차주택의 환가대금에서 임차보증금을 우선변제 받을 수 없고, 따라서 일반 매수희망자(또는 최고가매수신고인)가 여전히 위 권리 · 의무를 승계하게 된다고 하더라도, 이는 당초부터 예상한 바와 같은 것이어서 입찰물건명세서에 임차인의 배당요구사실이 기재되어 있지 않았다는 사정만으로는 일반 매수희망자가 그 매수의사나 매수신고가격을 결정함에 있어서 어떠한 영향을 받게 되었다고 보기는 어렵고, 뿐더러 배당요구 사실의 통지 여부나 그 도달 여부는 경매물건명세서의 기재사항이 아님은 민사소송법 제617조의2의 문언상 명백하므로, 물건명세서상 임차인의 배당요구나 그 통지에 관한 사항이 기재되지 아니하였다고 하여 낙찰불허가 사유가 되는'물건명세서의 작성에 중대한 하자가 있는 때'에 해당하는 것으로 볼 수는 없다고 할 것이다(만일 입찰 후 낙찰기일 전에 우선변제권 있는 임차인에 의한 배당요구가 있었고 그 임대차가 이미 종료된 것이거나 배당요구 사실이 임대인에게 통지됨으로써 임대차 종료의 효력이 발생되었다면, 경매법원으로서는 낙찰을 불허가하고 다시 경매에 부치는 등의 조치를 취하여야 할 것이다).

바. 천재지변, 그 밖에 자기가 책임을 질 수 없는 사유로 부동산이 현저하게 훼손된 사실 또는 부동산에 관한 중대한 권리관계가 변동된 사실이 경매절차의 진행 중에 밝혀진 때(제 6 호)

매수인의 귀책사유 없이 부동산이 현저하게 훼손되는 것과 같은 물리적 변경이나 인수할 권리가 변동되는 것과 같은 권리관계의 변동이 발생한 것을 말한다. 목적물의 일부가 수용되거나 목적물의 교환가치가 감소된 경우도 이에 해당한다. 후단의 중대한 권리관계의 변동과 관련하여 인수할 권리가 변동되는 것은 과거에 우선변제력있는 임차인이 배당요구를 철회하는 경우가 그 대표적인 사유라 할 수 있었는데 현재 배당요구종기제도를 도입함으로써 이러한 이의사유는 현저하게 감소하였다.

≪판례≫ **매각허가결정 후에 목적물의 수용**[대법원 1993. 9. 27.자 93마480 결정]

경매부동산의 일부가 수용되거나 멸실된 때에는 그 수용되거나 멸실된 부분에 대하여는 구 민사소송법(1990. 1. 13. 법률 제4201호로 개정되기 전의 것, 이하 같다) 제633조 제1호 후단의 "집행을 속행하지 못할 일" 및 제635조 제2항 단서의 "경매한 부동산이 양도할 수 없는 것"에 해당하고, 또 경매법원에 의하여 경락허가결정이 내려진 이후 그 결정에 대한 항고사건 계속중에 경매부동산의 일부가 수용되거나 멸실된 경우에는 항고법원으로서는 이와 같은 사유까지 고려하여 경락허가결정의 당부를 판단하여야 할 것이므로, 항고법원은 그 수용이나 멸실된 부분에 대하여는 민사소송법 제643조 제3항, 구 민사소송법 제635조 제2항, 제633조 제1호 등에 의하여 직권으로 경락허가결정을 취소하고 경락을 불허하여야 하고, 수용되거나 멸실된 부분을 제외한 부분의 상황 등에 비추어 경락인이 잔존부분만을 매수할 의사가 있다고 인정되지 아니하는 경우에는 그 부동산 전부에 대하여 경락을 불허하여야 한다.

≪판례≫ **매수신고 이전에 목적물의 교환가치감소**[대법원 2001. 8. 22.자 2001마2652 결정]

민사소송법 제639조 제1항은 "매수가격의 신고 후에 천재·지변 기타 자기가 책임을 질 수 없는 사유로 인하여 부동산이 훼손된 때에는 최고가매수인은 경락불허가신청을, 경락인은 대금을 납부할 때까지 경락허가결정의 취소신청을 할 수 있다. 다만, 부동산의 훼손이 경미한 때에는 그러하지 아니하다."라고 규정하고 있는바, 부동산에 물리적 훼손이 없는 경우라도 부동산의 교환가치가 감손된 때에는 위 규정이 유추적용된다 할 것이고, 또한 부동산의 훼손이 매수가격의 신고 전에 있었던 경우라도 그 훼손 및 이를 간과한 것이 자기가 책임을 질 수 없는 사유로 인한 것인 때에도 위 규정이 유추적용된다.

≪판례≫ **매각기일 후 유치권신고**[대법원 2007. 5. 15.자 2007마128 결정]

부동산 임의경매절차에서 매수신고인이 당해 부동산에 관하여 유치권이 존재하지 않는 것으로 알고 매수신청을 하여 이미 최고가매수신고인으로 정하여졌음에도 그 이후 매각결정기일까지 사이에 유치권의 신고가 있을 뿐만 아니라 그 유치권이 성립될 여지가 없음이 명백하지 아니한 경우, 집행법원으로서는 장차 매수신고인이 인수할 매각부동산에 관한 권리의 부담이 현저히 증가하여 민사집행법 제121조 제6호가 규정하는 이의 사유가 발생된 것으로 보아 이해관계인의 이의 또는 직권으로 매각을 허가하지 아니하는 결정을 하는 것이 상당하다(대법원 2005. 8. 8.자 2005마643 결정 참조).

사. 경매절차에 그 밖의 중대한 잘못이 있는 때

본 호는 이의사유에 관한 일반조항이다. 구체적 논의는 절차진행의 개별적 사항에 대한 설명을 참고하면 된다.

4. 이의의 제한

제122조 (이의신청의 제한)
이의는 다른 이해관계인의 권리에 관한 이유로 신청하지 못한다.

가. 사익규정

이의사유는 이의진술자 자신의 권리에 관한 것이어야 한다. 다른 이해관계인의 권리침해를 이유로는 이의사유로 삼을 수 없다(제122조). 이해관계인의 범위와 보장되는 권리의 범위에 관하여는 앞서 상세히 설명하였다.

≪판례≫ 사익규정위배와 이해관계인의 권리침해[대법원 2004. 11. 9.자 2004마94 결정]

구 민사소송법(2002. 1. 26. 법률 제6626호로 전문 개정되기 전의 것) 제633조 각 호가 정한 이의사유는 이해관계인 개인의 권리와 관계없는 공익적 규정 위배인 경우와 개인의 권리에 관계되는 사익적 규정 위배인 경우로 나누어지고, 공익적 규정을 위배한 경우 이의가 없더라도 법원이 직권으로 참작하여 경락불허의 결정을 하여야 하므로 이의의 제한은 의미가 없고, 사익적 규정을 위배한 경우 다른 이해관계인의 권리에 관한 위법을 가지고 이의사유를 주장하는 것은 이의진술자에게 아무런 이익이 없기 때문에 다른 이해관계인의 권리에 관한 사유로 이의를 진술하는 것을 금지하고 있는 것이다.

나. 공익규정

제122조에 의한 이의의 제한은 사익보호를 위한 규정위반을 이유로 한 이의사유에만 적용된다. 왜냐하면 공익적 규정에 위배된 경우에는 이의진술이 없는 경우라도 법원이 직권으로 매각허부결정에 고려해야 하기 때문이다.

다. 이의진술종기

이해관계인은 매각결정기일에 출석하여 매각허가결정이 선고되기 전에 말로써 이의를 하여야 한다.

5. 이의에 대한 판단

이의가 정당한 경우 법원은 매각불허가결정을 하여야 한다. 그러나 이의진술은 집행법상의 구제수단이라고 할 것이나 이는 독립한 신청은 아니어서 이의가 정당하지 아니한 경우 법원은 이의자체에 대하여 응답할 필요 없이 매각허가결정을 하면 된다. 이 경우 이의진술자는 매각허가결정에 대하여 즉시항고로 다툴 것이고 이의가 받아들여지지 않았다는 것 자체를 별도로 다투지 못한다.

≪판례≫ **매각결정에 대한 이의 배척에 대한 불복**[대법원 1983. 7. 1.자 83그18 결정]

경락에 관한 이의는 독립된 청구나 신청이 아니어서 경매법원이 이를 참고로 하여 경락허부의 결정을 선고하면 되는 것이고, 따로 그 이의에 대하여 인용한다거나 기각한다는 재판을 할 필요는 없는 것이며 이의가 받아들여지지 아니한 경우에도 이의를 진술한 이해관계인은 경락허가 결정에 대한 즉시항고를 할 수 있을 뿐 별도로 경락에 관한 이의가 받아들여지지 아니한데 대한 불복항고를 할 수 없다.

사례 35 〈해설〉 매각물건명세서의 하자

민사집행법은 제121조 5호에서 매각허가에 대한 이의신청사유로 '매각물건명세서의 작성에 중대한 흠이 있는 때'를 규정하고 있다. 사례에서는 '을의 배당요구사실'에 관하여 매각물건명세서의 기재하지 아니한 것이 이러한 이의사유에 해당하는지가 문제된다. 이와 관련하여 대법원 99마4498 결정의 요지를 살펴보면 "입찰물건명세서에 선순위 임차인의 배당요구사실이 기재되지 않았다는 사정만으로는 민사소송법 제663조 제6호 소정의 '물건명세서의 작성에 중대한 하자가 있는 때'에 해당하지 않는다"라고 설시하고 있다. 그러나 위 결정은 그 이유에서 선순위 임차인이 배당요구 한 보증금액이 당초 감정평가액의 1.3%, 매각기일에서 최저입찰가격의 4%, 매수신고가격의 3.1%에 불과함을 지적하며 그 하자의 정도가 '중대'하지 아니하다는 결론을 이끌어 내고 있다. 따라서 단순히 위 결정의 요지만을 내세워 매각결정의 기준으로 생각하는 것은 곤란하다. 사례는 위 결정의 사실관계와 달리 최초의 최저가격에서 을의 임차보증금액이 차지하는 비율이 25%에 이르는 사정을 고려해 볼 때, 갑의 이의진술은 타당하다고 본다.

Ⅲ. 매각허부결정

1. 의 의

제123조 (매각의 불허)

① 법원은 이의신청이 정당하다고 인정한 때에는 매각을 허가하지 아니한다.

② 제121조에 규정한 사유가 있는 때에는 직권으로 매각을 허가하지 아니한다. 다만, 같은 조 제2호 또는 제3호의 경우에는 능력 또는 자격의 흠이 제거되지 아니한 때에 한한다.

제126조 (매각허가여부의 결정선고)

① 매각을 허가하거나 허가하지 아니하는 결정은 선고하여야 한다.

② 매각결정기일조서에는 민사소송법 제152조 내지 제154조와 제156조 내지 제158조 및 제164조의 규정을 준용한다.

제128조 (매각허가결정)

① 매각허가결정에는 매각한 부동산, 매수인과 매각가격을 적고 특별한 매각조건으로 매각한 때에는 그 조건을 적어야 한다.

② 제 1 항의 결정은 선고하는 외에 대법원규칙이 정하는 바에 따라 공고하여야 한다.

집행법원은 매각결정기일에 이해관계인의 진술(제120조 1항)을 참고함은 물론 직권으로 매각불허가사유(제123조 2항)가 있는지를 조사하여 매각허부를 결정한다. 결정임에도 반드시 이를 반드시 선고하여야 한다(제126조 1항). 매각허가결정은 선고에 나아가 공고도 하여야 하나(제128조 제 2 항) 이해관계인에게 송달할 필요는 없다.

≪판례≫ 매각허가결정의 송달요부[대법원 1984. 4. 4.자 84마127 결정]

경매법 제33조 제 2 항에서 준용되는 민사소송법 제640조 제 2 항은 경락을 허가하는 결정은 선고하는 외에 법원 게시판에 공고하도록 규정하고 있으므로 이런 절차를 밟음으로써 족하고 그 결정을 이해관계인에게 송달할 필요는 없다(같은 취지: 대법원 1985. 9. 21.자 85마566 결정, 대법원 2000. 1. 31.자 99마6589 결정).

2. 과잉매각금지

제124조 (과잉매각되는 경우의 매각불허가)

① 여러 개의 부동산을 매각하는 경우에 한 개의 부동산의 매각대금으로 모든 채권자의 채권액과 강제집행비용을 변제하기에 충분하면 다른 부동산의 매각을 허가하지 아니한다. 다만, 제101조 제 3 항 단서에 따른 일괄매각의 경우에는 그러하지 아니하다.

② 제 1 항 본문의 경우에 채무자는 그 부동산 가운데 매각할 것을 지정할 수 있다.

가. 의 의

앞서 설명한 제121조 1호에서 7호까지의 사유에 대한 이의가 없더라도 직권으로 조사한 결과 그 사유가 인정되는 경우에는 매각을 불허가하여야 한다(제123조 2항). 한편 이와 별도로 민사집행법 제124조는 과잉매각금지에 관한 규정을 두고 있다. 즉 여러 개의 부동산을 매각하는 경우에 한 개의 부동산의 매각대금으로 모든 채권자의 채권액과 강제집행비용을 변제하기 충분한 경우에는 다른 부동산의 매각을 불허가해야 하는 것이다.

나. 채무자의 지정권

과잉매각에 해당하는 경우 채무자는 매각허가결정이 선고되기 전에 서면으로 매각을 허가할 부동산을 지정할 수 있다(규칙 제52조). 채무자의 지정이 없는 경우에는 법원이 자유재량으로 정한다.

≪판례≫ 채무자의 지정권 미행사[대법원 1966. 10. 10.자 66마891 결정]
경락기일의 종결에 이르기까지 채무자가 매각할 부동산을 지정하지 않아 경매법원이 결정한 것은 위법이 아니다.

다. 일괄매각 등의 예외

토지와 건물을 일괄매각하는 경우나 일괄매각하지 아니하면 그 경제적 효용이 현저하게 떨어지는 경우나 채무자의 동의가 있는 경우 또는 필요적 일괄매각 등에는 과잉매각금지의 적용이 없다(제124조 1항, 제101조 3항). 위와 경우에 해당하지 아니하는 통상의 일괄매각에서는 과잉매각금지의 예외가 인정되지 아니한다.

≪판례≫ 대지와 건물의 일괄매각과 과잉매각금지[대법원 1970. 1. 30.자 69마1307 결정]
대지상에 건물이 건립되어 있어 이를 일괄하여 경매신청을 한 경우에 있어서는 그 대지와 건물이 등기부상 독립된 별개 부동산으로 되어 있고 그중 1필만의 매각대금으로써 채무액을 변제할 수 있다 하더라도 이를 분리하여 취급함으로써 그 소유권자를 달리하게 되면 그 부동산간의 상호 이용관계에 있어서 제한을 받게 되고 부동산의 경제적 가치를 저감하게 되므로 이러한 경우에는 일괄경매를 하여 동일소유자에게 귀속케 함이 상당하다(같은 취지: 대법원 1985. 7. 23.자 85마269 결정, 대법원 1968. 9. 30.자 68마890 결정).

라. 채무자의 다툼

과잉매각금지에 위반한 매각을 허가한 것에 대하여는 채무자는 즉시항고로 다툴 수 있다. 항고법원이 이를 직권으로 조사할 사항은 아니다.

≪판례≫ 과잉매각사정에 관한 주장책임[대법원 1978. 4. 20.자 78마45 전원합의체 결정]
과잉경매라를 하였는지의 여부는 항고심의 직권조사 사항이라 할 수 없고 제항고인들이 원심에서 과잉경매임을 주장한 흔적이 없으므로 원심에서 주장하지 아니한 위와 같은 새로운 사실을 들어 제항고이유로 삼을 수 없다(다수의견).

3. 매각불허가결정 이후의 절차

제125조 (매각을 허가하지 아니할 경우의 새 매각기일)

① 제121조와 제123조의 규정에 따라 매각을 허가하지 아니하고 다시 매각을 명하는 때에는 직권으로 새 매각기일을 정하여야 한다.

② 제121조 제 6 호의 사유로 제 1 항의 새 매각기일을 열게 된 때에는 제97조 내지 제105조의 규정을 준용한다.

제141조 (경매개시결정등기의 말소)

경매신청이 매각허가 없이 마쳐진 때에는 법원사무관 등은 제94조와 제139조 제 1 항의 규정에 따른 기입을 말소하도록 등기관에게 촉탁하여야 한다.

매각불허가결정 이후의 절차는 불허가의 원인인 된 이의사유(제121조)에 따라 다르다. 이의사유가 종국적으로 매각을 불허할 사유인 경우에는 불허가결정의 확정 그 자체로 집행절차는 종료하게 된다. 이러한 경우 경매신청을 각하하거나 경매개시결정을 취소하는 별도의 재판이 필요 없이 그 자체로 집행절차는 종료한다. 이의사유가 종국적으로 매각을 불허할 것이 아닌 경우에는 새매각기일을 정하여 집행절차를 계속한다. 다만 집행절차를 일시정지를 명하는 서류의 제출이 있는 경우에는 집행절차는 집행정지사유에 관한 최종적인 판단이 있을 때까지 정지상태에 있게 된다. 수개의 부동산에 대한 매각절차가 일부 부동산에 대하여 과잉경매를 이유로 매각불허가결정이 있게 되는 경우에는 나머지 부동산에 대한 매각대금의 납부를 기다려 집행절차를 종료할 것이다.

4. 매각허부결정의 효력발생시기

제126조 (매각허가여부의 결정선고)

③제 1 항의 결정은 확정되어야 효력을 가진다.

제133조 (매각을 허가하지 아니하는 결정의 효력)

매각을 허가하지 아니한 결정이 확정된 때에는 매수인과 매각허가를 주장한 매수신고인은 매수에 관한 책임이 면제된다.

매각허부결정은 확정되어야 효력이 발생한다(제126조 3항). 그러므로 매각허가결정에 대한 즉시항고가 있는 경우에는 집행법원은 대금지급기한이나 배당기일을 정하는 것과 같은 절차를 진행하여서는 아니 된다.

≪판례≫ 매각허가 확정 전 대금지급기한결정[대법원 1992. 2. 14. 선고 91다40160 판결]

경매법원의 경락허가결정에 대하여 이해관계인으로부터 즉시항고가 제기되어 위 경락허가결정이 확정되지 아니한 경우, 경매법원은 대금지급기일을 지정할 수 없는 것이고, 설사 경락허가결정 확정 전의 일자로 대금지급기일의 지정이 있었다고 하더라도 그 기일지정은 아무런 효력이 없고, 따라서 그 기일에 경락인이 경락대금을 납부하지 아니하였다 하더라도 경락허가결정이 그 효력을 상실하는 것은 아니다.

매각허부결정은 선고한 날로부터 1주일 내에 즉시항고가 없으면 확정된다. 항고기간이 지난 후에 즉시항고가 있는 경우 결정으로 항고장을 각하한다(제15조 5항). 매각불허가결정이 확정되면 매수인과 매각허가를 주장한 매수인은 불허가의 이유가 자신의 귀책사유에 기한 것이 아닌 경우에는 매수에 관한 책임이 면제되어(제133조) 매수신고보증금을 돌려받을 수 있다.

Ⅳ. 매각허부결정에 대한 구제수단

1. 매각허부결정에 대한 즉시항고

제129조 (이해관계인 등의 즉시항고)

① 이해관계인은 매각허가여부의 결정에 따라 손해를 볼 경우에만 그 결정에 대하여 즉시항고를 할 수 있다.
② 매각허가에 정당한 이유가 없거나 결정에 적은 것 외의 조건으로 허가하여야 한다고 주장하는 매수인 또는 매각허가를 주장하는 매수신고인도 즉시항고를 할 수 있다.
③ 제 1 항 및 제 2 항의 경우에 매각허가를 주장하는 매수신고인은 그 신청한 가격에 대하여 구속을 받는다.

제130조 (매각허가여부에 대한 항고)

① 매각허가결정에 대한 항고는 이 법에 규정한 매각허가에 대한 이의신청사유가 있다거나, 그 결정절차에 중대한 잘못이 있다는 것을 이유로 드는 때에만 할 수 있다.
② 민사소송법 제451조 제 1 항 각호의 사유는 제 1 항의 규정에 불구하고 매각허가 또는 불허가결정에 대한 항고의 이유로 삼을 수 있다.
③ 매각허가결정에 대하여 항고를 하고자 하는 사람은 보증으로 매각대금의 10분의 1에 해당하는 금전 또는 법원이 인정한 유가증권을 공탁하여야 한다.
④ 항고를 제기하면서 항고장에 제 3 항의 보증을 제공하였음을 증명하는 서류를 붙이지 아니한 때에는 원심법원은 항고장을 받은 날부터 1주 이내에 결정으로 이를 각하하여야 한다.
⑤ 제 4 항의 결정에 대하여는 즉시항고를 할 수 있다.
⑥ 채무자 및 소유자가 한 제 3 항의 항고가 기각된 때에는 항고인은 보증으로 제공한 금전이나 유가증권을 돌려 줄 것을 요구하지 못한다.
⑦ 채무자 및 소유자 외의 사람이 한 제 3 항의 항고가 기각된 때에는 항고인은 보증으로 제공한 금전이나, 유가증권을 현금화한 금액 가운데 항고를 한 날부터 항고기각결정이 확정된 날까지의 매각대금에 대한 대법원규칙이 정하는 이율에 의한 금액(보증으로 제공한 금전이나, 유가증권을 현금화한 금액을 한도로 한다)에 대하여는 돌려 줄 것

을 요구할 수 없다. 다만, 보증으로 제공한 유가증권을 현금화하기 전에 위의 금액을 항고인이 지급한 때에는 그 유가증권을 돌려 줄 것을 요구할 수 있다.

⑧ 항고인이 항고를 취하한 경우에는 제6항 또는 제7항의 규정을 준용한다.

제131조 (항고심의 절차)

① 항고법원은 필요한 경우에 반대진술을 하게 하기 위하여 항고인의 상대방을 정할 수 있다.

② 한 개의 결정에 대한 여러 개의 항고는 병합한다.

③ 항고심에는 제122조의 규정을 준용한다.

제132조 (항고법원의 재판과 매각허가여부결정)

항고법원이 집행법원의 결정을 취소하는 경우에 그 매각허가여부의 결정은 집행법원이 한다.

가. 의 의

이해관계인은 매각허부결정으로 손해를 볼 경우에 매각허부결정에 대하여 즉시항고로 불복할 수 있다(제129조). 통상항고나 특별항고 또는 집행에 관한 이의로는 다툴 수 없다.

≪판례≫ 매각허가결정에 대한 특별항고의 가부[대법원 1990. 3. 31.자 90그12 결정]

강제경매절차에서의 경락허가결정은 이에 대하여 같은 법 제641조 제2항의 규정에 따라 이해관계인이 즉시항고를 할 수 있으므로 불복을 신청할 수 없는 결정에 해당하는 것이 아니어서 특별항고의 대상이 될 수 없다.

≪판례≫ 매각허가결정에 대한 이의신청, 선해적법[대법원 1994. 7. 11.자 94마1036 결정]

경락허가결정에 대한 불복방법으로서는 즉시항고만이 인정되고 이의의 방법은 허용되지 아니하므로 이의신청이라는 제목으로 제출된 불복은 이를 즉시항고로 보아 처리함이 상당하다(사법보좌관의 처분에 대한 이의제도가 도입됨으로써 위 판례는 무의미하게 되었다고 본다/필자 각주).

나. 사법보좌관의 처분에 대한 이의절차의 경유

부동산강제경매는 사법보좌관의 업무이다. 그러므로 매각허부결정도 집행법원 내의 사법보좌관이 하게 된다. 이러한 내부적 직무분담의 변화에 따라 매각허부결정에 대한 곧바로 즉시항고로 다툴 것이 아니고 사법보좌관의 처분에 대한 이의를 신청하도록 하고 있다. 그러나 이의절차와 즉시항고절차가 별도로 나뉘는 것은 아니고 이의가 이유 없다고 인정되면 이의신청이 즉시항고로 취급되어 그 기록이 항고법원으로 송부된다. 이의신청서에는 인지를 붙일 필요가 없고 이유서 제출이 강제되지 않으며 보증의 제공을 필요로 하지 않는다. 그러나 이의신청이 배척되어 즉시항고로 취급되는 경우에는 인지와 이유서 및 보증을 보완하여야 한다.

다. 즉시항고의 요건

(1) **항고권자** 항고권자는 이해관계인과 매수인 및 매수신고인에 한한다. 이러한 항고권자는 매각허부결정시를 기준으로 항고권자로 인정되는 자이어야 한다. 가압류권자와 같이 항고권 없는 자의 항고는 각하하여야 한다.

≪판례≫ 매각허가결정 이후의 권리신고인[대법원 1994. 9. 13.자 94마1342 결정]

같은 법 제607조 제4호 소정의 이해관계인이라 하여 경락허가결정이나 낙찰허가결정에 대하여 즉시항고를 제기하기 위하여는 경락허가결정이나 낙찰허가결정이 있을 때까지 그러한 사실을 증명하여야 하고, 경락허가결정이나 낙찰허가결정이 있은 후에 그에 대하여 즉시항고장을 제출하면서 그러한 사실을 증명하는 서류를 제출한 때에는 그 제4호 소정의 이해관계인이라 할 수 없으므로 그 즉시항고는 부적법하다.

㈎ **이해관계인** 이해관계인만이 항고할 수 있다. 여기의 이해관계인은 경매절차에서 일반적인 이해관계인(제90조)의 범위보다 넓게 보아야 할 것이며 대체로 앞서 설명한 매각결정기일에 이의를 진술할 수 있는 자(제120조)가 이에 해당한다. 나아가 제120조에서 정하는 이해관계인이라고 하더라도 실질적으로 매각허부결정으로 손해를 보는 자만이 항고를 할 수 있다.

≪판례≫ 항고재판을 다툴 수 있는 자[대법원 2002. 12. 24.자 2001마1047 전원합의체 결정]

경락허가결정에 대한 즉시항고에 대하여 항고법원이 항고를 기각한 경우 항고인만이 재항고를 할 수 있고 다른 사람은 그 결정에 이해관계가 있다 할지라도 재항고를 할 수 없는 것이지만 항고법원이 항고를 인용하여 원결정을 취소하고 다시 상당한 결정을 하거나 원심법원으로 환송하는 결정을 하였을 때에는 그 새로운 결정에 따라 손해를 볼 이해관계인은 재항고를 할 수 있다.

여기서의 항고의 이해관계로서의 손해 개념은 대단히 넓은 것으로 재산상의 손해에 한하지 아니하고 절차상의 권리침해도 포함하는 것이다.

≪판례≫ 기일통지누락에 따른 절차적 권리침해[대법원 2001. 3. 22.자 2000마6319 결정]

경매법원이 이해관계인에게 입찰기일 및 낙찰기일을 통지하지 아니한 채 입찰기일의 경매절차를 속행하여 낙찰이 이루어지게 하였다면 그 이해관계인은 이로 인하여 법이 보장하고 있는 절차상의 권리를 침해당한 손해를 받았다고 할 것이어서 낙찰허가결정에 대하여 즉시항고를 할 수 있다고 할 것이고, 입찰기일 또는 낙찰기일을 통지받지 못함으로 인하여 그 이해관계인에게 구체적 또는 추상적으로 재산상의 손해가 발생한 경우에 한하여 그 이해관계인이 즉시항고를 할 수 있는 것은 아니다(같은 취지: 대법원 2002. 12. 24. 자 2001마1047 전원합의체 결정).

그러나 매각허부결정에 대한 항고에 나아가 손해배상청구를 함에 있어서는 절차상 권리침해가 있는 것만으로는 부족하고 실제로 재산상의 손해발생이 인정되어야 한다.

1) 채 권 자 　채권자는 형식적으로 이해관계인에 해당한다. 그러나 실질적으로 손해가 없는 경우에는 항고권자가 될 수 없다. 매각허가결정의 경우에 집행절차상의 위법이 있다고 하더라도 매각대금으로 완전한 만족을 얻는 채권자는 매각허가결정을 다투지 못한다. 그러므로 매각허가결정에 대해서는 완전한 만족을 얻지 못한 채권자만이 즉시항고할 수 있다. 매각불허가결정의 경우에는 채권자는 만족을 전혀 얻지 못하므로 항상 손해가 발생하였다고 볼 여지가 있다. 그러나 다른 한편 매각이 이루어지지 않았으므로 소제주의가 작동하지 않는다는 측면에서 실질적인 손해의 유무를 다시 살펴보아야 한다. 이러한 경우 압류채권자는 비록 채권의 만족이라는 강제집행신청의 목적을 달성하지 못하였다는 측면에서 실질적인 손해발생을 인정할 수 있으므로 항고의 이익이 있다고 볼 것이다. 그러나 다른 채권자의 경우에는 단순히 집행절차에 편승한 것뿐이며 채권의 존속에 전혀 영향이 없으므로 항고의 이익이 없다고 볼 여지가 있다.

2) 채무자 및 소유자 　채무자나 소유자는 형식적으로 이해관계인에 해당하나 실질적인 손해발생 유무에 따라 항고의 이익이 있는지가 정해진다. 매각불허가로 인하여 단순히 채무의 변제시기가 늦어짐으로 인하여 지체이자의 부담이 늘어난다는 것만으로는 손해발생이라고 볼 수 없다. 매각허가결정의 경우에 채무자나 소유자는 절차상의 위법으로 인하여 자신들에게 손해가 발생하였는지 여부를 구체적으로 판단하여 항고이익 유무를 판단하여야 한다. 채무자에게는 매수자격이 없으므로 다른 항고권자와 달리 단순히 매각기일을 통지받지 못하였다는 사유만으로는 손해발생이 인정되지 않는다.

≪판례≫ 매각기일통지누락과 권리침해[대법원 2001. 7. 10. 선고 2000다66010 판결]

민사소송법상 부동산입찰절차의 이해관계인에게 입찰기일과 낙찰기일을 통지하도록 규정하고 있는 취지는, 입찰절차의 이해관계인은 입찰기일에 출석하여 목적부동산이 지나치게 저렴하게 매각되는 것을 방지하기 위하여 필요한 조치를 취할 수도 있고, 채무자를 제외하고는 스스로 매수신청을 하는 등 누구에게 얼마에 매각되느냐에 대하여 직접적인 이해관계를 가지고 있을 뿐 아니라, 입찰기일에 출석하여 의견진술을 할 수 있는 권리가 있는 이해관계를 가진 사람들이므로, 입찰기일과 낙찰기일을 공고만으로 고지하는 것은 충분하지 못하다는 점을 고려하여 개별적으로 이러한 기일에 관하여 통지를 함으로써 입찰절차에 참여할 기회를 부여한다는 데에 있다 할 것인바, 이와 같이 입찰기일과 낙찰기일을 채무자에게 통지하는 취지에 비추어 보면, 스스로는 매수신청을 할 수 없는 채무자에게 입찰기일과 낙찰기일을 통지하지 아니하여 채무자가 절차의 진행을 알지 못하여 입찰절차에 참가할 수 없었던 상황에서 경매목적물이 제 3 자에게 낙찰되어 그 낙찰대금을 납입함으로써 채무자가 경매목적물의 소유권을 상실하게 되었다고 하더라도, 특별한 사정이 없는 이상 입찰기일 및 낙찰기일 등을 통지받지 못하였다는 그러한 절차상의 위법 사유만으로는 그로 인하여 채무자에게 어떠한 손해가 발생하였다고 볼 수는 없다.

(나) **매수인과 매수신고인** 매수인과 매수신고인의 항고이익은 앞의 이해관계인과 약간 다른 기준에 따라 정해진다. 이에 관해서는 제129조 2항에서 규정하고 있는데 매수인의 경우는 매각허가에 정당한 이유가 없거나 매각허가결정에 적은 것 이외의 조건으로 허가하여야 한다고 주장하는 경우이어야 하고, 매수신고인은 자기에게 매각허가결정을 해야 함을 주장하는 경우이어야 한다. 전매수인은 원칙적으로 재매각결정을 다투지 못하나 재매각에 이른 사정의 고유한 위법에 관하여는 다툴 수 있다.

(2) **항고이유** 매각허가결정에 관하여 앞서 설명한 매각결정기일에 진술할 이의사유(제121조)가 있거나 결정절차에 중대한 하자가 있거나(제130조 1항) 또는 민사소송법상의 재심사유가 있을 때에만(제130조 2항) 다툴 수 있다. 매각불허가결정에 관하여는 불허가의 이유로 삼은 불허가원인이 없다는 것을 항고이유로 삼을 것이므로 항고이유에 특별한 제한이 없다. 제130조 2항은 매각불허가에 대하여 재심사유가 있음을 항고이유로 삼을 수 있다고 규정하고 있으나 매각허가결정에 대한 항고에서와는 달리 주의적 규정에 불과하다고 할 것이다. 항고법원은 항고장 또는 항고이유서에 기재된 사항에 한하여 심리할 수 있다. 다만 원심재판에 영향을 미친 법령위반 또는 사실오인이 있는지에 관하여는 직권으로 조사할 수 있다(제15조 7항). 과잉매각금지의 위반은 직권조사사항이 아님은 앞서 설명하였다.

(3) **항고기간**

(가) **항고의 기간제한** 매각허부결정은 결정형식의 재판임에도 선고를 하

는 점에 특색이 있으며 선고한 때에 이해관계인의 출석 여부를 불문하고 고지의 효력이 있다(규칙 제74조).

≪판례≫ **매각허가결정 후의 집행정지서류제출**[대법원 1980. 9. 24. 선고 80다1411 판결]

경락허가 결정은 선고함으로써 그 효력이 발생하는 것이므로 경락허가 결정 공고보고서에 그 시간의 기재가 없다고 하더라도 이미 발생한 경락허가 결정의 효력에는 아무런 영향이 없다.

그러므로 이에 대한 즉시항고는 선고한 날로부터 7일 이내에 항고장을 원심법원에 제출하여야 한다(제15조 2항). 매각허부결정을 예상하여 그 선고 이전에 미리 항고하는 것은 부적법하다.

≪판례≫ **매각허가결정에 대한 사전항고**[대법원 1998. 3. 9.자 98마12 결정]

낙찰허가결정이 선고되기 전에 존재하지도 아니한 낙찰허가결정을 대상으로 하여 제기된 항고는 부적법하다고 할 것이고, 그 항고가 부적법하다는 이유로 각하되지 않고 있는 동안에 항고인에게 불이익한 낙찰허가결정이 선고되었다고 하여도 당해 항고는 적법한 것으로 되지 아니한다.

(나) **추완항고** 항고기간은 불변기간으로 추완항고가 인정된다(제23조, 민소법 제173조). 그러므로 매각대금이 납입되고 배당절차를 거쳐 당해 집행절차가 종료된 이후라도 예외적으로 매각허가결정에 대한 즉시항고가 허용될 여지도 있다. 항고의 추완신청이 허용되면 매각허가결정의 확정력과 그에 따른 대금지급의 효력까지 소급적으로 효력을 상실하며, 이러한 결론은 항고법원이 추완항고를 이유 없음을 지적하며 기각하는 경우라도 마찬가지이다.

≪판례≫ **추완항고에 따른 법률상태**[대법원 2007. 12. 27. 선고 2005다62747 판결]

[1] 공유자에 대한 통지 누락 등 경매절차상의 하자로 인하여 경락허가결정에 대한 추완항고가 받아들여지면 경락허가결정은 확정되지 아니하고 따라서 그 이전에 이미 경락허가결정이 확정된 것으로 알고 경매법원이 경락대금 납부기일을 정하여 경락인으로 하여금 경락대금을 납부하도록 하였더라도 이는 적법한 경락대금의 납부가 될 수 없다.

[2] 경매법원 공무원에게 부과된 공유자에 대한 통지의무가 직접적으로는 공유자의 우선매수권이나 이해관계인으로서의 절차상 이익과 관계되는 것이기는 하지만, 공유자에 대한 통지가 적법하게 행해지지 않은 채로 경매절차가 진행되면 뒤늦게라도 그 절차상의 하자를 이유로 경락허가결정이 취소될 수 있고 경매법원의 적법한 절차진행을 신뢰하고 경매에 참여하여 경락을 받고 법원의 지시에 따라 경락대금납부 및 소유권이전등기까지 마친 경락인으로서는 불측의 손해를 입을 수밖에 없어 위와 같은 통지 기타 적법절차의

준수 여부는 경락인의 이익과도 밀접한 관계가 있고, 위와 같은 일련의 과정에서 경매법원 스스로 그 하자를 시정하는 조치를 취하지 않는 이상 특별히 경락인이 불복절차 등을 통하여 이를 시정하거나 위 결과 발생을 막을 것을 기대할 수도 없으며, 경락인의 손해에 대하여 국가배상 이외의 방법으로 구제받을 방법이 있는 것도 아니라는 점에서, 경매법원 공무원의 위 공유자통지 등에 관한 절차상의 과오는 경락인의 손해 발생과 사이에 상당인과관계가 있다.

[3] 경락허가결정에 대하여 추완항고가 받아들여지면 그 경락허가결정 자체가 확정되지 않은 것으로 되고 설사 경락인이 이미 그 경락대금을 완납하고 소유권이전등기를 마쳤다고 하더라도 처음부터 소유권을 취득하지 못한 것으로 되므로, 이 경우 경락인이 입은 손해는 자신에 대한 경락이 적법 유효한 것으로 믿고 출연한 금액이 될 뿐이지, 그 경락부동산의 소유권을 일단 취득하였다거나 취득할 수 있는 권리가 있었음을 전제로 그 부동산의 시가와 경락대금반환액의 차액 또는 그 시가상승분의 일실손해로 파악할 것은 아니다.

[4] 경매법원 공무원의 과실로 인하여 경락허가결정 및 경락대금납부가 모두 소급적으로 효력을 잃고 무위로 돌아가게 되었다면 국가가 그로 인하여 경락인이 입은 손해로서 지출한 경락대금 상당액을 배상하여야 할 것인바, 이 경우 경락인의 국가에 대한 손해배상청구권은 그 손해 발생일인 경락대금납부일에 발생하고 그때 이행기가 도래하는 것이므로 국가는 그날부터 갚는 날까지 민법 소정의 연 5%의 비율에 의한 지연이자를 지급하여야 한다. 대법원규칙인 '법원보관금취급규칙' 제 7 조 및 대법원재판예규인 '법원보관금취급규칙의 시행에 따른 업무처리지침' 제 3 조 제 2 항의 규정에 의하면 경락대금 등 법원보관금에 대하여는 연 2%의 이자율을 적용하도록 되어 있으나, 이는 경락대금을 법령에 의하여 적법하게 보관하는 경우에 적용되는 것이지, 위법한 경매절차의 진행으로 뒤에 경락허가결정이 취소되고 경락대금의 납부도 모두 부적법한 것으로 평가되는 결과 그 대금을 경락인에게 반환하여 배상하는 경우에 적용되는 규정은 아니므로, 경매법원이 실제 경락대금을 반환하면서 경락대금에 대한 연 2%의 이율에 의한 이자만을 가산 지급하였다면 그 지급액과 민법이 정한 연 5%의 비율에 의한 지연이자와의 차액만큼은 여전히 전보되지 않은 손해로 남게 되어 국가는 경락인에게 이를 배상하여야 한다.

[5] 부동산에 관한 경락대금이 완납된 후 법원의 촉탁에 의하여 경락에 따른 소유권이전등기가 경료되기 위하여는 그 등기촉탁서에 국민주택채권매입필증이 첨부되어야 하고, 이를 위하여 경락인이 국민주택채권을 매입하는 데 지출한 비용은 위 경락으로 인한 소유권이전등기를 위한 필수적인 부대비용이며, 위와 같은 연유로 국민주택채권을 매입하게 되는 경우 일반적으로 위 채권의 상환기간이 장기이고 그 이율도 시중금리나 민사법정이율보다 낮아 이를 액면가보다 낮은 가격으로 매각하여 현금화하고 그 차액인 할인료 상당액을 등기비용으로 인식하는 것이 보통이므로, 경락인이 경락부동산에 대한 소유권이전등기를 경료하기 위하여 통상의 방법으로 국민주택채권을 매입하였다가 이를 액면가에 미달하는 금액으로 매각하였고 그 매각대금이 시세에 비추어 적정한 것이라면, 경매법원 공무원의 위법한 경매절차의 진행으로 경락허가결정이 취소된 경우에 경락인으로서는 그 차액 상당의 손해배상을 청구할 수 있다(같은 취지: 대법원 1998. 3. 4.자 97마962 결

정, 대법원 2002. 12. 24.자 2001마1047 전원합의체 결정).

(4) **항고이유서 제출강제주의** 항고장에 항고이유를 기재하지 아니한 때에는 항고장을 제출한 날로부터 10일 이내에 항고이유서를 원심법원에 제출하여야 한다. 항고이유서의 제출이 없으면 원심법원은 즉시항고를 각하한다(제15조 3·4·5항). 각하결정에 대하여는 즉시항고로 다툴 수 있다. 이때의 즉시항고는 그 성질이 집행절차상의 즉시항고로 파악되므로 집행정지의 효력이 없다.

(5) **항고보증**

(가) **의 무 자** 구법상으로는 채무자와 소유자 및 경락인이 항고하는 경우에만 보증을 제공하도록 한 것을 절차지연방지를 위해 항고를 제기하는 모든 자가 보증을 제공하도록 개정하였다.

(나) **보증제공의무** 매각허가결정에 대하여 항고를 하고자 하는 자는 모두 매각대금의 10분의 1에 해당하는 현금 또는 유가증권을 보증으로 공탁하여야 한다(제130조 3항). 보증서로서 갈음할 수는 없다. 그러나 매각불허가결정에 대한 항고에는 보증의 제공을 요하지 않는다. 보증의 제공이 없으면 원심법원은 항고장을 받은 날로부터 1주일 안에 결정으로 이를 각하한다. 각하에 앞서 반드시 보증을 제공하도록 보정을 명하여야 하는 것은 아니다.

≪판례≫ 항고인이 2인 이상인 경우 보증제공[대법원 2006. 11. 23.자 2006마513 결정]

[1] 민사집행법 제130조 제3항은 "매각허가결정에 대하여 항고를 하고자 하는 사람은 보증으로 매각대금의 10분의 1에 해당하는 금전 또는 법원이 인정한 유가증권을 공탁하여야 한다"고 규정하고 있는바, 위 규정의 입법 취지는 매각허가결정에 불복하는 모든 항고인에 대하여 보증금을 공탁할 의무를 지움으로써 무익한 항고를 제기하여 절차를 지연시키는 것을 방지하고자 하는 데 있는 점, 매각허가결정에 대한 항고는 이해관계인이 매각허가에 대한 이의신청사유가 있는 경우 등에만 할 수 있는데, 그 이의에 대하여 민사집행법 제122조는 다른 이해관계인의 권리에 관한 이유로 이의를 신청하지 못한다고 규정하고 있는 점, 민사집행법 제90조에서 경매절차의 이해관계인이 될 수 있는 사람을 제한적으로 열거하고 있는 점, 복수의 항고인이 매각허가결정에 대하여 항고를 제기하는 경우 항고장을 함께 제출하는지 별도로 제출하는지라는 우연한 사정에 따라 제공할 보증의 액이 달라지는 것은 불합리한 점 등을 종합하여 보면, 매각허가결정에 대하여 즉시항고를 제기하는 항고인이 2인 이상인 경우에는, 그들이 경매절차에서의 이해관계의 기초가 되는 권리관계를 공유하는 등의 특별한 사정이 없는 한, 항고인별로 각각 매각대금의 10분의 1에 해당하는 금전 또는 유가증권을 공탁하여야 한다고 봄이 상당하다.

[2] 항고장에 민사집행법 제130조 제4항에 정한 보증으로 매각대금의 10분의 1에 해당하는 현금 또는 법원이 인정한 유가증권을 담보로 공탁하였음을 증명하는 서류를 붙이지

아니한 경우 법원이 항고장을 각하함에 있어 적당한 기간을 정하여 그 공탁을 명하거나 그 서류를 제출할 것을 내용으로 하는 보정명령을 하여야 하는 것은 아니다(같은 취지: 대법원 1991. 2. 13.자 90그71 결정).

이러한 각하결정에 대한 항고는 재항고가 아니라 즉시항고이다(제130조 4항, 5항). 구법하의 판례를 민사집행법이 명문으로 규정한 것이다. 또한 통상의 즉시항고가 아닌 집행절차상 즉시항고로 집행정지효가 인정되지 아니한다.

≪판례≫ 항고장각하결정에 대한 항고의 성질[대법원 1995. 1. 20.자 94마1961 결정]

[1] 민사소송법은 강제집행절차에 있어서 집행법원의 재판에 대한 불복방법으로서 즉시항고(제517조)와 집행에 관한 이의(제504조)를 마련하고 있는데, 그중 즉시항고는 원칙적으로 특별한 규정이 있는 경우에 한하여 허용되는 것이나(제517조 제 1 항), 특별한 규정이 없는 경우에도 해석상 그와 동일하게 취급되어야 한다고 인정되는 때에는 허용된다고 할 것인바, 강제집행절차에 있어서도 같은 법 제413조의 규정이 적용되므로 같은 규정에 의하여 소송절차상의 항소심에 관한 같은 법 제 368조의2 규정이 준용된다 할 것이고, 따라서 경매부동산의 소유자 등 이해관계인이 경락허부결정에 대하여 불복하여 즉시항고를 한 경우에 있어서 원심법원인 경매법원의 재판장은 그 항고장이 같은 법 제413조, 제367조 제 2 항의 규정에 위배된 경우 및 그 항고장에 법률의 규정에 의한 인지를 붙이지 아니한 경우에 상당한 기간을 정하여 보정을 명하였음에도 항고인이 흠결을 보정하지 아니한 때와 항고기간이 경과하였음이 명백한 때에는 명령으로 위 항고장을 각하하여야 하고(제368조의2 제 1 항, 제 2 항), 그 각하명령에 대하여는 즉시항고의 방법으로 불복할 수 있다고 할 것이고(제368조의2 제 3 항), 강제집행절차상의 원심재판장의 항고장각하명령과 같은 법 제642조 제 5 항 소정의 원심법원의 항고장각하결정은, 남항고의 방지와 절차의 촉진이라는 제도의 취지 및 각하됨으로 인한 이해관계인(특히 항고인)의 이해 등을 같이 하여 그 성질에 있어서 서로 다를 바가 없으므로, 항고인이 위 각하명령에 대하여 같은 법 제413조, 제368조의2 제 3 항에 의하여 즉시항고의 방법으로 불복할 수 있는 것과 마찬가지로 위 각하결정에 대하여도 같은 규정에 의하여 즉시항고의 방법으로 불복할 수 있다고 보아야 한다.

[2] 같은 법 제642조 제 5 항 소정의 원심법원의 항고장각하결정에 대하여는 '확정되어야 효력이 있다'는 규정이 없으며, 그 각하결정에 대한 즉시항고에는 집행정지의 효력이 없고(제517조 제 2 항), 따라서 그 즉시항고로 인하여 경락허가결정의 확정이 차단되지 아니하므로 강제집행절차는 정지되지 아니한다.

[3] 같은 법 제642조 제 5 항 소정의 원심법원의 항고장각하결정은 경락허가결정을 1차적인 처분으로 한 원심법원이 그 경락허가결정의 당부에 관하여 항고법원의 재판을 대신하여 판단하는 2차적인 처분이 아니라, 그 경락허가결정의 당부와는 무관하게 채무자 또는 소유자가 그 경락허가결정에 불복하여 제출한 즉시항고장에 보증의 제공이 있음을 증명하는 서류가 첨부되었는지 여부에 관하여 자기 몫으로 판단하는 1차적인 처분으로서, 그

에 대한 불복방법인 위 즉시항고는 성질상 최초의 항고라고 할 것이므로, 위 각하결정에 대한 불복신청을 재항고로 보아야 한다는 당원의 종전견해(1991. 5. 15.자 91그7 결정)는 이를 변경하기로 한다.

[4] 항고인이 비록 원심법원의 항고장각하결정정에 대하여 불복하면서 제출한 서면에 '재항고장'이라고 기재하였다고 하더라도 이는 즉시항고로 보아야 한다는 이유로, 대법원에 기록송부된 사건을 그 관할법원인 항고법원으로 이송한 사례.

(다) **보증반환 등** 항고가 인용되는 경우에는 보증을 돌려줄 것이지만 항고가 기각되는 경우에는 제재가 따른다. 채무자나 소유자의 항고가 기각되는 경우에는 보증을 돌려줄 것을 청구하지 못하고(제130조 6항) 보증금은 배당할 금액에 포함된다(제147조 1항 3호). 그 외의 자의 항고기각의 경우에는 항고를 한 날부터 항고기각결정이 확정된 날까지의 매각대금에 대하여 연 2할의 비율에 의한 금액을 공제한 금액만을 돌려줄 것을 청구할 수 있다(제130조 7항). 어느 경우에나 보증의 한도에서만 제재가 따르고 배당하고 남은 것이 있으면 돌려줄 것을 청구할 수 있다(제147조 2항). 항고를 취하한 경우에도 항고기각의 경우와 같은 제재가 따른다(제130조 8항).

라. 항고심의 절차

(1) **단면적 불복절차** 항고절차는 대립당사자구조를 요하지 않는 편면적 구조를 갖는 것으로 변론이 반드시 필요한 것은 아니다.

≪판례≫ 항고심의 심리방법[대법원 2001. 3. 22.자 2000마6319 결정]

항고법원이 항고사건을 심리함에 있어서 변론을 열거나 이해관계인을 심문할 것인지 여부를 결정하는 것은 그 항고법원의 자유재량에 속한다고 할 것이고, 특별한 사정이 없는 한 항고법원이 변론을 열거나 이해관계인을 심문하지 않은 채 서면심리만으로 결정에 이르렀다고 하여 이를 위법하다고 할 수 없다.

다만 집행법원은 재량으로 필요하다고 판단되면 항고인이 상대방을 정할 수 있다(제131조 1항). 상대방이 있다고 하여도 항고장을 상대방에게 반드시 송달하여야 하는 것도 아니다.

≪판례≫ 상대방에 대한 항고장의 송달 요부[대법원 1997. 11. 27.자 97스4 결정]

항고는 원칙적으로 두 당사자의 대립을 예상하지 않는 편면적인 불복절차로서 항고인과 이해가 상반되는 자가 있는 경우라도 판결절차에 있어서와 같이 엄격한 의미의 대립을 인정할 수 있는 것이 아니므로, 항고장에 반드시 상대방의 표시가 있어야 하는 것도 아니고, 항고장을 상대방에게 송달하여야 하는 것도 아니다.

그 밖에 특별한 규정이 있는 경우를 제외하고는 일반의 항고절차에 따른다.

(2) **필요적 병합** 하나의 매각허부결정에 대해서 수개의 항고가 있는 경우에 항고절차를 신속하고 통일되게 처리하기 위하여 수개의 항고를 반드시 병합하여 재판한다(제131조 2항).

(3) **사후심절차** 매각허부결정에 대하여 항고법원이 즉시항고를 인용하는 경우 항고법원은 매각허부결정을 취소하는 데 그치고 매각허부결정은 집행법원이 다시 하게 된다(제132조). 종래 매각허부결정을 항고법원이 직접 할 수 있는가에 대하여 논의가 있었으나 이를 입법적으로 해결한 것이다. 구법상 원심법원의 매각허부결정을 변경하거나 파기한 재판의 공고에 관한 규정(구 민사소송법 제644조)도 삭제하였다.

(4) **불 복** 항고를 각하하거나 기각하는 항고심의 재판에 대해서 항고인은 재항고할 수 있다. 재항고하는 자가 항고시에 보증의 제공이 있었다면 재항고에는 보증의 제공이 필요하지 않다. 매각불허가결정을 항고법원이 취소하고 집행법원이 매각허가결정을 하는 경우에는 다시 매각허가결정에 대하여 즉시항고를 할 수 있다.

2. 매각허가결정에 대한 준재심신청

매각허가결정이 확정된 이후라도 재심사유가 있으면 준재심을 신청할 수 있다(제23조). 당해 집행절차가 종료된 이후라도 마찬가지이다. 매각허가결정 확정전에 재심사유가 있는 경우에는 즉시항고로 다투어야 함은 앞서 설명하였다.

3. 매각허가결정의 취소신청

제127조 (매각허가결정의 취소신청)

① 제121조 제 6 호에서 규정한 사실이 매각허가결정의 확정 뒤에 밝혀진 경우에는 매수인은 대금을 낼 때까지 매각허가결정의 취소신청을 할 수 있다.

② 제 1 항의 신청에 관한 결정에 대하여는 즉시항고를 할 수 있다.

제134조 (최저매각가격의 결정부터 새로 할 경우)

제127조의 규정에 따라 매각허가결정을 취소한 경우에는 제97조 내지 제105조의 규정을 준용한다.

가. 확정된 매각허가결정에 대한 취소신청

(1) **취소신청** 매각허가결정이 확정된 이후라도 앞서 설명한 제121조 제 6 호의 이의사유가 매각허가결정확정 후에 밝혀진 경우에는 매수인은 대금을 낼 때까지 매각허가결정의 취소를 신청할 수 있다(제127조 1항).

≪판례≫ 인수범위변동과 매각허가결정취소신청[대법원 1998. 8. 24.자 98마1031 결정]

선순위 근저당권의 존재로 후순위 임차권의 대항력이 소멸하는 것으로 알고 부동산을 낙찰받았으나, 그 이후 선순위 근저당권의 소멸로 인하여 임차권의 대항력이 존속하는 것으로 변경됨으로써 낙찰부동산의 부담이 현저히 증가하는 경우에는, 낙찰인으로서는 민사소송법 제639조 제 1 항의 유추적용에 의하여 낙찰허가결정의 취소신청을 할 수 있다.

≪판례≫ 중대한 권리관계의 변동[대법원 2005. 8. 8.자 2005마643 결정]

[1] 매각허가에 대한 이의신청사유를 규정한 민사집행법 제121조 제 6 호에서 말하는 '부동산에 관한 중대한 권리관계의 변동'이라 함은 부동산에 물리적 훼손이 없는 경우라도 선순위 근저당권의 존재로 후순위 처분금지가처분(내지 가등기)이나 대항력 있는 임차권 등이 소멸하거나 또는 부동산에 관하여 유치권이 존재하지 않는 것으로 알고 매수신청을 하여 매각허가결정까지 받았으나 그 이후 선순위 근저당권의 소멸로 인하여 처분금지가처분(내지 가등기)이나 임차권의 대항력이 존속하는 것으로 변경되거나 또는 부동산에 관하여 유치권이 존재하는 사실이 새로 밝혀지는 경우와 같이 매수인이 소유권을 취득하지 못하거나 또는 매각부동산의 부담이 현저히 증가하여 매수인이 인수할 권리가 중대하게 변동되는 경우를 말한다.

[2] 부동산의 경매절차에서 근린생활시설인 매각목적물을 업무시설로 잘못 적용하여 가격평가를 하였다는 사유가 민사집행법 제127조 제 1 항에 의한 매각허가결정의 취소사유가 되지 않는다고 한 사례.

(2) **대금감액청구** 한편 목적물의 멸실이 일부에 불과하여 매수인이 잔존물에 대하여 매수의사에 변함이 없는 경우에는 취소신청에 갈음하여 매각대금의 감액을 구할 수도 있다.

≪판례≫ 목적물의 일부멸실과 하자담보책임[대법원 2005. 3. 29.자 2005마58 결정]

임의경매절차가 진행되어 그 낙찰허가결정이 확정되었는데 그 낙찰대금 지급기일이 지정되기 전에 그 낙찰목적물에 대한 소유자 내지 채무자 또는 그 매수인의 책임으로 돌릴 수 없는 사유로 말미암아 그 낙찰목적물의 일부가 멸실되었고, 그 낙찰인이 나머지 부분이라도 매수할 의사가 있어서 경매법원에 대하여 그 낙찰대금의 감액신청을 하여 왔을 때에는 경매법원으로서는 민법상의 쌍무계약에 있어서의 위험부담 내지 하자담보책임의 이론을 적용하여 그 감액결정을 허용하는 것이 상당하고(대법원 1979. 7. 24.자 78마248 판결, 대법원 2004. 12. 24.자 2003마1665 판결 등 참조), 한편 낙찰목적물의 일부가 "멸실"된 때라 함은 물리적인 멸실뿐만 아니라 경매개시결정이 취소되는 등의 사유로 낙찰인이 당해 목적물의 소유권을 취득할 수 없게 된 경우도 이에 포함된다고 봄이 상당하다.

(3) **취소결정에 대한 불복 등** 취소신청에 관한 결정에 대해서는 즉시항고로 다툴 수 있다(제127조 2항). 매각허가결정의 취소 이후의 절차는 앞서 설명하였다.

나. 확정 전 매각하가결정에 대한 취소신청

매각허가결정이 선고되었으나 그 확정 전에 강제집행의 일시정지를 명한 취지를 적은 재판의 정본(제49조 2호)이 제출된 경우에는 매수인은 매각대금을 낼 때까지 매각하가결정의 취소신청을 할 수 있다. 이 신청에 대한 결정에 대하여는 즉시항고로 다툴 수 있다(규칙 제50조).

제10절 매각대금납부절차

Ⅰ. 대금지급기한

제142조 (대금의 지급)

① 매각허가결정이 확정되면 법원은 대금의 지급기한을 정하고, 이를 매수인과 차순위매수신고인에게 통지하여야 한다.
② 매수인은 제 1 항의 대금지급기한까지 매각대금을 지급하여야 한다.
③ 매수신청의 보증으로 금전이 제공된 경우에 그 금전은 매각대금에 넣는다.
④ 매수신청의 보증으로 금전 외의 것이 제공된 경우로서 매수인이 매각대금중 보증액을 뺀 나머지 금액만을 낸 때에는, 법원은 보증을 현금화하여 그 비용을 뺀 금액을 보증액에 해당하는 매각대금 및 이에 대한 지연이자에 충당하고, 모자라는 금액이 있으면 다시 대금지급기한을 정하여 매수인으로 하여금 내게 한다.
⑤ 제 4 항의 지연이자에 대하여는 제138조 제 3 항의 규정을 준용한다.
⑥ 차순위매수신고인은 매수인이 대금을 모두 지급한 때 매수의 책임을 벗게 되고 즉시 매수신청의 보증을 돌려 줄 것을 요구할 수 있다.

1. 의 의

매각허가결정이 확정되면 집행법원은 대금지급기한을 정하여 이를 매수인과 차순위매수신고인에게 이를 통지한다(제142조 1항).

2. 기　　한

기한은 매각허가결정이 확정된 날부터 1개월 이내의 날로 정하되 집행기록이 상소법원에 있는 경우에는 그 기록을 송부받은 날로부터 1개월 이내의 날로 정한다(규칙 제78조).

통상은 매각허가결정일로부터 4주간의 기한을 주는 것이 보통이다. 구법상 대금지급기일제도를 대금지급기한제도로 바꾸고 매수인과 차순위매수신고인에 대한 소환제도는 폐지하였다.

참고로 공매절차에서는 매각대금이 천만원 미만인 경우에는 7일, 천만원 이상인 경우에는 60일의 기한을 부여하되 매수인이 기한 내에 매각대금을 납부하지 못하면 지연이자를 가산함이 없이 10일간을 추가로 부여하는 것이 보통이다(국세징수법 제75조).

Ⅱ. 매각대금지급

사 례 36 차액납부방식에 의한 대금지급

을은 갑에게 을 소유의 시가 1억원 상당의 나대지에 아파트를 지어 분양하면 높은 수익을 낼 수 있다고 꾀어 을이 퇴직금으로 받은 돈 3억원을 빌렸다. 그러나 갑은 을에게 약속대로 위 토지에 최선순위로 근저당권을 설정해 주었을 뿐, 아파트 공사는 아예 시작도 아니 하고 잠적해 버렸다. 을은 어쩔 수 없이 위 토지를 임의경매에 붙였다. 한편 을은 위 토지가 좋은 길목에 위치한 사정을 고려하여 1억 2,000만원에 낙찰을 받았다. 이러한 경우 을의 가장 적절한 잔대금납부방법은?

1. 지급의무

매각대금지급의무는 매각허가결정으로 발생한 공법상의 의무이다. 그러므로 이해관계인 사이의 합의로 면제하거나 매수인이 일방적으로 포기할 수 없는 것이다. 설혹 매수인이 대금지급기한 전에 매수인으로서 지위에 관한 권리·의무를 포기서를 제출하였다하더라도 집행채무자와의 합의 유무에 관계없이 매수인의 지위에는 변함이 없다.

2. 지급방법

가. 현금납부(제142조)

매각대금은 현금으로 일시에 전액을 납부하여야 한다. 매수신고보증금은 지급할 매각대금에 합산하며 매수보증이 금전이 아닌 경우에는 전체매각대금을 납부하여야 한다. 매각대금을 일부 또는 분할로 납부하는 것은 허용되지 아니한다.

나. 특별한 지급방법(제143조)

제143조 (특별한 지급방법)

① 매수인은 매각조건에 따라 부동산의 부담을 인수하는 외에 배당표(配當表)의 실시에 관하여 매각대금의 한도에서 관계채권자의 승낙이 있으면 대금의 지급에 갈음하여 채무를 인수할 수 있다.

② 채권자가 매수인인 경우에는 매각결정기일이 끝날 때까지 법원에 신고하고 배당받아야 할 금액을 제외한 대금을 배당기일에 낼 수 있다.

③ 제 1 항 및 제 2 항의 경우에 매수인이 인수한 채무나 배당받아야 할 금액에 대하여 이의가 제기된 때에는 매수인은 배당기일이 끝날 때까지 이에 해당하는 대금을 내야 한다.

위와 같은 원칙적인 현금지급방법 외에 채권자의 이익을 해하지 않는 한도에서 다음과 같은 특별한 지급방법이 인정된다.

(1) **채무인수방식** 매수인은 매각대금의 한도에서 배당표의 실시에 관계되는 채권자의 승낙이 있으면 대금의 지급에 갈음하여 채무를 인수할 수 있다. 채권자 전원의 승낙을 받아야 할 필요는 없다. 인수를 신청하는 채무는 근저당권부 채무이거나 임대차보증금반환채무가 대부분이다. 근저당권부 채무가 인수되는 경우에는 당해 근저당권등기의 말소촉탁을 하여서는 아니 된다. 근저당권이 인수됨으로 인하여 채무자변경 등 근저당권설정등기의 변경등기는 집행법원이 촉탁할 것이 아니고 매수인과 근저당권자의 협의에 따라 공동신청에 의한다. 채무인수를 동의한 채권자에 대하여도 배당표에 배당받을 채권자로 기재하여야 한다. 나아가 배당기일에 매수인이 인수할 채무에 대하여 이의가 제기된 경우에 매수인은 배당기일이 끝나기 전까지 이의 금액을 납부하여야 한다.

(2) **차액납부방식** 채권자가 매수인인 경우에 매수인은 매각대금에서 실제로 배당받을 금액을 공제한 금액을 지급할 수 있다(제143조 2항). 이 경우 채권자는 매각결정기일이 끝날 때까지 법원에 신고하고 배당받아야 할 금액을 제외한 대금을 배당기일에 낼 수 있다. 매각허가결정과 배당절차 사이의 매각대금지

급절차가 생략되는 것이다. 추후에 매수인의 채권이 부존재하는 것으로 밝혀져도 대금납입의 효력에 영향이 없다.

≪판례≫ 차액납부와 매수인의 채권부존재[대법원 1990. 2. 27. 선고 88다카6549 판결]

부동산임의경매절차에 있어서 기초가 된 동일 근저당권자의 근저당권 중 1심 근저당권 및 그 피담보채권이 유효하게 존속하고 있었음이 인정되는 이상 2심 근저당권설정계약이 근저당권자의 사기를 이유로 적법히 취소되고 그로 인하여 경락인이 된 근저당채권자가 한 상계신청에 있어서 자동채권에 2심 근저당권의 피담보채권이 포함되어 과다 상계된 결과가 되었다 하더라도 경락인이 경락으로 인하여 이 사건 부동산의 소유권을 취득하는 데는 아무런 장애가 되지 아니한다.

≪판례≫ 차액납부와 매수인의 채권부존재[대법원 1991. 2. 8. 선고 90다16177 판결]

가집행선고부판결을 채무명의로 하여 채무자 소유 부동산에 대하여 강제경매를 신청한 채권자가 스스로 경락인이 되어 경락허가결정이 확정된 다음 경락대금지급에 있어서는 채무명의가 된 가집행선고부판결에서 표시된 채권을 자동채권으로 하여 경락대금 지급채무와 상계신청을 한 결과 민사소송법 제660조 제2항 소정의 이의가 없어 경락대금납부기일에 그 상계의 효력이 발생하고 경락인이 경매부동산의 소유권을 취득하였다면 위 가집행선고부판결의 집행력이 상계 당시 적법한 절차에 의하여 저지되지 아니한 이상, 위 상계는 채권자가 실제로 경락대금을 납부한 다음 배당기일에 자기의 채권액을 배당받는 경우와 마찬가지의 효력을 발생한다고 할 것이고, 따라서 그 이후에 위 가집행선고부판결이 상소심에서 취소되어 위 상계에 있어서의 자동채권의 존재가 부정되었다 할지라도 위 상계를 비롯하여 이미 완료된 강제경매절차의 효력에는 아무런 영향을 미치지 아니한다.

차액지급신고는 여효적 소송행위로 법원은 당해 신고에 대하여 별도의 재판을 하지 아니한다. 차액지급신고가 배척되는 것에 대하여는 대금지급기한결정 등에 대하여 집행에 관한 이의로 다투면 된다.

(3) 이해관계인의 이의 매각대금의 특별한 지급방법에 있어서 매수인이 인수한 채무액이나 배당받을 금액에 관하여 이해관계인의 이의가 있으면 매수인은 이의를 당한 부분의 한도액에 해당하는 대금을 납입하여야 한다. 이의신청이 없는 부분의 금액에 대해서는 납입을 요하지 않는다. 담보제공으로 이의금액의 지급에 갈음할 수는 없다.

사례 36 〈해설〉 차액납부방식에 의한 대금지급

민사집행법은 대금지급방법으로 현금납부방식(제142조) 이외에도 채무인수방식(제143

조 1항)과 차액납부방식(제143조 2항)을 두고 있다. 실제 채무인수방식은 채권자의 동의가 필요한 것이어서 그리 많이 활용되지 않지만 차액납부방식은 흔히 찾아볼 수 있다. 특히 을과 같이 잔대금이 상당액에 이르고 매각대금의 거의 전부를 다시 배당받는 경우에는 차액납부방식이 가장 적절한 대금지급방법이다.

Ⅲ. 매각대금지급의 효과

사 례 37 매수인의 지위

갑은 공장을 운영하면서 많은 빚을 지게 되었으나, 사실은 채무를 면탈하기 위해 장기간에 걸쳐서 운영수익을 다른 곳으로 빼돌려 놓았다. 갑은 채권자 을의 신청으로 공장이 경매에 붙여지자 이웃에 사는 절친한 사이로 초등학교 동창생인 병(23세)으로 하여금 매수하게 하였다. 병은 2005. 4. 9. 낙찰을 받아 갑이 마련해 준 돈으로 매각대금을 납부하였다. 이때 아래와 같은 개별적인 상황에서 이해관계인 사이의 주장은 타당한 것인가?

① 병은 매각대금납부 이후에 소유권이전등기절차를 경료하였다. 이때 집행절차가 참가하였던 다른 채권자 정이 '위 집행절차상 매각허가에 대한 준재심을 신청하면서 매수자격이 없는 갑이 병을 내세워 매수신고 한 것이므로 매각허가를 취소하여야 한다'고 주장한다.

② 병은 매각대금납부 이후에 소유권이전등기절차를 경료하였다. 이때 을이 대여잔금채권을 보전하기 위하여 갑을 대위하여 '주위적으로, 병은 갑에게 명의신탁해지를 원인으로 한 소유권이전등기절차를 이행하라. 예비적으로, 병은 갑에게 매매대금상당액의 금원을 부당이득으로 반환하라.'라는 주장을 하면서 병에게 소송을 제기하였다.

③ 병과 무는 매수인지위를 양도하는 약정을 맺었고, 이에 무는 위 약정을 바탕으로 집행법원에 '무가 매수인 지위를 양도 받았으므로, 무 앞으로 소유권이전등기를 할 것을 촉탁하여야 한다'고 주장하고 있다.

④ 병은 매각대금을 납부하였음에도 몇 달이 넘도록 집행법원에 소유권이전등기촉탁신청을 하지 아니하였는데, 그 이유는 갑과 병 사이에 '갑이 매수자격이 없으니 병이 갑이 마련해 준 돈으로 매수인으로 나서되, 병은 일체의 소유권을 주장하지 아니하기로 한다. 또한 병은 소유권이전등기촉탁신청을 하지 않음으로서 종전 갑의 소유명의를 그대로 유지시키기로 한다.'라는 약정이 있었기 때문이었다. 그럼에도 불구하고 병은 갑으로부터 명의를 빌려준 대가를 받지 못하자, 소유권이전등기촉탁절차를 통해 자기 앞으로 등기명의를 돌려놓았다. 이에 갑은 위 약정을 바탕으로 소송을 제기하여 '병은 병명의 소유권이전등기를 말소하여야 한다'는 주장을 펼치고 있다.

제135조 (소유권의 취득시기)
매수인은 매각대금을 다 낸 때에 매각의 목적인 권리를 취득한다.

1. 권리취득

매수인은 매각대금을 다 낸 때에 매각의 목적인 권리를 취득한다(제135조). 이때 권리취득의 성질은 승계취득으로 파악된다(반대견해 있음). 매각대금을 실질적으로 부담하는 자가 별도로 있다고 하더라도 매수명의인이 권리를 취득한다. 매수명의인과 매각대금 부담자 사이에는 명의신탁관계가 인정된다.

≪판례≫ 차명매수신청과 명의신탁[대법원 2005. 4. 29. 선고 2005다664 판결]

부동산경매절차에서 부동산을 매수하려는 사람이 매수대금을 자신이 부담하면서 다른 사람의 명의로 매각허가결정을 받기로 그 다른 사람과 약정함에 따라 매각허가가 이루어진 경우 그 경매절차에서 매수인의 지위에 서게 되는 사람은 어디까지나 그 명의인이므로 경매 목적 부동산의 소유권은 매수대금을 실질적으로 부담한 사람이 누구인가와 상관없이 그 명의인이 취득한다고 할 것이고, 이 경우 매수대금을 부담한 사람과 이름을 빌려 준 사람 사이에는 명의신탁관계가 성립한다(같은 취지: 대법원 2000. 4. 7. 선고 99다15863,15870 판결; 대법원 2002. 3. 15. 선고 2000다7011,7028 판결; 대법원 2002. 9. 10. 선고 2002두5351 판결).

한편 차순위매수신고인은 매수의 책임을 벗게 되고 보증금을 돌려받을 수 있으며(제142조 6항) 매수인은 인도명령을 신청할 자격을 얻게 된다(제136조 1항).

2. 권리취득의 범위

매수인이 취득하는 권리의 범위는 압류의 효력이 미치는 범위와 같다. 임의경매의 경우에는 담보권의 효력이 미치는 범위와 같다. 상세한 설명은 앞서 집행의 대상에 관한 설명을 참고하면 된다. 여기서는 문제되는 몇 가지 경우만을 살피는 것으로 그친다.

가. 부동산의 구성부분

토지에 대한 압류의 효력은 토지에 대한 구성부분에도 미친다. 따라서 토지의 정착물이나 미분리과실에 대해서도 매수인이 권리를 취득한다. 다만, 등기할 수 없는 토지의 정착물로써 독립하여 거래의 객체가 될 수 있는 것과 1월 안에 수확할 수 있는 미분리과실은 동산경매의 대상이 될 수 있는데(제189조 2항) 토지에 대한 압류의 효력이 발생하기 전에 동산집행이 실시된 경우에는 매수인은 이들에 대한 권리를 취득하지 못한다.

나. 부동산의 종물

종물은 주된 물건의 처분에 따르며(민법 제100조 2항) 종된 권리도 이에 준한다. 종물이 된 시기가 언제인가를 묻지 않는다. 다만 주물에 대한 압류의 효력이 발생하기 이전에 종물에 대한 별도의 압류가 있었다면 매수인은 종물에 대한 권리를 취득하지 못한다.

≪판례≫ 전유부분만에 관하여 설정된 저당권[대법원 2001. 9. 4. 선고 2001다22604 판결]

[1] 집합건물의 소유 및 관리에 관한 법률 제20조 제1항, 제2항과 민법 제358조 본문의 각 규정에 비추어 볼 때, 집합건물의 대지의 분·합필 및 환지절차의 지연, 각 세대당 지분비율 결정의 지연 등으로 인하여 구분건물의 전유부분에 대한 소유권이전등기만 경료되고 대지지분에 대한 소유권이전등기가 경료되기 전에 전유부분만에 관하여 설정된 저당권의 효력은, 대지사용권의 분리처분이 가능하도록 규약으로 정하였다는 등의 특별한 사정이 없는 한, 그 전유부분의 소유자가 나중에 대지지분에 관한 등기를 마침으로써 전유부분과 대지권이 동일 소유자에게 귀속하게 되었다면 당연히 종물 내지 종된 권리인 그 대지사용권에까지 미친다.

[2] 구분건물의 전유부분에 대한 소유권이전등기만 경료되고 대지지분에 대한 소유권이전등기가 경료되기 전에 전유부분만에 관하여 설정된 근저당권에 터잡아 임의경매절차가 개시되었고, 집행법원이 구분건물에 대한 입찰명령을 함에 있어 대지지분에 관한 감정평가액을 반영하지 않은 상태에서 경매절차를 진행하였다고 하더라도, 전유부분에 대한 대지사용권을 분리처분할 수 있도록 정한 규약이 존재한다는 등의 특별한 사정이 없는 한 낙찰인은 경매목적물인 전유부분을 낙찰받음에 따라 종물 내지 종된 권리인 대지지분도 함께 취득하였다 할 것이므로, 구분건물의 대지지분 등기가 경료된 후 집행법원의 촉탁에 의하여 낙찰인이 대지지분에 관하여 소유권이전등기를 경료받은 것을 두고 법률상 원인 없이 이득을 얻은 것이라고 할 수 없다.

≪판례≫ 대지권취득과 직접이전등기청구[대법원 2004. 7. 8. 선고 2002다40210 판결]

[1] 분양자가 지적정리 등의 지연으로 대지권에 대한 지분이전등기는 지적정리 후 해 주기로 하는 약정하에 우선 전유부분만에 관하여 소유권보존등기를 한 후 수분양자에게 소유권이전등기를 경료하였는데, 그 후 대지에 대한 소유권이전등기가 되지 아니한 상태에서 전유부분에 관한 경매절차가 진행되어 제3자가 전유부분을 경락받은 경우, 그 경락인은 본권으로서 집합건물의 소유 및 관리에 관한 법률 제2조 제6호 소정의 대지사용권을 취득한다.

[2] 분양자가 전유부분의 소유자인 경락인을 위하여 하는 부동산등기법시행규칙 제60조의2에 의한 대지권변경등기는 그 형식은 건물의 표시변경등기이나 실질은 당해 전유부분의 최종 소유자가 그 등기에 의하여 분양자로부터 바로 대지권을 취득하게 되는 것이어서 분양자로부터 전유부분의 현재의 최종 소유명의인에게 하는 토지에 관한 공유지분이

전등기에 해당되고, 그 의사표시의 진술만 있으면 분양자와 중간소유자의 적극적인 협력이나 계속적인 행위가 없더라도 그 목적을 달성할 수 있으므로, 전유부분의 소유권자는 분양자로부터 직접 대지권을 이전받기 위하여 분양자를 상대로 대지권변경등기절차의 이행을 소구할 수 있다.

다. 과실수취권

(1) **강제경매와 과실수취권** 압류는 부동산에 대한 채무자의 관리·이용에 영향을 미치지 아니한다(제83조 2항). 그러므로 매수인이 매각대금을 납입하기 전까지는 채무자(소유자)가 과실수취권을 갖고 매수인은 매각대금을 납입한 이후의 과실수취권을 갖으며 이때 매수인의 점유 여부는 묻지 않는다(반대견해 있음).

(2) **임의경매와 과실수취권** 임의경매에서 담보물권의 효력은 압류가 있은 때로부터는 목적물의 과실에도 미치므로 압류 이후의 과실은 매수인에게 귀속된다.

라. 법정지상권

강제경매에 따른 관습법상 법정지상권의 성부와 임의경매에 따른 법정지상권의 성부는 민법학의 논의를 참고하면 된다. 다만 강제경매에 있어서 토지를 압류한 이후에 토지 소유자가 건물을 신축한 상태에서 매각이 이루어진 경우에 관하여 매수인은 건물 소유자에 대한 법정지상권의 성립을 용인하여야 한다는 것이 대체적인 견해이며 판례의 입장이다. 그러나 이러한 결론은 결과적으로 토지소유자가 토지를 법정지상권이 성립하는 한도만큼 처분한 것과 다를 것이 없는데 압류의 처분금지효와 어떻게 조화롭게 이론구성을 할 수 있을지 어려운 문제이다. 사견으로는 이러한 경우에는 법정지상권의 성립을 부정하여야 할 것으로 보인다.

3. 담보책임

경매에 관하여는 통상의 매매와 다른 담보책임을 인정하고 있다(민법 제578조, 제580조 2항). 권리의 하자에 대한 담보책임을 인정할 뿐 물건의 하자에 대한 담보책임은 인정되지 아니한다. 이러한 담보책임은 경매절차가 유효한 것을 전제로 한다.

≪판례≫ 목적물멸실과 매수인의 계약해제[대법원 2001. 6. 12. 선고 99다34673 판결]

원심은, 소외 손영훈, 이기벽과 채무자 소외 한국원이 공모하여 원심 판시 자수기에 대한 경매절차가 개시된 이후이며 낙찰기일 이전인 1997. 1. 18.과 그 다음날 사이의 시기에 위 자수기로부터 중요부품의 대부분인 원심 판시 부품을 분리하여 반출·은닉하였고 이로 말미암아 자수기가 작동할 수 없는 상태가 된 사실을 인정하고, 경매절차의 진행 중에 경매목적물인 자수기로부터 중요부품의 대부분인 원심 판시 부품이 분리되어 반출됨으로써 자수기가 작동될 수 없게 되었다면 이는 경매목적물의 일부가 이미 멸실된 경우에 해당한다고 판단하고 민법 제578조, 제574조, 제572조 제 2 항에 의한 원고의 계약해제 주장을 받아들였다. 관계 증거와 기록에 비추어 살펴보면, 원심의 사실인정과 그에 터잡은 판단은 옳은 것으로 여겨지고, 거기에 상고이유로 주장하는 바와 같이 논리칙과 경험칙을 위반하여 사실을 잘못 인정한 위법이나 매매의 목적물의 일부멸실 등에 관한 법리를 오해한 위법이 없다.

≪판례≫ 집행절차의 무효와 담보책임적용배제[대법원 1991. 10. 11. 선고 91다21640 판결]

[1] 민법 제578조 제 1 항, 제 2 항은 매매의 일종인 경매에 있어서 그 목적물의 하자로 인하여 경락인이 경락의 목적인 재산권을 완전히 취득할 수 없을 때에 매매의 경우에 준하여 매도인의 위치에 있는 경매의 채무자나 채권자에게 담보책임을 부담시켜 경락인을 보호하기 위한 규정으로서, 그 담보책임은 매매의 경우와 마찬가지로 경매절차는 유효하게 이루어졌으나 경매의 목적이 된 권리의 전부 또는 일부가 타인에게 속하는 등의 하자로 경락인이 완전한 소유권을 취득할 수 없거나 이를 잃게 되는 경우에 인정되는 것이고, 경매절차 자체가 무효인 경우에는 경매의 채무자나 채권자의 담보책임은 인정될 여지가 없다.

[2] 경락인이 강제경매절차를 통하여 부동산을 경락받아 대금을 납부하고 그 앞으로 소유권이전등기까지 마쳤으나, 그 후 위 강제집행의 채무명의가 된 약속어음공정증서가 위조된 것이어서 무효라는 이유로 그 소유권이전등기의 말소를 명하는 판결이 확정됨으로써 경매 부동산에 대한 소유권을 취득하지 못하게 된 경우 경락인은 경매 채권자에게 경매대금 중 그가 배당 받은 금액에 대하여 일반 부당이득의 법리에 따라 반환을 청구할 수 있을 뿐, 민법 제578조 제 2 항에 의한 담보책임을 물을 수는 없다(같은 취지: 대법원 1993. 5. 25. 선고 92다15574 판결).

사례 37 〈해설〉 매수인의 지위

1. 확정된 매각허가결정에 대한 준재심(설문①에 대한 풀이)

사례에서 병은 갑으로부터 대금을 증여받아 매수에 나섰다고 보는 것보다는 갑의 명의수탁자로서 매수에 나섰다고 보는 것이 더 자연스럽다. 따라서 병의 매수신고는 민사집행법 제121조 3호에 반하는 위법한 것으로 당초에 매각이 불허가되어야 했던 것이다. 한편 확정된 매각허가결정이라도 재심사유가 있으면 이해관계인은 준재심으로 허가의 취소를 구할 수 있는데(제23조, 민사소송법 제461조, 제451조), 사례와 같은 상황에서도 준재심을 구할 수 있는가가 문제된다. 즉 사례에서의 위법을 간과한 사정이 민사소송법 제451조 1항 9호가 정하는 판단누락에 해당될 여지가 있다.

그러나 직권조사사항이라도 이해관계인이 조사를 촉구하지 아니한 경우에는 판단누락에 해당하지 아니한다(대법원 2004. 9. 13. 2004마660 결정)라는 입장에 서는 한 사례에 나타난 위법은 재심사유가 된다고 보기 어렵다. 따라서 정의 준재심사유의 주장은 타당하지 않다.

2. 신탁자의 수탁자에 대한 부당이득반환청구(설문②에 대한 풀이)

갑이 병을 내세워 매수신고를 한 것은 소위 계약명의신탁에 해당한다. 따라서 병이 갑의 수탁자로 한 매수신고는 부동산실권리자명의등기에 관한 법률 제4조 제1항에 따라 무효이다. 한편 매도인에 해당한다고 볼 수 있는 집행법원이 위와 같은 명의신탁의 사정에 대하여 악의였다고 볼 사정이 없으므로, 병은 매수인으로서 적법하게 소유권을 취득한다. 그러므로 갑은 병에게 명의신탁해지를 원인으로 소유권이전등기를 구할 수 없다. 따라서 을의 채권자대위권에 기한 이전등기청구 역시 전혀 타당하지 않다. 그렇다고 하더라도 갑이 병에게 매수대금을 교부한 것을 두고 불법원인급여라고까지 볼 것은 아니다. 따라서 병은 갑에게 이전등기를 해 줄 의무는 없을지라도 매매대금상당액을 부당이득으로 반환하여야 한다. 그러므로 을의 예비적 청구에 관한 주장만은 정당한 것이다. 일부 견해는 병이 갑으로부터 얻은 매매대금상당액이 아닌 부동산 자체를 부당이득의 대상으로 파악하는데 그와 같은 견해를 취하는 한도에서는 을의 주위적 청구도 일리가 있다.

3. 매수인의 지위양도(설문③에 대한 풀이)

병은 매각대금을 납부함으로써 완전한 소유권을 취득한다. 그러므로 매수인 지위의 양도가 문제되는 상황은 병이 매각대금을 납부하기 이전에 한한다. 이러한 매수인의 지위를 실체법적 측면에서 따져보면 '매매매계약의 당사자로서의 지위' 또는 '매매대금지급에 따른 소유권이전등기청구권의 양수인의 지위'라는 두 가지 의미로 해석해 볼 여지가 있다. 그러나 어느 경우로 보더라도 매수인은 위와 같은 실체적 지위는 물론 '민사집행절차상 주어지는 고유한 소송절차적 지위'를 아울러 갖는다. 따라서 매수인지위의 양도는 다른 명문규정이 없는 한 상속 등을 원인으로 한 포괄승계의 경우를 제외하고는 일체 허용될 여지가 없다.

4. 명의신탁과 무효등기유용(설문④에 대한 풀이)

가. 판 례

일반적으로 계약명의신탁에 있어서 매도인이 선의인 한 매도인은 대외적으로는 물론 대내적으로 완전한 소유권자이며, 신탁자는 부당이득반한청구는 별론 수탁자에게 신탁물에 관한 소유권이전을 구할 수 없음은 앞서 지적하였다. 그러나 신탁자와 수탁자가 명의신탁 이후에 명의신탁약정과 별도로 합의를 통해 신탁자에게 소유명의를 돌려주기로 약정하는 것은 부정될 이유는 없다고 본다. 판례(대법원 2000. 4. 7. 선고 99다15863,15870 판결)은 이러한 취지를 바탕으로 사례에 나타난 갑과 병 사이에 약정은 갑 명의의 등기를 유용하기로 하는 합의까지 있는 것으로 판단하여 병 명의의 등기는 말소되어야 하는 것으로 보고 있다.

나. 사 견

사견으로는 갑은 병 명의의 등기를 말소를 구할 수 없다고 본다. 이와 결론을 달리하는 판례의 문제점을 지적해보면 다음과 같다.

(1) 무효등기유용 판례는 먼저 갑 명의의 등기가 병의 매수 이후에는 무효라는 보고 있다. 그러나 등기부상 소유명의는 소유권이 이전되는 경우라도 소유권의 변동과정을 공시하는 취지에서 종전 소유자의 등기명의는 그대로 존치되는데, 이처럼 갑 명의의 등기는 과거의 소유상태를 공시하기 위한 것이지 현재의 권리상태를 공시하고자 함에 있는 것이 아니라고 할 것이어서 그것을 두고 무효라고 볼 것은 아니라고 본다. 따라서 판례가 지적하는 무효등기의 유용은 그에 관한 논의 자체가 성립될 여지가 없다고 본다.

(2) 명의신탁해소약정 판례는 취지가 다소 불분명한 점은 있으나 사례에서 나타난 갑과 병 사이의 약정을 일면에 있어서는 무효등기유용약정으로 보면서 타면에서는 명의신탁해소약정으로 파악하고 있는 것으로 보인다. 그러나 명의신탁 당시의 명의신탁해소약정은 통상적인 모든 명의신탁약정에 내재하는 것으로 이를 별도로 떼어내어 유효한 것으로 취급할 것은 아니라고 본다. 즉 명의신탁해소약정을 유효한 것으로 취급하려면 당해 약정이 명의신탁과 명백히 별도의 약정을 통해 그리고 명의신탁이 성립한 이후에 성립된 경우에 한하여야 한다고 본다. 그러므로 암묵적으로 명의신탁해소약정에 바탕 하는 판례의 논거는 타당하지 못하다고 본다.

Ⅳ. 매각대금미지급에 대한 조치

1. 서 론

매수인이 대금을 미납하는 경우 대금지급을 강제하는 방법도 생각해 볼 수 있을 것이나 강제집행을 위해 또 다른 강제집행을 한다는 것은 부적절하다. 이에 민사집행법은 아래와 같은 규율을 두고 있다. 일괄매각된 수개의 부동산 중 일부 목적물에 대한 대금을 지급하였거나 수인의 공동매수인 중 일부라도 대금의 미지급이 있을 때에도 매각대금을 전혀 납입하지 아니한 것과 동일하게 취급된다.

2. 차순위매수신고인에 대한 매각허부결정

제137조 (차순위매수신고인에 대한 매각허가여부결정)

① 차순위매수신고인이 있는 경우에 매수인이 대금지급기한까지 그 의무를 이행하지 아니한 때에는 차순위매수신고인에게 매각을 허가할 것인지를 결정하여야 한다. 다만, 제142조 제 4 항의 경우에는 그러하지 아니하다.

② 차순위매수신고인에 대한 매각허가결정이 있는 때에는 매수인은 매수신청의 보증을

돌려 줄 것을 요구하지 못한다.

차순위매수신고인이 있는 경우라면 차순위매수신고인에게 매각허부를 결정한다. 차순위매수신고에 대한 매각허가결정을 하는 경우에는 매수인은 특별한 사정이 없는 한 보증금을 돌려줄 것을 요구하지 못하며 배당할 금액에 포함된다. 최고가매수인에게 매각을 불허가한 경우에는 차순위매수신고인이 있는 경우라도 새 매각을 실시할 것이지 재매각 등의 절차에 따를 것이 아니다.

3. 재매각절차

제138조 (재매각)

① 매수인이 대금지급기한 또는 제142조 제 4 항의 다시 정한 기한까지 그 의무를 완전히 이행하지 아니하였고, 차순위매수신고인이 없는 때에는 법원은 직권으로 부동산의 재매각을 명하여야 한다.
② 재매각절차에도 종전에 정한 최저매각가격, 그 밖의 매각조건을 적용한다.
③ 매수인이 재매각기일의 3일 이전까지 대금, 그 지급기한이 지난 뒤부터 지급일까지의 대금에 대한 대법원규칙이 정하는 이율에 따른 지연이자와 절차비용을 지급한 때에는 재매각절차를 취소하여야 한다. 이 경우 차순위매수신고인이 매각허가결정을 받았던 때에는 위 금액을 먼저 지급한 매수인이 매매목적물의 권리를 취득한다.
④ 재매각절차에서는 전의 매수인은 매수신청을 할 수 없으며 매수신청의 보증을 돌려줄 것을 요구하지 못한다.

가. 의 의

매수인이 대금지급기한까지 의무를 이행하지 아니하고 차순위매수신고인이 없는 경우라면 법원은 재매각을 명한다. 차순위매수신고인이 있고 그에 대한 매각허가결정이 있었음에도 차순위매수신고인이 대금을 납입하지 아니한 경우에도 재매각을 명한다. 재매각명령은 직권에 의하며 결정의 형식으로 한다. 재매각절차는 종전 매각절차의 속행이며 새 매각절차가 아니다. 재매각명령이 있게 되면 종전의 매각허가결정은 당연히 효력을 잃는다.

나. 재매각절차

(1) 재매각기일의 지정 등　　재매각기일의 지정·공고·통지와 매각의 실시는 일반의 매각절차와 같다.

(2) 매각조건　　재매각은 종전의 매각절차의 속행이므로 매각조건은 종전의 매각절차와 같다. 최저매각가격도 저감해서는 안 된다. 다만 전 매수인은 매

수신청을 할 수 없다는 제한이 있을 뿐이다.

≪판례≫ **재매각절차상 매각조건**[대법원 1998. 10. 28.자 98마1817 결정]

재경매는 종전의 경매절차를 속행하는 것으로서, 민사소송법 제648조 제2항에 의하여 재경매명령 후 최초의 재경매기일에 적용되는 최저경매가격 기타 매각조건이라 함은 전 경락인이 최고가매수신고인으로 호창받은 경매기일에서 정하여졌던 최저경매가격 기타 매각조건을 가리킨다(같은 취지: 대법원 1980. 8. 7.자 80마215 결정).

(3) **보증의 몰수** 재매각명령이 있으면 매수인은 보증금을 돌려줄 것을 요구하지 못한다. 이러한 보증금은 배당할 금액에 산입된다(제147조 1항 5호). 재매각절차에서 종전보다 더 높은 가격으로 매각된 경우라도 마찬가지다.

(4) **경매신청의 취하** 최고가매수인이 정해진 이후에는 최고가매수인의 동의가 없이는 경매신청을 취하하지 못한다. 그렇다면 재매각절차에서 과연 대금지급을 지체한 매수인의 동의가 있어야만 경매신청을 취하할 수 있는가가 문제될 수 있다. 재매각절차는 매수인의 의무위반으로 인해 진행되는 절차이므로 매수인의 지위를 적극적으로 보호해 줄 필요가 없다는 점에서 그의 동의 없이도 경매신청을 취하할 수 있다고 할 것이다.

다. 재매각절차의 취소

(1) **전매수인의 매각대금지급** 전매수인이 재매각기일의 3일 전까지 매각대금과 지연이자(연 2할) 절차비용을 납부하면 집행법원은 특별한 사정이 없는 한 반드시 재매각절차를 취소하여야 한다. 실무상으로는 재매각기일 3일전까지에 한하지 아니하고 재매각이 실시되기 전이기만 하면 대금납부를 받아들인다.

≪판례≫ **전매수인의 매각대금지급기한**[대법원 1992. 6. 9.자 91마500 결정]

구 민사소송법(1990. 1. 13. 법률 제4201호로 개정되기 전의 것) 제648조 제4항에 의하면, "경락인이 재경매기일의 3일 이전까지 매입대금, 지연이자와 절차비용을 지급한 때에는 재경매절차를 취소하여야 한다"고 규정하고 있고, 여기서 "재경매기일의 3일 이전까지"라 함은 재경매기일의 전일로부터 소급하여 3일이 되는 날의 전일까지를 의미하는 것이 아니라, 재경매기일의 전일로부터 소급하여 3일이 되는 날(따라서 3일째 날이 포함된다)까지를 의미한다고 할 것이다.

대금지급방법에 있어서 채무인수방식 등에 의한 특별지급방법은 인정되지 아니한다.

≪판례≫ **전매수인의 특별한 대금지급방법 허용여부**[대법원 1999. 11. 17.자 99마2551 결정]

민사소송법 제648조 제 4 항이 재경매절차의 취소를 규정하고 있는 취지는, 재경매절차라는 것이 전 경락인의 대금지급의무의 불이행에 기인하는 것이어서 그 전 경락인이 법정의 대금 등을 완전히 지급하려고 하는 이상 구태여 번잡하고 시일을 요하는 재경매절차를 반복하는 것보다는 최초의 경매절차를 되살려서 그 대금 등을 수령하는 것이 신속한 절차진행을 위하여 합당하기 때문인바, 이와 같은 입법 취지에 비추어 볼 때, 전 경락인이 위 법조문에 근거한 재경매절차의 취소를 구하기 위하여 법정의 대금 등을 지급함에 있어서, 같은 법 제660조 제 1 항이 규정하고 있는 채무인수의 방식에 의한 특별지급방법은 허용할 수 없다.

차순위매수신고인에게 매각허가결정이 있었던 경우 차순위매수신고인의 대금미납으로 재매각절차가 진행된 경우에는 매수인과 차순위매수신고인 둘 중 누구라도 먼저 대금을 납부한 자가 있으면 목적물을 권리를 취득하고 재매각절차는 취소된다.

(2) **효 과** 재매각절차가 취소되면 집행절차는 종전의 상태로 복귀한다. 따라서 실효되었던 매각허가결정이나 관리명령 등도 그 효력을 회복한다.

라. 재매각절차상 매수인의 대금미지급

재매각절차를 통하여 매각허가를 받은 매수인이 대금을 미납한 경우에는 다시 재매각절차로 이행하게 된다. 이때 선행의 재매각절차를 제 1 차 재매각절차라 하고, 후행의 재매각절차를 제 2 차 재매각절차라고 부른다. 그런데 제 2 차 재매각절차상에서 제 1 차 재매각절차를 유발하였던 당초의 매수인도 매각대금을 납부할 수 있는가의 문제가 있다. 절차경제의 면에서는 이를 허용하여야 할 것이지만 제 2 차 재매각절차상 매각대금의 납부로 되살아나는 것은 당초의 매각절차가 아닌 제 1 차 재매각절차라는 점에서 당최 매수인의 대금납부는 인정할 수 없다고 본다(반대견해 있음).

마. 재매각에 관한 불복

위법한 재매각명령에 대하여 즉시항고를 허용하는 규정이 없으므로 집행에 관한 이의로 다투어야 하며, 재매각기일이 종결되기 전에 다투어야 한다. 재매각을 취소하는 결정에 대하여도 집행에 관한 이의로 다투어야 한다.

제11절 배당절차

I. 서 론

제145조 (매각대금의 배당)

① 매각대금이 지급되면 법원은 배당절차를 밟아야 한다.

② 매각대금으로 배당에 참가한 모든 채권자를 만족하게 할 수 없는 때에는 법원은 민법·상법, 그 밖의 법률에 의한 우선순위에 따라 배당하여야 한다.

1. 의 의

매각대금의 납부로 매각절차가 마쳐지면 매각대금으로 채권자의 채권에 충족을 주는 배당절차를 밟는다(제145조). 채권자가 복수이고 매각대금만으로는 모든 채권자를 만족시킬 수 없어 우선순위에 따라 배당하여야 하는 경우를 좁은 의미의 배당절차라 한다. 이에 더하여 채권자가 1인이거나 매각대금만으로 모든 채권자를 만족시킬 수 있는 경우의 배당절차를 넓은 의미의 배당절차라고 흔히 설명한다. 좁은 의미의 배당절차 이외의 경우에는 매각대금을 단순히 교부하는 절차 이상의 의미를 갖지 못하는데서 이와 같이 구별한다. 그러나 구별의 실익은 없다.

2. 절차적 특색

배당절차는 압류절차와 매각절차의 획일적이고 강제적인 절차진행과 달리 이해관계인의 적극적 개입이 인정되는 절차임에 특색이 있다. 배당절차는 채무자에 대한 직접적 강제력의 행사라고 할 것이 없고 단순히 매각대금을 채권자에게 분배하는 절차이기 때문이다.

II. 배당준비

1. 배당개시요건(제145조)

매각대금이 완납되어야만 배당절차가 개시된다. 부동산집행절차에서는 매각대금이 채권변제에 충분하거나 채권자 사이의 합의가 있더라도 반드시 직권으로 배당절차를 밟아야 한다.

2. 배당기일의 지정 · 통지

제146조 (배당기일)
매수인이 매각대금을 지급하면 법원은 배당에 관한 진술 및 배당을 실시할 기일을 정하고 이해관계인과 배당을 요구한 채권자에게 이를 통지하여야 한다. 다만, 채무자가 외국에 있거나 있는 곳이 분명하지 아니한 때에는 통지하지 아니한다.

집행법원은 배당에 관한 진술 및 배당을 실시할 기일, 즉 배당기일을 정하고 이해관계인과 배당을 요구한 채권자에게 이를 통지하여야 한다. 배당액이 전혀 없는 채권자에게도 통지하여야 한다. 그러나 채무자가 외국에 있거나 있는 곳이 분명하지 아니한 때에는 통지하지 아니한다. 구법이 이해관계인 등을 소환하도록 규정하였던 것을 통지로 간소화하였다.

3. 배당표원안의 작성과 비치

제150조 (배당표의 기재 등)
① 배당표에는 매각대금, 채권자의 채권의 원금, 이자, 비용, 배당의 순위와 배당의 비율을 적어야 한다.
② 출석한 이해관계인과 배당을 요구한 채권자가 합의한 때에는 이에 따라 배당표를 작성하여야 한다.

배당기일이 정해지면 법원사무관 등은 채권자에게 채권계산서의 제출을 최고한다(규칙 제81조). 채권계산서의 제출이 없으면 배당요구서 등 집행기록에 첨부된 서류에 의하여 채권액을 계산한다. 나아가 집행법원은 채권자와 채무자에게 보여주기 위하여 배당기일의 3일 전까지 배당표 원안을 작성하여 법원에 비치하여야 한다. 배당표의 주요한 기재사항은 다음과 같다.

가. 배당할 금액(규칙 79조)

제147조 (배당할 금액 등)
① 배당할 금액은 다음 각호에 규정한 금액으로 한다.
1. 대금
2. 제138조 제 3 항 및 제142조 제 4 항의 경우에는 대금지급기한이 지난 뒤부터 대금의 지급 · 충당까지의 지연이자
3. 제130조 제 6 항의 보증(제130조 제 8 항에 따라 준용되는 경우를 포함한다.)
4. 제130조 제 7 항 본문의 보증 가운데 항고인이 돌려 줄 것을 요구하지 못하는 금

액 또는 제130조 제 7 항 단서의 규정에 따라 항고인이 낸 금액(각각 제130조 제8항에 따라 준용되는 경우를 포함한다.)

5. 제138조 제 4 항의 규정에 의하여 매수인이 돌려줄 것을 요구할 수 없는 보증(보증이 금전 외의 방법으로 제공되어 있는 때에는 보증을 현금화하여 그 대금에서 비용을 뺀 금액)

② 제 1 항의 금액 가운데 채권자에게 배당하고 남은 금액이 있으면, 제 1 항 제 4 호의 금액의 범위 안에서 제 1 항 제 4 호의 보증 등을 제공한 사람에게 돌려준다.

③ 제 1 항의 금액 가운데 채권자에게 배당하고 남은 금액으로 제 1 항 제 4 호의 보증 등을 돌려주기 부족한 경우로서 그 보증 등을 제공한 사람이 여럿인 때에는 제 1 항 제 4 호의 보증 등의 비율에 따라 나누어 준다.

배당금은 매각대금, 재매각취소에 따라 매수인이 내는 지연이자(제138조 2항)와 현금 이외의 것으로 제공된 매수보증의 현금화에 따른 지연이자(제142조 4항), 이해관계인의 항고가 배척되었을 경우 돌려받지 못하는 항고보증이나 매각대금에 대한 지연이자(제130조 6 · 7 · 8항), 매수신고인이 대금을 미납하여 돌려받지 못하는 매수보증금(제137조 2항, 제138조 4항) 등을 재원으로 한다.

나. 배당받을 채권자

당연배당채권자와 요구배당채권자 중 배당요구를 한 자만이 배당을 받을 수 있다. 이에 관하여는 앞서 상세히 설명하였다.

다. 배당순위

배당순위는 다음과 같다(사법연수원 제184면 이하). 순위가 같은 경우에는 채권액에 비례하여 안분한다. 배당하고 남은 것이 있으면 채무자 및 소유자 아닌 매각허부결정에 항고하였다가 기각된 자에게 우선적으로 돌려준다(제147조 2항).

(1) 압류재산에 조세채권의 법정기일 전에 설정된 저당권·전세권으로 담보되는 채권이 있는 경우

(가) 제1순위 소액임차보증금채권(주택임대차보호법 제 8 조 1항, 국세기본법 제35조 1항 4호, 지방세법 제31조 2항 4호), 최종 3개월분 임금 · 최종 3년간의 퇴직금 · 재해보상금 채권(근로자퇴직급여보장법 제11조 2항, 국세기본법 제35조 1항 5호, 지방세법 제31조 2항 5호)

1) 임금채권 등 임금채권은 퇴직이나 사업폐지시기를 묻지 아니하고 실제로 지급받지 못한 최종3개월분의 임금채권원본액에 한하여 우선변제력이 있다. 우선변제 받는 퇴직금액은 250일분의 평균임금을 넘을 수 없다는 제한이 있

다(근로자퇴직급여보장법 부칙 제4조 4항).

≪판례≫ 실제로 지급받지 못한 최종 3개월분[대법원 1997. 11. 14. 선고 97다32178 판결]

구 근로기준법(1997. 3. 13. 법률 제5309호로 제정되기 전의 것) 제30조의2 제2항에서 정한 근로자의 최종 3개월분의 임금에 대한 우선특권 규정에 의하여 보호되는 임금채권의 범위는 퇴직의 시기를 묻지 아니하고 사용자로부터 지급받지 못한 최종 3개월분의 임금을 말한다고 할 것이고, 반드시 사용자의 도산 등 사업폐지시로부터 소급하여 3월내에 퇴직한 근로자의 임금채권에 한정하여 보호하는 취지라고 볼 수 없다(같은 취지: 대법원 2002. 3. 29. 선고 2001다83838 판결, 대법원 1996. 2. 23. 선고 95다48650 판결).

≪판례≫ 임금 등에 대한 지연손해금[대법원 2000. 1. 28.자 99마5143 결정]

근로기준법 제37조 제2항에 의하면, 근로관계로 인한 채권 중 최종 3월분의 임금, 최종 3년간의 퇴직금, 재해보상금의 채권은 사용자의 총재산에 대하여 질권 또는 저당권에 의하여 담보된 채권, 조세·공과금 및 다른 채권에 우선하여 변제되어야 한다고 규정하고 있는바, 위와 같은 임금 등 채권의 최우선변제권은 근로자의 생활안정을 위한 사회정책적 고려에서 담보물권자 등의 희생 아래 인정되고 있는 점, 민법 제334조, 제360조 등에 의하면 공시방법이 있는 민법상의 담보물권의 경우에도 우선변제권이 있는 피담보채권에 포함되는 이자 등 부대채권 및 그 범위에 관하여 별도로 규정하고 있음에 반하여, 위 근로기준법의 규정에는 최우선변제권이 있는 채권으로 원본채권만을 열거하고 있는 점 등에 비추어 볼 때, 임금 등에 대한 지연손해금 채권에 대하여는 최우선변제권이 인정되지 않는다고 봄이 상당하다.

≪판례≫ 저당권자의 임금채권자 대위[대법원 2005. 9. 29. 선고 2005다34391 판결]

임금채권 우선특권은 사용자의 총재산에 대하여 저당권 등에 의하여 담보된 채권, 조세 등에 우선하여 변제받을 수 있는 이른바 법정담보물권으로서, 사용자 소유의 수개의 부동산 중 일부가 먼저 경매되어 그 경매대가에서 임금채권자가 우선특권에 따라 우선변제받은 결과 그 경매부동산의 저당권자가 민법 제368조 제1항에 의하여 수개의 부동산으로부터 임금채권이 동시배당 되는 경우보다 불이익을 받은 경우에는, 같은 조 제2항 후문을 유추적용하여 위와 같이 불이익을 받은 저당권자로서는 임금채권자가 수개의 부동산으로부터 동시에 배당받았다면 다른 부동산의 경매대가에서 변제를 받을 수 있었던 금액의 한도 안에서 선순위자인 임금채권자를 대위하여 다른 부동산의 경매절차에서 우선하여 배당받을 수 있는데, 이때 임금채권자를 대위하는 저당권자는 민사집행법 제268조에 의하여 담보권의 실행을 위한 경매절차에 준용되는 민사집행법 제88조 제1항, 제84조 제1항에 의하여 배당요구의 종기까지 적법하게 배당요구를 한 경우에 한하여 배당을 받을 수 있다. 다만, 경매절차가 개시되기 전에 그 경매목적물인 부동산을 가압류한 채권자는 배당요구를 하지 아니하더라도 배당요구를 한 것과 동일하게 취급되므로, 사용자 소유의 부동산을 가압류한 임금채권자가 다른 부동산의 경매절차에서 우선특권에 따라 우선변제를 받고 이로 인하여 불이익을 받은 저당권자가 임금채권자가 가압류한 부동산의 경매절차에서 임금채권자를 대위하여 배당받는 경우에는 배당표가 확정되기 전까지 그 가압류의 피보전채권이 우선특권 있는 임금채권으로서 그 임금채권자를 대위할 권리가 있음을 소명하면 배당요구의 종기까지 배당요구를 하지 아니하였다고 하더라도 임금채권자를 대위하여 배당에 참가할 수 있다고 보아야 한다(이상은 필자가 판결이유 중의 일부만을 발췌한 것임/필자 각주).

≪판례≫ 선박우선특권과 임금우선특권[대법원 2005. 10. 13. 선고 2004다26799 판결]

선박우선특권 제도는 원래 해상기업에 수반되는 위험성으로 인하여 해사채권자에게 확실한 담보를 제공할 필요성과 선박소유자에게 책임제한을 인정하는 대신 해사채권자를 두텁게 보호해야 한다는 형평상의 요구에 의하여 생긴 제도임에 비하여, 임금우선특권 제도는 근로자의 생활안정, 특히 사용자가 파산하거나 사용자의 재산이 다른 채권자에 의해 압류되었을 경우에 사회·경제적 약자인 근로자의 최저생활보장을 확보하기 위한 사회정책적 고려에서 일반 담보물권자 등의 희생 아래 인정되어진 제도로서 그 공익적 성격이 매우 강하므로, 양 우선특권제도의 입법 취지를 비교하면 임금우선특권을 더 강하게 보호할 수밖에 없고, 나아가 상법 제861조 제 2 항에 의하면, 선박우선특권 있는 채권을 가진 자는 다른 채권자보다 우선변제를 받을 권리가 있되 이 경우에 그 성질에 반하지 아니하는 한 민법상의 저당권에 관한 규정을 준용하도록 되어 있는 점, 조세채권우선원칙의 예외사유를 규정한 국세기본법 제35조 제 1 항 단서나 지방세법 제31조 제 2 항에서 임금우선특권은 그 예외사유로 규정되어 당해세보다도 우선하는 반면에 선박우선특권은 예외사유에서 빠져 있는 점, 구 근로기준법(2005. 1. 27. 법률 제7379호로 개정되기 이전의 것) 제37조 제 2 항은 임금우선특권 있는 채권은 조세·공과금 채권에도 우선한다는 취지로 규정하고 있음에 반하여 상법에는 선박우선특권 있는 채권과 조세채권 상호간의 순위에 관하여 아무런 규정이 없을 뿐만 아니라, 오히려 상법 제861조 제 1 항은 '항해에 관하여 선박에 과한 제세금'을 제 1 호소정의 채권에 포함시켜 선박우선특권 내부에서 가장 앞선 순위로 규정하고 있는 점 등을 감안하면, 임금우선특권을 선박우선특권보다 우선시키는 것이 합리적인 해석이라고 할 것이다.

2) 임차보증금채권 임차보증금채권은 원칙적으로 대지의 매각대금에 관하여도 우선변제력이 미친다. 건물만에 대한 전세권자는 건물의 매각대금으로부터만 우선변제를 받을 수 있고 대지의 매각대금으로부터는 우선변제를 받을 수 없는 것과 다르다. 그러나 건물의 신축 이전에 이미 저당권이 있었던 경우에는 저당권자에 대한 관계에서 토지의 매각대금에는 우선변제력이 미치지 아니한다.

≪판례≫ 대지·건물의 매각대금 비례분담[대법원 2003. 9. 5. 선고 2001다66291 판결]

주택임대차보호법 제 8 조에 규정된 소액보증금반환청구권은 임차목적 주택에 대하여 저당권에 의하여 담보된 채권, 조세 등에 우선하여 변제받을 수 있는 이른바 법정담보물권으로서, 주택임차인이 대지와 건물 모두로부터 배당을 받는 경우에는 마치 그 대지와 건물 전부에 대한 공동저당권자와 유사한 지위에 서게 되므로 대지와 건물이 동시에 매각되어 주택임차인에게 그 경매대가를 동시에 배당하는 때에는 민법 제368조 제1항을 유추적용하여 대지와 건물의 경매대가에 비례하여 그 채권의 분담을 정하여야 한다.

건물의 일부만을 목적으로 하는 임대차라도 건물매각대금의 전부에 관하여 그 우선변제력이 미친다. 아래 판례는 전세권에 관한 사례이지만 임대차에 대하여도 마찬가지라고 할 것이다.

≪판례≫ 일부전세와 우선변제의 범위[대법원 1992. 3. 10.자 91마256,91마257 결정]

건물의 일부에 대하여 전세권이 설정되어 있는 경우 그 전세권자는 민법 제303조 제1항, 제318조의 규정에 의하여 그 건물 전부에 대하여 후순위 권리자 기타 채권자보다 전세금의 우선변제를 받을 권리가 있고, 전세권설정자가 전세금의 반환을 지체한 때에는 전세권의 목적물의 경매를 청구할 수 있다 할 것이나, 전세권의 목적물이 아닌 나머지 건물부분에 대하여는 우선변제권은 별론으로 하고 경매신청권은 없다.

㈏ **제2순위** 집행의 목적물에 대하여 부과된 국세, 지방세와 가산금 등 이른바 당해세(국세기본법 제35조 1항 3호, 지방세법 제31조 2항 3호)

본 호는 당해세우선의 원칙을 규정하고 있다. 당해세란 목적물 자체에 부과된 조세와 가산금을 말하나 그 범위가 다소간 불분명하다. 일반적으로 국세 중 상속세·증여세·재평가세 등이, 지방세 중 재산세(건물분)·농지세·자동차세·종합토지세·도시계획세·소방공동시설세 등이 당해세로 평가될 여지가 많다. 우선변제력이 인정되는 당해세에 해당하는가 여부는 세목만을 기준으로 판단할 것이 아니고 당사자의 예측가능성 등까지도 아울러 고려하여야 한다.

≪판례≫ 당해세 우선의 합헌성[헌법재판소 1994. 8. 31. 91헌가1 전원재판부]

구 지방세법 제31조 제2항 제3호 단서 중 "당해 재산에 대하여 부과되는 지방세"라는 부분은 그 안에 당해 재산과 관련하여 부과되는 강학상의 수득세, 소비세 및 유통세까지도 모두 포함하거나 또는 그 일부가 포함되는 것으로 이를 넓게 해석하는 한, 조세법률주의의 이념인 국민의 경제생활에 관한 예측가능성의 보장을 허물고 기본권 제한입법의 한계와 재산권보장에 관한 헌법규정에도 위배될 것이나, 이를 당해 재산의 소유 그 자체에 담세력을 인정하여 부과하는 강학상의 재산세에 한하여 적용되는 것으로 좁게 해석하는 한 헌법위반의 문제는 생기지 아니한다.

≪판례≫ 당해세제도 시행 전에 설정된 담보권[대법원 1999. 3. 12. 선고 98다59125 판결]

"모든 국민은 소급입법에 의하여 참정권의 제한을 받거나 재산권을 박탈당하지 아니한다."고 한 헌법 제13조 제2항의 규정에 비추어, 개정된 지방세법(1995. 12. 6. 법률 제4995호로 개정되어 1996. 1. 1.부터 시행된 것)에 의하여 새로 규정된 당해세의 우선적 효력은 그 우선적 효력을 설정한 법률이 제정되기 전에 이미 성립한 저당권이나 질권에 대해서까지 소급하여 적용될 수는 없고, 나아가 지방세법에 당해세 우선 규정이 전혀 없는 시점에 저당권을 설정받는 자에게 장래에 당해세 우선 규정이 신설될 것을 예측할 것을 요구할 수는 없으므로 저당권 설정 후 제정된 당해세 우선 규정을 그 규정 제정 전에 이미 성립한 저당권에 대해서까지 적용하는 것은 저당권자의 예측을 침해한다는 점에서도 허용될 수 없다 할 것인바, 따라서 과세관청이 배당요구를 한 재산세 및 종합토지세가 모두 근저당권의 목적물에 관하여 부과된 당해세이고 그 법정기일(납세고지서 발송일)이 개정된 지방세법 시행 이후라고 하더라도, 그 조세채권은 개정된 지방세법 시행 이전에 설정된 근저당권의 피담보채권에 대해서는 우선할 수 없다.

≪판례≫ 등기로부터 예상할 수 있는 증여세[대법원 2001. 1. 30. 선고 2000다47972 판결]

[1] 국세기본법 제35조 제1항 제3호는 공시를 수반하는 담보물권과 관련하여 거래의 안전을 보장하려는 사법적(사법적) 요청과 조세채권의 실현을 확보하려는 공익적 요청을 적절하게 조화시키려는데 그 입법의 취지가 있으므로, 당해세가 담보물권에 의하여 담보되는 채권에 우선한다고 하더라도 이로써 담보물권의 본질적 내용까지 침해되어서는 아니 되고, 따라서 같은 법 제35조 제1항 제3호 단서에서 말하는 '그 재산에 대하여 부과된 국세'라 함은 담보물권을 취득하는 사람이 장래 그 재산에 대하여 부과될 것을 상당한 정도로 예측할 수 있는 것으로서 오로지 당해 재산을 소유하고 있는 것 자체에 담세력을 인정하여 부과되는 국세만을 의미하는 것으로 보아야 한다.

[2] 부동산에 대하여 근저당권설정 이전에 이루어진 증여를 원인으로 하여 부과된 증여세는 위 부동산 자체에 관하여 부과된 것이고, 근저당권설정 당시 이미 등기부상 증여를 원인으로 하여 근저당설정자 명의로 소유권이전등기가 마쳐져 있었으므로 근저당권자로서는 장래 이 증여를 과세원인으로 하여 증여세가 부과될 것을 상당한 정도로 예측할 수 있다고 봄이 상당할 것이고, 따라서 위 증여세는 국세기본법 제35조 제1항 제3호 단서에서 말하는 '그 재산에 대하여 부과된 국세', 즉 이른바 당해세에 해당한다.

≪판례≫ 등기로는 예측할 수 없는 상속세[대법원 2003. 1. 10. 선고 2001다44376 판결]

부동산등기부 기재상 상속재산임이 공시되어 있지 아니한 부동산의 경우, 담보물권자가 당해 부동산에 상속세가 부과되리라는 점을 예측할 수 없었다는 이유로 상속세가 당해세에 해당하지 아니한다고 한 사례.

≪판례≫ 종합토지세와 도시계획세[대법원 2001. 2. 23. 선고 2000다58088 판결]

종합토지세는 부분적으로 수익세로서의 성격을 가진다 하더라도 연혁적으로 토지분 재산세에서 출발하였다는 점과 현행법상 토지의 가액을 과세표준으로 한다는 점(지방세법 제234조의15 제2항)에 비추어 기본적으로 재산세라 할 것이고, 그 과세대상, 납세의무자, 과세표준, 세율 등 과세요건에 비추어 담보물권을 취득하는 사람으로서는 당해 토지 등에 관한 종합토지세의 발생 여부와 그 세액 범위를 예측하는 것은 크게 어렵지 않다 할 것이므로 지방세법 제31조 제 2 항 제 3 호 단서에서 말하는 '그 재산에 대하여 부과된 지방세'에 해당한다 할 것이되, 다만 동일 소유자의 모든 토지를 합산하여 과세하는 종합합산과세대상이나 별도합산과세대상의 경우 1개의 과세단위로 부과된 종합토지세 중 담보물권의 대상이 된 토지에 해당하는 부분만이 당해세가 되고, 도시계획세 역시 조세의 성격과 예측가능성 등에 비추어 당해세에 해당한다.

≪판례≫ 소방시설공동세의 당해세 해당여부[대법원 2002. 2. 8. 선고 2001다74018 판결]

지방세법(1995. 12. 6. 법률 제4995호로 개정된 것) 제239조, 제241조, 경기도도세조례 제32조, 지방세법(1995. 12. 6. 법률 제4995호로 개정된 것) 제240조, 제242조 제 1 항, 제189조 등의 규정들을 종합하여 보면, 소방공동시설세는 소방시설에 필요한 비용에 충당할 것을 목적으로 하여 그 소방시설로 인하여 이익을 받는 건축물 또는 선박의 소유자가 건축물 · 선박을 소유하고 있는 것 자체에 담세력을 인정하여 부과되는 지방세라고 볼 수 있고, 담보물권을 취득하는 자로서도 장래 그 건축물 · 선박에 대하여 매년 과세기준일 현재의 소유자에게 소방공동시설세가 부과되리라는 것을 쉽게 예측할 수 있으므로, 소방공동시설세는 당해 건축물 · 선박과 관련하여 지방세법(1995. 12. 6. 법률 제4995호로 개정된 것) 제31조 제 2 항 제 3 호 괄호 안의 단서에서 말하는 "그 재산에 대하여 부과된 지방세"에 해당한다.

㈐ **제3순위** 국세 및 지방세법의 법정기일 전에 설정된 등기된 저당권 · 전세권으로 담보되는 채권(국세기본법 제35조 1항 3호, 지방세법 제31조 2항 3호)

국세의 법정기일은 국세기본법 제35조 1항 3호 가목 내지 바목에 따른다. 지방세의 법정기일은 지방세법 제31조 2항 3호 ㈎ 내지 ㈒목에 따라 결정된다. 가산금 등의 법정기일은 본세가 아닌 가산금 자체의 법정기일을 따져 우선순위를 정하여야 한다. 저당권의 설정일자와 조세의 법정기일이 같은 날이면 조세가 우선한다(반대견해 있음). 저당권이 설정된 부동산이 양도된 경우에 양수인에게 부과된 조세의 법정기일이 종전 저당권의 설정 전이라고 하더라도 당해 저당권에는 우선할 수 없다.

≪판례≫ 가산금과 본세의 납부기한[대법원 2002. 2. 8. 선고 2001다74018 판결]

가산금 · 중가산금의 법정기일에 관하여는 지방세법(1995. 12. 6. 법률 제4995호로 개정된 것) 제31조 제 2 항 제 3 호에서 따로 정한 바가 없으나, 같은 법 제 1 조 제13호와 제27조 제 1 항 및 제 2 항의 규정에 의하면 지방세를 납부기한까지 납부하지 아니한 때에는 이 법에 의하여 고지세액에 가산금을 가산하여 징수하고 납기경과 후 일정기한까지 납부하지 아니한 때에는 그 금액에 다시 소정의 중가산금을 가산하여 징수하도록 규정되어 있으므로, 가산금 · 중가산금은 같은 법 제25조 소정의 납세고지서에 의한 본세의 납부고지에서 고지된 납부기한이나 그 이후의 소정의 기한까지 체납된 세액을 납부하지 아니하면 과세관청의 가산금·중가산금에 대한 별도의 확정절차 없이 위 규정에 의하여 당연히 발생하고 그 액수도 확정되는 것이고, 따라서 가산금·중가산금의 법정기일은 같은 법 제31조 제2항 제3호 ㈐목의 규정을 유추 적용하여 가산금·중가산금 자체의 납세의무가 확정되는 때, 즉 납부고지에서 고지된 납부기한이나 그 이후의 소정의 기한을 도과할 때로 보아야 한다.

≪판례≫ 신고납조세의 법정기일[대법원 1999. 1. 26. 선고 98다54298 판결]

취득세 및 취득세를 본세로 하는 농어촌특별세는 신고납세방식의 조세로서 이러한 유형의 조세에 있어서는 원칙적으로 납세의무자가 스스로 과세표준과 세액을 정하여 신고하는 행위에 의하여 조세채무가 구체적으로 확정되고, 그 납부행위는 신고에 의하여 확정된 구체적 조세채무의 이행으로 하는 것이므로, 근저당권의 목적인 재산의 매각으로 인하여 생긴 금액에서 취득세 및 이에 대한 농어촌특별세를 징수하는 경우 그 세금과 근저당권에 의하여 담보된 채권의 우선순위를 정함에 있어서는, 설사 납세의무자가 위 세금에 관한 과세표준과 세액을 과세관청에 신고하기만 하고 이와 동시에 세금을 납부하지 아니하였다고 하더라도, 국세기본법 제35조 제1항 제3호 ㈎목, 지방세법 제31조 제2항 제3호 ㈎목에 의하여 각 세금의 신고일과 근저당권설정등기일을 비교하여 그 일자의 선후를 기준으로 우선순위 여부를 판단하여야 한다(같은 취지: 대법원 2000. 1. 28. 선고 98다53646 판결).

≪판례≫ 교육세의 법정기일[대법원 2000. 1. 28. 선고 98다53646 판결]

국세기본법 제22조 제1항, 국세기본법시행령 제10조의2에 의하면 교육세에 있어서는 그 과세표준과 세액을 정부에 신고하는 때에 그 세액이 확정되나, 다만 이를 정부가 결정하는 경우에는 그 결정하는 때에 그 세액이 확정되는 것이므로, 등록세의 납세의무자가 등록세액에 대한 교육세액을 신고한 경우에는 국세기본법 제35조 제1항 단서 제3호 ㈎목의 규정에 따라 저당권 등의 피담보채권과의 우선관계를 결정하는 법정기일을 그 신고일로 볼 것이나, 등록세의 납세의무자가 위 교육세액을 신고하지 않은 경우에 시장·군수 등이 지방세 부과의 예에 의하여 그 세액 등을 결정하는 경우에는 국세기본법 제35조 제1항 단서 제3호 ㈏목의 규정에 따라 그 법정기일을 납세고지서의 발송일로 보아야 할 것이다.

≪판례≫ 연부연납과 법정기일[대법원 2001. 11. 27. 선고 99다22311 판결]

상속세에 있어서 납부의무는 과세표준과 세액을 결정·고지하는 과세처분에 의하여 확정적으로 발생하고, 그 후 연부연납의 허가는 원래의 상속세부과처분에 의하여 정하여진 납세의무와 납부기한 자체를 변경하는 것이 아니라 국세수입을 해하지 아니하는 한도에서 납세의무자에게 분할납부 및 기한유예의 이익을 주는 데 불과하며, 연부연납이 허가된 상속세에 대하여 납세고지를 하는 것은 납세의무자에게 이미 부과하고 연부연납을 허가한 세금 중 특정의 연부연납 세액에 관하여 납부하여야 할 세액과 그 납부기한을 알려

주고 그 조세채무의 이행을 명하는 징수처분으로서 이에 의하여 이미 부과된 납세의무자의 권리의무를 변경하는 효력은 없다 할 것이므로, 상속세에 있어서 국세기본법 제35조 제1항 제3호 (나)목에 따라 저당권 등의 피담보채권과의 우선관계를 결정하는 법정기일은 원래의 부과처분에 따른 납부고지서의 발송일이 되고, 그 후 연부연납 허가와 그에 기한 납세고지가 이루어졌다고 하더라도 그에 따라 법정기일이 변경되는 것은 아니다.

≪판례≫ 수인의 대위자의 근저당권 준공유[대법원 2001. 1. 19. 선고 2000다37319 판결]

[1] 대여금 채권의 잔액을 대위변제한 자가 채권자로부터 근저당권의 일부를 양도받아 채권자를 대위하게 된 경우, 채권자의 채무자에 대한 담보권 외에 일부 대위변제자에 대한 우선변제특약에 따른 권리까지 당연히 대위하거나 이전받는다고 볼 수는 없다.

[2] 채권의 일부에 대하여 대위변제가 있는 때에는 대위자는 민법 제483조 제1항에 의하여 그 변제한 가액에 비례하여 채권자의 권리를 행사할 수 있으므로, 수인이 시기를 달리하여 채권의 일부씩을 대위변제하고 근저당권 일부이전의 부기등기를 각 경료한 경우 그들은 각 일부대위자로서 그 변제한 가액에 비례하여 근저당권을 준공유하고 있다고 보아야 하고, 그 근저당권을 실행하여 배당함에 있어서는 다른 특별한 사정이 없는 한 각 변제채권액에 비례하여 안분배당하여야 한다.

위와 같이 법정기일에 따른 우선변제력 있는 조세채권과 확정일자 있는 임차보증금채권(주택임대차보호법 제3조의2 1항)은 저당권으로 담보되는 채권과 같은 순위로 취급한다.

(라) 제 4 순위　근로기준법 제37조 2항의 임금 등을 제외한 임금, 그 밖의 근로관계로 말미암은 채권(근로기준법 제37조 1항)

(마) 제 5 순위　국세 · 지방세 등 지방자치단체의 징수금(국세기본법 제35조, 지방세법 제31조)

(바) 제 6 순위　국세 및 지방세의 다음 순위로 징수하는 공과금

1) **의료보험료**(국민건강보험법 제73조)**와 연금보험료**(국민연금법 제81조)　위 의료보험료와 연금보험료이 각 납부기한 전에 설정된 저당권 등(위 각 법 시행 이전에 설정된 저당권 등은 제외)에 대하여는 우선하지 못하나, 그 납부기한 이후에 설정된 저당권 등과 기타 일반채권에 대하여는 우선하여 배당한다.

2) **산업재해보상보험료 기타 징수금**(산업재해보상보험법 제76조), **구 의료보험법**(1999. 2. 8. 법률 제5854호로 제정된 국민건강보험법 부칙 제2조로 폐지)**에 따른 의료보험료, 구 국민연금법**(2000. 12. 23. 법률 제6286호로 개정되기 전의 것)**에 따른 연금보험료**　위와 같은 청구권은 저당권으로 담보되는 채권보다 후순위이나 일반채권보다는 선순위로 취급된다.

≪판례≫ **의료보험료에 당해세우선원칙 적용여부**[대법원 1988. 9. 27. 선고 87다카428 판결]

의료보험법 제55조 제3항, 제56조의 규정 이외에는 의료보험료의 징수에 관하여 아무런 규정이 없으므로 국세징수법이 의료보험료 등의 징수절차에는 준용될 수 있다 할 것이나 국세징수법 제2조에 의하여 국세기본법 제35조 제1항 단서 제3호 또는 지방세법 제31조 제3호도 준용된다고 볼 것이 아니다.

≪판례≫ **산재보험료에 당해세우선원칙 적용여부**[대법원 1990. 3. 9. 선고 89다카17898 판결]

산업재해보상보험법 제27조의2 제1항의 국세체납처분의 예에 의하여 징수할 수 있다는 규정은 그 문언이나 법규정의 형식상 국세징수법중 제3장에서 규정한 체납처분의 절차에 따라 강제징수할 수 있다는 소위 자력집행권이 있음을 규정한 것이지, 국세, 지방세가 저당권부채권 등에 우선한다는 국세기본법 제35조, 지방세법 제31조 제1항, 제2항의 규정도 준용됨을 규정한 것이라 볼 수 없다.

(사) **제7순위: 일반채권자의 채권** 집행권원을 갖춘 채권자 또는 배당요구종기 이전에 가압류를 하여 둔 집행권원 없는 일반금전채권자를 가리킨다. 이러한 일반채권자라도 우선순위채권의 성립 이전에 가압류를 하여 둔 경우에는 우선순위채권자와 평등배당의 관계에 선다.

≪판례≫ **선순위가압류채권자와 주택임차인**[대법원 1992. 10. 13. 선고 92다30597 판결]

[1] 주택임대차보호법 제3조의2 제1항은 대항요건(주택인도와 주민등록전입신고)과 임대차계약증서상의 확정일자를 갖춘 주택임차인은 후순위권리자 기타 일반채권자보다 우선하여 보증금을 변제받을 권리가 있음을 규정하고 있는바, 이는 임대차계약증서에 확정일자를 갖춘 경우에는 부동산 담보권에 유사한 권리를 인정한다는 취지이므로, 부동산 담보권자보다 선순위의 가압류채권자가 있는 경우에 그 담보권자가 선순위의 가압류채권자와 채권액에 비례한 평등배당을 받을 수 있는 것과 마찬가지로 위 규정에 의하여 우선변제권을 갖게 되는 임차보증금채권자도 선순위의 가압류채권자와는 평등배당의 관계에 있게 된다.

[2] 가압류채권자가 주택임차인보다 선순위인지 여부는, 주택임대차보호법 제3조의2의 법문상 임차인이 확정일자 부여에 의하여 비로소 우선변제권을 가지는 것으로 규정하고 있음에 비추어, 임대차계약증서상의 확정일자 부여일을 기준으로 삼는 것으로 해석함이 타당하므로, 대항요건을 미리 갖추었다고 하더라도 확정일자를 부여받은 날짜가 가압류일자보다 늦은 경우에는 가압류채권자가 선순위라고 볼 수밖에 없다.

(2) 압류재산에 조세채권의 법정기일 후에 설정된 저당권·전세권으로 담보되는 채권이 있는 경우

① 제 1 순위: 앞서 본 바와 같다

② 제 2 순위: 조세 그 밖의 이와 같은 순위의 징수금(당해세 포함)

③ 제 3 순위: 조세 다음 순위의 공과금 중 납부기한이 저당권 · 전세권의 설정등기보다 앞서는 의료보험료, 연금보험료.

④ 제 4 순위: 저당권 · 전세권으로 담보되는 채권

⑤ 제 5 순위: 임금 그 밖의 근로관계로 말미암은 채권

⑥ 제 6 순위: 조세 다음 순위의 공과금 중 산업재해보상보험료 그 밖의 징수금, 구 의료보험료, 구 연금보험료 및 납부기한이 저당권 · 전세권의 설정등기보다 뒤인 의료보험료, 연금보험료.

⑦ 제 7 순위: 일반채권

(3) 압류재산에 저당권 등으로 담보되는 채권이 없는 경우

① 제 1 순위: 앞서 본 바와 같다

② 제 2 순위: 임금 그 밖의 근로관계로 말미암은 채권

③ 제 3 순위: 조세 그 밖의 이와 같은 순위의 징수금(당해세 포함)

④ 제 4 순위: 조세 다음 순위의 공과금

⑤ 제 5 순위: 집행권원 있는 일반채권

Ⅲ. 배당기일절차

사 례 38 배당이의와 사해행위취소

갑은 을이 빌려준 돈을 갚지 아니하자 지급명령을 얻어 을 소유의 논을 강제경매에 붙였다. 그런데 을은 갑이 강제집행이 들어올 것을 대비하여 논에 병을 채권자로 하는 허위의 근저당권을 설정하여 두었다. 이로 인하여 갑은 채권액에 비하여 배당되는 돈이 턱 없이 부족한 것을 알고 배당기일에 출석하여 병의 근저당이 사해행위에 기한 것임을 지적하며 이의을 진술한 다음 그 다음 날 배당이의의 소를 제기하였다.

① 사해행위 취소권은 반드시 소송을 통하여 행사하여야 하는 형성권이다. 그럼에도 불구하고 갑이 사해행위취소소송을 거치지 아니하고 곧바로 배당이의소송으로 나아가는 것이 가능한가?

② 갑이 배당이의소송절차에 있어서 첫 변론준비기일에 불출석하였다면, 갑이 소를 취하한 것으로 보아야 하는가?

1. 배당표의 확정

제149조 (배당표의 확정)

① 법원은 채권자와 채무자에게 보여 주기 위하여 배당기일의 3일 전에 배당표원안(配當表原案)을 작성하여 법원에 비치하여야 한다.

② 법원은 출석한 이해관계인과 배당을 요구한 채권자를 심문하여 배당표를 확정하여야 한다.

가. 의 의

집행법원은 배당기일에 출석한 이해관계인과 배당을 요구한 채권자를 심문하여 배당표를 확정하되 출석한 이해관계인 등의 합의가 있으면 그 합의에 따라 배당표를 작성하여 확정한다(제149조 2항, 제150조 2항). 이와는 달리 한 명의 채권자가 수개의 배당채권을 가지고 있는 경우에는 법정충당에 의하며 합의충당은 인정되지 아니한다. 구법상의 채권확정절차는 폐지되었다.

배당절차상 조세충당은 반드시 법정충당에 따를 것이 아니라는 것이 판례의 태도이다.

≪판례≫ 배당절차상 조세충당순서[대법원 2007. 12. 14. 선고 2005다11848 판결]

민사집행법 제145조는 경매절차의 매각대금은 민법·상법, 그 밖의 법률에 의한 우선순위에 따라 배당하여야 한다고 규정하고 있으나, 동일 채권자에게 배당된 배당금이 그 채권자가 갖고 있는 복수의 채권 전부를 소멸시키기에 부족한 경우의 충당에 관하여는 아무런 규정도 두고 있지 않으며, 국세징수법도 동일 징수권자의 복수의 국세들의 충당에 관하여 규정하고 있지 않은 점, 조세채권의 특성 등에 비추어 볼 때, 민사집행법상의 강제집행절차에서 세무서장이 국세징수법 제56조에 따라 집행법원에 체납국세에 대한 교부청구를 한 결과 배당된 배당금이 당해 배당절차에서 교부청구된 여러 국세의 총액에 부족한 경우의 충당에 있어서, 국세징수법에 의한 체납처분절차에서의 배분대금의 충당과 다른 법리에 의하도록 하는 것은 적절하다고 할 수 없으므로, 세무서장이 경매절차에서 받은 배당금을 민법상 법정변제충당의 법리에 따르지 아니하고 어느 국세에 먼저 충당하였다고 하더라도, 체납자의 변제이익을 해하는 것과 같은 특별한 사정이 없는 한 이를 위법하다고는 할 수 없다.

나. 효 력

배당표가 확정되면 각 채권자와 채무자는 더 이상 배당표에 관하여 다투지 못한다. 그러나 배당표 확정의 효력은 집행절차상의 효력에 불과하고 실체적인 효력이 인정되는 것은 아니다. 그러므로 확정된 배당표의 내용이 실체적 내용과

상이한 경우에는 이해관계인 사이에 부당이득반환청구소송 등에 의해 다툴 수 있다(제155조).

≪판례≫ **위법배당금의 귀속**[대법원 2000. 10. 10. 선고 99다53230 판결]

배당절차에서 권리 없는 자가 배당을 받아갔다면 이는 법률상 원인 없이 부당이득을 한 것이라고 할 것이나 이로 인하여 손해를 입은 사람은 그 배당이 잘못되지 않았더라면 배당을 받을 수 있었던 사람이지 이것이 다음 순위의 배당을 받을 수 있는 사람이 있는 경우에도 채무자에게 귀속된다고 할 수 없다.

≪판례≫ **부당이득반환과 원물반환**[대법원 2001. 3. 13. 선고 99다26948 판결]

부당이득이 성립되는 경우 그 부당이득의 반환은 법률상 원인 없이 취득한 이익을 반환하여 원상으로 회복하는 것을 말하므로, 법률상 원인 없이 제 3 자에 대한 채권을 취득한 경우, 만약 채권의 이득자가 이미 그 채권을 변제받은 때에는 그 변제받은 금액이 이득이 되어 이를 반환하여야 할 것이나, 아직 그 채권을 현실적으로 추심하지 못한 경우에는 손실자는 채권의 이득자에 대하여 그 채권의 반환을 구하여야 하고 그 채권 가액에 해당하는 금전의 반환을 구할 수는 없다.

≪판례≫ **실체적 하자와 부당이득반환청구**[대법원 2002. 10. 11. 선고 2001다3054 판결]

실체적 하자 있는 배당표에 기한 배당으로 인하여 배당받을 권리를 침해당한 자는 원칙적으로 배당기일에 출석하여 이의를 하고 배당이의의 소를 제기하여 구제받을 수 있고, 가사 배당기일에 출석하여 이의를 하지 않음으로써 배당표가 확정되었다고 하더라도, 확정된 배당표에 의하여 배당을 실시하는 것은 실체법상의 권리를 확정하는 것이 아니기 때문에 부당이득금반환청구의 소를 제기할 수 있지만, 배당표가 정당하게 작성되어 배당표 자체에 실체적 하자가 없는 경우에는 그 확정된 배당표에 따른 배당액의 지급을 들어 법률상 원인이 없는 것이라고 할 수 없다(같은 취지: 대법원 2000. 10. 10. 선고 99다53230 판결).

2. 배당표에 대한 이의

제151조 (배당표에 대한 이의)

① 기일에 출석한 채무자는 채권자의 채권 또는 그 채권의 순위에 대하여 이의할 수 있다.

② 제 1 항의 규정에 불구하고 채무자는 제149조 제 1 항에 따라 법원에 배당표원안이 비치된 이후 배당기일이 끝날 때까지 채권자의 채권 또는 그 채권의 순위에 대하여 서면으로 이의할 수 있다.

③ 기일에 출석한 채권자는 자기의 이해에 관계되는 범위 안에서는 다른 채권자를 상대로 그의 채권 또는 그 채권의 순위에 대하여 이의할 수 있다.

제152조 (이의의 완결)

① 제151조의 이의에 관계된 채권자는 이에 대하여 진술하여야 한다.
② 관계인이 제151조의 이의를 정당하다고 인정하거나 다른 방법으로 합의한 때에는 이에 따라 배당표를 경정(更正)하여 배당을 실시하여야 한다.
③ 제151조의 이의가 완결되지 아니한 때에는 이의가 없는 부분에 한하여 배당을 실시하여야 한다.

제153조 (불출석한 채권자)

① 기일에 출석하지 아니한 채권자는 배당표와 같이 배당을 실시하는 데에 동의한 것으로 본다.
② 기일에 출석하지 아니한 채권자가 다른 채권자가 제기한 이의에 관계된 때에는 그 채권자는 이의를 정당하다고 인정하지 아니한 것으로 본다.

가. 이의할 수 있는 자

채권자와 채무자만이 이의할 수 있다. 제 3 자이의의 소의 이의사유를 주장하는 자는 이의를 제기할 수 있는 자가 아니다.

≪판례≫ 진정한 소유자인 제 3 자의 배당이의[대법원 2002. 9. 4. 선고 2001다63155 판결]

배당이의 소의 원고적격이 있는 자는 배당기일에 출석하여 배당표에 대한 실체상의 이의를 신청한 채권자 또는 채무자에 한하고, 제 3 자 소유의 물건이 채무자의 소유로 오인되어 강제집행목적물로서 경락된 경우에도 그 제 3 자는 경매절차의 이해관계인에 해당하지 아니하므로 배당기일에 출석하여 배당표에 대한 실체상의 이의를 신청할 권한이 없으며, 따라서 제 3 자가 배당기일에 출석하여 배당표에 대한 이의를 신청하였다고 하더라도 이는 부적법한 이의신청에 불과하고, 그 제 3 자에게 배당이의 소를 제기할 원고적격이 없다.

나. 이의의 방법

배당기일에 출석하여 말로써 이의를 하여야 한다. 다만 채무자는 배당표원안이 비치된 때부터 배당기일이 끝나기 전까지 서면으로도 이의할 수 있다.

≪판례≫ 채권자의 서면에 의한 배당이의[대법원 1981. 1. 27. 선고 79다1846 판결]

배당표에 대한 이의신청은 구술에 의해서만 가능하고 서면에 의한 이의신청은 허용되는 것이 아니므로 채권자가 미리 이의신청서를 집행법원에 제출하였다고 하더라도 배당기일에 출석하지 아니하거나 출석한 경우에도 그 이의신청서를 진술하지 아니하였다면 이의신청을 하지 않은 것으로 되어 배당표에 대한 이의의 소를 제기할 수 없다.

다. 이의절차의 진행

부동산강제경매절차는 대부분이 사법보좌관의 업무이다. 배당절차 역시 사법보좌관이 담당한다. 그러나 배당이의는 절차상의 사유는 물론이고 실체상의 사유까지 포함하는 것이며 여러 이해관계인의 복잡한 주장이 얽히는 경우도 많다. 이에 대비하여 사법보조관이 배당절차를 진행하지 못할 경우에는 배당기일을 중지한 이후에 이의신청사건을 판사에게 송부할 수 있도록 하고 있다(사법보좌관규칙 제5조).

라. 이의사유

채무자와 채권자는 절차상 또는 실체상의 사유로 이의할 수 있다.

(1) 절차상의 이의

(가) 의 의 채무자와 채권자는 배당표의 작성방법이나 배당실시의 절차에 위법이 있음을 이유로 이의를 할 수 있다.

(나) 심 리 배당법원은 별다른 절차 없이 직접 심리·판단한다. 이의가 정당하고 인정되면 배당표를 경정하거나 배당기일을 연기하고 배당표작성절차를 다시 진행한다. 이의가 정당하지 아니하면 이의를 기각하고 배당절차를 속행한다. 이에 대해서는 집행에 관한 이의로 다툴 수 있다.

(2) 실체상의 이의

(가) 의 의 채무자는 채권자의 채권 또는 그 채권의 순위에 관하여 다툴 수 있다. 채권자는 자기의 이해에 관계되는 범위에 한하여 다른 채권자를 상대로 그의 채권 또는 채권의 순위에 대하여 이의할 수 있다. 자기의 이해에 관계된다는 것은 이의가 받아들여지는 경우 자기의 배당액이 증가될 수 있다는 것을 의미한다.

≪판례≫ 채권자의 배당이의의 이익[대법원 1994. 1. 25. 선고 92다50270 판결]

피고에 대한 배당이 위법하다 할지라도 그로 인하여 원고에게 배당할 금액이 증가하는 것이 아니라면 이러한 사유는 배당액의 증가를 구하는 배당이의의 소의 사유로 삼을 수 없고, 피고가 배당에서 제외된다면 소유자에게 돌아갈 금액을 원고가 경매절차와는 별도로 가압류할 수 있는지 여부는 경매절차의 배당과는 무관할 것이어서 그에 의하여 결론을 달리할 바도 아니다.

(나) 이의진술 등 이의에 관계되는 채권자는 인부의 진술을 하여야 한다. 채권자가 이의를 정당하다고 진술하거나 다른 방법으로 이의자와 합의한 경우에는 그에 따라 배당표를 경정한다. 기일에 출석하지 아니한 채권자는 배당표와 같이 배당하는데 동의한 것으로 본다. 다만 불출석 채권자가 다른 채권자의 이의의 상대방이 된 경우에는 이의를 정당하다고 인정하지 아니한 것으로 본다.

㈐ 이의완결

1) 의　　의　　실체상의 이의진술이 다투어지는 경우에는 절차상의 이의와는 달리 실체상의 이의에 대하여는 배당법원이 판단하지 못하고 배당이의의 소 또는 청구이의의 소의 수소법원이 심리·판단한다. 종국적인 완결절차는 이의자가 채권자인가 채무자인가 또는 그 상대방이 집행정본이 있는가에 따라 다르다. 용어의 사용에 있어서 집행정본 있는 채권자의 채권을 유명의채권이라 하고 그렇지 아니한 채권을 무명의채권이라고 부른다. 채무명의라는 용어를 더 이상 사용하지 아니하고 있으므로 유정본채권과 무정본채권으로 부르는 것이 더 좋을 것이다.

2) 배당이의의 소

第155조 (이의한 사람 등의 우선권 주장)
이의한 채권자가 第154조 제 3 항의 기간을 지키지 아니한 경우에도 배당표에 따른 배당을 받은 채권자에 대하여 소로 우선권 및 그 밖의 권리를 행사하는 데 영향을 미치지 아니한다.

이의를 제기한 자는 이의를 완결하기 위하여 배당이의의 소를 제기하고 배당기일로부터 1주일 이내에 소제기증명원을 집행법원에 제출하면 이의부분의 배당액은 공탁된다. 채무자가 집행정본을 가지지 아니한 채권자를 상대로 이의를 완결하기 위한 경우에도 배당이의의 소를 제기하여 한다. 이에 관하여는 항목을 바꾸어 상세히 설명하기로 한다.

3) 사해행위취소　　도산위기에 처한 채무자가 사해행위인 근저당권설정계약에 기하여 제 3 자에게 근저당권을 설정하여 두는 경우가 많다. 이러한 경우에 다른 채권자는 당해 근저당권자를 상대로 사해행위취소의 소를 제기하지 아니하고 배당이의의 소로써 그 시정을 구할 수 있다고 하는 것이 판례의 입장이다. 사해행위의 취소는 반드시 채권자취소소송을 통해 다투게 되어 있지만 그 예외를 인정하여 이 경우 배당이의의 소는 채권자취소소송의 성질을 아울러 갖는 것이라고 파악된다.

≪판례≫ 배당이의소송과 채권자취소소송[대법원 2001. 5. 8. 선고 2000다9611 판결]
허위의 근저당권에 대하여 배당이 이루어진 경우, 통정한 허위의 의사표시는 당사자 사이에서는 물론 제 3 자에 대하여도 무효이고 다만, 선의의 제 3 자에 대하여만 이를 대항하지 못한다고 할 것이므로, 배당채권자는 채권자취소의 소로써 통정허위표시를 취소하지 않았다 하더라도 그 무효를 주장하여 그에 기한 채권의 존부, 범위, 순위에 관한 배당이의의 소를 제기할 수 있다.

≪판례≫ 사행행위취소에 따른 원상회복방법[대법원 2004. 6. 25. 선고 2004다9398 판결]

사해행위가 채권자에 의하여 취소되기 전에 이미 수익자가 배당금을 현실로 지급받은 경우에는, 수익자가 경매절차에서 채무자와의 사해행위로 취득한 근저당권부 채권에 기하여 배당에 참가하여 배당표는 확정되었으나 채권자의 배당금지급금지가처분 등으로 인하여 배당금을 현실적으로 지급받지 못한 경우와 달리, 채권자는 원상회복방법으로 수익자 또는 전득자를 상대로 배당 또는 변제로 수령한 금원 중 자신의 채권액 상당의 지급을 가액배상의 방법으로 청구할 수 있다 할 것이나, 채권에 대한 압류가 경합하여 제3채무자가 금전채권을 집행공탁한 경우 비록 제3채무자의 채무가 소멸되는 것이기는 하지만, 제3채무자의 채권자는 현실적으로 채권을 추심한 것이 아니라 공탁금출급청구권을 취득한 것에 불과하고 압류의 효력이 채무자의 공탁금출급청구권에 대하여 존속하게 되는 것이므로 사해행위의 취소에 따른 원상회복은 금전지급에 의한 가액배상이 아니라 공탁금출급청구권을 채권자에게 양도하는 방법으로 하여야 한다.

4) **청구이의의 소** 채무자가 집행정본을 가진 채권자를 상대로 이의를 완결하기 위해서는 배당이의의 소가 아니라 청구이의의 소를 제기하여야 하고, 배당절차 정지를 위해서는 소제기 증명원과 집행의 일시정지를 명하는 잠정처분을 집행법원에 제출해야 한다. 청구이의의 소는 앞서 설명하였다.

사례 38 〈해설〉 배당이의와 사해행위취소

1. 사해행위취소(설문①에 대한 풀이)

사해행위 취소권은 반드시 소송절차를 통해 행사하여야 하는 형성권이다. 이 때 소송절차를 통하여 취소권을 행사하여야 한다는 것은 반드시 전형적인 '사해행위취소소송'의 형태로서만 다툴 수 있다는 의미는 아니며, 사례에 있어서와 같이 사해행위취소가 본안판단의 불가결한 전제로서 심판의 대상이 되는 경우에는 청구취지나 판결주문에 사해행위취소를 담고 있어야 할 필요는 없다. 따라서 갑이 먼저 사해행위취소소송을 거치지 아니하고 곧바로 사해행위취소를 주장하며 배당이의소송을 제기한 것에는 아무런 문제가 없다.

2. 변론기일과 변론준비기일(설문②에 대한 풀이)

변론준비기일에는 공개주의가 적용되지 아니하며 사건이 합의부관할인 경우에도 주심판사가 단독으로 진행하는 점 등을 살펴보면, 변론준비기일은 변론기일과 절차적 성질이 전혀 다른 것으로 취급하여야 한다고 본다(반대견해 있음). 더욱이 기일해태에 관한 규정(민사집행법 제158조, 민사소송법 제268조 등)의 적용에 있어서는 변론준비기일과 변론기일은 엄연히 달리 취급되어야 한다고 본다. 따라서 갑이 변론준비기일에 불출석한 것에 대하여 소취하의제로 평가하여서는 아니 된다고 본다(반대견해 있음).

Ⅳ. 배당이의의 소

1. 의 의

제154조 (배당이의의 소 등)

① 집행력 있는 집행권원의 정본을 가지지 아니한 채권자(가압류채권자를 제외한다)에 대하여 이의한 채무자와 다른 채권자에 대하여 이의한 채권자는 배당이의의 소를 제기하여야 한다.

② 집행력 있는 집행권원의 정본을 가진 채권자에 대하여 이의한 채무자는 청구이의의 소를 제기하여야 한다.

③ 이의한 채권자나 채무자가 배당기일부터 1주 이내에 집행법원에 대하여 제 1 항의 소를 제기한 사실을 증명하는 서류를 제출하지 아니한 때 또는 제 2 항의 소를 제기한 사실을 증명하는 서류와 그 소에 관한 집행정지재판의 정본을 제출하지 아니한 때에는 이의가 취하된 것으로 본다.

앞서 본 바와 같이 채권자가 다른 채권자를 상대로 또는 채무자가 집행정본을 가지지 아니한 채권자를 상대로 실체상의 이의를 진술함에 따라 이의를 완결하기 위하여 수소법원에 배당표의 변경을 구하며 제기하는 소송형태이다. 채무자에게 잉여금이 배당되는 경우에는 채무자도 배당이의의 피고가 될 수 있다. 소송법상 형성소송이다(반대견해 있음).

≪판례≫ 제 3 자와 배당이의의 원고적격[대법원 2002. 9. 4. 선고 2001다63155 판결]

배당이의 소의 원고적격이 있는 자는 배당기일에 출석하여 배당표에 대한 실체상의 이의를 신청한 채권자 또는 채무자에 한하고, 제 3 자 소유의 물건이 채무자의 소유로 오인되어 강제집행목적물로서 경락된 경우에도 그 제 3 자는 경매절차의 이해관계인에 해당하지 아니하므로 배당기일에 출석하여 배당표에 대한 실체상의 이의를 신청할 권한이 없으며, 따라서 제 3 자가 배당기일에 출석하여 배당표에 대한 이의를 신청하였다고 하더라도 이는 부적법한 이의신청에 불과하고, 그 제 3 자에게 배당이의 소를 제기할 원고적격이 없다.

2. 관할(제156조)

제156조 (배당이의의 소의 관할)

① 제154조 제 1 항의 배당이의의 소는 배당을 실시한 집행법원이 속한 지방법원의 관할로 한다. 다만, 소송물이 단독판사의 관할에 속하지 아니할 경우에는 지방법원의 합의부가 이를 관할한다.

② 여러 개의 배당이의의 소가 제기된 경우에 한 개의 소를 합의부가 관할하는 때에는 그 밖의 소도 함께 관할한다.

③ 이의한 사람과 상대방이 이의에 관하여 단독판사의 재판을 받을 것을 합의한 경우에는 제 1 항 단서와 제 2 항의 규정을 적용하지 아니한다.

가. 직무관할

배당이의 소송은 수소법원의 관할이다. 즉 실체상의 배당이의에 대해서는 집행법원이 심리하지 못하고 집행법원이 속한 지방법원의 관할이다.

나. 사물관할

배당이의의 소는 소가에 따라 단독 판사 또는 합의부의 관할의 관할이 된다. 다만 여러 개의 배당이의의 소가 제기된 경우에 한 개의 소를 합의부가 관할하는 때에는 그 밖의 소도 당해 합의부가 함께 관할한다. 합의부관할이라도 당사자 사이에 합의가 있으면 단독판사의 관할로 할 수 있다. 전속관할임에도 합의관할을 인정한 것이다.

3. 당사자(제154조)

실체상의 배당이의를 진술한 채권자 또는 집행정본을 가지지 아니한 채권자를 상대로 실체상의 배당이의를 한 채무자가 원고가 되고 이의의 상대방이 피고가 된다. 구법은 채무자에게 당사자적격을 인정하지 않았다. 유권원채권자에 대하여 채무자는 배당이의의 소로 다툴 것이 아니라 청구이의의 소로 다투어야 함은 앞서 설명하였다.

4. 소송절차

가. 심 리

(1) **청구원인** 통상의 소송절차와 다를 것이 없다. 당사자는 청구에 관한 가능한 모든 사실상·법률상 주장이 가능이 가능하다. 즉 공격방어방법의 제출은 배당기일에 주장한 이의사유에 제한되지 아니한다. 이의사유의 입증책임은 일반원칙에 따른다.

≪판례≫ 배당이의소송절차상 공격방법[대법원 1997. 1. 21. 선고 96다457 판결]

배당이의를 신청함에 있어서는 그 사유를 진술할 필요가 없고, 설혹 그 사유를 진술하였다 하더라도 그 이의를 관철하기 위한 배당이의소송에 있어서 원고의 공격방법이 그가 배당기일에 이의한 사유에 구속되는 것은 아니다(같은 취지: 대법원 2004. 6. 25. 선고 2004다9398 판결).

≪판례≫ **배당이의절차상 입증책임분배**[대법원 2007. 7. 12. 선고 2005다39617 판결]

배당이의소송에 있어서의 배당이의사유에 관한 증명책임도 일반 민사소송에서의 증명책임 분배의 원칙에 따라야 하므로, 원고가 피고의 채권이 성립하지 아니하였음을 주장하는 경우에는 피고에게 채권의 발생원인사실을 입증할 책임이 있고, 원고가 그 채권이 통정허위표시로서 무효라거나 변제에 의하여 소멸되었음을 주장하는 경우에는 원고에게 그 장해 또는 소멸사유에 해당하는 사실을 증명할 책임이 있다.

≪판례≫ **배당이의소송절차상 입증책임의 귀속**[대법원 1997. 11. 14. 선고 97다32178 판결]

배당이의 소송에 있어서 원고는 배당이의 사유를 구성하는 사실에 대하여 주장·입증하지 아니하면 아니 되므로, 상대방의 채권이 가장된 것임을 주장하여 배당이의를 신청한 채권자는 이에 대하여 입증책임을 부담한다.

(2) **청구취지** 청구취지에 관하여는 청구원인에서와는 달리 배당기일에 진술한 이의의 범위에 한정된다.

≪판례≫ **배당이의소송에서 청구취지**[대법원 2000. 6. 9. 선고 99다70983 판결]

[1] 배당이의소송의 청구취지는 그 소의 법률적 성질이나 당사자처분권주의의 원칙에 비추어 볼 때 배당기일에 신청한 이의의 범위 내에서 배당표에 기재된 채권자의 배당액 중 부인할 범위를 명확히 표시할 것이 요구된다.
[2] 배당이의소송의 원고가 구하는 청구의 양적 범위를 넘어 판단함으로써 당사자처분권주의에 반하고, 배당이의가 없는 부분에 관하여 배당표의 변경을 인용하였다고 본 사례.

(3) **소취하의제**

제158조 (배당이의의 소의 취하간주)
이의한 사람이 배당이의의 소의 첫 변론기일에 출석하지 아니한 때에는 소를 취하한 것으로 본다.

집행절차의 신속성을 위하여 첫 변론기일에 원고가 출석하지 아니하면 피고의 출석여부를 묻지 아니하고 소를 취하한 것으로 본다(제158조). 민사소송법 제268조의 적용이 배제되는 것이다.

≪판례≫ **변론준비기일과 변론기일의 등가성**[대법원 2007. 10. 25. 선고 2007다34876 판결]

민사집행법 제158조의 문언이 '첫 변론기일'이라고 명시하고 있을 뿐만 아니라, 변론준비절차는 변론이 효율적이고 집중적으로 실시될 수 있도록 당사자의 주장과 증거를 정리하여 소송관계를 뚜렷이 하기 위하여(민사소송법 제279조 제1항) 마련된 제도로서 당사자는 변론준비기일을 마친 뒤의 변론기일에서 변론준비기일의 결과를 진술하여야 하는 등(민사소송법 제287조 제 2 항) 변론준비기일의 제도적 취지, 그 진행방법과 효과, 규정의 형식 등에 비추어 볼 때, 민사집행법 제158조에서 말하는 '첫 변론기일'에 '첫 변론준비기일'은 포함되지 않는다. 따라서 배당이의의 소송에서 첫 변론준비기일에 출석한 원고라고 하더라도 첫 변론기일에 불출석하면 민사집행법 제158조에 따라서 소를 취하한 것으로 볼 수 밖에 없다.

나. 재 판

(1) 기 판 력 청구에 정당성이 없으면 청구를 기각하는 판결을 한다. 본 소에 대한 판결이 확정되면 이의가 있었던 배당액에 관한 실체적 배당수령권의 존부에 관한 기판력이 발생한다.

≪판례≫ 배당이의판결의 기판력의 객관적 범위[대법원 2000. 1. 21. 선고 99다3501 판결]

[1] 채권자가 제기한 배당이의의 소의 본안판결이 확정된 때에는 이의가 있었던 배당액에 관한 실체적 배당수령권의 존부의 판단에 기판력이 생긴다.

[2] 배당이의의 소에서 패소의 본안판결을 받은 당사자가 그 판결이 확정된 후 상대방에 대하여 위 본안판결에 의하여 확정된 배당액이 부당이득이라는 이유로 그 반환을 구하는 소송을 제기한 경우에는, 전소인 배당이의의 소의 본안판결에서 판단된 배당수령권의 존부가 부당이득반환청구권의 성립 여부를 판단하는 데에 있어서 선결문제가 된다고 할 것이므로, 당사자는 그 배당수령권의 존부에 관하여 위 배당이의의 소의 본안판결의 판단과 다른 주장을 할 수 없고, 법원도 이와 다른 판단을 할 수 없다.

≪판례≫ 배당이의와 기판력의 표준시[대법원 2007. 8. 23. 선고 2007다27427 판결]

[1] 배당이의는 배당받은 각 채권자의 채권의 존부 및 범위, 배당순위에 대한 것이지 배당액에 대한 것이 아니므로 배당이의의 소에 있어서 피고의 채권액이 그 받은 배당액보다 많다고 하더라도 배당의 기초가 된 채권액(배당요구액)에 대하여 다툼이 있고, 그 채권액이 줄어들 경우 민사집행법상의 배당법리에 따라 배당하면 결과적으로 배당액이 줄어들 경우에는 배당이의를 할 수 있고, 한편 배당이의의 소에 있어서 원고는 배당기일 후 그 사실심 변론종결시까지 발생한 사유를 이의사유로 주장할 수 있으므로, 배당기일 후 배당이의 소송 중에 가압류채권자의 채권액이 변제 등의 사유로 일부 소멸하여 그 잔존 채권액이 그 가압류 청구금액에 미달하게 된 경우에도 이를 이의사유로 주장할 수 있다.

[2] 경매절차에서 가압류채권자의 가압류 청구금액을 기준으로 배당표를 작성하였으나, 그 후 가압류채권자가 배당이의의 소의 진행 중 다른 부동산의 경매절차에서 배당받음으로써 그 잔존 채권액이 위 가압류 청구금액에 미달하게 된 경우, 잔존 채권액을 기준으로 배당표를 경정해야 한다고 한 사례.

채권자가 원고인 경우에는 당사자 사이에서만 판결의 효력이 미친다.

≪판례≫ 배당이의판결의 기판력의 주관적 범위[대법원 1998. 5. 22. 선고 98다3818 판결]

민사소송법 제658조의 규정에 의하여 부동산강제경매에 준용되는 민사소송법 제590조, 제591조, 제595조의 규정 등에 의하면, 채권자가 제기한 배당이의소송은 대립하는 당사자인 채권자들 사이의 배당액을 둘러싼 분쟁을 상대적으로 해결하는 것에 지나지 아니하고 그 판결의 효력은 오직 소송당사자인 채권자들 사이에만 미칠 뿐이므로, 배당이의소송의 판결에서 계쟁 배당 부분에 관하여 배당을 받을 채권자와 그 수액을 정함에 있어서는 피고의 채권이 존재하지 않는 것으로 인정되는 경우에도, 이의신청을 하지 아니한 다른 채권자의 채권을 참작함이 없이 그 계쟁 배당 부분을 원고가 가지는 채권액의 한도 내에서 구하는 바에 따라 원고의 배당액으로 하고, 그 나머지는 피고의 배당액으로 유지함이 상당하다(같은 취지: 대법원 2001. 2. 9. 선고 2000다41844 판결).

≪판례≫ 배당이의소송과 사해행위취소소송의 병합[대법원 2004. 1. 27. 선고 2003다6200 판결]

근저당권설정계약을 사해행위로서 취소하는 경우 경매절차가 진행되어 타인이 소유권을 취득하고 근저당권설정등기가 말소되었다면 원물반환이 불가능하므로 가액배상의 방법으로 원상회복을 명할 것인바, 이미 배당이 종료되어 수익자가 배당금을 수령하였다면 수익자로 하여금 배당금을 반환하도록 명하여야 하고, 배당표가 확정되었으나 채권자의 배당금지급금지가처분으로 인하여 수익자가 배당금을 현실적으로 지급받지 못한 경우에는 배당금지급채권의 양도와 그 채권양도의 통지를 명할 것이나, 채권자가 배당기일에 출석하여 수익자의 배당 부분에 대하여 이의를 하였다면 그 채권자는 사해행위취소의 소와 병합하여 원상회복으로서 배당이의의 소를 제기할 수 있다고 할 것이고, 다만 이 경우 법원으로서는 배당이의의 소를 제기한 당해 채권자 이외의 다른 채권자의 존재를 고려할 필요 없이 그 채권자의 채권이 만족을 받지 못한 한도에서만 근저당권설정계약을 취소하고 그 한도에서만 수익자의 배당액을 삭제하여 당해 채권자의 배당액으로 경정하여야 한다.

≪판례≫ 배당이의소송의 상대적 효력[대법원 2007. 2. 9. 선고 2006다39546 판결]

[1] 확정된 배당표에 의하여 배당을 실시하는 것은 실체법상의 권리를 확정하는 것이 아니므로, 배당을 받아야 할 채권자가 배당을 받지 못하고 배당을 받지 못할 자가 배당을 받은 경우에는 배당을 받지 못한 채권자로서는 배당에 관하여 이의를 한 여부에 관계없이 배당을 받지 못할 자이면서도 배당을 받았던 자를 상대로 부당이득반환청구권을 갖는다 할 것이고, 배당을 받지 못한 그 채권자가 일반채권자라고 하여 달리 볼 것은 아니다. [2] 배당이의소송은 대립하는 당사자 사이의 배당액을 둘러싼 분쟁을 그들 사이에서 상대적으로 해결하는 것에 지나지 아니하여 그 판결의 효력은 오직 그 소송의 당사자에게만 미칠 뿐이므로, 어느 채권자가 배당이의소송에서의 승소확정판결에 기하여 경정된 배당표에 따라 배당을 받은 경우에 있어서도, 그 배당이 배당이의소송에서 패소확정판결을 받은 자 아닌 다른 배당요구채권자가 배당받을 몫까지도 배당받은 결과로 된다면 그 다른 배당요구채권자는 위 법리에 의하여 배당이의소송의 승소확정판결에 따라 배당받은

채권자를 상대로 부당이득반환청구를 할 수 있다.

⑵ 배당표의 경정

제157조 (배당이의의 소의 판결)

배당이의의 소에 대한 판결에서는 배당액에 대한 다툼이 있는 부분에 관하여 배당을 받을 채권자와 그 액수를 정하여야 한다. 이를 정하는 것이 적당하지 아니하다고 인정한 때에는 판결에서 배당표를 다시 만들고 다른 배당절차를 밟도록 명하여야 한다.

청구의 일부 또는 전부가 정당한 경우에는 그 한도에서 당사자에게 배당할 액수를 정한다. 수소법원이 배당액를 구체적으로 정하는 것이 적당하지 아니하면 집행법원이 배당표를 다시 만들어 배당절차를 진행하도록 명한다(제157조). 채무자가 원고인 경우에는 피고인 채권자는 배당에서 제외되고 패소 채권자의 배당표 기재액을 변경하여 다른 채권자들에게 배당한다.

다. 재판상 화해

배당이의의 소송절차에서 화해나 조정이 가능한가에 관한 논의가 있다. 배당이의의 소는 형성의 소이기는 하나 당사자 사이에 자유로이 처분할 수 있는 권리에 관한 다툼이라는 점에서 이를 긍정하는 것이 보통이다(반대견해 있음).

Ⅴ. 배당실시

제159조 (배당실시절차·배당조서)

① 법원은 배당표에 따라 제 2 항 및 제 3 항에 규정된 절차에 의하여 배당을 실시하여야 한다.
② 채권 전부의 배당을 받을 채권자에게는 배당액지급증을 교부하는 동시에 그가 가진 집행력 있는 정본 또는 채권증서를 받아 채무자에게 교부하여야 한다.
③ 채권 일부의 배당을 받을 채권자에게는 집행력 있는 정본 또는 채권증서를 제출하게 한 뒤 배당액을 적어서 돌려주고 배당액지급증을 교부하는 동시에 영수증을 받아 채무자에게 교부하여야 한다.
④ 제 1 항 내지 제 3 항의 배당실시절차는 조서에 명확히 적어야 한다.

1. 배당액의 지급

위와 같은 절차에 따라 각 채권자에게 배당할 금액이 정해지면 채권자에게 배당액지급증을 교부하고 채권자는 배당액지급증을 공탁공무원이나 보관금담당공무원에게 제출하여 현금을 지급받는다. 배당금수령채권자가 사전에 계좌입금을 신청한 경우에는 신고된 예금계좌에 입금하여 지급한다. 이의신청인이 이의를 철회하거나, 배당이의의 소에 관한 소제기증명원을 제출하지 아니하거나, 배당이의의 소가 취하된 경우도 마찬가지다. 이의가 완결되지 아니한 부분은 배당금을 지급을 유보하여 이를 공탁한다.

2. 집행증서 등의 교부 등(제159조)

채권자가 채권 전부를 배당받은 경우에는 집행증서나 채권증서를 집행법원에 제출하고 집행법원은 이를 채무자에게 교부한다. 채권자가 채권의 일부만을 배당 받은 경우에는 집행증서 등에 배당액을 기재하고 이를 다시 채권자에게 돌려주는 한편 채권자에게 별도의 영수증을 제출케 하여 채무자에게 영수증을 교부한다.

3. 배당액의 공탁

제16O조 (배당금액의 공탁)

① 배당을 받아야 할 채권자의 채권에 대하여 다음 각호 가운데 어느 하나의 사유가 있으면 그에 대한 배당액을 공탁하여야 한다.
   1. 채권에 정지조건 또는 불확정기한이 붙어 있는 때
   2. 가압류채권자의 채권인 때
   3. 제49조 제2호 및 제266조 제1항 제5호에 규정된 문서가 제출되어 있는 때
   4. 저당권설정의 가등기가 마쳐져 있는 때
   5. 제154조 제1항에 의한 배당이의의 소가 제기된 때
   6. 민법 제340조 제2항 및 같은 법 제370조에 따른 배당금액의 공탁청구가 있는 때
② 채권자가 배당기일에 출석하지 아니한 때에는 그에 대한 배당액을 공탁하여야 한다.

채권자가 배당기일에 출석하지 아니하거나 다음 사유가 있을 때에는 배당액을 공탁한다. 이를 배당유보공탁이라고 하며 배당액지급증을 교부하지 아니한다. 공탁은 법원사무관 등의 이름으로 한다. 채권계산서가 제출되지 않았다는 사정만으로 공탁을 하여서는 아니 된다.

① 채권에 붙어 있는 정지조건이 성취되지 않았거나, 불확정기한이 도래하지 않은 때
② 가압류권자의 채권인 때
③ 집행의 일시 정지를 명하는 재판의 정본이 제출되어 있는 때

④ 저당권설정의 가등기가 마쳐져 있는 때
⑤ 배당이의의 소가 제기된 때
⑥ 질권자 또는 저당권자가 담보물 이외의 다른 재산의 매각대금으로부터 배당을 받을 경우, 채무자로부터 배당금에 대한 공탁청구가 있는 때

4. 공탁금의 처리

제161조 (공탁금에 대한 배당의 실시)

① 법원이 제160조 제1항의 규정에 따라 채권자에 대한 배당액을 공탁한 뒤 공탁의 사유가 소멸한 때에는 법원은 공탁금을 지급하거나 공탁금에 대한 배당을 실시하여야 한다.
② 제1항에 따라 배당을 실시함에 있어서 다음 각호 가운데 어느 하나에 해당하는 때에는 법원은 배당에 대하여 이의하지 아니한 채권자를 위하여서도 배당표를 바꾸어야 한다.
1. 제160조 제1항 제1호 내지 제4호의 사유에 따른 공탁에 관련된 채권자에 대하여 배당을 실시할 수 없게 된 때
2. 제160조 제1항 제5호의 공탁에 관련된 채권자가 채무자로부터 제기당한 배당이의의 소에서 진 때
3. 제160조 제1항 제6호의 공탁에 관련된 채권자가 저당물의 매각대가로부터 배당을 받은 때

③ 제160조 제2항의 채권자가 법원에 대하여 공탁금의 수령을 포기하는 의사를 표시한 때에는 그 채권자의 채권이 존재하지 아니하는 것으로 보고 배당표를 바꾸어야 한다.
④ 제2항 및 제3항의 배당표변경에 따른 추가 배당기일에 제151조의 규정에 따라 이의할 때에는 종전의 배당기일에서 주장할 수 없었던 사유만을 주장할 수 있다.

채권자가 본안 소송에서 전부 승소하는 등이 사유로 공탁된 배당금 전부를 받는 것으로 확정된 사유가 있으면 집행법원은 공탁공무원에게는 공탁된 배당액의 지급위탁서를 송부하고 채권자에게는 배당액지급증을 교부하여 배당을 실시한다.

≪판례≫ 배당액지급교부 거절에 대한 불복[대법원 1999. 6. 18.자 99마1348 결정]

경매절차에서 배당기일에 출석하지 아니한 채무자가 자신에게 공탁된 배당 잔여액을 출급하기 위해서는 공탁사무처리규칙 제39조가 정하는 바에 따라 집행법원이 공탁공무원에게 지급위탁서를 송부하고 채무자에게 그 자격에 관한 증명서를 교부하면 채무자가 그 자격증명서를 첨부하여 공탁공무원에게 공탁금출급청구를 하여야 하는바, 이 경우 집행법원이 공탁공무원에게 지급위탁서를 송부하고 채무자에게 자격증명서를 교부하는 사무

는 공탁공무원의 공탁사무가 아니라 집행법원이 공탁된 배당 잔여액의 출급을 위하여 집행절차에 부수하여 행하는 사무로 보아야 하므로 그 사무에 관한 집행법원의 처분에 대하여 불복하려면 공탁법 제10조가 정한 공탁공무원의 처분에 대한 이의신청을 할 것이 아니라 민사소송법 제504조가 정한 집행에 관한 이의신청을 하여야 하고, 그 이의신청은 배당절차에 관한 집행법원의 처분을 대상으로 한 것이 아니라 공탁된 배당 잔여액의 출급에 관한 집행법원의 처분을 대상으로 한 것이므로 배당절차가 종료되었다 하여 이의신청을 할 이익이 없다고 할 수도 없다.

≪판례≫ 전부채권자의 공탁금 출급절차[대법원 2000. 3. 2.자 99마6289 결정]

공탁사무처리규칙 제39조는 공탁물의 지급이 배당 기타 관공서의 결정에 의하여 이루어지는 경우 그 공탁물의 출급절차에 관한 특별 규정이므로, 집행법원이 배당이의 소송을 제기당한 채권자에 대한 배당액을 민사소송법 제589조 제 3 항에 의하여 공탁한 경우, 위 배당이의소송에서 청구를 일부 인용하는 판결이 확정된 후 채권자가 그 공탁금 중 경정된 배당표에 따른 자신의 배당액을 출급받기 위해서는, 같은 규칙 제39조가 정하는 바에 따라 우선 집행법원에 배당이의소송의 판결이 확정된 사실 등을 증명하여 배당금의 교부를 신청하여야 하고, 그 신청을 접수한 집행법원은 공탁공무원에게 그 채권자에 대한 배당액에 상당한 금액의 지급위탁서를 송부하고 그 채권자에게는 그의 지급을 받을 자격에 관한 증명서를 교부하면, 그 채권자는 이 증명서를 첨부하여 공탁공무원에게 공탁금의 출급을 청구하여야 하고, 한편 채권의 압류·전부명령은 피압류채권의 귀속자에 대한 변경을 가져올 뿐 그 피압류채권의 행사절차에는 아무런 변경을 가져오지 아니하므로, 그 채권자가 갖게 되는 공탁금 출급청구권에 대하여 압류·전부명령을 받은 자가 전부받은 그 공탁금 출급청구권을 행사함에 있어서도 역시 같은 규칙 제39조가 정하는 절차에 따라야 할 것이다.

배당이의 소에 관한 판결에 따라 공탁된 배당금의 전부 또는 일부를 채권자가 받지 못하는 것으로 확정된 경우에는 판결에 따라 배당을 실시하면 된다. 공탁된 배당금의 전부를 받는 것으로 확정되었음에도 채권자가 배당을 포기한 경우에는 배당표를 경정하고 배당기일을 정하여 추가배당을 실시한다. 어느 경우에도 총채권자의 만족이 없는 한 채무자에게 지급할 것은 아니다(제161조 4항).

추가배당기일에는 다시 배당에 관한 이의가 가능하나 종전의 배당기일에 이의할 수 있었던 사유는 주장하지 못한다(제161조).

5. 배당기일조서(제159조 4항)

배당실시절차에 관한 사항은 조서에 명확히 기재하여야 한다.

제12절 소유권이전등기절차

제144조 (매각대금 지급 뒤의 조치)

① 매각대금이 지급되면 법원사무관등은 매각허가결정의 등본을 붙여 다음 각호의 등기를 촉탁하여야 한다.

1. 매수인 앞으로 소유권을 이전하는 등기
2. 매수인이 인수하지 아니한 부동산의 부담에 관한 기입을 말소하는 등기
3. 제94조 및 제139조 제1항의 규정에 따른 경매개시결정등기를 말소하는 등기

② 제1항의 등기에 드는 비용은 매수인이 부담한다.

Ⅰ. 서 론

매수인은 대금을 납입함으로써 목적물에 관한 권리를 취득한다. 이것은 법률규정(제135조)에 의한 물권변동으로 등기와는 무관하다. 그러나 매수인이 목적물을 처분하기 위해서는 등기를 하여야 하므로 등기부를 정리할 필요가 있다. 이에 민사집행법은 제144조에서 법원사무관 등에 의한 등기 촉탁절차를 규정하고 있다.

Ⅱ. 촉탁시기

매수인이 매각대금을 완납을 확인한 후 법원사무관 등이 등기를 촉탁한다. 실무상으로는 매수인이 주민등록표등본, 등록세영수필증, 영수필확인서, 국민주택채권매입증 등을 서류를 첨부하여 등기촉탁을 신청을 하면 법원사무관 등이 등기를 촉탁한다. 등기비용은 매수인이 부담한다. 매수인이 종전 소유자를 상대로 이전등기를 소구하는 것은 소의 이익이 없다.

≪판례≫ 매수인의 소유권이전등기청구소송 제기[대법원 1999. 7. 9. 선고 99다17272 판결]
경락대금을 완납한 경락인은 민사소송법 제661조 제1항의 규정에 의하여 경매법원이 경락된 부동산에 대하여 경락인 앞으로의 소유권이전등기를 촉탁함으로써 소유권이전등기를 경료받을 수 있는 것이므로 굳이 종전 소유자 등을 상대로 경락을 원인으로 한 소유권이전등기절차의 이행을 소구할 이익이 없다.

Ⅲ. 촉탁할 등기

법원사무관 등이 촉탁할 등기는 소유권이전등기, 부담의 말소등기, 경매개시결정의 말소등기이다. 차례로 본다.

1. 소유권이전등기

등기원인은 매각허가결정으로 하고 원인일자는 대금지급일로 하여 매수인 앞으로 소유권이전등기를 한다. 매수인이 사망한 경우에는 그 사망의 시기를 묻지 아니하고 곧바로 상속인 앞으로 이전등기를 하는 것이 실무이다. 매수인의 지위자체를 양도하는 것은 허용되지 아니하므로 그러한 양도합의가 있는 경우에는 매수인 앞으로 소유권이전등기가 있은 이후에 당사자의 공동신청으로 양수인 앞으로 다시 이전등기를 해야 한다. 만일 경매개시결정의 기입등기 이전에 소유권을 취득한 제3자가 매수인이 된 경우에는 제자의 종전의 소유권이전등기명의를 그대로 존치시킬 것이고 새로이 제3자 앞으로 이전등기를 촉탁할 것이 아니다.

2. 부담의 말소등기

앞서 설명한 바와 같이 집행의 대상인 부동산 위의 물적 부담에 관하여 민사집행법은 소제주의와 인수주의를 병용하고 있다. 매수인에게 인수되지 아니하는 부동산 위의 부담에 관한 등기의 말소등기를 촉탁한다. 말소할 부담에 관한 등기의 구체적 내용에 관해서는 앞서 소제주의의 설명을 참고하기 바란다. 예를 들어 예고등기는 말소촉탁 대상이 아니다.

3. 경매개시결정등기의 말소등기

경매개시결정등기 역시 존치할 이유가 없으므로 말소를 촉탁한다.

제13절 인도명령절차

제136조 (부동산의 인도명령 등)

① 법원은 매수인이 대금을 낸 뒤 6월 이내에 신청하면 채무자·소유자 또는 부동산 점유자에 대하여 부동산을 매수인에게 인도하도록 명할 수 있다. 다만, 점유자가 매수인

에게 대항할 수 있는 권원에 의하여 점유하고 있는 것으로 인정되는 경우에는 그러하지 아니하다.

② 법원은 매수인 또는 채권자가 신청하면 매각허가가 결정된 뒤 인도할 때까지 관리인에게 부동산을 관리하게 할 것을 명할 수 있다.

③ 제2항의 경우 부동산의 관리를 위하여 필요하면 법원은 매수인 또는 채권자의 신청에 따라 담보를 제공하게 하거나 제공하게 하지 아니하고 제1항의 규정에 준하는 명령을 할 수 있다.

④ 법원이 채무자 및 소유자 외의 점유자에 대하여 제1항 또는 제3항의 규정에 따른 인도명령을 하려면 그 점유자를 심문하여야 한다. 다만, 그 점유자가 매수인에게 대항할 수 있는 권원에 의하여 점유하고 있지 아니함이 명백한 때 또는 이미 그 점유자를 심문한 때에는 그러하지 아니하다.

⑤ 제1항 내지 제3항의 신청에 관한 결정에 대하여는 즉시항고를 할 수 있다.

⑥ 채무자·소유자 또는 점유자가 제1항과 제3항의 인도명령에 따르지 아니할 때에는 매수인 또는 채권자는 집행관에게 그 집행을 위임할 수 있다.

I. 서 론

1. 의 의

매각대금의 납부로 매수인은 소유권을 취득하나 목적물에 대한 점유취득은 별개의 문제로 남는다. 부동산경매절차에서는 유체동산경매절차와 달리 집행절차 내에 매수인에게 점유를 취득케 하는 절차를 별도로 두고 있지 않고 있는 것이다. 이에 민사집행법은 매수인이 간이한 방법으로 목적물의 점유를 확보할 수 있는 방법으로 인도명령절차를 두고 있다.

2. 법적 성질

인도명령은 독립된 집행권원이다(제56조 1호). 인도명령절차는 집행절차와는 별개의 절차로 집행정지서류 등이 제출된 경우라도 인도명령절차의 진행에 영향이 없다. 그러나 별개의 절차이기는 하나 집행절차에 종 된 절차이다. 인도명령을 할 수 있음에도 통상의 소송절차에 따라 인도를 구하는 소라도 소의 이익을 부정할 것은 아니다.

≪판례≫ 판결 통상의 소송절차에 의한 인도청구[대법원 1971. 9. 28. 선고 71다1437 판결]

경락인에게 경매법의 규정에 따른 경매목적물에 대한 인도명령을 신청하여 집행하는 절차가 있다하여 채무자를 상대로 소로서 경매물건의 명도 또는 인도를 청구하는 것을 배제할 수는 없다.

Ⅱ. 당 사 자

1. 신 청 인

가. 매수인의 인도명령신청권

매각대금을 납부한 매수인은 채무자 등에 대하여 목적물의 점유이전을 구하는 인도명령을 신청할 수 있다. 인도명령신청은 새로운 절차의 개시를 구하는 독립된 별개의 신청이 아니라 넓은 의미에서 집행절차 내부에서 주어지는 절차 내재적 권한이다. 다시 말해 인도명령은 매각대금을 납부하였다는 사실 자체에 따라 매수인에게 부여하는 절차적 지위로 매수인이 유효하게 소유권을 취득하였는가는 묻지 아니하는 것이다. 그러므로 집행권원이 무효이거나 목적물이 제3자의 소유라는 실체적 하자로 인하여 매수인의 소유권을 취득하지 못하는 경우라도 인도명령에 장애가 되지 아니한다. 매수인 앞으로 소유권이전등기가 있는가도 묻지 아니한다. 이와는 달리 매각조건을 충족하지 못한 매수인에게 매각이 허가되거나, 경매개시결정이 채무자에게 송달되지 아니한 상태에서 집행절차가 진행되었거나, 매각허가결정이 확정되지 않은 상태에서 대금납부가 있은 것과 같이 매각대금납부 자체에 절차적 하자가 있는 경우에는 인도명령이 허용되지 아니한다.

≪판례≫ **어업권이전인가를 얻지 못한 매수인**[대법원 2002. 1. 21. 자 2001마6076 결정]

수산업법 제18조 제1항은 어업권을 이전할 경우에는 어업권의 등록일부터 일정기간이 경과한 후 시장·군수 등 관청의 인가를 받아야 한다는 취지로 규정하고 있는바, 사인간의 법률행위에 의한 경우는 물론이고 민사소송법에 따른 경매에 의하여 어업권이 이전되는 경우에도 시장·군수 등의 인가가 필요하다고 해석되므로, 만약 최고가의 입찰인이 낙찰허가결정에 즈음하여 시장·군수의 인가를 받지 못한다면 유효하게 어업권을 이전받을 수 없을 것이고, 이러한 사유는 인도명령의 발령에 있어서도 장애가 될 것이나, 낙찰인이 나중에라도 시장·군수의 인가를 받는다면 유효하게 어업권을 취득할 수 있게 되고 인도명령을 받을 수 있게 된다.

한편 공동매수 또는 매수인의 공동상속의 경우에는 공동매수인 또는 공동상속인 중 1인은 단독으로 인도명령을 신청하는 데 지장이 없다. 이 경우 인도명령신청은 일종의 보존행위로 볼 수 있기 때문이다(반대견해 있음).

나. 인도명령신청권의 소멸

인도명령신청권은 매수인에게 간이한 방법으로 목적물에 대한 점유를 확보케 하기 위한 것이다. 그러므로 매수인이 다른 경로를 통하여 목적물에 대한 점유를 확보하였다면 신청이익이 부정된다. 또한 매수인이 인도명령의 상대방에게 목적물을 양도하였거나, 임대차 등을 통하여 점유를 용인한 이후에는 인도명령을 구할 수 없다. 다만 양도나 점유를 용인케 한 원인행위가 무효·취소·해제 등으로 인도명령의 상대방이 점유권원이 소멸한 경우에는 인도명령을 구할 수 있다(반대견해 있음).

≪판례≫ 인도명령상대방에 대한 권리양도[대법원 1999. 4. 16.자 98마3897 결정]

부동산인도명령이 경락인(낙찰자)에게 실체상의 권리 이상의 권리를 부여하는 것일 수는 없다는 점에서 채무자나 소유자라도 실체상의 점유권원을 가지는 경우에는 민사소송법 제647조 제1항 단서를 유추적용하여 경락인(낙찰자)의 인도명령신청을 거절할 수 있다고 할 것인바, 매도인은 그 매매의 효과로서 매수인에 대하여 그 매도 부분에 관한 점유이전의무를 지므로 경락인이 대금납부 후 소유자, 채무자 기타 인도명령의 상대방이 될 수 있는 점유자에게 매매 등 소유권을 양도하는 행위를 한 경우에는 인도명령을 신청할 수 없다고 해석하여야 하고, 그럼에도 불구하고 부동산인도명령을 발하기 위해서는 그 매매계약이 해제되었다는 등 그 점유권원이 소멸된 사실이 인정되어야 할 것이며, 그 점유권원이 소멸되었다는 사실은 인도명령의 신청인이 입증하여야 한다.

다. 매수인의 승계인

인도명령신청권은 집행절차 내에서 주어지는 지위로 양도가 허용되지 아니한다. 그러므로 매수인의 일반승계인이 아닌 특정승계인에게는 인도명령신청권이 인정되지 아니한다. 매수인이 목적물을 양도한 경우라도 양수인은 스스로는 물론 매수인을 대위하여서도 인도명령을 구할 수 없으며 매수인만이 인도명령을 구할 수 있다. 매수인은 제3자에게 목적물을 양도한 경우라도 인도명령신청권을 상실하지 아니하는 것이다. 이러한 의미에서 인도명령신청권은 행사상의 일신전속권이라 하겠다.

≪판례≫ 매수인의 권리양도 후 인도명령신청[대법원 1970. 9. 30.자 70마539 결정]

경락인이 목적부동산을 제3자에게 양도하였다고 하여 당연히 그 인도명령을 받을 집행법상의 권리가 소멸되는 것으로 볼 수 없다.

≪판례≫ **특별승계인의 인도명령신청권 인정여부**[대법원 1966. 9. 10.자 66마713 결정]

본조에 규정된 경매부동산의 인도청구는 경락인에게 허용된 경매절차상의 권리에 속하는 것이므로 제3자가 경락인으로부터 경락부동산의 소유권을 취득하였다 하더라도 그 제3자가 승계를 이유로 위 법조에 규정된 인도청구를 할 수 없다.

2. 상 대 방

민사집행법은 구법보다 인도명령의 상대방이 되는 자의 범위를 더 넓게 규정하였다. 매수인의 지위를 강화함으로써 보다 고가에 매각될 수 있도록 하는데 주된 취지가 있다.

가. 채무자와 그 일반승계인

채무자와 그 일반승계인은 인도명령의 상대방이 된다. 상속인이 수인인 경우에는 상속인 모두에 대한 인도명령이 필요하다. 채무자가 압류이후에 목적물을 처분한 경우라도 여전히 인도명령의 상대방이 된다.

≪판례≫ **채무자의 일반승계인에 대한 인도명령**[대법원 1973. 11. 30.자 73마734 결정]

인도명령의 상대방은 경매목적물의 소유자나 채무자 이외에도 경락허가결정후의 일반승계인, 경매개시결정에 인한 압류의 효력발생후의 특정승계인 및 불법점유자를 포함한다.

채무자가 목적물을 점유하고 있는가 또는 점유형태가 어떠한가를 묻지 아니한다. 채무자나 소유자는 매수인에게 목적물을 인도하여야 할 의무가 있기 때문이다. 채무자의 점유보조자도 인도명령의 상대방으로 볼 것이지만 채무자에 대한 인도명령으로 채무자의 점유보조자에 대하여 집행력이 미칠 것이므로 논의의 실익이 없다.

나. 채무자의 배우자

부부의 점유형태는 공동점유로 볼 것이지 배우자 어느 일방을 타방의 점유보조자라고 볼 수는 없다. 그러나 인도명령절차에서는 절차의 성격상 다소 이러한 점을 수정하여 통상 배우자 일방에 대한 인도명령의 효력은 나머지 배우자에게도 미치는 것으로 보아야 할 것이다.

≪판례≫ **인도명령과 남편에 대한 집행력**[대법원 1998. 4. 24. 선고 96다30786 판결]

[1] 부동산의 인도명령의 상대방이 채무자인 경우에 그 인도명령의 집행력은 당해 채무자는 물론 채무자와 한 세대를 구성하며 독립된 생계를 영위하지 아니하는 가족과 같이

그 채무자와 동일시되는 자에게도 미친다.

[2] 근저당권의 채무자인 처에 대한 적법한 부동산 인도명령의 집행 당시 대항력을 갖춘 임차권자가 아니고 또한 처와 같은 세대를 구성하면서 그 부동산을 공동점유하고 있었던 남편의 공동점유를 본인의 의사에 반하여 배제하였다고 하여 이를 곧 점유의 위법한 침탈이라고 할 수는 없다.

다. 소 유 자

소유자를 인도명령의 상대방으로 할 수 있다. 여기서 소유자라 함은 집행절차상 소유자로 취급된 자를 의미하고 실체관계상의 진정한 소유자인가 하는 것과는 무관하다. 소유자의 점유형태나 점유여부를 묻지 아니하는 것은 채무자에서와 같다. 채무자와 별도로 소유자를 규정한 것은 물상보증인으로서 소유자를 예정한 것이다(반대견해 있음). 저당권 설정 당시의 소유자는 물론 저당권 설정시부터 매각대금 납부시까지 사이의 중간 취득자도 인도명령의 상대방이 된다.

라. 직접점유자

점유를 시작한 시기를 묻지 아니하고 모든 점유자는 인도명령의 상대방이 된다. 다만 점유자가 매수인에게 대항할 수 있는 점유권원이 있는 경우에는 인도명령의 상대방으로 할 수 없다. 대항력의 유무는 인도명령의 발령시를 기준으로 판단한다. 매수인에게 대항할 수 있는 점유권원이 없다는 점은 매수인이 입증하여야 한다. 이에 해당하는 점유자는 앞서 설명한 매수인이 인수해야 하는 부동산 위의 물적 부담을 점유권원으로 점유자와 매수인과 합의에 따라 새로운 점유를 취득한 자 등을 들 수 있다. 채무자나 소유자라도 여기의 점유자에 포함될 수 있다. 실무상으로는 임차인, 유치권자, 법정지상권자가 가장 많이 문제된다. 객관적으로 매수인에게 대항할 수 있는 점유권원이 있는 자라도 신의칙상 인도명령을 다툴 수 없는 경우가 있다.

≪판례≫ 임차인의 신의칙상 점유권원 주장 제한[대법원 2000. 1. 5.자 99마4307 결정]

채무자가 동생 소유의 아파트에 관하여 근저당권을 설정하고 대출을 받으면서 채권자에게 자신은 임차인이 아니고 위 아파트에 관하여 일체의 권리를 주장하지 않겠다는 내용의 확인서를 작성하여 준 경우, 그 후 대항력을 갖춘 임차인임을 내세워 이를 낙찰받은 채권자의 인도명령을 다투는 것은 금반언 및 신의칙에 위배되어 허용되지 않는다고 본 사례.

여기의 점유자는 직접점유자만을 의미하고 간접점유자는 포함되지 않는다(반대견해 있음). 간접점유자를 인도명령의 상대방에 포함시키게 되면 그 집행절차는 제259조에 따라 '인도청구권의 이부'에 의할 것인데, 이는 매수인에게 간이하게 점유를 이전받을 수 있게 하는 인도명령제도의 취지와는 거리가 멀기 때문이다.

Ⅲ. 인도절차

1. 인도명령의 신청

매수인의 대금을 완납한 날의 다음 날로부터 6개월 이내에 집행법원에 신청하여야 한다. 독립된 새로운 절차를 구하는 신청이 아니라 할 것이므로 구두에 의한 신청도 가능하다. 집행법원의 전속관할이다. 6개월의 기간은 신축할 수 없으며, 그 이후에는 통상의 소송절차에 의하여야 한다.

2. 심　　리

임의적 변론절차에 의할 것이고 서면심리가 인정된다. 다만 상대방이 채무자나 소유자 이외의 자인 경우에는 상대방을 심문하여야 할 것인데, 이는 상대방이 매수인에게 대항할 수 있는 점유권원에 의하여 점유하고 있음을 주장할 기회를 주기 위해서이다. 그러므로 상대방에게 집행기록에 의해 매수인에게 대항가능한 점유권원이 없음이 명백한 경우에는 심문을 거칠 필요가 없다(제136조 4항). 필요적 심문의 범위를 종전보다 축소한 것이다. 심리 중에 당사자가 사망한 경우에는 통상의 소송절차와 같이 절차의 중단과 수계가 필요하다(반대견해 있음). 심리의 내용에 있어서는 변론주의가 적용되지 아니하고 직권주의가 적용된다.

3. 재　　판

집행법원은 인도명령신청에 대하여 결정의 형식으로 재판한다. 사법보좌관이 아닌 법관의 업무이다. 인도명령의 내용에 있어서는 단순히 목적물의 전부나 일부를 인도를 명하는데 그쳐야 하고 그 밖의 작위나 부작위를 명하여서는 아니된다. 예를 들어 토지에 대한 인도명령에 있어서 단순히 토지의 인도만을 명할 수 있고 지상의 수목이나 건물의 철거를 명할 수는 없다. 또한 인도명령은 언제나 즉시인도를 명하는 것이어야 하고 조건부 또는 기한부로 인도를 명하서는 아니 된다. 만일 상대방이 조건부 또는 기한부로 인도의무를 지는 경우에는 인도명령신청을 기각하여야 한다. 인도명령은 확정을 기다리지 아니하고 즉시 집행력이 인정된다. 인도명령은 결정에 해당하는 재판으로 기판력이 인정되지 아니한다.

≪판례≫ **인도명령의 기판력 인정여부**[대법원 1981. 12. 8. 선고 80다2821 판결]

경매부동산인도명령에 대한 이의는 경매절차상의 형식적 하자를 사유로 하여야 하고, 이에 대한 재판은 그 이의가 비록 실체법상의 이유에 기한 경우라도 단지 경매법에 의하여 당해 부동산의 인도명령을 청구할 수 있는가의 여부를 판단함에 그치고 실체법상의 법률관계를 확정하는 것이 아니므로 이의의 이유가 된, 소유권에 기한 인도청구권의 존부는 이의재판에 의하여 확정되지 아니한다.

4. 인도명령의 집행

인도명령의 집행에는 집행문을 부여 받아야 한다. 우선변제력 있는 주택이나 상가의 임차인이 배당요구를 한 경우에는 당해 임차인에게 보증금 전액이 배당되기 전에는 집행이 허용되지 아니함은 앞서 상세히 설명하였다. 상대방이 직접점유자인 경우에는 집행관에게 집행을 위임하는 방식에 따르고(제258조), 상대방이 간접점유자인 경우(반대견해 있음)에는 집행법원에 인도청구권을 이부를 구하는 방식에 의하며(제259조) 집행비용을 예납하여야 한다. 집행비용은 인도집행의 상대방으로부터 추심할 수 있는 것이지만 다른 소송비용과 달리 실제로 추심에 이르는 경우는 드문 것으로 보인다. 집행비용추심을 위하여 상대방의 집행절차상 배당금청구권을 가압류해 두는 것도 생각해 볼 수 있을 것이다.

Ⅳ. 인도명령에 대한 불복

1. 즉시항고

가. 집행법상의 즉시항고

인도명령신청에 대한 재판에 대해서는 즉시항고로 다툴 수 있다. 이때의 즉시항고는 집행법상의 즉시항고로 집행정지효가 없다. 인도명령절차는 독립된 절차이기는 하나 집행절차에 부수된 절차이기 때문이다.

나. 즉시항고사유

인도명령절차에 관련된 고유한 사유에 한한다. 구체적인 불복사유로는 ① 인도명령발령의 전제가 되는 절차적 요건의 흠(매각허가결정의 불확정, 매각대금미납 등), ② 인도명령 심리절차의 흠(신청인의 자격, 상대방의 범위, 신청기간, 심문절차의 하자 등), ③ 인도명령 자체의 형식적 흠(인도목적물의 불특정, 상대방의 불특정 등), ④ 인도명령의 상대방이 매수인에 대하여 부동산의 인도를 거부할 수 있는 점유권원의 존재(매수인이 상대방에게 부동산을 양도하였거나 임대한 경우, 점유자에게 법정지상권이나 유치권이 있는 경우 등)가 거론된다(주석 Ⅲ 807면). 집행절차상의 하자는 매각허가결정을 통하여 그 하자가 치유되는 것들이 많으므로 항고사유로 삼지 못하는 것이 보통이다.

2. 청구이의의 소

인도명령은 집행권원이라고 할 것이므로 이에 대해서는 청구에 관한 이의의 소로써도 다툴 수 있다. 인도집행이 종료한 이후에는 본소로 다툴 이익이 없게 된다. 이의사유는 인도명령 성립 이후에 발생한 사정에 한하지 아니한다. 인도명령에는 기판력이 없기 때문이다. 한편 이의사유의 내용은 인도명령의 자체의 잘못을 지적하는 것이어야 하고, 매수인이 소유권자가 될 수 없다는 등의 실체적 사유는 주장할 것이 아니다. 인도명령은 매수인이 단순히 매각대금을 납부하였다는 사실에 기초한 재판에 불과하기 때문이다.

3. 제 3 자이의의 소

상대방은 인도명령에 대하여 매수인에게 대항할 수 있는 점유권원에 기한 점유임을 주장하여 제3자 이의의 소로써도 다툴 수 있다. 그러나 인도명령에 대한 제3자이의 소를 제기할 실익이 있는지 의문이다. 인도명령의 상대방이 아닌 제3자는 인도명령의 집행력이 미치지 아니하므로 인도집행을 거절하면 그만이기 때문이다.

4. 인도집행에 대한 구제수단

위법한 또는 부당한 인도집행으로 점유를 상실한 자는 매수인을 상대로 통상의 소송절차를 통해 점유물의 반환을 구할 수 있다고 본다. 인도명령에는 기판력이 없으므로 인도명령에 의한 집행이 있었다는 사정만으로는 매수인의 점유가 항상 정당한 것이라고 볼 수는 없기 때문이다. 예를 들어 점유자에게 정당한 유치권이 있음을 간과한 인도명령과 인도집행이 있은 경우에 점유를 상실한 유치권자는 통상의 소송절차를 통하여 매수인에게 목적물의 반환을 구할 수 있다고 본다. 이러한 결론은 점유자가 인도명령절차상 유치권이 있다는 항변을 제출하지 않았거나, 즉시항고로 다투지 아니한 경우라도 마찬가지라고 본다. 경우에 따라서는 자력구제도 가능하다고 본다.

V. 관리명령절차

1. 의 의

매수인은 목적물의 인도를 확보하기 위하여 미리 보전처분을 해 둘 필요가 있다. 먼저 생각할 수 있는 것은 매각대금을 완납한 이후에는 소유권에 기한 인도청구권을 피보전권리로 하여 점유이전금지가처분을 해 두는 것이다. 이러한 통상의 가처분을 통해서 점유자를 절차상 항정하여 둠으로서 인도명령의 원활한 집행을 보장받을 수 있는 것이다. 한편 매수인으로서는 매각대금을 납부하기 이전에도 목적물의 현황이나 점유상태를 보전해 둘 필요가 있는데, 이에 대하여 민사집행법은 특수한 보전처분으로서 관리명령절차를 두고 있다.

2. 법적 성질

관리명령절차는 집행절차의 일부가 아닌 집행절차와는 별개의 절차이다. 다만 집행절차를 부수된 절차이다.

3. 신 청

매수인 또는 압류채권자는 매각허가결정 선고일로부터 대금지급기일 사이에 관리명령을 신청할 수 있다. 압류채권자가 아닌 다른 채권자에게는 신청권이 없다(반대견해 있음). 매각허가결정이 재매각명령으로 실효되었거나 집행절차가 정지된 경우에는 신청권이 소멸한다. 관리명령의 상대방은 인도명령의 상대방과 같다(반대견해 있음).

4. 심리 · 재판 · 불복

가. 심 리

심리에 있어서는 이해관계인을 심문할 수 있으며 필요한 경우에는 변론을 열 수도 있다.

나. 재 판

신청이 상당한 경우에는 관리인을 정하고, 상대방으로 하여금 목적물에 대한 점유를 풀어 관리인에게 관리하게 하는 취지의 관리명령을 발령한다. 관리인의 자격에는 제한이 없다. 관리명령은 관리명령절차의 당사자가 될 수 있었던 사람에게도 송달한다. 신청을 기각하는 경우에는 신청인에게만 기각결정을 송달한다.

다. 불 복

관리명령에 대하여는 즉시항고로 다툴 수 있다. 즉시항고의 사유에 관하여는 인도명령에 대한 즉시항고사유에 준하여 생각하면 된다.

5. 관리명령의 집행

가. 상대방의 임의인도

관리인은 목적물을 인도받지 못한 상태에서는 관리하지 못한다. 관리명령이 있는 것만으로는 인도를 강제하지 못한다. 즉 관리명령이 있는 것만으로는 채무자 등의 임의인도가 없는 한 관리명령은 실효성이 없는 것이다.

나. 준인도명령

채무자 등이 임의인도를 거부하는 경우에는 관리명령과 별개의 강제절차를 거쳐야 한다. 이를 준인도명령이라 하는데 그 구체적인 내용은 앞서 설명한 인도명령절차와 다를 것이 없다. 다만 준인도명령은 매수인이 완전한 목적물을 인도받는 것을 보장하기 위한 특수한 형태의 보전처분이다. 그러므로 준인도명령을 발함에 있어서는 상당한 담보의 제공을 명할 수도 있다.

다. 관리의 내용

관리의 내용에 있어서는 다음에 볼 부동산강제관리절차에서 관리방법과 크게 다를 것이 없다. 다만 부동산강제관리절차는 금전채권의 만족을 구하는 집행절차이지만, 관리명령절차는 목적물의 현황을 보전하기 위한 특수한 보전처분이라는 점에서 서로 다르다.

매수인은 대금을 완납한 이후에는 별도의 인도명령절차를 거치지 아니하고 관리인으로부터 곧바로 목적물의 점유를 이전받을 수 있다. 다만 관리인이 점유를 확보하지 못한 경우에는 별도의 인도명령절차를 거쳐야 함은 물론이다. 매수인이 대금을 납부하지 아니한 경우에는 집행법원이 관리명령을 취소하고, 그에 따라 관리인은 목적물을 상대방에게 인도하여 한다.

라. 관리비용

관리비용은 신청인이 부담한다. 압류채권자가 신청한 경우에는 압류채권자가 부담할 것이지 매수인이 부담할 것은 아니다(반대견해 있음). 관리절차는 집행절차에 종된 절차이기는 하나 집행절차와 별개의 절차라 할 것이므로 그 비용 역시 집행비용으로 이해할 것은 아니기 때문이다.

제 3 장 부동산강제관리절차

개 관

강제관리절차는 부동산을 이용하여 얻을 수 있는 수익을 집행의 대상으로 삼는 절차이다. 즉 부동산으로부터 발생하는 천연과실과 법정과실을 일체로 파악하여 그로부터 금전채권의 만족을 추구하는 절차이다. 그러나 관리인에 의한 수익을 얻는 과정이라는 것이 현실에 적용하기 어렵고, 강제관리에 의하지 아니하더라도 부동산으로부터 발생하는 수익 내지 과실에 대하여는 유체동산집행이나 금전채권에 대한 집행절차를 의하면 보다 더 손쉽게 금전채권의 만족을 얻을 수 있다는 점에서 강제관리는 실무상 거의 활용되지 아니하는 제도이다. 그러므로 강제관리절차에 대하여는 개념파악 정도의 이해에 머물러도 좋을 것이다.

학습목표

1. 부동산으로부터 발생하는 수익에 대한 강제집행방법으로 생각할 수 있는 절차에는 어떠한 것들이 있는가를 알아둔다.
2. 강제관리절차가 강제경매절차와 어떠한 점에서 차이가 있는가를 이해한다.

Ⅰ. 서 론

1. 의 의

제78조 (집행방법)

① 부동산에 대한 강제집행은 채권자의 신청에 따라 법원이 한다.

② 강제집행은 다음 각호의 방법으로 한다.

1. 강제경매
2. 강제관리

③ 채권자는 자기의 선택에 의하여 제2항 각호 가운데 어느 한 가지 방법으로 집행하게 하거나 두 가지 방법을 함께 사용하여 집행하게 할 수 있다.

④ 강제관리는 가압류를 집행할 때에도 할 수 있다.

강제경매는 목적물의 매각대금으로 채권의 만족을 추구하는 절차이다. 이와는 달리 강제관리는 채무자의 처분권능을 박탈하지 않고 부동산의 관리·수익권능만을 박탈하여 부동산을 관리인이 관리함으로부터 생기는 부동산의 과실을 가지고 채권의 만족을 추구하는 절차이다.

2. 과실에 대한 강제집행

부동산으로부터 발생하는 과실은 천연과실과 법정과실이 있다. 일반적으로 천연과실에 대해서는 유체동산집행의 방법으로 법정과실에 대하여는 채권집행의 방법으로 채권의 만족을 추구할 수 있을 것이다. 이에 비하여 강제관리는 이러한 과실에 대한 강제집행에 있어서 과실의 내용에 따른 개별적인 만족을 추구하지 아니하고 부동산으로부터 발생하는 수익 내지 과실을 일체로서 파악하여 이를 강제집행의 대상으로 삼는 집행방법이다.

3. 강제관리의 적용범위

강제경매는 압류·매각·배당의 구조를 갖는 데 비하여 강제관리는 압류·수익·배당의 구조를 갖는다. 또한 강제관리는 집행권원에 의한 강제집행에만 인정되며 담보권실행을 위한 강제집행방법으로서는 인정되지 아니한다. 실무상 부동산에 대한 강제집행의 방법으로서 강제관리는 그 예가 극히 드물다.

Ⅱ. 관리절차

제163조 (강제경매규정의 준용)

강제관리에는 제80조 내지 제82조, 제83조 제 1 항 · 제 3 항 내지 제 5 항, 제85조 내지 제89조 및 제94조 내지 제96조의 규정을 준용한다.

제168조 (준용규정)

제 3 자가 부동산에 대한 강제관리를 막을 권리가 있다고 주장하는 경우에는 제48조의 규정을 준용한다.

강제관리절차에 대하여는 매각절차를 제외한 강제경매절차에 관한 대부분의 규정이 준용된다(제163조). 강제관리에 특유한 사항만을 간략히 지적하기로 하면 다음과 같다.

1. 강제관리의 신청

강제관리는 채권자의 신청에 의한다. 강제관리와 강제경매 중 어느 절차를 취할 것이지는 채권자의 선택에 의한다. 채권자는 양자를 함께 신청할 수도 있다.

2. 강제관리의 대상

강제관리의 대상은 부동산에 한한다. 선박이나 자동차와 같은 준부동산은 강제관리의 대상으로 삼을 수 없다. 양도가 금지된 부동산이라도 당해 부동산으로부터 과실을 수취할 수 있는 것이면 강제관리의 대상으로 삼을 수 있다. 한편 당해 부동산으로부터 얻을 수 있는 과실은 채무자에게 귀속되는 것이어야 한다. 과실이 다른 채권자에 의하여 우선변제력 있는 권리의 대상이 된 것이라면 원물인 부동산을 강제관리의 대상으로 삼지 못한다. 예를 들어 천연과실에 효력을 미치는 저당권이 설정되어 있거나 임료와 같은 법정과실에 효력을 미치는 질권이 설정되어 있는 경우에는 그 원물이 되는 부동산을 강제관리의 대상으로 삼을 수 없는 것이다.

3. 강제관리개시결정

제164조 (강제관리개시결정)

① 강제관리를 개시하는 결정에는 채무자에게는 관리사무에 간섭하여서는 아니되고 부동산의 수익을 처분하여서도 아니된다고 명하여야 하며, 수익을 채무자에게 지급할

제 3 자에게는 관리인에게 이를 지급하도록 명하여야 한다.
② 수확하였거나 수확할 과실(果實)과, 이행기에 이르렀거나 이르게 될 과실은 제 1 항의 수익에 속한다.
③ 강제관리개시결정은 제 3 자에게는 결정서를 송달하여야 효력이 생긴다.
④ 강제관리신청을 기각하거나 각하하는 재판에 대하여는 즉시항고를 할 수 있다.

제165조 (강제관리개시결정 등의 통지)
법원은 강제관리를 개시하는 결정을 한 부동산에 대하여 다시 강제관리의 개시결정을 하거나 배당요구의 신청이 있는 때에는 관리인에게 이를 통지하여야 한다.

제166조 (관리인의 임명 등)
① 관리인은 법원이 임명한다. 다만, 채권자는 적당한 사람을 관리인으로 추천할 수 있다.
② 관리인은 관리와 수익을 하기 위하여 부동산을 점유할 수 있다. 이 경우 저항을 받으면 집행관에게 원조를 요구할 수 있다.
③ 관리인은 제 3 자가 채무자에게 지급할 수익을 추심(推尋)할 권한이 있다.

제167조 (법원의 지휘·감독)
① 법원은 관리에 필요한 사항과 관리인의 보수를 정하고, 관리인을 지휘 · 감독한다.
② 법원은 관리인에게 보증을 제공하도록 명할 수 있다.
③ 관리인에게 관리를 계속할 수 없는 사유가 생긴 경우에는 법원은 직권으로 또는 이해관계인의 신청에 따라 관리인을 해임할 수 있다. 이 경우 관리인을 심문하여야 한다.

강제관리는 집행법원 중 판사의 직무에 속한다. 강제경매와 다른 점이다. 집행법원은 채권자의 신청에 따라 압류를 선언하면서 채무자에게는 관리사무에 간섭하여서는 아니되고 부동산의 수익을 처분하여서도 아니된다고 명하여야 하고 수익을 채무자에게 지급할 제 3 자에게는 관리인에게 이를 지급하도록 명한다(제164조 1항). 강제관리개시결정에 따른 압류의 효력은 개시결정이 채무자에게 송달되거나 등기시에 발생하는 것이 원칙이나(제163조, 제83조 4항), 제 3 자에게는 결정서를 송달하여야 효력이 생긴다(제164조 3항). 강제관리신청을 기각하거나 각하하는 재판에 대하여는 즉시항고로 다툴 수 있다(제164조 4항).

4. 관리절차

가. 관 리 인

법원은 강제관리개시결정과 동시에 관리인을 임명한다. 관리인의 자격에는 특별한 제한이 없으며 자연인이 아니라도 무방하다. 관리인의 수에도 제한이 없다. 채권자는 관리인을 추천할 수 있다(제166조 1항). 법원은 관리인을 지휘 · 감독

할 수 있으며 보증을 제공하도록 할 수 있다. 관리인을 해임하는 경우에는 관리인을 심문하여야 한다(제167조).

나. 관 리

제170조 (관리인의 계산보고)

① 관리인은 매년 채권자 · 채무자와 법원에 계산서를 제출하여야 한다. 그 업무를 마친 뒤에도 또한 같다.
② 채권자와 채무자는 계산서를 송달받은 날부터 1주 이내에 집행법원에 이에 대한 이의신청을 할 수 있다.
③ 제 2 항의 기간 이내에 이의신청이 없는 때에는 관리인의 책임이 면제된 것으로 본다.
④ 제 2 항의 기간 이내에 이의신청이 있는 때에는 관리인을 심문한 뒤 결정으로 재판하여야 한다. 신청한 이의를 매듭지은 때에는 법원은 관리인의 책임을 면제한다.

관리인은 관리와 수익을 위하여 부동산을 점유할 수 있다. 이 경우 저항을 받으면 집행관에게 원조를 요구할 수 있다(제166조 2항). 또한 관리인은 제 3 자가 채무자에게 지급할 수익을 추심할 권한이 있다(제166조 3항). 한편 관리인은 관리에 관한 계산서를 당사자와 법원에 제출하여야 하며 이에 대하여 당사자는 계산서를 송달 받은 1주일 이내에 집행법원에 계산서에 관한 이의를 신청할 수 있다(제170조).

5. 배 당

제169조 (수익의 처리)

① 관리인은 부동산수익에서 그 부동산이 부담하는 조세, 그 밖의 공과금을 뺀 뒤에 관리비용을 변제하고, 그 나머지 금액을 채권자에게 지급한다.
② 제 1 항의 경우 모든 채권자를 만족하게 할 수 없는 때에는 관리인은 채권자 사이의 배당협의에 따라 배당을 실시하여야 한다.
③ 채권자 사이에 배당협의가 이루어지지 못한 경우에 관리인은 그 사유를 법원에 신고하여야 한다.
④ 제 3 항의 신고가 있는 경우에는 제145조 · 제146조 및 제148조 내지 제161조의 규정을 준용하여 배당표를 작성하고 이에 따라 관리인으로 하여금 채권자에게 지급하게 하여야 한다.

관리인은 수익에서 관리비용 등을 공제하고 나머지 금액을 채권자에게 지급한다. 수익이 모든 채권자를 만족하게 할 정도에 미치지 못하고 채권자 사이에 협의가 이루어지지 못하는 경우에는 그 사유를 법원에 신고하여 법원이 작성한 배당표에 따라 배당을 실시한다(제169조). 배당받을 채권자에 관하여 종전에는 압류채권자 이외에 집행권원의 정본을 가진 채권자에 한하였으나 현재는 강제관리 개시결정 이후의 가압류채권자와 법정우선변제청구권자도 배당을 받을 수 있도록 하였다(제163조, 제88조).

6. 강제관리의 취소

제171조 (강제관리의 취소)

① 강제관리의 취소는 법원이 결정으로 한다.
② 채권자들이 부동산수익으로 전부 변제를 받았을 때에는 법원은 직권으로 제 1 항의 취소결정을 한다.
③ 제 1 항 및 제 2 항의 결정에 대하여는 즉시항고를 할 수 있다.
④ 강제관리의 취소결정이 확정된 때에는 법원사무관등은 강제관리에 관한 기입등기를 말소하도록 촉탁하여야 한다.

강제관리의 종료사유는 강제경매의 종료사유에 준한다. 채권자들이 부동산수익으로 전부 변제를 받았을 때는 법원은 직권으로 강제관리를 취소할 수 있다. 전부 변제에 따른 강제관리의 직권취소에 대하여는 즉시항고로 다툴 수 있다(제171조).

제 4 장　준부동산에 대한 강제집행절차

개　관

부동산경매절차는 유체동산경매절차에 비하여 대단히 신중하고 번거로운 절차이다. 부동산은 유체동산에 비하여 경제적 가치가 대단히 클 뿐만 아니라 부동산에 관련된 이해관계인이 대단히 많은 것이 보통이기 때문이다. 이러한 측면에서 민사집행법은 자동차 · 건설기계 · 항공기 · 선박은 본래는 유체동산이라고 할 것이지만 경제적 가치가 크고, 다수의 이해관계인이 게재 될 여지가 많으며, 등기와 유사한 공적 장부를 통하여 그에 관한 권리관계의 공시가 가능하다는 점에서 집행절차에 있어서만큼은 원칙적으로 토지나 건물과 같은 부동산과 같이 취급하고 있다. 이러한 점에서 자동차 · 건설기계 · 선박 · 항공기는 준부동산이라고 할 수 있을 것이다. 한편 민사집행법은 위와 같은 준부동산은 장소적 이동이 가능하다는 점에 대한 대처와 함께 준부동산이 생산용구로서 사용된다는 점에 대한 배려를 하고 있는 점에서는 부동산경매절차와는 사뭇 다른 절차적 규율을 두고 있다.

학습목표

1. 자동차 · 건설기계 · 선박 · 항공기가 집행절차의 규율에 있어서 원칙적으로 같이 취급되는 이유를 이해한다.
2. 자동차 · 건설기계 · 선박 · 항공기가 이동성과 생산수단성을 가지고 있다는 점에서 집행절차상 어떠한 배려를 하고 있는가를 알아둔다.

제 1 절 자동차 · 건설기계에 대한 강제집행절차

제187조 (자동차 등에 대한 강제집행)

자동차·건설기계 및 항공기에 대한 강제집행절차는 제2절 내지 제4절의 규정에 준하여 대법원규칙으로 정한다.

Ⅰ. 서 론

1. 준부동산집행

자동차·건설기계나 선박 등은 민법상 동산에 해당한다. 그러나 일반적인 동산에 비하여 가치가 크고 등록이나 등기에 의하여 권리관계가 공시되며 권리관계가 복잡한 경우가 많다는 점에서 강제집행에 있어서는 부동산처럼 취급된다. 이러한 의미에서 자동차 등에 대한 강제집행을 준부동산집행이라고도 한다. 준부동산에 대한 강제관리는 인정되지 아니한다.

2. 부동산강제집행의 준용

민사집행규칙은 원칙적으로 부동산강제집행의 방법에 의하되 목적물의 특성을 반영하여 규칙 제109조에서 제128조까지 부동산강제집행과 다른 규율을 두고 있다. 이러한 규율은 이동성 제한에 초점을 두고 있다. 한편 자동차는 대량생산으로 보편화되어 가치가 많이 하락하고 있는 점에서 유체동산과 구별할 이유가 많이 줄어들고 있다는 측면에서 유체동산경매절차와 유사한 규율을 두고 있다. 선박 등에 대한 규율과 다른 점이다.

3. 그 밖의 재산권에 대한 강제집행

자동차와 건설기계의 지분에 대한 강제집행은 부동산강제집행의 예에 의하지 아니하고 '그 밖의 재산권에 대한 강제집행'의 예에 의한다(규칙 제129조).

4. 집행의 대상

자동차관리법과 건설기계관리법에 따라 등록된 자동차와 건설기계(이하 자동차등)를 그 대상으로 한다. 미등록 자동차와 건설기계에 대해서는 유체동산강제집행의 예에 의한다. 이륜차인 오토바이에 대해서는 유체동산집행의 방법에 의한다. 과거에는 건설기계를 중기로 명명하였다. 자동차에 대한 집행방법과 건설기계에 대한 집행방법은 완전히 같다(규칙 제130조).

Ⅱ. 부동산강제경매의 준용과 특례

앞서 본 바와 같이 자동차 등에 대한 강제집행에 대해서는 원칙적으로 부동산강제집행에 의하도록 하고 있다. 그러면서도 현황조사절차를 생략하고 있으며 매각물건명세서를 별도로 작성하지 아니하는 등 약간의 차이점이 있다. 이하에서는 부동산강제집행과 다른 점만을 간단히 설명하기로 한다. 아래의 특례는 자동차등의 이동성을 고려한 것이다.

1. 관 할

등록원부에 기재된 사용본거지를 관할하는 지방법원이 관할하되 강제경매신청 전의 인도명령에 따라 집행관이 자동차 등을 인도받은 경우에는 자동차 등의 소재지를 관할하는 지방법원에도 관할이 인정된다(규칙 제109조). 관할이 인정되는 지방법원이 집행법원이 되어 집행절차의 진행 중에 다른 법원의 소속 집행관이 자동차 등을 점유하고 있는 경우에는 집행관의 소속 지방법원으로 사건을 이송할 수 있다(규칙 제119조).

2. 이동성제한을 위한 규율

부동산강제집행에서는 부동산에 대한 채무자의 점유를 관리명령의 경우를 제외하고는 매각대금 납부 이전에는 제한하지 않는다. 그러나 자동차는 부동산과 달리 이동성이 있는 점에서 채무자의 점유 아래 두면 사실상 강제집행이 어려운 난점이 있다. 속된 말로 채무자가 자동차를 가지고 도망가면 대책이 없다. 이러한 점에서 채무자의 점유를 제한하는 특례를 두고 있다.

가. 강제경매신청 전의 인도명령(규칙 제113조)

강제집행의 신청 전에 미리 점유를 확보하지 아니하면 집행곤란이 예상되는 때에는 채권자의 신청에 따라 목적물 소재지 관할 법원은 채무자에게 목적물을 집행관에게 인도할 것을 명할 수 있다. 일종의 집행을 위한 보전처분으로 인도명령의 고지나 송달 후 2주일 이내에 집행을 해야 한다. 집행관이 목적물을 인도받은 10일 이내에 채권자는 강제집행개시신청 증명서면을 제출하여야 한다. 위의 인도명령에 대하여 채무자는 즉시항고로 불복할 수 있다. 인도명령 후에 채권자가 경매신청을 취하한 경우에는 집행관은 원상회복을 하여야 함은 물론이다.

≪판례≫ 경매신청취하에 따른 중기의 반환[대법원 1990. 7. 27. 선고 90다카10244 판결]

중기에 대한 임의경매절차에서 경매절차의 수행을 확실하게 하고 경매할 중기의 가치를 유지하기 위하여 경매법원은 채권자의 신청에 의하여 중기의 감수와 보존에 필요한 처분으로 중기에 대한 소유자의 점유를 풀고 채권자가 위임하는 집달관에게 보관할 것을 명할 수 있는 것이므로, 채권자가 경매신청을 취하하면 집달관은 채권자의 의사와는 관계없이 보관하고 있던 중기를 원상대로 소유자에게 반환하여야 되는 것이다.

나. 강제경매개시결정에 기초한 인도명령(규칙 제111조)

규칙 제113조에 따라 점유가 확보된 경우가 아니라면 집행법원은 강제경매개시결정을 하는 때에는 채무자에게 목적물을 집행관에게 인도할 것을 명해야 한다. 이러한 인도명령은 강제경매개시결정이 채무자에게 송달되기 전에 집행할 수 있다(규칙 제111조 2항).

다. 압류의 효력발생시기

자동차에 등에 대한 압류의 효력은 압류명령의 채무자에 대한 송달시기와 등록원부에 경매개시결정이 등록된 시기 및 자동차가 집행관에게 인도된 시기 중 가장 먼저 도래한 시기에 압류의 효력이 발생한다(제83조 4항, 규칙 제108조, 제111조 3항).

라. 점유확보불능시의 집행절차 취소(규칙 제116조)

강제경매개시결정 후 2개월이 지나도록 집행관이 목적물에 대한 점유를 확보하지 못한 경우에는 집행절차를 취소하여야 한다.

마. 운행의 예외적 허용(규칙 제117조)

위에서 본 바와 같이 자동차 등에 대한 강제경매절차는 채무자에 대한 점유의 박탈이 수반된다. 그러나 이를 철저히 관철하면 채무자가 목적물을 이용하여 영업을 수행하는 경우 등에는 가혹한 결과가 발생한다. 이에 영업상의 필요 등 상당한 이유가 있는 경우에는 이해관계인의 신청에 따라 집행법원은 채무자나 소유자의 자동차 등의 운행을 허가할 수 있다. 선박과 달리 운행허가에 이해관계인 전원의 동의가 필요한 것은 아니다. 규칙 제117조는 소유자가 운송업자인 경우에 그 적용이 많다.

3. 간이한 집행절차: 유체동산집행에의 접근

한편 자동차 등은 대량생산에 의해 가격이 많이 하락한 점에서 간이한 집행방법을 두고 있는 규정이 있다. 실무상 간이한 매각절차는 드문 것으로 보인다.

가. 매각방법(규칙 제123조)

집행법원은 상당하다고 인정되는 경우 미리 압류채권자의 의견을 들어 집행관에게 부동산의 매각방법과 다른 상당한 방법으로 자동차 등을 매각하게 할 수 있다.

나. 양도명령절차

집행법원은 상당하다고 인정되는 경우 압류채권자의 신청이 있으면 압류채권자에게 매각을 허가할 수 있다. 이것을 양도명령이라고 한다(제124조). 양도명령을 신청함에 있어서는 반드시 최저매각가격 이상으로 매수신청함과 아울러 보증을 제공하여야 한다. 양도명령에 따른 매각허가결정은 선고를 요하지 아니하고 이해관계인에 고지하면 족하다.

다. 집행관에 의한 가치평가(규칙 제121조)

감정에는 상당한 비용이 소요되며 매각대금에서 우선 충당된다. 그러므로 자동차 등의 가치가 작아 감정비용지출 등이 상당하지 아니한 경우에는 집행법원은 집행관으로 하여금 거래소에 자동차의 시세를 조회하는 등의 방법으로 상당한 가격으로 평가하게 할 수 있다.

4. 매수인에게의 점유이전(규칙 제125조)

위에서 본 바와 같이 자동차 등 집행절차는 목적물이 집행관의 보관하에 진행된다. 그러므로 부동산경매에서와 같이 매수인이 매각대금납부 후에 점유를 확보하기 위한 인도명령절차가 필요 없다. 매수인은 매각대금납부을 증명하는 서면을 집행관에게 제출하고 집행관으로부터 바로 목적물의 점유를 이전 받으면 되는 것이다.

5. 집행신청취하와 자동차매각

집행신청이 취하된 경우 집행관은 자동차를 채무자에게 인도하여야 함은 물론이다. 그러나 집행신청이 취하되었으나 채무자나 그 밖에 자동차를 수취할 권리를 갖는 자를 찾을 수 없을 때에는 집행관은 자동차집행절차에 따라 자동차를 매각한다는 결정을 해 줄 것을 법원에 신청할 수 있다(규칙 제127조).

제 2 절 선박 · 항공기에 대한 강제집행절차

Ⅰ. 서 론

1. 선박집행

제172조 (선박에 대한 강제집행)
등기할 수 있는 선박에 대한 강제집행은 부동산의 강제경매에 관한 규정에 따른다. 다만, 사물의 성질에 따른 차이가 있거나 특별한 규정이 있는 경우에는 그러하지 아니하다.

제185조 (선박지분의 압류명령)
① 선박의 지분에 대한 강제집행은 제251조에서 규정한 강제집행의 예에 따른다.
② 채권자가 선박의 지분에 대하여 강제집행신청을 하기 위하여서는 채무자가 선박의 지분을 소유하고 있다는 사실을 증명할 수 있는 선박등기부의 등본이나 그 밖의 증명서를 내야 한다.
③ 압류명령은 채무자 외에 상법 제760조에 의하여 선임된 선박관리인(이하 이 조에서 "선박관리인"이라 한다)에게도 송달하여야 한다.
④ 압류명령은 선박관리인에게 송달되면 채무자에게 송달된 것과 같은 효력을 가진다.

제186조 (외국선박의 압류)
외국선박에 대한 강제집행에는 등기부에 기입할 절차에 관한 규정을 적용하지 아니한다.

선박에 대한 금전채권집행은 간단히 선박집행이라고도 한다. 준부동산집행의 하나로 원칙적으로 부동산강제경매의 방법에 의함은 앞서 설명하였다(제172조). 자동차 등 집행에서와 마찬가지로 목적물이 이동성을 제한하는 조치가 그 특색을 이룬다. 선박지분에 대한 금전집행은 부동산강제경매절차에 따르지 아니하고 그 밖의 재산권에 대한 집행절차에 따른다.

2. 항공기집행

항공기에 대한 집행방법은 매각물건명세서와 현황조사보고서를 작성하지 않는 점을 제외하고는 선박집행의 경우와 동일하게 규율하고 있다(제187조, 규칙 제106조).

3. 집행대상

가. 선박(제172조)

등기할 수 있는 선박이 그 대상이다. 총톤수 20톤 이상의 기선과 범선 및 총톤수 100톤 이상의 부선이 이에 해당한다(선박등기법 제 2 조). 자동차나 건설기계는 등록을 마친 것에 한하나 선박의 경우에는 등기를 마친 것이 아니라도 상관없다. 기타의 선박은 유체동산집행의 방법에 의하며, 선박 지분에 대한 집행은 그 밖의 재산권에 대한 강제집행의 방법에 의한다(제185조). 항해준비를 마친 선박에 대하여는 항해를 준비하기 위하여 생긴 채무로만 압류할 수 있으므로 그 한도에서만 선박집행의 대상이 된다(상법 제744조). 항해준비의 완료라 함은 선박을 즉시 출항시킬 수 있는 법률상·사실상 전제조건이 완료한 때를 의미한다. 이에 따라 선박에 대한 강제경매를 신청함에 있어서는 선박의 상태를 인식할 수 있는 자의 '항해준비미완료보고서'를 제출케 하고 있다.

나. 항공기(규칙 제106조)

항공법에 따라 등록된 항공기가 그 대상이다. 등록을 마친 것이어야 하는 점에서 선박에서와 다르다. 일괄매각도 가능함은 앞서 살펴보았다.

Ⅱ. 부동산강제경매의 준용과 특례

선박집행은 원칙적으로 부동산강제경매 방법에 따를 것이나 선박의 특성을 고려하여 다음과 같은 규율을 두고 있다.

1. 관 할

제173조 (관할법원)

선박에 대한 강제집행의 집행법원은 압류 당시에 그 선박이 있는 곳을 관할하는 지방법원으로 한다.

제180조 (관할위반으로 말미암은 절차의 취소)

압류 당시 선박이 그 법원의 관할 안에 없었음이 판명된 때에는 그 절차를 취소하여야 한다.

제182조 (사건의 이송)

① 압류된 선박이 관할구역 밖으로 떠난 때에는 집행법원은 선박이 있는 곳을 관할하는 법원으로 사건을 이송할 수 있다.

② 제 1 항의 규정에 따른 결정에 대하여는 불복할 수 없다.

강제경매개시결정 당시의 선박 소재지를 관할하는 지방법원이 관할한다. 압류 당시 선박이 그 법원의 관할구역 안에 없었음이 판명된 경우에는 집행절차를 취소하여야 한다. 압류된 선박이 관할구역 밖으로 떠난 때에는 집행법원은 선박 소재지를 관할하는 지방법원으로 사건을 이송할 수 있다.

≪판례≫ 선박감수명령의 관할법원[대법원 1970. 10. 23.자 70마540 결정]
선박에 대한 감수명령은 이를 집행하였을 때에 비로소 압류의 효력이 발생하므로 그때 그 선박의 정박항을 관할하는 지방법원이 집행법원이 된다.

2. 강제경매신청의 첨부서류

제174조 (선박국적증서 등의 제출)

① 법원은 경매개시결정을 한 때에는 집행관에게 선박국적증서 그 밖에 선박운행에 필요한 문서(이하 "선박국적증서 등"이라 한다)를 선장으로부터 받아 법원에 제출하도록 명하여야 한다.

② 경매개시결정이 송달 또는 등기되기 전에 집행관이 선박국적증서등을 받은 경우에는 그 때에 압류의 효력이 생긴다.

제177조 (경매신청의 첨부서류)

① 강제경매신청을 할 때에는 다음 각호의 서류를 내야 한다.

1. 채무자가 소유자인 경우에는 소유자로서 선박을 점유하고 있다는 것을, 선장인 경우에는 선장으로서 선박을 지휘하고 있다는 것을 소명할 수 있는 증서
2. 선박에 관한 등기사항을 포함한 등기부의 초본 또는 등본

② 채권자는 공적 장부를 주관하는 공공기관이 멀리 떨어진 곳에 있는 때에는 제 1 항 제 2호의 초본 또는 등본을 보내 주도록 법원에 신청할 수 있다.

채무자가 소유자나 선장인 경우에는 당해 채무자가 소유자로서 선박을 점유하고 있다거나 선장으로서 선박을 지휘하고 있다는 것을 소명할 수 있는 증서를 제출해야 한다.

3. 정박의 확보

제176조 (압류선박의 정박)

① 법원은 집행절차를 행하는 동안 선박이 압류 당시의 장소에 계속 머무르도록 명하여야 한다.

선박의 이동성을 고려하여 매각대금 납부 이전에 선박의 정박를 확보하는 규율을 두고 있다.

가. 경매신청 전의 선박국적증서 등 인도명령

제175조 (선박집행신청 전의 선박국적증서 등의 인도명령)

① 선박에 대한 집행의 신청 전에 선박국적증서 등을 받지 아니하면 집행이 매우 곤란할 염려가 있을 경우에는 선적(船籍)이 있는 곳을 관할하는 지방법원(선적이 없는 때에는 대법원규칙이 정하는 법원)은 신청에 따라 채무자에게 선박국적증서 등을 집행관에게 인도하도록 명할 수 있다. 급박한 경우에는 선박이 있는 곳을 관할하는 지방법원도 이 명령을 할 수 있다.

② 집행관은 선박국적증서 등을 인도받은 날부터 5일 이내에 채권자로부터 선박집행을 신청하였음을 증명하는 문서를 제출받지 못한 때에는 그 선박국적증서 등을 돌려주어야 한다.

③ 제 1 항의 규정에 따른 재판에 대하여는 즉시항고를 할 수 있다.

④ 제 1 항의 규정에 따른 재판에는 제292조 제 2 항 및 제 3 항의 규정을 준용한다.

선박국적증서 등을 채무자나 소유자로부터 빼앗아 두지 않으면 선박이 이동하여 집행의 곤란할 경우가 많다. 이때 채권자는 강제경매신청 전이라도 선적지 관할법원(선적이 없으면 대법원규칙이 정하는 법원)이나 급박한 경우 선박소재지 관할법원에 신청하여 채무자로 하여금 집행관에 위 서류의 인도를 명할 수 있다. 일종의 집행을 위한 보전처분이다. 인도명령에 대하여는 즉시항고로 불복할 수 있다.

나. 경매개시결정시의 선박국적증서 등의 제출(제174조, 제176조 1항)

집행법원은 강제경매개시결정을 하면서 집행관에게 선박국적증서 등 선박운행에 필요한 문서를 선장으로부터 넘겨받아 집행법원에 제출하도록 명해야 한다. 이들 서류가 없으면 선박운행이 허용되지 않으므로 이를 통해서 선박의 정박을 확보하려는 것이다. 선박국적증서 등에 대한 규율 이외에 집행법원은 경매개시결정에서 또는 별개의 결정으로 채무자에 대하여 압류선박의 정박을 명한다.

다. 선박 소재불명시의 집행취소

제183조 (선박국적증서 등을 넘겨받지 못한 경우의 경매절차취소)

경매개시결정이 있은 날부터 2월이 지나기까지 집행관이 선박국적증서 등을 넘겨받지 못하고, 선박이 있는 곳이 분명하지 아니한 때에는 법원은 강제경매절차를 취소할 수 있다.

경매개시결정 이후에 2개월이 지나도록 집행관이 선박국적증서 등을 넘겨받지 못하고 선박 소재지가 불명한 경우에는 집행절차를 취소할 수 있다.

라. 운행허가

제176조 (압류선박의 정박)

② 법원은 영업상의 필요, 그 밖에 상당한 이유가 있다고 인정할 경우에는 채무자의 신청에 따라 선박의 운행을 허가할 수 있다. 이 경우 채권자·최고가매수신고인·차순위매수신고인 및 매수인의 동의가 있어야 한다.
③ 제 2 항의 선박운행허가결정에 대하여는 즉시항고를 할 수 있다.
④ 제 2 항의 선박운행허가결정은 확정되어야 효력이 생긴다.

집행법원은 영업상의 필요 등 상당한 이유가 있는 경우에는 채무자의 신청에 따라 선박의 운행을 허가 할 수 있다. 그러나 운행허가에는 이해관계인 전원의 동의가 있어야 한다. 선박운행허가에 대하여는 즉시항고로 불복할 수 있으며 확정되어야 효력이 있다.

4. 기　　타

가. 감수·보존처분(규칙 제103조)

제178조 (감수·보존처분)

① 법원은 채권자의 신청에 따라 선박을 감수(監守)하고 보존하기 위하여 필요한 처분을 할 수 있다.
② 제 1 항의 처분을 한 때에는 경매개시결정이 송달되기 전에도 압류의 효력이 생긴다.

선박집행에는 다른 집행절차에서 볼 수 없는 특이한 집행처분으로서 감수·보존처분이 있다. 엔진의 열쇠를 압수하거나 조타장치를 움직이지 못하도록 봉인하는 등 선박이나 그 속구의 이동을 방지하는 처분을 감수처분이라고 하고 선박을 수리하는 등 선박이나 그 속구의 효용 또는 가치의 변동을 방지하는 처분을 보존처분이라고 한다. 채권자는 강제경매개시결정의 전후를 묻지 않고 필요한 경우에는 매각허가결정 전에는 언제든지 집행법원에 위와 같은 집행처분을 신청할 수 있다(매각허가결정시설). 매각허가결정 이후에는 관리명령(제136조 2항)에 의하여 같은 목적을 달성할 수 있기 때문이다. 이러한 점에서 감수·보전처분제도는 그 성질에 있어서 제83조 3항의 보전조치와 실질적으로 다를 것이 없다. 감수·보존 처분이 실시된 경우에는 경매개시결정이 송달되기 이전이라도 선박에 대한 압류의 효력이 생긴다.

나. 선장에 대한 판결의 집행

제179조 (선장에 대한 판결의 집행)

① 선장에 대한 판결로 선박채권자를 위하여 선박을 압류하면 그 압류는 소유자에 대하여도 효력이 미친다. 이 경우 소유자도 이해관계인으로 본다.
② 압류한 뒤에 소유자나 선장이 바뀌더라도 집행절차에는 영향을 미치지 아니한다.
③ 압류한 뒤에 선장이 바뀐 때에는 바뀐 선장만이 이해관계인이 된다.

선장에 대한 판결로 선박채권자를 위하여 압류하면 그 압류는 소유자에 대하여도 효력이 미친다. 이 경우 소유자도 이해관계인으로 본다. 압류한 뒤에 소유자나 선장이 바뀌더라도 집행절차에는 영향을 미치지 아니한다. 압류한 뒤에 선장이 바뀐 때에는 선장만이 이해관계인이 된다.

다. 보증제공에 따른 강제경매절차의 취소

제181조 (보증의 제공에 의한 강제경매절차의 취소)

① 채무자가 제49조 제 2 호 또는 제 4 호의 서류를 제출하고 압류채권자 및 배당을 요구한 채권자의 채권과 집행비용에 해당하는 보증을 매수신고 전에 제공한 때에는 법원은 신청에 따라 배당절차 외의 절차를 취소하여야 한다.
② 제 1 항에 규정한 서류를 제출함에 따른 집행정지가 효력을 잃은 때에는 법원은 제 1 항의 보증금을 배당하여야 한다.
③ 제 1 항의 신청을 기각한 재판에 대하여는 즉시항고를 할 수 있다.
④ 제 1 항의 규정에 따른 집행취소결정에는 제17조 제 2 항의 규정을 적용하지 아니한다.
⑤ 제 1 항의 보증의 제공에 관하여 필요한 사항은 대법원규칙으로 정한다.

채무자가 집행의 일시정지를 명하는 재판의 서류 또는 변제증서나 변제유예증서를 제출하고, 압류채권자 및 배당요구채권자의 채권과 집행비용에 해당하는 보증을 매수신고 전에 제공한 때에는 법원은 신청에 따라 배당절차 외의 절차를 취소하여야 한다. 보증제공에 따른 경매절차 취소결정은 즉시 효력이 발생하며, 취소신청을 기각하는 재판에 대해서는 즉시항고로 불복할 수 있다. 채무자의 선박이용을 보장하기 위하 것이다. 위의 집행정지서류 제출에 따른 집행정지가 효력을 잃은 경우에는 위 보증을 매각대금에 갈음하여 배당한다. 여기서의 보증은 집행에 관한 보증에 해당하며, 그 제공은 보증서제출로 갈음하는 것이 허용된다.

라. 매각기일의 공고

제184조 (매각기일의 공고)

매각기일의 공고에는 선박의 표시와 그 정박한 장소를 적어야 한다.

선박집행에 있어서 매각기일의 공고에는 선박의 표시와 정박장소를 기재하여야 한다.

Ⅲ. 선박·항공기에 대한 담보권실행절차

1. 강제집행절차의 준용

선박에 대한 담보권에는 선박저당권과 선박우선특권이 있다. 이러한 선박에 대한 담보권의 실행절차는 선박에 대한 강제집행절차에 준하도록 하고 있다. 항공기에 대한 담보권실행절차는 선박에 대한 담보권실행절차가 준용된다(제187조, 규칙 제106조).

2. 공동저당

선박이나 항공기와 부동산에 관하여 공동저당이 설정된 경우에는 후순위 담보권자에 대한 관계에서 공동저당에 관한 민법의 일부규정(제368조 2항)의 적용이 제한된다.

≪판례≫ 선박·부동산에 대한 공동저당[대법원 2002. 7. 12. 선고 2001다53264 판결]

동일한 채권의 담보로 부동산과 선박에 대하여 저당권이 설정된 경우에는 민법 제368조 제2항 후문의 규정이 적용 또는 유추적용되지 아니하므로 동일한 채권을 담보하기 위하여 부동산과 선박에 선순위 저당권이 설정된 후 선박에 대하여서만 후순위 저당권이 설정된 경우 먼저 선박에 대하여 담보권 실행절차가 진행되어 선순위 저당권자가 선박에 대한 경매대가에서 피담보채권 전액을 배당받음으로써 선박에 대한 후순위 저당권자가 부동산과 선박에 대한 담보권 실행절차가 함께 진행되어 동시에 배당을 하였더라면 받을 수 있었던 금액보다 적은 금액만을 배당받게 되었다고 하더라도 선박에 대한 후순위 저당권자는 민법 제368조 제2항 후문의 규정에 따라 부동산에 대한 선순위 저당권자의 저당권을 대위할 수 없다.

≪판례≫ 선박저당권자의 임금우선채권자 대위[대법원 2002. 10. 8. 선고 2002다34901 판결]

근로자의 임금채권 우선변제권이 선박경매절차에서 행사된 뒤 그 사용자의 부동산이 경매되는 경우에는 민법 제368조가 유추적용되지 아니하므로, 선박에 대한 경매절차가 먼저 진행되어 근로자들이 임금채권 우선변제권에 따라 배당 받음으로써 선박에 대한 저당권자가 부동산과 선박에 대한 경매절차가 함께 진행되어 동시에 배당이 이루어졌다면 받을 수 있었던 금액보다 적은 금액만을 배당 받거나 또는 배당을 받지 못하게 되었다고 하더라도 선박에 대한 저당권자는 사용자의 부동산에 대한 경매절차에서 그 근로자들의 임금채권 우선변제권을 대위 행사할 수 없다.

제 5 장 동산에 대한 강제집행절차

개 관

금전채권만족을 위하여는 채무자의 재산을 현금화하는 과정이 필수적이다. 다만 현금화를 위한 구체적인 방법에 있어서는 여러 가지가 있을 수 있다. 이에 대하여 민사집행법은 부동산이나 유체동산과 같은 '물건'에 대하여는 원칙적으로 공개매각이라는 방법을 취하고 있으며, 이러한 공개매각방식을 경매라고 부르고 있다. 그런데 물건이 아닌 '권리'에 대하여는 공개 매각이라는 방법이 불가능한 것은 아니지만 권리의 유형이 극히 다양하고 그 경제적 가치를 금액으로 환산하는 것이 어렵고 매수자를 구하는 것 역시 쉬운 일이 아니다. 이러한 이유에서 채무자의 권리를 현금화하는 방법은 공개매각이 아닌 다른 특수한 현금화방법을 강구하여야 한다.

이에 민사집행법은 먼저 권리의 유형을 금전채권 · 유체물인도청구권 · 그 밖의 재산권으로 나누어 규율하고 있다. 즉 금전채권에 대하여는 일반적으로 채권자가 제3채무자로부터 직접 피압류채권을 추심할 수 있도록 하거나 피압류채권 자체를 압류채권의 변제에 갈음하여 채권자에게 이전시키는 방법으로, 유체물인도청구권에 대하여는 당해 청구권을 실현시켜 그 결과물을 다시 현금화하는 방법으로, 그 밖의 재산권에 대하여는 각각의 재산권의 유형에 적합한 특별한 방법으로 현금화하도록 하고 있는 것이다.

학습목표

1. 채무자의 책임재산을 이루는 것 중 '물건'이 아닌 '권리'에는 어떠한 것이 있으며 그러한 '권리'들을 민사집행법은 어떠한 유형으로 분류하고 있는가를 알아둔다.
2. 민사집행법이 채무자의 '권리'를 공개매각 아닌 현금화방법으로 마련한 제도에는 어떠한 것들이 있는지를 파악해 본다.
3. 공개매각이 아닌 다른 현금화방법을 취함에 따라서 배당절차와 이해관계인의 참여형태가 어떻게 달라지는가를 정리한다.

제 1 절 개 설

Ⅰ. 서 론

1. 부동산집행과 동산집행

민사집행법은 집행의 유형에 관하여 그 대상에 따라 부동산집행과 동산집행으로 대별하고 있다. 부동산집행의 대상으로는 본래 의미의 부동산과 선박이나 자동차 같은 준부동산을 두고 있고, 동산집행의 대상으로는 유체동산과 채권과 유체물의 인도청구권 및 그 밖의 재산권을 두고 있다.

2. 민사집행법상 동산 · 부동산

선박과 같이 민법상 동산이라고 하더라도 집행절차에 관하여는 부동산과 같이 취급하기도 하고, 채권과 같이 민법상으로는 동산이 아니라고 하더라도 집행절차에 관하여는 동산과 같이 취급하는 것을 알 수 있다. 이러한 점을 두고 민법상 부동산과 동산의 개념과 민사집행법상의 동산과 부동산의 개념이 서로 다르다 한다.

Ⅱ. 동산집행의 특성

동산에 대한 금전채권집행의 전체적인 틀은 부동산집행과 다르지 않다. 압류 · 현금화 · 배당의 3단계로 구성되어 있는 것이다. 그러나 동산의 특성을 반영하여 부동산강제경매와 다른 규율을 두고 있다. 이에 관한 몇 가지 예를 들면 다음과 같다.

1. 압류의 방법

부동산집행에서는 등기부라는 공적장부에 경매개시결정의 등기를 하는 방법에 의한다. 이와는 달리 유체동산집행에서는 공적 장부를 통한 공시방법이 없으므로 집행관이 점유를 취득하는 사실적인 방법에 의하며 채권 그 밖의 재산권에 관하여는 공적장부는 물론 점유를 통한 공시방법이 없으므로 압류명령을 이해관계인에게 송달하는 관념적인 방법에 의한다.

2. 무익한 압류와 초과압류의 금지

제188조 (집행방법, 압류의 범위)
① 동산에 대한 강제집행은 압류에 의하여 개시한다.
② 압류는 집행력 있는 정본에 적은 청구금액의 변제와 집행비용의 변상에 필요한 한도 안에서 하여야 한다.
③ 압류물을 현금화하여도 집행비용 외에 남을 것이 없는 경우에는 집행하지 못한다.

제207조 (매각의 한도)
매각은 매각대금으로 채권자에게 변제하고 강제집행비용을 지급하기에 충분하게 되면 즉시 중지하여야 한다. 다만, 제197조 제2항 및 제101조 제3항 단서에 따른 일괄매각의 경우에는 그러하지 아니하다.

가. 무익한 압류의 금지

압류물을 현금화하여도 집행비용 외에 남을 것이 없는 경우에는 집행하지 못한다. 압류채권자에 우선하는 제3자가 가지는 우선권의 액수는 고려하지 아니한다. 부동산경매에서 잉여주의의 판단기준과 다른 점이다. 무익한 압류를 금지하는 것은 무의미한 집행절차 방지라는 공익을 위한 것뿐만 아니라 채무자 보호를 위한 것이다. 무익한 압류금지에 위배되는 집행절차라도 당연무효는 아니며 채무자가 집행에 관한 이의로 다툴 수 있을 뿐이다.

나. 초과압류의 금지

압류는 집행력 있는 정본에 적은 청구금액의 변제와 집행비용의 변상에 필요한 한도에서 하여야한다. 다만 다른 책임재산이 없다면 불가분인 하나의 목적물에 대하여는 초과압류라도 허용된다. 초과압류금지에 위배되는 집행절차라도 당연무효는 아니며 채무자가 집행에 관한 이의로 다툴 수 있을 뿐이다.

제 2 절 유체동산집행

Ⅰ. 서 론

사 례 39 부부공유 유체동산
대도시에 살던 갑은 사업실패로 낯선 중소도시에서 도피생활을 하던 중 을을 만나 혼인을 약속하고 조그마한 월세방을 얻어 동거를 시작하였다. 그러던 중 갑에게 집행증서를 받고 돈을 빌려준 병은 우연히 갑의 소재를 알고 유체동산경매를 신청하여 갑과 을이 공유하는 위 세간에 압류딱지를 붙이고 갔다. 병이 '그 밖의 재산권에 대한 집행절차'에 의하지 아니하고 '유체동산경매절차'에 따른 것은 정당한 것인가?

1. 의 의

금전채권의 만족을 위하여 유체동산에 대한 실시하는 강제집행을 유체동산에 대한 금전채권집행이라고 한다.

2. 유체동산

제189조 (채무자가 점유하고 있는 물건의 압류)

② 다음 각호 가운데 어느 하나에 해당하는 물건은 이 법에서 유체동산으로 본다.

1. 등기할 수 없는 토지의 정착물로서 독립하여 거래의 객체가 될 수 있는 것
2. 토지에서 분리하기 전의 과실로서 1월 이내에 수확할 수 있는 것
3. 유가증권으로서 배서가 금지되지 아니한 것

민사집행법상의 유체동산은 대체로 민법상의 동산과 같다고 보면 된다. 그러나 민법상의 동산이 아닌 것이라도 민사집행법상으로는 유체동산으로 취급하는 규정(제189조 2항)을 두고 있는데 이것은 집행의 방법 면에서 집행관의 사실적 행위를 통해 압류를 하는 것이 적절하기 때문이다. 목적물이 채무자 소유이어야 함은 물론이다.

가. 등기할 수 없는 토지의 정착물로서 독립하여 거래의 객체가 될 수 있는 것(1호)

토지의 정착물은 민법상으로는 부동산에 해당한다(민법 제99조). 이러한 정착물은 부동산의 일부로 취급되어 당해 토지에 대하여 강제경매가 이루어지면 매수인에게 당연히 귀속되는 것들이다. 여기서 민사집행법은 위와 같은 정착물 중에서 독립하여 거래의 객체가 될 수 있는 경우에는 토지에서 따로 떼어내어 독립된 강제집행의 객체로 삼고 있는 것이다. 독립하여 거래의 객체가 될 수 있다는 것은 목적물이 매각된 이후에는 토지로부터 분리하여 유통에 놓일 수 있음을 의미한다. 2호에서 규정하는 '1월 이내에 수확할 수 있는'이라는 규정과 비슷한 취지의 의미라고 이해하면 될 것이다.

≪판례≫ 미승인건물에 대한 유체동산집행[대법원 1994. 4. 12.자 93마1933 결정]

건물이 이미 완성되었으나 단지 준공검사만을 받지 아니하여 그 보존등기를 경료하지 못한 상태에 있다면 위와 같이 완성된 건물은 부동산등기법상 당연히 등기적격이 있는 것이고, 비록 준공검사를 마치지 아니함으로써 부동산등기법상 보존등기 신청시에 필요한 서류를 교부받지 못하여 아직 등기를 하지 못하고 있는 경우라고 하더라도 그와 같은 사정만으로 위 완성된 건물이 민사소송법 제527조 제2항 제1호의 "등기할 수 없는 토지의 정착물로서 독립하여 거래의 객체가 될 수 있는 것"에 해당하여 유체동산집행의 대상이 되는 것이라고 할 수 없다.

나. 미분리과실로 1월 이내에 수확할 수 있는 것(2호)

제213조 (미분리과실의 매각)

① 토지에서 분리되기 전에 압류한 과실은 충분히 익은 다음에 매각하여야 한다.

② 집행관은 매각하기 위하여 수확을 하게 할 수 있다.

미분리과실은 민법상으로는 부동산에 해당하나 토지와 분리가능한 경우에는 미분리과실만을 따로 떼어내어 강제집행의 대상으로 삼을 수 있도록 하고 있다. 토지와 분리가능성에 관하여는 당해 과실이 1월 이내에 수확할 수 있는가를 기준으로 삼고 있다. 압류조서에 구체적인 수확의 시기와 예상수확량 및 예상평가액을 기재한다(규칙 제134조 2항). 압류에 나아가 매각의 실시는 미분리과실이 충분히 익은 다음에 실시하여야 한다. 충분히 익은 과실을 수확한 다음에 실시하는 것도 가능하다(제213조). 그러나 압류의 실시단계에서는 미분리과실이 충분히 익을 것을 요하지 아니한다.

다. 배서가 금지되지 아니한 유가증권(3호)

민법상으로 유가증권은 권리도 물건도 아닌 것으로 권리와 물건이 융합된 존재의 것이다. 이를 권리가 서면에 표창되었다라고 표현한다. 그러므로 유가증권은 유체동산집행으로 할 것인지 그 밖의 재산권에 대한 집행방법에 의할 것인지의 문제가 제기된다. 이에 대해 민사집행법은 원칙적으로 배서가 금지된 것은 채권집행방법에 의하고 배서가 금지되지 아니한 것은 유체동산집행의 방법에 의하도록 정하고 있다.

라. 유체동산의 공유지분

제190조 (부부공유 유체동산의 압류)

채무자와 그 배우자의 공유로서 채무자가 점유하거나 그 배우자와 공동으로 점유하고 있는 유체동산은 제189조의 규정에 따라 압류할 수 있다.

제251조 (그 밖의 재산권에 대한 집행)

① 앞의 여러 조문에 규정된 재산권 외에 부동산을 목적으로 하지 아니한 재산권에 대한 강제집행은 이 관의 규정 및 제98조 내지 제101조의 규정을 준용한다.

② 제 3 채무자가 없는 경우에 압류는 채무자에게 권리처분을 금지하는 명령을 송달한 때에 효력이 생긴다.

유체동산의 공유지분에 대한 집행은 유체동산집행에 의하지 아니하고 그 밖의 재산권에 대한 집행에 의한다. 다만 부부 일방이 채무자인 경우 부부공유물에 대하여는 당해 공유물이 채무자의 점유 또는 부부 공동점유 아래 있는 한 유체동산집행의 방법에 의한다.

≪판례≫ 사실혼부부가 공유하는 유체동산[대법원 1997. 11. 11. 선고 97다34273 판결]

민사소송법 제527조의2는 채무자와 그 배우자의 공유에 속하는 유체동산은 채무자가 점유하거나 그 배우자와 공동점유하는 때에는 같은 법 제527조의 규정에 의하여 압류할 수 있다고 규정하고 있는바, 위와 같은 규정은 부부공동생활의 실체를 갖추고 있으면서 혼인신고만을 하지 아니한 사실혼관계에 있는 부부의 공유 유체동산에 대하여도 유추적용된다.

마. 국가의 일반재산에 대한 압류금지

제192조 (국고금의 압류)

국가에 대한 강제집행은 국고금을 압류함으로써 한다.

국가에 대한 강제집행은 국고금을 압류함으로써 한다. 그러므로 국가에 대한 금전채권의 집행을 위해 국가의 유체동산에 대한 강제집행은 허용되지 않는다.

사례 39 〈해설〉 부부공유 유체동산

유체동산의 공유지분에 대한 금전채권집행은 원칙적으로 '유체동산경매절차'에 의할 것이 아니고 '그 밖의 재산권에 대한 집행절차'에 따라야 한다. 다만 민사집행법 제190조는 채무자가 그 배우자와 공유하는 것으로 채무자가 단독으로 점유하거나 부부가 공동으로 점유하는 것에 대하여 유체동산집행절차에 의하도록 하고 있다. 이러한 민사집행법 제190조는 갑과 을이 법률상 부부인 경우는 물론 사실혼관계인 경우에도 적용된다고 보는 것이 판례의 태도이다. 따라서 병이 유체동산경매절차에 따른 것은 정당한 것이다.

Ⅱ. 압류절차

1. 강제집행의 신청

유체동산에 대한 강제집행의 신청은 집행정본을 첨부한 신청서에 의한다. 흔히 신청서에 집행의 대상이 되는 유체동산의 목록을 기재하는 경우가 대단히 많으나 무의미하다. 압류채권자는 채무자 소유의 유체동산이 소재하는 장소만을 기재하면 족하고 집행관이 압류를 실시하면서 집행장소에 나아가 재량으로 압류물을 정한다. 이러한 점에서 집행관의 압류행위는 압류실시라는 의미 이외에도 목적물을 특정하는 의미를 갖는다. 집행관이 목적물을 선택하는 경우에는 채권자의 이익을 해치지 아니하는 한도에서 채무자의 이익을 고려하여야 한다(규칙 제132조).

2. 압류의 실시 등

가. 압류의 실시

압류를 실시하는 방법은 압류 당시 목적물이 누구의 점유에 있었는가에 따라 약간의 차이가 있다. 집행기관에게는 목적물에 관한 실체법적 권리의 귀속에 관하여 조사할 권한도 의무도 없다는 점을 반영한 규율이다.

⑴ 채무자 점유물의 압류

제189조 (채무자가 점유하고 있는 물건의 압류)

① 채무자가 점유하고 있는 유체동산의 압류는 집행관이 그 물건을 점유함으로써 한다. 다만, 채권자의 승낙이 있거나 운반이 곤란한 때에는 봉인(封印), 그 밖의 방법으로 압류물임을 명확히 하여 채무자에게 보관시킬 수 있다.

③ 집행관은 채무자에게 압류의 사유를 통지하여야 한다.

채무자가 점유하는 유체동산은 집행관이 그 물건을 점유함으로써 한다. 당해 유체동산이 채무자의 소유에 속하는가 여부는 묻지 않는다. 집행관에게는 실체법상의 권리귀속관계를 조사할 권한이나 의무가 없기 때문이다. 채무자 또는 제 3 자가 채무자가 점유하는 물건이 제 3 자 소유임을 신고하거나 증거자료를 제출하는 경우라고 하더라도 압류하여야 한다. 채무자점유 · 제 3 자소유목적물에 대하여 압류가 있는 경우 제 3 자는 제 3 자이의의 소를 통해 압류를 다툴 수 있을 뿐이다.

≪판례≫ **제 3 자소유의 유체동산에 대한 집행**[대법원 1998. 3. 27. 선고 97다32680 판결]

채무자 이외의 자의 소유에 속하는 동산을 경매한 경우에도 경매절차에서 그 동산을 경락받아 경락대금을 납부하고 이를 인도받은 경락인은 특별한 사정이 없는 한 소유권을 선의취득 한다고 할 것이지만, 그 동산의 매득금은 채무자의 것이 아니어서 채권자가 이를 배당 받았다고 하더라도 채권은 소멸하지 않고 계속 존속한다고 할 것이므로, 배당을 받은 채권자는 이로 인하여 법률상 원인 없는 이득을 얻고 소유자는 경매에 의하여 소유권을 상실하는 손해를 입게 되었다고 할 것이니, 그 동산의 소유자는 배당을 받은 채권자에 대하여 부당이득으로서 배당받은 금원의 반환을 청구할 수 있다고 할 것인바, 이와 같은 이치는 제 3 자 소유의 기계 · 기구가 그의 동의 없이 공장저당법 제 4 조, 제 5 조의 규정에 의한 저당권의 목적이 되어 같은 법 제 7 조의 목록에 기재되는 바람에 공장에 속하는 토지 또는 건물과 함께 일괄경매되어 경락되고 채권자가 그 기계 · 기구의 경락대금을 배당받은 경우에도 경락인이 그 기계 · 기구의 소유권을 선의취득 하였다면 마찬가지라고 보아야 한다(같은 취지: 대법원 1998. 6. 12. 선고 98다6800 판결).

본조에서 말하는 채무자의 '점유'는 민법상의 점유와 달리 제191조의 취지상 순수한 사실상의 지배상태인 '소지'를 의미하며 간접점유는 이에 해당하지 아니한다.

≪판례≫ **채무자 '점유'의 의미**[대법원 1996. 6. 7.자 96마27 결정]

민사소송법 제527조 제 1 항은 채무자가 점유하는 유체동산을 압류대상의 하나로 규정하고 있는바, 여기서의 '점유'는 민법상의 점유를 말하는 것이 아니라 물건에 대한 순수한 사실상의 지배상태인 '소지'를 의미하는 것으로 보아야 한다.

⑵ 채권자점유물의 압류

제191조 (채무자 외의 사람이 점유하고 있는 물건의 압류)
채권자 또는 물건의 제출을 거부하지 아니하는 제 3 자가 점유하고 있는 물건은 제189조의 규정을 준용하여 압류할 수 있다.

채무자소유의 유체동산을 채권자가 점유하고 있는 경우에도 집행관이 채권자로부터 목적물을 제출받아 압류를 실시할 수 있다. 채권자가 제출을 거부하는 경우에는 압류를 실시할 수 없다.

⑶ 제 3 자점유물의 압류(제191조) 채무자소유의 유체동산을 제 3 자가 점유하고 있는 경우에는 점유자가 제출을 거부하지 아니하는 경우에만 압류가 가능하다. 제 3 자가 제출을 거부하는 경우에는 채무자의 제 3 자에 대한 유체물의

인도청구권에 대한 집행을 한 후에 유체동산에 대한 집행절차에 따라 금전채권의 만족을 얻을 수 있다.

(4) **공동점유물의 압류**(제190조) 수인의 공동점유물에 대한 압류의 실시는 위에서 각 설명한 압류실시의 요건을 모두 충족하여야 한다. 예를 들어 채무자와 제 3 자의 공동점유물에 대한 압류의 실시는 제189조 1항과 제191조의 요건을 모두 충족하여야 한다. 다만 부부 일방이 채무자인 경우에는 부부공동점유물은 압류실시 방법의 면에서는 채무자 단독점유물과 동일하게 취급한다.

나. 압류물의 보관 등

(1) **집행관보관의 원칙** 압류물은 집행관이 보관함이 원칙이다. 집행관이 점유를 획득하는 것이 압류의 효력발생요건이 된다.

(2) **채무자 보관위탁** 집행관은 채권자의 승낙이 있거나 목적물의 운반이 곤란한 사정이 있는 경우에는 봉인 등의 방법으로 압류물임을 나타내는 표시를 하여 채무자에게 보관시킬 수 있다. 이러한 경우에는 봉인 등 압류표시가 압류의 효력발생요건이 된다.

≪판례≫ 창고보관물 중 일부만에 대한 압류방법[대법원 1991. 10. 11. 선고 91다8951 판결]

[1] 집달관이 창고 안에 저장되어 있는 동종의 물건 가운데 일부만을 압류하여 이를 채무자에게 보관시키면서 압류한 부분을 유형적으로 구별하여 놓지 아니하고 일괄공시의 방법으로 품목과 수량을 기재한 데 그친 공시서를 창고벽에 붙여서 한 압류는 무효이고, 이를 기초로 하여 진행된 경매 절차 역시 무효이다.

[2] 위 '[1]'항의 경우 경매절차가 무효로 되었으면 그 경락대금 부분에 관하여는 아직 채무변제의 효과가 발생하지 아니한 것이고, 따라서 채권자로서는 여전히 나머지 채권을 채무자에게 청구할 수 있으므로 그 경락으로 말미암아 채무자에 대하여 채권추심이 곤란해졌다는 등의 특별한 사정이 없는 한 채권자로서는 위 경매가 무효로 되었다는 사유만으로는 그 경락 대금 상당의 손해가 발생하였다고 할 수 없다.

[3] 집달관이 물건을 압류하여 채무자에게 보관시키는 경우에 봉인 기타의 방법으로 압류를 명확히 하는 것은 압류의 효력발생요건이라 할 것이며, 압류의 표지가 명확하지 않은 경우의 압류는 무효일 뿐만 아니라 오히려 불성립에 속한다고 할 수 있으므로 위와 같은 하자를 추후에 집달관이 보정하여 경매하였다고 해서 그 흠이 치유되는 것은 아니다.

집행관이 채무자에게 보관을 명한 경우에 집행관의 점유와 채무자의 점유의 관계를 어떻게 볼 것인가 하는 문제가 제기된다. 이러한 경우에는 집행관은 공법상의 점유만을 가지고 있고 사법상의 점유는 채무자에게 있다고 보아야 할 것이다(공법상 점유설). 그러므로 채무자가 목적물을 보관 중에 제 3 자에게 처분한 경우 제 3 자에게 선의취득이 가능하다.

≪판례≫ **채무자의 사법상 점유와 선의취득**[대법원 1966. 11. 22. 선고 66다1545,1546 판결]
집달리가 어느 유체동산을 가압류하였다 하더라도 집달리가 종전의 소유자에게 계속하여 그 보관을 명한 경우에 있어서는 점유자의 사법상의 점유가 소멸되는 것이 아니며 그 물건을 점유하는 소유자가 이를 타인에게 매도하고 그 타인이 선의로 점유인도를 받은 경우에는 그 타인은 그 물건의 소유권을 적법하게 취득한다.

(3) 압류물의 보존을 위한 처분

제198조 (압류물의 보존)
① 압류물을 보존하기 위하여 필요한 때에는 집행관은 적당한 처분을 하여야 한다.
② 제 1 항의 경우에 비용이 필요한 때에는 채권자로 하여금 이를 미리 내게 하여야 한다. 채권자가 여럿인 때에는 요구하는 액수에 비례하여 미리 내게 한다.
③ 제49조 제 2 호 또는 제 4 호의 문서가 제출된 경우에 압류물을 즉시 매각하지 아니하면 값이 크게 내릴 염려가 있거나, 보관에 지나치게 많은 비용이 드는 때에는 집행관은 그 물건을 매각할 수 있다.
④ 집행관은 제 3 항의 규정에 따라 압류물을 매각하였을 때에는 그 대금을 공탁하여야 한다

집행관은 압류물을 보존하기 위하여 적당한 처분을 하여야 한다. 제49조 2호·4호의 집행정시서류가 제출된 경우에 압류물의 가격폭락의 우려가 있거나 보관에 과다한 비용이 드는 때에는 압류물을 매각하고 그 대금을 공탁하여야 한다.

(4) 어음 등의 제시의무

제212조 (어음 등의 제시의무)
① 집행관은 어음·수표 그 밖의 금전의 지급을 목적으로 하는 유가증권(이하 "어음 등"이라 한다)으로서 일정한 기간 안에 인수 또는 지급을 위한 제시 또는 지급의 청구를 필요로 하는 것을 압류하였을 경우에 그 기간이 개시되면 채무자에 갈음하여 필요한 행위를 하여야 한다.
② 집행관은 미완성 어음 등을 압류한 경우에 채무자에게 기한을 정하여 어음 등에 적을 사항을 보충하도록 최고하여야 한다.

집행관은 어음이나 수표 등 금전의 지급을 목적으로 하는 유가증권으로서 일정한 기간 안에 인수 또는 지급을 위한 제시 또는 지급의 청구를 필요로 하는 것을 압류하였을 경우에는 그 기간이 개시되면 채무자에 갈음하여 필요한 행위를 하여야 한다. 미완성 어음 등을 압류한 경우에는 채무자에게 기간을 정하

여 어음 등에 적을 사항을 보충하도록 최고하여야 한다.

3. 압류의 제한

유체동산에 대한 집행의 제한에 대해서는 앞서도 일부 설명하였다. 초과압류의 금지, 무익한 압류의 금지, 국가의 일반재산에 대한 압류의 금지 등이 그것이다. 이외에도 유체동산에 대한 금전채권이 집행에는 채무자의 보호 및 사회·경제적인 공익적 요청에 바탕하여 다음과 같은 제한이 있다.

가. 목적물의 성질에 의한 제한

제195조 (압류가 금지되는 물건)

다음 각호의 물건은 압류하지 못한다. 〈개정 2005. 1. 27〉

1. 채무자 및 그와 같이 사는 친족(사실상 관계에 따른 친족을 포함한다. 이하 이 조에서 "채무자 등"이라 한다)의 생활에 필요한 의복·침구·가구·부엌기구, 그 밖의 생활필수품
2. 채무자등의 생활에 필요한 2월간의 식료품·연료 및 조명재료
3. 채무자등의 생활에 필요한 1월간의 생계비로서 대통령령이 정하는 액수의 금전
4. 주로 자기 노동력으로 농업을 하는 사람에게 없어서는 아니될 농기구·비료·가축·사료·종자, 그 밖에 이에 준하는 물건
5. 주로 자기의 노동력으로 어업을 하는 사람에게 없어서는 아니 될 고기잡이 도구·어망·미끼·새끼고기, 그 밖에 이에 준하는 물건
6. 전문직 종사자·기술자·노무자, 그 밖에 주로 자기의 정신적 또는 육체적 노동으로 직업 또는 영업에 종사하는 사람에게 없어서는 아니 될 제복·도구, 그 밖에 이에 준하는 물건
7. 채무자 또는 그 친족이 받은 훈장·포장·기장, 그 밖에 이에 준하는 명예증표
8. 위패·영정·묘비, 그 밖에 상례·제사 또는 예배에 필요한 물건
9. 족보·집안의 역사적인 기록·사진첩, 그 밖에 선조숭배에 필요한 물건
10. 채무자의 생활 또는 직무에 없어서는 아니 될 도장·문패·간판, 그 밖에 이에 준하는 물건
11. 채무자의 생활 또는 직업에 없어서는 아니 될 일기장·상업장부, 그 밖에 이에 준하는 물건
12. 공표되지 아니한 저작 또는 발명에 관한 물건
13. 채무자 등이 학교·교회·사찰, 그 밖의 교육기관 또는 종교단체에서 사용하는 교과서·교리서·학습용구, 그 밖에 이에 준하는 물건
14. 채무자 등의 일상생활에 필요한 안경·보청기·의치·의수족·지팡이·장애보조용 바퀴의자, 그 밖에 이에 준하는 신체보조기구
15. 채무자 등의 일상생활에 필요한 자동차로서 자동차관리법이 정하는 바에 따른 장

애인용 경형자동차
16. 재해의 방지 또는 보안을 위하여 법령의 규정에 따라 설비하여야 하는 소방설비 · 경보기구 · 피난시설, 그 밖에 이에 준하는 물건

민사집행법 제195조 제 1 호 내지 제16호는 생활필수품, 기초생산용구, 의례도구, 신체보조용구 등 압류가 금지되는 유체물을 나열하고 있다. 다만 이러한 압류금지물이라도 법원은 채권자와 채무자의 생활형편 등 기타의 사정을 고려하여 압류를 명할 수 있다(제196조 제 1 항).

나. 재판상 압류제한

제196조 (압류금지 물건을 정하는 재판)

① 법원은 당사자가 신청하면 채권자와 채무자의 생활형편, 그 밖의 사정을 고려하여 유체동산의 전부 또는 일부에 대한 압류를 취소하도록 명하거나 제195조의 유체동산을 압류하도록 명할 수 있다.
② 제 1 항의 결정이 있은 뒤에 그 이유가 소멸되거나 사정이 바뀐 때에는 법원은 직권으로 또는 당사자의 신청에 따라 그 결정을 취소하거나 바꿀 수 있다.
③ 제 1 항 및 제 2 항의 경우에 법원은 제16조 제 2 항에 준하는 결정을 할 수 있다.
④ 제 1 항 및 제 2 항의 결정에 대하여는 즉시항고를 할 수 있다.
⑤ 제 3 항의 결정에 대하여는 불복할 수 없다.

압류의 제한이 없는 유체동산이라도 채권자와 채무자의 생활형편 등 기타의 사정을 고려하여 법원은 유체동산의 전부 또는 일부에 대한 압류의 취소를 명할 수 있다(제196조 1항).

다. 그 밖의 압류제한

민사집행법에 의한 제한 이외에도 국민기초생활법 제35조, 우편법 제 7 조, 신탁법 제21조, 공장저당법 제18조 등에 의한 압류의 제한이 있다. 특히 신탁법 제21조에 의해 압류가 제한되는 범위가 많이 문제된다. 아래의 판례에서 설시한 법리는 유체동산의 압류제한에도 동일하게 적용된다.

≪판례≫ 신탁재산에 대한 압류제한[대법원 2002. 12. 6.자 2002마2754 결정]

신탁법상의 신탁재산은 위탁자의 재산권으로부터 분리될 뿐만 아니라 수탁자의 고유재산으로부터 구별되어 관리되는 독립성을 갖게 되는 것이며, 그 독립성에 의하여 수탁자 고유의 이해관계로부터 분리되므로 수탁자의 일반채권자의 공동담보로 되는 것은 아니고, 따라서 경매목적물이 정리회사의 고유재산이 아니라 신탁재산이라면 회사정리법 제67조에 따른 경매절차의 금지 내지 중지조항이 적용될 것이 아니다.

≪판례≫ 조세채권에 기한 신탁재산압류[대법원 1996. 10. 15. 선고 96다17424 판결]

위탁자가 수탁자에게 부동산의 소유권을 이전하여 당사자 사이에 신탁법에 의한 신탁관계가 설정되면 단순한 명의신탁과는 달리 신탁재산은 수탁자에게 귀속되고, 신탁 후에도 여전히 위탁자의 재산이라고 볼 수는 없으므로, 위탁자에 대한 조세채권에 기하여 수탁자 명의의 신탁재산에 대하여 압류할 수 없다.

≪판례≫ 신탁재산 자체를 목적으로 한 채권[대법원 1987. 5. 12. 선고 86다545,86다카2876 판결]

신탁법 제21조 제1항 단서 소정의 신탁 전의 원인으로 발생한 권리라 함은 신탁 전에 이미 신탁부동산에 저당권이 설정된 경우 등 신탁재산 그 자체를 목적으로 하는 채권이 발생된 경우를 말하는 것이고 신탁 전에 위탁자에 관하여 생긴 모든 채권이 이에 포함되는 것은 아니다.

4. 압류의 효력

가. 압류의 일반적 효력

제194조 (압류의 효력)

압류의 효력은 압류물에서 생기는 천연물에도 미친다.

유체동산 압류의 효력은 부동산 압류의 효력과 다를 것이 없다. 자세한 설명은 부동산압류의 효력을 참고하면 된다.

나. 압류물인도명령제도

제193조 (압류물의 인도)

① 압류물을 제3자가 점유하게 된 경우에는 법원은 채권자의 신청에 따라 그 제3자에 대하여 그 물건을 집행관에게 인도하도록 명할 수 있다.
② 제1항의 신청은 압류물을 제3자가 점유하고 있는 것을 안 날부터 1주 이내에 하여야 한다.
③ 제1항의 재판은 상대방에게 송달되기 전에도 집행할 수 있다.
④ 제1항의 재판은 신청인에게 고지된 날부터 2주가 지난 때에는 집행할 수 없다.
⑤ 제1항의 재판에 대하여는 즉시항고를 할 수 있다.

(1) **의 의** 유체동산에 대한 압류의 실시는 원칙적으로 집행관이 목적물을 점유하는 방법으로 하는 점에서 부동산의 압류실시방법과 차이가 있다. 그러므로 제3자에 의해 압류물의 점유가 침탈된 경우에 압류물의 점유를 회복할 필요성이 있다. 이러한 점유회복에 관한 제도가 압류물인도명령제도이다.

(2) **인도명령절차** 채권자는 제3자가 압류물의 점유한 사정을 안 날로

부터 7일 이내에 제3자로 하여금 집행관에게 압류물을 인도하도록 명할 것을 법원에 신청할 수 있다. 제193조의 인도명령은 채무자에 대한 송달 이전에도 집행이 가능하며 집행을 위해 집행문이 부여나 인도명령의 확정을 요하지 아니한다. 인도명령이 신청인에게 송달된 날로부터 2주가 지나면 집행력을 상실한다.

(3) 불 복 인도명령에 대하여는 즉시항고로 다툴 수 있다. 즉시항고는 인도명령절차상의 하자만을 항고이유로 삼을 수 있으며 선의취득 등에 의한 점유의 권원이 있다는 실체법상의 권리귀속에 관한 사정은 항고이유로 삼을 수 없다.

Ⅲ. 집행참가제도

압류채권자의 신청으로 집행절차가 개시된 이후에 다른 채권자의 집행절차 관여를 집행참가제도라고 하며 이에는 이중경매개시결정제도와 배당요구제도가 있음은 앞서 설명하였다. 한편 이와 구별할 것으로 공동집행이 있음도 설명하였다. 여기서는 유체동산강제경매에서 공동집행, 이중압류, 배당요구가 부동산 강제경매에서와 어떻게 다른 지를 중심으로 간략히 설명하기로 한다. 이를 집행의 경합이라고도 한다.

1. 공동압류

부동산강제경매에서와 다를 것이 없다. 수인의 채권자가 같은 채무자와 같은 집행대상에 대하여 공동으로 압류를 신청한 경우로 이에 대하여 하나의 압류명령을 내린다. 이를 동시압류라고도 한다. 수인의 채권자가 때를 달리하여 개별적으로 압류를 신청한 경우라도 집행법원은 이를 병합하여 하나의 압류명령을 할 수 있다. 공동압류라도 단독압류와 다를 것이 없다. 한편 채권집행에 있어서는 피압류채권이 각 집행채권 모두를 만족시킬 수 있으며 채권자들의 협의가 있는 때에는 각 채권자별로 피압류채권의 일부씩에 대한 전부명령을 얻을 수 있도록 하고 있다.

2. 이중압류

제215조 (압류의 경합)

① 유체동산을 압류하거나 가압류한 뒤 매각기일에 이르기 전에 다른 강제집행이 신청

된 때에는 집행관은 집행신청서를 먼저 압류한 집행관에게 교부하여야 한다. 이 경우 더 압류할 물건이 있으면 이를 압류한 뒤에 추가압류조서를 교부하여야 한다.

② 제 1 항의 경우에 집행에 관한 채권자의 위임은 먼저 압류한 집행관에게 이전된다.

③ 제 1 항의 경우에 각 압류한 물건은 강제집행을 신청한 모든 채권자를 위하여 압류한 것으로 본다.

④ 제 1 항의 경우에 먼저 압류한 집행관은 뒤에 강제집행을 신청한 채권자를 위하여 다시 압류한다는 취지를 덧붙여 그 압류조서에 적어야 한다.

가. 의 의

어느 채권자의 집행신청으로 유체동산에 대한 압류가 있은 후 다른 채권자의 집행신청이 있게 되면 양 절차를 병합하여 진행하게 되는데, 이때 복수의 압류가 있다는 의미에서 이를 두고 이중압류라고 한다. 이중압류를 논의하는 실익은 압류의 효력이 어디까지 확장시킬 것인가를 정하고, 구체적인 집행절차의 진행에 있어서 수개의 집행신청이 있다는 사정을 어떻게 고려할 것인가에 있다고 하겠다. 한편 유체동산집행에 있어서 이중압류는 압류의 효력을 확장한다는 의미보다는 다른 채권자가 배당에 참가하는 유일한 방법이라는 데 그 실제적 의미가 있다.

나. 요 건

(1) **선행압류** 선행의 압류 또는 가압류가 존재하여야 한다. 즉 어느 채권자에 의한 집행신청에 기하여 집행관이 유체동산에 대한 압류 또는 가압류를 위한 구체적인 집행행위에 나아간 이후에만 이중압류가 발생할 수 있다. 한편 앞서 설명한 바와 같이 이중압류는 후행압류에 따라 압류의 효력범위가 어디까지 확장시킬 것인가의 문제에 다름 아니다. 따라서 압류가 담보권에 기한 것이든 집행권원에 기한 것이든 달리 볼 것은 아니다. 그러나 유치권에 기한 경매절차나 공유물분할을 위한 경매절차 등 형식적 경매절차는 그 성질상 추가압류물에 대한 압류효력의 확장을 인정할 여지가 없다할 것이어서 이중압류의 문제가 생기지 아니한다. 또한 체납처분절차와 민사집행절차는 동시에 진행되는 경우라도 양자는 불간섭주의원칙에 따라 상호 독립된 별개의 절차라 할 것이므로 이중압류의 문제는 고려할 여지가 없다(국세징수법 제35조, 제56조, 제57조, 제58조).

(2) **후행압류** 후행압류는 선행압류와 선행압류에 따른 매각기일의 사이에 이루어져야 한다. 선행압류가 있기 전에 수개의 집행신청이 병존하는 경우에는 이중압류가 아닌 공동압류 내지 동시압류에 따라야 한다. 한편 유체동산 이

중압류는 배당요구의 의미를 갖는다는 점에서 후행압류의 종기를 다른 집행절차와의 균형상 매각기일의 이전의 날로 정하여야 하는 것이 아닌가 하는 입법론상 의문이 있을 수 있다. 그러나 유체동산경매절차의 특성(제188조, 제207조)을 반영하여 그 종기를 매각기일까지로 정하고 있다.

(3) **채무자의 동일성** 선행압류와 후행압류의 채무자가 동일하여야 한다. 한편 선행압류채권자와 후행압류채권자는 같은 사람이 아닌 경우가 보통이지만, 동일인이라도 무방하다. 즉 유체동산경매에 있어서도 청구금액의 확장이 인정되지 아니하므로 청구금액확장이라는 목적을 달성하기 위하여 동일한 채권자 이중압류를 하는 경우가 있을 수 있다.

(4) **관할의 동일성** 유체동산경매신청에 있어서 채권자는 목적물을 특정할 것이 아니고 목적물이 소재하는 장소를 특정하는 것으로 족하며, 그 특정된 장소를 기준으로 집행관의 관할이 정해진다. 이와 관련하여 유체동산에 대한 이중압류는 수개의 압류가 관할이 동일한 것이어야 한다. 목적물이 소재하는 구체적인 장소가 동일할 필요는 없다.

다. 집행절차의 진행

(1) **이중압류에 의한 절차진행** 부동산 이중경매에 있어서는 원칙적으로 선행압류를 기초로 경매절차가 진행된다(제87조). 그러나 유체동산 이중경매에 있어서는 선행압류만이 아닌 선행압류와 후행압류 양자를 기초로 절차가 진행된다. 이 점에서 있어서 부동산 이중경매와 크게 다르다. 그렇다고 하더라도 양자가 결합하여 집행절차의 기초를 이루는 것은 아니며, 각자가 독립하여 집행절차를 기초를 이룬다는 점을 유의해야 한다.

(2) **선행집행관에 의한 절차진행** 선행압류와 후행압류가 독립하여 집행절차의 기초를 이루기는 하는 것이지만 구체적인 집행절차의 진행은 선행집행관이 관할한다. 이를 위하여 후행신청을 받은 집행관은 추가로 압류할 물건이 있는지를 따져(규칙 제152조) 추가압류조서와 함께 후행압류신청서를 선행집행관에게 교부한다. 만일 추가로 압류할 물건이 없는 경우에는 후행압류신청서만을 교부하면 된다(제215조).

라. 이중압류의 효력

(1) **집행위임의 이전** 앞서 설명한 바와 같이 이중압류가 있는 경우에 선행압류와 후행압류 자체는 독립하여 병존하는 것이지만 집행절차의 진행 자체

는 선행집행관이 단독으로 관할한다. 즉 이중압류가 있게 되면 후행집행관에 대한 집행위임의 효과는 선행집행관에게 이전된다(제215조 2항).

(2) **이중압류의 효력발생시기** 후행집행관이 집행신청서 등을 선행집행관에게 교부한 시점에 이중압류의 효력이 발생한다. 이중압류가 있게 되면 선행집행관은 선행사건에 관한 압류조서에 이중압류가 있다는 취지의 부기하고(제215조 4항) 그 사실을 이해관계인에게 통지한다(제219조, 제11조, 제12조). 이러한 취지의 부기는 단순히 이중압류가 있다는 사실을 공시하기 위한 것에 불과하고 이중압류의 효력발생과는 무관하다.

(3) **압류효력의 확장** 이중압류가 있으면 각 압류의 효력이 목적물 전체에 미치게 된다. 어느 하나의 압류의 효력이 소멸한 경우라도 나머지 압류의 효력범위가 당초에 압류한 목적물의 범위로 축소되는 것도 아니다. 예를 들어 후행압류가 집행신청의 취하 등으로 효력이 소멸한 경우라도 선행압류의 효력은 후행압류에 기초한 추가압류물에도 여전히 존속하게 된다. 다만 어느 하나의 압류에 집행정지의 원인이 있는 경우에 당해 압류에 따라 압류된 유체동산을 제외한 나머지 유체동산에 대하여만 집행절차를 진행하여야 한다.

(4) **집행비용** 앞서 설명한 바와 같이 유체동산에 대한 이중압류는 각 압류가 독립적·병존적으로 집행절차의 기초를 이룬다. 따라서 집행비용의 산정에 있어서도 각 압류에 따른 모든 비용이 집행비용으로 산정된다.

3. 배당요구

가. 배당요구권자

제217조 (우선권자의 배당요구)

민법·상법, 그 밖의 법률에 따라 우선변제청구권이 있는 채권자는 매각대금의 배당을 요구할 수 있다.

제218조 (배당요구의 절차)

제217조의 배당요구는 이유를 밝혀 집행관에게 하여야 한다.

제219조 (배당요구 등의 통지)

제215조 제1항 및 제218조의 경우에는 집행관은 그 사유를 배당에 참가한 채권자와 채무자에게 통지하여야 한다.

제221조 (배우자의 지급요구)

① 제190조의 규정에 따라 압류한 유체동산에 대하여 공유지분을 주장하는 배우자는 매

각대금을 지급하여 줄 것을 요구할 수 있다.

② 제 1 항의 지급요구에는 제218조 내지 제220조의 규정을 준용한다.

③ 제219조의 통지를 받은 채권자가 배우자의 공유주장에 대하여 이의가 있는 때에는 배우자를 상대로 소를 제기하여 공유가 아니라는 것을 확정하여야 한다.

④ 제 3 항의 소에는 제154조 제 3 항, 제155조 내지 제158조, 제160조 제 1 항 제 5 호 및 제161조 제 1 항 · 제 2 항 · 제 4 항의 규정을 준용한다.

(1) **배당요구** 부동산강제경매에서 배당채권자에 대하여는 제148조 등에서 규정하고 있으나 유체동산강제경매에서는 이와는 별도로 제217조를 두어 법률상 우선변제청구권이 있는 채권자만이 배당요구를 할 수 있는 것으로 정하고 있다. 그러므로 집행정본을 가진 자라도 우선변제청구권이 없다면 배당요구를 할 수 없으며 이러한 자는 이중압류를 신청함으로써 집행에 참가할 수 있을 뿐이다. 배당요구가 있게 되면 집행관은 배당에 참가한 채권자와 채무자에게 배당요구의 사유를 통지하여야 한다. 배당요구는 집행절차가 개시된 이후에만 가능하다. 유체동산의 집행개시의 시점은 집행관이 압류할 물건을 수색하기 시작한 때이다.

(2) **배우자의 지급요구** 배당요구와 구별할 것으로 채무자 아닌 배우자 일방은 제190조에 따라 부부 공유물이 매각된 경우에는 자기의 공유지분비율에 해당하는 매각대금의 교부를 요구할 수 있다(제221조). 매각대금을 교부 받기 위해서는 배당에 참가한 채권자와 채무자에게 통지하여야 하고 이러한 통지를 받은 채권자는 공유관계 부인의 소를 제기하는 방법으로 다툴 수 있다. 이러한 배우자의 지급요구는 배당요구는 아니라 할 것이지만 그 규율에 있어서는 배당이의에 관한 규정을 준용한다. 따라서 지급요구는 배당요구종기 전에 있어야 하며, 채권자의 공유관계부인의 소 역시 배당이의의 소에 있어서와 마찬가지로 채권자가 첫 변론기일에 출석하지 아니한 것만으로 소 취하간주의 제재가 따른다.

나. 배당요구절차(규칙 제158조)

배당을 받고자 하는 채권자는 채권의 원인과 액수를 기재한 서면을 집행관에게 제출하는 방법으로 배당을 요구한다.

다. 배당요구종기

제220조 (배당요구의 시기)

① 배당요구는 다음 각호의 시기까지 할 수 있다.

1. 집행관이 금전을 압류한 때 또는 매각대금을 영수한 때

2. 집행관이 어음 · 수표 그 밖의 금전의 지급을 목적으로 한 유가증권에 대하여 그 금전을 지급받은 때

② 제198조 제 4 항에 따라 공탁된 매각대금에 대하여는 동산집행을 계속하여 진행할 수 있게 된 때까지, 제296조 제 5 항 단서에 따라 공탁된 매각대금에 대하여는 압류의 신청을 한 때까지 배당요구를 할 수 있다.

부동산 강제경매와 마찬가지로 배당요구종기를 두고 있는데 다음과 같이 집행의 대상에 따라 종기를 서로 다르게 정하고 있다.

① 집행관이 금전을 압류한 때 또는 매각대금을 영수한 때(제1호)
② 집행관이 어음 · 수표 그 밖의 금전의 지급을 목적으로 하는 유가증권에 대하여 그 금전을 지급받은 때(제2호)
③ 제198조 4항에 따라 공탁된 매각대금에 대하여는 동산집행을 계속하여 진행할 수 있게 된 때까지, 제296조 5항 단서에 따라 공탁된 매각대금에 대하여는 압류의 신청을 한 때

라. 배당요구의 통지(제219조)

집행관은 배당요구가 있는 경우에 채권자와 채무자에게 배당요구사유를 통지하여야 한다.

Ⅳ. 현금화절차

1. 서 론

유체동산에 대하여 압류가 있은 다음에는 현금화절차가 진행된다. 압류물이 금전인 경우에는 현금화절차라는 것이 무의미하고 그 밖의 경우에는 매각을 통해 현금화를 한다. 압류물이 금전인 경우와 비금전인 경우를 나누어 살펴본다.

2. 압류금의 처리(제201조)

제201조 (압류금전)

① 압류한 금전은 채권자에게 인도하여야 한다.

② 집행관이 금전을 추심한 때에는 채무자가 지급한 것으로 본다. 다만, 담보를 제공하거나 공탁을 하여 집행에서 벗어날 수 있도록 채무자에게 허가한 때에는 그러하지 아니하다.

제208조 (집행관이 매각대금을 영수한 효과)

집행관이 매각대금을 영수한 때에는 채무자가 지급한 것으로 본다. 다만, 담보를 제공하거나 공탁을 하여 집행에서 벗어날 수 있도록 채무자에게 허가한 때에는 그러하지 아니하다.

압류물이 금전인 경우에는 집행관이 채무자로부터 현금을 인도받는 것이 현금화절차가 된다. 채무자가 집행관에게 금전을 인도한 때에 그 채권자가 지급을 받은 것으로 본다. 따라서 집행관이 금전을 채권자에게 지급하기 전이라도 채권이 소멸한다. 채무자는 허가를 얻어 담보제공 또는 공탁을 함으로써 금전에 대한 집행으로부터 벗어날 수 있다.

3. 압류물의 매각

가. 매각의 준비

(1) 최저매각가격의 결정(제200조)

제200조 (값비싼 물건의 평가)

매각할 물건 가운데 값이 비싼 물건이 있는 때에는 집행관은 적당한 감정인에게 이를 평가하게 하여야 한다.

부동산에 비하여 가치가 작은 유체동산에 대하여 비용을 들여 감정을 하는 것은 적절하지 않으므로 집행관이 적절하다고 판단한 가격으로 매각할 수 있도록 하였다. 다만 고가물에 대하여는 감정인에게 평가하게 하여야 한다. 고가물에 대하여 집행관이 감정인의 평가 없이 최저매각가격을 결정하면 이해관계인은 집행에 관한 이의로 다툴 수 있다.

(2) 매각기일의 지정 등

제202조 (매각일)

압류일과 매각일 사이에는 1주 이상 기간을 두어야 한다. 다만, 압류물을 보관하는 데 지나치게 많은 비용이 들거나, 시일이 지나면 그 물건의 값이 크게 내릴 염려가 있는 때에는 그러하지 아니하다.

제203조 (매각장소)

① 매각은 압류한 유체동산이 있는 시·구·읍·면(도농복합형태의 시의 경우 동지역은 시·구, 읍·면지역은 읍·면)에서 진행한다. 다만, 압류채권자와 채무자가 합의하면 합의된 장소에서 진행한다.

② 매각일자와 장소는 대법원규칙이 정하는 방법으로 공고한다. 공고에는 매각할 물건을

표시하여야 한다.

제216조 (채권자의 매각최고)

① 상당한 기간이 지나도 집행관이 매각하지 아니하는 때에는 압류채권자는 집행관에게 일정한 기간 이내에 매각하도록 최고할 수 있다.

② 집행관이 제 1 항의 최고에 따르지 아니하는 때에는 압류채권자는 법원에 필요한 명령을 신청할 수 있다.

압류실시가 있은 후에는 압류일로부터 1주일 이후의 날을 매각기일로 정하여 이를 공고한다. 1주일 이상의 기간을 두는 이유는 채무자의 임의변제나 이해관계인의 집행에 대한 불복을 보장해주기 위한 조치이다. 다만 보관비용이 과다하거나 압류물의 가치하락이 예견되는 경우에는 1주일 이내의 날을 매각기일로 할 수 있다. 매각장소는 압류물의 소재지로 하되 압류채권자와 채무자의 합의가 있으면 다른 장소로 할 수 있다.

나. 매각의 실시

제197조 (일괄매각)

① 집행관은 여러 개의 유체동산의 형태, 이용관계 등을 고려하여 일괄매수하게 하는 것이 알맞다고 인정하는 때에는 직권으로 또는 이해관계인의 신청에 따라 일괄하여 매각할 수 있다.

② 제 1 항의 경우에는 제98조 제 3 항, 제99조, 제100조, 제101조 제 2 항 내지 제 5 항의 규정을 준용한다.

제199조 (압류물의 매각)

집행관은 압류를 실시한 뒤 입찰 또는 호가경매의 방법으로 압류물을 매각하여야 한다.

제204조 (준용규정)

매각장소의 질서유지에 관하여는 제108조의 규정을 준용한다.

집행관은 고유의 권한으로 매각을 실시한다. 압류채권자나 법원의 위임도 필요 없다. 일괄매각도 가능하다(제197조). 매각의 방법은 입찰 또는 호가경매 모두 가능하다(제199조). 통상 호가경매에 의한다. 호가경매는 매각기일에 매각조건을 고지하고 매수신청을 최고하는 방법으로 한다(규칙 제147조). 유체동산경매에 관하여는 부동산강제경매에서와 같은 인도명령절차가 별도로 없다. 집행관이 매각대금 수령과 동시에 목적물을 매수인에게 인도한다.

다. 재 매 각

제205조 (매각·재매각)

① 집행관은 최고가매수신고인의 성명과 가격을 말한 뒤 매각을 허가한다.
② 매각물은 대금과 서로 맞바꾸어 인도하여야 한다.
③ 매수인이 매각조건에 정한 지급기일에 대금의 지급과 물건의 인도청구를 게을리 한 때에는 재매각을 하여야 한다. 지급기일을 정하지 아니한 경우로서 매각기일의 마감에 앞서 대금의 지급과 물건의 인도청구를 게을리 한 때에도 또한 같다.
④ 제 3 항의 경우에는 전의 매수인은 재매각절차에 참가하지 못하며, 뒤의 매각대금이 처음의 매각대금보다 적은 때에는 그 부족한 액수를 부담하여야 한다.

최고가매수신고인이 대금을 납부하지 아니하면 재매각을 실시한다. 종전의 매수인은 매수신청을 할 수 없으며 매각대금이 종전의 매각대금에 미치지 못하면 그 차액을 부담하여야 한다.

라. 배우자의 우선매수권

제206조 (배우자의 우선매수권)

① 제190조의 규정에 따라 압류한 유체동산을 매각하는 경우에 배우자는 매각기일에 출석하여 우선매수할 것을 신고할 수 있다.
② 제 1 항의 우선매수신고에는 제140조 제 1 항 및 제 2 항의 규정을 준용한다.

제190조에 따라 부부공유 유체동산매각의 경우에 채무자 아닌 배우자는 매각기일에 출석하여 우선매수 할 것을 신고할 수 있다.

4. 기타 압류물의 현금화

가. 금은붙이의 현금화

제209조 (금·은붙이의 현금화)

금·은붙이는 그 금·은의 시장가격 이상의 금액으로 일반 현금화의 규정에 따라 매각하여야 한다. 시장가격 이상의 금액으로 매수하는 사람이 없는 때에는 집행관은 그 시장가격에 따라 적당한 방법으로 매각할 수 있다.

금은붙이는 시장가격 이상의 금액으로 일반 현금화의 규정에 따라 매각한다. 시장가격 이상으로 매수하는 사람이 없는 경우에는 시장가격에 따라 적당한 방법으로 매각한다.

나. 유가증권의 현금화

제210조 (유가증권의 현금화)

집행관이 유가증권을 압류한 때에는 시장가격이 있는 것은 매각하는 날의 시장가격에 따라 적당한 방법으로 매각하고 그 시장가격이 형성되지 아니한 것은 일반 현금화의 규정에 따라 매각하여야 한다.

제211조 (기명유가증권의 명의개서)

유가증권이 기명식인 때에는 집행관은 매수인을 위하여 채무자에 갈음하여 배서 또는 명의개서에 필요한 행위를 할 수 있다.

시장가격이 있는 것은 매각하는 날의 시장가격에 따라 적당한 방법으로 매각하고, 시장가격이 형성되지 아니한 것은 일반 현금화의 규정에 따라 매각한다.

5. 집행법원의 명령에 의한 현금화

제214조 (특별한 현금화 방법)

① 법원은 필요하다고 인정하면 직권으로 또는 압류채권자, 배당을 요구한 채권자 또는 채무자의 신청에 따라 일반 현금화의 규정에 의하지 아니하고 다른 방법이나 다른 장소에서 압류물을 매각하게 할 수 있다. 또한 집행관에게 위임하지 아니하고 다른 사람으로 하여금 매각하게 하도록 명할 수 있다

② 제 1 항의 재판에 대하여는 불복할 수 없다.

법원은 필요하다고 인정되면 직권으로 또는 압류채권자, 배당요구채권자, 채무자의 신청에 따라 일반 현금화절차에 의하지 아니하고 다른 방법이나 다른 장소에서 압류물을 매각하게 할 수 있다. 또한 집행관에게 위임하지 아니하고 다른 사람으로 하여금 매각하게 할 수 있다. 위와 같은 집행법원의 현금화명령에 대하여는 불복할 수 없다.

V. 배당절차

유체동산강제집행의 배당절차는 집행관이 실시하는 것이 보통이다. 그러나 채권자가 복수이고, 압류금전이나 매각대금으로 모든 채권자를 만족시킬 수 없으며, 채권자들 사이에 배당에 관한 협의가 이루어지지 못하면 집행법원이 배당절차를 실시하게 된다. 경우에 따라 구체적인 배당절차를 설명하면 다음과 같다.

1. 채권자가 1인인 경우 또는 모든 채권자의 채권만족에 충분한 경우

집행관은 압류한 금전, 유체동산의 매각대금으로부터 집행비용, 채권변제에 충당하고 남은 금액은 채무자에게 인도한다(제201조 1항, 규칙 제155조 1항). 다만 가압류채권, 정지조건 또는 불확정기한이 있는 채권, 강제집행의 일시정지를 명한 제49조 2호, 4호의 서류가 제출된 경우에는 당해 채권에 관한 배당액을 공탁하고 그 사유를 집행법원에 신고한다(규칙 제156조 1항). 배당 등을 수령하기 위하여 출석하지 아니한 채권자 또는 채무자에 대한 배당 등의 액에 상당하는 금액도 공탁하여야 한다(규칙 제156조 2항).

2. 채권자가 복수이며 모든 채권자의 채권만족에 불충분한 경우

가. 배당협의기일의 지정

압류금전이나 매각대금으로 수인의 채권자의 채권만족에 불충분한 경우에 집행관은 매각허가결정일로부터 2주일 이내의 날을 배당협의기일로 지정하여 그 일시와 장소를 각 채권자에게 서면으로 통지하되 예상되는 배당계산서를 첨부한다(규칙 제155조 2항).

나. 배당협의가 이루어진 경우

배당협의기일까지 모든 채권자 사이에 배당협의가 이루어진 경우에는 그 협의에 따라 배당을 실시한다. 배당계산서는 협의에 따라 다시 작성한다(규칙 제155조 3항). 배당액의 공탁에 관해서는 '모든 채권자의 채권만족이 가능한 경우'에서 본 설명과 같다.

다. 배당협의가 이루어지지 않은 경우

제222조 (매각대금의 공탁)

① 매각대금으로 배당에 참가한 모든 채권자를 만족하게 할 수 없고 매각허가가 된 날부터 2주 이내에 채권자 사이에 배당협의가 이루어지지 아니한 때에는 매각대금을 공탁하여야 한다.

② 여러 채권자를 위하여 동시에 금전을 압류한 경우에도 제 1 항과 같다.

③ 제 1 항 및 제 2 항의 경우에 집행관은 집행절차에 관한 서류를 붙여 그 사유를 법원에 신고하여야 한다.

배당협의가 이루어지지 않으면 집행관이 배당을 실시하지 못하고 집행법원이 배당을 실시한다. 구체적으로 배당협의가 성립되지 못하면 집행관은 압류금전이나 매각대금을 모두 공탁하고 그 사유를 집행법원에 신고한다(제222조). 이후에 집행법원에 의한 구체적인 배당절차(제252조 이하)에 관하여는 다음에 볼 채권집행절차에서와 다를 것이 없다.

제 3 절 채권과 그 밖의 재산권에 대한 강제집행

제 1 관 금전채권에 대한 강제집행

제1항 서 론

Ⅰ. 의 의

금전채권의 만족을 위하여 채무자의 제 3 자에 대하여 금전의 급부를 청구할 수 있는 청구권에 대한 강제집행을 금전채권에 대한 금전채권집행 또는 금전채권에 대한 집행이라고 한다.

Ⅱ. 당 사 자

금전채권에 대한 집행에서 당사자는 압류채권자와 채무자이며 제 3 채무자는 집행의 당사자가 아니다. 제 3 채무자와 압류채권자가 같은 사람이더라도 상관이 없다.

≪판례≫ 조합원에 대한 채권과 조합재산압류[대법원 2001. 2. 23. 선고 2000다68924 판결]

민법상 조합의 채권은 조합원 전원에게 합유적으로 귀속하는 것이어서 특별한 사정이 없는 한 조합원 중 1인에 대한 채권으로써 그 조합원 개인을 집행채무자로 하여 조합의 채권에 대하여 강제집행을 할 수 없고, 조합 업무를 집행할 권한을 수여받은 업무집행 조합원은 조합재산에 관하여 조합원으로부터 임의적 소송신탁을 받아 자기 이름으로 소송을 수행할 수 있다.

≪판례≫ 임금채권에 대한 사용자의 압류[대법원 1994. 3. 16. 93마1822,1823 결정]

근로기준법 제36조 제 1 항 본문에 규정된 임금의 전액지급의 원칙에 비추어 사용자가 근로자의 급료나 퇴직금 등 임금채권을 수동채권으로 하여 사용자의 근로자에 대한 다른 채권으로 상계할 수 없지만, 그렇다고 하여 사용자가 근로자에 대한 채무명의의 집행을 위하여 근로자의 자신에 대한 임금채권 중 2분의 1 상당액에 관하여 압류 및 전부명령을 받는 것까지 금지하는 취지는 아니고, 같은 법 제25조는 사용자가 전차금 기타 근로할 것을 조건으로 하는 전대채권과 임금을 서로 상계하지 못한다는 취지를 규정한 데 불과하므로 이를 근거로 하여 위와 같은 사용자의 임금채권에 관한 압류 및 전부명령이 허용되지 않는다고 풀이할 수도 없다.

Ⅲ. 집행의 대상

집행의 대상이 되는 금전채권은 피압류적격이 있는 것이어야 한다. 채권집행의 피압류적격이 요건은 다음과 같다. 피압류적격의 유무는 직권조사사항이며 피압류적격이 없는 대상에 대한 집행신청은 기각하여야 한다.

1. 금전채권

금전채권만이 채권집행의 대상이 된다. 외화채권이거나 공법상 금전채권이라도 무방하다. 여기서 금전채권은 금액채권에 한하고 특정금전채권은 특정물채권으로 그 밖의 재산권에 대한 집행의 대상이 된다. 반대급부나 선이행의무가 부착된 채권이거나 소송계속 중의 채권이라도 상관없다. 나아가 장래 발생할 조건부 채권이나 기한부 채권이라도 청구권발생의 기초가 현재 확립되어 있다면 집행의 대상으로 삼기에 충분하다. 그러므로 채무자가 장래 입금할 예금에 대한 반환채권을 피압류채권으로 삼는 것도 가능한 것으로 취급하는 실무례라도 한다. 그러므로 현재 잔고가 전혀 없는 예금에 대한 압류가 있은 이후에 당해 예금계좌에 새로이 입금된 금액에 관하여도 압류의 효력이 미친다고 하겠다.

≪판례≫ 존속기간만료 후 전세권에 대한 저당권[대법원 1995. 9. 18.자 95마684 결정]

전세권에 대하여 설정된 저당권은 민사소송법 제724조 소정의 부동산경매절차에 의하여 실행하는 것이나, 전세권의 존속기간이 만료되면 전세권의 용익물권적 권능이 소멸하기 때문에 더 이상 전세권 자체에 대하여 저당권을 실행할 수 없게 되고, 이러한 경우는 민법 제370조, 제342조 및 민사소송법 제733조에 의하여 저당권의 목적물인 전세권에 갈음하여 존속하는 것으로 볼 수 있는 전세금반환채권에 대하여 추심명령 또는 전부명령을 받거나(이 경우 저당권의 존재를 증명하는 등기부등본을 집행법원에 제출하면 되고 별도의 채무명의가 필요한 것이 아니다), 제 3 자가 전세금반환채권에 대하여 실시한 강제집행절차에서 배당요구를 하는 등의 방법으로 자신의 권리를 행사할 수 있을 뿐이다.

≪판례≫ 장래 계약해제에 따른 원상회복청구권[대법원 1982. 10. 26. 선고 82다카508 판결]

일반적으로 당사자간에 원상회복의무를 발생케하는 계약해제는 특히 이례적이고 예외적인 것이라 할 것이며 이 사건 매매계약에 있어서와 같이 중도금 및 잔대금의 지급이 여러 단계로 나누어져 있고 연체료 지체상금의 지급 등의 지급약정이 당사자간에 원만히 이행되지 않았던 사정이 인정되는 상황하에서는 장래 발생할 원상회복청구채권이 가압류 당시 그 권리를 특정할 수 있고 가까운 장래에 그 발생이 상당정도 기대된다고 하기도 어렵다고 하지 않을 수 없다.

≪판례≫ 환지처분 공고 전 환지청산금[대법원 1990. 12. 26. 선고 90다카24816 판결]

토지구획정리사업법에 의한 환지청산금은 제52조 제 2 항에 의하여 원칙적으로 환지처분시 결정되어야 하나 제46조 제 2 항 제 3 호는 환지계획에서 청산대상토지명세를 정하도록 하여 이 단계에서는 그 청산금채권의 기초와 내용이 어느 정도 구체화되므로 이러한 미확정의 청산금채권도 압류의 목적이 될 수 있는 것이므로 환지처분공고 전의 위 단계에서 이루어진 압류도 유효하다.

≪판례≫ 장래 명예퇴직수당에 대한 집행[대법원 2001. 9. 18.자 2000마5252 결정]

지방공무원법 제66조의2 제 1 항, 지방공무원명예퇴직수당 등 지급규정 제 3 조, 제 4 조, 제 5 조, 제 7 조 등의 규정에 비추어 보면, 20년 이상 근속한 공무원이 그 정년퇴직일 전 1년 이상의 기간 중 자진 퇴직하는 때에는 예산상 부득이하여 그 지급대상범위와 인원이 제한되는 경우 및 위 지급규정 제 3 조 제 3 항에 정해진 결격사유가 없는 한 명예퇴직수당 지급신청을 하여 그 지급을 받을 수 있으므로, 20년 이상 근속한 지방공무원의 경우에는 명예퇴직수당의 기초가 되는 법률관계가 존재하고 그 발생근거와 제 3 채무자를 특정할 수 있어 그 권리의 특정도 가능하며 가까운 장래에 발생할 것이 상당 정도 기대된다고 할 것이어서, 그 공무원이 명예퇴직수당 지급대상자로 확정되기 전에도 그 명예퇴직수당 채권에 대한 압류가 가능하다고 할 것이고, 그 공무원이 명예퇴직 및 명예퇴직수당 지급신청을 할지 여부가 불확실하다거나 예산상 부득이한 경우 그 지급대상범위가 제한될 수 있다는 것 때문에 그것이 가까운 장래에 발생할 것이 상당 정도 확실하지 않다고 볼 것은 아니다.

≪판례≫ 장래 공사대금채권에 대한 집행[대법원 2002. 11. 8. 선고 2002다7527 판결]

건설업자가 지방자치단체가 지방재정법과 그 시행령 및 그에 의하여 준용되는 국가를 당사자로 하는 계약에 관한 법률과 그 시행령에 의하여 시행하는 공사의 경쟁입찰에 참가하여 낙찰자로 결정된 후 낙찰자의 채권자가 낙찰자를 채무자로 하고, 지방자치단체를 제 3 채무자로 하여 낙찰자가 지방자치단체와 장차 공사도급계약을 체결하고 공사를 시공함에 따라 지방자치단체로부터 지급받게 될 공사대금채권에 대하여 채권압류 및 전부명령을 받은 경우, 피압류 및 전부채권인 공사대금채권은 그 발생의 기초가 확정되어 있어 채권의 특정이 가능할 뿐 아니라, 공사대금이 확정되어 있어 권면액도 있으며, 가까운 장래에 채권이 발생할 것이 상당한 정도로 확실시되므로 그 공사대금채권에 대한 채권압류 및 전부명령은 유효하다고 한 사례.

2. 독립된 재산적 가치

독립하여 처분할 수 있는 것만이 집행의 대상이 된다. 재산적 가치가 있는 것이면 사법상의 권리에 한하지 않고 공법상의 권리라도 집행의 대상이 될 수 있다. 그러나 취소권이나 해제권과 같은 형성권과 같이 일정한 법률관계에 부수되는 권리는 독립하여 처분할 수 있는 것이 아니므로 집행의 대상이 되지 아니한다. 채권자대위권이나 채권자취소권도 마찬가지로 집행의 대상으로 삼을 수 없다. 다만 취소권이나 해제권 행사의 결과로 발생하는 재산권은 집행의 대상이 될 수 있다. 담보물권은 피담보채무와 독립하여 집행의 대상이 될 수 없고 아직 미발생의 이자채권도 독립하여 집행의 대상이 될 수 없다.

3. 양도가능성

양도가능한 권리만이 집행의 대상이 된다. 양도성이 제한되는 것에는 권리의 성질상 양도제한이 있는 것과 법률상 양도제한이 있는 것이 있다. 권리의 성질상 양도제한이 있는 것으로는 ① 조세채권이나 성명권 등과 같이 채권의 본래적 성질상 양도가 제한되는 것, ② 부양청구권이나 종신정기금채권과 같이 채권의 내용이 채권자 변경이 있는 경우 급부의 내용이 현저하게 달라지는 것, ③ 위임비용의 선급청구권과 같이 채권발생의 원인이 되는 법률관계의 성질상 양도가 제한되는 것 등이 있다. 법률상 양도제한이 있는 것으로는 공무원연금법상 급여청구권(공무원연금법 제32조), 근로기준법상 재해보상청구권(근로기준법 제89조) 등을 예로 들 수 있다.

≪판례≫ 임금채권양수인의 임금청구[대법원 1988. 12. 13. 선고 87다카2803 판결]

[1] 근로자의 임금채권은 그 양도를 금지하는 법률의 규정이 없으므로 이를 양도할 수 있다.

[2] 근로기준법 제36조 제1항에서 임금직접지급의 원칙을 규정하는 한편 동법 제109조에서 그에 위반하는 자는 처벌을 하도록 하는 규정을 두어 그 이행을 강제하고 있는 취지가 임금이 확실하게 근로자 본인의 수중에 들어가게 하여 그의 자유로운 처분에 맡기고 나아가 근로자의 생활을 보호하고자 하는데 있는 점에 비추어 보면 근로자가 그 임금채권을 양도한 경우라 할지라도 그 임금의 지급에 관하여는 같은 원칙이 적용되어 사용자는 직접 근로자에게 임금을 지급하지 아니하면 안 되는 것이고 그 결과 비록 양수인이라고 할지라도 스스로 사용자에 대하여 임금의 지급을 청구할 수는 없다.

당사자 사이에 양도금지특약 있는 채권은 압류채권자의 선의·악의에 관계없이 집행의 대상이 된다. 이러한 점을 이용하여 예금채권 등과 같이 양도금지특약 있는 채권을 양도하기 위한 방편으로 전부명령제도를 편의적으로 이용하기도 한다. 양도금지특약 있는 채권이 전부된 이후에는 당해 양도금지특약은 효력을 상실한다고 할 것이다.

≪판례≫ 양도금지특약부 채권에 대한 전부명령[대법원 2003. 12. 11. 선고 2001다3771 판결]

당사자 사이에 양도금지의 특약이 있는 채권이더라도 전부명령에 의하여 전부되는 데에는 지장이 없고, 양도금지의 특약이 있는 사실에 관하여 집행채권자가 선의인가 악의인가는 전부명령의 효력에 영향을 미치지 못하는 것인바, 이와 같이 양도금지특약부 채권에 대한 전부명령이 유효한 이상, 그 전부채권자로부터 다시 그 채권을 양수한 자가 그 특약의 존재를 알았거나 중대한 과실로 알지 못하였다고 하더라도 채무자는 위 특약을 근거로 삼아 채권양도의 무효를 주장할 수 없다(같은 취지: 대법원 1976. 10. 29. 선고 76다1623 판결, 대법원 2002. 8. 27. 선고 2001다71699 판결).

4. 압류가능성

사 례 40 **압류금지채권의 일반재산편입**

집행법원은 갑명의의 부동산에 관하여 을의 말소등기청구권을 피보전권리로 하는 처분금지가처분기입등기의 말소를 촉탁하였다. 이에 대하여는 을은 가처분취하신청서가 위조되었다는 사유로 위 말소촉탁에 대하여 집행에 관한 이의를 신청하였다. 가처분취하신청서가 위조되었다는 것이 사실이라면 집행법원은 을의 이의신청을 받아들여야 하는가?

갑은 국민기초생활보장법에 따른 기초생활수급자로 함평군으로부터 매달 생계비로 40만원씩 농협통장을 통해 입금을 받고 있다. 갑이 틈틈이 함평군의 나비축제준비를 위한 공공근로사업현장에 나가서 여름 동안 일을 열심히 해 위 생계비를 다 쓰지 않고서도 생활할 수 있었고, 위 생계비는 늦가을에 즈음하여서는 통장에 약 300만원이 모이게 되었다.

이러한 경우 갑의 채권자 을이 위 예금채권을 압류할 수 있는가?

가. 의 의

법률규정에 의하여 채무자의 최저생활의 보장이나 일정한 사회정책적 견지에서 압류를 금지하는 채권은 집행의 대상으로 삼을 수 없다. 압류금지채권이라도 압류금지채권으로서 특정성을 상실하거나 압류를 금지하는 취지에 반하지 아니하는 예외적인 사정이 있는 경우에는 압류가 허용된다.

≪판례≫ **압류금채권의 일반예금계좌입금**[대법원 1999. 10. 6.자 99마4857 결정]

[1] 압류금지채권의 목적물이 채무자의 예금계좌에 입금된 경우에는 그 예금채권에 대하여 더 이상 압류금지의 효력이 미치지 아니하므로, 그 예금은 압류금지채권에 해당하지 아니한다.

[2] 압류금지채권의 목적물이 채무자의 예금계좌에 입금되어 그 예금채권에 대하여 더 이상 압류금지의 효력이 미치지 아니하는 경우에도 원래의 압류금지의 취지는 참작되어야 할 것이므로 민사소송법 제579조의2가 정하는 바에 따라 집행법원이 채무자의 신청에 의하여 채무자와 채권자의 생활 상황 기타의 사정을 고려하여 압류명령의 전부 또는 일부를 취소할 수 있으나, 위 민사소송법의 규정은 채권자와 채무자의 이해관계를 적정한 수준으로 조화시키고 그에 따른 탄력적인 잠정조치를 취할 수 있도록 함으로써 집행의 적정화를 도모하는 데에 그 취지가 있는 것으로서 그와 같은 이유로 압류명령의 전부 또는 일부를 취소하기 위하여는 집행법원에 대한 채무자의 신청이 있어야 한다.

≪판례≫ **국가배상(치료비상당)에 대한 의료채권**[대법원 1981. 6. 23. 선고 80다1351 판결]

피해자를 치료한 의료인이 동 피해자에 대한 치료비청구권을 보전하기 위하여 피해자의 국가에 대한 국가배상(치료비) 청구권을 압류하거나 대위행사하는 것은 국가배상법 제4조에 위반되지 아니한다.

나. 종 류

(1) 민사집행법상 압류금지채권

제246조 (압류금지채권)

① 다음 각호의 채권은 압류하지 못한다. 〈개정 2005. 1. 27〉

1. 법령에 규정된 부양료 및 유족부조료(遺族扶助料)
2. 채무자가 구호사업이나 제 3 자의 도움으로 계속 받는 수입
3. 병사의 급료
4. 급료 · 연금 · 봉급 · 상여금 · 퇴직연금, 그 밖에 이와 비슷한 성질을 가진 급여채권의 2분의 1에 해당하는 금액. 다만, 그 금액이 국민기초생활보장법에 의한 최저생계비를 감안하여 대통령령이 정하는 금액에 미치지 못하는 경우 또는 표준적인 가구의 생계비를 감안하여 대통령령이 정하는 금액을 초과하는 경우에는 각각 당해 대통령령이 정하는 금액으로 한다.
5. 퇴직금 그 밖에 이와 비슷한 성질을 가진 급여채권의 2분의 1에 해당하는 금액

② 법원은 당사자가 신청하면 채권자와 채무자의 생활형편, 그 밖의 사정을 고려하여 압류명령의 전부 또는 일부를 취소하거나 제 1 항의 압류금지채권에 대하여 압류명령을 할 수 있다.

③ 제 2 항의 경우에는 제196조 제 2 항 내지 제 5 항의 규정을 준용한다.

민사집행법(제246조)상 압류금지채권으로는 법령에 규정된 부양료 및 유족구

조료(1호), 채무자가 구호사업이나 제 3 자의 도움으로 계속 받는 수입(2호), 병사의 급료(3호), 급료 · 연금 · 봉급 · 상여금 · 퇴직금 · 퇴직연금 · 그 밖에 이와 비슷한 성질을 가진 급여채권의 2분의 1에 해당하는 금액(4호)이 있다. 급여를 여러 직장에서 받는 경우에는 이를 합산하여 압류금지범위를 정한다. 명예퇴직금은 그 성질이 급여나 퇴직금의 성질을 갖는 것인가 아니면 위로금의 성질을 갖는 것인가를 따져서 결정하여야 한다. 통상은 전자의 성질을 갖는 것으로 파악하여 압류를 제한하여야 하는 경우가 많다.

≪판례≫ **퇴직위로금·명예퇴직수당과 퇴직금**[대법원 2000. 6. 8.자 2000마1439 결정]
퇴직위로금이나 명예퇴직수당은 그 직에서 퇴임하는 자에 대하여 그 재직 중 직무집행의 대가로서 지급되는 후불적 임금으로서의 보수의 성질을 아울러 갖고 있다고 할 것이므로 퇴직금과 유사하다고 볼 것이고, 따라서 이들은 민사소송법 제579조 제4호 소정의 압류금지채권인 퇴직금 기타 유사한 급여채권에 해당한다.

한편 급여채권에 관하여는 저소득 급여생활자에 대하여는 급여가 최저생계비에 미치지 못하는 경우에는 급여전액에 대하여 압류를 금하고, 고소득 급여생활자에 대하여는 급여가 표준가구생계비를 초과하는 경우에는 급여의 2분 1을 넘어서도 압류를 허용하는 개정이 있었다(제246조 1항 5호). 현재 120만원 이하의 급여에 대하여는 전혀 압류를 할 수 없다(민사집행법시행령 제2조).

(2) **개별법상 압류금지채권** 기타 법률상 압류금지채권으로는 공무원연금법(제32조), 군인연금법(제7조), 사립학교교직원연금법(제40조), 국민연금법(제54조), 국가유공자 등 예우 및 지원에 관한 법률(제19조)상의 각종 급여를 받을 권리, 국민건강보험법(제54조), 군인보험법(제14조)상의 보험급여를 받을 권리, 근로기준법(제89조)에 따른 재해보상청구권, 국가배상법(제 4 조)상 손해배상청구권, 자동차손해보상보장법(제32조)상 피해자의 보험사업자에 대한 손해배상청구권, 형사보상법(제22조)상의 형사보상청구권, 사립학교법(제28조 3항, 제43조)상 별도 계좌로 관리하는 수업료 기타 납부금 수입에 대한 예금채권과 보조금교부청구권을 들 수 있다. 이 외에도 순국선열애국지사사업기금법(제 4 조의2), 아동복지법(제32조), 저작권법(제28) 등에도 압류금지규정이 있다.

≪판례≫ **개인회생재단**[대법원 2008. 1. 31.자 2007마1679 결정]
채권자목록에 기재된 개인회생채권에 기하여 개인회생재단에 속하는 재산에 대하여 이미 계속중인 강제집행 · 가압류 또는 가처분절차는 개인회생절차가 개시되면 일시적으로 중지되었다가, 변제계획이 인가되면 변제계획 또는 변제계획인가결정에서 다르게 정하지 아니하는 한 그 효력을 잃는다. 따라서 채권자목록에 기재된 개인회생채권에 기하여 개인회생재단에 속하는 채권에 대하여 내려진 전부명령이 확정되지 아니하여 아직 효력이 없는 상태에서, 채무자에 대하여 개인회생절차가 개시되고 이를 이유로 위 전부명령에 대하여 즉시항고가 제기되었다면, 항고법원은 다른 이유로 전부명령을 취소하는 경우를 제외하고는 항고에 관한 재판을 정지하였다가 변제계획이 인가된 경우 전부명령의 효력이 발생하지 않게 되었음을 이유로 전부명령을 취소하고 전부명령신청을 기각하여야 한다.

≪판례≫ **보충수업비 · 수학여행경비**[대법원 2001. 3. 20.자 2000마7801 결정]

사립학교법 제28조 제 3 항의 압류가 금지되는 '수업료 기타 납부금'에는 입학금 · 학교운영지원비 또는 기성회비 외에 육성회비, 특기 · 적성비, 보충수업비, 수학여행경비도 포함된다.

≪판례≫ **학교보조금채권과 교비회계**[대법원 1996. 12. 24.자 96마1302,1303 결정]

[1] 사립학교법 제43조 제 1 항, 보조금의 예산 및 관리에 관한 법률 제22조 제 1 항 등에 의하여 국가 또는 지방자치단체로부터 교육의 진흥상 필요하다고 인정되어 사립학교 교육의 지원을 위하여 교부되고 그 목적 이외의 사용이 금지되는 보조금은, 그 금원의 목적 내지 성질상 국가나 지방자치단체와 학교법인 사이에서만 수수, 결제되어야 하므로 그 보조금교부채권은 성질상 양도가 금지된 것으로 보아야 하고 따라서 강제집행의 대상이 될 수 없다.

[2] 사립학교법 제29조는 사립학교의 건전한 발달을 도모할 목적으로, 학교법인의 회계는 그가 설치 · 경영하는 학교에 속하는 회계와 법인의 업무에 속하는 회계로 구분하고 학교회계 중 교비회계에 속하는 수입은 다른 회계에 전출하거나 대여할 수 없다고 규정하고 있으나, 이는 당해 학교법인의 내부관계를 규율함에 불과한 단속규정일 뿐 대외관계에 있어서 강행성을 갖는 효력규정이라 볼 수 없으므로, 교비회계에 속하지 아니하는 당해 학교법인에 대한 채무명의로써 교비회계에 속하는 재산에 대하여 한 강제집행을 무효라고 할 수는 없다.

≪판례≫ **지방의원의 의정활동비**[대법원 2004. 6. 18.자 2004마336 결정]

지방의회의원이 지급받는 비용들은 근로자의 근로의 대가로서의 급여와는 그 성격이 다른 것으로서 지방의회의원은 지방자치법에서 정한 겸직의 제한을 받는 외에는 보수를 수반한 겸직이 금지되고 있지 아니하므로 지방의회의원에게 지급되는 비용들은 민사집행법 제246조 제 1 항에서 정한 압류금지채권에 해당하지 아니한다.

≪판례≫ **신용카드거래 매출채권**[대법원 2008. 1. 17. 선고 2006다56015 판결]

여신전문금융업법 제20조 제 1 항은 "신용카드에 의한 거래에 의하여 발생한 매출채권은 이를 신용카드업자 외의 자에게 양도하여서는 아니 되며, 신용카드업자 외의 자는 이를 양수하여서는 아니 된다"고 규정하고 있는데, 위 규정의 입법 취지 및 그 문언 등에 비추어 보면, 위 규정에 정한 '신용카드에 의한 거래에 의하여 발생한 매출채권'은 신용카드 이용자가 신용카드 가맹점에서 물건을 구매하거나 용역을 제공받고 신용카드를 사용함에 따라 발생한 신용카드 가맹점의 신용카드 이용자에 대한 채권을 의미하고, 여신전문금융업법상의 결제대행업체가 가맹점계약에 기하여 신용카드업자에 대하여 가지는 대행결제대금채권은 위 규정에 의하여 양도가 금지되는 채권에 해당하지 않는다.

다. 압류금지채권에 대한 압류의 효력

압류금지채권에 대한 압류는 무효이다.

≪판례≫ 압류금지채권에 대한 집행행위의 효력[대법원 1987. 3. 24. 선고 86다카1588 판결]

[1] 건축업법 제55조, 같은 법 시행령 제52조에 의하여 압류가 금지된 채권에 대한 압류명령은 강행법규에 위반되어 무효라 할 것이고, 또 전부명령은 압류채권의 지급에 갈음하여 피전부채권이 압류채권자에 이전하는 효력을 갖는 것이므로 전부명령의 전제가 되는 압류자체가 무효라면 이에 기한 전부명령 역시 무효라고 하지 않을 수 없지만 한편 이와 같은 무효는 압류 및 전부명령도 하나의 재판인 이상 이를 당연무효라고 할 수는 없으므로 다만 실체법상의 효과를 발생시키지 아니하는 뜻의 무효라고 보아 제 3 채무자는 압류채권자의 전부금지급청구에 대하여 위와 같은 실체법상의 무효를 들어 항변할 수 있다.

[2] 압류가 금지된 채권에 대하여 압류 및 전부명령이 내려지더라도 그것이 제 3 채무자와 채무자에게 송달되면 집행절차를 종료시키는 효과를 갖게 되어 집행방법에 관한 이의 등으로는 그 효력을 다툴 수 없다.

≪판례≫ 자동차손해배상보장법상 압류금지[대법원 1988. 2. 9. 선고 87다카2540 판결]

[1] 자동차손해배상보장법 제19조의 규정취지는 자동차사고로 인한 피해자의 보호를 목적으로 책임보험금의 한도 안에서 피해자의 보험회사에 대한 직접청구권과 가불금청구권을 제도적으로 보장하기 위하여 그 청구권의 압류를 금지하려는 데 있으므로 위 규정은 강행규정이라 할 것이고 따라서 압류가 금지된 위 청구권(채권)에 대하여 법원으로부터 압류 및 전부명령을 받았다 하더라도 그로 인하여 실체법상의 효과를 발생시킬 수 없다.

[2] 자동차손해배상보장법 제19조 소정의 압류가 금지되는 청구권은 피해자의 보험회사에 대한 직접청구권이나 가불금청구권에 한정되고 그밖에 피해자의 가해자에 대한 손해배상청구권은 이에 포함되지 아니한다.

라. 압류금지채권의 재판상 신축

(1) 의 의 집행법원은 당사자의 신청에 따라 채무자의 생활형편 그 밖의 사정을 고려하여 압류금지채권에 대한 압류를 허용하거나 압류가 허용되는 채권에 대한 압류명령의 전부 또는 일부를 취소할 수 있다(제246조 2항). 반드시 당사자의 신청이 있어야 하고 법원이 직권으로 또는 제 3 채무자의 신청에 따라

서는 신축할 수 없다.

⑵ **채무자의 신청에 의한 압류금지확장** 채무자는 압류명령이 있은 이후에 생활형편이 어렵다는 사정 등을 지적하며 압류명령의 전부 또는 일부를 취소해 줄 것을 구할 수 있다. 채권자의 신청에 따른 압류금지채권에 대한 압류명령에 대하여도 압류금지의 확장을 구할 수 있다.

⑶ **채권자의 신청에 의한 압류금지축소** 채권자는 보통 압류명령의 신청과 함께 채무자의 생활형편이 넉넉하다는 사정 등을 지적하며 민사집행법상 압류금지채권에 대하여 압류명령을 구할 수 있다. 이러한 채권자의 압류금지축소신청은 민사집행법상의 압류금지채권에 대하여만 적용이 있고, 특별법에 의한 압류금지채권에는 적용이 없다.

⑷ **재 판** 집행법원은 당사자의 압류금지의 확장이나 축소신청을 받아들일 경우 채무자에 대한 담보제공명령은 임의적이나 채권자에 대하여는 반드시 담보를 제공하도록 하여야 하며, 집행의 일시정지나 속행을 아울러 명할 수 있다(제246조 3항, 196조 3항, 16조 2항). 신축신청에 관한 재판에 대하여는 인용결정인가 기각결정인가를 구별하지 아니하고(반대견해 있음) 즉시항고로 다툴 수 있다(제246조 3항, 196조 4항).

5. 재 판 권

집행의 대상이 되는 권리에 대하여 우리나라의 집행권이 미치는 것이어야 한다. 채권의 경우 제 3 채무자가 우리나라의 재판권에 복종하는 자이어야 한다.

사례 40 〈해설〉 압류금지채권의 일반재산편입

기초생활수급자가 급여를 받을 수 있는 권리는 타인에게 양도될 수 없음은 물론 압류금지채권에 해당한다(국민기초생활보장법 제35조, 제36조). 그러나 기초생활급여가 수급자에게 지급되어 수급자의 일반재산으로 편입된 이후에는 '기초생활급여'로서의 성질을 상실하게 되므로 자유로운 양도와 압류의 대상이 된다. 따라서 갑의 채권자 을이 300만원 상당의 예금채권을 금전채권의 대상으로 삼는 것은 당연히 허용된다. 다만 갑은 제246조 제 2 항에 따라 자신이 기초생활수급자라는 점, 위 예금채권은 기초생활급여가 축적되어 발생한 것이라는 점, 늦가을 이후에는 공공근로에 나갈 기회가 없고 난방비 등 생계비가 더 많이 소요될 것이라는 점을 소명하여 압류명령의 전부 또는 일부를 취소해 줄 것을 신청할 수 있다.

제 2 항 압류절차

Ⅰ. 압류명령의 신청

1. 의 의

채권자는 서면으로 압류명령을 신청하여야 한다. 실무상 압류명령만을 단독으로 신청하는 경우는 드물고 대부분 추심명령이나 전부명령 또는 특별한 현금화명령의 신청과 함께 신청하는 것이 보통이다. 압류명령신청을 위해서는 강제집행개시요건을 갖추어야 함은 물론이다.

2. 신청방식(규칙 제159조)

제225조 (압류명령의 신청)
채권자는 압류명령신청에 압류할 채권의 종류와 액수를 밝혀야 한다.

압류명령신청서에는 압류할 채권의 종류와 액수(제225조), 채권자 · 채무자 · 제3 채무자와 그 대리인의 표시, 집행권원의 표시, 집행권원에 표시된 청구권의 일부에 관하여만 압류명령을 신청하거나 목적채권의 일부에 대하여만 압류를 신청하는 때에는 그 범위를 기재하고 집행정본을 첨부하여야 한다. 가압류에서 이전하는 본압류명령을 신청하는 경우에는 가압류결정서 사본과 가압류송달증명을 첨부하여야 한다. 임의경매신청에 있어서는 집행정본에 갈음하여 담보권의 존재를 증명하는 등기부등본 등을 제출하면 된다.

앞서 설명한 청구금액의 확장이 허용되지 아니함과 같은 이치로, 집행채권의 일부만으로 압류를 신청한 경우에는 추후에 집행채권의 범위를 확장하는 것은 허용되지 아니한다. 한편 수개의 집행권원에 바탕으로 하여 압류를 신청하는 경우에는 하나의 신청서를 이용하는 경우라도 그 실질은 수개의 신청이라 할 것이므로 집행권원의 수에 상응하는 인지를 첩부하여야 한다.

피압류채권의 표시에는 그 특정에 유의하여야 한다. 특정되지 아니한 채권에 대한 압류는 아무런 효력을 가질 수 없다. 피압류채권의 불특정을 추후에 보정한 경우에는 보정한 때로부터 유효한 압류명령이 있는 것으로 볼 것이다. 통상적으로 임금이나 급료 또는 수당은 동일한 채권을 지칭하는 것으로 파악되나 퇴직금이나 명예퇴직금과는 별개이며, 퇴직금과 명예퇴직금 상호간에도 별개의 채권으로 취급된다. 그러므로 급여 등에 압류에 있어서 급여와 퇴직금 및 명예퇴직금의 세 가지 항목을 정확히 특정하여야 한다. 흔히 급여 등에 대한 압류를 구하면서 피압류채권에 급여만을 표시하여 퇴직금이나 명예퇴직금에서 변제받을 수 있는 기회를 놓치는 경우가 있다.

≪판례≫ **피압류채권의 특정**[대법원 1965. 10. 26. 선고 65다1699 판결]

압류 및 전부명령의 목적인 채권의 표시는 제 3 채무자로 하여금 채무자의 딴 채권과 구별할 수 있을 정도로 기재되어 그 동일성의 인식을 저해할 정도에 이르지 아니한 이상 그 압류 및 전부명령은 유효하다.

피압류채권의 특정은 특히 예금채권에서 문제되는데 예금채권의 특정을 위하여는 채무자인 예금자의 성명과 주민등록번호 또는 사업자등록번호와 예금채무자인 은행을 표시하여야 한다. 취급지점까지 특정할 필요는 없다고 본다.

Ⅱ. 관 할

第223조 (채권의 압류명령)

제 3 자에 대한 채무자의 금전채권 또는 유가증권, 그 밖의 유체물의 권리이전이나 인도를 목적으로 한 채권에 대한 강제집행은 집행법원의 압류명령에 의하여 개시한다.

第224조 (집행법원)

① 제223조의 집행법원은 채무자의 보통재판적이 있는 곳의 지방법원으로 한다.
② 제 1 항의 지방법원이 없는 경우 집행법원은 압류한 채권의 채무자(이하 "제 3 채무자"라 한다)의 보통재판적이 있는 곳의 지방법원으로 한다. 다만, 이 경우에 물건의 인도를 목적으로 하는 채권과 물적 담보권 있는 채권에 대한 집행법원은 그 물건이 있는 곳의 지방법원으로 한다.
③ 가압류에서 이전되는 채권압류의 경우에 제223조의 집행법원은 가압류를 명한 법원이 있는 곳을 관할하는 지방법원으로 한다.

채무자의 보통재판적이 있는 곳이 지방법원이 관할한다. 채무자의 보통재판적이 없는 경우에는 제 3 채무자의 보통재판적이 있는 곳의 지방법원이 관할한다. 다만 물건의 인도를 목적으로 하는 채권과 물적 담보 있는 채권에 대하여는 그 물건이 있는 곳의 지방법원이 관할한다. 가압류에서 이전되는 채권압류의 경우에는 가압류를 명한 법원이 있는 곳을 관할하는 지방법원이다. 토지관할은 전속관할로 토지관할에 위배된 압류명령에 대하여는 즉시항고로 다툴 수 있으나,

압류명령이 확정된 이후에는 더 이상 다투지 못한다.

Ⅲ. 압류명령

1. 심 리

제226조 (심문의 생략)

압류명령은 제 3 채무자와 채무자를 심문하지 아니하고 한다.

압류명령신청에 대하여 집행법원은 신청서와 첨부서류만으로 서면심사를 통하여 신청서의 적식여부, 피압류적격, 초과압류여부, 관할의 존부, 집행정본의 존부, 집행개시요건구비 여부, 집행장애의 존부, 잉여의 유무를 조사한다. 집행면탈의 여지를 주지 않기 위해 채무자와 제 3 채무자를 심문해서는 아니 되며(제226조) 피압류채권이 실제로 존재하는지 여부나 집행채무자에게 귀속되는 지에 관한 것은 실체법적 사항으로 집행법원이 조사할 것이 아니다.

2. 재 판

제227조 (금전채권의 압류)

① 금전채권을 압류할 때에는 법원은 제 3 채무자에게 채무자에 대한 지급을 금지하고 채무자에게 채권의 처분과 영수를 금지하여야 한다.
② 압류명령은 제 3 채무자와 채무자에게 송달하여야 한다.
③ 압류명령이 제 3 채무자에게 송달되면 압류의 효력이 생긴다.
④ 압류명령의 신청에 관한 재판에 대하여는 즉시항고를 할 수 있다.

제234조 (채권증서)

① 채무자는 채권에 관한 증서가 있으면 압류채권자에게 인도하여야 한다.
② 채권자는 압류명령에 의하여 강제집행의 방법으로 그 증서를 인도받을 수 있다.

압류명령은 압류선언, 채무자에 대한 처분과 영수의 금지, 제 3 채무자의 채무자에 대한 지급을 금지하는 것을 내용으로 한다(제227조 제 1 항). 압류명령의 본질적 부분은 제 3 채무자의 채무자에 대한 지급금지에 있으므로 그 부분의 기재가 없는 압류명령은 무효이다. 그러나 채무자에 대한 처분과 영수의 금지는 압류명령의 본질적 부분이 아닌 것으로 그 부분의 기재가 없더라도 유효한 압류명령으로 본다.

3. 송 달

압류명령은 채무자와 제 3 채무자에게 송달하여야 한다(제227조 2항). 압류명령의 본질적 부분은 제 3 채무자의 채무자에 대한 지급금지에 있으므로 송달에 있어서도 제 3 채무자에 대한 송달이 이루어지지 않으면 압류의 효력이 발생하지 아니한다. 채무자에 대한 송달이 이루어지지 않더라도 압류의 효력에는 영향이 없다. 담보부채권에 대한 압류에 있어서는 물상보증인이 있으면 그에게도 송달하여야 한다(제228조 2항). 압류신청을 각하하거나 기각하는 결정은 채권자에게만 고지하고 채무자나 제 3 채무자에게는 고지나 송달을 하지 아니한다(규칙 제 7 조 2항). 채무면탈을 방지하기 위해서이다.

4. 저당권부채권의 압류등기(제228조)

제228조 (저당권이 있는 채권의 압류)

① 저당권이 있는 채권을 압류할 경우 채권자는 채권압류사실을 등기부에 기입하여 줄 것을 법원사무관등에게 신청할 수 있다. 이 신청은 채무자의 승낙 없이 법원에 대한 압류명령의 신청과 함께 할 수 있다.

② 법원사무관 등은 의무를 지는 부동산 소유자에게 압류명령이 송달된 뒤에 제 1 항의 신청에 따른 등기를 촉탁하여야 한다.

제230조 (저당권이 있는 채권의 이전)

저당권이 있는 채권에 관하여 전부명령이 있는 경우에는 제228조의 규정을 준용한다.

저당권부채권에 대한 압류명령이 있으면 법원사무관 등은 저당목적물의 소유자에게 압류명령을 송달한 후에 압류채권자 또는 그의 일반승계인의 촉탁신청에 따라 당해 저당권등기에 채권압류의 부기등기를 할 것을 등기관에게 촉탁한다. 부기등기에 담보제공자나 채무자의 승낙 유무는 묻지 아니한다. 담보물권의 수반성을 반영한 규율이다.

≪판례≫ 피담보채권이 없는 저당권양수인[대법원 2002. 9. 24. 선고 2002다27910 판결]

피담보채권이 소멸하면 저당권은 그 부종성에 의하여 당연히 소멸하게 되므로, 그 말소등기가 경료되기 전에 그 저당권부채권을 가압류하고 압류 및 전부명령을 받아 저당권 이전의 부기등기를 경료한 자라 할지라도, 그 가압류 이전에 그 저당권의 피담보채권이 소멸된 이상, 그 근저당권을 취득할 수 없고, 실체관계에 부합하지 않는 그 근저당권 설정등기를 말소할 의무를 부담한다.

저당권부채권의 압류의 부기등기는 단순히 공시의 효과만 있을 뿐이고 압류의 효력발생요건이나 대항요건이 되는 것은 아니다. 제 3 채무자에 대한 압류명령 송달과 함께 이러한 부기등기가 이루어지는데 추후에 제 3 채무자에 대한 송달이 이루어지지 못한 상황이 흔히 있다. 결국 무효의 부기등기가 있게 되는 것이다.

5. 배서금지 지시채권의 압류(제223조)

제233조 (지시채권의 압류)

어음·수표 그 밖에 배서로 이전할 수 있는 증권으로서 배서가 금지된 증권채권의 압류는 법원의 압류명령으로 집행관이 그 증권을 점유하여 한다.

배서가 허용되는 지시채권은 유체동산의 집행에 의함은 앞서 보았다. 이와 달리 배서가 금지된 채권은 유통성의 면에서는 지명채권과 다를 바 없어 민사집행은 이에 대하여 채권집행에 의하여 규율하고 있다. 그러나 배서금지의 지시채권이라도 그 지시채권의 성질에는 변함이 없으므로 지명채권에 대한 집행과는 다른 규율에 따라 집행이 이루어진다. 즉 채권자는 배서금지채권에 대한 압류를 신청한 후에, 압류명령이 있으면 집행관에게 증권의 점유를 위한 집행을 위임하고, 집행관은 동산인도청구권의 집행에 준하여 채무자의 증권에 대한 점유를 빼앗는다. 제 3 자가 증권을 점유하며 증권의 제출을 거부하는 경우에는 위와 같은 방법으로는 집행이 불가능하고 결국 유체물의 인도청구권의 집행방법에 의할 수 밖에 없다.

6. 제 3 채무자에 대한 진술명령

제237조 (제 3 채무자의 진술의무)

① 압류채권자는 제 3 채무자로 하여금 압류명령을 송달받은 날부터 1주 이내에 서면으로 다음 각호의 사항을 진술하게 하도록 법원에 신청할 수 있다.

1. 채권을 인정하는지의 여부 및 인정한다면 그 한도
2. 채권에 대하여 지급할 의사가 있는지의 여부 및 의사가 있다면 그 한도
3. 채권에 대하여 다른 사람으로부터 청구가 있는지의 여부 및 청구가 있다면 그 종류
4. 다른 채권자에게 채권을 압류당한 사실이 있는지의 여부 및 그 사실이 있다면 그 청구의 종류

② 법원은 제 1 항의 진술을 명하는 서면을 제 3 채무자에게 송달하여야 한다.

③ 제 3 채무자가 진술을 게을리 한 때에는 법원은 제 3 채무자에게 제 1 항의 사항을 심문할 수 있다.

가. 진술명령의 신청

앞서 살펴본 바와 같이 채권압류명령신청에 대하여 집행법원은 피압류채권의 존부와 그것이 채무자에게 귀속하는지에 대하여 조사하지 아니한다. 그러므로 채권자로서는 피압류채권으로부터 만족을 얻을 수 있는지가 불확실한 상황에 있게 된다. 이에 압류채권자는 제3채무자가 압류명령을 송달 받은 날로부터 1주일이내에 서면으로 채권의 인정여부 및 인정한도, 채권에 대한 지급의사 유무 및 지급한도, 다른 채권자에 의한 압류의 유무 등을 진술하게 할 것을 집행법원에 신청할 수 있다. 진술명령의 신청은 압류명령과 동시에 또는 압류명령을 제3채무자에게 발송하기 전에 하여야 한다.

나. 진술명령

압류채권자의 진술명령신청이 있으면 집행법원은 제3채무자에게 진술을 명하는 서면을 송달하여야 한다.

다. 제 3 채무자의 진술의무

제3채무자는 진술명령이 있으면 진술의무가 있다. 진술을 게을리 한 경우 집행법원은 제3채무자를 소환하여 심문할 수 있다. 독일이나 일본의 입법례와는 달리 명문규정이 없는 이상 제3채무자가 진술의무를 위반이 있다고 하더라도 손해배상책임을 인정하기는 어렵다고 본다.

7. 압류명령신청에 관한 재판에 대한 불복

압류명령신청에 관한 재판에 대하여는 즉시항고로 다툴 수 있다(제227조 4항). 배척하는 결정에 대하여는 집행채권자에게 적격이 인정되고, 받아들이는 결정에 대하여는 채무자나 제3채무자 또는 그 밖에 압류명령에 이해관계를 가진 자에게 당사자적격이 인정된다. 즉시항고에 대하여 원심법원인 집행법원이 항고장의 적식(제443조, 제397조의2), 인지첩부 여부를 조사하여 보정을 명하고 보정에 응하지 아니하는 경우에는 항고장을 각하하고, 항고기간이 도과한 즉시항고도 마찬가지이다(민소법 제399조). 항고장 각하명령에 대하여는 다시 즉시항고로 다툴 수 있다(민소법 제399조 3항).

≪판례≫ 항고장각하명령에 대한 항고의 성질[대법원 1995. 5. 15.자 94마1059,1060 결정]

집행법원인 원심법원의 항고장 각하명령은 채권압류 및 전부명령을 1차적인 처분으로 한 원심법원이 그 채권압류 및 전부명령의 당부에 관하여 항고법원의 재판을 대신하여 판단하는 2차적인 처분이 아니라, 위 채권압류 및 전부명령의 당부와는 무관하게 채무자가 이에 불복하여 제출한 즉시항고장에 필요적 기재사항이 기재되어 있는지 여부, 소정의 인지가 첩부되어 있는지 여부나 즉시항고 기간 내에 항고가 제기되었는지 여부 등에 관하여 자기 몫으로 판단하는 1차적인 처분으로서, 그에 대한 불복방법인 즉시항고는 성질상 최초의 항고이다.

Ⅳ. 압류의 효력

사 례 41 임대차계약기간 갱신제한

갑은 임대차계약서를 담보를 제공하고 사채업자 을에게 3,000만원을 빌렸다. 그런데 '갑이 임대차계약서를 담보로 제공하였다'는 사정의 정확한 내용은 사채업자 을이 임대차보증금채권 양도통지에 관한 대리권을 수여함과 동시에 대여금 3,000만원에 관한 집행증서작성에 필요한 일체의 서류를 넘겨준 것이었다. 그 후 얼마 지나지 않아 을은 갑이 이자를 갚지 않자 곧바로 집행증서에 기하여 갑의 병에 대한 임대차보증금채권에 관한 압류 및 전부명령을 얻었다. 나아가 을은 전부금을 받기 위하여 임대차 기간만료에 즈음하여 병에게 임대차보증금의 반환을 구함과 동시에 병을 대위하여 갑에게 임대목적물의 인도를 구하는 소를 제기하였다. 이러한 소송절차에서 갑은 당초의 임대계약서를 기재에 따르면 임대기간이 종료하였다 할 것이지만 갑과 병이 임대차기간을 연장하기로 합의하였으므로 자신은 임대목적물을 인도할 의무가 없다고 항변하고 있다. 갑의 항변은 타당한가?

사 례 42 원인관계해소와 피압류채권소멸

갑은 2000. 6. 8. 을에게 공장을 보증금 5,000만원에 임대해 주면서, 같은 날 계약금으로 1,000만원을 지급받고 그로부터 2달 후에 잔금으로 4,000만원을 지급받기로 하고 계약 당일에 공장을 인도해 주었다. 그런데 갑의 채권자 병은 2000. 7. 10. 금 4,000만원의 대여금채권을 피보전권리로 하여 갑의 을에 대한 보증잔금채권에 대한 가압류를 해 두었다. 그러나 을은 위 가압류결정을 송달받고도 잔금을 모두 갑에게 지급하였다. 이에 병은 2004. 9. 24. 가압류에서 본압류로 이전하는 압류 및 추심명령을 받아 을에게 잔금지급을 청구하였다. 그러자 을은 갑과 합의하에 임대차계약을 해지하고 갑으로부터 보증금을 돌려받은 다음 임대차계약이 해지되었으므로 보증잔금지급의무도 소멸하였다고 할 것이므로 자신은 병의 추심금청구에 응할 의무가 없다고 항변하고 있다. 을의 항변은 정당한가?

채권압류의 효력은 기본적으로 부동산압류의 효력과 구조적으로 다르지 않다. 이하에서는 채권집행에서 특히 문제되는 점만을 설명한다. 더 상세한 설명은 채권에 대한 가압류집행의 효력을 참고하면 된다.

1. 압류의 효력발생시기

제 3 채무자에게 압류명령이 송달된 때에 압류의 효력이 발생한다. 채무자에 송달이 없더라도 압류의 효력발생에는 영향이 없다. 다만 배서금지지시채권의 경우에는 압류명령의 송달과 더불어 집행관이 증권을 점유를 취득한 시점에 압류의 효력이 발생한다.

2. 채무자에 대한 효력

가. 처분권의 상실

채무자는 피압류채권에 대한 처분권을 상실한다(제227조 1항). 압류명령에 반하는 채무자의 행위는 압류채권자에 대한 관계에서만 상대적으로 무효이다.

≪판례≫ 피압류채권 처분행위의 상대적 무효[대법원 2003. 5. 30. 선고 2001다10748 판결]

압류의 처분금지 효력은 절대적인 것이 아니고, 채무자의 처분행위 또는 제 3 채무자의 변제로써 처분 또는 변제 전에 집행절차에 참가한 압류채권자나 배당요구채권자에게 대항하지 못한다는 의미에서의 상대적 효력만을 가지는 것이어서, 압류의 효력발생 전에 채무자가 처분하였거나 제 3 채무자가 변제한 경우에는, 그 보다 먼저 압류한 채권자가 있어 그 채권자에게는 대항할 수 없는 사정이 있더라도, 그 처분이나 변제 후에 압류명령을 얻은 채권자에 대하여는 유효한 처분 또는 변제가 된다.

나. 피압류채권의 채권자

채무자가 여전히 피압류채권의 채권자임에는 변함이 없다. 그러므로 제 3 채무자를 상대로 한 이행의 소를 제기하는 것, 도산절차상 채권의 신고를 하는 것 자체에는 장애가 없다. 나아가 채무자가 제 3 채무자에 대한 채권만족을 위하여 강제집행을 신청하면 집행기관은 그러한 신청을 받아들여 압류를 실시하되 그 이후의 절차만을 진행하지 않을 뿐이다.

≪판례≫ 제 3 채무자에 대한 이행청구[대법원 2000. 4. 11. 선고 99다23888 판결]

일반적으로 채권에 대한 가압류가 있더라도 이는 가압류채무자가 제 3 채무자로부터 현실로 급부를 추심하는 것만을 금지하는 것이므로 가압류채무자는 제 3 채무자를 상대로 그 이행을 구하는 소송을 제기할 수 있고, 법원은 가압류가 되어 있음을 이유로 이를 배척할 수 없는 것이며, 채권양도는 구 채권자인 양도인과 신 채권자인 양수인 사이에 채권을 그 동일성을 유지하면서 전자로부터 후자에게로 이전시킬 것을 목적으로 하는 계약을 말한다 할 것이고, 채권양도에 의하여 채권은 그 동일성을 잃지 않고 양도인으로부터 양수인에게 이전된다 할 것이며, 가압류된 채권도 이를 양도하는 데 아무런 제한이 없으나,

다만 가압류된 채권을 양수받은 양수인은 그러한 가압류에 의하여 권리가 제한된 상태의 채권을 양수받는다고 보아야 할 것이다.

≪판례≫ **제 3 채무자의 지체책임**[대법원 2002. 4. 26. 선고 2001다59033 판결]

일반적으로 채권에 대한 가압류가 있더라도 이는 채무자가 제 3 채무자로부터 현실로 급부를 추심하는 것만을 금지하는 것일 뿐 채무자는 제 3 채무자를 상대로 그 이행을 구하는 소송을 제기할 수 있고 법원은 가압류가 되어 있음을 이유로 이를 배척할 수는 없는 것이 원칙이다. 왜냐하면 채무자로서는 제 3 채무자에 대한 그의 채권이 가압류되어 있다 하더라도 채무명의를 취득할 필요가 있고 또는 시효를 중단할 필요도 있는 경우도 있을 것이며 또한 소송 계속 중에 가압류가 행하여진 경우에 이를 이유로 청구가 배척된다면 장차 가압류가 취소된 후 다시 소를 제기하여야 하는 불편함이 있는데 반하여 제 3 채무자로서는 이행을 명하는 판결이 있더라도 집행단계에서 이를 저지하면 될 것이기 때문이다(같은 취지: 대법원 1989. 11. 24. 선고 88다카25038 판결).

피압류채권이 그 자체를 대상으로 압류가 있었다는 사정만으로는 확정적인 시효중단의 효과는 없다는 점에서 채무자의 제 3 채무자에 대한 이행청구 등의 행위가 필요하기까지 하다.

≪판례≫ **최고에 준하는 시효중단효**[대법원 2003. 5. 13. 선고 2003다16238 판결]

[1] 채권자가 채무자의 제 3 채무자에 대한 채권을 압류 또는 가압류한 경우에 채무자에 대한 채권자의 채권에 관하여 시효중단의 효력이 생긴다고 할 것이나, 압류 또는 가압류된 채무자의 제 3 채무자에 대한 채권에 대하여는 민법 제168조 제2호 소정의 소멸시효 중단사유에 준하는 확정적인 시효중단의 효력이 생긴다고 할 수 없다.

[2] 소멸시효 중단사유의 하나로서 민법 제174조가 규정하고 있는 최고는 채무자에 대하여 채무이행을 구한다는 채권자의 의사통지(준법률행위)로서, 이에는 특별한 형식이 요구되지 아니할 뿐 아니라 행위 당시 당사자가 시효중단의 효과를 발생시킨다는 점을 알거나 의욕하지 않았다 하더라도 이로써 권리 행사의 주장을 하는 취지임이 명백하다면 최고에 해당하는 것으로 보아야 할 것이므로, 채권자가 확정판결에 기한 채권의 실현을 위하여 채무자의 제 3 채무자에 대한 채권에 관하여 압류 및 추심명령을 받아 그 결정이 제 3 채무자에게 송달이 되었다면 거기에 소멸시효 중단사유인 최고로서의 효력을 인정하여야 한다.

3. 제 3 채무자에 대한 효력

가. 지급금지

제 3 채무자는 채권집행의 당사자가 아니다. 그럼에도 채권집행의 특성상 제 3 채무자는 채무자에 대한 지급이 금지된다(제227조 1항). 제 3 채무자의 지급금지의

무는 압류채권자에 대한 관계에서만 인정되는 상대적 효력이다. 법문에는 지급이라고만 규정되어 있으나 채권을 소멸시키는 제3채무자의 모든 행위가 금지된다.

나. 채권자에 대한 항변

압류명령이 있다고 하더라도 제3채무자에게 종전 보다 더 불리한 지위를 강요할 수는 없다. 그러므로 제3채무자로서는 압류당시까지 채무자에게 주장할 수 있었던 항변사유로써 채권자에게 대항할 수 있다. 항변권 발생요건이 압류이후에 충족된 경우라도 압류 이전에 이미 항변권 발생에 관한 기초사실이 성립되어 있었던 경우라면 채권자에게 당해 항변으로 대항할 수 있다. 그러나 압류이후에 집행채무자와 제3채무자 사이에 비로소 발생하는 항변은 집행채권자에게 주장하지 못한다.

≪판례≫ 압류 전의 사정에 기초한 항변[대법원 1994. 3. 25. 선고 94다2374 판결]

원인채권에 대한 압류의 효력이 발생하기 전에 원인채권의 지급을 위하여 약속어음을 발행하고 그것이 제3자에게 배서양도 된 경우에 그 어음의 소지인에 대한 어음금의 지급이 원인채권에 대한 압류의 효력이 발생한 후에 이루어졌다 하더라도 그 어음을 발행하거나 배서양도 한 원인채무자는 그 어음금의 지급에 의하여 원인채권이 소멸하였다는 것을 압류채권자에게 대항할 수 있다(같은 취지: 대법원 2000. 3. 24. 선고 99다1154 판결).

다. 권리공탁과 의무공탁

제248조 (제3채무자의 채무액의 공탁)

① 제3채무자는 압류에 관련된 금전채권의 전액을 공탁할 수 있다.
② 금전채권에 관하여 배당요구서를 송달받은 제3채무자는 배당에 참가한 채권자의 청구가 있으면 압류된 부분에 해당하는 금액을 공탁하여야 한다.
③ 금전채권 중 압류되지 아니한 부분을 초과하여 거듭 압류명령 또는 가압류명령이 내려진 경우에 그 명령을 송달받은 제3채무자는 압류 또는 가압류채권자의 청구가 있으면 그 채권의 전액에 해당하는 금액을 공탁하여야 한다.
④ 제3채무자가 채무액을 공탁한 때에는 그 사유를 법원에 신고하여야 한다. 다만, 상당한 기간 이내에 신고가 없는 때에는 압류채권자, 가압류채권자, 배당에 참가한 채권자, 채무자, 그 밖의 이해관계인이 그 사유를 법원에 신고할 수 있다.

(1) **권리공탁** 압류는 지급금지효가 있으므로 제3채무자는 채무자에 대한 지급이 금지된다. 또한 추심명령이나 전부명령이 없는 한 제3채무자는 압류채권자에 대하여도 유효한 변제를 할 수 없다. 그러므로 제3채무자는 피압류채권의 변제기가 도래한 경우 이행지체의 책임을 면하기 어렵게 된다. 위와 같은

불안한 제 3 채무자의 지위를 위하여 두고 있는 것이 권리공탁제도이다. 구법상으로는 제 3 채무자가 배당요구의 송달을 받은 이후에만 즉 채권자의 경합이 있는 경우에만 공탁이 인정되었다. 현행법은 이러한 제 3 채무자의 지위를 강화하여 압류의 경합을 따지지 아니하고 압류에 관련된 피압류채권의 전액을 공탁할 수 있도록 하였다.

(2) **의무공탁** 한편 배당요구서를 송달받은 경우와 같이 압류의 경합이 있는 경우에는 채권자의 공탁 청구가 있으면 제 3 채무자는 압류된 부분에 관하여는 반드시 공탁을 하여야 한다. 의무공탁이 있게 되면 배당절차가 개시된다(제252조)는 점에서 권리공탁과 구별된다.

(3) **공탁사유신고** 제 3 채무자는 공탁을 한 후에는 집행법원에 그 사유를 신고하여야 한다(규칙 제172조). 제 3 채무자가 사유신고를 게을리 한 경우에는 이해관계인이 직접 신고할 수 있다. 제 3 채무자가 공탁을 위하여 지출한 비용 등은 추후에 법원으로부터 지급받을 수 있다(민사소송비용법 제10조의2).

4. 채권자에 대한 효력

압류명령만으로는 추심명령이나 전부명령이 없는 한 채권자에게 피압류채권에 대한 추심권이나 처분권은 발생하지 않는다. 채권자는 압류 이후라도 압류명령 신청취하 또는 압류포기에 의하여 압류의 효력을 소멸시킬 수 있다. 이때 압류의 효력이 소멸하는 시점은 신청취하서 또는 압류포기서의 부본이 제 3 채무자에게 송달된 때라고 본다(제227조 유추적용).

5. 압류의 객관적 범위

가. 피압류채권에 대한 효력

압류명령의 효력은 원칙적으로 압류 당시의 피압류채권 전액에 미친다. 집행채권액이 피압류채권액보다 작은 경우라고 피압류채권이 전액에 관하여 압류의 효력이 있다. 다만 피압류채권의 일부에 대해서만 압류의 신청이 있는 경우에는 그 한도에서만 압류의 효력이 미친다. 한정압류의 경우에도 후에 압류의 경합이 있는 경우에는 압류의 효력이 피압류채권에 전액에 미친다.

≪판례≫ 피압류채권 전액에 대한 압류의 효력[대법원 1991. 10. 11. 선고 91다12233 판결]

일반적으로 금전채권의 압류에 관하여 특히 피압류채권의 수액에 특별한 제한을 둔 바 없다면 압류의 효력은 채권 전액에 미치는 것이며, 압류가 경합된 채권에 대한 전부명령은 그 효력이 없다(같은 취지: 대법원 1973. 1. 24.자 72마1548 결정).

≪판례≫ 계속적 수입채권에 대한 압류의 효력[대법원 2003. 5. 30. 선고 2001다10748 판결]

채권의 일부가 압류된 후에 그 나머지 부분을 초과하여 다시 압류명령이 발하여진 때에는 압류경합 상태가 되어 각 압류의 효력은 그 채권의 전부에 미치는데(2002. 1. 26. 법률 제6626호로 개정되기 전의 구 민사소송법 제568조의2 제1항), 이는 압류대상 채권이 계속적 수입채권이라 하여 달리 볼 것이 아니고, 따라서 계속적 수입채권에 대하여 여러 건의 압류가 시기를 달리하여 발하여진 결과 압류경합이 된 경우에 각 압류에서 그 압류의 효력이 미치는 채권의 발생시기를 특별히 제한하여 명시한 경우가 아니라면 각 압류의 효력은 그 압류 후에 발생한 계속적 수입채권 전부에 미치고, 한편 다른 압류보다 뒤에 발하여진 압류라도 그 압류 전에 다른 사유로 압류의 효력이 배제된 경우를 제외하고는 원칙적으로 당해 압류 전에 발생한 채권 전부에 대하여 그 효력이 미친다.

≪판례≫ 피압류채권전액에 대한 압류의 효력[대법원 2003. 12. 11. 선고 2001다3771 판결]

국가를 당사자로 하는 계약에 관한 법률에 의한 계약금액조정에 있어서 조정기준일 이후에 채권자가 공사대금에 대하여 압류 및 전부명령을 받은 후 회사의 공사대금조정신청에 따라 공사대금이 증액된 경우, 그 증액된 부분은 채권자가 전부 받은 공사대금에 포함되므로 그 일부를 수령하였더라도 양도할 수 있다고 한 사례.

피압류채권과 별개의 채권에는 압류의 효력이 미치지 아니함은 당연하나 실무에서 있어서 흔히 착오하기 쉬운 부분이다. 예를 들어 급여에 대한 압류만이 있다면 당해 압류의 효력은 명예퇴직수당이나 퇴직금 등에는 미치지 아니하는 것이다. 급여 등에 대한 압류를 신청하는 경우에는 명예퇴직수당 등에 대한 기재를 누락하지 않도록 주의하여야 한다.

≪판례≫ 전부명령 후 추가공사대금채권[대법원 2006. 1. 26. 선고 2003다29456 판결]

도급계약이 해지되기 전에 피압류채권인 수급인의 보수채권에 대한 전부명령이 내려지고 그 전부명령이 확정되었더라도 전부명령의 효력은 피압류채권의 기초가 된 도급계약이 해지되기 전에 발생한 보수채권에 미칠 뿐 그 계약이 해지된 후 제3채무자와 제3자 사이에 새로 체결된 공사계약에서 발생한 공사대금채권에는 미칠 수 없다(같은 취지: 대법원 1989. 2. 28. 선고 88다카13394 판결; 대법원 2001. 12. 24. 선고 2001다62640 판결).

나. 종된 권리

피압류채권의 종된 권리에도 압류의 효력이 미친다. 담보부채권에 대한 압류가 있으면 담보권에도 압류의 효력이 미친다. 그러나 이자나 지연손해금의 중

압류 이전에 발생한 부분은 피압류채권과 별개의 것이므로 압류 이후에 발생한 부분에만 압류의 효력이 미친다. 채무에 대한 압류가 있는 경우 보증채무에 대하여도 압류의 효력을 인정할 것인지 논의가 있다. 원인채권과 어음채권은 별개의 것으로 일방에 압류명령은 타방에 대하여 그 효력이 미치지 아니한다.

한편 피담보채권에 대한 압류가 있으면 담보권에도 압류의 효력이 미친다는 점에 대하여는 의문이 없으나, 추후에 담보목적물이 경매로 매각된 경우에 발생하는 담보권자의 배당금지급청구권에 대하여도 피담보채권에 대한 압류의 효력이 미치는 지에 관한 논의가 있다. 피담보채권과 배당금지급청구권 사이에는 동일성이 인정된다고 할 것이어서 피담보채권에 대한 압류의 효력은 담보권에 기한 배당금지급청구권에도 그 효력이 미친다고 할 것이다(반대견해 있음). 이러한 경우 집행법원은 당해 배당금을 집행공탁(제248조)함이 상당할 것이다. 이와 유사한 문제로 저당권에 대한 처분금지가처분이 있는 상황에서 저당권의 목적인 부동산이 경매로 매각된 경우에 매각대금을 저당권자에게 지급하는 것이 허용될 수 있는가의 문제가 있다.

다. 장래 발생할 채권

장래 발생할 채권이라도 채권 발생의 기초가 압류 당시에 이미 성립되어 있고 특정이 가능하다면 압류할 수 있다. 국세징수법 제44조는 임금채권과 같이 계속적 급여채권은 1회의 압류만으로 집행채권과 집행비용에 만족을 주는 범위에서 그 압류 이후에 발생한 채권에도 압류의 효력이 미친다고 정하고 있는데 위와 같은 결론은 민사집행법의 채권집행에서도 마찬가지로 볼 것이다.

라. 피압류채권의 기초적 법률관계

압류명령은 피압류채권자체에 관하여만 효력이 미치는 것이며 피압류채권의 발생의 원인이 되는 기본적 법률관계 자체에는 압류명령의 효력이 미치지 아니한다. 그러므로 채무자는 압류명령이 있다고 하더라도 원인된 기초적 법률관계를 변경·소멸시키는 행위는 자유롭게 할 수 있다. 실무상 급여압류에 대하여 채무자나 제 3 채무자가 고용계약이 해지되었다는 이유로 다투는 경우가 많다.

≪판례≫ 압류 후의 임대보증금 잔금채권[대법원 1997. 4. 25. 선고 96다10867 판결]

채권이 가압류되면 그 효력으로 채무자가 가압류채권을 처분하더라도 채권자에게 대항할 수 없고, 또 채무자는 가압류채권에 관하여 제 3 채무자로부터 변제를 받을 수 없으므로, 제 3 채무자인 임차인이 가압류채무자인 임대인에게 임차보증금 잔금을 지급한 것은 가압류결정의 효력에 의하여 가압류채권자에게 대항할 수 없으나, 임차인으로서는 임차보증금 잔금채권이 압류되어 있다고 하더라도 그 채권을 발생시킨 기본적 계약관계인 임대차 계약 자체를 해지할 수 있고, 따라서 임차인과 임대인 사이의 임대차계약이 해지된 이상 그 임대차계약에 의하여 발생한 임차보증금 잔금채권은 소멸하게 되고, 이를 대상으로 한 압류 및 추심명령 또한 실효될 수밖에 없다.

≪판례≫ 압류 후 도급계약해지[대법원 2006. 1. 26. 선고 2003다29456 판결]

수급인의 보수채권에 대한 압류가 행하여지면 그 효력으로 채무자가 압류된 채권을 처분하더라도 채권자에게 대항할 수 없고, 제 3 채무자도 채권을 소멸 또는 감소시키는 등의 행위는 할 수 없으며, 그와 같은 행위로 채권자에게 대항할 수 없는 것이지만, 그 압류로써 위 압류채권의 발생원인인 도급계약관계에 대한 채무자나 제 3 채무자의 처분까지도 구속하는 효력은 없으므로 채무자나 제 3 채무자는 기본적 계약관계인 도급계약 자체를 해지할 수 있고, 채무자와 제 3 채무자 사이의 기본적 계약관계인 도급계약이 해지된 이상 그 계약에 의하여 발생한 보수채권은 소멸하게 되므로 이를 대상으로 한 압류명령 또한 실효될 수밖에 없다.

사례 41 〈해설〉 임대차계약기간 갱신제한

임대차기간 만료 전에 보증금반환채권에 대한 압류가 있는 경우 종전 채권자인 임차인은 보증금반환채권을 처분할 수 없다. 더욱이 압류에 나아가 전부명령이 있는 경우에는 임차인은 보증금에 관하여 무권리자라 할 것이어서 처분하지 못함은 당연하다. 따라서 갑과 병 사이의 임대차기간 연장합의는 새로운 임대차로 볼 수 있는가는 별론 을에게 항변할 수 있는 사유가 될 수 없다.

사례 42 〈해설〉 원인관계해소와 피압류채권소멸

제 3 채무자 을은 채무자 갑에게 보증지급잔금을 지급하였다는 사유로는 집행채권자 병에게 대항 할 수 없다. 그러나 보증잔금채권에 대한 가압류나 압류 또는 현금화명령이 있었다고 하더라고 보증잔금채권발생의 기초가 되는 임대차계약이 소멸하였다면 보증잔금채권 역시 소멸하게 되므로 을은 병의 추심금청구에 응할 필요가 없다고 한다(대법원 1997. 4. 25. 선고 96다10867 판결). 위 판례의 사안과 '임차인의 보증금반환청구권에 대한 가압류가 이루어지자, 임차인 또는 임대인이 임대차계약을 해지한 사안'은 서로 구별하여야 할 것이다.

제 3 항 현금화절차

제229조 (금전채권의 현금화방법)

① 압류한 금전채권에 대하여 압류채권자는 추심명령(推尋命令)이나 전부명령(轉付命令)을

신청할 수 있다.

② 추심명령이 있는 때에는 압류채권자는 대위절차(代位節次) 없이 압류채권을 추심할 수 있다.

③ 전부명령이 있는 때에는 압류된 채권은 지급에 갈음하여 압류채권자에게 이전된다.

④ 추심명령에 대하여는 제227조 제 2 항 및 제 3 항의 규정을, 전부명령에 대하여는 제227조 제 2 항의 규정을 각각 준용한다.

⑤ 전부명령이 제 3 채무자에게 송달될 때까지 그 금전채권에 관하여 다른 채권자가 압류·가압류 또는 배당요구를 한 경우에는 전부명령은 효력을 가지지 아니한다.

⑥ 제 1 항의 신청에 관한 재판에 대하여는 즉시항고를 할 수 있다.

⑦ 전부명령은 확정되어야 효력을 가진다.

압류채권자만이 서면으로 추심명령을 신청할 수 있다. 압류명령 없이 추심명령만을 신청하는 것은 허용되지 아니한다. 대부분 압류명령과 추심명령을 하나의 신청서로 하게 되는데, 이러한 경우에도 양자는 별개의 것으로 압류명령신청이 먼저 있고 그에 더하여 추심명령의 신청이 있는 것이다. 다만 지시채권에 대하여는 집행관이 증권의 점유가 있어야 압류의 효력이 발생하므로 압류와 추심을 동시에 신청할 수 없다. 압류명령과 별도로 추심명령을 신청하는 경우에는 항상 압류명령을 발령한 법원을 관할로 삼아야 하는 점을 주의하여야 한다. 현금화의 방법에는 추심명령과 전부명령 및 특별한 현금화방법이 있다. 특별한 현금화방법에는 다시 양도명령과 매각명령과 관리명령 및 그 밖의 방법이 있다. 추심명령과 전부명령을 합하여 이부명령이라고 한다.

제 *1* 목 추심명령

Ⅰ. 의 의

압류채권자가 채무자에 갈음하여 제 3 채무자에 대하여 직접 피압류채권의 이행을 청구하고 그 급부를 수령하여 집행채권의 변제에 충당할 수 있는 권한을 부여하는 집행법원의 명령이다. 피압류채권의 처분권을 국가가 행사하지 아니하고 압류채권자에게 부여하는 것이다. 압류채권자가 제 3 채무자에게 실체법상의 채권자대위권을 통해서 피압류채권의 이행을 청구하는 것과는 다르다. 이러한 압류채권자의 추심권능 자체에 대한 압류는 허용되지 아니한다.

≪판례≫ **추심권능 자체 대한 압류**[대법원 1997. 3. 14. 선고 96다54300 판결]

금전채권에 대하여 압류 및 추심명령이 있었다고 하더라도 이는 강제집행절차에서 압류채권자에게 채무자의 제3채무자에 대한 채권을 추심할 권능만을 부여하는 것으로서 강제집행절차상의 환가처분의 실현행위에 지나지 아니한 것이며, 이로 인하여 채무자가 제3채무자에 대하여 가지는 채권이 압류채권자에게 이전되거나 귀속되는 것이 아니므로, 이와 같은 추심권능은 그 자체로서 독립적으로 처분하여 환가할 수 있는 것이 아니어서 압류할 수 없는 성질의 것이고, 따라서 이러한 추심권능에 대한 가압류결정은 무효이며, 추심권능을 소송상 행사하여 승소확정판결을 받았다 하더라도 그 판결에 기하여 금원을 지급받는 것 역시 추심권능에 속하는 것이므로, 이러한 판결에 기하여 지급받을 채권에 대한 가압류결정도 무효라고 보아야 한다(같은 취지: 대법원 1988. 12. 13. 선고 88다카3465 판결).

추심명령을 통한 채권집행절차는 압류채권자의 추심신고시까지 계속되는 것으로 그 시점까지 다른 채권자의 집행참가가 인정되고 채무자는 집행법원에 집행정지를 구하여 압류채권자의 추심을 막을 수 있다.

Ⅱ. 신 청

압류채권자만이 추심명령을 신청할 수 있다. 압류명령이 없이 추심명령만을 신청하는 것은 인정되지 아니한다. 대부분 압류명령신청과 추심명령신청이 동시에 있게 되는데 이러한 경우라도 양자는 별개의 사건이다.

≪판례≫ **압류된 집행채권에 의한 집행제한**[대법원 2000. 10. 2.자 2000마5221 결정]

채권압류명령과 전부명령을 동시에 신청하더라도 압류명령과 전부명령은 별개로서 그 적부는 각각 판단하여야 하는 것이고, 집행채권의 압류가 집행장애사유가 되는 것은 집행법원이 압류 등의 효력에 반하여 집행채권자의 채권자를 해하는 일체의 처분을 할 수 없기 때문이며, 집행채권이 압류된 경우에도 그 후 추심명령이나 전부명령이 행하여지지 않은 이상 집행채권의 채권자는 여전히 집행채권을 압류한 채권자를 해하지 않는 한도 내에서 그 채권을 행사할 수 있다고 할 것인데, 채권압류명령은 비록 강제집행절차에 나간 것이기는 하나 채권전부명령과는 달리 집행채권의 환가나 만족적 단계에 이르지 아니하는 보전적 처분으로서 집행채권을 압류한 채권자를 해하는 것이 아니기 때문에 집행채권에 대한 압류의 효력에 반하는 것은 아니라고 할 것이므로 집행채권에 대한 압류는 집행채권자가 그 채무자를 상대로 한 채권압류명령에는 집행장애사유가 될 수 없다.

Ⅲ. 심 리

추심명령의 신청이 있으면 집행법원은 관할권의 유무, 신청서의 적식 여부, 강제집행개시요건의 구비여부, 압류명령의 존부 등을 조사하여 추심명령을 발령한다. 압류명령절차에서 채무자나 제 3 채무자를 심문할 수 없는 것과 달리 압류명령이 있은 다음에 추심명령의 신청이 있는 경우에는 채무자나 제 3 채무자를 심문하는 것도 가능하다. 집행채권이나 피압류채권의 존부나 귀속은 실체법적 사항으로 집행법원이 조사할 것이 아니다.

Ⅳ. 재 판

신청이 이유 있으면 결정으로 압류채권자에게 피압류채권에 대한 추심권을 부여하는 선언을 한다. 통상 '채권자는 채무자의 제 3 채무자에 대한 별지 기재의 압류된 채권을 추심할 수 있다.'라는 주문형식을 갖는다. 전부명령과 달리 2중으로 추심명령을 내리는 것도 가능하다. 추심명령은 제 3 채무자와 채무자에게 송달하고 채권자에게는 적당한 방법으로 고지한다. 추심명령은 제 3 채무자에게 송달 된 시점에 그 효력이 발생한다. 추심명령신청을 배척하는 결정을 하는 경우에는 그 결정을 신청채권자에게만 고지한다.

Ⅴ. 불 복

추심명령신청에 대한 재판에 대하여는 즉시항고로 다툴 수 있다(제229조 6항). 이때의 즉시항고는 추심명령에 이르기까지의 절차적 하자를 다투는 것이므로 실체적 하자를 그 이의사유로 삼을 수는 없다.

≪판례≫ **집행증서의 무효와 즉시항고**[대법원 1998. 8. 31.자 98마1535,1536 결정]

집행법원이 채권압류 및 추심명령의 결정을 함에 있어서는 채무명의의 유무 및 그 송달여부, 선행하는 압류명령의 존부, 집행장해의 유무 및 신청의 적식 여부 등 채권압류 및 추심명령의 요건을 심리하여 결정하면 되고, 비록 그 채무명의인 집행증서가 무권대리인의 촉탁에 의하여 작성되어 당연무효라고 할지라도 그러한 사유는 형식적 하자이기는 하지만 집행증서의 기재 자체에 의하여 용이하게 조사·판단할 수 없는 것이므로 청구이의의 소에 의하여 그 집행을 배제할 수 있을 뿐 적법한 항고사유는 될 수 없다.

Ⅵ. 추심명령의 효력

제232조 (추심명령의 효과)

① 추심명령은 그 채권전액에 미친다. 다만, 법원은 채무자의 신청에 따라 압류채권자를 심문하여 압류액수를 그 채권자의 요구액수로 제한하고 채무자에게 그 초과된 액수의 처분과 영수를 허가할 수 있다.

② 제 1 항 단서의 제한부분에 대하여 다른 채권자는 배당요구를 할 수 없다.

③ 제 1 항의 허가는 제 3 채무자와 채권자에게 통지하여야 한다.

1. 채권자에 대한 효력

가. 추심권의 행사

추심채권자는 추심에 필요한 일체의 행위를 자기의 명의로 할 수 있다. 재판상의 행위의 내외를 묻지 않는다. 일부청구도 가능하다.

≪판례≫ **추심채권자의 일부청구**[대법원 1971. 11. 9. 선고 71다1941 판결]

채권추심명령을 얻은 자는 그 일부만을 청구할 수 있다.

피압류채권에 물적 담보가 있는 경우라면 담보권 실행을 위해 경매신청이 가능하며 인적 담보가 있는 경우에는 보증인에 대한 청구도 가능하다. 추심목적 달성을 위한 것이라면 취소권, 해지권, 해제권의 행사도 가능하다. 예를 들어 정기예금에 대한 추심명령이 있다면 만기 전의 해약도 가능하다. 그러나 기한유예, 채무면제, 채권양도와 같은 추심의 목적을 벗어나는 행위나 독점적 만족을 추구하는 상계나 화해 같은 행위는 허용되지 아니한다. 추심권 행사에 대하여 제 3 채무자는 공탁을 하여 압류채권자에게 직접 지급하는 데서 발생할 수 있는 위험을 피할 수 있다. 압류의 경합이나 배당요구가 있는 경우에는 압류채권자는 자신에게 직접 지급을 청구할 수 없고 공탁을 청구할 수 있을 뿐이다. 그러나 제 3 채무자는 압류의 경합이나 배당요구가 있는 경우라고 하더라도 다른 채권자의 공탁청구가 없는 한 추심채권자에게 직접 지급할 수 있다. 추심채권자가 수인이라도 그 사이에는 우열이 없으므로 공탁공무원을 제외한 제 3 채무자는 특별한 사정이 없는 한 어느 누구에게라도 전액을 유효하게 변제할 수 있다.

≪판례≫ **추심채권자 중 1인에 대한 변제**[대법원 2001. 3. 27. 선고 2000다43819 판결]

같은 채권에 관하여 추심명령이 여러 번 발부되더라도 그 사이에는 순위의 우열이 없고, 추심명령을 받아 채권을 추심하는 채권자는 자기채권의 만족을 위하여서 뿐만 아니라 압류가 경합되거나 배당요구가 있는 경우에는 집행법원의 수권에 따라 일종의 추심기관으로서 압류나 배당에 참가한 모든 채권자를 위하여 제 3 채무자로부터 추심을 하는 것이므로 그 추심권능은 압류된 채권 전액에 미치며, 제 3 채무자로서도 정당한 추심권자에게 변제하면 그 효력은 위 모든 채권자에게 미치므로 압류된 채권을 경합된 압류채권자 및 또 다른 추심권자의 집행채권액에 안분하여 변제하여야 하는 것도 아니다(같은 취지: 대법원 1979. 5. 15. 선고, 79다372 판결, 대법원 1986. 9. 9. 선고 86다카988 판결, 대법원 2003. 5. 30. 선고 2001다10748 판결).

나. 추심권의 범위(제232조)

(1) 추심권의 일반적 범위　　추심명령에 특별한 제한이 없다면 추심권의 범위는 피압류채권전액에 미친다. 전액을 추심한 결과 집행채권의 변제에 충당하고 남음이 있으면 나머지는 채무자에게 지급한다. 채권자가 스스로 피압류채권의 일부에 한하여 추심명령을 구한 경우에는 그 부분에 한하여 추심권이 미친다. 실무상 추심권의 범위를 처음부터 집행채권의 액수를 한도로 신청하는 경우가 대부분이나 적절한 업무처리로 보기 힘들다.

(2) 추심권의 제한

(가) 신　청　　위에서 살펴본 바와 같이 피압류채권액 전액에 추심권이 미치면 채무자로서는 압류채권의 크기에 관계없이 피압류채권을 전혀 수령할 수 없으며 불이익이 있다. 이에 채무자는 압류의 효력이 미치는 범위를 압류채권액과 집행비용을 합산한 금액의 범위로 제한하여 줄 것을 신청할 수 있다. 이러한 채무자의 추심권 제한신청이 있다고 하더라도 채무자가 제한범위 안에서 추심채권의 존재를 인낙한 것으로 볼 것은 아니다. 그러므로 채무자는 추심채권의 존부를 청구이의절차를 통해 여전히 다툴 수 있다고 하겠다.

(나) 심리·재판　　이러한 추심권 제한허가의 신청은 추심명령이 있기 전이라도 가능하나, 추심제한 허가결정은 추심명령 이후에만 가능하다. 집행법원은 반드시 추심채권자를 심문하여야 하고, 허가결정은 제 3 채무자와 채권자에게 통지하여야 하고(제232조 3항), 채무자에게도 고지하여야 한다(규칙 제7조 2항). 압류를 제한하는 범위에 있어서는 추심채권자는 물론 다른 배당채권자의 채권액까지도 포함하여 산정하여야 한다.

(다) 효　력　　피압류채권에서 추심권이 제한된 범위를 초과하는 액수에 대하여는 압류가 해제되어 채무자의 처분권이 회복되며, 제한된 범위 안에서는 추심채권자의 우선적 변제가 보장되어 다른 채권자는 배당요구를 할 수 없게 된

다(제232조 2항).

다. 추심신고와 공탁신고

제236조 (추심의 신고)

① 채권자는 추심한 채권액을 법원에 신고하여야 한다.

② 제 1 항의 신고 전에 다른 압류·가압류 또는 배당요구가 있었을 때에는 채권자는 추심한 금액을 바로 공탁하고 그 사유를 신고하여야 한다.

추심채권자는 제 3 채무자로부터 추심한 금전을 추심신고를 통하여 집행채권의 변제에 충당할 수 있고 나머지가 있으면 이를 채무자에게 반환한다. 다른 채권자는 추심신고시까지만 배당요구를 할 수 있으므로 추심권자는 가능한 한 빨리 추심신고를 하는 것이 좋다. 추심명령절차에서는 배당요구종기가 별도로 있는 것이 아니고 추심신고시가 배당요구종기가 되는 것이다. 채권의 일부만을 추심한 경우는 물론 급여와 같은 계속적 채권을 추심한 경우에도 매 추심시마다 신고하여야 한다.

실제에 있어서는 추심신고가 이루어지지 않는 경우가 대부분이어서 추심명령절차가 종료되지 않은 채로 미제사건으로 쌓이는 문제점을 낳고 있다. 추심한 금전이 있으면 대부분의 채권자는 추심신고 없이도 자신의 채권에 충당하였다고 여기는 것이다. 추심 이후 일정한 경과기간이 지나도록 다른 채권자의 참여가 없다면 추심신고를 의제하는 것도 입법론적으로 생각해 볼 필요가 있다. 만일 추심신고 이전에 다른 채권자의 집행참가가 있는 경우에는 추심한 금전을 집행채권 변제에 바로 충당할 수 없고 추심액 전액을 공탁하고 그 사유를 신고하여야 한다. 채권자 사이에 배당협의가 있는가는 묻지 아니한다. 공탁 및 사유신고가 있으면 배당절차가 시작된다(제252조 2호). 추심채권자가 추심신고를 않거나 공탁 및 공탁신고를 하지 아니한 경우에는 다른 채권자가는 추심채권자에 대하여 추심금 전액의 공탁을 청구할 수 있다.

≪판례≫ 공탁 및 사유신고 해태와 지연손해금공탁[대법원 2005. 7. 28. 선고 2004다8753]

판결추심채권자는 피압류채권의 행사에 제약을 받게 되는 채무자를 위하여 선량한 관리자의 주의의무를 가지고 채권을 행사하고, 나아가 제 3 채무자로부터 추심금을 지급받으면 지체 없이 공탁 및 사유신고를 함으로써 압류 또는 배당에 참가한 모든 채권자들이 배당절차에 의한 채권의 만족을 얻도록 하여야 할 의무를 부담한다 할 것인바, 이는 구 민사소송법(2002. 1. 26. 법률 제6626호로 전문 개정되기 전의 것) 제569조 제 2 항이 채권을 추심한 추심채권자가 그 사유를 법원에 신고하기 전에 다른 압류, 가압류 또는 배당요구가 있는 때에는 추심한 금액을 '지체 없이' 공탁하고 그 사유를 신고하여야 한다고 규정하고 있는 점에 비추어 당연하다고 할 것이므로, 만일 추심채권자가 추심을 마쳤음에도 지체 없이 공탁 및 사유신고를 하지 아니한 경우에는 그로 인한 손해배상으로서, 제3채무자로부터 추심금을 지급받은 후 공탁 및 사유신고에 필요한 상당한 기간을 경과한 때부터 실제 추심금을 공탁할 때까지의 기간 동안 금전채무의 이행을 지체한 경우에 관한 법정지연손해금 상당의 금원도 공탁하여야 할 의무가 있다.

≪판례≫ 추심채권자의 공탁의무[대법원 2007. 11. 15. 선고 2007다62963 판결]

추심명령을 얻은 추심채권자는 집행법원의 수권에 기하여 일종의 추심기관으로서 채무자를 대신하여 추심의 목적에 맞도록 채권을 행사하여야 하고, 특히 압류 등의 경합이 있는 경우에는 압류 또는 배당에 참가한 모든 채권자를 위하여 제3채무자로부터 채권을 추심하여야 하므로, 추심채권자는 피압류채권의 행사에 제약을 받게 되는 채무자를 위하여 선량한 관리자의 주의의무를 가지고 채권을 행사하고, 나아가 제3채무자로부터 추심금을 지급받으면 지체 없이 공탁 및 사유신고를 함으로써 압류 또는 배당에 참가한 모든 채권자들이 배당절차에 의한 채권의 만족을 얻도록 하여야 할 의무를 부담한다. 이러한 법리는 제3채무자가 추심명령에 기한 추심에 임의로 응하지 아니하여 추심채권자가 제3채무자를 상대로 추심의 소를 제기한 후 얻어낸 집행권원에 기하여 제3채무자의 재산에 대하여 강제집행을 한 결과 취득한 추심금의 경우에도 마찬가지이다. 따라서 압류가 경합된 상태에서 발령된 압류 및 추심명령의 추심채권자가 제3채무자의 금전채권에 대하여 다시 압류 및 추심명령을 받아 추심금을 지급받은 경우에는 지체 없이 압류가 경합된 상태에서의 압류 및 추심명령의 발령법원에 추심금을 공탁하고 그 사유를 신고하여야 한다.

라. 추심의무

제239조 (추심의 소홀)

채권자가 추심할 채권의 행사를 게을리 한 때에는 이로써 생긴 채무자의 손해를 부담한다.

제250조 (채권자의 추심최고)

압류채권자가 추심절차를 게을리 한 때에는 집행력 있는 정본으로 배당을 요구한 채권자는 일정한 기간 내에 추심하도록 최고하고, 최고에 따르지 아니한 때에는 법원의 허가를 얻어 직접 추심할 수 있다.

(1) **추심권자의 추심의무** 추심채권자는 추심권능을 채무자와 다른 채권자들에게 가장 이익되는 방법으로 행사할 의무가 있다. 본래 추심권능은 채무자에 속한 것을 집행을 위해 강제로 압류채권자에게 이부한 것이기 때문이다. 추심채권자는 제3채무자에 대한 추심을 해태하여 채무자에게 발생한 손해가 발생한 경우 이를 배상하여야 한다.

(2) **배당요구채권자에 대한 추심허가** 한편 집행정본으로 배당을 요구한 채권자는 추심채권자에게 일정기간 내에 추심할 것을 최고할 수 있다. 나아가 추심채권자가 최고에 따르지 아니하는 경우에는 집행법원에 배당요구채권자에 대한 추심허가를 하여 줄 것을 신청할 수 있다. 추심허가의 재판이 있으면 배당요구채권자에게는 별도의 추심명령이 없더라도 추심권을 취득하고, 종전의 추심채권자는 추심권을 상실한다. 이러한 배당요구채권자의 추심권은 새로운 추심명령과 같은 것이어서 제 3 채무자와 채무자에게도 송달하여야 하며, 추심권을 얻은 배당요구채권자는 추심채권자와 동일한 지위에 선다. 한편 이러한 배당요구채권자의 추심권은 추심채권자에게 부여된 압류명령이나 추심명령이 실효되더라도 그대로 유지된다.

마. 추심권의 포기

제240조 (추심권의 포기)

① 채권자는 추심명령에 따라 얻은 권리를 포기할 수 있다. 다만, 기본채권에는 영향이 없다.

② 제 1 항의 포기는 법원에 서면으로 신고하여야 한다. 법원사무관등은 그 등본을 제 3 채무자와 채무자에게 송달하여야 한다.

압류채권자는 추심권을 포기할 수 있다. 추심권은 피압류채권의 일부에 한정하여 포기할 수도 있다. 추심권의 포기가 있다고 하더라도 집행채권에는 영향이 없다. 추심권의 포기는 서면으로 집행법원에 신고하여야 하고 집행법원은 그 등본을 채무자와 제 3 채무자에게 송달한다. 추심권의 포기가 있다고 하더라도 특별한 사정이 없는 한 압류의 효력은 존속한다고 보아야 할 것이다(반대견해 있음).

≪판례≫ 추심소송 중 청구금액감축[대법원 1983. 8. 23. 선고 83다카450 판결]

압류채권에 대한 추심명령을 받아 추심금 청구소송을 제기, 진행 중 청구금액을 감축한 것은 소의 일부취하를 뜻하는 것이고 취하된 부분의 청구를 포기하였다고는 볼 수 없으며, 위 채권압류는 추심하고 남은 잔여채권에 대하여 그 효력을 지속하는 것이다.

추심명령은 압류명령을 전제한 것이므로 압류명령신청을 취하하게 되면 추심명령도 당연히 소멸한다. 추심채권자는 압류경합이 없는 한 추심명령에도 불구하고 다시 전부명령을 얻을 수 있는데, 이와 같은 경우에는 추심명령의 효력이 소멸하였다 할 것이므로 별도의 추심권포기는 필요 없다.

바. 추심의 소

제238조 (추심의 소제기)

채권자가 명령의 취지에 따라 제 3 채무자를 상대로 소를 제기할 때에는 일반규정에 의한 관할법원에 제기하고 채무자에게 그 소를 고지하여야 한다. 다만, 채무자가 외국에 있거나 있는 곳이 분명하지 아니한 때에는 고지할 필요가 없다.

제249조 (추심의 소)

① 제 3 채무자가 추심절차에 대하여 의무를 이행하지 아니하는 때에는 압류채권자는 소로써 그 이행을 청구할 수 있다.
② 집행력 있는 정본을 가진 모든 채권자는 공동소송인으로 원고 쪽에 참가할 권리가 있다.
③ 소를 제기당한 제 3 채무자는 제 2 항의 채권자를 공동소송인으로 원고 쪽에 참가하도록 명할 것을 첫 변론기일까지 신청할 수 있다.
④ 소에 대한 재판은 제 3 항의 명령을 받은 채권자에 대하여 효력이 미친다.

(1) **의 의** 추심채권자의 추심청구에 대하여 제 3 채무자가 불응하는 경우 추심채권자를 제 3 채무자를 상대로 피압류채권의 지급을 구하는 이행의 소를 제기할 수 있다. 이를 추심의 소라 한다. 통상의 이행의 소로 추심의 소라는 독립된 소의 형태가 있는 것은 아니다. 추심의 소를 제기한 채권자는 채무자가 외국에 있거나 소재가 불명한 경우를 제외하고는 그에게 제소를 고지하여야 한다(제238조). 이러한 고지의무는 단순히 채무자에 대한 절차관여를 보장하기 위한 것에 불과한 것이어서 고지가 흠결되었다고 하더라도 추심권 행사에는 직접 영향이 없다.

≪판례≫ 채무자에 대한 소송고지[대법원 1976. 9. 28. 선고 76다1145,1146 판결]

(전단생략/필자 각주)민사소송법 제571조 규정에 의한 채무자에 대한 소송고지는 채권자의 추심의 소제기자체에 대한 필요적 요건도 아니고 법원의 직권조사사항이라고도 볼 수 없으므로 이점에 관한 논지도 이유 없다.

(2) **채무자의 지위** 채무자는 피압류채권에 대한 추심권능을 상실한다. 추심명령이 있은 후에 채무자가 제 3 채무자를 상대로 피압류채권의 이행을 구하는 소는 당사자적격이 없는 자에 의한 소로 부적법하다.

≪판례≫ 채무자의 당사자적격 상실[대법원 2000. 4. 11. 선고 99다23888 판결]

채권에 대한 압류 및 추심명령이 있으면 제 3 채무자에 대한 이행의 소는 추심채권자만이 제기할 수 있고 채무자는 피압류채권에 대한 이행소송을 제기할 당사자적격을 상실한다.

⑶ 제 3 채무자의 지위

제 3 채무자의 권리공탁과 의무공탁에 대해서는 앞서 설명하였다. 한편 추심권능을 행사하는 자가 채무자에서 추심채권자로 달라졌다고 하더라도 제 3 채무자의 지위가 더 불리해져서는 안 된다. 그러므로 제 3 채무자는 채무자에게 대항할 수 있는 모든 사유로 추심채권자에게 대항할 수 있다. 그러나 채무자가 채권자에게 다툴 수 있었던 항변은 제 3 채무자가 주장할 것이 못된다. 예를 들어 집행채권의 부존재와 같은 채권자와 채무자 사이의 사정은 제 3 채무자가 주장할 수 있는 항변이 아니다. 집행채권이 실제로 존재하는 것과 같은 실체적 사항은 추심명령이라는 집행절차에서 전혀 고려되는 것이 아니기 때문이다. 더 자세한 사항은 '전부명령의 제 3 채무자에 대한 효력'에 관한 설명을 참고하면 된다.

≪판례≫ **제 3 채무자의 동시이행항변**[대법원 2001. 3. 9. 선고 2000다73490 판결]

금전채권에 대한 압류 및 추심명령이 있는 경우, 이는 강제집행절차에서 추심채권자에게 채무자의 제 3 채무자에 대한 채권을 추심할 권능만을 부여하는 것이므로, 이로 인하여 채무자가 제 3 채무자에 대하여 가지는 채권이 추심채권자에게 이전되거나 귀속되는 것은 아니므로, 추심채무자로서는 제 3 채무자에 대하여 피압류채권에 기하여 그 동시이행을 구하는 항변권을 상실하지 않는다.

≪판례≫ **제 3 채무자의 집행채권부존재 주장**[대법원 1996. 9. 24. 선고 96다13781 판결]

집행채권의 부존재나 소멸은 집행채무자가 청구이의의 소에서 주장할 사유이지 추심의 소에서 제 3 채무자인 피고가 이를 항변으로 주장하여 채무의 변제를 거절할 수 있는 것이 아니다(같은 취지: 대법원 1994. 11. 11. 선고 94다34012 판결).

제 *2* 목 전부명령

Ⅰ. 의 의

전부명령은 집행채권의 변제에 갈음하여 피압류채권액을 그 권면액으로 압류채권자에게 이전시키는 집행법원의 명령이다. 피압류채권을 집행채권의 대물변제에 제공하는 것과 같다. 채권의 강제양도라고 생각하면 된다. 전부명령이 확정되면 전부채권자는 피압류채권으로부터 독점적·우선적으로 만족을 얻는 결과가 된다. 이를 두고 채권자 평등주의의 예외라고 설명하는 것이 보통이다.

Ⅱ. 신 청

압류채권자의 서면에 의한 신청이 있어야 한다. 전부명령은 압류명령을 전제로 한다. 가압류가 선행된 경우라도 반드시 본압류 이전이 있어야만 전부명령이 가능하다. 추심채권자가 전부명령을 신청하는 것도 가능하다. 실무상으로는 압류와 전부를 동시에 신청하는 것이 보통이다. 그러나 배서가 금지된 지시채권은 압류명령에 따라 집행관이 증권을 점유한 이후에만 전부명령이 가능하므로 압류와 전부의 동시신청이 허용되지 아니한다.

Ⅲ. 요 건

사 례 43 불확정채권에 대한 압류경합

오씨는 2000. 1. 1. 박 씨로부터 상가를 보증금 5,000만원, 월세합계금 2,400만원, 기간 2000. 1. 1. ~ 2001. 12. 13.로 정하여 임차하기로 하고, 같은 날 7,400만원을 지급하고 영업을 시작하였다. 그러던 중 2001. 5. 31. 오 씨의 과도한 전력사용으로 인한 누전으로 위 상가에 화재가 발생하여, 박씨는 3,000만원 상당의 손해를 입었다. 이에 오 씨와 박 씨는 2001. 5. 31. 임대차계약을 합의해지하고 같은 날 박 씨는 상가를 인도받고 보증금에서 박 씨의 손해액 3,000만원을 상계한다는 통지를 하였다. 한편 오 씨의 채권자 임 씨에 신청에 따라 청구채권액을 2,000만원으로 하는 오 씨의 보증금반환채권에 대한 압류 및 전부명령이 박 씨에게 2000. 6. 1. 송달 되고 그 무렵 확정되었으며, 오 씨의 다른 채권자 정 씨에 신청에 따라 청구채권액을 1,200만원으로 하는 오 씨의 보증금반환채권에 대한 압류 및 전부명령이 박 씨에게 2000. 7. 1. 송달되고 그 무렵 확정되었다. 이때 제 3 채무자인 임대인 박 씨와 채권자 임 씨 및 정 씨의 채권채무관계는 어떠한가?

전부명령이 허용되기 위하여 강제집행의 일반적 적법요건에 더불어 피전부채권이 다음의 요건을 갖춘 것이어야 한다.

1. 피압류적격

피전부채권은 피압류적격이 있는 것이어야 한다. 피압류적격에 관하여는 앞서 설명하였다.

2. 권 면 액

피압류채권의 제공으로 집행채권의 변제에 갈음하기 위해서는 피압류채권의 권면액이 정해진 것이어야 한다. 권면액이란 채권의 목적으로 정해진 일정한 금전의 액수를 말한다. 권면액은 명목상의 가치이며 실질가치와는 무관하다. 즉 제3채무자의 자력유무와는 상관이 없다. 권면액이 있다고 하려면 금전채권이어야 한다. 유체물인도청구권, 권리이전청구권, 조합원의 합유지분 등은 권면액이 없으므로 전부명령의 대상으로 삼을 수 없다.

≪판례≫ 건설공제조합원 지분권의 피전부적격[대법원 1979. 12. 11. 선고 79다1487 판결]

건설공제조합법에 의하여 설립된 특수법인인 건설공제조합의 조합원의 출자는 출자증권에 표상된 조합원의 지분이며 위 조합원의 지분내지 지분권은 민사소송법 제563조 제1항에서 말하는 금전채권이 아니므로 피전부채권의 적격이 없다.

금전채권이라도 권면액이 불명확한 경우가 많다. 권면액에 있어서 어느 정도의 확정성을 요구하느냐에 대해서 논의가 있다. 판례는 권면액의 확정성에 대하여 대단히 너그러운 입장으로 권면액이 있는 장래의 채권, 조건부채권, 반대급부에 걸린 채권, 법무사합동사무소 구성원의 그 사무소에 대한 배당금청구권, 골프클럽회원이 탈퇴시 반환받을 예치금반환청구권 등에 대한 전부명령을 인정하고 있다.

≪판례≫ 장래 공사대금채권의 권면액[대법원 2002. 11. 8. 선고 2002다7527 판결]

건설업자가 지방자치단체가 지방재정법과 그 시행령 및 그에 의하여 준용되는 국가를 당사자로 하는 계약에 관한 법률과 그 시행령에 의하여 시행하는 공사의 경쟁입찰에 참가하여 낙찰자로 결정된 후 낙찰자의 채권자가 낙찰자를 채무자로 하고, 지방자치단체를 제3채무자로 하여 낙찰자가 지방자치단체와 장차 공사도급계약을 체결하고 공사를 시공함에 따라 지방자치단체로부터 지급받게 될 공사대금채권에 대하여 채권압류 및 전부명령을 받은 경우, 피압류 및 전부채권인 공사대금채권은 그 발생의 기초가 확정되어 있어 채권의 특정이 가능할 뿐 아니라, 공사대금이 확정되어 있어 권면액도 있으며, 가까운 장래에 채권이 발생할 것이 상당한 정도로 확실시되므로 그 공사대금채권에 대한 채권압류 및 전부명령은 유효하다고 한 사례.

≪판례≫ 장래 경매취하시 보증금반환청구권[대법원 1976. 2. 24. 선고, 75다1596 판결]

장래 경매가 취하될 것을 조건으로 한 경매보증금의 반환청구권은 그 채권액이 확정된 것이므로 이에 대한 전부명령은 유효하다.

≪판례≫ 장래 해제에 따른 대금반환청구권[대법원 2000. 10. 6. 선고 2000다31526 판결]

매매계약이 해제되는 경우 발생하는 매수인의 매도인에 대한 기지급 매매대금의 반환채권은 매매계약이 해제되기 전까지는 채권 발생의 기초가 있을 뿐 아직 권리로서 발생하지 아니한 것이기는 하지만 일정한 권면액을 갖는 금전채권이라 할 것이므로 전부명령의 대상이 될 수 있다.

≪판례≫ 장래 공사완공에 따라 발생할 공사대금채권[대법원 1962. 4. 4. 62다63]

도급계약에 의한 공사금청구채권은 전부명령의 대상이 될 수 있으나 공사가 완료되기 전에 전부명령이 있었을 경우에는 그 결산에 의하여 구체적으로 확정되었을 때의 금액을 표준으로 하여 효력이 확정된다.

3. 압류의 경합이 없을 것

제235조 (압류의 경합)

① 채권 일부가 압류된 뒤에 그 나머지 부분을 초과하여 다시 압류명령이 내려진 때에는 각 압류의 효력은 그 채권 전부에 미친다.

② 채권 전부가 압류된 뒤에 그 채권 일부에 대하여 다시 압류명령이 내려진 때 그 압류의 효력도 제1항과 같다.

전부명령은 피압류채권에서 우선적 변제를 받는 것과 같은 결과를 가져오므로 압류가 경합된 상태에서는 허용되지 아니한다. 따라서 압류경합을 간과한 전부명령은 무효이다. 이에 관하여는 뒤에 상세히 설명한다.

4. 가집행선고면제와 전부명령

구법상으로는 채무자의 담보제공에 따른 가집행면제선고가 있는 경우에는 추심명령은 가능하나 전부명령은 허용하지 아니하였다. 그러나 현행법은 가집행면제선고 있는 경우라도 전부명령이 가능한 것으로 개정하였다. 아래의 판례는 법 개정 이전의 것으로 현행법 하에서는 무의미하다.

≪판례≫ 가집행의 집행정지와 전부명령[대법원 1996. 11. 25.자 95마601,602 결정]

민사소송법 제199조 제2항 소정의 가집행면제의 선고가 있는 경우에는 민사소송법 제568조에 의하여 압류한 금전채권에 대하여 추심명령만을 하여야 하지만, 가집행면제의 선고가 있었던 것이 아니라 가집행선고부판결에 대한 강제집행을 정지하는 결정이 있었을 뿐인 경우는 추심명령만을 하여야 하는 경우에 해당하지 아니한다.

5. 집행문의 수통·재도부여와 전부명령

하나의 집행권원에 기초하여 전부명령 이외의 집행절차가 속행 중 집행문의 수통부여나 재도부여를 거쳐 집행채권액 전액을 바탕으로 전부명령을 신청하는 경우에는 다른 집행절차를 통한 집행채권액이 만족을 얻은 결과를 밝히라는 보정 명령을 내리는 것이 보통이다. 그러나 위와 같은 보정명령에 대하여 채권자가 불응하고 전부명령신청을 유지하고자 한다면 집행법원으로서는 신청취지에 따라 전부명령을 발령하여야 한다고 본다.

6. 복수의 피압류채권

채무자가 수인이거나 제 3 채무자가 수인인 경우 또는 채무자의 제 3 채무자에 대한 채권이 수개인 경우에는 피압류채권이 복수로 존재하게 된다. 이러한 경우에는 어느 피압류채권으로부터 얼마씩의 전부를 명하는 것인지를 개별적으로 특정하여 전부명령을 신청하여야 한다(반대견해 있음). 초과압류의 결과를 가져 올 수 있기 때문이다. 그러므로 수개의 피압류채권액의 합계액이 전부채권액 이하인 경우에는 피압류채권별로 전부할 금액을 개별적으로 특정할 필요가 없다고 본다.

≪판례≫ 수개의 피압류채권과 전부금액의 특정[대법원 2004. 6. 25. 선고 2002다8346]

전부명령이 확정된 경우에는 전부명령이 제 3 채무자에게 송달된 때에 채무자가 채무를 변제한 것으로 보게 되므로 채무자가 수인이거나 제 3 채무자가 수인인 경우 또는 채무자가 제 3 채무자에 대하여 여러 채권을 가지고 있는 경우에는 집행채권액을 한도로 하여 각 채무자나 제 3 채무자별로 얼마씩의 전부를 명하는 것인지 또는 채무자의 어느 채권에 대하여 얼마씩의 전부를 명하는 것인지를 특정하여야 하고, 이를 특정하지 아니한 경우에는 집행의 범위가 명확하지 아니하므로 그 전부명령은 무효라고 보아야 한다(수 개의 피전부채권액의 합계액이 전부채권액을 초과한 사안이었음/필자 각주).

사례 43 〈해설〉 불확정채권에 대한 압류경합

1. 압류경합 여부

임대차보증금반환채권과 같은 장래의 불확정채권에 대한 전부명령에 있어서 압류경합유무의 판단은 전부명령송달시인 2000. 6. 1. 또는 같은 해 7. 1.을 기준으로 한다. 따라서 임 씨와 정 씨의 신청에 따른 각 전부명령은 모두 유효하다. 따라서 임 씨의 2,000만원에 관한 전부금채권과 정씨의 1,200만원에 관한 전부금채권은 모두 유효하다.

2. 상계항변

박 씨의 오 씨에 대한 손해배상청구권은 비록 2001. 5. 31.(전부명령 이후의 날)에 구체적으로 발생한 것이기는 하지만 임대차계약에 따라 상가를 인도한 날로 전부명령이 있기 전 2000. 1. 1.(전부명령 이전의 날)에 손해배상청구권발생의 기초가 발생된 것이라고 할 것이다. 따라서 박 씨의 임 씨와 정 씨에 대한 상계항변은 정당하다.

그러므로 박 씨는 임 씨와 정 씨에 대하여 보증금반환채권액이 2,000만원에 불과함을 주장할 수 있다.

3. 변제공탁

임 씨는 2,000만원의 범위 내에서는 임 씨와 정 씨 어느 누구에게라도 유효하게 변제할 수 있으며, 일방에 대한 변제로 타방에게 대항할 수 있다. 임 씨의 보증금반환범위는 2,000만원에 불과한데, 임 씨와 정 씨의 전부채권 합계액은 3,200만원이라는 것은 일응 모순이다. 이러한 경우 박 씨로서는 채권자의 상대적 불확지를 원인으로 하여 2,000만원을 변제공탁함으로써 불안정한 지위에서 벗어날 수도 있다. 한편 임 씨와 정 씨는 박 씨로부터 안분액 이상의 변제를 받은 범위에서 내부적으로 정산할 의무가 있다.

4. 피압류채권의 특정

임 씨와 정 씨가 피압류채권으로 삼은 것은 보증금반환채권이다. 한편 오 씨의 박 씨에 대한 선지급차임 2,400만원 중 700만원에 관한 선지급차임반환채권은 보증금반환채권과 별개의 채권이다. 그러므로 임 씨와 정 씨는 선지급차임반환채권액 700만원에 관하여는 전부금채권액 산정내역으로 삼을 수 없다.

Ⅳ. 심리 · 재판

전부명령의 심리는 결정절차에 의한다. 전부명령은 채무자와 제 3 채무자에게 이를 송달하고(제229조 4항, 제227조 2항) 채권자에게 이를 고지하여야 한다. 앞서 설명한 바와 같이 전부채권이나 피전부채권의 존부에 대하여는 심리하지 아니한다.

Ⅴ. 즉시항고

사 례 44 **전부명령과 예외적 즉시항고사유**

갑은 을로부터 금 1,000만원을 빌리고 집행공증을 해주었다. 그 후 을은 집행공증을 기초로 갑의 병에 대한 매매대금채권 금 1,000만원에 대한 압류 및 전부명령을 받아 두었다. 그러나 위 압류 및 전부명령이 있기 전에 갑은 이미 을에게 대여금을 갚은 사실이 있었다. 현재 전부명령의 불복기간이 진행 중이라면 갑의 가장 적절한 대응수단은 무엇인가?

1. 전부명령에 대한 불복

전부명령신청에 관한 재판에 대하여는 즉시항고로 다툴 수 있다(제229조 6항).

보통 전부명령에 대한 즉시항고는 채무자와 제 3 채무자가 제기하는 경우가 보통이지만 채권을 경합하여 압류한 다른 채권자 등 제 3 자에게 즉시항고의 이익이 있는 경우가 있다.

2. 이의사유

즉시항고는 앞서 설명한 바와 같이 절차적 하자에 대한 구제수단이므로 전부명령 고유의 무효나 취소사유만을 이의사유로 삼을 수 있고 실체적 하자라고 할 수 있는 피압류채권의 존부나 집행채권의 존부에 관한 것은 이의사유로 삼을 수 없다.

≪판례≫ 피전부채권부존재와 즉시항고[대법원 1992. 4. 15.자 92마213 결정]

채권의 압류 및 전부명령은 금전채권의 채무명의를 가지는 채권자가, 그 채무명의상의 채무자가 제 3 채무자에 대하여 가지는 금전채권을 대상으로 하는 강제집행으로서, 법원은 압류 및 전부명령의 결정을 함에 있어서는 채무명의의 송달, 선행하는 압류명령의 존부, 피전부적격의 유무 등의 요건을 심리하면 되고, 실지로 채무자가 제 3 채무자에게 압류 및 전부명령의 대상이 되는 채권을 가지고 있는지 여부는 따질 필요가 없는 것이 원칙이고, 만일 채무자의 제 3 채무자에 대한 그와 같은 채권이 존재하지 아니하는 경우에는 전부명령이 확정되더라도 변제의 효력이 없는 것이며, 채무자로서는 제 3 채무자에게 그와 같은 채권을 가지고 있지 않다고 하더라도 특별한 사정이 없는 한 이로 인하여 어떠한 불이익이 있는 것이 아니므로, 이것을 이유로 하여서는 스스로 불복의 사유로 삼을 수 없다(같은 취지: 대법원 2004. 1. 5. 자 2003마1667 결정).

또한 전부명령의 기초가 되는 집행권원이 무효라는 사정은 전부명령절차상의 고유한 하자가 아니므로 즉시항고의 사유로 삼을 수 없다. 이와 다른 결론을 제시하는 입장도 발견되나 받아들이기 어렵다.

≪판례≫ 집행채권의 존부와 즉시항고[대법원 1996. 11. 25.자 95마601,602 결정]

채권압류 및 전부명령의 신청에 관한 재판에 대하여는 즉시항고에 의하여 불복할 수 있으나, 집행채권이 그에 대한 압류명령 및 전부명령에 의하여 제 3 자(집행채권의 채권자)에게 이전되었다거나 변제에 의하여 소멸되었다는 등과 같은 실체상의 사유는 적법한 항고이유가 되지 않는다(같은 취지: 대법원 1997. 4. 28.자 97마360,361 결정, 대법원 1999. 8. 13. 자 99마2198,2199 결정).

≪판례≫ 집행증서의 무효와 즉시항고[대법원 1998. 8. 31.자 98마1535,1536 결정]

집행법원이 채권압류 및 추심명령의 결정을 함에 있어서는 채무명의의 유무 및 그 송달 여부, 선행하는 압류명령의 존부, 집행장해의 유무 및 신청의 적식 여부 등 채권압류 및 추심명령의 요건을 심리하여 결정하면 되고, 비록 그 채무명의인 집행증서가 무권대리인의 촉탁에 의하여 작성되어 당연무효라고 할지라도 그러한 사유는 형식적 하자이기는 하지만 집행증서의 기재 자체에 의하여 용이하게 조사·판단할 수 없는 것이므로 청구이의의 소에 의하여 그 집행을 배제할 수 있을 뿐 적법한 항고사유는 될 수 없다.

달리 표현하면 전부명령의 위법성만을 다툴 수 있는 것이지 전부명령의 부당성에 대하여는 즉시항고 다툴 것이 아니다. 피압류채권의 부존재에 대하여는 제3채무자가 전부채권자의 전부금 청구에 대한 항변사유에 불과한 것으로 전부명령 자체의 적법성과는 무관하다. 제3채무자가 전부채권자의 전부금 청구에 대하여 피전부채권의 부존재를 항변할 수 있다는 것과 피전부채권의 부존재를 이의사유로 하여서는 즉시항고로 다투지 못한다는 것은 논의의 평면이 다른 것으로 모순된 것이 아니다. 이의사유를 구체적으로 살펴보면 유효한 압류명령의 부존재, 집행력 있는 정본에 기초하지 아니한 전부명령, 법원이 발한 것이 아닌 전부명령, 도산절차 개시와 같은 집행사유를 간과한 전부명령, 채권자의 신청에 의하지 아니한 전부명령, 비금전채권과 같이 피전부적격이 없는 채권에 대한 전부명령, 피전부채권이 특정되지 아니한 전부명령, 압류가 경합된 상태에서 발령된 전부명령 등이 이에 해당한다. 이러한 사유가 있는 경우에는 즉시항고로 다툴 수 있음은 물론 즉시항고로 다투지 않았다고 하더라도 당해 전부명령은 실체법상 아무런 효력을 발생할 수 없다는 의미에서 무효이다. 토지관할에 위반에 있는 전부명령에 대하여도 즉시항고 다툴 수 있지만 확정이후에는 관할위반을 다투어 전부명령의 무효를 주장할 수는 없다.

3. 예외적 즉시항고사유(제229조 8항)

앞서 본 바와 같이 집행권원의 무효, 집행력의 부재, 집행채권의 부존재 등은 즉시항고로 사유로 삼을 수 없다. 이에 대하여는 대체로 청구이의의 사유로 다투어야 하는 것이다. 그러므로 채무자는 청구이의의 소를 제기하고 청구이의의 소의 수소법원으로부터 잠정처분을 받아 전부명령을 관할하는 집행법원에 제출해야 한다. 그런데 여기서 잠정처분결정 정본을 제출하는 것만으로는 전부명령에 대한 즉시항고기간의 진행을 막지 못하는 문제가 있다. 이러한 문제점에 대하여 민사집행법은 별도의 규정(제229조 8항)을 두어 해결하고 있다. 즉 잠정처분결정 정본 등을 제출하였음을 이의사유로 삼는 즉시항고를 허용하고 있는 것이다. 이때의 즉시항고는 절차적 위법을 시정하기 위한 것이 아니고 청구이의의 소에 따른 결론을 도출되기 까지 단순히 전부명령의 확정을 차단하기 위해 둔 불가피한 규율이다. 제229조 8항에 따른 즉시항고와 제15조에 따른 통상의 즉시항고는 전혀 다른 제도적 취지를 담고 있는 것이다. 따라서 채무자로서는 전부명령의 확정을 막기 위해서는 청구이의의 소를 제기하고 잠정처분을 받아 집행법원에 제출하고 잠정처분서류를 제출하였음을 이유로 하여 즉시항고를 제기하면 된다. 어느 경우에도 청구이의의 사유를 근거로 곧바로 즉시항고를 제기하는 것은 허용되지 아니하는 것이다. 이에 대하여 항고법원은 다른 이유로 전부명령을 취소하는 경우를 제외하고는 항고에 관한 재판을 정지하였다가 청구이의의 소 등의 결론을 기다려 그 결론에 따라 항고에 관한 재판을 하면 된다.

≪판례≫ 재판정지[대법원 1999. 8. 27.자 99마117,118 결정]

[1] 전부명령이 있은 후에 채무자가 민사소송법 제510조 제2호의 서류를 제출한 경우 항고법원은 다른 이유로 전부명령을 취소하는 경우를 제외하고는 같은 법 제563조 제8항에 의하여 항고에 관한 재판을 정지하여야 하고, 그 후 잠정적인 집행정지가 종국적인 집행취소나 집행속행으로 결말이 나는 것을 기다려, 집행취소로 결말이 난 때에는 항고를 인용하여 전부명령을 취소하고, 집행속행으로 결말이 난 때에는 항고를 기각하여야 한다.

[2] 채무자는 전부명령 확정 전까지 같은 법 제510조 제2호의 서류를 제출할 수 있다고 보아야 할 것이므로, 재항고심 계류 중 위 서류가 제출된 경우에도 재항고법원은 마찬가지로 재항고에 관한 재판을 정지하였다가, 종국적인 집행취소 여하에 따라 재항고인용 여부를 결정하되, 재항고법원이 재항고를 인용하여 원심결정을 파기하는 경우 사건이 직접 재판하기에 충분한 때에 해당한다고 보아야 할 것이므로 스스로 전부명령을 취소하고 전부명령신청을 기각할 수 있다.

사례 44 〈해설〉 전부명령과 예외적 즉시항고사유

1. 청구이의의 소

집행채권의 부존재는 즉시항고로 다툴 것이 못되고 청구이의의 소로 다투어야 한다. 나아가 청구이의의 소를 제기하고 집행의 일시정지를 명하는 잠정처분을 받아 전부명령절차를 관할하는 집행법원에 잠정처분결정서를 제출해 두어야 한다.

2. 잠정처분과 불복기간의 진행

위의 잠정처분정본을 전부명령을 관할하는 집행기관에 제출하면 집행기관은 반드시 집행절차를 정지하여야 한다. 그런데 이러한 집행정지는 전부명령의 불복기간의 진행에는 영향을 미치지 못한다. 즉 잠정처분이 있는 경우라도 전부명령의 확정되는 것을 막을 길이 없다. 더욱이 집행채권의 부존재는 실체적 하자로 전부명령에 대한 즉시항고사유로 주장하지도 못한다. 그렇다면 채무자 갑으로서는 청구이의를 한다고 하더라도 전부명령의 확정을 막을 길이 없으므로 그 실익이 없는 것이 아닌가 하는 의문이 제기된다. 또한 잠정처분에 있다고 하더라도 전부명령의 확정을 차단하지 못하므로 종국에는 전부명령이 확정됨으로써 집행절차가 종료되었다 할 것이므로 오히려 청구이의가 소의 이익이 없는 것으로 계속 유지되지도 못하는 것이 아닌가 하는 의문까지 제기된다.

3. 예외적 즉시항고의 허용

민사집행법은 위와 같은 의문과 절차구조의 모순점에 대하여 해결책을 제시하고 있는 바, 그것이 민사집행법 제229조 8항이다. 즉 청구이의를 통해 잠정처분을 받았음을 이유로 전부명령에 대한 즉시항고를 허용하고 있는 것이다. 이와 같은 규율은 전부명령절차의 특성을 고려하여 민사집행법 제15조에서와는 성격이 전혀 다른 즉시항고제도를 별도로 둔 것이라고 하겠다. 일부는 제229조 8항에 관하여 실체적 하자를 이유로 즉시항고를 허용하는 것으로 납득하기 어렵다는 견해를 피력하기도 한다. 사견으로는 제229조 8항은 전부명령절차의 특수성을 고려한 불가피한 것으로 타당한 규율이라고 생각한다.

Ⅵ. 전부명령의 효력

사 례 45 수개의 피압류채권과 전부명령

갑은 을에게 금 1억원을 빌려 주었고, 병은 을의 채무에 관하여 연대보증하였다. 갑은 을이 돈을 갚지 아니하자 '을과 병은 연대하여 갑에게 금 1억원을 지급하라'라는 취지의 지급명령을 받아 두었다. 한편 을과 병은 폭설로 인하여 축사가 모두 무너지는 손실을 입었는데, 이에 정부에서는 위 축사가 소재하는 전남 장성군 일대를 특별재난지역으로 선포하고, 을과 병의 재해로 인해 피해신고에 따라 재해복구비 명목으로 을에게 6,000만원과 병에게 4,000만원을 지급할 예정이다. 이에 갑은 을과 병을 채무자로 하고 장성군을 제 3 채무자로 하여 압류 및 전부명령을 신청하면서 청구금액을 금 1억원으로 하고 신청취지를 다음과 같이 기재하였다.

1. 채무자 을의 제 3 채무자에 대한 재해복구비청구권 금 6,000만원과 채무자 병의 제 3 채무자에 대한 재해복구비청구권 금 4,000만원을 각 압류한다.
2. 제 3 채무자는 채무자들에게 위 각 채권에 관한 지급을 하여서는 아니 된다.
3. 채무자들은 위 채권의 처분과 영수를 하여서는 아니 된다.
4. 위 압류된 채권의 지급에 갈음하여 채권자에게 전부한다.

위 신청에 대하여 광주지방법원 사법보좌관 임병선은 '1. 채무자별로 청구금액을 특정할 것, 2. 피압류채권이 압류금지채권이 아니라는 점을 소명할 것 '이라는 보정명령을 발하였다. 이러한 보정명령은 정당한가?

사 례 46 **집행채권부존재와 피전부채권부존재**

갑은 을로부터 금 1,000만원을 빌리고 그에 관하여 집행증서를 해 주었다. 을은 위 집행증서를 바탕으로 갑의 병에 대한 매매대금채권에 대한 압류 및 전부명령을 받아 두었다. 이때 다음 경우에 갑·을·병의 법률관계는 어떠한가?

① 전부명령이 있기 전에 이미 갑이 을에게 빌린 돈을 모두 갚은 경우
② 전부명령 확정 후에 갑이 을에게 빌린 돈을 갚은 경우
③ 전부명령이 있자 갑과 을이 매매계약을 해제한 경우
④ 병에게 변제할 재산이 없는 경우

제231조 (전부명령의 효과)

전부명령이 확정된 경우에는 전부명령이 제3채무자에게 송달된 때에 채무자가 채무를 변제한 것으로 본다. 다만, 이전된 채권이 존재하지 아니한 때에는 그러하지 아니하다.

1. 전부명령의 확정과 소급효

전부명령은 확정되면 당해 전부명령이 제3채무자에게 송달되었던 시점으로 소급하여 효력이 발생한다(제227조 7항). 전부명령의 발령 이후에 제3채무자 표시정정이 있는 경우에도 마찬가지이다. 전부명령이 확정되는 시기는 즉시항고가 없는 경우에는 즉시항고기간이 경과한 시점이고, 즉시항고가 있는 경우에는 즉시항고에 대하여 각하 또는 기각이 확정된 시점이다. 이처럼 전부명령은 확정을 전제로 효력이 발생하므로 채무자에 대한 송달이 없는 전부명령은 아무런 효력을 가질 수 없다.

≪판례≫ 확정되지 아니한 전부명령의 효력[대법원 1992. 4. 15.자 92마213 결정]

현행 민사소송법 제561조와 제563조는 구 민사소송법(1990. 1. 13. 법률 제4201호로 개정되기 전의 것)과는 달리 금전채권의 압류 및 전부명령의 신청에 관한 재판에 대하여 즉시항고를 할 수 있도록 규정하고, 또 전부명령은 확정되어야 효력이 있다고 규정하고, 같은 법 제564조는 전부명령이 확정된 경우에는 전부명령이 제3채무자에게 송달된 때에 채무자는 채무를 변제한 것으로 본다고 규정하고 있으므로, 확정되지 아니한 전부명령에 의하여 변제의 효과가 발생하고 강제집행절차가 종료할 수는 없다(같은 취지: 대법원 1998. 8. 21. 선고 98다15439 판결).

사 례 47 **전부명령의 제3채무자경정**

갑은 납품대금에 관한 집행증서를 받아 둔 상태에서 '만성산업기계주식회사'에 철강을 공급하였다. 갑은 2005. 4. 1. 철강납품대금 3,000만원이 연체되자 위 집행증서

를 기초로 만성산업기계주식회사의 을에 대한 공사대금채권 3,000만원을 피전부채권으로 삼아 확정된 전부명령을 받아두었다. 그런데 갑은 전부명령을 신청하면서 채무자의 표시를 '민성산업주식회사'로 잘못 표시하였다. 이에 제 3 채무자 을은 2005. 6. 1. '민성산업주식회사'가 누구인지 알지 못하여 공사대금채권을 만성산업주식회사에 모두 변제하고 말았다. 이러한 사정을 알고 갑은 2005. 7. 1. 채무자의 표시를 '민성산업주식회사'에서 '만성산업기계주식회사'로 하는 경정신청을 구하였다. 집행법원은 갑의 경정신청을 받아들여야 하는가? 집행법원이 갑의 신청에 따른 경정결정을 하였다면, 을은 갑에게 공사대금채권을 변제하여야 하는가?

≪판례≫ **보증금반환채권과 전부명령의 효력발생**[대법원 1998. 4. 24. 선고 97다56679 판결]

임차보증금반환채권을 피전부채권으로 한 전부명령이 확정된 경우, 임차보증금이 임대인의 채권이 발생하는 것을 해제조건으로 하는 것이라고 하더라도 전부명령에 의한 채무변제의 효과는 전부명령이 제 3 채무자에게 송달된 때에 발생한다.

2. 전부명령의 경정

전부명령에 명백한 위기나 오산 등이 있는 경우에는 경정에 의하여 그 하자를 치유할 수 있다. 경정은 전부명령의 동일성에 영향을 주지 않는 한도에서만 가능하며 원칙적으로 전부명령의 효력발생시기에 아무런 영향이 없다. 동일성 여부는 당사자를 기준으로 판단한다. 판례에 따르면 당사자 사이에서는 동일성이 인정되나 제 3 채무자 입장에서는 동일성이 부정되는 경우에는 경정자체는 허용하되 그 효력발생시기에 관하여는 예외적으로 경정결정이 제 3 채무자에게 송달된 시점을 기준으로 삼는다. 제 3 채무자를 두고 단순한 제 3 자가 아니라 준당사자라고 하는 이유를 잘 보여주는 대목이다.

≪판례≫ **망인에 대한 전부명령의 경정**[대법원 1998. 2. 13. 선고 95다15667 판결]

[1] 채권자가 이미 사망한 자를 그 사망 사실을 모르고 제 3 채무자로 표시하여 압류 및 전부명령을 신청하였을 경우 채무자에 대하여 채무를 부담하는 자는 다른 특별한 사정이 없는 한 이제는 사망자가 아니라 그 상속인이므로 사망자를 제 3 채무자로 표시한 것은 명백한 오류이고, 또한 압류 및 전부명령에 있어서 그 제 3 채무자의 표시가 이미 사망한 자로 되어 있는 경우 그 압류 및 전부명령의 기재와 사망이라는 객관적 사정에 의하여 누구라도 어느 채권이 압류 및 전부되었는지를 추인할 수 있다고 할 것이어서 그 제 3 채무자의 표시를 사망자에서 그 상속인으로 경정한다고 하여 압류 및 전부명령의 동일성의 인식을 저해한다고 볼 수는 없으므로, 그 압류 및 전부명령의 제 3 채무자의 표시를 사망자에서 그 상속인으로 경정하는 결정은 허용된다.

[2] 채권집행 절차에 있어서 제 3 채무자는 집행당사자가 아니라 이해관계인에 불과하여 그 압류 및 전부명령을 신청하기 이전에 제 3 채무자가 사망하였다는 사정만으로는 채무자에 대한 강제집행요건이 구비되지 아니하였다고 볼 수 없어, 이미 사망한 자를 제 3 채무자로 표시한 압류 및 전부명령이 있었다고 하더라도 이러한 오류는 위와 같은 경정결정에 의하여 시정될 수 있다고 할 것이므로, 채권압류 및 전부명령의 제 3 채무자의 표시를 사망자에서 그 상속인으로 경정하는 결정이 있고 그 경정결정이 확정되는 경우에는 당초의 압류 및 전부명령 정본이 제 3 채무자에게 송달된 때에 소급하여 제 3 채무자가 사망자의 상속인으로 경정된 내용의 압류 및 전부명령의 효력이 발생한다.

≪판례≫ 경정된 전부명령의 효력발생시기[대법원 2005. 1. 13. 선고 2003다29937 판결]

채권압류명령의 경정결정이 확정된 경우에는 처음부터 경정된 내용의 압류명령이 있었던 것과 같은 효력이 있으므로 당초의 결정정본이 제 3 채무자에게 송달된 때에 소급하여 경정된 내용의 압류결정의 효력이 발생하는 것이 원칙이나, 경정결정이 그 허용한계 내의 적법한 것인 경우에 있어서도 제 3 채무자의 입장에서 볼 때에 객관적으로 경정결정이 당초의 결정의 동일성에 실질적으로 변경을 가하는 것이라고 인정되는 경우에는 경정결정이 제 3 채무자에게 송달된 때에 비로소 경정된 내용의 결정의 효력이 발생한다고 보는 것이 제 3 채무자 보호의 견지에서 타당하다 할 것이고, 경정결정이 재판의 내용을 실질적으로 변경하여 위법하나 당연무효로 볼 수 없는 경우에는 더욱 그 소급효를 제한할 필요성이 크다고 할 것이므로 채권압류명령의 채무자를 변경하는 경정결정은 그 결정정본이 제 3 채무자에게 송달된 때에 비로소 경정된 내용의 결정의 효력이 발생한다고 보아야 하고, 이러한 채권압류명령의 효력 및 경정에 관한 법리는 채권가압류의 경우에도 마찬가지이다(같은 취지: 대법원 2001. 7. 10. 선고 2000다72589 판결).

≪판례≫ 경정된 전부명령의 효력발생시기[대법원 1999. 12. 10. 선고 99다42346 판결]

당초의 채권가압류결정 중 채무자의 상호 '만성기계산업 주식회사'를 경정결정에 의하여 '민성산업기계 주식회사'로 경정한 경우, 당초의 채권가압류결정에 기재된 채무자의 상호 아래 채무자의 주소와 대표이사의 성명이 정확하게 기재되었다 하더라도 제 3 채무자의 거래상황 등에 비추어 제 3 채무자의 입장에서 볼 때에 객관적으로 위와 같은 채무자 상호의 경정은 당초의 채권가압류결정의 동일성에 실질적으로 변경을 가하는 것이라고 인정된다는 이유로, '민성산업기계 주식회사'를 채무자로 하는 채권가압류결정의 효력은 경정결정이 제 3 채무자에게 송달된 때 발생한다고 한 사례.

3. 피전부채권의 이전

가. 채권양도

전부명령에 따라 피압류채권은 채무자에서 전부채권자에게로 강제로 이전된다. 피압류채권의 종된 권리는 물론 인적 · 물적 담보도 이전된다. 이러한 채권의 강제이전에는 채권양도의 대항요건에 관한 민법 제450조 등이 적용되지 않는다.

나. 담보권의 이전

저당권은 피담보채권에 부종성과 종속성을 갖는다. 그러므로 피담보채권에 대한 전부명령이 있게 되면 저당권도 전부채권자에게 이전된다. 전부명령에 별도로 저당권이전과 관하여 기재가 없다거나 저당권 이전의 부기등기가 없다고 하더라도 마찬가지이다. 전부명령의 주문에 저당권이전을 명하고 있는 경우에는 전부채권자 또는 그 일반승계인이 저당권 이전의 부기등기의 촉탁을 신청하여야 한다(규칙 제167조). 이와는 달리 전부명령의 주문에 담보권 이전을 명함이 없는 경우에는 결국 담보권설정자를 상대로 별소로서 이전의 부기등기를 구할 수밖에 없을 것이다. 추후에 피전부채권인 피담보채권이 부존재 함을 다툼과 함께 저당권설정등기를 말소를 구함에 있어서는 전부채권자를 상대로 주등기인 근저당권설정등기 자체의 말소를 구해야 한다.

≪판례≫ **양수인에 대한 근저당권말소청구**[대법원 2000. 4. 11. 선고 2000다5640 판결]

근저당권 이전의 부기등기는 기존의 주등기인 근저당권설정등기에 종속되어 주등기와 일체를 이루는 것이어서, 피담보채무가 소멸된 경우 또는 근저당권설정등기가 당초 원인무효인 경우 주등기인 근저당권설정등기의 말소만 구하면 되고 그 부기등기는 별도로 말소를 구하지 않더라도 주등기의 말소에 따라 직권으로 말소되는 것이며, 근저당권 양도의 부기등기는 기존의 근저당권설정등기에 의한 권리의 승계를 등기부상 명시하는 것 뿐으로, 그 등기에 의하여 새로운 권리가 생기는 것이 아닌 만큼 근저당권설정등기의 말소등기청구는 양수인만을 상대로 하면 족하고 양도인은 그 말소등기청구에 있어서 피고 적격이 없으며, 근저당권의 이전이 전부명령 확정에 따라 이루어졌다고 하여 이와 달리 보아야 하는 것은 아니다.

다. 채권의 동일성

채권의 강제양도가 있다고 하여도 채권 자체의 성질은 그대로 유지된다. 예를 들어 주택임대차보증금반환채권에 대한 전부명령이 있었다고 하더라도 피전부채권인 임대차보증반환채권의 그 성질이 그대로 유지되므로 제 3 채무자이며 임대인이 제 3 자에게 목적물을 양도한 경우 종전의 제 3 채무자는 그 지위를 상실하고 새로운 소유자인 제 3 자가 제 3 채무자의 지위에 선다.

≪판례≫ **전부명령 후 임대인의 목적물양도**[대법원 2005. 9. 9. 선고 2005다23773 판결]

주택임대차보호법 제 3 조 제 1 항의 대항요건을 갖춘 임차인의 임대차보증금반환채권에 대한 압류 및 전부명령이 확정되어 임차인의 임대차보증금반환채권이 집행채권자에게 이전된 경우 제 3 채무자인 임대인으로서는 임차인에 대하여 부담하고 있던 채무를 집행채권자에 대하여 부담하게 될 뿐 그가 임대차목적물인 주택의 소유자로서 이를 제 3 자에게 매도할 권능은 그대로 보유하는 것이며, 위와 같이 소유자인 임대인이 당해 주택을 매도한 경우 주택임대차보호법 제 3 조 제 2 항에 따라 전부채권자에 대한 보증금지급의무를 면하게 되므로, 결국 임대인은 전부금 지급의무를 부담하지 않는다.

4. 집행채권의 변제(제231조)

전부명령이 확정되면 제 3 채무자에게 송달시점으로 소급하여 피압류채권의 권면액의 한도에서 채무자는 집행채권을 변제한 것으로 본다.

≪판례≫ 전부명령과 집행채권 소멸[대법원 1996. 4. 12. 선고 95다55047 판결]

[1] 민사소송법 제559조 제 1 항, 민사소송규칙 제125조에 의하여 채권에 대한 압류명령 신청에는 압류할 채권의 종류와 수액 외에 채권자, 채무자, 제 3 채무자 및 그 대리인의 표시, 채무명의의 표시, 채무명의에 기한 청구권의 일부에 관하여만 압류명령을 신청하거나 목적 채권의 일부에 대하여만 압류명령을 신청한 때에는 그 범위를 명시하고 집행력 있는 정본을 첨부하여야 하므로, 채무명의에 수개의 채권이 표시된 경우나 채권의 일부에 대하여 집행을 구하는 때에는 어느 채권을 위하여 집행을 구하는가를 명백히 하여야 하고, 따라서 채무명의상 다 갚을 때까지의 이자, 지연손해금 등의 부대청구가 인정되어 있고 이를 원금에 부기하여 청구하는 때에는 그 뜻을 명백히 하여야 하는 것이며, 전부명령은 압류된 금전채권을 그 권면액으로 집행채권자에게 이전시키고 그 대신 동액 상당의 집행채권을 소멸시킴으로써 채무자의 채무변제에 갈음하게 하는 제도이므로, 전부명령에 의한 채무소멸의 효과는 채권자가 압류명령 신청시에 명시한 집행채권의 변제를 위하여서만 생긴다.

[2] 채권자가 대여금 청구소송을 제기하여 원금 및 이자 등의 지급을 명하는 승소 판결을 받은 다음 그 판결에 기하여 청구금액을 '대여금 중 일부금'으로 표시한 채권 압류 및 전부 명령을 신청한 경우, 채무명의상의 대여금채권만이 집행채권으로 되었을 뿐 그 이자나 지연손해금은 집행채권으로 되었다고 할 수 없으므로 원금과 이자 사이의 변제충당에 관한 문제가 발생할 여지가 없는데도, 전부금이 법정충당의 순서에 따라 그 대여금에 대한 이자에 먼저 충당되고 나머지만이 원금에 충당되었다고 판단한 원심판결을, 법리오해를 이유로 파기한 사례.

≪판례≫ 장래 채권과 전부명령효력발생시기[대법원 2000. 4. 21. 선고 99다70716 판결]

전부명령이 확정되면 피압류채권은 제 3 채무자에게 송달된 때에 소급하여 집행채권의 범위 안에서 당연히 전부채권자에게 이전하고, 동시에 집행채권 소멸의 효력이 발생하는 것으로, 이 점은 피압류채권이 그 존부 및 범위를 불확실하게 하는 요소를 내포하고 있는 장래의 채권인 경우에도 마찬가지라고 할 것이다.

≪판례≫ **전부명령과 집행채권의 소멸**[대법원 1999. 12. 10. 선고 99다36860 판결]

전부명령이 확정되면 피압류채권은 제 3 채무자에게 송달된 때에 소급하여 집행채권의 범위 안에서 당연히 전부채권자에게 이전하고 그와 동시에 채무자는 채무를 변제한 것으로 간주되므로, 원금과 이에 대한 변제일까지의 부대채권을 집행채권으로 하여 전부명령을 받은 경우에는 집행채권의 원금의 변제일은 전부명령이 제 3 채무자에게 송달된 때가 되어 결국 집행채권액은 원금과 제 3 채무자에 대한 전부명령 송달시까지의 부대채권액을 합한 금액이 되므로 피압류채권은 그 금액 범위 안에서 전부채권자에게 이전한다.

제 3 채무자가 무자력이어서 전부채권자가 만족을 얻지 못하였다고 하더라도 집행채권에 대한 변제의 효과에는 변함이 없으며, 그로 인한 불이익은 전부채권자에게 귀착된다. 전부명령을 신청하는 경우에는 항상 제 3 채무자의 자력이 충분한지 따져보아야 할 것이다. 전부명령으로 압류채권자가 오히려 불이익을 입는 경우도 많다. 이와 달리 피압류채권이 불성립 또는 부존재하는 경우에는 집행채권을 변제한 효과가 발생하지 아니한다.

5. 제 3 채무자에 대한 효력

전부명령으로 채무자에서 전부채권자로 채권자의 변경이 있는 점을 제외하고는 제 3 채무자의 지위에는 변함이 없다. 제 3 채무자는 전부명령의 송달 이전에 채무자에게 대항할 수 있었던 모든 사유로 전부채권자에 대항할 수 있는 것이다. 주로 문제되는 항변을 유형별로 검토해 보면 다음과 같다.

가. 상계의 항변

실무상 상계가 많이 문제된다. 제 3 채무자가 채무자에 대하여 가지고 있는 채권을 자동채권으로 하여 피전부채권을 수동채권으로 한 상계가 허용되는 것인지, 허용된다면 어떠한 요건이 필요한 것인가에 대한 문제이다. 이에 관하여 현재의 판례는 자동채권이 압류명령의 송달이전에 발생한 것이기만 하면 그 변제기가 압류명령의 송달시 이후에 비로소 도달한 경우라도 늦어도 그 변제기의 도래가 수동채권인 피전부채권의 변제기와 동시에 도래한 경우까지 상계를 허용하고 있다(반대견해 있음).

제 3 채무자의 상계에 대한 기대에 대한 보호를 강화하는 방향으로 판례의 변경이 있어 온 것이다. 압류명령에 앞서 가압류가 있는 경우에는 가압류의 송달시점을 기준으로 삼는다. 또한 제 3 채무자의 자동채권은 압류명령의 송달시까지 확정적으로 발생된 것이 아니더라도 송달시점에 청구권발생의 발생의 기초가 확립되어 있으면 족하다. 같은 맥락에서 압류명령의 송달시점 이후에 발생한 자동채권의 이자채권도 송달시점에 이미 청구권발생의 기초가 확립된 것이라 할 것이므로 자동채권의 범위에 포함된다.

≪판례≫ 가압류채권자에 대한 상계항변[대법원 1987. 7. 7. 선고, 86다카2762 판결]

가압류 명령을 받은 제 3 채무자가 가압류 채무자에 대한 반대채권을 가지고 있는 경우에 가압류 채권자에게 상계로써 대항하기 위하여는 가압류의 효력발생 당시에 양채권이 상계적상에 있거나 반대채권이 압류당시 변제기에 달하지 아니한 경우에는 피압류채권인 수동채권의 변제기와 동시에 또는 그보다 먼저 변제기에 도달하는 경우이어야 한다(같은 취지: 대법원 1982. 6. 22. 선고 82다카200 판결, 대법원 1973. 11. 13. 선고 73다518 판결, 대법원 1980. 9. 9. 선고 80다939 판결).

≪판례≫ 매도인의 동시이행항변[대법원 2001. 3. 27. 선고 2000다43819 판결]

부동산 매수인의 매매잔대금 지급의무와 매도인의 가압류기입등기말소의무가 동시이행관계에 있었는데 위 가압류에 기한 강제경매절차가 진행되자 매수인이 강제경매의 집행채권액과 집행비용을 변제공탁한 경우 매도인은 매수인에 대해 대위변제로 인한 구상채무를 부담하게 되고, 그 구상채무는 가압류기입등기말소의무의 변형으로서 매수인의 매매잔대금 지급의무와 여전히 대가적인 의미가 있어 서로 동시이행관계에 있으므로, 매수인은 매도인의 매매잔대금채권에 대해 가압류로부터 본압류로 전이하는 압류 및 추심명령을 받은 채권자에게 가압류 이후에 발생한 위 구상금채권에 의한 상계로 대항할 수 있다고 한 사례.

≪판례≫ 압류 후에 발생이 확정된 자동채권[대법원 2005. 11. 10. 선고 2004다37676 판결]

제 3 채무자의 압류채무자에 대한 자동채권이 수동채권인 피압류채권과 동시이행의 관계에 있는 경우에는, 비록 압류명령이 제 3 채무자에게 송달되어 압류의 효력이 생긴 후에 비로소 자동채권이 발생하였다고 하더라도 동시이행의 항변권을 주장할 수 있는 제 3 채무자로서는 그 채권에 의한 상계로써 압류채권자에게 대항할 수 있는 것으로서, 이 경우 자동채권이 발생한 기초가 되는 원인은 수동채권이 압류되기 전에 이미 성립하여 존재하고 있었던 것이므로 그 자동채권은 민법 제498조에 규정된 '지급을 금지하는 명령을 받은 제 3 채무자가 그 후에 취득한 채권'에 해당하지 않는다.

≪판례≫ 압류 후에 발생한 이자채권[대법원 1993. 9. 28. 선고 92다55794 판결]

금전채권에 대한 압류 및 전부명령이 있는 때에는 압류된 채권은 동일성을 유지한 채로 압류채무자로부터 압류채권자에게 이전되고, 제 3 채무자는 채권이 압류되기 전에 압류채무자에게 대항할 수 있는 사유로써 압류채권자에게 대항할 수 있는 것이므로 제 3 채무자의 압류채무자에 대한 자동채권이 수동채권인 피압류채권과 동시이행의 관계에 있는 경우에는, 압류명령이 제 3 채무자에게 송달되어 압류의 효력이 생긴 후에 자동채권이 발생하였다고 하더라도 제 3 채무자는 동시이행의 항변권을 주장할 수 있고 따라서 그 채권에 의한 상계로 압류채권자에게 대항할 수 있는 것으로서, 이 경우에 자동채권이 발생한 기초가 되는 원인은 수동채권이 압류되기 전에 이미 성립하여 존재하고 있었던 것이므로, 그 자동채권은 민법 제498조 소정의 "지급을 금지하는 명령을 받은 제 3 채무자가 그 후에 취득한 채권"에 해당하지 않는다고 봄이 상당하다.

제 3 채무자의 상계의 항변이 인정되는 경우에는 전부명령 자체가 실효되는 것은 아니며 전부명령에 따른 집행채권 변제의 효과가 발생하지 않는 것뿐이다.

나. 제 3 채무자인 임대인의 목적물인도의 동시이행항변

임대차보증금에 대한 전부명령이 있는 경우 제 3 채무자인 임대인은 채권자의 임대보증금반환청구에 대하여 채무자인 임차인의 목적물인도의무에 관한 동시이행의 항변도 당연히 인정된다. 그래서 임차인인 채무자가 목적물을 인도하지 아니하는 한 종국에 가서는 피전부채권이 차임으로 모두 차감되어 전부채권자는 전혀 만족을 얻지 못하는 경우가 많다. 그러므로 전부채권자는 이러한 경우 제 3 채무자인 임대인을 대위하여 임차인인 채무자에 대한 인도청구소송을 아울러 제기할 필요가 있다. 이때 채권자대위권의 피보전권리가 금전채권이므로 제 3 채무자의 무자력이어야 하는가가 문제되는데 이러한 경우에는 채권자 대위권의 피보전권리가 금전채권이라도 예외적으로 무자력을 요하지 않는다. 한편 이와 같은 논의의 전제로서 임대차 종료에 따른 임차인의 목적물 반환의무의 발생이 있어야 한다. 임대차의 존속으로 임차인의 목적물 인도의무가 아직 확정적으로 발생하기 전이라면 채권자의 전부금청구는 허용될 수 없는 것이다. 이러한 점에서 임차인과 임대인이 통모하여 임대차의 묵시적 갱신 등을 통한 임대차의 존속을 주장하여 전부채권자의 만족을 저해하는 주장이 많이 제기되나 보증금에 대한 압류명령이 송달된 이후에는 임대차기간 연장의 합의나 묵시의 갱신은 압류채권자에게 주장할 수 없는 것이라고 보아야 한다.

≪판례≫ 보증금 양도 후 계약갱신제한[대법원 1989. 4. 25. 선고 88다카4253,4260 판결]

임대인이 임대차보증금반환청구채권의 양도통지를 받은 후에는 임대인과 임차인 사이에 임대차계약의 갱신이나 계약기간 연장에 관하여 명시적 또는 묵시적 합의가 있더라도 그 합의의 효과는 보증금반환채권의 양수인에 대하여는 미칠 수 없다.

다. 기타의 항변

이 이외에도 제 3 채무자는 동시이행의 항변, 취소나 해제권의 행사, 전부명

령의 송달 전 변제·양도·면제 등 채무자에게 대항할 수 있었던 모든 사유로 항변이 가능하다.

≪판례≫ 노임직접지급에 관한 항변[대법원 1984. 8. 14. 선고 84다카545 판결]

전부명령에 의하여 피전부채권은 동일성을 유지한 채로 집행채무자로부터 집행채권자에게 이전되고 제3채무자는 채권압류 전에 피전부채권자에 대하여 가지고 있었던 항변사유로서 전부채권자에게 대항할 수 있다 할 것이므로 공사도급계약시 수급인의 종업원들에 대한 노임체불로 공사가 지연되는 경우 도급인이 그 노임을 수급인에게 지급할 공사대금 중에서 종업원들에게 직접 지급하기로 약정하였다면 도급인은 체불노임 상당의 공사 대금에 대하여는 수급인에게 그 지급을 거부할 수 있고 따라서 전부채권자에 대해서도 위와 같은 항변사유를 가지고 대항할 수 있다.

사례 45 〈해설〉 수개의 피압류채권과 전부명령

1. 피압류채권의 특정

전부명령에 있어서 피압류채권이 수 개인 경우에 수인의 채무자 또는 수인의 제3채무자별로 청구금액을 특정하여야 한다. 만일 각 별로 청구금액을 특정하지 아니한 경우에는 피압류채권 상호간의 연대나 보증 또는 합동 등 견련관련 유무에 따라 그 유효성 여부가 논의되며, 유효한 것으로 취급하는 경우에는 피압류채권들 사이에 전부되는 순서는 어떠한 기준에 따라 정할 것인지 등 복잡한 문제가 전개된다. 그러나 이러한 논의에 있어서 흔히 간과되는 전제는 '피압류채권의 합계액이 청구금액을 초과하는 경우'라는 점이다. 그런데 사례를 살펴보면 을과 병의 장성군에 대한 재해복구비 청구권의 합계액이 1억원으로 청구금액을 초과하지 아니한다. 따라서 사견으로는 위와 같은 사례에서는 피압류채권의 특정이 처음부터 논의될 여지가 없으며, 더욱이 갑에 대한 을과 병의 채무는 연대채무라는 점에서 보정명령은 타당성이 없다고 본다(반대견해 있을 수 있음).

2. 압류금지채권

한편 채무자들의 장성군에 대한 재해복구비채권이 자연재해대책법 제71조, 재난 및 안전관리기본법 제66조, 재난구호 및 재난복구비용 부담기준 등에 관한 규정(대통령령 제191414호) 제4조에 해당하는 압류금지채권이 아닌가 하는 의문이 있다. 그러나 관련법률에서 자연재해로 인한 보상체계는 크게 '이재민의 생계안정을 위한 구호'와 '재난으로 인한 피해의 복구'로 대별하고 있음을 알 수 있으며, 이를 합목적적으로 해석해 보면 압류금지의 대상은 '구호금채권'에 한한다 할 것이고 '복구비채권'은 압류금지의 대상이 아니라고 보아야 할 것이다(반대견해 있을 수 있음). 이 점에 관하여 아직까지 명시적인 판례는 없는 것으로 보인다.

사례 46 〈해설〉 집행채권부존재와 피전부채권부존재

1. 집행채권의 부존재(설문①에 관한 풀이)

집행채권의 존부는 전부명령에 효력에 아무런 영향이 없다. 즉 갑이 전부명령이 있기 전에 을에게 돈을 모두 갚았다고 하더라도 위 전부명령에 따라 갑의 병에 대한 매매대금채권은 을에게 이전된다. 또한 이러한 집행채권의 변제는 '압류 및 전부명령'이라는 채권집행절차 밖에서 발생된 사정으로 채권집행절차의 적법성에도 아무런 영향이 없다. 즉 병은 물론 갑도 집행채권의 부존재를 내세워 전부명령의 효력을 다툴 수 없다. 달리 표현하자면 집행채권의 부존재는 절차적 하자가 아닌 실체적 하자에 불과한 것이어서 전부명령에 대한 즉시항고의 사유로 삼을 수 없는 것이다. 위와 같은 상황에 있어서 결국 즉시항고는 적절한 대응방법이 될 수 없으며 갑은 전부명령이 확정되기 전이면 청구이의의 소로서 다투는 것이 좋다. 만일 전부명령이 확정된 이후라면 병이 을에게 변제하는 것을 방지하기 위하여, 갑은 병에 대한 부당이득(을이 법률상 원인 없이 갑의 병에 대한 채권을 이전받았다는 것-전부명령은 기판력이 없으므로 전부명령유효하다고 것과 부당이득이 인정된다는 입론 사이에 모순이 없다고 하겠다)반환청구권 내지 불법행위로 인한 손해배상청구권을 피보전권리로 하여 병의 갑에 대한 변제를 금하는 가처분 내지 가압류를 하여 두는 것이 좋다.

2. 집행채권의 부존재(설문②에 관한 풀이)

전부명령의 실체적 효력은 채무자가 피전부채권으로 전부채권의 변제에 갈음하는 대물변제와 같은 것이다. 따라서 전부명령의 확정 이후에는 갑과을 사이의 채권채무관계는 소멸한다. 그러므로 갑의 을에 대한 변제는 비채변제에 해당한다.

3. 피전부채권의 부존재(설문③에 대한 풀이)

압류 및 전부명령을 통하여 채권귀속에 변경이 있는 경우라도 제 3 채무자를 더 불리하게 취급하는 것은 타당하지 아니하다. 즉 제 3 채무자인 병으로서는 피전부채권이 갑에서 을로 이전되었다고 하더라도, 을에게 대항할 수 있었던 사유로 여전히 새로운 채권자 갑에도 대항할 수 있는 것이다. 다만 압류명령이 있은 이후에 을에 대한 관계에서 새로이 발생한 항변사유로는 갑에게 대항할 수 없을 뿐이다. 위 사례에서 을과 병 사이에 해제되었다는 사실 자체는 비록 전부명령이 있은 이후에 있은 것이지만, 해제권 자체는 이미 압류 이전인 매매계약 성립시에 발생의 기초가 성립된 것이므로 여전히 병은 갑에게 대항할 수 있다고 하겠다. 이에 관하여는 판례의 취지는 다소 불분명하지만 원인관계인 매매계약을 해소시킴으로서 반사적으로 매매대금지급청구권이 소멸케 하는 것은 '피압류채권에 대한 처분행위'가 아니라고 보고 있는 듯 하다. 사견으로는 '원인관계를 해소시키는 행위'라도 원인관계로부터 발생한 '피압류채권에 대한 처분행위'로는 파악하되, 다만 대항할 수 있는 항변의 문제로 취급하는 것이 더 적절하다고 본다. 다만 어느 경우에나 갑과 병 사이에 원인관계해소가 을을 해할 목적으로 행하여진 경우에는 이로서 병에게 대항할 수 없다.

설문처럼 피전부채권이 부존재하는 경우에도 전부명령이라는 재판 자체에는 아무런 영향이 없다. 다만 전부명령이 갖는 실체적 효력으로서 '피전부채권의 이전과 그에 따른 집행채권의 소멸'의 효과는 인정되지 아니한다. 즉 을과 병 사이에는 아무런 법률관계가 발생될 여지가 없과 갑과 을 사이의 채권채무관계는 종전과 동일하게 유지된다. 한편 피전부채권의 부존재는 전부명령이라는 '채권집행절차의 고유한 하자'라고 볼 것도 아니어서 전부명령에 대한 즉시항고로 다툴 여지도 전혀 없다.

4. 제 3 채무자의 무자력(설문④에 대한 풀이)

제 3 채무자에게 변제할 재산이 없다는 사정은 전부명령의 효력에 아무런 영향이 없다. 결국 을로서는 갑에 대한 대여금채권을 상실하고 병에 대한 부실채권을 떠안는 셈이 된다. 또한 병의 무자력을 이유로 갑에게 담보책임을 물을 여지도 전혀 없으며, 제 3 채무자의 무자력은 전부명령이라는 '채권집행절차에 고유한 절차적 하자'에 해당하지 아니하므로 즉시항고로 다툴 여지도 없다.

사례 47 〈해설〉 전부명령의 제 3 채무자경정

1. 전부명령의 경정 허용여부

전부명령에 위산·오기 기타 이에 유사한 오류가 있는 것이 명백한 경우에는 경정절차를 통하여 오류를 바로 잡을 수 있다. 따라서 채무자의 표시에 있어서 '민성산업기계주식회사'는 당사자의 입장에서 객관적으로 판단할 때 '만성산업기계주식회사'를 오기한 것이 명백하다. 따라서 집행법원은 경정신청을 받아들여야 한다. 제 3 채무자는 전부명령의 당사자가 아니므로 제 3 채무자의 입장에서 동일성을 인정할 수 있는가 여부는 경정결정 여부에 고려할 사항이 아니다.

2. 경정된 전부명령의 효력발생시기

전부명령에 대한 경정이 있는 경우라도 재판의 효력발생시기에는 영향이 없는 것이 원칙이다. 그러나 위와 같은 경정결정의 소급효를 일관하여 관철시킨다면 순전히 타의에 의하여 다른 사람들 사이의 분쟁에 편입된 제 3 채무자의 보호의 견지에서 타당하다고 할 수 없다. 따라서 제 3 채무자의 입장에서 전부명령의 동일성에 실질적으로 변경을 가한 것이라고 인정되는 경우에는 경정결정이 제 3 채무자에게 송달된 때에 비로소 경정된 내용의 전부명령의 효력이 발생한다고 보아야 한다. 즉 경정의 허용여부는 당사자의 관점에서 정하되 그 효력발생시기는 제 3 채무자의 관점에서 소급여부를 정하여야 하는 것이다. 위 사례에서 당초의 전부명령에도 불구하고 을이 피전부채권을 채무자에게 변제하였다는 것은 을로서는 '민성산업기계주식회사'와 '만성산업기계주식회사'가 별개의 회사라고 받아들인 결과라 할 것이므로 경정된 전부명령의 효력은 소급하지 아니하는 것으로 보아야 한다. 즉 을의 채무자에 대한 변제는 유효하다고 하겠다. 따라서 을은 갑에게 변제요구를 거절하면 그만이다.

Ⅶ. 전부명령절차의 종료

전부명령은 현금화절차인 동시에 배당절차의 성질을 함께 갖는다. 전부명령으로 피압류채권이 전부채권자에게 이전되는 동시에 집행채권이 만족을 얻어 소멸하기 때문이다. 그러므로 전부명령이 확정되면 채권집행절차는 종료되었다고 할 것이므로 그 이후에는 제3자 이의의 소나 청구이의의 소는 소의 이익이 없어 허용되지 아니한다.

≪판례≫ **피전부채권의 부존재**[대법원 1996. 11. 22. 선고 96다37176 판결]

금전채권의 압류 및 전부명령이 집행절차상 적법하게 발부되어 채무자 및 제3채무자에게 적법하게 송달되고 1주일의 즉시항고기간이 경과하거나 즉시항고가 제기되어 그 항고기각 또는 각하결정이 확정된 경우에는 집행채권에 관하여 변제의 효과가 발생하고 그 때에 강제집행절차는 종료하는 것인바, 가사 피전부채권이 존재하지 아니하는 경우라 하더라도 민사소송법 제564조 단서의 규정에 따라 집행채권 소멸의 효과는 발생하지 아니하나 강제집행절차는 피전부채권이 존재하는 경우와 마찬가지로 전부명령의 확정으로 종료하는 것이고, 단지 전부채권자는 집행채권이 소멸하지 아니한 이상 피전부채권이 존재하지 아니함을 입증하여 다시 집행력 있는 정본을 부여받아 새로운 강제집행을 할 수 있을 뿐이다.

Ⅷ. 전부명령에 대한 구제수단

1. 문 제 점

전부명령절차상의 하자와 전부채권자의 전부금청구에 대한 제3채무자의 항변은 앞서 살펴보았다. 그 밖에도 전부명령에 있어서 집행권원의 무효, 집행채권의 부존재, 피전부채권의 부존재가 흔히 문제된다. 이러한 문제들은 앞서 부분적으로 설명한 것으로 중복된 감이 없지 아니하나 논의의 중요성에 비추어 이를 일괄하여 다시 한 번 정리해보면 다음과 같다.

2. 무효인 전부명령

전부명령이 형식적으로 확정되었다고 하더라도 그 기초가 된 집행권원이 무효이거나 부존재하는 경우이거나 집행적격이 없는 자를 채무자로 삼거나 압류금지채권을 피전부채권으로 삼거나 또는 압류가 경합된 상태에서 내려진 전부명령은 아무런 실체적 효력을 가질 수 없다.

≪판례≫ **압류금지채권에 대한 전부명령**[대법원 1987. 3. 24. 선고 86다카1588 판결]

건축업법 제55조, 같은 법 시행령 제52조에 의하여 압류가 금지된 채권에 대한 압류명령은 강행법규에 위반되어 무효라 할 것이고, 또 전부명령은 압류채권의 지급에 갈음하여 피전부채권이 압류채권자에 이전하는 효력을 갖는 것이므로 전부명령의 전제가 되는 압류자체가 무효라면 이에 기한 전부명령 역시 무효라고 하지 않을 수 없지만 한편 이와 같은 무효는 압류 및 전부명령도 하나의 재판인 이상 이를 당연무효라고 할 수는 없으므로 다만 실체법상의 효과를 발생시키지 아니하는 뜻의 무효라고 보아 제3채무자는 압류채권자의 전부금지급청구에 대하여 위와 같은 실체법상의 무효를 들어 항변할 수 있다.

가. 전부명령 자체의 효력

실체적 효력을 갖지 못하는 전부명령이라도 확정된 이후에는 전부명령이라는 재판 자체로서는 유효한 것으로 취급된다. 그러므로 무효인 집행권원에 기초한 전부명령이라도 확정되면 집행절차는 종료된 것으로 파악되므로 채무자는 청구이의의 소 등으로 전부명령을 다툴 수도 없다.

≪판례≫ **실체적 무효와 전부명령절차의 종료**[대법원 1989. 12. 12. 선고 87다카3125 판결]

공정증서가 무권대리인의 촉탁에 기하여 작성된 것으로서 무효인 때에는 채무자는 청구이의의 소에 의하여 강제집행불허의 재판을 구할 수 있는 것이지만 위 공정증서에 기한 강제집행이 일단 전체적으로 종료된 후에는 그 강제집행이 압류가 경합된 상태에서 발하여진 것이라든가 혹은 피전부채권이 존재하지 아니하는 등 다른 사유로 무효로 된 경우 이외에는 채권자가 위 공정증서가 당초부터 무효이었기 때문에 이에 기한 강제집행이 무효가 되어 집행이 끝나지 않았다는 이유를 내세워 다시 강제집행에 착수할 수는 없는 노릇이므로 채무자가 청구이의의 소로써 그 강제집행의 불허를 구할 소의 이익이 없다(같은 취지 대법원 1997. 4. 25. 선고 96다52489 판결).

채무자로서는 전부명령이 확정되기 이전에 청구이의의 소 또는 집행문 부여에 대한 이의로 다투어 전부명령이라는 재판의 외관이 발생하는 것을 막을 수 있을 뿐이다.

≪판례≫ **피모용자의 집행문부여에 대한 이의**[대법원 1999. 6. 23.자 99그20 결정]

집행증서상의 명의를 모용당하였다고 주장하는 채무자는 위 집행증서에 채무자 본인의 집행촉탁 및 집행수락의 의사가 결여되었음을 내세워 집행문 부여에 대한 이의로써 무효인 집행증서에 대하여 부여된 집행문의 취소를 구하는 것도 가능하다 할 것이고, 그 경우 이의를 심리하는 법원으로서는 임의적 변론을 거쳐 결정의 형식으로 그 당부를 판단하면 족하며, 반드시 심문 또는 변론절차를 열거나 제출된 자료만으로 소명이 부족하다

하여 신청인에게 추가 소명의 기회를 주어야 하는 것은 아니다.

나. 전부명령의 실체적 효력

(1) 의 의 무효인 전부명령은 피전부채권 이전과 집행채권의 소멸이라는 실체적 효력을 갖지 못한다. 이러한 의미에서 전부명령은 무효이다. 전부명령이라는 재판 자체가 유효하다는 것과 전부명령이 실체적 효력을 갖지 못한다는 점에서 무효라는 것은 논의의 평명이 다른 것으로 상호 모순된 것이 아니다.

≪판례≫ 상속포기자에 대한 전부명령[대법원 2002. 11. 13. 선고 2002다41602 판결]

채무명의에 표시된 채무자의 상속인이 상속을 포기하였음에도 불구하고, 집행채권자가 동인에 대하여 상속을 원인으로 한 승계집행문을 부여받아 동인의 채권에 대한 압류 및 전부명령을 신청하고, 이에 따라 집행법원이 채권압류 및 전부명령을 하여 그 명령이 확정되었다고 하더라도, 채권압류 및 전부명령이 집행채무자 적격이 없는 자를 집행채무자로 하여 이루어진 이상, 피전부채권의 전부채권자에게의 이전이라는 실체법상의 효력은 발생하지 않는다고 할 것이고, 이는 집행채무자가 상속포기 사실을 들어 집행문 부여에 대한 이의신청 등으로 집행문의 효력을 다투어 그 효력이 부정되기 이전에 채권압류 및 전부명령이 이루어져 확정된 경우에도 그러하다고 할 것이다.

그러므로 외형상 유효한 전부명령이 있더라도 피전부채권이전이라는 실체적 효력이 인정되지 아니하는 경우에 제3채무자로서는 피전부채권을 채무자에게 변제하여서는 아니 된다. 이러한 경우 전부채권자의 이행청구에 대하여는 제3채무자가 적극적으로 다투어야 할 신의칙상의 응소의무가 인정된다.

≪판례≫ 제3채무자의 응소의무[대법원 1988. 8. 23. 선고 87다카546 판결]

[1] 채권가압류나 압류가 경합된 경우에 있어서는 그 압류채권자의 한 사람이 전부명령을 얻더라도 그 전부명령은 무효가 되지만 이 경우에도 그 전부채권자는 채권의 준점유자에 해당한다고 보아야 할 것이므로 제3채무자가 그 전부채권자에게 전부금을 변제하였다면 제3채무자가 선의 무과실일 때에는 민법 제470조에 의하여 그 변제는 유효하고 제3채무자는 다른 압류채권자에 대하여 이중변제의 의무를 부담하지 아니하나 반면에 제3채무자가 위 전부금을 변제함에 있어서 선의 무과실이 아니었다면 제3채무자가 전부채권자에게 한 전부금의 변제는 효력이 없고, 또 그것이 경합압류채권자에 대하여는 불법행위가 될 수 있는 것이므로 제3채무자는 경합압류채권자에 대하여 그로 인한 손해를 배상할 의무가 있다.

[2] 을의 전부명령이 갑의 압류와 경합된 상태에서 이루어져 제3채무자인 병이 무효인 사실을 알았거나 알 수 있었음에도 불구하고 병은 을의 전부금청구에 대하여 다투어 보지도 아니한 채 의제자백에 의한 을의 승소판결이 선고되게 하고 그 8일 만에 이를 변제

해 버렸다면 병에게는 갑의 압류채권을 적극적으로 침해하는 불법행위를 구성하는 고의 또는 과실이 있다고 보아야 한다.

(2) **채권의 준점유자에 대한 변제** 제 3 채무자로서는 위와 같은 전부명령이 무효라는 사정을 알 수가 없는 것이 보통이므로 전부명령의 송달이 있게 되면 자칫 전부채권자에게 변제를 하기 쉽다. 이러한 변제는 원칙적으로 채권자 아닌 자에 대한 변제로 아무런 효력을 가질 수 없는 것이지만 채권의 준점유자에 대한 변제로서 유효하게 취급될 수는 있다. 이러한 의미에서 무효인 집행권원에 기초한 전부명령은 '채무자에 대한 관계에서 무효이다'라는 표현이 흔히 쓰이나 정확한 표현이라고 보기는 어렵다.

≪판례≫ 채권의 준점유자에 대한 변제[대법원 1995. 4. 7. 선고 94다59868 판결]

[1] 채권가압류나 압류가 경합된 경우에 있어서는 그 압류채권자의 한 사람이 전부명령을 얻더라도 그 전부명령은 무효가 되지만, 이 경우에도 그 전부채권자는 채권의 준점유자에 해당한다고 보아야 할 것이므로 제 3 채무자가 그 전부채권자에게 전부금을 변제하였다면 제 3 채무자가 선의 무과실인 때에는 민법 제470조에 의하여 그 변제는 유효하고 제 3 채무자는 다른 압류채권자에 대하여 이중변제의 의무를 부담하지 아니하는 반면에 제 3 채무자가 위 전부금을 변제함에 있어서 선의 무과실이 아니었다면 제 3 채무자가 전부채권자에게 한 전부금의 변제는 효력이 없는 것이다.

[2] 갑의 전부명령을 송달받기 이전에 이미 을의 가압류결정을 송달받았을 뿐만 아니라, 을이 제기한 전부금청구소송에서 을의 전부명령을 압류 또는 가압류가 경합된 상태에서 발하여진 것으로서 무효라는 주장을 스스로 제기한 바 있음에도, 그 후 갑이 제기한 전부금소송절차에서 을의 압류가 경합되어 있다는 주장을 내세우지도 아니함으로써 패소판결을 받고 바로 그 전부금을 변제하여 버렸다면, 제 3 채무자로서는 을의 전부명령은 물론 갑의 전부명령 또한 을의 가압류와 경합된 상태에서 발하여진 것으로서 무효라는 것을 알았거나 알 수 있었다는 이유로 위 제 3 채무자가 한 변제의 효력을 부인한 사례.

≪판례≫ 채권의 준점유자에 대한 변제[대법원 1997. 3. 11. 선고 96다44747 판결]

[1] 무효인 채권압류 및 전부명령을 받은 자에 대한 변제라도 그 채권자가 피전부채권에 관하여 무권리자라는 사실을 알지 못하거나 과실 없이 그러한 사실을 알지 못하고 변제한 때에는 그 변제는 채권의 준점유자에 대한 변제로서 유효하다.

[2] 채무자(을)가 제 3 채무자(병)에 대하여 가지고 있던 채권에 관하여 제 3 자(정) 앞으로 대항력 있는 채권양도가 이루어진 후 을이 정의 승낙 없이 임의로 병에게 채권양도철회의 통지를 한 상태에서 을에 대한 채권자(갑)가 위 채권에 대하여 채권압류 및 전부명령을 받고 이어 갑이 제기한 전부금소송에서 병이 패소판결을 받고 갑에게 그 금원을 지급한 경우, 법률전문가가 아닌 병으로서는 을의 채권양도철회통지로 인하여 채권양도가 없었던 것과 같이 되었다고 믿을 수밖에 없었고, 더욱이 갑이 제기한 전부금청구의 소에서

전부명령의 효력을 적극 다투었다가 패소판결을 선고받았다면, 병이 갑이 유효하게 임대보증금반환채권을 전부받은 채권자인 것으로 오인한 데 대하여 과실이 있다고 볼 수 없고, 따라서 병의 갑에 대한 변제는 유효하다고 본 사례.

≪판례≫ 고문변호사의 잘못된 답변[대법원 2000. 10. 27. 선고 2000다23006 판결]

채권가압류나 압류가 경합되어 전부명령이 무효인데 제 3 채무자가 고문변호사에게 전화로 법률관계를 문의하면서 그 압류의 경합상태 등에 관하여 제대로 설명하지 못한 채 제3채권자들의 압류금액 등을 제외하고도 지급할 채권액이 있다는 취지로 질의를 하고 이를 기초로 한 고문변호사의 답변을 들은 후 전부채권자에게 전부금을 변제한 경우, 그 법률관계 문의과정에서 사실관계에 대한 설명과 자료의 제공을 제대로 하지 못한 제 3 채무자 때문에 고문변호사도 충분한 자료검토와 신중한 판단을 하지 못하게 되어 잘못된 답변을 함으로써 이를 참고로 제 3 채무자가 전부금을 지급하기로 결정한 것이어서 제 3 채무자에게 과실이 있다는 이유로 그 변제의 효력을 부인한 사례.

위와 같이 제 3 채무자의 전부채권자에 대한 변제가 채권의 준점유자에 대한 변제로 취급되는 경우에 채무자는 제 3 채무자에 대하여는 더 이상 피압류채권의 이행을 구할 수는 없고, 채권자에게 부당이득의 반환 내지는 불법행위책임을 물어 그 손실을 만회할 수밖에 없다. 제 3 채무자가 전부채권자에게 변제하기 전이라면 채무자는 채권자를 상대로 채권의 추심과 처분을 금하는 가처분을 구함과 아울러 자신이 제 3 채무자에 대한 진정한 채권자라는 확인의 소를 제기하는 것이 적절한 구제책이 될 것이다. 또한 채무자는 제 3 채무자를 상대로 직접 채무의 이행을 구하는 통지나 소송을 하는 것이 좋다. 이렇게 함으로서 제 3 채무자의 채권의 준점유자에 대한 변제에 필요한 선의 · 무과실 주장을 방지할 수 있기 때문이다.

3. 집행채권의 부존재

집행채권의 존부는 집행권원과 전부명령의 자체의 효력에 아무런 영향이 없다. 그러므로 집행채권이 없는 집행권원에에 따른 전부명령이라고 하더라도 전혀 유효한 것으로 피전부채권의 이전이라는 전부명령의 실체적 효력이 발생한다. 이때 집행채권의 존부는 제 3 채무자가 다툴 것은 못된다.

≪판례≫ 집행채권의 부존재[대법원 1997. 10. 24. 선고 97다20410 판결]

집행력 있는 채무명의에 기하여 채권의 압류 및 전부명령이 적법하게 이루어져 확정된 이상 피압류채권은 집행채권의 범위 내에서 당연히 집행채권자에게 이전하는 것이어서 그 집행채권이 이미 소멸하였거나 소멸할 가능성이 있다고 하더라도 채권의 압류 및 전부명령의 효력에는 아무런 영향이 없다(같은 취지: 대법원 1996. 6. 28. 선고 95다45460 판결, 대법원 1976. 5. 25. 선고 76다626 판결, 대법원 2004. 5. 28. 선고 2004다6542 판결).

그러므로 제 3 채무자는 전부채권자에 피전부채권을 변제하여야 한다. 이러한 제 3 채무자의 변제는 채권의 준점유자에 대한 변제가 아니며 통상의 변제이다. 이러한 경우 채무자로서는 전부명령이 확정되기 전에 청구이의의 소에 의하여 전부명령의 효력발생을 막아야 두어야 한다. 채무자가 이를 간과하여 전부명령이 확정된 경우에는 채권자에게 부당이득의 반환 내지는 불법행위책임을 물어 그 손실을 만회할 수밖에 없다. 부당이득반환 내지는 불법행위책임을 구함에 있어서 집행권원이 확정판결인 경우에는 집행채권의 소멸이 변론종결시 이후의 사정에 비롯된 것이라는 주장에 한정된다. 만일 제 3 채무자가 전부채권자에게 변제하기 이전이라면 채무자는 전부채권자에 대한 부당이득반환청구권 내지는 불법행위로 인한 손해배상청구권을 피보전권리로 하여 전부채권자의 제 3 채무자에 대한 전부금청구권을 가압류하여 두는 것이 좋다.

4. 피전부채권의 부존재

피전부채권이 없는 경우라고 하여도 전부명령이라는 재판 자체는 유효하다. 그러나 이러한 전부명령은 피전부채권 이전에 따른 집행채권 소멸의 효력을 갖지 못한다. 피전부채권이 부존재한다는 사정은 전부명령절차상의 하자라고 할 것이 아니므로 채권자 등이 전부명령에 대하여 즉시항고로 다툴 것도 아니다. 채무자나 제 3 채무자로서는 피전부채권이 부존재한다는 사정을 내세워 전부명령을 다툴 이익도 전혀 없다. 만일 이러한 전부명령에 기초한 전부채권자의 이행청구에 대하여 제 3 채무자는 피전부채권이 부존재한다는 부인으로 그 이행을 거절하면 그만이다. 이러한 경우 채권자로서는 채무자의 다른 책임재산을 파악하여 다시 집행에 나서야 한다. 피전부채권의 부존재와 제 3 채무자의 무자력은 전혀 다른 것이다. 이때 압류채권자는 채무자의 다른 재산에 대한 강제집행에 앞서 집행정본을 재교부받아야 한다.

만일 피전부채권 부존재의 사정이 채무자의 채무면탈을 위한 사해행위에 기한 경우라면 전부채권자는 사행행위취소소송을 거쳐 다시 전부명령을 얻어야 한다. 예를 들어 집행채권자를 해하기 위하여 채무자가 제 3 채무자에 대한 채권을 전부명령의 송달 전에 제 3 자에게 양도한 경우에 집행채권자는 채권양도행위를 취소한 이후에 다시 전부명령절차를 거쳐야 한다. 이때 사행행위를 이유로 채권양도행위가 취소된 것만으로는 종전의 전부명령의 효력이 되살아나는 것으로 볼 것은 아니라 할 것이다.

≪**판례**≫ **피전부채권의 사해양도**[대법원 1997. 6. 27. 선고 95다40977,40984 판결]

[1] A 회사와 갑 사이의 채권양도의 확정일자 있는 통지가 채무자인 을에게 도달한 후에 A 회사의 채권자 병의 양도 채권에 대한 채권압류 및 전부명령이 을에게 송달되어 확정된 경우, A 회사와 갑 사이의 위 채권양도계약이 무효이거나 취소되지 않는다면 병의 위 채권압류 및 전부명령은 이미 양도된 채권에 대한 것이어서 무효이고, 따라서 병은 회사에 대한 채권자로서의 지위를 잃지 않으므로 채권자취소소송을 제기할 수 있다.

[2] 위 [1]의 갑이 을에 대하여 채권양수로 인한 양수금을 구하는 본소를 제기하자 병이 갑에 대하여는 A 회사와 갑 사이의 채권양도계약의 취소를 구하고, 을에 대해서는 전부금을 청구하면서 독립당사자참가를 한 경우, 권리주장참가 또는 사해방지참가로서의 각 요건을 갖추지 못하여 부적법하다.

제 *3* 목 특별한 현금화방법

제241조 (특별한 현금화방법)

① 압류된 채권이 조건 또는 기한이 있거나, 반대의무의 이행과 관련되어 있거나 그 밖의 이유로 추심하기 곤란할 때에는 법원은 채권자의 신청에 따라 다음 각호의 명령을 할 수 있다.

1. 채권을 법원이 정한 값으로 지급함에 갈음하여 압류채권자에게 양도하는 양도명령
2. 추심에 갈음하여 법원이 정한 방법으로 그 채권을 매각하도록 집행관에게 명하는 매각명령
3. 관리인을 선임하여 그 채권의 관리를 명하는 관리명령
4. 그 밖에 적당한 방법으로 현금화하도록 하는 명령

② 법원은 제 1 항의 경우 그 신청을 허가하는 결정을 하기 전에 채무자를 심문하여야 한다. 다만, 채무자가 외국에 있거나 있는 곳이 분명하지 아니한 때에는 심문할 필요가 없다.

③ 제 1 항의 결정에 대하여는 즉시항고를 할 수 있다.

④ 제 1 항의 결정은 확정되어야 효력을 가진다.

⑤ 압류된 채권을 매각한 경우에는 집행관은 채무자를 대신하여 제 3 채무자에게 서면으로 양도의 통지를 하여야 한다.

⑥ 양도명령에는 제227조 제 2 항 · 제229조 제 5 항 · 제230조 및 제231조의 규정을, 매각명령에 의한 집행관의 매각에는 제108조의 규정을, 관리명령에는 제227조 제 2 항의

규정을, 관리명령에 의한 관리에는 제167조, 제169조 내지 제171조, 제222조 제 2 항·제 3 항의 규정을 각각 준용한다.

Ⅰ. 의　의

피압류채권에 조건, 기한, 반대의무 등과 관련하여 추심하기 어려운 사정이 있는 경우에는 채권자의 신청으로 법원은 피압류채권을 이부명령 이외의 방법으로 현금화할 수 있다. 이를 특별한 현금화방법이라고 한다. 실무상 거의 활용되지 않고 있다.

Ⅱ. 현금화의 방법

1. 양도명령

피압류채권을 법원이 정한 값으로 지급에 갈음하여 압류채권자에게 양도하는 집행법원의 명령을 양도명령이라고 한다. 집행참가가 없는 경우만 가능하다.

2. 매각명령

추심에 갈음하여 법원이 정한 방법으로 그 채권을 매각하도록 집행관에게 명하는 집행법원의 명령을 매각명령이라고 한다. 잉여가 있는 경우에만 가능하여, 보통은 유체동산매각방법에 의한다. 매각명령에 매각을 한 경우에 집행관은 채무자를 대신하여 제 3 채무자에게 채권양도의 통지를 하여야 한다.

3. 관리명령

관리인을 선임하여 그 채권의 관리를 명하는 집행법원의 명령을 관리명령이라고 한다. 부동산 강제관리의 규정을 준용한다.

4. 그 밖의 방법

이외에도 법원은 적당한 방법으로 현금화를 명할 수 있다.

Ⅲ. 효력발생시기

특별한 현금화를 명한 재판은 확정되어야 효력이 발생한다.

Ⅳ. 불 복

특별한 현금화 명령에 대하여는 즉시항고로 불복할 수 있다.

제 2 관 유체물인도청구권에 대한 강제집행

Ⅰ. 서 론

제242조 (유체물인도청구권 등에 대한 집행)
부동산·유체동산·선박·자동차·건설기계·항공기 등 유체물의 인도나 권리이전의 청구권에 대한 강제집행에 대하여는 제243조 내지 제245조의 규정을 우선적용하는 것을 제외하고는 제227조 내지 제240조의 규정을 준용한다.

금전채권의 만족은 궁극적으로 집행절차를 통하여 책임재산에 대한 현금화를 통해 이루어진다. 그런데 채무자의 책임재산이 유체물에 대한 점유의 이전이나 권리의 이전을 구하는 권리인 경우에는 이를 곧바로 매각하여 현금화한다는 것이 불가능한 것은 아니지만 매각가격의 산정의 어려움, 중간생략등기금지, 당사자 사이의 계약관계의 존중 등의 측면에서 생각하기 어려운 방법이다. 이러한 이유에서 민사집행법은 유체물인도·권리이전청구권의 급부의 내용을 실현시킨 다음 그 실현결과물을 현금화하는 방법으로 강제집행절차를 규율하고 있다. 그러므로 유체물인도·권리이전청구권에 대한 강제집행은 집행의 대상이 되는 청구권을 실현시키는 점에 절차의 중점이 놓여지게 된다. 그러나 실무상 유체물인도·권리이전청구권에 대한 강제집행은 그리 많지 않다. 이러한 경우 채권자는 강제집행절차를 거치지 아니하더라도 채권자 대위권을 행사하여 당해 청구권의 급부내용을 실현시킨 다음 통상의 유체동산 또는 부동산 강제집행에 의하는 것이 가능하기 때문이다.

유체물인도청구권이나 권리이전청구권으로는 유체동산에 대한 점유의 이전이나 권리의 이전을 구하는 권리, 부동산 등에 대한 점유의 이전이나 권리의 이전을 구하는 권리가 있다.

Ⅱ. 유체동산 인도·권리이전청구권에 대한 집행

1. 집행의 대상

채무자가 제 3 자에게 유체동산의 인도 또는 권리의 이전을 구하는 청구권이다. 당해 청구권의 성질이 물권적 청구권이든 채권적 청구권이든 묻지 아니하며 청구권의 대상이 되는 목적물이 특정물일 필요도 없다. 그러나 청구권의 실현결과 목적물이 채무자의 책임재산을 구성하는 것이어야 하므로 그 청구권이 단순히 채무자의 점유만을 목적으로 하는 때에는 본 절차의 대상이 아니다. 예를 들어 채무자가 임차권에 기하여 임대인에게 갖는 임차목적물 인도청구권은 본 절차의 대상으로 삼을 수 없다. 또한 유체동산을 제조하거나 가공하여 인도할 것을 구하는 것과 같이 제 3 자의 노무를 구하는 청구권은 그 밖의 재산권에 대한 강제집행에 의할 것이지 본 절차에 따를 것이 아니다.

2. 집행신청

서면으로 집행의 대상이 되는 것을 특정하여 신청하여야 한다.

3. 압　　류

제243조 (유체동산에 관한 청구권의 압류)

① 유체동산에 관한 청구권을 압류하는 경우에는 법원이 제 3 채무자에 대하여 그 동산을 채권자의 위임을 받은 집행관에게 인도하도록 명한다.

② 채권자는 제 3 채무자에 대하여 제 1 항의 명령의 이행을 구하기 위하여 법원에 추심명령을 신청할 수 있다.

③ 제 1 항의 동산의 현금화에 대하여는 압류한 유체동산의 현금화에 관한 규정을 적용한다.

집행신청 내지 압류신청이 이유 있으면 집행법원은 ① 제 3 채무자에게 채무자에 대한 물건 인도 내지 권리의 이전의 금지, ② 채무자에 대하여 청구권의 추심과 처분의 금지(제242조, 제227조), ③ 제 3 채무자에게 대하여 목적물을 채권자의 위임을 받은 집행관에게 인도할 것을 명한다(제234조 1항). 인도명령은 별도로 내릴 수 있다.

≪판례≫ **압류와 인도명령**[대법원 1994. 3. 25. 선고 93다42757 판결]

민사소송법 제557조, 제561조, 제575조, 제707조의 각 규정에 비추어 보면, 유체동산인도청구권의 압류(강제집행에 관한 규정을 준용하는 가압류의 경우도 마찬가지이다)는 원칙적으로 금전채권의 압류에 준하여 집행법원의 압류명령과 그 송달로써 하는 것으로 제 3 채무자에 대한 압류명령의 송달이 있으면 압류의 효력이 발생하는 것이고, 같은 법 제 576조 제 1 항 소정의 이른바 인도명령은 같은 조 제 2 항에 의한 환가를 위한 준비로서 의미가 있는 것으로 압류명령의 본질적 부분을 구성하는 것은 아니며, 인도명령의 기재가 없는 압류명령도 완전히 유효한 것인바, 압류명령이 제 3 채무자에게 송달됨으로써 유체동산인도청구권 자체에 대한 압류의 집행은 끝나고 그 효력이 발생하는 것이다.

4. 청구권의 현실화절차

제245조 (전부명령 제외)

유체물의 인도나 권리이전의 청구권에 대하여는 전부명령을 하지 못한다.

유체동산 인도·권리이전청구권의 현실화하는 방법은 추심명령과 추심의 소에 의한다. 여기에서 추심명령은 금전채권에 대한 집해에서 추심명령과 그 내용이 전혀 다른 것으로 다른 적절한 용어로 바꾸어 규정하는 것이 좋을 것이다. 전부명령은 인정되지 아니한다(제245조).

가. 추심명령

위에서 살펴본 압류명령에 부수하는 인도명령은 제 3 채무자에게 집행관에게 인도할 것을 명하는 것에 그칠 뿐 채권자나 집행관에게 인도를 구할 권능을 부여하는 것은 아니다. 그러므로 채무자가 압류에 따른 인도명령에 따라 임의로 인도하지 아니하는 경우 당해 인도명령은 집행불능에 빠지고 이에 대하여 채권자로서는 별도로 집행법원에 인도를 구하는 권능의 부여를 신청하여야 한다. 이와 같이 집행법원이 채권자의 신청에 따라 인도를 구하는 권능을 부여하는 재판을 추심명령이라고 한다.

나. 추심의 소

채권자는 위의 추심명령의 정본에 기하여 집행관에게 제 3 채무자에 대한 인도의 최고를 위임할 수 있다. 이때 집행관은 제 3 채무자에게 인도를 최고하고 목적물을 수령할 권한이 있다. 제 3 채무자가 인도최고에 대하여 인도를 거부하는 경우에는 추심명령만으로는 직접 인도를 강제할 수는 없다. 제 3 채무자가 추심명령이 있음에도 인도를 거부하는 경우에 채권자는 추심의 소를 별도로 제기하여(제238조) 제 3 채무자는 집행관에게 목적물을 인도하라는 판결을 얻은 다음 이를 집행권원으로 유체물인도청구권의 집행절차에 따라 인도를 강제하여야 한다.

≪판례≫ **제 3 채무자의 인도거부와 추심명령**[대법원 1961. 12. 28. 59다667,668]
채권자가 금전채권을 위하여 채무자의 제 3 채무자에 대한 유체동산의 인도청구권을 차압하여 집행함에 있어서는 채권자는 그 인도청구권을 차압과 동시 또는 그 차압 후에 인도명령을 받아야 하고 만일 제 3 채무자가 위 인도명령에 의하여 목적물을 집달리에게 인도하지 아니할 시는 채권자는 그 추심명령을 받아 제 3 채무자로부터 목적물을 추심할 것이며 추심의 소에 있어서도 채권자가 위임한 또는 위임할 집달리에게 인도하라는 취지로서 소를 제기하여야 한다.

5. 현금화절차

집행관은 위와 같은 절차에 따라 제 3 채무자로부터 목적물을 인도 받은 다음에는 유체동산집행절차에 따라 현금화절차를 진행한다. 집행관이 이러한 현금화절차를 진행함에는 위의 인도명령이 있는 것만으로 족하고 별도의 집행위임이 필요 없다. 다만 집행관은 현금화를 마치면 매각대금을 자기의 권한으로 배당할 수는 없으며 배당은 집행법원이 실시한다. 이를 위해 집행관은 집행법원의 세입세출외현금출납공무원에게 매각대금을 제출해야 한다.

Ⅲ. 부동산 등 인도·권리이전청구권에 대한 집행

1. 집행의 대상

채무자의 청구권이 부동산에 관한 것이어야 한다. 부동산의 인도를 구하는 권리, 부동산의 소유권이전을 구하는 권리가 대부분이다. 여기서 부동산이라고 함은 집행법상의 그것이다. 실무상으로는 부동산소유권이전등기청구권에 대한 강제집행이 주로 문제된다.

≪판례≫ **소유권이전등기청구권에 대한 집행**[대법원 1978. 12. 18. 76마381 전원합의체 결정]
민사소송법 제577조에서 말하는 부동산에 관한 청구권의 문리상 당연히 부동산의 인도나 권리이전의 청구권을 총칭하는 것으로 부동산소유권이전등기청구권도 이에 포함되며 그렇다면 본 집행에의 길이 열려 있는 부동산소유권이전등청구권에 대하여 가압류가 안 될 이유가 없다[전원합의체판결: 본판결로 75.03.10 74마487 판결 폐기].

2. 집행신청

서면으로 집행의 대상으로 삼고자 하는 청구권을 특정하여 신청하여야 한다. 집행법원의 관할이다.

3. 압 류

제244조 (부동산청구권에 대한 압류)

① 부동산에 관한 인도청구권의 압류에 대하여는 그 부동산소재지의 지방법원은 채권자 또는 제 3 채무자의 신청에 의하여 보관인을 정하고 제 3 채무자에 대하여 그 부동산을 보관인에게 인도할 것을 명하여야 한다.

② 부동산에 관한 권리이전청구권의 압류에 대하여는 그 부동산소재지의 지방법원은 채권자 또는 제 3 채무자의 신청에 의하여 보관인을 정하고 제 3 채무자에 대하여 그 부동산에 관한 채무자명의의 권리이전등기절차를 보관인에게 이행할 것을 명하여야 한다.

③ 제 2 항의 경우에 보관인은 채무자명의의 권리이전등기신청에 관하여 채무자의 대리인이 된다.

④ 채권자는 제 3 채무자에 대하여 제 1 항 또는 제 2 항의 명령의 이행을 구하기 위하여 법원에 추심명령을 신청할 수 있다.

압류명령에는 ① 제 3 채무자가 채무자에게 목적물의 인도 또는 권리이전을 금지, ② 채무자가 청구권의 추심과 처분을 금지하는 것을 명한다. 이전등기청구권에 대한 압류명령에는 제 3 채무자가 이전등기절차이행의 금지 · 채무자가 이전등기청구권의 양도 등 처분의 금지를 명하는 것으로 족하다. 압류명령에 위배되는 제 3 채무자나 채무자의 처분행위 등의 효력에 관하여는 제4편에서 설명하는 소유권이전등기청구권에 대한 가압류집행의 효력을 참고하면 된다.

4. 청구권의 실현절차

가. 인도명령

압류명령의 실효성을 확보하기 위하여 집행법원 또는 목적물 소재지 지방법원은 채권자 또는 제 3 채무자의 신청에 따라 보관인을 정한다. 유체동산에 관한 청구권에 대한 집행에서 달리 부동산에 대한 점유 등의 확보가 집행절차의 진행에 필수적인 것이 아니므로 직권으로 보관인을 선임할 수는 없다. 인도명령에는 부동산인도청구권에 대한 집행의 경우에는 제 3 채무자가 보관인에게 목적물의 점유를 이전하게 하고, 부동산이전등기청구권의 경우에는 제 3 채무자가 그 부동산에 관한 채무자 명의의 소유권이전등기절차를 보관인에게 이행할 것을 명한다. 보관인은 채무자 명의의 이전등기신청에 관하여 채무자의 법정대리인이 된다(제244조 3항). 보관인은 집행관이 아니어도 무방하다.

나. 추심명령

인도명령만으로는 인도 내지는 이전을 강제하지는 못한다. 그러므로 제 3 채무자가 인도명령을 내용을 임의로 이행하지 아니하는 경우에는 채권자는 별도로 집행법원에 추심명령을 신청하여야 한다(제244조 4항). 추심명령은 채무자와 제 3 채무자에게 송달하여야 하고 제 3 채무자에게 송달된 시점에 그 효력이 발생한다(제242조, 제227조 2·3항).

5. 현 금 화

인도명령 또는 추심명령에 따라 현금화에 적합한 상태가 되면 채권자는 부동산집행의 규정에 따라 본래의 집행권원에 따라 강제집행의 신청을 하여 집행채권의 만족을 얻을 있다(규칙 제170조).

제 3 관 그 밖의 재산권에 대한 강제집행

제251조 (그 밖의 재산권에 대한 집행)

① 앞의 여러 조문에 규정된 재산권 외에 부동산을 목적으로 하지 아니한 재산권에 대한 강제집행은 이 관의 규정 및 제98조 내지 제101조의 규정을 준용한다.

② 제 3 채무자가 없는 경우에 압류는 채무자에게 권리처분을 금지하는 명령을 송달한 때에 효력이 생긴다.

I. 서 론

지금까지 채무자의 책임재산이 부동산, 유체동산, 금전채권, 유체물인도·권리이전청구권인 경우에 대하여 설명하였다. 그러나 채무자의 책임재산은 이에 해당하지 아니하는 경우도 많다. 이러한 기타의 책임재산에 대하여는 개별 책임재산의 성질에 알맞은 집행절차를 따로 두는 것이 논리적이겠지만, 입법기술상 매우 어려운 문제이다. 수많은 책임재산의 유형에 따라 법률로 강제집행절차를 세세히 규정하는 것은 사실상 불가능한 것이다. 이에 민사집행법은 제251조에서 '그 밖의 재산권에 대한 집행'이라는 제하에서 제98조 내지 제101조의 규정, 제223조 내지 제250조의 규정을 준용한다고 하여 최소한의 개괄적인 규정만을 두고 있다.

Ⅱ. 집행의 대상

사 례 48 **조합재산에 대한 강제집행**

건설회사 갑, 을, 병 3개사는 정으로부터 공동으로 동업하여 공사를 도급받아 공사에 착수하였다. 갑, 을, 병 3사는 내부적으로 서로 균등한 비율로 공사에 참여하기로 하였다. 공사가 진행되던 중 갑의 채권자 무는 집행권원에 더하여 집행문 부여절차를 거쳐 정에 대한 공사대금채권 중 갑의 지분비율에 해당하는 3분의1에 해당하는 금액에 관하여 금전채권에 대한 집행절차에 따라 압류 및 전부명령을 받았다. 이에 대하여 갑, 을, 병의 적절한 대응책은 무엇인가?

1. 집행의 대상이 되는 것

그 밖의 재산권에 대한 집행의 대상이 되는 것은 유체동산, 금전채권, 유체물인도·권리이전청구권 이외에 부동산을 목적으로 하지 아니하는 재산권이다. 구체적으로는 가입전화사용권, 특허권·실용신안권·상표권·의장권·저작권 등의 무체재산권, 합명회사·합자회사·유한회사의 사원권, 조합원의 지분권, 골프회원권·스포츠회원권·콘도회원권과 같은 설비이용권, 임차권, 예탁유가증권, 전세권, 고용계약상 사용자가 노무 제공을 받을 권리와 같은 채무자가 제 3 채무자에게 가지고 있는 작위를 목적을 하는 청구권, 백지어음보충권, 이사회의 결의로 주주가 취득한 구체적 신주인수권(상법 제416조, 제420조의2), 유체동산에 대한 공유지분권, 선박·자동차·건설기계·항공기의 공유지분, 광업권 등의 공유지분, 소유권보존등기가 경료 되지 아니한 입목 등이 있다. 임차권의 경우에는 임대인이 승낙이 있는 경우에 한하여(민법 제629조), 고용계약상 사용자가 노무 제공을 받을 권리는 근로자의 동의가 있어야 집행의 대상이 된다(민법 제657조).

≪판례≫ **무체재산권**[대법원 2001. 11. 27. 선고 2001도4759 판결]

강제집행면탈죄에 있어서 재산에는 동산·부동산뿐만 아니라 재산적 가치가 있어 민사소송법에 의한 강제집행 또는 보전처분이 가능한 특허 내지 실용신안 등을 받을 수 있는 권리도 포함된다.

≪판례≫ **공유수면점용허가권**[대법원 2005. 11. 10. 선고 2004다7873 판결]

공유수면관리법 제11조 제 1 항, 제 2 항, 같은 법 시행령 제19조 제 1 항의 각 규정에 의하면, 공유수면점용허가권은 공법상의 권리라고 하더라도 허가를 받은 자가 관할 관청의 허가 없이 그 점용허가권을 자유로이 양도할 수 있으므로 독립한 재산적 가치를 가지고 있고, 법률상 압류가 금지된 권리도 아니어서 민사집행법 제251조 소정의 '그 밖의 재산권'에 대한 집행방법에 의하여 강제집행을 할 수 있고, 사해행위로서 이를 양도한 경우에는 채권자취소권의 대상이 된다.

광업권, 어업권, 댐사용권은 부동산집행절차에 의할 것이지(광업법 제12조 1항, 수산업법 제15조 2항, 내수면어업법 제7조 2항, 댐건설 및 주변지역지원 등에 관한 법률 제29조), 그 밖의 재산권에 대한 집행절차에 따를 것이 아니다.

2. 집행의 대상이 될 수 없는 것

그 밖의 재산권에 대한 집행도 다른 집행과 마찬가지로 궁극적으로 금전채권의 만족을 위한 것이므로 그 대상이 독립하여 재산적 가치가 있는 금전적 평가가 가능한 것이어야 한다. 조건부권리, 장래의 권리라도 이에 해당하면 집행의 대상으로 삼을 수 있다. 그러므로 취소권·해제권과 같은 형성권, 담보물권 자체, 보증으로 인한 권리, 성명권·초상권과 같은 인격권, 전기·가스·수도의 공급계약에 기초한 수요자의 권리, 상인의 영업으로 인한 사실상의 이익, 상속인이 될 가능성이 있는 단순한 기대가능성, 재산적 가치가 없는 비영리법인의 사원권, 순수한 신분상의 권리, 상호권(반대견해 있음), 건설업면허 등은 집행의 대상으로 삼을 수 없다. 형성권 중에 등기되어 있는 환매권은 독립한 재산으로 볼 수 있으므로 집행의 대상이 된다.

≪판례≫ 건설업면허에 대한 집행가부[대법원 1994. 12. 15.자 94마1802,94마1803 결정]

건설업법 제6조, 제7조, 제9조, 제16조의2, 제13조, 제15조의 규정에 의하면, 건설부장관의 인가를 받아 건설업의 양도가 적법하게 이루어지면 건설업면허는 당연히 양수인에게 이전되는 것일 뿐, 건설업을 떠난 건설업면허 자체는 건설업을 합법적으로 영위할 수 있는 자격에 불과한 것으로서 양도가 허용되지 아니하는 것이라 할 것이므로, 결국 건설업자의 건설업면허는 법원이 강제집행의 방법으로 이를 압류하여 환가하기에는 적합하지 아니한 것이라 할 것이다.

≪판례≫ 여객자동차운송사업면허[대법원 2007. 12. 28. 선고 2005다38843 판결]

여객자동차 운수사업법에 의하면, 여객자동차운송사업의 면허는 여객자동차운송사업을 합법적으로 영위할 수 있는 자격에 불과하고, 여객자동차운송사업의 양도가 이루어지면 그 면허를 포함하여 여객자동차운송사업과 관련한 물적시설 등이 일체로서 이전되는 것이므로 여객자동차운송사업을 떠난 면허만을 법원이 강제집행의 방법으로 압류하여 환가하기에 적합하지 아니하나, 여객자동차 운수사업법 제15조, 동법 시행령 제10조, 동법 시행규칙 제35조 제 2 항에 의하면, 여객자동차운송사업자는 관할 관청의 허가 없이 그 면허를 포함한 여객자동차운송사업의 전부 또는 일부를 양도할 수 있고(다만, 개인택시운송사업의 양도는 관할 관청의 인가를 받아야 한다), 민사집행법상 여객자동차운송사업의 시설, 기구 등 영업재산이 일괄하여 강제집행될 경우에는 그에 관한 면허 역시 일체로서 환가될 수 있으므로, 채무자가 제 3 자에게 여객자동차운송사업 면허만을 양도한 계약이 무효인 경우에 채권자는 채권자대위권의 행사로서 면허권자 명의변경을 구할 법률상의 이익이 있다.

사례 48 〈해설〉 조합재산에 대한 강제집행

1. 합유재산에 대한 강제집행

갑, 을, 병의 동업관계는 민법상 조합관계로 평가된다. 따라서 정에 대한 공사대금 채권은 갑, 을, 병의 합유재산이다. 한편 합유자 중 어느 한 사람을 채무자로 하는 경우 합유재산 그 자체를 직접 집행의 대상으로 삼는 것은 허용되지 아니한다. 이것은 합유자가 연대하여 채무를 이행할 것을 명하는 집행권원이 있는 경우라도 마찬가지다. 즉 민사집행법은 '그 밖의 재산권에 대한 강제집행'이라는 절차를 두어 합유재산에 관하여는 합유지분에 대한 강제집행을 통하여 우회적으로 합유재산을 통한 만족을 얻도록 하고 있는 것이다.

2. 제 3 자이의 소

결국 위 압류 및 전부명령은 직접 집행의 대상으로 삼을 수 없는 제 3 자의 재산에 대한 집행으로 아무런 실체적 효력을 갖지 못한다. 이러한 경우 을과 병은 위와 같은 전부명령은 무시하면 그만이다. 다만 정의 무에 대한 변제(채권의 준점유자에 대한 변제)를 예방하기 위하여 전부명령이 확정되기 전이라면 제 3 자이의의 소로 다툴 필요가 있다.

3. 즉시항고

한편 위 압류 및 전부명령은 집행의 대상으로 삼을 수 없는 금전채권을 대상으로 한 것이라는 점에서 위법하다고 볼 여지가 있다. 그러나 전부명령절차에 있어서 피전부채권의 존부는 채권자의 주장자체로 판단할 것이고, 집행기관으로서는 그 실재여부를 실체적으로 심리할 권한도 의무도 없다는 점에서 전부명령 자체에는 아무런 위법도 없다 할 것이다. 따라서 전부명령에 대한 즉시항고로 다툴 여지는 없다고 본다(반대견해 있을 수 있음). 다만 갑으로서는 위와 같은 전부명령은 무시하면 그만이지만 정의 무에 대한 변제(채권의 준점유자에 대한 변제)를 예방하기 위한 수단으로서 정을 상대로 조합채권부존재확인의 소를 제기할 필요가 있을 것이다.

4. 기　타

무에게 갑에 대한 유효한 집행채권이 존속하는 한 갑이 청구이의로 다툴 여지는 없다. 또한 즉시항고로 다툴 수 있다는 점에서 집행에 관한 이의로 다툴 여지는 없다. 한편 사례에서는 집행문부여에 대한 이의로 다툴 여지가 없다. 집행대상에 따른 집행절차의 유형은 집행문부여 이후의 시기에 정해지는 것이기 때문이다.

Ⅲ. 집행절차

1. 집행신청

집행의 신청에는 압류할 권리를 명확하게 특정하여야 한다. 그 존재를 증명할 필요는 없다. 임차권과 같이 제 3 자(임대인)의 승낙이 있어야만 양도가 가능한 권리를 압류하고자 하는 경우에는 제 3 자의 승낙을 증명하는 서면을 첨부하여야 한다.

2. 압 류

그 밖의 재산권에 대한 압류는 금전채권의 압류에 관한 규정(제223조 내지 제227조)을 준용한다. 그러므로 집행법원은 압류명령을 발함으로써 행하는 관념적인 방법에 의한다. 압류명령은 직권으로 채무자에게 송달하며 제 3 채무자가 있는 경우에는 그에게도 송달한다. 여기서 제 3 채무자라고 함은 압류된 재산권에 관한 직접의 이해관계인으로 물건 또는 권리의 이용권에서는 물건 또는 권리의 소유자, 설비의 이용권에서는 그 경영주체, 사원권에서는 회사 내지는 사단, 조합의 지분권에서는 나머지 조합원, 공유지분에서는 나머지 공유자가 제 3 채무자가 된다. 무체재산권에서는 제 3 채무자가 없다. 채권증서의 인도(제234조), 제 3 채무자의 진술의무(제237조)에 관한 규정도 압류된 권리의 성질상 필요한 경우에는 준용된다.

3. 현 금 화

채권자의 신청에 따라 금전채권의 현금화방법에 의한다. 권면액이 있는 경우에는 추심명령이나 전부명령에 의하고 권면액이 없는 경우에는 특별한 현금화방법에 의하는 것이 보통이다. 특별한 현금화방법을 취하는 경우에는 제241조 2항이 준용되므로 채무자를 심문하여야 한다.

4. 배당절차

금전채권에 대한 집행절차상 배당절차에 따른다.

제 4 관 공동집행과 집행참가제도

Ⅰ. 서 론

동산집행절차상 공동집행과 집행참가는 부동산 강제경매와 크게 다를 것이 없다. 이하에서는 부동산 강제경매절차와 차이가 있는 것을 간략하게 지적하기로 한다. 다만 유체동산집행절차상 집행참가 등에 관하여는 앞서 설명하였으므로 여기서는 채권과 그 밖의 재산권에 대한 집행절차상 집행참가제도만을 검토한다.

Ⅱ. 공동집행

수 인의 채권자가 공동으로 같은 채무자의 동일한 피압류대상에 대하여 압류명령을 신청하는 것을 말한다. 이때에는 하나의 압류명령을 발한다. 원칙적으로 단독압류와 다를 것이 없다. 전부명령을 공동으로 신청하는 것도 허용된다. 다만 전부명령을 발령함에 있어서는 각 채권자별로 각각의 전부채권액을 밝혀 발령하여야 한다.

Ⅲ. 이중압류

1. 의 의

압류명령이 있은 후에 다른 채권자에 의해 압류 또는 가압류신청에 따라 별개의 압류 또는 가압류 명령이 있는 것을 말한다.

2. 관 할

이중압류로 토지관할을 달리 하는 집행법원이 수개인 경우에는 부동산 집행에 관한 제79조의 규정을 유추적용하여 사건의 이송을 인정할 것이다.

3. 이중압류의 종기

이중압류에 대한 특별한 제한은 없으나 추심제한의 결정이 있는 경우(제232조 2항), 전부명령이 확정된 경우, 유체동산인도청구권의 집행에서 집행관이 유체동산을 인도받은 경우(제243조), 부동산인도청구권의 집행에서 보관인이 인도받은 경우(제244)에는 이중압류가 허용되지 아니한다. 또한 추심절차상 제 3 채무자가 추심명령에 따라 채무액을 지급하거나 공탁한 이후에는 이중압류가 허용되지 아니한다.

4. 배당요구의 효력

이중압류에 있어서 일방의 압류는 타방의 압류에 따른 집행절차에 배당요구를 한 것과 동일한 효과가 있다. 이를 독립적 배당요구라고 한 점은 앞서 설명한 바와 같다.

5. 압류의 경합(제235조)

가. 서 론

(1) 의 의 압류의 경합이란 동일한 피압류채권에 대한 수개의 압류 또는 가압류가 있는 경우 개별 압류 또는 가압류의 피담보채권에 대한 효력범위의 합산액이 피압류채권액을 넘어서는 상태를 말한다.

(2) **압류의 확장효** 압류의 경합이 있게 되면 각 압류는 집행채권액의 크기와 관계없이 잠정적으로 피압류채권전액까지 그 효력이 확장된다.

(3) **가압류 상호간 또는 체납처분과 압류의 병존** 가압류 상호간 또는 체납처분과 압류는 서로 경합하지 아니한다.

≪판례≫ 압류와 체납처분의 경합여부[대법원 1991. 10. 11. 선고 91다12233 판결]

[1] 일반적으로 금전채권의 압류에 관하여 특히 피압류채권의 수액에 특별한 제한을 둔 바 없다면 압류의 효력은 채권 전액에 미치는 것이며, 압류가 경합된 채권에 대한 전부명령은 그 효력이 없다.

[2] 체납처분에 의한 채권압류에 관한 국세징수법 제43조의 규정취지에 비추어 보면 이는 채권의 일부가 압류된 후에 그 나머지 부분을 초과하여 다시 압류명령이 발하여진 때에는 각 압류의 효력은 그 채권의 전부에 미친다고 하는 일반채권에 기한 강제집행에 있어서의 압류경합의 경우와 다르다고 할 것으로서 우선권 있는 채권에 기한 체납처분에 의한 압류에 관하여서는 피압류채권의 일부를 특정하여 압류한 경우 그 특정한 채권 부분에 한하여 압류의 효력이 미치는 것이며 그 후 강제집행에 의한 압류가 있고 그 압류된 금액의 합계가 피압류채권의 총액을 초과한다고 하더라도 그 압류의 효력이 피압류채권 전액으로 확장되지 아니한다고 할 것이므로 나머지 부분에 대하여는 압류경합이 되는 것은 아니라고 할 것이다.

(4) **채권양도와 압류의 병존** 채권양도와 압류가 같은 시기에 있는 경우라도 양자는 경합하지 아니하고 병존할 뿐이다. 즉 확정일자 있는 채권양도통지와 압류명령이 동시에 송달된 경우는 채권양도와 압류명령은 그 성질이 서로 다른 것으로 압류의 경합이 있는 것으로 보지 아니한다. 그러므로 확정일자 있는 채권양도통지와 압류 및 전부명령이 동시에 송달된 경우, 당해 채권양도와 전부명령은 모두 유효하며, 제 3 채무자로서는 채권자 불확지를 원인으로 공탁을 하여 의무를 벗어나는 외에 채권양수인과 전부채권자 중 누구에 대하여 전액의 유효한 변제를 할 수 있다. 다만, 제 3 채무자는 일방 채권자에 대한 변제한 금액의 한도에서 피전부채권액의 변제를 타당 채권자에게 대항할 수 있다. 이러한 경우 제 3 채무자가 채권양수인과 전부채권자에게 채권액에 따라 안분하여 변제를 할 필요도 없다. 그러나 채권양수인과 전부채권자 중 어느 일방이 전액의 변제를 받은 경우에는 둘 사이에 내부적으로 채권액의 비율에 따른 정산의무가 발생한다고 보아야 할 것이다.

≪판례≫ 채권양도와 압류의 병존[대법원 2002. 7. 26. 선고 2001다68839 판결]

[1] 동일한 채권에 대하여 두 개 이상의 채권압류 및 전부명령이 발령되어 제 3 채무자에게 동시에 송달된 경우 당해 전부명령이 채권압류가 경합된 상태에서 발령된 것으로서 무효인지의 여부는 그 각 채권압류명령의 압류액을 합한 금액이 피압류채권액을 초과하는지를 기준으로 판단하여야 하므로 전자가 후자를 초과하는 경우에는 당해 전부명령은 모두 채권의 압류가 경합된 상태에서 발령된 것으로서 무효로 될 것이지만 그렇지 않은 경우에는 채권의 압류가 경합된 경우에 해당하지 아니하여 당해 전부명령은 모두 유효하게 된다고 할 것이며, 그 때 동일한 채권에 관하여 확정일자 있는 채권양도통지가 그 각 채권압류 및 전부명령 정본과 함께 제 3 채무자에게 동시에 송달되어 채권양수인과 전부채권자들 상호간에 우열이 없게 되는 경우에도 마찬가지라고 할 것이다.

[2] 동일한 채권에 관하여 확정일자 있는 채권양도통지와 두 개 이상의 채권압류 및 전부명령 정본이 동시에 송달된 경우 채권의 양도는 채권에 대한 압류명령과는 그 성질이 다르므로 당해 전부명령이 채권의 압류가 경합된 상태에서 발령된 것으로서 무효인지의 여부를 판단함에 있어 압류액에 채권양도의 대상이 된 금액을 합산하여 피압류채권액과 비교하거나 피압류채권액에서 채권양도의 대상이 된 금액 부분을 공제하고 나머지 부분만을 압류액의 합계와 비교할 것은 아니다.

나. 압류경합과 전부명령

(1) **전부명령의 우선적 효력** 전부명령은 피압류채권에서 우선적 변제를 받는 것과 같은 결과를 가져오므로 압류가 경합된 상태에서는 허용되지 아니한

다. 따라서 압류경합을 간과한 전부명령은 무효이다. 그러나 압류경합으로 전부명령이 무효인 경우라도 전부명령의 전제가 되는 압류명령의 그대로 존속하는 점을 유의해야 한다. 압류명령과 전부명령이 동시에 발령되어 송달된 경우라도 마찬가지이다.

≪판례≫ **압류경합 전부명령의 효력**[대법원 1995. 4. 7. 선고 94다59868 판결]

[1] 채권가압류나 압류가 경합된 경우에 있어서는 그 압류채권자의 한 사람이 전부명령을 얻더라도 그 전부명령은 무효가 되지만, 이 경우에도 그 전부채권자는 채권의 준점유자에 해당한다고 보아야 할 것이므로 제 3 채무자가 그 전부채권자에게 전부금을 변제하였다면 제 3 채무자가 선의 무과실인 때에는 민법 제470조에 의하여 그 변제는 유효하고 제 3 채무자는 다른 압류채권자에 대하여 이중변제의 의무를 부담하지 아니하는 반면에 제 3 채무자가 위 전부금을 변제함에 있어서 선의 무과실이 아니었다면 제 3 채무자가 전부채권자에게 한 전부금의 변제는 효력이 없는 것이다.

[2] 갑의 전부명령을 송달받기 이전에 이미 을의 가압류결정을 송달받았을 뿐만 아니라, 을이 제기한 전부금 청구소송에서 을의 전부명령을 압류 또는 가압류가 경합된 상태에서 발하여진 것으로서 무효라는 주장을 스스로 제기한 바 있음에도, 그 후 갑이 제기한 전부금 소송절차에서 을의 압류가 경합되어 있다는 주장을 내세우지도 아니함으로써 패소판결을 받고 바로 그 전부금을 변제하여 버렸다면, 제 3 채무자로서는 을의 전부명령은 물론 갑의 전부명령 또한 을의 가압류와 경합된 상태에서 발하여진 것으로서 무효라는 것을 알았거나 알 수 있었다는 이유로 위 제 3 채무자가 한 변제의 효력을 부인한 사례.

(2) **제 3 채무자에 대한 송달시점** 압류경합의 유무를 판단하는 기준시점으로는 전부명령송달시점과 전부명령확정시점 및 피압류채권의 확정시점을 고려할 수 있다. 그런데 전부명령은 확정되면 그 효력이 제 3 채무자에게 전부명령이 송달된 시점으로 소급하여 효력이 발생한다는 점에서 압류경합 유무의 판단은 전부명령이 제 3 채무자에게 송달된 시점을 기준으로 삼는 것이 타당하다. 위와 같은 문제는 특히 피압류채권이 장래의 불확정한 채권인 경우에 논의의 실익이 크다.

≪판례≫ **불확정채권과 전부명령의 효력**[대법원 2004. 9. 23. 선고 2004다29354 판결]

[1] 전부명령이 확정되면 피압류채권은 전부명령이 제 3 채무자에게 송달된 때에 소급하여 집행채권의 범위 안에서 당연히 전부채권자에게 이전하고 동시에 집행채권 소멸의 효력이 발생하는 것이며, 이 점은 피압류채권이 그 존부 및 범위를 불확실하게 하는 요소를 내포하고 있는 장래의 채권인 경우에도 마찬가지라고 할 것이다.

[2] 장래의 채권에 관하여 압류 및 전부명령이 확정되면 그 부분 피압류채권은 이미 전부채권자에게 이전된 것이므로 그 이후 동일한 장래의 채권에 관하여 다시 압류 및 전부

명령이 발하여졌다고 하더라도 압류의 경합은 생기지 않고, 다만 장래의 채권 중 선행 전부채권자에게 이전된 부분을 제외한 나머지 중 해당 부분 피압류채권이 후행 전부채권자에게 이전된다.

≪판례≫ 불확정채권에 대한 압류경합유무판단[대법원 1998. 8. 21. 선고 98다15439 판결]

장래의 불확정채권에 대하여 수개의 전부명령이 존재하고, 그 후 확정된 피압류채권액이 각 전부금액의 합계액에 미달하는 경우에도 각 전부명령이 그 송달 당시 압류의 경합이 없어 유효한 이상 각 전부채권자는 확정된 피압류채권액의 범위 안에서 자신의 전부금액 전액의 지급을 제3채무자에 대하여 구할 수 있고, 제3채무자로서는 전부채권자 중 누구에게라도 그 채무를 변제하면 다른 채권자에 대한 관계에서도 유효하게 면책되며, 한편 제3채무자는 이중지급의 위험이 있을 수 있으므로 민법 제487조 후단을 유추적용하여 채권자를 알 수 없다는 이유로 변제공탁을 함으로써 법률관계의 불안으로부터 벗어날 수 있다(같은 취지: 대법원 2000. 10. 6. 선고 2000다31526 판결, 대법원 1995. 9. 26. 선고 95다4681 판결/공사대금채권사례).

그러므로 임대차보증금반환채권과 같이 장래 권면액의 변동이 예상되는 채권에 관하여 수개의 압류·전부명령이 제3채무자인 임대인에게 송달된 시점에 있어서는 전부채권액의 합계액이 임대차보증금액 이하였으나 임대차종료시점에 있어서 차임지체 등으로 보증금액이 차감되어 그 잔존액이 전부채권액의 미만으로 되는 경우라도 전부명령 자체는 모두 유효하게 병존하게 된다. 이러한 경우 제3채무자인 임대인은 채권자불확지를 원인으로 공탁을 하여 채무에서 벗어날 수 있으나 보증금 잔존액의 한도에서 수인의 전부채권자 중 누구에게라도 채권 전액을 유효하게 변제할 수도 있다. 수인의 채권자의 채권액에 비례하여 안분액을 변제할 필요가 없는 것이다. 다만 수인의 채권자들 사이에서 안분액 이상의 변제를 받은 경우에는 내부적으로 정산의무를 부담한다고 볼 것이다.

(3) **전부명령의 실체적 효력** 추후에 설명할 것이지만 위와 같이 불확정한 피전부채권이 변제기에 이르러 전부명령 송달시보다 금액이 감축되어 전부채권액 이하로 되더라도 전부명령 자체는 유효하다. 이 때 전부채권액과 피전부채권액의 차액만큼 전부채권자에게 손실이 발생하는가 의문이 제기될 수 있다. 그러나 이러한 경우에 전부명령이라는 재판 자체의 효력은 유효하다고 하더라도 당해 차액만큼 전부명령이 갖는 집행채권소멸이라는 실체적 효력이 발생하지 못한 것으로 취급되므로 전부채권자에게는 전혀 불이익이 없다. 다시 말해 당해 차액만큼 피전부채권이 부존재한 것이므로 그와 동일한 범위에서 집행채권이 소멸한 것이 아니라 할 것이어서 전부채권자는 기존의 집행권원에 기초하여 채무

자의 다른 책임재산에 대하여 집행할 수 있는 것이다.

다. 압류경합과 제 3 채무자의 의무공탁

제 3 채무자의 공탁의무는 압류경합에 더하여 채권자의 공탁청구가 있을 때 비로소 공탁의무가 발생함은 앞서 설명하였다.

라. 압류경합의 해소

(1) **확장효의 존속** 압류가 경합된 상태에서 일부 압류가 취하된 사정으로 나머지 압류채권액의 합계액이 피압류채권액 이하로 된 경우에도 각 압류의 효력은 개별집행채권액의 범위로 축소되지 아니하고 피압류채권액의 전부에 그대로 유지된다. 그러므로 압류경합 이후에 일부 압류채권이 취하로 소멸한 탓으로 압류경합이 해소되었더라도 다른 압류채권자는 추가압류가 없이도 피압류채권 전부에 대한 추심명령을 구할 수 있다.

한편 압류에 관한 집행권원 또는 집행채권자가 셋 이상인 경우에 그 중 어느 하나의 집행권원 또는 집행채권자가 압류를 취하한 경우라도 압류경합이 해소되는 것이 아니다. 왜냐하면 그러한 경우라도 개별집행채권에 관한 압류의 효력이 여전히 피압류채권액 전액으로 유지되므로 마찬가지로 압류경합상태가 유지되기 때문이다. 이러한 점을 보면 압류경합의 해소라는 표현은 주의해서 사용할 필요가 있다고 본다.

(2) **전부명령의 부활 여부** 압류의 경합이 해소된 이후라도 당초에 압류경합으로 인하여 무효였던 전부명령이 되살아나는 것은 아니다.

≪판례≫ 압류경합의 해소와 전부명령[대법원 2001. 10. 12. 선고 2000다19373 판결]

[1] 채권가압류에 있어서 채권자가 채권가압류신청을 취하하면 채권가압류결정은 그로써 효력이 소멸되지만, 채권가압류결정정본이 제 3 채무자에게 이미 송달되어 채권가압류결정이 집행되었다면 그 취하통지서가 제 3 채무자에게 송달되었을 때에 비로소 그 가압류집행의 효력이 장래를 향하여 소멸된다.

[2] 채권가압류와 채권압류의 집행이 경합된 상태에서 발령된 전부명령은 무효이고, 한 번 무효로 된 전부명령은 일단 경합된 가압류 및 압류가 그 후 채권가압류의 집행해제로 경합상태를 벗어났다고 하여 되살아나는 것은 아니다.

한편 앞서 살펴본 바와 같이 압류경합이 셋 이상의 집행권원에 기한 경우에는 그 중 어느 하나의 집행채권에 관한 압류명령이 소멸하더라도 나머지 둘 이상의 집행채권에 따른 압류명령의 효력이 여전히 피압류채권전액에 관하여 유지되므로 새로이 전부명령을 얻을 수도 없다고 본다.

Ⅳ. 배당요구

사 례 49 금전채권에 대한 집행과 배당

갑은 을과 병에게 각 1,000만원과 2,500만원의 빚을 지고 있고, 을과 병은 갑의 정에 대한 금 2,500만원의 대여금채권에 가압류를 하여두었다. 그 후 병은 집행권원을 얻은 다음 추심명령절차에 착수하였다. 이에 정은 금 2,500만원을 공탁하고 제248조 4항에 따라 공탁신고를 하였다.

① 이때 을이 가압류채권금액 1,000만원으로 배당에 참가하였다면, 집행법원은 특별한 사정이 없는 한 을에게 배당을 하여야 하는가?

② 만일 정의 공탁신고 이후에 갑의 다른 채권자 무가 집행증서에 기하여 배당요구를 하였다면, 집행법원은 무에게 배당을 하여야 하는가?

1. 의 의

압류채권자에 의해 개시된 채권집행절차에서도 다른 채권자가 이에 편승하여 피담보채권으로부터 채권의 만족을 받는 것이 인정된다.

2. 배당요구권자

제247조 (배당요구)

① 민법 · 상법, 그 밖의 법률에 의하여 우선변제청구권이 있는 채권자와 집행력 있는 정본을 가진 채권자는 다음 각호의 시기까지 법원에 배당요구를 할 수 있다.
  1. 제 3 채무자가 제248조 제 4 항에 따른 공탁의 신고를 한 때
  2. 채권자가 제236조에 따른 추심의 신고를 한 때
  3. 집행관이 현금화한 금전을 법원에 제출한 때

② 전부명령이 제 3 채무자에게 송달된 뒤에는 배당요구를 하지 못한다.

③ 제 1 항의 배당요구에는 제218조 및 제219조의 규정을 준용한다.

④ 제 1 항의 배당요구는 제 3 채무자에게 통지하여야 한다.

법률에 의하여 우선변제청구권이 있는 자와 집행정본을 가진 자만이 배당요구를 할 수 있다. 그 범위가 유체동산집행에서 보다 넓고 부동산집행에서 보다 좁다. 가압류권자에게는 배당요구 자격이 없다. 그러나 실제에 있어서는 가압류권자에게도 배당이 따르는 것이 보통인데 이러한 귀결은 가압류권자에게 별도의 배당요구자격을 인정하여서가 아님을 유의해야 한다.

≪판례≫ **가압류의 배당참가와 배당요구의 구별**[대법원 2003. 12. 11. 선고 2003다47638 판결]

구 민사소송법(2002. 1. 26. 법률 제6626호로 전문 개정되기 전의 것) 제580조 제 1 항은 금전채권에 대한 강제집행에 있어서 배당요구를 할 수 있는 채권자의 범위를 '민법 · 상법 기타 법률에 의하여 우선변제청구권이 있는 채권자'와 '집행력 있는 정본을 가진 채권자'로 제한하여 규정하고 있으므로, 그 어느 것에도 해당하지 않는 채권자는, 위 조항 각 호의 사유 발생 전에 미리 가압류를 하여 이른바 경합압류채권자로서 배당에 참가하게 되는 것은 별론으로 하고, 별도의 배당요구를 할 자격이 없다.

3. 배당요구의 종기(제247조)

배당요구의 종기는 다음과 같다.

가. 금전채권에 대한 집행

① 제 3 채무자가 채무액을 공탁할 의무나 권리가 있는 경우(제248조)에는 제 3 채무자가 공탁하고 그 사유를 신고할 때까지(제247조 1항 1호)

≪판례≫ **공탁사유신고 이후의 배당요구**[대법원 1977. 7. 26. 선고 77다659 판결]

금전채권에 대한 중복압류나 배당요구가 있을 경우에 제 3 채무자가 채무액을 공탁하고 집행법원에 공탁사유신고를 한 경우에는 그 후의 배당요구는 허용될 수 없다.

≪판례≫ **체납처분과 배당요구종기**[대법원 2007. 4. 12. 선고 2004다20326 판결]

국세징수법 제41조, 같은 법 시행령 제44조 제 1 항 제 4 호, 같은 법 시행규칙 제25조 제 1 항 및 민사집행법 제227조, 제229조에 의하면, 국세징수법상의 금전채권의 압류와 민사집행법상의 금전채권의 압류는 그 효력을 달리 규정하고 있고, 국세징수법 제56조, 제14조 제 1 항 및 민사집행법 제235조에 의하면 복수의 압류가 있는 경우의 효력에 관하여도 달리 규정하고 있다. 이와 같은 차이는 강제집행절차가 경합하는 일반채권에 대한 할당 변제에 의한 사법적 해결을 그 본지로 함에 비하여, 체납처분절차는 행정기관에 의한 조세채권의 신속한 만족을 위한 절차라는 점에서 비롯된 것이다. 이와 같은 국세징수법상의 압류와 민사집행법상의 압류의 효력의 차이 및 체납처분절차와 강제집행절차의 차이 등에 비추어 볼 때, 민사집행법 제248조 제 1 항 및 공익사업을 위한 토지 등의 취득 및 보상에 관한 법률 제40조 제 2 항 제 4 호 소정의 공탁의 전제가 되는 '압류'에는 국세징수법에 의한 채권의 압류는 포함되지 않는다고 보아야 한다. 따라서 국세징수법상의 체납처분에 의한 압류만을 이유로 집행공탁이 이루어진 경우에는 사업시행자가 민사집행법 제248조 제 4 항에 따라 법원에 공탁사유를 신고하였다고 하더라도 민사집행법 제247조 제 1 항에 의한 배당요구 종기가 도래한다고 할 수는 없다.

② 압류채권자가 추심명령을 받은 경우에는 추심신고(제236조)를 하기 전까지

(제247조 1항 2호)

③ 압류채권자가 제241조 1항의 매각명령을 얻은 때에는 집행관이 피압류채권을 매각하여 현금화된 금전을 법원에 제출한 때까지(제247조 1항 3호)

④ 전부명령이 제 3 채무자에게 송달된 전까지(제247조 2항)

그러나 위와 같은 경우의 배당요구종기는 무의미하다. 전부명령의 송달전에 다른 채권자에 의한 배당요구가 있다면 그 후에 송달된 전부명령자체가 무효이기 때문이다.

⑤ 추심이 제한된 경우(제232조 1항)에는 그 제한부분에 대하여 배당요구를 할 수 없으므로(제232조 2항) 위의 제한결정이 제 3 채무자에게 송달될 때까지

나. 유체동산인도청구권에 대한 집행

집행관이 유체동산을 현금화한 금전을 법원에 제출할 때까지(제247조 1항 3호).

다. 부동산인도·권리이전청구권에 대한 집행

부동산을 인도·이전 받아 강제경매가 실시된 경우에는 배당요구의 종기까지(제84조).

라. 그 밖의 재산권에 대한 집행

압류물이 현금화된 경우에는 집행관이 그 금전을 법원에 제출할 때까지(제247조 1항 3호), 인도명령이 내려지는 경우에는 양도명령이 제 3 채무자에게 송달될 때까지(제241조 6항, 제229조 5항).

4. 배당요구의 통지

배당요구가 있으면 이를 각 채권자와 채무자(제247조 3항, 제219조), 제 3 채무자(제247조 4항)에게 통지하여야 한다.

5. 배당요구의 효력

가. 일반적 효력

배당요구를 한 채권자에게는 배당받을 권리, 배당기일의 통지를 받을 권리(제256조), 배당표를 열람할 수 있는 권리(제256조, 제149조), 배당표에 대한 이의신청권(제256조, 제151조)이 인정된다. 이에 관해서는 부동산강제지행에서 설명을 참고하면 된다. 이외에도 제 3 채무자에 대한 공탁청구권(제248조 2항)인정되는 바 이에 대하여도 앞서 설명하였다.

나. 집행정본에 기한 배당요구의 효력

집행정본에 기하여 배당을 요구한 경우에는 위와 같은 일반적 효력에 더하여 추심최고권, 직접 추심권, 추심의 소에 공동소송참가권이 인정되며(제249조 2항, 제250조) 압류에 준하는 소멸시효중단효(민법 제168조 2호)가 있다. 상세한 것은 앞서 부동산강제집행절차에서의 설명을 참고하면 된다.

≪판례≫ 배당요구와 시효중단[대법원 2002. 2. 26. 선고 2000다25484 판결]

[1] 원인채권의 지급을 확보하기 위하여 어음이 수수된 당사자 사이에서 채권자가 어음채권을 피보전권리로 하여 채무자의 재산을 가압류함으로써 그 권리를 행사한 경우에는 그 원인채권의 소멸시효를 중단시키는 효력이 있고, 이러한 법리는 채권자가 어음채권을 청구채권으로 하여 채무자의 재산을 압류함으로써 그 권리를 행사한 경우에도 마찬가지이며, 한편 집행력 있는 채무명의 정본을 가진 채권자는 이에 기하여 강제경매를 신청할 수 있으며, 다른 채권자의 신청에 의하여 개시된 경매절차를 이용하여 배당요구를 신청하는 행위도 채무명의에 기하여 능동적으로 그 권리를 실현하려고 하는 점에서는 강제경매의 신청과 동일하다고 할 수 있으므로, 부동산경매절차에서 집행력 있는 채무명의 정본을 가진 채권자가 하는 배당요구는 민법 제168조 제 2 호의 압류에 준하는 것으로서 배당요구에 관련된 채권에 관하여 소멸시효를 중단하는 효력이 생긴다고 할 것이고, 따라서 원인채권의 지급을 확보하기 위하여 어음이 수수된 당사자 사이에 채권자가 어음채권에 관한 집행력 있는 채무명의 정본에 기하여 한 배당요구는 그 원인채권의 소멸시효를 중단시키는 효력이 있다.

[2] 다른 채권자가 신청한 부동산경매절차에서 이미 소멸시효가 완성된 어음채권을 원인으로 하여 집행력 있는 채무명의를 가진 채권자가 배당요구를 신청하고, 그 경매절차에서 부동산의 경락대금이 배당요구채권자에게 배당되어 그 채무의 일부변제에 충당될 때까지 채무자가 아무런 이의를 진술하지 아니하였다면, 경매절차의 진행을 채무자가 알지 못하였다는 등 다른 특별한 사정이 없는 한 채무자는 어음채권에 대한 소멸시효 이익을 포기한 것으로 볼 수 있고, 그 때부터 그 원인채권의 소멸시효기간도 다시 진행한다고 봄이 상당하다.

사례 49 〈해설〉 금전채권에 대한 집행과 배당

1. 금전채권에 대한 집행과 배당자격(설문①에 대한 풀이)

위 집행절차에서 을이 채권액에 비례하여 배당을 받을 수 있음은 의문의 여지가 없다. 그런데 민사집행법(제247조 1항)은 금전채권에 대한 강제집행에 있어서 배당에 참가할 수 있는 자에 관하여 법률상 우선변제청구권이 있는 채권자와 집행력 있는 정본을 가진 채권자로 한정하고 있다는 점에서 의문이 있을 수 있다. 그러나 위 집행절차에서 을에게 배당을 하는 것은 을이 민사집행법 제247조 1항에 해당하는 자이기 때문에 배당하는 것이 아니고, 병에 의한 집행의 대상(갑의 정에 대한 대여금채권)에 을의 가압류에 의한 제한이 있다는 사실 때문이다. 별 논의의 실익은 없는 것이지만 법적용의 과정은 전혀 다른 것이다.

2. **금전채권에 대한 집행에서 배당요구종기**(설문②에 대한 풀이)

금전채권집행절차에서 배당요구종기가 있다는 점은 흔히 간과하기 쉬운 것이고 실무상 빈번하게 문제되는 것도 아니다. 금전채권에 대한 집행절차라고 하는 것이 제3자가 전혀 알 수 없는 상태에서 진행되기 때문에 제3자가 배당요구를 하는 것조차 생각하기 어려운 경우가 많기 때문이다. 그런데 민사집행법이 종전보다 제3채무자의 집행공탁의 가능성을 더 넓게 인정(제248조)하고 있는 점에서 금전채권집행절차에서 배당요구종기를 되새겨볼 필요가 있다. 사례에서 무의 배당요구는 제3채무자 정의 공탁사유신고(제248조, 제247조 1항 1호) 이후에 이루어진 것으로 배당요구종기를 넘긴 것이다. 따라서 무는 배당을 받을 수 있는 여지가 전혀 없다.

제 5 관 배당절차

Ⅰ. 서 론

배당절차는 경합하는 채권자들의 총채권액과 집행비용의 합산액이 목적물을 현금화한 금액을 넘어서고 채권자들 사이에 배당협의가 이루어지지 못한 경우에 법원이 각 채권자에게 배당할 금액을 정하는 절차이다. 이를 재판상의 배당절차 또는 협의의 배당절차라고 한다. 부동산집행에서는 압류, 현금화, 배당이 전체적으로 하나의 절차 안에서 진행된다. 이와 달리 동산집행에서는 배당절차가 압류·현금화절차와는 별개의 절차로 사건번호가 부여되며 별도로 사건배당이 이루어지는 점에 특색이 있다. 채권자 사이에 배당협의가 이루어진 경우에는 그 협의내용에 따라 집행관이 행하는 재판외의 배당절차 또는 협의로 하는 배당절차가 있다.

Ⅱ. 배당절차의 개시

제252조 (배당절차의 개시)

법원은 다음 각호 가운데 어느 하나에 해당하는 경우에는 배당절차를 개시한다.

1. 제222조의 규정에 따라 집행관이 공탁한 때
2. 제236조의 규정에 따라 추심채권자가 공탁하거나 제248조의 규정에 따라 제3채무자가 공탁한 때
3. 제241조의 규정에 따라 현금화된 금전을 법원에 제출한 때

1. 의 의

동산집행절차상 배당절차는 다음과 같은 사유가 있으면 개시된다(제252조). 금전채권에 대한 강제집행절차에서 실제로 배당절차로 이어지는 경우는 많지 않다. 다른 채권자가 모르는 상태에서 금전채권에 대한 집행절차가 진행되는 것이 보통이기 때문이다. 특 압류경합이 없는 상황에서는 배당절차를 생각하기 더욱 어렵다. 한편 제252조가 정하는 배당절차의 개시사유와 앞서 설명한 제247조가 정하는 배당요구종기는 서로 구별해 두어야 한다. 양자를 대비해 보면 다음과 같다.

배당요구종기	배당절차개시	비 고
제247조 1항	제252조	
1호: 제 3 채무자의 공탁 신고	2호: 제 3 채무자의 공탁	
2호: 추심신고	2호: 추심채권자의 추심금공탁	
3호: 집행관의 특별한 현금화 금전 제출	3호: 집행관의 특별한 현금화금전 제출	
	1호: 집행관의 유체동산매각대금 공탁	금전채권에 대한 집행절차와 무관

2. 집행관의 매각대금 공탁(제222조)

동산매각대금으로 총채권자를 만족시킬 수 없고 채권자 사이에 배당협의가 이루어지지 않았거나, 수인의 채권자를 위하여 압류가 있은 경우에 집행관은 매각대금을 공탁하는 바, 이러한 집행관의 매각대금의 공탁이 있으면 배당절차가 개시된다.

3. 추심채권자의 공탁(제236조)

추심채권자가 추심신고(제236조 1항) 이전에 다른 채권자에 의한 집행참가가 있게 되면 추심금을 공탁하여야 하는 바(제236조 2항), 이와 같이 추심채권자가 추심금을 공탁하면 배당절차가 개시된다.

4. 제 3 채무자의 의무공탁(제248조)

앞서 설명한 금전채권의 압류에 따른 제 3 채무자의 권리공탁 또는 의무공탁

(제248조)이 있으면 배당절차를 개시하여야 한다. 한편 제 3 채무자 채권가압류를 원인으로 하는 공탁(제297조, 제291조, 제248조)은 공탁의 근거법령이 비록 앞서의 권리공탁과 같은 규정에 따른 것이지만 그 본성은 변제공탁이라 할 것이어서 배당개시와는 무관한 것이다. 이를 상식적으로만 생각해보아도 가압류만 있는 상태에서 배당절차의 개시는 있을 수 없다는 것은 당연한 것이다.

≪판례≫ 제 3 채무자의 공탁과 배당개시[대법원 2006. 3. 10. 선고 2005다15765 판결]

채권가압류를 이유로 한 제 3 채무자의 공탁은 압류를 이유로 한 제 3 채무자의 공탁과 달리 그 공탁금으로부터 배당을 받을 수 있는 채권자의 범위를 확정하는 효력이 없고, 가압류의 제 3 채무자가 공탁을 하고 공탁사유를 법원에 신고하더라도 배당절차를 실시할 수 없으며, 공탁금에 대한 채무자의 출급청구권에 대하여 압류 및 공탁사유신고가 있을 때 비로소 배당절차를 실시할 수 있다.

5. 특별한 현금화 금전의 제출(제241조)

동산집행절차상 특별한 현금화명령에 따라 현금화된 금전이 집행법원에 제출된 경우에도 마찬가지로 배당절차가 개시된다.

Ⅲ. 관할법원

배당절차는 집행법원의 전속관할이다. 유체동산집행에서는 집행을 한 집행관의 소속법원(제222조 3항, 제 3 조), 채권 그 밖의 재산권에 대한 집행에서는 압류명령을 한 법원·압류명령을 한 법원이 수개이면 공탁사유서가 제출된 법원이 배당법원이다.

Ⅳ. 배당준비

1. 채권계산서 제출최고

제253조 (계산서 제출의 최고)

법원은 채권자들에게 1주 이내에 원금 이자·비용, 그 밖의 부대채권의 계산서를 제출하도록 최고하여야 한다.

법원은 채권자들에게 1주일 이내에 원금·이자·비용 그 밖에 부대채권의 계산서를 제출하도록 최고하여야 한다. 채권계산서 제출이 없다고 하더라도 배당절차로부터 배제되는 것은 아니다.

2. 배당표작성

제254조 (배당표의 작성)

① 제253조의 기간이 끝난 뒤에 법원은 배당표를 작성하여야 한다.

② 제 1 항의 기간을 지키지 아니한 채권자의 채권은 배당요구서와 사유신고서의 취지 및 그 증빙서류에 따라 계산한다. 이 경우 다시 채권액을 추가하지 못한다.

채권계산서 제출최고기간이 끝난 뒤에 법원은 배당표를 작성한다. 채권계산서 제출이 없는 채권자에 대하여는 배당요구서 등 집행기록에 나타난 자료를 토대로 배당액을 계산한다.

3. 배당기일 지정 · 통지

제255조 (배당기일의 준비)

법원은 배당을 실시할 기일을 지정하고 채권자와 채무자에게 이를 통지하여야 한다. 다만, 채무자가 외국에 있거나 있는 곳이 분명하지 아니한 때에는 통지하지 아니한다.

법원은 배당을 실시할 기일을 지정하고 채권자와 채무자에게 당해 기일을 통지한다. 그러나 채무자가 외국에 있거나 있는 곳이 분명하지 아니한 때에는 채무자에게 통지하지 아니한다.

Ⅴ. 배당의 실시

제256조 (배당표의 작성과 실시)

배당표의 작성, 배당표에 대한 이의 및 그 완결과 배당표의 실시에 대하여는 제149조 내지 제161조의 규정을 준용한다.

배당표에 대한 이의와 그 완결 및 배당실시에 관하여는 부동산강제경매에서 설명한 것과 다를 것이 없다(제256조, 제149조 내지 제161조).

제 6 장 비금전채권을 위한 강제집행

개 관

금전채권을 만족시키기 위하여는 공통적으로 채무자의 재산을 현금화하는 방법을 취하는 직접강제방식을 취하고 있다. 비금전채권의 만족을 위하여도 먼저 당해 비금전채권의 금전적 가치를 환산하여 채무자의 재산을 통하여 만족을 얻도록 하는 방법을 생각해 볼 수 있는데, 파산절차는 원칙적으로 이러한 대상집행의 방식을 취하고 있다. 이와는 달리 민사집행법은 비금전채권을 만족시키는 절차로 대상집행의 방식을 취하지 아니하고, 비금전채권의 내용 자체를 실현시키는 소위 원물집행방식을 취하고 있다. 원물집행방식의 구체적 수단은 다시 비금전채권의 내용에 따라 직접강제방식, 간접강제방식, 대체집행방식을 취하고 있다.

한편 의사표시를 구하는 채무의 집행에 있어서는 채무자에게 직접적인 강제력의 행사나 의무의 부과를 거치지 아니하고 집행권원에 기초하여 채권자가 단독으로 비금전채권인 의사표시를 구하는 채무를 실현시키는 방식을 취하고 있다. 이러한 채권만족방식은 앞서 설명한 바와 같이 본래의미의 집행절차가 아니라는 점에서 다른 집행절차의 유형과는 상당히 이질적인 특성을 가지고 있다. .

학습목표

1. 금전채권실현방법과 비금전채권실현방법의 차이점을 알아둔다.
2. 비금전채권의 유형에 따라 당해 집행채권의 내용을 실현하는 절차의 유형을 정리한다.
3. 의사표시를 구하는 채무의 집행은 본래 의미의 집행이 아니라고 하는데, 다른 통상의 집행절차와 어떠한 점에서 다른가를 파악한다.

제 1 절 유체물인도청구권의 집행

Ⅰ. 동산인도청구권의 집행

제257조 (동산인도청구의 집행)

채무자가 특정한 동산이나 대체물의 일정한 수량을 인도하여야 할 때에는 집행관은 이를 채무자로부터 빼앗아 채권자에게 인도하여야 한다.

1. 의 의

동산에 대한 직접 점유를 채무자로부터 빼앗아 채권자에게 이전하는 강제집행절차이다. 여기서의 동산은 특정물로서 동산은 물론 대체물의 일정 수량을 이루는 불특정물도 포함하는 것으로(제257조) 민법이 정하는 동산을 가리킨다. 그러므로 선박을 제외하고는 항공기나 자동차 또는 건설기계등도 여기의 동산에 해당한다. 통화, 전기, 가스, 수돗물 등은 이에 해당하지 아니한다. 또한 동산인도청구권은으로 금전채권이 아니므로 그 목적물인 동산이 재산적 가치가 있는가 또는 압류금지물인가를 묻지 아니한다.

2. 집행기관

집행관이 집행기관이 된다(제257조).

3. 집행절차

채권자의 집행위임을 받은 집행관은 목적물을 채무자나 그 법정대리인으로부터 빼앗아 채권자에게 바로 인도하거나 인도할 수 없는 경우에는 채권자의 지시가 있을 때까지 보관한다(제257조). 집행관은 집행을 실시하기 위하여 수색권과 저항배제권 및 경찰 등에의 원조청구권(제 5 조 이하) 등을 갖는다.

4. 유아인도청구권의 집행

유아인도청구권의 집행도 여기의 동산인도청구권의 집행절차에 따른다. 다만 유아에게 의사능력이 있고 유아 자신이 인도를 거부하는 경우에는 집행이 불가능하다.

Ⅱ. 부동산·선박인도청구권의 집행

제258조 (부동산 등의 인도청구의 집행)

① 채무자가 부동산이나 선박을 인도하여야 할 때에는 집행관은 채무자로부터 점유를 빼앗아 채권자에게 인도하여야 한다.

② 제 1 항의 강제집행은 채권자나 그 대리인이 인도받기 위하여 출석한 때에만 한다.

③ 강제집행의 목적물이 아닌 동산은 집행관이 제거하여 채무자에게 인도하여야 한다.

④ 제 3 항의 경우 채무자가 없는 때에는 집행관은 채무자와 같이 사는 사리를 분별할 지능이 있는 친족 또는 채무자의 대리인이나 고용인에게 그 동산을 인도하여야 한다.

⑤ 채무자와 제 4 항에 적은 사람이 없는 때에는 집행관은 그 동산을 채무자의 비용으로 보관하여야 한다.

⑥ 채무자가 그 동산의 수취를 게을리 한 때에는 집행관은 집행법원의 허가를 받아 동산에 대한 강제집행의 매각절차에 관한 규정에 따라 그 동산을 매각하고 비용을 뺀 뒤에 나머지 대금을 공탁하여야 한다.

1. 의　　의

채무자로부터 부동산이나 선박의 직접점유를 빼앗아 채권자에게 이전하는 집행절차이다. 여기의 부동산은 민법상 부동산을 의미하며 선박은 등기 유무나 크기의 대소 등을 묻지 아니하고 모든 선박을 의미한다. 상법상 선박일 필요도 없다. 인도청구권의 성질이 물권적이거나 채권적인가를 따지지 아니한다. 인도의 집행과 구별할 것으로 퇴거의 집행이 있다. 퇴거의 집행은 점유이전을 목적으로 하지 아니하고 건물점유자의 점유를 풀어 건물로부터 채무자를 쫓아내고 그가 점유하던 동산을 건물 밖으로 들어내는 것을 말한다. 건물소유자를 채무자로 한 건물철거의 집행에 있어서 건물을 점유하는 제 3 자가 있을 때에는 먼저 제 3 자에 대하여 별도의 퇴거의 집행권원을 얻어 퇴거집행을 하여야 한다.

2. 집행기관

집행관이 집행기관이 된다(제258조 1항).

3. 집행실시

가. 일　　반

집행관이 채무자로부터 점유를 빼앗아 집행현장에 출석한 채권자나 그 대리인에게 점유를 취득하게 한다(제258조 2항). 토지나 건물의 전부는 물론 일부에 대한 집행도 가능하다. 채무자의 가족이나 동거인에 대하여는 별도의 집행권원이 없이도 채무자에 대한 집행권원에 기하여 집행이 가능하다. 채무자에 대한 집행력이 확장되는 가족이나 동거인에 해당되는가의 여부는 일응 주민등록상의 동일세대를 구성하는가에 의하여 판단할 것이다. 부부의 경우 민법상으로는 대등한 공동의 점유로 볼 것이지만 인도청구권의 집행절차에서는 그렇게 볼 것은 아니다. 다만 출입금지가처분의 효력이 미치는 자는 채무자에 한하는 점과 구별할 것이다.

≪판례≫ **남편을 채무자로 출입금지가처분의 효력**[대법원 1979. 2. 13. 선고 77도1455 판결]

남편을 채무자로 한 출입금지가처분 명령의 효력은 그 처에게는 미치지 아니하므로 그 처가 이를 무시하고 출입금지된 밭에 들어가 작업을 한 경우에 공무원이 직무에 관하여 실시한 강제처분표시의 효용을 해한 것이라고는 할 수 없다.

나. 간접점유자에 대한 집행

채권자가 간접점유자는 물론 직접 점유자에 대하여도 집행권원을 가지고 있는 경우에는 직접점유자에 대한 집행이 있으면, 간접점유자에 대한 집행도 실시한 것으로 본다.

≪판례≫ **인도집행의 간접점유자에 대한 효력**[대법원 2000. 2. 11.자 99그92 결정]

간접점유자가 직접점유자를 통하여 부동산을 간접적으로 점유하고 있는 경우 간접점유자 및 직접점유자에 대한 채무명의를 가지고 부동산에 대한 인도청구권을 집행하는 채권자로서는 현실적으로 직접점유자에 대하여 인도집행을 함으로써 간접점유자에 대한 인도집행을 한꺼번에 할 수밖에 없으므로, 직접점유자에 대하여 부동산에 대한 인도집행을 마치면 간접점유자에 대하여도 집행을 종료한 것으로 보아야 할 것이고, 또한 강제집행정지는 집행 종료 후에는 허용되지 아니한다.

다. 목적물 내에 있는 동산의 처리

집행의 대상이 되는 부동산 안에 있는 동산은 채무자 또는 그 대리인에게 인도할 것이지만 인도할 수 없는 경우에는 집행관이 보관하거나 매각하여 대금을 공탁한다(제258조 3·4·5·6항). 실무에 있어서는 동산을 인도받을 채무자 등이 없는 경우에 집행관은 당해 동산을 인도대상인 부동산 안에 그대로 두고 채권자에게 보관을 위임하게 된다. 향후 당해 동산을 매각하는 과정에서는 법규정은 집행관이 매각허가를 구하게 되어 있지만, 실제에 있어서는 채권자가 동산매각 및 공탁허가 신청서를 작성한 다음 집행관의 서명·날인을 받아 법원에 제출하고 있다.

≪판례≫ **부동산인도집행과 목적외 동산**[대법원 1996. 12. 20. 선고 95다19843 판결]

[1] 건물명도의 강제집행은 당해 건물에 대한 채무자의 점유를 배제하고 채권자에게 그 점유를 취득케 함으로써 종료하는 것이고, 당해 건물 내에 있는 집행목적외 동산의 처리는 종료된 강제집행에서 파생된 사무적인 부수처분에 불과한 것으로서 채권자를 위한 집행행위가 아니므로, 비록 채권자가 건물 부분의 명도집행 당시 그 곳에 남아 있던 동산이 집행채무자의 소유가 아님을 알면서도 집행관에게 명도집행을 위임하여 시행케 하였다 하여도, 이러한 사유만으로는 그 명도집행이 위법하다고 할 수는 없다.

[2] 집행관이 민사소송법 제690조에 의한 건물명도청구의 집행시 집행목적물인 건물 내에 있는 채무자 또는 제 3 자 소유의 집행목적외 동산을 스스로 보관하지 않고 채권자의 승낙을 얻어 채권자에게 보관하게 한 경우, 채권자의 그 보관에 관한 권리나 의무는 원칙적으로 집행관과의 사이에 체결된 임치계약 등 사법상의 계약에 의하여 정하여 진다고 할 것이므로, 채권자가 집행관과의 약정에 따라 그 동산을 보관하던 중 이를 분실한 경우 채권자가 그 보관에 필요한 계약상의 주의의무를 다하였다고 인정되는 때에는 집행관이나 그 동산의 소유자 등에 대하여 계약상의 손해배상책임은 물론 불법행위로 인한 손해배상책임까지도 부담하지 않지만, 이 경우 채권자가 보관상의 주의의무를 제대로 이행하지 못한 과실의 정도가 불법행위의 요건을 충족시킬 수 있고 또한 그 보관상 주의의무의 위반행위가 구체적인 태양이나 정도 등에 비추어 위법하다고 인정되는 경우에는 달리 특별한 사정이 없는 한 채권자는 집행관이나 그 동산의 소유자 등에 대하여 불법행위로 인한 손해배상책임을 진다.

라. 건물이나 수목이 있는 토지의 인도 집행

토지인도청구권을 내용으로 하는 집행권원에 그 토지상에 건물이나 독립된 수목의 처리에 관한 내용이 없다면 그러한 집행권원만으로는 토지의 인도집행이 불가능하다.

≪판례≫ **토지에 독립된 수목과 토지인도집행**[대법원 1986. 11. 18.자 86마902 결정]

토지의 인도를 명한 채무명의의 효력은 그 지상에 건립된 건물이나 식재된 수목의 인도에 까지 미치는 것이 아니고 또한 위와 같은 건물이나 수목을 그대로 둔 채 토지에 대한 점유만을 풀어 채권자에게 인도할 수도 없는 것이니, 집달관으로서는 지상에 건물이 건축되어 있거나 수목이 식재되어 있는 토지에 대하여는 그 지상물의 인도, 철거 등을 명하는 채무명의가 따로 없는 이상 토지를 인도하라는 채무명의만으로는 그 인도집행을 실시할 수 없다(같은 취지: 대법원 1980. 12. 26.자 80마528 결정).

≪판례≫ **건물철거를 제외한 토지만의 인도집행**[대법원 1977. 6. 30.자 77마59 결정]

[1] 건물철거 및 그 토지(대지)명도를 명하는 판결의 집행에 있어서는 건물철거와 그 건

물의 부지의 명도집행까지 끝나지 아니하면 그 토지의 인도집행은 아직 종료되지 아니하였다고 할 것이다.

[2] 위 건물철거를 동시에 하지 아니하고 위 토지명도집행만을 함에 있어서는 그 건물의 용도에 따라 현상유지에 일반적으로 필요하다고 인정되는 범위내의 토지는 제외되어야 한다.

Ⅲ. 목적물을 제 3 자가 점유하고 있는 경우의 인도집행

제259조 (목적물을 제 3 자가 점유하는 경우)

인도할 물건을 제3자가 점유하고 있는 때에는 채권자의 신청에 따라 금전채권의 압류에 관한 규정에 따라 채무자의 제3자에 대한 인도청구권을 채권자에게 넘겨야 한다.

1. 의 의

목적물을 제3자가 점유하고 있는 경우에는 곧바로 여기의 인도집행을 하는 것이 불가능하다. 이에 대비하여 두고 있는 규정이 제259조이다. 이러한 경우 채권자는 먼저 채무자가 제3채무자에 대하여 가지고 있는 인도청구권을 압류하여 넘겨 받을 수 있도록 한 것이다. 제259조는 동산인도집행에 대하여도 적용된다.

≪판례≫ 채무자 아닌 점유자의 인도집행저지[대법원 1984. 1. 31. 선고 83도2290 판결]

[1] 차용금 채무의 담보조로 여관임대차계약의 임차인 명의를 채권자 (갑) 명의로 변경하였으나 실제로 처, 여동생 등과 같이 기거하면서 그 여관을 경영하여 온 피고인은 위 (갑)과 임대인 (을) 사이의 집행력있는 건물명도 화해조서 정본에 기한 명도집행을 저지할 권능이 있다.

[2] 건물 점유자로서 명도집행을 저지할 수 있는 정당한 기능이 있는 자가 그 점유사실을 입증하기 위한 수단으로 임대차계약서 사본을 제시하면서 그 실효된 사실을 고지하지 아니하고 자신이 정당한 임차인인 것처럼 주장하였다고 하더라도 이로써 형법 제137조 소정의 위계에 해당한다고는 볼 수 없다.

그러나 제259가 예정하는 집행절차는 실무에서는 거의 문제되지 않고 사실상 무의미한 규정이다. 왜냐하면 채권자는 제259조에 의하지 아니하고도 채권자대위권이나 물권적 청구권에 의하여 직접 제3자에 대하여 목적물의 인도를 청구할 수 있기 때문이다.

2. 집행실시

목적물 소재지 지방법원은 채권자의 신청이 있으면 금전채권의 압류에 관한 규정에 따라 채무자의 제 3 채무자에 대한 인도청구권을 압류하고 이를 채권자에게 넘기는 명령을 한다. 채권자는 이러한 명령이 있으면 채무자에 갈음하여 제 3 채무자에게 자신에게 또는 집행권원이 정한 다른 제 3 자에게 인도할 것을 청구할 수 있다. 집행관에게 인도할 것을 청구할 필요가 없다.

3. 인도청구권을 넘기는 명령의 효력

인도청구구권을 넘기는 명령은 추심명령과 성질이 유사하며, 그 성질상 압류경합의 문제는 원칙적으로 생기지 않는다. 이러한 명령이 있은 뒤에 다른 금전채권자가 이를 압류하는 것은 허용되지 아니하며, 그러한 명령이 있다고 하더라도 무효이다.

제 2 절 대체집행

제260조 (대체집행)

① 민법 제389조 제 2 항 후단과 제 3 항의 경우에는 제 1 심 법원은 채권자의 신청에 따라 민법의 규정에 의한 결정을 하여야 한다.

② 채권자는 제 1 항의 행위에 필요한 비용을 미리 지급할 것을 채무자에게 명하는 결정을 신청할 수 있다. 다만, 뒷날 그 초과비용을 청구할 권리는 영향을 받지 아니한다.

③ 제 1 항과 제 2 항의 신청에 관한 재판에 대하여는 즉시항고를 할 수 있다.

Ⅰ. 서 론

대체집행에 관한 직접적인 규정은 민법(제389조 2항, 3항)에서 찾아볼 수 있다. 이에 따르면 대체집행은 대체적인 작위채무와 부작위채무불이행으로 인한 물적 상태를 제거하는 절차이다. 작위채무에 대한 대체집행절차와 부작위위반에 대한 대체집행절차를 나누어 살펴보면 다음과 같다.

Ⅱ. 대체적 작위채무의 대체집행

1. 의　의

대체적 작위의무의 집행에 있어서 집행법원은 채무자에 갈음하여 채무자 이외의 사람으로 하여금 그 행위를 하도록 하고 그 비용을 채무자로부터 강제로 추심하는 방법으로 사법상 이행청구권을 실현시킨다(민법 제389조 2항, 민사집행법 제260조).

2. 집행기관

수소법원 내지 수소법원에 준하는 법원이 집행기관이 된다. 집행권원의 종류에 따라 구체적인 관할법원이 다르다. 집행권원이 확정판결 또는 가집행선고 있는 판결인 경우에는 제 1 심 수소법원, 제소 전 화해조서인 경우에는 그 조서를 작성한 법원, 소송상 화해조서나 인낙조서인 경우에는 제 1 심 재판을 한 법원이 관할한다.

3. 집행절차

가. 대체집행의 신청(수권결정신청)

대체적 작위의무에 관한 집행권원에 기초하여 집행문을 부여받아 곧바로 집행절차에 나아갈 수는 없으며, 채권자는 먼저 대체집행신청에 해당하는 수권결정신청을 거쳐야 한다. 이러한 수권결정절차는 통상의 강제집행에 있어서 집행문부여절차에 대응하는 절차라고 할 수 있다.

나. 심　리

제262조 (채무자의 심문)

제260조 및 제261조의 결정은 변론 없이 할 수 있다. 다만, 결정하기 전에 채무자를 심문하여야 한다.

수권결정은 변론 없이 할 수 있다. 그러나 대체집행의 결과는 채무자에게 중대한 영향을 미치는 것이므로 변론 없이 수권결정을 하는 경우에는 채무자의 진술권 보장을 위한 심문절차를 반드시 거쳐야 한다(제262조). 채무자의 진술이 실제로 이루어져야만 하는 것은 아니다.

≪판례≫ 대체집행수권결정절차상 채무자심문[대법원 1977. 7. 8.자 77마211 결정]

민사소송법 제694조 단서의 규정취지는 대체집행결정 전에 채무자에게 진술의 기회를 주기 위한 것이고 채무자가 적법한 통지를 받고도 정당한 사유 없이 출석하지 아니하는 경우에도 반드시 채무자의 진술을 들어야 한다는 뜻은 아니다.

다. 수권결정

대체집행신청이 정당하면 법원은 채권자에 대하여 제 3 자로 하여금 채무자에 갈음하여 채무자의 비용으로 집행권원의 내용인 작위를 실시하게 하는 권능을 부여한다. 이를 수권결정이라고 한다. 수권결정에는 채무자에 갈음하여 작위를 실시할 자를 구체적으로 정하는데, 보통은 집행관을 지정한다. 대체집행신청에 따른 법원의 재판에 대하여는 즉시항고로 다툴 수 있다. 즉시항고는 앞서 본 바와 같이 절차상의 고유한 하자만을 이의사유로 삼아야 한다.

≪판례≫ 수권결정에 대한 항고사유[대법원 1990. 12. 27. 선고 90마858 결정]

건물의 철거를 명하는 확정판결의 강제집행을 하는 방법으로 대체집행을 할 것을 명하는 법원의 결정에 대하여는, 그 집행방법으로서의 하자 있음을 이유로 하는 경우에 한하여 불복할 수 있고, 그 내용되는 청구권 자체에 관한 불복사유나 채무명의의 당부를 다투는 사유들로서는 적법한 항고 이유나 재항고이유를 삼을 수 없다(같은 취지: 대법원 1977. 7. 8.자 77마211 결정, 대법원 1992. 6. 24.자 92마214 결정).

라. 집행실시

수권결정에 실시자가 정해진 경우에 채권자는 실시자에게 집행을 위임하여 작위를 실시하도록 한다. 수권결정에 실시자가 정해지지 않은 경우에는 채권자 스스로 작위를 실시하거나 채무자 이외의 자를 선정하여 작위를 실시하게 한다.

4. 대체집행비용 지급절차

가. 비용추심의 방법

대체집행비용은 수권결정절차비용과 작위실시비용으로 구성된다. 채권자는 작위실시가 종료하면 법원에 집행비용확정결정을 신청하여 작위채무의 집행권원에 기하여 금전채권집행의 방법으로 추심한다(규칙 제24조 1항).

나. 대체집행비용의 선지급결정(제260조 2항)

채권자는 대체집행비용 중에서 작위실시비용에 관하여는 채무자가 작위실시 이전에 미리 지급할 것을 명하는 결정을 구할 수 있다. 이를 허용하는 결정을 대체집행비용 선지급결정이라고 한다. 작위실시 후에 선지급결정액보다 초과액이 있으면 위의 비용추심방법으로 추심할 수 있다.

Ⅲ. 부작위채무위반의 대체집행

1. 의 의

부작위채무의 위반으로 생긴 물적 상태를 제거하는 집행절차이다(민법 제389조 3항, 민사집행법 제260조 1항). 부작위채무는 그 성질상 일신전속적 채무로 대체집행에 의할 것이 아니고 다음에 볼 간접강제에 의한다. 그러나 부작위채무의 위반의 결과로 생긴 물적 상태에 대하여 채무자는 그 결과를 제거할 채무를 지는데, 이러한 채무는 대체적 작위채무에 속하므로 대체집행에 의한다.

한편 부작위채무는 부작위의무를 1회만 위반하더라도 채무의 목적이 소멸하는 1회적 부작위채무와 그렇지 아니한 반복적·계속적 부작위채무가 있다. 부작위위반의 대체집행이 문제되는 것은 반복적·계속적 부작위채무의 위반에 관한 것이고, 1회적 부작위채무의 위반에 관하여는 대체집행이 적용될 리 없고 손해배상에 의할 수밖에 없다.

2. 집행기관 · 집행절차 · 집행비용의 지급

대체적 작위의무의 대체집행과 같다.

제 3 절 간접강제

제261조 (간접강제)

① 채무의 성질이 간접강제를 할 수 있는 경우에 제1심 법원은 채권자의 신청에 따라 간접강제를 명하는 결정을 한다. 그 결정에는 채무의 이행의무 및 상당한 이행기간을 밝히고, 채무자가 그 기간 이내에 이행을 하지 아니하는 때에는 늦어진 기간에 따라 일정한 배상을 하도록 명하거나 즉시 손해배상을 하도록 명할 수 있다.

② 제1항의 신청에 관한 재판에 대하여는 즉시항고를 할 수 있다.

Ⅰ. 부대체적 작위채무의 간접강제

1. 의 의

채무자의 작위를 통해서만 목적을 달성할 수 있는 작위채무에 대하여는 법원이 상당한 이행기간을 정하여 이행을 명하고 이행이 늦어진 기간에 따라 일정한 금액의 배상을 명하는 방법으로 집행한다. 모든 부대체적 작위채무에 대하여 간접강제가 인정되는 것은 아니다. 부대체적 작위채무 중에서 채무자의 자유의사를 강제해서는 본래의 목적달성을 기대하기 어렵거나, 자유의사의 강제가 채무자의 인격을 과도하게 침해하는 것인 경우에는 간접강제는 허용되지 아니하며 결국 손해배상의 방법으로 해결하는 수밖에 없다(제261조). 한편 부대체적 작위채무 중에서 의사표시를 할 채무에 관하여는 간접강제가 아닌 특별한 집행절차를 두고 있으므로 간접강제에 의할 수 없다(제263조).

2. 집행기관

제 1 심수소법원이 집행기관이 된다.

3. 집행절차

가. 신 청

채무자가 할 작위를 명시하여 서면으로 신청한다.

나. 심리(제262조)

채무자를 신문하여야 한다.

다. 간접강제결정(예고결정)

채권자의 신청이 정당하면 법원은 상당한 기간을 정하여 이행을 명하고 채무자가 그 기간 내에 이행하지 아니하는 경우에는 늦어진 기간에 따라 일정한 금액의 배상을 지급하게 하거나 또는 즉시 일정한 금액을 배상하도록 명한다(제261조). 상당한 기간은 채권자의 신청에 구애됨이 없이 법원이 자유재량으로 정한다. 예고결정 이후에 사정의 변경이 있는 경우에는 당사자의 신청에 따라 결정의 내용을 변경할 수 있다. 변경결정을 하는 경우에는 상대방을 심문하여야 한다(규칙 제191조). 간접강제신청에 대한 재판에 대하여는 즉시항고 다툴 수 있다(제261조 2항). 여기의 즉시항고에는 집행정지효가 없음은 물론이다.

≪판례≫ **간접강제결정에 대한 즉시항고**[대법원 1997. 1. 16.자 96마774 결정]

[1] 강제집행의 일시정지를 명한 취지를 기재한 재판의 정본이 제출된 경우 집행법원은 이미 실시한 집행처분을 일시 유지하여야 한다는 취지를 규정하고 있는 민사소송법 제511조 제1항의 규정은 간접강제에는 적용되지 않으므로, 본래의 채무명의에 대한 강제집행정지결정 정본이 제출되었다는 사유는 간접강제결정의 취소사유에 해당하는 것으로 보아야 하고, 나아가 그와 같은 사유는 간접강제결정에 대한 즉시항고이유로도 주장할 수 있는 것으로 보아야 한다.

[2] 강제집행에 관한 항고심절차에도 항소심에 관한 규정이 준용되므로 다른 특별한 사정이 없는 한 항고심법원이 강제집행에 관한 제1심결정을 취소함과 동시에 제1심법원과 같이 강제집행에 관한 처분을 할 수 있고, 이는 간접강제결정이 제1심 수소법원의 전속관할인 경우에도 마찬가지이다.

[3] 재항고심도 상고심과 마찬가지로 사후심·법률심이므로, 항고심법원이 간접강제에 관한 제1심결정을 취소하고 다시 간접강제결정을 한 후에 대법원이 간접강제신청의 기초가 된 채무명의에 대하여 강제집행정지결정을 하였다는 사유는 적법한 재항고이유가 될 수 없고, 채무자로서는 그 강제집행정지결정 정본을 제1심 수소법원에 제출하여 간접강제결정의 취소를 구하여야 한다.

라. 배상금의 추심

간접강제결정을 받고도 채무자가 작위의무이행을 다하지 아니하면 간접강제결정을 집행권원으로 하여 금전채권집행의 방법으로 배상금을 추심할 수 있다. 집행법원이 명한 배상금의 추심과 별도로 배상금의 범위를 초과한 실손해에 대하여는 통상의 민사소송절차에 따라 추심할 수 있다.

Ⅱ. 부작위채무의 간접강제

부작위채무 자체의 강제집행은 상식적으로 인식하기 어렵다. 특히 1회적 부작위채무는 강제집행개시요건을 구비함과 동시에 실체법상 소멸하여 버리므로 강제집행이 게재될 여지가 없다. 그 집행절차는 부대체적작위채무의 간접강제의 방법에 의한다.

≪판례≫ **장래 부작위의무위반 배상명령**[대법원 1996. 4. 12. 선고 93다40614,40621 판결]

[1] 비방광고들로 인한 피해를 최소한으로 줄이기 위하여 광고들이 실렸던 일간지마다 동일한 크기의 대응광고를 게재할 필요가 있었다면, 그 비용도 비방광고들로 인하여 입은 손해이다.

[2] 비방광고들로 인하여 인격과 명예, 신용 등이 훼손됨으로써 분유제조업체인 피해 회

사가 입은 손해의 종류와 성격, 피해 회사의 지명도와 영업의 신용도, 피해 회사의 규모 및 영업실적, 비방광고들의 허위성의 정도와 비방성의 강도, 비방광고 행태 전반에서 드러나는 악의성의 정도, 조제분유 제품을 선택하는 소비자들의 보수성, 부정적 광고가 미치는 영향의 즉각성과 지속성, 부정적 영향으로부터 회복함이 곤란한 점, 부정적 광고에 대하여 효율적인 구제수단인 사죄광고가 허용되지 아니하는 점, 비방광고 회사의 규모와 재산 정도 등 여러 사정을 참작하여 그 손해액을 금 300,000,000원으로 정한 원심판결을 수긍한 사례.

[3] 인격권은 그 성질상 일단 침해된 후의 구제수단(금전배상이나 명예회복 처분 등)만으로는 그 피해의 완전한 회복이 어렵고 손해전보의 실효성을 기대하기 어려우므로, 인격권 침해에 대하여는 사전(예방적) 구제수단으로 침해행위 정지·방지 등의 금지청구권도 인정된다는 이유로 광고중지 청구를 인정한 원심판결을 수긍한 사례.

[4] 부작위채무를 명하는 판결의 실효성 있는 집행을 보장하기 위하여는, 부작위채무에 관한 소송절차의 변론종결 당시에서 보아 채무명의가 성립하더라도 채무자가 이를 단기간 내에 위반할 개연성이 있고, 또한 그 판결절차에서 민사소송법 제693조에 의하여 명할 적정한 배상액을 산정할 수 있는 경우에는, 그 부작위채무에 관한 판결절차에서도 위 법조에 의하여 장차 채무자가 그 채무를 불이행할 경우에 일정한 배상을 할 것을 명할 수 있다.

제 4 절 의사표시채무의 집행

제263조 (의사표시의무의 집행)

① 채무자가 권리관계의 성립을 인낙한 때에는 그 조서로, 의사의 진술을 명한 판결이 확정된 때에는 그 판결로 권리관계의 성립을 인낙하거나 의사를 진술한 것으로 본다.

② 반대의무가 이행된 뒤에 권리관계의 성립을 인낙하거나 의사를 진술할 것인 경우에는 제30조와 제32조의 규정에 따라 집행문을 내어 준 때에 그 효력이 생긴다.

Ⅰ. 서 론

1. 의 의

의사표시를 하여야 할 채무는 다른 사람이 대신할 수 없는 하는 채무로 소위 부대체적 작위채무에 해당한다. 그러므로 집행체제상 의사표시채무에 대한 강제집행은 간접강제방식(제261조)을 우선 상정할 수 있다. 그러나 의사표시를 하여야 할 채무에 관하여 채권자가 지향하는 바는 당해 의사표시를 통하여 얻을 수 있는 법률효과인 것이지 의사표시 그 자체는 아니라는 점에서 간접강제는 적절치 않다. 이에 민법(제389조 2항)과 민사집행법(제263조)는 의사표시채무에 관하여는 집행권원이 성립 때 곧바로 채무자가 의사표시를 한 것으로 의제하는 특수한 집행방법을 채택하고 있다.

2. 특 성

가. 판결절차와 집행절차의 융합

의사표시채무는 집행권원의 성립과 동시에 의사표시가 있는 것으로 의제된다. 이러한 점에서 집행권원형성절차인 판결절차 등에 집행절차가 이미 녹아들어 있는 탓으로 집행권원성립 이후에 채무자에 대한 강제력을 발동하는 절차라고 할 것이 전혀 없다. 집행기관이 게재될 여지가 없고 원칙적으로 집행문도 문제될 여지가 없는 것이다. 의사표시채무의 집행이 본래의미의 강제집행이 아니라고 하는 것은 이 같은 이유이다.

나. 강제집행

민사집행법(제62조 1항)이 의제하는 것은 의사표시 자체가 아니고 의사표시가 있음을 전제로 한 의사표시의 효과이다(반대견해 있음). 즉 민사집행법 제62조 1항은 형성의 소에 관한 규정으로 볼 것이 아니고 강제집행에 관한 규정이라 하겠다. 따라서 형성재판이나 확인재판은 의사표시채무의 집행권원이 될 수 없다.

다. 가 집 행

민사집행법(제263조 1항)은 집행권원의 확정을 조건으로 의사표시가 있는 것으로 의제하고 있다는 점, 가집행선고를 인정하면 후에 가집행선고가 취소되는 경우에는 법률관계가 불안정하게 되는 점에서 의사표시채무에 관한 재판에 있어서는 가집행선고를 붙일 수 없다(반대견해 있음).

라. 보전집행

의사표시채무에 가처분을 인정하는 것은 가처분의 결과와 본안으로 달성할 수 있는 결과가 전혀 다를 것이 없으므로 가처분의 부수성에 위배되는 것이라고 본다. 또한 민사집행법(제263조 1항)이 의사표시채무는 집행권원의 확정이 있어야만 의사표시가 있은 것으로 의제하고 있는 점에서 가처분으로 의사표시를 명하는 것만으로는 아무런 실효성이 없다는 점에서 의사표시채무에 관하여는 가처분을 인정하기 어렵다(반대견해 있음).

Ⅱ. 집행대상

민사집행법 제263조는 의사표시 자체가 아니라 의사표시가 있음을 전제로 하는 법률효과를 추상적·관념적으로 의제하는 절차이다. 이러한 점에서 동조가 직행대상으로 삼는 의사표시는 다음과 같은 범위로 한정된다.

1. 법률효과

본조는 의사표시가 지향하는 직접적인 법률효과를 갖는 경우에만 적용된다. 그러므로 직접적 법률효과를 갖는 것이기만 하면 법률행위의 구성요소로서의 의사표시뿐 아니라 준법률행위에 해당하는 최고 등과 같은 의사의 통지 또는 채권양도통지 등과 같은 관념의 통지에도 그 적용이 있다(반대견해 있음). 이와는 달리 의사표시 그 자체가 목적이 되는 정정보도 등에는 본조가 적용될 여지가 없다.

2. 관념적 행위

본조에 따른 집행절차는 추상적·관념적 조작으로 의사표시가 있은 것으로 의제할 뿐 현실적인 강제력발동을 전혀 예정하지 않는다. 그러므로 본조는 증권에 서명을 하는 것과 같은 사실행위를 필요로 하는 의사표시에는 본조가 적용될 여지가 없다. 한편 본조는 의사표시에 더하여 채무자의 적극적인 협력이 있어야만 소기의 성과를 거둘 수 있는 소의 제기와 같은 의사표시에는 적용될 여지가 없다.

3. 요식행위 등

본조에 따라 집행권원이 의제하는 의사표시는 당해 의사표시가 필요한 방식에 따라 있은 것으로 보게 되므로 방식이나 서면을 별도로 갖출 필요가 없다. 본조는 의사표시에 일정한 방식이 요구되거나 반드시 서면에 의하여야 하는 경우에도 적용되는 것이다.

4. 공법상의 의사표시

본조는 채무자의 공법상 의사표시를 구하는 채권자의 사법상 이행청구권의 실현을 위한 경우에도 적용된다. 예를 들어 등기신청이나 토지거래허가신청에 관한 채무자의 의사표시에 관하여도 본조가 적용되는 것이다. 이와는 달리 채무자의 채권자에 대한 권리가 민사소송사항이 아닌 경우에는 본조가 적용될 여지가 없다(반대견해 있음).

≪판례≫ **처분허가신청행위의 소구**[대법원 1995. 5. 9. 선고 93다62478 판결]

학교법인에게 명의신탁한 부동산에 대해서 관할청의 허가가 있으면 명의신탁자는 이를 반환받을 수 있으므로 명의신탁자가 명의신탁을 해지한 경우에는 명의수탁자인 학교법인으로서는 관할청에 대하여 명의신탁 부동산 반환에 관하여 관할청의 허가를 신청할 의무를 부담하고, 명의수탁자가 이러한 의무를 이행하지 않는 경우에는 명의신탁자로서는 민법 제389조 제 2 항에 의하여 허가신청의 의사표시에 갈음하는 재판을 청구할 수 있으며, 관할청이 반드시허가를 하여야 하는 것은 아니라는 이유만으로 그와 같은 재판의 청구가 권리보호의 이익이 없는 것이라고 할 수 없다(같은 취지: 대법원 1997. 12. 26. 선고 97누14538 판결, 토지거래허가신청에 관한 대법원 1991. 12. 24. 선고 90다12243 판결, 재단법인의 기본재산처분허가신청에 관한 대법원 1998. 8. 21. 선고 98다19202, 19219 판결).

5. 소송행위

소의 취하나 고소취하 같은 채무자가 일정한 소송상 의사표시를 하여야 사법상 이행의무를 지는 경우에도 본조가 적용된다(반대견해 있음).

≪판례≫ **권한초과허가 신청행위의 소구**[대법원 2000. 12. 26. 선고 99다19278 판결]

부재자 재산관리인에 의한 부재자 소유의 부동산 매매행위에 대한 법원의 허가결정은 그 허가를 받은 재산에 대한 장래의 처분행위뿐만 아니라 기왕의 매매를 추인하는 방법으로도 할 수 있고, 부재자 재산관리인의 권한초과행위에 대한 법원의 사후허가는 사인의 법률행위에 대하여 법원이 후견적·감독적 입장에서 하는 비쟁송적인 것으로서 그 허가 여부는 전적으로 법원의 권한에 속하는 것이기는 하나 그 신청절차는 소의 제기 또는 그에 준하는 신청과는 달리 그 의사표시의 진술만 있으면 채무자의 적극적인 협력이나 계속적인 행위가 없더라도 그 목적을 달성할 수 있는 것이므로, 비록 그 허가신청이 소송행위로서 공법상의 청구권에 해당하더라도 부재자 재산관리인이 권한초과행위에 대하여 허가신청절차를 이행하기로 약정하고도 그 이행을 태만히 할 경우에는 상대방은 위 약정에 기하여 그 절차의 이행을 소구할 수 있고, 이러한 의사 진술을 명하는 판결이 확정되면 민사소송법 제695조 제 1 항에 의하여 허가신청의 진술이 있는 것으로 간주된다(같은 취지: 대법원 2000. 12. 26. 선고 99다19278 판결).

≪판례≫ **강제집행신청취하에 관한 의사표시**[대법원 1966. 5. 31. 선고 66다564 판결]

강제집행 당사자사이에 그 신청을 취하하기로 하는 약정은 사법상으로는 유효하다 할지라도 이를 위배하였다하여 직접 소송으로서 그 취하를 청구하는 것은 공법상의 권리의 처분을 구하는 것이어서 할 수 없는 것이다(동 판례는 위에 적시한 판례에 의하여 사실상 폐기된 것으로 취급되고 있다/주석V 164면).

6. 의사표시의 상대방

채무자의 의사표시의 상대방은 채권자에 한하지 아니한다. 제 3 자 또는 행정청을 상대방으로 하는 의사표시에도 본조가 적용된다.

≪판례≫ 공동명의예금의 인출 의사표시[대법원 1994. 4. 26. 선고 93다31825 판결]

[1] 은행에 공동명의로 예금을 하고 은행에 대하여 그 권리를 함께 행사하기로 한 경우에 그 공동명의 예금채권자들은 은행을 상대로 하여서는 공동으로 이행의 청구나 변제의 수령을 함이 원칙이라고 할 것이나, 그렇다고 하여 공동명의 예금채권자들의 은행에 대한 예금반환청구소송이 항상 필요적 공동소송으로서 그 예금채권자 전원이 당사자가 되어야만 한다고 할 수는 없을 것이다. 만일 동업자들이 동업자금을 공동명의로 예금한 경우라면 채권의 준합유관계에 있어 합유의 성질상 은행에 대한 예금반환청구가 필요적 공동소송에 해당한다고 볼 것이나, 공동명의 예금채권자들 중 1인이 전부를 출연하거나 또는 각자가 분담하여 출연한 돈을 동업 이외의 특정목적을 위하여 공동명의로 예치해 둠으로써 그 목적이 달성되기 전에는 공동명의 예금채권자가 자신의 예금에 대하여도 혼자서는 인출할 수 없도록 방지, 감시하고자 하는 목적으로 공동명의로 예금을 개설한 경우에는 그 예금에 관한 관리처분권까지 공동명의 예금채권자 전원에게 공동으로 귀속된다고 볼 수 없을 것이므로, 이러한 경우에는 은행에 대한 예금반환청구가 민사소송법상의 필요적 공동소송에 해당한다고 할 수 없다.

[2] 위 "[1]"항의 뒤의 경우가 소송법상으로는 필요적 공동소송에 해당하지 아니한다고 하더라도 공동명의 예금채권자는 그 예금을 개설할 때에는 은행과의 사이에 예금채권자들이 공동하여 예금반환청구를 하기로 한 약정에는 당연히 구속되는 것이므로, 그 예금채권자 중 1인이 은행을 상대로 자신의 예금의 반환을 청구함에 있어서는 다른 공동명의 예금채권자와 공동으로 그 반환을 청구하는 절차를 밟아야만 은행으로부터 예금을 반환받을 수 있음은 물론인바, 이 경우 만일 다른 공동명의 예금채권자가 그 공동반환청구절차에 협력하지 않을 때에는, 예금주는 먼저 그 사람을 상대로 제소하여 예금주 단독으로 하는 반환청구에 관하여 승낙의 의사표시를 하라는 등 공동반환절차에 협력하라는 취지의 판결을 얻은 다음 이 판결을 은행에 제시함으로써 예금을 반환받을 수 있고, 이와 같은 방식에 의하여 약정에 의한 공동반환청구의 요건이 충족되었음에도 불구하고 은행이 정당한 이유 없이 예금의 반환을 거절하는 경우에는 그 예금주가 은행을 상대로 단독으로 예금의 반환을 소구할 수밖에 없을 것이고, 미리 청구할 필요가 있을 때에는 다른 공동명의 예금채권자와 은행을 공동피고로 하여 위와 같은 취지의 제소를 할 수도 있다(같은 취지: 대법원 2001. 6. 12. 선고 2000다70989 판결).

Ⅲ. 집행권원

의사표시의 내용을 특정하고 그 이행을 명하는 기판력 있는 재판이나 그와 같은 효력이 있는 화해조서, 인낙조서, 조정조서, 심판, 집행판결 등과 같은 집행권원이 있어야 한다. 의사표시를 하여야 의무는 집행권원이 담고 있는 다른 의무의 표시에 포함된 것이어도 무방하다. 집행권원의 내용이 의사표시 자체를 의제하는 것이 아니고, 의사표시를 하여야 할 의무를 부담하는 것에 그치는 것이어서는 아니 된다.

≪판례≫ 의사표시채무와 의사표시의제[대법원 1991. 6. 25. 선고 91다11476 판결]

화해조서의 화해조항에 "… 본건 건물의 소유권지분 10분의 3을 양도한다"고 되어 있지 소유권이전등기절차를 이행한다고 되어 있지 아니하다면, 위 화해조서가 소유권(지분)이전등기의 의사진술을 한 것이라고 보기는 어렵고, 그렇다면 이 화해조서를 가지고 소유권(지분)이전등기의 집행을 할 수는 없으므로 위 화해조서의 존재에도 불구하고 위 소유권(지분)이전등기의 소송을 제기할 이익이 있다.

집행증서는 기판력이 없을 뿐 아니라 일정한 금액의 지급이나 대체물 또는 유가증권의 일정수량을 급여에 관한 권리만을 집행채권으로 삼을 수 있다는 점에서 의사표시채무의 집행권원이 될 수 없다.

Ⅳ. 넓은 의미의 집행절차

1. 의사표시의 의제

의사표시채무는 집행권원의 성립과 동시에 채무자의 의사표시가 의제되므로 별도로 집행절차가 문제되지 아니한다. 즉 채권자는 집행권원의 성립과 동시에 채무자에게 구하는 사법상 이행청구권 자체는 만족을 얻었다 할 것이다. 채무자의 의사표시에 일정한 형식이 요구되는 경우나, 채무자가 무능력자인 경우, 법인인 채무자에게 대표자가 없는 경우라도 집행권원의 성립과 동시에 형식이나 능력 또는 대표자가 갖추어진 것으로 취급된다. 그러나 채무자의 처분권한의 흠결은 보완되지 아니한다.

2. 집행권원의 추완

가. 넓은 의미의 집행절차

집행권원의 성립과 동시에 집행의 대상이 되는 의사표시는 의제되었다고 할 것이지만 그에 나아가 당해 의사표시를 구성요소로 하는 법률행위 또는 법률행위의 효력발생에 필요한 그 밖의 요건까지 갖춘 것으로 의제되는 것은 아니다. 그러므로 채권자가 소기의 목적을 달성하기 위하여는 당해 의사표시를 구성요소로 하는 법률행위의 효력발생요건을 별도로 추완하여야 한다. 예를 들어 당해 의사표시를 구성요소로 하는 채권양도계약이나 요물계약에 있어서는 채권자가 집행정본 등을 제시하거나 물건의 인도를 별도로 하여야 한다. 또한 당해 의사표시를 요소로 하는 법률행위의 효력발생에 제 3 자의 동의나 법원이나 행정청의 인·허가가 필요한 경우에는 그에 따른 요건을 갖추어야 한다. 위와 같은 채권자에 의한 일련의 추완절차를 넓은 의미의 집행절차라 하며, 이는 본래의미의 절차와 전혀 무관한 것이다.

나. 집행정지 등

위와 같은 넓은 의미의 집행절차에 관하여는 민사집행법이 원칙적으로 적용되지 아니한다. 따라서 총론에서 논의한 청구이의의 소 등 각종의 집행절차상 구제수단이나 그에 따른 집행절차의 정지도 전혀 문제되지 아니한다(반대견해 있음).

≪판례≫ 넓은 의미의 집행절차와 집행정지[대법원 1979. 5. 22.자 77마427 결정]

조건부 의사진술을 명하는 재판은, 그 조건이 성취되어 집행문이 부여될 때 의사를 진술한 것과 동일한 효력이 발생하고, 집행기관이 관여하는 현실적인 강제집행절차가 존재할 수 없으므로, 강제집행의 정지도 있을 수 없으니, 등기공무원은 강제집행정지결정에 구애됨이 없이 등기신청을 받아들여 등기기입을 할 수 있다.

3. 집행문부여절차

가. 조건성취 집행문

의사진술을 명하는 집행권원은 집행절차가 게재될 여지가 없는 것이어서 집행문부여절차 역시 원칙적으로 문제되지 아니한다. 다만 집행권원상 의사표시가 조건성취를 전제로 하는 경우에는 넓은 의미의 집행에 나아가기에 앞서 예외적으로 집행문부여절차가 요구된다. 여기서 조건이라 함은 앞서 설명한 집행문부여의 실질적 요건으로서 넓은 의미의 조건과 동시이행의무의 이행제공 등 집행개시요건을 아울러 지칭하는 것이다. 다만 확정기한에 관하여는 기한의 도래로 곧바로 의사표시 의제의 효과가 생기고 별도로 집행문이 필요하지 않다. 위와 같이 예외적으로 집행문을 요구하는 것은 집행권원과 넓은 의미의 집행절차의 간격을 채워 줄 필요성은 본래의미의 집행절차에서와 전혀 다를 것이 없고 또한 조건성취시기를 분명히 해둘 필요가 있기 때문이다.

나. 집행문의 송달 등

넓은 의미의 집행절차에서는 예외적으로 집행문을 필요로 하는 경우라도 집행문부여절차의기능이 본래의미의 집행절차에서 그 취지가 서로 다르다 할 것이다. 그러므로 조건성취집행이라고 하더라도 별도로 송달할 필요가 없다(반대견해 있음). 또한 채권자가 집행문부여의 소를 거친 경우에는 넓은 의미의 집행절차에서 예외적으로 집행문을 요구하는 취지는 이미 달성되었다고 할 것이어서 더 나아가 집행문을 부여 받을 필요가 없다.

다. 집행문부여에 대한 구제

집행문부여가 있다고 하더라도 그에 따른 넓은 의미의 집행절차만이 있을 뿐 본래 의미의 집행절차라고 할 것이 없다는 점에는 변함이 없다. 한편 집행문부여에 대한 이의나 이의의 소는 본래의미의 집행절차를 예정하고 있는 것이다. 이러한 점에서 넓은 의미의 집행절차에서는 집행문이 잘못 부여되었다 하더라도 채무자는 집행문부여에 대한 이의 등으로 다툴 수 없으며, 그로 인한 실체적 결과에 대하여 통상의 소송절차를 통하여 다툴 수 있을 뿐이다(반대견해 있음).

4. 채무자의 임의이행

집행권원이 성립된 이후로 채무자가 임의로 집행권원에 따른 의무를 이행하였다는 사정만으로는 집행권원의 효력에 영향을 미치지 아니하는 것이 원칙이다. 그러나 의사진술을 명하는 집행권원은 그에 따른 본래의미의 집행절차가 별도로 존재하지 아니하는 것이어서 앞서 설명한 바와 같이 청구이의로 다툴 여지가 없게 된다. 그러므로 의사진술채무에 관한 집행권원에 대하여는 통상의 집행권원과 달리 채무자가 집행권원에 따른 임의이행을 하였다면 그 자체로 집행권원의 효력이 상실된다고 보아야 한다.

≪판례≫ 임의이행과 집행권원의 효력상실[대법원 1989. 10. 24. 선고 89다카10552 판결]

등기의무와 같은 의사의 진술을 명하는 채무명의는 채무자가 임의로 그 등기의무를 이행하여 등기가 경료되면 그 효력을 상실한다고 할 것이므로 그 후 다른 사정에 의하여 다시금 그 채무명의에 기하여 동일한 등기가 경료되었더라도 이는 실효된 채무명의에 기한 것으로서 무효의 등기라고 할 것이다(같은 취지: 대법원 1990. 2. 27. 선고 89다카25776 판결).

제 3 편

민사집행법

담보권 등 실행절차

제3편 담보권 등 실행절차

개 관

민사집행법은 집행권원의 유무를 기준으로 크게 강제집행절차와 담보권 등 실행절차로 나누어 규정하고 있다. 담보권 등 실행절차는 다시 담보권에 기한 경매절차와 형식적 경매절차로 나뉜다. 담보권에 기한 경매절차는 담보권의 우선변제력을 실현시키기 위한 절차이며, 형식적 경매절차는 대체로 관리·보관상의 불편을 해소하기 위하여 목적물을 단순히 현금으로 바꾸는 절차이다. 채권만족이라는 관점에서 바라본다면 담보권 실행절차는 형식적 경매절차보다는 오히려 강제경매절차에 더 가깝다. 이러한 측면에서 강제경매절차와 담보권에 기한 경매절차를 묶어 실질적 경매절차라 한다. 실질적 경매절차는 공통적으로 압류·현금화·배당이라는 3단계 구조를 띠고 있지만, 형식적 경매절차는 압류·현금화에 그치고 별도로 배당절차가 없는 것이다. 이러한 점에서 강제경매절차와 담보권 등 실현절차로 대별하기 보다는 실질적 경매와 형식적 경매로 대별하여 규정하는 것이 더 나을 것이다.

학습목표

1. 담보권에 기한 경매와 강제경매를 차이점을 이해한다.
2. 실질적 경매와 형식적 경매가 다른 점을 알아둔다.

제 1 절 총 설

Ⅰ. 서 론

1. 의 의

금전채권집행은 집행권원의 유무에 따라 크게 강제경매와 임의경매로 나눌 수 있고, 임의경매(민사집행법 제 3 편)는 다시 우선변제력을 실현시키기 위한 실질적 경매와 단순히 목적물을 현금화하기 위한 형식적 경매가 있음은 앞서 설명하였다. 임의경매절차를 담보권 등 실행절차라고도 한다. 이러한 임의경매절차의 구체적 유형을 살펴보면 다음과 같다.

2. 실질적 경매

실질적 경매는 임의경매절차 중에서도 담보물권의 우선변제력을 실현시키는 절차이다. 피담보채권의 목적을 직접 실현시키는 절차라는 점에서 실질적 경매라고 한다. 강제경매와 담보권실행절차를 아울러 실질적 경매절차라고 부르기도 하나, 본서에는 담보권실행절차만을 한정하여 실질적 경매절차라고 부르기로 한다.

3. 형식적 경매

가. 협의의 형식적 경매

형식적 경매는 단순히 목적물을 현금화시키는 절차이다. 사법상 이행청구권을 직접 실현시키는 것이 아니고 목적물을 현금화시키는 방법으로서 경매절차를 이용하는 것에 지나지 아니한다는 점에서 형식적 경매라고 한다. 형식적 경매가 실질적 경매와 가장 차이가 나는 점은 현금화절차 이후의 배당 등 절차가 배제되어 있다는 점이다. 민사집행법(제 1 조)은 형식적 경매를 민법 · 상법 그 밖의 법률규정에 따른 경매라고 표현하고 있다. 형식적 경매를 정하고 있는 규정을 살펴보면 다음과 같다(실무제요Ⅱ 705면 이하).

① 공유물분할을 위한 경매(민법 제269조 2항)
② 변제공탁을 위한 경매(민법 제490조)
③ 한정승인이나 상속재산분리에 있어서 상속채권자나 수증자에게 변제하기

위한 상속재산경매(민법 제1037조, 제1051조 3항)

④ 상인간 매매목적물 · 운송물 · 임치물 등의 자조매각을 위한 경매(상법 제67조, 제70조, 제109조, 제142조, 제143조, 제149조, 제165조)

⑤ 자본감소 · 회사합병 · 회사분할 · 회사합병을 위한 주식병합이나 주식분할의 경우와 회생계획에 따른 신주발행의 경우의 주식경매(상법 제443조, 제530조 3항, 제530조의 11 1항, 통합도산법 제265조 3항, 제266조 6항)

⑥ 선박의 국적상실을 막기 위한 선박지분경매(상법 제777조) 등

나. 유치권에 의한 경매

유치권에 기한 경매(민법 제274조)는 목적물을 환가하는 데 그치는 것이고 피담보채권의 우선변제를 직접 지향하는 것이 아니다. 유치권은 담보물권임에도 우선변제력이 없기 때문이다. 이러한 이유에서 유치권실행절차는 실질적 경매가 아닌 형식적 경매로 취급된다. 협의의 형식적 경매와 유치권에 의한 경매를 합하여 넓은 의미의 형식적 경매라고 한다.

Ⅱ. 실체법에 따른 권리실현

1. 의　의

현행법은 피담보채권의 만족을 얻는 방법으로 전혀 이질적인 두 가지 수단을 두고 있다. 하나는 민사집행법이 마련한 집행절차를 통하여 만족을 얻는 방법이고 다른 하나는 민법 등 실체법이 정하는 방식으로 채권자가 채무자의 권리를 직접 행사하여 그 결과를 통하여 만족을 얻는 방법이다. 후자에 관한 개별적 내용을 간략히 살펴보면 다음과 같다. 더 자세한 내용은 민법이론서에 맡긴다.

2. 질 권 자

가. 유질의 예외적 허용

상사질권자는 변제에 갈음하여 질물의 소유권을 취득하거나 집행절차에 의하지 아니하고 질물을 처분하여 피담보채권의 만족을 구할 수 있다(상법 제339조). 민사질권자라도 변제기 이후에는 유질을 허용하고 있다(민법 제339조). 유질을 금하는 것은 궁박한 채무자로부터 폭리를 취하는 것을 막기 위한 것이다. 그러므로 금전채권에 대한 권리질권자의 경우에 피담보채권액의 한도에서 변제에 갈음

하여 입질채권을 이전할 것을 약정하는 것과 같이 폭리가 문제되지 아니하는 경우에는 변제기 전후에 관계없이 유질약정이 허용된다고 본다(반대견해 있음).

나. 질권자의 과실수취권

한편 현행법은 점유질만을 인정하며 수익질을 허용하지 아니하나 과실을 수취하여 다른 채권자보다 앞서 자기의 채권에 충당할 수는 있다(민법 제343조, 제323조).

다. 채권질권자의 직접청구

금전채권에 대한 권리질권자는 집행권원이나 채무자의 위임이 없더라도 피담보채권액의 한도에서 제3채무자에게 입질채권을 직접 청구하여 피담보채권의 변제에 충당할 수 있다(민법 제353조).

라. 간이변제충당권

질물의 가치가 작아 경매에 붙이는 것이 부적절한 사정 등이 있는 경우에는 채무자에게 미리 통지하고 감정인의 평가를 거쳐 유치물로 직접 변제에 충당할 것을 법원에 청구할 수 있다(민법 제338조).

3. 가등기담보권자

가등기담보권자 역시 집행절차에 따르는 것과 별도로 실체법이 정한 권리실현절차를 통하여 피담보채권의 만족을 구할 수 있다(가등기담보에관한법률 제3조). 전자를 경매에 의한 실현절차라 하고 후자를 권리취득에 의한 실현절차라 한다. 후자에 대하여는 민사집행법이 적용될 여지가 없다.

4. 유치권자

유치권자에게는 앞서 설명한 질권자의 과실수취권과 간이변제충당권에서와 같은 내용의 권리가 인정된다(민법 제322조, 제324조).

제 2 절 임의경매절차의 특색

Ⅰ. 강제경매절차의 원칙적 준용

제268조 (준용규정)

부동산을 목적으로 하는 담보권 실행을 위한 경매절차에는 제79조 내지 제162조의 규정을 준용한다.

제264조 (부동산에 대한 경매신청)

① 부동산을 목적으로 하는 담보권을 실행하기 위한 경매신청을 함에는 담보권이 있다는 것을 증명하는 서류를 내야 한다.

② 담보권을 승계한 경우에는 승계를 증명하는 서류를 내야 한다.

③ 부동산 소유자에게 경매개시결정을 송달할 때에는 제 2 항의 규정에 따라 제출된 서류의 등본을 붙여야 한다.

제269조 (선박에 대한 경매)

선박을 목적으로 하는 담보권 실행을 위한 경매절차에는 제172조 내지 제186조, 제264조 내지 제268조의 규정을 준용한다.

제270조 (자동차 등에 대한 경매)

자동차·건설기계 및 항공기를 목적으로 하는 담보권 실행을 위한 경매절차는 제264조 내지 제269조, 제271조 및 제272조의 규정에 준하여 대법원규칙으로 정한다.

제271조 (유체동산에 대한 경매)

유체동산을 목적으로 하는 담보권 실행을 위한 경매는 채권자가 그 목적물을 제출하거나, 그 목적물의 점유자가 압류를 승낙한 때에 개시한다.

제272조 (준용규정)

제271조의 경매절차에는 제 2 편 제 2 장 제 4 절 제 2 관의 규정과 제265조 및 제266조의 규정을 준용한다.

제273조 (채권과 그 밖의 재산권에 대한 담보권의 실행)

① 채권, 그 밖의 재산권을 목적으로 하는 담보권의 실행은 담보권의 존재를 증명하는 서류(권리의 이전에 관하여 등기나 등록을 필요로 하는 경우에는 그 등기부 또는 등록원부의 등본)가 제출된 때에 개시한다.

② 민법 제342조에 따라 담보권설정자가 받을 금전, 그 밖의 물건에 대하여 권리를 행사하는 경우에도 제 1 항과 같다.

③ 제 1 항과 제 2 항의 권리실행절차에는 제 2 편 제 2 장 제 4 절 제 3 관의 규정을 준용한다.

제274조 (유치권 등에 의한 경매)

① 유치권에 의한 경매와 민법·상법, 그 밖의 법률이 규정하는 바에 따른 경매(이하 "유치권등에 의한 경매"라 한다)는 담보권 실행을 위한 경매의 예에 따라 실시한다.

② 유치권 등에 의한 경매절차는 목적물에 대하여 강제경매 또는 담보권 실행을 위한 경매절차가 개시된 경우에는 이를 정지하고, 채권자 또는 담보권자를 위하여 그 절차를 계속하여 진행한다.

③ 제 2 항의 경우에 강제경매 또는 담보권 실행을 위한 경매가 취소되면 유치권 등에 의한 경매절차를 계속하여 진행하여야 한다.

제275조 (준용규정)

이 편에 규정한 경매 등 절차에는 제42조 내지 제44조 및 제46조 내지 제53조의 규정을 준용한다.

민사집행법은 임의경매절차에 대하여 별도로 규율하기 보다는 원칙적으로 강제경매절차를 준용하는 입법태도를 취하고 있다(제268조, 제275조, 규칙 제194조, 제202조). 그러므로 이하에서는 논의의 중복을 피하기 위하여 임의경매가 강제경매와 차이가 나는 점을 중심으로 간략하게 설명하는 것으로 그친다.

Ⅱ. 강제경매절차와의 차이점

사 례 50 경매의 공신력

갑은 을에게 금 5,000만원을 빌리면서 자기 소유의 물류창고에 채권최고액 금 6,000만원의 근저당권을 설정해 주었다. 그런데 물류창고가 화재로 소실되었던 바, 갑은 설계비를 절감하기 위하여 종전 설계 그대로 물류창고를 다시 건축하면서 등기 역시 비용이 소요될 것을 예상하여 구건물과 신건물이 동일하므로 종전 등기부를 그대로 이용하면 된다는 생각으로 신건물을 위한 등기부를 개설하지 않았다. 위와 같은 상황에서 을이 임의경매를 신청하자 갑이 돈을 모두 갚았음에도 을이 약속과 달리 경매신청을 취하여 주지 않았다.

① 그 후 위 경매절차에서 병이 금 4,000만원에 낙찰을 받고 대금을 모두 납부하였다면 병은 유효하게 소유권을 취득하는가?

② 만일 병이 소유권을 취득하지 못하는 경우에 매수대금 4,000만원을 어떻게 회수할 수 있는가?

사 례 51 임의경매와 경매개시결정에 대한 이의

갑은 농업에 종사하는 자로 시가 약 5,000만원에 상당하는 주택을 제외하고는 별다른 재산이 없다. 한편 갑은 정부로부터 자금관리를 위탁받은 농협으로부터 농가

주택자금 3500만원을 연 3.4%에 5년 거치 15년 분할상환조건으로 대출받고, 이를 담보하기 위하여 위 주택에 채권최고액을 5,000만원으로 하는 근저당권을 설정하여 주었다. 그런데 갑은 이웃집에 사는 을의 부탁으로 을이 정부로부터 대규모 축산시설자금을 대출을 받음에 있어 보증을 해 주었는데, 을이 부도가 나는 바람에 3억원에 달하는 보증채무를 떠안고 현재 연 17%에 달하는 연체이자까지 감당해야 할 처지에 놓이게 되었다. 이에 갑은 어쩔 수 없이 통합도산법이 정하는 개인회생신청을 하여 인가결정을 받았다. 상황이 이에 이르자 농협에서는 갑이 주택담보대출금을 정상적으로 상환하여왔음에도 위 근저당권에 기한 경매를 신청하였다. 이때 갑이 농협의 경매신청에 따른 임의경매절차에 대하여 '피담보채무에 관한 기한이익'을 지적하며 다투고자 한다면 가장 적절한 대책은 무엇인가?

1. 집행권원의 유무

강제경매는 집행권원에 기초한 절차이나 임의경매는 담보권 또는 법률의 개별규정에 기초한 절차이다. 경매신청에 있어서도 임의경매절차에 있어서는 집행정본이 아닌 담보권을 증명하는 서류를 제출하도록 있다(제264조 1항).

≪판례≫ **피담보채권의 입증필요 여부**[대법원 2000. 10. 25.자 2000마5110 결정]

민사소송법은 부동산에 대한 담보권실행을 위한 경매의 개시요건으로서 민사소송규칙 제204조에 정해진 채권자·채무자 및 소유자(제 1 호), 담보권과 피담보채권의 표시(제 2 호), 담보권의 실행 대상이 될 재산의 표시(제 3 호), 피담보채권의 일부에 대하여 담보권을 실행하는 때에는 그 취지 및 범위(제 4 호)를 기재한 신청서와 민사소송법 제724조에 정해진 담보권의 존재를 증명하는 서류를 제출하면 되는 것이고, 집행법원은 담보권의 존재에 관해서 위 서류의 한도에서 심사를 하지만, 그 밖의 실체법상 요건인 피담보채권의 존재 등에 관해서는 신청서에 기재하도록 하는 데 그치고, 담보권실행을 위한 경매절차의 개시요건으로서 피담보채권의 존재를 증명하도록 요구하고 있는 것은 아니므로 경매개시결정을 함에 있어서 채권자에게 피담보채권의 존부를 입증하게 할 것은 아니다.

아래에서 보는 바와 같이 임의경매가 강제경매와 차이가 있는 것은 기본적으로 집행권원이 없이 진행된다는 점에서 기인한다. 집행권원의 형성절차에는 국가에 의한 최소한의 사법작용이 내재된 절차이다. 이러한 집행권원 형성절차가 배제된 임의경매절차는 대체로 채권자 보다는 채무자 보호에 관심이 더 기울여져 있다.

2. 경매의 공신력

가. 의 의

경매절차는 국가기관에 의한 강제적 매각절차라는 점에서 사인간의 거래보다는 그 진실성이 강하게 담보된다. 집행권원 형성절차를 전제한 강제경매절차에서는 이러한 공신력이 더욱 강화되어 나타난다. 아래에서 설명하는 경매의 공신력은 채무자측의 일정한 귀책사유를 전제하고 있는데, 본래 공신력이라 함은 일정한 외관신뢰에 대한 보호를 의미하며 진정한 권리자의 귀책사유를 따지지 아니하는 제도라는 점에서 용어의 사용에 다소 문제가 있음을 지적할 수 있다.

나. 강제경매의 공신력

일단 유효한 집행정본에 기초하여 개시된 경매절차에 따라 매각대금을 완납한 매수인은 추후에 집행권원이나 집행채권이 부존재하거나 무효 또는 소멸하였음이 밝혀지더라도 완전한 권리를 취득한다.

다. 임의경매의 공신력

제267조 (대금완납에 따른 부동산취득의 효과)
매수인의 부동산 취득은 담보권 소멸로 영향을 받지 아니한다.

담보권이나 피담보채권의 흠은 집행절차에도 그대로 영향을 미친다. 즉 담보권이나 피담보채권이 부존재하거나 무효 또는 소멸한 경우에는 매수인은 매각대금을 완납하더라도 소유권을 취득할 수 없다. 임의경매절차는 원칙적으로 공신력이 인정되지 아니하는 것이다.

≪판례≫ 피담보채권의 부존재와 매수인의 지위[대법원 1976. 2. 10. 선고 75다994 판결]

경매개시결정이전에 피담보채권이 소멸됨에 따라 소멸된 저당권을 바탕으로 한 경매개시결정을 비롯한 일련의 절차와 경락허가결정이 모두 무효인 경우에는 비록 경락인이 경락대금을 완납하였다고 해도 저당물의 소유권을 취득할 수 없고 담보부동산 소유자인 채무자는 이에 대한 소유권을 상실 할 리가 없으므로 피담보채권자에 대하여 손해배상을 청구할 수 없다.

≪판례≫ 신축건물에 대한 매수인의 지위[대법원 1993. 5. 25. 선고 92다15574 판결]

구건물 멸실 후에 신건물이 신축되었고 구건물과 신건물 사이에 동일성이 없는 경우 멸실된 구건물에 대한 근저당권설정등기는 무효이며 이에 기하여 진행된 임의경매절차에서 신건물을 경락받았다 하더라도 그 소유권을 취득할 수 없다.

예외적으로 담보권이나 피담보채권이 경매절차가 개시된 이후에 소멸하였음에도 그대로 절차가 진행된 결과 매각대금을 완납한 매수인은 유효하게 권리를 취득한다(제267조).

≪판례≫ **임의경매절차 진행 중 담보권 소멸**[대법원 1992. 11. 11.자 92마719 결정]
채무자가 경락인의 대금완납 이전에 채무를 변제하여 담보권을 소멸시켰다 하더라도 이를 근거로 이의신청을 하고 나아가 경매절차를 정지시키지 아니하여 경락인이 경락대금을 납부하기에 이르렀다면 이로써 경락인은 경매목적물의 소유권을 유효하게 취득한다.

이를 두고 원시적 하자에 대하여는 공신력이 인정되지 아니하나 후발적 하자에 대하여는 공신력이 인정된다고 표현할 수 있을 것이다.

≪판례≫ **사해담보권의 소멸**[대법원 2001. 2. 27. 선고 2000다44348 판결]
채무자와 수익자 사이의 저당권설정행위가 사해행위로 인정되어 저당권설정계약이 취소되는 경우에도 당해 부동산이 이미 입찰절차에 의하여 낙찰되어 대금이 완납되었을 때에는 낙찰인의 소유권취득에는 영향을 미칠 수 없으므로, 채권자취소권의 행사에 따르는 원상회복의 방법으로 입찰인의 소유권이전등기를 말소할 수는 없고, 수익자가 받은 배당금을 반환하여야 한다.

3. 경매개시결정에 대한 이의

제265조 (경매개시결정에 대한 이의신청사유)
경매절차의 개시결정에 대한 이의신청사유로 담보권이 없다는 것 또는 소멸되었다는 것을 주장할 수 있다.

강제경매절차에 있어서 실체적 하자에 대하여는 원칙적으로 집행절차 내에서 예정하는 불복방법으로는 다투지 못함은 앞서 설명하였다. 실체적 하자의 다툼에 대하여는 집행절차에 선행하는 집행권원형성절차에서 이미 다투어진 것이라고 보기 때문이다. 그러나 임의경매절차에서는 실체적 하자를 다툴 수 있는 집행권원형성절차라고 할 것이 없으므로 집행절차내의 불복방법으로서 실체적 하자를 다툴 수 있도록 허용하고 있다. 즉 임의경매절차상 실체적 하자에 대하여는 경매개시결정에 대한 이의(제265조), 매각허가에 대한 이의 및 즉시항고를 허용하고 있는 것이다. 상세한 내용은 앞서 설명하였다.

≪판례≫ **담보권무효와 매각결정에 대한 항고**[대법원 1991. 1. 21. 선고 90마946 판결]
부동산의 임의경매에 있어서는 강제경매의 경우와는 달리 경매의 기본이 되는 저당권이 존재하는 여부는 경매개시결정에 대한 이의사유가 됨은 물론 경락허가 결정에 대한 항고사유도 될 수 있는 것이므로, 그 부동산의 소유자가 경락허가 결정에 대하여 저당권의 부존재를 주장하여 즉시항고를 한 경우에는 항고법원은 그 권리의 부존재 여부를 심리하여 항고이유의 유무를 판단하여야 한다.

마찬가지 취지에서 채권에 대한 권리질권실행절차에 있어서도 채무자는 피담보채권의 소멸이나 부존재를 지적하며 질권실행절차의 부당함을 다툴 수 있다.

4. 채무이의의 소

집행권원의 집행력을 소멸시키는 구제제도로서 청구이의의 소를 두고 있음은 앞서 설명하였다. 그런데 임의경매절차에서는 집행권원이라고 할 것이 없으므로 청구이의의 소가 문제되지 아니한다. 그렇다면 임의경매절차에서는 실체적 하자를 다툴 방법이 강제경매절차보다 더 어려운 것이 아닌가 하는 의문이 제기된다. 여기서 판례는 소위 채무이의 소라는 구제방법을 인정하고 있는 것이다. 상세한 내용은 앞서 설명하였다.

5. 집행절차의 정지 · 취소

제266조 (경매절차의 정지)

① 다음 각호 가운데 어느 하나에 해당하는 문서가 경매법원에 제출되면 경매절차를 정지하여야 한다.
  1. 담보권의 등기가 말소된 등기부의 등본
  2. 담보권 등기를 말소하도록 명한 확정판결의 정본
  3. 담보권이 없거나 소멸되었다는 취지의 확정판결의 정본
  4. 채권자가 담보권을 실행하지 아니하기로 하거나 경매신청을 취하하겠다는 취지 또는 피담보채권을 변제받았거나 그 변제를 미루도록 승낙한다는 취지를 적은 서류
  5. 담보권 실행을 일시정지하도록 명한 재판의 정본

② 제 1 항 제 1 호 내지 제 3 호의 경우와 제 4 호의 서류가 화해조서의 정본 또는 공정증서의 정본인 경우에는 경매법원은 이미 실시한 경매절차를 취소하여야 하며, 제5호의 경우에는 그 재판에 따라 경매절차를 취소하지 아니한 때에만 이미 실시한 경매절차를 일시적으로 유지하게 하여야 한다.

③ 제 2 항의 규정에 따라 경매절차를 취소하는 경우에는 제17조의 규정을 적용하지 아니한다.

가. 의 의

경매절차는 집행권원이나 담보권이 담고 있는 집행채권을 실현시키는 절차

이다. 그러므로 집행권원이나 담보권의 변동은 집행절차에 영향을 미친다. 이에 따라 강제경매절차에서 집행권원의 변동을 집행절차에 반영시키는 절차를 두고 있음에 대응하여 임의경매절차에서는 담보권의 변동을 집행절차에 반영시키는 절차를 별도로 두고 있다(제266조).

제49조와 제266조를 간략히 대비해 보면 아래 표와 같다. 각호의 내용은 그에 관한 대표적인 예를 든 것이다.

[집행정지서류의 종류]

<table>
<tr><th colspan="3">제266조 1항</th><th colspan="3">제49조</th></tr>
<tr><td>1호</td><td rowspan="5">사문서도 가능
다만 사문서라면
집행취소로
이어질 수 없음</td><td>저당권말소 등기부등본</td><td rowspan="3">1호</td><td rowspan="3" colspan="2">청구이의판결정본,
제 3 자이의판결정본</td></tr>
<tr><td>2호</td><td>저당권말소판결정본</td></tr>
<tr><td>3호</td><td>피담보채권부존재
확인판결정본</td></tr>
<tr><td rowspan="2">4호</td><td rowspan="2">부집행합의, 경매취하
합의, 변제증서</td><td>4호</td><td>변제증서</td><td>사문서도 가능</td></tr>
<tr><td>6호</td><td>부집행합의,
경매취하합의</td><td>사문서 아닐 것</td></tr>
<tr><td>5호</td><td colspan="2">채무이의에 따른 잠정처분
경매개시이의절차상 잠정처분</td><td>2호</td><td colspan="2">청구이의에 따른 잠정처분
경매개시이의절차상 잠정처분</td></tr>
<tr><td></td><td colspan="2"></td><td>3호</td><td colspan="2">가집행에 대한 담보제공</td></tr>
<tr><td></td><td colspan="2"></td><td>5호</td><td colspan="2">가집행 중 본소취하</td></tr>
</table>

나. 집행정지

집행법원은 제266조 1항 각호의 서류가 제출되면 별도의 정지결정 없이 집행절차를 정지하여야 한다. 집행정지에 관하여 이해관계인에게 통지할 필요도 없다.

다. 집행취소

1·2·3·4호 서류가 화해조서정본 또는 공정증서정본인 경우에는 집행정지에서 나아가 집행절차를 취소하여야 한다. 1·2·3호 서류가 화해조서정본 또는 공정증서정본이어야 한다는 것을 별 의미가 없고, 제266조 2항은 4호 서류에 대하여만 실제적 의미가 있는 규정이다. 집행정지에서와는 달리 당사자와 물상보증인에게 취소결정을 송달하여야 하고(규칙 제7조), 취소결정에 대하여는 즉시항고로 다툴 수 없고 집행에 관한 이의로 다툴 수 있을 뿐이다(제266조 3항). 이와 관련하여 강제경매절차와 가장 큰 차이점은 변제증서의 취급이 다른 점이다. 즉

변제증서의 제출이 있더라도 강제경매절차에서는 집행정지에 그치는 것이지만, 임의경매절차에서는 변제증서가 공정증서 등으로 작성된 경우에는 집행정지에서 나아가 집행취소로 이어지는 것이다.

라. 집행정지서류 제출기한

[집행정지서류의 제출기한]

<table>
<tr><th colspan="3">임 의 경 매 절 차</th><th colspan="3">강 제 경 매 절 차</th></tr>
<tr><th colspan="2">집행정지서류(제266조 1항)</th><th>제 출 기 한</th><th colspan="2">집행정지서류(제49조)</th><th>제 출 기 한</th></tr>
<tr><td>1호</td><td>저당권말소등기부 등본</td><td rowspan="4">대금납부 전 (규칙 제194조)</td><td>1호</td><td>청구이의 판결 정본</td><td rowspan="3">대금납부 전 (규칙 제50조 1항)</td></tr>
<tr><td>2호</td><td>저당권말소판결정본</td><td>2호</td><td>청구이의에 따른 잠정처분</td></tr>
<tr><td>3호</td><td>피담보채권부존재 확인판결정본</td><td>5호</td><td>가집행 중 본소 취하</td></tr>
<tr><td>5호</td><td>채무이의에 따른 잠정처분</td><td>3호</td><td>가집행에 대한 담보제공</td><td rowspan="3">매수신고 전 또는 대금납부 전 (제93조 3항)</td></tr>
<tr><td>4호</td><td>변제증서, 경매 취하합의</td><td>매수신고 전 또는 대금납부 전(제268조)</td><td>4호</td><td>변제증서</td></tr>
<tr><td></td><td></td><td></td><td>6호</td><td>경매취하합의</td></tr>
</table>

집행정지서류의 제출기한에 있어서도 임의경매절차와 강제경매절차가 약간 다른데 이를 정리해 보면 위와 같다. 집행정지서류에 관한 각호는 그에 해당하는 대표적인 예시를 든 것이다. 이와 관련하여 강제경매절차와 실제적인 차이점은 매수인이 정해진 이후에 채무자가 집행채무를 변제하고 집행절차의 진행을 막을 수 있는가 하는 것이다.

예를 들어 임의경매절차에서는 매수인이 정해진 이후에도 매각대금을 납부하기 전이기만 하면 채무자는 빚을 갚고 저당권자의 협조를 얻어 저당권말소등기절차를 거쳐 집행절차의 진행을 막을 수 있는 것이지만, 강제경매절차에서는 동일한 상황이라도 매수인의 동의가 없이는 목적물이 매각되는 것을 막을 방법이 없다는 점이다.

마. 제출기한 도과 후 집행정지서류제출

[제출기한 도과 후 제출에 대한 절차상 취급]

<table>
<tr><th colspan="3">임의경매절차(제266조 1항)</th><th colspan="2">강제경매절차(제49조)</th></tr>
<tr><th>집행정지서류</th><th colspan="2">절차상 취급</th><th>집행정지서류</th><th>절차상 취급</th></tr>
<tr><td>1·2·3호</td><td colspan="2">배당제외(규칙 제194조)</td><td>1·5호</td><td rowspan="2">배당제외
(규칙 제50조 3항 1호)</td></tr>
<tr><td rowspan="2">4호</td><td>부집행합의
경매취하</td><td>배당제외</td><td>3·6호</td></tr>
<tr><td>변제증서</td><td>공문서인 경우에만 배당제외(제266조 2항)</td><td>4호</td><td>배당절차에 영향 없음
(규칙 제50조 3항 3호)</td></tr>
<tr><td>5호</td><td colspan="2">배당금공탁(제268조, 규칙 제194조)</td><td>2호</td><td>배당액공탁
(규칙 제50조 3항 2호)</td></tr>
</table>

앞서 집행절차의 진행을 막기 위한 집행정지서류의 제출기한을 도과한 이후라도 집행정지서류의 제출이 무의미한 것은 아니다. 강제경매절차와 임의경매절차를 비교해보며 다음과 같다. 이와 관련하여 강제집행절차와 가장 큰 차이점은 변제증서의 취급이 다른 것이다. 즉 변제증서는 임의경매절차에서는 변제증서가 공정증서 등으로 작성된 경우에는 해당 채권자를 배당절차에서 배제시키는 효력이 있는 것이지만, 강제경매에서는 해당 채권자의 배당참가를 저지할 수 없는 것이다.

6. 경매실행 예정통지

일정한 금융기관 등에 실질적경매절차상 송달특례가 인정됨은 앞서 설명하였다. 이러한 송달특례는 강제집행절차나 형식적 경매절차에는 인정되지 아니한다. 이러한 측면에서는 강제경매보다 임의경매에 있어서 채무자의 지위보다 더 불리하다. 이에 대응하여 일정한 금융기관 등은 임의경매신청에 앞서 발송송달의 방법으로 경매실행 예정통지를 하도록 하고 있다(금융기관부실자산 등의 효율적 처리 및 한국자산관리공사의 설립에 관한 법률 제45조의2 2항). 경매신청 이후에 경매실행 예정통지를 한 경우에는 송달특례의 적용을 주장할 수 없다. 보험회사, 상호저축은행, 신용보증기금, 여신전문금융회사, 기술신용보증기금은 현재 더 이상 송달특례의 적용을 받을 수 없게 되었다.

7. 압류경합과 전부명령

담보권자는 담보권의 내재적 성질에 따라 담보권실행절차에서 우선적으로 변제를 받는다는 점은 별다른 설명이 필요 없을 것이다. 이러한 성질에 기하여 채권에 대한 권리질권실행절차에 있어서 질권자는 압류의 경합이 있는 경우라도 우선변제의 결과를 가져오는 전부명령이나 양도명령을 얻을 수 있다.

사례 50 〈해설〉 임의경매의 공신력

1. 보존등기의 유용(설문①에 대한 풀이)

판례에 따르면 구건물에 대한 보존등기를 구건물과 유사성이 있는 경우라도 신건물에 유용하는 것은 허용하지 아니한다. 따라서 을에 의하여 진행된 경매절차는 존재하지 아니하는 건물에 대한 것으로 무효이다. 따라서 병은 어떠한 경우에도 소유권을 취득하지 못하며 이는 경매의 공신력이 적용될 여지도 없다. 만일 보존등기의 유용을 인정하는 경우라면 병은 민사집행법 제276조에 따라 소유권을 취득할 수 있다.

2. 부당이득반환청구(설문②에 대한 풀이)

강제경매든 임의경매든 그 본질은 사법상의 매매와 다를 것이 없다(반대견해 있음). 따라서 위 경매절차는 존재하지 아니하는 건물에 대한 매매라 할 것이어서 원시적 불능인 매매로서 무효이다. 따라서 위 매각절차와 관련하여 병이 갑에게 원상회복을 구하는 의미에서 부당이득반환을 구하는 것은 가능할 것이지만, 을 상대로 계약의 유효를 전제로 하는 하자담보책임을 물을 여지는 없게 된다. 이러한 경우 판례는 병이 을에게는 아무런 청구도 할 수 없다는 취지로 설시하고 있는 듯하다(대법원 1993. 5. 25. 선고 92다15574 판결). 그러나 그와 같은 판례의 설시는 병이 하자담보책임 이외에는 다른 주장을 다 하지 아니한 탓에 변론주의에 입각한 절차상의 결론을 설시한 것에 불과한 것이라고 이해하고 싶다.

사례 51 〈해설〉 임의경매와 경매개시결정에 대한 이의

실체적 하자에 대하여 채무자로서는 청구이의의 소를 제기하여 집행권원의 집행력을 소멸시키는 것이 통상적인 구제방법이다. 이러한 경우에 갑으로서는 '경매개시결정에 대한 이의'로 다투는 것이 가장 적절한 대책이다. 경매개시결정에 관한 이의제도는 본래 집행절차상의 절차적 위법을 시정하는 수단으로 예정된 것이지만, 임의경매절차와 관련하여서는 강제경매절차상 청구이의의 소가 수행하는 기능을 대신하는 역할을 한다. 즉 임의경매절차를 전제로 한 경매개시결정에 관한 이의에서는 기한 미도래와 같은 실체적 하자까지 아울러 주장할 수 있도록 허용하고 있는 것이다.

제 3 절 실질적 경매절차

Ⅰ. 서 론

민사집행법은 형식적 경매절차에 관하여 강제집행에 관한 규정을 준용하고 있다. 실질적 경매절차에 있어서도 그 대상에 따라 부동산에 대한 경매(제264조 내지 제268조), 선박에 대한 경매(제269조), 자동차·건설기계 및 항공기에 대한 경매(제270조), 유체동산에 대한 경매(제271조, 제272조), 채권과 그 밖의 재산권에 대한 담보권실행(제273조)로 나누어 규율하고 있다. 형식적 경매절차 역시 배당절차가 생략되어 있다는 점을 제외하고는 강제집행절차와 커다란 차이가 없다. 그러므로 이하에서는 강제집행절차와의 차이가 있는 점을 중심으로 개별적인 문제점을 지적하는 방식으로 상세한 설명에 갈음하기로 한다.

Ⅱ. 신청절차

1. 담보권 증명서류

임의경매절차신청은 서면에 의하여야 하고 담보권의 존재를 증명하는 서면을 첨부하여야 한다(제4조, 제264조 1항). 담보권 증명서면으로는 등기부가 가장 일반적이다. 담보권에 관한 등기가 불법하게 말소된 경우에는 회복등기를 거칠 필요가 없이 불법말소된 담보권의 존재에 관한 확정판결을 제출하면 된다.

2. 담보권의 승계

담보권이 승계된 경우에는 그 승계를 증명하는 서면을 제출하여야 한다. 승계증명서면은 공문서인가 사문서인가를 가리지 아니하며 늦어도 경매개시결정과 동시에 채무자 등에게 송달하여야 한다(제264조 3항). 승계인으로 인정받기 위하여는 피담보채권양도의 대항요건과 담보권 이전의 부기등기를 모두 갖추어야 하는 것이 원칙이다. 다만 변제자의 법정대위에 따라 담보권을 승계한 경우에는 대항요건이나 부기등기가 모두 문제되지 아니하며, 부실채권의 정리나 자산유동화를 위한 경우 등 일정한 경우에는 예외적으로 대항요건의 구비를 묻지 아니 한다(한국자산관리공사법 제44조, 금융산업의 구조개선에 관한 법률 제14조, 제14조의2, 자산유동화에 관한 법률 제 7 조). 다수견해는 변제자의 임의대위의 경우에도 담보권이전의 부기등기를 요하지 아니한다고 본다. 마찬가지로 피담보채권에 대한 질권자가 저당권에 기초한 경매를 신청하고자 하는 경우에도 저당권이 질권의 목적이라는 취지의 부기등기를 갖추어야 한다(민법 제348조). 이러한 질권설정취지의 부기등기가 이루어지면 저당권자는 경매신청을 할 수 없다.

한편 공동저당에 있어서 후순위저당권자는 선순위저당권자가 다른 부동산의 경매대가에서 변제를 받을 수 있는 금액의 한도에서 선순위자를 대위할 수 있는데(민법 제368조), 이러한 경우에도 별도의 부기등기가 필요하지 않다고 하겠다. 그러나 후순위저당권자의 대위는 물상보증인의 대위에 우선하지 못한다.

≪판례≫ 물상보증인/채무자소유 부동산[대법원 1996. 3. 8. 선고 95다36596 판결]

[1] 채권자가 물상보증인 소유 토지와 공동담보로 주채무자 소유 토지에 1번 근저당권을 취득한 후 이와 별도로 주채무자 소유 토지에 2번 근저당권을 취득한 사안에서, 물상보증인에 대한 근저당권의 피담보채권의 발생 원인인 어음거래 약정이 그 결산기가 정하여져 있지 않고 물상보증인의 토지에 대하여 아직 경매신청이 되지 않았더라도, 먼저 주채무자의 토지에 대하여 피담보채무의 불이행을 이유로 근저당권이 실행된 이상, 채권자와 물상보증인 사이의 근저당권 설정계약의 원인관계인 어음거래 약정에 기한 거래는 그로써 종료되고 그 경매신청시에 그 피담보채권이 확정된다.

[2] 채권자가 물상보증인 소유 토지와 공동담보로 주채무자 소유 토지에 1번 근저당권을 취득한 후 이와 별도로 주채무자 소유 토지에 2번 근저당권을 취득한 사안에서, 먼저 주채무자의 토지에 대하여 피담보채무의 불이행을 이유로 근저당권이 실행되어 경매대금에서 1번 근저당권의 피담보채권액을 넘는 금액이 배당된 경우에는, 변제자 대위의 법리에 비추어 볼 때민법 제368조 제 2 항은 적용되지 않으므로 후순위(2번) 저당권자인 채권자는 물상보증인 소유 토지에 대하여 자신의 1번 근저당권을 대위행사할 수 없고, 따라서 물상보증인의 근저당권설정등기는 그 피담보채무의 소멸로 인하여 말소되어야 한다(같은 취지: 대법원 1995. 6. 13.자 95마500 결정).

≪판례≫ 물상보증인/물상보증인소유 부동산[대법원 1994. 5. 10. 선고 93다25417 판결]

[1] 공동저당의 목적인 채무자 소유의 부동산과 물상보증인 소유의 부동산에 각각 채권자를 달리하는 후순위저당권이 설정되어 있는 경우, 물상보증인 소유의 부동산에 대하여 먼저 경매가 이루어져 그 경매대금의 교부에 의하여 1번저당권자가 변제를 받은 때에는 물상보증인은 채무자에 대하여 구상권을 취득함과 동시에, 민법 제481조, 제482조의 규정에 의한 변제자대위에 의하여 채무자 소유의 부동산에 대한 1번저당권을 취득하고, 이러한 경우 물상보증인 소유의 부동산에 대한 후순위저당권자는 물상보증인에게 이전한 1번저당권으로부터 우선하여 변제를 받을 수 있으며, 물상보증인이 수인인 경우에도 마찬가지라 할 것이므로(이 경우 물상보증인들 사이의 변제자대위의 관계는 민법 제482조 제 2

항 제4호, 제3호에 의하여 규율될 것이다), 자기 소유의 부동산이 먼저 경매되어 1번저당권자에게 대위변제를 한 물상보증인은 1번저당권을 대위취득하고, 그 물상보증인 소유의 부동산의 후순위저당권자는 1번저당권에 대하여 물상대위를 할 수 있다.

[2] 물상보증인이 대위취득한 선순위저당권설정등기에 대하여는 말소등기가 경료될 것이 아니라 물상보증인 앞으로 대위에 의한 저당권이전의 부기등기가 경료되어야 할 성질의 것이며, 따라서 아직 경매되지 아니한 공동저당물의 소유자로서는 1번저당권자에 대한 피담보채무가 소멸하였다는 사정만으로는 말소등기를 청구할 수 없다(같은 취지: 대법원 2001. 6. 1. 선고 2001다21854 판결).

3. 피담보채권

피담보채권액의 일부만을 가지고 경매신청을 하는 것도 가능하다(반대견해 있음). 또한 동일한 채권자가 수개의 담보권을 가지고 있는 경우 그 중 어느 하나의 담보권만으로 경매신청을 하는 것도 무방하다. 피담보채권의 존재와 변제기의 도래를 적극적으로 밝히 필요는 없으나 피담보채권이 존재하지 아니하거나 변제기가 도래하지 아니한 사정이 밝혀진 경우에는 경매신청을 각하하여야 한다. 변제기가 도래하지 않음을 간과한 경우라도 매각이 이루어졌다면 매수인의 유효하게 소유권을 취득한다.

≪판례≫ 변제기도래 전의 피담보채권[대법원 1968. 4. 14.자 68마301 제3부 결정]

채권자는 특단의 사정이 없는 한 변제기가 도래하기 전에 채무자에게 채무의 이행을 청구할 수 없는 것이므로 저당권자는 피담보채권의 변제기 도래 전에 저당권실행을 위한 경매신청을 할 수 없다.

한편 경매절차를 계기로 하는 피담보채권확정에 관한 상세한 논의는 민법이론서에 맡기고, 여기서는 몇 가지 판례를 거시하는 것에 그치기로 한다.

≪판례≫ 근저당권자의 경매신청[대법원 1993. 3. 12. 선고 92다48567 판결]

근저당권자가 피담보채무의 불이행을 이유로 경매신청을 한 경우에는 경매신청시에 근저당권이 확정되고 근저당권이 확정되면 그 후에 발생한 원금채권은 그 근저당권에 의하여 담보되지 않는다 할 것이나, 근저당권자가 경매신청을 실제로 한 것이 아니고 다만 경매신청을 하려는 태도를 보인 데 그친 것이라면 이로써 근저당권이 확정되었다고 볼 수 없다(같은 취지: 대법원 1997. 12. 9. 선고 97다25521 판결).

≪판례≫ 근저당권자 아닌 자에 의한 경매신청[대법원 1999. 9. 21. 선고 99다26085 판결]

당해 근저당권자는 저당부동산에 대하여 경매신청을 하지 아니하였는데 다른 채권자가 저당부동산에 대하여 경매신청을 한 경우 민사소송법 제608조 제2항, 제728조의 규정에 따라 경매신청을 하지 아니한 근저당권자의 근저당권도 경락으로 인하여 소멸하므로, 다른 채권자가 경매를 신청하여 경매절차가 개시된 때로부터 경락으로 인하여 당해 근저당권이 소멸하게 되기까지의 어느 시점에서인가는 당해 근저당권의 피담보채권도 확정된다고 하지 아니할 수 없는데, 그 중 어느 시기에 당해 근저당권의 피담보채권이 확정되는가 하는 점에 관하여 우리 민법은 아무런 규정을 두고 있지 아니한바, 부동산 경매절차에서 경매신청기입등기 이전에 등기되어 있는 근저당권은 경락으로 인하여 소멸되는 대신에 그 근저당권자는 민사소송법 제605조가 정하는 배당요구를 하지 아니하더라도 당연히 그 순위에 따라 배당을 받을 수 있고, 이러한 까닭으로 선순위 근저당권이 설정되어 있는 부동산에 대하여 근저당권을 취득하는 거래를 하려는 사람들은 선순위 근저당권의 채권최고액 만큼의 담보가치는 이미 선순위 근저당권자에 의하여 파악되어 있는 것으로 인정하고 거래를 하는 것이 보통이므로, 담보권 실행을 위한 경매절차가 개시되었음을 선순위 근저당권자가 안 때 이후의 어떤 시점에 선순위 근저당권의 피담보채무액이 증가하더라도 그와 같이 증가한 피담보채무액이 선순위 근저당권의 채권최고액 한도 안에 있다면 경매를 신청한 후순위 근저당권자가 예측하지 못한 손해를 입게 된다고 볼 수 없는 반면, 선순위 근저당권자는 자신이 경매신청을 하지 아니하였으면서도 경락으로 인하여 근저당권을 상실하게 되는 처지에 있으므로 거래의 안전을 해치지 아니하는 한도 안에서 선순위 근저당권자가 파악한 담보가치를 최대한 활용할 수 있도록 함이 타당하다는 관점에서 보면, 후순위 근저당권자가 경매를 신청한 경우 선순위 근저당권의 피담보채권은 그 근저당권이 소멸하는 시기, 즉 경락인이 경락대금을 완납한 때에 확정된다고 보아야 한다.

≪판례≫ 공매절차와 피담보채권의 확정[대법원 2001. 12. 11. 선고 2001두7329 판결]

국세징수법상 체납처분은 행정기관에 의한 조세채권의 신속한 만족을 위한 절차로서 채권계산서 미제출에 의한 채권액 보충의 실기에 관한 규정인 민사소송법 제587조 제2항이나 배당요구 및 그 시기에 관한 규정인 민사소송법 제605조는 체납처분에서의 배분절차에 관하여 준용할 수 없고, 압류재산의 공매절차에서 압류 이전에 등기된 근저당권은 공매로 인하여 소멸되는 대신에 그 근저당권자는 당연히 그 순위에 따라 배분을 받을 권리가 있으므로, 국세에 우선하는 선순위 근저당권이 설정되어 있는 부동산에 대하여 체납처분을 하려는 조세채권자는 선순위 근저당권의 채권최고액만큼의 담보가치는 이미 선순위 근저당권자에 의하여 파악되어 있는 것으로 인정하고 절차를 취하는 것이 보통이라 할 것이므로, 체납처분절차가 개시된 이후의 어떤 시점에 선순위 근저당권의 피담보채무액이 증가하더라도 그와 같이 증가한 피담보채무액이 선순위 근저당권의 채권최고액 한도 안에 있다면 조세채권자가 예측하지 못한 손해를 입게 된다고 볼 수 없고, 반면 이러한 경우 선순위 근저당권자는 자신이 경매신청을 하지 아니하였으면서도 체납처분으로 인하여 근저당권을 상실하게 되므로 거래의 안전을 해하지 아니하는 한도 안에서 선순위 근저당권자가 파악한 담보가치를 최대한 활용할 수 있도록 함이 타당하고, 이와 같은 관점에서 보면, 후순위 근저당권자가 경매를 신청한 경우 선순위 근저당권의 피담보채권은 그 근저당권이 소멸하는 시기, 즉 경락인이 경락대금을 완납한 때에 확정되는 것과 마찬가지로, 조세채권자가 체납처분을 하는 경우에도 선순위 근저당권자의 피담보채권은 그 근저당권이 소멸하는 시기, 즉 매수대금을 완납한 때에 확정된다.

4. 부동산의 일부에 대한 전세권

부동산의 일부만에 대한 전세권이라도 목적물의 환가대금 전부로부터 우선변제력을 받을 수 있다. 그러나 부동산의 일부만에 대한 전세권자는 당해 부동산 전부에 대한 경매신청권은 인정되지 아니한다(반대견해 있음). 이러한 경우 전세권자는 집행권원을 얻어 전부에 대한 경매를 신청하거나, 당해 일부가 독립한 소유권의 객체가 될 수 있는 것이면 분할등기를 거쳐 당해 일부에 대한 경매를 신청하는 수밖에 없다.

Ⅲ. 담보권자와 물상대위

1. 의 의

질권이나 저당권은 담보물의 멸실이나 훼손 또는 공용징수로 인하여 담보설정자가 받을 금전 기타 물건에 대하여도 이를 행사할 수 있다. 다만 이 경우에는 그 지급 또는 인도 전에 압류하여야 한다(민법 제342조, 제370조). 이와 같은 담보물권의 우선변제력에 기초한 물상대위와 그에 따른 집행절차를 살펴보면 다음과 같다.

2. 목적물의 압류

설정자가 수령하기 전에 대위목적물을 압류하여야 한다. 대위목적물로는 대체로 보험금청구권, 손해배상청구권, 보상금청구권 등의 형태로 나타는 것이 보통이다. 당해 압류는 대위목적물이 채무자의 일반재산에 혼입되기 전에 그 특정성을 유지하기 위한 것이다. 그러므로 제 3 자에 의한 압류나 또는 보상책임자의 공탁이 있는 경우라도 물상대위가 가능하다(반대견해 있음).

≪판례≫ 제 3 자에 의한 공탁과 물상대위[대법원 2000. 6. 23. 선고 98다31899 판결]

[1] 손실보상금에 대한 압류 또는 가압류로 보상금의 지불이 금지되었을 때를 별도의 공탁사유로서 인정하고 있는 토지수용법 제61조 제 2 항 제 4 호는 손실보상금청구권이 피수용자에게 귀속되어 있음을 전제로 하여 다만 압류 또는 가압류 등에 의하여 기업자가 피수용자에게 직접 손실보상금을 지급할 수 없을 때에 적용되는 것일 뿐, 나아가 손실보상

금의 귀속주체가 변경된 경우 즉, 손실보상금청구권에 대한 전부명령이 이루어진 경우에까지 적용되는 것은 아니다.

[2] 손실보상금청구권에 대하여 압류의 경합이 있는 것과 같은 외관을 갖추고 있는 경우 본래의 의미에서의 압류의 경합으로 볼 수는 없다고 할지라도 제 3 채무자의 입장에서 보아 압류의 경합이 있는지 여부에 대한 판단이 곤란하다고 보이는 객관적 사정이 있다면 기업자에게 민사소송법 제581조 제 1 항을 유추적용하여 공탁에 의한 면책을 허용함이 상당하다.

[3] 물상대위권자의 압류 전에 양도 또는 전부명령 등에 의하여 보상금 채권이 타인에게 이전된 경우라도 보상금이 직접 지급되거나 보상금지급청구권에 관한 강제집행절차에 있어서 배당요구의 종기에 이르기 전에는 여전히 그 청구권에 대한 추급이 가능하다.

[4] 민사소송법 제581조 제 1 항에서 제 3 채무자에게 채무액을 공탁할 수 있는 권리를 인정한 이유는 채권에 대한 강제집행절차에서 피압류채권에 대하여 권리를 주장하는 자가 다수 있고 위 채권액이 모든 자에게 만족을 줄 수 없는 경우에 제 3 채무자에게 배당요구 또는 중복압류의 유무 및 각 압류의 적부를 심사하게 하고 그 진실한 권리자 또는 우선권자에게 적정한 배당을 하게 하는 것이 제 3 채무자에게 극히 무거운 부담을 주고 또 강제집행절차의 적정도 해할 우려가 있기 때문에 그 피해를 제거하려고 하는 데 있다.

[5] 압류의 경합 여부를 판단하기에 곤란한 객관적 사정이 있다는 이유로 민사소송법 제581조 제 1 항을 유추적용하여 손실보상금 공탁을 유효하다고 본 사례.

압류를 위하여는 별도의 집행권원이 필요 없이 물상대위권의 존재를 증명하는 서류를 제출하면 된다.

3. 현금화절차

가. 질권에 기한 물상대위

대위목적물인 금전채권인 경우에는 담보권자가 권리질권을 취득한 상태가 된다. 따라서 그 이후의 절차는 앞서 설명한 권리질권을 행사하는 경우와 동일한 절차에 따르면 된다(제273조 3항). 대위목적물이 유체동산인 경우에는 유체동산에 대한 집행절차에 따르면 된다.

나. 저당권에 기한 물상대위

대위목적물이 금전채권인 경우에는 저당권자는 압류와 추심 또는 전부명령을 얻어 피담보채권의 만족을 구하면 된다. 당해 금전채권에 대하여 다른 채권자에 의한 집행절차가 계속 중이면 배당요구종기 전에 한하여 배당요구를 통하여서도 피담보채권의 만족을 얻을 수도 있다.

≪판례≫ 저당권자의 물상대위권행사[대법원 2002. 10. 11. 선고 2002다33137 판결]

민법 제370조, 제342조 단서가 저당권자는 물상대위권을 행사하기 위하여 저당권설정자가 받을 금전 기타 물건의 지급 또는 인도 전에 압류하여야 한다고 규정한 것은 물상대위의 목적인 채권의 특정성을 유지하여 그 효력을 보전함과 동시에 제 3 자에게 불측의 손해를 입히지 않으려는 데 있는 것이므로, 저당목적물의 변형물인 금전 기타 물건에 대하여 이미 제 3 자가 압류하여 그 금전 또는 물건이 특정된 이상 저당권자가 스스로 이를 압류하지 않고서도 물상대위권을 행사하여 일반 채권자보다 우선변제를 받을 수 있으나, 그 행사방법으로는 민사집행법 제273조{구 민사소송법(2002. 1. 26. 법률 제6626호로 전문 개정되기 전의 것) 제733조}에 의하여 담보권의 존재를 증명하는 서류를 집행법원에 제출하여 채권압류 및 전부명령을 신청하는 것이거나 민사집행법 제247조 제 1 항{구 민사소송법(2002. 1. 26. 법률 제6626호로 전문 개정되기 전의 것) 제580조 제 1 항}에 의하여 배당요구를 하는 것이므로, 이러한 물상대위권의 행사에 나아가지 아니한 채 단지 수용대상토지에 대하여 담보물권의 등기가 된 것만으로는 그 보상금으로부터 우선변제를 받을 수 없고, 저당권자가 물상대위권의 행사에 나아가지 아니하여 우선변제권을 상실한 이상 다른 채권자가 그 보상금 또는 이에 관한 변제공탁금으로부터 이득을 얻었다고 하더라도 저당권자는 이를 부당이득으로서 반환청구할 수 없다.

≪판례≫ 저당권자의 물상대위권행사[대법원 2003. 3. 28. 선고 2002다13539 판결]

[1] 민법 제370조, 제342조에 의한 저당권자의 물상대위권의 행사는 구 민사소송법(2002. 1. 26. 법률 제6626호로 전문 개정되기 전의 것) 제733조에 의하여 담보권의 존재를 증명하는 서류를 집행법원에 제출하여 채권압류 및 전부명령을 신청하거나, 구 민사소송법 제580조에 의하여 배당요구를 하는 방법에 의하여 하는 것이고, 이는 늦어도 구 민사소송법 제580조 제 1 항 각 호 소정의 배당요구의 종기까지 하여야 하는 것으로 그 이후에는 물상대위권자로서의 우선변제권을 행사할 수 없다고 하여야 할 것인바, 물상대위권자로서의 권리행사의 방법과 시한을 위와 같이 제한하는 취지는 물상대위의 목적인 채권의 특정성을 유지하여 그 효력을 보전하고 평등배당을 기대한 다른 일반 채권자의 신뢰를 보호하는 등 제 3 자에게 불측의 손해를 입히지 아니함과 동시에 집행절차의 안정과 신속을 꾀하고자 함에 있다.

[2] 저당권자의 물상대위권 행사로서의 압류 및 전부는 그 명령이 제 3 채무자에게 송달됨으로써 효력이 생기며, 물상대위권의 행사를 제한하는 취지인 '특정성의 유지'나 '제 3 자의 보호'는 물상대위권자의 압류 및 전부명령이 효력을 발생함으로써 비로소 달성될 수 있는 것이므로, 배당요구의 종기가 지난 후에 물상대위에 기한 채권압류 및 전부명령이 제 3 채무자에게 송달되었을 경우에는, 물상대위권자는 배당절차에서 우선변제를 받을 수 없다.

4. 압류의 경합

물상대위에 의한 압류가 경합된 경우에 그 우선순위는 각 압류채권의 본래의 우선순위에 따를 것이고 압류 자체의 시간적 전후에 의할 것이 아니다(반대견해 있음).

Ⅳ. 전세권에 대한 집행절차

1. 전세권에 대한 강제집행

전세권의 존속하고 있는 경우 전세권 자체에 대한 금전채권집행은 그 밖의 재산권에 대한 집행절차에 의한다. 즉 전세권 자체에는 권면액이라고 할 것이 없으므로 양도명령이나 매각명령 등과 같은 특별한 현금화명령에 따라 환가하여 집행채권의 변제에 충당하면 된다. 만일 전세권이 존속기간의 만료나 합의해지된 경우에는 전세권이 아닌 전세금반환청구권이라는 통상의 금전채권에 대한 강제집행절차에 따르면 된다.

2. 전세권에 대한 담보권 실행

저당권의 목적인 된 전세권이 존속기간이 만료되거나 해지된 경우에는 전세금반환청구권이라는 금전채권에 대한 강제집행절차에 준하여 집행하면 된다는 점에 관하여는 앞서 설명하였다. 이와는 달리 저당권의 목적인 전세권이 존속중이라면 그 밖의 재산권에 대한 집행절차에 따를 것이 아니고 부동산강제경매절차에 따라 집행하여야 한다.

제 4 절 형식적 경매절차

Ⅰ. 서 론

형식적 경매절차는 담보권실행절차의 예에 따라 실시한다. 다만 형식적 경매절차 중 협의의 형식적 경매와 유치권에 의한 경매는 상당히 이질적이고, 협의의 형식적 경매들 사이에서도 그 취지와 성질이 상이한 것이어서 집행절차를 통일적으로 파악하는데 어려움이 따른다. 이에 각 절차의 단계별로 개별적인 문제점을 살펴보면 다음과 같다.

Ⅱ. 신청절차

1. 유치권 증명서류 등

형식적 경매신청 역시 서면에 의하여야 한다. 아울러 경매신청권의 존재를 증명하는 서류로서 유치권에 의한 경매신청의 경우에는 유치권의 존재를 증명하는 서면을 신청하여야 하고, 협의의 형식적 경매신청에 있어서는 개별규정이 정하는 바에 따른 경매신청권의 발생근거에 관한 자료를 첨부하여야 한다. 유치권은 점유를 통하여 공시될 뿐 공적장부에는 공시되지 아니하므로 그 존재를 증명하는 서면을 제출한다는 것이 실무상 쉽지 않다. 그러므로 공사대금을 등을 구하는 경우에는 유치권존재확인을 병합하여 청구하여 두는 것이 좋다.

2. 목 적 물

채무자 아닌 제 3 자 소유물이라도 상관없다. 오히려 유치권에 의한 경매는 유치물이 채무자 아닌 제 3 자의 소유인 경우에 효과적인 집행수단이 된다.

Ⅲ. 압류절차

압류절차의 내용은 형식적 경매나 실질적 경매나 다를 것이 없다. 다만 형식적 경매에도 압류에 따른 처분금지효를 인정할 것인지의 논의가 있다. 현재는 처분금지효를 인정하는 것이 대체적인 견해로 보인다.

Ⅳ. 매각절차

1. 소제주의

매각조건과 관련하여 형식적 경매절체에도 소제주의를 적용할 것인지의 논의가 있다. 형식적 경매는 목적물을 단순히 현금화하는 데 목적이 있는 것이라는 점에서 소제주의의 적용은 부적절하다고 본다. 다만 청산을 위한 형식적 경매에서는 소제주의를 적용하는 것이 타당하다고 본다.

2. 매수인의 자격제한

실질적 경매에 있어서 채무자는 매수인이 될 수 없다. 그러나 형식적 경매에서는 채권만족을 위한 것이 아니고 단순히 목적물을 현금화하는 데 그 취지가 있는 것이므로 채무자의 매수자격을 인정하는 것이 타당하다.

Ⅴ. 배당절차

형식적 경매의 취지는 보관이나 관리상의 편의를 위하여 목적물을 단순히 현금화하는 데 그 취지가 있는 것이므로 배당절차를 인정할 여지가 없다. 만일 다른 채권자가 금전채권의 만족을 얻고자 한다면 스스로 실질적 경매신청을 하거나 형식적 경매절차를 통하여 채무자가 받을 금원에 대하여 금전채권집행절차를 밟으면 된다. 다만 청산을 위한 형식적 경매절차에 있어서는 배당절차를 실시한다.

Ⅵ. 환가금의 처리

환가금은 경매신청인에게 교부한다. 유치권자의 경우 환가금에 관하여 피담보채권을 변제받을 때까지 유치물 소유자에게 교부를 거절할 수 있고 나아가 채무자와 유치물소유자가 동일인인 경우에는 피담보채권액과 대등액에서 상계하여 사실상 우선변제를 받을 수 있다. 채무자와 유치물 소유자가 다른 경우에 있어서도 유치권자가 환가금을 피담보채권액과 대등액에서 상계할 수 있다고 본다.

Ⅶ. 다른 절차와의 관계

1. 형식적 경매 상호간의 경합

형식적 경매에 따른 압류가 있는 후에 다른 형식적 경매가 있은 경우에는 이중경매개시결정을 하고, 그 절차의 진행에 있어서는 강제경매에 있어서 이중경매와 있는 경우와 동일하다.

2. 강제경매 · 담보권실행절차와의 경합

강제경매절차는 형식적 경매절차에 더하여 배당절차가 있는 것과 같다. 즉 강제경매절차는 형식적 경매절차를 포함하는 더 넓은 절차라고 할 수 있는 것이다. 이러한 사정은 담보권실행절차와 형식적 경매절차의 관계에서도 같다. 그러므로 동일한 목적물에 대하여 강제경매나 담보권실행절차와 형식적 경매가 경합하는 경우에는 그 선후에 관계없이 강제경매절차나 담보권실행절차에 따라 집행절차를 진행하여야 한다. 유치권에 의한 경매절차와 관련하여서는 이를 명문으로 규정하고 있다(제274조 2항). 한편 공유물분할경매와 공유자 중 1인의 공유지분에 대한 경매가 병행하는 경우에는 집행이 대상이 서로 다르므로 압류의 경합이 문제되지 아니하나, 이러한 경우에는 먼저 형식적 경매를 진행한 이후에 공유지분에 대한 경매에 관하여는 채무자인 공유자 1인의 환가금교부청구권에 대한 채권집행절차를 진행하면 된다.

제 4 편

보전처분절차

제 1 장 총　론

개　관

민사집행절차 내지 본집행절차는 그 속에 채무자가 자신의 재산을 임의로 처분하지 못하게 하는 소위 압류절차를 내포하고 있다. 그러나 채권자가 집행권원 등을 얻어 본집행에 이르기 까지는 상당한 시간이 소요되는 것이 보통이어서, 채무자가 책임재산을 처분하는 등으로 채권자의 권리가 지향하는 바를 미리 방해하는 것을 흔히 볼 수 있다. 이에 채권자가 본집행에 이르기 전에 미리 채무자가 재산상태나 권리상태를 임의로 변경하여 채무면탈을 시도하는 것을 예방하는 조치가 필요한데 이를 보전처분절차라 한다. 보전처분절차는 쉽게 말하자면 본집행절차상 압류절차만을 임시로 해두는 절차인 것이다.

이러한 보전처분절차는 채권자가 보전하고자 하는 권리(피보전권리)가 있다는 점과 채무자가 채무면탈을 시도할 여지가 있다는 점(보전의 필용성)을 소명하여 보전명령이라는 집행권원을 형성하는 '보전소송절차'와 그와·같은 보전명령을 집행하는 '보전집행절차'가 결합된 2원적 구조로 되어 있다는 점에서 '판결절차'와 '집행절차'가 결합된 구조라고 할 수 있다. 그러므로 보전처분절차는 통상의 판결절차와 다름은 물론 통상의 집행절차와도 전혀 판이한 양상으로 전개된다.

학습목표

1. 보전처분절차의 구조적 특색을 이해한다.
2. 보전처분절차와 같은 기능을 수행하는 제도로는 어떠한 것들이 있는지를 정리한다.
3. 보전처분절차와 본안절차 사이의 관련의 구체적 내용을 파악한다.
4. 보전명령에 필요한 피보전권리와 보전의 필요성에 대하여 알아둔다.

제 1 절 서　　론

Ⅰ. 보전처분의 의의

1. 본래의미의 보전처분

민사집행의 상황에 처한 금전채무자는 대부분 도산상태에 있는 것이 보통이다. 이러한 채무자로서는 채무면탈을 시도하는 예가 많고 또한 부동산소유권이전등기의무와 같은 비금전채무를 지는 경우에는 도산상황에 있지 아니하더라도 더 나은 전매기회 등을 얻기 위해 채무이행을 회피하는 경우가 많다. 이러한 경우 채권자는 채무면탈을 방지하기 위해 채무자의 책임재산을 처분하지 못하게 하는 등 현재의 법률상태 내지는 사실상태를 동결시키거나 임시의 상태를 형성해 둘 필요가 있다. 이와 같이 보전처분이란 민사소송의 대상이 되는 권리 또는 법률관계에 대한 쟁송(이를 본안소송이라고 한다)이 있을 것을 전제로 하여 그 확정판결의 집행을 용이하게 하거나 그 확정판결이 있을 때까지의 손해발생을 방지하고자 하는 목적으로 그 보전된 권리 또는 법률관계에 대한 본안소송과는 별도로 독립한 절차에 의하여 잠정적인 처분을 하고 그 집행을 통하여 현상을 동결하거나 임시의 법률관계를 형성하는 제도를 말한다(실무제요 Ⅳ 2면).

2. 특수보전처분

가. 개　념

채무자의 채무이행을 확보하기 위한 책임재산의 동결과 임시적 법률관계의 형성을 위한 제도는 민사집행법상의 보전처분 이외에도 여러 개별법에 산재해 있다. 이러한 제도를 아울러 특수보전처분이라 한다. 민사집행법상의 보전처분 내지 본래의 의미의 보전처분과 특수보전처분을 합하여 넓은 의미의 보전처분이라고 한다. 본래 의미의 보전처분을 좁은 의미의 보전처분이라고도 한다. 별 다른 수식이 없이 보전처분이라고 하면 본래 의미의 보전처분을 가리킨다. 특수보전처분의 예를 들어 보면 다음과 같다.

① 민법상 담보물권제도 · 보증인제도 · 채권자대위권 · 채권자 취소권제도
② 부동산등기법상의 가등기가처분제도(부동산등기법 제38조)
③ 민사소송법상의 보전처분(민사소송법 제500조, 제501조)

④ 가사소송법상의 보전처분(가사소송법 제62조, 제64조)
⑤ 비송사건절차법상의 보전처분(비송사건절차법)
⑥ 민사조정법상의 보전처분(민사조정법 제21조)
⑦ 저작권법상의 보전처분(저작권법 제91조)
⑧ 각종 공법상의 보전처분(행정소송법 제23조, 공무원범죄에 관한 몰수특례법 제42조 등)
⑨ 도산절차상의 보전처분(개인채무자회생 및 파산에 관한 법률 제43조)
⑩ 본집행절차와 관련한 보전처분(민사집행법 제44조, 제45조, 제46조 등) 등

나. 논의의 실익

특수보전처분에 관한 개별법의 규정은 민사집행법에 대한 특별규정에 해당하므로 특수보전처분에 의하여 규율되는 영역에 대하여는 원칙적으로 민사집행법의 적용이 배제된다. 예를 들어 강제집행의 정지에 관하여는 보전처분에 대한 특칙으로 잠정처분 등의 규정을 두고 있으므로 일반의 가처분으로서 강제집행의 정지를 구하는 것은 허용되지 않는 것이다.

≪판례≫ 가처분에 의한 강제집행정지[대법원 1986. 5. 30.자 86그76 결정]
확정판결 또는 이와 동일한 효력이 있는 채무명의에 기한 강제집행의 정지는 오직 강제집행에 관한 법규 중에 그에 관한 규정이 있는 경우에 한하여 가능한 것이고, 이와 같은 규정에 의함이 없이 일반적인 가처분의 방법으로 강제집행을 정지시킨다는 것은 허용할 수 없다.

≪판례≫ 가처분에 의한 임의경매절차정지[대법원 1993. 1. 20.자 92그35 결정]
임의경매를 신청할 수 있는 권리의 존부를 다투는 경우에 그 경매절차를 정지하기 위하여는 민사소송법 제728조에 의하여 준용되는 같은 법 제603조의3의 규정에 의하여 경매개시결정에 대한 이의신청을 하고 같은 법 제484조에 의한 강제집행정지명령을 받거나, 같은 법 제505조를 준용하여 채무에 관한 이의의 소를 제기하여 같은 법 제507조에 의한 강제집행정지명령을 받아 정지시킬 수 있을 뿐이고, 민사소송법 제714조에 의한 일반적인 가처분절차에 의하여 임의경매절차를 정지시킬 수는 없다(같은 취지: 대법원 1971. 3. 16.자 70그24 결정, 대법원 1983. 2. 3.자 82마869 결정).

몇 가지 문제되는 것들을 검토해 보면 다음과 같다.

(1) 이사 등 직무집행정지 가처분 상법상 회사, 민법상 법인, 비법인 사단·재단 등 단체의 이사 등 임원에 대한 직무집행정지가처분(상법 제407조, 제183조의2, 제200조의2, 제265조, 민법 제52조의2, 제60조의2)이 민사집행법상의 가처분에 해당하

는지 논의가 있다. 판례는 민사집행법상의 가처분으로 보아 민사집행법의 적용을 인정한다. 민사집행법 제306조는 이를 확인하고 있다.

≪판례≫ 상법상 이사 등에 대한 직무집행정지가처분[대법원 1997. 1. 10.자 95마837 결정]

상법 제385조 제 2 항에 의하면 이사가 그 직무에 관하여 부정행위 또는 법령이나 정관에 위반한 중대한 사실이 있음에도 불구하고 주주총회에서 그 해임을 부결한 때에는 발행주식 총수의 100분의 5 이상에 해당하는 주식을 가진 주주는 총회의 결의가 있은 날로부터 1월 내에 그 이사의 해임을 법원에 청구할 수 있고, 그와 같은 해임의 소를 피보전권리로 하는 이사의 직무집행정지신청은 본안의 소송이 제기된 경우뿐만 아니라 급박한 경우에는 본안소송의 제기 전에라도 할 수 있음은 같은 법 제407조에서 명문으로 인정하고 있을 뿐더러, 그와 같은 직무집행정지신청을 민사소송법 제714조 제 2 항 소정의 임시의 지위를 정하는 가처분과 달리 볼 것은 아니므로 반드시 본안소송을 제기하였음을 전제로 하지는 않는다(같은 취지: 대법원 1989. 5. 23. 선고 88다카9883 판결).

(2) **가사소송법 제63조** 이혼에 따른 위자료 청구권 · 재산분할청구권 · 부양료청구권 등 일정한 신분관계를 기초로 발생하는 금전채권을 피보전권리로 한 보전처분에 관하여는 가정법원의 전속관할로 하고 있다는 점을 제외하고는 민사집행법의 규정이 그대로 적용된다. 가사소송법 제63조에 따른 보전처분은 통상의 보전처분으로 동 법 제62조 및 제64조에 따른 보전처분과는 전혀 다른 제도인 것이다.

(3) **가등기가처분** 부동산등기법(제37조 · 제38조)이 정하는 가등기가처분은 민사집행법상의 가처분과 그 성질을 전혀 달리 하는 것이다.

≪판례≫ 가등기가처분과 소멸시효중단[대법원 1993. 9. 14. 선고 93다16758 판결]

구 부동산등기법(1983. 12. 31. 법률 제3692호로 개정되기 전의 것) 제37조 제 2 항의 가등기가처분은 통상의 민사소송법상의 가처분과는 그 성질을 달리하는 것이므로, 이러한 가등기가처분은 민법 제168조 제 2 호에서 말하는 소멸시효의 중단사유의 하나인 가처분에 해당한다고 할 수 없다.

≪판례≫ 소명대용공탁/선서 규정 적용 가부][대법원 1990. 3. 24.자 90마155 결정]

부동산등기법 제38조의 가등기가처분은 비송사건절차법에 의하여 심판되어야 하는 것이므로 같은 법 제11조의 준용에 의하여 법원이 직권으로 사실의 탐지와 필요하다고 인정되는 증거의 조사도 할 수 있고 그 밖에도 비송사건절차법 제10조, 민사소송법 제271조 제 2 항에 의하여 소명의 대용으로서의 보증이나 선서를 인정시킬 수도 있는 것이므로 관할법원이 그 가운데에서 사안에 따라 선택한 조처는 특별한 사정이 없는 한 부당하다고 할 수는 없다.

(4) **행정소송과 가처분** 행정소송법(제21조)은 일정한 경우 행정소송의 제기에 부수하여 행정행위의 효력의 일시정지에 관한 특수한 가처분을 규정하고 있다. 그러므로 민사집행법상의 가처분에 관한 규정은 행정절차에는 적용의 여지가 없다(반대견해 있음).

≪판례≫ **통상의 가처분에 의한 행정행위효력정지**[대법원 1992. 7. 6.자 92마54 결정]

민사소송법상의 보전처분은 민사판결절차에 의하여 보호받을 수 있는 권리에 관한 것이므로, 민사소송법상의 가처분으로써 행정청의 어떠한 행정행위의 금지를 구하는 것은 허용될 수 없다 할 것이다.

≪판례≫ **집행정지를 배척하는 재판에 대한 불복**[대법원 1980. 12. 22.자 80두5 결정]

항고소송에 있어서는 행정소송법 제14조에 불구하고 민사소송법 중 가처분에 관한 규정은 준용되지 않는 것이므로 행정처분의 집행정지 신청을 기각하는 결정이나 집행정지결정을 취소하는 결정에 대하여는 불복을 할 수 없으나 민사소송법 제420조 제 1 항 소정의 특별항고는 할 수 있다.

Ⅱ. 보전처분의 유형

1. 가압류와 가처분

금전채권을 피보전권리로 한 보전처분을 가압류라 하고 비금전채권을 피보전권리로 한 보전처분을 가처분이라고 한다. 예외적으로 임시지위가처분에서는 금전채권 보전을 위한 경우도 있다.

2. 계쟁물가처분과 임시지위가처분

가처분은 다시 그 대상을 기준으로 다툼의 대상에 대한 가처분과 임시의 지위를 정하기 위한 가처분이 있다. 다툼의 대상에 대한 가처분을 계쟁물 가처분이라고도 한다. 계쟁물 가처분은 소송승계주의 하에서 당사자 항정효의 기능이 현저하다. 계쟁물 가처분과 임시지위 가처분은 그 신청취지나 주문만으로는 그 구별이 용이하지 않다.

3. 만족적 가처분

임시지위 가처분 중에는 가처분 집행의 결과가 실질적으로 본집행이 있는 것과 같은 결과를 가져오는 것이 있는데 이를 만족적 가처분 혹은 단행가처분이라고 한다. 만족적가처분은 가처분에서 명하는 의무의 내용이 주로 작위의무인 것이 대부분이다. 이에 관한 논의의 실익은 보전명령에 대한 이의신청과 관련하여 만족적 가처분에 대하여 예외적 집행정지의 가능성을 열어두고(제309조) 있는 등 통상의 보전처분과 다른 특칙을 두고 있기 때문이다.

Ⅲ. 보전처분절차의 이원적 구조

1. 집행권원형성절차와 집행절차의 결합

보전처분절차는 보전명령이라는 집행권원을 형성하는 절차인 보전소송절차와 보전명령을 집행하는 보전집행절차라는 별개의 절차로 구성되어 있다. 그러면서도 보전소송절차와 보전집행절차는 불가분적으로 결합되어 있다. 보전처분의 밀행성과 긴급성에 기인하는 구조이다. 통상의 민사집행절차가 집행권원형성절차와 독립된 절차라는 점과 판이하게 다르다. 이러한 탓으로 입법례에 따라서는 보전처분절차를 민사집행법과 별개의 단행법으로 규율하고 있다.

2. 용 어

보전처분절차란 보전소송절차와 보전집행절차를 합하여 부르는 말이지만 때로는 어느 하나의 절차만을 가리키는 의미로도 흔히 사용된다. 본서는 보전처분절차의 접근에 있어서 양자가 별개의 절차라는 점에 비중을 두고자 한다. 용어의 사용에 있어서도 보전처분절차, 보전소송절차, 보전집행절차, 보전처분, 보전명령, 보전집행을 구별하여 사용하기로 한다.

Ⅳ. 보전처분의 특성

보전처분절차 역시 넓은 의미의 민사소송절차로서 신의칙 등의 절차적 이념이 적용됨은 물론이다(민사집행법 제23조 1항). 그러나 보전처분절차는 판결절차와 달리 다음과 같은 고유한 특성을 갖는다.

1. 잠정성(가정성 · 임시성)

보전처분은 본안소송을 통해 권리 또는 법률관계에 대한 종국적인 판단이 있을 때까지 현재의 상태를 임시적으로 규율하는 처분이라는 점에서 잠정성을 갖는다. 가압류의 목적물을 원칙적으로 현금화하여서는 아니된다는 것(제296조 5항)도 같은 이유이다. 이러한 점에서 권리의 종국적 실현을 가져오는 채권자 대위권이나 채권자 취소권 등과 다르다. 만족적 가처분이 실질적으로 권리가 실현된 것과 같은 결과를 가져오는 측면이 있는 것은 사실이지만 보전의 필요성의 한도에서 최소한의 법률관계형성에 그치며 제소명령이 있으면 본안소송을 제기하여야 하고 본안소송에서 채권자가 패소하면 가처분의 상태로 원상회복하여야 하는 점에서 마찬가지로 잠정성을 갖는다.

2. 밀 행 성

보전처분은 채무면탈을 막기 위한 조치이다. 그러므로 보전처분절차는 채무자가 알 수 없는 상태에서 진행되는 경우가 많다. 가처분보다는 가압류에서 밀행성이 더욱 뚜렷하다. 그러나 밀행성이 요구되는 경우라도 절차의 적정이 무시되어서는 안 된다. 민사집행법은 밀행성을 유지하면서도 절차적정을 위하여 채권자에게 보전처분의 요건을 소명하게 하고 일정한 경우 담보를 제공하게 한다든지 나아가 필요한 경우에는 채무자를 심문하거나 변론을 거칠 수 있도록 하고 있다. 임시지위 가처분의 경우에는 그 성질상 절차의 적정을 더욱 강조하여 원칙적으로 심문기일 또는 변론기일을 열도록 하고 있다.

3. 긴급성(신속성)

신속성은 민사소송절차에서도 포기할 수 없는 이념이지만 보전처분절차에서 더욱 강조된다. 보전처분은 권리의 실현이 곤란할 사정에 대비한 응급의 조치이기 때문이다. 재판장의 재판권(제312조), 임의적 변론(제280조 1항, 제301조), 심문이나 변론에 관한 예외적 기일제도(제304조), 증명 대신 소명의 요구(제279조 2항, 제280조 3항, 제301조), 집행문의 불요(제292조 1항), 보전명령의 송달 전 집행(제292조, 301조), 집행기간제도(제292조 2항) 등은 긴급성을 반영한 규정이다. 나아가 2005. 1. 27. 개정된 현행의 민사집행법은 보전처분절차에 전면적 결정주의(제281조 1항 등)를 채택하여 신속성을 더욱 강화하였다.

4. 부수성(종속성)과 보전소송의 본안화 경향

가. 부 수 성

보전처분은 본집행을 확보하기 위한 것으로 필연적으로 본안소송을 전제하는 절차이다. 따라서 권리의 종국적 실현은 본안소송 내지 본집행의 몫이고 보전처분을 통해서 이를 달성할 수는 없는 것이다. 그러므로 보전처분을 통하여 피보전권리 이상의 것을 구하거나 본집행 범위를 넘어서는 것을 구하는 것은 허용되지 않는다. 이와 관련하여 명도단행가처분 등 소위 만족적 가처분이 보전처분의 부수성을 일탈하는 것인가에 관하여 다소 의문이 있으나 판례는 이를 허용하고 있다(반대견해 있음).

≪판례≫ **임금지급가처분과 보전처분의 부수성**[대법원 1978. 2. 14. 선고 77다1648 판결]
해고조치가 일응 부당노동행위에 해당하여 무효라고 보여지는 이상 가처분으로서 본안판결 확정시까지 잠정적으로 임금에 해당하는 금원지급을 명하는 것은 피보전권의 범위를 초과하지 아니한다.

≪판례≫ **명도가처분과 보전처분의 부수성**[대법원 1964. 7. 16. 64다69 전원합의체 판결]
일건기록에 의하면 본건 가처분은 계쟁물에 관한 가처분이며 계쟁물에 관한 단기 4288년 민상 제133호 가옥명도가처분 사건에 있어 본원은 1955·9·22 그 사건 피신청인들의 각 점유부분을 집달리에게 보관시키고 집달리는 현상을 변경하지 않는 조건하에 그 사건 신청인 또는 제3자에게 보관시킨다는 가처분방법은 집행보전의 목적을 초월한 것이라고 판단한바 있으나 그 후 현행 민사소송법은 제718조에서 계쟁물에 관한 가처분방법으로도 건물의 명도 또는 철거를 명할 수 있는 가처분에 관한 규정을 명문으로 정하였고 피 보전권리가 가옥명도청구권인 경우에 집달리로 하여금 그 가옥을 보관케 하고 집달리가 현상을 변경하지 아니함을 조건으로 신청인으로 하여금 거주 사용케 하는 가처분방법은 왕왕이 가처분남용의 목적으로 악용될 경우가 있기 쉬우므로 일면 신청인의 장래 권리실행을 확보함과 동시에 타면 피신청인으로 하여금 지나친 손해를 보지 않도록 하기 위하여 이러한 가처분방법에 대하여는 그 심리에 있어 극히 신중함이 요청된다 할 것이나 그렇다고 하여 가옥명도청구권에 대한보전방법으로서 집달리로 하여금 계쟁목적물인 가옥을 보관케 하고 현상을 변경하지 아니함을 조건으로 신청인에게 거주사용케 함을 요할 경우가 현상의 변경으로 장래 권리의 실행이 불가능하거나 이를 실행함에 현저히 곤란할 염려가 있을 때 법관의 합목적재량의 결과로서 있을 수 있을 것임을 부정하기 어려울 뿐만 아니라 이러한 가처분은 반드시 신청인에게 본안의 확정판결 내용과 같은 종국적인 만족을 준다든가 후일 원상회복이 불가능하여 보전의 범위를 일탈한 것이라고는 볼 수 없다. 본건 제1심판결 및 원판결의 주문에 표시된 본건 가옥에 대한 가처분 내용은 피신청인의 점유를 해하고 신청인이 위임하는 서울지방법원 소속 집달리에게 그 보관을 명하고 집달리는 현상을 변경하지 않을 것을 조건으로 신청인에게 이를 보관케 한다는 것인바 집달리가 조건부로 신청인에게 보관케 한다는 표현방법이 다소 적절치 못한 감이 없지 아니하나 보관자는 어디까지나 집달리이므로 신청인으로 하여금 거주 사용케 한다는 판단취의로 해석되며 이러한 가처분 내용이 보전 범위를 일탈한 것이라는 견해는 이를 채택하지 않는 바이므로 논지는 이유 없다.

≪판례≫ 인도단행가처분집행상태의 법률관계[대법원 2007. 10. 25. 선고 2007다29515 판결]

[1] 가처분의 피보전권리는 채무자가 소송과 관계없이 스스로 의무를 이행하거나 본안소송에서 피보전권리가 존재하는 것으로 판결이 확정됨에 따라 채무자가 의무를 이행한 때에 비로소 법률상 실현되는 것이어서, 채권자의 만족을 목적으로 하는 이른바 단행가처분의 집행에 의하여 피보전권리가 실현된 것과 마찬가지의 상태가 사실상 달성되었다 하더라도 그것은 어디까지나 임시적인 것에 지나지 않으므로, 가처분이 집행됨으로써 그 목적물이 채권자에게 인도된 경우에도 본안소송의 심리에서는 그와 같은 임시적, 잠정적 이행상태를 고려함이 없이 그 목적물의 점유는 여전히 채무자에게 있는 것으로 보아야 한다.

[2] 토지와 건물의 소유권에 기하여 점유자 등을 상대로 그 인도를 구하는 소송에서, 원고가 제 1 심 변론종결 전에 가처분 결정을 받아 집행하여 이를 인도받아 건물을 철거한 후에도 건물인도청구 부분의 소를 그대로 유지했다면 법원은 건물의 멸실을 고려함이 없이 그 청구의 당부를 판단해야 한다고 본 사례.

제소명령위반에 따른 취소절차(제287조, 제301조), 사정변경에 의한 취소절차(제288조, 제301조), 본안소송 관할법원의 관할(제278조, 제303조), 제소기간경과에 따른 취소절차(제288조 4항), 이의신청사건의 본안법원으로 재량이송(제284조) 등은 부수성을 반영한 규정이다.

나. 보전소송의 본안화 경향

최근 들어 이러한 보전처분의 부수성에 보전처분의 본안화라고 하는 중대한 변화가 늘어나고 있다. 보전처분의 본안화라고 하는 것은 보전소송이 본안소송에 갈음하여 통상의 권리구제수단으로 변화되고 있는 현상으로 특히 단행가처분과 같은 임시의 지위를 정하는 가처분에서 두드러진다. 그러나 임시지위 가처분에서도 채무자의 신청에 따른 제소명령이 있는 경우에는 본안의 소를 제기하여야 하고 채권자가 본안에서 패소하는 경우에는 가처분에 의한 형성된 상태를 원상회복하여야 하는 점에서 여전히 부수성이 유지된다고 할 것이다.

다. 본안소송과 보전소송의 병행

한편 보전처분절차가 본안절차에 관하여 부수된 절차라고 하지만 본안절차와 그 성질이 전혀 다른 독립된 절차로 양 절차를 병행할 수는 있으되 병합은 허용되지 아니한다.

≪판례≫ **본안소송과 보전소송의 병합**[대법원 2003. 8. 22. 선고 2001다23225,23232 판결]

통상의 민사사건과 가처분에 대한 이의사건은 다른 종류의 소송절차에 따르는 것이므로 변론을 병합할 수 없는 것인데, 원심은 두 사건의 변론을 병합하여 하나의 판결을 선고한 위법이 있다. 그러나 위와 같은 절차상의 위법은 절대적 상고이유에 해당되지 아니하므로 이 사건 판결에 영향을 미친 경우에 한하여 파기사유가 되는바, 원고들 패소 부분에 대하여 위에서 본 바와 같은 파기사유가 있는 외에 피고 정홍조 패소 부분에 대하여는 위와 같은 병합으로 인하여 판결에 영향을 미쳤다고 볼 수 없다. 그러나 향후 위와 같은 위법이 되풀이 되는 것을 막기 위해서 원심이 두 사건의 변론을 병합하여 하나의 판결을 한 것은 잘못된 것이라는 점을 지적하여 둔다.

5. 자유재량성

보전처분절차에 요구되는 밀행성·신속성과 절차의 적정이라는 충돌하는 두 가지 요구를 조화시킬 필요에서 민사집행법은 법원에 상당한 재량을 부여하고 있다. 변론을 거칠 것인지 여부(제280조 1항), 담보제공의 여부·방법 등에 관하여 법원에 재량에 맡겨두고 있는 것이다. 또한 신청의 전체적 취지에서 벗어나지 아니하는 범위에서 당사자가 구하는 보전처분의 구체적 내용에 구애됨이 없이 가장 적절하다고 생각하는 보전처분을 할 수 있다(제305조). 이러한 보전처분절차에서 법원의 자유재량성을 강조하는 데서 한걸음 더 나아가 보전처분 중 임시의 지위를 정하는 가처분절차를 비송절차로 보아야 한다거나 부분적으로 처분권주의가 배제된다는 견해가 주장된다.

Ⅴ. 보전절차와 본안절차의 관계

1. 의　　의

본안절차는 많은 경우 보전절차가 없이는 그 실효성을 담보하기 어렵다. 또한 보전절차는 본안절차를 염두에 두지 아니하고는 독자적인 의미를 가질 수 없다. 이러한 보전절차와 본안절차의 관련성은 양 절차의 당사자와 소송물의 연관성으로 나타난다. 보전절차와 본안절차의 관련성을 구체적으로 살펴보면 다음과 같다.

2. 보전절차와 본안절차의 당사자

당사자적격에 변동이 있는 경우를 제외하고는 보전절차와 본안절차는 당사자가 일치하여야 한다. 당사자가 다른 절차 사이에서는 보전절차와 본안절차의 관계로 인정되지 못한다.

≪판례≫ **보전소송과 본안소송의 당사자 불일치**[대법원 1976. 4. 27. 선고 74다2151 판결]

이건 가처분의 피보전권리는 갑의 을에 대한 토지소유권이전등기청구권인 데 반하여 이건 소송에서는 갑이 병을 대위하여 병의 을에 대한 토지소유권이전등기청구권을 행사하고 있어서 위 가처분의 피보전권리와 이건 소송물과는 동일성이 없으므로 위 가처분을 이건 소송에 유용할 수 없다.

≪판례≫ **당사자의 동일성**[대법원 2004. 12. 24. 선고 2004다53715 판결]

甲이 乙에 대하여 직접 가지는 손해배상채권을 피보전권리로 한 가압류결정을, 丙이 乙에 대하여 가지는 손해배상채권을 보전하기 위한 것으로 유용할 수 없다고 한 사례.

예외적으로 이사 등 직무집행정지가처분과 같은 임시지위 가처분에서는 그 성질상 본안절차와 당사자의 불일치가 있는 경우가 많다.

3. 보전절차와 본안절차의 소송물

가. 문 제 점

보전처분절차와 그 본안절차는 소송물이 일치하는 것이 보통이다. 그런데 소송물을 이루는 분쟁의 내용은 유동적인 변화가 따르는 것이 많고 사회적 사실관계에 있어서는 하나의 분쟁으로 볼 수 있는 것도 법률적 시각에서는 수개의 다툼으로 취급되는 경우가 많다. 그렇다면 양 절차에 있어서 소송물이 완전히 동일하지 아니하더라도 그 분쟁을 이루는 사회적 기초사실관계가 동일하다면 양자는 보전절차와 본안절차의 관계를 인정하여야 할 것이다. 이때 어떠한 기준으로 양자가 실질적으로 하나의 분쟁의 해당하는가를 판단할 것인가의 문제가 남게 되는데, 이에 관하여는 양자의 청구의 기초가 동일한지 여부를 기준으로 하면 좋을 것이다(청구기초동일설). 이러한 선이해를 바탕으로 구체적인 문제점을 살펴보면 다음과 같다.

나. 보전집행의 효력이 미치는 분쟁의 범위

보전처분의 효력은 보전절차상 소송물을 이루는 피보전권리와 청구기초의 동일성이 있다고 인정되는 분쟁 전부에 대하여 잠정적으로 그 효력이 미친다. 그러므로 보전집행의 효력이 미치는 분쟁 내지는 본안소송의 소송물의 범위는 보전처분의 피보전권리 보다 훨씬 넓은 것이 보통이다. 예를 들어 부동산 소유권회복의 근거로 주장되는 원인무효로 인한 말소등기청구권과 명의신탁해지로 인한 이전등기청구권은 대체로 소송물은 다를지라도 청구기초가 동일하다고 할 것이므로 어느 하나의 청구권을 피보전권리로 보전처분의 효력은 다른 청구권을 청구원인으로 하는 본안에도 그 효력이 미친다고 할 것이다.

≪판례≫ **보전처분의 효력이 미치는 분쟁**[대법원 2006. 11. 24. 선고 2006다35223 판결]

[1] 보전처분의 피보전권리와 본안의 소송물인 권리는 엄격히 일치할 필요가 없고 청구의 기초의 동일성이 인정되는 한 그 보전처분에 의한 보전의 효력은 본안소송의 권리에 미치고, 동일한 생활 사실 또는 동일한 경제적 이익에 관한 분쟁에 있어서 그 해결 방법에 차이가 있음에 불과한 청구취지 및 청구원인의 변경은 청구의 기초에 변경을 가져 오지 않는다.

[2] 채권자가 가처분의 피보전권리로 매매를 원인으로 한 소유권이전등기청구권을 주장하면서 그 신청원인으로 주장한 사실과 같은 사실을 본안소송에서 청구원인으로 주장하였고, 다만 주위적 청구취지로 직접의 이전등기청구를 하고, 예비적으로 채권자대위권에 기하여 제3자에 대한 이전등기청구를 하여 그 중 예비적 청구에 대하여 승소확정판결을 받은 사안에서, 가처분의 피보전권리와 본안소송의 소송물인 권리 사이에 그 청구의 기초의 동일성이 인정되므로 가처분에 의한 보전의 효력이 승소확정판결을 받은 본안소송의 권리에 미친다고 본 사례.

다. 보전처분의 유용금지

(1) **본안과 보전처분의 유용금지** 앞서 살펴본 바와 같이 보전처분은 피보전권리와 청구의 기초를 같이하는 분쟁의 전범위에 그 효력이 미친다. 그러나 실제에 있어서 이러한 점을 일관하여 관철시키면 채무자를 부동적인 법률상태에 지나치게 오랫동안 방치하는 결과를 가져온다. 그러므로 보전처분 이후에 본안에 따른 법률관계의 확정이 있었다면 그러한 본안이 보전처분의 피보전권리와 청구의 기초를 같이하는 분쟁상태의 일부에 불과한 것이었다고 하더라도 당해 보전처분은 임무를 다하였다고 보아 본안에서 다투지 아니한 나머지 부분의 분쟁에 보전처분의 효력을 끌어들이는 것은 허용되지 아니한다(반대견해 있음). 이러한 점에서 보전처분의 효력이 작용하는 영역은 본안의 전후를 달리하여 파악된다고 할 수 있다. 위와 같은 결론은 반드시 본안에서 법률관계의 확정이 있는 경우는 물론 채권자가 본안의 패소판결 후에 소를 취하하였거나 제척기간이 경

과하였다는 사정이 있어서 본안의 소를 제기하여도 패소가 분명한 경우에도 마찬가지다.

≪판례≫ **본안패소와 보전명령취소**[대법원 2004. 12. 24. 선고 2004다53715 판결]

보전처분의 본안소송에서 보전처분 신청인이 실체법상의 이유로 패소판결을 받은 경우에는 민사집행법 제288조 소정의 사정변경이 있다고 할 수 있고, 그 경우에 본안소송의 유용은 허용되지 아니하나, 본안소송에서 소송법상의 이유로 각하판결을 받은 경우에는 일반적으로 사정변경이 있다고 할 수는 없다(같은 취지: 대법원 1963. 9. 12. 63다354).

위와는 달리 종국 판단 이전에 본안의 청구를 변경한 경우에는 채권자에게 보전처분의 남용이라는 귀책성이 있다고 할 수 없으므로 보전처분은 변경된 본안의 소송물에 관하여도 그 효력이 미친다고 할 것이다.

≪판례≫ **본안 청구변경과 보전명령취소**[대법원 2001. 3. 13. 선고 99다11328 판결]

가처분의 본안소송에서 그 청구취지와 청구원인을 원래의 원인무효로 인한 말소등기청구에서 명의신탁해지로 인한 이전등기청구로 변경한 것은 동일한 생활 사실 또는 동일한 경제적 이익에 관한 분쟁에 관하여 그 해결 방법을 다르게 한 것일 뿐이어서 청구의 기초에 변경이 있다고 볼 수 없고, 이와 같이 가처분의 본안소송에서 청구의 기초에 변경이 없는 범위 내에서 적법하게 청구의 변경이 이루어진 이상, 변경 전의 말소등기청구권을 피보전권리로 한 위 가처분의 효력은 후에 본안소송에서 청구변경 된 이전등기청구권의 보전에도 미친다고 본 사례(같은 취지: 대법원 1982. 3. 9. 선고 81다1223, 81다카991 판결).

(2) **피보전권리의 변동과 보전처분의 유용금지** 보전처분의 피보전권리가 소멸한 경우에는 보전처분은 더 이상 아무런 효력을 갖지 못하는데, 이러한 결론은 채권자에게 피보전권리와 동일한 내용을 갖는 별개의 청구권이 있는 경우라도 마찬가지이다.

≪판례≫ **본소취하를 이유로 한 보전명령취소**[대법원 1970. 4. 28. 선고, 69다1311 판결]

가처분결정의 본안소송은 원고소유인 본건 부동산에 관하여 피고가 취득한 그 소유권등기는 위 지호영으로 부터 가장매매를 원인으로 하여 넘겨간 무효의 등기라 하여 그 말소를 청구한데 있었으나 그 소가 취하된 이상 그 소유권이전등기말소청구권을 피보전권리로 하는 위 가처분결정은 본건 신탁해지를 원인으로 한 소유권이전등기 청구권을 소송목적물로 하는 소송에는 유용될 수 없다.

≪판례≫ **피보전권리소멸과 보전명령취소**[대법원 1994. 8. 12. 선고 93므1259 판결]

가압류의 피보전권리(이혼위자료청구권/필자 주)가 변제로 소멸된 경우에는 민사소송법 제

706조 제 1 항에 정한 "사정변경에 의한 가압류취소" 사유가 되고 / 가압류를 그 피보전 권리와 다른 권리(재산분할로 인한 금전지급청구권/필자 주)의 보전을 위하여 유용할 수 없다.

≪판례≫ **피보전권리소멸과 보전명령취소**[대법원 2004. 12. 24. 선고 2004다53715 판결]

가압류의 피보전권리가 소멸되었거나 또는 존재하지 아니함이 본안소송에서 확정된 경우에는 민사집행법 제288조 소정의 사정변경에 따른 가압류 취소사유가 되는 것이며, 이 경우 그 가압류를 그 피보전권리와 다른 권리의 보전을 위하여 유용할 수 없는 것이다.

라. 보전처분의 1회성

수 개의 권리를 피보전권리로 삼아 하나의 보전명령을 받아 그 중 하나의 피보전권리에 대한 본안소송에서 확정판결이 있는 경우에 당해 확정판결이 보전처분에 영향을 미치는 범위가 문제된다. 이러한 경우 보전처분의 유용금지와 마찬가지 취지에서 당해 확정판결은 보전처분 전부에 그 영향이 있다고 할 것이다. 예를 들면 취득시효에 기한 이전등기청구권과 명의신탁해지에 기한 이전등기청구권을 피보전권리로 삼아 처분금지가처분이 있은 후에 취득시효에 기한 이전등기청구에 관한 본안에서 채권자패소의 확정판결이 있은 경우에 채무자는 사정변경을 이유로 보전처분에 대하여 취소신청이 가능하다.

마. 기 타

그 밖에도 보전처분과 본안의 관련성은 보전처분에 대한 본안법원의 관할, 보전처분의 사정변경으로 인한 취소 등에서 잘 드러난다.

≪판례≫ **광업권이전등기말소청구와 광구출입금지청구**[대법원 1964. 11. 10. 64다649]

계쟁물에 대한 가처분은 본안판결의 강제집행의 범위를 넘어서는 할 수 없는바, 본안소송으로 광구에 대한 광업권이전등기의 말소를 구하면서 계쟁물에 대한 가처분으로 광구의 출입금지를 구하는 것은 본안판결의 강제집행의 범위를 넘어서는 것으로서 본안 전 가처분신청으로 취급되어야 함에도 불구하고 원심이 본안재판으로서 이를 처리한 것은 잘못이다.

Ⅵ. 민사소송법의 준용

1. 원칙적 준용

민사집행절차에는 그 성질이 허용하는 한 원칙적으로 민사소송법이 준용된다(제23조 1항). 민사집행절차 중에서도 통상의 집행절차와 보전집행절차에는 민사소송법의 준용이 한정적일 수밖에 없지만, 보전소송절차에는 민사소송법의 준용범위가 넓다는 점은 앞서 설명하였다. 여기서는 보전소송절차에 한정하여 민사소송법의 구체적인 준용범위를 살펴보기로 한다.

2. 구체적 준용범위

가. 처분권주의

제305조 1항에서 법원은 신청의 목적을 이루는 데 필요한 처분을 직권으로 정한다고 규정하고 있는 것과 관련하여 보전소송절차는 처분권주의가 아닌 직권주의에 따르고 있는 것이 아닌가 하는 논의가 있다. 그러나 동조는 당사자의 신청의 형식적 문언에 얽매일 것이 아니라 구체적인 가처분의 태양에 관하여 법원이 합목적적인 재량으로 정할 수 있다는 의미에 불과한 것으로 법원의 재량은 신청취지의 양적·질적 범위를 넘을 수 없다고 할 것이다. 보전처분절차에도 처분권주의(민사소송법 제203조)가 적용되는 것이다.

≪판례≫ 단독점유주장에 대한 공동점유인정 가부[대법원 1965. 10. 14.자 64마914 결정]
신청인이 공장을 점유하고 있다는 사실을 전제로 하여 피신청인에 대한 그 점유의 방해금지를 구하는 가처분신청에 대하여 그 공장이 신청인과 피신청인의 공동점유임을 인정하여 그 각 점유를 풀어 신청인이 위임하는 집달리로 하여금 이를 보관케 한다는 취지의 결정을 함은 신청의 범위를 이탈하는 것으로서 위법이다.

나. 재판상 화해·조정

화해에는 사법상 화해와 재판상 화해가 있고, 재판상 화해는 제소 전 화해와 소송상 화해가 있다. 보전처분절차에서 재판상 화해가 어느 범위까지 허용될 수 있는지를 살펴본다.

(1) **보전소송의 소송물에 대한 화해·조정 등** 보전소송 절차에서 보전소송의 소송물 자체에 관하여 화해나 조정이 가능하다는 점에 대하여는 별 이견이 없다. 다만 조정을 위하여는 조정회부결정이 있어야 하고, 조정이 성립된 경우 보전처분의 신청은 취하된 것으로 본다. 화해가 성립된 경우에는 보전처분절차는 당연히 종료된 것으로 본다.

(2) **본안소송의 소송물에 대한 화해·조정 등**

(가) **의 의** 보전소송의 절차 내에서 본안소송의 소송물에 관한 화해나

조정이 가능한지 여부에 관하여는 논의의 대립이 있다. 당사자 사이의 자주적 분쟁해결을 존중한다는 점, 소송물 이외의 권리관계까지 끌어 들여 화해가 가능한 점, 제소전 화해가 인정되는 점 등에 비추어 보전소송절차에서 본안의 소송물에 관해서도 이를 부정할 이유가 없다고 본다. 이에 관하여 종전의 판례는 부정적인 것이 있으나, 이는 화해를 소송행위로 보는 전제에 입각한 것이었다. 현재의 판례의 태도는 재판상 화해를 소송행위로 보지 아니하므로 종전의 판례는 고려할 것이 아니라고 본다.

(나) **화해의 성질** 보전소송절차에서 본안의 소송물에 관한 화해를 허용한다면 그 성질은 무엇인지 문제된다. 이에 대하여 소송상 화해로 보는 입장이 있으나, 화해의 주된 내용이 보전소송의 소송물의 범위를 넘어서는 것이라면 제소 전 화해로 보는 것이 타당하다.

(다) **화해·조정의 절차** 본안소송의 소송물에 관한 화해는 제소 전 화해라고 할 것이므로 본안의 소송물에 관한 권리관계를 화해의 대상으로 삼기 위해서는 처분권주의의 원칙상 그에 관한 신청이 필요하고, 그에 상당한 인지를 붙여야 한다. 조정의 경우에는 먼저 조정회부결정이 있어야 함은 물론이다.

(3) **화해·조정의 효력** 조정이 성립되면 보전처분 신청이 취하된 것으로 간주된다(민사조정규칙 제 4 조 3항). 재판상 화해가 성립되면 그로서 보전처분절차는 당연히 종료된다. 그러나 조정·화해가 본안소송의 소송물에 관한 것이라고 하더라도 보전처분이 아닌 본안소송까지 종료되거나 취하된 것으로 간주되는 것은 아니며, 원고는 본안소송의 소를 취하하여야 할 의무가 있음에 그친다. 화해·조정이 성립되었음에도 불구하고 원고가 본안에 관하여 소를 취하하지 않는 경우에는 본안법원은 권리보호의 이익이 없음을 이유로 본안에 관한 소를 각하한다.

≪판례≫ 소취하합의 불이행에 따른 소 각하[대법원 2005. 6. 10. 선고 2005다14861 판결]

재판상 화해에 있어서 법원에 계속 중인 다른 소송을 취하하기로 하는 내용의 화해조서가 작성되었다면 당사자 사이에는 법원에 계속 중인 다른 소송을 취하하기로 하는 합의가 이루어졌다 할 것이므로, 다른 소송이 계속 중인 법원에 취하서를 제출하지 않는 이상 그 소송이 취하로 종결되지는 않지만 위 재판상 화해가 재심의 소에 의하여 취소 또는 변경되는 등의 특별한 사정이 없는 한 그 소송의 원고에게는 권리보호의 이익이 없게 되어 그 소는 각하되어야 한다.

다. 화해권고결정 등

화해의 권고·화해권고결정(민소법 제145조, 제225조 내지 232조), 강제조정(민사조정법 제30조) 등도 보전소송절차상 화해 · 조정과 마찬가지로 인정된다.

라. 다수당사자의 소송관여

민사소송법의 다수당사자의 소송관여에 관한 규정도 원칙적으로 준용된다. 그러나 보전소송절차의 성질상 준용에 한계가 있다. 그 한계를 살펴보면 다음과 같다.

(1) **예비적 · 선택적 병합** 보전소송절차에서 선택적 · 예비적 병합을 허용할 경우 보전소송절차상 채무자로 인정된 자와 본안 소송에서 채무자로 인정된 자가 서로 다름으로 인한 혼란을 조정하는 것이 쉽지 않다. 그러므로 보전소송절차상 주관적 · 예비적 병합은 허용할 것이 아니고, 당사자로서는 예비적 병합이 필요한 경우에는 단순병합의 형태로 신청을 해야 한다.

(2) **보전절차상 참가** 보전소송절차상 참가에 관하여는 민사소송법상의 참가에 관한 규정이 원칙적으로 준용된다. 보조참가 · 공동소송적 보조참가 · 독립당상자 참가가 모두 가능하다. 편면적 독립당사자 참가도 가능하다. 보전소송절차상 변론을 여는가 여부와 무관하다. 보전명령에 이의신청은 당사자와 그 일반승계인만이 할 수 있는 행위이므로 제 3 자는 참가절차를 경유함이 없이 직접 자신의 이름으로는 보전명령에 대한 이의를 할 수 없다.

≪판례≫ 특정승계인의 대한 이의신청방법[대법원 1970. 4. 28. 선고 69다2108 판결]

가처분 결정에 대한 이의신청을 할 수 있는 자는 채무자와 그 일반승계인 및 참가승계를 한 특정승계인이며 다른 제 3 자이의 신청을 할 수 없다.

(3) **당사자의 승계** 당사자의 승계에 관하여는 당사자적격의 변동이라는 관점에서 다음에 상세히 설명한다.

마. 복수청구소송

보전소송절차상 청구의 다양한 병합형태가 인정됨은 통상의 민사소송절차와 다를 것이 없다. 이에 관하여는 추후에 상세히 설명한다.

제 2 절 보전처분의 당사자

Ⅰ. 서 론

1. 당 사 자

자기의 이름으로 보전처분을 신청하거나 이를 받는 자를 보전처분의 당사자라고 한다(실무제요 Ⅳ 11면). 적극적 당사자를 채권자라고 하며 소극적 당사자를 채무자라고 한다(제280조, 제287조, 제292조 등). 통상의 집행절차와 마찬가지이다. 다만 보전명령 취소절차에서는 신청인 · 피신청인으로 호칭하는데 채권자 · 채무자로 호칭하면 그 이전의 절차인 보전처분절차상 채권자 · 채무자의 지위와 혼동을 막기 위해서이다. 임시지위 가처분절차에서도 신청인 · 피신청인으로 호칭하기도 한다. 이와 같은 채권자 · 채무자의 호칭은 실체법상의 채권자 · 채권자 개념과는 상관없는 절차상의 호칭에 불과하다.

2. 제 3 채무자와 제 3 채권자

당사자와 구별할 것에 제 3 채무자와 제 3 채권자가 있다. 집행채무자에게 채무를 부담하는 제 3 자를 제 3 채무자라고 하며(제224조 2항), 집행채권자가 채무를 부담하는 제 3 자를 제 3 채권자라고 한다. 제 3 채무자는 준당사자의 지위를 갖는다.

Ⅱ. 당사자확정

보전소송절차상 당사자의 확정기준은 통상의 소송절차와 다르지 않다(실질적 표시설). 이와는 달리 보전집행절차상 당사자가 누구인가는 앞서 설명한 집행절차상 당사자확정기준에 따른다. 그러나 보전소송절차와 보전집행절차는 실질적으로 하나의 절차로 결합된 면이 있다는 점에서 양자를 엄밀하게 구분하기 어려운 문제가 있다.

Ⅲ. 당사자능력 · 소송능력 · 대리인

제 1 편 집행절차총론에서 설명한 것과 다를 것이 없다. 당사자 능력이 없는

자를 당사자로 한 보전처분은 아무런 효력을 가질 수 없다. 기타 자세한 사항은 총론 부분의 설명을 참조하면 된다.

≪판례≫ **도롱뇽의 당사자능력**[대법원 2006. 6. 2.자 2004마1148,1149 결정]

도롱뇽은 천성산 일원에 서식하고 있는 도롱뇽목 도롱뇽과에 속하는 양서류로서 자연물인 도롱뇽 또는 그를 포함한 자연 그 자체로서는 소송을 수행할 당사자능력을 인정할 수 없다고 한 원심의 판단을 수긍한 사례.

Ⅳ. 당사자적격

사 례 52 보전처분의 승계

갑은 을로부터 돈 3,000만원을 빌렸고, 이에 대하여 병 · 정 · 무 3인이 연대보증하였다. 갑이 돈을 갚지 아니하자, 을은 병과 정의 주택을 각 가압류하였다. 이에 병이 3,000만원을 갚은 경우, 병은 정의 주택에 대한 가압류의 효력을 곧바로 자신을 위하여 주장할 수 있는가?

1. 당사자적격자

당사자능력 또는 당사자적격이 없는 자에 대한 보전처분은 아무런 효력을 가질 수 없다.

≪판례≫ **허무단체에 대한 가처분의 효력**[대법원 1994. 11. 11. 선고 94다14094 판결]

원래 어떠한 단체가 실제로 존재하지 않음에도 불구하고 그 단체가 존재하고 그 대표자로 표시된 자가 대표자 자격이 있는 자인 것으로 오인하여 가처분결정이 내려졌다고 하더라도, 그 단체가 실제로 존재하지 않는다면 그 가처분결정은 누구에게도 그 효력을 발생할 수 없는 무효인 결정이다.

보전처분절차상 당사자적격에 관한 구체적인 기준을 살펴보면 다음과 같다.

가. 가압류·계쟁물 가처분

본안소송에서 당사자적격의 기준과 원칙적으로 일치한다. 청구권의 주체라고 주장하는 자에게 채권자적격이 있고 그 의무자라고 주장되는 자에게 채무자적격이 인정된다. 실제로 실체법상 정당한 권리자 · 의무자인가는 묻지 아니한다. 예외적으로 본안소송의 기판력이 제 3 자에게까지 미치는 경우에는 그러한 제 3 자도 보전절차의 당사자적격이 인정된다.

나. 임시지위 가처분

임시의 지위를 정하는 가처분은 장래의 집행보전을 위한 것이 아니라 현재의 위험을 방지하기 위한 것이라는 점에서 엄밀한 의미에서 피보전권리가 불명확하여 본안소송의 당사자적격과 보전처분의 당사자적격이 일치하지 아니한다. 그러므로 임시의 지위를 정하는 가처분은 본안소송의 당사자적격에 구애됨이 현재의 위험상태에 관하여 주장자체에 의하여 정당한 이익이 있는 자가 채권자적격이 있고 주장자체에 의하여 채권자와 상충되는 지위에 있는 자가 채무자적격이 인정된다. 본안소송의 당사자적격과 보전소송의 당사자적격이 일치하지 아니하는 경우로는 상법상 회사·민법상 법인·비법인 단체 등의 이사 등의 임원에 대한 직무집행정지가처분 및 직무대행자선임가처분(상법 제407조, 제183조의 2, 제200조의 2, 제265조, 민법 제52조의 2, 제60조의 2)을 들 수 있다. 위와 같은 사안에서 본안소송에 해당하는 회사 등의 주주총회나 이사회 결의의 무효나 부존재확인을 구하는 소의 피고적격자는 회사 등 단체 자체(반대견해 있음)이나 보전소송의 채무자적격자는 해임을 구하는 대상이 되는 이사 등 임원(반대견해 있음)이 되는 것이다. 채권자적격과 채무자적격 양자 모두에 관하여 주의하여야 한다.

≪판례≫ 이사집무집행정지가처분신청의 상대방[대법원 1982. 2. 9. 선고 80다2424 판결]

민사소송법 제714조 2항 소정의 임시의 지위를 정하기 위한 이사직무집행정지가처분에 있어서 피신청인이 될 수 있는 자는 그 성질상 당해 이사이고 회사에게는 피신청인의 적격이 없다(같은 취지: 대법원 1972. 1. 31. 선고 71다2351 판결, 대법원 1997. 7. 25. 선고 96다15916 판결).

≪판례≫ 주총결의하자를 다투는 소송의 상대방[대법원 1982. 9. 14. 선고 80다2425 판결]

[1] 주주총회결의 취소와 결의무효 확인판결은 대세적 효력이 있으므로 그와 같은 소송의 피고가 될 수 있는 자는 그 성질상 회사로 한정된다.

[2] 주주총회결의부존재확인의 소송은 일응 외형적으로는 존재하는 것같이 보이는 주주총회결의가 그 성립과정에 있어서의 흠결이 중대하고도 명백하기 때문에 그 결의자체가 존재하는 것으로 볼 수 없을 때에 법률상 유효한 결의로서 존재하지 아니한다는 것의 확인을 소구하는 것으로서 주주총회결의 무효 확인의 소송과는 주주총회결의가 법률상 유효한 결의로서는 존재하지 않는다는 것의 확정을 구하는 것을 목적으로 한다는 점에서 공통의 성질의 가진다 할 것이므로 주주총회결의부존재확인의 소송에는 그 결의무효 확인의 소송에 관한 상법380조의 규정이 준용된다 할 것이므로 그 결의부존재확인판결의 효력은 제 3 자에게 미치고 그 부존재확인소송에 있어서 피고가 될 수 있는 자도 회사로 한정된다.

[3] 주식회사의 이사회결의는 회사의 의사결정이고 회사는 그 결의의 효력에 관한 분쟁의 실질적인 주체라 할 것이므로 그 효력을 다투는 사람이 회사를 상대로 하여 그 결의의 무효 확인을 소구할 있다 할 것이나 그 이사회결의에 참여한 이사들은 그 이사회의 구성원에 불과하므로 특별한 사정이 없는 한 이사개인을 상대로 하여 그 결의의 무효 확인을 소구할 이익은 없다(같은 취지: 조합에 관한 대법원 1996. 4. 12. 선고 96다6295 판결, 종중에 관한 대법원 1998. 11. 27. 선고 97다4104 판결).

≪판례≫ 이사선임에 관한 주총결의쟁송[대법원 1983. 3. 22. 선고 82다카1810 판결]

회사의 이사선임 결의가 무효 또는 부존재임을 주장하여 그 결의의 무효 또는 부존재확인을 구하는 소송에서 회사를 대표할 자는 현재 대표이사로 등기되어 그 직무를 행하는 자라고 할 것이고, 그 대표이사가 무효 또는 부존재확인청구의 대상이 된 결의에 의하여 선임된 이사라고 할지라도 그 소송에서 회사를 대표할 수 있는 자임에는 변함이 없다(같은 취지: 대법원 1985. 12. 10. 선고 84다카319 판결, 민법상 법인 등에 관한 대법원 1995. 12. 12. 선고 95다31348 판결).

위와 같은 보전소송의 당사자적격과 본안소송의 당사자적격이 서로 다름으로 인하여 이사 등에 대한 직무집행정지가처분에 따른 본안의 제소명령이 있는 경우에 자칫 단체 자체가 아닌 이사 등을 상대로 본안의 소를 제기하는 경우가 많다. 흔히 범하기 쉬운 착오이다.

2. 당사자적격의 변동

가. 문 제 점

당사자의 사망 등으로 적격자의 변동이 있는 경우에 보전처분절차상 그러한 변동이 어떻게 고려되는지에 관하여 살펴보기로 한다. 당사자적격의 변동은 당사자능력의 관점에서 바라볼 수도 있는 문제이며 다수당사자의 소송관여의 한 형태이다. 보전처분절차의 단계에 따른 당사자적격의 변동이 어떻게 고려되는지를 살펴보면 다음과 같다.

나. 보전소송 계속 전 승계

보전소송의 계속 전에 피보전권리나 계쟁물 등의 승계가 있는 경우에는 반드시 새로운 승계인을 당사자로 삼아야 한다. 이러한 점을 간과하여 피승계인을 당사자로 삼아 보전처분이 이루어진 경우에 당해 보전처분은 아무런 효력을 가질 수 없다. 이와는 달리 제 3 채무자는 당사자가 아니어서 사망한 자를 제 3 채무자로 삼은 보전명령은 무효라고 볼 것이 아니며, 그 상속인을 제 3 채무자로 하는 경정절차가 필요할 뿐이다.

≪판례≫ 망인에 대한 가압류명령[대법원 1991. 3. 29.자 89그9 결정]

사망한 자를 채무자로 한 가압류신청은 부적법하고 위 신청에 따른 가압류결정이 있었다 하여도 그 결정은 당연무효라고 할 것이며, 그 효력이 상속인에게 미친다고 할 수는 없는 것이므로 채무자표시를 상속인으로 할 것을 이미 사망한 피상속인으로 잘못 표시하였다는 사유는 결정에 명백한 오류가 있는 것이라고 할 수 없고 따라서 결정을 경정할 사유에 해당한다 할 수 없다(같은 취지: 대법원 1982. 10. 26. 선고 82다카884 판결).

위와 같은 사정으로 무효인 가처분에 관하여는 그 승계인이 이의신청에 의하여 보전명령을 다툴 수 있다. 그런데 일부 판례는 이의신청 이외에도 승계인이 제 3 자 이의의 소에 의하여도 다툴 수 있다는 결론을 제시하고 있다. 이러한 판례의 태도는 다소 납득하기 어려운 면이 있다. 이에 관하여는 구제절차의 항목으로 자세한 설명을 미룬다.

다. 보전소송 계속 후 보전명령 발령 전 승계

보전소송절차에는 소송승계 등에 따른 당사자적격의 변동에 관하여 민사소송법의 규정이 준용된다고 본다. 그러므로 보전소송의 진행 중에 당사자의 승계가 있다면 소송절차를 중단하여 승계인이 수계하도록 하는 것이 정당한 절차의 진행일 것이다. 그러나 보전소송은 채무자가 알 수 없는 상태에서 이루어지는 것이 보통이고 일반적으로 서면심리를 통해 이루어지는 것이므로 이러한 중단사유를 간과하여 일단 보전명령이 발령되었다면 그러한 보전명령을 당연무효라고 할 수는 없을 것이다. 이러한 경우 제292조 1항을 유추적용하여 승계집행문을 부여받아 승계인에 대한 보전집행을 할 수 있다고 보아야할 것이다.

≪판례≫ 보전소송 계속 중 당사자의 사망[대법원 1976. 2. 24. 선고 75다1240 판결]

당사자 쌍방을 소환하여 심문절차를 거치거나 변론절차를 거침이 없이 채권자 일방만의 신청에 의하여 바로 보전명령을 한 가압류 결정에 있어서 신청 당시 생존하고 있던 채무자가 결정 직전에 사망 하였다거나 수계절차를 밟음이 없이 채무자명의의 결정이 이루어졌다고 하여 그 가압류 결정이 당연 무효라고는 할 수 없다(같은 취지: 대법원 1993. 7. 27. 선고 92다48017 판결).

라. 보전명령 발령 후 집행 전 승계

보전소송절차와 보전집행절차가 교착하는 영역이다. 이에 관하여는 민사집행법 제292조 1항이 정면으로 규율하고 있다. 동조는 변론종결후의 승계인에 관한 민사소송법 제218조 1항에 대응하는 규정이라고 할 수 있다. 여기서의 승계는 일반승계에 한하지 아니하고 특정승계도 포함한다. 본래 보전명령의 집행에는 집행문을 부여받을 필요가 없지만 당사자의 승계가 있는 경우에는 예외적으로 승계집행문을 받도록 하는 점에서 제292조 1항은 또 다른 의미가 있다.

마. 보전집행절차 진행 중의 승계

보전집행절차에는 그 성질상 민사소송법의 소송절차의 중단이나 수계에 관한 규정이 준용될 여지가 없다. 보전집행절차 내에서는 당사자의 사망 등이 사정이 별도로 고려되지 아니하는 것이 원칙이다.

바. 보전집행 후 승계

보전처분절차가 실질적으로 종료한 단계이므로 절차상 당사자 승계가 직접 문제되지는 않는다. 그러나 당사자의 지위의 승계가 있는 경우에 새로운 승계인에 보전처분의 효력이 어떻게 작용하는 지는 여전히 문제로 남는다. 가압류·가처분등기는 이전등기제도가 없으며 부기등기에 의한 이전등기도 인정되지 않는다. 또한 보전처분은 피보전권리의 담보에 관한 권리로 피보전권리에 수반하는 것이다. 그러므로 보전처분의 피보전권리의 양수인 내지 승계인으로서는 가압류·가처분등기의 등기명의와 관계없이 자신이 피보전권리의 양수인임을 주장하며 가압류·가처분의 효력을 원용하는 것으로 충분하다. 채무자의 승계인 역시 등기명의와 관계없이 보전처분의 효력을 받는다.

≪판례≫ 가압류집행 후 채권자를 승계한 자[대법원 1993. 7. 13. 선고 92다33251 판결]

수인의 보증인이 있는 경우에 어느 보증인이 자기의 부담부분을 넘은 변제를 한 때에는 다른 보증인에 대하여 구상권을 행사할 수 있고, 그 구상권의 범위 내에서 종래 채권자가 가지고 있던 채권 및 그 담보에 관한 권리는 법률상 당연히 그 변제자에게 이전되는 것이므로, 채권자가 어느 공동보증인의 재산에 대하여 가압류결정을 받은 경우에, 그 피보전권리에 관하여 채권자를 대위하는 변제자는 채권자의 승계인으로서, 가압류의 집행이 되기 전이라면 민사소송법 제708조 제1항에 따라 승계집행문을 부여받아 가압류의 집행을 할 수 있고, 가압류의 집행이 된 후에는 위와 같은 승계집행문을 부여받지 않더라도 가압류에 의 한 보전의 이익을 자신을 위하여 주장할 수 있다.

보전명령의 집행이 완료되었다면 원칙적으로 승계집행문의 문제도 생기지 아니하는 것이다. 그러나 예외적으로 승계인이 새로운 집행을 할 필요가 있을 때에는 제292조 1항에 따르면 된다.

사. 보전집행 후의 승계와 본집행

보전집행 이후에 승계가 있더라도 승계인에 대한 보전집행의 효력을 주장함에 있어서는 원칙적으로 (보전집행을 위한)승계집행문과 같은 별도의 조치가 필요하지 아니함은 앞서 보았다. 이와 구별할 것으로 보전집행 후에 당사자의 승계가 있고 승계인에 대한 본집행을 함에 있어서는 (본집행을 위한)승계집행문을 별도로 부여받아야 한다.

사례 52 〈해설〉 보전처분의 승계

1. 보증인의 구상권과 법정대위

병은 자기의 부담부분 금 1,000만원을 넘은 변제를 한 때에는 정과 무에 대하여 구상권을 행사할 수 있으며, 구상권의 범위 내에서 을이 가지고 있는 채권과 그 담보에 관한 권리는 법률상 당연히 병에게 이전된다. 따라서 병은 금 1,000만원의 범위 내에서 가압류의 효력을 곧바로 자신을 위하여 주장할 수 있다.

2. 가압류의 이전등기

가압류의 이전등기는 인정되지 아니한다. 주등기에 의한 이전등기는 물론 부기등기에 의한 이전등기도 할 수 없다. 병은 위의 법정대위를 입증하여 가압류의 효력을 자신을 위하여 원용하면 그만이다.

제 3 절 보전처분의 관할

제278조 (가압류법원)

가압류는 가압류할 물건이 있는 곳을 관할하는 지방법원이나 본안의 관할법원이 관할한다.

제303조 (관할법원)

가처분의 재판은 본안의 관할법원 또는 다툼의 대상이 있는 곳을 관할하는 지방법원이 관할한다.

제311조 (본안의 관할법원)

이 편에 규정한 본안법원은 제1심 법원으로 한다. 다만, 본안이 제2심에 계속된 때에는 그 계속된 법원으로 한다.

제312조 (재판장의 권한)

급박한 경우에 재판장은 이 편의 신청에 대한 재판을 할 수 있다. 〈개정 2005. 1. 27〉

Ⅰ. 관할 일반

1. 토지관할

가압류사건은 목적물 소재지를 관할하는 지방법원 또는 본안의 관할법원이 관할하고 가처분사건은 다툼의 대상 소재지를 관할하는 지방법원 또는 본안의 관할법원이 관할한다(제278조, 제303조). 어음금청구권에 대한 가압류에 있어서는 채무자의 주소지나 지급지가 관할이다. 가사소송사건 또는 마류 가사비송사건에 관한 보전소송은 가정법원의 전속관할에 속하며(가사소송법 제63조), 할부계약이나 방문판매계약에 관한 보전소송은 소비자의 주소 또는 거소의 전속관할(할부거래에 관한 법률 제16조, 방문판매 등에 관한 법률 제57조)에 속한다. 할부거래에 관한 법률은 집행법상 부동산으로 취급되는 자동차나 건설기계에 대하여도 적용되며 할부대금채권자가 카드회사인 경우에도 적용되지만, 매수인이 당연상인인 회사인 경우에는 매매자체의 성질이 상행위인가를 묻지 아니하고 적용되지 아니한다. 토지관할은 전속관할로(제21조) 보전처분절차에 관한 합의관할이나 변론관할이 인정될 여지가 없으며 본안에 관한 관할합의 역시 보전처분절차에는 그 효력이 미치지 아니한다.

2. 사물관할

피보전권리의 가액을 기준으로 1억원 이하이면 단독판사의 사물관할에 속하고 1억원을 초과하는 경우이면 합의부의 사물관할에 속한다. 사물관할은 전속관할이 아니므로 관할합의(민소법 제29조), 변론관할(민소법 제30조)이 인정된다. 실무상 합의관할사건을 재정단독결정에 의하여 단독판사의 관할로 하는 경우가 많다. 보전처분절차에서 재정합의 · 단독결정이 본안의 관할에 까지 영향을 미치는 것은 아니다.

3. 관할위반의 효과

관할위반이 있으면 사건을 관할법원으로 이송해야 한다. 실무상으로는 채권자에게 안내문을 보내어 보전처분신청을 취하하고 관할권 있는 법원에 재신청하도록 권고하는 경우가 많다. 이송결정은 심급관할에 위반이 있는 경우를 제외하고는 전속관할에 있어서도 이송 받은 법원을 기속한다.

≪판례≫ **이송결정의 기속력**[대법원 1995. 5. 15.자 94마1059,1060 결정]

심급관할을 위배하여 이송한 경우에 이송결정의 기속력이 이송받은 상급심 법원에도 미친다고 한다면 당사자의 심급의 이익을 박탈하여 부당할 뿐만 아니라, 이송을 받은 법원이 법률심인 대법원인 경우에는 직권조사 사항을 제외하고는 새로운 소송자료의 수집과 사실확정이 불가능한 관계로 당사자의 사실에 관한 주장, 입증의 기회가 박탈되는 불합리가 생기므로, 심급관할을 위배한 이송결정의 기속력은 이송받은 상급심 법원에는 미치지 않는다고 보아야 하나, 한편 그 기속력이 이송받은 하급심 법원에도 미치지 않는다고 한다면 사건이 하급심과 상급심 법원 간에 반복하여 전전이송되는 불합리한 결과를 초래하게 될 가능성이 있어 이송결정의 기속력을 인정한 취지에 반하는 것일 뿐더러 민사소송의 심급의 구조상 상급심의 이송결정은 특별한 사정이 없는 한 하급심을 구속하게 되는바 이와 같은 법리에도 반하게 되므로, 심급관할을 위배한 이송결정의 기속력은 이송받은 하급심 법원에는 미친다고 보아야 한다.

실무상 관할위반을 이유로 사건을 이송하는 경우는 드물다. 이송절차를 취하게 되면 채무자에게 이송결정을 송달하고 확정을 기다려야 하는 등 보전처분의 신속성과 밀행성에 배치되는 결과가 발생하기 때문이다. 그리하여 이송절차를 거치기보다는 토지관할위반에 대하여는 신청취하를 유도하고 사물관할 위반에 대하여는 재배당절차를 거치거나 재정합의·단독결정을 통해 관할위반을 시정하는 것이 보통이다. 관할위반을 간과하고 보전명령을 발령한 경우라도 위법하기는 하나 보전명령 자체는 유효하다. 관할의 위법은 보전명령에 대한 이의로 다투면 된다.

≪판례≫ **관할위반의 하자 있는 가처분명령의 효력**[대법원 1964. 4. 11. 64마66]

본안의 관할법원도 그 재판장도 아닌 법관이 한 가처분결정이라 할지라도 당연 무효라고는 할 수 없고 이의에 의하여 취소될 때까지는 유효하다.

Ⅱ. 본안의 관할법원

1. 본 안

본안이라고 함은 보전처분의 피보전권리와 청구기초의 동일성이 인정되는 분쟁을 확정하는 민사재판절차를 말한다. 이에 관하여는 앞서 자세히 살펴보았다. 판결절차에 한하지 아니하고 독촉절차(지급명령절차), 화해절차, 조정절차, 중재판정절차 등도 포함한다.

2. 관할법원

가. 본안 계속 전 관할법원

본안에 대하여 관할이 있는 법원에 보전처분의 관할이 있다. 본안의 관할법원이 수 개이면 보전처분의 관할법원도 수 개이며 채권자는 어느 한 곳을 선택하면 된다. 보전처분신청 이후에 본안이 보전절차의 관할법원 이외의 다른 법원에 계속 되어도 무방하다. 관할권 없는 법원에 보전처분을 신청한 경우라도 추후에 본안이 그 법원에 계속된 경우에는 보전처분 관할의 하자가 치유된다. 여기서 본안관할은 독립재판적에 한하고 관련재판적(민사소송법 제25조)은 고려하지 않는다. 본안의 관련재판적은 본안소송의 진행시점에서야 구체적으로 정할 수 있는 것이기 때문이다. 이와는 달리 보전처분의 자체의 관련재판적은 인정된다(제23조 1항, 민소법 제25조). 예를 들어 여러 사람을 채무자로 병합하여 보전처분을 신청함에 있어서 채무자 중의 1인에 대하여 관할이 인정되면 나머지 채무자에 대하여도 관할이 인정되는 것이다.

나. 본안계속 후 관할법원

(1) **본안계속**　　본안이 계속된 후에는 본안관할에 따른 보전처분의 관할은 본안 계속 중인 하나의 법원으로 한정된다. 목적물 소재지관할과 같은 다른 기준에 의한 보전처분의 관할까지 없어지는 것은 아니다. 본안관할이 적법한 관할인가는 묻지 아니한다. 본안 계속 중에 본안관할법원에 보전절차가 계속되었다면 추후에 본안이 관할위반으로 각하되거나 다른 법원에 이송된 경우라도 보전소송의 관할에는 영향이 없다.

≪판례≫ 본안 종료와 보전소송절차에 관한 본안관할[대법원 1963. 12. 12. 60다824]

가압류와 가처분신청에 관한 관할법원을 그 신청당시를 현재로 하여 본안사건이 계속되어 있는 법원에 적법하게 계속되면 그 후에는 그 본안사건에 대한 소송계속의 존속여부는 그 가압류와 가처분에·대한 관할권에 영향을 미치지 않는다. 이러한 해석은 본법 제30조가 법원의 관할은 제소한 때를 표준으로 하여 정한다고 규정한 취지를 비추어 보더라도 정당하다 할 것이다.

(2) **사실심의 관할**　　보전처분은 항상 소송기록이 소재하는 사실심의 관할이다. 본안이 상고심 계속 중이라면 본안의 관할에 따른 보전처분의 관할은 제 1 심법원에 있다(제311조).

≪판례≫ **본안이 대법원에 계속 중 본안관할**[대법원 2002. 4. 24.자 2002즈합4 결정]

상고 또는 재항고로 인하여 본안기록이 상고심 또는 재항고심에 송부되고 본안이 상고심 또는 재항고심에 계속 중일 때에는, 상고심 또는 재항고심은 사실심리를 하기에 적당하지 아니하고 가사소송법 제67조 소정의 의무불이행에 대한 제재를 가하거나 집행법원이 되기도 적당하지 아니하므로 제 1 심 가정법원이 가사소송법에 의한 사전처분사건이나 가압류·가처분사건의 관할법원이 된다.

제 1 심판결 선고 후에 항소가 있더라도 소송기록이 항소심으로 송부되기 전이면 보전처분의 관할은 항소심이 아니라 소송기록이 소재하는 제 1 심법원에 관할이 있다(제 1 심법원설). 본안소송이 종료한 경우에는 본안소송이 계속되었던 제 1 심법원에 관할이 있다.

Ⅲ. 목적물 소재지 지방법원

가압류의 관할은 목적물 소재지를 관할하는 지방법원에도 관할이 인정된다(제278조). 가압류의 대상이 물건인 경우에는 물건의 소재지, 채권인 경우에는 제 3 채무자 보통재판적 소재지, 물건인도청구권·물적 담보가 있는 채권인 경우에는 물건의 소재지, 유가증권인 경우에는 증권소재지, 권리의 이전에 등기·등록이 필요한 재산권인 경우에는 그 등기·등록지(이상 민사집행법 제213조 1항), 무체재산권의 경우에는 특허관리인 등의 주소 또는 영업소(특허법 제13조, 실용신안법 제 4 조, 의장법 제 4 조)가 목적물 소재지에 해당한다. 제 3 채무자의 보통재판적 소재지가 목적물 소재지라고 관념하는 것은 다소 어색한 감이 있다. 목적물 소재지를 관할의 기준으로 삼아 가압류를 신청하는 경우에는 신청서에 목적물의 소재지를 기재하여야 한다. 목적물의 소재지를 정하는 기준시점은 가압류를 신청하는 때가 된다. 가압류 신청 후에 목적물의 소재지의 변동이 있더라도 관할에 영향이 없다. 목적물 소재지를 기준으로 하여 관할이 정해지고 그에 따라 가압류명령이 발령되었다고 하여 당해 가압류를 명한 법원의 관할구역에 소재하는 목적물에 한정하여서만 집행할 수 있다고 한정할 것은 아니다(무제한설).

Ⅳ. 다툼의 대상 소재지를 관할하는 지방법원

다툼의 대상이 있는 곳을 관할하는 지방법원에 관할이 인정된다(제303조). 제

303조에서 지칭하는 다툼의 대상은 제300조 1항에서 지칭하는 다툼의 대상보다 폭넓은 개념이다. 유체물에 한정하지 아니함은 물론이다. 건물인도청구권이나 유아인도청구권을 피보전리로 하는 가처분에서 건물이나 유아가 있는 곳, 이사 등의 직무집행정지가처분에서 이사의 직무가 이루어지는 영업소, 영화나 극장의 출연을 금지하는 가처분에서 영화촬영지나 연극상연지, 권리이전에 등기·등록이 필요한 재산권에 대한 가처분에서 등기·등록하는 곳을 관할하는 지방법원 소재지(규칙 제216조, 제213조 1항) 등이 이에 해당한다.

Ⅴ. 재판장의 긴급관할권

보전처분의 신청에 대하여 급박한 사정이 있고 변론을 필요로 하지 아니하는 것에 한하여 재판장이 단독으로 보전처분에 관한 재판을 할 수 있다(제312조). 여기의 급박한 경우란 앞서 설명한 보전처분의 특성으로서 신속성과는 다른 것으로 합의부 구성의 어려움 등과 같은 법원의 사정을 말한다. 신속한 집행보전의 필요성과 같은 당사자의 사정은 여기에서 말하는 급박한 경우와는 관계없다. 재판장의 긴급관할권은 개념상 당연히 합의부사물관할에 대한 것으로 재판장의 재판은 합의부의 재판과 같이 취급된다.

Ⅵ. 시·군법원 관할의 특례

본안이 시·군법원의 관할이면 보전처분에 관해서도 시·군법원이 관할한다(제22조). 현재 소송가액이 2,000만원 이하인 사건을 시·군법원의 관할로 하고 있다. 그러나 시·군법원이 한 보전집행에 대한 제3자 이의의 소는 시·군법원 소재지의 지방법원 또는 그 지원의 관할에 속한다.

제 4 절 보전처분의 요건

Ⅰ. 서 론

민사집행법은 제276조, 제277조, 제301조에서 보전처분의 요건에 관하여 규정하고 있다. 이들 규정은 피보전권리와 보전의 필요성이라는 두 단어로 요약할 수 있다. 보전처분을 통하여 보전하고자 하는 실체법상의 권리를 피보전권리라 하고 피보전권리를 미리 보전하기 아니하면 본안의 승소판결을 얻어도 집행불능 등의 사정으로 채권의 만족을 기대할 수 없는 상황을 보전의 필요성이라고 한다.

Ⅱ. 피보전권리

사 례 53 장래채권에 대한 보전처분

갑은 을에게 주택을 1억원에 매도하고 계약금 1,000만원과 중도금 3,000만원은 받았으나 아직 잔금 5,000만원을 받지 못하고 있다. 한편 병은 을에게 금 6,000만원의 대여금채권을 가지고 있다. 을에게 다른 재산이 없는 경우 병의 채권보전을 위한 가장 적절한 조치는 어떠한가?

사 례 54 유동적 무효와 피보전권리

갑은 을로부터 토지거래허가구역 내의 토지를 매수하였으나 아직 거래허가를 받지는 못하고 있는 상태이다. 그 사이 을은 거래처가 부도를 내는 바람에 다른 채권자들로부터 위 토지에 대한 강제집행을 당할 처지에 놓여있다. 위와 같은 상황에서 갑이 위 토지에 관하여 어떠한 권리를 피보전권리로 하여 어떠한 보전처분을 하는 것이 좋은가?

사 례 55 사해행위취소에 따른 피보전권리

갑은 사업부진으로 빚쟁이들이 몰려 들 것을 염려하여 자기 소유의 5억원에 상당하는 공장부지를 친구인 을에게 그 사정을 이야기 하고 을 앞으로 이전해 놓았다. 이에 나아가 을은 갑의 요청을 받고 병으로부터 5억원 가량의 대출을 받고 근저당권을 설정해 준 다음 그 돈을 갑에게 주었다. 한편 을은 대규모 주택개발이 예상되는 나지막한 야산을 소유하고 있다면, 갑의 다른 채권자 정이 채권보전을 위해 가장 적절한 조치는 무엇인가?

제276조 (가압류의 목적)

① 가압류는 금전채권이나 금전으로 환산할 수 있는 채권에 대하여 동산 또는 부동산에 대한 강제집행을 보전하기 위하여 할 수 있다.

② 제 1 항의 채권이 조건이 붙어 있는 것이거나 기한이 차지 아니한 것인 경우에도 가압류를 할 수 있다.

1. 가압류의 피보전권리

가압류는 금전채권의 집행보전을 위한 것이다(제276조). 그러므로 가압류의 피보전권리는 금전채권으로 강제집행이 가능한 현재의 권리이어야 한다. 피보전권리 없이 이루어진 가압류는 아무런 효력을 가질 수 없다.

가. 금전채권

(1) 의　의　가압류의 피보전권리는 금전채권이거나 적어도 금전으로 환산할 수 있는 채권이어야 한다. 친족법상의 청구권과 같은 비금전채권은 피보전권리로 삼을 수 없다. 하나의 금전채권을 수개의 금액으로 나누어 가압류를 신청하는 것도 가능하며 그러한 경우에는 분할된 금액별로 수개의 가압류 사건이 있게 된다.

(2) 가족법상 권리　이혼에 따른 위자료 청구권 · 재산분할청구권 · 부양료 청구권 등 일정한 신분관계를 기초로 발생하는 금전채권을 피보전권리로 한 보전처분에 관하여 가사소송법(제63조)은 가정법원의 전속관할로 하고 있는 점을 제외하고는 민사집행법의 규율을 따르도록 하고 있다.

(3) 비금전채권　비금전채권은 가압류의 피보전권리가 될 수 없다. 다만 비금전채권이 이행불능 등을 원인으로 손해배상청구권과 같은 금전채권으로 전환될 가능성이 있는 경우에는 그러한 장래의 손해배상청구권을 피보전권리로 삼을 수 있다. 부동산매매계약에서 소유권이전등기청구권을 갖는 매수인은 흔히 소유권이전등기청구권을 피보전권리로 하여서는 목적물에 대한 처분금지가처분과 이전등기청구권의 이행불능시 발생할 손해배상청구권을 근거로 하여서는 채무자의 책임재산에 대한 가압류를 병합하여 신청하는 경우를 많이 볼 수 있다.

나. 장래의 채권 등

가압류의 피보전권리는 가압류신청 당시 확정적으로 발생되어 있어야 하는 것은 아니고 그 발생의 기초가 존재하는 한 조건부채권이나 기한부 채권이라도 무방하다(제276조 2항). 보증인의 주채무자에 대한 장래의 구상권, 상대방의 장래의 패소에 따른 소송비용상환청구권, 수급인의 장래 일의 완성에 따른 보수청구권, 피용자의 장래의 보수청구권 등을 예로 들 수 있다.

≪판례≫ 계약해제에 따른 원상회복청구권[대법원 1982. 10. 26. 선고 82다카508 판결]

[1] 장래 발생한 채권이나 조건부 채권을 압류 또는 가압류 할 수 있음은 채권과 압류 또는 가압류의 성질상 이론이 있을 수 없으나 다만 현재 그 권리의 특정이 가능하고 그 가까운 장래에 발생할 것임이 상당정도 기대되어야 한다(같은 취지: 대법원 1993. 2. 12. 선고 92다29801 판결).

[2] 일반적으로 당사자간에 원상회복의무를 발생케하는 계약해제는 특히 이례적이고 예

외적인 것이라 할 것이며 이 사건 매매계약에 있어서와 같이 중도금 및 잔대금의 지급이 여러 단계로 나누어져 있고 연체료 지체상금의 지급 등의 지급약정이 당사자간에 원만히 이행되지 않았던 사정이 인정되는 상황하에서는 장래 발생할 원상회복청구채권이 가압류 당시 그 권리를 특정할 수 있고 가까운 장래에 그 발생이 상당정도 기대된다고 하기도 어렵다고 하지 않을 수 없다.

≪판례≫ 조건부권리[대법원 1984. 6. 12. 선고 82도1544 판결]

집행할 채권이 조건부 채권이라 하여도 그 채권자는 이를 피보전권리로 하여 보전처분을 함에는 법률상 아무런 장해도 없다 할 것이니 이와 같은 보전처분을 면할 목적으로 형법 제327조 소정의 행위를 한 이상 강제집행면탈죄는 성립되며 그 후 그 조건의 불성취로 채권이 소멸되었다 하여도 일단 성립한 범죄에는 영향을 미칠 수 없다고 해석함이 상당하다.

장래에 있을 법원의 형성판결에 따라 발생할 청구권을 가압류의 피보전권리로 삼는 것도 가능하다. 사해행위취소를 원인으로 한 원상회복청구권으로서 가액반환청구권을 가압류의 피보전권리로 삼는 것을 그 예로 들 수 있다.

다. 강제집행의 가능성

(1) **의 의** 피보전권리가 민사집행법에 따른 강제집행이 가능한 것이어야 한다. 조세채권과 같이 국제징수절차에 따라 집행할 채권, 검사의 집행명령에 따라 추징할 채권 등과 같이 민사집행법 이외의 법률에 따라 강제집행할 채권이나 자연채무, 파산절차에 따라 면책된 채권 등과 같이 강제집행이 불가능 채권은 가압류의 피보전권리로 삼을 수 없다.

≪판례≫ 민사소송절차 외의 집행이 예정되는 권리[대법원 1971. 3. 9. 선고 70다2783 판결]

재산형의 일종인 추징을 집행하는 검사의 명령이 채무명의와 동일한 효력이 있다 하여도 민사소송절차에 의하여 권리를 보호받는 것이라 볼 수는 없어 가압류명령의 피보전권리라고는 보기 어렵다(같은 취지: 대법원 1971. 10. 11. 선고 71다1588 판결).

(2) **부제소 합의** 부제소의 합의가 있는 채권은 일반적으로 피보전권리로 삼을 수 없다. 그러나 중재합의를 전제로 한 부제소합의가 있는 채권은 중재결과 등에 따라 궁극적으로 강제집행이 가능하므로 가압류의 피보전권리가 될 수 있다.

(3) **압류·가압류가 있는 피보전권리** 피보전권리가 제 3 채권자에 의하여 가압류 또는 압류된 사정이 있더라도 집행채권자의 집행신청을 처음부터 배척할

것은 아니고 당해 신청에 따른 집행절차를 압류절차까지는 진행한 후에 그 이후의 현금화 등 절차만을 정지된 상태로 두게 된다. 이러한 점에서 가압류 또는 압류의 대상이 된 금전채권이라도 가압류의 피보전권리로 함에는 아무런 장애가 없다.

≪판례≫ 압류된 권리를 피보전권리로 한 보전처분[대법원 2000. 10. 2.자 2000마5221 결정]

[1] 집행채권자의 채권자가 채무명의에 표시된 집행채권을 압류 또는 가압류, 처분금지가처분을 한 경우에는 압류 등의 효력으로 집행채권자의 추심, 양도 등의 처분행위와 채무자의 변제가 금지되고 이에 위반되는 행위는 집행채권자의 채권자에게 대항할 수 없게 되므로 집행기관은 압류 등이 해제되지 않는 한 집행할 수 없는 것이니 이는 집행장애사유에 해당한다고 할 것이다.

[2] 채권압류명령과 전부명령을 동시에 신청하더라도 압류명령과 전부명령은 별개로서 그 적부는 각각 판단하여야 하는 것이고, 집행채권의 압류가 집행장애사유가 되는 것은 집행법원이 압류 등의 효력에 반하여 집행채권자의 채권자를 해하는 일체의 처분을 할 수 없기 때문이며, 집행채권이 압류된 경우에도 그 후 추심명령이나 전부명령이 행하여지지 않은 이상 집행채권의 채권자는 여전히 집행채권을 압류한 채권자를 해하지 않는 한도 내에서 그 채권을 행사할 수 있다고 할 것인데, 채권압류명령은 비록 강제집행절차에 나간 것이기는 하나 채권전부명령과는 달리 집행채권의 환가나 만족적 단계에 이르지 아니하는 보전적 처분으로서 집행채권을 압류한 채권자를 해하는 것이 아니기 때문에 집행채권에 대한 압류의 효력에 반하는 것은 아니라고 할 것이므로 집행채권에 대한 압류는 집행채권자가 그 채무자를 상대로 한 채권압류명령에는 집행장애사유가 될 수 없다.

2. 계쟁물 가처분의 피보전권리

제300조 (가처분의 목적)

① 다툼의 대상에 관한 가처분은 현상이 바뀌면 당사자가 권리를 실행하지 못하거나 이를 실행하는 것이 매우 곤란할 염려가 있을 경우에 한다.

다툼의 대상에 관한 가처분은 특정의 물건이나 권리에 대한 비금전청구권의 집행보전을 위한 보전처분이다. 여기에서 '특정의 물건이나 권리'를 다툼의 대상 또는 계쟁물이라 한다.

가. 다툼의 대상

다툼의 대상은 특정의 것이어야 한다. 유체물에 한하지 아니하고 채권적 청구권, 물권적 청구권, 지적재산권, 광업권, 공유수면매립권 등도 포함한다. 특정할 수 있는 것이면 대체물이라도 상관없다. 반대로 부대체물이라도 불특정물은 이에 해당하지 아니한다. 불특정물에 대한 가처분은 무효이다.

≪판례≫ **불특정물을 대상으로 한 계쟁물가처분**[대법원 1999. 5. 13.자 99마230 결정]

신청인 회사가 상대방 회사가 보관중인 자사의 제품에 대한 가처분을 신청하면서 그 대상 물건을 품목, 규격, 수량, 가격 등으로만 표시하여 가처분결정도 이와 같은 방식으로 목적물을 표시하였으나, 상대방 회사의 소재지에 다른 회사의 제품으로서 위 가처분 목적물로 표시된 것과 동일한 명칭과 규격을 가진 제품이 혼합되어 있는 경우, 위 가처분 결정은 계쟁물이 특정되어 있지 않은 경우로서 그에 따른 집행관의 집행처분은 무효라고 볼 수밖에 없다.

처분금지를 명하는 계쟁물 가처분에서 그 대상은 채무자의 소유에 속하는 것이어야 한다.

≪판례≫ **제 3 자 소유물**[대법원 1996. 1. 26. 선고 95다39410 판결]

처분금지가처분은 특정물의 인도 또는 특정의 급여를 목적으로 하는 청구권을 보전하기 위한 것이므로, 그 청구권의 목적인 계쟁물은 가처분에 의하여 보전될 강제집행이 될 수 있는 것이어야 하고, 따라서 그것이 제 3 자 소유라면 가처분의 대상으로 될 수 없다.

가처분의 피보전권리가 다툼의 대상의 일부에 관한 것일지라도 보전의 필요성 등을 고려하여 다툼의 대상 전부를 가처분의 대상으로 삼을 수 있다.

≪판례≫ **분할할 수 없는 목적물 일부에 대한 권리**[대법원 1975. 5. 27. 선고 75다190 판결]

부동산등기법 92조 소정의 등기명의인인 근저당권자의 승낙서 또는 이에 대항할 수 있는 재판의 등본을 첨부할 수 없는 경우에는 근저당권의 목적이 된 등기부상 1필지의 토지 중의 특정부분을 분할등기하여 이에 대한 소유권이전등기를 할 수 없는 것이므로 위 특정부분의 토지에 대한 소유권이전등기 청구권을 보전하기 위하여는 1필지의 토지 전부에 대한 가처분을 할 수 밖에 없다.

나. 비금전청구권

(1) 의 의 피보전권리는 비금전채권이면 족하고 청구권의 내용에 관한 다른 특별한 제한은 없다.

≪판례≫ **명예권**[대법원 2005. 1. 17.자 2003마1477 결정]

명예는 생명, 신체와 함께 매우 중대한 보호법익이고 인격권으로서의 명예권은 물권의 경우와 마찬가지로 배타성을 가지는 권리라고 할 것이므로 사람의 품성, 덕행, 명성, 신용 등의 인격적 가치에 관하여 사회로부터 받는 객관적인 평가인 명예를 위법하게 침해당한 자는 손해배상 또는 명예회복을 위한 처분을 구할 수 있는 이외에 인격권으로서 명예권에 기초하여 가해자에 대하여 현재 이루어지고 있는 침해행위를 배제하거나 장래에 생길 침해를 예방하기 위하여 침해행위의 금지를 구할 수도 있다.

그러나 특정의 물건이나 권리를 대상으로 하지 아니하는 단순한 채무자의 작위 또는 부작위를 구하는 권리는 여기의 피보전권리가 될 수 없다. 다툼의 대상에 관한 가처분은 특정의 물건이나 권리의 현재의 상태를 보전하기 위한 것이기 때문이다. 피보전권리가 없는 가처분은 허용될 수 없다.

≪판례≫ 피보전권리가 없는 가처분[대법원 1998. 9. 18. 선고 96다44136 판결]

계쟁물에 관한 가처분은 특정물의 인도 또는 특정의 급여를 목적으로 하는 청구권을 보전하기 위한 경우에 허용되는 것인바, 주식을 매수하여 주주로서의 권리를 가진다는 것만으로 회사 소유의 부동산에 관하여 어떠한 청구권을 가진다고 할 수는 없으므로, 주주로서의 권리를 보전하기 위하여 회사 소유 부동산에 대한 처분금지가처분을 구하는 것은 허용되지 아니한다.

(2) **청구권의 유효성** 피보전권리는 실체법상 유효한 것이어야 한다.

≪판례≫ 공유수면에 관한 등기청구권[대법원 1991. 7. 23. 선고 91다14574 판결]

부동산등기법이 규정하고 있는 등기제도는 토지 또는 건물, 즉 부동산에 대한 일정한 권리의 득실변경을 등재하여 공시하는 제도이므로, 부동산이 아닌 공유수면을 구획지어 이에 대한 소유권(지분권)이전등기를 구하는 것은 부동산등기법상 허용될 수 없고, 미리 그 등기청구권을 보전하기 위하여 가처분을 하여도 이를 등기부에 공시할 방법도 없으므로 그 가처분신청을 받아들일 수 없다.

가처분의 집행이 있었다고 하더라도 피보전권리로 삼은 것이 아무런 실체상 효력이 없는 것이라면 특별한 사정이 없는 한 당해 가처분 역시 아무런 효력을 갖지 못한다.

≪판례≫ 무권리자에 의한 가처분의 효력[대법원 1995. 10. 13. 선고 94다44996 판결]

계쟁 부동산에 관하여 실체상 아무런 권리가 없는 사람의 신청에 의하여 처분금지가처분 결정이 내려졌다면, 그에 기한 가처분 등기가 마쳐졌다 하더라도 그 가처분 권리자는 가처분의 효력을 채무자나 제 3 자에게 주장할 수 없는 것이므로, 그 가처분 등기 후에 부동산 소유권이전등기를 마친 자는 가처분 권리자에 대하여도 유효하게 소유권을 취득하였음을 주장할 수 있다(같은 취지: 대법원 1999. 10. 8. 선고 98다38760 판결).

유동적 무효인 법률관계에 기한 청구권이라도 피보전권리로 인정된다.

≪판례≫ **유동적 무효인 법률관계에 기한 청구권**[대법원 1998. 12. 22. 선고 98다44376 판결]

국토이용관리법상의 규제구역 내의 토지에 관하여 관할관청의 허가 없이 체결된 매매계약이라 하더라도 거래당사자 사이에는 계약이 효력이 있는 것으로 완성될 수 있도록 서로 협력할 의무가 있어 매매계약의 쌍방 당사자는 공동으로 관할관청의 허가를 신청할 의무가 있고, 이러한 의무에 위배하여 허가신청절차에 협력하지 않는 당사자에 대하여 상대방은 협력의무의 이행을 구할 수 있는 것이므로, 허가를 받을 것을 전제로 하여 체결된 매매계약의 매수인은 비록 그 매매계약이 허가를 받을 때까지는 법률상 미완성의 법률행위로서 소유권의 이전에 관한 계약의 효력이 전혀 발생하지 아니한다고 할지라도 위와 같은 토지거래허가신청절차청구권을 피보전권리로 하여 매매목적물의 처분을 금하는 가처분을 구할 수 있고, 매도인이 그 매매계약을 다투는 경우 그 보전의 필요성도 있다고 보아야 할 것이며, 이러한 가처분이 집행된 후에 진행된 강제경매절차에서 당해 토지를 낙찰 받은 제3자는 특별한 사정이 없는 한 이로써 가처분채권자인 매수인의 권리보전에 대항할 수 없다.

(3) 청구권의 적법성 청구권은 유효한 것이면 족하고 적법한 것일 필요는 없다고 본다. 점유권에 기한 소는 본권에 관한 이유로 재판하지 못하므로(민법 제208조) 점유권을 피보전권리로 하는 가처분신청에 대하여 본권을 이유로 재판하지 못한다. 그러므로 궁극적으로는 점유할 권원이 없는 불법점유자라고 하여도 점유권을 피보전권리로 삼을 수 있다.

≪판례≫ **점유권과 본권의 분리**[대법원 1967. 2. 21. 선고 66다2635 판결]

가처분 신청인이 계쟁물에 대한 소유권이 없고, 비록 종말에 가서는 그 목적물의 소유자에게 인도를 하여 주어야 하고 그 때까지는 신청인의 점유가 불법점유라 할 수 있을지언정 부당한 절차를 밟아 신청인이 그 목적물을 인도할 때까지는 가처분으로 그 점유에 대한 방해의 예방이나 그 밖의 조처를 청구할 수 있다(같은 취지: 대법원 1967. 4. 4. 선고 66다2641 판결).

다. 장래의 청구권 등

피보전권리는 조건부·기한부 채권과 같이 장래 이행기가 도래할 채권이라도 상관없다. 동시이행항변권이나 유치권의 제한을 받는 것이라도 상관없다. 또한 가처분신청 당시에 확정적으로 발생하였다고 볼 수는 없지만 청구권발생의 기초가 확립되어 있다면 가처분의 피보전권리로 삼을 수 있다. 법원의 형성판결에 의하여 발생할 청구권을 피보전권리로 삼는 것도 가능하다. 예를 들어 공유물분할청구소송의 승소판결에 따라 장래 발생하게 될 공유물의 특정부분에 대한 소유권을 피보전권리로 하는 목적물 전부에 대한 처분금지가처분도 가능하다. 실무상 사해행위취소를 원인으로 한 원상회복청구권을 피보전권리로 하는 가처분이 흔하다.

≪판례≫ **공유물분할청구권**[대법원 2002. 9. 27.자 2000마6135 결정]

[1] 가처분의 피보전권리는 가처분 신청 당시 확정적으로 발생되어 있어야 하는 것은 아니고 이미 그 발생의 기초가 존재하는 한 장래에 발생할 채권도 가처분의 피보전권리가 될 수 있다.

[2] 부동산의 공유지분권자가 공유물 분할의 소를 본안으로 제기하기에 앞서 그 승소판결이 확정됨으로써 취득할 특정부분에 대한 소유권을 피보전권리로 하여 부동산 전부에 대한 처분금지가처분도 할 수 있다.

구체적 사안에서 청구권 발생의 기초가 확립되어 있는가의 판단은 쉽지 않다. 아래의 판례들은 채무자가 선이행의무가 있는 차용금변제를 조건으로 비전형담보 권리상태의 말소를 구하는 청구권을 피보전권리로 삼을 수 있는 가에 관한 것이다. 다소 불분명한 점이 없지 아니하나 판례 사이에 모순된 점이 보인다. 종전 판례는 채무자가 피보전권리로 삼는 말소등기청구권의 존재를 부정하고 있는 반면 현재 판례는 말소등기청구권이라는 피보전권리의 존재를 인정하되 그에 기초한 가처분의 효력만을 제한하고 있는 것이다.

≪판례≫ **장래 담보말소등기청구권**[대법원 1991. 5. 14. 선고 91다8678 판결]

채무자가 계쟁부동산에 관하여 차용금담보목적의 가등기 및 이전등기를 마친 후 차용금의 변제를 지체하자 채권자가 그 청산의 방법으로 위 부동산을 제3자에게 처분하여 그 이전등기까지 마쳤다면, 비록 위 처분 전에 위 부동산에 관하여 채무자가 법원으로부터 처분금지가처분결정을 받아 그 기입등기를 하였다 하더라도 그 처분금지가처분의 피보전권리가 될 소유권이전등기의 말소등기청구권이 위 가처분결정 당시까지도 발생하지 아니한 이상 가처분결정은 담보목적 부동산에 대한 담보권행사로서의 처분행위를 방지할 효력이 없으므로, 채무자로서는 위 부동산의 처분으로 인한 청산금의 지급을 구하는 것은 모르되 위 차용원리금의 변제를 조건으로 채권자 명의로 된 위 등기의 말소를 구하는 것은 이행불능상태에 빠졌다고 할 것이다(같은 취지: 대법원 1993. 7. 13. 선고 93다20870 판결).

≪판례≫ **장래 담보말소등기청구권**[대법원 2002. 8. 23. 선고 2002다1567 판결]

채무자들의 차용금채무를 담보하기 위하여 부동산에 관하여 채권자 명의의 가등기 및 본등기가 경료된 경우에 채무자들이 아직 그 차용금채무를 변제하지 아니한 상태라 할지라도, 채무변제를 조건으로 한 말소등기청구권을 보전하기 위하여 그 담보목적 부동산에 관하여 처분금지가처분을 신청할 수도 있다 할 것이며, 그 경우 채권자가 담보목적 부동산에 대한 담보권 행사가 아닌 다른 처분행위를 하거나, 피담보채무를 변제받고서도 담보목적 부동산을 처분하는 것을 방지하는 목적 범위 내에서는 보전의 필요성도 있다고 할 것이다(다만, 이러한 가처분을 허용한다고 하여도 피담보채무가 변제되지 아니한 경우에는 채권자가 담보권 행사로서 담보목적 부동산의 처분행위를 방지하는 효력이 없어 위 가처분으로서는 채권자의 처분행위의 효력을 다툴 수 없게 될 뿐이다).

라. 강제집행의 가능성

피보전권리는 강제집행이 가능한 것이어야 한다. 자연채무, 부집행합의, 피보전권리에 대한 압류·가압류가 있다는 사정 등에 관하여는 가압류의 요건에서 본 것과 같다. 피보전권리의 본안은 민사소송절차에 의해 규율되는 것이어야 한다.

≪판례≫ 수용대상토지에 대한 인도청구권[대법원 2005. 8. 19. 선고 2004다2809 판결]

[1] 피수용자 등이 기업자에 대하여 부담하는 수용대상 토지의 인도의무에 관한 구 토지수용법(2002. 2. 4. 법률 제6656호 공익사업을 위한 토지 등의 취득 및 보상에 관한 법률 부칙 제2조로 폐지) 제63조, 제64조, 제77조 규정에서의 '인도'에는 명도도 포함되는 것으로 보아야 하고, 이러한 명도의무는 그것을 강제적으로 실현하면서 직접적인 실력행사가 필요한 것이지 대체적 작위의무라고 볼 수 없으므로 특별한 사정이 없는 한 행정대집행법에 의한 대집행의 대상이 될 수 있는 것이 아니다.

[2] 구 토지수용법(2002. 2. 4. 법률 제6656호 공익사업을 위한 토지 등의 취득 및 보상에 관한 법률 부칙 제2조로 폐지) 제63조의 규정에 따라 피수용자 등이 기업자에 대하여 부담하는 수용대상 토지의 인도 또는 그 지장물의 명도의무 등이 비록 공법상의 법률관계라고 하더라도, 그 권리를 피보전권리로 하는 명도단행가처분은 그 권리에 끼칠 현저한 손해를 피하거나 급박한 위험을 방지하기 위하여 또는 그 밖의 필요한 이유가 있을 경우에는 허용될 수 있다.

그 본안이 비송사건절차법이나 행정소송법에 의해 규율되는 권리를 기초로 한 민사집행법상의 가처분은 허용되지 아니한다.

≪판례≫ 행정처분의 집행정지[대법원 1975. 12. 30.자 74마446 결정]

세무서장이 상속인에게 부과처분한 상속세에 관하여 경매법원에 대하여 한 교부청구는 국세징수법상의 체납처분의 일종으로서 그 자체가 행정처분이므로 신청인이 주장하는 상속세 우선교부청구권 부존재확인소송은 행정소송대상이고 위 본안소송을 위한 보전절차로서 피신청으로 위한 보전절차로서 피신청인으로 하여금 위 교부청구한 배당금수령을 금지하여 달라는 신청은 결국 행정처분의 집행을 막아달라는 것이 되어 행정소송법 10조에 의한 집행정지결정을 구하는 방법에 의하여야 하고 민사상 가처분신청으로서는 할 수 없다.

3. 임시지위 가처분의 피보전권리

제300조 (가처분의 목적)

② 가처분은 다툼이 있는 권리관계에 대하여 임시의 지위를 정하기 위하여도 할 수 있다. 이 경우 가처분은 특히 계속하는 권리관계에 끼칠 현저한 손해를 피하거나 급박한 위험을 막기 위하여, 또는 그 밖의 필요한 이유가 있을 경우에 하여야 한다.

일반적으로 보전처분은 채권자의 권리를 보전하기 위하여 기존의 채무자에 속하는 물건이나 권리의 처분 등을 금지시키는 구조를 갖는다. 그러나 임시지위를 정하는 가처분은 당사자 사이에 어떤 분쟁(다툼이 있는 권리관계)이 있는 상황에서 당해 분쟁에 관한 해결기준이 마련될 때까지 잠정적으로 당사자 사이에 새로운 법률관계를 형성해 두는 구조를 갖는다. 이러한 점에서 임시지위를 정하는 가처분은 엄밀한 의미에서 다른 보전처분에서 말하는 피보전권리라고 할 것이 없다. 통상적으로 임시지위를 정하는 가처분에서 '다툼의 대상이 되는 권리관계'를 피보전권리라고 할 뿐이다. 이를 달리 보면 임시지위가처분의 피보전권리와 그 대상이 합체되어 있다고도 할 수 있을 것이다. 이러한 다툼의 대상이 되는 권리관계 내지 피보전권리를 살펴보면 다음과 같다.

가. 권리관계

(1) 의 의 권리관계는 민사소송절차에 의한 해결을 예정하는 것이기만 하면 그 종류와 원인을 묻지 아니한다. 재산상의 권리관계는 물론 신분상의 권리관계, 사법상의 권리관계는 물론 공법상 권리관계, 계속적인 관계는 물론 일시적인 권리관계라도 상관없다.

≪판례≫ 부정경쟁방지법상 권리[대법원 1979. 11. 30.자 79마364 결정]

신청인이 방송극 "혼자 사는 여자"의 영화화권을 매수하고 그 영화화 기획이 일간지 및 주간지 등의 연예란을 통하여 보도되었다면, 그 "혼자 사는 여자"라는 제호는 보호되어야 하고, 피신청인이 소외인작 "독신녀"를 "혼자 사는 여자"라는 제호를 사용하여 영화화 한다면, 이는 신청인의 영업상 이익을 침해할 우려가 있으므로, 부정경쟁방지법 제 2 조 제 1 호에 해당되어 신청인은 피신청인에게 이러한 행위를 중지할 것을 청구할 권리를 가진다.

≪판례≫ 상표법상 권리[대법원 1991. 4. 30.자 90마851 결정]

상표권자 이외의 자가 동일 또는 유사한 상표를 사용하는 경우에는 그로 인하여 상표권자에게 재산상 손해를 입히는 데 그치는 것이 아니라 업무상의 신용을 실추시키는 결과

까지도 초래하게 되는 것으로서 이와 같은 신용의 실추는 금전에 의한 보상을 받음으로써 반드시 완전하게 회복되는 것도 아니므로, 구상표법(1990. 1. 13. 법률 제4210호로 전문개정되기 전의 것) 제36조 각호 소정의 "상표권의 침해로 보는 행위"가 있는 경우에는 상표권자는 위 법 제35조에 따라서 그 침해의 금지 또는 예방을 청구할 수 있음은 물론, 현저한 손해를 피하거나 급박한 강폭을 방지하기 위하여 또는 기타 필요한 이유가 있는 때에는 민사소송법 제714조 제 2 항 소정의 임시의 지위를 정하는 가처분도 할 수 있다.

≪판례≫ 점포분양계약상 업종제한[대법원 2006. 7. 4.자 2006마164,165 결정]

[1] 건축회사가 상가를 건축하여 점포별로 업종을 정하여 분양한 후에 점포에 관한 수분양자의 지위를 양수한 자 또는 그 점포를 임차한 자는 특별한 사정이 없는 한 상가의 점포 입점자들에 대한 관계에서 상호 묵시적으로 분양계약에서 약정한 업종제한 등의 의무를 수인하기로 동의하였다고 봄이 상당하므로, 상호간의 업종제한에 관한 약정을 준수할 의무가 있다고 보아야 하고, 따라서 점포 수분양자의 지위를 양수한 자 등이 분양계약 등에 정하여진 업종제한약정을 위반할 경우, 이로 인하여 영업상의 이익을 침해당할 처지에 있는 자는 침해배제를 위하여 동종업종의 영업금지를 청구할 권리가 있다(같은 취지: 대법원 2005. 8. 19.자 2003마482 결정).

[2] 상가 분양회사가 수분양자에게 특정영업을 정하여 분양한 이유는 수분양자에게 그 업종을 독점적으로 운영하도록 보장함으로써 이를 통하여 분양을 활성화하기 위한 것이고, 수분양자들 역시 지정품목이 보장된다는 전제 아래 분양회사와 계약을 체결한 것이므로, 지정업종에 관한 경업금지의무는 수분양자들에게만 적용되는 것이 아니라 분양회사에도 적용된다.

[3] 건물의 구분소유자로 구성된 관리단의 규약에서, 관리단 집회의 의결 내용이 특정 구분소유권의 권리에 영향을 미칠 사항에 관하여는 당해 구분소유자의 동의를 얻어야 하는 것으로 규정하고 있는 경우, 업종의 지정 내지 변경에 관한 사항은 당해 업종에 관한 특정 구분소유권의 권리에 영향을 미치므로 당해 구분소유자의 동의를 얻어야 한다고 한 사례.

[4] 업종제한약정 위반을 이유로 한 동종영업금지청구권은 분양계약이나 관리단규약 등에 특별히 달리 정한 것이 있거나 기타 특별한 사정이 없는 한 통상적으로 동일 상권을 이루는 같은 건물 내에 소재하고 있는 모든 상가 점포들에 대하여 주장할 수 있다.

[5] 동종영업의 금지를 구하는 가처분은 민사집행법 제300조 제 2 항에서 규정하고 있는 임시의 지위를 정하기 위한 가처분의 일종으로서, 이러한 가처분은 그 다툼 있는 권리관계가 본안소송에 의하여 확정되기 전까지 가처분권리자에게 끼칠 현저한 손해를 피하거나 급박한 위험을 막기 위하여 또는 기타 필요한 이유가 있을 경우에 한하여 응급적·잠정적 처분으로 허용되는 것인바, 본안판결 전에 채권자에게 만족을 주는 경우도 있어 채무자의 고통이 크다고 볼 수 있으므로 그 필요성의 인정에 신중을 기해야 한다.

[6] 민사집행법 제307조 제 1 항에서 규정하고 있는 담보를 제공하게 하고 가처분을 취소할 수 있는 '특별한 사정이 있는 때'라 함은 가처분에 의하여 보전되는 권리가 금전적 보상으로써 그 종국의 목적을 달성할 수 있는 사정이 있거나 또는 가처분 집행으로 가처분

채무자가 특히 현저한 손해를 받고 있는 사정이 있는 경우를 말하고, 여기에서 금전보상이 가능한가의 여부는 장래 본안소송에 있어서의 청구의 내용, 당해 가처분의 목적 등 모든 사정을 참작하여 사회통념에 따라 객관적으로 판단하여야 하고, 채무자가 특히 현저한 손해를 입게 될 사정이 있는지 여부는 가처분의 종류, 내용 등 제반 사정을 종합적으로 고려하여 채무자가 입을 손해가 가처분 당시 예상된 것보다 훨씬 클 염려가 있어 가처분을 유지하는 것이 채무자에게 가혹하고 공평의 이념에 반하는지 여부에 의하여 결정된다.

[7] 업종이 지정된 점포의 소유자가 제 3 자에게 점포를 임대하여 고정적인 임대수익을 얻고 있다고 하여도 업종제한 약정을 위반한 동종의 점포를 상대로 영업금지가처분을 구할 보전의 필요성이 있다고 인정한 사례.

≪판례≫ 학교법인의 인격권 등[대법원 2006. 5. 26. 선고 2004다62597 판결]

[1] 인격권이나 시설관리권 등과 같은 대세적 권리를 침해하는 행위에 대한 부작위청구권은 대세적 권리에 대한 침해의 우려가 있다는 점 또는 이미 침해가 있었고 그 재발의 위험성이 있다는 점 등을 요건으로 하는 것이며, 이 경우 부작위명령의 대상이 되는 것은 가해자들이 이미 저지른 행위와 동일한 행위뿐만 아니라 그와 유사한 행위로서 장래에 저질러질 우려가 있는 행위를 포함한다.

[2] 학교를 설립·운영하는 법인과 그 교장은 자신들의 인격권을 침해하는 위법한 표현행위 등에 대하여 부작위청구권을 행사하는 권리주체가 될 수 있으며, 나아가 학교에 대한 운영주체로서 그 시설관리권 등에 근거하여 면학분위기를 해치는 위법행위에 대한 방해예방청구 등 부작위청구권을 행사할 수 있다고 한 사례.

그러나 제 3 자의 권리관계나 이미 효력을 상실한 과거의 법률관계를 피보전권리로 삼는 것은 허용되지 아니한다.

≪판례≫ 회사의 권리와 주주 자신의 피보전권리[대법원 2001. 2. 28.자 2000마7839 결정]

[1] 주식회사의 주주는 주식의 소유자로서 회사의 경영에 이해관계를 가지고 있다고 할 것이나, 회사의 재산관계에 대하여는 단순히 사실상, 경제상 또는 일반적, 추상적인 이해관계만을 가질 뿐, 구체적 또는 법률상의 이해관계를 가진다고는 할 수 없고, 직접 회사의 경영에 참여하지 못하고 주주총회의 결의를 통해서 또는 주주의 감독권에 의하여 회사의 영업에 영향을 미칠 수 있을 뿐이므로 주주는 일정한 요건에 따라 이사를 상대로 그 이사의 행위에 대하여 유지(留止)청구권을 행사하여 그 행위를 유지시키거나, 또는 대표소송에 의하여 그 책임을 추궁하는 소를 제기할 수 있을 뿐 직접 제 3 자와의 거래관계에 개입하여 회사가 체결한 계약의 무효를 주장할 수는 없다.

[2] 주식회사의 주주가 주주총회결의에 관한 부존재확인의 소를 제기하면서 이를 피보전권리로 한 가처분이 허용되는 경우라 하더라도, 주주총회에서 이루어진 결의 자체의 집행 또는 효력정지를 구할 수 있을 뿐, 회사 또는 제 3 자의 별도의 거래행위에 직접 개입하여 이를 금지할 권리가 있다고 할 수는 없다.

≪판례≫ 실효된 단체협약[대법원 1995. 3. 10.자 94마605 결정]

임시의 지위를 정하는 가처분은 쟁의 있는 권리관계에 관하여 현저한 손해 또는 급박한 강포가 발생하고 있는 현재의 위험을 방지할 것을 목적으로 하여 권리확정이 이루어지기 전에 임시로 신청인에게 권리자의 지위를 주려는 것으로서, 그 개념 요소로서 다툼 있는 권리관계의 존재를 그 요건으로 한다 할 것인바, 신청인들이 임시로 그 효력을 정지하고자 하는 위 단체협약은 1994. 5. 31.(가사 새로운 단체협약이 체결되지 않은 경우라도 같은 해 8. 31.)까지만 효력을 발생하는 것으로서, 그 단체협약이 이미 효력이 상실된 이상 위 요건을 갖추었다고 볼 수도 없을 뿐만 아니라, 그 효력을 정지할 보전의 필요성도 없다고 보아야 할 것이므로 같은 취지로 판단한 원심의 결정은 정당한 것으로 수긍이 가고, 거기에 소론과 같은 보전의 필요성에 관한 법리를 오해한 위법이 있다고 볼 수 없으므로 논지도 이유 없다.

이러한 권리관계에 대한 본안은 강제집행이 후속하는 이행의 소는 물론 강제집행이 문제되지 아니하는 확인의 소나 형성의 소라도 상관없다. 그러나 강제집행절차, 비송사건절차, 체납처분절차 등과 같이 민사소송절차와 다른 절차에 의하여 규율되는 법률관계는 가처분의 피보전권리로 삼을 수 없다.

(2) **직무집행정지 가처분** 현행법이 허용하지 아니하는 본안의 법률관계는 보전처분의 피보전권리로 삼을 수 없다. 형성의 소는 명문규정이 있어야 허용되므로 형성의 소로서 다툴 수 있음에 대한 명문규정이 없다면 형성의 소를 전제로 하는 법률관계를 본안으로 삼는 가처분도 허용되지 아니한다. 이와 관련하여서는 단체의 대표자 등에 대한 직무집행정지 가처분이 자주 문제되는데 앞서 신청인인 채권자에게 채무자가 되는 이사 등에 대한 해임청구권이라는 피보전권리가 존재하여야 한다. 이에 대하여는 당사자적격의 관점과 피보전권리의 관점 양자에서 살펴볼 수 있는 것이지만 소송요건이 흠결된 경우에는 본안을 고려할 필요가 없는 것이므로 당사자적격의 관점에서만 고찰하는 타당한 것으로 보인다. 자세한 것은 앞서 당사자적격에 관한 설명을 참고하면 된다.

≪판례≫ 조합의 이사장에 대한 해임청구권[대법원 2001. 1. 16. 선고 2000다45020 판결]

기존 법률관계의 변경·형성을 목적으로 하는 형성의 소는 법률에 명문의 규정이 있는 경우에 한하여 제기할 수 있는바, 조합의 이사장 및 이사가 조합업무에 관하여 위법행위 및 정관위배행위 등을 하였다는 이유로 그 해임을 청구하는 소송은 형성의 소에 해당하는데, 이를 제기할 수 있는 법적 근거가 없으므로, 조합의 이사장 및 이사 직무집행정지 가처분은 허용될 수 없다.

≪판례≫ 청산인에 대한 해임청구권[대법원 1982. 9. 14.자 81마33 결정]

비송사건절차법 제179조에 의하면 법원의 청산인 선임의 재판에 대하여는 불복의 신청을 할 수 없도록 규정되어 있으므로 그러한 불복이 허용됨을 전제로 하여 동 청산인 해임청구권을 피보전권리로 한 청산인직무집행정지 및 그 직무대행자선임 가처분 신청은 부적법하다.

≪판례≫ 이사의 다른 이사 등에 대한 해임청구권[대법원 1966. 12. 19.자 66마516 결정]

재단법인이사의 한 사람인 재항고인이 재단법인운영에 여러 가지 비위사실이 있음을 이유로 이사장과 다른 이사들의 직무집행정지와 직무집행대행자선임 가처분을 청구할 수 있는 본안소송(형사소송)을 제기할 수 있는 법적 근거가 없으므로 본건 가처분에 의하여 보전될 권리관계가 존재한다고 볼 수 없는 이상 재항고인의 본건 가처분신청은 가처분의 요건을 충족하지 못한 부적법한 것으로 각하를 면치 못할 것이다.

≪판례≫ 학부모 등의 대학총장에 대한 해임청구권[대법원 1993. 1. 14.자 92마916 결정]

대학에 다니고 있는 학생을 자녀로 둔 학부모 또는 그 학교의 기성회장, 법대동창회장 내지 전체동문회 부회장으로서의 지위에 기하여서는 이사회가 총장으로서의 자격을 결여한 피신청인을 총장으로 선임한 결의가 무효라는 이유로 피신청인의 총장으로서의 직무집행을 정지하고 직무대행자를 선임하는 가처분을 구할 수 없다.

≪판례≫ 학교법인 이사장에 대한 해임청구권[대법원 1997. 10. 27.자 97마2269 결정]

기존 법률관계의 변경·형성의 효과를 발생함을 목적으로 하는 형성의 소는 법률에 특별한 규정이 있는 경우에 한하여 허용되는데, 학교법인 이사장에 대하여 불법행위를 이유로 그 해임을 청구하는 소송은 형성의 소에 해당하는바, 이를 허용하는 법적 근거가 없으므로 이를 피보전권리로 하는 이사장에 대한 직무집행정지 및 직무집행대행자 선임의 가처분은 허용되지 않는다.

≪판례≫ 정당대표 직무집행정지가처분[대법원 1997. 7. 25. 선고 96다15916 판결]

[1] 민사소송법 제714조 제 2 항에 정한 임시의 지위를 정하기 위한 가처분은 그 가처분의 성질상 그 주장 자체에 의하여 다툼이 있는 권리관계에 관한 정당한 이익이 있는 자가 그 가처분의 신청을 할 수 있으며, 그 경우 그 주장 자체에 의하여 신청인과 저촉되는 지위에 있는 자를 피신청인으로 하여야 한다.

[2] 통합 정당을 상대로 합당결의가 무효임을 주장하면서 그에 기하여 총재로 선출된 자가 정당의 대표로서의 직무를 집행하지 못하도록 해달라는 신청은, 그 법적 성격이 민사소송법 제714조 제 2 항 소정의 임시의 지위를 정하기 위한 가처분 신청이어서, 이 경우 피신청인이 될 수 있는 자는 신청인들이 주장하는 법률상의 지위와 정면으로 저촉되는 지위에 있는 총재 개인에 한정되므로, 신청인들이 신설된 통합 정당을 피신청인으로 한 위 직무집행정지 가처분 신청은 당사자적격을 갖지 아니하는 자에 대한 것으로서 부적법하다.

(3) **계속적 법률관계** 일반적으로 임시지위 가처분은 계속적 법률관계를 대상으로 하는 것이 보통이다. 그러나 치료비·보험금·퇴직금 등과 같이 1회적인 이행에 의하여 소멸되는 권리관계라도 임시적으로 형성하여야 하는 지위가 인정된다면 피보전권리로 삼을 수 있다. 민사집행법(제300조 2항)은 계속적 권리관계에 대하여만 언급하고 있으나 그에 한정할 것은 아니다.

(4) **금전채권을 피보전권리로 한 임시지위가처분** 임시지위가처분의 피보전권리는 비금전채권인 경우가 많으나 금전채권을 피보전권리로 하는 것도 인정된다. 가압류는 금전채권만을 피보전권리하며, 계쟁물가처분은 비금전채권만을 피보전권리고 하는 것과 다르다. 금전채권을 피보전권리로 한 임시지위가처분은 금전채권 자체의 직접적 실현을 지향한다는 점에서 금전채권의 책임재산을 확보하여 간접적으로 금전채권의 실현을 도모하는 가압류와 다르다. 임금이나 부양료의 지급을 구하는 임시지위가처분 등이 이에 해당하는 대표적인 예이다.

나. 장래의 법률관계 등

현재 확정된 법률관계가 아니라도 피보전권리가 될 수 있다는 점, 기한이나 조건이 있는 법률관계도 피보전권리가 될 수 있는 점 등은 다른 보전처분에서와 다를 것이 없다.

다. 강제집행의 가능성

다른 가처분과 달리 피보전권리가 강제집행에 적합하지 아니한 것이라도 상관없다. 앞서 본 바와 같이 여기의 가처분의 본안은 이행의 소는 물론 확인의 소나 형성의 소라도 상관없기 때문이다.

라. 다 툼

다툼이 있다고 하는 것은 당사자의 주장이 대립되어 소송절차에 의한 권리보호가 요구되는 것을 말한다. 반드시 적극적인 분쟁상태이거나 소송이 계속되어 있을 필요는 없다.

사례 53 〈해설〉 장래채권에 대한 보전처분

1. 소유권이전등기청구권에 대한 가압류

우선 생각할 수 있는 방법으로 병은 금 6,000만원의 대여금 채권을 피보전권리로 하여 을의 갑에 대한 소유권이전등기청구권을 가압류하는 것을 생각할 수 있다. 만일 을이 매매대금을 모두 지급한 경우라면 소유권이전등기청구권을 가압류하기 보다는 을을 대위하여 곧바로 갑에게 소유권이전등기청구권을 행사하는 방법이 더 적절한 수단일 것이다. 채권자대위권제도를 이용하는 경우에는 소유권이전등기를 청구함과 아울러 마찬가지로 을을 대위하여 위 주택에 대한 처분금지가처분까지 해 둘 필요가 있다. 그런데 을이 아직 잔금을 지급하지 아니하고 있는 경우이므로 채권자대위권을 이용하는 것은 부적절하다. 한편 갑과 을 사이에 매매계약 자체가 해제 등을 원인으로 해소되는 경우에는 병의 가압류는 아무런 효력을 갖지 못한다는 점에서 한계가 있다.

2. 원상회복청구권에 대한 가압류

그렇다면 병으로서는 매매계약이 해소되는 경우까지를 대비하여 보전조치를 취해 두는 것이 좋다. 즉 매매계약이 해소되는 경우에 예상되는 을의 갑에 대한 계약금과 중도금의 합계액 4,000만원 상당의 반환을 구하는 원상회복청구권에 대한 보전조치를 아울러 취해 두어야 한다. 따라서 병은 소유권이전등기청구권에 대한 가압류와 병합하여 원상회복청구권에 대한 가압류를 신청하는 것이 좋다. 이때 을의 원상회복청구권은 현재 유효하게 존속하는 매매계약의 해소를 전제하는 것이라는 점에서 보전처분의 대상으로 삼을 수 있는가 의문이 있을 수 있으나, 장래의 권리라도 특정할 수 있으며 가까운 장래에 그 발생이 상당정도 기대되는 경우에는 보전처분의 대상으로 삼을 있다는 점에서 별 문제가 없다. 특히 계약해제를 전제로 한 원상회복청구권에 관하여는 특별한 사정이 없는 한 원칙적으로 보전처분의 대상이 될 수 있음을 인정하고 있는 것이 판례의 대체적인 태도로 보인다.

사례 54 〈해설〉 유동적 무효와 피보전권리

토지거래허가구역 내의 토지에 관한 매매계약은 거래허가가 없는 동안에는 유동적 무효에 놓이게 된다. 이러한 경우 갑은 을에게 매매대금을 모두 지급한 경우라도 매매계약에 따른 소유권이전등기청구권을 갖지 못하나, 을에게 관할관청의 허가신청에 관한 협력의무의 이행은 구할 수 있다는 것이 판례의 태도이다. 따라서 갑은 토지거래허가신청절차청구권을 피보전권리로 하여 위 토지에 대한 처분금지가처분을 구할 수 있다고 하겠다. 한편 갑의 소유권이전등기청구권은 장차 거래허가가 있으면 발생하게 되는 장래의 청구권이라는 점에서 역시 피보전권리로 삼을 수 있는 것 아닌가 하는 판단도 가능할 수 있으나 이를 긍정하는 판례는 아직 보이지 않는다.

사례 55 〈해설〉 사해행위취소에 따른 피보전권리

1. 병의 선의와 악의

사례에서 을이 사해행위에 관하여 악의라 할 것이지만, 근저당권자 병의 선의·악의는 불분명하다. 그러므로 병이 악의인 경우는 물론 선의인 경우까지 대비하여 보전조치를 해 두어야 한다.

2. 병이 악의인 경우

병이 악의라면 정은 '사해행위취소권에 의한 원상회복청구권으로서 말소등기청구권'이라는 비금전채권을 피보전권리로 하여 을의 소유권과 병의 근저당권에 대한 처분금지가처분을 해 두는 것이 좋다.

3. 병이 선의인 경우

병이 선의라면 병에게 근저당권의 말소를 구할 수 없음은 물론 병의 동의가 없는 한 을 명의의 소유권이전등기 역시 말소할 수 없으므로 정으로서는 을에게 궁극적으로 원상회복은 구하지 못하고 가액반환을 구할 수 있을 뿐이다. 따라서 이러한 경우에 정은 '사해행위취소권에 기한 원상회복청구권으로서 가액반환청구권'이라는 금전채권을 피보전권리로 하여 을 소유의 야산을 가압류해 두는 것이 좋다.

Ⅲ. 보전의 필요성

1. 의 의

보전처분은 본안소송으로 권리관계가 확정되기 이전에 채무자의 권익을 제한하는 것이다. 이러한 채무자의 권익제한이 정당화되기 위해서는 채권자에게 피보전권리가 있다는 점 이외에 보전의 필요성이라는 요건이 추가로 요구된다. 보전의 필요성은 보전처분 재판의 이유를 구성하는 것으로 통상의 소송절차에서 소의 이익에 대응하는 것이다. 보전처분의 종류에 따라 보전의 필요성의 내용을 구체적으로 살펴보면 다음과 같다.

2. 가압류와 보전의 필요성(제277조)

제277조 (보전의 필요)
가압류는 이를 하지 아니하면 판결을 집행할 수 없거나 판결을 집행하는 것이 매우 곤란할 염려가 있을 경우에 할 수 있다.

가압류가 허용되기 위하여는 집행보전을 하여 두지 아니하면 집행할 수 없거나 집행하는 것이 매우 곤란할 염려가 있어야 한다. 종전에는 외국에서 판결을 집행할 경우를 절대적 가압류사유로 규정하고 있었으나 현행법은 이를 삭제하였다. 가압류의 피보전권리는 금전채권이므로 이와 같은 보전의 필요성은 채무자가 책임재산을 은닉·손괴·포기·낭비하거나 채무자가 자신의 소재를 불명하게 하여 강제집행을 곤란하게 하거나 불가능하게 하는 것을 말한다. 집행 불능·곤란의 염려는 채무자의 귀책사유를 묻지 아니하며 제3자의 행위 또는 불가항력에 의하여 생긴 것이라도 상관없다. 그러나 채무자가 단순히 채무를 부인하거나 무자력이라는 사유 또는 다른 채권자에 의한 집행의 우려가 있다는 사정만으로는 보전이 필요한 것으로 보지 않는다. 채무자가 국내에 충분한 재산을 가지고 있거나 피보전권리에 우선변제력있는 저당권·선박우선특권 등과 같은 물적 담보가 부착된 경우이거나 또는 채권자가 즉시 본집행으로 나아갈 수 있는 집행권원이 있는 경우에는 보전의 필요성이 부정된다.

≪판례≫ 담보권자가 일반재산에 압류필요성[대법원 1967. 12. 29. 선고 67다2289 판결]

채권을 담보하기 위하여 대와 그 지상건물을 근저당권설정을 하였을 경우 채권의 집행보전을 위한 가압류의 필요 유무를 판단함에 있어서는 위 부동산의 환가가치를 확정하여 그 가격으로 채권만족을 얻을 수 있는가의 여부를 먼저 가려야 할 것이다.

≪판례≫ 선박우선특권과 선박가압류[대법원 1988. 11. 22. 선고 87다카1671 판결]

선박우선특권 있는 채권자는 선박소유자의 변동에 관계없이 그 선박에 대하여 채무명의 없이도 경매청구권을 행사할 수 있으므로 채권자는 채권을 보전하기 위하여 그 선박에 대한 가압류를 하여 둘 필요가 없다.

그러나 그 자체로 경매신청권이 인정되지 아니하는 것으로 법률상 최우선변제권이 있다는 사정만으로는 보전의 필요성이 부정되지 아니한다. 예를 들어 임금채권자는 사용자의 모든 재산에 대하여 최우선변제권을 갖는다고 할 것이지만 그 자체로 경매신청권은 없다할 것이므로 보전의 필요성이 인정된다.

≪판례≫ 장기 미집행과 보전필요성[대법원 1990. 11. 23. 선고 90다카25246 판결]

가압류채권자가 본안소송에서 승소판결을 받아 확정된 후, 가압류채무자가 그 본안판결에 대하여 재심의 소를 제기하였으나 재심의 소를 각하한 판결이 확정되고도 5개월이 지나도록 가압류채권자가 본 집행에 착수하지 않고 있었다면 가압류는 보전의 필요성이 소멸되었다고 볼 것이다.

그러나 자력이 충분한 보증인이나 연대채무자와 같이 인적 담보가 있다는 사정만으로는 채무자에 대한 보전의 필요성이 배척되지 않는다. 반대로 주채무자에게 충분한 자력이 있는 경우에는 보증인에 대한 가압류의 필요성을 인정하기 어렵다.

3. 계쟁물 가처분과 보전의 필요성(제300조 1항)

다툼의 대상에 관한 가처분은 현상이 바뀌면 당사자가 권리를 실행하지 못하거나 이를 실행하는 것이 매우 곤란할 염려가 있을 경우에 한다.

가. 계쟁물의 현상변경

계쟁물의 현상변경은 계쟁물 자체의 상태를 변경하는 객관적 변경과 계쟁물의 양도와 같은 주관적 변경이 있다. 이와 같이 계쟁물에 관한 가처분은 계쟁물의 변경을 방지하기 위한 것으로 가압류와 달리 채무자의 일반적인 책임재산의 변동은 고려하지 아니한다. 점유권에 기인한 소는 본권에 관한 이유로 재판하지 못한다고 규정한 민법 제208조는 계쟁물에 관한 가처분의 보전의 필요성에 관한 판단에도 그대로 적용된다. 점유할 권원이 없어 궁극적으로는 불법점유자라는 사정만으로 보전의 필요성을 부정할 것은 아닌 것이다.

나. 권리실행의 곤란

계쟁물의 현상변경이 있으면 강제집행이 불가능하거나 현저히 곤란하다는 사정이 인정되어야 한다. 만족적 가처분과 달리 계쟁물 가처분에 있어서는 피보전권리의 소명이 인정되는 경우에는 특별한 사정이 없는 한 권리실행이 곤란할 사정이 있다고 보는 것이 보통이다.

≪판례≫ 피보전권리와 보전의 필요성[대법원 1965. 5. 25. 선고 65다404 판결]

피보전권리가 인정될 수 있다면 피보전권리의 대상이 되는 임야를 피신청인이 권원 없이 무단 점유경작하고 있는 이상 피신청인이 각종 농작물을 재배하고 있다고 하여 현상의 변경으로 당사자의 권리를 실행하지 못하거나 이를 실행함에 현저히 곤란할 염려가 없다고 단정하기 어려움에도 불구하고 가처분의 필요성이 없다고 판단하였음은 심리미진이나 이유불비의 위법이 있다.

≪판례≫ 피보전권리와 보전의 필요성[대법원 1968. 5. 14. 선고 67다2777 판결]

부동산을 그 소유자의 의사에 반하여 계속 점유 경작한다면 소유자의 권리행사를 불가능하게 하거나 아니면 실현함에 현저한 곤란이나 회복할 수 없는 손해를 입게 할 것이라는 점을 인정하지 못할 바 아니다.

≪판례≫ 피보전권리와 보전의 필요성[대법원 1969. 6. 24. 선고 68다2100 판결]

토지의 처분행위를 금하는 가처분이 인정된 이상 그 지상의 공작물 설치와 수목벌채, 채석 등 행위의 금지를 요구하는 가처분신청은 그 보전의 필요가 있고 소명이 되어 있다고 보아야 한다.

≪판례≫ 피보전권리와 보전의 필요성[대법원 2005. 10. 17.자 2005마814 결정]

다툼의 대상에 관한 가처분은 현상이 바뀌면 당사자가 권리를 실행하지 못하거나 이를 실행하는 것이 매우 곤란할 염려가 있을 경우에 허용되는 것으로서(민사집행법 제300조

제1항), 이른바 만족적 가처분의 경우와는 달리 보전처분의 잠정성·신속성 등에 비추어 피보전권리에 관한 소명이 인정된다면 다른 특별한 사정이 없는 한 보전의 필요성도 인정되는 것으로 보아야 하고, 비록 동일한 피보전권리에 관하여 다른 채권자에 의하여 동종의 가처분집행이 이미 마쳐졌다거나, 선행 가처분에 따른 본안소송에 공동피고로 관여할 수 있다거나 또는 나아가 장차 후행 가처분신청에 따른 본안소송이 중복소송에 해당될 여지가 있다는 등의 사정이 있다고 하더라도 그러한 사정만으로 곧바로 보전의 필요성이 없다고 단정하여서는 아니 된다.

4. 임시지위 가처분과 보전의 필요성(제300조 2항)

가. 의 의

임시지위를 정하는 가처분은 다툼이 있는 권리관계에 끼칠 현저한 손해를 피하거나 급박한 위험을 막기 위하여 또는 그 밖의 필요한 이유가 있을 경우에 하여야 한다. 여기의 손해는 재산적 손해는 물론 명예나 신용과 같은 비재산적 법익이나 공익의 침해까지 포함하는 개념이다.

≪판례≫ 손해와 보전의 필요성[대법원 1967. 7. 4.자 67마424 결정]

본조 제2항에서 말하는 "현저한 손해"는 재산상 손해뿐 아니라 정신적 손해와 공익적 손해도 포함되며 "기타 필요한 이유"의 경우에 있어서는 "현저한 손해" 또는 "급박한 강폭"에 준하는 정도의 이유가 있어야 한다.

≪판례≫ 손해와 보전의 필요성[대법원 1979. 11. 13. 선고 79다484 판결]

피신청인이 건축 중에 있는 4층 북단 교실 중간에 설치된 복도와 위 교실 서쪽 벽에 신청인들의 주거 내부를 관망할 수 있는 유리창문이 설치되어 있는 이상 위 교실 북단을 벽으로 쌓은 사실만으로는 신청인들의 사생활의 은밀히 침해될 염려가 배제된 것으로 단정할 수 없으므로 공사중지가처분에 대한 보전의 필요성이 있다.

나. 재량적 판단과 필요적 심문

임시지위 가처분은 피보전권리 자체의 집행보전에 대비하는 것이라기보다는 현재의 위험방지가 주된 목적이라는 점, 보전의 필요성에 관하여 '그 밖의 필요한 이유가 있을 경우'라고 하여 일반조항을 두고 있는 점에서 다른 보전처분의 보전의 필요와 상당히 다르다. '현저한 손해'나 '급박한 위험'은 '그 밖의 필요한 이유가 있을 경우'의 예시에 불과하다. 그러므로 임시지위를 정하는 가처분의 보전의 필요성은 법원의 재량적 판단의 영역이 대단히 넓다. 이로 인한 채무자의 상대적 지위의 불안정에 대하여 임시지위를 정하는 가처분은 원칙적으로 채무자에 대한 필요적 심문(제304조)을 규정하고 있다.

다. 고려의 요소

피보전권리의 소명과 별도로 보전의 필요성에 관한 특별한 사정의 소명이 있어야한다. 가압류나 계쟁물 가처분에서는 피보전권리의 소명이 있으면 특별한 사정이 없는 한 보전의 필요성을 인정하는 것과는 다르다.

≪판례≫ 계쟁물가처분에서 보전의 필요성[대법원 2005. 10. 17.자 2005마814 결정]

다툼의 대상에 관한 가처분은 현상이 바뀌면 당사자가 권리를 실행하지 못하거나 이를 실행하는 것이 매우 곤란할 염려가 있을 경우에 허용되는 것으로서(민사집행법 제300조 제1항), 이른바 만족적 가처분의 경우와는 달리 보전처분의 잠정성·신속성 등에 비추어 피보전권리에 관한 소명이 인정된다면 다른 특별한 사정이 없는 한 보전의 필요성도 인정되는 것으로 보아야 하고, 비록 동일한 피보전권리에 관하여 다른 채권자에 의하여 동종의 가처분집행이 이미 마쳐졌다거나, 선행 가처분에 따른 본안소송에 공동피고로 관여할 수 있다거나 또는 나아가 장차 후행 가처분신청에 따른 본안소송이 중복소송에 해당될 여지가 있다는 등의 사정이 있다고 하더라도 그러한 사정만으로 곧바로 보전의 필요성이 없다고 단정하여서는 아니 된다.

보전의 필요성을 판단하는 구체적인 기준은 본안의 승패예상과 보전처분으로 인한 채권자와 채무자 사이의 이행의 형평 및 침해상태의 재발가능성 등이 고려된다.

≪판례≫ 이사해임의 소를 경유한 직무집행정지가처분[대법원 1997. 1. 10.자 95마837 결정]

이사의 직무권한을 잠정적이나마 박탈하는 가처분은 그 보전의 필요성을 인정하는 데 신중을 기해야 할 것인바, 소수 주주가 피보전권리인 해임의 소를 제기하기 위한 절차로는 발행주식 총수의 100분의 5 이상에 해당하는 주식을 가진 소수 주주가 회의의 목적과 소집의 이유를 기재한 서면을 이사회에 제출하여 임시총회의 소집을 요구하고, 그렇게 하였는데도 소집을 불응하는 때에는 법원의 허가를 얻어 주주총회를 소집할 수 있고, 그 총회에서 해임을 부결할 때 그로부터 1월 내에 이사의 해임을 법원에 청구할 수 있는 것이므로, 그와 같은 해임의 소를 제기하기 위한 절차를 감안해 보면 특별히 급박한 사정이 없는 한 해임의 소를 제기할 수 있을 정도의 절차요건을 거친 흔적이 소명되어야 피보전권리의 존재가 소명되는 것이고, 그 가처분의 보전의 필요성도 인정될 수 있다.

≪판례≫ 직무집행집행정지 된 이사의 재선임 가능성[대법원 1997. 10. 14.자 97마1473 결정]

임시의 지위를 정하는 가처분은 다툼 있는 권리관계에 관하여 그것이 본안소송에 의하여 확정되기까지의 사이에 가처분권리자가 현재의 현저한 손해를 피하거나 급박한 강포를 막기 위하여, 또는 기타 필요한 이유가 있는 때에 한하여 허용되는 응급적·잠정적 처분이고, 이러한 가처분을 필요로 하는지의 여부는 당해 가처분신청의 인용 여부에 따른 당사자 쌍방의 이해득실관계, 본안소송에 있어서의 장래의 승패의 예상, 기타의 제반 사정을 고려하여 법원의 재량에 따라 합목적적으로 결정하여야 할 것이며, 단체의 대표자 선임 결의의 하자를 원인으로 하는 가처분신청에 있어서는 장차 신청인이 본안에 승소하여 적법한 선임 결의가 있을 경우, 피신청인이 다시 대표자로 선임될 개연성이 있는지의 여부도 가처분의 필요성 여부 판단에 참작하여야 한다.

≪판례≫ 단순부작위가처분에서 보전의 필요성[대법원 2003. 5. 17.자 2003마543 결정]

시험검사만을 받은 상태의 온천공이 있는 토지의 공유자인 신청인이 위 온천공에 아무런 사전 동의나 사후 승낙 없이 양수시설을 설치하고 온천수를 용출하여 판매하고 있는 다른 공유자인 피신청인에 대하여 그러한 행위의 금지를 구하는 가처분 신청 이후에, 피신청인이 온천공에 설치한 시설물을 스스로 철거하였다고 하더라도, 위와 같은 단순 부작위 가처분의 성격 및 온천법의 특별 규정에다가 피신청인이 철거한 시설이 다시 설치하기에 용이한 것인 점 등의 제반 사정에 비추어 볼 때, 그 보전의 필요성이 여전히 있다고 본 사례.

라. 만족적 가처분과 보전의 필요성

만족적 가처분에서는 보전의 필요성의 정도를 더 높이 요구하는 것이 보통이며 이미 실현된 위험상태 또는 이미 종료된 위험상태에 대하여는 위험예방을 위한 보전처분의 필요성이 인정되지 아니한다. 그러나 위험상태의 종료가 일시적인 것이고 위험재발이 상당정도 예견되는 경우에는 보전의 필요성이 부정되지 아니한다.

≪판례≫ 굴착공사 종료 이후의 심굴금지가처분[대법원 1981. 3. 10. 선고 80다2832 판결]

토지의 소유자가 충분한 예방공사를 하지 아니한 채 건물의 건축을 위한 심굴굴착공사를 함으로써 인접대지의 일부 침하와 건물 균열 등의 위험이 발생하였다고 하더라도 나머지 공사의 대부분이 지상건물의 축조이어서 더 이상의 심굴굴착공사의 필요성이 없다고 보여 지고 침하와 균열이 더 이상 확대된다고 볼 사정이 없다면 토지심굴굴착금지 청구권과 소유물방해예방 또는 방해제거청구권에 기한 공사중지가처분을 허용하여서는 아니 된다(이러한 취지를 악용하여 공사중지가처분신청이 예상되는 경우에는 공사를 더욱 서둘러 진행하여 인접주민의 권익을 침해하는 경우가 빈번하다/필자 각주).

마. 특수보전처분과 보전의 필요성

임시지위가처분에 요구되는 보전의 필요성은 특수보전처분인 특허권침해금지가처분 등에서도 동일하게 요구된다. 예를 들어 본안의 승패예상을 고려하여 피보전권리의 존재가 무효로 될 개연성이 상당하다면 보전의 필요성을 인정하기 어려운 것이다.

≪판례≫ **특수보전처분과 본안 승소가능성**[대법원 1993. 2. 12. 선고 92다40563 판결]

민사소송법 제714조 제2항에서 규정하는 임시의 지위를 정하기 위한 가처분을 필요로 하는지 여부는 가처분신청의 인용 여부에 따른 당사자 쌍방의 이해득실관계, 본안소송에 있어서의 장래의 승패의 예상, 기타의 제반 사정을 고려하여 법원의 재량에 따라 합목적적으로 결정하여야 할 것이므로 가처분채권자가 신청 당시에 실체법상의 권리를 가지고 있다 하더라도 그 권리가 가까운 장래에 소멸하여 본안소송에서 패소판결을 받으리라는 점이 현재에 있어 충분히 예상되는 경우에는 필요성이 없다고 풀이하는 것이 상당하고, 더구나 특허권침해의 금지라는 부작위의무를 부담시키는 이른바 만족적 가처분일 경우에 있어서는 보전의 필요성 유무를 더욱 신중하게 결정하여야 할 것으로서 만일 가처분신청 당시 채무자가 특허청에 별도로 제기한 심판절차에 의하여 그 특허권이 무효라고 하는 취지의 심결이 있은 경우나, 무효심판이 청구되고 그 청구의 이유나 증거관계로부터 장래 그 특허가 무효로 될 개연성이 높다고 인정되는 등의 특별한 사정이 있는 경우에는 당사자간의 형평을 고려하여 보전의 필요성을 결한 것으로 보는 것이 합리적이라 할 것이다.

≪판례≫ **특수보전가처분과 본안 승소가능성**[대법원 2003. 11. 28. 선고 2003다30265 판결]

구 민사소송법(2002. 1. 26. 법률 제6626호로 전문 개정되기 전의 것) 제714조 제2항에서 규정하는 임시의 지위를 정하기 위한 가처분은 다툼 있는 권리관계에 관하여 그것이 본안소송에 의하여 확정되기까지의 사이에 가처분권리자가 현재의 현저한 손해를 피하거나 급박한 강포를 방지하기 위하여, 또는 기타의 이유가 있는 때에 한하여 허용되는 응급적, 잠정적인 처분인바, 이러한 가처분을 필요로 하는지의 여부는 당해 가처분신청의 인용 여부에 따른 당사자 쌍방의 이해득실관계, 본안소송에 있어서의 장래의 승패의 예상, 기타의 제반 사정을 고려하여 법원의 재량에 따라 합목적적으로 결정하여야 할 것이며, 더구나 가처분채무자에 대하여 본안판결에서 명하는 것과 같은 내용의 실용신안권침해의 금지라는 부작위의무를 부담시키는 이른바 만족적 가처분일 경우에 있어서는, 그에 대한 보전의 필요성 유무를 판단함에 있어서 위에서 본 바와 같은 제반 사정을 참작하여 보다 더욱 신중하게 결정하여야 할 것이므로, 장래 그 실용신안권 등의 권리가 무효로 될 개연성이 높다고 인정되는 등의 특별한 사정이 있는 경우에는 당사자 간의 형평을 고려하여 그 가처분신청은 보전의 필요성을 결한 것으로 보는 것이 합리적이다.

5. 보전의 필요성이 부정되는 경우

가. 본집행 등의 가능성

채권자에게 이미 피보전권리에 관한 확정판결이나 집행권원이 있는 경우에는 본집행을 통하여 더 높은 보호를 받을 수 있으므로 보전의 필요성도 배척된다. 그러나 집행권원이 있다고 하더라도 집행장애사유의 존재 등으로 즉시 집행에 착수함이 어려운 경우에는 보전의 필요성이 인정된다.

≪판례≫ 집행권원의 존재와 가압류의 필요성[대법원 2005. 5. 26. 선고 2005다7672 판결]

채권자가 피보전권리에 관하여 이미 확정판결이나 그 밖의 집행권원을 가지고 있는 경우, 가압류신청을 허용할 수 있는지 여부(소극).

나. 채권자의 귀책사유

집행곤란 등의 사정이 채권자에 의해서 야기되었거나 채권자가 그러한 상황을 오랫동안 방임한 경우나 집행의 전제가 조건성취이나 반대의무의 제공 등이 결여된 경우에는 보전의 필요성을 인정하기 어렵다. 새로운 사정변경이 없음에도 종전에 기각된 같은 내용의 보전처분의 신청도 마찬가지로 보전의 필요성이 부정된다.

≪판례≫ 본안승소와 가압류의 필요성[대법원 1990. 11. 23. 선고 90다카25246 판결]

가압류채권자가 본안소송에서 승소판결을 받아 확정된 후, 가압류채무자가 그 본안판결에 대하여 재심의 소를 제기하였으나 재심의 소를 각하한 판결이 확정되고도 5개월이 지나도록 가압류채권자가 본 집행에 착수하지 않고 있었다면 가압류는 보전의 필요성이 소멸되었다고 볼 것이다.

≪판례≫ 침해상태의 방임과 보전의 필요성[대법원 2005. 8. 19.자 2003마482 결정]

보전처분에 의하여 제거되어야 할 상태가 채권자에 의하여 오랫동안 방임되어 온 때에는 보전처분을 구할 필요성이 인정되기 어렵다고 할 것인바, 신청인이 피신청인들의 업종제한약정 위반을 알고도 그러한 상태를 장기간 아무런 조치를 취하지 아니한 채 방치하고 있었다면, 현재의 상태가 더 지속됨으로써 신청인에게 비로소 현저한 손해가 발생할 우려가 있다는 등 임시의 지위를 정하는 가처분을 하여야 할 긴급한 보전의 필요성이 없다고 한 사례.

≪판례≫ 쉽게 충족시킬 수 있는 정지조건[대법원 2000. 11. 14. 선고 2000다40773 판결]

가처분채권자가 본안소송에서 승소판결을 받은 그 집행채권이 정지조건부인 경우라 할지라도 그 조건이 집행채권자의 의사에 따라 즉시 이행할 수 있는 의무의 이행인 경우 정당한 이유 없이 그 의무의 이행을 게을리하고 집행에 착수하지 않고 있다면 보전의 필요성은 소멸되었다고 보아야 한다.

다. 채무자의 손해정도

보전처분으로 보전되는 채권자의 이익에 비하여 보전처분으로 인하여 제한되는 채무자의 이익이 현저하게 큰 경우에는 보전의 필요성이 부정된다.

≪판례≫ 채권자와 채무자 사이의 이익형량[대법원 1994. 11. 10.자 93마2022 결정]

실용신안권 침해금지가처분사건에서 피신청인이 제조, 판매하고 있는 국민차에 부착된 파워윈도우가 신청인의 실용신안권을 침해하였다고 하더라도 가처분에 있어 보전의 필요성은 가처분을 발하는 경우와 발하지 아니하는 경우에 있어서 당사자 쌍방의 이해득실, 본안소송의 계속 여부, 그 내용 등 제반 사정을 고려하여야 할 것인바, 피신청인은 특허청에 신청인의 등록고안인 "모터가 내장된 팔받침"에 관한 실용신안권의 등록무효 심판청구를 하여 현재 그 사건이 특허청에 계속 중이고 특허청의 무효심판절차에서 그 등록고안에 관한 실용신안권에 대하여 무효심결이 내려질 개연성이 없지 아니하며, 피신청인이 신청인의 등록고안을 사용함으로써 신청인이 입게 되는 손해는 극히 경미하고, 신청인은 현재 등록고안을 이용한 자동차 제품을 생산하지 않고 있으나, 피신청인이 제조, 판매하는 파워윈도우가 부착된 자동차는 현재 국내뿐만 아니라 해외로도 수출되고 있는 점 등 여러 사정을 참작하면, 신청인에게 피신청인이 위 제품을 제조하는 것 등을 금지하지 아니하면 아니 될 현존하는 급박한 위험 내지 현저한 손해가 발생할 개연성이 있다고 보기 어렵다고 하여 그 보전의 필요성을 인정하지 않고 가처분신청을 기각한 원심결정을 수긍한 사례.

라. 기 타

보전의 필요성을 판단함에 있어서 장래 본안소송의 승패의 예상은 고려의 요소가 됨은 앞서 살펴본 바와 같다. 채권자가 본안에 패소할 사정이 현저한 경우에는 보전의 필요성이 배척되는 것이다. 이와는 달리 가처분집행으로서 간접강제결정이 있은 경우 간접강제에 따른 사정은 가처분집행의 계속에 필요한 보전의 필요성에 영향을 주지 않는다.

제 2 장 보전소송절차

개 관

보전소송절차의 통상의 소송절차와 크게 다르지 않다. 그러므로 보전소송절차에 관하여는 민사소송법의 규정이 폭넓게 준용된다고 하겠다. 그러나 통상의 소송절차는 판결절차로 구성되어 있음에 비하여 보전소송절차는 신속한 절차진행을 위하여 결정절차로 되어 있다는 점에서 신청방식, 심리방식, 입증의 정도나 방법, 재판의 형식 등에 있어서 특이한 점이 있다.

학습목표

1. 보전소송절차가 판결절차와 같고 다른 점을 알아둔다.
2. 보전소송절차에 민사소송법이 준용되는 범위를 파악한다.
3. 보전명령의 효력에 대하여 정리한다.

제 1 절 보전명령의 신청

Ⅰ. 의 의

민사소송법은 보전소송절차에도 원칙적으로 준용된다(제23조 1항). 그러므로 보전명령의 신청에 관해서는 민사소송법의 소의 제기에 관한 규정이 준용된다. 그러나 보전명령의 신청을 재판상 청구권 행사라고 볼 것은 아니다.

≪판례≫ 가압류신청과 사기죄의 성부[대법원 1982. 10. 26. 선고 82도1529 판결]

가압류는 강제집행의 보전방법에 불과하고 그 기초가 되는 허위의 채권에 의하여 실제로 청구의 의사표시를 한 것이라고 할 수 없으므로 소의 제기 없이 가압류신청을 한 것만으로는 사기죄의 실행에 착수한 것이라고 할 수 없다.

보전명령의 신청은 보전집행의 신청과 별개의 행위이다. 그러므로 보전명령 신청에 따라 보전명령이 내려지면 별도로 보전집행신청을 구하여야 한다. 그러나 부동산이나 채권에 대한 가압류처분과 같이 보전소송절차와 보전집행절차를 담당하는 기관이 동일한 경우에는 실무상 보전명령의 신청이 있으면 보전집행의 신청이 아울러 있는 것으로 본다. 또한 보전명령신청은 본안의 신청과 별개의 행위로 본안에 관한 소의 제기 이후라도 신청할 수 있다.

Ⅱ. 신청의 방식

1. 서면주의

보전명령의 신청은 서면에 의한다. 보전명령의 신청 이외에도 보전명령신청을 기각 또는 각하한 재판에 대한 즉시항고, 보전처분에 대한 이의신청, 본안의 제소명령신청, 보전명령의 취소신청, 보전명령의 집행신청도 모두 서면에 의하여야 한다(규칙 제203조 1항).

2. 신청서의 기재사항

제279조 (가압류신청)

① 가압류신청에는 다음 각 호의 사항을 적어야 한다.

1. 청구채권의 표시, 그 청구채권이 일정한 금액이 아닌 때에는 금전으로 환산한 금액
2. 제277조의 규정에 따라 가압류의 이유가 될 사실의 표시

신청서에는 당사자, 대리인, 청구채권, 목적물, 신청취지, 신청이유, 소명방법 및 첨부서류, 신청일, 관할법원 등을 표시하여야 한다(제279조, 규칙 제203조 2항, 제23조 1항, 민소법 제249조 · 제274조).

가. 당사자와 대리인의 표시

(1) 의 의 당사자의 성명이나 명칭 또는 상호 · 주소 · 연락처를 기재한다. 대리인에 의하여 신청하는 경우에는 대리인에 관하여도 당사자에 준하여 기재하여야 한다(민소법 제274조 1항, 민소규칙 제 2 조). 당사자가 무능력자이거나 법인인 경우에는 법정대리인이나 대표자도 기재하여야 한다.

(2) **채권자대위신청** 채권자 대위권에 기초한 신청도 가능하다(민법 제405조, 비송사건절차법 제45조).

≪판례≫ 채권자대위에 의한 가압류신청[대법원 1958. 5. 29. 57다735]

채권자가 자기채권의 보전을 위하여 채권자대위권을 행사할 수 있는 경우에는 그 청구권에 관한 강제집행의 보전을 위하여 가압류 또는 가처분 명령의 신청도 이를 할 수 있다.

피대위채권의 기한도래 전이라도 법원의 허가가 있으면 대위신청이 가능하다(비송사건절차법 제45조). 채권자 대위에 의한 신청은 제 3 자의 소송담당으로 대위자가 당사자이며 피대위자는 당사자가 아니다. 대위신청 이후에 피대위자의 신청은 중복신청에 해당한다.

(3) **수인의 당사자** 보전명령절차에서 당사자의 병합에 관하여는 앞서 설명하였다.

나. 청구채권의 표시

신청의 근거가 되는 피보전권리를 기재하여야 한다. 수개의 청구권을 하나로 묶어 피보전권리로 삼을 수 있음은 물론 하나의 채권이라도 수개로 나누어 그 일부만을 피보전권리로 삼을 수 있다. 피보전권리의 예비적 · 선택적 기재도 가능하다.

(1) **가 압 류** 가압류의 피보전권리인 금전채권에 관하여 그 금액을 밝혀 기재한다. 청구채권이 일정금액이 아닌 경우에는 금전으로 환산한 금액을 기재한다(제279조 1항 1호). 현재 실무는 채권원금과 신청일까지의 지연이자를 합산한 금액을 청구채권액으로 표시하고 있다. 신청일 이후의 지연이자까지도 비율로 표시하여 기재하는 것이 이론적인 측면에서는 더 합당할 것이나 가압류의 효력범위가 시간의 경과에 따라 유동적인 상태에 놓이게 되는 점, 압류의 경합여부

를 판단하는 기준이 불분명해지는 점, 등기실무상 가압류의 청구채권액을 원금액만을 등기하고 있는 점, 해방금액을 산정하는 기준이 불분명해지는 점 등 현실적인 편의를 고려하면 실무의 태도가 불가피하다고 본다(반대견해 있음).

(2) **계쟁물 가처분** 가처분의 피보전권리인 비금전채권을 특정하여 기재하여야 한다. 피보전권리를 금액으로 환산하여 기재할 필요는 없다.

(3) **임시지위 가처분** 현재 다툼이 있는 권리 또는 법률관계를 기재한다. 임시지위 가처분은 앞서 설명한 바와 같이 피보전권리가 불명확하여 기재에 어려움이 있다. 이사 등 직무집행정지 가처분에서 피보전권리는 채무자인 이사 등에 대한 채권자의 해임청구권이 피보전권리를 이룬다. 계쟁물가처분에서와 마찬가지로 피보전권리를 금액으로 환산하여 기재할 것은 아니다.

다. 목적물의 표시

(1) **가 압 류** 민사집행법(제279조)은 목적물을 표시해야 하는가에 관하여 언급이 없다. 금전채권의 책임재산을 이루는 것은 특정물이 아닌 채무자의 모든 일반재산이므로 목적물을 특정하여 기재할 필요가 없는 것이 원칙이다(불특정설). 목적물의 특정은 가압류명령을 집행하는 시점에 충족되면 족한 것이다. 그러나 부동산과 채권에 대한 가압류에서는 가압류소송절차와 가압류집행절차를 관할하는 기관이 동일하며 가압류명령신청 속에는 가압류명령집행신청까지 아울러 있는 것으로 보는 것이 실무이므로 목적물을 특정하여 기재하여야 한다. 미등기부동산도 가압류의 목적물로 삼을 수 있다(제83조). 유체동산 가압류신청서에는 목적물을 특정하여 기재할 필요가 없다. 그러나 목적물 소재지를 기준으로 관할을 정하여 신청하는 경우에는 관할의 소재를 밝히는 의미에서 목적물을 특정하여 기재하여야 한다. 목적물을 특정하여 기재한 경우라도 가압류집행에 있어서 신청서에 기재한 목적물로 집행의 대상이 한정되지 않는다.

(2) **가 처 분** 계쟁물 가처분의 피보전권리는 특정물에 관한 이행청구권이다. 그러므로 목적물을 반드시 특정하여 기재하여야 한다. 목적물의 불특정을 간과한 계쟁물 가처분명령은 집행불능에 빠진다. 임시지위 가처분의 피보전권리는 다툼이 있는 권리관계로 피보전권리와 가처분의 대상이 불가분인 경우가 많으며 따로 목적물이라고 할 것이 없는 것이 보통이다. 이러한 경우에는 목적물을 기재할 필요가 없다.

라. 신청취지

(1) **의　의**　보전신청에 의하여 구하고자 하는 보전처부의 내용을 기재하여야 한다. 소장의 청구취지에 해당하는 것이다. 임시지위 가처분신청에 있어서 신청취지의 기재가 쉽지 않은데, 대체로 본안에 관한 소의 청구취지와 거의 동일하다고 생각하면 된다. 이러한 임시지위 가처분신청에 있어서 신청취지 기재의 어려움을 고려하여 민사집행법은 제305조 1항을 두고 있다.

그 밖에 신청취지의 기재에 관하여는 소장의 청구취지의 기재와 다를 것이 없다.

≪판례≫ **신청취지특정**[대법원 2007. 6. 15. 선고 2004다37904,37911 판결]

고속도로로부터 발생하는 소음이 피해 주민들 주택을 기준으로 일정 한도를 초과하여 유입되지 않도록 하라는 취지의 유지청구는 소음발생원을 특정하여 일정한 종류의 생활방해를 일정 한도 이상 미치게 하는 것을 금지하는 것으로 청구가 특정되지 않은 것이라고 할 수 없고, 이러한 내용의 판결이 확정될 경우 민사집행법 제261조 제 1 항에 따라 간접강제의 방법으로 집행을 할 수 있으므로, 이러한 청구가 내용이 특정되지 않거나 강제집행이 불가능하여 부적법하다고 볼 수는 없다.

(2) **신청의 변경·병합**　보전소송절차는 그 성질이 통상의 소송절차와 다를 것이 없으므로 복수 청구의 병합에 관하여도 민사소송법의 해당규정이 준용된다. 청구의 변경이라고 함은 신청취지는 물론 신청이유에 구체적으로 나타나는 피보전권리나 보전의 필요성에 관한 변경도 포함하는 의미이다. 이의신청절차에 있어서도 청구기초에 변경이 없는 한 피보전권리의 변경이 가능하다. 가처분신청을 가압류신청으로 변경하거나 그 반대도 가능하다.

≪판례≫ **피보전권리의 변경**[대법원 1982. 3. 9. 선고 81다1221, 81다카989, 81다카990 판결]

가처분 이의절차에서도 청구의 기초에 변경이 없는 한 신청이유의 피보전권리를 변경할 수 있다. 따라서 소유권이전등기말소 청구권을 피보전권리로 하여 처분금지가처분결정을 받은 다음 청구의 기초에 변경이 없는 범위 안에서 그 가처분이의절차에서 가처분신청이유에 예비적으로 시효취득에 인한 소유권이전등기 청구권을 추가할 수 있다.

마. 신청이유

피보전권리와 보전필요성 및 그 소명방법에 관하여 구체적으로 밝혀 기재한다. 가압류와 계쟁물 가처분에서는 신청이유의 기재가 거의 정형화되어 있다.

바. 첨부서류

신청서 이외에 진술서를 첨부하여야 한다. 진술서를 제출하지 아니하면 특별한 사정이 없는 한 보정명령을 거치지 아니하고 보전처분신청을 기각한다.

사. 기 타

그 밖에도 신청서에는 신청서 작성일, 당사자와 대리인의 서명 또는 기명날인, 첨부한 서면의 표시가 있어야 한다(민소법 제274조).

3. 인지의 첨부 등

법인 등 단체가 신청하는 경우에는 법인등기부등본 등과 같이 대표자의 자격을 증명할 수 있는 서면, 대리인에 의한 신청의 경우에는 위임장 등과 같이 대리인의 자격을 증명할 수 있는 서면, 2000원 상당의 인지(민사소송등인지법 제 9 조 3항 2호), 3회분의 송달료, 등기나 등록이 필요한 보전처분의 신청의 경우에는 등록세(청구금액의 1000분의 2)와 지방교육세(등록세의 100분의 20)의 납부영수필증통지서 2매 등을 첨부하여야 한다.

Ⅲ. 신청의 효과

1. 소송계속의 효과

보전명령의 신청이 있으면 그에 따른 보전소송계속의 효과가 발생하므로 동일한 신청을 중복하여 신청하는 것은 허용되지 않는다(민소법 제259조). 신청의 동일성이 동일한가 여부는 당사자 · 피보전권리 · 보전의 필요성이 동일한가의 기준에 따른다. 신청서에 목적물을 기재하여야 하는 경우에는 목적물이 다르면 피보전권리나 당사자가 동일하더라도 동일한 신청이 아니다.

2. 시효중단의 효과

보전처분의 신청이 있으면 피보전권리에 시효중단의 효과가 인정된다(민법 제168조 2호, 제175조, 제176조). 하나의 청구권의 일부만을 피보전권리로 한 보전명령 신청에 있어서는 원칙적으로 피보전권리로 삼은 범위에 한하여 시효중단의 효력이 있다고 보는 것이 판례의 입장이다. 이러한 시효중단의 효력은 보전처분의 집행보전의 효력이 존속하는 한 계속 된다. 확정판결보다 보전처분이 시효중단의 효력 면에서는 일면 더 강력한 효력이 있는 것이다.

≪판례≫ **일부 가압류와 시효중단범위**[대법원 1976. 2. 24. 선고 75다1240 판결]

채권자가 가분채권의 일부분을 피보전채권으로 주장하여 채무자 소유의 재산에 대하여 가압류를 한 경우에 있어서는 그 피보전채권 부분만에 한하여 시효중단의 효력이 있다 할 것이고 가압류에 의한 보전채권에 포함되지 아니한 나머지 채권에 대하여는 시효중단의 효력이 발생할 수 없다 할 것이다.

≪판례≫ **시효중단효의 계속**[대법원 2000. 4. 25. 선고 2000다11102 판결]

[1] 민법 제168조에서 가압류를 시효중단사유로 정하고 있는 것은 가압류에 의하여 채권자가 권리를 행사하였다고 할 수 있기 때문인데 가압류에 의한 집행보전의 효력이 존속하는 동안은 가압류채권자에 의한 권리행사가 계속되고 있다고 보아야 할 것이므로 가압류에 의한 시효중단의 효력은 가압류의 집행보전의 효력이 존속하는 동안은 계속된다.
[2] 민법 제168조에서 가압류와 재판상의 청구를 별도의 시효중단사유로 규정하고 있는데 비추어 보면, 가압류의 피보전채권에 관하여 본안의 승소판결이 확정되었다고 하더라도 가압류에 의한 시효중단의 효력이 이에 흡수되어 소멸된다고 할 수 없다.

Ⅳ. 신청의 취하

1. 의　　의

보전명령은 확정력이 없으므로 보전처분절차가 어느 단계에 있는가를 묻지 아니하고 신청의 취하가 가능하다. 현행 민사집행법은 전면적 결정주의를 취하고 있으므로 아래의 판례는 더 이상 고려할 것이 아니다.

≪판례≫ **가처분판결 이후의 보전명령신청 취하**[대법원 1979. 9. 27.자 79마259 결정]

임시의 지위를 정하는 가처분인 대표자 직무집행정지 및 직무 대행자 선임가처분 신청은 그 가처분 재판이 판결로 이루어진 경우에는 이의에 대한 판결의 확정에 이르기까지만 이를 취하할 수 있다 할 것이다.

그러나 보전명령신청 취하에 관한 논의는 별 의미가 없다. 신청취하에 제한이 따르는 경우라도 보전집행 취소신청에는 아무런 제한이 없기 때문이다.

2. 상대방의 동의

신청의 취하에 채무자의 동의도 필요 없다. 규칙 제203조의2 2항은 변론기일 또는 심문기일이 통지된 경우에는 채무자의 무익한 준비를 방지하기 위하여 법원사무관 등은 신청취하의 취지를 채무자에게 통지하도록 규정하고 있는지만

이는 보전처분 신청취하에 상대방인 채무자의 동의가 필요 없다는 전제에 있는 것이다.

3. 취하의 방식

보전명령 신청의 취하는 서면으로 하여야 하는 것이나 변론기일 또는 심문기일에서는 말로도 가능하다(규칙 제203조의2 1항).

제 2 절 보전소송의 심리

I. 서 론

보전소송에 있어서 심리의 논리적 단계는 신청서의 적식여부, 신청의 적법여부, 신청의 이유유무의 순서가 된다. 보전소송절차에서 민사소송법과 다른 규정을 둔 것에 유의하면서 그 심리에 관하여 살펴보면 다음과 같다.

Ⅱ. 신청서의 적식여부

재판장은 신청서의 형식적 기재사항의 적식여부와 인지의 첩부여부를 직권으로 조사하여야 한다(제23조 1항, 민소법 제254조). 인지를 붙이지 아니하였거나 형식적 기재사항에 흠이 있으면 상당한 기간을 정하여 보정을 명한다. 보정에 불응하거나 보정이 불가능한 흠이 있으면 신청서를 각하한다. 보전처분의 요건에 관하여 소명하지 아니하였다는 사정은 실체심리의 문제이므로 신청서 심사와 무관하다.

Ⅲ. 신청의 적법여부

신청은 관할, 당사자능력, 소송능력, 법정대리인, 소송대리권 등에 관한 소송요건을 갖춘 것이어야 한다. 관할의 위반이 있는 경우에는 관할법원으로 이송한다(민소법 제34조). 실무상 신청서의 접수담당 공무원에 의하여 사실상의 지도·권고가 행해지므로 신청서의 적식이나 적법여부가 문제되는 경우는 거의 없다.

Ⅳ. 신청의 이유유무

보전명령신청에 대한 심리는 신청의 이유 유무에 집중되며 결정절차라는 점에서 판결절차인 통상의 소송절차와 심리의 방법과 심리의 내용이 크게 다르다. 이를 자세히 살펴보면 다음과 같다.

1. 보전소송의 소송물

피보전권리와 보전의 필요성이 합하여 보전소송의 소송물을 구성한다고 보는 것이 대체적인 견해이다(반대견해 있음). 그러므로 피보전권리가 같더라도 보전의 필요성이 다르면 동일한 소송이 아니어서 중복제소에 해당하지 아니한다고 본다. 양자는 별개의 것으로 상호관계 없이 독립적으로 심리할 것이지만 심리의 순서에 있어서는 먼저 피보전권리의 존부를 판단하는 것이 논리적이다.

≪판례≫ 피보전권리와 보전의 필요성[대법원 2005. 8. 19.자 2003마482 결정]

모든 보전처분에 있어서는 피보전권리와 보전의 필요성의 존재에 관한 소명이 있어야 하고, 이 두 요건은 서로 별개의 독립된 요건이기 때문에 그 심리에 있어서도 상호 관계없이 독립적으로 심리되어야 한다.

2. 심리방법

제280조 (가압류명령)

① 가압류신청에 대한 재판은 변론 없이 할 수 있다.

② 청구채권이나 가압류의 이유를 소명하지 아니한 때에도 가압류로 생길 수 있는 채무자의 손해에 대하여 법원이 정한 담보를 제공한 때에는 법원은 가압류를 명할 수 있다.

③ 청구채권과 가압류의 이유를 소명한 때에도 법원은 담보를 제공하게 하고 가압류를 명할 수 있다.

④ 담보를 제공한 때에는 그 담보의 제공과 담보제공의 방법을 가압류명령에 적어야 한다.

가. 심리방법의 선택

집행법원은 순수한 서면심리방식, 심문방식, 변론방식 중 재량으로 심문방법을 선택할 수 있으며 이들을 혼용할 수도 있다(제280조 1항, 제301조, 민소 제134조 2항). 실무는 보전처분의 신속성과 밀행성의 요구에 부응하여 원칙적으로 서면심리에 의하되 필요한 경우에는 심문절차를 거치기도 하나 변론절차를 거치는 경우는 거의 없다. 그러나 임시의 지위를 정하는 가처분절차에서는 기일을 열어 심리를 하면 가처분의 목적을 달성할 수 없다는 사정이 없는 한 반드시 심문 또는 변론의 기일을 열어야 한다(제304조). 채무자에게 미치는 영향이 크기 때문이다. 이러한 경우에도 대부분 심문절차에 의하고 변론절차에 의하는 경우는 거의 없다. 심문방식 또는 변론방식을 취하는 경우라고 하더라도 절차의 기본적 성질은 서면심리절차라는 점에 변함이 없다. 즉 심문이나 변론은 서면심리만으로는 부족한 점을 보충하기 위한 부수적인 심리방법에 불과한 것이다. 필요적 심문이나 필요적 변론에 의하는 경우라고 하더라도 서면심리에 더하여 심문이나 변론을 통해 심리를 보충하라는 의미에 불과한 것이므로 서면심리가 배제되지 않는다. 보전소송에서 심문 또는 변론에 의한다는 것과 통상의 소송절차에서 심문 또는 변론에 의한다는 것은 다른 의미인 것이다. 보전소송은 변론을 거친 경우라도 결정에 의하여 재판한다(제281조, 제301조)는 것은 이러한 점에서 당연한 것으로 이해될 수 있을 것이다.

나. 서면심리절차

신청서에 첨부된 소명자료만으로 신청의 당부를 심리하는 것을 말한다. 심리의 과정에 당사자의 직접적인 참여가 전혀 없다.

다. 심문절차

제304조 (임시의 지위를 정하기 위한 가처분)

제300조 제 2 항의 규정에 의한 가처분의 재판에는 변론기일 또는 채무자가 참석할 수 있는 심문기일을 열어야 한다. 다만, 그 기일을 열어 심리하면 가처분의 목적을 달성할 수 없는 사정이 있는 때에는 그러하지 아니하다.

심문절차는 이해관계인이나 참고인의 구두 또는 서면의 진술을 통하여 소송자료를 수집하는 절차로 절차의 구체적인 진행은 법원의 재량에 따라 자유로운 방식에 의한다. 심문절차의 진행에 있어서 반드시 기일을 열 필요가 없다. 예외적으로 임시지위를 정하는 가처분에서는 기일방식에 의한 심문을 해야 하는 경우가 있다(제304조). 이해관계인 등의 진술에 있어서 당사자신문이나 증인신문 등의 구별 없이 동일하게 취급된다. 참고인 신문의 경우에는 민사소송법상의 증인의 선서에 관한 규정이나 출석요구와 불출석에 대한 제재에 대한 규정이 준용될 여지가 없다.

≪판례≫ 심문절차상 제 3 자의 허위진술[대법원 2003. 7. 25. 선고 2003도180 판결]

가처분사건이 변론절차에 의하여 진행될 때에는 제 3 자를 증인으로 선서하게 하고 증언을 하게 할 수 있으나 심문절차에 의할 경우에는 법률상 명문의 규정도 없고, 또 구 민사소송법(2002. 1. 26. 법률 제6626호로 전문 개정되기 전의 것)의 증인신문에 관한 규정이 준용되지도 아니하므로 선서를 하게 하고 증언을 시킬 수 없다고 할 것이고, 따라서 제 3 자가 심문절차로 진행되는 가처분 신청사건에서 증인으로 출석하여 선서를 하고 진술함에 있어서 허위의 공술을 하였다고 하더라도 그 선서는 법률상 근거가 없어 무효라고 할 것이므로 위증죄는 성립하지 않는다(같은 취지: 대법원 1995. 4. 11. 선고 95도186 판결).

심문절차에는 공개주의, 대석주의, 기일해태에 따른 의제자백이나 신청취하의 의제 등 변론절차에 관한 규정이 원칙적으로 준용되지 아니한다. 그러나 심문조서의 작성에 있어서는 변론조서에 관한 규정이 준용되나(민소법 제160조) 서증목록이나 증인목록 등을 따로 작성할 필요가 없이 심문조서의 말미에 첨부하는 것으로 그치는 점에서 차이가 있다.

라. 임의적 변론절차

변론절차를 따르는 경우 민사소송법의 변론에 관한 규정이 원칙적으로 준용될 것이지만 필요적 변론이 아닌 임의적 변론절차이며 판결이 아닌 결정에 의하여 재판하게 되므로 그 한도에서 준용의 범위에 제한이 있다. 준용 여부가 문제되는 것들을 살펴보면 다음과 같다.

(1) **변론의 병합·분리** 보전소송절차 사이에서도 변론의 분리·병합이 허용된다. 이 점에 관해서는 별 이견이 없다. 그러나 보전소송절차와 본안절차는 절차의 성질이 전혀 다른 것으로 병합할 수 없다. 보전소송을 본안의 관할법원에서 같은 기일에 보전소송절차와 본안절차가 동시에 진행하는 경우가 있으나 이러한 경우에도 양 절차가 동시에 심리가 진행되는 것일 뿐이다. 이를 병합심리와 구별하여 병행심리라고 한다.

(2) **청구의 인낙·포기·화해** 보전처분의 신청취지는 실체법상의 권리주장이 아닐 뿐만 아니라 보전처분의 구체적인 태양을 법원이 합목적적으로 정할 수 있다는 점에서 청구의 인낙은 그 성질상 보전소송에 준용되지 않는다. 그러나 청구의 포기는 채권자가 청구의 이유 없음을 자인하는 것으로 실질적으로 신청의 취하와 다를 바 없는 것으로 부정할 이유가 없다. 화해에 관하여는 앞서 자세히 살펴보았다.

(3) **재판상 자백** 재판상 자백은 보전소송절차에서도 인정된다. 보전소송에서 자백이 있었다고 하더라도 본안소송에서 자백이 있는 것으로 볼 것은 아니지만 보전절차상 자백을 기재한 조서가 본안소송에서 유력한 증거가 될 것이다.

⑷ **진술간주·자백간주·취하간주** 민사소송법은 당사자의 기일 불출석과 관련하여 진술간주(제148조), 자백간주(제150조), 취하간주(제268조)를 규정하고 있다. 이러한 규정들은 통상의 민사소송절차에서 필요적 변론을 전제한 규정이다. 보전소송에서 변론은 임의적 변론으로 서면심리를 보충하는 것에 불과하다는 점에서 이들 규정은 보전소송에는 준용되지 않는다.

⑸ **구술주의·직접주의** 보전소송에서 변론절차는 서면심리를 보충하기 위한 것에 불과한 임의적 변론이다. 그러므로 필요적 변론을 전제로 한 구술주의·직접주의는 보전절차에 그 적용이 없다. 따라서 주장서면은 제출하기만 하면 진술하지 아니하여도 재판의 자료가 된다.

⑹ **변론조서** 변론조서의 작성에 관하여는 민사소송법의 규정이 준용된다.

3. 입증책임과 입증의 정도·방법

가. 입증책임

입증책임의 분배는 통상의 소송절차와 다를 것이 전혀 없다.

나. 입증의 정도

제279조 (가압류신청)
② 청구채권과 가압류의 이유는 소명하여야 한다.

보전소송에서 입증의 정도는 소명에 의한다(제279조 2항, 제301조). 고도의 개연성을 요하는 증명보다 낮은 정도의 개연성으로 법관으로 하여금 주장사실이 진실할 것이라는 일응의 추측을 얻게 하는 상태 또는 그와 같은 정도의 심증형성에 이르도록 하는 당사자의 노력을 소명이라고 한다. 보전처분은 잠정적인 조치인 것이고 신속성이 요구되는 것이므로 소명으로 하게 한 것이다. 실무의 운영에 있어서 사실상 증명의 정도에 가까운 소명을 요구하는 경우가 있다. 보전처분으로 인하여 채무자에게 회복할 수 없는 손해발생이 우려되거나 이사의 직무집행정지 가처분과 같이 대세적 효력이 인정되는 가처분에서는 증명에 가까운 고도의 소명을 요구하는 것이다.

다. 진 술 서

소명을 보충하는 의미에서 진술서를 제출토록 하고 있다. 진술서를 제출하지 아니하는 경우에는 특별한 사정이 없는 한 보정명령 없이 신청을 기각한다(대법원재판예규 2003-4).

라. 소명의 방법

소명은 즉시 조사할 수 있는 증거에 의하여야 한다(민소법 제299조). 즉시 조사할 수 있는 증거라 함은 심리가 이루어지는 장소에서 그리고 심리가 이루어지는 시간 내에서 조사를 마칠 수 있는 증거를 말한다. 그러므로 문서 등의 송부촉탁신청(민소법 제352조, 제366조), 문서제출명령신청(민소법 제343조, 제366조), 법원 밖에서의 증거조사(민소법 제297조)에 관한 규정은 준용될 여지가 없다. 그러나 위와 같은 소명의 방법에 위배되는 증거조사는 위법한 것이지만 증거조사가 끝난 다음에는 그 위법을 다툴 수 없다(책문권의 포기 · 상실). 법원은 직권으로 현장검증을 할 수도 있다(민소법 제140조). 그러나 현장검증이 필요한 경우에는 대부분 당사자에게 현장검증을 신청하도록 석명하는 것이 보통이다.

마. 소명의 대상

즉시 조사할 수 있는 증거로서 소명의 정도에 따른 입증은 보전소송 신청의 이유 유무에 관한 사항에 한정된다. 신청의 이유 유무는 피보전권리의 존부와 보전의 필요성의 유무에 관한 사항을 말한다. 신청서의 적식여부, 신청의 적법여부에 관한 사항은 직권조사사항으로 소명이 아닌 증명에 의하여야 한다.

바. 입증의 대용

(1) 의 의 소명방법의 즉시성으로 인하여 소명이 없거나 부족한 경우가 많다. 이러한 경우에 법원은 당사자나 법정대리인으로 하여금 보증금을 공탁하게 하거나 그 주장이 진실하다는 선서로 소명에 갈음하게 할 수 있다(민소법 제299조 2항). 소명이 없거나 부족한 경우와 상대방이 신청이 이유 없음을 소명한 경우는 구별하여야 한다. 상대방이 신청이 이유 없음을 소명한 경우에는 소명의 대용이 허용되지 아니한다. 소명의 대용은 거의 이용되지 않는 제도이다.

(2) 보증금의 공탁 공탁명령을 받은 당사자가 공탁자로서 대한민국을 피공탁자로 하여 보증금을 공탁하고 공탁서의 원본을 법원에 제출하게 된다. 소명대용공탁은 소위 몰취공탁에 해당하는 것으로 당사자의 진실성을 담보하기 위한 것일 뿐이고 상대방의 손해담보와는 무관하다. 추후에 당사자의 주장이 거짓임이 밝혀지면 공탁을 명한 법원이 결정으로 보증금을 몰취한다(민소법 제300조). 당사자의 주장이 진실인 것으로 밝혀진 경우에는 공탁자는 환부결정을 신청하여

그 결정정본과 공탁서를 환부 받아 이를 공탁공무원에게 제출하고 공탁금을 회수할 수 있다. 환부결정은 고지하는 즉시 효력이 발생한다.

(3) 선 서 법원은 당사자 본인신문시의 선서방식에 따라 당사자 또는 법정대리인에게 주장의 진실을 선서하게 한다(민소법 제299조). 선서한 자의 주장이 거짓임이 밝혀진 경우에는 선서를 명한 법원은 결정으로 200만원 이하의 과태료에 처한다(민소법 제301조).

제 3 절 보전소송의 재판

Ⅰ. 서 론

제281조 (재판의 형식)

① 가압류신청에 대한 재판은 결정으로 한다. 〈개정 2005. 1. 27〉

2005. 1. 27. 개정 민사집행법은 신청서 각하명령의 경우를 제외하고는 보전처분절차상의 재판을 결정으로 일원화하였다. 변론절차를 경유한 때에도 마찬가지다. 이를 두고 전면적 결정주의라 한다. 보전명령신청에 대한 재판은 신청을 배척하는 결정과 신청을 받아들이는 결정이 있다.

Ⅱ. 신청을 배척하는 재판

신청을 배척하는 재판에는 신청서 각하명령, 신청 각하결정, 신청 기각결정이 있다. 보전소송의 재판은 실체적 확정력이 없는 결정에 의하므로 이를 구별할 실익은 없다. 신청을 배척하는 결정은 채무자에게 송달하지 아니한다.

1. 신청서 각하명령

신청서의 형식적 기재사항에 보정할 수 없는 흠이 있거나, 형식적 기재사항의 보완 또는 인지첩부에 관한 보정명령에 불응하면 재판장은 명령으로 신청서를 각하한다.

2. 신청 각하결정

소송요건의 흠결이 있거나 사전담보제공명령을 이행하지 아니하면 집행법원은 결정으로 신청을 각하한다. 미등기부동산을 가압류의 대상으로 하면서도 제81조 1항 2호에 따라 채무자 명의로 등기할 수 있음을 증명하는 서류를 제출하지 아니한 경우, 압류금지채권에 대한 채권가압류 신청은 집행대상에 관한 소송요건의 문제이므로 기각이 아닌 각하결정을 해야 한다.

3. 신청 기각결정

가. 신청의 이유 없음

피보전권리나 보전의 필요성에 관한 소명이 없거나 부족하면 집행법원은 결정으로 신청을 기각한다.

나. 일부기각의 재판

피보전권리의 일부가 인정되지 아니하거나 채권자가 구하는 보전처분의 범위를 일부로 제한할 필요성이 있는 경우에는 일부기각의 결정을 한다. 이러한 경우에는 먼저 일부 인용되는 범위를 선언하고 나머지 신청을 기각한다는 취지의 선언을 부가하는 주문을 내게 된다. 보전명령에 따르는 담보제공명령은 실질적으로 일부기각의 재판에 해당하지만 이러한 경우에는 별도로 일부기각의 주문을 내지 아니한다.

Ⅲ. 신청을 받아들이는 재판: 보전명령

1. 서 설

보전명령신청을 받아들이는 재판을 보전명령이라고 한다. 보전명령은 그 명칭과 달리 결정의 성질을 갖는다. 보전명령에는 특별한 사정이 없는 한 담보제공명령이 따르므로 신청을 전부 받아들이는 재판은 별로 없다. 담보제공명령과 보전명령의 고유한 부분을 나누어 살펴보면 다음과 같다.

2. 담보의 제공

제280조 (가압류명령)

② 청구채권이나 가압류의 이유를 소명하지 아니한 때에도 가압류로 생길 수 있는 채무자의 손해에 대하여 법원이 정한 담보를 제공한 때에는 법원은 가압류를 명할 수 있다.

③ 청구채권과 가압류의 이유를 소명한 때에도 법원은 담보를 제공하게 하고 가압류를 명할 수 있다.

④ 담보를 제공한 때에는 그 담보의 제공과 담보제공의 방법을 가압류명령에 적어야 한다.

가. 의 의

보전명령은 피보전권리에 대한 확정적인 판단에 기초하지 아니하고 채권자의 소명만으로 채무자의 재산을 동결하거나 일정한 행위를 금지시키는 조치이다. 그러므로 추후에 보전처분이 잘못된 것으로 밝혀질 경우에 대비하여 보전처분으로 인한 채무자의 손해를 손쉽게 회복할 수 있는 장치가 필요하다. 이에 민사집행법은 보전명령을 발하기에 앞서 또는 보전명령의 발령과 동시에 채무자의 손해배상청구권을 담보하기 위하여 법원의 재량으로 채권자에게 담보제공을 명할 수 있도록 하고 있다(제280조 2항 · 3항, 제301조). 담보제도의 기능은 이해관계인의 손해에 대한 재원을 확보하는 동시에 손해배상청구권 행사를 절차적으로 용이하게 하는 데 있다.

나. 담보의 성질

보전명령의 발령에 따른 담보제공은 총론에서 설명한 '집행에 관한 담보'에 다름 아니다. 담보물의 제공을 공탁의 방법에 의하는 경우 그 성질은 소위 담보공탁에 해당한다는 점도 앞서 설명하였다.

다. 소명의 요부

청구채권이나 보전의 필요성에 관하여 적극적인 소명이 없는 경우에는 신청을 기각하는 것이 보통이다. 그러나 이러한 경우에도 담보제공을 조건으로 보전명령을 발령할 수 있다(제280조 2항). 이와는 달리 청구채권이나 보전의 필요성이 없음을 채무자가 소명으로 밝힌 경우에는 담보제공을 조건으로 하여서도 보전명령을 발령하여서는 아니 된다.

라. 담 보 액

담보액은 법원의 재량으로 정한다. 담보액 산정에 고려의 요소로는 소명의 유무, 보전처분의 종류와 내용 및 그로 인하여 채무자가 입을 수 있는 손해의 정도, 채권자와 채무자의 자력, 피보전권리와 목적물의 가액 등을 들 수 있다. 채권자가 대한민국인 경우에는 담보제공의무를 과하지 않는 것이 보통이다. 피보전권리가 근로자의 임금채권인 경우에는 담보제공을 명하지 아니하거나 일반적인 기준보다 소액의 담보제공을 명하는 것이 보통이다. 종래 공법인이나 금융기관의 경우에도 통상 자력이 충분함이 인정되고 사실상 피보전권리의 주장에 허위의 가능성이 거의 없다는 점에서 담보제공을 명하지 아니하는 것이 보통이었다. 그러나 신용카드사 등이 이 점을 악용하여 보전처분을 남용하는 문제점이 지적되어 왔고 현재는 채권자가 공법인이나 금융기관인 경우에도 담보제공을 명하는 것이 일반적이다. 담보제공액의 산정은 위와 같이 법원의 재량으로 정할 것이지만 어느 정도 일반적인 기준에 따르는 것이 재판의 공정을 위해 필요하고 당사자의 입장에서도 보전처분을 신청할 것인지 여부를 정하는데 도움이 된다. 아래의 기준은 일응의 기준으로 법원이 이에 대하여 구속되는 것은 아니다.

[담보액산정기준표]

보전처분의 종류	산정기준	목적물		
		부동산 등	유체동산	채권 등
가 압 류	청구채권액	1/10	4/5	2/5
처분금지가처분	목적물가액	1/10	1/3	1/5
점유이전금지가처분	목적물가액	1/20	1/5	

위 표에서 부동산 등은 부동산·건설기계·자동차, 채권 등은 채권 및 그 밖의 재산권을 가리킨다. 유체동산에 대한 보전처분 대하여 상대적 높은 담보액의 제공을 명하는 이유는 채무자의 가재도구나 생산용구에 대한 가압류의 남용을 막기 위한 조치이다.

마. 담보제공명령

(1) **담보제공명령의 시기** 담보제공명령은 보전명령의 발령과 동시에 하는 것이 보통이지만 보전명령의 발령에 앞서 담보제공을 명하는 경우도 있다. 전자를 동시담보제공명령이라 하고 후자를 사전담보제공명령이라고 하면 좋을 것이다. 동시담보제공명령에 따른 담보제공은 보전명령의 집행개시요건이 된다. 실무상 사전담보제공명령을 하는 경우는 잘 보이지 않는다. 사전담보제공명령을 하는 것이 재판의 결과를 미리 알려준다는 인상을 심어줄 수 있기 때문이다. 사전담보제공명령이 있음에도 담보제공을 하지 아니하는 경우에는 신청을 각하할 것이지만 담보제공이 있더라도 반드시 보전명령을 하여야 하는 것은 아니다.

(2) **개별보증** 수 인의 채무자를 위하여 또는 수 인의 채권자가 연대하

여 보증을 제공하는 것을 공동보증이라 한다. 공동보증을 인정하면 보증에 관한 권리관계가 복잡해질 염려가 있으므로 개별보증을 원칙으로 삼는 것이 타당하며, 예외적으로 손해발생이 채무자 사이에 불가분적으로 생기는 것이 예상되는 경우이거나 본안소송이 필수적 공동소송에 해당하는 경우에는 채무자들에 대한 공동보증 또는 채권자 사이의 연대보증의 제공을 명할 것이라고 한다(반대견해 있음). 사견으로는 보증제공자 즉 채권자가 수인인 경우에는 보증으로 제공한 담보를 실행함에 있어 그리 번잡할 것이 없으므로 채권자의 부담을 경감하는 면에서 공동보증을 폭넓게 허용하는 것이 좋다고 본다.

(3) 고 지 담보제공명령은 그 자체로는 채무자에게 아무런 이해관계가 없으므로 채권자에게만 고지한다(제281조 3항, 제301조).

(4) 불 복 담보제공명령은 독립하여 불복의 대상으로 삼을 수 없다. 사전담보제공명령은 물론 동시담보제공명령이라도 보전처분절차의 중간적 재판 내지는 보전명령에 부수된 재판에 불과한 것이기 때문이다.

≪판례≫ 담보제공명령에 대한 불복[대법원 2001. 9. 3.자 2001그85 결정]

수소법원이 민사소송법 제507조 제2항 소정의 강제집행정지결정 등을 명하기 위하여 담보제공명령을 내렸다면 이러한 담보제공명령은 나중에 있을 강제집행을 정지하는 재판에 대한 중간적 재판에 해당하는바, 위 명령에서 정한 공탁금액이 너무 과다하여 부당하다고 하더라도 이는 강제집행정지의 재판에 대한 불복절차에서 그 당부를 다툴 수 있을 뿐, 중간적 재판에 해당하는 담보제공명령에 대하여는 독립하여 불복할 수 없다.

사전담보제공명령에 대하여는 담보를 제공하지 않음에 따른 각하결정을 기다려 각하결정을 다투면 된다. 동시담보제공명령에 대하여는 보전명령을 대상으로 하여 불복하면서 불복의 이유에서 담보제공명령의 부당한 점을 지적하면 된다.

바. 담보의 제공방법

담보의 제공은 현금이나 법원이 인정하는 유가증권을 공탁하거나 법원의 허가를 얻어 지급보증위탁문서를 제출하는 방법으로 한다(민소법 제122조). 유가증권의 경우에는 현금화가 용이한 것으로 시세의 변동 폭이 작은 것으로 담보의 목적 달성에 상당한 것이어야 한다. 유가증권으로 담보를 제공하게 하는 경우는 실무상 거의 없다.

≪판례≫ 당좌수표에 의한 담보제공[대법원 2000. 5. 31.자 2000그22 결정]

본래의 현금공탁에 대신하여 공탁담보물의 변환을 구하는 담보제공자 발행의 당좌수표는 금융기관 발행의 수표와는 달리 그 지급 여부가 개인의 신용에 의존하는 것으로서 환가가 확실하다고 볼 수 없으므로 공탁할 유가증권이 되기에 적절하지 못하다.

어떠한 방법에 의할 것인지는 법원이 재량으로 정한다. 다만 부동산·자동차·채권에 관한 가압류를 신청하는 경우에는 담보액과 담보제공방법이 보증서의 제출에 의하는 것으로 사실상 전국법원에 통일되어 있으므로 보전처분 신청과 함께 보증서를 제출하고 신청서에 보증서 제출에 의한 담보제공의 허가를 구하는 의사표시를 함께 기재하는 것이 보통이다(규칙 제204조). 사전담보제공명령에 관하여는 담보제공기간이 지난 경우라도 각하결정 전이기만 하면 유효한 담보의 제공이 가능하다.

사. 담보물의 변경·담보권의 실행·담보의 회수·담보취소

이에 관하여는 총론에서 상세히 설명하였다. 해당 부분의 설명을 참조하길 바란다.

3. 보전명령의 내용

보전명령에 관한 재판은 다음의 사항을 기재한 서면에 의한다.

가. 가압류명령의 내용

⑴ 형식적 기재사항　　가압류 결정서에는 관할법원, 재판의 형식, 사건번호와 사건명에 해당하는 가압류의 유형, 당사자, 법정대리인, 소송대리인의 형식적 기재사항을 기재한다.

⑵ 주　문

㈎ 가압류선언　　피보전권리의 보전을 위하여 채무자의 재산을 가압류한다는 선언을 한다. 채권가압류의 경우에는 가압류의 선언에 더하여 '제 3 채무자는 위 채권에 관한 지급을 하여서는 아니된다'라는 문구를 부가한다.

㈏ 목적재산　　가압류의 목적재산에의 종류에 대하여는 아무런 제한이 없다. 부동산, 유체동산, 채권, 그 밖의 재산권도 모두 가압류의 목적재산이 될 수 있다.

부동산소유권이전등기청구권에 관하여 논란이 있었으나 현행 민사집행법은 명문으로 이를 인정하고 있다(제291조, 제244조 2항). 목적물의 특정에 관하여는 가압류신청에서의 특정에 준해 생각하면 된다.

≪판례≫ 소유권이전등기청구권에 대한 가압류[대법원 1978. 12. 18. 76마381 결정]

민사소송법 제577조에서 말하는 부동산에 관한 청구권의 문리상 당연히 부동산의 인도나 권리이전의 청구권을 총칭하는 것으로 부동산소유권이전등기청구권도 이외에 포함되며 그렇다면 본 집행에의 길이 열려 있는 부동산소유권이전등청구권에 대하여 가압류가 안 될 이유가 없다[전원합의체판결: 본판결로 75.03.10 74마487 판결 폐기].

㈐ 해방공탁금의 표시

第282조 (가압류해방금액)

가압류명령에는 가압류의 집행을 정지시키거나 집행한 가압류를 취소시키기 위하여 채무자가 공탁할 금액을 적어야 한다.

가압류명령에는 가압류의 집행정지 또는 집행취소를 위하여 채무자가 공탁하여야 할 금액을 기재하는데 이를 해방공탁금 또는 해방금이라고 한다(제282조). 해방금의 액수는 통상 청구채권액과 같은 금액으로 하지만 청구채권액과 목적물의 가액 또는 피압류채권액이 현저하게 차이가 있는 때에는 그 중 작은 금액을 기준으로 한다.

㈑ 피보전권리에 관한 사항 피보전권리 내지는 청구채권의 내용과 금액을 기재한다. 청구채권의 내용의 기재는 청구채권의 발생일자와 종류를 기재하고 청구금액의 기재는 금액을 구체적인 수치로 기재한다. 청구권 발생의 원인은 기재하지 아니한다. 피보전권리가 여러 개이면 청구채권의 내용의 기재에 있어서는 각 채권마다 그 내용과 개별채권액을 기재하고 청구금액의 기재에서 각 청구채권액의 합계액을 기재한다. 청구금액의 기재에 있어서 신청에 따라 장래의 지연손해금을 포함시키는 것도 가능하다. 청구채권 내용의 기재는 중복신청의 유무, 가압류의 효력범위, 본안소송의 적법성 내지는 관련성을 밝히기 위한 것이다. 청구금액의 기재는 해방금의 산정, 가압류집행의 한도, 배당금액 산정의 기준을 명확히 하기 위한 것이다.

㈒ 소송비용의 부담 종래에는 소송비용부담에 관하여는 보전명령에서는 하지 않는 것이 보통이었다. 그러나 가처분의 본안화 경향과 더불어 보전소송절차에서도 소송비용의 부담이 적지 않게 되었고 권리의식의 강화로 당사자도 소송비용의 재판을 신청하는 것이 보편화되고 있다. 실무의 운영에 있어서도 심문이나 변론을 거치는 사건에 대하여는 직권으로, 서면심리만에 의하는 사건은 당사자의 신청이 있는 경우에 한하여 소송비용부담의 재판을 하고 있다. 변호사

보수의 소송비용산입에 관하여는 심문이나 변론을 거치는 경우에 한하여서만 보전소송의 소송비용으로 인정될 수 있다(변호사보수의 소송비용산입에 관한 규칙 제3조 2항 단서). 보전집행절차에 소용되는 비용은 여기의 보전소송절차비용과 무관한 것이다.

민사소송법(제110조 1항)은 소송비용액 확정신청에 관하여 재판의 확정을 전제로만 허용하던 것을 재판의 확정 이전에도 당해 재판이 집행력을 갖게 된 경우까지 허용하였다. 이에 따라 확정력이 없는 결정에 해당하는 보전명령에도 소송비용의 재판이 의미를 갖게 되었다. 소송비용부담에 관한 재판은 신청을 배척하는 재판에서도 위에서 설명한 것과 같다.

다만 신청을 배척하는 재판은 즉시항고기간의 경과로 확정된 이후에야 소송비용액확정신청이 가능하며, 신청을 받아들이는 재판은 즉시 집행력이 발생하는 재판이므로 확정과 무관하게 소송비용액확정신청이 가능하다는 점은 서로 다르다.

(3) 이 유　가압류명령을 발하는 이유와 담보에 관한 사항을 기재한다.

(가) 이 유　이유의 유무에 관하여는 별다른 설시 없이 '이유 있으므로' 또는 '이유 없으므로'라고 기재하는 것이 보통이다. 본안화경향이 있는 가처분에 대하여는 판결과 같은 정도로 이유를 상세히 기재하는 경우도 많다.

(나) 담보에 관한 사항　담보에 관한 사항은 이유에서 기재한다. 담보를 제공할 금액과 담보제공의 방법을 정한다. 이를 주문에서 기재하지 않고 이유에서 기재하는 이유는 담보의 제공은 보전소송의 소송물과 직접적인 관련이 없기 때문이다.

(4) 법관의 서명·날인　가압류명령의 말미에는 가압류명령을 발한 법관이 서명·날인을 하여야 한다. 그러나 가압류명령은 판결이 아닌 결정에 해당하는 것이므로 기명으로 서명에 갈음할 수 있다(민소법 제224조 1항 단서).

나. 가처분명령의 내용

가압류명령에서 살펴 본 것과 별 차이가 없다. 차이가 나는 점만을 지적하면 다음과 같다.

(1) 피보전권리에 관한 사항　피보전권리의 내용에 대하여만 기재하고 피보전권리의 금액은 기재하지 아니한다. 가처분은 비금전채권을 피보전권리로 삼기 때문이다.

(2) 주문: 채무자의 처분권 제한

(가) 의 의 가압류명령에서는 채무자의 처분권 제한을 나타내는 방법으로 '가압류한다'라는 선언으로 그치고, 채권을 가압류하는 경우에는 이에 더하여 '제 3 채무자는 채무자에게 위 채권에 관한 지급을 하여서는 아니된다'라는 문구를 부가하는 것으로 정형화 되어 있다. 이것은 가압류명령의 피보전권리가 금전채권으로 금액의 차이를 제외하고는 그 성질과 내용에 있어서 별 차이가 없는 것이기 때문이다. 그러나 가처분의 피보전권리는 비금채권으로 그 내용과 성질이 다양한 점에서 이와는 사정이 전혀 다르다. 실무상으로도 가처분의 신청취지의 기재에 어려움이 있고, 이에 대응하여 민사집행법도 제305조 1항을 두어 법원이 재량에 따라 법원이 신청목적을 이루는데 필요한 처분을 직권으로 정할 수 있게 하고 있다. 그러나 법원의 재량권 행사는 다음과 같은 제한의 범위 내에서 이루어지는 것이어야 한다.

(나) 처분권주의 제305조 1항이 처분권주의를 배척하는 것은 아니며 보전처분절차에서도 민사소송법(제203조)의 처분권주의가 준용된다(반대견해 있음)는 점은 앞서 설명하였다.

(다) 본안의 청구범위 가처분은 본안소송에 부수적 절차이다. 그러므로 가처분명령은 장차 성립될 본안의 청구에 관한 집행권원의 주관적·객관적 효력범위를 넘어서는 것이 아니어야 한다. 이에 관하여는 앞서 설명하였다.

(라) 가처분의 목적범위 가처분은 본안절차의 부수적 절차이다. 이 점은 만족적 가처분에서도 마찬가지이다. 그러므로 가처분은 장차 본안의 승소판결이 확정되어 집행된 것과 같은 종국적이고 완전한 상태를 가져오는 것이어서는 아니 된다. 이러한 취지에서 의사진술을 명하는 가처분은 허용될 수 없다고 본다(반대견해 있음).

≪판례≫ 보전목적을 유월하는 가처분의 금지[대법원 1961. 2. 16. 59다308 판결]
계쟁물에 관한 가처분에 있어서는 법원은 당사자의 신청취지에 구애됨이 없이 직권으로 신청의 목적을 달성함에 필요한 처분을 정할 수 있고 다만 본안판결 확정 전에 청구권을 실시하는 결과를 초래하는 가처분은 보전의 목적을 일탈하는 것이므로 허용되지 않는다.

≪판례≫ 유월 가처분을 곧바로 취소할 것인지 여부[대법원 1955. 10. 6. 55다250 판결]
가처분명령이 장래의 강제집행의 보존목적을 유월할 수 없음은 물론이나 가처분신청 취지가 그 보전목적을 유월한 경우라도 법원은 이에 구애함이 없이 자유로운 의견으로 보전목적 범위 내에서 신청목적을 정함에 필요한 처분을 정할 수 있는 것이다. 따라서 가처분신청이 보전목적을 유월하였다 하여 곧 가처분결정을 취소할 수 없는 것이다.

≪판례≫ 명도결과를 가져오는 출입가처분[대법원 1964. 9. 15. 64마367 결정]

피신청인이 토지에 철조망을 치고 사실상 점유하고 있는 경우에는 피신청인의 점유를 박탈하는 명도단행의 결과가 되는 출입금지처분은 그 성질상 허용될 수 없다.

이와 관련하여 부작위를 명하는 가처분에서 '집행관은 위 명령의 취지를 공시하기 위하여 적당한 조치를 취하여야 한다'는 명령을 부가하는 것이 가처분의 목적범위에서 벗어나는 것이 아닌가 하는 의문이 있다. 실무에서는 분쟁해결의 필요가 있고 당사자의 신청이 있는 경우에는 가처분의 목적범위에 벗어나지 아니하는 것으로 보아 이를 허용하고 있다.

(마) **제 3 자의 권리제한** 가처분 채무자가 아닌 제 3 자의 권리를 직접 제한하는 결과를 가져오는 가처분은 허용되지 아니한다. 예를 들어 채무자의 영업허가 명의변경을 금지하는 가처분에서 아울러 제 3 자인 행정청에게 명의변경절차이행 금지의무를 부과하는 가처분을 해서는 안 된다. 더욱이 행정청의 명의변경행위는 공법행위로서 처분에 해당하는 것이어서 민사절차에 불과한 보전처분절차에서 강제하거나 금지할 것이 못된다.

(바) **집행가능성** 본안에 의한 집행을 예정하지 아니하는 보전처분은 인정될 수 없다. 예를 들어 부부간의 동거를 명하는 가처분은 인정될 수 없다. 그러나 임시지위 가처분의 경우에는 본안에 의한 집행을 예정하지 아니하는 것이라도 무방하다.

(3) 가처분의 방법

제305조 (가처분의 방법)

① 법원은 신청목적을 이루는 데 필요한 처분을 직권으로 정한다.

② 가처분으로 보관인을 정하거나, 상대방에게 어떠한 행위를 하거나 하지 말도록, 또는 급여를 지급하도록 명할 수 있다.

③ 가처분으로 부동산의 양도나 저당을 금지한 때에는 법원은 제293조의 규정을 준용하여 등기부에 그 금지한 사실을 기입하게 하여야 한다.

제305조 1항은 가처분명령에 법원의 재량을 부여하면서 한편으로 제305조 2항은 구체적인 가처분의 방법을 예시하고 있다.

(가) **보관인을 정하는 방법** 가처분의 대상이 부동산이나 동산과 같은 물건이거나 어업권과 같은 계속적 권리인 경우 또는 유아인 경우에는 보관인을 정하

는 방법에 따른다. 보관인은 채무자로부터 그 대상을 인도받아 보관하는 데 채무자가 인도를 거부하는 경우에는 채권자의 신청에 따라 집행관이 제257조, 제258조의 규정에 따라 채무자로부터 점유를 빼앗아 보관인에게 인도한다. 통상 집행관을 보관인으로 삼는다.

(나) **작위·부작위를 명하는 방법** 가처분의 목적 달성을 위해 채무자의 작위나 부작위가 필요한 경우에는 그러한 작위나 부작위를 명한다. 채무자의 행위는 사실상의 행위인가 법률상의 행위인가 또는 양자의 복합적 행위인가를 묻지 아니한다. 재판상의 행위는 물론 재판외의 행위인가도 묻지 아니한다.

(다) **인도·지급을 명하는 방법** 가처분 목적 달성에 채무자의 물건이나 금전을 인도하거나 지급이 필요한 경우에는 인도나 지급을 명할 수 있다.

(라) **부수적 처분** 위와 같은 채무자의 처분권을 제한하는 가처분의 내용과 방법이 정해진 경우에는 가처분에 따른 이해관계인 등에 대한 영향을 감안하여 직권으로 부수적인 처분을 내릴 수 있다. 이사직무집행정지가처분에 부수하여 직무대행자를 정하는 가처분이 대표적이다.

≪판례≫ 직무대행자의 지위[대법원 2006. 1. 26. 선고 2003다36225 판결]

[1] 민사집행법 제300조 제 2 항의 임시의 지위를 정하는 가처분은 권리관계에 다툼이 있는 경우에 권리자가 당하는 위험을 제거하거나 방지하기 위한 잠정적이고 임시적인 조치로서 그 분쟁의 종국적인 판단을 받을 때까지 잠정적으로 법적 평화를 유지하기 위한 비상수단에 불과한 것으로, 가처분결정에 의하여 학교법인의 이사의 직무를 대행하는 자를 선임한 경우에 그 직무대행자는 단지 피대행자의 직무를 대행할 수 있는 임시의 지위에 놓여 있음에 불과하므로, 가처분결정에 다른 정함이 있는 경우 외에는 학교법인을 종전과 같이 그대로 유지하면서 관리하는 한도 내의 학교법인의 통상업무에 속하는 사무만을 행할 수 있다.

[2] 가처분결정에 의하여 선임된 학교법인 이사직무대행자가 그 가처분의 본안소송인 이사회결의무효확인의 제 1 심판결에 대하여 항소권을 포기하는 행위는 학교법인의 통상업무에 속하지 않는다고 보아야 할 것이므로, 그 가처분결정에 다른 정함이 있거나 관할법원의 허가를 얻지 아니하고서는 이를 할 수 없다.

이러한 부수적 처분은 직권에 의하는 것이고 이해관계인 등은 이에 관한 신청권이 없으며 불복할 수도 없다. 통상 부수적 처분에 관하여도 신청취지에 기재하는 경우가 많으나 직권발동을 촉구하는 의미 밖에 없는 것이고 법원은 이에 구속되지도 않는 것이다.

≪판례≫ 직무대행자선임의 성질[대법원 1979. 7. 19.자 79마198 결정]

[1] 어떤 단체 대표자의 직무집행을 정지하고 그 대행자를 선임하는 가처분을 하는 경우 어느 특정한 사람을 그 직무대행자로 선임할 것인가는 법원의 자유재량에 속한다 할 것이니 어떤 특정인을 직무대행자로 선임하여 달라고 요구하는 권리는 누구에게도 인정되지 아니한다.

[2] 어느 특정한 사람을 그 직무대행자로 선임해 달라는 신청을 법원에 대하여 직권발동을 촉구하는 취지로 본다 할지라고 본래 개입 신청권 없는 재항고인들은 법원의 개입 여부에 관한 처분에 대하여는 불복할 수 없다.

직무대행자로 선임된 자가 임의로 직무권한의 대부분을 다른 사람에게 위임하는 것과 같이 직무대행자 선임결정을 변경하는 것과 같은 결과를 가져오는 행위는 허용되지 아니한다.

≪판례≫ 직무대행자의 권한범위[대법원 1984. 2. 14. 선고 83다카875, 876, 877 판결]

법원의 가처분명령에 의하여 선임된 회사의 대표이사 직무대행자가 회사의 업무집행기관으로서의 기능발휘를 전혀 하지 아니하고 그 가처분을 신청한 사람측에게 그 권한의 전부를 위임하여 회사의 경영을 일임하는 행위는 가처분명령에 의하여 정하여진 대표이사 직무대행자의 회사경영책임자로서의 지위에 변동을 가져오게 하는 것으로서 가처분 명령에 위배되는 행위일 뿐만 아니라 회사업무의 통상적인 과정을 일탈하는 것으로서 이를 회사의 상무라고 할 수 없으므로, 가처분명령에 특히 정한바가 있거나 법원의 허가를 얻지 않고는 할 수 없다 할 것이다.

법원으로서도 기존의 직무대행자 선임결정을 취소함이 없이는 새로운 직무대행자를 선임할 수 없다.

(4) **해방금의 기재** 비금전채권이라도 궁극적으로는 금전에 의한 손해전보를 통해 채권의 만족을 얻을 수 있다. 이러한 점에서 비금전채권을 피보전권리로 하는 가처분에서 그 목적물에 갈음하여 금전을 공탁함을 허용하자는 입장도 있다. 즉 가처분에서 해방공탁을 인정하고 그 주문에 해당금의 기재를 인정하자는 것이다. 그러나 가처분의 1차적인 목적은 금전적 만족이 아닌 피보전권리인 비금전채권의 채권의 본지에 따른 만족을 추구하는 절차이고, 제307조가 정하는 특별사정에 의한 가처분 취소제도는 입법취지상 가압류 해방공탁에 상응하는 제도라는 점에서 가처분의 주문에서는 해방금의 기재가 인정될 여지가 없다고 본다. 판례의 입장도 같다.

≪판례≫ 가처분과 해방공탁금[대법원 2002. 9. 25.자 2000마282 결정]

금전채권이나 금전으로 환산할 수 있는 채권의 보전을 목적으로 하는 가압류와 달리 가처분은 금전채권을 제외한 특정물에 대한 이행청구권 또는 다툼이 있는 권리관계의 보전에 그 본래의 목적이 있다는 점과 민사집행법 제307조에서 특별사정으로 인한 가처분의 취소를 별도로 규정한 법의 등에 비추어 볼 때 해방공탁금에 관한 민사집행법 제282조의 규정은 가처분에는 준용할 수 없다고 해석함이 타당하다.

Ⅳ. 보전명령의 고지

1. 신청을 배척하는 재판

제281조 (재판의 형식)

③ 담보를 제공하게 하는 재판, 가압류신청을 기각하거나 각하하는 재판과 제 2 항의 즉시항고를 기각하거나 각하하는 재판은 채무자에게 고지할 필요가 없다.

신청을 배척하는 결정은 채권자에게만 고지한다. 신청을 배척하는 결정은 채무자에게 아무런 불이익이 없고 보전처분의 밀행성에 비추어 채무자에게는 아무런 고지를 하지 않는다(제281조 3항, 제301조). 신청을 배척하는 재판에 대한 즉시항고를 기각하거나 각하하는 재판도 이와 마찬가지 이유로 채무자에게 고지 아니한다.

2. 신청을 받아들이는 재판

신청을 받아들이는 결정 즉 보전명령은 채권자와 채무자에게 송달하여야 한다(규칙 제203조의 4). 보전명령은 결정에 해당하므로 상당한 방법으로 고지하는 족할 것이지만(민소법 제221조), 당사자에 미치는 영향이 중대한 점에서 그 예외를 인정한 것이다. 앞서 설명한 바와 같이 담보에 관한 재판, 보전신청을 배척하는 재판 및 배척재판에 대한 즉시항고를 배척하는 재판을 채권자에게만 고지하는 것과 구별해야 한다(제281조 3항). 보전명령이 집행불능으로 귀결되는 경우나 집행의 착수 없이 집행기관이 도과한 경우에는 보전명령은 그 자체로 채무자에게 불이익이 없으므로 채무자에게 송달할 필요가 없지 않은가 하는 의문이 있으나, 실무는 이 경우에도 채무자에게 송달하여야 하는 것으로 하고 있다. 다만 채무자에 대한 송달은 채무자의 집행면탈을 예방하기 위하여 보전명령의 집행착수 이후에 송달하는 것이 보통이다(제292조 3항).

V. 보전명령의 효력

1. 보전명령의 효력발생시기

가. 효력발생시기

제292조 (집행개시의 요건)

① 가압류에 대한 재판이 있은 뒤에 채권자나 채무자의 승계가 이루어진 경우에 가압류의 재판을 집행하려면 집행문을 덧붙여야 한다.

③ 제 2 항의 집행은 채무자에게 재판을 송달하기 전에도 할 수 있다.

보전명령의 송달시점과 집행착수시점 중 앞선 시점에 보전명령의 효력이 발생한다. 다만 집행력은 채무자에 대한 송달 없이도 효력을 발생한다(제292조 3항).

나. 보전명령의 경정과 제 3 채무자

재판의 경정은 재판의 동일성이 유지되는 범위에서 명백한 오기나 위산을 바로 잡는 것이다. 보전명령에 있어서도 당사자를 기준으로 동일성이 유지되는 한도에서 경정이 허용된다. 경정이 있다고 하더라도 보전명령의 효력발생시기에는 영향이 없는 것이 원칙이다. 그러나 제 3 채무자의 기준에서 경정 전후의 동일성이 인정되지 아니하는 경우에는 경정시를 보전명령의 효력발생시기로 삼아야 한다. 상세한 설명은 앞서 전부명령의 경정에 관한 논의를 참고하면 된다.

2. 효력의 내용

보전명령은 재판의 하나로 다음과 같은 효력을 갖는다. 여기서 설명하는 것은 보전명령 자체의 효력으로 보전집행의 효력과 구별해야 한다.

가. 구 속 력

보전명령은 이를 발령한 법원이라도 스스로 이를 취소하거나 변경할 수 없다(제23조 1항, 민소법 제446조). 그러나 보전명령신청에 관한 재판에 대한 불복으로 즉시항고나 이의신청이 있는 경우에는 재도의 고려가 허용되므로 그러한 한도에서 보전명령을 발령한 법원이 스스로 취소하거나 변경할 수 있다(제286조 5항, 제301조, 제23조 1항, 민소법 제446조).

나. 집 행 력

보전명령은 채권자에게 송달되면 확정을 기다리지 않고 즉시 효력을 발생한다. 그러므로 가집행선고가 필요없다. 보전명령에 따른 집행에 있어서 당사자의 승계가 있는 경우를 제외하고는 집행문을 필요로 하지 않는다.

다. 잠정적 효력

보전명령은 피보전권리의 보전을 위한 잠정적·가정적인 효력을 갖는 것이고 종국적이고 확정적인 효력을 갖는 것은 아니다. 그렇다고 하여도 채권자가 본안소송에서 패소하였다는 사정만으로 보전명령의 효력이 상실되는 것은 아니다.

라. 형식적 확정력

보전신청을 배척하는 재판은 즉시항고기간의 경과 또는 즉시항고를 배척하는 재판에 의하여 확정되며, 보전신청을 받아들이는 재판, 즉 보전명령은 이의신청에 의한 재판이 확정되면 형식적 확정력이 발생한다. 그러나 보전명령의 취소제도의 존재로 인하여 형식적 확정력이 미약하다.

마. 실체적 확정력(기판력)

실체적 확정력 즉 기판력은 원칙적으로 판결에 관하여 인정되는 효력이다. 결정에 관하여는 일반적으로 기판력이 인정되지 아니한다. 결정절차는 입증의 정도에 있어서 증명이 아닌 소명에 의하고 필요적 변론이 아닌 임의적 변론에 의하는 점에서 기판력을 인정하기 어려운 것이다. 그러므로 보전에 관한 재판은 원칙적으로 판결이 아닌 결정에 의한 절차라는 점에서 기판력을 인정하기 어렵다. 또한 보전에 관한 재판은 본질적으로 잠정적·임시적 규율이라는 점에서 판결에 의한 재판이 이루어진 경우라도 기판력을 인정하기 어렵다. 아래 판례는 민사집행법 개정 이전의 것이지만 이러한 점을 잘 보여준다.

≪판례≫ 가처분판결에 기판력이 인정되는지 여부[대법원 1977. 12. 27. 선고 77다1698 판결]
가처분이의사건에서 피보전청구권이 소멸되어 보전신청이 판결에 의하여 인용 확정되었다고 하더라도 그로써 피보전청구권에 관해서 기판력이 생기는 것은 아니다.

Ⅵ. 보전명령에 대한 불복

사 례 56 담보제공명령에 대한 불복

갑·을·병은 정의 고층의 건물신축으로 인하여 일조권침해를 우려하여 공사중지가처분을 신청하였다. 이에 법원은 갑·을·병에 대하여 각 금 3,000만원의 담보제공을 조건으로 공사중지가처분명령을 발하였다. 이에 갑·을·병은 담보제공방법에 있어서 개별보증이 아닌 공동보증에 따라야 한다는 것을 지적하며 담보제공명령에 대한 즉시항고를 제기하였다. 법원은 위 즉시항고에 대하여 어떻게 판단하여야 하는가?

1. 신청을 배척하는 재판에 대한 불복

제281조 (재판의 형식)

② 채권자는 가압류신청을 기각하거나 각하하는 결정에 대하여 즉시항고를 할 수 있다.

신청을 배척하는 결정에 대하여는 즉시항고에 의하여 불복할 수 있다(제281조 2항, 제301조). 담보제공명령은 실질적으로 신청을 일부 배척하는 재판에 해당하므로 신청을 각하하는 재판 또는 보전명령에 대하여 즉시항고로 다투면서 담보제공명령의 부당한 점을 지적하면 된다. 담보제공명령만을 독립하여 다툴 수는 없다.

≪판례≫ 담보제공명령에 대한 다툼의 방법[대법원 2000. 8. 28.자 99그30 결정]

무담보의 가압류결정을 구하는 신청에 대하여 법원이 일정한 액수의 담보를 제공하는 것을 조건으로 가압류를 명하는 경우 이는 실질적으로 가압류신청에 대한 일부 기각의 재판과 같은 성격을 가지는 것이므로 신청인으로서는 위 일부 기각 부분(담보를 조건으로 명한 부분)에 대하여 불복할 이익을 갖는다고 할 것이고, 담보의 수액이 지나치게 과다하다고 다투는 경우도 마찬가지로 보아야 할 것인데, 이 때 담보를 제공할 것을 명한 부분을 다투거나 담보의 수액이 지나치게 많다고 하여 다툴 수 있는 방법은 법률상 다른 특별한 규정이 없는 이상 가압류신청의 일부 또는 전부가 기각이나 각하된 경우와 마찬가지로 통상의 항고로써 다툴 수 있다(현행법은 즉시항고로 다투게 하고 있다/필자 각주).

항고법원의 결정에 대하여는 재항고로 다툴 수 있다. 재항고가 받아들여지는 경우는 극히 드물다(상고심절차에 관한 특례법 제7조, 제4조 2항).

2. 신청을 받아들이는 재판에 대한 불복

보전명령에 대하여는 이의절차라는 특별한 불복방법을 두고 있다. 이의절차 등 보전명령에 대한 다양한 구제방법에 대하여는 제4장 구제절차에서 상세히 설명하기로 한다.

사례 56 〈해설〉 담보제공명령에 대한 불복

1. 중간적·부수적 재판에 대한 불복

담보제공명령은 보전명령절차상 중간적 재판 또는 보전명령에 부수된 재판으로 독립하여 불복의 대상으로 삼을 수 없다. 따라서 담보제공명령만에 대한 불복은 일응 부적법하다. 채권자 갑·을·병의 담보제공명령 부분에 대하여 다투고자 한다면 가처분명령에 대하여 즉시항고를 하면서 신청취지에 담보제공명령부분에 대한 다툼이라는 취지를 밝히는 것이 올바른 불복방법이다.

2. 무효행위의 전환과 선해적법

사례에서 채권자의 즉시항고를 각하하면 절차상의 과오로 채권자들이 불복할 권리를 잃게되고 그것은 매우 가혹하여 소송법이 규제하는 취지에 반한다 할 것이다. 따라서 이러한 경우에는 무효행위의 전환을 인정하여 가처분명령에 대한 즉시항고로 취급하여야 한다. 따라서 법원은 채권자들의 즉시항고를 적법한 것으로 취급하여야 한다고 본다.

3. 개별보증과 공동보증

공동보증은 피보전권리의 침해로 인한 손해가 채권자들 사이에 불가분적이거나, 보전처분으로 인한 손해가 채무자들 사이에 불가분적인 경우에 한정되어야 한다고 보는 것이 일반적이다(반대견해 있음). 사례의 경우 정의 건축으로 인한 손해가 갑·을·병 사이에 불가분성 또는 본안에 있어서 필수적 공동관계를 인정할 여지가 없으므로 공동보증을 명할 것이 아니다. 따라서 법원은 즉시항고를 기각하여야 한다.

제 3 장　보전집행절차

개　관

보전소송절차를 통하여 만들어진 보전명령을 집행하는 절차이다. 이러한 보전집행절차는 본질적으로 통상의 민사집행절차에 해당하는 것이다. 다만 통상의 민사집행절차 중 압류의 단계까지만 집행하는 절차라는 점에 특색이 있다. 그러므로 집행의 방법은 앞서 살펴본 여러 집행절차상 압류절차와 다를 것이 없고, 보전집행의 효력이라고 하는 것은 앞서 살펴본 압류의 효력에 다름 아니다. 다만 통상의 민사집행은 집행권원과 격리된 제도임에 비하여 보전집행은 보전명령이라는 집행권원과 밀착된 점에서 다소 차이가 있다.
한편 가압류는 금전채권만족을 예비한 제도라는 점에서 그 효력을 공통적으로 파악이 가능하지만 가처분의 피보전권리는 다양하여 그 효력을 피보전권리의 유형에 따라 개별적으로 따져야 보아야 하는 점에 어려움이 있다.

학습목표

1. 보전소송절차와 보전집행절차의 결합구조를 이해하다.
2. 피보전권리와 목적물에 따른 개별적인 보전집행의 구체적 절차를 정리한다.
3. 피보전권리와 목적물에 따른 보전집행의 효력을 파악한다.
4. 보전집행과 본집행 사이의 연결과 그 효력을 알아둔다.

제 1 절 서 론

Ⅰ. 강제집행규정의 준용

보전처분절차는 보전소송절차와 보전집행절차의 2원적 구조로 되어 있으며, 하나의 단행법 내에 있으면서도 그 성질과 법적 규율은 전혀 다른 점을 보여준다. 보전소송절차의 진행은 보전명령이라 집행권원을 형성하는 차로 대체로 민사소송법의 판결절차에 관한 규율에 준하는 것이지만(제23조 1항), 보전집행절차는 그 성질상 민사집행법 중 강제집행에 관한 규율에 준하고 있는 것이다(제291조, 제301조, 규칙 제218조).

Ⅱ. 강제집행과의 차이점

1. 신속한 집행의 지향

보전집행절차는 강제집행에 관한 규율에 준하는 것이지만 통상의 강제집행절차와 비교하여 전체적으로 신속한 집행에 초점이 맞추어져 있는 점에 특색이 있다. 보전명령은 확정을 기다리지 않고 그 성립과 동시에 집행력이 인정되는 점, 보전명령에 가집행선고가 필요 없는 점, 당사자 승계의 경우를 제외하고는 집행문을 요구하지 않는 점, 집행권원의 송달 전 집행을 허용하는 점, 집행기간의 제한을 둔 점, 사실상 별도의 집행신청을 요구하지 않는 경우가 있는 점 등을 그 예로 들 수 있다.

2. 집행기간제도

제292조 (집행개시의 요건)

② 가압류에 대한 재판의 집행은 채권자에게 재판을 고지한 날부터 2주를 넘긴 때에는 하지 못한다. 〈개정 2005. 1. 27〉

가. 의 의

보전명령은 채권자에게 재판을 고지하거나 송달한 날로부터 2주일이 경과한 때에는 집행하지 못한다(제292조 2항, 제301조). 보전처분은 임시적·잠정적 조치로 보전명령 이후에 언제까지라도 집행을 할 수 있도록 하는 것은 부적절하다는 이유에서 위와 같이 집행기간의 제한을 두고 있는 것이다. 집행기간제도에 관한 규정은 공익적 규정으로 재판으로 그 기간을 신장할 수 없으며 채무자도 기간도과의 이익을 포기할 수 없다. 채권자가 책임질 수 없는 사유로 집행기간을 놓친 경우라도 그것이 채무자의 방해행위에 기인한 것이 아니라면 집행에 나아가지 못한다.

나. 기 산 점

집행기간의 기산점은 집행이 가능한 시점을 기준으로 한다. 원칙적으로 보전명령은 채권자에게 보전명령을 고지하거나 송달한 날로부터 집행력이 생기므로 고지 또는 송달 시점이 기산점이 된다. 가압류집행과 점유이전금지가처분집행에 있어서는 이러한 설명이 그대로 타당하다. 그러나 다음과 같은 경우에는 그 성질상 기산점을 위와 같은 기준을 그대로 따르기 어려운 문제가 있다.

(1) **작위를 명하는 가처분** 　작위를 명하는 가처분명령의 집행신청은 가처분재판의 고지일이 집행기간의 기산점이 된다. 다만 가처분에서 명하는 부대체적 작위의무가 일정 기간 계속되는 경우라면, 채무자가 성실하게 그 작위의무를 이행함으로써 강제집행을 신청할 필요 자체가 없는 동안에는 위 집행기간이 진행하지 않고 채무자의 태도에 비추어 작위의무의 불이행으로 인하여 간접강제가 필요한 것으로 인정되는 때에 그 시점부터 위 14일의 집행기간이 기산되는 것으로 보아야 할 것이다.

≪판례≫ 부대체적작위의무이행명령의 집행기간[대법원 2001. 1. 29.자 99마6107 결정]

[1] 부대체적 작위채무의 이행을 명하는 가처분 결정을 받은 채권자가 간접강제의 방법으로 그 가처분 결정에 대한 집행을 함에 있어서도 민사소송법 제715조에 의하여 민사소송법 제708조 제 2 항의 규정이 준용되므로, 특별한 사정이 없는 한 가처분 결정이 송달된 날로부터 14일 이내에 간접강제를 신청하여야 함이 원칙이고, 위 집행기간이 지난 후의 간접강제 신청은 부적법하다고 할 것이며, 다만 가처분에서 명하는 부대체적 작위의무가 일정 기간 계속되는 경우라면, 채무자가 성실하게 그 작위의무를 이행함으로써 강제집행을 신청할 필요 자체가 없는 동안에는 위 집행기간이 진행하지 않고, 채무자의 태도에 비추어 작위의무의 불이행으로 인하여 간접강제가 필요한 것으로 인정되는 때에 그 시점부터 위 14일의 집행기간이 기산되는 것으로 보아야 할 것이다.

[2] 장부 등 열람·등사 가처분 결정에 대한 간접강제 신청이 집행기간을 도과하여 부적법하다고 한 사례.

(2) **부작위를 명하는 가처분** 　부작위를 명하는 가처분은 그 성질상 별도의 집행이 문제되지 아니한다. 그러므로 집행기간의 기산점은 채무자의 부작위

명령 위반행위가 있는 날을 기준으로 2주일 이내에 명령위반 결과의 방지나 제거를 위한 신청이 있으면 된다고 볼 것이다. 그러나 부작위 가처분에서 그 취지를 공시할 것을 명하는 경우 공시명령에 관하여는 즉시 집행이 가능하므로 집행기간에 관한 규정이 적용된다.

≪판례≫ 부작위 가처분명령의 집행기간[대법원 1982. 7. 16.자 82마카50 결정]

부작위를 명하는 가처분은 그 가처분재판이 채무자에게 선고 또는 송달됨으로써 그 효력이 발생하고 채무자가 그 명령위반행위를 한때에 비로소 대체집행 또는 간접강제의 방법에 의하여 부작위 상태를 실현시킬 필요가 생기는 것이므로 위 가처분에는 집행기간에 관한 민사소송법 제708조 제 2 항이 준용되지 않으나, 다만 위 가처분에서 그 취지를 공시할 것을 아울러 명한 경우에는 이 명령부분은 즉시 집행이 가능하므로 이 부분의 집행에 관해서는 위 집행기간의 규정이 준용되며, 그 가처분재판이 변론을 거쳐 선고된 경우에는 선고 뒤에 재판서가 송달되었다 하여도 위 집행기간은 선고일로부터 기산하여야 한다.

(3) **정기행위를 명하는 가처분** 정기행위를 명하는 가처분에 대하여는 각각의 이행기에 이른 행위별로 별도로 집행기간을 정하는 것이 타당할 것이다.

(4) **개별법상 등기기간** 가처분의 집행방법으로 등기절차가 따르는 경우에 당해 등기절차는 가처분의 집행방법에 해당한다. 그러므로 당해 등기절차는 개별법에서 정하는 기간이 아니라 민사집행법상의 집행기간 내에 등기를 하면 족하다. 이때 집행기간의 기산점은 가처분명령의 고지가 있은 날이 된다.

(5) **집행정지** 집행개시 전에 집행정지명령이 있은 경우에는 집행정지명령의 효력이 상실한 때를 기준으로 집행기간을 산정하여야 한다. 보전명령에 대한 이의신청이 있는 것만으로는 집행정지의 효력이 없는 것이므로 집행기간의 산정에 이의신청의 유무를 고려할 것이 아니다.

다. 집행의 착수

2주일의 집행기간 내에 담보제공과 더불어 집행의 신청이 있어야 한다. 예를 들어 작위를 명하는 가처분은 2주일의 기간 내에 대체집행 또는 간접강제의 신청이 있으면 된다. 집행의 신청이 있은 이후의 후속절차는 2주일이 경과한 이후에 이루어져도 상관없다. 이미 실시된 집행에 관하여 보관방법을 변경하는 것과 같은 절차도 집행기간의 제한을 받지 않는다. 보전명령의 집행이 이루어진 이후에 집행이 해제되었다고 하더라도 집행기간의 도과 전이라면 다시 집행에 착수할 수 있다. 보전명령신청이 있으면 보전집행신청이 아울러 있는 것으로 보는 경우에는 집행기간 제한이 별 의미를 갖지 못한다. 이러한 경우에는 집행기관이 집행에 착수한 시점이 집행기간 내에 있으면 된다. 예를 들어 부동산가압류에 있어서는 등기촉탁서가 발송된 때, 채권가압류에 있어서는 제 3 채무자에게 가압류명령을 착수한 때 등이 집행기간 내이면 된다.

라. 기간도과의 효과

집행기간이 도과하면 보전명령은 집행력을 상실한다. 집행력만을 상실할 뿐 보전명령 자체가 효력을 상실하는 것은 아니다. 보전명령 자체의 효력을 상실시키고자 한다면 집행기간 도과라는 사정변경을 이유로 취소신청을 하면 될 것이다. 집행기간 도과 이후의 집행에 관하여는 집행에 관한 이의로 다투면 된다.

Ⅲ. 집행기관

제298조 (가압류취소결정의 취소와 집행)

① 가압류의 취소결정을 상소법원이 취소한 경우로서 법원이 그 가압류의 집행기관이 되는 때에는 그 취소의 재판을 한 상소법원이 직권으로 가압류를 집행한다. 〈개정 2005. 1. 27〉

② 제 1 항의 경우에 그 취소의 재판을 한 상소법원이 대법원인 때에는 채권자의 신청에 따라 제 1 심 법원이 가압류를 집행한다.

강제집행의 경우와 같다. 그러나 집행취소절차를 제외하고는 법원이 집행기관인 경우에 그 직무는 사법보좌관이 아닌 법관이 담당한다. 또한 선박·항공기의 경우 선박국적증서 등을 제출하는 방법에 의하여 집행하는 경우에는 강제집행의 경우와 다르다.

제 2 절 가압류집행

Ⅰ. 가압류 집행절차

제291조 (가압류집행에 대한 본집행의 준용)

가압류의 집행에 대하여는 강제집행에 관한 규정을 준용한다. 다만, 아래의 여러 조문과 같이 차이가 나는 경우에는 그러하지 아니하다.

가압류의 피보전권리는 금전채권이다. 그러므로 가압류집행절차는 강제집행절차 중 금전채권에 의한 강제집행절차와 같다. 다만, 가압류는 현금화와 배당절차는 별도로 문제되지 아니한다. 목적물의 종류별로 간략하게 검토해보면 다음과 같다.

1. 부동산(제293조)

부동산에 관한 가압류는 부동산 자체에 대한 가압류와 부동산 수익권에 대한 가압류가 있다. 부동산에 대한 금전채권집행에 있어서 강제경매와 강제관리가 있는 것과 같다. 부동산 수익권에 대한 가압류는 실무상 찾아보기 어렵다.

가. 부동산에 대한 가압류

제293조 (부동산가압류집행)

① 부동산에 대한 가압류의 집행은 가압류재판에 관한 사항을 등기부에 기입하여야 한다.
② 제 1 항의 집행법원은 가압류재판을 한 법원으로 한다.
③ 가압류등기는 법원사무관등이 촉탁한다.

가압류명령에 관한 사항을 등기부에 기입하는 방법으로 집행한다. 가압류를 명한 법원이 집행기관이며 그 등기는 법원사무관 등이 촉탁한다. 법원사무관 등은 자신의 권한과 지위에서 촉탁을 하나 법원사무관 등을 집행기관으로 보지는 않는다. 이러한 의미에서 법원사무관 등을 집행공조기관이라고 한다.

≪판례≫ 촉탁등기와 공정증서원본부실기재죄[대법원 1983. 12. 27. 선고 83도2442 판결]

공정증서원본부실기재죄에 있어서의 불실의 기재는 당사자의 허위신고에 의하여 이루어져야 하므로 법원의 촉탁에 의하여 이루어진 경우에는 가령 그 전제절차에 허위적 요소가 있다 하더라도 그것은 법원의 촉탁에 의하여 이루어진 것이지 당사자의 허위신고에 의하여 이루어진 것이 아니므로 공정증서원본부실기재죄를 구성하지 않는다.

미등기부동산에 대한 가압류를 신청하면서 제81조 1항 2호에 따라 즉시 채무자 명의로 등기할 수 있다는 것을 증명하는 서류(부등법 제130조, 제131조)를 첨부한 경우에는 등기관이 직권으로 목적물에 관한 보존등기를 한 후에 가압류의 기입등기를 한다. 이때의 보존등기를 집행방법으로 볼 것은 아니라고 본다. 그러므로 보존등기의 효력과 가압류 기입등기에 따른 보전집행의 효력은 별개로 판단하여야 할 것이다.

≪판례≫ 처분금지를 위해 개설한 보존등기[대법원 1995. 10. 13. 선고 94다44996 판결]

처분금지가처분 신청에 의하여 가처분결정을 한 가처분 법원의 촉탁으로 아파트에 관하여 원시취득자들인 조합원 앞으로 소유권보존등기가 마치어졌다면, 그 가처분이 피보전권리가 없이 발하여진 것이라 하더라도 그 소유권보존등기는 실체관계에 부합하는 유효한 등기라 할 것이므로, 이에 터 잡아 이루어진 소유권이전등기의 효력을 부정할 수 없다.

나. 부동산수익권에 대한 가압류

제294조 (가압류를 위한 강제관리)

가압류의 집행으로 강제관리를 하는 경우에는 관리인이 청구채권액에 해당하는 금액을 지급받아 공탁하여야 한다.

가압류의 집행으로 강제관리를 하는 경우에는 관리인이 청구채권액에 해당하는 금액을 지급받아 공탁한다.

2. 선박 · 항공기

제295조 (선박가압류집행)

① 등기할 수 있는 선박에 대한 가압류를 집행하는 경우에는 가압류등기를 하는 방법이나 집행관에게 선박국적증서등을 선장으로부터 받아 집행법원에 제출하도록 명하는 방법으로 한다. 이들 방법은 함께 사용할 수 있다.

② 가압류등기를 하는 방법에 의한 가압류집행은 가압류명령을 한 법원이, 선박국적증서등을 받아 제출하도록 명하는 방법에 의한 가압류집행은 선박이 정박하여 있는 곳을 관할하는 지방법원이 집행법원으로서 관할한다.

③ 가압류등기를 하는 방법에 의한 가압류의 집행에는 제293조 제 3 항의 규정을 준용한다.

선박에 대하여 가압류명령에 관한 사항을 선박등기부에 기입하는 방법 또는 선박국적증서 등을 선장으로부터 제출받는 방법에 의한다. 양자의 방법을 병용할 수도 있다. 전자의 방법에 의하는 경우 가압류를 명한 법원이 집행법원이 되며 그 법원의 법원사무관 등이 기입등기를 촉탁한다. 후자의 방법에 의하는 경우 선박이 정박하여 있는 곳을 관할하는 지방법원이 집행법원이 되어 집행관에게 선박국적증서 등을 선장으로부터 넘겨받아 법원에 제출하도록 명한다. 외국선박의 경우에는 후자의 방법에 의할 수 밖에 없다. 종전 정박명령에 관한 규정을 삭제하고 특별한 사정이 있어 선박에 대하여 감수보전의 필요가 있는 경우에는 채권자의 신청에 따라 집행법원이 선박을 감수하고 보존하기 위하여 필요한 처분을 할 수 있도록 하였다(제291조, 제178조 1항). 항공기에 대한 집행은 선박에 대한 집행에 준한다(제187조, 규칙 제209조).

3. 자동차 · 건설기계

자동차와 건설기계관리법에 의하여 등록된 건설기계에 대한 집행은 부동산에 대한 집행에 준한다. 구체적으로는 등록사무 소관청에 가압류취지의 등기를 촉탁하는 방법으로 집행한다. 이를 위하여 자동차 등에 대한 가압류신청서에 자동차 등의 표시는 자동차등록원부의 표제부를 복사하여 제출하도록 권유한다. 등록되지 아니한 건설기계에 대한 집행은 유체동산에 대한 집행에 준한다(제187조, 규칙 제211조). 가압류집행이 이루어진 자동차나 건설기계가 즉시 매각하지 아니하면 현저하게 값이 떨어질 염려가 있거나 보관에 지나친 비용이 드는 경우에는 집행관은 목적물을 매각하여 그 매각대금을 공탁한다(제296조 5항, 규칙 제210조 3항).

4. 유체동산

제296조 (동산가압류집행)

① 동산에 대한 가압류의 집행은 압류와 같은 원칙에 따라야 한다.
④ 가압류한 금전은 공탁하여야 한다.
⑤ 가압류물은 현금화를 하지 못한다. 다만, 가압류물을 즉시 매각하지 아니하면 값이 크게 떨어질 염려가 있거나 그 보관에 지나치게 많은 비용이 드는 경우에는 집행관은 그 물건을 매각하여 매각대금을 공탁하여야 한다.

가. 집행신청

유체동산에 대한 가압류명령의 집행은 채권자의 집행에 관한 별도의 신청 내지는 집행위임이 있어야 한다. 유체동산에 대한 가압류를 신청함에 있어 목적물의 기재를 단순히 '유체동산'이라고 함에 비하여 그 집행을 신청하는 경우에는 유체동산이 있는 장소까지는 특정하여 기재하여 한다. 그러나 유체동산을 개별적으로 특정하여 기재할 필요는 없으며 그러한 개별적인 특정의 기재가 집행관을 구속하는 것도 아니다. 가압류의 대상인 유체동산은 집행관이 가압류명령을 집행하는 행위에 의하여 비로소 개별적으로 특정된다.

나. 집행실시

유체동산에 대한 가압류의 집행은 압류와 같은 방법에 의한다(제296조 1항). 가압류의 집행만으로는 목적물을 현금화하지 못한다. 다만 즉시 매각하지 아니하면 현저하게 값이 떨어질 염려가 있거나 보관에 지나친 비용이 드는 경우에는 집행관은 당사자의 신청이나 집행법원의 명령이 없더라도 직무상의 의무로써 목적물을 매각하여 그 매각대금을 공탁하여야 한다(제296조 5항). 목적물이 현금인 경우에도 집행관이 현금을 공탁한다(제296조 4항).

5. 금전채권

제296조 (동산가압류집행)

② 채권가압류의 집행법원은 가압류명령을 한 법원으로 한다.

③ 채권의 가압류에는 제 3 채무자에 대하여 채무자에게 지급하여서는 아니 된다는 명령만을 하여야 한다.

제297조 (제 3 채무자의 공탁)

제 3 채무자가 가압류 집행된 금전채권액을 공탁한 경우에는 그 가압류의 효력은 그 청구채권액에 해당하는 공탁금액에 대한 채무자의 출급청구권에 대하여 존속한다.

가. 지명채권

지명채권에 대한 가압류의 집행은 가압류를 명한 법원이 채권자의 별도의 신청이 없이도 가압류명령의 발령과 동시에 그 재판의 정본을 제 3 채무자에게 송달하는 방법으로 집행한다.

≪판례≫ 채권가압류명령을 무시한 제 3 채무자[대법원 1975. 5. 13. 선고 73도2555 판결]

제 3 채무자가 채권가압류결정의 정본을 송달받고서 채무자에게 가압류된 돈을 지급하였어도 채권가압류결정의 송달을 받은 것이 형법 142조 소정의 공무상 보관명령이 있는 경우도 아니고 형법 140조 1항 소정의 강제처분의 표시가 있었다고 볼 수 없으니 공무상 보관물의 무효죄 또는 공무상 비밀표시무효죄가 성립하지 않는다.

≪판례≫ 추심·전부채무자의 변제행위[대법원 1983. 7. 12. 선고 83도1405 판결]

채권가압류명령이 송달된 후에는 제 3 채무자는 채무자에게 지급이 금지되고 제 3 채무자가 이에 위반하여 채무자에게 지급하거나 그 후에 취득한 자동채권으로 상계하더라도 채권자에게 대항할 수 없고, 추심 또는 전부명령을 받은 채권자로부터 변제의 청구를 받으면 이를 거절할 수 없으나 그 지급을 금지당하였다가 추심 또는 전부명령을 받은 채권자에게 지급하는 은행의 행위는 자신의 사무처리행위이지 채권자의 사무처리행위라고 볼 수 없으므로 전부명령을 받은 채권자에게 예금액을 지급하지 않았다 하여 배임죄가 성립하지 않는다.

저당권부채권에 대한 가압류에 있어서는 등기부에 가압류기입등기의 촉탁을 먼저하고 보전처분결정서를 송달하는 것이 보통이다. 이때 기입등기는 가압류의 집행과 직접 관련은 없는 것으로 단순한 공시기능을 함에 그치는 것으로 가압류의 효력발생요건이나 대항요건과는 무관하다. 가압류의 기입등기가 있다고 하더라도 가압류 명령의 송달이 이루어지지 않은 이상 가압류집행의 효력은 발생할 수 없는 것이다.

가압류명령의 당사자에 대한 송달은 집행 자체와는 무관한 것이다. 제 3 채무자의 주소불명 등으로 송달불능 된 때에는 법원은 채권자에게 상당한 기간을 정하여 주소보정명령을 내리게 되는데 이때 주소보정은 법원이 정한 상당한 기간 내에 이루어지기만 하면 되고 집행기간의 적용을 별도로 받는 것은 아니다. 가압류집행이 집행신청의 취하나 집행취소결정의 확정의 사유가 있는 때에는 법원사무관 등은 그 사실을 제 3 채무자에게 통지한다(제160조 1항, 규칙 제218조). 집행신청이 취하된 경우에는 채무자에게도 그 사실을 통지한다(규칙 제16조).

나. 지시채권

배서가 금지되지 아니한 지시채권에 대한 집행은 유체동산에 대한 집행과 같다(제291조, 제189조 2항 3호). 배서가 금지된 지시채권에 대한 집행은 지명채권에 대한 집행에 준한다(제291조, 제233조). 다만 지시채권의 특질상 지명채권에 대한 집행방법에 더하여 증권에 대한 점유를 확보하는 집행이 함께 이루어져야 한다.

≪판례≫ 어음에 대한 가압류명령의 집행[대법원 1976. 3. 23. 선고 76다198 판결]

어음의 가압류나 압류는 민사소송법 707조, 566조에 의하여 가압류명령이나 압류명령을 제 3 채무자에게 송달하는 외에 집달리가 그 어음증권을 점유하여야 하고 그렇지 않으면 가압류나 압류의 효력이 생기지 않는다(같은 취지: 대법원 1997. 11. 14. 선고 97다38145 판결).

제 3 채무자에 대한 가압류명령의 송달은 가압류를 명한 법원이 집행기관이 되어 가압류명령을 발함과 동시에 한다. 이에 비하여 증권의 점유확보를 위한 집행은 채권자가 가압류명령에 기하여 집행관에게 집행위임을 함으로써 이루어진다.

6. 유체물 인도 · 권리이전청구권

이전등기청구권에 대한 가압류명령은 제 3 채무자에게 가압류명령을 송달하는 방법으로 집행한다. 가압류의 대상인 소유권이전등기청구권이 가등기된 경우 이외에는 가압류집행을 등기부를 통하여 공시할 방법이 없다.

7. 지적재산권

지적재산권에 대한 집행은 그 밖의 재산권에 대한 강제집행(제251조)에서 정한 방법에 준한다. 지적재산권에 대한 가압류명령은 통상 제 3 채무자가 없는 것이 보통이다. 등록관청이 제 3 채무자가 아니라는 점에 특히 주의할 것이다. 그러므로 등록관청에는 가압류명령을 송달할 것이 아니고 법원사무관 등이 직권으로 가압류기입등록 촉탁을 함에 그친다(제94조, 규칙 제213조 2항). 한편 지적재산권의 공유지분에 대한 집행에서 다른 공유자와 전용실시권 등에 대한 집행에서 특허권자는 제 3 채무자로 취급된다.

8. 전세권 등

가. 전세권에 대한 가압류

전세권이라는 물권도 가압류의 대상으로 삼을 수 있다. 그러나 기간만료 등으로 담보물권적 효력만 가지고 있는 전세권은 가압류의 대상으로 삼을 수 없으며, 이러한 경우에는 전세금반환청구권을 가압류하여야 한다. 전세권에 대한 가압류명령에 따라 그 취지를 등기부에 기입하는 방법으로 집행한다. 전세권은 물권으로 전세권설정자는 제 3 채무자가 아니다. 실무에 있어서는 전세권설정자를 제 3 채무자와 같이 취급하여 당해 가압류명령을 송달하고 있지만, 전세권설정자에 대한 가압류명령의 송달이 없더라고 가압류의 효력에는 아무런 영향이 없다.

나. 전세금반환청구권에 대한 가압류

전세권에 대한 가압류와 전세금반환청구권에 대한 가압류는 구별하여야 한다. 전세금반환청구권에 대한 가압류는 통상의 채권가압류와 다를 것이 없으며 당해 가압류명령을 제 3 채무자인 전세권설정자에게 반드시 송달하여야 한다. 나아가 전세권등기에 전세금반환청구권에 대한 가압류취지의 기입등기를 촉탁할 수 있다. 전세권이 존속 중이라고 하더라도 전세금반환청구권은 장래의 채권으로 발생의 기초가 확립되어 있는 것이라고 할 수 있으므로 전세금반환청구권에 대한 가압류에는 아무런 문제가 없다.

다. 양자의 차이점

한편 전세권에 대한 가압류가 있는 경우에 전세권이 기간만료 등으로 소멸하면 당해 가압류의 효력은 전세금반환청구권에 미치게 된다. 또한 전세금반한청구권에 대한 가압류에 있어서 전세권은 전세금반환청구권에 부종한다고 할 것이므로 당해 가압류의 효력은 전세권 자체에도 미친다. 그러므로 그 효력에 있어서는 전세권에 대한 가압류와 전제금반환청구권에 대한 가압류는 거의 차이가 없다.

Ⅱ. 가압류집행의 효력

1. 서 론

가. 의 의

가압류명령의 효력과 가압류집행의 효력을 구별하여 사용하여야할 것이지만 일반적으로 가압류의 효력이라고 하면 가압류집행의 효력을 의미한다. 모든 가압류는 피보전권리가 금전채권이라는 공통점이 있어 그 효력에 있어서도 동일한 내용을 갖는다. 가처분의 피보전권리는 다양한 것이어서 구체적인 피보전권리의 내용에 따라 가처분집행의 효력을 개별적으로 검토하여야 하는 점과 다르다. 가압류집행의 효력은 크게 채무자의 목적물처분금지(제 3 취득자의 지위), 제 3 채무자의 변제 등 금지(제 3 채무자의 지위), 사용 · 수익의 제한, 가압류와 다른 절차의 경합 등으로 나누어 살펴보는 것이 좋다.

나. 가압류와 압류의 차이

가압류와 압류의 효력은 본질적인 내용에 있어서는 크게 다를 것이 없다. 그러나 몇 가지 구체적인 면에서 차이가 있다. 이러한 차이점들은 기본적으로 보전처분의 잠정성에 기인하는 것이 대부분이다. 이를 살펴보면 다음과 같다.

(1) **처분행위의 배척** 보전처분은 잠정적 효력만을 갖는다. 보전처분에 위배되는 채무자의 처분행위 등이 있더라도 보전처분에 기하여 곧바로 그 효력을 부정하는 것은 허용되지 아니한다. 이에 비하여 압류는 그에 반하는 처분행위에 대하여 즉시 그 효력을 배척할 수 있다.

(2) **제 3 취득자의 변제** 목적물의 제 3 취득자의 지위에 있어서 제 3 취득자의 변제의 효력이 서로 다르다. 가압류에 있어서 제 3 취득자는 가압류채권을 변제한 이후 제 3 자이의의 소를 통하여 가압류의 효력을 다툴 것이나, 본압류에 있어서 제 3 취득자는 압류채권을 변제한 이후에 채무자를 대위하여 청구이의의 소를 통하여 압류의 효력을 다투어야 한다.

2. 제 3 취득자의 지위

가압류의 취지에 위배되는 채무자의 처분행위는 가압류채권자에 대한 관계에서 그리고 피보전권리의 보전을 위해 한도에서 무효이다. 그 구체적 의미를 살펴보면 다음과 같다.

가. 처분행위

사 례 57 말소등기에 이해관계 있는 제 3 자

양계장을 운영하는 을은 부화장을 운영하는 갑에게 자신을 주택에 채권최고액 금 5,000만원으로 하는 근저당권을 설정하고 병아리를 공급받았다. 그런데 갑은 병아리 공급대금이 7,000만원이 이르자 채권최고액을 초과하는 2,000만원 부분에 대한 공급대금채권을 피보전권리로 하여 위 주택을 가압류하였다. 그런데 을 명의의 위 주택은 을이 진정한 소유자 병 명의의 등기서류를 위조하여 자신의 명의로 돌려놓은 것이었다. 이에 병은 을에게는 을명의의 소유권이전등기의 말소등기를, 갑에게는 근저당권설정등기와 가압류등기의 말소등기를 구하는 소송을 병합하여 제기하였다. 법원은 이에 대하여 어떻게 판단하여야 하는가?

가압류의 집행이 있는 이후의 목적물에 대한 채무자의 처분행위는 무효이다. 보전집행 이전의 처분행위에는 가압류의 효력이 미치지 아니한다. 여기서 처분행위라 함은 권리의 종국적·확정적 이전을 의미한다. 그러므로 부동산의 경우에는 등기, 유체동산의 경우에는 인도, 채권양도의 경우에 있어서는 확정일자 있는 통지나 승낙이 도달이 보전집행 이전에 있어야만 유효한 처분행위로 인정될 수 있다. 매매계약 등 원인행위가 보전집행 이전에 있는 경우라도 등기나 인도 등의 성립요건 또는 확정일자 있는 통지나 승낙의 도달 등 대항요건이 보전집행 이후에 갖추어진 경우에는 보전집행에 저촉되는 처분행위라고 할 것이다. 다만 매매 등의 원인행위에 의하여 발생한 소유권이전등기청구권을 가등기하여 둔 경우에 가등기의 시점이 보전집행시점보다 그 이전이라면 가등기에 기한 본등기의 시점이 보전집행 이후라고 하더라도 보전집행에 저촉되지 않는 것으로 본다. 한편 가압류의 처분금지효는 토지수용을 저지하지 못한다. 오히려 토지수용이 있는 경우에는 가압류의 효력이 소멸한다. 토지수용에 의하여 채무자가 취득하는 토지수용보상금 내지는 토지수용보상금 청구권 위에 가압류의 효력이 유지되는 것도 아니다. 이로 인하여 가압류채권자가 아무런 귀책사유 없이 불리한 처지에 놓이게 되므로 토지보상법은 수용절차와 관련하여 가압류채권자 등에 대한 통지규정을 두고 있다. 가압류채권자는 토지수용이 있게 되면 그 보상금이 채무자에게 지급되기 이전에 채무자의 수용보상청구권을 가압류하면 될 것이다.

≪판례≫ **토지수용에 따른 가압류 소멸**[대법원 2000. 7. 4. 선고 98다62961 판결]

토지수용법 제67조 제1항에 의하면, 기업자는 토지를 수용한 날에 그 소유권을 취득하며 그 토지에 관한 다른 권리는 소멸하는 것인바, 수용되는 토지에 대하여 가압류가 집행되어 있어도 토지의 수용으로 기업자가 그 소유권을 원시취득함으로써 가압류의 효력은 소멸되는 것이고, 토지에 대한 가압류가 그 수용 보상금 청구권에 당연히 전이되어 그 효력이 미치게 된다고는 볼 수 없다.

한편 보전집행 이후일지라도 보전집행 채무자의 등기가 원인무효라는 사정에 의하여 말소되고 전소유자에게 소유명의가 복귀되는 현상은 채무자의 처분행위라고 할 것이 아니다. 이렇게 보더라도 보전집행의 채권자는 말소등기에 있어서 이해관계 있는 제3자로서 일정한 보호를 받는다는 점에서 특별히 불리할 것도 없다.

≪판례≫ **말소등기에 이해관계 있는 제3자**[대법원 1996. 8. 20. 선고 94다58988 판결]

[1] 부동산 처분금지가처분 등기가 경료되었으나 그 가처분 당시의 가처분채무자 명의의 등기가 원인무효인 관계로 확정판결에 의해 말소되어 전소유자의 소유명의로 복귀되는 경우에는 처분금지가처분에 의하여 처분이 금지되는 처분행위에 해당한다고 볼 수 없고, 다만 가처분채무자가 소유권을 제3자에게 처분하면서 이미 경료된 가처분의 효력을 배제시킬 의도로 의제자백에 의하여 원인무효라는 확정판결을 받아 가처분채무자 명의의 등기를 말소하고 그 제3자에게 등기를 이전하였다는 등의 특별한 사정이 있는 경우에는 그 처분금지가처분에 의하여 처분이 금지되는 처분행위에 포함된다.
[2] 부동산등기법 제171조에 의하면 등기의 말소를 신청하는 경우에 그 말소에 대하여 등기상 이해관계 있는 제3자가 있는 때에는 신청서에 그 승낙서 또는 이에 대항할 수 있는 재판의 등본을 첨부하도록 규정하고 있으므로, 이해관계 있는 제3자의 승낙서 등을 첨부하지 아니한 채 말소등기가 이루어진 경우 그 말소등기는 제3자에 대한 관계에 있어서는 무효라고 해석할 것이나, 다만 제3자에게 그 말소등기에 관하여 실체법상의 승낙의무가 있는 때에는 승낙서 등이 첨부되지 아니한 채 말소등기가 경료되었다고 하여도 그 말소등기는 실체적 법률관계에 합치되는 것이어서 제3자에 대한 관계에 있어서도 유효하다.

사례 57 〈해설〉 말소등기에 이해관계 있는 제3자

1. 을에 대한 소유권이전등기의 말소등기 이행청구

병이 진정한 소유자라면 병의 을에 대한 소유권이전등기의 말소등기 이행청구는 인용되어야 한다는 점에는 아무런 의문이 없다.

2. 갑에 대한 근저당권설정등기의 말소등기 이행청구

갑 명의의 근저당등기는 을 명의의 소유권이전등기에 기초하는 것이므로, 을 명의 등기가 말소되면 갑 명의 등기 역시 말소되어야 한다. 여기서 갑의 이해관계를 보호하기 위하여 을 명의의 등기를 말소하기 위하여는 갑의 동의서 또는 갑에게 대항할 수 있는 재판의 등본을 제출토록 하고 있다. 따라서 부동산등기법이 예정하는 병의 갑에 대한 원칙적인 소송형태는 '근저당권설정등기의 말소'를 직접 구할 것이 아니고 '을 명의의 소유권이전등기의 말소등기에 대한 동의'를 구하는 것이어야 하며, 그에 따른 판결을 기초로 을 명의의 소유권이전등기를 말소등기를 신청하면 등기관은 을 명의의 등기를 말소함과 아울러 병 명의의 근저당권설정등기를 '직권'말소한다. 그러나 사례와 같은 상황에서 현재의 실무는 갑에게 '을 명의의 소유권이전등기의 말소등기'에 대한 동의를 구하지 않고 곧바로 '병 명의의 근저당권설정등기의 말소등기'를 구하는 것으로 확립되어 있다. 따라서 갑에 대한 근저당권설정등기의 말소등기의 이행청구는 인용되어야 한다.

3. 갑에 대한 가압류등기의 말소등기 이행청구

위에서 살펴본 바와 마찬가지 이유로 병은 갑에게 '을 명의의 소유권이전등기의 말소등기'에 대한 동의를 구하여야 하는 것이 부동산등기법이 본래 예정하는 바의 소송형태이다. 여기서 갑 명의의 근저당권등기의 말소에서와 같이 병이 갑에게 동의를 구하는 것이 아니라 곧바로 갑에게 가압류등기의 말소등기를 구할 수 있는 것이 아닌가 하는 생각이 있을 수 있다. 그러나 가압류등기는 갑의 신청에 의한 등기가 아니라 가압류명령이라는 재판을 기초로 법원의 촉탁에 따라 이루어진 등기라는 점에서 위에서와 같은 소송형태의 실무적인 변용이 허용되지 아니한다. 따라서 병의 갑에 대한 가압류등기의 말소등기청구부분은 받아들여질 수 없는 것이다.

나. 처분금지효의 주관적 범위

(1) **제 3 자의 소유권취득과 처분금지효** 보전처분에 반하는 처분행위에 의하여 권리를 취득한 제 3 자는 자신의 권리취득을 가지고 가압류 채권자에게 대항할 수 없다. 가압류채권자에게 대항할 수 없다는 것은 결국 제 3 취득자가 제 3 자이의의 소를 통해 보전처분의 효력을 다툴 수 없다는 것을 의미한다. 그러나 채무자와 제 3 취득자 사이에는 유효하며(상대적 효력설) 처분행위 이후의 집행참가자들은 그러한 처분행위의 효력을 부정할 수 없다(개별상대효설). 가압류가 본압류로 이전한 경우에 채권자에게 배당하고 남은 매각대금은 채무자가 아니라 제 3 취득자에게 교부되어야 하고, 처분행위가 있은 이후에는 채무자의 채권자는 배당절차에 참여할 수 없게 된다(반대견해 있음).

≪판례≫ **제 3 자의 권리 취득 이후의 집행참가**[대법원 1998. 11. 13. 선고 97다57337 판결]

중기관리법에 의하여 등록된 중기에 대하여 가압류등록이 먼저 되고 나서 제 3 자 앞으로 소유권이전등록이 된 경우에 그 제 3 자의 소유권 취득은 가압류에 의한 처분금지의 효력 때문에 그 집행 보전의 목적을 달성하는데 필요한 범위 안에서 가압류채권자에 대한 관계에서만 상대적으로 무효일 뿐이고 가압류채무자의 다른 채권자 등에 대한 관계에서는 유효하다 할 것이므로, 위와 같은 경우 채무명의를 얻은 가압류채권자의 신청에 의하여 제 3 자의 소유권 취득 후 당해 중기에 대하여 개시된 강제경매절차에서 가압류채무자에 대한 다른 채권자는 당해 중기의 경락대금의 배당에 참가할 수 없다.

≪판례≫ **집행채무자와 제 3 취득자 사이의 관계**[대법원 1992. 2. 11. 선고 91누5228 판결]

[1] 경매신청기입등기로 인한 압류의 효력은 부동산 소유자에 대하여 압류채권자에 대한 관계에 있어서 부동산의 처분을 제한하는 데 그치는 것일 뿐 그 밖의 다른 제 3 자에 대한 관계에 있어서까지 부동산의 처분을 금지하는 것이 아니므로 부동산 소유자는 경매절차 진행중에도 경락인이 경락대금을 완납하여 목적부동산의 소유권을 취득하기 전까지는 목적부동산을 유효하게 처분할 수 있는 것이고 그 처분으로 인하여 부동산의 소유권을 취득한 자는 그 이후 집행법원에 그 취득사실을 증명하여 경매절차의 이해관계인이 될 수 있음은 물론 배당 후 잉여금이 있는 경우에는 부동산 소유자로서 이를 반환받을 권리를 가지게 되는 것이다.

[2] 양도소득세는 소득세법상 양도대상으로 규정하고 있는 자산의 양도로 인하여 발생하는 소득을 그 과세대상으로 하는 것이므로 압류 후 경매절차 진행 중에 경매부동산의 소유자가 목적부동산을 제 3 자에게 증여하여 그 이후의 경매로 인한 이득이 수증자에게 귀속된다고 한다면 원소유자에 대하여는 위 증여 행위에 대하여 상속세법의 규정에 따라 증여세 연대납부책임을 물을 수 있을 뿐(혹은 부담부증여의 경우에 소득세법 제4조 제 3 항의 규정에 따라 부담부분에 대하여 양도소득세를 부과하게 되는 경우는 있을 수 있을 것이다) 위 경매로 인한 양도소득에 대하여 양도소득세를 부과할 수 없다 할 것이고 이는 위 압류의 효력으로 인하여 부동산의 제 3 취득자가 그 소유권의 취득을 경락인에게 대항할 수 없고 따라서 경락인의 소유권취득과 함께 위 제 3 취득자 명의의 소유권이전등기가 말소될 운명에 있다고 하여 결론이 달라지는 것은 아니라 할 것이다.

(2) **제 3 자의 제한물권취득과 처분금지효** 제 3 취득자가 소유권 또는 권리의 전부를 취득한 경우가 아니라 우선변제력 있는 제한물권을 취득한 경우는 어떠한가? 가압류는 그 자체로 우선변제력이 없으므로 제한물권을 취득한 제 3 자의 지위가 전적으로 배척되는 것이 아니며 가압류채권자와 관계에서 각자의 채권액에 비례하는 안분배당을 받을 권리를 갖는다. 이러한 결과는 담보물권을 취득한 것이 소유권을 취득한 경우보다 더 유리하게 되는 약간의 모순이 있게 된다. 한편 가압류권자는 집행에 참가한 제 3 취득자의 채권자에 대하여는 항상

우선적 지위를 주장할 수 있다.

≪판례≫ 가압류 후 저당권을 취득한 자의 지위[대법원 1994. 11. 29.자 94마417 결정]

[1] 부동산에 대하여 가압류등기가 먼저 되고 나서 근저당권설정등기가 마쳐진 경우에 그 근저당권등기는 가압류에 의한 처분금지의 효력 때문에 그 집행보전의 목적을 달성하는 데 필요한 범위 안에서 가압류채권자에 대한 관계에서만 상대적으로 무효이다.

[2] '[1]'항의 경우 가압류채권자와 근저당권자 및 근저당권설정등기 후 강제경매신청을 한 압류채권자 사이의 배당관계에 있어서, 근저당권자는 선순위 가압류채권자에 대하여는 우선변제권을 주장할 수 없으므로 1차로 채권액에 따른 안분비례에 의하여 평등배당을 받은 다음, 후순위 경매신청압류채권자에 대하여는 우선변제권이 인정되므로 경매신청압류채권자가 받을 배당액으로부터 자기의 채권액을 만족시킬 때까지 이를 흡수하여 배당받을 수 있다.

(3) **가압류의 무효 등과 제 3 취득자의 지위** 보전처분이 보전처분신청의 취하, 보전처분의 취소, 피보전권리의 변제 등으로 효력이 상실되거나 무효임이 밝혀진 경우에는 제 3 취득자의 권리취득은 가압류채권자에 대하여도 주장할 수 있게 된다. 이러한 경우 제 3 취득자는 제 3 자 이의의 소를 통하여 가압류의 효력을 다툴 수 있는 것이다. 이러한 점에 대하여는 절차상대효설과 개별상대효설 간에 차이가 없다.

≪판례≫ 가압류의 피보전권리소멸과 제 3 취득자[대법원 1982. 9. 14. 선고 81다527 판결]

[1] 강제집행에 대한 제 3 자 이의의 소는 집행목적물에 대하여 채무자 이외의 제 3 자가 소유권 기타 목적물의 양도나 인도를 저지하는 권리를 주장하여 강제집행의 배제를 구하는 것이기 때문에 그 소의 원인이 되는 권리는 집행채권자에게 대항할 수 있는 것이어야만 하는바, 강제집행 개시결정 후 소유권을 취득한 제 3 자는 집행채권이 변제 기타사유로 소멸된 경우에도 청구에 관한 이의의 소에 의하여 채무명의의 집행력이 배제되지 아니한 이상 그 경매개시 결정은 취소 될 수 없고 그 결정이 취소되지 않는 동안에는 집행채권이 변제되었다는 사유만으로 소유권을 집행채권자에게 대항할 수 없으므로 제 3 자 이의의 소에 의하여 그 강제집행의 배제를 구할 수 없다.

[2] 가압류 부동산을 양수한 제 3 취득자의 변제로 인하여 피보전채권이 소멸되면 그 제 3 취득자는 가압류 채권자에 대한 관계에 있어서도 소유권 취득을 대항할 수 있게 되어 가압류 채권자에 의한 강제집행은 결국 채무자이외의 제 3 자의 소유물에 대하여 시행된 것이 되어 허용될 수 없다(판시사항 가항과 나항의 차이점에 대하여 유의할 것/필자 각주).

≪판례≫ 망인에 대한 가압류 무효와 제 3 취득자[대법원 1982. 10. 26. 선고 82다카884 판결]

가압류결정시까지 이 사건 부동산에 관하여 원고 명의의 소유권이전등기가 경료되지 않았으나, 피고의 가압류신청이 사망자를 상대로 한 것이라면 사망자 명의의 그 가압류결정은 무효라고 할 것이고 따라서 무효의 가압류결정에 기한 가압류집행에 대해서는 그 집행이후 소유권을 취득한 원고도 그 집행채권자인 피고에 대하여 그 소유권취득을 주장하여 대항할 수 있다고 할 것이므로 원고는 제 3자이의 소에 의하여 위 집행의 배제를 구할 수 있다.

≪판례≫ 가압류의 무효와 제 3 취득자의 지위[대법원 1996. 6. 14. 선고 96다14494 판결]

가압류집행이 형식적으로는 채권 확보를 위한 강제집행절차에 따른 것이라고 하여도 법이 보호할 수 없는 반사회적인 행위에 의하여 이루어진 것이어서 무효이므로, 그 가압류이후의 소유권 취득자가 강제집행절차에서 그 무효를 주장하고 제 3 자(소유권자)로서 그 집행의 배제를 구할 수 있다고 한 사례(같은 취지: 대법원 1997. 8. 29. 선고 96다14470 판결).

다. 처분금지효의 객관적 범위

사 례 58 제 3 취득자와 집행참가

갑은 유일한 채권자인 을이 대여금채권 금 1억원을 피보전권리로 하여 주택을 가압류하자, 사업자금을 마련하기 위하여 병에게 위 주택을 금 3억원에 매각하였다. 그러나 그 후로 갑의 사업은 더욱 악화되어 정에게 집행증서를 작성해 주고 5,000만원를 추가로 빌려쓰게 되었고, 을의 신청에 따라 위 주택에 대한 경매가 이루어졌다. 한편 병 역시 친구의 보증을 잘못 서는 바람에 기와 경에게 각 4,000만원에 해당하는 보증채무를 떠안게 되었으며, 기와 경은 위 주택에 경매를 붙이기 위해 지급명령까지 받아두었던 터이었다. 위와 같은 위 주택이 금 1억 9,000만원에 매각되었고, 정 · 기 · 경이 배당을 요구한 경우 매각대금은 어떻게 배당되어야 하는가(집행비용은 고려하지 않으며 다른 채권자는 없다고 가정한다)?

(1) 제 3 취득자의 지위 처분이 금지되는 것은 피보전권리의 집행보전이라는 보전처분의 목적과 양립할 수 없는 범위에 한정된다(개별상대효설). 보전처분의 목적은 피보전권리의 보전에 있으므로 결국 가압류의 처분금지적 효력은 목적물의 교환가치 중에서 피보전채권에 대응하는 목적물의 교환가치에만 미친다. 제 3 자의 권리취득은 가압류채권액의 범위에서만 무효인 것이다. 그러므로 제 3 취득자가 완전한 권리취득을 위해서는 가압류 당시의 채권액만을 변제하면 되고, 가압류채권자가 배당받을 수 있는 금액도 가압류결정 당시의 청구금액에 한정된다.

≪판례≫ 가압류채권액과 처분금지효[대법원 1998. 11. 10. 선고 98다43441 판결]

가압류 집행 후 가압류목적물의 소유권이 제 3 자에게 이전된 경우 가압류채권자는 채무명의를 얻어 제 3 취득자가 아닌 가압류채무자를 집행채무자로 하여 그 가압류를 본압류로 전이하는 강제집행을 실행할 수 있으나, 이 경우 그 강제집행은 가압류의 처분금지적 효력이 미치는 객관적 범위인 가압류결정 당시의 청구금액의 한도 안에서만 집행채무자인 가압류채무자의 책임재산에 대한 강제집행절차라 할 것이고, 가압류결정 당시의 청구금액이 채권의 원금만을 기재한 것으로서 가압류채권자가 가압류채무자에 대하여 원금채권 이외에 이자와 소송비용채권을 가지고 있다 하더라도 가압류결정 당시의 청구금액을 넘어서는 이자와 소송비용채권에 관하여는 가압류의 처분금지적 효력이 미치는 것이 아니므로, 가압류채권자는 가압류목적물의 매각대금에서 가압류결정 당시의 청구금액을 넘어서는 이자와 소송비용채권을 배당받을 수 없다(같은 취지: 대법원 2006.11. 24. 선고 2006다35223 판결).

≪판례≫ 가압류집행비용과 처분금지효[대법원 2006. 11. 24. 선고 2006다35223 판결]

민사집행법 제53조 제 1 항의 '강제집행에 필요한 비용'에는 가압류의 집행비용이 당연히 포함된다. 그리고 가압류가 집행된 후 그 가압류가 본압류로 이행된 때에는 가압류집행이 본집행에 포섭됨으로써 당초부터 본집행이 있었던 것과 같은 효력이 있다. 그러므로 가압류만 되어 있을 뿐 아직 본압류로 이행되지 아니한 단계에서는 가압류채권자가 그 가압류의 집행비용을 변상받을 수 없고, 따라서 제 3 취득자가 가압류의 집행비용을 고려함이 없이 그 처분금지의 효력이 미치는 객관적 범위에 속하는 청구금액만을 변제함으로써 가압류의 집행의 배제를 소구할 수 있지만, 가압류에서 본압류로 이행된 후에는 민사집행법 제53조 제 1 항의 적용을 받게 되므로 가압류 후 본압류로의 이행 전에 가압류의 목적물의 소유권을 취득한 제 3 취득자로서는 가압류의 청구금액 외에, 그 가압류의 집행비용 및 본집행의 비용 중 가압류의 본압류로의 이행에 대응하는 부분까지를 아울러 변제하여야만 가압류에서 이행된 본압류의 집행배제를 구할 수 있다.

위와 같이 가압류는 목적물에 대한 처분의 효력을 제한하는 것에 불과한 것이지 목적물의 양도성 자체를 금지하는 것은 아니다. 이러한 점에서 가압류된 채권도 양도성 자체가 배제되는 것은 아니며 양수인은 가압류의 제한을 받는 채권을 양수하는 것으로 권리취득의 범위의 제한이 있을 뿐이다.

≪판례≫ 가압류된 채권의 양도성[대법원 2002. 4. 26. 선고 2001다59033 판결]

채권양도는 구 채권자인 양도인과 신 채권자인 양수인 사이에 채권을 그 동일성을 유지하면서 전자로부터 후자에게로 이전시킬 것을 목적으로 하는 계약을 말한다 할 것이고, 채권양도에 의하여 채권은 그 동일성을 잃지 않고 양도인으로부터 양수인에게 이전된다 할 것이며, 가압류된 채권도 이를 양도하는데 아무런 제한이 없다 할 것이나, 다만 가압류된 채권을 양수받은 양수인은 그러한 가압류에 의하여 권리가 제한된 상태의 채권을 양수받는다고 보아야 할 것이고, 이는 채권을 양도받았으나 확정일자 있는 양도통지나 승낙에 의한 대항요건을 갖추지 아니하는 사이에 양도된 채권이 가압류된 경우에도 동일하다(같은 취지: 대법원 2000. 4. 11. 선고 99다23888 판결).

(2) 집행참가와 처분금지효

(가) 문 제 점 가압류목적물이 제 3 자에게 이전된 이후에 본압류절차가 전개된 경우 당해 집행절차에 참가할 수 있는 채권자의 범위가 문제된다. 나아가 제 3 취득자의 채권자가 집행참가하는 것을 허용하는 경우 가압류채무자의 채권자와 제 3 취득자의 채권자 사이의 우열을 정할 필요가 있다.

(나) 가압류채무자의 채권자 제 3 자의 권리취득 이후에는 가압류채무자의 채권자는 집행참가가 허용되지 아니한다(반대견해 있음).

(다) 제 3 취득자의 채권자 제 3 취득자의 채권자가 집행에 참가할 수 있는가 하는 것은 다투어지고 있다. 이러한 경우 당해 집행절차는 가압류채무자를 당사자로 한 절차이므로 제 3 취득자의 채권자는 당해 집행절차에 직접 참가하는 것은 허용하지 아니하고 별도로 제 3 취득자가 교부받을 잉여금에 대한 채권집행절차에 따라야 하는 것으로 보는 것도 가능하다. 그러나 실무의 입장은 제 3 취득자의 채권자가 직접 당해 집행절차에 배당요구의 형식으로 참가하는 것을 인정하고 있다.

≪판례≫ 제 3 취득자의 채권자의 집행참가[대법원 2005. 7. 29. 선고 2003다40637 판결]

[1] 부동산에 대한 가압류집행 후 가압류목적물의 소유권이 제 3 자에게 이전된 경우 가압류채권자는 집행권원을 얻어 제 3 취득자가 아닌 가압류채무자를 집행채무자로 하여 그 가압류를 본압류로 이전하는 강제집행을 실행할 수 있으나, 이 경우 그 강제집행은 가압류의 처분금지적 효력이 미치는 객관적 범위인 가압류결정 당시의 청구금액의 한도 안에서만 집행채무자인 가압류채무자의 책임재산에 대한 강제집행절차라 할 것이고, 나머지 부분은 제 3 취득자의 재산에 대한 매각절차라 할 것이므로, 제 3 취득자에 대한 채권자는 그 매각절차에서 제 3 취득자의 재산 매각대금 부분으로부터 배당을 받을 수 있다(같은 취지: 대법원 1998. 11. 10. 선고 98다43441 판결).

[2] 부동산에 대한 가압류가 집행된 상태에서 부동산의 소유권이 제 3 자에게 이전된 후 가압류채권자가 가압류채무자를 집행채무자로 하여 실행한 강제집행절차에서 제 3 취득자에 대한 채권자 甲, 乙이 배당을 받은 경우, 제 3 취득자의 잔여매각대금채권을 압류·전부받은 甲은 乙에 대하여 배당이의의 소를 제기할 적격이 있다고 본 사례.

(라) 가압류채무자의 채권자와 제 3 취득자의 채권자 사이의 우열 양자 사이에서는 가압류의 효력에 따라 항상 가압류채권자의 채권자가 우선한다.

≪판례≫ **제 3 취득자에 대한 채권자의 우열**[대법원 1998. 11. 10. 선고 98다43441 판결]

가압류의 처분금지적 효력에 따라 가압류집행 후 가압류채무자의 가압류목적물에 대한 처분행위는 가압류채권자와의 관계에서는 그 효력이 없으므로 가압류 집행 후 가압류목적물의 소유권이 제 3 자에게 이전된 경우 가압류채권자는 채무명의를 얻어 제 3 취득자가 아닌 가압류채무자를 집행채무자로 하여 그 가압류를 본압류로 전이하는 강제집행을 실행할 수 있고, 이 경우 그 강제집행은 가압류의 처분금지적 효력이 미치는 객관적 범위인 가압류결정 당시의 청구금액의 한도 안에서는 집행채무자인 가압류채무자의 책임재산에 대한 강제집행절차이므로 제 3 취득자에 대한 채권자는 당해 가압류목적물의 매각대금 중 가압류의 처분금지적 효력이 미치는 범위의 금액에 대하여는 배당에 참가할 수 없다.

사례 58 〈해설〉 제 3 취득자와 집행참가

1. 을에게 금 1억원

갑의 병에 대한 주택매매는 을에 대한 관계에서 상대적으로 무효이다. 따라서 을에게 1억원이 배당되어야 하는 점에는 의문이 없다. 한편 을은 병의 소유권을 기초로 하는 기 · 경의 배당요구에 대한 관계에서는 항상 우선적 지위를 갖는다는 점에서도 의문이 없다.

2. 기·경에게 각 금 4,000만원

위 경매절차는 갑을 채무자로 하는 것이므로 병에 대한 채권자 기 · 경은 직적 집행절차에 참가할 수 없으며, 만일 기와 경이 채권만족을 얻고자 한다면 병이 교부받을 잉여금청구권에 대한 별도의 집행절차를 밟아야 하는 것 아닌가 하는 의문이 제기된다. 그러나 현재의 실무는 기와 경이 갑을 채무자로 하는 위 경매절차에 배당요구의 형식으로 곧바로 집행절차에 참여하는 것을 허용하고 있다. 따라서 기와 경에 각 4,000만원을 배당하여야 한다(반대견해 있음).

3. 병에게 금 5,000만원

채권자들에게 배당하고 남은 잉여금은 채무자가 아닌 제 3 취득자에게 교부하여야 한다. 채무자 갑에 대한 관계에 있어서 위 주택에 관한 소유자는 병이기 때문이다. 즉 가압류에도 불구하고 갑과 병 사이의 매매계약은 당사자 사이에서는 유효한 것으로 취급되는 것이다(상대적 무효설).

4. 갑과 정에게 금 0원

앞서 살펴본 바와 같이 갑과 병 사이의 매매계약은 가압류권자 을에 대한 관계에서만 상대적으로 무효이며, 갑과 정에 대한 관계에서는 병이 소유자로 인정된다. 따라서 잉여금이 있더라도 갑에게 교부할 것이 아니며, 정은 집행에 참가할 자격이 없다(반대견해 있음).

라. 보전처분의 잠정성

처분행위가 무효인 경우라도 그 무효은 잠정적인 것에 불과하다. 보전처분은 임시적·잠정적 규율에 불과한 것이기 때문이다. 그러므로 가압류채권자는 가압류의 집행이 있다는 사정만으로 제 3 취득자를 상대로 처분행위가 무효임를 전제로 제 3 자 명의의 소유권이전등기말소나 목적물의 반환을 구할 수 없다. 또한 채무자는 가압류가 있다는 사정을 이유로 제 3 자에게 권리의 이전을 거절할 수 없다.

≪판례≫ 가압류에 따른 처분금지효의 잠정성[대법원 2002. 4. 26. 선고 2001다59033 판결]

채권가압류의 처분금지의 효력은 본안소송에서 가압류채권자가 승소하여 채무명의를 얻는 등으로 피보전권리의 존재가 확정되는 것을 조건으로 하여 발생하는 것이므로 채권가압류결정의 채권자가 본안소송에서 승소하는 등으로 채무명의를 취득하는 경우에는 가압류에 의하여 권리가 제한된 상태의 채권을 양수받는 양수인에 대한 채권양도는 무효가 된다.

마. 선의취득

유체동산 가압류의 집행은 집행관이 점유를 취득하거나 채무자에게 보관을 명하는 방법으로 하게 된다. 집행관이 점유하는 경우에는 집행관이 점유한다는 취지를 표시하게 되므로 선의취득의 여지가 거의 없지만 채무자에게 보관을 명하는 경우에는 선의취득이 인정될 여지가 많다(반대견해 있음).

≪판례≫ 가압류된 유체동산의 선의취득[대법원 1966. 11. 22. 선고 66다1545,1546 판결]

집달리가 어느 유체동산을 가압류하였다 하더라도 집달리가 종전의 소유자에게 계속하여 그 보관을 명한 경우에 있어서는 점유자의 사법상의 점유가 소멸되는 것이 아니며 그 물건을 점유하는 소유자가 이를 타인에게 매도하고 그 타인이 선의로 점유인도를 받은 경우에는 그 타인은 그 물건의 소유권을 적법하게 취득한다.

3. 제 3 채무자의 지위

가. 제 3 채무자의 변제금지

채권이 가압류되면 제 3 채무자는 변제 등으로 가압류된 채권을 소멸시키는 행위를 할 수 없다.

≪판례≫ 준소비대차약정[대법원 2007. 1. 11. 선고 2005다47175 판결]

[1] 준소비대차는 기존채무를 소멸하게 하고 신채무를 성립시키는 계약인 점에 있어서는 경개와 동일하지만 경개에 있어서는 기존채무와 신채무 사이에 동일성이 없는 반면, 준

소비대차에 있어서는 원칙적으로 동일성이 인정되는바, 이때 신채무와 기존채무의 소멸은 서로 조건을 이루어 기존채무가 부존재하거나 무효인 경우에는 신채무는 성립하지 않고 신채무가 무효이거나 취소된 때에는 기존채무는 소멸하지 않았던 것이 되고, 기존채무와 신채무의 동일성이란 기존채무에 동반한 담보권, 항변권 등이 당사자의 의사나 그 계약의 성질에 반하지 않는 한 신채무에도 그대로 존속한다는 의미이다.

[2] 기존채무에 대하여 채권가압류가 마쳐진 후 채무자와 제 3 채무자 사이에 준소비대차 약정이 체결된 경우, 준소비대차 약정은 가압류된 채권을 소멸하게 하는 것으로서 채권가압류의 효력에 반하므로, 가압류의 처분제한의 효력에 따라 채무자와 제 3 채무자는 준소비대차의 성립을 가압류채권자에게 주장할 수 없고, 다만 채무자와 제 3 채무자 사이에서는 준소비대차가 유효하다.

[3] 가압류채무자가 가압류에 반하는 처분행위를 한 경우 그 처분의 유효를 가압류채권자에게 주장할 수 없지만, 이러한 가압류의 처분제한의 효력은 가압류채권자의 이익보호를 위하여 인정되는 것이므로 가압류채권자는 그 처분행위의 효력을 긍정할 수도 있다.

[4] 준소비대차에 관한 법리에 비추어 신채권의 성립은 기존채권의 소멸을 전제로 하는 것으로서, 두 채권이 법적 평가에서 완전히 동일한 채권이라고 할 수는 없다고 하더라도 적어도 같은 당사자와의 관계에서 두 채권이 동시에 양립할 수는 없는바 가압류채권자가 이미 위 준소비대차가 기존채권에 대한 자신의 가압류의 효력에 반하는 것으로 '가압류채권자에 대한 관계에서는 무효'임을 전제로 하여 신채권이 공제되지 않은 기존채권 전액에 대한 추심을 마친 경우, 가압류채권자가 이번에는 위 준소비대차가 채무자와 제 3 채무자 사이에서는 유효하므로 '가압류채권자에 대한 관계에서도 유효'함을 전제로 하여 신채권에 대한 추심을 주장하는 것은 금반언 내지 신의칙에 반하여 원칙적으로 허용될 수 없다.

그러나 제 3 채무자가 가압류된 채권 자체가 아니라 그 채권의 발생의 원인되는 법률관계를 해제 등으로 해소함으로서 반사적으로 가압류된 채권이 소멸되는 결과를 가져오는 것은 특별한 사정이 없는 한 가압류의 효력에 반하지 아니한다. 또한 그러한 원인관계의 소멸을 가져오는 행위가 가압류채권자에 대한 불법행위로 인정되는 것도 아니다. 원인관계의 해소의 원인으로 법정해제는 물론 합의해제까지 허용하는 판례의 입장은 다소 의문이 있다.

≪판례≫ 피압류채권의 원인관계소멸[대법원 2001. 6. 1. 선고 98다17930 판결]

채권에 대한 가압류는 제 3 채무자에 대하여 채무자에게의 지급 금지를 명하는 것이므로 채권을 소멸 또는 감소시키는 등의 행위는 할 수 없고 그와 같은 행위로 채권자에게 대항할 수 없는 것이지만, 채권의 발생원인인 법률관계에 대한 채무자의 처분까지도 구속하는 효력은 없다 할 것이므로 채무자와 제 3 채무자가 아무런 합리적 이유 없이 채권의 소멸만을 목적으로 계약관계를 합의해제한다는 등의 특별한 경우를 제외하고는, 제 3 채무자는 채권에 대한 가압류가 있은 후라고 하더라도 채권의 발생원인인 법률관계를 합의

해제하고 이로 인하여 가압류채권이 소멸되었다는 사유를 들어 가압류채권자에 대항할 수 있다(같은 취지: 대법원 1982. 10. 26. 선고 82다카508 판결).

≪판례≫ 입금의뢰취소[대법원 2002. 12. 26. 선고 2002다54479 판결]

채권에 대한 가압류는 제 3 채무자에 대하여 채무자에게의 지급 금지를 명하는 것이므로 채권을 소멸 또는 감소시키는 등의 행위는 할 수 없고 그와 같은 행위로 채권자에게 대항할 수 없는 것이지만, 채권의 발생원인인 법률관계에 대한 처분까지도 구속하는 효력은 없다 할 것이므로, 은행이 특정 금원을 수취인의 예금계좌를 지정계좌로 하여 입금하도록 위임받은 경우, 그 예금 명의인이 그 금액을 지급받을 정당한 권리자여서가 아니라 원래는 타인에게 입금되어야 할 것을 명의대여 등의 이유로 편의상 입금의뢰를 한 것에 불과하다면, 그 입금의뢰인이 그 입금의뢰를 취소하고 그 금원을 자신이나 타인에게 입금 내지 지급할 것을 은행에 요구하여 은행 직원이 이에 응하였다 할지라도 그 입금의뢰인이나 은행 직원의 행위가 그 수취인의 은행에 대한 예금채권을 가압류한 채권자의 강제집행을 방해하는 불법행위를 구성하지 아니한다고 보아야 한다.

나. 채무자의 이행청구

가압류명령의 주문에는 압류명령의 주문과 달리 채무자의 피압류채권의 처분과 영수금지를 명하지 않는 것이 실무이지만 주문의 형식적 표시 유무와 관계없이 당연히 채무자의 처분과 영수는 금지된다. 가압류된 채무의 처분과 영수 이외의 행위는 금지되는 것이 아니다. 그러므로 채무자로서는 제 3 채무자에게 재판 외에서는 물론 재판상으로도 이행청구를 하는 것이 허용된다.

≪판례≫ 채무자의 제 3 채무자에 대한 이행청구[대법원 1989. 11. 24. 선고 88다카25038 판결]

채권가압류가 된 경우, 제 3 채무자는 채무자에 대하여 채무의 지급을 하여서는 안 되고, 채무자는 추심, 양도 등의 처분행위를 하여서는 안 되지만, 이는 이와 같은 변제나 처분행위를 하였을 때에 이를 가압류채권자에게 대항할 수 없다는 것이며, 채무자가 제 3 채무자를 상대로 이행의 소를 제기하여 채무명의를 얻더라도 이에 기하여 제 3 채무자에 대하여 강제집행을 할 수는 없다고 볼 수 있을 뿐이고 그 채무명의를 얻는 것까지 금하는 것은 아니라고 할 것이다.

채무자의 재판상 이행청구에 대하여 제 3 채무자가 가압류가 있다는 사정을 항변을 제출하더라도 그러한 항변은 무시되며 법원은 무조건의 단순 이행을 명한다(무조건청구인용설). 채권가압류는 가압류채무자의 당사자적격을 제한하는 것이 아님은 물론 채무자의 이행청구권을 실체법적으로 제한하는 것이 아니라 장래 있게 될 환가 및 만족절차의 보전을 위한 것이기 때문이다. 압류가 있다는 사정만으로는 제 3 채무자의 지체책임을 면할 수 없는 것이다. 나아가 채무자는 제 3

채무자의 채무불이행을 이유로 해제권을 행사할 수도 있다. 그러나 제 3 채무자는 채무자의 이행청구에 응하여 직접 변제하는 것은 가압류명령에 의하여 허용되지 아니한다. 제 3 채무자로서는 채무액을 공탁함으로써 이러한 모순상태를 벗어날 수 있다. 제 3 채무자가 가압류를 이유로 변제공탁을 한 때에는 가압류는 채무자의 공탁금출급청구권에 대하여 존속하기 때문에 가압류채권자에게는 아무런 불이익이 없다.

≪판례≫ 제 3 채무자의 지체책임과 변제공탁[대법원 1994. 12. 13. 선고 93다951 판결]

[1] 채권의 가압류는 제 3 채무자에 대하여 채무자에게 지급하는 것을 금지하는 데 그칠 뿐 채무 그 자체를 면하게 하는 것이 아니고, 가압류가 있다 하여도 그 채권의 이행기가 도래한 때에는 제 3 채무자는 그 지체책임을 면할 수 없다고 보아야 할 것이다.

[2] '[1]'항의 경우 가압류에 불구하고 제 3 채무자가 채무자에게 변제를 한 때에는 나중에 채권자에게 이중으로 변제하여야 할 위험을 부담하게 되므로 제 3 채무자로서는 민법 제487조의 규정에 의하여 공탁을 함으로써 이중변제의 위험에서 벗어나고 이행지체의 책임도 면할 수 있다고 보아야 할 것이다. 왜냐하면 민법상의 변제공탁은 채무를 변제할 의사와 능력이 있는 채무자로 하여금 채권자의 사정으로 채무관계에서 벗어나지 못하는 경우를 대비할 수 있도록 마련된 제도로서 그 제487조 소정의 변제공탁의 요건인 "채권자가 변제를 받을 수 없는 때"의 변제라 함은 채무자로 하여금 종국적으로 채무를 면하게 하는 효과를 가져다 주는 변제를 의미하는 것이므로 채권이 가압류된 경우와 같이 형식적으로는 채권자가 변제를 받을 수 있다고 하더라도 채무자에게 여전히 이중변제의 위험부담이 남는 경우에는 마찬가지로 "채권자가 변제를 받을 수 없는 때"에 해당한다고 보아야 할 것이기 때문이다. 그리고 제 3 채무자가 이와 같이 채권의 가압류를 이유로 변제공탁을 한 때에는 그 가압류의 효력은 채무자의 공탁금출급청구권에 대하여 존속한다고 할 것이므로 그로 인하여 가압류 채권자에게 어떤 불이익이 있다고도 할 수 없다.

[3] '[1]'항과 '[2]'항의 법리는 부당이득반환채권이 가압류된 후에 제 3 채무자가 악의로 되어 그 받은 이익에 덧붙여 반환하여야 할 이자지급책임을 면하기 위한 경우에도 마찬가지라 할 것이고, 또 채권자의 소재가 불명한 경우에도 채무자로서는 변제공탁을 하지 않는 한 그 이행지체의 책임 내지 부당이득에 대한 이자의 배상책임을 면할 수 없음은 물론이다.

다. 집행장애

강제집행절차는 채권의 현실적 만족을 추구하는 절차이다. 즉 강제집행은 채권이 변제되는 효과를 거두는 절차이다. 그러므로 채권이 가압류된 경우에는 그 채권에 의한 강제집행을 허용하는 것은 가압류의 효력에 배치되는 것으로 허용되지 아니한다. 다시 말해 집행채권에 가압류가 있다는 사정은 집행장애사유로 파악된다. 그러나 가압류가 있다는 사정만으로는 강제집행절차에 착수하는 것 자체가 금지되는 것이 아니며 압류 이후의 현금화절차 등만이 진행되지 아니하는 것이다. 즉 가압류된 금전채권에 기하여 강제집행을 신청하면 신청 자체는 받아들여지나 강제집행을 통한 만족이 허용되지 않을 뿐이다. 예를 들어 가압류된 금전채권에 기한 강제집행에 있어서 압류명령은 허용되나 추심명령이나 전부명령을 얻을 수는 없는 것이다.

≪판례≫ 집행채권이 압류된 사정과 집행장애사유[대법원 2000. 10. 2.자 2000마5221 결정]

[1] 집행채권자의 채권자가 채무명의에 표시된 집행채권을 압류 또는 가압류, 처분금지가처분을 한 경우에는 압류 등의 효력으로 집행채권자의 추심, 양도 등의 처분행위와 채무자의 변제가 금지되고 이에 위반되는 행위는 집행채권자의 채권자에게 대항할 수 없게 되므로 집행기관은 압류 등이 해제되지 않는 한 집행할 수 없는 것이니 이는 집행장애사유에 해당한다고 할 것이다.

[2] 채권압류명령과 전부명령을 동시에 신청하더라도 압류명령과 전부명령은 별개로서 그 적부는 각각 판단하여야 하는 것이고, 집행채권의 압류가 집행장애사유가 되는 것은 집행법원이 압류 등의 효력에 반하여 집행채권자의 채권자를 해하는 일체의 처분을 할 수 없기 때문이며, 집행채권이 압류된 경우에도 그 후 추심명령이나 전부명령이 행하여지지 않은 이상 집행채권의 채권자는 여전히 집행채권을 압류한 채권자를 해하지 않는 한도 내에서 그 채권을 행사할 수 있다고 할 것인데, 채권압류명령은 비록 강제집행절차에 나간 것이기는 하나 채권전부명령과는 달리 집행채권의 환가나 만족적 단계에 이르지 아니하는 보전적 처분으로서 집행채권을 압류한 채권자를 해하는 것이 아니기 때문에 집행채권에 대한 압류의 효력에 반하는 것은 아니라고 할 것이므로 집행채권에 대한 압류는 집행채권자가 그 채무자를 상대로 한 채권압류명령에는 집행장애사유가 될 수 없다.

라. 소유권이전등기청구권에 대한 가압류

사 례 59 **가압류해제조건부 이행판결**

갑은 대여금채권을 피보전권리로 하여 을의 병에 대한 주택에 관한 소유권이전등기청구권을 가압류하였다. 그 후 을은 병에게 매매대금을 모두 지급하고 매매계약에 따라 병을 피고로 위 주택에 관한 소유권이전등기를 구하는 소를 제기하였다. 이에 병은 아무런 항변을 하지 않아 법원은 병에게 등기의무의 단순이행을 명하는 판결을 내렸다. 결국 을은 위 판결을 기초로 자기 앞으로 소유권이전등기를 마친 후에 다시 정에게 위 주택을 처분하고 소유명의를 넘겨주었다. 이러한 경우 갑·을·병·정의 법률관계는 어떠한가(다만 사해행위측면은 고려하지 않기로 한다)?

사 례 60 **가압류의 대물적 효력**

갑은 을에게 주택을 매도(2004. 2. 5.)하고, 을을 위하여 매매에 따른 소유권이전등기청구권을 가등기(2004. 2. 5.)하여 주었다. 그 후 을의 채권자 병에 신청에 따라 위 소유권이전등기청구권에 대한 가압류의 취지의 기입등기(2004. 3. 5.)가 이루어졌다. 그런데 병의 가압류 후에 을로부터 위 주택을 매수한 정은 을을 대위하여 갑에서 을로의 가등기에 기한 본등기를 한(2004. 4. 5.) 다음 같은 날 다시 을에서 정 자신 앞으로 소유권이전등기를 마쳤다. 사정이 위에 이르자 병은 집행권원을 얻어 부동산경매절차가 진행하였던 바, 무는 위 경매절차에서 매수인이 되어 소유권이전등기를 마쳤다(2004. 6. 7.). 이에 정은 자신이 진정한 소유자임을 내세우며 무에게 진정명의 회복을 원인으로 한 소유권이전등기청구의 소를 제기하였다. 정의 청구는 이유 있는가?

(1) **문 제 점** 소유권이전등기청구권에 대한 가압류는 통상의 채권가압류에 해당한다. 그렇다면 그 효력에 있어서도 통상의 채권가압류의 효력과 다를 바가 없을 것이다. 그러나 소유권이전등기청구권은 가등기의 형식으로 등기부에 공시가 되는 경우가 있다는 점, 소유권이전등기청구권에 대한 가압류는 제 3 채무자에서 채무자 앞으로 이전등기를 예정하고 있는 점, 소유권이전등기의무를 지는 자는 채무를 면하는 방법으로 공탁이 허용되지 아니하는 점, 소유권이전등기의무의 불이행에 대하여는 본래의 의미의 강제집행절차가 문제되지 아니하는 점 등에서 소유권이전등기청구권에 대한 가압류를 통상의 채권가압류와는 다른 시각에서 살펴볼 필요가 있다.

(2) **소유권이전등기청구권의 처분금지** 소유권이전등기청구권에 대한 가압류가 있으면 채무자는 소유권이전등기청구권을 처분하거나 제 3 채무자명의에서 자신의 명의로 이전등기를 하는 것이 금지된다. 제 3 채무자도 마찬가지로 채무자에게 이전등기의무를 이행하는 것이 금지된다. 그런데 소유권이전등기청구권에 대한 가압류 이후의 절차는 앞서 설명한 바와 같이(소유권이전등기청구권에 대한 금전채권집행에 관한 설명을 참고하라) 제 3 채무자의 소유명의를 채무자의 소유명의로 옮기는 이전등기절차를 거친 다음 소유권이전등기청구권의 대상이었던 부동산에 대한 경매절차로 나아가게 된다. 즉 소유권이전등기청구권에 대한 가압류는 제 3 채무자에서 채무자로의 이전등기를 금지하면서도 장래에 있어서는 제 3 채무자에서 채무자로의 이전등기를 예정하고 있는 자기모순의 구조에 서 있는 것이다. 이에 대하여 판례는 어떤 경로를 통하여서든 제 3 채무자에서 채무자 앞으로 이전등기가 있게 되면 그러한 이전등기를 가압류채권자에 대한 관계에서도

유효하게 취급하고 그로 인한 가압류채권자의 불이익은 불법행위책임의 법리로 구제함으로서 그 모순을 해결하도록 하고 있다. 채무자에게 이전등기가 된 이후에 채무자로부터 이전등기를 받은 제 3 자 역시 아무런 제한 없는 완전한 권리를 취득한다. 이와 같이 이전등기가 있게 되면 유효하게 취급되므로 소유권이전등기청구권의 채권의 만족으로 소멸하게 되므로 그에 대한 가압류의 효력도 당연히 소멸하고 만다. 이에 대비하여 가압류채권자로서는 채무자를 상대로 신속하게 부동산 가압류의 조치를 하여 두어야 할 것이다.

≪판례≫ 압류된 이전등기신청권의 임의이행[대법원 2000. 2. 11. 선고 98다35327 판결]

[1] 소유권이전등기청구권에 대한 압류가 있으면 그 변제금지의 효력에 의하여 제 3 채무자는 채무자에게 임의로 이전등기를 이행하여서는 아니 되는 것이나, 그와 같은 압류는 채권에 대한 것이지 등기청구권의 목적물인 부동산에 대한 것이 아니고, 채무자와 제 3 채무자에게 결정을 송달하는 외에 현행법상 등기부에 이를 공시하는 방법이 없는 것으로서 당해 채권자와 채무자 및 제 3 채무자 사이에만 효력을 가지며, 제 3 자에 대하여는 압류의 변제금지의 효력을 주장할 수 없으므로 소유권이전등기청구권의 압류는 청구권의 목적물인 부동산 자체의 처분을 금지하는 대물적 효력은 없어서 제 3 채무자나 채무자로부터 이전등기를 경료한 제 3 자에 대하여는 취득한 등기가 원인무효라고 주장하여 말소를 청구할 수 없고, 제 3 채무자가 압류결정을 무시하고 이전등기를 이행하고 채무자가 다시 제 3 자에게 이전등기를 경료하여 준 결과 채권자에게 손해를 입힌 때에는 불법행위를 구성하고 그에 따른 배상책임을 지게 된다.

[2] 소유권이전등기청구권을 압류한 경우 채권자가 채권을 추심하기 위하여는 우선 민사소송법 제577조에서 정한 절차에 따라 부동산에 관하여 채무자 명의로 소유권이전등기를 경료한 다음 다시 그 부동산에 대한 강제경매를 실시하여 그 경매절차에서 배당받아야 할 것이므로, 제 3 채무자의 고의 또는 과실로 소유권이전등기청구권이 압류된 부동산에 관하여 채무자, 제 3 자 명의의 소유권이전등기가 순차 경료됨으로써 채권자에 대한 불법행위책임이 성립하는 경우, 그로 인한 압류채권자의 손해액은 압류채권액 범위 내에서 압류채권자가 배당받을 금액이라고 보아야 한다(같은 취지: 대법원 1998. 5. 29. 선고 96다11648 판결, 대법원 2002. 10. 25. 선고 2002다39371 판결, 대법원 1999. 6. 11. 선고 98다22963 판결, 대법원 2007. 9. 21. 선고 2005다44886 판결).

(3) **가압류해제조건부 이행판결** 채무자가 가압류된 금전채권을 소구하는 경우 법원은 단순이행을 명하고 제 3 채무자는 집행공탁 또는 변제공탁을 함으로써 이행지체책임과 이중변제의 위험으로부터 벗어날 수 있음은 앞서 설명하였다. 그러나 소유권이전등기청구권이 가압류된 경우 채무자의 제 3 채무자에 대한 이행청구에 대하여는 이러한 결론을 적용할 수 없다. 현행 공탁제도상 소유

권이전등기의무를 공탁을 통하여 채무를 면하는 것이 허용되지 않기 때문이다.

≪판례≫ **등기채무이행에 관한 공탁가부**[대법원 2001. 2. 9. 선고 2000다60708 판결]

부동산등기법은 등기는 등기권리자와 등기의무자가 공동으로 신청하여야 함을 원칙으로 하면서도(제28조), 제29조에서 '판결에 의한 등기는 승소한 등기권리자 또는 등기의무자만으로' 신청할 수 있도록 규정하고 있는바, 위 법조에서 승소한 등기권리자 외에 등기의무자도 단독으로 등기를 신청할 수 있게 한 것은, 통상의 채권채무 관계에서는 채권자가 수령을 지체하는 경우 채무자는 공탁 등에 의한 방법으로 채무부담에서 벗어날 수 있으나 등기에 관한 채권채무 관계에 있어서는 이러한 방법을 사용할 수 없으므로, 등기의무자가 자기 명의로 있어서는 안 될 등기가 자기 명의로 있음으로 인하여 사회생활상 또는 법상 불이익을 입을 우려가 있는 경우에는 소의 방법으로 등기권리자를 상대로 등기를 인수받아 갈 것을 구하고 그 판결을 받아 등기를 강제로 실현할 수 있도록 한 것이다.

다만 제 3 채무자로서는 가압류의 집행해제 전이라도 민사집행법 제244조에 따라 보관인을 정하고 그 보관인에게 채무자의 법정대리인의 지위에서 이를 수령하여 채무자 명의의 소유권이전등기를 마치도록 할 수 있으므로 공탁제도에 관한 논거만으로는 양자의 차별성을 정당화하기에 불충분한 점이 있다. 한편 제 3 채무자의 채무불이행에 대하여 채무자가 가압류된 금전채권에 기초하여 강제집행을 신청하면 그 신청 자체는 받아들여 압류의 단계까지만 절차를 진행하고 그 이후의 절차는 진행되지 않게 되므로 제 3 채무자는 공탁을 하지 않더라도 지체책임은 별론으로 하고 실질적으로 강제집행을 당하는 불이익은 당하지 않게 된다. 그러나 가압류의 대상이 소유권이전등기청권인 경우에는 사정이 이와 다르다. 채무자가 소유권이전등기청구권에 대한 집행권원을 얻은 이후에는 단독으로 이전등기청구를 하는 넓은 의미의 집행절차는 있을 지라도 금전채권집행과 같은 본래 의미의 집행절차가 후속하지 않는 것이다. 즉 가압류가 있다는 사정이 소유권이전등기청구권에 대한 집행절차에서는 고려할 계기가 없게 된다. 그러므로 채무자가 가압류된 소유권이전등기청구권을 소구하는 경우에는 제 3 채무자는 가압류가 있는 사정을 반드시 항변으로 주장할 의무가 있고 법원은 이에 대하여 가압류해제조건부 이행판결을 하게 된다.

≪판례≫ **압류된 이전등기청구권과 해제조건부판결**[대법원 1999. 2. 9. 선고 98다42615 판결]

소유권이전등기청구권에 대한 압류나 가압류는 채권에 대한 것이지 등기청구권의 목적물인 부동산에 대한 것이 아니고, 채무자와 제 3 채무자에게 그 결정을 송달하는 외에 현행법상 등기부에 이를 공시하는 방법이 없는 것으로서, 당해 채권자와 채무자 및 제 3 채무자 사이에만 효력이 있을 뿐 압류나 가압류와 관계가 없는 제 3 자에 대하여는 압류나 가압류의 처분금지적 효력을 주장할 수 없게 되므로, 소유권이전등기청구권의 압류나 가압류는 청구권의 목적물인 부동산 자체의 처분을 금지하는 대물적 효력은 없고, 또한 채권에 대한 가압류가 있더라도 이는 채무자가 제 3 채무자로부터 현실로 급부를 추심하는 것만을 금지하는 것이므로 채무자는 제 3 채무자를 상대로 그 이행을 구하는 소송을 제기할 수 있고 법원은 가압류가 되어 있음을 이유로 이를 배척할 수는 없는 것이지만, 소유권이전등기를 명하는 판결은 의사의 진술을 명하는 판결로서 이것이 확정되면 채무자는 일방적으로 이전등기를 신청할 수 있고 제 3 채무자는 이를 저지할 방법이 없게 되므로 위와 같이 볼 수는 없고 이와 같은 경우에는 가압류의 해제를 조건으로 하지 않는 한 법원은 이를 인용하여서는 안되는 것이며, 가처분이 있는 경우도 이와 마찬가지로 그 가처분의 해제를 조건으로 하여야만 소유권이전등기절차의 이행을 명할 수 있다.

(4) **가등기된 소유권이전등기청구권에 대한 가압류의 효력** 소유권이전등기청구권에 대한 가압류가 있는 경우 처분금지의 대상이 되는 소유권이전등기청구권 자체이지 소유권이전등기청구권의 목적되는 부동산이 처분금지의 대상이 아니라 할 것이다. 그런데 판례는 소유권이전등기청구권이 가등기된 경우에는 그에 대한 가압류의 처분금지적 효력을 소유권이전등기청구권은 물론 소유권이전등기청구권의 대상이 되는 부동산에 까지 인정하고 있다.

≪판례≫ 가압류의 대물적 효력[대법원 1998. 8. 21. 선고 96다29564 판결]

[1] 부동산에 관하여 전소유자로부터 채무자 명의의 소유권이전등기가 되고 같은 날 채무자로부터 제 3 자가 소유권이전등기를 넘겨받기 전에 이미 가압류채권자 명의의 적법한 가압류기입등기가 되어 가압류결정이 공시되어 있었던 경우, 가압류채권자는 제 3 자에 대하여 위 가압류의 처분금지적 효력을 주장할 수 있다 할 것이어서, 제 3 자 명의의 소유권이전등기는 등기된 가압류의 채권자와의 관계에서는 무효이다.

[2] 제 3 자에 의하여 채무자 명의의 가등기에 기한 소유권이전의 본등기가 마쳐진 경우, 그 가등기된 부동산소유권이전등기청구권을 가압류한 채권자의 신청에 의한 당해 부동산에 대한 강제집행절차는 정당하고, 그 강제경매절차에 의하여 적법하게 부동산을 낙찰받은 낙찰인 명의의 소유권이전등기 역시 적법·유효하다.

판례는 위와 같은 결론의 논거로 가압류집행이 그 대상이 된 소유권이정등기청구권가등기의 부기등기를 통하여 공시되었으므로 처분금지의 대상을 당해 부동산에 까지 넓힐 수 있다는 것이다. 이를 두고 보전처분의 대물적 효력이라고 한다(반대견해 있음). 위와 같은 판례에 따른 결론은 수긍하기 어려운 면이 있다. 가압류의 처분금지효는 가압류의 대상이 되는 소유권이전등기청구권 자체에 관한 것이지 부동산은 소유권이전등기청권의 대상일 뿐 가압류의 대상은 아니기 때문이다.

사례 59 〈해설〉 가압류해제조건부 이행판결

1. 가압류가 있다는 사정의 고려시기

청구채권에 가압류가 있다는 사정은 판결절차에서는 간과되며, 당해 청구채권실현을 위한 집행절차에서 비로소 고려하여야 한다고 보는 것이 일반적이다. 즉 청구채권에 가압류가 있는 경우라도 단순이행을 명해야 하는 것이다. 그런데 청구채권이 등기청구권인 경우 등과 같이 넓은 의미의 집행을 예정하는 것으로 본래의미의 집행을 수반하지 아니하는 경우에는 사정이 다르다. 즉, 등기청구권의 경우에는 본래의미의 집행절차를 예정하는 것이 아니어서 판결절차 내에서 가압류가 있다는 사정을 고려하여야 하는 것이다. 그러므로 재판상 등기청구권의 행사에 있어서 당해 등기청구권에 가압류가 있다는 사정이 보이면, 법원으로서는 단순이행을 명할 것이 아니고 가압류해제를 조건으로 하는 이행을 명하여야 한다.

2. 변론주의와 손해배상책임

등기청구권에 가압류가 있다는 사정은 직권으로 고려할 것이 아니다. 즉 병에 의하여 가압류가 있다는 사정을 주장이 있을 때 비로소 고려할 수 있을 뿐이다. 사례에서 법원이 단순이행을 명한 것은 위와 같은 이유이다. 그런데 병이 가압류가 있다는 사정을 주장하지 아니하여 단순이행판결이 내려지고 그에 따라 병에서 을 앞으로 이전등기가 이루어진 것은 결국 병이 가압류를 무시하고 을 앞으로 임의로 등기명의를 명의를 넘겨준 바와 다름없다. 그러므로 위 사례에서 을이 단순이행판결을 통해 자신 앞으로 등기명의를 넘겨받음으로 인해 채권자 병에게 손해가 발생하였다면, 병은 가압류를 무시하고 임의로 을에게 등기명의를 넘겨준 때와 동일한 손해배상책임을 져야 한다.

3. 처분금지효가 미치는 대상

사례에서 가압류의 대상은 소유권이전등기청구권에 한하며, 소유권이전등기청구권의 목적인 주택 자체는 가압류의 대상이 아니다. 따라서 처분금지의 대상 역시 소유권이전등기청구권이지 주택 자체는 아니다. 그러므로 주택에 관한 권리변동은 가압류의 효력과 아무런 저촉이 없다. 따라서 병에서 을로 다시 을에서 정으로의 소유권변동은 전혀 유효하다.

사례 60 〈해설〉 가압류의 대물적 효력

1. 판례의 태도

가. 가압류의 대물적 효력

가등기된 소유권이전등기청구권에 대한 가압류가 있으면, 가등기된 소유권이전등기청구권에 대한 부기등기형식으로 가압류가 있다는 취지의 기입등기가 있게 된다. 통상의 채권에 대한 가압류와 달리 등기부를 통해 가압류결정이 공시가 되는 것이다. 이러한 경우 가압류채권자는 제 3 자에 대한 관계에 있어서도 처분금지적 효력을 주장할 수 있으므로 가압류등기 이후에 이루어진 제 3 자 명의의 소유권이전등기는 가압류채권자에 대한 관계에서 무효라고 보는 것이 판례의 태도이다. 즉 가압류의 대상이 소유권이전등기청구권에서 나아가 소유권이전등기청구권의 대상인 주택까지도 포함하는 것과 동일한 결론을 인정하는 것이다. 이를 두고 소위 가압류의 '대물적 효력'이라고 한다.

2. 판례의 문제점

가. 가압류의 대물적 효력

가압류가 등기부를 통해 공시되었다는 사정을 바탕으로 가압류의 대상을 확장시키는 것을 옳지 않다고 본다. 즉 사례에서 가압류의 대상은 소유권이전등기청구권에 한한다고 할 것이므로 처분금지효의 논의를 주택 자체에 까지 확장시켜서는 아니된다고 본다.

나. 진정한 권리자

또한 가압류의 대물적 효력을 인정한다고 하더라도, 사례에서와 같은 경우 판례(96다29564판결)처럼 무를 권리자로 볼 것이 아니고 정을 권리자로 보아야 할 것이다. 왜냐하면 갑에서 을로의 본등기는 일응 가압류에 저촉된 듯 보이나, 현행 집행절차상 장차 있을 본집행에서 예정하는 것과 같은 결과이므로 그 효력을 배척할 것이 못된다. 따라서 갑에서 을로의 이전등기는 전혀 유효한 것이므로, 을에서 정 앞으로의 권리변동 역시 유효한 것으로 보아야 하기 때문이다. 이와 같은 이해방식은 다른 판결례(90다9407판결, 87다카155판결, 93다42665판결, 97다47897판결)에도 잘 나타나 있다. 가압류에 의한 처분금지효와 처분금지가처분에 의한 처분금지효가 본질적으로 다른 것이라고 전제하지 아니하는 한 전자와 후자의 판례 사이에는 모순점이 있다고 본다.

4. 사용 · 수익의 제한

가압류는 처분제한의 효력에 그 본질이 있고 그 자체로 직접 채무자의 사용 · 수익에 제한을 가하는 것은 아니다. 그러나 처분제한이라는 목적 달성에 필요한 범위에서 사실상 사용 · 수익의 제한이 따르게 된다. 부동산 가압류의 경우에 있어서는 가압류의 집행이 등기부를 통하여 공시되므로 채무자는 아무런 제한이 없이 목적물을 사용 · 수익할 수 있다(제291조, 제83조 2항). 다만 부동산 강제관리를 위한 가압류의 경우에는 채무자의 사용 · 수익이 제한된다(제291조, 제163조, 제172조 1항). 유체동산 가압류의 경우에는 그 집행에 있어서 집행관이 목적물을 채무자에게 보관을 시킨 경우에도 채무자의 사용 · 수익에 제한을 미치지 않지만 집행관이 목적물을 점유하는 경우에는 채무자의 사용 · 수익이 제한된다. 채권 · 그 밖의 재산권에 대한 가압류에서는 사용 · 수익이라는 것이 문제될 여지가 거의 없지만 제 3 채무자의 채무자에 대한 지급이 금지된다는 측면에서 이를 두고 채무자의 사용·수익이 금지된다고 표현하기도 한다.

5. 다른 절차와의 경합

가압류의 집행의 대상에 관하여 흔히 다른 채권자에 의한 가압류, 가처분, 체납처분이 중첩적으로 이루어지거나 피압류채권의 양도가 있는 경우에 당해 가압류의 효력이 어떠한가에 관하여 자주 문제된다. 이와 같은 다른 절차와의 경합문제는 보전처분의 잠정성으로 인하여 보전처분의 목적물에 대한 본집행이 있는 때에 구체화되어 대두되는 문제이다. 결국 아래의 논의는 민사집행법이 정하는 소제주의와 인수주의에 관한 논의의 이면에 해당하는 것이다.

가. 가압류 상호간의 경합

가압류는 우선변제적 효력이 없으므로 동일한 대상에 대하여 다른 채권자에 의하여 가압류가 중첩적으로 이루어질 수 있다. 수개의 가압류가 우선순위 없이 독립적으로 병존하게 된다.

≪판례≫ **가압류채권자들 사이의 평등**[대법원 1999. 2. 9. 선고 98다42615 판결]

가압류 상호간에 그 결정이 이루어진 선후에 따라 뒤에 이루어진 가압류에 대하여 처분금지적 효력을 주장할 수는 없다.

수 개의 가압류 채권액의 합계액이 피압류채권액을 넘어서는 경우라도 개개의 가압류의 효력이 미치는 범위에는 전혀 영향이 없다. 이를 두고 '가압류 상호간에는 경합하지 않는다'라고 표현하기도 한다.

나. 강제집행과의 경합

(1) **금전채권집행과의 경합** 압류에는 우선변제적 효력이 없는 점은 가압류에서와 같다. 그러므로 압류와 가압류는 서로 배척하지 아니하고 병존하게 된다. 그러나 가압류와 본압류가 경합하는 경우에는 가압류 상호간에 경합하는 경우에 대하여 크게 두 가지 점에서 차이가 있다. 첫째는 본압류와 가압류가 경합하게 되면 가압류채권자는 배당받을 채권자로서의 지위를 갖게 되는 것이며, 둘째는 본압류채권액과 가압류채권액의 합계액이 피압류채권액을 넘어서는 경우에는 압류 또는 가압류의 효력이 피압류채권액 전액으로 확장된다는 점이다.

(2) **비금전채권집행과의 경합** 가압류된 동산에 대한 인도청구권의 강제

집행이 가능한가에 대하여 소극설과 적극설의 대립이 있다. 가압류된 동산은 집행관의 점유하에 있는 것이 보통이므로 인도청구권의 강제집행이 불가능하다고 보아야 한다. 그러나 가압류권자와 집행채권자가 동일한 경우에는 인도청구권의 강제집행이 가능하다고 볼 것이다.

다. 가처분과의 경합

사 례 61 **가압류와 가처분의 경합**

갑은 양지바른 야산 언저리를 을에게 1억원에 매도하고, 을의 부탁으로 잔금 6,000만원을 남겨둔 상태에서 소유명의를 이전해 주었다. 그러나 을은 약속된 날짜에 잔금을 주지 않고 차일피일 미루기만 할 뿐이었다. 이에 갑은 '장래에 있을 수 있는 위 매매계약의 법정해제에 기한 원상회복청구권으로서 소유권이전등기청구권'을 피보전권리로 하여 위 야산에 대한 처분금지가처분을 해 두었다.

이후 을에 대한 다른 채권자 병의 신청에 따른 가압류에 이어 위 야산에 대한 강제경매절차에 있어서 목적물에 가처분이 있다는 사정은 어떻게 고려되는가(다만 위 야산에 가처분 이외에 다른 물적 부담은 없다고 전제한다)?

가압류의 피보전권리는 금전채권이라는 점에서 처분금지적 효력의 내용을 통일적으로 파악할 수 있다. 그러나 가처분의 피보전권리는 그 성실과 내용이 다양한 것이어서 가처분의 효력을 통일적으로 파악할 수 없다. 예를 들어 동일한 명칭의 처분금지가처분이라고 하더라도 그 피보전권리가 소유권이전등기청구권인지, 소유권이전등기 말소등기청구권인지, 저당권설정등기청구권인지 등에 따라 각각 그 처분금지의 내용이 다르다. 그러므로 가압류와 가처분의 경합문제는 개별적인 사안에 따라 그 내용이 논해질 수밖에 없는 것이지만 대체로 양자 사이에 모순·저촉이 없는 경우에는 양자는 상호 독립적으로 병존할 수 있다. 이를 두고 '가압류와 가처분이 경합한다'라고 표현한다. 이하에서는 그 효력이 목적물 전부에 미치는 가압류와 처분금지가처분을 전제로 목적물의 종류에 따라 양자의 관계를 살펴보는 것으로 그친다.

(1) **부동산에 대한 가압류와 처분금지가처분** 부동산에 대한 가압류는 기입등기의 방법으로 행해진다. 처분금지가처분의 집행 역시 기입등기의 방법으로 한다. 가처분은 부동산에 대한 것이라도 피보전권리에 따라 기입등기 이외의 방법으로 행해지는 것도 많지만 그러한 가처분은 가압류와 모순·저촉이 없는 것이 보통이므로 따로 문제 삼을 것이 없다. 양자의 모순·저촉이 문제되는 상황에 대하여는 등기부를 통하여 제 3 자에게 공시된다는 점에서 양자의 우열은

기입등기의 선후를 기준으로 정하자는 것이 일반적인 견해이며 판례의 태도도 마찬가지이다.

≪판례≫ **선순위 가처분과 가압류 사이의 우열**[대법원 2005. 1. 14. 선고 2003다33004 판결]

부동산에 대하여 가압류등기가 된 경우에, 그 가압류채무자(현 소유자)의 전 소유자가 위의 가압류 집행에 앞서 같은 부동산에 대하여 소유권이전등기의 말소청구권을 보전하기 위한 처분금지가처분등기를 경료 한 다음, 채무자를 상대로 매매계약의 해제를 주장하면서 소유권이전등기 말소소송을 제기한 결과 승소판결을 받아 확정되기에 이르렀다면, 위와 같은 가압류는 결국 말소될 수밖에 없고, 따라서 이러한 경우 가압류채권자는 민법 제548조 제1항 단서에서 말하는 제3자로 볼 수 없으며, 가처분채권자가 받은 본안판결이 전부 승소판결이 아닌 동시이행판결인 경우도 이와 달리 볼 이유가 없다.

등기의 선후가 없는 경우에는 양자는 우열 없이 병존하다고 볼 수밖에 없다.

≪판례≫ **동순위의 가압류와 가처분 사이의 우열**[대법원 1998. 10. 30.자 98마475 결정]

동일한 부동산에 관하여 동일 순위로 등기된 가압류와 처분금지가처분의 효력은 그 당해 채권자 상호간에 한해서는 처분금지적 효력을 서로 주장할 수 없다.

(2) **채권적 청구권에 대한 가압류와 처분금지가처분** 채권적 청구권을 대상으로 하는 가압류와 처분금지가처분은 그 선후를 묻지 않고 양자는 우열 없이 병존하는 것으로 보는 것이 대체적인 입장이다.

≪판례≫ **공시방법이 없는 채권적 청구권**[대법원 2001. 10. 9. 선고 2000다51216 판결]

소유권이전등기청구권에 대한 가압류가 있기 전에 소유권이전등기청구권을 보전하기 위하여 "채무자는 소유권이전등기청구권을 양도하거나 기타 일체의 처분행위를 하여서는 아니 된다. 제3채무자는 채무자에게 소유권이전등기절차를 이행하여서는 아니 된다."는 소유권이전등기청구권 처분금지가처분이 있었다고 하더라도 그 가처분이 뒤에 이루어진 가압류에 우선하는 효력은 없으므로, 그 가압류는 가처분채권자와 사이의 관계에서도 유효하고, 이는 소유권이전등기청구권에 대한 압류의 경우에도 마찬가지이다(같은 취지: 대법원 1998. 4. 14. 선고 96다47104 판결).

다만 가등기된 소유권이전등기청구권과 같이 공시방법이 갖추어진 경우에는 기입등기의 선후에 따라 양자의 우열이 정해진다고 할 것이다.

사례 61 〈해설〉 가압류와 가처분의 경합

가처분과 가압류는 그 등기의 선후에 따라 우열이 정해진다. 그러므로 집행절차를 통하여 을의 주택에 대한 매각이 이루어진다면 갑에 의한 가처분은 매수인에게 인수된다. 그 후 갑이 본안판결을 얻어 갑 명의로의 이전등기신청과 함께 단독신청으로 매수인의 등기명의를 말소할 수 있게 된다. 이 때 매수인은 소유권을 상실하였다는 점을 지적하며 채무자에 대한 하자담보책임을 물을 수 있게 된다. 그러나 위와 같은 결과는 절차상의 번잡함은 물론 채무자가 사실상 자력이 없을 것이므로 매수인의 지위는 크게 불안정할 수밖에 없다. 이러한 사정을 고려하여 목적물에 소유권이나 소유권이전등기청구권 등을 보전하기 위한 최선순위 처분금지가처분이 있는 경우에는 집행절차에 있어서 압류 이후의 절차를 사실상 정지상태에 둔다.

라. 체납처분과 경합

보전처분과 체납처분은 아무런 관계가 없다. 체납처분절차상 보전처분은 전혀 고려되지 않는다(국제징수법 제35조). 그러므로 체납처분절차상 조세를 징수하고 남은 돈은 체납자에게 반환하고 가압류채권자를 위하여 공탁하지 않으므로 가압류채권자는 채무자가 가지는 남은 돈에 대한 인도청구권을 가압류하는 등의 보전조치를 취하여야 한다. 또한 조세우선권에 기하여 조세채권은 가압류채권자에게 우선하게 되므로 체납처분 이전에 가압류가 있더라도 위와 같은 결론에 영향이 없다(국세징수법 제35조 1항 본문).

≪판례≫ 체납처분절차상 가압류채권자의 취급[대법원 1974. 2. 12. 선고 73다1905 판결]

체납처분 담당공무원은 국세체납처분에 의하여 환가한 돈을 관계국세 등에 우선 변제충당하고, 잔여액이 있으면 체납자에게 반환할 것이요, 우선주의원칙에 의하여 규율되는 체납처분에 민사소송법 제589조 3항을 적용할 수는 없으므로 잔여액을 가압류 채권자를 위하여 공탁할 것이 아니다.

다만 조세보다 우선변제권이 인정되는 담보권이 있고 그러한 담보권보다 앞서 이루어진 가압류채권은 체납처분절차상 배분을 받을 수 있는 채권에 해당한다.

≪판례≫ 선순위담보권에 앞선 가압류채권[대법원 2002. 3. 26. 선고 2000두7971 판결]

국세징수법 제81조 제 1 항 제 3 호의 규정은 체납처분절차에서 압류재산에 관계되는 담보권의 우선변제권을 보호하기 위하여 그 절차를 행하는 세무서장에 대하여 압류재산의 매각대금을 압류 전후를 불문하고 위 법 소정의 담보권자에게 우선순위에 따라 배분할 공법상의 의무를 부과한 것이고, 압류재산의 매각대금을 배분받을 수 있는 채권을 예시한 것에 불과할 뿐 이를 한정적으로 열거한 것이 아니라고 할 것이므로, 국세체납처분에 의한 매각대금의 배분대상에는 같은 법 제81조 제 1 항 제 3 호에 규정된 담보권뿐만 아니라 법령의 규정이나 법리해석상 그 담보권보다 선순위 또는 동순위에 있는 채권도 포함된다고 봄이 상당하다고 할 것인바, 이러한 채권이 가압류채권인 관계로 그 채권액이 아직 확정되지 아니한 경우에는 같은 법 제84조 제 1 항에 의하여 그에게 배분할 금액을 한국은행(국고대리점 포함)에 예탁할 수도 있을 것이다.

마. 채권양도와의 경합

가압류명령이 제 3 채무자에게 송달된 시점과 확정일자 있는 양도통지가 제 3 채무자에게 도달된 시점을 비교하여 양자의 우열이 정해진다. 양자가 같은 시점에 이루어진 경우에는 양자는 우열 없이 병존하며 이러한 경우 제 3 채무자는 채권액의 안분을 고려하지 않고 어느 한 쪽에 전액의 변제 또는 변제공탁을 하여 의무를 벗을 수도 있다.

≪판례≫ 채권양도통지와 가압류명령의 동시도달[대법원 1994. 4. 26. 선고 93다24223 판결]

[1] 채권이 이중으로 양도된 경우의 양수인 상호간의 우열은 통지 또는 승낙에 붙여진 확정일자의 선후에 의하여 결정할 것이 아니라, 채권양도에 대한 채무자의 인식, 즉 확정일자 있는 양도통지가 채무자에게 도달한 일시 또는 확정일자 있는 승낙의 일시의 선후에 의하여 결정하여야 할 것이고, 이러한 법리는 채권양수인과 동일 채권에 대하여 가압류명령을 집행한 자 사이의 우열을 결정하는 경우에 있어서도 마찬가지이므로, 확정일자 있는 채권양도 통지와 가압류결정 정본의 제 3 채무자(채권양도의 경우는 채무자)에 대한 도달의 선후에 의하여 그 우열을 결정하여야 한다.

[2] 채권양도 통지/가압류 또는 압류명령 등이 제 3 채무자에 동시에 송달되어 그들 상호간에 우열이 없는 경우에도 그 채권양수인/가압류 또는 압류채권자는 모두 제 3 채무자에 대하여 완전한 대항력을 갖추었다고 할 것이므로, 그 전액에 대하여 채권양수금, 압류전부금 또는 추심금의 이행청구를 하고 적법하게 이를 변제받을 수 있고, 제 3 채무자로서는 이들 중 누구에게라도 그 채무 전액을 변제하면 다른 채권자에 대한 관계에서도 유효하게 면책되는 것이며, 만약 양수채권액과 가압류 또는 압류된 채권액의 합계액이 제 3 채무자에 대한 채권액을 초과할 때에는 그들 상호간에는 법률상의 지위가 대등하므로 공평의 원칙상 각 채권액에 안분하여 이를 내부적으로 다시 정산할 의무가 있다.

[3] 채권양도의 통지와 가압류 또는 압류명령이 제 3 채무자에게 동시에 송달되었다고 인정되어 채무자가 채권양수인 및 추심명령이나 전부명령을 얻은 가압류 또는 압류채권자 중 한 사람이 제기한 급부소송에서 전액 패소한 이후에도 다른 채권자가 그 송달의 선후에 관하여 다시 문제를 제기하는 경우 기판력의 이론상 제 3 채무자는 이중지급의 위험이 있을 수 있으므로, 동시에 송달된 경우에도 제 3 채무자는 송달의 선후가 불명한 경우에 준하여 채권자를 알 수 없다는 이유로 변제공탁을 함으로써 법률관계의 불안으로부터 벗어날 수 있다.

6. 기 타

가. 해제의 소급효와 제 3 자 보호

계약의 이행으로 인한 물권변동의 효과는 등기 또는 인도 없이도 해제에 따라 소급하여 계약 이전의 상태로 복귀한다(물권적 효과설). 그러나 해제된 계약의 이행에 기하여 생긴 법률적 효과를 바탕으로 새로운 이해관계를 가진 선의의 제 3 자에 대하여는 해제의 효과를 주장하지 못한다. 이러한 제 3 자에는 가압류 채권자도 포함된다.

≪판례≫ 해제의 소급효 제한과 가압류권자[대법원 2000. 1. 14. 선고 99다40937 판결]

민법 제548조 제 1 항 단서에서 말하는 제 3 자란 일반적으로 해제된 계약으로부터 생긴 법률효과를 기초로 하여 별개의 새로운 권리를 취득한 자를 말하는 것인바, 해제된 계약에 의하여 채무자의 책임재산이 된 계약의 목적물을 가압류한 가압류채권자는 그 가압류에 의하여 당해 목적물에 대하여 잠정적으로 그 권리행사만을 제한하는 것이나 종국적으로는 이를 환가하여 그 대금으로 피보전채권의 만족을 얻을 수 있는 권리를 취득하는 것이므로, 그 권리를 보전하기 위하여서는 위 조항 단서에서 말하는 제 3 자에는 위 가압류채권자도 포함된다고 보아야 한다(같은 취지: 대법원 2005. 1. 14. 선고 2003다33004 판결).

나. 사기죄의 재산상 이득

실체관계상 존재하지 아니하는 채권을 피보전권리로 하여 가압류를 신청한 것만으로는 형사상 사기죄의 실행착수라고 볼 것은 아니라는 것이 판례의 태도임은 앞서 설명하였다. 이러한 판례의 태도는 가압류의 남용을 부채질하는 것으로 수긍하기 어렵다. 구체적인 사안에 따라 사기죄의 형사책임 인정에 적극적이어야 한다고 본다.

제 3 절 가처분집행

Ⅰ. 가처분 집행절차

가처분의 피보전권리는 통상적으로 비금전채권으로 그 집행절차는 비금전채권의 실현을 위한 본집행절차에 준한다. 피보전권리의 내용에 따라 그 집행절차를 개략적으로 살펴보면 다음과 같다.

1. 부동산 처분금지가처분

제305조 (가처분의 방법)

③ 가처분으로 부동산의 양도나 저당을 금지한 때에는 법원은 제293조의 규정을 준용하여 등기부에 그 금지한 사실을 기입하게 하여야 한다.

가처분법원이 집행법원이 되어 등기부에 금지되는 처분행위의 내용을 기입하는 방법으로 집행한다(규칙 제215조). 등기의 촉탁은 법원사무관 등이 한다. 재판기관과 집행기관이 일치하는 보전처분이므로 가처분신청이 있으면 별도의 집행신청을 할 것을 필요로 하지 않는다. 부동산의 일부에 대한 가처분의 집행을 위하여는 가처분결정을 대위원인으로 하여 채권자가 대위분할등기신청을 하여 분할등기가 먼저 이루어지도록 해야 한다.

≪판례≫ 대위에 의한 분필등기[대법원 1987. 10. 13. 선고 87다카1093 판결]

1필지의 토지의 특정된 일부에 대하여 소유권이전등기의 말소를 명하는 판결을 받은 등기권자는 그 판결에 따로 토지의 분할을 명하는 주문기재가 없더라도 그 판결에 기하여 등기의무자를 대위하여 그 특정된 일부에 대한 분필등기절차를 마친 후 소유권이전등기를 말소할 수 있으므로 토지의 분할을 명함이 없이 1필지의 토지의 일부에 관하여 소유권이전등기의 말소를 명한 판결을 집행불능의 판결이라 할 수 없다.

부동산의 일부에 대한 분할등기가 될 수 없는 사정이 있는 경우에는 당해 부동산전부에 대한 가처분을 신청하여 전부에 대한 가처분의 집행을 하면 된다.

2. 부동산 점유이전금지가처분

채권자가 가처분의 재판정본으로 집행관에게 별도의 집행신청을 하여야 한다. 집행관은 당사자나 그 대리인의 참여하에 목적물이 집행관의 보관 아래 있음을 밝히는 고시를 목적물의 적당한 곳에 붙이고 채무자에게 가처분의 취지를 고지한다. 이때의 고시는 집행관 보관의 효력발생과 무관한 것으로 목적물의 점유가 집행관에게 있음을 제 3 자에게 경고하는 기능을 갖는 것뿐이다.

3. 유체동산 점유이전금지가처분

부동산 점유이전금지가처분의 집행에 준한다. 실무상 유체동산에 대한 처분금지가처분만을 신청하는 경우는 거의 찾아볼 수 없는데 처분금지가처분은 부동산에서와 달리 등기부 등을 통해 공시하는 방법이 없으므로 제3자의 선의취득을 막을 방법이 없어 거의 실효성이 없기 때문이다. 그러므로 처분금지의 목적을 달성하기 위해서는 처분금지가처분에 더하여 점유이전금지가처분을 함께 구하는 것이 보통이다. 그러나 점유이전금지가처분이 있다고 하더라도 선의취득의 가능성이 부정되는 것은 아니다.

4. 채무자의 적극적 행위를 금지하는 가처분

흔히 건축공사로 인한 지반붕괴나 일조권 침해를 이유로 공사금지를 구하는 가처분이 이에 해당한다. 성질상 임시의 지위를 정하는 가처분에 해당한다. 이러한 가처분은 단순히 부작위를 명하는 것으로 가처분의 내용을 채무자에게 고지함으로서 족하고 별도의 집행이 문제되지 않는 것이 보통이고 채무자가 이러한 가처분에 위반하는 행위를 반복적으로 행하는 경우에 비로소 집행이 문제된다. 반복적인 의무위반행위에 대하여는 대체집행이나 간접강제를 통하여 위반결과를 제거하거나 예방할 수 있다. 한편 가처분은 소급효가 없는 것이므로 건축공사로 인하여 채권자의 권리침해가 있는 경우라도 그 침해의 상태가 가처분을 명하기 이전에 발생한 것에 대하여는 가처분의 효력이 미치지 아니한다.

5. 채권자의 행위에 대한 수인을 명하는 가처분

앞서 설명한 채무자의 적극적인 행위를 금지하는 가처분에 대응하는 가처분 형태이다. 예를 들어 인접주민이 지반침하 등을 이유로 공사금지가처분을 신청하는 것에 대응하여, 공사업체에서 인접주민을 상대로 공사방해금지가처분을 신청하는 형태로 나타나는 것이다. 이러한 가처분은 부작위를 명하는 것에 그치므로 그 자체로는 집행이 별도로 문제되지 않으며 채무자가 부작위의무에 위반하여 공사방해행위 등으로 나아가 때 비로소 집행이 문제된다. 이러한 경우 채권자는 민법 제389조 3항에 의한 집행명령으로 집행관에 의한 저항의 배제를 구하는 것이 가능하다.

6. 방해물배제의 가처분

타인이 토지 위에 권원 없이 건물이나 수목을 존치 등으로 토지 소유자의 권리행사를 방해하는 것과 같이 이미 기정사실로 되어 있는 방해상태의 배제를 명하는 가처분이다. 예를 들어 주위토지통행권을 피보전권리로 하는 통행방해금지가처분이 이에 해당한다. 방해상태의 배제는 대체적 작위의무에 해당하는 것으로 배제의무를 이행하지 아니하는 경우에는 채권자는 대체집행의 방법으로 의무이행을 강제할 수 있다.

7. 채권의 추심 및 처분금지 가처분

채권의 존부나 귀속에 관하여 다툼이 있는 경우에 필요한 가처분이다. 예를 들어 통정허위표시에 의한 채권은 선의의 제 3 자에게 양도되면 채무자는 통정허위표시임을 이유로 제 3 자에게 항변으로 다투지 못하므로 채권자가 제 3 자에게 채권을 양도하지 못하도록 채권처분금지가처분을 하는 경우를 들 수 있다. 또한 채권의 이중양도의 경우나 채권양도와 전부명령이 경합하는 경우 어느 한 채권자는 다른 채권자가 채무자에게 채권을 추심하거나 제 3 자에게 양도하지 못하도록 채권의 추심 및 처분금지 가처분을 하는 경우도 이에 해당한다. 이러한 가처분은 채무자의 제 3 채무자에 대한 채권을 가압류하는 것과 구조적으로 다를 것이 없다. 가처분명령을 신청하는 것으로 족하고 별도로 가처분명령의 집행신청을 할 필요가 없는 것도 마찬가지이다.

8. 금전의 지급을 명하는 가처분

교통사고로 인한 손해배상청구권에 관하여 치료비의 지급을 구하거나 근로자의 임금채권의 지급을 구하는 경우에 흔히 나타나는 가처분이다. 단행가처분으로 보전의 필요성에 엄격한 요건이 필요함은 앞서 설명한 바와 같다. 이러한 가처분은 채무자가 가처분명령을 송달 받고서도 임의지급을 하지 아니하는 경우에는 금전채권집행방법으로 가처분명령을 실현한다.

9. 지적재산권에 대한 가처분

가. 처분금지 가처분

지적재산권은 양도나 담보의 설정이 자유롭고 실시권의 설정 등이 가능하므로 지적재산권에 대한 이전등록청구권이나 말소등록청구권의 보전을 위하여는 당해 지적재산권에 대한 처분금지가처분을 하여 둘 필요가 인정된다. 이러한 가처분명령의 집행은 부동산처분금지가처분과 구조적으로 다르지 않다. 다만 부동산처분금지가처분에 있어서는 법원사무관 등이 등기관에게 가처분기입등기의 촉탁을 하는 것과는 달리 산업재산권에 대한 처분금지가처분에 있어서는 특허청장에게, 저작권 등에 있어서는 문화관광부장관에게 가처분기입등록을 촉탁을 한다.

나. 방해금지가처분

특허권 등에 기한 금지청구권을 보전하기 위하여 특허권을 침해하거나 침해할 우려가 있는 자에게 침해금지의 부작위를 구하는 가처분이다. 이러한 가처분은 단순히 부작위를 구하는 형태와 점유의 제한이 수반되는 형태가 있다. 전자의 경우에는 통상의 부작위 가처분과 다를 것이 없고, 후자의 경우에는 유체동산의 점유이전금지가처분의 집행방법에 준한다.

10. 직무집행정지 등 가처분

제306조 (법인임원의 직무집행정지 등 가처분의 등기촉탁)

법원사무관 등은 법원이 법인의 대표자 그 밖의 임원으로 등기된 사람에 대하여 직무의 집행을 정지하거나 그 직무를 대행할 사람을 선임하는 가처분을 하거나 그 가처분을 변경·취소한 때에는, 법인의 주사무소 및 분사무소 또는 본점 및 지점이 있는 곳의 등기소에 그 등기를 촉탁하여야 한다. 다만, 이 사항이 등기하여야 할 사항이 아닌 경우에는 그러하지 아니하다.

직무집행정지가처분명령은 당사자에게 송달하는 것 외에도 직무대행자에게도 송달 또는 상당한 방법으로 고지하여야 한다. 나아가 채무자의 대표자 등의 지위에 관한 사항이 등기사항인 경우에는 법원사무관 등이 가처분의 취지를 등기하도록 촉탁하여야 한다(민법 제52조의 2, 상법 제183조의 2, 제265조 등, 민사집행법 제306조). 법원은 직무집행이 정지된 자를 제외한 제 3 자 중에서 직무대행자를 선임하여야 하고, 직무대행자가 부적당하다고 인정되는 경우에는 언제든지 직권으로 개임할 수 있다.

Ⅱ. 가처분집행의 효력

가압류는 금전채권의 집행보전을 위한 것이라는 점에서 공통적이므로 가압류집행의 효력은 통일적으로 논의가 가능하다. 반면에 가처분의 피보전권리는 비금전채권으로 그 성질과 내용이 다양하므로 가처분 집행의 효력의 논의에 있어서도 각각의 가처분의 유형별로 개별적으로 검토하여야 한다. 주로 문제되는 몇 가지의 가처분의 효력을 정리해보면 다음과 같다.

1. 처분금지가처분의 효력

채무자는 가처분의 집행이 있으면 대상에 대한 처분금지효를 받게 된다. 처분금지가처분의 효력은 가압류의 처분금지효와 약간의 차이점을 제외하고는 별다를 것이 없다. 별도의 설명이 없는 사항은 가압류의 효력과 압류의 효력에 준하여 생각하면 된다. 본서에서 별 다른 수식 없이 단순히 처분금지가처분이라고 하는 경우에는 소유권보전을 위한 처분금지가처분을 지칭함을 일러둔다.

가. 처분행위

가처분 집행 이후에 있은 채무자의 처분행위는 가처분채권자에게 대항할 수 없다. 부동산 처분금지가처분의 집행방법은 등기부의 그 취지를 기입하는 것에 의하므로 가처분의 기입등기시점을 기준으로 그 전·후를 판단한다. 가처분의 소송절차의 진행 중에 목적물을 처분한 경우라도 가처분의 집행 전의 처분행위라면 그러한 처분행위는 완전히 유효한 것이고 그 이후에 있는 가처분의 재판은 집행불능이 되고 만다.

≪판례≫ 가처분집행 전 처분행위의 효력[대법원 1997. 7. 11. 선고 97다15012 판결]

아파트에 대한 분양금지 가처분결정을 받았다고 하더라도 그 가처분은 그 집행에 해당하는 등기에 의하여 비로소 가처분채무자 및 제3자에 대하여 구속력을 갖게 되는 것이므로 그 가처분등기가 경료되기 이전에 가처분채무자가 그 가처분의 내용에 위반하여 처분행위를 함으로써 이에 따라 제3자 명의의 소유권이전등기가 마쳐진 경우, 그 소유권이전등기는 완전히 유효하다.

나. 처분금지효의 주관적 범위

처분금지가처분에 위배되는 행위는 가처분권자에게 대항할 수 없음에 그치고, 가처분 채무자와 그 상대방인 제3취득자 및 제3자의 관계에서는 완전히 유효한 것으로 취급된다(상대적 효력설). 그러므로 채무자는 처분행위에 따른 등기나 인도의무를 이행하여야 한다. 등기나 인도를 갖춘 제3취득자는 정당한 권리자로 인정되므로 목적물에 대한 사용·수익 권능이 인정되고, 제3취득자의 채권자는 제3취득자를 채무자로 하여 목적물에 대한 강제집행이나 보전처분이 가능하며, 제3채권자의 강제집행에 대하여 제3자 이의의 소로 다툴 수 있다.

≪판례≫ 처분금지가처분과 양도가능성[대법원 1999. 7. 9. 선고 98다13754,13761 판결]

매매의 목적이 된 부동산에 관하여 이미 제3자의 처분금지가처분등기나 소유권말소예고등기가 기입되었다 할지라도, 가처분등기는 단지 그에 저촉되는 범위 내에서 가처분채권자에게 대항할 수 없는 효과가 있는 것이고, 예고등기는 등기원인의 무효 또는 취소로 인한 등기의 말소 또는 회복의 소가 제기된 경우에 그 등기에 의하여 소의 제기가 있었음을 제 3 자에게 경고하여 계쟁 부동산에 관하여 법률행위를 하고자 하는 선의의 제 3 자로 하여금 소송의 결과 발생할 수도 있는 불측의 손해를 방지하려는 목적에서 하는 것이므로, 위 각 등기에 의하여 곧바로 부동산 위에 어떤 지배관계가 생겨서 소유권등기명의자가 그 부동산을 임의로 타에 처분하는 행위 자체를 금지하는 것은 아니라 할 것이어서, 가처분등기 및 예고등기로 인하여 소유권이전등기절차 이행이 불가능하게 되어 바로 계약이 이행불능으로 되는 것은 아니다(같은 취지: 대법원 1988. 9. 13. 선고 86다카191 판결).

처분행위 이후에 가처분이 효력을 상실한 경우에는 당연히 가처분권자에 대하여도 대항할 수 있다. 즉 완전한 권리의 취득이 인정된다.

≪판례≫ **가처분등기말소와 완전한 권리취득**[대법원 2000. 10. 6. 선고 2000다32147 판결]

가집행선고부 가처분취소판결의 집행에 의하여 처분금지가처분등기가 말소된 경우 그 말소된 효력은 확정적인 것이므로, 처분행위가 금지된 부동산을 매수한 제 3 자는 그 후에는 아무런 제한을 받지 아니하고 소유권취득의 효력을 가처분 채권자에게 대항할 수 있게 된다(같은 취지: 대법원 1968. 9. 30. 선고 68다1117 판결).

다. 처분금지효의 객관적 범위

가처분에 위배되는 처분행위는 가처분의 피보전권리와 모순·저촉되는 범위에서만 그 효력이 부정된다(실체적 효력설). 피보전권리가 소유권이전청구권인 경우에는 가처분의 효력이 목적물에 전면적으로 미치므로 객관적 범위에 관하여 논의의 실익이 별로 없다. 실무상 그리 흔한 것은 아니지만 피보전권리가 저당권설정등기청구권이나 임차권설정등기청구권이고, 채무자의 처분행위가 소유권에 관한 것인 경우에서는 객관적 범위에 관한 논의가 더욱 중요한 의미를 갖는다. 피보전권리가 임차권설정등기청구권이고 채무자의 처분행위가 저당권설정인 경우에 관한 판례를 보면 객관적 범위에 관한 논의를 쉽게 이해할 수 있을 것이다.

≪판례≫ **임차권을 피보전권리로 하는 처분금지가처분**[대법원 1984. 4. 16.자 84마7 결정]

가처분에 의한 처분금지의 효력은 가처분 채권자의 권리를 침해하는 한도에서만 생기는 것이므로 가처분 채권자는 피보전권리의 한도에서 가처분위반의 처분행위의 효력을 부정할 수 있다 할 것인바 임차권은 목적물의 사용, 수익을 내용으로 하는 권리로서 근저당권의 존속이 임차권의 실현에 장애가 되지 아니한다 할 것이고 가처분등기 후에 설정된 근저당권의 실행이 있다 하더라도 선행된 가처분 등기와 임차권설정등기 청구를 인용한 본안판결에 기하여 임차권을 제 3 자에게 대항할 수 있다 할 것이니 근저당권의 설정으로 인하여 가처분에 의하여 보전된 임차권이 아무런 침해를 받지 아니한다 할 것이므로 위 가처분권자는 그 가처분 후에 마쳐진 근저당권설정등기의 말소를 구할 수 없다.

따라서 처분금지가처분의 피보전권리가 아무런 실체상의 효력을 갖지 아니하는 것이라면 형식적으로 가처분의 집행 이후의 처분행위라고 하더라도 완전히 유효한 것으로 제 3 취득자는 완전한 권리를 취득하게 된다.

≪판례≫ 무효인 가처분과 제 3 취득자[대법원 1994. 4. 29. 선고 93다60434 판결]

피보전권리가 없음에도 불구하고 그 권리보전이란 구실 아래 처분금지가처분 결정을 받아 이를 집행한 경우에는 그 가처분 후에 그 가처분에 반하여 한 행위라도 그 행위의 효력은 그 가처분에 의하여 무시될 수 없는 것이고 이러한 경우 그 가처분에 따른 본안소송에서 그 가처분권자와 채무자 사이에 소송상의 화해가 이루어져 그 화해조서에 기하여 가처분권자 명의의 소유권이전등기가 경료되었다 하더라도 이를 피보전권리의 실현에 의한 등기라고 할 수는 없으므로, 그 가처분을 가지고 후에 이루어진 처분금지가처분의 권리자에게 대항할 수 없다(같은 취지: 대법원 1972. 10. 31. 선고 72다1271,72다1272 판결, 대법원 1999. 10. 8. 선고 98다38760 판결, 대법원 1976. 4. 27. 선고 74다2151 판결).

≪판례≫ 무효인 가처분과 제 3 취득자[대법원 1995. 10. 13. 선고 94다44996 판결]

[1] 처분금지가처분 신청에 의하여 가처분결정을 한 가처분 법원의 촉탁으로 아파트에 관하여 원시취득자들인 조합원 앞으로 소유권보존등기가 마치어졌다면, 그 가처분이 피보전권리가 없이 발하여진 것이라 하더라도 그 소유권보존등기는 실체관계에 부합하는 유효한 등기라 할 것이므로, 이에 터 잡아 이루어진 소유권이전등기의 효력을 부정할 수 없다.

[2] 계쟁 부동산에 관하여 실체상 아무런 권리가 없는 사람의 신청에 의하여 처분금지가처분 결정이 내려졌다면, 그에 기한 가처분 등기가 마쳐졌다 하더라도 그 가처분 권리자는 가처분의 효력을 채무자나 제 3 자에게 주장할 수 없는 것이므로, 그 가처분 등기 후에 부동산 소유권이전등기를 마친 자는 가처분 권리자에 대하여도 유효하게 소유권을 취득하였음을 주장할 수 있다.

라. 보전처분의 잠정성

(1) **잠정적 효력** 보전처분은 잠정적 · 임시적 조치이므로 채무자의 처분행위가 가처분의 취지에 위반된다는 것만으로는 곧바로 효력이 부정되는 것은 아니다. 본안소송에서 확정판결을 얻거나 확정판결과 동일시 할 수 있는 화해 · 조정 · 청구의 인낙에 관한 조서가 성립된 때에 비로소 가처분에 위반행위의 효력을 부정할 수 있을 뿐이다(본안승소설).

≪판례≫ **가처분에 위배되는 등기의 말소**[대법원 1992. 2. 14. 선고 91다12349 판결]

부동산처분금지가처분등기가 유효하게 기입된 이후에도 가처분채권자의 지위만으로는 가처분 이후에 경료 된 처분등기의 말소청구권은 없으며, 나중에 가처분채권자가 본안 승소판결에 의한 등기의 기재를 청구할 수 있게 되면서 가처분등기 후에 경료 된 가처분 내용에 위반된 위 등기의 말소를 청구할 수 있는 것이고, 또 등기공무원도 가처분 이후에 이루어진 가처분 위반등기를 직권으로 말소할 수도 없으므로 가처분 위반의 등기가 소유권이전등기시에 말소되지 아니한 채 남아 있다면 이는 말소하여야 할 등기상의 부담이라고 보아야 할 것이다.

(2) **본안승소에 따른 본등기절차** 보전처분에 위배되는 제 3 취득자의 등기를 말소하는 방법은 본안 승소판결에 기한 이전등기신청과 동시에 단독으로 말소신청을 하면 되고(신청말소설, 등기예규 1061호/반대견해: 집행권원필요설 · 직권말소설 · 승계집행문필요설), 별도로 가처분에 위배되는 등기의 말소를 소구하는 것은 소의 이익이 없다.

≪판례≫ **가처분에 위배되는 말소등기 신청**[대법원 1996. 3. 22. 선고 95다53768 판결]

취득시효 완성을 원인으로 한 소유권이전등기의무를 부담하는 자는 취득시효기간 완성 당시의 소유자이며 그 후 그 소유자로부터 부동산을 매수하여 소유권이전등기를 마친 자는 달리 특별한 사정이 없는 한 위의 의무를 승계한다고 볼 수 없고, 이것은 취득시효기간이 완성된 점유자가 그 완성 당시의 소유자를 상대로 취득시효 완성을 원인으로 한 소유권이전등기청구권을 보전하기 위하여 처분금지가처분 결정을 받아 그 등기를 마쳐 둔 경우에도 마찬가지이며, 부동산처분금지가처분 등기가 유효하게 기입된 이후에도 가처분채권자의 지위만으로는 가처분 이후에 경료 된 처분등기의 말소청구권은 없고, 나중에 가처분채권자가 본안 승소판결에 의한 등기의 기재를 청구할 수 있게 되면서 가처분등기 후에 경료된 가처분 내용에 위반된 등기의 말소를 청구할 수 있을 뿐이다.

마. 선의취득

유체동산에 대한 처분금지가처분이 있다는 사정만으로는 유체동산에 대한 선의취득이 배제되지 않는다. 더욱이 유체동산에 대한 처분금지가처분은 공적장부를 통하여 공시할 방법이 없다는 점에서 채무자의 처분행위의 효력을 배척하기 어려운 점이 있다. 이와 관련하여 집행관의 가처분 취지의 공시에 대항력을 인정할 수 있는지에 관한 논의가 있다.

바. 소유권이전등기청구권 등 비금전채권을 대상으로 한 처분금지가처분의 효력

(1) **문 제 점** 소유권이전등기청구권 등과 같은 비금전채권을 보전처분

의 대상으로 삼는 것도 당연히 가능하다. 실무상 가장 빈번한 예로는 소유권이전등기청구권을 대상으로 한 처분금지 가처분을 들 수 있다. 이때 처분금지의 효력이 미치는 물적 범위를 살펴보면 다음과 같다.

(2) **처분금지의 물적 범위** 소유권이전등기청구권에 대한 처분금지가처분에 있어서 보전처분의 대상이 되는 것은 소유권이전등기청구권 자체이며 소유권이전등기청구권의 대상이 되는 부동산은 보전처분과 무관하다. 그러므로 소유권이전등기청구권에 대한 처분이 아닌 부동산 자체의 처분은 당해 보전처분의 효력과는 아무런 관련이 없다. 그러나 가등기된 소유권이전등기청구권에 대한 처분금지가처분이 있는 경우에 관하여 판례는 소위 대물적 효력이라 하여 제3채무자 소유의 부동산에 까지 가처분의 효력이 미치는 것으로 보고 있다. 그러나 소유권이전등기청구권에 대한 처분금지가처분에서 보전처분의 대상은 어디까지나 소유권이전등기청구권이지 소유권이전등기청구권의 대상인 부동산은 아니라는 점에서 판례의 입장에 반대한다.

사. 대위에 처분금지가처분

사 례 62 **대위에 의한 처분금지가처분**

갑은 A토지를 을에게 매도하고, 을은 다시 소유권이전등기를 마치지 아니하고 병에게 매도하였다(여기서 을의 갑에 대한 소유권이전등기청구권을 청구권①, 병의 을에 대한 소유권이전등기청구권을 청구권②라고 하기로 한다). 이에 병은 청구권②을 보전하기 위하여 을을 대위하여 A토지에 관한 처분금지가처분을 하여 두었다. 한편 을에게 대여금 채권(이를 청구권③이라고 하기로 한다)을 가지고 있는 정은 금전채권보전을 위하여 청구권①을 가압류하여 두었다. 위와 같은 상황에서 을은 채무이행을 피하기 위해 오래 전에 법대를 졸업한 친구를 찾아가 상담을 하였던바, 친구의 조언에 따라 갑과의 매매계약을 갑의 채무불이행을 이유로 해제하였다(해제권 행사를 위한 통상의 요건은 갖추어진 것으로 전제한다).

① 위와 같은 상황에서 병이 을을 대위하여 갑에게 소유권이전등기청구소송을 제기한다면, 병은 승소할 수 있는가?
② 위와 같은 상황에서 정이 집행권원을 얻어 청구권①에 대한 강제집행을 할 수 있는가?

(1) **문 제 점** 부동산이 갑→을→병의 순서로 미등기 전매가 있는 경우, 병이 을을 대위하여 갑 소유의 부동산에 대한 처분금지가처분을 하는 사례를 흔히 볼 수 있다. 이때 을의 갑에 대한 소유권이전등기청권을 피대위채권이라 하고 병의 을에 대한 소유권이전등기청구권을 피보전채권이라 하며 갑 소유

의 부동산은 가처분의 대상이 된다. 이러한 경우 처분금지가처분에 의한 처분금지효와 별개로 대위권행사에 의한 처분금지효라는 두 가지 측면을 모두 고려야 한다. 양자는 자칫 처분금지효의 영역이 중복된다는 오해를 할 여지가 많다. 그러나 가처분에 따른 처분금지효의 대상은 갑의 부동산이고 대위권 행사에 따른 처분금지효의 대상은 을의 갑에 대한 소유권이전등기청구권으로 양자는 전혀 별개의 영역에서 그 효력을 발휘한다. 구체적인 차이점을 살펴보면 다음과 같다.

(2) **처분금지가처분에 따른 처분금지**　　위 사례에서 가처분의 대상은 갑 소유의 부동산이다. 피보전권리는 을의 갑에 대한 소유권이전등기청구권만으로 이해하는 것이 일반적이지만 병의 을에 대한 소유권이전등기청구권까지 아울러 피보전권리에 포함시키는 견해도 보인다. 판례는 전자의 입장이다. 판례의 입장에 따르면 갑의 부동산처분행위는 을의 소유권이전등기권을 침해하는 범위에서만 상대적으로 무효로 파악될 뿐이다. 예를 들어 위와 같은 가처분이 있음에도 불구하고 갑이 을에게 소유권이전등기절차를 이행하는 것은 을의 갑에 대한 소유권이전등기청구권을 전혀 침해하는 것이 아니므로 완전히 유효한 것으로 평가된다. 이후에 을이 제 3 자에게 목적물을 처분하는 것은 당해 가처분에 전혀 위배되는 것이 아니다. 왜냐하면 갑이 을에게 임의로 소유권을 이전함을 계기로 을이 제 3 자에게 목적물을 처분할 지위에 서게 됨으로 인하여 정의 을에 대한 소유권이전등기청구권이 침해될 위험이 있는 것은 사실이지만 정의 을에 대한 소유권이전등기청구권은 채권자 대위권의 피보전권리일 뿐 가처분의 피보전권리가 아니기 때문이다.

≪판례≫ 대위에 의한 처분금지 가처분[대법원 1998. 2. 13. 선고 97다47897 판결]

갑으로부터 을, 병을 거쳐 부동산을 전득한 정이 그의 병에 대한 소유권이전등기청구권을 보전하기 위하여 을 및 병을 순차 대위하여 갑을 상대로 처분금지가처분을 한 경우, 그 처분금지가처분은 정의 병에 대한 소유권이전등기청구권을 보전하기 위하여 병 및 을을 순차 대위하여 갑이 을 이외의 자에게 그 소유권의 이전 등 처분행위를 못하게 하는데 그 목적이 있는 것으로서, 그 피보전권리는 실질적 가처분채권자인 을의 갑에 대한 소유권이전등기청구권이고 병의 을에 대한 소유권이전등기청구권이나 정의 병에 대한 소유권이전등기청구권까지 포함하는 것은 아니므로, 위 처분금지가처분 이후에 가처분채무자인 갑으로부터 병 앞으로 경료된 소유권이전등기는 비록 그 등기가 가처분채권자인 정에 대하여 소유권이전등기의무를 부담하고 있는 자에게로의 처분이라 하여도 위 처분금지가처분의 효력에 위배되어 가처분채권자인 정에게 대항할 수 없고, 따라서 정의 말소신청에 따라 처분금지가처분의 본안에 관한 확정판결에 기하여 병 명의의 소유권이전등기를 말소한 것은 적법하다.

(3) **대위통지에 따른 처분금지**(민법 제405조) 한편 을의 소유권이전등기청구권은 보전처분의 피보전리임과 동시에 채권자대위의 피보전리라는 성질을 아울러 갖는다. 그러므로 위와 같은 대위에 의한 가처분이 있는 경우에는 민법 제405조에 따라 을은 자신의 소유권이전등기청구권을 처분하지 못하는 효력을 받는다.

(개) **대위통지와 채무자의 악의** 민법 제405조는 대위통지에 관하여만 규정하고 있으나 채무자가 어떠한 사정으로든 대위권행사사실을 알았다면 동일한 처분금지효가 인정된다.

≪판례≫ **채무자의 악의와 처분금지효**[대법원 1993. 4. 27. 선고 92다44350 판결]

민법 제405조에 의하면 채권자가 채권자대위권에 기하여 채무자의 권리를 행사하고 그 사실을 채무자에게 통지한 경우에는 채무자가 그 권리를 처분하여도 이로써 채권자에게 대항하지 못한다고 규정되어 있는데, 이 경우 채권자가 채무자에게 그 사실을 통지하지 아니하였더라도 채무자가 자기의 채권이 채권자에 의하여 대위행사 되고 있는 사실을 알고 있었다면 그 처분을 가지고 채권자에게 대항할 수 없다.

(내) **채무자와 제 3 채무자 사이의 계약해제** 을은 갑과 매매계약을 합의해제 함으로서 자신의 소유권이전등기청구권을 소멸시키는 처분행위는 허용되지 않는다는 점에 대하여는 별 이견이 없다.

≪판례≫ **합의해제와 대위에 의한 처분금지**[대법원 1993. 4. 27. 선고 92다44350 판결]

매도인인 제 3 채무자가 매매계약을 해제하려고 원상회복의 방법으로 지급받은 매매대금을 공탁한 데 대하여, 매수인인 채무자가 아무런 이의 없이 공탁의 취지에 따라 공탁금을 수령함으로써 계약당사자 사이의 합의에 의하여 매매계약이 해제되는 효과를 발생하게 하는 것은 채권자가 채무자를 대위하여 행사하고 있는 채무자의 제 3 채무자에 대한 매매계약에 따른 소유권이전등기청구권을 처분하는 것에 해당하므로 채권자대위소송의 소장 부본이 채무자에게 송달된 이후 채무자가 제 3 채무자가 공탁한 매매대금을 이의 없이 수령함으로써 매매계약이 해제되는 효과를 발생하도록 승인하였다고 하더라도 이로써 채권자에게는 대항할 수 없다.

한편 을이 갑의 채무불이행을 이유로 법정해제권을 행사하여 자신의 소유권이전등기청구권을 소멸시키는 것은 허용되는 것인지 문제된다. 판례는 을의 법정해제권행사는 민법 제405조에 저촉되는 행위로 평가한다. 여기서 한걸음 더 나아가 판례는 갑이 을의 채무불이행을 이유로 법정해제권을 행사함으로써 결과적으로 을의 소유권이전등기청구권을 소멸시키는 것까지도 민법 제405조에 저촉되는 행위로 평가한다. 이러한 판례의 결론에 대하여는 반대하는 것이 일반적이다.

≪판례≫ 법정해제와 대위에 의한 처분금지[대법원 2003. 1. 10. 선고 2000다27343 판결]

甲이 乙로부터 매수한 부동산을 다시 甲으로부터 매수한 丙이 채무자인 甲, 乙에 대하여 순차 소유권이전등기절차의 이행을 구하는 소를 제기하여 그 중 乙에 대한 채권자대위소송이 상고심에 계속 중 甲이 乙의 매매잔대금 지급 최고에 응하지 아니하여 乙로 하여금 매매계약을 해제할 수 있도록 한 경우, 이는 채무자가 채권자에 대한 소유권이전등기청구권을 처분하는 것에 해당하여 甲과 乙은 丙에게 그 계약해제로써 대항할 수 없다고 한 사례.

(다) 제 3 채무자의 채무자에 대한 채무이행　　위와 같은 대위통지에 따른 처분금지가 발생한 경우에 제 3 채무자인 갑이 을에게 피대위권리에 부응하는 소유권이전등기의무를 이행하는 것은 무방하다. 대위통지에 의한 처분금지효의 의미와 보전처분에 따르는 처분금지효의 의미가 전혀 다른 것임을 보여주는 또 다른 국면이다.

≪판례≫ 대위권에 따른 처분금지와 제 3 채무자 이행[대법원 1991. 4. 12. 선고 90다9407 판결]

[1] 채권자가 채무자를 대위하여 채무자의 제 3 채무자에 대한 권리를 행사하고 채무자에게 통지를 하거나 채무자가 채권자의 대위권 행사사실을 안 후에는 채무자는 그 권리에 대한 처분권을 상실하여 그 권리의 양도나 포기 등 처분행위를 할 수 없고 채무자의 처분행위에 기하여 취득한 권리로서는 채권자에게 대항할 수 없으나, 채무자의 변제수령은 처분행위라 할 수 없고 같은 이치에서 채무자가 그 명의로 소유권이전등기를 경료하는 것 역시 처분행위라고 할 수 없으므로 소유권이전등기청구권의 대위행사 후에도 채무자는 그 명의로 소유권이전등기를 경료하는 데 아무런 지장이 없다.

[2] 부동산의 전득자(채권자)가 양수인 겸 전매인(채무자)에 대한 소유권이전등기청구권을 보전하기 위하여 양수인을 대위하여 양도인(제 3 채무자)을 상대로 처분금지가처분을 한 경우 그 피보전권리는 양수인의 양도인에 대한 소유권이전등기청구권일 뿐, 전득자의 양수인에 대한 소유권이전등기청구권까지 포함되는 것은 아니고, 그 가처분결정에서 제 3 자에 대한 처분을 금지하였다 하여도 그 제 3 자 중에는 양수인은 포함되지 아니하므로 그 가처분 후에 양수인이 양도인으로부터 넘겨받은 소유권이전등기는 위 가처분의 효력에 위배되지 아니하여 유효하다(같은 취지: 대법원 1989. 4. 11. 선고 87다카3155 판결, 대법원 1994. 3. 8. 선고 93다42665 판결, 대법원 1998. 2. 13. 선고 97다47897 판결).

사례 62 〈해설〉 대위에 의한 처분금지가처분

1. 채권자대위권의 피보전권리와 가처분의 피보전권리(용어정리)

병에 의한 가처분에 있어서 용어의 사용이 다소 혼란스러운 면이 있다. 청구권②는 채권자 대위권 행사에 있어서 피보전권리이며, 청구권①은 가처분에 있어서 피보전권리를 이룬다(반대견해 있음). 한편 가처분에 따른 처분금지효가 미치는 대상은 부동산 A이며, 대위권행사에 따라 민법 제405조 2항에 의하여 처분금지효가 미치는 대상은 청구권①이다. 위 사례는 대위권행사에 있어서 피보전권리와 가처분에 있어서 피보전권리, 대위권행사에 따른 처분금지효와 가처분에 따른 처분금지효를 구별하고자 하는 문제제기에 따른 것이다.

2. 대위권행사에 따른 처분금지효(설문①에 대한 풀이)

병의 대위권행사는 청구권②라는 비금전채권보전을 위한 것이므로 갑의 무자력을 요건으로 하지 않으며, 청구권①는 청구권②의 실현을 위한 전제가 된다는 점에서 대위권행사의 필요성이 인정된다. 따라서 병의 대위청구는 적법하다. 한편 을이 대위에 의한 가처분통지를 받았거나 알았던 경우에는 청구권①을 처분하지 못한다. 여기서 '처분하지 못한다'는 의미와 관하여 갑과 을 사이의 합의해제는 물론 을의 법정해제까지도 허용하지 아니한다는 것으로 새기는 것이 판례의 태도이다(반대견해 있음). 따라서 을은 병에 의한 가처분이 있음을 알고 있었다고 할 것이므로 청구권①을 처분하는 결과를 가져오는 을의 법정해제는 병에 대한 관계에서 무효이다. 즉 병에 대한 관계에서 .을의 법정해제가 무시되는 결과 청구권①은 여전히 존속하는 것으로 취급된다.

3. 가압류에 따른 처분금지효(설문②에 대한 풀이)

정은 청구권③을 피보전권리로 하여 청구권①에 대한 가압류를 하고 있다. 따라서 정의 가압류에 따른 처분금지효의 대상은 청구권①이다. 그런데 가압류에 따른 처분금지효와 대위권행사에 따른 처분금지효를 달리 취급하고 있는 것이 판례의 태도이다. 즉 판례에 따르면 정의 가압류에 따라 청구권①에 대하여 미치는 처분금지효는 특별한 사정이 없는 청구권①의 발생기초가 되는 갑과 을 사이의 매매계약에 관한 을의 법정해제 또는 갑과 을 사이의 법정해제를 저지하는 효력을 갖지는 못한다고 한다. 따라서 청구권①은 정에 대한 관계에서는 이미 소멸한 것으로 강제집행의 대상으로 삼을 수 없게 된다.

2. 아파트 분양권에 관한 가처분의 효력

가. 아파트분양권양도의 형태

아파트분양권양도는 당초의 수분양자가 갖는 분양계약상의 지위 또는 소유권이전등기청구권을 양도하는 형태와 타인권리매매로서 미등기건물 자체를 양도하는 형태가 있다. 양자의 경계가 대단히 불분명한 것이 보통이지만 분양권양도는 대체로 전자로 이해하여야 할 경우가 많을 것이다.

나. 소유권이전등기청구권양도의 형태

(1) **분양자에게 대항할 수 없는 경우** 양수인은 특별한 사정이 없는 한 양도계약이 있다는 것만으로 분양자에게 수분양자의 지위를 주장할 수 없다.

≪판례≫ 소유권이전등기청구권의 양도성[대법원 2001. 10. 9. 선고 2000다51216 판결]

부동산의 매매로 인한 소유권이전등기청구권은 물권의 이전을 목적으로 하는 매매의 효과로서 매도인이 부담하는 재산권이전의무의 한 내용을 이루는 것이고, 매도인이 물권행위의 성립요건을 갖추도록 의무를 부담하는 경우에 발생하는 채권적 청구권으로 그 이행과정에 신뢰관계가 따르므로, 소유권이전등기청구권을 매수인으로부터 양도받은 양수인은 매도인이 그 양도에 대하여 동의하지 않고 있다면 매도인에 대하여 채권양도를 원인으로 하여 소유권이전등기절차의 이행을 청구할 수 없고, 따라서 매매로 인한 소유권이전등기청구권은 특별한 사정이 없는 이상 그 권리의 성질상 양도가 제한되고 그 양도에 채무자의 승낙이나 동의를 요한다고 할 것이므로 통상의 채권양도와 달리 양도인의 채무자에 대한 통지만으로는 채무자에 대한 대항력이 생기지 않으며 반드시 채무자의 동의나 승낙을 받아야 대항력이 생긴다.

이처럼 분양자가 양수인의 지위를 인정하지 아니하는 경우에 생각할 수 있는 보전처분으로는 계쟁물가처분과 임시지위가처분이 있다.

(가) **계쟁물가처분** 양수인은 분양자를 채무자로 하여 분양자가 갖는 분양권을 계쟁물로 하는 분양권처분금지가처분을 할 수 있는 여지가 있다. 그러나 분양권이라고 하는 것은 독립된 권리가 아니라 소유권을 구성하는 여러 권능의 일부에 불과한 것이어서 계쟁물가처분의 독립된 대상으로 삼을 수 없는 것이므로 이러한 계쟁물가처분은 인정하기 어렵다.

(나) **임시지위가처분** 계쟁물가처분이 어렵다면 생각할 수 있는 방법으로 양수인이 분양자를 채무자로 한 임시지위가처분으로서 분양금지가처분을 할 수 있는 생각할 수 있다. 이러한 가처분은 공시할 방법이 없고 당해 가처분에 위반된 분양자의 처분행위라도 그 효력을 부인할 방법이 없다는 한계는 있지만 채무자에 대한 특정한 행위를 금지하는 공권적 선언은 그 자체로 의미있는 것이라 하겠다(반대견해 있음). 더욱이 실제 분양권전매는 분양자의 동의가 필요한 것으로 분양약관에 정하고 있는 것이 대부분이어서 다른 구제수단이 없는 양수인에게는 실효성을 떠나 최소한의 공권적 선언이라도 상당한 의미가 있고 하겠다.

(2) **분양자에게 대항할 수 있는 경우** 분양계약이나 법령에 분양권 전매

를 허용하는 경우에는 양수인은 분양자에게 수분양자의 지위를 주장할 수 있다. 수분양자의 지위는 실체관계를 따져 정할 것이지만 통상은 분양자가 관리하는 분양대장상의 기재라는 외형이 사실상의 중요한 기준이 된다. 이에 양수인은 양도인에게 수분양자명의변경절차의 이행을 구할 필요가 있다. 이때 양수인은 소유권이전등기청권을 피보전권리로 하고 양도인을 채무자 · 분양자를 제 3 채무자로 하여 수분양자명의변경금지가처분을 하는 것이 실효적 권리보전수단이 된다. 만일 양도인이 양도계약의 효력을 다투는 경우에는 양도인을 채무자 · 분양자를 제 3 채무자로 하여 통상의 채권처분 및 추심금지가처분을 아울러 하여 두는 것이 좋다.

다. 타인권리매매의 형태

앞서 설명한 미등기매수인으로부터 부동산을 매수한 양수인이 양수인의 미등기매수인에 대한 소유권이전등기청구권을 피보전권리로 하고 수분양자인 미등기매수인의 분양자에 대한 소유권이전등기청구권을 계쟁물로 하여 계쟁물처분금지가처분을 하면 된다. 이러한 가처분에서는 소유권이전등기청구권에 대한 가압류에서와는 달리 분양자에서 수분양자로 소유권이전등기를 이행하는 것을 금하여서는 아니된다. 한편 이러한 경우에도 수분양자명의변경금지가처분을 허용하는 것이 보통이다. 소유권이전등기청구권을 양도하는 형태나 타인권리매매형태나 양자가 본질적으로 다를 것이 없기 때문이다.

3. 허가권양도금지 가처분의 효력

가. 의 의

영업허가 등의 양도가능성에 관하여는 당해 허가의 성질을 따져 개별적으로 판단하여야 한다. 통상 대물적 허가에 있어서는 양도가 자유롭게 인정되고 대인적 허가에 있어서는 양도가 제한되는 것이 보통이다. 대물적 허가와 대인적 허가가 결합된 혼합적 허가에 있어서는 양자 중 어느 것에 중점이 놓여있는가를 따져서 판단할 것이다. 식품위생법, 자동차관리법, 여객자동차운수사업법, 공유수면매립법, 공유수면관리법 등에서 정하는 영업허가는 대체로 양도가능하는 것에 해당한다(실무제요Ⅳ 295면). 영업허가가 양도가능 함을 전제로 양수인은 양도인에게 영업허가명의변경절차이행청구권이 갖게 된다.

≪판례≫ 다방영업양도[대법원 1997. 4. 25. 선고 95다19591 판결【다방허가명의변경절차이행】]

식품위생법과 같은 법 시행규칙의 여러 관계 규정을 종합하여 고려하면, 임차인이 임대인으로부터 종래 다방 용도로 사용되어 왔던 임대인 소유인 건물의 지하 부분을 임차함에 있어 임대차기간 중에 임차인 명의로 다방영업허가를 받아 다방업을 경영하되 임대차기간 만료시에는 그 허가명의를 임대인 명의로 변경하여 주기로 약정하고 다방영업허가를 받아 다방업을 영위하다가 임대차기간이 만료되어 임대인에게 건물 부분을 명도한 경우, 이는 임차인이 그 영업을 양도한 때에 준한다고 봄이 상당하여 임대인이 다방의 영업자의 지위를 승계하는 경우라고 할 것이므로, 임차인은 임대인에게 다방영업허가명의의 변경절차를 이행할 의무가 있고, 임대인은 이를 소구할 수 있다(같은 취지: 건축허가양도에 관한 대법원 1996. 10. 11. 선고 95다29901 판결/대법원 1989. 5. 9. 선고 88다카6754 판결, 학원설립인가양도에 관한 대법원 1992. 4. 14. 선고 91다39986 판결).

≪판례≫ 공중목욕장영업양도[대법원 1981. 1. 13. 선고 80다1126 판결]

공중목욕장의 영업허가를 받은 자가 그 허가를 타인에게 양도하는 경우에는 영업의 시설이나 영업상의 이익 등만이 이전될 뿐 허가권자체가 이전되는 것은 아니므로 양수인은 공중목욕장업법에 의한 영업허가를 새로이 받아야 하는 것이고 그 절차에는 양도인의 동의를 필요로 하는 것이 아님에도 불구하고 원심이 양도인에게 공중목욕탕 영업허가권에 관하여 양수인 명의로 명의변경등록절차의 이행을 명하였음은 위법이다(같은 취지: 토석채취허가양도에 관한 대법원 1990. 12. 26. 선고 88다카8934 판결, 주류제조면허양도에 관한 대법원 1992. 7. 14. 선고 91다45950 판결, 온천발견신고자지위양도에 관한 대법원 2002. 2. 26. 선고 2001다53622 판결).

양수인은 이러한 영업허가명의변경절차이행청구권을 피보전권리로 하고 양도인을 채무자로 하여 허가권양도금지가처분 또는 영업허가명의변경금지가처분을 할 수 있다.

나. 채무자에 대한 효력

위와 같은 가처분이 있으면 채무자인 양수인은 당해 영업허가명의변경을 하여서는 아니는 되는 의무를 부담한다.

다. 행정관청 등 허가권자에 대한 효력

이러한 가처분을 공시할 방법은 없으므로 양도인이 당해 가처분에 반하여 영업허가권을 제 3 자에게 처분하고 영업허가명의를 변경하는 행위의 효력을 곧바로 부정할 방법이 없어 그 실효성에는 의문이 있다. 이에 영업허가명의변경절차를 관할하는 행정주체나 행정관청을 당해 가처분의 제 3 채무자로 삼을 필요성이 인정된다. 그러나 영업허가명의변경행위는 공법상의 행위로 행정처분이라 할 것이어서 민사절차인 보전처분절차의 대상으로 삼을 수 없다고 할 것이다(반대견해 있음).

≪판례≫가처분에 의한 행정행위강제[대법원 1992. 7. 6.자 92마54 결정]
채권자가, 채무자와 제 3 채무자(국가)를 상대로 채무자의 공유수면매립면허권에 관하여, "채무자는 이에 대한 일체의 처분행위를 하여서는 아니 되며, 제 3 채무자는 위 면허권에 관하여 채무자의 신청에 따라 명의개서 기타 일체의 변경절차를 하여서는 아니 된다."는 요지의 내용을 신청취지로 하여 가처분신청을 한 데 대하여, 원심이, 채무자에 대한 신청 부분은 인용하면서도, 제 3 채무자에 대한 부분에 대하여는, 위 신청취지를 채무자가 면허권을 타에 양도할 경우 면허관청으로 하여금 그 양도에 따른 인가를 금지하도록 명해 달라는 뜻으로 풀이한 후, 이 부분 신청은 허용될 수 없다고 한 조치를 수긍한 사례.

이와 별도로 당해 가처분명령을 행정관청 등에 송달하여야 하는 가가 문제되나 당사자도 아니며 더욱이 제 3 채무자가 아닌 자에게 송달하는 것은 그 자체로 부적절한 것이라고 할 것이다. 다만 실무에 있어서는 위와 같은 가처분이 있으면 채권자인 양수인이 가처분명령을 행정관청에 제출하면 행정관청은 채무자인 양도인의 명의변경신청을 거절하고 있는 것이 보통이다. 이러한 행정관청의 명의변경신청의 거절은 사실상·관행상의 조치일 뿐이고 행정관청이 법률상 거절의무를 부담하는 것은 아니라고 하겠다.

라. 건축허가명의 처분금지가처분

건축허가명의 양도가 있는 경우 양수인은 허가명의를 양도받은 것을 보장하기 위하여 건축허가명의 처분금지가처분을 할 수 있다. 자세한 내용은 위의 허가권 처분금지가처분에 준하여 생각하면 된다.

≪판례≫ 건축허가명의 처분금지가처분의 대항력[대법원 1997. 5. 7. 선고 97다1907 판결]
건축주에 대하여 명의 변경을 금지하는 가처분이 있다 하더라도 그와 같은 가처분은 결정을 송달하는 외에 현행법상 등기부에 이를 공시하는 방법이 없어 대물적 효력이 인정되지 아니하므로, 제 3 자가 채무자로부터 실제로 권리를 양수하여 소유권보존등기를 하였다면 가처분을 내세워 그 권리취득의 효력을 부인할 수 없다.

4. 점유이전금지가처분의 효력

가. 서 론

가처분집행 당시의 현상을 본집행시까지 목적물의 현상을 유지하기 위한 가처분이다. 점유이전을 금하는 가처분이 있음에도 불구하고 채무자가 목적물의 객관적 현상을 변경하거나 점유를 제 3 자에게 이전시킨 경우에 채권자가 취할 수 있는 수단이 무엇인지 문제된다.

나. 객관적 현상변경

(1) 의 의 통상의 점유이전금전금지 가처분이 있으면 채무자는 목적물의 객관적 현상을 변경하여서는 아니 된다. 목적물에 대한 단순한 보존행위나 관리행위가 있은 것만으로는 객관적 현상변경이라고 보기는 어렵다. 일반적으로 목적물의 동일성이나 기본적 성질에 변경을 주는 행위가 금지되는 객관적 현상변경에 해당한다. 건물의 동일성에 변경을 가져오는 증·개축, 과도한 유익비상환청구권을 발생시키는 수선행위, 목적물인 임야를 개간하여 대지로 조성하는 것 등이 이에 해당한다.

(2) 채권자의 조치

(가) 원상회복조치 채무자가 목적물의 객관적 현상을 변경한 것에 대하여 기존의 점유이전금지가처분에 기하여는 원상회복을 구할 수 없고 원상회복을 구하는 새로운 집행권원을 얻어 목적물에 대한 원상회복조치를 강구할 것이라고 본다(집행명령설 내지 대체집행설). 점유이전금지가처분은 채무자의 부작위를 명하는 데 본질이 있으므로 부작위명령에 기하여 곧바로 현상변경에 대한 원상회복조치를 강구할 수는 없다고 보는 것이다.

(나) 채무자의 퇴거 한편 채무자 보관형 내지 집행관 보관·채무자 사용형의 점유이전금지가처분에 있어서 채무자가 목적물의 객관적 현상을 변경한 것에 대하여 이를 사용허가조건 위반으로 삼아 채무자의 사용을 금하고 집행관이 직접 보관할 수 있는가가 문제된다. 이에 대하여 실무는 별도로 민사집행법 제260조, 민법 제389조 3항에 따른 집행명령이 있어야 하는 것으로 보고 있다(소극설 중 집행명령설, 보전처분 신청사건의 사무처리요령 제11조).

(다) 객관적 현상변경과 본안소송

(가) 채무자의 항변 채무자는 객관적 현상변경으로 채권자에게 항변하지 못한다. 예를 들어 과도한 유익비청구권을 근거로 한 유치권 항변이나 부속물매수청권에 기한 인도거절의 항변은 허용되지 아니한다.

(나) 청구취지의 변경 목적물의 동일성을 상실케 하는 객관적 현상변경이 있는 것에 대하여 채권자는 목적물의 새로운 현상에 따라 청구취지를 변경하여야 한다. 주관적 현상변경에 대하여는 승계집행문제도를 두고 있음에 반하여 객관적 현상변경에 대하여는 그에 상응하는 제도를 두고 있지 않기 때문이다. 채권자가 종전의 목적물을 기준으로 한 청구취지를 유지하는 경우에는 승소한 경

우라도 본집행이 불가능하다.

다. 주관적 현상변경

(1) 의 의 채무자 보관형 또는 집행관 보관·채무자 사용형의 점유이전금지 가처분에 있어서 채무자가 목적물의 직접점유를 제 3 자에게 이전하거나 제 3 자가 채무자의 의사와 상관없이 목적물을 점유하게 된 것을 말한다.

(2) **채권자의 조치** 주관적 현상변경에 대하여 가처분자체의 효력만으로는 제 3 자의 점유를 배제하지는 못한다(소극설).

≪판례≫ **점유이전가처분과 제 3 자의 점유침탈**[대법원 1999. 3. 23. 선고 98다59118 판결]

점유이전금지가처분은 그 목적물의 점유이전을 금지하는 것으로서, 그럼에도 불구하고 점유가 이전되었을 때에는 가처분채무자는 가처분채권자에 대한 관계에 있어서 여전히 그 점유자의 지위에 있다는 의미로서의 당사자항정의 효력이 인정될 뿐이므로, 가처분 이후에 매매나 임대차 등에 기하여 가처분채무자로부터 점유를 이전받은 제 3 자에 대하여 가처분채권자가 가처분 자체의 효력으로 직접 퇴거를 강제할 수는 없고, 가처분채권자로서는 본안판결의 집행단계에서 승계집행문을 부여받아서 그 제 3 자의 점유를 배제할 수 있을 뿐이다.

(3) **주관적 현상변경과 본안소송** 주관적 현상변경은 채권자에 대한 관계에서는 고려되지 아니한다. 그러나 가처분채권자가 아닌 다른 제 3 자에 대한 관계에서는 새로운 점유자가 점유자로 취급된다.

≪판례≫ **점유이전금지가처분과 당사자항정**[대법원 1987. 11. 24. 선고 87다카257,258 판결]

점유이전금지가처분은 그 목적물의 점유이전을 금지하는 것으로서, 그럼에도 불구하고 점유가 이전되었을 때에는 가처분채무자는 가처분채권자에 대한 관계에 있어서 여전히 그 점유자의 지위에 있는 것일 뿐 목적물의처분을 금지 또는 제한하는 것은 아니다.

한편 점유이전금지 가처분 이후의 새로운 점유자가 선의인 경우라도 가처분채권자에게 대항하지 못한다고 할 것이다(승계자전원확장설).

5. 무허가건물관리대장상 명의변경금지가처분

가. 가처분의 이익

토지나 건축물대장상의 명의변경이나 말소를 구하는 청구는 소의 이익이 없는 것이 원칙이나 건축물철거시 보상금이 지급하거나 특별분양권을 부여하는 기준이 되는 건축물관리대장과 관련하여서는 예외적으로 쟁송의 이익이 인정된다. 이러한 결론은 가처분의 이익에 대하여도 마찬가지이다.

≪판례≫ **농지매수인명의변경청구**[대법원 1990. 3. 13. 선고 88다카100, 88다카101 판결]

농업진흥공사가 그 소유의 토지를 대금분할납부조건으로 매도하고 일정한 조건하에 최초의 매수인의 신청이 있으면 매매계약상의 매수인의 명의를 전득한 제3자 앞으로 변경하는 것을 허용하고 있을 뿐만 아니라 매매계약의 매수인명의를 전득자 앞으로 변경함으로써 전득자는 그 토지의 경작권자로 인정되고 또한 실제로도 장차 그 토지대금을 완납하였을 때에 그 토지에 관하여 위 공사로부터 직접 전득자 앞으로 소유권이전등기를 넘겨받을 수 있을 뿐 아니라 그 토지에 관하여 매수인이 가지는 경작권, 토지소유권이전등기청구권 등에 대한 제3자의 가압류, 압류집행 등을 둘러 싸고 생길 수 있는 분쟁의 실효성 있는 해결책이 될 수 있으므로 토지의 매수명의자에게 매도인인 위 공사에 대하여 매수인명의를 전득자 앞으로 변경하는 절차의 이행을 구하는 소는 소의 이익이 있다(같은 취지: 시영아파트임차인명의변경청구에 관한 대법원 1986. 2. 25. 선고 85다카1812 판결, 한국토지개발공사에 비치된 토지피공급자명부변경청구에 관한 대법원 1991. 10. 8. 선고 91다20913 판결).

≪판례≫ **무허가건물대장상 명의변경청구**[대법원 1992. 4. 28. 선고 92다3847 판결]

무허가건물대장이 건물의 물권변동을 공시하는 법률상의 등록원부가 아니고, 권리명의자의 변경기재가 물권변동의 공시방법은 아니라 하더라도 무허가건물대장상의 명의변경을 구하는 청구가 일률적으로 법률상 소의 이익이 없다고 할 수 없고, 무허가건물이라도 철거되는 경우 일정 시점 이전에 축조되어 항공촬영도면에 수록되어 있는 건물은 건물보상 및 시영아파트를 특별분양할 예정이라면 무허가건물대장상 그 소유명의자로 등재된 사람은 특별한 사정이 없는 한 건물철거에 따른 보상청구권이나 시영아파트 분양권을 받을 수 있는 지위를 가지게 될 것이므로 소로써 그 명의변경절차의 이행을 청구할 이익이 있다(같은 취지: 대법원 1991. 11. 12. 선고 91다21244 판결, 대법원 1998. 6. 26. 선고 97다48937 판결).

≪판례≫ **무허가건물대장명의변경청구**[대법원 1992. 2. 14. 선고 91다29347 판결]

무허가건물대장은 무허가건물의 정비에 관한 행정상의 사무처리의 편의를 위하여 작성 비치된 대장으로서 그 대장에의 기재에 의하여 무허가건물에 관한 권리의 변동이 초래되거나 공시되는 효과가 생기는 것이라 할 수 없으므로 무허가건물에 관하여 그 무허가건물대장상의 명의변경을 구하는 소는 그 이익이 없다.

≪판례≫ **임야대장명의변경청구**[대법원 1979. 2. 27. 선고 78다913 판결]

[1] 임야대장에 임야소융자로 등재하면, 그 임야대장의 기재사항이 진실된 것으로 추정을 받는다 하더라도, 이 경우의 추징은 증명력이 강한 증거자료가 된다는 의미를 가지고 있을 뿐 부동산등기부와 같은 비중의 추정ㄹ격 즉, 입증책임의 전환까지 초래하는 추정력을 갖는다고는 해석되지 아니한다.

[2] 임야대장상의 소유명의의 말소를 구하는 청구는 소익이 없다.

나. 명의변경금지가처분

위와 같이 예외적으로 인정되는 건축물관리대장 명의변경금지가처분은 앞서 설명한 허가명의변경금지가처분에서의 논의와 다를 것이 없다. 앞서의 설명을 참고하면 된다.

6. 임시지위 가처분의 효력

가. 서 론

임시지위 가처분은 피보전권리나 가처분의 대상이 다양하여 통일적으로 그 효력을 설명하는 더욱 어렵다. 흔히 문제되는 경우만을 몇 가지 살펴보면 다음과 같다.

나. 직무집행정지·직무대행자선임 가처분의 효력

(1) **직무집행이 정지된 이사 등의 지위** 직무집행이 정지된 이사 등은 가처분에 특별한 정함이 없는 한 일체의 직무권한을 상실한다. 그러므로 당해 이사 등이 행한 행위는 무효이다. 추후에 가처분이 취소된 경우라도 무효인 행위가 유효하게 되지는 아니한다. 대표자의 지위에 관한 직무집행정지 가처분이 있는 경우에는 대표자 지위의 전제가 되는 이사 지위에 관하여도 가처분의 효력이 미친다.

≪판례≫ 이사로서의 직무정지[대법원 2001. 5. 29. 선고 99두7432 판결]

학교법인 이사장의 직무집행을 정지하고 그 직무대행자를 선임하는 가처분이 이루어진 경우, 이사회의 개회정족수와 관련하여 학교법인 정관의 관계 규정상 종전 이사장은 이사로서의 직무도 수행할 수 없게 되고 그 직무대행자가 이사로서의 직무까지 수행할 수 있는 권한을 갖게 되었다고 해석하여야 할 사정이 있다고 본 사례.

한편 직무집행이 정지된 자가 다시 동일한 지위에 선임된 경우라도 가처분결정이 취소되지 아니하는 한 선임결의의 적법 여부와 무관하게 직무집행자의 지위를 갖지 못한다.

≪판례≫ 직무집행정지자 재선임결의의 효력[대법원 2000. 2. 22. 선고 99다62890 판결]

재건축조합의 조합장에 대하여 직무집행을 정지하고 직무대행자를 선임하는 가처분결정이 있은 후 그 직무대행자에 의하여 소집된 임시총회에서 직무집행이 정지된 종전 조합장이 다시 조합장으로 선임되었다 하더라도 위 가처분결정이 취소되지 아니한 이상 직무대행자만이 적법하게 조합을 대표할 수 있고, 다시 조합장으로 선임된 종전 조합장은 그 선임결의의 적법 여부에 관계없이 대표권을 가지지 못한다(같은 취지: 대법원 1992. 5. 12. 선고 92다5638 판결).

다만 위와 같은 경우에는 종전의 가처분을 취소할 새로운 사정변경이 있다고 할 수 있다.

≪판례≫ 재선임결의와 사정변경[대법원 1997. 9. 9. 선고 97다12167 판결]

청산인 직무집행정지 및 직무대행자 선임의 가처분결정이 있은 후 소집된 주주총회에서 회사를 계속하기로 하는 결의 및 새로운 이사들과 감사를 선임하는 결의가 있었다면, 특별한 사정이 없는 한 위 주주총회의 결의에 의하여 위 직무집행정지 및 직무대행자선임의 가처분결정은 더 이상 유지할 필요가 없는 사정변경이 생겼다고 할 것이므로, 위 가처분에 의하여 직무집행이 정지되었던 피신청인으로서는 그 사정변경을 이유로 가처분이의의 소를 제기하여 위 가처분의 취소를 구할 수 있다.

(2) **직무대행자의 지위** 직무대행자는 임시적 지위에 있는 자이므로 단체의 통상업무에 속하는 행위만을 할 수 있다.

≪판례≫ 대법원 2000. 2. 22. 선고 99다62890 판결

재건축조합이 이주를 거부하는 사업구역 내의 아파트 소유자 등과 사이에 해당 아파트를 감정가에 의하여 매수하기로 한 합의가 조합장 직무대행자가 할 수 있는 조합의 통상업무 범위 내에 속하는 행위라고 본 사례.

≪판례≫ 대법원 1982. 12. 28. 선고 81다카1168 판결

가처분법원이 임시의 지위를 정하는 가처분 방법으로 종단종정의 직무집행을 정지함과 동시에 그 직무대행자를 선임하는 경우에 직무대행자의 직무권한의 범위에 관하여 가처분의 목적달성에 필요한 제한을 가할 수 있다고 할 것이지만 가처분 법원이 종정 직무대행자를 선임하면서 그 직무권한의 범위를 특별히 제한하지 아니한 이상 그 직무권한의 범위는 피대행자의 그것과 동일하다 할 것이므로 종단소속 사찰의 주지해임이 종단의 통상 업무에 속하지 않는다는 이유만으로 종정 직무대행자가 주지를 해임한 것을 무효라고 할 수 없다(다소 예외적인 판례로 보인다/필자 각주).

당해 가처분에 특별한 정함이 있거나 법원의 허가를 얻은 경우에는 통상업무를 벗어나는 행위도 할 수 있다.

≪판례≫ 청구인낙[대법원 1975. 5. 27. 선고 75다120 판결]

법원의 가처분결정에 의한 회사의 대표이사 직무대행자는 그 가처분에 다른 정함이 있는 때 외에는 법원의 허가 없이 그 회사의 상무에 속하지 않는 행위를 할 수 없고 법원의 허가 없이 회사를 대표하여 변론기일에서 상대방의 청구에 대한 인낙을 한 경우에는 민사소송법 422조 제1항 제3호 소정의 소송행위를 함에 필요한 특별수권의 흠결이 있는 재심사유에 해당한다.

≪판례≫ **항소취하**[대법원 1982. 4. 27. 선고 81다358 판결]

가처분결정에 의해 선임된 청산인 직무대행자가 그 가처분의 본안소송인 주주총회결의 무효확인의 제1심 판결에 대한 항소를 취하하는 행위는 회사의 상무에 속하지 않으므로 그 가처분 결정에 다른 정함이 있거나 관할법원의 허가를 얻지 아니하고서는 이를 할 수 없다.

≪판례≫ **권한위임**[대법원 1984. 2. 14. 선고 83다카875, 876, 877 판결]

법원의 가처분명령에 의하여 선임된 회사의 대표이사 직무대행자가 회사의 업무집행기관으로서의 기능발휘를 전혀 하지 아니하고 그 가처분을 신청한 사람측에게 그 권한의 전부를 위임하여 회사의 경영을 일임하는 행위는 가처분명령에 의하여 정하여진 대표이사 직무대행자의 회사경영책임자로서의 지위에 변동을 가져오게 하는 것으로서 가처분 명령에 위배되는 행위일 뿐만 아니라 회사업무의 통상적인 과정을 일탈하는 것으로서 이를 회사의 상무라고 할 수 없으므로, 가처분명령에 특히 정한바가 있거나 법원의 허가를 얻지 않고는 할 수 없다 할 것이다.

≪판례≫ **회사의 상대방 변호인의 보수지급약정**[대법원 1989. 9. 12. 선고 87다카2691 판결]

가처분에 의하여 대표이사 직무대행자로 선임된 자가 변호사에게 소송대리를 위임하고 그 보수계약을 체결하거나 그와 관련하여 반소제기를 위임하는 행위는 회사의 상무에 속하나, 회사의 상대방 당사자의 변호인의 보수지급에 관한 약정은 회사의 상무에 속한다고 볼 수 없으므로 법원의 허가를 받지 않는 한 효력이 없다.

≪판례≫ **재단법인 이사회의 구성변경**[대법원 2000. 2. 11. 선고 99다30039 판결]

민사소송법 제714조 제2항의 임시의 지위를 정하는 가처분은 권리관계에 다툼이 있는 경우에 권리자가 당하는 위험을 제거하거나 방지하기 위한 잠정적이고 임시적인 조치로서 그 분쟁의 종국적인 판단을 받을 때까지 잠정적으로 법적 평화를 유지하기 위한 비상수단에 불과한 것으로, 가처분결정에 의하여 재단법인의 이사의 직무를 대행하는 자를 선임한 경우에 그 직무대행자는 단지 피대행자의 직무를 대행할 수 있는 임시의 지위에 놓여 있음에 불과하므로, 그 법인을 종전과 같이 그대로 유지하면서 관리하는 한도 내의 통상업무에 속하는 사무만을 행할 수 있다고 하여야 할 것이고, 그 가처분결정에 다른 정함이 있는 경우 외에는 재단법인의 근간인 이사회의 구성 자체를 변경하는 것과 같은 법인의 통상업무에 속하지 아니한 행위를 하는 것은 이러한 가처분의 본질에 반한다.

직무집행이 정지된 단체의 대표자를 선출한 결의의 무효 또는 부존재 확인에 관한 소송에서 직무대행자만이 단체의 대표자가 된다.

≪판례≫ **본안소송에서 단체를 대표할 자**[대법원 1995. 12. 12. 선고 95다31348 판결]

민법상의 법인이나 법인이 아닌 사단 또는 재단의 대표자를 선출한 결의의 무효 또는 부존재 확인을 구하는 소송에서 그 단체를 대표할 자는 의연히 무효 또는 부존재 확인 청구의 대상이 된 결의에 의해 선출된 대표자이나, 그 대표자에 대해 직무집행정지 및 직무대행자선임 가처분이 된 경우에는, 그 가처분에 특별한 정함이 없는 한 그 대표자는 그 본안소송에서 그 단체를 대표할 권한을 포함한 일체의 직무집행에서 배제되고 직무대행자로 선임된 자가 대표자의 직무를 대행하게 되므로, 그 본안소송에서 그 단체를 대표할 자도 직무집행을 정지당한 대표자가 아니라 대표자 직무대행자로 보아야 한다.

(3) **대세적 효력** 직무집행정지 가처분의 본안이 대세적 효력이 있는 경우(상법 제190조, 제376조, 제380조)에는 당해 가처분 역시 대세적 효력이 인정된다.

≪판례≫ **직무집행정지가처분의 대세적 효력**[대법원 1992. 5. 12. 선고 92다5638 판결]

대표이사의 직무집행정지 및 직무대행자선임의 가처분은 그 성질상 당사자 사이에서 뿐만 아니라 제 3 자에게도 효력이 미치므로, 새로이 선임된 대표이사가 위 가처분에 위반하여 회사 대표자의 자격에서 한 법률행위는 결국 제 3 자에 대한 관계에서도 무효이고 이때 위 가처분에 위반하여 대표권 없는 대표이사와 법률행위를 한 거래상대방은 자신이 선의였음을 들어 위 법률행위의 유효를 주장할 수는 없다.

7. 다른 절차와의 경합

가. 가처분 상호간의 경합

피보전권리 보전의 필요성과 주문 내지 신청취지에 비추어 가처분 상호간에 모순 · 저촉이 있는 경우에는 선행 가처분이 후행가처분에 우선한다. 선행 가처분채권자는 후행 가처분의 위법을 지적하며 집행에 관한 이의로 다툴 수 있음은 물론 제 3 자 이의의소로 후행 가처분의 부당함을 다툴 수 있다.

≪판례≫ **점유이전금지가처분의 충돌**[대법원 1981. 8. 29.자 81마86 결정]

건물에 대한 채무자 갑의 점유를 풀고 집달관에게 보관시킨 다음 갑의 청구에 따라 갑에게 그 사용을 허락하는 점유이전금지가처분(제 1 차 가처분) 이 집행된 후에 다른 당사자 사이의 별개의 가처분신청사건에서 같은 건물에 대하여 그 사건 채무자 을의 점유를 풀고 집달관에게 보관시킨 다음 이를 을에게 사용을 허락하는 점유이전금지가처분(제 2 차 가처분)이 다시 집행된 경우에는 그 두 개의 가처분은 비록 당사자는 서로 다르다 할지라도 각기 서로 다른 채무자에게 동일 건물의 사용을 허락한 한도내에서 모순 저촉된다고 할 것이므로 위 제 2 차 가처분의 집행은 불허되어야 할 것인바 이때 제 1 차 가처분채권자는 실체법상의 권리에 기하여 제 3 자이의의 소를 제기할 수도 있고, 집행방법에 관한 이의로서 제 2 차 가처분집행의 배제를 구할 수도 있다.

나. 강제집행과의 경합

사 례 63 **처분금지효의 객관적 범위**

갑은 을로부터 상가 건축을 위해 돈을 빌리되 상가가 완성되면 건축자금 담보를 위하여 근저당권을 설정해 주기로 하였다. 그러나 갑은 상가가 완성되었음에도 보존등기를 미루면서 근저당권을 설정해주기로 하는 약속을 지키지 아니하였다. 이에 을은 근저당권설정등기청구권을 피보전권리로 하여 상가에 대한 처분금지가처분을 하여 두었다. 한편 갑은 병으로부터도 건축자금을 빌린 적이 있었는데, 병은 위 가처분절차를 통해 상가에 대한 보존등기가 이루어졌음을 알고 집행권원을 얻어 강제경매를 신청하였다.

① 법원은 병의 신청에 따라 강제경매를 어디까지 진행하여야 하는가?

② 병의 신청에 따른 강제경매절차가 진행되어 정이 낙찰을 받아 정 앞으로 소유권이전등기가 이루어지고 그 후 위 가처분에 관한 본안에서 을이 승소확정판결을 얻었다면, 을은 그러한 사정을 기초로 정을 상대로 정 명의의 등기말소를 청구할 수 있는가?

③ 만일 을의 대여금채권이 존재하지 아니하는 것으로 밝혀진 경우에도 정은 유효하게 소유권을 취득하는가?

강제집행과 가처분 사이에 모순·저촉이 있는 경우에는 집행의 선후에 따라 그 우열이 정해진다. 강제집행에 따른 압류가 가처분에 선행하는 경우에는 당해 가처분의 소제의 대상이 되므로 가처분권자는 매수인에게 대항할 수 없다.

≪판례≫ 강제경매개시결정과 처분금지가처분 사이의 우열[대법원 1964. 12. 15. 63다1071]

부동산강제경매개시결정 등기 후에 그 부동산에 대하여 처분금지가처분등기를 한 자는 강제경매 신청인이나 경락인에게 대항할 수 없다.

한편 선행 가처분이 있는 경우라도 강제집행절차의 진행 자체에는 아무런 영향이 없다. 가처분은 그 효력이 잠정성으로 인하여 본안에 관한 확정판결이 있기까지는 강제집행절차를 배제할 효력이 없기 때문이다. 즉 선행가처분 채권자라도 강제집행절차의 진행에 대하여 제 3 자이의의 소로 다툴 수 없는 것이다.

≪판례≫ 가처분에 위배되는 등기의 말소청구[대법원 1992. 2. 14. 선고 91다12349 판결]

부동산처분금지가처분등기가 유효하게 기입된 이후에도 가처분채권자의 지위만으로는 가처분 이후에 경료된 처분등기의 말소청구권은 없으며, 나중에 가처분채권자가 본안 승소판결에 의한 등기의 기재를 청구할 수 있게 되면서 가처분등기 후에 경료된 가처분 내용에 위반된 위 등기의 말소를 청구 할 수 있는 것이고, 또 등기공무원도 가처분 이후에 이루어진 가처분 위반등기를 직권으로 말소할 수도 없으므로 가처분 위반의 등기가 소유권이전등기시에 말소되지 아니한 채 남아 있다면 이는 말소하여야 할 등기상의 부담이라고 보아야 할 것이다.

≪판례≫ 선행가처분과 매수인[대법원 1998. 10. 27. 선고 97다26104,26111 판결]

가처분채권자가 가처분의 본안소송인 소유권이전등기청구의 소에서 승소의 확정판결을 받은 이상, 가처분채권자의 지위에서 그 피보전권리인 소유권이전등기청구권에 기하여 등기를 하는 경우에는 위 가처분기입등기 이후에 개시된 강제경매절차에서 당해 토지를 낙찰받은 낙찰자 명의의 소유권이전등기는 가처분채권자에 대한 관계에서는 무효인 것으로서 말소될 처지에 있다고 할 것이며, 이는 가처분채권자가 위 강제경매절차가 진행되는 것을 알고 아무런 이의를 하지 아니하였다 하더라도 달리 볼 것이 아니다.

이러한 혼란을 막기 위하여 선행가처분이 있는 경우에는 강제집행절차에 관하여 압류의 단계까지만 강제집행절차를 진행하고 그 이후의 절차의 진행은 가처분의 본안에 관한 결과가 나올 때까지 사실상 정지하여 두는 것이 실무의 태도이다(절충설). 한편 선행가처분채권자와 강제집행절차의 집행채권자가 동일한 경우에는 선행가처분권자라도 매수인에게 선행가처분으로 대항할 수 없다고 보아야할 것이다. 실무에 있어서도 이러한 경우에는 집행절차를 종국에 이르기까지 계속 진행하고 있으며 말소등기촉탁절차에 있어서 당해 가처분등기까지 아울러 말소를 촉탁하게 된다.

사례 63 〈해설〉 처분금지효의 객관적 범위

1. 가처분과 강제집행의 경합여부(설문①에 대한 풀이)

을의 신청에 따른 가처분과 병의 신청에 따른 강제집행은 일응 외견상 경합되는 것으로 보일 수 있다. 그러나 을이 궁극적으로 얻고자 하는 바는 '을의 근저당권설정등기'이고 병의 신청에 따른 강제집행의 귀결은 '매수인(사례에서는 정) 앞으로의 소유권이전등기'이라는 점에서 양자는 모순·저촉되는 것이 아니다. 즉 을의 근저당권설정등기와 정의 소유권취득은 양립할 수 있는 것이다. 만일 을에 의한 가처분의 피보전권리가 소유권 자체에 관한 것인 경우에는 을의 소유권이전등기와 정의 소유권이전등기는 양립할 수 없는 것이라는 점에서, 판례는 그러한 경우 소위 절충설에 따라 병의 신청에 따른 강제경매절차를 압류의 단계까지만 진행하고 매각 이후의 절차를 사실상 정지시켜둔다. 그러나 사례에서와 같이 을과 정의 지위가 양립 가능 한 경우에는 을의 가처분이 있다는 사정을 매각물건명세서에 기재하는데 그칠 뿐 경매절차는 매각 이후의 절차까지 그대로 진행시켜야 한다.

2. **을의 정에 대한 말소청구**(설문②에 대한 풀이)

을의 본안에 관한 지위와 정의 지위가 양립할 수 있다는 점에서 을의 정에 대한 말소청구는 고려할 여지가 없다. 또한 가처분의 피보전권리가 소유권에 관한 것이어서 을과 정의 지위가 양립할 수 없는 경우에도 을로서는 갑을 상대로 본안에 관한 승소판결을 얻어 피보전권리실현을 위한 등기를 신청함과 아울러 병명의 등기의 말소를 단독으로 신청할 것이지 을을 상대로 별도의 말소청구는 소의 이익이 없다고 본다(반대견해 있음).

3. **피보전권리의 부존재와 보존등기**(설문③에 대한 풀이)

갑 명의의 보존등기는 가처분절차에 부수하여 만들어진 것이지만, 가처분집행 자체로 볼 수 는 없다. 따라서 갑 명의의 보존등기의 유효여부는 실체적인 소유권의 귀속에 따라 독립적으로 판단할 것이지 가처분의 유효여부에 의존하는 것이 아니라고 하겠다(반대견해 있음). 따라서 가처분의 피보전권리의 부존재한다는 사정은 보존등기의 유효성 여부에 아무런 영향이 없으며, 정의 소유권취득 여부 역시 실체적 사정을 기초로 판단하면 그만이다. 즉 갑이 진정한 소유자라는 사정이 부정되지 아니하는 한 정은 유효하게 소유권을 취득한다.

다. 체납처분과 경합

국세징수법(제35조)은 체납처분절차는 재판상의 가압류나 가처분으로 인하여 그 집행에 영향을 받지 아니한다고 규정하고 있다. 동조의 의미는 체납처분절차의 절차적 진행에 관한 사항을 정한 것에 불과하여 양자의 효력의 우열에 관한 것이 아니다. 그러므로 체납처분과 가처분 양자의 우열의 그 선후에 따라 정해진다고 보아야 한다. 체납처분절차상 매수인은 선행의 가처분권자에게 대항할 수 없는 것이다(가처분우위설).

≪판례≫ 선순위 가처분과 체납처분 사이의 우열[대법원 1993. 2. 19.자 92마903 결정]

국세징수법 제35조에서 "체납처분은 재판상의 가압류 또는 가처분으로 인하여 그 집행에 영향을 받지 아니한다"고 규정하고 있으나, 이는 선행의 가압류 또는 가처분이 있다고 하더라도 체납처분의 진행에 영향을 미치지 않는다는 취지의 절차진행에 관한 규정일 뿐이고 체납처분의 효력이 가압류, 가처분의 효력에 우선한다는 취지의 규정은 아니므로 부동산에 관하여 처분금지가처분의 등기가 된 후에 가처분권자가 본안소송에서 승소판결을 받아 확정이 되면 피보전권리의 범위 내에서 가처분 위반행위의 효력을 부정할 수 있고 이와 같은 가처분의 우선적 효력은 그 위반행위가 체납처분에 기한 것이라 하여 달리 볼 수 없다.

제 4 절 본집행으로의 이전

Ⅰ. 의 의

보전처분은 채권자가 집행권원을 얻어 본집행을 신청하면 보전집행이 있는 상태에서 본집행절차로 이전한다. 이를 본집행으로의 이전 또는 본집행으로의 전환이라고 한다. 본집행으로의 이전은 보전집행이 계속되는 상태에서 곧바로 본집행의 효력발생으로 연결되게 한다는 점에서 의미가 있다.

Ⅱ. 이전시기

본집행으로의 이전이 있게 되면 본집행은 보전집행과 중복되는 절차를 생략하고 본집행에 필요한 다음의 절차를 바로 진행하게 된다. 여기서 보전집행의 종료시점과 본집행의 개시시점이 다소 불분명한 문제가 발생한다. 이에 대하여 고려할 수 있는 양자의 경계시점으로는 집행권원이 성립한 때, 집행정본이 채무자에게 송달된 때, 본집행이 신청된 때, 본집행 개시가 있은 때 등을 들 수 있다. 대체적인 견해는 본집행의 개시가 있은 때라고 본다. 이러한 논의는 본집행이 효력을 상실한 경우에 어느 단계까지를 유효한 보전집행으로 취급할 수 있는가를 판단하는 데 실익이 있다.

Ⅲ. 이전절차

각종의 보전처분의 유형에 따라 본집행으로의 이전절차를 살펴보면 다음과 같다.

1. 가압류의 본집행 이전

가. 부동산 등 가압류

부동산 · 선박 · 항공기 · 자동차 · 건설기계에 대한 압류는 가압류와는 관할법원 및 집행방법 등을 달리 하므로 별도의 압류절차가 필요하다. 압류절차상 경매개시결정이 있은 때에 본압류 이전이 있은 것으로 본다.

나. 유체동산

본압류이 신청이 있으면 집행관이 목적물의 보관장소에 가서 채무자에게 본압류의 집행을 한다는 뜻을 고지하고, 가압류의 표시는 그대로 두고 추가로 본압류의 표시를 부착시킴으로써 본압류로 이전한다. 목적물이 공탁된 금전이거나 가압류물이 현금화되어 그 대금이 공탁된 경우에는 집행관은 공탁금을 회수하고 그 이후의 절차는 금전에 대한 강제집행절차에 따른다.

다. 채권가압류

채권에 대한 가압류에 관하여는 별도의 압류를 다시 할 필요가 없이 직접 추심명령 또는 전부명령절차를 밟으면 된다. 지명채권에 관하여서는 가압류와 압류의 절차가 동일하므로 같은 절차를 중복하여 밟을 필요가 없기 때문이다. 그러나 위와 같은 이론적인 결론과는 달리 실무의 운영은 별도의 압류절차를 거치고 있는 점에 특색이 있다. 절차를 중복에 따른 번거로움은 있지만 언제 본집행이 시작되었는가를 명백히 할 필요성에 따른 업무처리이다.

라. 그 밖의 재산권에 대한 가압류

채권가압류에서와 마찬가지로 별도를 압류를 거칠 필요가 없는 것이지만 압류시기를 명백하기 하기 위하여 압류절차를 거치는 것이 실무이다.

2. 가처분의 본압류로의 이전

가. 부동산처분금지가처분

가처분의 피보전권리나 가처분 이후의 제 3 자 명의의 등기 유무에 따라 본집행의 구체적인 방법이 다르다. 소유권이전등기청구권을 피보전권리로 하고 가처분 이후에 제 3 자 명의의 등기가 있는 경우를 예로 들면, 가처분채권자가 본안승소의 판결정본에 기하여 제 3 자 명의의 등기말소를 신청함과 아울러 채권자 앞으로 이전등기를 신청하고 이에 따라 등기관이 가처분의 기입등기와 제 3 자 명의의 등기를 말소하고 채권자 앞으로 소유권이전등기를 경료하는 방법으로 본집행이 이루어진다.

나. 점유이전금지가처분

가처분의 집행유형이 집행관보관형, 집행관보관·채무자사용형, 집행관보관·채권자사용형 중 어느 것인가에 따라 본집행의 방법이 다르다. 집행관보관형의 경우에는 목적물을 그대로 이전하고, 집행관보관·채무자사용형의 경우에는 채무자의 사용을 배제하는 절차를 거쳐 채권자에게 인도하고, 집행관보관·채권자사용형의 경우에는 채권자에게 집행관보관이 해제되었음을 고지하는 것으로 족하다.

다. 단행가처분

단행가처분은 실질적으로 본집행이 있는 것과 동일한 방법으로 이루어진다. 그러므로 별도의 본집행이라고 할 것이 없지만 종국적인 본집행이 있음을 명확히 하기 위하여 채권자가 본집행을 신청하면 곧바로 본집행이 있은 것으로 취급한다. 본집행이 사실상 관념적으로만 존재하는 셈이다.

Ⅳ. 이전의 효력

사 례 64 **본압류이전 후 보전처분에 대한 다툼**

갑은 을에게 집행증서를 작성하여 주고 금 3,000만원을 빌렸으나 약속된 날짜에 돈을 갚지 아니하자, 을은 갑의 주택을 가압류하였다. 갑은 주택을 팔아 돈을 갚기로 마음먹고 정에 위 주택을 금 8,000만원에 매도하였다. 그 후 을은 돈을 모두 변제받았음에도 집행증서를 가지고 있음을 기화로 위 주택에 대한 강제경매를 신청하였다. 이에 정은 오래 전에 법대를 졸업한 친구 병을 찾아가 상의하였던 바, 병은 '피보전권리의 소멸을 이유로 이의신청을 하여 가압류를 소멸시킨 다음 제 3 자이의의 소를 제기하는 것이 좋다'라고 조언하였다. 병은 조언은 적절한 것이었는가?

1. 보전처분의 본압류로의 흡수

본압류로의 이전이 있으면 보전집행이 있었던 때부터 본압류가 있었던 것으로 보아 보전집행은 본압류에 흡수되어 독자적 지위를 잃는다(조건부소멸설). 그러므로 본압류가 존속하는 한 보전집행의 위법을 별도로 다투지 못할 뿐만 아니라 해방금의 공탁 등을 사유로 보전집행의 취소신청도 인정되지 아니한다.

≪판례≫ 본압류 이전 후 이의신청의 가부[대법원 2004. 12. 10. 선고 2004다54725 판결]

가압류가 본압류로 이행되어 강제집행이 이루어진 경우에는 가압류집행은 본집행에 포섭됨으로써 당초부터 본집행이 있었던 것과 같은 효력이 있게 되므로, 본집행이 되어 있는 한 채무자는 가압류에 대한 이의신청이나 취소신청 또는 가압류집행 자체의 취소 등을 구할 실익이 없게 되고, 특히 강제집행조차 종료한 경우에는 그 강제집행의 근거가 된 가압류결정 자체의 취소나 가압류집행의 취소를 구할 이익은 더 이상 없다.

실무상 본압류가 이미 시작된 단계에서 가압류집행과 본압류 사이에 목적물의 소유권을 이전받은 제 3 취득자가 가압류에 대하여 해방금을 공탁하여 취소시킨 다음 본압류에 대하여 제 3 자 이의의 소를 제기하는 경우를 종종 볼 수 있는데 이는 전혀 무익한 업무처리이다.

≪판례≫ 본압류 이전 후 가압류해방공탁[대법원 2002. 3. 15.자 2001마6620 결정]

[1] 가압류집행이 있은 후 그 가압류가 강제경매개시결정으로 인하여 본압류로 이행된 경우에 가압류집행이 본집행에 포섭됨으로써 당초부터 본집행이 있었던 것과 같은 효력이 있고, 본집행의 효력이 유효하게 존속하는 한 상대방은 가압류집행의 효력을 다툴 수는 없고 오로지 본집행의 효력에 대하여만 다투어야 하는 것이므로, 본집행이 취소, 실효되지 않는 한 가압류집행이 취소되었다고 하여도 이미 그 효력을 발생한 본집행에는 아무런 영향을 미치지 않는다.

[2] 가압류등기 후 제 3 자 앞으로 소유권이전등기가 마쳐진 부동산에 대하여 가압류권자의 신청에 의한 강제경매절차가 진행 중 가압류해방금액 공탁으로 가압류집행이 취소되어 가압류등기가 말소된 경우, 이를 이유로 강제경매개시결정을 취소한 원심결정을 파기한 사례.

2. 보전처분의 독립적 지위의 회복

본압류가 있다고 하여도 보전처분의 효력이 소멸하는 것이 아니라 수면 아래로 가라앉아 절차상 별도로 고려되지 않는 것뿐이다. 그러므로 본압류가 소멸하면 수면 아래에 있던 보전처분이 물 위로 떠오른다. 본압류의 효력이 상실되면 보전처분의 효력은 다시 살아나서 독자적으로 존속하는 것이다(조건부소멸설). 다만 보전처분과 본압류의 궁극적인 목적은 동일한 것이라 할 것이므로 본압류가 목적을 달성할 수 없는 사정으로 효력을 상실한 경우에는 보전처분의 효력도 상실된다고 본다. 예를 들어 부동산 경매절차가 잉여가 없음을 이유로 취소된 경우에는 그에 앞서 부동산가압류의 효력도 상실한다고 볼 것이다.

≪판례≫ 본집행의 목적달성불능[대법원 1980. 6. 26.자 80마146 결정]

가압류와 강제집행의 효력은 연속일체를 이루게 되는 것이므로 본집행인 강제집행절차가 집행목적 달성이 불가능하게 되어 종료된 경우에는 그에 선행한 가압류집행도 그 효력을 상실한다.

위와는 달리 본압류가 취하되거나 취소된 것만으로는 가압류의 효력에 영향이 없다.

≪판례≫ **본집행신청의 취하**[대법원 2000. 6. 9. 선고 97다34594 판결]

채권자가 금전채권의 가압류를 본압류로 전이하는 압류 및 추심명령을 받아 본집행절차로 이행한 후 본압류의 신청만을 취하함으로써 본집행절차가 종료한 경우, 특단의 사정이 없는 한 그 가압류집행에 의한 보전 목적이 달성된 것이라거나 그 목적 달성이 불가능하게 된 것이라고는 볼 수 없으므로 그 가압류집행의 효력이 본집행과 함께 당연히 소멸되는 것은 아니라고 할 것이니, 채권자는 제 3 채무자에 대하여 그 가압류집행의 효력을 주장할 수 있다.

사례 64 〈해설〉 본압류이전 후 보전처분에 대한 다툼

1. 가압류에 대한 다툼

보전처분은 본압류가 뒤따른 후에는 본압류에 흡수되어 독립적 지위를 상실한다. 따라서 본압류 이후에는 보전처분만에 대한 다툼 허용되지 아니 한다(반대견해 있음). 그러므로 갑이 돈을 모두 갚았다고 하더라도 정에게는 가압류를 배척할 방법이 없다.

2. 이의신청의 당사자적격

한편 보전처분만에 대한 다툼을 허용하는 입장에 서더라도 병은 가압류에 대하여 취소신청으로만 다툴 수 있을 뿐 이의신청으로 다툴 자격이 없다. 또한 병은 갑을 대위하는 형식을 취하더라도 이의신청을 자격이 없다. 왜냐하면 이의신청의 보전소송절차 내에서 당사자 지위에 주어지는 고유한 불복방법이기 때문에 채권자 대위에 있어서 피대위권리을 구성할 수 없기 때문이다. 만일 정이 굳이 이의신청이라는 방법을 취하고자 한다면, 가압류절차에 참가한 후에 참가인의 지위에 기하여 이의신청을 하는 것이 가능할 뿐이다.

3. 청구이의의 소

위에서 본 바와 같이 피보전권리가 소멸하였더라도 가압류의 효력을 다투지 못하므로 정은 을에게 소유권으로 대항하지 못한다. 즉 정의 소유권은 가압류 때문에 갑에게 대항하지 못하므로 정은 자신의 소유권을 내세워 제 3 자이의로 다투지 못한다. 또한 위 집행절차상 소극적 당사자인 채무자는 갑에 한하고 정은 집행절차상 당사자가 아니어서, 정이 자신의 지위에서 곧바로 청구이의로 다투는 것도 허용되지 아니한다. 이러한 경우 정은 갑을 대위하여 청구이의로 다툴 수 있을 뿐이다.

제 4 장 구제절차

개 관

보전처분절차는 보전소송절차와 보전집행절차가 결합된 구조라는 점은 누누이 강조하였다. 이러한 2원적 구조는 보전처분절차상 구제방법의 면에서도 상당한 주의를 기울여야 한다. 즉 보전소송절차상 보전명령을 깨뜨리는 방법과 보전집행절차상 위법성을 지적하는 방법은 전혀 이질적인 제도라는 점을 유념하여야 한다. 다만 전자는 통상의 소송절차상 불복방법인 상소나 재심제도와 본질적으로 다를 것이 없고 후자는 제 1 편 제7장 구제제도와 크게 다르지 않다.

학습목표

1. 보전명령을 깨뜨리는 방법에는 어떠한 것이 있는지를 알아둔다.
2. 보전집행위 위법성 또는 부당성을 지적하는 방법에는 어떠한 것이 있는지를 알아둔다.
3. 보전처분에 대한 구제절차상 '집행정지'의 양상이 본집행상 집행정지의 양상과 어떻게 다른지를 파악한다.
4. 새로 도입된 전면적 결정주의라 구제절차의 진행면에 어떠한 영향을 주고 있는지를 파악한다.

본래 의미의 강제집행에 대한 구제절차에 대하여는 다툼의 이유로 삼는 하자를 유형별로 나누어 그에 따른 불복방법을 설명하는 방식을 취하였다. 그러나 보전처분절차는 구조적인 면에서 판결절차와 집행절차가 결합된 이원적 구조로 되어 있다는 점에서 하자의 유형보다는 절차의 유형에 초점을 맞추어 구제수단을 설명하는 것이 더 논리적이다. 그러므로 이하에서 보전명령에 대한 구제절차와 보전집행에 대한 구제절차로 나누어 설명한다. 이러한 절차상의 구제와 더불어 실체상의 구제방법도 아울러 검토하기로 한다.

제 1 절 보전명령에 대한 구제

I. 서 론

보전명령에 대하여 채무자가 다툴 수 있는 방법에 관하여 민사집행법은 이의신청절차와 취소신청절차라는 두 가지 구제절차를 두고 있다. 신청을 배척하는 결정에 대하여는 즉시항고로 다툴 수 있다는 점은 앞서 설명하였다. 이의신청절차와 취소신청절차를 살펴보면 다음과 같다.

II. 보전명령에 대한 이의신청

1. 의 의

제283조 (가압류결정에 대한 채무자의 이의신청)
① 채무자는 가압류결정에 대하여 이의를 신청할 수 있다.
② 제 1 항의 이의신청에는 가압류의 취소나 변경을 신청하는 이유를 밝혀야 한다.
③ 이의신청은 가압류의 집행을 정지하지 아니한다.

보전명령이 잘못되었음을 주장하는 방법으로 채무자는 보전명령에 대한 이의를 신청할 수 있다. 보전명령은 전면적 결정주의에 의하므로 항소의 방법으로 보전명령을 다투는 것은 인정될 여지가 없게 되었다.

2. 이의신청절차의 성질

가. 절차의 연속성

보전명령에 대한 이의신청은 지급명령에 대한 이의신청과 같이 같은 심급 내에서의 독특한 불복방법이다. 다시 말해 이의신청절차는 보전명령절차와 연속선상에 있는 절차로 마치 변론이 재개되는 것과 같다고 보면 된다. 그러므로 종전의 보전명령절차상 당사자의 지위와 소송대리인의 지위가 변함없이 이의신청절차에서도 그래도 유지된다. 주장책임과 입증책임의 귀속도 그대로 유지된다. 그러나 이의절차는 보전명령절차와 완전히 동일한 절차라고는 볼 수 없다. 이의절차는 보전명령절차상 절차관여가 미흡했던 채무자의 절차관여를 충분히 보장하기 위한 절차라는 점에서 밀행성의 요구가 없고 신속성의 측면보다는 당사자의 대등한 참여가 상대적으로 더 강조되는 절차이기 때문이다. 이러한 점에서 이의절차는 변론재개절차와 항소심절차의 중간적 위치에 속하는 절차라고 할 수 있을 것이다.

나. 심리의 대상

이의절차의 심리대상이 보전처분신청의 당부인지 보전처분재판의 당부인지에 관하여 논의가 있다. 보전명령절차와 이의신청절차는 같은 심급 내의 연속적 절차라는 점에서 그 심리의 대상도 보전처분신청의 당부로 보아야 할 것이다. 어느 입장이나 판단의 기준시기를 이의절차의 심리종결시로 파악하는 점에서 별 논의의 실익이 없다.

≪판례≫ 이의신청의 심리대상과 기준시점[대법원 2006. 5. 26. 선고 2004다62597 판결]

가처분이의절차에서 법원의 심리대상이 되는 것은 가처분신청의 당부(當否)로서 그 변론종결시점을 기준으로 하여 가처분신청이 이유 있다고 판단하는 경우에 가처분결정을 유지하게 된다.

다. 청구이의의 소에 대한 특칙

보전명령에 대한 이의는 청구이의의 소에 대한 특칙이라는 성질을 갖는다. 그러므로 보전명령을 다투는 청구이의의 소는 허용되지 아니한다.

라. 항고절차에 대한 특칙

보전명령에 대한 불복은 위와 같이 이의신청에 의하도록 하고 있으므로 통상의 불복방법인 항고나 재항고로는 불복할 수 없다. 보전명령이 항고법원에 의하여 행해진 경우라도 마찬가지다.

≪판례≫ **이의신청과 항고**[대법원 1991. 3. 29.자 90마819 결정]

변론을 거치지 아니하고 행한 가압류나 가처분 등 보전처분의 신청을 인용한 결정에 대하여는 채무자나 피신청인은 민사소송법 제703조, 제715조에 의하여 그 보전처분을 발한 법원에 이의를 신청할 수 있을 뿐이고 그 결정이 항고법원에 의하여 행하여진 경우라 하더라도 이에 대하여 민사소송법 제412조에 의한 재항고로는 다툴 수 없는 것이다(같은 취지: 대법원 1999. 4. 20.자 99마865 결정, 대법원 1973. 7. 26.자 73마656 결정).

기존의 보전처분과 모순·저촉되는 새로운 보전처분을 신청하는 것도 마찬가지 이유에서 허용되지 아니한다.

≪판례≫ **모순·저촉되는 새로운 보전처분신청**[대법원 1992. 6. 26.자 92마401 결정]

가처분결정이 집행된 경우, 채무자가 그 집행에 의하여 생긴 효과를 배제하기 위하여 가처분결정에 대한 이의의 신청 등 민사소송법에 규정된 불복신청이나 취소신청의 방법에 따라서 그 가처분결정이나 그 집행처분의 취소를 구하지 않고, 그 가처분결정과 내용이 서로 저촉되는 제 2 의 가처분결정을 받음으로써 사실상 선행 가처분결정을 폐지 변경하거나 그 집행을 배제하는 목적을 달성하는 것은 허용될 수 없다.

3. 관 할

가. 전속관할

이의신청절차는 보전명령절차의 연속이므로 보전명령을 발령한 법원의 전속관할이다. 보전명령을 발령하는 법원과 이의신청을 심리하는 법원이 동일한 것이다. 보전명령이 항고심에서 내려진 경우에 당해 보전명령에 대한 이의신청은 항고심의 관할이다.

나. 이 송

제284조 (가압류이의신청사건의 이송)

법원은 가압류이의신청사건에 관하여 현저한 손해 또는 지연을 피하기 위한 필요가 있는 때에는 직권으로 또는 당사자의 신청에 따라 결정으로 그 가압류사건의 관할권이 있는 다른 법원에 사건을 이송할 수 있다. 다만, 그 법원이 심급을 달리하는 경우에는 그러하지 아니하다.

(1) **이송의 가능성** 이의신청관할은 전속관할임에도 현저한 손해 또는 지연을 피하기 위한 필요가 있는 경우에는 직권 또는 당사자의 신청에 따라 결정으로 관할권 있는 다른 법원에 이송할 수 있도록 하고 있다. 다만 이송 받는

법원이 심급을 달리 하는 경우에는 이송할 수 없다(제284조). 종전에 이송가능성 여부에 관하여 다투어지던 것을 입법적으로 해결하였다.

(2) **이송의 효과** 이의사건이 이송되면 원래의 보전소송사건도 일체로 이송된다. 그러므로 보전처분의 집행해제 등 보전처분에 관한 사후절차도 이송받은 법원이 관할한다.

다. 관할규정의 준용

사정변경에 따른 보전명령 취소신청 사건의 관할에 관하여도 위에서 설명한 이의절차의 관할에 관한 규정이 준용된다(제290조 1항, 제301조, 제307조 2항).

4. 신　　청

가. 신 청 인

이의를 신청할 수 있는 자는 채무자 또는 채무자의 일반승계인에 한한다. 채무자의 특정승계인은 참가승계 또는 보조참가절차를 거친 다음 참가인의 지위에 기하여 이의할 수 있을 뿐이다.

≪판례≫ 채무자나 그 승계인 이외의 자[대법원 1970. 4. 28. 선고 69다2108 판결]

민사소송법 제703조, 715조에 의하여 가처분결정에 대한 이의신청을 할 수 있는 자는 채무자와 그 일반승계인이라야만 하고 특정승계인도 같은 법 제74조에 의한 참가승계를 하면 이의신청을 할 수 있다고 할 것이나 이 이외의 제 3 자는 가처분에 대하여 사실상의 이해관계가 있다 하더라도 이의를 신청할 적격이 없다고 할 것이다.

한편 이의신청은 당사자 지위에 기한 소송절차 내의 고유한 불복방법이므로 채권자가 대위하여 이의를 신청하는 것도 허용되지 아니한다. 이 점에서 보전명령에 대한 취소신청과 다르다.

≪판례≫ 채권자대위에 의한 이의신청의 가부[대법원 1967. 5. 2. 선고 67다267 판결]

원래 가압류결정에 대한 이의신청은 가압류결정에 대한 소송법상의 불복방법에 불과하므로 채권자의 대위에 의하여 행사될 수 없는 권리라 할 것이다.

나. 신청의 시기

이의신청의 시기에 관한 제한은 없다. 채무자 등은 보전명령의 취소·변경을 구할 이익이 있는 한 언제든지 이의할 수 있다. 보전명령이 집행된 이후라도 상관없다.

다. 신청의 이익

사 례 65 망인에 대한 보전처분에 관한 다툼

갑은 2002. 7. 5. 병원비 마련을 위해 을에게 금 1,000만원을 빌렸으나 갚지 못하고 사망하였다. 그 후 을은 2006. 8. 5. 갑의 사망을 간과하여 갑을 채무자로 하고 위 대여금 채권을 피보전권리로 하여 갑 명의의 주택을 가압류하였다. 이에 갑의 유일한 상속인 병이 을의 가압류를 다툴 수 있는 방법에는 어떠한 것들이 있는가?

(1) **의 의** 이의신청절차는 보전명령 자체의 효력을 제한하기 위한 것이므로 보전명령의 집행여부, 집행기간의 경과 여부, 본안소송의 소송계속 유무, 본안소송에서 채권자가 패소하였다는 사정의 유무 등은 이의신청할 이익이 유무와 무관한 사항이다.

(2) **채무자의 불이익** 채무자에게 보전처분으로 인한 불이익이 있어야 한다.

≪판례≫ 피압류채권의 부존재와 이의신청의 이익[대법원 1967. 5. 2. 선고 67다267 판결]

채권가압류에 있어서 채무자가 제3채무자에 대한 채권이 없다면 가압류채무자는 채무가 압류결정에 의하여 법률상 아무런 불이익을 받을 지위에 있다 할 수 없을 것이므로 가압류에 대한 이의를 신청할 이익이 없다 할 것이다.

(3) **무효인 보전처분** 망인을 채무자로 보전처분은 무효라고 할 것이지만 보전처분이라는 외관의 존재로 인한 불이익이 있으므로 이의신청의 이익이 인정된다는 것이 판례의 입장이다(반대견해 있음). 위와 같은 사안에서 상속인은 제3자 이의의 소를 통하여도 가처분을 다툴 수 있다는 것이 판례의 또 다른 입장이다.

≪판례≫ 상속인의 이의신청[대법원 2002. 4. 26. 선고 2000다30578 판결]

이미 사망한 자를 채무자로 한 처분금지가처분신청은 부적법하고 그 신청에 따른 처분금지가처분결정이 있었다고 하여도 그 결정은 당연무효로서 그 효력이 상속인에게 미치지 않는다고 할 것이므로, 채무자의 상속인은 일반승계인으로서 무효인 그 가처분결정에 의하여 생긴 외관을 제거하기 위한 방편으로 가처분결정에 대한 이의신청으로써 그 취소를 구할 수 있다(같은 취지 대법원 2004. 12. 10. 선고 2004다38921,38393 판결).

≪판례≫ 상속인의 제3자 이의의 소[대법원 1982. 10. 26. 선고 82다카884 판결]

[1] 제3자 이의의 소는 이미 개시된 집행의 목적물에 대하여 소유권 기타 목적물의 양도나 인도를 저지하는 권리를 주장함으로써 그에 대한 배제를 구하는 것이니 만큼 그의

소의 원인이 되는 권리는 집행채권자에게 대항할 수 있는 것이어야 하는 것이고, 그 대항여부는 그 권리의 취득과 집행의 선후에 의하여 결정되는 것이 보통이므로 그 권리가 집행당시에 이미 존재해야 하는 것이 일반적이라고 할 것이지만 집행 후에 취득한 권리라도 특별히 권리자가 이로써 집행채권자에게 대항할 수 있는 경우라면 그 권리자는 그 집행의 배제를 구하기 위하여 제 3 자 이의의 소를 제기할 수 있다.

[2] 가압류신청이 사망자를 상대로 한 것이면 사망자 명의의 그 가압류결정은 무효라 할 것이다.

[3] 가압류결정시까지 이 사건 부동산에 관하여 원고 명의의 소유권이전등기가 경료되지 않았으나 피고의 가압류신청이 사망자를 상대로 한 것이라면 사망자 명의의 그 가압류결정은 무효라고 할 것이고 따라서 무효의 가압류결정에 기한 가압류집행에 대해서는 그 집행이후 소유권을 취득한 원고도 그 집행채권자인 피고에 대하여 그 소유권취득을 주장하여 대항할 수 있다고 할 것이므로 원고는 제 3 자이의 소에 의하여 위 집행의 배제를 구할 수 있다.

이의신청에 의한 직접적인 다툼의 대상은 보전명령에 대한 것이고 제 3 자 이의의 소에 의한 직접적인 다툼의 대상은 보전집행에 대한 것이므로 양자는 다툼의 국면이 서로 다르다는 점에서 판례의 태도는 일면 수긍할 수 있다고 본다. 그러나 이의신청은 당사자의 불복방법이며 제 3 자 이의의 소는 당사자 아닌 자의 불복방법이므로 이의신청과 제 3 자 이의의 소가 양립할 수 있다는 것은 일견 모순된 결론이다. 한편 위와 같은 사안에서 망인의 특정승계인은 이의신청으로 다툴 수 없고 제 3 자 이의의 소로서만 다툴 수 있다는 점에 관하여는 이견이 없다.

(4) **보전처분의 목적달성** 보전처분이 외형상 존재하고 있는 경우라도 보전처분의 목적이 달성된 경우에는 이의를 신청할 이익이 없다. 임시지위를 정하는 가처분에서 채권자가 본안에서 확정된 승소판결을 얻은 경우, 가압류와 계쟁물가처분에서 채권자가 본안의 확정된 승소판결을 얻거나 가집행선고부승소판결을 얻어 강제집행에 착수한 경우, 가압류에서 본압류로 이전이 있는 경우, 본집행이 종료한 경우, 금지기간이 정해진 부작위 가처분에서 금지기간이 경과한 경우, 채권가압류에서 피압류채권이 부존재하는 경우 등이 이에 해당한다.

≪판례≫ 가처분채권자의 본안승소[대법원 1989. 9. 12. 선고 87다카2691 판결]

가처분에 의해 직무집행이 정지된 당해이사 등을 선임한 주주총회 결의의 취소나 그 무효 또는 부존재확인을 구하는 본안소송에서 가처분채권자가 승소하여 그 판결이 확정된 때에는 가처분은 그 직무집행정지기간의 정함이 없는 경우에도 본안 승소판결의 확정과 동시에 그 목적을 달성한 것이 되어 당연히 효력을 상실하게 된다.

≪판례≫ 가처분의 피보전권리실현[대법원 2002. 4. 26. 선고 2000다30578 판결]

부동산소유권이전등기청구권 보전을 위한 가처분의 본안소송에서 승소한 채권자가 그 확정판결에 기하여 소유권이전등기를 경료하게 되면 가처분의 목적이 달성되어 그 가처분은 이해관계인의 신청에 따라 집행법원의 촉탁으로 말소될 운명에 있는 것이므로, 특별한 사정이 없는 한 가처분에 대한 이의로 그 결정의 취소를 구할 이익이 없다.

≪판례≫ 금지기간경과[대법원 2004. 10. 28. 선고 2004다31593 판결]

보전처분에 대한 이의신청은 그 보전처분이 유효하게 존재하고 취소나 변경을 구할 이익이 있는 경우에 한하여 허용되는 것이므로, 영업비밀의 침해와 전직을 금지하는 가처분에서 금지기간을 정한 경우에 그 금지기간의 경과로 가처분의 효력이 상실되었다면, 채무자들로서는 더 이상 이의신청으로 가처분의 취소나 변경을 구할 이익이 없는 것이다.

≪판례≫ 금지기간경과 후의 이의신청이익[대법원 2007. 6. 14.자 2006마910 결정]

보전처분에 대한 이의신청은 그 보전처분이 유효하게 존재하고 취소나 변경을 구할 이익이 있는 경우에 한하여 허용되는 것이므로, 서비스표의 사용을 금지하는 가처분에서 금지기간을 정한 경우에 그 금지기간의 경과로 가처분의 효력이 상실되었다면 채무자로서는 일단 더 이상 이의신청으로 가처분의 취소나 변경을 구할 이익이 없다. 그러나 위 가처분결정과 함께 그 의무 위반에 대한 간접강제결정이 내려진 경우에는 채무자는 위 금지기간 경과 후에도 간접강제결정에 기하여 집행당할 위험이 존재하므로 그 배제를 위하여 이의신청으로 가처분의 취소를 구할 이익이 있고, 또 위 이의신청에 따른 재판에 대하여 항고할 이익도 있다.

사례 65 〈해설〉 망인에 대한 보전처분에 관한 다툼

1. 망인을 상대로 한 보전처분의 효력

보전처분신청 전에 이미 사망한 자를 상대로 내려진 보전처분은 무효이다. 따라서 을이 신청에 따라 이루어진 가압류는 아무런 효력을 갖지 못하는 것이다.

2. 이의신청

따라서 병은 갑의 일반승계인의 지위에서 이의신청절차를 통해 가압류를 다툴 수 있다. 다만 가압류가 당연무효라는 점에서 이의신청의 이익이 있는지에 관하여 의문이 있을 수 있으나, 가압류등기라는 외관의 존재로 인한 불이익이 있다는 점에서 이의신청으로 다툴 이익을 인정할 수 있다. 한편 병은 갑의 상속인으로 갑의 일반승계인이라는 점에서 이의신청의 당사자적격에도 아무런 의문이 없다.

3. 제 3 자이의의 소

가. 판례의 입장

병은 등기 없이도 갑의 사망과 동시에 위 주택에 관한 소유권을 취득한다. 따라서 갑의 가압류는 갑을 채무자로 하는 것임에도 실제는 을 소유의 주택에 관하여 이루어진 것이다. 따라서 을의 가압류는 채무자 아닌 제 3 자의 재산에 대하여 이루어진 것이다. 그러므로 병은 자신을 소유권을 주장하며 가압류에 대하여 제 3 자이의로 다툴 수 있다.

나. 사 견

위와 같은 사례에서 병이 이의신청으로 다툴 수 있음과 더불어 제 3 자이의의 소로도 다툴 수 있다고 보는 판례의 입장은 부적절하다고 본다. 왜냐하면 이의신청으로 다툴 수 있다는 것은 그 전제로 병에게 가압류의 당사자지위를 인정하는 것인데 다른 한편 병이 제 3 자이의로 다툴 수 있다는 것은 병이 가압류의 당사자가 아니라는 것이 전제가 된다는 점에서 두 가지 수단을 양립할 수 있다고 보는 것이 모순이기 때문이다. 다만 이의신청절차는 가압류명령 자체의 효력을 다투는 것이고, 제 3 자이의는 가압류명령 자체는 그대로 두고 가압류명령의 집행방법을 다투는 것이라는 점에서 양자는 다툼의 국면이 다르다고 입론할 수 있을 것이나, 그러한 입론은 다소 억지스러운 면을 부정하기 어려울 것이다.

라. 이의사유

이의사유에는 이의할 이익이 있는 한 아무런 제한이 없다. 보전명령에 대한 취소절차에서는 취소신청의 사유가 제한되어 있는 것과 다르다. 취소신청 사유도 이의신청의 사유로 삼을 수 있다. 심리종결시를 기준으로 그 유무를 판단할 것이며 보전명령 발령 당시의 사유에 한하지 아니한다.

≪판례≫ 이의신청사유의 무제한[대법원 1981. 9. 22. 선고 81다638 판결]

가압류 또는 가처분 결정에 대한 이의사유는 그 변론종결시까지 발생한 피보전권리의 존부 및 보전의 필요성에 관한 일체의 사유를 포함하므로 동 결정 이후에 발생한, 사정변경에 의한 가압류 또는 가처분의 취소사유도 가압류 또는 가처분 이의의 사유로 삼을 수 있다 (같은 취지: 대법원 1978. 2. 14. 선고 77다938 판결, 대법원 2000. 2. 11. 선고 99다50064 판결).

마. 신청의 방식

이의신청은 신청의 취지와 이유를 기재한 서면으로 하여야 한다(규칙 제203조). 이의신청절차는 보전소송절차의 연장에 불과한 것으로 독립된 절차가 아니므로 이의신청서는 소장에 대응하는 서면이 아니고 일종의 답변서에 해당한다. 따라서 이의사유는 채권자의 보전처분 신청에 대한 방어방법에 불과하며 개개의 이의사유에 따라 별도의 이의신청을 하는 것은 허용되지 아니한다. 이러한 점에서 신청서에 구체적인 이의사유를 기재하지 아니한 경우라도 이의신청을 각하해서는 안 된다. 즉 이의사유기재에 관한 민사집행법의 규정(제283조 2항, 제301조)은 훈시규정에 불과하다.

바. 신청의 취하

제285조 (가압류이의신청의 취하)

① 채무자는 가압류이의신청에 대한 재판이 있기 전까지 가압류이의신청을 취하할 수 있다. 〈개정 2005. 1. 27〉

② 제 1 항의 취하에는 채권자의 동의를 필요로 하지 아니한다.

③ 가압류이의신청의 취하는 서면으로 하여야 한다. 다만, 변론기일 또는 심문기일에서는 말로 할 수 있다. 〈개정 2005. 1. 27〉

④ 가압류이의신청서를 송달한 뒤에는 취하의 서면을 채권자에게 송달하여야 한다.

⑤ 제 3 항 단서의 경우에 채권자가 변론기일 또는 심문기일에 출석하지 아니한 때에는 그 기일의 조서등본을 송달하여야 한다. 〈개정 2005. 1. 27〉

이의신청에 대한 재판이 있기 전이면 채무자는 이의신청을 취하할 수 있다. 원칙적으로 서면에 의하여야 하나 변론기일이나 심문기일에는 말로도 할 수 있다. 취하에 채권자의 동의가 필요한 것도 아니다(제285조 1항, 제301조). 이의신청서의 송달이 있는 이후에 취하가 있으면 취하의 서면을 채권자에게 송달한다. 변론기일이나 심문기일에 말로써 취하하는 경우 그 기일에 채권자가 출석한 경우에는 별도로 취하에 관한 서면을 송달할 필요할 없지만 채권자가 불출석한 경우에는 그 기일의 조서등본을 송달하여야 한다. 이러한 채권자에 대한 송달은 무익한 변론준비를 방지하기 위한 것으로 취하의 효력발생과는 무관한 것이다. 이의신청 취하에는 재소금지의 제재가 따르지 아니하므로 취하한 이후에 다시 이의신청을 하는 것도 가능하다.

5. 심 리

가. 심리방식

제286조 (이의신청에 대한 심리와 재판)

① 이의신청이 있는 때에는 법원은 변론기일 또는 당사자 쌍방이 참여할 수 있는 심문기일을 정하고 당사자에게 이를 통지하여야 한다.

이의절차는 절차의 밀행성보다는 당사자의 대등한 참여가 강조되는 절차이다. 그러므로 심리의 면에 있어서도 원칙적으로 기일방식에 의한 필요적 심문절차에 의하되 석명이 필요한 경우에는 예외적으로 변론을 열 수 있도록 하고 있다. 변론을 거쳐 보전명령이 내려졌거나 참고인에 대하여 위증의 벌을 경고하며 증인으로 신문할 필요가 있는 경우 등에는 이의신청절차에 있어서도 변론을 열 필요가 있다.

나. 심리종결제도

제286조 (이의신청에 대한 심리와 재판)

② 법원은 심리를 종결하고자 하는 경우에는 상당한 유예기간을 두고 심리를 종결할 기일을 정하여 이를 당사자에게 고지하여야 한다. 다만, 변론기일 또는 당사자 쌍방이 참여할 수 있는 심문기일에는 즉시 심리를 종결할 수 있다.

(1) 의 의 이의신청절차에 대하여 종전에는 필요적 변론에 따른 판결로 재판하도록 하였던 것을 원칙적으로 심문절차에 따른 결정으로 자칫 심리의 종결시를 예측하지 못하여 공격·방법의 제출시기를 놓칠 우려가 생기게 되었다. 이와 같은 문제점을 대비하여 개정법이 새롭게 두고 있는 제도가 심리종결제도이다(제282조).

(2) 심리종결일 지정과 심리종결선언 당사자가 심리종결시기를 알 수 있게 하는 방법으로 심리종결일지정제도와 심리종결선언제도를 두고 있다. 심리종결일지정은 공격·방어에 필요한 상당한 유예기간을 두고 심리종결일을 정하는 방식이다. 심리종결선언은 심문기일에 즉시 심리를 종결함을 선언하는 방식으로 그 기일에 당사자에게 공격·방어를 다하였는지를 물어 그 확인이 된 경우에 즉시 심리가 종결되었음을 선언하는 방식이다. 심리종결일 지정방식이 원칙이다.

(3) 심리종결의 효과 당사자는 지정된 심리종결일 또는 심리종결선언일까지만 공격·방어방법을 제출할 수 있다. 법원으로서도 심리종결 이후의 자료는 재판자료로 삼을 수 없다. 새로운 공격·방어방법의 제출이 필요한 경우에는 심리종결 이전이라면 민사소송법상 기일변경 규정(제165조)에 준하여 심리종결일의 변경을 구하고 심리종결 이후에는 민사소송법상의 변론재개 규정(제142조)에 준하여 심리의 재개를 구하면 된다.

다. 절차의 진행

(1) 신청서의 송달 등 이의신청이 있는 경우 법원은 이의절차의 기일통지서를 채권자에게 송달한다. 이와 동시에 채권자에게 채무자 수만큼의 신청서 부본을 제출하도록 하여 그 부본을 채무자에게도 송달한다. 이미 채무자에게 신청서 부본이 송달된 경우에는 그러하지 아니한다. 이의절차가 개시된 이후에 당사자는 주장서면과 서증에 대하여는 상대방의 수와 같은 수의 부본을 제출하여

야 하고 서증을 제출하는 경우에는 상대방 수에 1을 더한 수의 사본을 함께 제출하여야 한다.

(2) **증 거** 증명의 정도는 소명에 의하고 소명에 대하여는 즉시 조사할 수 있는 증거에 의하여야 한다(민소법 제299조). 그러나 이의신청절차는 당사자의 대등한 절차보장을 위하여 수회의 심문기일을 여는 것이 보통이므로 소명방법의 즉시성은 상당히 완화된다.

(3) **심리의 분리·병합** 변론의 병합(민사소송법 제141조)에 준하여 심리의 분리·병합이 허용된다.

(4) **피보전권리의 변경** 이의신청절차의 심리종결시 이전까지 채권자는 청구의 기초에 변경이 없는 한 피보전권리를 교환적 또는 추가적으로 변경할 수 있다. 예비적인 변경도 가능하다. 변경되는 권리가 보전처분의 재판당시에 확정적으로 발생된 것이 아니라도 무방하다.

≪판례≫ 피보전권리변경[대법원 1982. 3. 9. 선고 81다1221, 81다카989, 81다카990 판결]

가처분 이의절차에서도 청구의 기초에 변경이 없는 한 신청이유의 피보전권리를 변경할 수 있다. 따라서 소유권이전등기말소 청구권을 피보전권리로 하여 처분금지가처분결정을 받은 다음 청구의 기초에 변경이 없는 범위 안에서 그 가처분이의절차에서 가처분신청이유에 예비적으로 시효취득에 인한 소유권이전등기 청구권을 추가할 수 있다

≪판례≫ 피보전권리변경[대법원 1996. 2. 27. 선고 95다45224 판결]

가압류이의 재판의 변론종결시까지 피보전권리의 요건이 구비된 이상 가압류를 인가할 필요가 있으므로, 변경에 의하여 피보전권리로 추가되는 권리가 가압류의 재판 당시 아직 발생하지 아니한 권리라 하더라도 이를 피보전권리로 변경할 수 있으며, 그 사이에 제 3 자가 가압류 목적물에 법률상의 이해관계를 가지게 되었다 하더라도 어차피 그 제 3 자는 가압류에 의한 권리제한이 있음을 전제로 하고 권리를 취득한 것이므로, 그 경우라고 해서 이와 달리 볼 수는 없다.

6. 재 판

제286조 (이의신청에 대한 심리와 재판)

① 이의신청이 있는 때에는 법원은 변론기일 또는 당사자 쌍방이 참여할 수 있는 심문기일을 정하고 당사자에게 이를 통지하여야 한다.

③ 이의신청에 대한 재판은 결정으로 한다.

④ 제 3 항의 규정에 의한 결정에는 이유를 적어야 한다. 다만, 변론을 거치지 아니한 경우에는 이유의 요지만을 적을 수 있다.

⑤ 법원은 제 3 항의 규정에 의한 결정으로 가압류의 전부나 일부를 인가·변경 또는 취

소할 수 있다. 이 경우 법원은 적당한 담보를 제공하도록 명할 수 있다.

⑥ 법원은 제 3 항의 규정에 의하여 가압류를 취소하는 결정을 하는 경우에는 채권자가 그 고지를 받은 날부터 2주를 넘지 아니하는 범위 안에서 상당하다고 인정하는 기간이 경과하여야 그 결정의 효력이 생긴다는 뜻을 선언할 수 있다.

⑦ 제 3 항의 규정에 의한 결정에 대하여는 즉시항고를 할 수 있다. 이 경우 민사소송법 제447조의 규정을 준용하지 아니한다.

가. 이의를 배척하는 결정

(1) **각하결정** 이의신청 자체가 부적법한 경우에는 이의를 각하하는 결정을 한다. 부적법한 경우로는 신청권이 없는 자에 의하거나 이의의 이익이 없는 경우를 들 수 있다. 부적법 각하의 결정에는 종전의 보전명령(원결정)에 대한 인가의 결정을 별도로 하지 아니한다.

(2) **인가결정** 이의가 적법하나 이유 없는 경우에는 이미 내려진 보전명령이 정당하다는 의미에서 원결정에 대한 인가의 결정을 한다.

나. 이의를 받아들이는 결정

(1) **보전명령에 대한 취소·변경** 이의신청이 이유 있으면 원결정을 취소하거나 변경하는 결정을 한다. 이의절차는 채무자의 불복에 기한 절차이므로 원결정보다 채무자에게 더 불리한 취소나 변경의 결정은 할 수 없다. 예를 들어 원결정보다 보증액을 감액하거나 해방공탁금을 증액할 수는 없다.

(2) **보전처분신청에 대한 재판** 이의신청이 이유 있다고 하는 것은 반대로 채권자의 보전처분신청이 정당하지 못함을 의미한다. 그러므로 원결정을 취소하거나 변경하는 결정에는 일반적으로 채권자의 보전처분신청에 대한 재판도 아울러 하게 된다. 그러나 보전처분신청에 재판은 이의신청절차의 본질적 부분은 아니라고 할 것이므로 보전처분신청을 기각하는 재판을 누락하고 원결정만을 취소·변경하는 재판을 한 경우라도 이를 두고 중간판결이나 재판의 탈루로 볼 것은 아니라고 함이 판례의 태도이다.

≪판례≫ 보전명령만의 취소[대법원 1994. 12. 27. 선고 94다38366 판결]

가압류이의는 이미 집행력 있는 가압류명령이 발하여져 있는 상태에서 구두변론에 의하여 가압류신청과 가압류명령의 당부에 관하여 재심사하여 줄 것을 요구하는 신청이고, 법원은 변론종결시까지의 모든 사정을 참작하여 가압류 요건의 구비 여부를 재심사하여 이미 발하여진 가압류명령을 유지하는 방법으로 가압류신청을 받아들일 것인가, 아니면 가압류신청을 기각하고 이미 발하여진 가압류명령을 취소할 것인가 등을 결정하게 되는 것이므로, 가압류신청의 당부에 관한 판단과 가압류명령의 당부에 관한 판단은 서로 표리관계에 있어서 분리될 수 있는 성질의 것이 아니고, 가압류명령을 취소하는 제 1 심법원의 판단에는 가압류신청을 기각하는 취지도 포함되어 있는 것이라고 보지 않을 수 없으므로, 제 1 심법원이 가압류명령을 취소하는 주문을 내면서 동시에 신청인의 가압류신청을 기각하는 주문을 내지 아니하였다고 하더라도 이는 제 1 심이 당사자에게 오해를 불러일으킬 수 있는 정도의 불명확한 판결주문을 낸 것에 불과하고, 이를 가리켜 판결이 탈루된 것이라거나 종국판결을 하기에 앞서 선결문제에 관하여 중간판결을 한 것이라고는 볼 수 없을 것이다.

보전처분신청에 관할위반이 있으면 사건을 관할법원으로 이송할 것이며 보전처분신청이 전부 부적법하거나 전부 이유 없는 경우에는 보전처분신청에 대한 각하 또는 기각의 결정을 한다. 보전처분신청이 일부 이유 없는 경우에는 원결정에 대한 일부취소·일부인가의 결정과 더불어 취소부분에 관한 보전처분신청 기각의 결정을 한다. 다만 보전처분신청이 불가분인 경우에는 따로 취소나 기각의 결정을 함이 없이 변경의 한도에서 새로운 보전명령을 발한다.

다. 담보제공

원결정을 취소·변경·인가의 결정을 하는 경우에 법원은 당사자에게 적당한 담보의 제공을 명할 수 있다(제286조 5항, 제301조). 담보제공은 인가의 경우에는 집행속행의 조건이며 취소의 경우에는 그 보전명령 취소의 조건이 된다. 이때 담보의 성질은 집행법상의 담보에 해당한다.

라. 효력유예선언

이의신청에 따라 보전명령을 취소하는 결정은 고지에 의하여 즉시 효력이 발생한다. 가집행선고가 게재될 여지도 없다. 보전명령을 취소하는 결정에 대한 채권자의 즉시항고에는 집행정지효가 없다. 그러므로 보전명령취소결정을 기초로 하여 채무자는 곧바로 보전집행취소절차로 나아갈 수 있다. 이러한 보전집행취소절차에 따른 집행취소는 종국적인 것이며 추후에 보전명령취소결정에 대한 채권자의 즉시항고가 받아들여진 경우라도 집행취소의 효과는 번복되지 않는다.

≪판례≫ 가처분집행취소의 종국적 효력[대법원 1998. 10. 13. 선고 96다42307 판결]

가집행선고부가처분취소판결의 집행에 의하여 처분금지가처분등기가 말소된 경우 그 효력은 확정적인 것이므로, 그 이후에 당해 부동산에 관한 소유권이전등기를 경료받은 자는 그 부동산에 관하여 아무런 제한을 받지 않고 가처분 신청인에게 그 소유권 취득의 효력으로 대항할 수 있다고 할 것이고, 이와 같이 이미 계쟁 부동산에 관하여 제 3 자 앞으로 소유권이전등기가 경료된 경우에는 가처분 신청인은 더 이상 그 처분금지가처분명령을 신청할 이익이 없게 된다(같은 취지: 대법원 2000. 10. 6. 선고 2000다32147 판결, 대법원 1968. 9. 17. 선고 68다1118 판결).

위와 같은 결과는 보전명령취소결정에 대한 채권자의 즉시항고가 인용되어 당초의 보전명령이 타당한 것으로 귀결되더라도 그 전에 채무자에 의한 집행취소절차가 완결된 경우에는 보전처분의 목적달성이 사실상 불가능하게 된다. 이에 대비하여 민사집행법(제286조 6항)은 보전명령을 취소하는 법원이 직권으로 2주를 넘지 않는 범위에서 취소결정의 효력을 유예하는 선언을 할 수 있도록 하고 있다. 가집행선고제도와 반대되는 구조를 갖는 제도이다. 이러한 효력유예선언제도는 다음에 볼 즉시항고 이후의 보전명령취소재판에 대한 효력정지재판제도(제289조, 제301조)와 구별하여야 한다.

마. 결정의 이유

일반적으로 결정형식의 재판에는 별도로 이유를 붙이지 아니하여도 무방하다. 그러나 보전처분에 대한 이의신청에 따른 결정에는 반드시 이유를 기재하도록 하고 있다. 다만 변론을 거치지 아니한 경우에는 이유의 요지만을 기재할 수 있다(제286조 4항).

바. 결정의 송달

일반적으로 결정형식의 재판은 상당한 방법으로 고지하면 족하고 송달을 할 필요까지는 없다. 그러나 보전처분에 대한 이의신청에 따른 결정은 반드시 당사자에게 송달하도록 하고 있다(규칙 제203조의4).

사. 불 복

(1) 즉시항고 이의신청에 대한 재판에 대하여는 즉시항고로 다툴 수 있다(제286조 7항). 즉시항고는 재판을 송달에 의하여 고지받은 날로부터 7일 이내에 신청의 취지와 이유 및 사실상의 주장을 소명하기 위한 증거방법을 기재한 서면을 원심법원에 제출하는 방법으로 한다(규칙 제203조 2항). 원심법원에 의한 재도의 고안은 허용되지 아니한다. 이때의 즉시항고는 보전소송절차상의 즉시항고로 집행절차상 즉시항고가 아니다. 그러므로 항고이유서제출강제주의(제15조)는 적용되지 않는다.

(2) 집행정지

제289조 (가압류취소결정의 효력정지)

① 가압류를 취소하는 결정에 대하여 즉시항고가 있는 경우에, 불복의 이유로 주장한 사유가 법률상 정당한 사유가 있다고 인정되고 사실에 대한 소명이 있으며, 그 가압류를 취소함으로 인하여 회복할 수 없는 손해가 생길 위험이 있다는 사정에 대한 소명이 있는 때에는, 법원은 당사자의 신청에 따라 담보를 제공하게 하거나 담보를 제공하지 아니하게 하고 가압류취소결정의 효력을 정지시킬 수 있다.
② 제 1 항의 규정에 의한 소명은 보증금을 공탁하거나 주장이 진실함을 선서하는 방법으로 대신할 수 없다.
③ 재판기록이 원심법원에 있는 때에는 원심법원이 제 1 항의 규정에 의한 재판을 한다.
④ 항고법원은 항고에 대한 재판에서 제 1 항의 규정에 의한 재판을 인가·변경 또는 취소하여야 한다.
⑤ 제 1 항 및 제 4 항의 규정에 의한 재판에 대하여는 불복할 수 없다.

㈎ **문 제 점**　이의신청에 따른 재판을 다투는 즉시항고는 집행절차상의 항고가 아닌 통상의 즉시항고에 해당한다. 그러므로 이론적으로는 여기의 즉시항고에는 집행정지효를 인정함이 옳다. 이에 대하여 민사집행법은 특칙을 두어 집행정지효를 배제하고 있다(제287조 5항, 제288조 3항). 즉 보전명령을 취소하는 결정에 대하여 채권자의 즉시항고가 있더라도 채무자는 보전명령취소결정에 기초하여 곧바로 보전집행취소절차로 나아갈 수 있는 것이다. 이에 대비하여 민사집행법은 채권자를 보호하기 위한 제도로서 원심법원에 의한 효력유예선언제도(제286조 6항)와 원심법원 또는 항고법원에 의한 효력정지재판제도(제289조 1항, 제301조)를 두고 있다. 효력유예선언제도에 관하여는 앞서 살펴보았다.

㈏ **효력정지재판제도**　채권자가 즉시항고로 주장한 사유가 법률상 정당한 이유가 있다고 인정되고 사실에 대한 소명이 있으며 이의신청에 따른 보전처분 취소·변경결정으로 인하여 채권자에게 회복할 수 없는 손해가 생길 위험이 있다는 사정의 소명이 있는 경우에 법원은 당사자의 신청에 따라 보전처분취소결정의 효력을 정지시킬 수 있도록 하고 있는 것이다(제289조 1항, 제301조). 효력정지의 재판은 항고심에서 하는 것이 보통이나 재판기록이 원심법원에 있는 경우에는 원심법원도 할 수 있으며(제289조 3항) 법원의 재량으로 채권자에게 담보를 제공하게 할 수 있다. 효력정지의 재판이 있는 경우에는 항고법원이 항고에 대한 재판에서 효력정지의 재판에 대한 인가·변경·취소의 재판을 해야 한다(제289조 4항). 효력정지의 재판 또는 그에 대한 인가·취소·변경의 재판에 대하여는 불복할 수 없다(제289조 5항).

(3) **보전명령 취소·변경결정을 취소·변경하는 재판의 집행**　즉시항고를

받아들여 항고법원이 원심법원의 보전명령 취소·변경의 재판을 취소·변경함으로써 새로이 보전명령의 집행이 필요한 경우에는 법원이 집행기관인 경우에 한하여 항고법원이 직권으로 집행절차를 진행한다. 다만 항고법원이 대법원인 경우에는 제 1 심법원이 집행한다(제298조, 제301조).

(4) **항고법원의 재판에 대한 불복** 항고법원의 재판에 대하여는 재항고로 불복할 수 있다. 재항고가 받아들여지는 경우는 거의 없다.

Ⅲ. 보전명령에 대한 취소신청

1. 의 의

보전명령에 대하여 현재 보전명령을 유지할 수 없는 사유의 존재를 주장하여 그 효력을 다투는 제도를 말한다.

2. 취소절차의 성질

보전명령에 대한 취소신청절차는 보전명령의 당부를 재심사하는 것이 아니고 현재의 시점에 보전명령을 더 이상 존속시킬 필요가 없음을 주장하는 절차라는 점에서 이의절차와는 전혀 다른 제도이다.

≪판례≫ 취소신청절차상 심판대상[대법원 1987. 1. 20. 선고 86다카1547 판결]

민사소송법 제720조에 정한 특별사정에 의한 가처분취소신청 사건에 있어서는 피보전권리의 존부 및 보전의 필요 유무, 즉 가처분의 당부는 심판의 대상이 되지 아니하고 오직 가처분 취소사유인 특별사정의 유무를 판단하여야 할 것이며 다만 가처분의 당부는 특별사정의 채부에 관한 하나의 자료에 지나지 않는다.

이의절차는 종전의 보전소송절차와 연속선상에 있는 절차라고 할 것이나 취소절차는 종전의 보전소송절차와는 전혀 새로운 절차인 것이다. 대립되는 당사자의 지위에 있어서도 취소를 신청하는 채무자가 적극당사자가 되고, 채권자가 소극적 당사자로 나타난다. 또한 종전의 보전명령절차상의 소송대리인 선임의 효력이나 선정당사자 선정행위의 효력도 취소절차에는 미치지 아니한다.

≪판례≫ 선정당사자의 취소신청절차상 지위[대법원 2001. 4. 10. 선고 99다49170 판결]

가처분신청 절차에서 이루어진 선정행위의 효력은 그에 기한 제소명령신청 사건에는 미친다고 할 것이나 가처분결정취소신청 사건에서는 그 선정의 효력이 미치지 아니한다.

3. 관 할

가. 전속관할

보전명령을 발령한 법원의 전속관할에 속한다. 다만 취소신청 당시에 보전처분에 관한 본안이 계속 중이면 본안의 관할법원이 관할한다(제287조 1항, 제288조 2항, 제301조). 여기서 본안의 관할법원은 제 1 심법원을 의미하지만 본안소송이 항소심에 계속 중이면 항소심이 관할한다. 제 1 심법원의 본안판결 선고 후라도 항소장이 접수되기 전이면 여전히 제 1 심법원의 관할에 속한다.

나. 이 송

취소신청 이후에 취소신청을 관할하지 아니하는 다른 법원에 본안에 관한 소를 제기하면 취소신청사건과 본안사건을 관할하는 법원이 다르게 된다. 이로 인하여 사실상 재판의 모순·저촉의 염려가 있게 되므로 취소절차를 관할하는 법원은 사건을 본안의 관할법원으로 이송할 수 있도록 하였다. 이의신청사건의 이송에 관한 규정을 준용하고 있는 것이다(제290조 1항, 제301조, 제307조, 제284조).

4. 신 청

가. 신 청 인

채무자와 채무자의 승계인 또는 파산관재인 등이 취소를 신청할 수 있다. 채무자는 보전처분의 대상이 된 목적물을 양도한 이후에도 신청적격을 잃지 않는다. 승계인의 경우 이의신청과 달리 특정승계인도 취소신청을 할 수 있다.

≪판례≫ 가처분대상인 부동산을 전득자의 취소신청[대법원 1968. 1. 31. 선고 66다842 판결]

가처분의 목적되는 부동산을 가처분채무자로부터 전득한 사람은 사정변경에 인한 가처분명령의 취소신청을 할 수 있는 채무자의 지위에 있다.

≪판례≫ 신탁해지 후 위탁자의 취소신청[대법원 2006. 9. 22. 선고 2004다50235 판결]

[1] 가처분이 집행된 후에 그 가처분 목적물을 양수한 사람은 사정변경으로 인한 가처분결정의 취소 신청을 할 수 있는 신청인적격이 있다.

[2] 신탁법상의 신탁이 해지되어 신탁이 종료되면 신탁관계는 장래를 향하여 그 효력을 잃게 되고, 수탁자가 신탁재산의 귀속권리자인 위탁자에게 신탁재산인 부동산의 소유권을 이전하면서 소유권이전등기의 방법에 의하지 아니하고 수탁자의 소유권이전등기를 말소하는 방법에 의하더라도, 위탁자는 수탁자의 소유권에 기하여 다시 소유권을 취득한다.

[3] 신탁법상의 신탁 해지로 신탁재산인 부동산의 소유권을 다시 이전받은 위탁자는 수탁자를 채무자로 한 가처분결정에 관하여 사정변경으로 인한 취소 신청을 할 수 있는 신

청인적격을 가지며, 위탁자로부터 순차로 목적 부동산의 소유권을 전득한 사람도 마찬가지로 위 가처분결정에 관하여 사정변경으로 인한 취소 신청을 할 수 있다.

법인 등 단체의 대표이사 등에 대한 직무집행정지가처분에서 신청권자는 직무집행이 정지된 종전의 대표자에 한하고 법인 등 단체는 물론 새로이 선임된 대표자라도 신청권자가 될 수 없다. 종전의 대표자에게 취소신청을 기대하는 것은 어렵다는 점에서 새로운 대표자를 종전 대표자의 특별승계인의 취급하여 새로운 대표자에게 신청권을 인정하여야 한다는 주장이 있다.

≪판례≫ 직무정지가처분에 대한 취소신청권자[대법원 1997. 10. 10. 선고 97다27404 판결]

법인 등 단체의 대표자 및 이사 등을 피신청인으로 하여 그 직무 집행을 정지하고 직무대행자를 선임하는 가처분이 있은 경우 그 후 사정변경이 있으면 그 가처분에 의하여 직무 집행이 정지된 대표자 등이 그 가처분의 취소신청을 할 수 있고, 이 경우 종전의 대표자 등이 사임하고 새로 대표자가 선임되었다고 하여도 가처분 사건의 당사자가 될 수 없는 법인 등은 그 가처분취소신청을 할 수 없다(같은 취지: 대법원 1995. 3. 10. 선고 94다56708 판결).

채권자 대위에 의한 취소신청도 가능하다. 취소신청의 전제가 되는 본안의 제소명령신청권도 대위에 의한 행사가 인정된다. 그러나 제 3 채무자에게는 취소신청권이 인정되지 아니한다.

≪판례≫ 채권자대위에 의한 취소신청[대법원 1993. 12. 27.자 93마1655 결정]

민사소송법 제715조에 의하여 가처분절차에도 준용되는 같은 법 제705조 제 1 항에 따라 가압류 · 가처분결정에 대한 본안의 제소명령을 신청할 수 있는 권리나 같은 조 제 2 항에 따라 제소기간의 도과에 의한 가압류 · 가처분의 취소를 신청할 수 있는 권리는 가압류 · 가처분신청에 기한 소송을 수행하기 위한 소송절차상의 개개의 권리가 아니라, 제소기간의 도과에 의한 가압류 · 가처분의 취소신청권은 가압류 · 가처분신청에 기한 소송절차와는 별개의 독립된 소송절차를 개시하게 하는 권리이고, 본안제소명령의 신청권은 제소기간의 도과에 의한 가압류 · 가처분의 취소신청권을 행사하기 위한 전제요건으로 인정된 독립된 권리이므로, 본안제소명령의 신청권이나 제소기간의 도과에 의한 가압류 · 가처분의 취소신청권은 채권자대위권의 목적이 될 수 있는 권리라고 봄이 상당하다.

≪판례≫ 제 3 채무자의 제소명령신청[대법원 1993. 10. 15. 선고 93마1435 판결]

소유권이전등기청구권에 대한 처분금지가처분의 제 3 채무자는 가처분에 대한 본안제소명령의 신청권이 없으므로 제 3 채무자가 채권자를 상대로 한 본안제소명령신청은 부적법하다.

나. 신청의 시기

취소신청을 신청할 수 있는 시기에는 취소의 이익이 있는 한 아무런 제한이 없다.

다. 신청의 방식

취소신청은 새로운 소의 제기에 해당한다. 그러므로 취소신청서는 소장에 대응하는 서면으로 반드시 신청의 취지와 이유를 기재한 서면에 의하여야 한다 (규칙 제203조).

라. 신청의 취하

취소신청의 취하로 인하여 채권자에게는 아무런 불이익이 없으므로 채권자의 동의가 없이 채무자가 임의로 취소신청을 취하할 수 있다. 다만 취소신청에 따른 채권자의 무익한 준비를 방지하기 위하여 취하의 방식과 채권자에 대한 취하서의 송달에 관하여는 이의신청의 취하에 관한 규정이 준용된다.

5. 심리 · 재판 · 불복

심리·재판·불복의 절차적 사항에 관하여는 이의신청절차와 크게 다를 것이 없다. 즉 앞서 이의신청절차에서 설명한 결정이유의 인용(규칙 제203의3 2항), 심리종결선언, 결정이유의 필수적 기재, 효력유예선언(제288조, 제301조, 제307조, 제286조의 2·4·6항), 기일통지 등에 관하여는 취소신청절차에서도 그대로 타당하다. 위와 같은 사항에 대하여는 논의의 중복을 피하기 위하여 별도로 설명하지 아니한다.

6. 취소사유

이의신청이 이유에 제한이 없는 것과 달리 취소신청은 제소명령기간의 도과, 사정변경, 담보제공, 특별사정의 네 가지 중 어느 하나에 해당하는 경우에만 가능하다.

가. 민사집행법의 규정체계

민사집행법은 보전명령의 취소신청사유에 관하여 개정을 통하여 개선하였지만 다소 혼란스럽게 규정하고 있다. 제288조 제 1 항 제 1 호와 제 3 호는 아울러 규정하고, 담보제공과 특별사정에 따른 취소신청 규정의 적용범위를 명확히 하였으면 더 좋았을 것이다.

이를 도표로 정리하면 다음과 같다.

<table>
<tr><th>구 분</th><th>제소명령기간</th><th>사정변경</th><th>담보제공</th><th>특별사정</th></tr>
<tr><td rowspan="2">근 거</td><td>제287조</td><td>제288조 제 1 항
제 1 호 · 제 3 호</td><td>제288조 제 1 항
제 2 호</td><td>제307조</td></tr>
<tr><td>제301조 본문</td><td>제301조 본문</td><td>제301조 단서</td><td>제301조 단서</td></tr>
<tr><td>적 용</td><td colspan="2">가압류 · 가처분 모두에 적용됨</td><td>가압류에만
적용됨</td><td>가처분에만
적용됨</td></tr>
</table>

나. 제소명령기간도과에 따른 취소

사 례 66 제소명령절차의 성질과 제소명령기간

갑은 서울은행에 예금채권을 가지고 있었던바, 갑에게 대여금채권을 가지고 있는 을의 신청에 따라 2004. 7. 18. 위 예금채권에 대한 가압류가 이루어졌다. 이에 갑은 가압류를 명한 법원에 제소명령을 신청하였고, 법원은 이에 대하여 '이 결정이 송달된 날로부터 30일 이내에 본안의 소를 제기하고 이를 증명하는 서류를 제출하거나 이미 소를 제기하였으면 소송계속 사실을 증명하는 서류를 제출하라.'라는 제소명령을 발하였다.

① 갑은 제소를 명하는 기간이 지나치게 장기라는 점을 지적하며 다투고자 한다면 적절한 불복방법은 무엇인가?

② 제소명령에서 정하는 기간이 도과하였음에도 을이 소 제기를 증명하는 서류 또는 소송계속사실을 증명하는 서류를 제출하지 아니하자, 갑은 민사집행법 제287조 3항에 따라 가압류의 취소를 신청하였다. 그런데 을은 가압류명령신청과 동시에 본안에 관한 소를 제기한 상태였으며 다만 소송계속사실을 증명하는 서류를 제출하지 않은 것뿐이었던 터라, 가압류취소절차 내에서 소송계속사실증명서를 곧바로 제출하였다. 이러한 경우 법원은 갑의 취소신청을 어떻게 취급하여야 하는가?

제287조 (본안의 제소명령)

① 가압류법원은 채무자의 신청에 따라 변론 없이 채권자에게 상당한 기간 이내에 본안의 소를 제기하여 이를 증명하는 서류를 제출하거나 이미 소를 제기하였으면 소송계속사실을 증명하는 서류를 제출하도록 명하여야 한다.

② 제 1 항의 기간은 2주 이상으로 정하여야 한다.

③ 채권자가 제 1 항의 기간 이내에 제 1 항의 서류를 제출하지 아니한 때에는 법원은 채무자의 신청에 따라 결정으로 가압류를 취소하여야 한다.

④ 제 1 항의 서류를 제출한 뒤에 본안의 소가 취하되거나 각하된 경우에는 그 서류를 제출하지 아니한 것으로 본다.

⑤ 제 3 항의 신청에 관한 결정에 대하여는 즉시항고를 할 수 있다. 이 경우 민사소송법

제447조의 규정은 준용하지 아니한다.

(1) 의　　의　　보전처분은 집행권원을 얻기 전까지 집행의 보전을 위한 임시의 처분이다. 그러나 보전처분은 채무자에 대한 심리적 압박 수단으로 악용되는 수가 많으며 채무자의 자진이행을 기대하여 본집행으로 나아가지 않고 그대로 방치되는 수가 많다. 이에 대하여 채무자의 신청에 따라 법원은 채권자로 하여금 상당기간 내에 본안에 관한 소를 제기하고 제소사실을 증명하는 서류를 제출하도록 명령하고, 명령의 불이행이 있는 경우 보전처분을 취소할 수 있도록 하고 있다(제287조, 제301조). 위와 같은 일련의 절차는 제소명령신청절차와 제소명령 불이행 따른 보전명령취소신청절차의 2단계로 구성되어 있다.

(2) 본안의 제소명령절차

(가) 제소명령절차의 법적 성질

1) 보전소송절차에 부수된 절차　　제소명령절차는 취소신청절차에 부수하는 절차라기보다는 원래의 보전소송절차에 부수된 절차라고 할 수 있다. 그러므로 보전소송절차상의 소송대리인의 지위는 제소명령절차에도 유지된다.

≪판례≫ 소송대리인의 제소명령절차상 지위[대법원 2003. 8. 22.자 2003마1209 결정]

보전처분 채무자의 신청에 의한 제소명령은 기본적으로 보전처분 절차에 부수하는 것으로서 보전처분의 유지 여부를 결정하기 위한 것에 불과한 점, 보전처분의 신청을 대리한 소송대리인은 그 보전처분에 대한 이의가 있는 경우에 그 이의소송에서도 소송대리권이 있는 것으로 해석되는 점 등에 비추어 보면, 보전처분 신청절차에서 이루어진 소송위임의 효력은 그에 기한 제소명령 신청사건에도 미친다.

또한 제소명령절차는 그 주된 절차인 보전소송절차가 그러한 것처럼 집행절차로 파악할 것이 아니다.

≪판례≫ 제소명령절차가 집행절차인지 여부[대법원 2005. 8. 2.자 2005마201 결정]

[1] 민사집행법 제14조는 집행절차에 관하여 적용되는 규정으로서 보전처분에 대한 제소명령절차는 집행에 관한 절차가 아니므로, 제소명령의 송달에 관해서는 민사집행법 제14조가 적용될 여지가 없다.

[2] 당사자가 송달받을 장소를 바꿀 때에는 바로 그 취지를 법원에 신고하여야 함에도 불구하고 그 신고를 하지 아니하여 달리 송달할 장소를 알 수 없는 경우, 민사소송법 제185조는 종전에 송달받던 장소에 대법원규칙이 정하는 방법으로 발송할 수 있다고 규정하고 있을 뿐이므로, 비록 당사자가 송달장소로 신고한 바 있다고 하더라도 그 송달장소에 송달된 바가 없다면 그 곳을 위 조항에 규정된 '종전에 송달받던 장소'라고 볼 수는

없다(같은 취지: 대법원 2005. 5. 13.자 2004마128 결정).

2) 단면적 절차　제소명령절차는 채무자에 의한 편면적 절차이다. 취소명령신청서에 기재되는 채권자의 표시는 형식적인 것에 불과하다. 그러므로 제소명령이 있는 경우라도 채권자는 제소명령을 직접 다투지 못하며 추후에 제소명령위반을 이유로 한 보전명령취소재판에 대하여 다투면서 제소명령의 하자를 주장하면 된다.

(나) 신　청　채무자는 보전명령을 내린 법원에 채권자로 하여금 본안에 관한 소를 제기하도록 하는 제소명령을 구하는 취지와 이유를 기재한 서면으로 제소명령을 신청할 수 있다(규칙 제203조 1항, 2항). 신청의 이유에서 채무자는 보전명령이 있는 사실을 소명하는 한편 채권자가 본안의 소를 제기하지 아니한 사실을 주장하여야 한다. 채권자가 본안의 소를 제기하지 아니하였음을 입증할 필요는 없다. 채무자가 이미 채권자를 상대로 소극적 확인을 구하는 본안의 소를 제기한 경우에는 제소명령을 구할 이익이 없다.

(다) 관　할　제소명령의 신청은 보전명령을 발한 법원에 하여야 한다. 전속관할이다. 보전명령을 항고법원이 발한 경우에는 항고법원에 신청해야한다.

(라) 재　판　채무자의 신청에 대하여 법원은 변론 없이 결정의 형식으로 재판한다. 신청이 이유 있으면 법원은 채권자에게 상당기간(이를 제소기간이라고 한다)을 정하여 본안의 소를 제기하고 제소사실을 증명하는 서류를 제출하거나 이미 본안의 소를 제기한 경우에는 소송계속사실을 증명하는 서류의 제출을 명한다. 제소기간은 불변기간이 아닌 재정기간이므로 법원이 재량으로 신축할 수 있으나 통상 2주 이상의 기간으로 정하여야 한다(제287조 2항, 민소법 제172조). 제소기간을 정하지 아니한 제소명령은 아무런 효력이 없다. 본안의 소에 관하여 관할을 한정하거나 소의 내용에 제한을 두지는 않는다. 제소명령신청을 배척하는 경우에는 그 재판을 채무자에게만 고지할 것이지만 받아들이는 경우에는 그 재판을 채무자와 채권자 모두에게 고지하되 채권자에게는 송달의 방법에 의한다(규칙 제7조 2항, 제206조 1항).

(마) 재판에 대한 불복　신청을 배척하는 재판에 대하여 채무자는 일반항고로 불복할 수 있다. 본래 의미의 집행절차상의 재판이 아니므로 즉시항고나 집행에 관한 이의로 불복하는 것은 문제되지 아니한다. 제소기간을 지나치게 장기로 정하는 것은 실질적으로 일부기각의 재판에 해당하므로 이에 대하여도 일

반항고로서 불복할 수 있다. 제소명령에 대하여 채권자가 직접 다투지 못함은 앞서 본 바와 같다.

(3) **보전명령 취소절차**

(가) **취소신청** 제소명령에 관한 재판이 있었음에도 그에 따라 채권자가 제소증명서나 소송계속증명서를 제출하지 아니하는 경우, 법원은 채무자의 신청에 따라 보전처분을 취소하는 재판을 한다. 제소명령신청이 있는 것만으로 보전명령에 대한 취소신청까지 있는 것으로 보는 것은 아니므로 채무자는 제소명령신청과 별도로 보전명령에 대한 취소신청을 하여야 한다. 취소신청은 신청의 취지와 이유를 기재한 서면으로 하여야 한다(규칙 제203조).

(나) **제소사실** 채권자가 제소명령을 준수하였는가 여부는 채권자가 제소기간 내에 제소증명서나 소송계속증명서를 제출하였는가라는 형식적 기준에 의하여 판단한다. 아래의 판례는 법 개정 이전의 것으로 더 이상 의미를 둘 것이 아니다.

≪판례≫ 제소명령기간 도과 후의 소 제기[대법원 2001. 4. 10. 선고 99다49170 판결]

제소명령불준수에 따른 가처분취소소송에 있어서 본안의 소는 제소명령에서 정한 기간을 도과한 후라 하더라도 그 도과를 원인으로 하는 가처분취소소송의 사실심변론종결 당시까지 제기된 경우에는 그 가처분을 취소할 수 없다.

실제로 채권자가 본안의 소를 제기한 경우라도 제소증명서 등을 제출하지 아니하면 제소명령을 준수하지 아니한 것으로 본다.

≪판례≫ 소제기 증명원 부제출[대법원 2003. 6. 18.자 2003마793 결정]

민사집행법 제287조에 규정된 본안의 소의 부제기 등에 의한 가압류취소는 채권자에게 본안의 소를 제기할 것을 명하고 채권자가 본안의 소를 제기하였다는 등을 증명하는 서류를 일정한 기간 이내에 제출하지 아니한 때에 가압류명령을 취소하는 제도로서, 제소명령에 정하여진 기간 이내에 본안의 소를 제기하지 아니하거나 본안의 소가 계속되고 있지 아니한 때는 물론이고 정하여진 기간 이내에 본안의 소가 제기되었거나 이미 소를 제기하여 계속되고 있었음에도 불구하고 채권자가 그러한 사실을 증명하는 서류를 기간 이내에 법원에 제출하지 아니한 경우에도 법원은 가압류명령을 취소하여야 하고, 그 기간이 지난 뒤에 증명서류를 제출하였다고 하더라도 마찬가지이다.

채권자가 본안의 소 등을 제기한 경우라도 소의 취하·당사자의 불출석·소송요건 흠결 등으로 소송종료·취하간주·각하판결확정 등의 사정이 있는 경우에는 처음부터 본안에 관한 소를 제기하지 않은 것으로 취급된다. 각하판결 등이 적법한 것이었는가는 묻지 아니한다.

≪판례≫ 본안소송의 소송종료 등[대법원 2000. 2. 11. 선고 99다50064 판결]

[1] 가압류이의소송은 가압류결정의 취소 변경을 구하는 절차라는 면에서 제소기간 도과로 인한 가압류취소소송과 다를 바 없고, 소송경제적 측면과 보전소송의 긴급성의 요청에 비추어 볼 때 제소명령기간 내에 본안소송을 제기하지 아니한 때에 그 기간이 도과되었다는 것도 가압류 이의사유로 주장할 수 있으며, 제소기간의 도과 여부를 판단함에 있어서 제소명령에 응하여 채권자가 제기한 본안의 소송이나 중재판정절차가 취하되거나 당사자의 불출석으로 인하여 취하간주 또는 종료선언되거나 소송요건의 흠결을 이유로 한 소각하 판결이 확정되었을 때에는 본안의 소제기나 중재신청을 하지 아니한 것과 같이 보아야 할 것이다.

[2] 가압류결정에 대한 제소명령에 응하여 제기한 본안의 소를 각하한 판결이나 중재절차를 종료한 선언의 당부는 당해 절차에서 판단되어야 할 것이고, 제소기간의 도과 여부를 심리하는 법원이 그 당부에 관하여 심리·판단할 수 있는 것이 아니므로, 그 판결이나 중재절차에 위법이 있다 하더라도 위 가압류결정에 대한 제소명령기간의 도과 여부를 판단함에 있어서는 아무런 영향도 미칠 수 없다.

여기서 본안이라 함은 판결절차는 물론 널리 채권자가 적극적으로 피보전권리에 관한 권리를 구하는 절차도 포함한다. 예를 들어 조정신청, 지급명령신청, 제소전 화해신청, 중재의 신청이 있는 경우에도 본안에 관한 소제기에 해당하는 것으로 본다. 이행소송에 한하지 아니하고 형성소송이나 확인소송이라도 무방하며 그 소송물은 피보전권리와 동일하지 아니한 경우라도 청구의 기초가 동일하면 족하다. 외국법원에 제소한 것도 특별한 사정이 없는 한 국내법원에 제소한 것도 동일하게 취급된다.

(다) **재판·불복** 취소신청에 대하여 심리의 방법에는 아무런 제한이 없으나 변론을 거친 경우라도 결정의 형식으로 재판한다. 취소결정에 대하여는 즉시항고로 다툴 수 있다. 이때의 즉시항고는 집행절차상 즉시항고는 아니라 할 것이나 집행정지효를 배제하는 특칙을 두고 있다(제287조 5항).

사례 66 〈해설〉 제소명령절차의 성질과 제소명령기간

1. 제소명령절차의 성질(설문①에 대한 풀이)

가. 일부기각

제소명령기간은 통상 2주정도로 하는 것이 보통인데도 사례에서는 특별한 사정이 없는데도 30일이라는 장기로 규정하고 있다. 이와 같이 제소기간을 지나치게 장기로 하는 것은 제소명령신청에 대한 일부기각의 성질을 갖는다. 따라서 갑은 제소명령 자체를 다투면서 상소이유에서 제소명령기간이 지나치게 장기라는 점을 지적하면 된다.

나. 일반항고

제소명령절차는 민사집행법에서 정하고 있는 것이지만 그 본질은 집행절차가 아닌 통상의 소송절차라고 보는 판례의 입장이다. 따라서 제소명령에 대한 불복은 집행절차에 관한 고유한 불복방법인 집행절차상의 즉시항고나 집행에 관한 이의에 의할 것이 아니고 재판에 관한 통상의 불복방법에 따라야 한다. 그러므로 즉시항고에 관한 별도규정이 없으므로 갑은 제소명령에 대하여 일반항고로 다투어야 한다.

2. 제소명령기간도과에 따른 취소신청(설문②에 대한 풀이)

현행법상 을이 제소명령기간을 도과하였는가 여부는 '제소기간 내에 소제기증명서 또는 소송계속사실증명서를 제출하였는가'라는 순수한 형식적 기준에 의한다. 비록 을이 본안에 관한 소를 제기하였더라도 위와 같은 형식적 기준을 충족시킨 것이 없으면, 갑의 취소신청은 받아들여질 수밖에 없다.

다. 사정변경에 따른 취소

사 례 67 **채무자의 본안승소에 따른 취소신청**

갑은 을에게 주택을 매도하고 소유권이전등기까지 마쳐주었음에도 을이 매매대금을 지급하지 아니하자, 매매계약을 해제하고 말소등기청구권을 피보전권리로 하여 위 주택에 관하여 처분금지가처분을 하여 두었다. 이에 을은 매매대금채무에 대하여 종전에 갑에게 가지고 있었던 대여금채권을 자동채권으로 하여 상계하였음에도 갑이 이를 무시하고 일방적으로 매매계약의 해제를 주장하는 것뿐이라며 갑을 상대로 위 주택에 관하여 소유권확인의 소를 제기하여 1심에서 승소판결을 얻었다. 한편 위 소유권확인에 관한 본안소송은 갑이 1심판결에 불복하여 상소함으로써 항소심에 계속 중이다. 이때 을이 이러한 1심 승소판결이 있었음을 지적하며 사정변경을 이유로 가처분취소신청을 하여온 경우, 본안법원은 을의 신청에 대하여 어떻게 판단하여야 하는가?

사 례 68 **본안부제소기간 경과 후의 본안제기**

갑은 서울은행에 예금채권을 가지고 있었던 바, 갑에게 대여금채권을 가지고 있는 을의 신청에 따라 2004. 7. 18. 위 예금채권에 대한 가압류가 이루어졌다. 만일 갑이 위 가압류에 아무런 대응을 하지 않고 방치하던 중 2007. 8. 18.에 이르러 그 동안 을이 본안에 관한 소를 제기하지 아니하였다는 이유로 민사집행법 제288조 1항 3호에 따라 가압류를 취소를 구하였고 이에 비로소 갑이 본안에 관한 소를 제기하였다면, 법원은 갑의 취소신청을 어떻게 취급하여야 하는가?

제288조 (사정변경 등에 따른 가압류취소)

① 채무자는 다음 각호의 어느 하나에 해당하는 사유가 있는 경우에는 가압류가 인가된 뒤에도 그 취소를 신청할 수 있다. 제 3 호에 해당하는 경우에는 이해관계인도 신청할 수 있다.

1. 가압류이유가 소멸되거나 그 밖에 사정이 바뀐 때
2. 법원이 정한 담보를 제공한 때
3. 가압류가 집행된 뒤에 3년간 본안의 소를 제기하지 아니한 때

② 제 1 항의 규정에 의한 신청에 대한 재판은 가압류를 명한 법원이 한다. 다만, 본안이 이미 계속된 때에는 본안법원이 한다.

③ 제 1 항의 규정에 의한 신청에 대한 재판에는 제286조 제 1 항 내지 제 4 항 · 제 6 항 및 제 7 항을 준용한다.

(1) 의 의 보전명령이 발령 당시에는 정당한 것이었으나 시일의 경과 등으로 보전명령을 유지함이 상당하지 않게 된 경우에는 채무자는 사정변경을 이유로 보전명령의 취소를 신청할 수 있다(제288조 1항, 제301조).

(2) 사정변경 취소사건의 심리종결시까지 보전처분을 상당하지 않게 하는 일체의 사유를 취소사유로 주장할 수 있다. 취소사유는 보전처분의 발령 이후에 새로이 발생한 사정이 있는 경우는 물론 보전처분의 발령 당시에는 채무자가 인식하지 못하였으나 그 후에 비로소 그러한 사정의 존재를 알게 된 경우도 포함한다. 전자를 사정의 객관적 변경이라 하고 후자를 사정의 주관적 변경이라고 한다. 사정의 변경이 당사자 어느 측에서 발생한 것인가를 묻지 아니한다. 사정변경을 피보전권리에 관한 것과 보전의 필요성에 관한 것으로 나누어 보면 다음과 같다.

(가) 피보전권리에 관한 사정의 변경

1) 의 의 피보전권리의 전부 또는 일부가 변경 · 소멸되거나 부존재가 명백하게 된 경우에는 사정변경을 이유로 보전처분의 취소를 신청할 수 있다. 피보전권리의 변동의 모습은 피보전권리의 변제 · 상계 · 소멸시효완성 등이 전형적이다. 가압류목적물의 제 3 취득자가 피보전채권을 변제한 경우도 마찬가지다.

≪판례≫ 피보전권리의 부존재[대법원 1967. 9. 19. 선고 67다1057 판결]

피보전권리의 부존재가 분명하게 되었다는 것을 사정변경으로 보아 가처분 취소신청을 할 수 있다.

≪판례≫ **피보전권리의 소멸**[대법원 1994. 8. 12. 선고 93므1259 판결]

가압류의 피보전권리가 변제로 소멸된 경우에는 민사소송법 제706조 제 1 항에 정한 "사정변경에 의한 가압류취소" 사유가 되고, 가압류를 그 피보전권리와 다른 권리의 보전을 위하여 유용할 수 없다.

그러나 피보전권리에 대한 변제가 있는 경우라도 채무자 이외의 제 3 자에 의한 변제로 제 3 자가 변제자 대위의 법리에 의하여 채권자의 승계인으로서 가압류에 의한 보전의 이익을 자신을 위하여 주장할 수 있는 경우에는 사정변경이 있다고 할 수 없다. 피보전권리의 양도 등과 같이 단순히 피보전권리의 귀속주체에만 변경이 있고 피보전권리 자체에는 아무런 변동이 없는 경우도 마찬가지이다.

≪판례≫ **보증인의 변제와 변제자대위**[대법원 1993. 7. 13. 선고 92다33251 판결]

[1] 수인의 보증인이 있는 경우에 어느 보증인이 자기의 부담부분을 넘은 변제를 한 때에는 다른 보증인에 대하여 구상권을 행사할 수 있고, 그 구상권의 범위 내에서 종래 채권자가 가지고 있던 채권 및 그 담보에 관한 권리는 법률상 당연히 그 변제자에게 이전되는 것이므로, 채권자가 어느 공동보증인의 재산에 대하여 가압류결정을 받은 경우에, 그 피보전권리에 관하여 채권자를 대위하는 변제자는 채권자의 승계인으로서, 가압류의 집행이 되기 전이라면 민사소송법 제708조 제 1 항에 따라 승계집행문을 부여받아 가압류의 집행을 할 수 있고, 가압류의 집행이 된 후에는 위와 같은 승계집행문을 부여받지 않더라도 가압류에 의 한 보전의 이익을 자신을 위하여 주장할 수 있다.

[2] 위의 경우에 변제를 한 보증인은 구상권의 범위 내에서 채권자가 다른 공동보증인에 대하여 가지고 있던 가압류의 피보전권리를 대위행사 할 수 있다고 보아야 할 것이므로, 가압류가 대위변제의 경우에 이전되는 담보에 관한 권리에 해당하지 아니한다거나, 위 변제로 인하여 가압류의 피보전권리가 변제를 한 보증인에게 이전되는 결과 채권자가 그 범위 내에서 피보전권리를 상실한다는 사정 때문에 가압류채권자의 지위를 승계한 보증인이 다른 공동보증인의 사정변경에 의한 가압류취소신청을 다툴 수 없는 것은 아니다.

채무자의 제 3 채무자에 대한 채권과 같이 피보전권리가 아닌 보전처분의 대상이 되는 권리가 부존재하는 사정은 이에 해당하지 아니한다.

≪판례≫ **피압류채권의 부존재**[대법원 1999. 3. 23. 선고 98다63100 판결]

가압류의 목적인 채무자의 제 3 채무자에 대한 채권이 존재하지 않음이 밝혀졌다 하더라도 이는 가압류결정이 결과적으로 채권보전의 실효를 거둘 수 없게 됨에 그칠 뿐 이로써 가압류결정을 취소할 사유는 되지 못한다.

2) 보전처분과 본안소송의 관계

가) 본안판결의 확정 피보전권리에 관한 본안소송에서 채권자패소의 본안판결이 확정된 경우에도 사정변경이 있는 것으로 인정된다. 무체재산권의 등록을 무효로 하는 심결이 확정된 경우도 마찬가지이다.

≪판례≫ **가처분권자의 본안패소**[대법원 1963. 9. 12. 63다354]

가처분의 본안소송에서 가처분을 신청한 사람이 실체적 이유로 패소한 경우에는 본법 제715조 본조의 사정변경이 있다 할 것이고 가처분에 있어서 본안소송의 유용은 허용할 수 없는 것이다.

채권자 패소판결에 대하여 채권자가 상소를 제기하여 확정되지 아니한 경우라도 판결이유나 증거에 비추어 상소가 받아들여질 가능성이 희박하다고 인정되는 경우이면 사정변경이 있는 것으로 본다.

≪판례≫ **본안패소판결에 대한 가처분권자의 상소**[대법원 1962. 1. 18. 61다648]

본안소송이 가 압류신청인의 패소로 된 때에는 확정 전이라도 가압류명령을 취소할 사정의 변경이라고 인정할 수 있다.

나) 채권자의 패소 채권자 패소의 이유가 기한의 미도래나 조건불성취를 이유로 하는 경우에는 피보전권리의 존재 자체가 부정된 것이 아니기 때문에 사정변경이 있다고 할 수 없다. 마찬가지로 본안판결이 아닌 소각하 판결이나 이송판결은 사정변경사유로 취급되지 아니한다.

≪판례≫ **가압류해제조건부이행판결**[대법원 1995. 8. 25. 선고 94다42211 판결]

갑이 을을 대위하여 병의 부동산에 대한 처분금지가처분을 한 뒤 을의 채권자 정이 을의 병에 대한 소유권이전등기 청구권을 압류한 다음 추심의 소를 제기하여 확정판결까지 받았고, 그 위에 갑이 병을 상대로 새로 제기하여 승소한 본안판결의 내용이 병에게 압류의 해제를 조건으로 을 앞으로 소유권이전등기 절차를 이행할 것을 명하는 것이었다 할지라도, 그 추심판결의 집행으로 소유권이전등기가 실제로 실행되었다는 사정이 보이지 아니하는 이상, 그 추심판결이 확정되었다는 것만으로는 압류의 해제가 당연히 불가능하게 되었다거나 또는 일반 사회의 거래관념에 비추어 더 이상 이를 기대할 수 없게 되었다고 말할 수 없다는 이유로, 사정변경으로 인한 가처분취소 청구를 배척한 사례.

≪판례≫ **본안에 대한 각하판결**[대법원 2004. 12. 24. 선고 2004다53715 판결]

보전처분의 본안소송에서 보전처분 신청인이 실체법상의 이유로 패소판결을 받은 경우에는 민사집행법 제288조 소정의 사정변경이 있다고 할 수 있고, 그 경우에 본안소송의 유용은 허용되지 아니하나, 본안소송에서 소송법상의 이유로 각하판결을 받은 경우에는 일반적으로 사정변경이 있다고 할 수는 없다.

그러나 기한미도래나 조건불성취를 이유로 하는 청구기각판결이라도 피보전권리가 기한도래나 조건성취를 전제로 한 것이라면 사정변경이 있는 것으로 인정된다.

≪판례≫ 청구권발생의 불확정[대법원 2003. 6. 24. 선고 2003다18005 판결]

가압류의 본안 소송에서 피보전권리에 기한 청구를 기각한 판결이 선고되어 확정되었다면 이를 민사집행법 제288조 제1항 소정의 사정변경으로 보아 가압류를 취소할 사유가 되는 것이 보통일 것이나, 장래에 성립할 권리를 피보전권리로 하여 가압류가 이루어진 이후 본안 소송에서 그 장래 청구권의 기초적 법률관계의 존재는 인정되나 아직 그 청구권 자체의 발생이 확정되었다고 할 수 없다는 이유로 위 가압류의 본안 청구를 기각하는 판결이 선고되어 확정된 데 불과한 경우에는, 그 가압류의 기초인 법률관계가 상존하고 있고 피보전권리의 부존재가 아직 확정된 것이 아니므로 위와 같은 확정 판결이 있다는 것만으로 가압류를 취소할 사정의 변경이 생겼다고 단정할 수 없다.

다) 재심판결 청구기각의 확정판결에 대하여 재심의 소를 제기한 사정은 고려되지 아니한다. 그러나 재심의 소에 따라 확정판결이 취소된 경우에는 재심판결의 내용에 따라 구체적인 사정변경 유무를 판단하여야 한다.

≪판례≫ 가처분채권자의 재심청구[대법원 1991. 1. 11. 선고 90다8770 판결]

가처분채권자가 가처분채무자를 상대로 제기한 본안소송에서 피보전권리의 존재를 부정하는 판결이 확정된 경우, 가처분채권자가 그 확정판결에 대하여 재심의 소를 제기하였다는 사유만으로는 가처분채무자가 사정변경이 있음을 주장하여 가처분의 취소를 신청할 수 있는 점에 아무런 영향도 미칠 수 없다.

한편 본안소송의 소송물과 보전처분의 피보전권리는 청구의 기초의 동일성만 인정되면 양자의 견련관계가 인정된다는 점에서 하나의 보전처분에 관하여 수개의 본안의 소송이 있을 수 있고 반대로 수개의 본안소송을 아우르는 하나의 보전처분이 있는 경우가 많다. 이러한 경우 전자에 관련하여서는 보전처분의 유용을 금지하는 취지에서 어느 하나의 본안소송에서 채권자의 청구를 기각하는 확정판결이 있는 것만으로 사정변경이 있는 것으로 파악되며, 후자에 관련하여서는 본안소송의 소송물이 피보전권리를 포함하지 못하는 경우라도 보전처분의 일회성의 취지상 본안소송에서 채권자의 청구를 기각하는 확정판결이 있으면 사정의 변경이 있는 것으로 본다. 이에 관하여는 앞서 상세히 살펴보았다.

라) 보전처분의 유용금지와 보전처분의 1회성 보전처분의 유용금지와 그에 따른 취소신청의 제한은 앞서 설명하였다.

(나) 보전의 필요성에 관한 사정변경 보전의 필요성이 소멸·변경된 경우에도 채무자는 사정변경을 이유로 보전처분의 취소를 신청할 수 있다. 채무자가 확실한 인적·물적 담보를 제공하거나 채무액을 공탁한 경우, 보전명령의 집행기간이 도과한 경우, 담보제공조건부 보전처분인가의 재판에서 채권자가 담보를 제공하지 아니한 경우 등이 이에 해당한다. 그 밖에도 채권자가 본안에 관한 패소판결이 이후에 상소심에서 소를 취하하여 재소금지의 효력을 받는 경우, 채권자가 집행권원을 얻어 본집행에 착수할 수 있게 된 경우, 채권자가 선이행 또는 동시의 의무이행을 조건을 본안판결을 얻어 언제든지 선이행 또는 동시이행의무를 제공하고 본집행을 할 수 있게 된 경우, 법인 등 단체의 대표자 등에 대한 직무집행정지가처분에서 직무집행이 정지된 대표자의 임기가 만료되고 새로이 단체의 대표자가 선임된 경우 등이 이에 해당한다.

≪판례≫ 본안에 관한 재소금지[대법원 1999. 3. 9. 선고 98다12287 판결]

가처분권자가 가처분결정의 본안소송에서 패소판결을 받고 항소하였다가 항소심에서 소취하를 함으로써 민사소송법 제240조 제2항 규정의 재소금지 원칙에 따라 다시 가처분 부동산에 대한 소유권이전등기청구를 할 수 없게 된 경우, 그 가처분결정은 그 보전의 필요성이 없어 더 이상 유지될 수 없는 사정변경이 생겼다고 할 것이다.

≪판례≫ 재소금지제재가 없는 본안소송취하[대법원 1992. 6. 26. 선고 92다9449 판결]

가처분에 대한 본안소송을 종국판결 전에 취하하더라도 피보전권리의 존부에 영향을 주는 것이 아니며, 따라서 다시 같은 소송을 제기할 수 없는 것은 아니므로 소취하로 인하여 보전의사의 포기가 있었다고 인정되지 아니하는 이상 소취하사실 자체만으로 가처분취소의 원인으로서의 사정변경에 해당한다고 볼 수는 없다.

≪판례≫ 쌍방불출석[대법원 1998. 5. 21. 선고 97다47637 전원합의체 판결]

[1] 채권자가 보전명령이 있은 후 그 보전의 의사를 포기하였다고 볼 만한 사정이 있는 경우에는 보전명령 취소사유인 사정변경에 해당한다고 보아야 한다.

[2] 소의 의제적 취하는 여러 가지 동기와 원인에서 이루어지고, 보전명령에 대한 본안소송이 쌍방불출석으로 취하된 것으로 간주되었다고 하더라도, 통상의 소취하의 경우와 마찬가지로 본안에 대한 종국판결이 있기 전이라면 피보전권리에 영향을 주는 것이 아니어서 다시 같은 소송을 제기할 수도 있으므로, 그 취하의 원인, 동기, 그 후의 사정 등에

비추어 채권자가 보전의 의사를 포기하였다고 인정되지 아니하는 이상 보전명령에 대한 본안소송이 취하된 것으로 간주되었다는 사실 자체만으로 보전명령 취소사유인 사정변경에 해당한다고 볼 수는 없다.

≪판례≫ **집행권원획득**[대법원 1984. 10. 23. 선고 84다카935 판결]

가처분 채권자가 본안소송에서 승소하고 채무명의를 획득하여 즉시 본집행을 할 수 있는 요건을 갖추었음에도 불구하고 그 집행을 하지 아니하고 있는 경우에는 피보전 권리에 대한 보전의 필요성은 소멸되었다고 할 것이고, 이와 같이 가처분결정 후에 보전의 필요성이 소멸된 때에는 그 가처분을 그대로 존속시켜 놓을 수 없는 사유인 사정변경이 있다고 보아야 할 것이다.

≪판례≫ **장기 미집행**[대법원 1990. 11. 23. 선고 90다카25246 판결]

가압류채권자가 본안소송에서 승소판결을 받아 확정된 후, 가압류채무자가 그 본안판결에 대하여 재심의 소를 제기하였으나 재심의 소를 각하한 판결이 확정되고도 5개월이 지나도록 가압류채권자가 본 집행에 착수하지 않고 있었다면 가압류는 보전의 필요성이 소멸되었다고 볼 것이다.

≪판례≫ **반대급부의무해태로 인한 집행불능**[대법원 1985. 4. 9. 선고 84다카2331 판결]

가처분 채권자가 본안소송에서 승소판결을 받은 그 집행채권이 정지조건부인 경우라 할지라도 그 조건이 집행채권자의 의사에 따라 즉시 이행할 수 있는 반대의무의 이행인 경우, 정당한 이유없이 그 반대의무의 이행을 게을리 하고 집행에 착수하지 않고 있다면 보전의 필요성은 소멸되었다고 보아야 한다(같은 취지: 대법원 2000. 11. 14. 선고 2000다40773 판결).

≪판례≫ **새로운 대표자 선임결의**[대법원 1995. 3. 10. 선고 94다56708 판결]

[1] 법인 등 단체의 대표자를 피신청인으로 하여 그 직무집행을 정지하고 직무대행자를 선임하는 가처분이 있은 경우 그 후 사정변경이 있으면 그 가처분에 의하여 직무집행이 정지된 대표자는 그 가처분의 취소신청을 할 수 있는 것이고, 그 대표자의 임기가 만료되어 새로 대표자가 선임되었다고 하여도 그 가처분이 존재하는 한 그 직무집행이 정지된 대표자로서 그 취소신청을 할 수 있다고 보아야 한다.
[2] '[1]'항의 가처분결정이 있은 후 직무집행이 정지된 대표자의 임기가 만료되고 새로 단체의 대표자가 선임되었다면, 새로운 대표자의 선임이 그 효력이 없다는 등의 특별한 사정이 없는 한 직무집행이 정지된 위 대표자가 단체의 대표자로서의 직무집행을 계속하여 위 단체에 회복하기 어려운 손해를 입힐 가능성은 없어졌다 할 것이어서 위 가처분결정은 이를 더 이상 유지할 필요가 없는 사정변경이 생겼다고 할 것이다(같은 취지: 대법원 1997. 9. 9. 선고 97다12167 판결/주식회사의 청산인에 대한 직무집행정지가처분사례).

≪판례≫ **경업금지청구가 없는 약정손해금청구소송**[대법원 2005. 4. 7.자 2003마473 결정]

[1] 경업금지약정 체결 후 타인이 대표이사로 있는 회사를 실질적으로 지배하는 형식으

로 동종 영업을 운영하였다면 위 경업금지약정을 위반한 것이라고 한 사례.
[2] 경업금지약정위반을 이유로 영업정지가처분신청을 한 후 약정손해금을 청구하는 본안소송에서는 영업금지를 함께 청구하지 아니하였다면, 채권자로서는 약정손해금을 지급받을 경우 더 이상의 영업금지를 청구하지 않겠다는 의사인 것으로 볼 수 있으므로 위 가처분신청에는 민사집행법 제300조 제 2 항에 정한 긴급한 보전의 필요성이 없다고 한 사례.

≪판례≫ 권리침해행위가 중단되었다는 사정[대법원 2007. 1. 25. 선고 2005다11626 판결]
임시의 지위를 정하기 위한 가처분은 다툼 있는 권리관계에 관하여 그것이 본안소송에 의하여 확정되기까지 가처분권리자가 현재의 현저한 손해를 피하거나 급박한 위험을 막기 위하여, 또는 그 밖의 필요한 이유가 있는 경우에 허용되는 응급적·잠정적인 처분이므로, 이러한 가처분이 필요한지 여부는 당해 가처분신청의 인용 여부에 따른 당사자 쌍방의 이해득실관계, 본안소송의 승패의 예상, 기타 여러 사정을 고려하여 법원의 재량에 따라 합목적적으로 결정하여야 할 것인바, 가처분신청을 인용하는 결정에 따라 권리의 침해가 중단되었다고 하더라도 가처분 채무자들이 그 가처분의 적법 여부에 대하여 다투고 있는 이상 권리 침해의 중단이라는 사정만으로 종래의 가처분이 보전의 필요성을 잃게 되는 것이라고는 할 수 없다.

한편 피보전권리에 관한 재판상 화해가 성립된 경우에는 구체적인 사정에 따라 채권자가 보전의 이익을 포기하였다는 사정이 엿보이는 경우에만 사정변경이 있는 것으로 본다.

㈐ **보전집행 후 3년간 본안소송의 부제기** 채권자가 보전처분의 집행이 있은 후 3년이 경과하도록 본안의 소를 제기하지 아니한 경우에는 채권자가 보전의사를 포기하거나 상실하였다고 의제하여 채무자의 신청에 따라 보전처분을 취소한다. 3년이 경과한 이후의 시점에 본안의 소를 제기한 경우라도 채무자의 신청에 의한 보전처분의 취소를 막을 수 없다.

≪판례≫ 본안부제소기간 경과 후의 소제기[대법원 1999. 10. 26. 선고 99다37887 판결]
가압류·가처분채권자가 가압류·가처분집행 후 10년간 본안의 소를 제기하지 아니한 때에는 가압류·가처분채무자 또는 이해관계인은 그 취소를 신청할 수 있고, 그 기간이 경과되면 취소의 요건은 완성되며, 그 후에 본안의 소가 제기되어도 가압류·가처분 취소를 배제하는 효력이 생기지 아니한다.

본안소송이 장기간 제기되지 않았다는 사정만으로는 별도의 보전처분취소절차가 취하여지지 않은 한 보전처분의 효력이 부정되는 것은 아니다.

≪판례≫ 본안부제소기간 경과 후 법률상태[대법원 2004. 4. 9. 선고 2002다58389 판결]

구 민사소송법(2002. 1. 26. 법률 제6626호로 전문 개정되기 전의 것) 제715조에 의하여 가처분에도 준용되는 같은 법 제706조 제2항은 보전처분을 집행한 때부터 10년이 경과할 때까지 채권자가 본안의 소를 제기하지 않은 경우에는 채무자가 보전처분 취소소송을 제기하여 그 취소를 구할 수 있다는 것에 불과하고, 보전처분 집행 후 10년간 본안소송이 제기되지 아니하였다고 하여 보전처분 취소판결 없이도 보전처분의 효력이 당연히 소멸되거나, 보전처분 취소판결이 확정된 때에 보전처분 집행시로부터 10년이 경과된 시점에 소급하여 보전처분의 효력을 소멸하게 하는 것으로 볼 수 없으므로, 그 가처분의 피보전권리가 소멸되었음에도 불구하고 가처분이 취소되지 않고 있음을 이용하여 다른 동종의 권리로 그 가처분을 유용하였다는 등의 특별한 사정이 없는 한 그 가처분에 반하는 권리를 취득한 제3자는 가처분권자에게 대항할 수가 없게 된다고 해석할 수밖에 없으며, 이러한 법리는 본안소송이 제기된 시점이나 소유권이전등기가 된 시점이 가처분 집행 후 10년이 경과한 후라고 하여 달리 볼 것도 아니다.

사례 67 〈해설〉 채무자의 본안승소에 따른 취소신청

1. 청구기초의 동일성

갑이 가처분의 피보전권리로 삼은 소유권에 기한 말소등기청구권이고 을이 본안의 소송물로 삼은 것은 을의 갑에 대한 소유권확인이라는 점에서, 일응 외견상 보전처분의 소송물과 본안의 소송물이 다르다. 그러나 가처분의 피보전권리와 본안의 소송물은 갑과 을 사이에 소유권귀속에 관한 다툼이라는 점에서 청구의 기초를 같이 하는 것이다. 따라서 을의 제소에 따른 위 소송절차는 갑의 신청에 따른 보전처분 절차의 본안에 해당한다.

2. 본안패소와 사정변경에 따른 보전처분 취소

피보전권리에 관한 본안소송에서 채권자 패소의 본안판결이 확정된 경우에는 의문의 여지없이 피보전권리에 관한 사정변경이 있는 것으로 보아, 당해 가처분의 취소를 면키 어렵다. 그러나 채권자 패소판결이 있었으나 당사자의 상소로 확정되지 아니하는 동안에는 사정변경이 있다고 일률적으로 말하기 어렵다. 판례에 따르면 이러한 경우에는 판결의 이유나 증거에 비추어 상소가 받아들여질 가능성이 어느 정도인가를 따져 정할 것이라고 한다. 실무를 들여다보면 보전처분취소신청을 받아주는 경우가 더 많은 것 같다.

3. 본안의 승소가능성

상소심판결이 선고되기도 전에 어떻게 본안의 승패를 예측할 수 있는가 하는 의문이 제기될 수 있다. 그러나 본안이 계속된 경우에는 보전처분 취소신청사건을 당해 본안법원이 관할하므로 승패예측이 어려운 문제는 아니다. 그렇다고 하더라도 취소신청사건에 관한 판단을 통해 본안법원이 승패에 관한 예단을 보여주는 것이라는 점에서 여전히 문제는 있다.

사례 68 〈해설〉 본안부제소기간 경과 후의 본안제기

1. 본안부제소를 이유로 보전명령 취소신청

보전처분 이후에도 장기간(10년・5년・3년) 본안의 소를 제기하지 아니하는 경우에 채무자는 사정변경을 이유로 보전처분의 취소를 구할 수 있다. 한편 채무자가 이러한 취소신청을 구하자 채권자가 비로소 본안의 소를 제기한 것만으로는 보전처분의 취소를 피할 수 없다. 따라서 일응 위 가압류는 취소를 면하기 어렵다.

2. 본안부제소기간

그런데 을의 가압류는 2004. 7. 18.에 이루어진 것으로 본안부제소기간은 현행 민사집행법이 정하는 3년이 아니라 개정 전 민사집행법이 정하는 5년을 기준으로 삼아야 한다. 따라서 법원은 특별한 사정이 없는 한 갑의 취소신청을 배척하여야 한다.

라. 담보제공에 따른 가압류취소

(1) **의 의** 가압류는 금전채권의 집행보전을 목적으로 하므로 채무자가 적정한 담보를 제공하는 경우에는 더 이상 가압류를 유지할 필요 없다. 이에 법원은 채무자의 신청에 따라 재량으로 정한 담보를 제공하게 하고 가압류명령을 취소할 수 있도록 하고 있다(제288조 1항 2호). 이는 사정변경에 따른 취소의 특수한 경우이다. 담보제공에 의한 가압류취소신청은 독립적으로 이루어지기 보다는 사정변경에 따른 가압류취소를 신청하면서 예비적으로 담보제공에 의한 취소를 구하는 형태가 보통이다. 담보제공에 따른 보전처분의 취소신청은 가압류에 관하여만 인정되며 가처분에 관하여는 이에 대응하는 형태로 특별사정에 의한 가처분 취소신청제도가 있다.

(2) **담보의 법적 성질** 담보제공에 따른 가압류취소와 유사한 제도로는 해방금의 공탁을 이유로 한 집행의 취소신청 제도가 있다. 담보제공에 따른 가압류취소는 가압류명령 자체의 효력을 소멸시키는 제도임에 비하여 해방금 공탁을 원인으로 한 가압류 집행의 취소는 가압류명령 자체의 효력에는 아무런 영향이 없고 단순히 가압류집행의 효력만을 소멸케 하는 점에서 전혀 다르다. 실무상으로 담보제공에 따른 취소신청은 드물고 대부분 해방금공탁에 따른 가압류집행취소제도를 이용하는 것이 일반적이다. 그러나 채권자가 동일한 채권에 기하여 별건으로 여러 목적물에 대한 가압류를 해두었거나 여러 채권자의 별개의 신청으로 채무자의 동일한 목적물에 대하여 수건의 가압류가 있는 경우에는 담보제공에 따른 가압류명령취소제도를 이용하는 것이 바람직하다. 왜냐하면 위와 같은 경우에 해방금공탁에 따른 가압류집행취소제도를 이용하는 경우에 채무자는 담

보제공에 따른 가압류명령취소에서 보다 훨씬 고액의 공탁을 하여야 하는 결과를 가져오기 때문이다. 담보제공에 따른 가압류명령취소에서의 담보는 직접 피보전권리를 담보하는 것으로 채권자는 담보에 관하여 우선변제력이 인정되는 일종의 질권을 갖게 된다. 가압류의 목적물에 대신하는 해방공탁금(제282조)이나 가압류취소에 따른 채권자의 손해배상청구권을 담보하는 것(제286조 5항)과는 다르다.

(3) 재 판 법원은 담보의 종류와 액수를 자유재량으로 정한다. 채무자는 취소신청시에 단순히 적당한 담보제공의 취지만 표시하면 되고 담보의 구체적인 종류와 액수를 정하여 취소를 구할 필요가 없다. 담보제공액은 해방금액과 같게 하는 것이 보통이다. 담보제공의 시기에 관하여 법원은 미리 담보제공명령을 발령한 다음 담보제공을 기다려 가압류취소결정을 하거나 담보제공을 조건으로 가압류를 취소하는 재판을 할 수 있다.

마. 특별사정에 따른 가처분취소

제290조 (가압류 이의신청규정의 준용)

① 제287조 제 3 항, 제288조 제 1 항에 따른 재판의 경우에는 제284조의 규정을 준용한다. 〈개정 2005. 1. 27〉

② 제287조 제 1 항 · 제 3 항 및 제288조 제 1 항에 따른 신청의 취하에는 제285조의 규정을 준용한다. 〈개정 2005. 1. 27〉

제301조 (가압류절차의 준용)

가처분절차에는 가압류절차에 관한 규정을 준용한다. 다만, 아래의 여러 조문과 같이 차이가 나는 경우에는 그러하지 아니하다.

제307조 (가처분의 취소)

① 특별한 사정이 있는 때에는 담보를 제공하게 하고 가처분을 취소할 수 있다.

② 제 1 항의 경우에는 제284조, 제285조 및 제286조 제 1 항 내지 제 4 항 · 제 6 항 · 제 7 항의 규정을 준용한다. 〈개정 2005. 1. 27〉

(1) 의 의 가처분으로 인하여 채무자가 입는 손해가 지나치게 크거나, 채권자의 피보전권리가 금전적 보상만으로도 종국적인 만족을 얻을 수 있는 사정이 있는 경우에는 법원은 채무자의 신청에 따라 담보를 제공하게 하고 가처분을 취소할 수 있다(제307조). 사정변경에 따른 보전처분 취소신청의 특수한 경우이며 담보제공에 따른 가압류취소신청제도에 대응하는 제도이다. 특별사정에 따른 가처분취소는 독립적으로 신청되기 보다는 사정변경에 따른 가처분취소신청을 하면서 그것이 받아들여지지 않을 경우에 대비하여 예비적으로 신청하는 모

습이 일반적이다.

(2) **특별사정** 특별사정이란 가처분으로 인하여 채무자가 통상 손해를 훨씬 넘어서는 손해를 입게 될 사정(채무자의 이상손해) 또는 가처분의 피보전권리가 종국적으로는 금전적 보상에 의하여 만족을 얻을 수 있다는 사정(금전보상의 가능성) 중 어느 하나의 사정이 있다는 것을 말한다. 채무자가 어느 하나의 사정에 관하여만 주장하는 경우에도 법원은 다른 사정이 존재함을 인정하여 가처분을 취소하는 것도 허용된다. 이상손해의 유무는 가처분을 유지하는 것이 채무자에게 가혹하고 공평의 이념에 반하는 정도의 손해발생의 염려가 있는가를 기준으로 판단한다. 손해의 내용이 공익적 손해이어야 할 필요는 없다.

≪판례≫ 특별사정으로서 가처분채무자의 손해[대법원 1992. 4. 14. 선고 91다31210 판결]

[1] 가처분취소사유로서 민사소송법 제720조가 규정하는 "특별사정"은 "피보전권리가 금전적 보상에 의하여 그 종국의 목적을 달성할 수 있는 사정" 또는 "채무자가 가처분에 의하여 통상 입는 손해보다 훨씬 큰 손해를 입게 될 사정" 중 어느 하나가 존재하는 경우를 말하는 것이고, 그중 후자의 사정이 있는지 여부는 가처분의 종류, 내용 등 제반 사정을 종합적으로 고려하여 채무자가 입을 손해가 가처분 당시 예상된 것보다 훨씬 클 염려가 있어 가처분을 유지하는 것이 채무자에게 가혹하고 공평의 이념에 반하는지 여부에 의하여 결정된다.

[2] 공사금지가처분의 취소를 구하는 피신청인이 가처분 이후에 신청인에 대한 피해를 줄이기 위하여 설계를 변경하고 가처분의 대상이 된 지역의 지하굴착시에는 폭약으로 발파하지 아니하고 팽창력에 의하여 바위를 갈라지게 하는 무진동 파쇄제를 사용하여 굴착하기로 계획하고 있고, 신청인 소유의 건물 자체는 지하층이 지하의 암반 위에 기초되어 있는 한편 피신청인이 건축하고자 하는 건물은 지하 6층 지상 18층의 오피스텔로서 50%가 이미 분양되어 있으며, 가처분결정의 대상지역을 제외한 나머지 부분은 지하굴착공사가 거의 완료되어 있다면 가처분결정이 취소되어 공사가 속행될 경우 신청인 소유의 건물이 입게 될 추가피해가 그다지 크지 않으리라고 보여지나 가처분결정이 유지될 경우 피신청인은 더 이상 공사를 진행할 수 없어 막대한 손해를 입게 될 우려가 있는 점을 인정할 수 있어 위와 같은 제반 사정을 종합하여 보면 피신청인에게 위 "[1]"항의 "특별사정"이 있다고 한 사례.

[3] 위 "[1]"항의 "특별사정"의 유무는 채무자가 가처분에 의하여 통상 입는 손해보다 훨씬 큰 손해를 입게 될 사정이 있느냐의 여부에 의할 것이지 그 손해가 반드시 공익적 손해임이 요구되는 것은 아니다.

≪판례≫ 유치권을 위한 가처분에 관한 특별사정[대법원 1997. 3. 14. 선고 96다21188 판결]

이 사건 출입금지등가처분결정은 피신청인이 신청인에 대하여 가지는 공사잔대금 채권의 담보를 위한 유치권을 보전하기 위하여 발하여진 것으로서 그 피보전권리의 성질상 금전적 보상에 의하여 그 종국의 목적을 달성할 수 있는 경우에 해당할 뿐만 아니라, 신청인은 이 사건 가처분결정으로 인하여 이 사건 공원묘원 내의 출입조차 금지됨으로써 그의 유일한 재산인 위 공원묘원의 보존관리상태가 악화되고 분양업무를 사실상 수행할 수 없는 등 그 목적사업에 중대한 지장을 받아 통상 이상으로 그리고 이 사건 가처분결정의 취소에 의하여 채권자인 피신청인이 받는 손해 보다 현저히 큰 손해를 입고 있다고 판단하고 있다.

금전보상의 가능성은 주로 피보전권리의 성질을 기준으로 하되 가처분의 목적 등 모든 사정을 참작하여 사회통념에 따라 객관적으로 판단한다. 구체적인 손해액의 산정이 어렵거나 인격적 손해를 수반하는 경우가 많은 무체재산권이나 용수권이 피보전권리인 경우, 임시지위를 정하는 가처분, 만족적 가처분 사례에서는 금전보상가능성을 인정하기 어려운 경우가 많다.

≪판례≫ 근저당권일부이전등기청구권[대법원 1987. 1. 20. 선고 86다카1547 판결]

근저당권과 같은 담보권은 금전보상으로 종국의 목적을 달성할 수 있는 권리라 할 것이나 가처분의 피보전권리가 근저당권 일부 이전등기청구권으로서 가처분 채권자로서는 그 일부이전의 부기등기를 경료한 뒤 근저당권이 실행되어 경매절차에서 목적부동산이 근저당권자의 잔여채권액을 상회하는 가격으로 경락될 경우에 이를 우선 변제하고 남은 금액을 배당받을 수 있을 것을 기대할 수 있을 뿐이므로 그와 같은 경매가 실행되지 아니하고는 가처분 채권자가 변제받을 수 있는 금액을 산정할 수 없을 것이므로 위 가처분이 취소되어 근저당권자가 경매 이외의 방법으로 위 근저당권을 처분할 경우에는 가처분 채권자가 입게 되는 손해액을 확정할 수 없을 것이어서 결국 금전보상이 불가능하게 된다.

≪판례≫ 공업소유권에 대한 금전보상가능성[대법원 1981. 1. 13. 선고 80다1334 판결]

민사소송법 제720조 소정의 '특별사정이 있는 때'라 함은 가처분에 의하여 보전되는 권리가 금전적 보상에 의하여 그 종국의 목적을 달할 수 있거나 가처분집행으로 가처분 채무자가 특히 현저한 손해를 받고 있는 사정이 있는 경우를 가리키는 것이므로 의장권은 무형의 사상으로서 무한정의 이익이 내포되어 있어 그 침해에 대한 손해액의 사정이 어려울 뿐만 아니라 공업소유권이 침해된 경우에 그 권리자의 명예신용의 훼손으로 인한 정신적 손해는 금전적 보상으로만 만족될 수 없으며 또 가처분 채권자가 스스로 공업소유권을 실시하는 경우에는 타인에게 실시케 하는 경우에 비하여 금전적 보상의 가능성이 적다고 보아야할 것이므로 이러한 경우에는 특별사정이 있다고 할 수 없다.

≪판례≫ 온천수용수권에 대한 금전보상가능성[대법원 1971. 4. 30. 선고 71다586 판결]

온천수 샘의 용수권리의 침해는 금전적 보상으로 만족될 수 없고 위 침해를 막기 위한 가처분에 인하여 공사가 중지됨으로써 발생하는 손해는 가처분취소신청인등의 자초의 비용이고 달리 "특별한 사정이 있음"을 인정할 자료가 없으면 가처분취소를 할 수 없다.

특별사정이 없음에도 담보제공만으로 가처분을 취소하는 것은 허용되지 아니한다.

(3) **담보의 성질** 특별사정에 따른 가처분취소에서 명하는 담보는 직접 피보전권리를 담보하는 것이 아니라 가처분채권자 본안소송에서 승소하였음에도 가처분의 취소로 말미암아 가처분의 목적물이 존재하지 않음으로 인하여 입게 될 손해를 담보한다. 채권자는 담보에 관하여 질권자와 동일한 지위를 갖는다. 그러므로 채권자는 가처분 취소로 인하여 입은 손해배상청구권에 관한 집행권원을 얻어 담보에 대하여 질권실행절차에 따르면 된다.

≪판례≫ 손해담보[대법원 1998. 5. 15. 선고 97다58316 판결]

처분채무자가 제공하는 담보는 가처분채권자가 본안소송에서 승소하였음에도 가처분의 취소로 말미암아 가처분목적물이 존재하지 않게 됨으로써 입는 손해를 담보하기 위한 것이므로, 가처분채권자는 가처분취소로 인하여 입은 손해배상 청구소송의 승소판결을 얻은 후에 민사소송법 제475조 제3항, 제113조에 의하여 그 담보에 대하여 질권자와 동일한 권리를 가지고 우선변제를 받을 수 있다.

제 2 절 보전집행에 대한 구제

Ⅰ. 서 론

보전집행의 하자는 크게 두 가지 유형으로 나눌 수 있다. 보전집행에 있어서 준수되어야 하는 절차적 규율에 배치되는 경우와 보전집행에 있어서 고유한 절차적 사항에는 아무런 하자가 없으나 보전명령과 보전집행이 모순·충돌하는 경우로 나눌 수 있다. 전자를 다투는 방법으로는 즉시항고와 집행에 관한 이의가 있고 후자를 다투는 방법으로는 제3자 이의의 소가 있다.

한편 민사집행법은 소위 만족적 가처분에 대한 불복에 있어서는 집행부정지의 예외를 두는 한편 당해 만족적 가처분을 취소하는 절차에서 그 집행의 결과를 간편하게 원상회복할 수 있는 절차를 두고 있다. 이러한 구제수단에 대한 체계구성에 있어서는 다소 어려움이 있으나 본서에서는 보전집행에 대한 구제수단으로 파악하기로 한다.

Ⅱ. 즉시항고와 집행에 관한 이의

보전집행절차상의 절차적 하자에 대하여는 즉시항고 또는 집행에 관한 이의로 다투면 된다. 통상의 집행절차의 절차적 하자에 대한 구제방법과 다를 것이 없다.

Ⅲ. 제 3 자 이의의 소

제48조에서 규정하고 있는 제 3 자 이의의 소는 보전처분절차에도 당연히 적용된다. 민사집행법은 청구이의의 소에 대응하는 보전명령에 대한 이의절차를 따로 규정하면서도 제 3 자 이의의 소에 대응하는 별도의 규정을 두고 있지 않고 있는 것이다. 보전처분절차와 관련하여 제 3 자 이의의 소는 보전명령 자체를 다투는 것이 아니고 보전집행상의 문제점을 다투는 절차이다. 기타 자세한 사항은 총론부분의 설명을 참조하면 된다.

Ⅳ. 만족적 가처분과 집행정지

제309조 (가처분의 집행정지)

① 소송물인 권리 또는 법률관계가 이행되는 것과 같은 내용의 가처분을 명한 재판에 대하여 이의신청이 있는 경우에, 이의신청으로 주장한 사유가 법률상 정당한 사유가 있다고 인정되고 주장사실에 대한 소명이 있으며, 그 집행에 의하여 회복할 수 없는 손해가 생길 위험이 있다는 사정에 대한 소명이 있는 때에는, 법원은 당사자의 신청에 따라 담보를 제공하게 하거나 담보를 제공하게 하지 아니하고 가처분의 집행을 정지하도록 명할 수 있고, 담보를 제공하게 하고 집행한 처분을 취소하도록 명할 수 있다.
② 제 1 항에서 규정한 소명은 보증금을 공탁하거나 주장이 진실함을 선서하는 방법으로 대신할 수 없다.
③ 재판기록이 원심법원에 있는 때에는 원심법원이 제 1 항의 규정에 의한 재판을 한다.
④ 법원은 이의신청에 대한 결정에서 제 1 항의 규정에 의한 명령을 인가·변경 또는 취소하여야 한다.
⑤ 제 1 항·제 3 항 또는 제 4 항의 규정에 의한 재판에 대하여는 불복할 수 없다.

제310조 (준용규정)

제301조에 따라 준용되는 제287조 제 3 항, 제288조 제 1 항 또는 제307조의 규정에 따른 가처분취소신청이 있는 경우에는 제309조의 규정을 준용한다.

1. 집행부정지의 예외

보전명령에 대하여 이의신청 또는 취소신청이 있는 것만으로는 보전명령의 집행력을 저지할 수 없다(제283조, 제301조, 제49조). 그러나 이러한 집행부정지원칙을 일관하여 관철하게 되면 채무자에게 지나치게 불리한 것이 아닌가 하는 의문이 제기된다. 이에 민사집행법(제309조, 제310조)은 소위 만족적 가처분명령에 대하여 이의신청이나 취소신청이 있는 경우 집행부정지의 예외를 인정하고 있다.

2. 만족적 가처분

위와 같이 그 불복에 대하여 예외적으로 집행정지가 인정되는 만족적 가처분이란 단순한 집행보전의 차원을 넘어서 실질적으로 본집행이 있는 것과 같은 효과를 가져오는 가처분을 말한다. 만족적 가처분에 해당하는가의 판단은 쉽지 않으나 대체로 가처분에서 명하는 의무의 내용이 작위의무에 해당하는 경우에는 만족적 가처분으로 보는 것이 판례의 입장으로 보인다. 예를 들어 특허권침해금지가처분, 출입금지가처분(대법원 1969. 2. 18.자 69그1 결정), 실용신안권침해금지가처분(대법원 1971. 11. 12.자 71그14 결정), 조합장직무집행정지가처분(대법원 1986. 12. 19. 자 86마908 결정), 공사금지가처분(대법원 1990. 9. 2. 1.자 90그33 결정) 등에 대하여는 제309조의 적용이 부정되며, 철거단행가처분(대법원 1995. 3. 6.자 95그2 결정), 점포명도단행가처분(대법원 1996. 4. 24.자 96그5 결정), 회계장부 및 서류 등의 열람등사가처분(대법원 1997. 3. 19.자 97그7 결정) 등에 대하여는 제309조의 적용을 긍정하는 것이다. 전자의 유형을 형성적 가처분이라 하며 후자의 유형을 이행적 가처분이라고도 한다. 즉 제309조는 이행적 가처분에만 적용되며 형성적 가처분에는 그 적용이 없는 것이다.

3. 집행정지명령

단행가처분에 대한 취소신청 또는 이의신청이 있는 경우에 신청으로 주장한 사유가 법률상 정당한 사유가 있다고 인정되고 주장사실에 대한 소명이 있으며, 그 집행에 의하여 회복할 수 없는 손해가 생길 위험이 있다는 사정에 대한 소명이 있는 때에는, 재판기록이 소재하는 법원은 당사자의 신청에 따라 담보를 제공하게 하거나 담보를 제공하게 하지 아니하고 가처분의 집행을 정지하도록 명할 수 있고, 담보를 제공하게 하고 집행한 처분을 취소하도록 명할 수 있다.

위의 소명은 보증금을 공탁하거나 주장이 진실함을 선서하는 방법으로 대신할 수 없다.

4. 집행정지명령의 인가 · 변경 · 취소

위와 같은 집행정지명령이 있는 경우에 당해 이의신청이나 취소신청에 대한 재판에서는 집행정지명령을 인가하거나 변경 또는 취소하는 결정을 아울러 하여야 한다.

5. 불 복

위와 같은 집행정지명령이나 집행정지명령을 인가하거나 변경 또는 취소하는 결정에 대하여는 불복할 수 없다.

Ⅴ. 만족적 가처분과 원상회복

제308조 (원상회복재판)

가처분을 명한 재판에 기초하여 채권자가 물건을 인도받거나, 금전을 지급받거나 또는 물건을 사용 보관하고 있는 경우에는, 법원은 가처분을 취소하는 재판에서 채무자의 신청에 따라 채권자에 대하여 그 물건이나 금전을 반환하도록 명할 수 있다.

1. 의 의

물건의 인도나 금전지급 또는 물건의 사용 · 보관을 명하는 일정한 만족적 가처분은 그 집행 이후에 당해 만족적 가처분이 효력을 상실하는 경우에 가처분 집행 이전의 상태로 원상회복하여야 하는 문제를 남긴다. 이에 대하여 먼저 채무자가 통상의 민사소송절차를 통하여 원상회복을 구하는 것을 생각할 수 있다. 그러나 가처분의 집행에 있어서는 보전처분절차라는 간편한 절차를 통하여 실현시키면서도 그 원상회복에 있어서는 통상의 민사소송절차를 따르게 함은 채무자에게 지나치게 불리한 결과를 가져온다. 이에 대하여 민사집행법은 법원이 가처분을 취소결정에 부수하여 원상회복을 명하도록 하는 간편한 절차를 두어 채무자의 권리구제를 도모하고 있다(제308조). 이러한 가처분의 취소에 따른 원상회복절차는 반드시 보전명령의 취소를 전제로 한다는 점에서 다음에 볼 집행취소절차와 다르다.

2. 원상회복의 범위

원상회복명령은 잠정적 조치로서 기판력이 없고 권리의무에 관한 확정적 판단이 아니다. 그러므로 원상회복의 내용은 채권자에게 인도되었던 물건이나 금전에 한정되며 별도의 손해배상의 존부에 관하여 판단할 수 없다. 이러한 점에서 가집행선고취소에 따른 가지급물반환의 경우와 다르다.

3. 집 행 력

원상회복명령은 가처분취소결정에 부수하여 이루어지는 취소결정의 일부로 가집행선고 없이도 즉시 집행력이 발생한다.

제 3 절 보전집행의 취소

I. 의 의

사 례 69 가압류명령취소와 가압류집행취소

갑은 대기업[을]에 근무하는 사람으로 친구 병의 부탁을 받고 병의 정에 대한 공사대금채권에 보증을 서주었다. 정은 병이 돈을 갚지 아니하자 2003. 4. 3. 갑의 을에 대한 임금과 퇴직금청구권을 가압류하였다. 이에 갑은 병이 정에게 충분한 물적 담보를 제공한 사정을 지적하며 가압류취소신청을 하였던바, 집행법원은 가집행선고부 가압류취소판결을 내리고 그 정본을 제 3 채무자인 을에게 송달하였다. 그런데 을은 위 정본을 송달받고 가압류의 효력이 다한 것으로 알고 그 동안 가압류로 인해 밀려 두었던 임금 1,000만원을 갑에게 지급하였다. 한편 정은 위 가압류취소판결에 항소하여 병이 제공한 물적 담보가 충분하지 아니하다는 사정을 입증함으로써 결국 승소판결을 받았고, 나아가 갑에 대한 집행권원을 얻어 추심명령을 통하여 을에게 가압류로 인해 밀려 두었던 임금 전액의 지급을 청구하였다.

① 집행법원이 갑의 취소신청에 대하여 판결절차에 따라 심리를 한 것과 판결정본을 을에게 적정한 업무처리인가?
② 정의 청구에 대하여 을은 기존에 갑에게 지급하였던 1,000만원을 제외한 나머지 금액만을 지급하겠다고 주장하고 있다. 을의 주장은 정당한가?

보전소송절차 내지 보전명령절차와 보전집행절차는 별개의 절차이다. 보전명령을 다투는 절차와 보전집행을 다투는 절차 역시 별개의 절차이다. 그러므로 보전명령이 취소되었다고 하더라도 별도의 집행취소절차가 게재되지 않는 한 보전집행의 효력은 그대로 유지된다. 그러므로 채무자로서는 보전명령을 취소하거나 변경의 결정을 집행권원으로 하여 별도의 집행취소절차를 거쳐야만 보전처분으로부터 완전히 자유로운 지위를 비로소 회복할 수 있다. 이를 위하여 두고 있는 제도가 집행취소절차이다.

≪판례≫ 가압류집행취소와 가압류명령취소[대법원 2003. 7. 22. 선고 2003다24598 판결]

[1] 가압류의 취소를 명하는 가집행선고부판결이 있다고 하더라도, 채무자가 그 판결 정본을 집행법원에 제출하면서 가압류의 집행취소를 신청하여, 집행법원이 이에 따른 가압류의 집행취소절차(채권가압류의 경우 통상 집행법원이 제3채무자에게 가압류집행취소통지서를 송달하는 방법에 의한다)를 밟기에 이르지 아니한 이상 가압류 집행의 효력은 여전히 유지되는 것이고, 이러한 절차가 취하여지지 않은 채 집행법원 아닌 가압류이의 사건의 제1심법원이 소송당사자 아닌 제3채무자에게 위 가집행선고부판결정본을 송달하였다 하더라도 그것만으로 위 가압류의 집행이 당연히 취소되었다고 할 수 없는 것이므로, 제3채무자가 채무자에게 가압류된 임금 및 퇴직금을 지급한 것은 유효한 변제로 볼 수 없다.

[2] 채권의 준점유자에 대한 변제는 변제자가 선의이며 과실이 없는 때에는 채권을 소멸시키는 효력이 있고, 여기서 채권의 준점유자라 함은 변제자의 입장에서 볼 때 일반의 거래관념상 채권을 행사할 정당한 권한을 가진 것으로 믿을 만한 외관을 가지는 자를 의미하는 것이며, 가압류로 인하여 채권의 추심 기타 처분행위에 제한을 받다가 가압류를 취소하는 가집행선고부판결을 선고받아 다시 채권을 제한 없이 행사할 수 있을 듯한 외관을 가지게 된 채권자 또한 채권의 준점유자로 볼 수 있다.

보전집행취소는 보전명령의 효력 상실을 전제하지 않는다. 보전명령을 그대로 두고 보전집행의 취소만을 신청하는 것도 허용된다.

사례 69 〈해설〉 가압류명령취소와 가압류집행취소

1. 개정 민사집행법의 시적 적용범위(설문①에 풀이)

가. 취소신청에 대한 심리와 재판

갑의 취소신청에 관하여 결정절차와 판결절차 중 어느 절차에 따라 심리·재판할 것인지 다소 불분명하다. 취소절차는 가압류절차와 독립된 절차라고 할 것이지만 어디까지나 가압류에 부수된 절차라는 점에서 가압류 당시의 법 상태에 따라 규율되어야 한다고 본다. 따라서 정의 신청에 따른 가압류가 2003. 4. 3.에 있었으므로 개정 전의 민사집행법에 따라 취소절차는 판결절차에 따라야 한다고 본다.

나. 을에 대한 판결정본 송달

가압류를 발령하는 과정에서는 가압류명령이라는 재판을 채무자와 제3채무자 모두에게 송달하여야 한다. 그러나 가압류가 해소되는 과정에서는 가압류명령이 취소되는 경우라도 별도의 집행취소가 없는 한 취소재판을 제3채무자에게 송달하여서는 아니 된다. 가압류가 이루어지는 과정에서는 가압류명령절차와 가압류명령의 집행절차가 실제상 하나의 절차인 것처럼 이루어지나, 가압류가 해소되는 절차에서는 가압류명령을 취소하는 절차와 취소된 가압류명령에 따라 기존의 가압류집행을 취소하는 절차는 엄격하게 구별되어 진행되어야 한다. 따라서 집행법원은 갑이 별도의 집행취소를 신청하지 아니하는 한 가집행선고부 취소판결을 을에게 송달하여서는 아니 된다.

2. 을의 주장에 과한 판단(설문②에 대한 풀이)

가. 가압류명령취소와 가압류집행취소의 구별

가압류명령절차와 가압류집행절차는 서로 별개의 절차이다. 그러나 실제에 있어서 가압류명령이 발령되고 집행되는 과정에서 양 절차는 마치 하나의 절차처럼 취급된다. 그러나 가압류가 해소되는 절차에서 가압류소송절차에 대응하는 가압류명령취소절차와 가압류집행절차에 대응하는 가압류집행취소절차는 엄격하게 구별된다. 가압류명령이 취소되었다는 것만으로 가압류취소까지 있는 것을 볼 것은 전혀 아니다. 따라서 갑의 가압류취소신청에 따라 가압류명령이 취소되었다고 하더라도 별도의 가압류명령의 효력상실에 따른 별도의 집행취소신청이 없는 한 집행법원으로서는 집행취소에 나아가서는 아니 되며, 기존의 가압류집행의 효력은 여전히 존속된다. 따라서 갑의 집행취소신청이 없었으며 그에 대응하는 집행취소절차가 별도로 취하여지지 않았음에도, 을이 갑에게 밀쳐 둔 급여를 지급한 것은 일응 을에게 대항할 것이 못된다.

나. 채권의 준점유자에 대한 변제

가집행선고의 효력은 그 상소심에서 변경된 한도에서 당연히 효력을 상실한다. 따라서 기존의 가압류는 여전히 효력이 존속된다 할 것이어서 을의 갑에 대한 변제는 일응 정당화할 근거가 없다. 그런데 을이 변제한 것은 집행법원이 가집행선고부 가압류취소판결을 신뢰한 것이라는 점에서 소위 '채권의 준점유자에 대한 변제'에 대한 검토가 필요하다. 집행법원이 가압류취소판결을 송달한 것은 집행취소라는 의미에서 송달한 것은 아니라 할 것이지만, 전혀 불필요한 송달을 함으로써 집행취소와 동일한 외관을 작출한 잘못이 있다. 따라서 을이 가압류집행이 효력을 상실한 것으로 믿은 것은 집행법원에 의하여 작출 된 잘못된 집행취소외관을 신뢰한 것뿐이라 할 것이어서 과실이 있다고 할 수 없는 것이므로, 을의 변제는 채권의 준점유자에 대한 변제에 해당한다고 하겠다.

Ⅱ. 집행취소사유

1. 채권자의 집행취소신청

채권자는 보전집행이 존속하고 있는 한 언제든지 집행취소를 신청할 수 있다. 실무상 이러한 채권자의 신청을 집행해제신청 또는 집행신청의 취하라고도 한다. 집행취소는 채무자에게 전혀 불이익할 것이 없으므로 채무자의 동의가 필요 없다. 채권자는 취소신청서를 작성하여 취소절차에 필요한 비용을 예납하고 보전명령을 집행한 기관에 그 취소를 신청한다. 취소신청서에 인지를 붙일 필요는 없다. 보전명령신청의 취하와 보전집행신청의 취하는 개념상 전혀 별개의 것이지만 채권자에 의한 신청의 경우에는 구별의 실익이 없다. 어느 경우에도 신청이 있은 것만으로는 보전집행의 효력은 상실되지 않는다. 보전집행의 효력이 상실되기 위하여는 신청에 더하여 집행취소절차가 실시되어야 한다.

≪판례≫ 가압류명령실효와 가압류집행실효[대법원 2001. 10. 12. 선고 2000다19373 판결]

채권가압류에 있어서 채권자가 채권가압류신청을 취하하면 채권가압류결정은 그로써 효력이 소멸되지만, 채권가압류결정정본이 제 3 채무자에게 이미 송달되어 채권가압류결정이 집행되었다면 그 취하통지서가 제 3 채무자에게 송달되었을 때에 비로소 그 가압류집행의 효력이 장래를 향하여 소멸된다.

2. 채무자의 집행취소신청

채무자는 채권자와 달리 일정한 사유가 있어야만 집행취소신청이 가능하다.

가. 가압류해방공탁

사 례 70 해방공탁금에 대한 집행

을은 운영하는 공장에 원료를 구입하기 위하여 갑에게 돈을 빌렸다. 갑은 을이 약속된 날짜에 돈을 갚지 아니하자 을이 구입해 놓은 원료를 가압류하였다. 을은 갑을 찾아 가압류를 풀어달라고 요청하였으나 당초 약속과 달리 갑이 턱없이 높은 이자를 요구하자 다시 병에게 그 사정을 이야기 하고 금 1,000만원을 빌려 해방금으로 공탁하고 집행취소절차를 통하여 가압류를 풀었다. 한편 병은 을의 사업이 악화되자 해방금으로 빌려준 돈을 건지기 위하여 을의 위 해방금에 관한 공탁금회수청구권에 대하여 가압류를 하였다. 갑이 집행권원을 얻어 공탁금회수청구권에 대한 본압류이전에 이어 추심에 나아간 경우 병은 갑에 대한 관계에서 배당채권자의 지위를 주장할 수 있는가?

제299조 (가압류집행의 취소)

① 가압류명령에 정한 금액을 공탁한 때에는 법원은 결정으로 집행한 가압류를 취소하여야 한다. 〈개정 2005. 1 .27〉

② 삭제 〈2005. 1. 27〉

③ 제 1 항의 취소결정에 대하여는 즉시항고를 할 수 있다.

④ 제 1 항의 취소결정에 대하여는 제17조 제 2 항의 규정을 준용하지 아니한다.

⑴ **의 의** 가압류명령은 그 주문에 항상 해방금에 관한 사항을 정한다. 채무자는 이러한 해방금을 공탁하고 집행기관에 가압류 집행의 취소를 신청할 수 있다. 해방공탁은 그 성질이 집행에 관한 공탁으로 공탁법상 담보공탁이 아닌 집행공탁에 해당한다. 그러므로 집행공탁에 적용되는 민사소송법상 소송비용의 담보에 관한 규정은 적용될 여지가 없다.

⑵ **해방금의 공탁** 해방금의 공탁은 금전에 의하여야 하고 유가증권은 실질적 통용가치가 있는 것이라도 허용되지 아니한다.

≪판례≫ 유가증권에 의한 해방금공탁[대법원 1996. 10. 1.자 96마162 전원합의체 결정]

민사소송법 제702조의 가압류해방금액은, 채무자가 입을 수 있는 손해를 담보하는 취지의 이른바 소송상의 담보와는 달리 가압류의 목적물에 갈음하는 것으로서, 금전에 의한 공탁만이 허용되고, 유가증권에 의한 공탁은 그 유가증권이 실질적 통용가치가 있는 것이라고 하더라도 허용되지 않는다.

해방금의 금액은 전액이어야 한다. 해방금의 일부만을 공탁한 경우에는 일부의 집행취소도 인정되지 아니한다. 채무자 아닌 제 3 자에 의한 공탁도 허용되지 아니한다. 제 3 자에 의한 공탁이 있은 경우에는 추후에 채권자가 채무자에 대한 집행권원을 얻은 경우라도 해방금에 관한 강제집행이 불가능하기 때문이다.

⑶ **집행취소신청** 채무자는 해방금을 공탁한 이후에 공탁서를 첨부하고 절차비용을 예납하여 집행법원 또는 가압류명령을 발한 법원에 가압류집행의 취소를 신청할 수 있다.

⑷ **집행취소결정** 해방금의 공탁을 원인으로 한 집행취소신청이 있으면 반드시 가압류의 집행을 취소하여야 한다. 취소결정은 확정을 묻지 아니하고 고지와 동시에 효력이 생긴다. 채권자는 취소결정에 대하여 즉시항고로 다툴 수 있다.

⑸ **해방금에 대한 강제집행** 해방금공탁에 따라 가압류의 집행취소가 있는 경우라도 가압류명령의 효력에는 아무런 영향이 없다. 또한 다른 사유를 원인으로 한 집행취소와는 달리 가압류집행의 효력이 소멸하는 것도 아니라고 본다. 즉 가압류집행의 효력이 종전의 대상에서 해방금으로 이전되는 것이라고 할 것이다. 이때 가압류의 효력이 미치는 구체적인 대상은 해방금 자체가 아니

라 채무자의 해방공탁금 회수청구권이라고 보는 것이 일반적이다(현금화명령설). 그러므로 채권자는 집행권원을 얻은 후에 채무자의 공탁금회수청구권을 추심 또는 전부하여 현금화함으로써 만족을 얻으면 된다. 이러한 채권자의 공탁금회수청구권에 대한 권리는 우선적 효력이 없는 것으로 다른 채권자가 채무자의 공탁금회수청구권에 대한 집행참가가 있으면 동등한 순위로 배당을 받는 지위에 그친다.

≪판례≫ 해방공탁금에 대한 우선적 지위 유무[대법원 1996. 11. 11.자 95마252 결정]

가압류집행의 목적물에 갈음하여 가압류해방금이 공탁된 경우에 그 가압류의 효력은 공탁금 자체가 아니라 공탁자인 채무자의 공탁금 회수청구권에 대하여 미치는 것이므로 채무자의 다른 채권자가 가압류해방공탁금 회수청구권에 대하여 압류명령을 받은 경우에는 가압류채권자의 가압류와 다른 채권자의 압류는 그 집행대상이 같아 서로 경합하게 된다.

다만 가압류채무자에게 해방공탁금의 용도로 금전을 대여하고 대여금반환청구권에 기초하여 채무자의 해방공탁금에 집행참가한 자가 가압류채권자에게 대하여 동등한 순위를 주장하는 것은 신의칙상 허용되지 않는다.

≪판례≫ 해방공탁금제공자의 집행참가제한[대법원 1998. 6. 26. 선고 97다30820 판결]

해방금액의 공탁에 의한 가압류 집행취소 제도의 취지에 비추어 볼 때, 가압류 채권자의 가압류에 의하여 누릴 수 있는 이익이 가압류 집행취소에 의하여 침해되어서는 안되므로, 가압류 채무자에게 해방공탁금의 용도로 금원을 대여하여 가압류집행을 취소할 수 있도록 한 자는 비록 가압류 채무자에 대한 채권자라 할지라도 특별한 사정이 없는 한 가압류 채권자에 대한 관계에서 가압류 해방공탁금 회수청구권에 대하여 위 대여금 채권에 의한 압류 또는 가압류의 효력을 주장할 수는 없다.

(6) 해방금의 회수 가압류명령 자체의 효력이 소멸하거나 집행해제 등으로 가압류집행의 효력이 소멸하면 채무자는 그에 관한 증명서를 첨부하여 해방공탁금의 반환을 청구할 수 있다.

사례 70 〈해설〉 해방공탁금에 대한 집행

1. 해방금에 대한 가압류의 효력

을이 해방금을 공탁함으로써 가압류의 대상이 제품원료에서 을의 해방공탁금회수청구권으로 변경된다. 즉 갑에 의한 가압류는 여전히 효력을 유지하되 다만 유체동산가압류에서 채권가압류로 성격이 바뀌는 것이다. 따라서 갑은 해방금에 대하여 단순한 가압류권자로서 지위를 갖는 것일 뿐 우선적 지위를 주장할 여지는 없게 된다. 그러므로 갑은 일응 병에 대하여도 우선적 지위를 주장할 수는 없는 것이다.

2. 갑의 우선적 지위

판례에 따르면 갑은 해방금 명목으로 돈을 빌려 준 병에 대한 관계에 있어서는 우선적 지위를 갖는다고 하며, 그 논거로서 을이 해방공탁으로 인하여 가압류로 누릴 수 있는 이익이 침해되어서는 안 된다는 점을 제시하고 있다. 그러나 사견으로는 병의 배당요구를 통한 집행참가를 부정할 필요가 없다고 본다. 왜냐하면 병이 해방금을 빌려주었다는 것만으로 을의 제품원료에 대한 가압류의 이익이 객관적으로 침해되었다고 볼 것이 없다고 보기 때문이다. 을이 기존의 가압류를 통해 얻을 수 있었던 이익은 금전이 아닌 제품원료 등에 가압류가 있음으로 인해 을이 더 큰 심리적인 압박이 받을 수 있었다는 점이나 제품원료의 가치가 해방금액보다 크다는 사정을 통해 갑이 더 큰 이익을 누릴 수는 있었다는 점 정도이다. 그러나 과연 그러한 사정까지도 채권자의 이익으로 보호해 주어야 하는 것인지는 의문이 아닐 수 없다.

나. 보전명령신청의 취하

채권자에 의한 보전명령의 신청이 취하되거나 취하 간주된 경우에 채무자가 집행취소를 신청할 수 있는가에 관한 명문규정은 없다. 그러나 이러한 경우에도 민사집행법 제49조 내지 제50조를 유추적용하여 채무자의 집행취소 신청을 인정하는 것은 일반적이다. 그러므로 채무자는 보전명령 취하증명서를 첨부하여 집행비용을 예납하고 집행기관에 집행취소를 신청할 수 있다. 이 경우 집행기관은 별도의 취소결정을 하지 않고 바로 집행취소절차를 실행하게 된다.

다. 보전명령의 취소

보전명령에 대한 이의신청 또는 취소신청에 따라 보전명령이 취소된 경우에 채무자는 그 재판서의 정본을 제49조의 서류로 제출하여 제50조에 따라 집행 취소를 신청할 수 있다. 만족적 가처분에 대한 이의신청이 있는 경우에는 제309조 1항에 따라 집행한 가처분을 취소한 경우에도 위와 같다.

3. 집행기관의 직권에 의한 집행취소

집행비용을 예납하지 아니한 사정 등이 있는 경우에는 집행기관이 직권으로 집행을 취소한다(제18조 2항).

Ⅲ. 집행취소절차

1. 집행취소기관

집행취소결정은 보전명령을 발령한 법원에 의하고 집행취소절차의 실시는 보전명령의 집행절차를 실시한 기관이 한다. 보전명령의 집행기관이 집행관이 경우에는 집행법원이 발령한 집행취소결정에 기초하여 별도로 집행관에게 집행취소의 실시를 위임하여야 한다. 법원에 의한 집행취소는 사법보좌관의 업무이다.

2. 집행취소의 방법

집행취소의 실시는 집행의 실시와 역으로 이루어진다. 구체적으로 살펴보면 다음과 같다.

가. 등기·등록을 요하는 집행의 취소

보전처분의 기입등기 · 등록을 말소를 촉탁함으로써 취소를 실시한다(제293조 3항).

나. 채권집행의 취소

보전집행취소결정을 거친 경우에는 당해 결정을 제 3 채무자에게 송달하는 방법을 취소를 실시한다(규칙 제218조, 제160조 1항). 취소결정을 하지 아니하는 경우에는 취소신청서 부본이나 보전처분 취하증명서 등을 첨부하여 제 3 채무자에게 집행취소통지서를 송달하는 방법으로 취소를 실시한다.

다. 집행행위가 별도로 없는 보전집행의 취소

부작위를 명하는 가처분과 같이 보전명령의 집행에 별도의 집행행위가 게재될 여지가 없는 경우에는 취소신청서 부본이나 보전처분 취하증명서 등을 첨부하여 제 3 채무자에게 집행취소통지서를 송달하는 방법으로 취소를 실시한다.

라. 집행관이 행한 집행의 취소

집행관이 행한 집행상태를 제거하는 방법으로 집행취소를 실시한다. 예를 들어 집행관보관형의 점유이전금지 가처분집행의 경우에는 집행관이 가처분에 관한 공시문을 제거하고 집행관의 점유를 해제하고 목적물의 채무자에게 반환하는 방법으로 집행취소를 실시한다.

마. 단행가처분집행의 취소

집행취소는 소급효가 없으므로 단행가처분의 집행취소는 별다른 취소실시절차가 게재될 여지가 없다. 다만 가처분취소재판에서 원상회복을 명하는 경우에는 당해 원상회복명령을 집행하는 방법으로 단행가처분집행의 취소를 실시한다.

Ⅳ. 집행취소의 효력

집행취소가 있으면 보전집행의 효력은 그 취소가 있는 시점부터 장래를 향하여 소멸한다. 집행취소가 있다는 사정만으로는 보전명령 자체의 효력이 소멸하지는 않는다. 이러한 집행취소의 효력은 확정적인 것으로 추후에 보전명령이 회복되었다고 하더라도 집행취소의 효력이 번복되지 않는다.

≪판례≫ 집행취소의 확정적 효력[대법원 1998. 10. 13. 선고 96다42307 판결]

가집행선고부가처분취소판결의 집행에 의하여 처분금지가처분등기가 말소된 경우 그 효력은 확정적인 것이므로, 그 이후에 당해 부동산에 관한 소유권이전등기를 경료받은 자는 그 부동산에 관하여 아무런 제한을 받지 않고 가처분 신청인에게 그 소유권 취득의 효력으로 대항할 수 있다고 할 것이고, 이와 같이 이미 계쟁 부동산에 관하여 제3자 앞으로 소유권이전등기가 경료된 경우에는 가처분 신청인은 더 이상 그 처분금지가처분명령을 신청할 이익이 없게 된다(같은 취지: 대법원 2000. 10. 6. 선고 2000다32147 판결).

≪판례≫ 집행취소의 확정적 효력[대법원 1968. 9. 17. 선고 68다1118 판결]

처분금지가처분 결정등기 후 소유권을 취득한 자라도 그 가처분결정을 취소하는 가집행선언이 붙은 판결에 의하여 취소 집행이 완료되어 가처분등기가 말소된 이상 가처분등기가 있기 전에 소유권이전을 받은 자와 동일한 지위에 있고 그 후 위 가처분결정의 취소판결이 다시 취소되었다 하더라도 그 지위에 영향이 없다.

Ⅴ. 집행취소에 대한 구제

1. 집행에 관한 이의

집행취소는 보전명령의 집행절차와 별도의 절차가 아니라 집행절차 내의 부수절차로 파악된다. 그러므로 집행취소의 절차적 하자에 대하여는 즉시항고나 집행에 관한 이의로 다툴 수 있다. 예를 들어 집행취소 신청서가 위조되었다는 사유로 집행취소의 위법을 다투는 경우에는 집행에 관한 이의로 다투면 된다.

≪판례≫ 가처분해제신청서가 위조된 사정[대법원 2000. 3. 24. 선고 99다27149 판결]

가처분 채권자의 가처분해제신청은 가처분집행신청의 취하 내지 그 집행취소신청에 해당하는 것인바, 이러한 신청은 가처분의 집행절차를 이루는 행위이고, 그 신청이 가처분 채권자의 의사에 기한 것인지 여부는 집행법원이 조사·판단하여야 할 사항이라고 할 것이므로, 그 신청서가 위조되었다는 사유는 그 신청에 기한 집행행위, 즉 가처분기입등기의 말소촉탁에 대한 집행이의의 사유가 된다고 보아야 할 것이며, 따라서 가처분해제신청서가 위조되었다고 주장하는 가처분 채권자로서는 가처분의 집행법원에 대하여 집행이의를 통하여 말소회복을 구할 수 있을 것이고(만일 가처분기입등기의 회복에 있어서 등기상 이해관계가 있는 제 3 자가 있는 경우에는 그의 승낙서 또는 이에 대항할 수 있는 재판의 등본을 집행법원에 제출할 필요가 있다), 그 집행이의가 이유 있다면 집행법원은 가처분기입등기의 말소회복등기의 촉탁을 하여야 한다.

보전집행취소신청서가 위조된 경우와 달리 보전명령신청서가 위조되었다는 사정은 집행절차상의 하자가 아니며 집행권원형성절차상 하자에 해당한다. 그러므로 이에 대하여는 집행에 관한 이의로 다툴 것이 아니다.

≪판례≫ 보전명령신청서가 위조되었다는 사정[대법원 1987. 3. 24.자 86마카51 결정]

[1] 집행방법에 관한 이의는 집행 또는 집행행위에 있어서의 형식적 절차상의 하자가 있는 경우에 할 수 있는 것이므로 집행의 기본이 되는 채무명의 자체에 대한 실체권리관계에 관한 사유나 그 채무명의의 성립과 소멸에 관한 절차상의 하자는 어느 것이나 집행방법에 관한 이의사유로 삼을 수 없다.

[2] 가처분신청취하서가 위조되었다는 사유는 가처분집행의 기본이 되는 가처분명령의 소멸에 관한 것이지 그것이 집행법원의 집행행위인 가처분기입등기 말소촉탁행위의 형식적 절차상의 하자에 해당한다고는 할 수 없다.

[3] 경매신청취하는 그것이 강제집행절차를 이루는 행위이기 때문에 그것에 관한 하자는 집행이의의 사유가 될 수 있다 하겠으나 가처분 신청취하는 보전절차 중 보존명령의 효력자체를 소멸시킬 뿐 보전집행에 직접 관련되지 아니하는 것이고 또 집행법원에 의한 보전집행이나 그 집행취소는 보존명령의 효력에 따라 법원이 직권으로 하는 것이므로 위 양자는 구별하여 해석하여야 한다.

2. 신청권자

채무자는 집행취소로 인한 아무런 불이익이 없어 집행취소에 대하여 다툴 이익이 인정되지 아니한다.

≪판례≫ 집행취소결정에 대한 채무자의 불복이익[대법원 1980. 2. 15. 79마351 결정]

가처분 신청인은 가처분 피신청인의 동의 없이 그 가처분 집행취소의 신청을 할 수 있으며, 그 집행취소결정은 그 가처분 피신청인에게 아무런 불이익도 주지 아니하므로 그 가처분 피신청인은 그 집행취소 결정에 대하여 불복 항고할 이익이 없다.

3. 보전처분기입등기의 회복

보전처분의 집행으로서 기입등기와 집행취소에 기한 기입등기의 말소등기는 모두 법원사무관 등의 촉탁에 따라 이루어지는 등기이다. 이와 같이 촉탁에 의하여 이루어지는 등기의 말소등기 또는 회복등기 역시 원칙적으로 촉탁에 의하여 이루어져야 하는 것이고 신청에 의하여 말소될 수는 없는 것이다. 그러므로 의사진술을 명하는 판결을 통하여 구제될 것이 아니다.

≪판례≫ 촉탁으로 말소된 등기의 회복[대법원 2000. 3. 24. 선고 99다27149 판결]

부동산처분금지가처분의 기입등기는 채권자나 채무자가 직접 등기공무원에게 이를 신청하여 행할 수는 없고 반드시 법원의 촉탁에 의하여야 하는바, 이와 같이 당사자가 신청할 수 없는 처분금지가처분의 기입등기가 법원의 촉탁에 의하여 말소된 경우에는 그 회복등기도 법원의 촉탁에 의하여 행하여져야 하므로, 이 경우 처분금지가처분 채권자가 말소된 가처분기입등기의 회복등기절차의 이행을 소구할 이익은 없다.

다만 보전처분기입등기의 말소회복에 대하여 등기부상 이해관계 있는 제3자가 있을 수 있는 경우에는 일반의 민사소송절차를 통하여 그 동의를 구하여야 한다.

≪판례≫ 등기회복절차에 대한 승낙청구[대법원 1997. 2. 14. 선고 95다13951 판결]

부동산처분금지가처분의 기입등기는 채권자나 채무자가 직접 등기공무원에게 이를 신청하여 행할 수는 없고 반드시 법원의 촉탁에 의하여야 하는바, 이와 같이 당사자가 신청할 수 없는 처분금지가처분의 기입등기가 법원의 촉탁에 의하여 말소된 경우에는 그 회복등기도 법원의 촉탁에 의하여 행하여져야 하므로, 이 경우 처분금지가처분 채권자가 말소된 가처분기입등기의 회복등기절차의 이행을 소구할 이익은 없고, 다만 그 가처분기입등기가 말소될 당시 그 부동산에 관하여 소유권이전등기를 경료하고 있는 자는 법원이 그 가처분기입등기의 회복을 촉탁함에 있어서 등기상 이해관계가 있는 제3자에 해당하므로, 처분금지가처분 채권자로서는 그 자를 상대로 하여 법원의 촉탁에 의한 그 가처분기입등기의 회복절차에 대한 승낙청구의 소를 제기할 수는 있다(같은 취지: 대법원 2002. 4. 12. 선고 2001다84367 판결).

제 4 절 그 밖의 구제수단

I. 손해배상청구

위법한 보전처분으로 인하여 채무자에게 손해가 발생한 경우에, 채무자는 채권자에게 민법상 불법행위책임을 물어 손해배상을 구할 수 있다. 채권자가 본안소송에서 패소한 경우에는 특별한 사정이 없는 한 채권자에게 고의·과실이 있음이 추정된다. 그러나 손해발생의 범위에 관하여 판례는 극히 인색한 태도를 보이고 있다.

≪판례≫ 대법원 1992. 9. 25. 선고 92다8453 판결

[1] 가압류나 가처분 등 보전처분은 법원의 재판에 의하여 집행되는 것이기는 하나 그 실체상 청구권이 있는지 여부는 본안소송에 맡기고 단지 소명에 의하여 채권자의 책임하에 하는 것이므로, 그 집행 후에 집행채권자가 본안소송에서 패소확정되었다면 그 보전처분의 집행으로 인하여 채무자가 입은 손해에 대하여는 특별한 반증이 없는 한 집행채권자에게 고의 또는 과실이 있다고 추정되고, 따라서 그 부당한 집행으로 인한 손해에 대하여 이를 배상하여야할 책임이 있다(같은 취지: 대법원 2007. 4. 26. 선고 2005다31033 판결).

[2] 가압류채무자가 가압류 이후 가압류청구금액을 공탁하고 그 집행취소결정을 받았다면, 가압류채무자는 적어도 위 가압류집행으로 인하여 위 공탁금에 대한 민사법정이율인 연 5푼 상당의 이자와 공탁금이율인 연 1푼 상당 이자의 차액 상당의 손해를 입었다고 할 것이다.

≪판례≫ 대법원 1999. 4. 13. 선고 98다52513 판결

[1] 가압류나 가처분 등 보전처분은 법원의 재판에 의하여 집행되는 것이기는 하나 그 실체상 청구권이 있는지 여부는 본안소송에 맡기고 단지 소명에 의하여 채권자의 책임 아래 하는 것이므로, 그 집행 후에 집행채권자가 본안소송에서 패소 확정되었다면 그 보전처분의 집행으로 인하여 채무자가 입은 손해에 대하여는 특별한 반증이 없는 한 집행채권자에게 고의 또는 과실이 있다고 추정되고, 따라서 부당한 집행으로 인한 손해에 대하여 이를 배상할 책임이 있고, 부당한 보전처분으로 인한 손해배상책임이 성립하기 위하여 일반적인 불법행위의 성립에 있어서 필요한 고의 또는 과실 이외에 오로지 채무자에게 고통을 주기 위하여 보전처분을 하였다는 점까지 필요한 것은 아니다.

[2] 법적 분쟁의 당사자가 법원에 대하여 당해 분쟁의 종국적인 해결을 구하는 것은 법치국가의 근간에 관계되는 중요한 일이므로 재판을 받을 권리는 최대한 존중되어야 하고, 제소행위나 응소행위가 불법행위가 되는가를 판단함에 있어서는 적어도 재판제도의 이용을 부당하게 제한하는 결과가 되지 아니하도록 신중하게 배려하여야 할 것인바, 따라서 법적 분쟁의 해결을 구하기 위하여 소를 제기하는 것은 원칙적으로 정당한 행위이

고, 단지 제소자가 패소의 판결을 받아 확정되었다는 것만으로 바로 그 소의 제기가 불법행위였다고 단정할 수는 없으나, 반면 소를 제기당한 사람 쪽에서 보면, 응소를 강요당하고 어쩔 수 없이 그를 위하여 변호사 비용을 지출하는 등의 경제적·정신적 부담을 지게 되는 까닭에 응소자에게 부당한 부담을 강요하는 결과를 가져오는 소의 제기는 위법하게 되는 경우가 있을 수 있으므로, 민사소송을 제기한 사람이 패소판결을 받아 확정된 경우에 그와 같은 소의 제기가 상대방에 대하여 위법한 행위가 되는 것은 당해 소송에 있어서 제소자가 주장한 권리 또는 법률관계가 사실적·법률적 근거가 없고, 제소자가 그와 같은 점을 알면서, 혹은 통상인이라면 그 점을 용이하게 알 수 있음에도 불구하고 소를 제기하는 등 소의 제기가 재판제도의 취지와 목적에 비추어 현저하게 상당성을 잃었다고 인정되는 경우에 한한다.

≪판례≫ 대법원 2001. 9. 25. 선고 2001다39947 판결

[1] 가압류나 가처분 등 보전처분은 법원의 재판에 의하여 집행되는 것이기는 하나 그 실체상 청구권이 있는지 여부는 본안소송에 맡기고 단지 소명에 의하여 채권자의 책임 아래 하는 것이므로, 그 집행 후에 집행채권자가 본안소송에서 패소 확정되었다면 그 보전처분의 집행으로 인하여 채무자가 입은 손해에 대하여는 특별한 반증이 없는 한 집행채권자에게 고의 또는 과실이 있다고 추정되고, 따라서 부당한 집행으로 인한 손해에 대하여 이를 배상할 책임이 있다.

[2] 가압류신청을 한 후 채권자가 본안의 소를 제기하고 이에 대하여 채무자가 반소를 제기한 끝에 법원의 조정에 갈음하는 결정을 쌍방 당사자가 받아들여 확정된 경우, 비록 그 결정의 내용이 채권자가 채무자로부터 지급받을 금액은 없는 것으로 하고 오히려 채권자로 하여금 채무자에게 채무자가 반소로서 구하는 금원의 일부를 지급할 것을 명하는 것이라 하더라도, 이로써 집행채권자가 그 집행 후의 본안소송에서 패소 확정된 경우와 같이 볼 것은 아닌바, 그 이유는 법원이 조정절차에서 당사자 사이에 합의가 성립되지 아니하는 경우에 조정에 갈음하는 결정을 하는 것은 당사자의 이익 기타 제반 사정을 참작하여 사건의 공평한 해결을 도모하고자 하는 것으로서, 반드시 청구채권의 존재 유무만을 판단한 것이라고 볼 수 없기 때문이다.

≪판례≫ 대법원 2002. 9. 24. 선고 2000다46184 판결

[1] 가압류나 가처분 등 보전처분은 법원의 재판에 의하여 집행되는 것이기는 하나, 그 실체상 청구권이 있는지 여부는 본안소송에 맡기고 단지 소명에 의하여 채권자의 책임 아래 하는 것이므로, 그 집행 후에 집행채권자가 본안소송에서 패소 확정되었다면 그 보전처분의 집행으로 인하여 채무자가 입은 손해에 대하여는 특별한 반증이 없는 한 집행채권자에게 고의 또는 과실이 있다고 추정되고, 따라서 그 부당한 집행으로 인한 손해에 대하여 이를 배상할 책임이 있다.

[2] 실용신안권에 기한 제조, 판매금지 가처분이 발하여진 후 본안소송에서 실용신안권자의 패소판결이 확정된 경우, 가처분의 부당한 집행을 청구원인으로 하여 제기된 손해배상청구소송에서 가처분의 집행으로 인한 손해에 대한 실용신안권자의 과실추정이 번복

되었다고 할 수 없다고 한 사례.

≪판례≫ 대법원 2002. 10. 11. 선고 2002다35461 판결

[1] 수용 대상 토지에 대하여 처분금지가처분의 등기가 경료되어 있는 경우에 그 사유만으로는 피보상자를 알 수 없다는 이유로 공탁할 수 없으나, 소유권등기말소청구권을 피보전권리로 하는 처분금지가처분등기가 경료되어 있는 등 수용대상 토지에 대한 소유권의 귀속에 관하여 다툼이 있는 경우에는 기업자가 피보상자를 알 수 없다는 이유로 공탁을 할 수 있다.

[2] 부동산의 등기청구권을 보전하기 위한 처분금지가처분이 부당하게 집행되었다 하더라도, 이러한 처분금지가처분은 처분금지에 관하여 상대적 효력을 가지는 것으로서 그 집행 후에도 채무자는 당해 부동산에 대한 사용·수익을 계속하면서 여전히 이를 처분할 수 있으므로, 비록 위 가처분의 존재로 인하여 처분기회를 상실하였거나 그 대가를 제때 지급받지 못하는 불이익을 입었다고 하더라도 그것이 당해 부동산을 보유하면서 얻는 점용이익을 초과하지 않는 한 손해가 발생하였다고 보기 어렵고, 설사 점용이익을 초과하는 불이익을 입어 손해가 발생하였다고 하더라도 그 손해는 특별한 사정에 의하여 발생한 손해로서 가처분채권자가 그 사정을 알았거나 알 수 있었을 때에 한하여 배상책임을 진다 할 것이나, 토지수용법 제67조 제 1 항에서는, "기업자는 토지 또는 물건을 수용한 날에 그 소유권을 취득하며 그 토지나 물건에 관한 다른 권리는 소멸한다."고 규정하고 있고, 동법 제63조는 "토지소유자 및 관계인 기타 수용 또는 사용할 토지나 그 토지에 있는 물건에 관하여 권리를 가진 자는 수용 또는 사용의 시기까지 기업자에게 토지나 물건을 인도하거나 이전하여야 한다."고 규정하고 있으므로, 토지 수용이 이루어진 이상 그 수용일에 종전 소유자의 수용 대상 토지에 대한 소유권 기타 권리는 모두 소멸하고, 그 수용일까지 수용자에게 수용 대상 토지를 인도할 의무를 지게 된다 할 것이어서, 종전 소유자가 수용일 이후에 수용 대상 토지를 사용·수익하여 점용이익을 누릴 가능성이 없다 할 것이고, 가사 종전 소유자가 실제로 수용 대상 토지를 사용·수익하였다 할지라도 그 점용이익은 부당이득으로서 수용자에게 반환하여야 할 것이다.

[3] 채무액의 범위에 관하여 다툼이 있어 채무자가 수령을 거부함을 이유로 변제공탁을 하는 경우에 채무자는 채무액의 범위에 대하여 이의를 유보한 채 그 공탁금을 수령할 수 있는 것이고, 이러한 법리는 토지수용법 제61조 제 2 항 제 1 호에 의하여 토지수용위원회가 재결한 토지수용보상금 액수에 대하여 이의를 제기함에 따라 기업자가 공탁한 경우에도 전혀 다를 것이 없다.

[4] 고의 또는 과실에 의하여 부당한 가압류나 가처분 등 보전처분을 집행한 경우 그 보전처분의 집행은 불법행위를 구성한다 할 것이고, 그 집행 후에 집행채권자가 본안소송에서 패소 확정되었다면 그 보전처분의 집행으로 인하여 채무자가 입은 손해에 대하여는 특별한 반증이 없는 한 집행채권자에게 고의 또는 과실이 있다고 추정되는 것이며, 집행채권자가 아닌 자도 집행채권자의 보전처분 신청이 사실적·법률적 근거가 없는 권리 또는 법률관계에 기인한 것임을 알면서, 혹은 통상인이라면 그 점을 용이하게 알 수 있음에도 불구하고, 집행채권자의 보전처분 신청을 방조하는 행위를 하여 재판제도의 취지

와 목적에 비추어 현저하게 상당성을 잃었다고 인정되는 보전처분 신청을 하게 만든 경우에는, 그 자도 공동불법행위자로서의 책임을 면할 수 없다.
[5] 가처분 신청 채권자가 아닌 자에 대하여 부당한 보전처분 신청을 방조한 책임을 물어 공동불법행위자로서 손해배상 책임을 인정한 사례.

≪판례≫ 대법원 1999. 9. 3. 선고 98다3757 판결

[1] 가압류신청에서 채권액보다 지나치게 과다한 가액을 주장하여 그 가액대로 가압류 결정이 된 경우 본안 판결에서 피보전권리가 없는 것으로 확인된 부분의 범위 내에서는 가압류채권자의 고의·과실이 추정되고 다만 특별한 사정이 있으면 고의·과실이 부정된다.
[2] 가압류채권자가 본안소송에서 패소하여 그의 과실이 추정되는 경우, 패소 확정된 금액에 관해서 제 1 심은 이를 인용하였으나 항소심에서 결론을 달리한 사정이 있기는 하지만 그 금액은 가압류채권자에게 귀책사유 있는 잘못된 충당행위로 인한 손해임이 본안소송에서 이미 확정된 이상 가압류채무자가 업무상배임죄로 유죄판결을 받았다거나 사실관계 및 소송의 경과가 복잡하였다는 사정만으로 부당 보전처분에 대한 가압류채권자의 과실 추정이 번복되지는 않는다고 본 사례.
[3] 민사상의 금전채권에 있어서 부당한 보전처분으로 인하여 그 채권금을 제때에 지급받지 못함으로써 발생하는 통상의 손해액은 그 채권금에 대한 민법 소정의 연 5푼의 비율에 의한 지연이자 상당액이라 할 것이고, 이 채권이 공탁되었다면 그 공탁금에 딸린 이자와의 차액 상당액이 손해액이 된다고 할 것이며, 이러한 이치는 가집행을 면하기 위하여 강제집행정지신청을 하면서 담보로 금전을 공탁하였는데 가집행이 실효된 경우에도 마찬가지라고 할 것이므로, 설사 부당한 보전처분으로 인해 채무자가 실제로 부당하게 가압류된 금원을 활용하여 얻을 수 있었던 금융상의 이익이나 강제집행정지의 담보제공을 위하여 공탁한 금원을 조달하기 위한 금융상의 이자 상당액에 해당하는 손해를 입었다고 하더라도 이는 특별손해로서 보전처분 채권자 또는 가집행 채권자가 이를 알았거나 알 수 있었을 경우에 한하여 그에 대한 배상책임이 있다.

≪판례≫ 대법원 1995. 12. 12. 선고 95다34095,34101 판결

[1] 가집행 채무자가 상고 제기와 함께 강제집행정지 결정을 받았다가 그 후 상고가 기각되었지만, 그 상고이유에 관한 법률적인 평가에 대하여 의문을 갖고 상고를 제기할 만한 상당한 이유가 있었다는 이유로, 그 강제집행 지연에 따른 손해배상 책임을 부정한 원심판결을 수긍한 사례.
[2] 가압류나 가처분 등 보전처분은 법원의 재판에 의하여 집행되는 것이기는 하나 그 실체상의 청구권이 있는지 여부는 본안소송에 맡기고 단지 소명에 의하여 채권자의 책임 아래 하는 것이므로, 그 집행 후에 집행채권자가 본안소송에서 패소 확정되었다면, 그 보전처분의 집행으로 인하여 채무자가 입은 손해에 대하여 특별한 반증이 없는 한 집행채권자에게 고의 또는 과실이 있다고 추정되고, 따라서 그 부당한 집행으로 인한 손해에 대하여 이를 배상하여야 할 책임이 있다.

[3] 본안소송에서 패소 확정된 보전처분 채권자에 대하여 손해배상을 청구하는 경우, 가압류 채무자가 가압류 청구금액을 공탁하고 그 집행취소 결정을 받았다면, 가압류 채무자는 적어도 그 가압류 집행으로 인하여 가압류해방 공탁금에 대한 민사 법정이율인 연 5푼 상당의 이자와 공탁금의 이율 상당의 이자의 차액 상당의 손해를 입었다고 보아야 한다.

≪판례≫ 대법원 1998. 9. 22. 선고 98다21366 판결

[1] 부동산의 등기청구권을 보전하기 위한 처분금지가처분이 부당하게 집행되었다면, 이러한 처분금지가처분은 처분금지에 관하여 상대적 효력을 가지는 것으로서 그 집행 후에도 채무자는 당해 부동산에 대한 사용·수익을 계속하면서 여전히 이를 처분할 수 있으므로, 비록 위 가처분의 존재로 인하여 처분기회를 상실하였거나 그 대가를 제때 지급받지 못하는 불이익을 입었다고 하더라도 그것이 당해 부동산을 보유하면서 얻는 점용이익을 초과하지 않는 한 손해가 발생하였다고 보기 어렵고, 설사 점용이익을 초과하는 불이익을 입어 손해가 발생하였다고 하더라도 그 손해는 특별한 사정에 의하여 발생한 손해로서 가처분채권자가 그 사정을 알았거나 알 수 있었을 때에 한하여 배상책임을 진다.
[2] 도로부지에 편입될 토지에 관하여 손실보상에 관한 사전협의가 있었음에도 당해 토지에 관한 처분금지가처분의 부당집행으로 인하여 협의된 손실보상금을 지급받지 못하다가 그 가처분의 집행이 해제된 후에 비로소 토지수용이 이루어지고 그 손실보상금을 지급받은 사안에서 손실보상금에 대한 법정이율 상당액이 토지의 점용이익을 초과한다고 볼 사정이 없다는 사유로 손해발생을 부인한 사례.

≪판례≫ 대법원 2001. 1. 19. 선고 2000다58132 판결

[1] 소송촉진 등에 관한 특례법 제3조는 금전채무의 전부 또는 일부의 이행을 명하는 판결을 선고할 경우에 있어서 금전채무불이행으로 인한 손해배상액산정의 기준이 되는 법정이율에 관한 특칙으로서, 부동산에 대한 부당한 가처분으로 인하여 처분기회를 상실하였거나 그 대가를 제때 지급받지 못한 것에 의한 손해액을 산정함에 있어서는 위 특칙을 적용할 수 없다 할 것이므로, 위 손해액을 산정함에 있어서 위 특례법 제3조 소정의 연 25%의 법정이율을 적용할 수 없고 민법 소정의 연 5%의 이율을 적용하여야 한다.
[2] 부동산의 등기청구권을 보전하기 위한 처분금지가처분이 부당하게 집행되었다고 하더라도 이러한 처분금지가처분은 처분금지에 대하여 상대적 효력만을 가지는 것이어서 그 집행 후에도 채무자는 당해 부동산에 대한 사용·수익을 계속하면서 여전히 이를 처분할 수 있으므로, 비록 그 가처분의 존재로 인하여 처분기회를 상실하였거나 그 대가를 제때 지급받지 못하는 불이익을 입었다고 하더라도 그것이 당해 부동산을 보유하면서 얻는 점용이익을 초과하지 않는 한 손해가 발생하였다고 보기 어렵고, 설사 점용이익을 초과하는 불이익을 입어 손해가 발생하였다고 하더라도 그 손해는 특별한 사정에 의하여 발생한 손해로서 가처분채권자가 그 사정을 알았거나 알 수 있었을 때에 한하여 배상책임을 진다고 할 것이다.

≪판례≫ 대법원 2001. 11. 13. 선고 2001다26774 판결

[1] 부동산에 대하여 처분금지가처분이 집행된 경우 그 처분금지의 효력이 상대적인 효력만을 가지기 때문에 그 부동산의 처분이 법률상 불가능해진다고 할 수는 없다고 하더라도 그 부동산을 매수하려는 자로서는 그 부동산의 소유권을 취득하지 못하게 될 수 있는 예측하기 어려운 위험을 감수하여야 하므로 달리 특별한 사정이 없는 한 처분금지가처분의 집행으로 인하여 그 부동산의 처분은 대단히 어려워질 개연성이 있다고 할 것이므로 만일 어떤 부동산에 관한 처분금지가처분 집행이 있었고, 그 가처분 집행이 계속된 기간 동안 당해 부동산을 처분하지 못하였으며, 나아가 주위 부동산들의 거래상황 등에 비추어 그와 같이 부동산을 처분하지 못한 것이 당해 가처분의 집행으로 인하였을 개연성이 입증된다면, 달리 당해 부동산의 처분 지연이 가처분의 집행 이외의 사정 등 가처분 신청인측에 귀책사유 없는 다른 사정으로 인한 것임을 가처분 신청인측에서 주장·입증하지 못하는 한, 그 처분금지가처분과 당해 부동산의 처분 지연사이에는 상당인과관계가 있다고 할 것이다.

[2] 부당한 처분금지가처분의 집행으로 그 가처분 목적물의 처분이 지연되어 소유자가 손해를 입었다면 가처분 신청인은 그 손해를 배상할 책임이 있다고 할 것인데, 가처분 집행 당시 부동산의 소유자가 그 부동산을 사용·수익하는 경우에는 그 부동산의 처분이 지체되었다고 하더라도 그 부동산의 환가가 지연됨으로 인한 손해는 그 부동산을 계속 사용·수익함으로 인한 이익과 상쇄되어 결과적으로 부동산의 처분이 지체됨에 따른 손해가 없다고 할 수 있을 것이고, 만일 그 부동산의 환가가 지연됨으로 인한 손해가 그 부동산을 계속 사용·수익하는 이익을 초과한다면 이는 특별손해라고 할 것이다.

[3] 분양할 목적으로 토지를 매입하여 연립주택을 신축하였으나 부당한 처분금지가처분으로 인하여 처분이 지연되었다면 특별한 사정이 없는 한 그 기간동안 부동산을 사용·수익함으로써 처분지연의 손해를 상쇄할 만한 경제적 이익을 얻을 수 있었다고 보기는 어려우므로, 그 가처분 집행으로 처분이 지연된 기간 동안 입은 손해 중 적어도 부동산의 처분대금에 대한 법정이율에 따른 이자 상당의 금액은 통상손해에 속한다고 한 사례.

≪판례≫ 대법원 1983. 2. 8. 선고 80다300 판결

[1] 가처분에 있어서 집권채권자가 본안에서 패소하였다면 그 가처분집행으로 인하여 채무자가 입은 손해에 대하여는 가처분 채권자에게 고의, 과실이 없다는 특별한 반증이 없는 한 이를 배상할 책임이 있다고 할 것이므로, 설령 피고가 그 가처분을 함에 있어서 이 사건 기계가 소외 법인과 소외 (갑), (을)의 합유재산인데 조합원의 일부에 불과한 위 소외 (갑), (을)이 소외 법인의 동의없이 위 기계를 처분한 행위를 무효라고 믿었고 또 변호사와도 상의하여 그 의견에 따랐다고 할지라도 이러한 사정만으로써는 곧 피고에게 과실이 없다고 단정하기는 어렵다.

[2] 피고(한일은행: 이 사건 주강공장의 근저당권자)는, 소외 법인(동 주강공장의 공동영업자)이 이 사건 주강공장내의 기계가 자기소유라고 주장하여 원고(병), (정)(양도담보권자와 경락자)을 상대로 제기한 동산 소유권 확인소송에서 청구기각의 1심 판결이 선고된 것을

알면서도, 위 사건에서 소외법인이 선임한 변호사를 소송대리인으로 선임하여 역시 원고 (병), (정)을 상대로 위 사건과 동일한 내용을 주장하는 소송을 제기하여 패소판결을 선고받은 후 이에 앞서 소외 법인이 제기한 위 소송의 항소심에서도 항소 기각판결이 선고되어 소외 법인이 패소하였음에도 불구하고 다시 항소를 제기하여 항소 기각판결이 선고되고 그 판결이 확정되었다면, 적어도 이 사건에서 피고가 항소하여 항쟁한 것은 피고의 과실로 인한 부당항쟁이라고 볼 수 있다고 할 것이고, 피고가 항소를 함에 있어 역시 변호사의 의견을 따랐다고 하여 이러한 사정만으로는 위와 같은 과실을 부정하기에는 부족하다.

[3] 피고의 이 사건 기계들에 대한 해체 및 반출금지가처분으로 말미암아 원고들이 그 주강공장의 기본설비인 전기주강로를 포함한 이 사건 기계들을 그 설치된 장소에서나 또는 타에 이전하여 사용할 수 없게 된 이상 결국 전공장을 가동할 수 없게 되었다 할 것이므로 이 사건 부당가처분으로 인한 손해액은 특별한 사정이 없는 한 그 공장을 가동함으로써 얻을 수 있는 이익에 상응하는 주강 공장전체에 대한 차임상당액을 기준으로 하여 산출하여야 할 것이고, 이는 이 사건 부당가처분과 상당인과 관계에 있는 통상의 손해라고 할 수 있으므로, 동 차임상당액에서 그 공장의 경영과 불가분의 관계를 이루고 있는 소론 기계부대시설, 원고회사 명의의 운영권, 입찰참가 자격, 특허실시권 등을 기계들과 분리, 독립하여 타에 임대함으로써 얻을 수 있었던 수익상당액을 공제하기 아니하였다 하여도 거기에 손해배상 산정에 관한 위법이 없다.

≪판례≫ 대법원 2006. 6. 15. 선고 2006다10408 판결

부당한 채권가압류의 집행으로 인하여 가압류채무자가 제 3 채무자로부터 제때 채권금을 지급받지 못하는 손해를 입은 경우, 가압류채무자는 가압류채권자에 대하여 그 손해의 배상을 구할 수 있는 것이나, 부당한 채권가압류의 집행이 있었다 하더라도 그 집행기간 동안 기한의 미도래나 조건의 불성취 등의 사유로 인해 가압류채무자가 제 3 채무자로부터 채권을 바로 지급받을 수 없는 사정이 있었다면 가압류채무자가 부당한 채권가압류의 집행으로 인하여 어떤 손해를 입었다고 할 수는 없다.

Ⅱ. 형사책임

1. 사기죄의 성부

부당한 보전처분에 대하여 사기죄 인정에 관하여 판례는 소극적이다.

≪판례≫ 가압류와 사기죄의 성부[대법원 1988. 9. 13. 선고 88도55 판결]

가압류는 강제집행의 보전방법에 불과한 것이어서 허위의 채권을 피보전권리로 삼아 가압류를 하였다고 하더라도 그 채권에 관하여 현실적으로 청구의 의사표시를 한 것이라고는 볼 수 없으므로, 본안소송을 제기하지 아니한 채 가압류를 한 것만으로는 사기죄의 실행에 착수하였다고 할 수 없다.

2. 강제집행면탈죄의 성부

보전처분의 부당한 회피는 강제집행면탈죄에 해당한다.

≪판례≫ 가압류면탈과 강제집행면탈죄의 성부[대법원 1998. 9. 8. 선고 98도1949 판결]

형법 제327조의 강제집행면탈죄는 채무자가 현실적으로 민사소송법에 의한 강제집행 또는 가압류, 가처분의 집행을 받을 우려가 있는 객관적인 상태, 즉 적어도 채권자가 민사소송을 제기하거나 가압류, 가처분의 신청을 할 기세를 보이고 있는 상태에서, 채무자가 강제집행을 면탈할 목적으로, 재산을 은닉, 손괴, 허위양도하거나 허위의 채무를 부담하여 채권자를 해할 위험이 있는 경우에 성립한다.

부 록

관련 서식

[서식 1] 집 행 문

위 정본은 피고 김준연에 대한 강제집행을 실시하기 위하여 원고 김갑순에게 내어 준다.

2000. 12. 12.
광주지방법원
법원사무관 임 병 선 (인)

[서식 2] 승계집행문

위 정본은 재판장의 명에 따라 피고 김준연의 승계인 신송화에 대한 강제집행을 실시하기 위하여 원고 김갑순에게 내어준다.

2000. 12. 12.
광주지방법원
법원사무관 임 병 선 (인)

[서식 3] 집행문부여신청서

집 행 문 부 여 신 청

원 고 김 갑 순
피 고 김 준 연

신 청 취 지

위 당사자간 귀원 2000가합1234 대여금청구사건에 관하여 2000. 10. 10. 선고된 위고 승소의 판결이 2000. 11. 11. 확정되었는바, 피고에 대한 강제집행을 하려고 하니 판결정본에 집행문을 내어 주시기 바랍니다.

첨부서류
1. 판결정본 1통
1. 판결확정증명서 1통

2000. 12. 12.
원고 김 갑 순 (인)

광주지방법원 귀중

[서식 4] 집행문부여에 대한 이의신청서

집행문부여에 대한 이의신청

신 청 인 김 준 연
광주 서구 유천동 345 개나리 아파트 101동 101호
전화 062-345-6789

피신청인 김 갑 순
광주 서구 풍암동 565 무지개 아파트 202동 202호
전화 062-456-9876

신 청 취 지

1. 신청인과 피신청인 사이에 귀원 2000가단1234 매매대금청구사건에 관하여 귀원 법원 사무관 임병선이 2000. 12. 12. 자로 부여한 집행문은 이를 취소한다.
2. 위 판결의 집행력있는 정본에 기한 강제집행은 이를 불허한다.

라는 재판을 하여 주시기 바랍니다.

신 청 이 유

1. 신청인을 피고, 피신청인을 원고로 하는 2000가단1234 매매대금청구사건에 관하여 2000. 10. 10. 원고 일부승소 판결이 선고되고, 같은 판결은 2000. 11. 11. 확정되었습니다.
2. 위 판결은 반대급부의 선이행을 조건으로 하고 있는 바, 피신청인이 위 조건의 이행을 증명하지 않았는데도 귀원 법원사무관 임병선은 2000. 12. 12. 위 판결에 집행문을 부여하였습니다.
3. 따라서 위 집행문부여의 취소 및 그에 기한 강제집행을 불허하는 재판을 하여 주시기 바랍니다.

첨부서류

1. 판결정본 1통
1. 집행조서등본 1통
1. 송달료납부서 1통

2000. 12. 21.

위 신청인의 소송대리인 변호사 김용문 (인)

광주지방법원 목포지원 귀중

[서식 5] 청구이의소장

소 장

원 고 김 준 연
전남 함평군 해보면 문장리 123
전화 061-789-4567
피 고 김 갑 순
전남 함평군 월야면 양정리 123
전화 061-789-2345

청 구 취 지

1. 피고의 원고에 대한 귀원 2000. 10. 10. 선고 2000가단1234 매매대금 사건의 판결에 기초한 강제집행은 이를 불허한다.
2. 소송비용은 피고가 부담한다.
라는 재판을 하여 주시기 바랍니다.

청 구 원 인

1. 피고가 원고를 상대로 한 광주지방법원 목포지원 2000가단1234 판결이 2000. 11. 11. 확정되었습니다. 이에 원고는 2000. 11. 12. 위 확정판결에 표시된 채무를 모두 갚았습니다.
2. 그럼에도 불구하고 피고는 귀원에 귀원에 신청하여 원고 소유의 별지 목록 기재 부동산에 관하여 강제집행을 개시하였습니다.
3. 이에 원고는 위 판결에 기초한 강제집행의 불허를 구하고자 이 사건 청구를 하는 것입니다.

입증방법
1. 갑 제 1 호증(판결정본)
1. 갑 제 2 호증(영수증)

첨부서류
1. 위 입증방법 각 1통

2000. 12. 24.
위 원고 김 준 연 (인)

광주지방법원 목포지원 귀중

[서식 6] 강제집행정지결정신청서

강 제 집 행 정 지 결 정 신 청 서

신 청 인 김 준 연
광주 서구 유천동 343 개나리 아파트 101동 101호

피신청인 김 갑 순
광주 서구 풍암동 454 무지개 아파트 202동 202호

신 청 취 지

위 당사자간 귀원 2000가단1234 청구이의 사건의 본안판결 선고시까지 위원 2000가단4321 판결의 집행력 있는 정본에 기초한 강제집행은 이를 정지한다.
라는 재판을 하여 주시기 바랍니다.

신 청 이 유

1. 피신청인은 피신청인을 원고로, 신청인을 피고로 하는 귀원 2000가단4321 매매대금사건 판결의 집행력 있는 정본에 터 잡아 2000. 12. 12. 귀원에 신청하여 신청인 소유의 별지 목록 기재 부동산에 관하여 압류집행을 하여습니다.
2. 그러나 피신청인은 신청인이 위 제1항과 같은 압류집행을 하기 전에 이미 위 판결에 표시된 채무 전액을 갚았습니다.
3. 이에 신청인은 피신청인을 상대로 귀원에 2000가단11234호로 청구이의의 소를 제기하였는바, 재판의 결과를 기다리는 동안 강제집행이 종료되어버리면 피신청인이 손해를 입을 수 있으므로, 위 소송의 본안판결 선고시까지 강제집행을 정지하는 재판을 하여 주시기 바랍니다.

첨부서류
1. 판결정본 1통
1. 소제기증명원 1통
1. 영수증 1통

2000. 12. 21.
신청인의 소송대리인 변호사 김 용 문 (인)

광주지방법원 귀중

[서식 7] 제 3 자이의소장

소 장

원 고 신 송 화
전남 함평군 월야면 월야리 123
전화 061-789-1234

피 고 김 갑 순
광주 서구 풍암동 345 무지개 아파트 202동 202호
전화 062-324-6789

청 구 취 지

1. 피고가 김준연에 대한 귀원 2000. 10. 10. 선고 2000가단1234 판결의 집행력 있는 정본에 터 잡아 2000. 12. 13. 별지 목록 기재 물건에 대하여 한 강제집행은 이를 불허한다.
2. 소송비용은 피고가 부담한다.

라는 재판을 하여 주시기 바랍니다.

청 구 원 인

1. 피고는 김준연에 대한 청구취지 기재 판결정본에 터 잡아 2000. 12. 13. 별지 목록 기재 물건을 압류하였습니다.
2. 그러나 위 물건은 원고가 김준연에게 임대한 것입니다.
3. 따라서 피고가 김준연에 대한 강제집행으로 위 물건을 압류한 것은 부당하므로 그 집행의 배제를 구하기 위하여 이 사건 청구에 이른 것입니다.

입증방법

1. 갑 제 1 호증(임대차계약서)

첨부서류

1. 위 입증방법 1통

2000. 12. 22.
위 원고 신 송 화 (인)

광주지방법원 귀중

[서식 8] 담보취소신청서

담 보 취 소 신 청 서

채 권 자 김 갑 순
광주 서구 풍암동 343 무지개 아파트 202동 202호
채 무 자 김 준 연
광주 서구 유천동 434 개나리 아파트 101동 101호

1. 위 당사자 사이에 2004카단6789 부동산가압류신청사건에 관하여 채권자는 채무자의 손해를 담보하기 위하여 금 1,000,000원을 귀원 2000금제123호로 공탁하였습니다.

2. 그런데 채권자는 본안에서 승소확정판결을 받아 그 담보사유가 소멸하였다 할 것이므로 위 담보의 취소를 신청합니다.

첨부서류
1. 판결정본 1통
1. 확정증명 1통
1. 공탁금납부서 1통

2006. 8. 8.
위 채권자 김 갑 순 (인)

광주지방법원 귀중

[서식 9] 담보취소동의서

담 보 취 소 동 의 서

채 권 자　김 갑 순
광주 서구 풍암동 343 무지개 아파트 202동 202호
채 무 자　김 준 연
광주 서구 유천동 434 개나리 아파트 101동 101호

1. 위 당사자 사이에 2004카단6789 부동산가압류신청사건에 관하여 채권자는 채무자의 손해를 담보하기 위하여 금 1,000,000원을 귀원 2000금제123호로 공탁하였습니다.

2. 그런데 위 사건에 관하여 당사자간에 원만히 합의되었으므로 채무자는 채권자가 위 공탁금을 회수하기 위한 담보취소에 동의합니다.

2006. 8. 8.
위 채무자 김 준 연 (인)

광주지방법원 귀중

[서식 10] 즉시항고권포기서

즉 시 항 고 권 포 기 서

채 권 자 김 갑 순
광주 서구 풍암동 343 무지개 아파트 202동 202호
채 무 자 김 준 연
광주 서구 유천동 434 개나리 아파트 101동 101호

위 당사자 사이에 2004카단6789 담보취소신청사건에 관하여, 귀원의 담보취소결정에 대하여 피신청인은 즉시항고권을 포기합니다.

2006. 8. 8.
위 채권자 김 준 연 (인)

광주지방법원 귀중

[서식 11] 담보권리행사최고신청서

담 보 권 리 행 사 최 고 신 청 서

채 권 자　김 갑 순
광주 서구 풍암동 343 무지개 아파트 202동 202호
채 무 자　김 준 연
광주 서구 유천동 434 개나리 아파트 101동 101호

1. 위 당사자 사이에 2004카단6789 부동산가압류신청사건에 관하여 채권자는 채무자의 손해를 담보하기 위하여 금 1,000,000원을 귀원 2000금제123호로 공탁하였습니다.

2. 그런데 채권자가 본안소송에서 패소확정판결을 받아 채무자는 위 공탁금에 대하여 담보권을 행사할 수 있게 되었음에도 아직까지 그 권리를 행사하지 아니하므로 채무자에게 권리행사를 최고하여 주시기 바랍니다.

2006. 8. 8.
위 채권자 김 갑 순 (인)

광주지방법원 귀중

[서식 12] 재산명시신청서

재 산 명 시 신 청

채 권 자 김 갑 순
광주 서구 풍암동 343 무지개 아파트 202동 202호
전화 062-343-1234

채 무 자 김 준 연
광주 서구 유천동 434 개나리 아파트 101동 101호
전화 062-434-4321

집행권원의 표시
위 당사자간 광주지방법원 2000가단1234 대여금청구 사건의 집행력 있는 판결정본

채무불이행금액
금 10,000,000원 정(위 집행권원상 채무전액)

신 청 취 지

채무자는 재산상태를 명시한 재산목록을 2007. 3. 3.까지 제출하라.
라는 재판을 하여 주시기 바랍니다.

신 청 이 유

1. 채권자는 채무자에 대하여 위와 같은 집행권원을 가지고 있는데도 채무자는 전혀 돈을 갚을 의사를 보이지 아니하고 있습니다.
2. 이에 채권자는 강제집행을 하고자 하나 채무자의 재산을 전혀 찾을 길이 없어 이 사건 청구에 이른 것입니다.

첨부서류
1. 집행력 있는 판결사본 1통
1. 송달 · 확정증명원 1통
1. 송달료납부서 1통

2007. 2. 15.
위 채권자 김 갑 순 (인)

광주지방법원 귀중

[서식 13] 재산명시명령

광 주 지 방 법 원

결 정

사 건 2007카명1234 재산명시
채 권 자 김 갑 순
광주 서구 풍암동 343 무지개 아파트 202동 202호
채 무 자 김 준 연
광주 서구 유천동 434 개나리 아파트 101동 101호

집행권원
위 당사자간 광주지방법원 2000가단1234 대여금청구 사건의 집행력있는 판결정본

주 문

채무자는 재산관계를 명시한 재산목록을 재산명시기일까지 제출하라.

이 유

채권자의 위 집행권원에 기한 이 사건 청구는 이유 있으므로 민사집행법 제62조 제1항에 의하여 주문과 같이 결정한다.

2007. 2. 28.

판사 임 병 선 (인)

[서식 14] 채무불이행자명부등재신청서

채 무 불 이 행 자 명 부 등 재 신 청 서

채 권 자 김 갑 순
광주 서구 풍암동 343 무지개 아파트 202동 202호
채 무 자 김 준 연
광주 서구 유천동 434 개나리 아파트 101동 101호

집행권원의 표시 및 채무자가 이행하지 아니하는 금액
위 당사자간 광주지방법원 2000가단1234 대여금청구 사건의 집행력 있는 판결정본에 기한 금 10,000,000원 및 위 금원에 대한 2000.12. 31.부터 다 갚는 날까지 연 20%의 비율에 의한 지연이자금

신 청 취 지

채무자를 채무불이행자명부에 등재한다.
라는 재판을 하여 주시기 바랍니다.

신 청 이 유

1. 채권자는 채무자에 대하여 위와 같은 집행권원을 가지고 있습니다.
2. 위 판결은 2000. 11. 11. 확정되었는바, 그 후 6개월이 지나도록 위 채무자가 채무를 이행하지 아니하고 있습니다.
3. 그러므로 신청취지 기재와 같은 재판을 구하기 위하여 이 사건 청구에 이른 것입니다.

첨부서류
1. 확정판결정본 1통
1. 채무이행최고서 1통

2002. 12. 12.
위 채권자 김 갑 순 (인)

광주지방법원 귀중

[서식 15] 부동산강제경매신청서

부 동 산 강 제 경 매 신 청 서

채 권 자　　김 갑 순
광주 서구 풍암동 343 무지개 아파트 202동 202호
채 무 자　　김 준 연
광주 서구 유천동 434 개나리 아파트 101동 101호

청구금액
금 10,000,000원 및 이에 대한 2000. 9. 9.부터 다 갚는 날까지 연 20%의 비율에 의한 지연손해금

집행권원의 표시
위 당사자간 광주지방법원 2000. 10. 10. 선고 2000가단1234 대여금청구 사건의 집행력 있는 판결정본

신 청 취 지

별지 목록 기재 부동산에 대하여 경매절차를 개시하고 채권자를 위하여 이를 압류한다.
라는 재판을 하여 주시기 바랍니다.

신 청 이 유

채무자는 채권자에게 위 집행권원에 따라 위 청구금액을 변제하여야 하는데, 이를 이행하지 아니하므로 채무자 소유의 위 부동산에 대하여 강제경매를 신청합니다.

첨부서류
1. 집행력 있는 판결정본　　1통
1. 송달증명서　　1통
1. 부동산등기부등본　　1통
1. 부동산목록　　10통

2000. 12. 21.
위 채권자 김 갑 순 (인)

광주지방법원 귀중

[서식 16] 배당요구서

배 당 요 구 서

사 건 2000타경6789 부동산강제경매
채 무 자 김 준 연
광주 서구 유천동 434 개나리 아파트 101동 101호
배당요구채권자 신 송 화
전남 함평군 월야면 월야리 123
전화 061-789-1234

1. 청구금액
원 금 10,000,000원: 대여금 원금
지연손해금 2,000,000원: 위 금원에 대한 2000. 5. 1.부터 2001. 4. 30.까지 연 20%비율에 의한 지연손해금

2. 집행권원의 표시
위 채권자 신송화와 채무자 김준연 사이의 귀원 2000. 10. 10. 대여금 사건의 집행력 있는 판결정본

신 청 이 유

위 배당요구채권자는 채무자에 대하여 귀원 2000가단1234 대여금청구사건에 관한 집행력있는 판결정본에 의하여 전기 표시채권을 가지고 있는 바, 채무자는 이 번 다른 채권자로부터 2000타경6789 부동산강제경매 사건으로 강제경매집행을 받았으므로 매각대금에 의하여 배당을 요구합니다.

첨부서면
1. 집행력있는 정본 1통
1. 송달증명 1통

2001. 5. 30.
위 배당요구채권자 신 송 화 (인)

광주지방법원 경매1계 귀중

[서식 17] 매각기일변경신청서

매 각 기 일 변 경 신 청 서

사건번호 2000타경6789
채 권 자 김 갑 순
채 무 자 김 준 연

위 사건에 관하여 2001. 5. 10.자로 매각기일이 지정되었음을 통지받았는바, 당사자 사이에 화해가 진행 중이므로 매각기일의 변경하여 주시기 바랍니다.

2001. 4. 24.
위 채권자 김 갑 순 (인)

광주지방법원 귀중

[서식 18] 매수신청서

매 수 신 청 서

채 권 자　　김 갑 순
　　　　　　광주 서구 풍암동 343 무지개 아파트 202동 202호
채 무 자　　김 준 연
　　　　　　광주 서구 유천동 434 개나리 아파트 101동 101호

위 당사자간 귀원 2000타경6789 부동산 강제경매사건에 대하여 채권자는 채권자에 우선하는 채권과 절차비용을 변제하고도 남을 가격을 3,000만원으로 정하여 매수신고합니다. 만일 위 가격에 맞는 매수신고가 없을 때에는 채권자가 위 가격으로 이 사건 부동산을 매수하겠습니다.
보증으로 금 500만원을 공탁하였습니다.

2000. 12. 28.
위 채권자 김 갑 순 (인)

광주지방법원 귀중

[서식 19] 부동산일괄매각신청서

부 동 산 일 괄 매 각 신 청

채 권 자 김 갑 순
채 무 자 김 준 연

위 당사자간 귀원 2000타경6789 부동산강제경매 사건에 대하여 매각 목적 부동산을 개별적으로 매각할 경우에는 일부 부동산만 먼저 매각되는 등으로 전체매각가격이 감소할 우려가 있으므로 이를 일괄매각하여 주시기 바랍니다.

2000. 12. 28.
위 채권자 김 갑 순 (인)

광주지방법원 귀중

[서식 20] 항 고 장

항 고 장

사 건 2000타경6789 부동산강제경매
항 고 인 신 송 화
전남 함평군 월야면 월야리 123
전화 061-789-1234

위 사건에 관하여 귀원이 2001. 7. 30.에 선고한 매각허가결정에 대하여 불복하므로 항고를 제기합니다.

항 고 취 지

원심결정을 취소한다.
라는 재판을 하여주시기 바랍니다.

항 고 이 유

1. 매각기일은 이해관계인에게 통지하여야 하는 바, 2001. 7. 23. 매각기일에 관하여 항고인은 통지를 전혀 받지 못하였습니다. 그럼에도 원심법원은 위 매각기일에서 최고가매수인으로 정하여진 전철희에게 매각을 허가하는 결정을 하였습니다. 따라서 원심법원의 매각허가결정은 민사집행법 제104조 제2항, 제121조 1호, 제130조 제1항에 따라 취소되어야 할 것입니다.

2001. 8. 5.
위 항고인 신 송 화 (인)

광주지방법원 귀중

[서식 21] 소제기증명원

소 제 기 증 명 원

원　　　고　김 준 연
광주 서구 유천동 434 개나리 아파트 101동 101호
피　　　고　신 송 화
전남 함평군 월야면 월야리 123
전화 061-789-1234

원고가 2005. 5. 6. 피고에 대하여 귀원 2005가단1234호로 별지 소장과 같은 배당이의소송을 제기한 사실을 증명하여 주시기 바랍니다.

2005. 5. 7.
위 원고 김 준 연 (인)

광주지방법원 귀중

위 증명함

2005. 5. 7.
광주지방법원 사무관 임병선 (인)

[서식 22] 배당이의소장

소 장

원 고 전 철 희
광주 서구 유천동 434 개나리 아파트 101동 101호
피 고 신 송 화
전남 함평군 월야면 월야리 123

청 구 취 지

귀원 2000타경6789 부동산강제경매사건에 관하여 귀원이 2000. 4. 4. 작성한 배당표 중 원고에 대한 배당액 0원을 12,000,000원으로, 피고에 대한 배당액 12,000,000원을 0원으로 각 경정한다.
라는 판결을 하여 주시기 바랍니다.

청 구 원 인

1. 원고를 채권자, 김준연을 채무자로 하는 귀원 2000타경6789 부동산강제경매사건의 배당절차에서 귀원은 2000. 4. 4. 배당금액 20,000,000원 중 1순위로 소외 확정일자 부 임차인 염병일에게 8,000,000원을, 2순위로 피고인 근저당권자 신송화에게 12,000,000원을 각 배당하기로 하는 배당표를 작성하였습니다.
2. 그러나 피고는 신송화는 채무자 김준연과 짜고 거짓의 금전대여관계를 작출하여 근저당권 설정등기를 경료받은 자로 피담보채무가 전혀 없음에도 12,000,000원을 배당받은 것이고, 그로 인하여 원고는 배당요구액 12,000,000원을 전혀 배당을 받지 못하였습니다.
3. 그러므로 위 배당표를 청구취지와 같이 경정하여 줄 것을 청구합니다.

첨부서류
1. 녹취록 1통
1. 배당표등본 1통

2000. 5. 5.
위 원고 전 철 희 (인)

광주지방법원 귀중

[서식 23] 인도명령신청서

부 동 산 인 도 명 령 신 청 서

사건번호 2000타경6789
신 청 인 전 철 희
광주 서구 풍암동 567 양지아파트 303동 303호
피신청인 김 준 연
광주 서구 유천동 434 개나리 아파트 101동 101호

위 사건에 관하여 매수인인 신청인은 2002. 7. 7. 에 낙찰대금을 완납한 후 소유자인 피신청인에게 별지 매수 부동산의 인도를 청구하였으나 피신청인이 불응하고 있으므로, 귀원 소속 집행관으로 하여금 피신청인의 위 부동산에 대한 점유를 풀고 이를 매수인에게 인도하도록 하는 명령을 발령하여 주시기 바랍니다.

2002. 9. 9.

위 신청인 전 철 희 (인)

광주지방법원 귀중

[서식 24] 부동산강제관리신청

부 동 산 강 제 관 리 신 청

채 권 자 김 갑 순
광주 서구 풍암동 343 무지개 아파트 202동 202호
전화 062-343-1234

채 무 자 김 준 연
광주 서구 유천동 434 개나리 아파트 101동 101호
전화 062-434-4321

부동산의 표시: 광주 광산구 소촌동 700 대 660㎡

청구채권의 표시: 금 10,000,000원 및 이에 대한 2000. 9. 9.부터 다 갚는 날까지 연 20%의 비율에 의한 지연손해금

집행권원의 표시: 위 당사자간 광주지방법원 2000. 10. 10. 선고 2000가단1234 대여금청구 사건의 집행력 있는 판결정본

신 청 취 지

채무자 소유의 위 부동산에 대한 강제관리절차를 개시하고 채권자를 위하여 이를 압류한다. 라는 재판을 하여 주시기 바랍니다.

신 청 이 유

채무자는 채권자에게 위 집행권원에 따라 위 청구금액을 변제하여야 하는데, 이를 이행하지 아니하므로 채무자 소유의 위 부동산에 대하여 강제관리를 신청합니다.

첨부서류

1. 집행력 있는 판결정본 1통
1. 송달증명서 1통
1. 부동산등기부등본 1통
1. 부동산목록 10통

2002. 10. 10.

위 채권자 김 갑 순 (인)

광주지방법원 귀중

[서식 25] 선박강제경매신청

선 박 강 제 경 매 신 청

채 권 자 김 갑 순
광주 서구 풍암동 343 무지개 아파트 202동 202호
전화 062-343-1234

채 무 자 김 준 연
광주 서구 유천동 434 개나리 아파트 101동 101호
전화 062-434-4321

선박의 표시: 별지 목록 기재와 같음

청구채권의 표시: 금 10,000,000원 및 이에 대한 2000. 9. 9.부터 다 갚는 날까지 연 20%의 비율에 의한 지연손해금

집행권원의 표시: 위 당사자간 광주지방법원 2000. 10. 10. 선고 2000가단1234 대여금청구 사건의 집행력 있는 판결정본

신 청 취 지

채무자 소유의 위 선박에 대한 강제경매절차를 개시하고 채권자를 위하여 이를 압류한다. 라는 재판을 하여 주시기 바랍니다.

신 청 이 유

채무자는 채권자에게 위 집행권원에 따라 위 청구금액을 변제하여야 하는데, 이를 이행하지 아니하므로 채무자 소유의 위 선박에 대하여 강제경매를 신청합니다.

첨부서류

1. 집행력 있는 판결정본 1통
1. 송달증명서 1통
1. 선박등기부등본 1통
1. 선박목록 10통

2002. 10. 10.
위 채권자 김 갑 순 (인)

광주지방법원 목포지원 귀중

[서식 26] 선박운행허가신청

선 박 운 행 허 가 신 청

채 권 자　　김 갑 순
광주 서구 풍암동 343 무지개 아파트 202동 202호
전화 062-343-1234

채 무 자　　김 준 연
광주 서구 유천동 434 개나리 아파트 101동 101호
전화 062-434-4321

위 당사자 사이의 귀원 2000타경6789 선박강제경매사건에 관하여 경매목적인 선박은 귀원의 정박명령에 따라 목포항에 정박 중인 바, 이번 현진토건 주식회사로부터 모래를 여수항까지 운송의뢰 받음에 따라 별지 선박운행일정표와 같이 운행하고자 선박운행허가를 신청합니다.

첨부서류
1. 운송계약서　　1통
1. 운행일정표　　1통

2002. 10. 10.
위 채무자 김 준 연 (인)

광주지방법원 목포지원 귀중

[서식 27] 감수·보전처분신청서

감 수·보 전 처 분 신 청

채 권 자 김 갑 순
채 무 자 김 준 연
선 장 임 병 선

위 당사자 사이에 귀원 2000타경6789 선박강제경매사건에 관하여 경매목적물인 별지 목록 기재 선박에 대하여 귀원 소속 집행관으로 하여금 감수·보전을 위하여 필요한 처분을 하도록 명령하여 주시기 바랍니다.

2000. 10. 10.
위 채권자 김 갑 순 (인)

광주지방법원 목포지원 귀중

[서식 28] 제 3 채무자의 진술을 구하는 신청

제 3 채무자의 진술을 구하는 신청

채 권 자 김 갑 순
채 무 자 김 준 연
제 3 채무자 전 철 희

당사자 사이의 귀원 2000타채6789 채권압류명령사건에 관하여 제 3 채무자에 대하여 민사집행법 제237조에 정한 진술을 명하여 주시기 바랍니다.

2002. 7. 7.
위 채권자 김 갑 순 (인)

광주지방법원 귀중

[서식 29] 채무액공탁사유신고

채 무 액 공 탁 사 유 신 고

채 권 자 김 갑 순
채 무 자 김 준 연
제 3 채무자 신 송 화

채무자의 제 3 채무자에 대한 별지 기재 채권에 관하여 아래와 같이 여러 채권자의 압류가 경합하므로, 이에 제 3 채무자는 위 채무액을 별지 공탁서와 같이 공탁하고 그 사유를 신고합니다.

아 래

1. 부산지방법원 2000카단1234 채권가압류
   채권자 염병일, 채권액 금 1,000,000원 2000. 5. 10. 송달받음
2. 광주지방법원 2000타채1234 채권압류 및 추심명령
   채권자 임병선, 채권액 금 10,000,000원 2000. 5. 11. 송달받음
3. 2000. 5. 12.자 배당요구
   배당요구채권자 전철희, 배당요구금액 5,000,000원

2000. 7. 7.
위 제 3 채무자 신 송 화 (인)

광주지방법원 목포지원 귀중

[서식 30] 채권압류 및 추심명령신청서

채권압류 및 추심명령 신청

채 권 자　김 갑 순
광주 서구 풍암동 343 무지개 아파트 202동 202호
전화 062-343-1234

채 무 자　김 준 연
광주 서구 유천동 434 개나리 아파트 101동 101호
전화 062-434-4321

제 3 채무자　전 철 희
광주 서구 풍암동 565 양지아파트 303동 303호

집행권원의 표시: 당사자 간 광주지방법원 2000. 10. 10. 선고 2000가단1234 대여금 사건의 확정판결

청구채권의 표시: 금 10,000,000원 및 이에 대한 2000. 5. 5.부터 다 갚는 날까지 연 20% 비율에 의한 지연손해금

압류할 채권의 표시: 금20,000,000원(채무자가 제 3 채무자에 대하여 가지고 있는 2000. 1. 1.자 주택임대차계약에 따른 임대보증금반환채권)

신 청 취 지

1. 채무자의 제 3 채무자에 대한 위 채권을 압류한다.
2. 채무자는 위 채권의 처분과 영수를 하여서는 아니된다.
3. 제 3 채무자는 채무자에 대하여 위 압류된 채권을 지급을 하여서는 아니된다.
4. 채권자는 위 압류한 채권을 추심할 수 있다.

라는 재판을 하여 주시기 바랍니다.

신 청 이 유

채무자는 채권자에게 위 집행권원에 따라 위 청구금액을 변제하여야 하는데, 이를 이행하지 아니하므로 채무자의 제 3 채무자에 대한 위 채권을 압류하고, 나아가 채권자가 이를 추심할 수 있다는 재판을 하여 주시기 바랍니다.

첨부서류
1. 집행력 있는 판결정본　1통
1. 송달증명서　1통

2002. 10. 10.
위 채권자 김 갑 순 (인)

광주지방법원 귀중

[서식 31] 채권추심신고

추 심 신 고 서

사　　건　　2000타채1234 채권압류 및 추심
채 권 자　　김 갑 순
채 무 자　　김 준 연
제3채무자　　전 철 희

위 사건에 관하여 채권자는 2000. 12. 12. 제3채무자로부터 금 5,000,000원을 추심하였음을 신고합니다.

2000. 12. 24.
위 채권자 김 갑 순 (인)

광주지방법원 귀중

[서식 32] 채권압류 및 전부명령 신청

채권압류 및 전부명령 신청

채 권 자 김 갑 순
광주 서구 풍암동 343 무지개 아파트 202동 202호
전화 062-343-1234

채 무 자 김 준 연
광주 서구 유천동 434 개나리 아파트 101동 101호
전화 062-434-4321

제 3 채무자 전 철 희
광주 서구 풍암동 565 양지아파트 303동 303호

집행권원의 표시: 당사자 간 광주지방법원 2000. 10. 10. 선고 2000가단1234 대여금 사건의 확정판결

청구채권의 표시: 금 10,000,000원 및 이에 대한 2000. 5. 5.부터 다 갚는 날까지 연 20% 비율에 의한 지연손해금

압류할 채권의 표시: 금20,000,000원(채무자가 제 3 채무자에 대하여 가지고 있는 2000. 1. 1.자 주택임대차계약에 따른 임대보증금반환채권)

신 청 취 지

1. 채무자의 제 3 채무자에 대한 위 채권을 압류한다.
2. 채무자는 위 채권의 처분과 영수를 하여서는 아니된다.
3. 제 3 채무자는 채무자에 대하여 위 압류된 채권을 지급을 하여서는 아니된다.
4. 위 압류된 채권은 지급에 갈음하여 채권자에게 전부한다.

라는 재판을 하여 주시기 바랍니다.

신 청 이 유

채무자는 채권자에게 위 집행권원에 따라 위 청구금액을 변제하여야 하는데, 이를 이행하지 아니하므로 채무자의 제 3 채무자에 대한 위 채권을 압류하고, 나아가 채권자에게 전부하여 주시기 바랍니다.

첨부서류

1. 집행력 있는 판결정본 1통
1. 송달증명서 1통

2002. 10. 10.

위 채권자 김 갑 순 (인)

광주지방법원 귀중

[서식 33] 특별한 현금화명령 신청

특별한 현금화명령 신청

채 권 자 김 갑 순
광주 서구 풍암동 343 무지개 아파트 202동 202호
전화 062-343-1234

채 무 자 김 준 연
광주 서구 유천동 434 개나리 아파트 101동 101호
전화 062-434-4321

제 3 채무자 전 철 희
광주 서구 풍암동 565 양지아파트 303동 303호

집행권원의 표시: 당사자 간 광주지방법원 2000. 10. 10. 선고 2000가단1234 대여금 사건의 확정판결

청구채권의 표시: 금 10,000,000원 및 이에 대한 2000. 5. 5.부터 다 갚는 날까지 연 20% 비율에 의한 지연손해금

압류한 채권의 표시: 금20,000,000원(채무자가 제 3 채무자에 대하여 가지고 있는 2000. 1. 1.자 공사도급계약에 따른 공사도급료채권)

위 당사자 간 귀원 2002타채6789 채권압류명령에 터 잡아 채무자의 제 3 채무자에 대한 위 채권을 압류하였으나 위 채권는 장차 채무자가 공사를 완성하여야 변제받을 수 있는 것이기 때문에 지금 당장 추심이 어렵습니다. 그러므로 민사집행법 제241조 제 1 항에 정한 특별한 현금화방법으로서 귀원 소속 집행관으로 하여금 위 채권을 추심에 갈음하여 매각하도록 명령하여 줄 것을 신청합니다.

2002. 12. 12.
위 채권자 김 갑 순 (인)

광주지방법원 귀중

[서식 34] 채권계산서

채 권 계 산 서

사 건 번 호 2000타경1234

채 권 자 김 갑 순

광주 서구 풍암동 343 무지개 아파트 202동 202호

채 무 자 김 준 연

광주 서구 유천동 434 개나리 아파트 101동 101호

위 사건에 관하여 배당요구채권자 김갑순은 아래와 같이 채권계산서를 제출합니다.

아 래

1. 원금 10,000,000원(단 1999. 12. 12.자 대여금)
2. 이자 2,000,000원(단 위 원금에 대한 2000. 1. 1.부터 2000. 12. 31.까지 연 20%의 비율에 의한 지연이자금)
3. 기타 집행비용 1,000,000원

합계금 13,000,000원

2001. 3. 3.

위 채권자 김 갑 순 (인)

광주지방법원 귀중

[서식 35] 부동산가압류신청

부 동 산 가 압 류 신 청

채 권 자 김 갑 순
광주 서구 풍암동 343 무지개 아파트 202동 202호
채 무 자 김 준 연
광주 서구 유천동 434 개나리 아파트 101동 101호

가압류할 부동산: 광주 광산구 소촌동 123 대 660㎡

청구채권의 내용: 청구금액 10,000,000원 및 이에 대한 연 10%비율에 의한 이자 (2000. 4. 4.자 대여원리금)

신 청 취 지

채무자 소유의 광주 광산구 소촌동 123 대 660㎡를 가압류한다.
라는 재판을 하여 주시기 바랍니다.

신 청 이 유

1. 채권자는 채무자에게 2000. 4. 4. 금 10,000,000원을 연 10%의 이자를 받기로 하고 빌려주었습니다.
2. 그런데 채무자는 채권자에 대한 위 채무이외에도 다른 사람들에게 많은 채무를 부담하고 있어 지급능력이 없을 뿐만아니라 채무자의 소유의 유일한 위 부동산을 처분하여 채무면탈을 꾀하고 있습니다. 그렇게 되면 후일 채권자가 본안소송에서 승소한다고 하더라도 집행할 재산이 없게 될 염려가 있으므로 그 집행보전을 위하여 이 사건 가압류청구에 이르게 된 것입니다.
3. 담보제공은 보증보험회사와 지급보증위탁계약을 체결한 문서를 제출하는 것으로 갈음하는 것을 허가하여 주시기 바랍니다.

첨부서류
1. 차용증 1통
1. 이행최고서 1통
1. 등기부등본 1통

2002. 12. 12.
위 채권자 김 갑 순 (인)

광주지방법원 귀중

[서식 36] 채권가압류명령

채 권 가 압 류 명 령

사 건 2000카단6789 채권가압류
채 권 자 김 갑 순
광주 서구 풍암동 343 무지개 아파트 202동 202호
채 무 자 김 준 연
광주 서구 유천동 434 개나리 아파트 101동 101호
제 3 채무자 전 철 희
광주 서구 풍암동 565 양지아파트 303동 303호

주 문

1. 채무자와 제 3 채무자에 대한 별지 기재의 채권을 가압류한다.
2. 제 3 채무자는 채무자에게 위 채권에 관한 지급을 하여서는 아니 된다.
3. 채무자는 다음 청구금액을 공탁하고 집행정지 또는 집행취소를 신청할 수 있다.

청구채권의 내용 2000. 4. 4.자 대여금
청 구 금 액 금 12,000,000원

이 유

이 사건 채권가압류신청은 이유 있으므로 담보로 금 2,500,000원을 공탁하게 하고 주문과 같이 결정한다.

2000. 12. 12.
판사 임 병 선 (인)

[서식 37] 가압류에서 본압류이전으로 이전하는 경우의 주문

채권자와 채무자 사이의 광주지방법원 2005카단1234 부동산 가압류결정에 의하여 한 별지 목록 기재 부동산에 대한 가압류는 이를 본압류로 이전한다.

[서식 38] 가압류결정에 대한 이의신청서

가압류결정에 대한 이의신청서

채 권 자 김 갑 순
광주 서구 풍암동 343 무지개 아파트 202동 202호
채 무 자 김 준 연
광주 서구 유천동 434 개나리 아파트 101동 101호

신 청 취 지

1. 위 당사자간 광주지방법원 2005카단1234 부동산가압류신청사건에 관하여 2005. 10. 10. 위 법원에서 한 부동산가압류결정을 취소한다.
2. 채권자의 이 사건 가압류신청을 기각한다.
3. 소송비용은 채권자가 부담한다.
4. 위 제 1 항은 가집행할 수 있다.

라는 재판을 하여 주시기 바랍니다.

신 청 이 유

1. 채권자는 신청취지기재 가압류결정에 의하여 채무자 부동산에 대하여 가압류집행을 하였습니다.
2. 채권자는 가압류신청이유에 의하여 채무자가 채권자로부터 2000. 4. 4.자로 빌린 대여금 10,000,000 및 이에 대한 2000. 4. 4.부터 2001. 4. 3.까지 연 20%의 비율에 의한 지연이자를 갚지 아니하였다고 주장하고 있습니다.
3. 그러나 채무자는 2001. 4. 3.자로 대여원리금 12,000,000원을 모두 갚았습니다.

그러므로 채권자에 의한 주문 기재 가압류는 부당하므로 그 취소를 구하기 위하여 이의신청을 합니다.

첨부서류
1. 변제영수증 1통

2001. 12. 12.
위 채무자 김 준 연 (인)

광주지방법원 귀중

[서식 39] 제소명령신청서

제 소 명 령 신 청 서

채 권 자　김 갑 순
　　광주 서구 풍암동 343 무지개 아파트 202동 202호
채 무 자　김 준 연
　　광주 서구 유천동 434 개나리 아파트 101동 101호

위 당사자간 2005. 10. 10. 선고된 광주지방법원 2005카단6789 부동산가압류결정에 대하여 채권자는 현재까지 본안소송을 제기하지 아니하므로 채권자에게 상당한 기간 내에 본안소송을 제기할 것을 명령하여 주시기 바랍니다.

첨부서류
1. 가압류결정서사본　　1통

2006. 12. 12.
위 채무자 김 준 연 (인)

광주지방법원 귀중

[서식 40] 가처분취소신청서

가 압 류 취 소 신 청 서

신 청 인　김 준 연
광주 서구 유천동 434 개나리 아파트 101동 101호
전화 062-434-4321

피 신 청 인　김 갑 순
광주 서구 풍암동 343 무지개 아파트 202동 202호
전화 062-343-1234

신 청 취 지

1. 위 당사자간 귀원 2005카단6789 부동산처분금지가처분사건에 관하여 귀원이 2005. 10. 10.자로 한 가처분결정은 이를 취소한다.
2. 소송비용은 피신청인이 부담한다.
라는 재판을 하여 주시기 바랍니다.

신 청 이 유

1. 피신청인은는 신청취지기재 가압류결정에 의하여 신청인 소유의 부동산에 대하여 가압류집행을 하였습니다.
2. 그런데 피신청인은 귀원으로부터 2005. 12. 12. 제소명령을 받고도 위 제소명령에서 정한 기간이 지나도록 본안소송을 제기하지 아니하였으므로 위 가압류결정을 취소하여 주시기 바랍니다.

첨부서류
1. 제소명령사본　1통

2006. 1. 20.
위 신청인 김 준 연 (인)

광주지방법원 귀중

[서식 41] 가압류해제신청서

가 압 류 해 제 신 청 서

채 권 자 김 갑 순
광주 서구 풍암동 343 무지개 아파트 202동 202호
전화 062-343-1234

채 무 자 김 준 연
광주 서구 유천동 434 개나리 아파트 101동 101호
전화 062-434-4321

위 당사자간 귀원 2000카단1234 부동산가압류사건에 관하여 쌍방 원만히 합의되었으므로 광주 광산구 소촌동 123 대 660㎡에 대한 가압류집행을 해제하여 주시기 바랍니다.

2000. 12. 12.
위 채권자 김 갑 순 (인)

광주지방법원 귀중

[서식 42] 가압류집행취소신청서

가 압 류 집 행 취 소 신 청 서

채 무 자 김 준 연
광주 서구 유천동 434 개나리 아파트 101동 101호
전화 062-434-4321

채 권 자 김 갑 순
광주 서구 풍암동 343 무지개 아파트 202동 202호
전화 062-343-1234

신 청 취 지

위 당사자간 귀원 2000카단1234 부동산가압류사건에 관하여 채무자 소유의 광주 광산구 소촌동 123 대 660㎡에 대한 가압류집행은 이를 취소한다.
라는 재판을 하여 주시기 바랍니다.

신 청 이 유

1. 채권자는 귀원 2000카단1234 부동산가압류결정을 받아 채무자 소유의 광주 광산구 소촌동 123 대 660㎡에 관하여 2000. 12. 12. 그 집행을 하였습니다.

2. 그런데 채무자는 위 가압류결정에서 해방금으로 정한 금 10,000,000원을 공탁하였으므로 위 부동산에 대한 가압류집행을 취소하여 주실 것을 청구합니다.

첨부서류

1. 해방공탁서사본 1통

2000. 12. 28.
위 채권자 김 갑 순 (인)

광주지방법원 귀중

참고문헌

김준호, 민법강의(신정 5판), 법문사.

법원행정처, 민사집행법 실무제요 Ⅰ, Ⅱ, Ⅲ, Ⅳ(2004년판).

사법연수원, 도산처리법 Ⅰ, Ⅱ(2004년판).

사법연수원, 민사실무 Ⅰ, Ⅱ(2005년판).

사법연수원, 민사집행법(2004년판).

사법연수원, 보전소송(2005년판).

손창환, 사례로 본 민사집행(개정증보판), 법률정보센터.

유석주, 부동산등기법(제 3 전정판), 삼조사.

윤경, 부동산 경매(입찰)의 실무 上, 下, 법률정보센터.

이시윤, 신민사집행법(제 3 판), 박영사.

이재성 외 3인, 주석민사집행법 Ⅰ, Ⅱ, Ⅲ, Ⅳ, Ⅴ, 한국사법행정학회.

정동윤, 민사소송법(제 4 판), 법문사.

지원림, 민법강의(제 3 판), 홍문사.

판례 찾아보기

사항 찾아보기

ㄱ

저자 소개

고려대학교 법과대학 졸업
제45회 사법시험 합격
제35기 사법연수원 수료
현재 변호사(법률사무소 율산)

민사집행법

2008年 5月 25日 初版印刷
2008年 5月 30日 初版發行

著 者 전 세 정
發行人 安 鍾 萬
發行處 (株) 博 英 社
서울特別市 鍾路區 平洞 13-31番地
電話 (733) 6771 FAX (736) 4818
登錄 1959. 3. 11. 제300-1959-1호(倫)

www.pakyoungsa.co.kr e-mail: pys@pakyoungsa.co.kr

定 價 45,000원 ISBN 978-89-7189-826-0